༄། །དཔལ་མཉམ་མེད་རི་བོ་དགའ་ལྡན་པའི་བསྟན་པ་ཞྭ་སེར་ཅོད་པན་འཆང་བའི་རིང་ལུགས་ཆོས་ཐམས་ཅད་ཀྱི་རྩ་བ་གསལ་བར་བྱེད་པ་བཻ་ཌཱུར་སེར་པོའི་མེ་ལོང་ཞེས་བྱ་བ་བཞུགས་སོ།། །

བོད་ལྗོངས་བོད་ཡིག་དཔེ་རྙིང་དཔེ་སྐྲུན་ཁང་།

图书在版编目（CIP）数据

格鲁派教法史·黄琉璃宝鉴 ： 藏文 / 德斯·桑结嘉措编 .
-- 拉萨 ： 西藏藏文古籍出版社， 2012.11
（藏传佛教经典丛书）
ISBN 978-7-80589-250-4

Ⅰ . ①格… Ⅱ . ①德… Ⅲ . ①格鲁派－佛教史－藏语
Ⅳ . ① B946.6

中国版本图书馆 CIP 数据核字 (2012) 第 209752 号

格鲁派教法史·黄琉璃宝鉴

编　　者　德斯·桑结嘉措
责任编辑　雄努洛桑
出　　版　西藏藏文古籍出版社
印　　刷　四川华龙印务有限公司
经　　销　全国新华书店
开　　本　16 开（710×1000）
印　　张　44.75
印　　数　1,001-4,000
版　　次　2013 年 8 月第 1 版第 1 次印刷
　　　　　　2020 年 11 月第 2 次印刷
标准书号　ISBN 978-7-80589-250-4
定　　价　112.00 元

དཔེ་སྐྲུན་གསལ་བཤད།

དགེ་ལྡན་རིང་ལུགས་པའི་ཆོས་འབྱུང་དུ《བཻཌཱུརྻ་སེར་པོའི་མེ་ལོང་》ཞེས་པ་འདི་ནི་མཚན་ཡོངས་སུ་གྲགས་པ་སྡེ་སྲིད་སངས་རྒྱས་རྒྱ་མཚོས་སྤྱི་ལོའི་དུས་རབས་བཅུ་བདུན་པའི་དུས་མཇུག སྤྱི་ལོ1698བོད་རབ་བྱུང་བཅུ་གཉིས་པའི་ས་ཕོ་སྟག་གི་ལོར་སྔོན་བྱོན་མཁས་པ་ལས་ཆེན་ཀུན་རྒྱལ་བའི《ཆོས་འབྱུང་གསལ་བའི་སྒྲོན་མེ་》དང་། པཎ་ཆེན་བསོད་ནམས་གྲགས་པའི《ཆོས་འབྱུང་ཡིད་ཀྱི་མཛེས་རྒྱན་》མཁར་ནག་ལོ་ཙཱ་བའི《དགའ་ལྡན་ཆོས་འབྱུང་དཔག་བསམ་ལྗོན་ཤིང་》བཅས་གཞིར་བཟུང་ཞིང་། དེ་རྣམས་སུ་མ་འཁོད་པ་རྣམས་གསབ་སྟོན། ཤོད་རྒྱུན་ཡིད་གདེང་འཁེལ་དཀའ་བ་རྣམས་དགོན་སྡེ་སོ་སོར་དྲི་རྩད་བཅས་ཀྱི་སྒོ་ནས་བརྩམས་པ་ཞིག་ཡིན་ཞིང་། ཁོང་ནི་བོད་རབ་བྱུང་བཅུ་གཅིག་པའི་ཆུ་འབྲུག་ལོ་སྟེ། སྤྱི་ལོ་1652ལོར་དབུས་ལྷ་ལྡན་གྱི་བྱང་འདབས་མྱང་བྲན་གྲོང་སྨད་པའི་ཁྱིམ་ཞིག་ཏུ་སྐུ་བལྟམས་ཤིང་། དགུང་ལོ་བརྒྱད་དུ་སོན་སྐབས་༸རྒྱལ་མཆོག་ལྔ་པ་ཆེན་པོའི་སྐུ་གམ་དུ་བཅར་གནང་མཛད་པ་ནས་བཟུང་༸རྒྱལ་དབང་གང་ཉིད་དང་། སྡེ་སྲིད་འཕྲིན་ལས་རྒྱ་མཚོ་ལྷུན་གྱིས་གཟིགས་སྐྱོང་ཆེན་པོ་མཛད་པའི་འོག་ཐོག་མར་ཡི་གེའི་སྦྱོར་ཀློག་ནས་བཟུང་སློབ་གཉེར་ལ་ཐུགས་བརྩོན་བསྐྱེད་དེ་རིམ་བཞིན་བཅུ་ཕྲག་རིག་པའི་གནས་གང་ལའང་མཁས་པར་གྱུར་ཅིང་། དེ་བཞིན་དུ་ཆབ་སྲིད་འཛིན་སྐྱོང་གི་སློབ་སྟོན་ཡང་མཐིལ་ཕྱིན་པ་ཐོབ་ཐོག རང་ཉིད་བསྟན་སྲིད་ཀྱི་འགྱུར་འགན་བཞེས་རིང་ལའང་གྲུབ་མཐའ་རིས་མེད་ཀྱི་མཁས་དབང་མང་པོ་བསྟེན་ནས་གསན་བསམ་ལྷོད་མེད་མཛད་པར་བརྟེན་གངས་རིའི་

ལྗོངས་འདིའི་སྔོན་བྱོན་མཁས་དབང་ནམ་མཁའི་སྐར་ཚོགས་ལྟར་གྱི་ནང་ནས་ཆོས་སྲིད་ཡོངས་ལ་མཁས་པའི་སྙན་པ་ཕྱོགས་བརྒྱར་ཁྱབ་པ་དེ་ཡིན་ཞིང་། ཆོས་འབྱུང་འདིའི་ནང་དོན་ནི་བོད་ཆོས་ལྡན་གྱི་ཞིང་ཞེས་སུ་གྲགས་པ་འདིར་བསྟན་སྲིད་ལ་དར་རྒུད་ཇི་ལྟར་བྱུང་བའི་ནང་ཚན་བསྟན་པ་ཕྱི་དར་ཞེས་པ་དབྱར་མཚོའི་དཔལ་ལ་འགྲན་པའི་དུས་སྐབས་བཟང་པོ་སྤྱི་ལོའི་དུས་རབས་བཅུ་བཞི་པའི་ནང་འཛམ་མགོན་ཆོས་ཀྱི་རྒྱལ་པོ་བཙོང་ཁ་པའི་རིང་ལུགས་དབུ་བརྙེས་ནས་བོད་ཀྱི་ཡུལ་གྲུ་སོ་སོར་ཇི་ལྟར་དར་ཚུལ་དང་། དགོན་སྡེ་ཆགས་རབས། དེ་དག་སོ་སོའི་གདན་རབས་དང་འདུས་སྡེའི་གྲྭ་གྲངས། གྲྭ་རྒྱུན་འགྲོ་ཁུངས། འདོན་ཆོག་གི་ལུགས་སོགས་རེ་རེ་བཞིན་འཁོད་ཡོད་པ་མ་ཟད། དགེ་ལྡན་རིང་ལུགས་ཞེས་པ་འདིར་འཛམ་མགོན་ཆོས་ཀྱི་རྒྱལ་པོ་ཤར་༄རྒྱལ་བ་བཙོང་ཁ་པ་དང་། ༄རྒྱལ་མཆོག་ལྔ་པ་ཆེན་པོ། སྡེ་སྲིད་སངས་རྒྱས་རྒྱ་མཚོ་ཉིད་ཀྱི་མཛད་རྗེས་རྣམས་ཀྱང་འཁོད་ཡོད་པས་སྤྱིར་ཆོས་ལུགས་ལ་དོ་སྣང་མཛད་མཁན་རྣམས་དང་། ལྷག་པར་དུ་རི་བོ་དགའ་ལྡན་པའི་རིང་ལུགས་ལ་ཉམས་ལེན་དང་། བརྟག་དཔྱད་ཞིབ་འཇུག་མཛད་པ་པོ་རྣམས་ལ་མེད་དུ་མི་རུང་བའི་དཔྱད་གཞི་ཞིག་ཡིན་པར་བརྟེན་འདི་ག་དཔེ་སྐྲུན་ཁང་གིས་དཔེ་རྒྱུན་དཀོན་པའི་དཀའ་ངལ་སེལ་ཆེད་དང་། གཟིགས་ཉར་བདེ་བར་དམིགས་ཏེ་དེང་གི་དེབ་གཟུགས་སུ་བསྒྲིགས་ནས་ལོ་ཚན་འཚོལ་བདེའི་དཀར་ཆག་དང་བཅས་པར་སྐྲུན་ཞུས་པ་ཡིན་པས་རྒྱ་ཆེའི་ཀློག་པ་པོ་རྣམས་ཀྱིས་དགྱེས་གཟིགས་དང་། དཔེ་སྐྲུན་བྱེད་སྟངས་སྐོར་ལ་སྐྱོན་དང་ནོར་འཁྲུལ་བྱུང་རིགས་གསལ་འདོན་སོགས་རྒྱབ་སྐྱོར་ཡོད་པ་ཞུ།

བོད་ལྗོངས་བོད་ཡིག་དཔེ་རྙིང་དཔེ་སྐྲུན་ཁང་གིས་སྤྱི་ལོ་2013ལོའི་ཟླ་8པའི་ཚེས་23ཉིན།

༄༅། །སྨེ་བ་སྒྲོ་ར་ཏོ་མཚར་རྟེ་གས་ཕྱེད་ལས་སབཅད་དྲུག་གི་དང་པོ་སྤྲ་སྣ་ར་དྲུང་

གཅིག་རྫེས་འབྲང་དང་བཅས་པ། གཉིས་པ་ནཀྵ་ན་གཞིས་རི་བདུན།

༄། །ཧྲི་ བི་ ཥ་ མ་ ར་ ཀ་ ཊ་ ཀྵ་ ཤཱ་ མ་ བྲ་ ཤ་ ཧྲཱིཾ

༄། །མ་རུངས་དུག་གསུམ་བདུད་བཞི་འི་དཔུང་ཚོགས་ཏིང་འཛིན་མཐུས་···

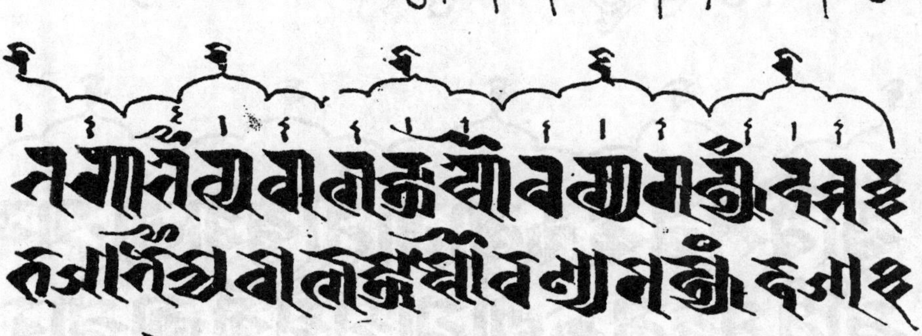

ཛྲ་ ཀུ་ ཛྲི་ ཙ་ ཁུ་ ཡ་ ཛྙ་ ཡོཾ་ བ་ ཧུ་ མ་ ཏྲྃ་ ད་ ཤ་ ཿ

བཅོམ་མི་འཇིགས་སྟོབས་ཀྱི་ཡེ་ཤེས་ལ་ངཆོར་ཆེ་བ་བརྩུའི། །

གསུམ་པ་ཨུ་ཌྜི་ཡཱ་ཎ་ཡི་བ་གསུམ་རྫེས་འབྲད་དང་བཅས་པ། བཞི་བ

ཡང་བསྡེར་འབུམ་ཀྲུང་བ་གཅིག་རྫེས་འབྲད་དང་བཅས་པ། ལྔ་པ

༄༅། །ཨ་ཧྀ་ཤ་བ་ལ་ཀྵཾ་ས་མ་ཡུ་ཤུ་ཧུ་ཧྲཱི

༄༅། །ཕྲུལ་བྱུང་སྤྱུ་རྩ་ལ་རབ་ཏུ་རྫོགས་པའི་ས་སེ་རྒྱུས་

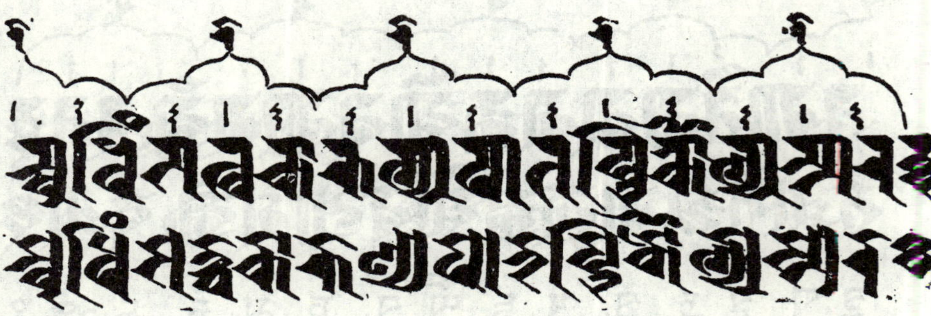

སྤྲུ་རྡི་ས་ཏ་ཀཱུ་ནྲ་ཧྱུ་ཡུ་ཏི་ཡྱི་ཀཱོ་ཀྱུ་སྤྲུ་ར༔

བྱང་སེམས་ཚུལ་འཛིན་ཐུགས་རྗེའི་བདག་ཉིད་རིགས་གསུམ་ལྷུག་པའི་ལྷ།།

གྲངས་སྤྱིའི་ཕྲེ་མོ་ཐིར་འབུམ་ཆུང་བ་ལྷ་རྗེས་འབྲང་བཅས། དྲུག་པ་ཨ་རྡྷ་

དགུ་སུམ་ཡོད་པ་ཞེ་བདུན་མཐའ་པའི་ཕྱི་རྣའི་གཏུམ་པའི་ཆར་འབེབས།།

༄༅། །ཨ་ས་མ་ཙ་ཀ་ཡ་དེ་ཤ་ན་ཧཱུཾ་ཛྷ་ཝེ་ཀ་ཥྲི

༄༅། །ཐ་དང་སྐྱ་ཡི་བགོད་པ་བསྟན་ཡང་ངོ་བོ་གཅིག་གྱུར་

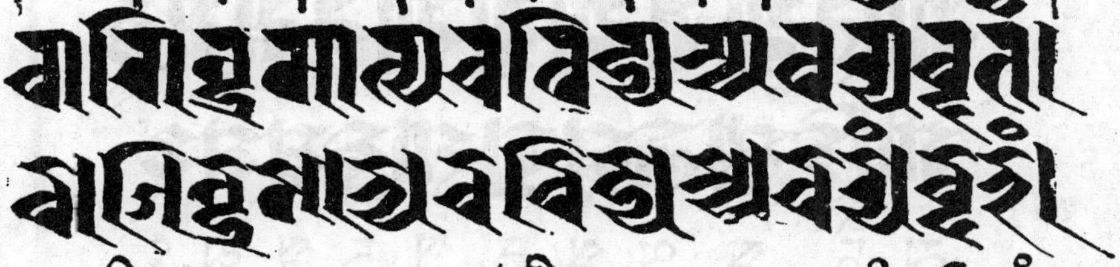

ཀླུ་གི་ཧྲུ་མ་ཏྲ་ཙ་བི་ཏྲ་སྲུ་ཕ་རྃ་བྲ་ཏྃ།

ངག་ལ་དབང་འགྱུར་བློ་དང་རིག་པ་མཆོག་གི་གཏམ།།

ཞེས་པ་བརྗོད་པའི་སྒོ་དང་བོར་རིགས་གསུམ་གཙིག་བསྡུས་རྩ་བའི་བླ་མར་
སྨོད་པ་མཚན་ཉིད་ཀྱི་སྒོ་ནས་སྒྲིར་བསྟན་པ་བྱ་བ་རང་བཞིན་བརྗོད། །

༄༅། །ཤུ་ཀླ་ག་ས་ར་ཎི་ཛྙ་ཏུ་ཀྲུ་པཱ་ཛྫ་ཛྙ་ཡཱ་ཤྲཱ་ར་ཤྲཱ་ཟླ

༄༅། །སྐལ་བཟང་སློང་ལ་རྟག་པར་འཇོམ་ཁ་ལས་རྒྱ་ལ་བ་རྒྱ་མཚོ་

མུ་ཏི་སྨུ་ལ་སྨྲ་ཏྲུ་སུ་ད་སྭ་མཿ

ཀུན་ལས་ལྷག་པའི་རྩ་བའི་བླ་མར་དང་བས་འདུད།།

དཀར་ཆག

༄༅། །དཔལ་མཉམ་མེད་རི་བོ་དགའ་ལྡན་པའི་བསྟན་པ་ཞྭ་སེར་ཅོད་པན་འཆང་བའི་རིང་ལུགས་ཆོས་ཐམས་ཅད་ཀྱི་རྩ་བ་གསལ་བར་བྱེད་པ་བཻཌཱུར་སེར་པོའི་མེ་ལོང་ཞེས་བྱ་བ་བཞུགས་སོ། །

ཐོག་མར་དགེ་བ་སྐད་ཀྱི་དོན།

མཆོད་པར་བརྗོད་པ་དང་བཤད་པར་དམ་བཅའ་བ།

༄༅། །མ་རུངས་དུག་གསུམ་བདུད་བཞིའི་དཔུང་ཚོགས་ཏིང་འཛིན་མཐུས་བཅོམ་མི་འཇིགས་སྟོབས་ཀྱི་ཡེ་ཤེས་ཡང་ཚོར་ཆེ་བ་བཅུའི། །ཕུལ་བྱུང་སྒྱུ་རྩལ་རབ་ཏུ་རྫོགས་པའི་སངས་རྒྱས་བྱང་སེམས་རྩལ་འཛིན་ཐུགས་རྗེའི་བདག་ཉིད་རིགས་གསུམ་ལྷག་པའི་ལྷ། །ཐ་དད་སྐུ་ཡི་བཀོད་པ་བསྟན་ཡང་ངོ་བོ་གཅིག་གྱུར་དག་ལ་དབང་འགྱུར་བློ་དང་རིག་པ་མཆོག་གི་གཏམ། །སྐལ་བཟང་སྙིང་ལ་ཧྲག་པར་འཛོམ་ཁས་རྒྱལ་བ་རྒྱ་མཚོ་ཀུན་ལས་ལྷག་པ་རྩ་བའི་བླ་མར་དང་བས་འདུད། ༡ །(ཤེས་པ་བརྗོད་པའི་སྒོ་དང་པོ་རིགས་གསུམ་གཅིག་བསྡུས་རྩ་བའི་བླ་མར་བསྟོད་པ་མཚན་ཉིད་ཀྱི་སྒོ་ནས་ཕྱིར་བསྟན་པ་བྱ་བ་རང་བཞིན་བརྗོད།) (༣བ)དོན་དམ་དབྱིངས་ཀྱི་པི་ཝཾ་གཅིག་ལས་སྣ་ཚོགས་སྤྲུལ་པའི་ཡེ་ཤེས་མེ་ལོང་སྤྲིབ་པའི་དྲི་ལས་རྣམ་གྲོལ་སྐུ། །འགྱུར་ཁུག་རྣམ་དཔྱོད་སྟོང་གིས་མཆོན་མིན་མཚན་དཔེའི་རྒྱན་གྱི་མཛེས་སྡུག་ཡོངས་རྫོགས་བཅུ་དྲུག་ལང་ཚོའི་རོལ་རྩེད་ཀྱིས། །མཁའ་དང་མཉམ་སོང་བགྲང་ལས་འདས་པའི་ཆོས་ཀུན་གཟིགས་དང་རྫོངས་མུན་གསོད་ཧྲགས་གླིགས་བམ་རལ་གྲི་བཟུང་ནས་ཏེ། །ཁྱོད་ཞབས་དྲན་པ་ཙམ་གྱིས་ཤེས་བྱ་རིག་པའི་མཆོག་སྙེར་སྤྲུལ་གཞིའི་ངོ་བོ་འཇམ་དཔལ་དབྱངས་དེས་བློ་གྲོས་སྩོལ། ༢ །(ཤེས་པ་བརྗོད་པའི་སྒོ་གཉིས་པ་རིགས་གསུམ་ནང་ནས་འཇམ་མགོན་ཆོས་ཀྱི་རྒྱལ་པོའི་སྤྲུལ་གཞི་འཇམ་དཔལ་དབྱངས་ལ་བསྟོད་པ་ལྡན་

གཟུགས་ལ་མངོན་གྱུར་འགོག་པས་ཕྱུད་པ།)གང་གི་ཐུགས་བསྐྱེད་སྨྲ་གསུང་ཐུགས་ཀྱི་དཀྱིལ་
འཁོར་སྒྲིབ་མེད་ནམ་མཁའི་ཁམས་དང་སྙོམས་པར་ཞུགས་པའི་ཐིག་ལེ་ཆེ། །ཉར་
ཕྱོགས་མདོ་སྔགས་བཙོང་ཁར་བོད་པ་བཀྲ་ཤིས་དགེ་བའི་སྙིང་པོས་ཀློ་ལྡན་ནོར་འཛིན་
དཔལ་མོར་ལེགས་སྨིན་པ། །སྤྱང་རྟོགས་མཐར་སོན་བློ་དང་སྙིང་རྗེས་རྒྱུད་བརྒྱན་
ཕན་བདེའི་གྲིབ་བསིལ་སྐྱུམ་པོས་སྐལ་བཟང་གདུལ་བྱའི་གདུང་ཀུན་སྐྱོབ། །གྲགས་
སྙན་ཚུལ་ཁྲིམས་དྲི་བསུང་གསར་པ་ཕྱོགས་བརྒྱར་འཕྲོ་བ་དུར་སྨྲིག་རོལ་བའི་གཙུག་
རྒྱན་དེ་ཡིས་དགེ་ལེགས་སྩོལ། ༣ །(ཤིས་པ་བརྗོད་པའི་སྒོ་གསུམ་པ་འཇམ་མགོན་ཆོས་ཀྱི་
རྒྱལ་པོར་བསྟོད་པ་མཐའ་དག་གཟུགས་ཅན།)གང་གི་བློ་གྲོས་མཁྱེན་བཟང་གོམ་གཅིག་
གིས། །ཇི་སྙེད་ཤེས་བྱའི་ས་གསུམ་གཞལ་བའི་ཚེ། །མི་ཤེས་སྟོབས་ལྡན་གྲགས་པའི་
ལྷ་མིན་མཐུ། །མངོན་སུམ་འཇིག་པའི་མཁས་དེར་མགོས་ཕྱག་འཚལ། ༤ །(ཕྱག་བྱ་
བའི་སྒོ་དང་པོ་འཇམ་མགོན་ཆོས་ཀྱི་རྒྱལ་པོར་མཁས་བཙུན་བཟང་གསུམ་གྱིས་ཆེ་བས་ན་མཁས་པར་
བསྔགས་པ་གཏམ་དང་སྦྱར་བའི་གསུམ་གཟུགས།)བག་(༤ན)ཡོད་ཁྲིམས་ཀྱིས་རྒྱུད་བསྡམས་
ཚུལ་གནས་བློའི། །སྐལ་བཟང་ཞིང་གི་གཙོ་བོ་རིག་གྲོལ་གྱི། །ཀུན་སྦྱོར་འཆིང་བ་
འདུལ་མཛད་གྲགས་པའི་གཏེར། །དགེ་འདུན་བཙུན་པའི་མཆོག་དེར་མགོས་ཕྱག་
འཚལ། ༥ །(ཕྱག་བྱ་བའི་སྒོ་གཉིས་པ་བཙུན་པར་བསྔགས་པ་ཆ་ཤས་གཟུགས་ཅན།)འཕགས་
ཡུལ་ཡོན་ཏན་འོད་དང་ཟླ་སྐྱབ་ཞབས། །སྲིད་འདིར་བློ་བཟང་གྲགས་པའི་རི་དྭགས་
འཛིན། །ས་གསུམ་ཀུན་ཏུ་བཟང་པོའི་བསིལ་ཟེར་གྱིས། །རིག་པས་གདུང་བ་འཕྲོག་
དེར་མགོས་ཕྱག་འཚལ། ༦ །(ཕྱག་བྱ་བའི་སྒོ་གསུམ་བཟང་བར་བསྔགས་པ་ལྡན་གཟུགས།)མདོ་
སྔགས་རིག་བྱེད་ལེགས་བཤད་འོད་བརྒྱ་པ། །ཁྱོད་ཐུགས་ལྷ་ལམ་ཡངས་པོར་འདྲེན་
བྱེད་པའི། །ཚད་ལྡན་ཡོངས་འཛིན་དམ་པ་ཁྲུང་སྟོན་སྐྱེས། །བཅུ་ཕྲག་གཅིག་དང་
ཟླ་བའི་ཚོགས་ལ་འདུད། ༧ །(འཇམ་མགོན་ཆོས་ཀྱི་རྒྱལ་པོའི་མདོ་སྔགས་རིག་གནས་ཀྱི་བཤེས་
གཉེན་བསྟེན་པའི་གཙོ་བོ་བཅུ་གཅིག་ལ་བསྔགས་པ་ལྡན་གཟུགས་དང་གྲངས་ཀྱི་གང་ཚིག་ངེས་པ།)
འཇམ་དཔལ་དཔའ་བོར་རབ་ཁྲོས་ཡི་དམ་ལྷ། །མཐུ་སྟོབས་ཞོ་འཐུང་ཏུས་པའི་རྡོ་

ཛཱ་ཡིས། །དགྲ་དང་བགེགས་ཚོགས་ས་འཛིན་རྒྱུ་བའི་རྐང་། །ཉེར་གཅིག་འཇིགས་བྱེད་བདུད་ལས་རྒྱལ་བས་སྲུངས། ༨ །(འཇམ་མགོན་བླ་མའི་ཡི་དམ་ལ་བསྔགས་པ་གཏམ་རྒྱུད་དང་འབྲེལ་བའི་ཆ་ཤས་གཟུགས་ཅན།)ཆོས་སྐྱོང་སྲིད་ཞིའི་ཁམས་ན་ཆེ་བའི་མཐུ། །ཡེ་ཤེས་འདྲེན་བྱེད་སྟོང་ལྡན་ཕྱུག་དྲུག་མགོན། །བདེ་སོགས་བདག་པོའི་ལག་ཉལ་འབར་བའི་མེས། །ཡིད་སྤྲུལ་དཔུང་གི་བུད་ཤིང་ཀུན་བསྲེགས་ཤིག ༩ །(འཇམ་མགོན་བླ་མའི་ཆོས་སྐྱོང་ཕྱུག་དྲུག་པར་བསྔགས་པ་ཚིག་ཐ་དད་མིན་པའི་སྦྱར་བ།)སྐྱེ་འགྲོའི་དཀར་ནག་བགྱི་བའི་རི་(ཤ་བ)མོའི་གཟུགས། །མ་འདྲེས་གསལ་ལེར་འཆར་བའི་མེ་ལོང་འཛིན། །འཆི་བདག་ལས་ཀྱི་གཤིན་རྗེ་ཕྱི་དང་ནང་། །གསང་བ་གསུམ་དུ་སྟོན་པས་བགེགས་དཔུང་ཆོམས། ༡༠ །(འཇམ་མགོན་བླ་མའི་ཆོས་སྐྱོང་ལས་གཤིན་ལ་བསྔགས་པ་མ་བསྡུས་གཟུགས། རྟས་རང་བཞིན་བརྗོད། དྲག་ཤུལ་གྱི་ཉམས་བཅས་ཚང་བའི་རབ་སྦྱོལ།)གཟི་བརྗིད་ཉི་མའི་དངོས་པོ་འབུམ་འཁྲུངས་པའི། །སྐུ་མཆོག་བཙོ་སྦྱངས་གསེར་རིས་མི་བཟོད་པ། །རྣམ་མང་ཐོས་སྲས་དཔྱིག་བདག་སེར་ཆེན་གྱིས། །ས་འདི་འབྱོར་པའི་ཆར་གྱིས་ཆལ་ཆིལ་མཛོད། ༡༡ །(འཇམ་མགོན་ཆོས་ཀྱི་རྒྱལ་པོའི་ཆོས་སྐྱོང་སེར་ཆེན་ལ་བསྔགས་པ། ཏིང་ངེ་[༡]འཛིན་གྱི་ཡོན་ཏན། མཚུངས་[༢]དཔེ། གཟུགས་[༣]ཅན། ཤིས་[༤]བརྗོད་བཅས་པའི་རབ་སྦྱོལ།)བུ་རམ་ཤིང་བརྒྱུད་ཀུན་མཁྱེན་ཤཱཀྱའི་ཏོག །དགོངས་ཟབ་ཕན་བདེའི་དཔལ་ལྡན་མཉམ་མེད་ཉེ། །ཤར་གྱི་རི་བོ་ནས་འདྲེན་ཕོ་ཉའི་གཏམ། །ལེགས་བཤད་ཀུན་གསལ་སྐྱེ་རེངས་དགའ་ལྡན་པའི། ༡༢ །(མཐའ་དག་གཟུགས་ཅན་དང་འབྲེལ་བའི་དངོས་པོ་ངེས་བསྟན།)བསྟན་པ་རིན་ཆེན་ཕྱོགས་ལས་རྣམ་རྒྱལ་སྲིད། །ཞྭ་སེར་ཅོད་པན་འཆང་བའི་ཞ་ཁས་མང་གིས། །ཁྱེན་ཏུ་བཏེག་པའི་རིང་ལུགས་གདུགས་དཀར་པོས། །སྲིད་གསུམ་གདུང་བ་སེལ་བྱེད་དམ་པའི་ཆོས། ༡༣ །(ཡན་ལག་གཉིས་གཟུགས་དང་འབྲེལ་བའི་དངོས་པོ་ངེས་བསྟན།)ཐམས་ཅད་མཁྱེན་པའི་གོ་འཕང་ཐོབ་བྱེད་ཀྱི། །རྩ་བ་གསལ་བར་བྱེད་པའི་རྗོད་བྱེད་གཟུགས། །འབུམ་དུ་འཆར་ལ་རབ་དྭངས་བཻཌཱུརྱ། །སེར་པོའི་མེ་ལོང་གཟིགས་མོར་ཚར་དུ་འགོད། ༡༤ །(ལྡན་གཟུགས་དང་འབྲེལ་བའི་དངོས་པོ་ངེས་

བསྟན།)ཅེས་ཚིགས་སུ་བཅད་པས་ལམ་ཙུང་ཟད་ཡངས་པར་བྱས་ཏེ་སྙིང་བར་བྱ་བ་ནི། བརྗོད་བྱའི་གཞུང་ལུགས་དེ་མཐར་ཕྱིན་པ་དང་སྒྲུབ་ལ་སྤོབས་པ་ཐོབ་པའི་ཆེད་རང་གི་རྩ་བའི་བླ་མ་དང་ལྷག་པའི་ལྷ་སྲུང་ལ་ཤིས་བརྗོད་དགོས་པར་གསུངས་པ་ལྟར་ཀུན་མཁྱེན་ཕྱུག་ན་པདྨ་ངེས་པ་དོན་གྱི་སངས་རྒྱས་(༥ན)བྱང་སེམས་ཀྱི་རྩལ་བཟུང་ནས་སེམས་ཅན་གྱི་དོན་ཇི་སྙེད་མཛད་པ་དེང་དུས་ཀྱི་འགྲོ་དོར་དུར་སྒྲིག་གར་གྱིས་རོལ་པ་ཡབ་རྗེ་བླ་མ་དག་གི་དབང་ཕྱུག་བློ་བཟང་རྒྱ་མཚོ་སྲིད་ན་མངོན་པར་མཐོ་བ་ཆེན་པོ་དང་ལྷག་པའི་ལྷ་འཇམ་དཔལ་དབྱངས། བརྗོད་བྱའི་གཞུང་ལུགས་འདི་དང་འབྲེལ་བའི་བླ་མ་ཡི་དམ་ཆོས་སྲུང་ལ་ཤིས་པ་བརྗོད་ཅིང་དངོས་པོ་ངེས་པར་བསྟན་པས་དམ་བཅའ་བའི་རིམ་པ་སྟོན་དུ་བཏང་ནས་བཤད་བྱའམ། བརྗོད་པར་བྱ་བ་ནི་ལེགས་པར་སྦྱར་བ་སཾ་སྐྲི་ཏ་སྐེ་ལྟའི་སྐད་དམ་སྤྱིར་བཏང་ལྟར་ན་རྒྱ་གར་སྐད་དུ། ཤྲཱིཨཱདྨཱཀཱཾསམྦྷཏཝཛྲཱིམཧིསྤྲཱུཤཱུཔཝཔོཡཔིཏམུཀུཊཧྲཱརསྤྲ་དིཀཧྲཱཛཱསཏ་ཧྲཱཛ་ཤྲུ་སྨུལ་ཀཱཿཀཱརཀཱབཻ་ཙྪ་པི་ཧཾསྦྲ་ཛྲཱ་ན་མ། བོད་སྐད་དུ། དཔལ་མཉམ་མེད་རི་བོ་དགའ་ལྡན་པའི་བསྟན་པ་ཞྭ་སེར་ཅོད་པན་འཆང་བའི་རིང་ལུགས་ཆོས་ཐམས་ཅད་ཀྱི་རྩ་བ་གསལ་བར་བྱེད་པ་བཻ་ཌཱུརྱ་སེར་པོའི་མེ་ལོང་ཞེས་བྱ་བ། སྤྱིར་དུས་སྙིགས་མ་ཐུབ་པའི་བསྟན་པ་འབྲས་བུའི་ལོ་བརྒྱ་ཕྲག་གསུམ་རྫོགས་པ་དང་། སྒྲུབ་པའི་སྙིང་ཤིས་རབ་དང་ཏིང་འཛིན་གྱི་ཕྲག་རེ་དང་། ཚུལ་ཁྲིམས་ཀྱི་སྙིང་ནས་བཅུ་ཕྲག་བརྒྱད་དུ་ཉེ་བ་འདས་པའི་སྐབས་ཕྱོགས་རིས་ཅན་མི་སྲུན་པ་ཁ་ཤས་ཀྱིས་འཇམ་མགོན་ཆོས་ཀྱི་རྒྱལ་པོ་འདི་ཉིད་དུའང་ལོག་ལྟས་ནམ་སྨིན་འཕྲུག་པོ་གསོག་པ་དང་རང་ཅག་འགའ་ཡང་རང་བསྟན་གྱི་ཁུངས་དང་རྩ་བ་ཆེར་མ་ཆོད་པར་རྫོངས་ཞེན་ཨ་འཐས་འདུལ་བའི་རྩ་བཞི་རྫུན་གྱི་ལྗུང་བའང་སྤྱོང་བར་ཉེ་བའི་དུས་འཇམ་མགོན་ཆོས་ཀྱི་རྒྱལ་པོ་ཤར་བཙོང་ཁ་པ་བློ་བཟང་གྲགས་པ་ལ་དད་པ་ཐོབ་ཅིང་དེའི་མཐུས་སྐྱེ་དགུར་འདི་ཕྱིར་བདེ་ལེགས་དུ་མ་བྱུང་བ་དཔལ་མཉམ་མེད་རི་བོ་དགའ་ལྡན་པ་ཞེས་པའི་བསྟན་པ་དང་ཞྭ་རིས་བཙོ་མ་གསེར་གྱི་མདོག་ལྟ་བུ་ཅོད་(༥བ)པཎ

ལྟར་འཆང་བའི་རིང་ལུགས་འདིའི་ཆོས་དང་བྱེ་བྲག་རང་རང་གི་དགོན་གནས་ཀྱིས་གཙོས་པའི་འབྱུང་ཁུངས་ཐམས་ཅད་ཀྱི་རྩ་བ་གསལ་བར་བྱེད་པ་ནོར་བུའི་མཆོག་བཻཌཱུརྱ་ལ་དཀར་སེར་སྔོ་གསུམ་ལས་སེར་པོའི་མེ་ལོང་ཞེས་བྱ་བ་འཆད་པར་བྱ་བ་ལ།

བར་དུ་དགེ་བ་གཞུང་གི་དོན།

དང་པོ། འཇམ་མགོན་བླ་མ་ཤར་བཙོང་ཁ་པའི་བྱུང་བ་མདོར་བསྡུས་བརྗོད་པ།

དེ་ཡང་རང་ཅག་རྣམས་ཀྱི་བསྟན་པའི་གཙུག་རྒྱན་དོན་སྣང་མཚན་ནས་སྨོས་པ་ཤར་བཙོང་ཁ་པ་བློ་བཟང་གྲགས་པའི་དཔལ་ཞེས་པའི་བདག་ཉིད་ཆེན་པོ་འདིའི་ཐུན་མོང་མ་ཡིན་པའི་རྣམ་པར་ཐར་པ་སྟོན་ཆད་རང་ཕྱོགས་མཁས་པའི་དབང་པོ་རྣམས་ལ་གྲགས་ཤིང་གྲུབ་པ་ལྟར་ན་ལྷོ་བྲག་གྲུབ་ཆེན་ལས་ཀྱི་རྡོ་རྗེའི་གསང་ཚིག་གམ་གསང་རྣམ་དུ་གྲུབ་ཆེན་དེ་ཉིད་ཀྱིས་གསང་བའི་བདག་པོ་ལ་ལྷུན་པོ་བ་ལང་རྫིས་ཀྱང་ཚིག་ཟིན་ཅིང་དོན་རྟོགས་པའི་ཆོས་ཁ་གསལ་ལ་ཚིག་ཉུང་བ་དོན་རྒྱ་ཆེ་བ་སངས་རྒྱས་ཆོས་ཀྱི་སྐུ་མྱུར་དུ་རྟོགས་པའི་ཆོས་ཤིག་མ་ཧེ་རྫ་དྲ་ཤྲིས་ཞུས་པའི་ངོར་བདག་ལས་ཀྱི་རྡོ་རྗེས་གསོལ་བ་བཏབ་པའི་དོན་དུ་གདམས་པ་ཐུན་མོང་མ་ཡིན་པ་ཞིག་བསྟན་དུ་གསོལ་ཞུས་པ་དང་། བདག་ལ་རོ་ཐུན་མོང་མ་ཡིན་པ་སོ་དབར་ནས་བབས། ཨུ་སྟེང་དུ་འཁྱིལ་ཏེ་མིད་ཚད་བྱུང་། བླ་མ་ཁྱེད་ཀྱི་ཐུགས་རྗེ་ཡིན་པ་འདྲ། སྐུ་གཟུགས་མི་སྟོན་པའི་ངག་གཞོམ་མེད་ཀྱི་སྒྲས་རྒྱལ་བ་སྲས་བཅས་ཀྱི་དགོངས་པ་གནད་དུ་དྲིལ་བའི་མན་ངག་སོགས་བསྐུལ་བའི་དུས། གསང་བའི་བདག་པོ་ལ་ལས་ཀྱི་རྡོ་རྗེས་ཞུས་པ། བློ་བཟང་གྲགས་པ་འདིའི་རྒྱུད་ཚོད་གང་ལགས། སངས་ནམ་རྒྱ། ཡི་དམ་གྱི་ལྷ་གང་གིས་རྗེས་སུ་བཟུང་། སྐྱེ་བ་ཕྱི་མ་གང་དུ་འཁྲུངས་ཞུས་པས། གསང་བའི་བདག་པོའི་ཞལ་ནས། བློ་བཟང་གྲགས་པ་འདི་ནི་ཚོགས་གཉིས་རྒྱ་ཆེར་བསགས་པའི་གང་ཟག་ཡིན་ཏེ་སྐྱེ་བ་བདུན་གྱི་བར་དུ་པཎྜི་ཏའི་ཚུལ་

བཟུང་། སེམས་(༨ན)ཅན་མཐའ་ཡས་ཀྱི་དོན་བྱས། སྐྱེ་བ་འདི་གའི་སྔ་མ་ཁ་ཆེ་ཁྲི་བརྟན་གྱི་ཡུལ་དུ་པཎྜི་ཏ་མ་ཧི་ཛྙ་དྲ་ཀྵི་ཞེས་བྱ་བར་འཁྲུངས་ཏེ། ཐུན་སུམ་ཚོགས་པའི་འཁོར་ལྔ་བརྒྱ་འདུས། སོ་སོ་སྐྱེ་བོའི་སྣང་ངོར་སྦྱོར་ལམ་ལ་གནས་པར་གྲགས། ཁོ་བོ་ལག་ན་རྡོ་རྗེས་ཀྱང་འདིའི་ཡོན་ཏན་དཔག་པར་མི་ནུས་ཤིང་ལྷག་པའི་ལྷ་ཕྱི་ནང་གི་ལྷ་མོས་རྗེས་སུ་བཟུང་ཞིང་། རིགས་གསུམ་མགོན་པོས་ཀྱང་རྗེས་སུ་བཟུང་སྟེ་ལྷག་པའི་ལྷ་ཡིན། སངས་ནམ་རྒྱ་ངས་མི་སྟོན་འཇམ་དབྱངས་དང་། སྤྱན་རས་གཟིགས་ཀྱིས་ལུང་སྟོན་པར་འགྱུར་རོ། །མཐོང་ཐོས་རེག་གསུམ་གྱི་ཕན་ཡོན་ཐོབ་ངེས་པའི་གང་ཟག་ཡིན་པར་ཁོང་གི་རྒྱུད་ཚོད་གཞན་གྱིས་དཔག་པར་མི་ནུས་སོ། །ཞེས་དང་། ཡང་གསང་བདག་ལ་ལས་ཀྱི་རྡོ་རྗེས་ཞུས་པ། བློ་བཟང་གྲགས་པའི་སྐུ་ཚེའི་ཚད་ཇི་ཙམ་ཐུབ། འཁོར་ཁྱད་པར་ཅན་ཇི་ཙམ་འབྱུང་། གནས་གང་དུ་འགྲོ་དོན་འཕེལ། སྐྱེ་བ་ཕྱི་མ་གང་དུ་འགྲོ་དོན་བྱེད་བསྟན་དུ་གསོལ་ཞུས་པས། གསང་བདག་གི་ཞལ་ནས། གནས་གཞི་གཅིག་ཏུ་མ་བཞུགས་ན་འགྲོ་དོན་འཕེལ། སྐུ་ཚེའི་ཚད་ནི་བཞི་བཅུ་ཞེ་ལྔ་སྟེ། སྐྱབས་པ་འབའ་ཞིག་མཛད་ན་བདུན་ཅུ་དོན་གཅིག་ཐུབ། འགྲོ་དོན་སྤྱོད་ན་སྒྲོལ་མ་དཀར་མོའི་སྒྲུབ་པ་དང་། ཚེ་དཔག་མེད་ཀྱི་སྒྲུབ་པ་དང་། འཇམ་དཔལ་དང་འབྲེལ་བ་ཡོད་པས་གཤེད་དམར་གྱི་སྒྲུབ་པ་བྱས་ན་སྐུ་ཚེ་རིང་། དེ་མ་བྱས་ན་ནག་པོའི་ཕྱོགས་ཀྱི་བར་ཆད་འབྱུང་ཉེན་ཡོད་པས་གོང་གི་སྒྲུབ་པ་དེ་བཞིན་དུ་གཅེས། འཁོར་ཁྱད་པར་དུ་འཕགས་པ་གསུམ་འབྱུང་། ཚོགས་ལམ་དུ་འཇུག་ཐུབ་པའི་འཁོར་མང་དུ་འབྱུང་། ཞེས་སོགས་དང་། ཡང་བློ་བཟང་གྲགས་པ་སྐྱེ་བ་རྗེད་མ་གར་འཁྲུངས་(༨བ)ཞུས་པས། དགའ་ལྡན་དུ་བྱམས་པའི་དྲུང་དུ་བྱང་ཆུབ་སེམས་དཔའ་འཇམ་དཔལ་སྙིང་པོ་ཞེས་བྱ་བར་སྐྱེ། དེ་ནས་འཛམ་གླིང་གཞན་དུ་སེམས་ཅན་གྱི་དོན་ལ་དགོངས་ཏེ་ཆོས་རྒྱལ་གཅིག་ཏུ་སྐྱེ་བ་བཞེས་ནས་སེམས་ཅན་གྱི་དོན་དཔག་ཏུ་མེད་པ་འབྱུང་ངོ་། །གསུམ་པ་འཛམ་གླིང་འདིར་རྒྱ་གར་ཤར་ཕྱོགས་སུ་པུ་རི་ཙ་ཞེས་བྱ་བའི་གཙུག་ལག་ཁང་དུ་

པདྨ་ཏ་རླ་ཤྲཱི་ཞེས་བྱ་བར་འཁྲུངས། འཁོར་ཉིས་སྟོང་འདུ་ཞིང་། འཁོར་རྣམས་ཀྱང་ཚོགས་ལམ་ཆེན་པོ་དང་། སྦྱོར་ལམ་ལ་གནས་པ་ཤ་སྟག་འབྱུང་གསུང་ངོ་། །ཞེས་དང་། རྗེ་ཕྱག་རྡོར་བའི་གསང་བའི་རྣམ་ཐར་ལོག་རྟོག་མུན་སེལ་དུ། ཡང་དུས་ལན་གཅིག་ཡི་དམ་ལ་གསོལ་བ་བཏབ་ཅིང་རིན་པོ་ཆེའི་མཎྜལ་ཕུལ་ནས། བདག་ལ་སློབ་མ་སྐྱུབ་པ་མཐར་ཕྱིན་པ་ཇི་ཙམ་ཡོང་། དེ་དག་གི་ལུང་བསྟན་གསལ་བ་གཅིག་གསུང་འཚལ་ཞེས་གསོལ་བས། གསང་བའི་བདག་པོ་བྱོན་ནས་འདི་སྐད་གསུངས། ལས་ཀྱི་རྡོ་རྗེ་གདུལ་བྱའི་ཡུལ་དུ་གྱུར་པའི་བུ་སློབ་འབྱུང་ཚུལ་རྣམས་ཁྱོད་རང་གིས་ཤེས་པར་ནུས་མོད། འོན་ཀྱང་བཙན་སར་ཕྱིན་པའི་སློབ་མ་དང་བརྒྱུད་འཛིན་མང་དུ་འབྱུང་སྟེ། དེ་རྣམས་ཀྱི་ནང་ནས་ཀྱང་འདི་ལྟར། བློ་བཟང་གྲགས་པ་འགྲན་ཟླ་ཀུན་དང་བྲལ། །ཤཱཀྱའི་རྒྱལ་པོའི་དྲུང་དུ་སེམས་མཆོག་བསྐྱེད། །ཞིང་འདིར་མདོ་དང་སྔགས་ཀྱི་གཞུང་ལུགས་སྤེལ། །འདི་ནས་འཕོས་ཏེ་དགའ་ལྡན་གནས་སུ་འགྲོ །འཇམ་དཔལ་སྙིང་པོ་བྱམས་པའི་སྲས་མཆོག་དེ། །མྱུར་དུ་འཚང་རྒྱ་དེ་བཞིན་གཤེགས་པར་འགྱུར། །ཞེས་དང་། ཡང་གསང་བདག་གི་ལུང་བསྟན་ལས། གསང་འཛིན་ལས་ཀྱི་རྡོ་རྗེ་ལ། །སྔོན་ནས་ཉེ་བར་འབྲེལ་བ་ཡི། །བློ་བཟང་གྲགས་པ་འདི་ཉིད་ནི། །སངས་རྒྱས་ཀུན་གྱི་སྤྲུལ་པ་སྟེ། །(༧ན)པཎ་ཆེན་ཀྲུང་གི་ལུས་བཟུང་ནས། །མདོ་དང་སྔགས་ཀྱི་དོན་བཤད་ཅིང་། །ངེས་པ་ཁོ་ནར་འཚང་རྒྱ་འོ། །རྒྱ་གར་རྒྱ་ནག་བལ་པོ་དང་། །དབུས་གཙང་མདོ་ཁམས་ཡུལ་ཕྱོགས་སུ། །སྐྱེ་བ་བཟུང་ཞིང་འགྲོ་ཀུན་རྣམས། །ཐར་པའི་ལམ་ལ་འཁྲིད་པ་མཛད། །འཇམ་པའི་དབྱངས་ནི་ལྷག་པའི་ལྷ། །དབྱངས་ཅན་མ་ནི་ལས་རྒྱ་སྟེ། །ངེས་པ་ཁོ་ནར་བྱང་ཆུབ་ཐོབ། །འཕགས་པའི་སློབ་མ་འདུ་བར་བྱེད། །ལུས་འདི་བོར་ཚེ་དགའ་ལྡན་དུ། །བྱམས་པའི་དྲུང་འགྲོ་ཆོས་ཉན་འགྱུར། །འཇམ་དཔལ་སྙིང་པོ་ཞེས་བྱ་བ། །སེམས་ཅན་ཀུན་ལ་བརྩེ་བ་སྟེ། །དེ་ནི་ས་བཅུའི་མཐར་ཕྱིན་ཏོ། །ཞེས་དང་། ཡང་ལོ་གསུམ་ཤུག་འབྲུ་དང་མེ་ཏོག་གི་བཅུད་ལེན་ཁོ་ན་མཛད་པས་མཚན་ཡང་བླ་མ་ཤུག་འབྲུ་

བར་གྲགས་པ་དེས་འཇམ་མགོན་ཆོས་ཀྱི་རྒྱལ་པོ་བཙོང་ཁ་པ་ཆེན་པོར་འཇམ་དབྱངས་དཔའ་གཅིག་གི་རྗེས་གནང་ལུང་སོགས་གསན་ནས་སྒྲུབ་པ་མཛད་པས་རིང་པོར་མ་ལོན་པར་ཞལ་གཟིགས་པ་སོགས་ཡོངས་གྲགས། རྟོགས་ལྡན་འཇམ་དཔལ་རྒྱ་མཚོར་གྲགས་པ་དེར་སློབ་དཔོན་རིན་ཆེན་རྒྱལ་མཚན་གྱི་བཀས་བསྐུལ་ཞིང་ཁྱད་པར་དུ་རང་གི་སློབ་མ་མདོ་སྨད་པ་བསོད་ཤེ་དང་མངའ་རིས་པ་དཔོན་པོ་ནམ་མཁའ་བཟང་པོ་གཉིས་ཀྱིས་གསེར་གྱི་མཎྜལ་དང་བཅས་ཏེ་གསོལ་བ་ཡུན་རིང་དུ་བཏབ་སྟེ་བསྐུལ་བ་ལ་བརྟེན་ནས་སྤྱོད་བ་པ་འཇམ་དཔལ་རྒྱ་མཚོས་གསོལ་བ་ཡུན་རིང་དུ་བཏབ་ནས་རྗེ་བཙུན་གྱི་བཀའ་ཇི་ལྟ་བ་བཞིན་དུ་ཡོས་ལོ་ཟླ་བ་བརྒྱད་པའི་ཡར་ཚེས་བརྒྱད་ལ་ཡི་གེར་བཀོད་པ་ཞེས་པར། སྙིང་སྟོབས་ཞུལ་དུ་ཕྱིན་ངའི་སེམས་དཔའ་ཆེན་པོ་འདི་ཉིད། སྔོན་ཚེ་རྗེ་བཙུན་འཇམ་དབྱངས་ཀྱིས་ཡང་དང་ཡང་དུ་ཐེག་པ་ཆེན་པོའི་དགེ་བའི་བཤེས་གཉེན་མཛད་(༧བ)ཕྱི་ནང་གི་རིག་པའི་གནས་རྣམས་ལ་ཐོགས་མེད་དུ་སྨྲ་བའི་སྤོབས་པའང་ཐོབ། མངོན་པར་ཤེས་པ་ལྔ་ལའང་མངའ་བརྙེས། དེ་བཞིན་གཤེགས་པ་དབང་པོའི་ཏོག་གི་དྲུང་དུ་རྗེ་བཙུན་དང་འཁོར་མང་པོ་དང་བཅས་ཏེ་ཕྱིན། དེའི་ཚེ་དེ་བཞིན་གཤེགས་པ་དབང་པོའི་ཏོག་གིས་ལུས་སྒྲིག་ལ་མི་ལྟ་བར་ལྟ་བ་རྣམ་དག་དང་འབྲེལ་བའི་སྔགས་མ་དག་པའི་ཞིང་རྣམས་སུ་རྒྱས་པར་བྱེད་པ་ནི་མྱུར་དུ་འཚང་རྒྱའོ་ཞེས་སོགས་ཀྱི་བསྔགས་པ་མང་དུ་བརྗོད། དེའི་ཚེ་སེམས་དཔའ་ཆེན་པོ་དེ་ཉིད་ཀྱིས་འཁོར་རྒྱ་མཚོ་ལྟ་བུའི་དབུས་ནས་བཞེངས་ཏེ། མ་དག་པའི་ཞིང་རྣམས་སུ་ལྟ་བ་རྣམ་དག་དང་འབྲེལ་བའི་སྔགས་ལུས་སྒྲིག་ལ་མི་ལྟ་བར་བདག་གིས་རྒྱས་པར་བྱེད་ནུས་པར་ཤོག །ཅེས་སྨོན་ལམ་བཏབ་པས། དེའི་མོད་ལ་དེ་བཞིན་གཤེགས་པ་དབང་པོའི་ཏོག་དང་འཁོར་བྱང་ཆུབ་སེམས་དཔའ་རྣམས་ཀྱིས་ཀྱང་སྨོན་ལམ་གནང་། དེ་བཞིན་གཤེགས་པ་དེའི་མཐུས་ཕྱོགས་བཅུའི་རྒྱལ་བ་རྣམས་ཀྱིས་ཀྱང་ཐུགས་ཀྱིས་དགོངས་ཏེ་སྔར་བཞིན་དུ་མཛད། དེ་བཞིན་གཤེགས་པ་ཐམས་ཅད་ཀྱིས་འདི་ལ་

སྙིང་སྟོབས་ཕུལ་དུ་བྱུང་བའོ། །ཞེས་མགྲིན་གཅིག་ཏུ་བརྗོད། དེའི་ཚེ་སྙིང་སྟོབས་ཕུལ་དུ་ཕྱིན་པའི་སེམས་དཔའ་འདི་ཉིད་ནི། སངས་རྒྱས་ཀྱི་ཞིང་དཔག་ཏུ་མེད་པ་འདས་པའི་བྱང་ཤར་མཚམས་སུ། ངོ་མཚར་རྨད་དུ་བྱུང་བའི་བཀོད་པ་སྣ་ཚོགས་པས་མཛེས་པ་ཞེས་བྱ་བའི་ཞིང་དུ། དེ་བཞིན་གཤེགས་པ་སེང་གེའི་ང་རོ་ཞེས་བྱ་བར་འཚང་རྒྱའོ་ཞེས་ལུང་བསྟན། དེ་ནས་བཟུང་སྙེ་མ་དག་པའི་ཞིང་རྣམས་སུ་ཐུགས་རྒྱ་ཆེར་སྤྱེལ་བ་བཀོད་པ་སྣ་ཚོགས་ཀྱི་སྒོ་ནས་གྲངས་ལས་འདས་པ་ཐབས་མཁས་ཀྱིས་མཛད། ད་དུང་ཡང་ཞིང་ཁམས་མཐའ་ཡས་པ་རྣམས་སུ་སྐད་ཅིག་གཅིག་གིས་ཡང་དེ་ཉིད་རྒྱས་པར་མཛད་དོ(༢)ཞེས་པ་དང་། ད་ལྟ་རྫོགས་པའི་ཚད་མཚན་ཉིད་ཐེག་པ་དང་སྔོ་བསྟུན་ན། ཞིང་སྦྱོང་བ་སོགས་ཀྱི་འགོ་རྩོམ་ཞེས་གསུངས། འོ་ན་དེ་བཞིན་གཤེགས་པ་དེའི་སྐུ་ཚེའི་ཚད་རྒྱུན་པའི་འོད་ཟེར་རྣམས་ཀྱི་ཚད་ཇི་ཙམ་ལགས་ཞུས་པས། རྒྱུན་པའི་སྐུ་དཔག་ཚད་གཅིག །སྐུ་ཚེ་བསྐལ་པ་དཔག་ཏུ་མེད་པར་བཞུགས། འོད་ནི་དཔག་ཚད་དུ་མའི་ཚད། སྐུ་མདོག་ནི་ལྗང་སྔོན། ཕྱག་གཡས་ཆོས་འཆད། གཡོན་མཉམ་བཞག་གི་སྟེང་ན་ལྷུང་བཟེད་བདུད་རྩིས་གང་བའི་ནང་ནས་བདུད་རྩིའི་ཁ་དོག་ལས་ཁྱད་པར་འཕགས་ལ། དེའི་དབུས་ནས་མཆོད་སྡོང་ཟུར་བཞི་པ་དབུས་ཨེན་གཅིག་མཐོ་བ། འོད་ཟེར་སྣ་ཚོགས་པ་ཀུན་ཏུ་འཕྲོ་བ། བདུད་རྩི་དང་ཁ་དོག་རིགས་གཅིག་པ། དེ་བཞིན་གཤེགས་པ་དེའི་ཞིང་རྣམས་སུ་དབང་པོ་རབ་རྣམས་ཀྱིས་མཆོད་སྡོང་མཐོང་བའི་མོད་ལ་ལྟ་བ་རྣམ་དག་དང་འབྲེལ་བའི་ཐུགས་རང་འཁྲུངས་སུ་རྒྱུད་ལ་བསྟར་ནས་བདུད་རྩི་མངོན་དུ་བྱེད། དབང་པོ་འབྲིང་དང་ཐ་མ་རྣམས་ལ་གསུང་གི་ལྟ་བ་རྣམ་དག་དང་འབྲེལ་བའི་ཐུགས་འདོམས་པ་ཙམ་ལས་ཡིན་ཅིང་། འཁོར་ནི་ལྟ་བ་རྣམ་དག་དང་འབྲེལ་བའི་ཐུགས་ཀྱི་སྒོ་ནས་འཚང་རྒྱ་བ་ཤ་སྟག་ཡིན་གསུངས། ཞེས་དང་། མཁས་གྲུབ་དགེ་ལེགས་དཔལ་བཟང་པོས་མཛད་པའི་གསང་བའི་རྣམ་ཐར་རིན་པོ་ཆེའི་སྙེ་མར། བླ་མ་དབུ་མ་པ་ཞེས་སྐུ་ན་ཕྲ་མོའི་དུས་བར་ཁམས་སུ་ཕྱུགས་རྫི་མཛད་

པའི་ཚེ་ཐུགས་ཀ་ནས་ཨ་ར་པ་ཙ་ནའི་སྒྲ་ཕུར་ཕུར་འོང་ཞིང་དེ་བྱུང་རེས་ཀྱི་ལུས་ཀྱི་སྨུ་ཟེར་བ་ཐུགས་བཟུང་མི་ཐུབ་པ་འདྲ་བ་རེ་འོང་བར་འཇམ་དཔལ་དབྱངས་དང་ཡང་ཡང་མཇལ་བ་དེ་ཉིད་ཀྱིས་རྗེ་རིན་པོ་ཆེ་འདིའི་སྐུ་སྐྱེ་སྔ་ཕྱི་སོགས་ཀྱི་ཞུ་བ་མཛད་པས། སྔོན་(༢བ)སངས་རྒྱས་འཇིག་རྟེན་ན་བཞུགས་པའི་དུས་སུ་བླ་མ་འདི་རྒྱ་གར་ན་བྲམ་ཟེའི་ཁྱེའུ་ཞིག་ཏུ་འཁྲུངས། དེའི་ཚེ་དགེ་སློང་གི་ཆ་ལུགས་འཛིན་པའི་བྱང་ཆུབ་སེམས་དཔའ་མོས་པའི་བློ་གྲོས་ཞེས་བྱ་བ་དང་མཇལ་ནས། དེ་ཉིད་མཉེས་པར་བྱས་ཤིང་ཞབས་འབྲིང་དུ་འཁྲུངས་ཆོས་མང་དུ་གསན། དེས་ཁྲིད་དེ་སྟོན་པ་ཤཱཀྱ་ཐུབ་པའི་ཞབས་དྲུང་དུ་མཇལ་ཞིང་སེམས་བསྐྱེད་དེ། དེའི་ཚེ་སྟོན་པ་ལ་ཤེལ་དཀར་པོ་དྲི་མ་མེད་པ་བརྒྱ་རྩའི་ཕྲེང་བ་ཞིག་དད་པས་ཕུལ་ནས་སྨོན་ལམ་བཏབ་པས་སྟོང་པ་ཉིད་ཀྱི་ལྟ་བ་ཕྱིན་ཅི་མ་ལོག་པར་རྟོགས་པའི་ས་བོན་བཞག་པ་ཡིན། དེའི་སྐུ་སྐྱེ་འདིའི་ཕྱི་མ་དགའ་ལྡན་དུ་རྒྱལ་བ་མ་ཕམ་པའི་ཆོས་ཀྱི་འདུན་སར་ཐེག་པ་ཆེན་པོའི་འཁོར་པ་དཔག་ཏུ་མེད་པ་ལ་ལོངས་སྤྱོད་པར་འགྱུར་ཞིང་མཚན་ལ་བྱང་ཆུབ་སེམས་དཔའ་འཇམ་དཔལ་སྙིང་པོ་ཞེས་བྱ་བར་འགྱུར་རོ་ཞེས་ཟེར་རོ། །དེའི་ལོ་རྒྱུས་སྐུ་མདུན་དུ་ཞུས་དུས། འདིའི་ཕྱི་མ་དགའ་ལྡན་དུ་འགྲོ་བ་འདི་ལ་རང་བླ་མ་དབུ་མ་པ། བླ་མ་ཕྱག་རྫོར་བ་སོགས་མང་པོ་ཞིག་ཁ་འཆམ་པར་འདུག་ཅེས་གསུང་ངོ་། །ཞེས་དང་། དེ་དག་རྣམས་ཀྱི་དོན་བསྡུ་ལུགས་པཎ་ཆེན་བློ་བཟང་ཆོས་ཀྱི་རྒྱལ་མཚན་གྱི་དགའ་ལྡན་བཀའ་བརྒྱུད་རིན་པོ་ཆེའི་ལམ་བརྒྱུད་པའི་རྣམ་ཐར་ཞེས་བྱ་བར། དེ་ཡང་བླ་མ་རྟོགས་ལྡན་འཇམ་དཔལ་རྒྱ་མཚོ་ལ། རྗེ་བཙུན་འཇམ་དཔལ་དབྱངས་ཀྱི་སྐུ་དང་གསུང་གི་སྣང་བ་རྒྱུན་ཆགས་སུ་འབྱུང་བ་ཡོད་པ་ལྟར། རྗེ་བླ་མའི་མཛད་པ་རྣམ་ཐར། སྐུ་ཚེ་སྔོན་མའི་རབས། འཚང་རྒྱ་བའི་མཛད་པ་ཇི་ལྟར་སྟོན་སོགས་ཡང་ཡང་གསོལ་བ་བཏབ་ནས་ཞུས་པ་ན། བཀའ་ལས། སྔོན་བསྐལ་པ་གྲངས་མེད་དཔག་ཏུ་མེད་པའི་སྔ་རོལ་དུ། དེ་བཞིན་གཤེགས་པ་དབང་པོའི་ཏོག་བྱ་བ་འཇིག་རྟེན་དུ་(༣ན)བྱུང་སྟེ། འཁོར་ཚོགས་རྒྱ་མཚོའི་དབུས་སུ་ཐེག་

པ་མཆོག་ཏུ་གྱུར་པ་རྡོ་རྗེ་ཐེག་པའི་ཆོས་ཀྱི་འཁོར་ལོ་བསྐོར་བར་མཛད་དོ། །དེའི་ཚེ་རྗེ་བདག་ཉིད་ཆེན་པོ་འདི་ཉིད་རྗེ་བཙུན་འཇམ་དཔལ་དབྱངས་ཀྱི་སྲུས་ཀྱི་ཐུ་བོ། གཟུངས་དང་། སྤོབས་པ་དང་། མངོན་པར་ཤེས་པ་དང་། ཏིང་ངེ་འཛིན་དང་། བདེན་གཉིས་མངོན་སུམ་དུ་གཟིགས་པ་དག་པའི་ཡེ་ཤེས་ལ་སོགས་པ་ཡོན་ཏན་བསམ་གྱིས་མི་ཁྱབ་པ་དང་ལྡན་པར་གྱུར་ཏོ། །དེ་ནས་རྗེ་བཙུན་འཇམ་དཔལ་དབྱངས་འཁོར་དང་བཅས་པ་དེ་བཞིན་གཤེགས་པ་དབང་པོའི་ཏོག་རྡོ་རྗེ་ཐེག་པའི་ཆོས་འཁོར་བསྐོར་བའི་འདུན་སར་གཤེགས་ཤིང་བཞུགས་པ་ན། བཅོམ་ལྡན་འདས་རྒྱལ་བ་དབང་པོའི་ཏོག་གིས་ཚངས་པའི་དབྱངས་ཀྱིས། བྱང་ཆུབ་སེམས་དཔའ་གང་དག་མ་དག་པའི་ཞིང་ཁམས་གྲངས་མེད་པ་རྣམས་སུ་ཟབ་མོ་དབུ་མའི་ལམ་དང་འབྲེལ་བའི་རྡོ་རྗེ་ཐེག་པའི་ལམ་བཟང་ལུས་དང་སྲོག་ལ་མི་ལྟ་བར་རྒྱས་པར་བྱེད་པ་དེ་ནི། རྒྱལ་སྲས་རྣམས་ཀྱི་རླབས་ཆེན་སྤྱོད་པ་རྒྱ་མཚོའི་རབ་དང་། ཕུལ་དང་། མཆོག་ཏུ་གྱུར་པའོ་ཞེས་སེང་གེའི་སྒྲ་བསྒྲགས་པ་ན། བདག་ཉིད་ཆེན་པོ་འདི་སྙིང་སྟོབས་ཆེས་ཆེར་རྒྱས་པས། འཁོར་ཚོགས་རྒྱ་མཚོའི་དབུས་སུ་བཞེངས་ཏེ། ཞུམ་པ་མེད་པའི་སྒྲ་དབྱངས་ཀྱིས། དེང་ནས་བཟུང་སྟེ། ལུས་དང་སྲོག་ལ་མི་ལྟ་བར། མ་དག་པའི་ཞིང་གྲངས་མེད་པར་ཟབ་མོ་དབུ་མའི་ལམ་དང་འབྲེལ་བའི་རྡོ་རྗེ་ཐེག་པའི་ལམ་བཟང་རྒྱས་པར་བྱའོ་ཞེས། དེ་བཞིན་གཤེགས་པ་དབང་པོའི་ཏོག་སོགས་ཕྱོགས་བཅུའི་རྒྱལ་བ་སྲས་བཅས་དཔང་དུ་བཞག་སྟེ་དམ་བཅས་ཤིང་། བདེན་ངའི་ཚིག་གི་སྒྲ་དབྱངས་བསྒྲགས་སོ། །

དེའི་ཚེ་དེ་བཞིན་གཤེགས་པ་དབང་པོའི་ཏོག་སོགས་(༩བ)ཕྱོགས་བཅུའི་སངས་རྒྱས་ཐམས་ཅད་ཀྱིས་ལེགས་སོ། །ཁྱོད་ནི་བྱང་ཆུབ་སེམས་དཔའ་སྙིང་སྟོབས་ཆེན་པོའོ་ཞེས་དབུགས་དབྱུང་ཞིང་། དེ་ནས་བཟུང་སྟེ་སངས་རྒྱས་ཀྱི་ཞིང་ཐམས་ཅད་དུ་འང་བདག་ཉིད་ཆེན་པོ་དེའི་མཚན་བྱང་ཆུབ་སེམས་དཔའ་སྙིང་སྟོབས་ཆེན་པོར་གྲགས་སོ། །དེ་ནས་རྒྱལ་བ་དབང་པོའི་ཏོག་སྐུ་ལས་འོད་ཟེར་གྱི་ཚོགས་བྱེ་བ་དཔག་

ཏུ་མེད་པ་འཁྲིད་ཅིང་། ཞལ་འཛུམ་པ་དང་ལྡན་པས། ཁྱོད་ཀྱིས་ཇི་ལྟར་དམ་བཅས་པ་བཞིན་དུ། དེང་ནས་བཟུང་སྟེ། མ་དག་པའི་ཞིང་གྲངས་མེད་པ་རྣམས་སུ་མདོ་སྔགས་ཀྱི་དམ་ཆོས་རྒྱས་པར་བྱས་ཏེ། མཐར་གྱིས་ངོ་མཚར་རྨད་བྱུང་བཀོད་པའི་ཞིང་དུ། དེ་བཞིན་གཤེགས་པ་སེང་གེའི་ང་རོ་ཞེས་བྱ་བའི་རྫོགས་པའི་སངས་རྒྱས་སུ་འགྱུར་རོ་ཞེས་ལུང་བསྟན་པར་མཛད་དོ། །ཞེས་རྗེ་བཙུན་འཇམ་དཔལ་དབྱངས་ཀྱིས། བླ་མ་རྗེས་ལྡན་འཇམ་དཔལ་རྒྱ་མཚོ་ལ་རྒྱས་པར་གསུངས་ཏེ། གསང་བའི་བདག་པོ་ཕྱག་ན་རྡོ་རྗེས། འཚང་ནམ་རྒྱ་ངས་མི་སྟོན། འཇམ་དབྱངས་ཀྱིས་སྟོན་པར་འགྱུར་རོ། །ཞེས་གསུངས་པ་ཡང་འདི་ལ་དགོངས་པ་ཡིན་ནོ། །གཏན་ཚིགས་འདི་དག་ལས་ནི། རྗེ་བླ་མ་འདི་ཉིད་བསྐལ་པ་མང་པོའི་སྔོན་ནས། བླ་ན་མེད་པའི་བྱང་ཆུབ་མངོན་དུ་མཛད་པར་ངེས་ཏེ། བདེ་གཤེགས་དབང་པོའི་ཏོག་ཕྱིན་པའི་དུས། བླ་མེད་ཀྱི་སྔགས་ལམ་ལ་གནས་པར་གྲུབ་པ་གང་ཞིག །སོ་སྐྱེ་རང་བཞིན་པ་ཡང་དབང་བཞི་ཐོབ་ལ་དམ་ཚིག་དང་སྡོམ་པ་མ་ཉམས་ན། བསྒོམ་པ་སོགས་མ་བྱས་ཀྱང་། སྐྱེས་དུས་ཀྱི་སྐྱེ་བ་བཅུ་དྲུག་ཚུན་ལ་ངེས་པར་རྡོ་རྗེ་འཆང་གི་གོ་འཕང་ཐོབ་པར་རྒྱུད་སྡེ་རྣམས་སུ་གསུངས་པ་འགྱུར་མེད་ལུང་རིགས་ཀྱིས་གྲུབ་པའི་ཕྱིར། དེ་བཞིན་དུ། གསང་བའི་བདག་པོ་ཕྱག་ན་རྡོ་རྗེས(༡༠ན)ཀྱང་རྗེ་བླ་མའི་ཐུན་མོང་དང་ཐུན་མོང་མ་ཡིན་པའི་རྣམ་ཐར་རྒྱས་པར་གསུངས་ཤིང་། དེ་དག་གི་སྙིང་པོ། དེ་བཞིན་གཤེགས་པ་དབང་པོའི་ཏོག་གི་ལུང་བསྟན་དང་མཐུན་པ་མདོར་བསྡུས་ནི། ཞེས་གོང་གི་གསང་བདག་གི་ལུང་ཚིགས་བཅད་མ་འདྲེན་པར་གནང་། ཁྱད་པར་དུ། ང་ལག་ན་རྡོ་རྗེས་ཀྱང་མ་ཧཱ་རྨ་ཏྲ་གིརྟི་ཤྲཱིའི་ཡོན་ཏན་གྱི་མཐའ་རྗོགས་པར་མི་ནུས་གསུངས། དེས་ན་འཕགས་པ་ཕྱག་ན་རྡོ་རྗེ་ནི། དོན་དངོས་པོའི་གནས་ཚོད་ལ། བསྐལ་པ་གྲངས་མེད་པའི་སྔ་རོལ་ནས་སངས་རྒྱས་པར་བཤད་ལ། དེས་ཀྱང་རྗེ་ཐམས་ཅད་མཁྱེན་པའི་ཡོན་ཏན་གྱི་མཐའ་མི་རྗོགས་པར་གསུངས་པ་ལ། རྣམ་དཔྱོད་དང་ལྡན་པས་ཚུལ་བཞིན་བསམ་པར་བྱའོ། །ཞེས་

དང་། ཡང་དེ་ཡང་རྗེ་བཙུན་འཇམ་དཔལ་དབྱངས་ཀྱིས་གསུངས་པའི་ལུང་བསྟན་གསང་བའི་མེ་ལོང་ལས་ནི། བྱ་རྒོད་ཕུང་པོའི་རིར་སྟོན་པ་སངས་རྒྱས་ལ་ཟླའི་རྒྱལ་པོ་མ་དྲོས་པས་དུང་ཕུལ་བ་རེ་ཞིག་ཆོས་དུང་མཛད། དེ་རྗེས་སྟོན་པ་འཁོར་བཅས་ཁ་ཆེར་ཕེབས་དུས། ད་ལྟའི་སློབ་མ་དགེ་སློང་པདྨའི་ངང་ལྡན་འདི། བོད་གདོང་དམར་གྱི་ཡུལ་དུ། བློ་བཟང་གྲགས་པ་ཞེས་བྱ་བའི་དགེ་སློང་དུ་གྱུར་ནས། ཤེས་རབ་ཀྱི་ཕ་རོལ་ཏུ་ཕྱིན་པ་དང་། མདོ་སྔགས་ཟུང་དུ་འབྲེལ་བའི་བསྟན་པ་རྒྱས་པར་བྱེད་པ་འོང་གསུངས་ཏེ། ཀུན་དགའ་བོ་ལ་བཀའ་སྩལ་ནས། ཀུན་དགའ་བོས་སྔར་ཀྱི་དུང་བསྐམས་ནས་རྫུ་འཕྲུལ་གྱིས་བྱིན། འབྲོག་རི་བོ་ཆེར་གཏེར་དུ་སྦས། གཏེར་བདག་ཚོགས་བདག་ལ་བཅོལ་བ་སྤྲེའུའི་གཟུགས་སུ་ཡོད། དེའི་དུས་ལྷ་ས་ནས་རྒྱང་གྲགས་འདི་ཙམ་ན་དགའ་ལྡན་འབྱུང་ཚུལ་གསལ་བར་གསུངས། དེ་རྗེས་པདྨའི་ངང་ལྡན་གྱི་སློབ་མ་དགེ་སློང་བདེ་བའི་འབྱུང་(༧༠བ)གནས་འདི་ཡང་བར་དུ་དགེ་བ་ལ་འདུན་པ་རྒྱ་མཚོའི་མཐའ་ཅན་གྱི་དགེ་སློང་དུ་གྱུར་ཏེ། བློ་བཟང་གྲགས་པའི་བསྟན་པ་སྤེལ་ཞེས་སོགས་ལུང་བསྟན་མང་དུ་གསུངས་ཞེས་དང་། དེ་ཡང་འཇམ་དཔལ་དབྱངས་ཀྱིས་གསང་བའི་མེ་ལོང་གསུང་བའི་དུས་སུ། རྗེ༷་བླ༷་མ༷་དང་བླ་མ་རྗོགས་ལྡན་པ་མ་གཏོགས་པའི་སློབ་མ་གཞན་མེད་ཅིང་། སྐལ་ལྡན་གྱི་ལྷ་ལྡེ་དྲུག་གཅིག་ཡོད་ཅེས་སོགས་དང་། ལུང་བསྟན་གྱི་རིམ་པ་ཡང་མདོ་སྡེ་གདམས་ངག་འབོགས་པའི་རྒྱལ་པོའི་བསྟན་པ་དྭངས་སྙིགས་འབྱེད་པའི་ལེའུ་ལས། ཀུན་དགའ་བོ། ད་ལྟ་ང་ལ་ཤེལ་དཀར་གྱི་འཕྲེང་བ་སྟེར་བའི་ཁྱེའུ་འདི། ང་ཡི་བསྟན་པའི་གསོ་བྱེད་ལ། །མ་འོངས་སྙིགས་མའི་དུས་སུ་ནི། །འབྲི་དང་ལྡན་གྱིས་ས་མཚམས་སུ། །དགེ་ཞེས་བྱ་བའི་དགོན་པ་འདེབས། །བློ་བཟང་ཞེས་བྱའི་མིང་ཅན་འབྱུང་། །འཁོར་ནི་རྣམ་མང་བསྡུ་བར་བྱེད། །ཆོས་སྤྱོད་བཅུ་ཡི་རྒྱུན་འཛུགས་ཤིང་། །ལྷ་ཁང་ཀ་བ་ཤིང་ལོ་ཅན། །ང་ཡི་གཟུགས་སྐུ་རྣམ་གཉིས་ལ། །དབུ་རྒྱན་འབུལ་ཞིང་མཆོད་པ་བྱེད། །སྟོན་པའི་མདོ་བཞིན་གསུང་སྒྲོག་ཅིང་། །སྨན་པའི་

དབྱངས་ཀྱིས་གསོལ་བ་འདེབས། །ང་ལ་གསོལ་བ་རབ་འདེབས་ན། །བསྟན་པ་ཡོ་སྟོང་བར་དུ་གནས། །དེ་ནས་འཕོས་ནས་ཤར་ཕྱོགས་ཀྱི། །ཆད་བྱུང་བཀོད་པའི་འཛིག་རྟེན་དུ། །སེང་གེའི་ང་རོ་ཞེས་བྱར་འགྱུར། །དེ་ལ་དད་བྱེད་ཞིང་དེར་སྐྱེ། །ཞིང་མཆོག་དེ་ནི་ཁྱད་པར་འཕགས། །ཞེས་གསུངས་པའི་ཚུལ་དང་། ལཎྐར་གཤེགས་པའི་མདོ་རྒྱ་ནག་འགྱུར་ལས། བཅོམ་ལྡན་འདས་ལ་ཀླུའི་རྒྱལ་པོ་མ་དྲོས་པས་དུང་དཀར་པོ་ཞིག་ཕུལ་བ་མཱེཏྲལ་གྱི་བུ་ལ་གནང་ནས། འདི་ཁྱོད་ཀྱིས་འཛོག་པ་རིར་སྦས་ཤིག་མ་འོངས་པ་ན་དགེ་སློང་པདྨའི་ངང་ལྡན་འདིས་གཏེར་ནས་འདོན་པས་དེའི་(77ན)ཚོགས་དུང་དུ་འགྱུར་གྱི་གཏེར་བདག་སྲིའུའི་གནས་བྱེད་དོ་ཞེས་གསུངས། ལྷ་མོ་དྲི་མ་མེད་པས་ཞུས་པའི་མདོ་ལས། བྱང་ཕྱོགས་གངས་རིའི་རྒྱུད་ཀྱི་སར། །དགེ་བ་ལྡན་པའི་ས་ཕྱོགས་སུ། །དམ་པའི་ཆོས་ནི་རྒྱས་པར་འགྱུར། །ཞེས་དང་། མཁའ་འགྲོ་གསང་རྒྱུད་ལས། འཇམ་དཔལ་སྤྲུལ་པ་བློ་བཟང་ཞེས། །བསྟན་པ་རྒྱས་བྱེད་ངོ་མཚར་ཅན། །ཞེས་དང་། མ་ཅིག་ལབ་སྒྲོན་གྱི་ལུང་བསྟན་དུ། བུ་མོ་ཁྱོད་ཀྱིས་དྲིས་པའི་བྱང་སེམས་དེ། །མ་འོངས་བསྐལ་བཟང་སངས་རྒྱས་བདུན་པ་ཡིན། །ད་ལྟ་བྱང་ཆུབ་སེམས་དཔའ་སྙིང་སྟོབས་ཆེ། །སྙིགས་དུས་ལོག་སྤྱོད་བོད་ཡུལ་བྱུང་བའི་ཚེ། །དགེ་སློང་ཚུལ་འཛིན་གྲགས་པའི་མཚན་ཐོགས་ཏེ། །གང་གི་ཞིང་དུ་སེང་གེའི་ང་རོར་གྲགས། །ཁྲིམས་འཆལ་ལོག་སྤྱོད་སྤོབས་པ་ཟིལ་གནོན་པས། །ཁྲིམས་འཆལ་བག་མེད་ཡང་དག་ཁྲིམས་ལ་སྦྱོར། །ཐུབ་ཉིད་སྤྲུལ་བཀོད་བསྟན་པའི་ཕྱག་རྒྱས་འཛིན། །བསྟན་པ་གསལ་བར་བྱེད་པའི་དགེ་སློང་ངོ་། །མཐའ་ཡས་རྒྱུད་སྡེའི་ཚོགས་ལ་དབང་བསྒྱུར་ཞིང་། །རྒྱུད་སྡེ་རྒྱ་མཚོའི་དགོངས་པའི་བཅུད་ཕྱུངས་ནས། །གདུལ་བྱར་སྒྱུར་པའི་སྐལ་ལྡན་ཚིམ་པར་མཛད། །ཅེས་དང་། ཨོ་རྒྱན་རིན་པོ་ཆེས་མཛད་པའི་བསྐུལ་བྱང་ལས། འདི་ལྟར་ཉོན་ཅིག་རྒྱལ་པོ་དད་པ་ཅན། །སངས་རྒྱས་འཇིག་རྟེན་བྱོན་དུས་ཉེ་བར་འཁོར། །སྤྱི་དན་འདས་ཚེ་ཨུ་གུཧྱ་ཞེས་བྱ། །གྲོང་ཁྱེར་འགའ་རུ་ཛྷ་ཕ་ཛྷ་དྲར་གྲགས། །ཤར་ཕྱོགས་རྒྱ་ནག་ཡུལ་

དང་ཉེ་བའི་ཚར། །ཤཱཀྱའི་དགེ་སློང་བློ་བཟང་ཞེས་བྱ་འབྱུང་། །རྒྱལ་བའི་སྲས་པོ་གྲགས་པའི་མཐའ་ཅན་དེས། །ཤཱཀྱའི་རྒྱལ་པོ་ལོངས་སྤྱོད་རྫོགས་སྐུར་བསྒྱུར། །ཕ་རྒྱུད་ཟབ་གནད་ཕྲ་མོའི་རྣལ་འབྱོར་དང་། །མཐའ་(༧༧བ)བཞི་སྤྲོས་བྲལ་རིག་པའི་ལྟ་བ་ཕྱིས། །སྐལ་བཟང་གདུལ་བྱ་མང་པོ་སྨིན་གྲོལ་མཛད། །ཞིང་འདིའི་སྐུ་ཡི་བཀོད་པ་ལེགས་བསྟུས་ནས། །ངོ་མཚར་རྨད་བྱུང་བཀོད་པའི་འཇིག་རྟེན་དུ། །རྒྱལ་བ་སེང་གེའི་ང་རོར་མངོན་འཚང་རྒྱ། །དེ་ཡི་ཕྱུག་གི་མཆོད་སྡོང་ལ། །འོད་ཟེར་བྱེ་བའི་ཕུང་པོ་རབ་ཏུ་འཁྲིད། །ཅེས་དང་། སྐབས་འགར་འཇམ་མགོན་བཙོང་ཁ་པ་ཆེན་པོ་རྡོ་རྗེ་འཆང་གི་སྤྲུལ་པར་བཟུང་བ་དང་། གོང་གི་རྟོགས་ལྡན་འཇམ་དཔལ་རྒྱ་མཚོའི་གསང་རྣམ་གྱི་དོན་མཁས་གྲུབ་རིན་པོ་ཆེ་དགེ་ལེགས་དཔལ་བཟང་པོས་རྣམ་དག་གངས་རི་མར། སངས་རྒྱས་ཞིང་མང་བརྒྱལ་བའི་བྱང་ཤར་མཚམས། །ཞེས་སོགས་དང་། བླ་མ་དབུ་མ་པར་འཇམ་དབྱངས་ཀྱིས་གསུངས་པའི་རྗེས་ས་གསུམ་མར། རྒྱལ་བའི་སྤྱན་སྔར་བྱང་ཆུབ་སྤྱོད་པ་བླངས། །ཞེས་དང་། དབུ་མ་པའི་དེའི་རྗེས་འབྲང་འཇམ་དབྱངས་ཆོས་རྗེ་བཀྲ་ཤིས་དཔལ་ལྡན་པས། སྟོན་ཆེ་རྡོ་རྗེ་གདན་དུ་རྒྱལ་བ་ལ། །ཞེས་དང་། འཇམ་དབྱངས་ཁ་ཆེས། སྟོན་ཆེ་བྲམ་ཟེའི་ཁྱེའུར་འཁྲུངས་པའི་དུས། །ཞེས་སོགས་ཆོས་སྐྱོད་མང་དུ་གྲགས་པ་དེ་དག་རྣམས་ཀྱིས་རྡོ་རྗེ་ཪཆང་དུ་དམིགས་བསལ་ལུང་རིགས་ཚིག་གིས་མ་ཟིན་ཡང་རྒྱུད་སྡེ་རྣམས་ཀྱི་དགོངས་པའང་རྩ་བའི་བླ་མ་རྡོ་རྗེ་འཆང་དཀྱིལ་འཁོར་གང་ཡིན་གྱི་གཙོ་བོ་གསུམ་གཅིག་ཏུ་ལྟ་དགོས་པར་གསུངས་པས་དོན་དུ་ཅི་ལ་འགལ། འཇམ་དཔལ་དབྱངས་ཀྱི་སྲས་ཀྱི་ཐུ་བོའི་ཚུལ་བཟུང་བ་སོགས་ཕྱོགས་བཅུའི་རྒྱལ་བ་སྲས་བཅས་རྣམས་ངོ་བོ་གཅིག་ལས་ཆུ་ཟླ་གྲངས་མེད་དུ་འབྱུང་བ་དང་མར་མེ་གཅིག་ལས་གཉིས་འཆད་ཀྱི་ཚུལ་དུ་མར་གསུངས་པ་དང་། དགའ་ལྡན་ན་བཞུགས་པའི་དྲུང་དུ་བྱང་ཆུབ་སེམས་དཔའ་འཇམ་དཔལ་སྙིང་པོར་གྱུར་པ་ཡང་སངས་རྒྱས་ཐམས་ཅད་ཀྱི་དྲུང་དུ་ཆོས་ཉན་པ་(༧༨ན)པོ་མཛད་པར་བཤད་པས་དོན་དུ་སོམ་ཉི་མི་དགོས་པར་མ་ཟད་རྣམ་

པའི་སྒོ་ནས་ཀྱང་གསུང་རབ་རྣམས་ནས་རྒྱ་ཆེར་གསུངས་པ་གཤམ་གསལ་ལྟར་ཕྱུང་རིགས་ཀྱིའང་གྲུབ་ལ། ལྷོ་བྲག་གྲུབ་ཆེན་ལས་ཀྱི་རྡོ་རྗེ་གསང་བའི་བདག་པོ་དངོས་ཡིན་ཅིང་རྟོགས་ལྡན་འཇམ་དཔལ་རྒྱ་མཚོ་དང་། བླ་མ་དབུ་མ་པ་འཇམ་དཔལ་དབྱངས་ཀྱིས་རྗེས་སུ་བཟུང་བ་སོགས་རྗེ་བླ་མས་དམིགས་བརྩེ་མའི་ཏྲི་ཀཱར་བསྐུལ་པ་ལྟར་སོ་སྐྱེའི་ཡུལ་ལས་འདས་པ་ཡིན་པས་དེ་དག་གི་དག་པའི་གཟིགས་སྣང་དུ་ཤར་བ་རྣམས་དོན་ལ་གནས་པ་གཞིར་བཅས་ཤིང་དེ་བཞིན་དུ་འཕགས་པ་རབ་འབྱོར་སོགས་དུ་མའི་ཡང་སྲིད་མཁས་གྲུབ་དགེ་ལེགས་དཔལ་བཟང་པོའི་གསུང་ལ་བསྟན་པའི་མངའ་བདག་པཎ་ཆེན་བློ་བཟང་ཆོས་ཀྱི་རྒྱལ་མཚན་གྱིས་འགྲོལ་བྱེད་གནང་བ་རྣམས་ཀྱང་རྟོག་གེའི་ཡུལ་ལས་འགོངས་པའི་གསུང་དོན་གནས་སུ་སོམ་ཉི་མི་དགོས་ཀྱང་རྣམ་པ་དེ་བཞིན་གཤེགས་པ་དབང་པོའི་ཏོག་ཅེས་བྱ་བ་ནི། ཕུང་པོ་གསུམ་པར་དེ་བཞིན་གཤེགས་པ་དབང་པོའི་ཏོག་གི་རྒྱལ་མཚན་གྱི་རྒྱལ་པོ་ཞེས་མཚན་སྨྲ་ཟུར་ཙམ་དང་། དཀོན་བརྩེགས་འདུས་པ་བཅུ་དྲུག་པ་ཡབ་སྲས་མཇལ་བའི་མདོར། སྔོན་འདས་པའི་དུས་བསྐལ་པ་དཔག་ཏུ་མེད་པའི་སྔོན་རོལ་ཏུ་འཇིག་རྟེན་གྱི་ཁམས་གངྒའི་ཀླུང་གི་བྱེ་མ་སྙེད་ཀྱི་ཞིང་གཅིག་ཏུ་གྱུར་པ་དེར། བདག་ཅག་གི་སྟོན་པ་ཤཱཀྱ་སེང་གེ་འདི་ཉིད་རྫོགས་པའི་སངས་རྒྱས་དབང་པོའི་ཏོག་ཅེས་བྱ་བར་གྱུར་ཏེ་མཛད་པ་བཅུ་གཉིས་ཀྱི་ཚུལ་བསྟན་པའི་ལོ་རྒྱུས་ཡོད་ནའང་འཇམ་དབྱངས་དང་དེ་སྲས་སྙིང་སྟོབས་ཆེན་པོའི་གནས་ཚུལ་འདི་དག་གསུངས་པ་མི་སྣང་ལ། ཕྱིར་སངས་རྒྱས་རྣམས་ཐུགས་བསྐྱེད་དང་ལུང་(༧༢བ)བསྟན་ཚུལ་གྲངས་ལས་འདས་ནའང་རྣམ་པར་དེ་དུས་ནས་རྒྱལ་བ་སེང་གེའི་ང་རོར་འཚང་རྒྱ་བའི་བྱང་ཆུབ་ལུང་བསྟན་ཐོབ་ཟིན་པ་དང་། སླར་བདག་ཅག་གི་སྟོན་པར་ཞལ་དཀར་པོའི་ཕྲེང་བ་ཕུལ་ནས་ཐུགས་བསྐྱེད་པ་ཡང་སྔ་ཕྱི་འགལ་བ་ཙམ་དང་ངོ་མཚར་རྨད་དུ་བྱུང་བ་བཀོད་པ་སྣ་ཚོགས་པའི་ཞིང་ཁམས་སུ་དེ་བཞིན་གཤེགས་པ་སེང་གེའི་ང་རོར་འཚང་རྒྱ་བ་སོགས་བོད་དུ་འགྱུར་བའི་མདོ་དང་རྒྱུད་སྡེའི་རིགས་བཀའ་དང་

བསྟན་བཅོས་གང་ནས་ཀྱང་མ་གསལ་གཞིས་ལས་དང་པོ་བའི་རྟོགས་དཔྱོད་མཁན་པོ་རྣམས་ཡིད་གཉིས་ཀྱི་རྒྱུར་སོང་དོགས་ཤིང་། དེ་དག་རྣམས་ཀྱི་ལུང་ཁུངས་སུ་འདྲེན་པའི་མདོ་སྡེ་གདམས་ངག་འབོགས་པའི་རྒྱལ་པོ་ཞེས་པ་རྒྱ་གར་དུ་དངོས་གཞི་མེད་པའི་མཐའ་ཅི་ལ་ཆོད་ཅིང་མངོན་པ་སྡེ་བདུན་གྱི་ནང་ཚན་བྱེ་བྲག་བཤད་མཛོད་ཆེན་མོ་ཡང་གངས་ཅན་དུ་མ་འགྱུར་ཙང་དེའི་ལུང་རྒྱ་འགྲེལ་ཆེན་པོ་རྣམས་སུ་དྲངས་པ། ས་དཀར་ཅན་དང་ཡངས་པ་ཅན། །ཞེས་བྱུང་ལ། བསླབ་བཏུས་སུ་མེ་ཏོག་བརྩེགས་པའི་གཟུངས་དང་། མདོ་སྡེ་རྒྱན་གྱི་འགྲེལ་པར་ཉན་ཐོས་ཀྱི་སོག་ལེ་ལྟ་བུའི་མདོ། འགྲེལ་ཆེན་དྲི་མེད་འོད་དུ་དུས་འཁོར་རྩ་རྒྱུད་ཀྱི་ལུང་དྲངས་པ་སོགས་མདོ་རྒྱུད་དངོས་གཞི་བོད་དུ་མ་ཕེབས་ཀྱང་ལུང་ཁོལ་བུར་འགྱུར་བ་མང་དུ་ཡོད་པས་མཐའ་མ་བཀག་ཀྱང་གདམས་ངག་འབོགས་པའི་རྒྱལ་པོ་ཞེས་པ་དངོས་སུ་མ་འགྱུར་བ་དེའི་རྒྱུ་མཚན་རྗེ་བླ་མ་ཆེན་པོའི་གསན་ཡིག་གངྒཱའི་ཆུ་རྒྱུན་ཁ་པའི་བརྒྱ་རེ་བདུན་པའི་རྒྱབ་ཏུ། ཐམས་ཅད་མཁྱེན་པ་བུ་སྟོན་གྱི་རྒྱུད་སྡེ་སྤྱི་རྣམ་དུ། མདོ་སྡེ་གདམས་ངག་འབོགས་པའི་རྒྱལ་པོ་ལས། འདྲེན་པའི་ཐེག་པ་གསུམ་པོ་དག །བཅོམ་ལྡན་ངེས་པར་གསུངས་(༡༣ན)ལགས་ན། །རྒྱུ་འབྲས་ལྡན་གྲུབ་ཏུ་སྤྱོད་ཅིང་། །སངས་རྒྱས་གཞན་ནས་མི་ཚོལ་བའི། །ངེས་པའི་ཐེག་པ་ཅིས་མ་གསུངས། །ཞེས་ཞུས་པའི་ལན་དུ། རྒྱུ་ལ་མོས་པར་རྒྱུའི་ཆོས་ཀྱི། །འཁོར་ལོ་རབ་ཏུ་བསྐོར་བྱས་ནས། །རྡོ་རྗེ་ཐེག་པའི་ཉེ་ལམ་ཞིག །མ་འོངས་དུས་ན་འབྱུང་བར་འགྱུར། །ཞེས་ལུང་བསྟན་མཛད་པའི་མདོ་སྡེ་གདམས་ངག་འབོགས་པའི་རྒྱལ་པོ་ནི་མདོ་མང་སོགས་ཀྱི་ནང་དུ་དངོས་འཛིན་རྒྱུ་མི་འདུག་ཅིང་ཞེས་བསྟུལ་པ་བཞིན་རྒྱུད་སྡེ་སྤྱི་རྣམ་དུ་དྲངས་པའི་སྔགས་ཀྱི་ཐེག་པའི་ལུང་འདིའི་དོན་ཕྱོགས་འདྲ་བ་སྔ་འགྱུར་གྱི་མདོ་དགོངས་པ་འདུས་པ་དང་ཚིག་ཇི་བཞིན་མ་ཉམས་པ་སློབ་དཔོན་ཛྙཱ་ན་ཤྲཱིས་གསང་བ་ལུང་བསྟན་པའི་མདོར་ཡོད་ཅིང་། འགའ་ཞིག་འདུས་པ་མདོར་ལྷས་ཞུས་པའི་མདོ་གདམས་ངག་འབོགས་པའི་རྒྱལ་པོ་ཡིན་ཞེས་དང་། ཡང་ཚིག

དེ་རྣམས་གསང་བ་ལུང་བསྟན་པའི་མདོ་དང་པདྨ་དཀར་པོ་སོགས་ལ་ཡོད་ཅེས་སོགས་བཤད་ཚུལ་མང་ཡང་དོན་ད་ལམ་ཞལ་དཀར་གྱི་ཕྲེང་བ་སོགས་ཀྱི་ལུང་འདི་དག་གདམས་ངག་འབོགས་པའི་རྒྱལ་པོའི་ཡིན་ཞེས་པའི་ལུང་དེ་རྣམས་དངོས་སུ་སྟོན་རྒྱུ་ཁུངས་མ་མི་དགོས་མདོ་རང་སུ་ལ་ཡང་མེད་ངེས་ཤིང་། ལྟར་གཞིགས་པ་རྒྱ་གར་འགྱུར་དང་རྒྱ་ནག་འགྱུར་གཉིས་ཡོད་ཀྱང་ཚིག་དེ་རིགས་གཏན་ནས་མེད་པ་དང་། དེ་མཚུངས་ལྷ་མོ་དྲི་མ་མེད་པའི་མདོར་ཡང་ཚིག་དེ་རིགས་ཟུར་ཙམ་མི་སྣང་ཞིང་། མཁའ་འགྲོ་གསང་རྒྱུད་ཅེས་སྔ་འགྱུར་དུ་ཆོས་ཚན་འདུག་ཀྱང་ཚིག་དེ་རིགས་ཡེ་མི་སྣང་བས་དག་སྣང་རྣམས་ཡུལ་ཁྱད་པར་ཅན་གྱི་དོན་དུ་གནས་པ་གཞིར་བཅས་ལུང་ཁུངས་བརྗོད་པའི་ལུང་འདི་རྣམས་བླུན་པོ་ཞིག་གི་དད་ཞེན་དཔའ་ཐལ་བའི་སྐྱར་དཔེ་ཁུངས་(༧༣བ)བསླེག་མི་མི་ཡོང་སོར་བཞག་གིས་བྱས་པ། བློ་ཆུང་ཞིག་གིས་ཕན་བཏགས་པ། །ནམ་ཞིག་གནོད་པ་ཆེན་པོར་འགྱུར། །ཞེས་པ་ལྟར་ལུང་རིགས་རྣམ་པར་དག་པ་རྣམས་ཀྱང་ཆུད་ཟོས་པའི་རྒྱུ་ལས་ཅི་ལ་མཆིས། བདག་ཉིད་ཆེན་པོ་ཤར་བཙོང་ཁ་པ་བློ་བཟང་གྲགས་པའི་དཔལ་རང་གི་གསུང་འདུན་ལེགས་མར། དེ་རྣམས་གདུལ་བྱའི་བློ་མུན་སེལ་བའི་མཆོག །འཇམ་དཔལ་དབྱངས་ལ་ཤུགས་དྲག་རྒྱུན་རིང་གི །དད་པ་བརྟན་པོས་གཞུང་ལུགས་གདམས་པ་རུ། །འཆར་ཕྱིར་གསོལ་བཏབ་རྒྱུ་ཚོགས་ཀུན་ལ་འབད། །དེ་ལྟར་འབད་པས་ཀླུ་སྒྲུབ་ཐོགས་མེད་ལས། །རིམ་བཞིན་བརྒྱུད་པའི་བྱང་ཆུབ་ལམ་རིམ་ལ། །ཐུན་མོང་མིན་པའི་ངེས་པ་སྙེད་གྱུར་ནས། །ཟབ་མོའི་གཞུང་མཆོག་ཕར་ཕྱིན་གདམས་པར་ཤར། །ཚུལ་འདི་བསམ་ཤིང་འདུན་མ་ལེགས་ནས་གདའ། །བཀའ་དྲིན་ཆེ་འོ་རྗེ་བཙུན་མཁྱེན་པའི་གཏེར། །ཞེས་དང་། སྔགས་རིམ་དུ། མཚམས་སྦྱིན་གཞོན་ནུས་འཕྲུད་པ་གསེར་གྱི་རི། །ཨིནྡྲ་ནཱི་ལའི་ཐོར་ཅོག་བཅིངས་པ་བཞིན། །དམར་སེར་སྐྲ་ཡི་ཡིད་འཕྲོག་གང་གི་གཙུག །མཐོན་མཐིང་རལ་པའི་ཟུར་ཕུད་ལྷུས་མཛེས་པའི། །འཇམ་དབྱངས་དེ་ཡིས་ཚེ་རབས་ཀུན་ཏུ་བདག །དགྱེས་ཤིང་རྗེས་སུ་བཟུང་

བའི་དྲིན་ལས་ནི། །གཏིང་དཔག་དཀའ་བའི་ཆོས་ཚུལ་རྒྱ་མཚོ་ལ། །བློ་གྲོས་ཐོགས་པ་མེད་པར་འཇུག་པར་འགྱུར། །ཞེས་སོགས་སྐུའི་ཚེ་རབས་ཐམས་ཅད་དུ་རྗེ་བཙུན་འཇམ་པའི་དབྱངས་ཀྱིས་རྗེས་སུ་བཟུང་བའི་རྒྱུ་མཚན་ཆེས་མང་ཞིང་། རང་གི་ཡོངས་འཛིན་དུ་གྱུར་པ་རེད་མདའ་བ་གཞོན་ནུ་བློ་གྲོས་ལ་རྗེ་ཉིད་ཀྱིས་གསོལ་བ་འདེབས་པའི་ཚིགས་བཅད་ཕུལ་བས། དེ་ནི་ང་མ་ཡིན་གྱི་གསུངས་ནས། དྲི་མེད་མཁྱེན་(༡༥ན)པའི་དབང་པོ་འཇམ་དཔལ་དབྱངས། །གངས་ཅན་མཁས་པའི་གཙུག་རྒྱན་བཙོང་ཁ་པ། །ཞེས་ཕྱིར་འབུལ་བར་མཛད་པར་གྲགས་པ་དང་། རྟོགས་ལྡན་འཇམ་དཔལ་རྒྱ་མཚོས་མཛད་པའི་རྣམ་ཐར་ལེགས་བཤད་ཀུན་འདུས་ལས་ཀྱང་། སྐུ་ལྟེམས་སུ་ཞུགས་པའི་དུས་ཡབ་ཀྱི་མནལ་ལམ་དུ། རྒྱ་ནག་རི་བོ་རྩེ་ལྔ་ནས་འོངས་ཟེར་བའི་བཙུན་པ་མི་ཧོག་གི་ཕྲེང་བ་དུ་མ་སྦྲེལ་བའི་ཆོས་གོས་དང་། སུམ་ཅུ་རྩ་གསུམ་གྱི་ཤིང་ལོ་ཡིན་ཟེར་བ་དར་སེར་པོ་འདྲ་བའི་ཤམ་ཐབས་ཅན། པོ་ཏི་ཁྱེར་བ་ཞིག་བྱུང་ནས་ང་ཁྱེད་ལ་གནས་ཤིག་གཡར་བ་ཡིན་ཟེར་ནས། ཁང་ཐོག་ན་མཆོད་ཁང་ཞིག་ཡོད་པའི་ནང་དུ་སོང་བའི་སྣང་བ་བྱུང་བས། ཡབ་དེ་མཚན་བརྗོད་ཁོ་ན་ཞལ་འདོན་མཛད་ཅིང་ཡོད་པས། འཇམ་དབྱངས་ཀྱི་རྣམ་སྤྲུལ་ཡིན་སྙམ་པ་བྱུང་། ཞེས་དང་། སྐུ་བལྟམས་ནས་ཆོས་ཀྱི་རྗེ་དོན་གྲུབ་རིན་ཆེན་པས་རྡོ་རྗེ་འཇིགས་བྱེད་ཀྱི་བྲིས་སྐུ་བྱིན་རླབས་ཅན་སོགས་ཆེད་དུ་སྐྱེལ་མི་གནང་བ་གང་ཡིན་གྱི་རྒྱུ་མཚན་ཞུས་པར། ངས་རྨི་ལམ་དུ་རྡོ་རྗེ་འཇིགས་བྱེད་དང་མཇལ་བས་གསོལ་བ་བཏབ། ཁྱད་པར་དུ་ཞལ་ཡང་ཡང་བསྟན་དུ་གསོལ་ཞེས་ཞུས་པས། སང་ཕོད་ད་ཙམ་ལྕུང་པ་འདིའི་མདའ་རུ་ཡོང་དེ་བར་དུ་བདེ་བར་གྱིས་གསུངས་པ་དེ་གང་ཡིན་དཔྱད་པའི་ཕྱིར་ཏིང་ངེ་འཛིན་ལ་མཉམ་པར་བཞག་པས། ཁྱོད་ཀྱི་བུར་འདུག་ང་ཐིགས་པ་ཡིན། ཞེས་བྱུང་བས་ཡབ་ཀྱི་མནལ་ལྟས་ནས་འཇམ་དབྱངས་དང་དོན་རིན་པའི་གསུང་གི་འཇིགས་མཛད་རྡོ་རྗེའི་རྣམ་སྤྲུལ་དུ་གྲུབ་པ་ཞི་དྲག་གི་ཁྱད་པར་ལས་དོན་གཅིག །རྗེ་བྲག་ཕྲུག་རྗོར་བའི་རྣམ་ཐར་བཀའ་བཞི་པ་དང་

མཛལ་ཚུལ་ཟུར་ཙམ་བཀོད་པ་ཞེས་བྱ་བ་ལས། བདག་གི་ལོ་བདུན་ཙུ་ལོན་དུས་བུ་མོ་དཀར་(༧༤བ)མོ་ཞིག་ན་རེ། བྱམས་པས་བྱིན་གྱིས་བརླབས་པའི་གང་ཟག་འཇམ་དཔལ་དབྱངས་དང་གཉིས་སུ་མེད་པ། ལྷ་མོ་དབྱངས་ཅན་མས་རིག་པ་སྟེར་བར་བྱེད་པ་ཕུན་སུམ་ཚོགས་པ་གཅིག་དང་སྐྱེ་བ་བཅོ་ལྔའི་གོང་ནས་འབྲེལ་བ་ཡོད་ཅིང་ཕན་ཚུན་དཔོན་སློབ་ཏུ་འབྲེལ་བ་ཞིག་འོང་བ་ཡོད་པས། དེ་ལ་ཆོས་བཀའ་ལ་བསྲིས་མ་འཇུག་པར་བྱིན། ཕར་ཡང་ཆོས་ཞུས་ཟེར་བ་ཞིག་བྱུང་། ཞེས་དང་། བཅོམ་ལྡན་འདས་ཀྱིས་ཆོས་ཀྱི་འཁོར་ལོ་བསྐོར་བའི་དུས་ལུག་ཟླའི་ཚེས་བཞིའི་ཉིན་ལྷོ་བྲག་བགྲོ་བ་དགོན་པར་ཕྱག་ཕེབས་ཕྱིན་པ་བདག་གིས་བསུ་བ་ལ་ཕྱིན་པས། རྗེ་བཙུན་འཇམ་དབྱངས་འོད་ཀྱི་དྲ་བས་མཛེས་པ་ཞིག་ཕེབས་བྱུང་བར་མཐོང་། ཁོང་གིས་བདག་ཕྱག་ན་རྡོ་རྗེར་དངོས་སུ་གཟིགས། ཞེས་གསུངས་པས་འཇམ་པའི་དབྱངས་ཁོ་ནར་བསྟན། ཆོས་ཀྱི་རྒྱལ་པོ་བཙོང་ཁ་པ་རང་གི་མཛད་འཕྲིན་ཉམས་བཞེས་དང་སྦྱར་ན། ཤེས་བྱ་གང་ཡང་ཐུགས་ཉམས་སུ་མ་ཆུག་པ་མེད་མོད་ཀྱང་། ཤེས་རབ་ཀྱི་ཕ་རོལ་ཏུ་ཕྱིན་པའི་གདམས་པ་ལ་མི་ཕམ་བྱམས་པ་མགོན་པོ་ནས་བརྒྱུད་པ་སྦས་དོན་མངོན་རྟོགས་ཀྱི་རིམ་པ་དང་། རྗེ་བཙུན་འཇམ་དཔལ་དབྱངས་ནས་བརྒྱུད་པ་དངོས་བསྟན་སྟོང་ཉིད་ཀྱི་རིམ་པ་གཉིས་ཡོད་པ་ལས་ཕྱི་མའི་དོན་ཟབ་མོ་དབུ་མ་ཉིད་གཏན་ལ་ཕབ་སྟེ་རང་ལུགས་ཀྱི་གཙོ་བོར་བཟུང་། ཟབ་པ་དང་རྒྱ་ཆེ་བའི་རྒྱུད་སྡེ་རིན་པོ་ཆེ་རྒྱ་མཚོ་ལྟ་བུའི་ནང་ནས་འཇམ་དཔལ་རྡོ་རྗེ་དཀྱིལ་འཁོར་གྱི་གཙོ་བོར་བཞུགས་པ་དཔལ་གསང་བ་འདུས་པ་དང་། དེ་ཉིད་དྲག་པོར་ཁྲོས་པ་རྡོ་རྗེ་འཇིགས་བྱེད་གཉིས་ཀྱི་བསྐྱེད་རྫོགས་ལ་རྩལ་དུ་བཏོན་ཅིང་། ཁྱད་པར་སྔ་མའི་རྫོགས་རིམ་སྐུ་རྡོ་རྗེ་ལུས་དབེན། གསུང་རྡོ་རྗེ་ངག་དབེན། ཐུགས་རྡོ་རྗེ་སེམས་(༧༥ན)དབེན། ཀུན་རྫོབ་བདེན་པ་སྒྱུ་ལུས། དོན་དམ་བདེན་པ་འོད་གསལ་དེ་གཉིས་ཟུང་དུ་འཇུག་པ་སྟེ་ལམ་རིམ་པ་ལྔ་གམ། ཡང་ན་ལུས་ངག་ཡིད་གསུམ་སེམས་དམིགས་ཀྱི་རིམ་པ་དང་པོར་བཞག་པས་རིམ་

པ་བཞི་དང་། ལུས་དབེན་ངག་དབེན་གྱི་ནང་དུ་བསྡུས་ནས་བཤད་རྒྱུད་རྡོ་རྗེ་ཕྲེང་བའི་དགོངས་པ་ལྟར་རིམ་ལྔར་སྟོན་པ་སྟེ་ཟབ་ལམ་འདི་ཉིད་ཀྱི་སྒོ་ནས་བར་དོར་ཟུང་འཇུག་སྒྱུ་མའི་སྐུ་མཆོག་གི་དངོས་གྲུབ་བརྙེས། ཆོས་སྐུང་ཡང་འཇམ་དཔལ་གྱི་བཀའ་སྟོད་ལས་གཤིན་ལ་གཙོ་བོ་མཛད། སྐབས་དེའི་སྐུ་འབག་ཕྱག་ནས་མ་སློའུ་ཚུང་དང་པདྨ་མཁར་པས་མཆོན་བྲིས་འབུར་མང་བར་འཇམ་དབྱངས་ཀྱི་རང་རྟགས་ཕྱག་མཚན་གླེགས་རལ་ཅན་འབྱུང་བ་སོགས་ལ་དཔགས་ཏེ། བདག་གི་དྲིན་ཅན་རྩ་བའི་བླ་མ་ཀུན་མཁྱེན་རྒྱལ་བའི་དབང་པོས་ནི། དམིགས་བརྩེ་མའི་ཊཱི་ཀྐ་ཚིག་དོན་རབ་གསལ་དུ། རྒྱལ་ཀུན་ཡབ་ཏུ་གྱུར་ཀྱང་གཞོན་ནུའི་ཚུལ། །འཛིན་མཛད་ཟུར་ཕུད་ལྔ་པ་གངས་ཅན་འདིར། །བསམས་བཞིན་བཤེས་གཉེན་རྣམ་རོལ་བཙོང་ཁ་པ། །རིགས་གསུམ་ངོ་བོར་གསོལ་འདེབས་ལེགས་པའི་ལམ། །ཞེས་དང་། བླ་མ་མཆོད་པའི་ཚོ་ག་དངོས་གྲུབ་འདོད་འཛོར། དུས་གསུམ་རྒྱལ་ཀུན་ཡབ་གཅིག་འཇམ་དཔལ་དབྱངས། །ཞིང་འདིར་ཅུར་སྒྲིག་འཛིན་པའི་ཟློས་གར་གྱིས། །བསྟན་འགྲོའི་ཕན་བདེ་མ་ལུས་སྤེལ་མཛད་པ། །དགོན་ཅིག་གསུམ་དངོས་ཁྱོད་ལ་རྟག་ཏུ་འདུད། །ཅེས་དང་། གངས་ཅན་སའི་ཐིག་ལེ་རྒྱལ་ཁབ་ཆེན་པོ་དམར་པོ་རིའི་རྟེན་མཆོད་ཀྱི་དེབ་ཐེར་མགོའི་མཆོད་བརྗོད་དུ། སློ་ཆེན་གསེར་མངལ་ཅན་དང་གཙུག་ན་ཟླ་བ་འཆི་མེད་གཙོ་བོ་ལ་སོགས་ཀྱིས། །མཁྱེན་པའི་གཏིང་མཐའ་ཚ་ཙམ་རྟོགས་མིན་སྐལ་བཟང་(༧༥བ)འགྲོ་ལ་འཇམ་དབྱངས་གཞོན་ནུ་ཡ་ང་། །མི་ཡི་སྲིད་བཟུང་ཟོལ་ལ་ཉེར་བརྟེན་བཙོང་ཁ་པ་ཞེས་གྲགས་པའི་དབྱངས་སྐན་པོ། །སྲིད་གསུམ་རྩེ་མོར་ཆེས་ཆེར་བསྒྲིངས་པས་དམ་པའི་ཆོས་ཀྱི་འཕོར་ཡོས་སྒྱུར་ལ་འདུད། །ཅེས་དང་། དཔལ་ལྡན་འབྲས་སྤུངས་དྲི་གཙང་ཁང་གི་བཞུགས་ཁྲང་དུ། འཇམ་མགོན་མཚན་དཔེའི་དཔལ་འབར་འཇའ་ལུས་སྐུ། །ཐ་མལ་གདུལ་བྱའི་མིག་གི་དབང་ཤེས་སུ། །ཅུར་སྒྲིག་གར་གྱིས་རོལ་པའི་བཙོང་ཁ་པ། །ཁམས་གསུམ་འགྲོ་བའི་བླ་མ་གཙུག་ན་མཛེས། །ཞེས་དང་། བཀྲ་ཤིས་ལྷུན་པོའི་ཕྱག་མཛོད་

ཕུན་ཚོགས་རབ་བརྟན་གྱིས་བཀའ་འགྱུར་བཞེངས་པའི་དཀར་ཆག་ཏུ། རྔོངས་ཆེན་འཁོར་བའི་འགྲོ་ལ་སྙིང་རྗེ་ཆེས། །རྒྱལ་ཀུན་མཁྱེན་པ་འཇམ་དཔལ་གཞོན་ནུའི་སྐུར། །ལེགས་བསྟན་ཆེན་པོ་བོད་ཀྱི་རྒྱལ་ཁམས་ན། །མི་ཡི་གཟུགས་འཛིན་བཙོང་ཁ་པ་ལས་སུ། །ཞེས་སོགས་རྒྱ་ཆེར་བསྔུལ་པ་ལྟར་རྗེ་བཙུན་བརྟན་པའི་འཁོར་ལོའི་སྲས་ཀྱི་ཐུ་བོའི་ཚུལ་བཟུང་བ་སོགས་ཀྱི་ཟོལ་སྦྱོར་མི་དགོས་པར་འཇམ་དཔལ་དབྱངས་དངོས་མཐོན་མཐིང་རལ་པའི་ཟུར་ཕུད་དོར་ཏེ་ངུར་སྨྲིག་གི་རྒྱལ་མཚན་འཆང་བར་བཞེད་པ་ནམ་ཡང་འཁྲུལ་པའི་དྲི་མ་དང་བྲལ་བ་རྡོ་རྗེའི་གསུང་འཕགས་པ་ལག་ན་པདྨའི་དགོངས་པ་དོན་དུ་གནས་པར་མ་ཟད། རྣམ་པའི་སྒོ་ནས་ཀྱང་། བྱ་རྒྱུད་དེ་བཞིན་གཤེགས་པའི་རིགས་ཀྱི་འཁོར་ལོས་སྒྱུར་བ་འཇམ་དཔལ་རྩ་བའི་རྒྱུད་ཕྱག་རྒྱ་བསྐུལ་བའི་ཚོ་ག་འཇམ་དཔལ་གྱི་ཡོངས་ཞུས་བསྟན་པ་རབ་འབྱམས་ཉེར་བརྒྱད་པ་ལས། འཇིག་རྟེན་ང་ནི་མྱ་ངན་འདས། །ས་ཡི་སྙིང་འདི་སྟོངས་གྱུར་ན། །ཁྱོད་ཉིད་བྱིས་པའི་གཟུགས་ཀྱིས་ནི། །སངས་རྒྱས་མཛད་པ་བྱེད་པར་འགྱུར། །དེ་ཚེ་དགོན་(༧༨ན)ཆེན་རབ་དགའ་བ། །ཁ་བ་ཅན་ནང་ཡོད་པ་ཡི། །ཆུ་བོ་གསེར་དང་ལྡན་འགྲམ་དུ། །ང་ནི་མྱ་ངན་འདའ་བར་འགྱུར། །ཞེས་གནས་ཁ་བ་ཅན་དང་དགོན་པའི་མཚན་སྨྲ་དགའ། ཁྱོད་ཉིད་ཅེས་འཇམ་དཔལ་དབྱངས་དངོས་སུ་རྫོགས་པའི་སངས་རྒྱས་ཀྱི་བཀའ་དྲི་མ་མེད་པ་ནས་ལུང་གིས་གསལ་བར་ཟིན་པས་ངེས་དོན་དུ་དུས་གསུམ་རྒྱལ་བ་ཀུན་གྱི་ཡབ་གཅིག་པུ་བསྐལ་པ་གྲངས་མེད་པ་རྒྱ་མཚོའི་ཡང་ཆེས་ཕ་རོལ་གྱི་ཕ་རོལ་ནས་འཇིག་རྟེན་གྱི་ཁམས་མཉམ་པ་ཞེས་བྱ་བ་ན། དེ་བཞིན་གཤེགས་པ་དགྲ་བཅོམ་པ་ཡང་དག་པར་རྫོགས་པའི་སངས་རྒྱས་ཀླུའི་རིགས་མཆོག་ཅེས་བྱ་བའི་གོ་འཕང་མངོན་དུ་བྱས་ཏེ། ཆོས་ཀྱི་འཁོར་ལོ་ནི་ཤིན་ཏུ་བསྐོར། སངས་རྒྱས་ཀྱི་མཛད་པ་ནི་ཡོངས་སུ་མཐར་ཕྱིན། བསོད་ནམས་དང་ཡེ་ཤེས་ཀྱི་ཚོགས་ནི་ལེགས་པར་རྫོགས། ཐམས་ཅད་མཁྱེན་པ་ཉིད་དང་། བྱང་ཆུབ་ཆེན་པོ་དང་། ཕ་རོལ་ཏུ་ཕྱིན་པ་དང་། ས་བརྙེས་པས་ནི་ཤིན་ཏུ་ཡོངས་སུ་

བཟླང་། སྐྱེས་བུ་ཆེན་པོའི་མཚན་འབར་བ་སུམ་ཅུ་རྩ་གཉིས་ཀྱི་ནི་སྐུས་བརྒྱན། དཔེ་བྱད་བཟང་པོ་བརྒྱད་ཅུས་ནི་ཡན་ལག་དང་ཉིང་ལག་ཐམས་ཅད་རྣམ་པར་སྤྲས། སྤྱི་གཙུག་ནི་སེམས་ཅན་ཐམས་ཅད་ཀྱིས་བལྟར་མི་མཐོང་། བདུད་ཀྱི་ཚོར་མ་ཐམས་ཅད་ནི་དཀྲུགས། དེ་ཁོ་ན་ཉིད་མཁྱེན་པ་ནི་རིམ་པར་ཐུགས་སུ་ཆུད། སྤྱན་རྣམ་པ་ལྔ་ནི་མངའ། རྣམ་པ་ཐམས་ཅད་མཁྱེན་པའི་མཆོག་དང་། ཡེ་ཤེས་དང་། སངས་རྒྱས་ཀྱི་ཆོས་ཐམས་ཅད་དང་ནི་ལྡན། བདུད་དང་ཕས་ཀྱི་རྒོལ་བ་ངན་པའི་ཚོགས་ཅན་ཐམས་ཅད་ནི་བཅོམ། བརྗོད་པའི་སྒྲ་དང་ཚིགས་སུ་བཅད་པས་ནི་འཕགས། ཁྱུ་མཆོག་དང་སེང་གེའི་སྒྲ་ནི་སྒྲོག །མ་རིག་པའི་མུན་པ་ནི་ཀུན(78བ)ཏུ་བསལ་ཏེ་སྐུ་བཞི་ཡེ་ཤེས་ལྔའི་བདག་ཉིད་དུ་གྱུར་ནའང་། སྣང་ཚུལ་ཙམ་དུ་བྱང་སེམས་ཀྱི་སྤྱོད་པ་སྣབས་པོ་ཆེས་སེམས་ཅན་གྱི་དོན་མཛད་པ་འཇམ་དཔལ་ལམ་འཇམ་དབྱངས་སུ་གྲགས་པ་ཁོ་ན་ཉིད་དུ་ངེས་ལ། འཕགས་མཆོག་དེར་མཚན་ཐོགས་པའི་སྒྲ་བཤད། སངས་རྒྱས་དང་བྱང་ཆུབ་སེམས་དཔའི་ཚུལ་སོ་སོར་བཟུང་ལུགས་ལ་སོགས་པ་མདོ་རྒྱུད་བཀའ་བསྟན་རྣམས་སུ་ཧ་ཅང་འབྱམས་ཀླས་ཤིང་ཚིག་ཚོགས་ཆེན་པོའི་ལོ་མས་དོན་གྱི་འབྲས་བུ་གཅེར་ལྟས་སུ་མི་མཐོང་བ་དག་མངོན་པར་བསྡུས། ཅུང་ཟད་སྤྲས་པའི་ཚུལ་རྣམས་ཀྱི་དོན་ལེགས་པར་བཀྲལ། ཁ་འཐོར་བ་རྣམས་ཕྱོགས་སུ་བསྡེབས་ཏེ་བཀོད་པར། དེ་ཡང་འཕགས་པ་ཆོས་ཐམས་ཅད་འབྱུང་བ་མེད་པའི་མདོ་ལས། བཅོམ་ལྡན་འདས་འདི་ནི་ཆགས་པ་མ་མཆིས་པའི་དཔལ་ཏེ། དེ་ཉི་འཇམ་དཔལ་ལོ། །བཅོམ་ལྡན་འདས་འདི་ནི་མི་གཉིས་པའི་དཔལ་ཏེ། དེ་ནི་འཇམ་དཔལ་ལོ། །བཅོམ་ལྡན་འདས་འདི་ནི་དངོས་པོ་མ་མཆིས་པའི་དཔལ་ཏེ། དེ་ནི་འཇམ་དཔལ་ལོ། །བཅོམ་ལྡན་འདས་འདི་ནི་ཉོན་མོངས་པ་མ་མཆིས་པའི་དཔལ་ཏེ། དེ་ནི་འཇམ་དཔལ་ལོ། །བཅོམ་ལྡན་འདས་འདི་ནི་དེ་བཞིན་ཉིད་ཀྱི་དཔལ་ཏེ། དེ་ནི་འཇམ་དཔལ་ལོ། །བཅོམ་ལྡན་འདས་འདི་ནི་མ་ནོར་བ་དེ་བཞིན་ཉིད་ཀྱི་དཔལ་ཏེ། དེ་ནི་འཇམ་དཔལ་ལོ། །བཅོམ་ལྡན་འདས་འདི་ནི་ཆོས་ཀྱི་

དབྱིབས་ཀྱི་དཔལ་ཏེ། དེ་ནི་འཇམ་དཔལ་ལོ། །བཅོམ་ལྡན་འདས་འདི་ནི་ཡང་དག་པའི་མཐའི་དཔལ་ཏེ། དེ་ནི་འཇམ་དཔལ་ལོ། །བཅོམ་ལྡན་འདས་འདི་ནི་དམ་པའི་དཔལ་ཏེ། དེ་ནི་འཇམ་དཔལ་ལོ། །བཅོམ་ལྡན་འདས་འདི་ནི་མཆོག་གི་དཔལ་ཏེ། དེ་ནི་འཇམ་དཔལ་ལོ། །བཅོམ་(༡༧ན)ལྡན་འདས་འདི་ནི་ཕུལ་གྱི་དཔལ་ཏེ། དེ་ནི་འཇམ་དཔལ་ལོ། །བཅོམ་ལྡན་འདས་འདི་ནི་ བླ་ན་མ་མཆིས་པའི་དཔལ་ཏེ། དེ་ནི་འཇམ་དཔལ་ལོ། །ཞེས་དང་།

ཕར་ཕྱིན་བདུན་བརྒྱ་པ་ལས། བཅོམ་ལྡན་འདས་འཇམ་དཔལ་འདི་ནི་བསམ་གྱིས་མི་ཁྱབ་པའི་དཔལ་ལོ། །དེ་ཅིའི་སླད་དུ་ཞེ་ན། འདི་ལྟར་འདིའི་སྦྱོབས་པ་གང་དང་གང་ལགས་པའི་སྤོབས་པ་དེ་དང་དེ་ཉིད་བསམ་གྱིས་མི་ཁྱབ་པ་ཉིད་ལགས་སོ་ཞེས་སྦྱིར་མཉྫུ་ཤྲཱིའི་སྒྲ་ལས་དྲངས་པ་འཇམ་དཔལ་དང་མཉྫུ་གྷོ་ཥའི་སྒྲ་ལས་འཇམ་དབྱངས་ཞེས་པ་མཉྫུའི་སྒྲ་ནི་འཇམ་རྩུབ་ཀྱི་ཟླས་ཕྱེ་བའི་ཡིན་པ་ལྟར་ཛྙེ༷་ཧླ༷་མ༷ས་དབུ་མའི་རྣམ་བཤད་ཐེག་ཆེན་རྒྱ་མཚོར་འཇུག་པའི་གྲུ་གཟིངས་སུ། སོ་སོ་སྐྱེ་བོའི་ས་ལས་འཕགས་ཤིང་ཉོན་མོངས་པ་དང་བྲལ་བས་འཇམ་པའི་དཔལ་དང་ལྡན་པ་ན་ཚོད་གཞོན་ནུར་གྱུར་པའི་ལྷ་ཞེས་དང་། མཛོད་འགྲེལ་ཆོས་མངོན་རིན་ཆེན་འདྲེན་པའི་ཤིང་རྟར། ཉོན་མོངས་པའི་རྩུབ་རེག་དང་བྲལ་བས་འཇམ་ཞིང་། བདེ་ལེགས་ཀྱི་དཔལ་དུ་གྱུར་པ་ན་ཚོད་གཞོན་ནུ་ལོ་བཅུ་དྲུག་ལོན་པའི་ཉམས་ལྡན་གྱི་ལང་ཚོ་ཅན་དུ་གྱུར་པའི་ཞེས་དང་། བོད་འགྲེལ་སྦྱ་མ་ཕལ་ཆེར་དུའང་མཚན་གྱི་སྒྲ་བཤད་དེ་མཚུངས་སུ་བཤད་ཅིང་། དེ་ལྟར་འཇམ་དཔལ་ལམ་འཇམ་དབྱངས་སུ་གྲགས་པ་འདི་ནི་མདོ་ལུགས་སུ་འཕགས་པ་དཀོན་ཅོག་བརྩེགས་པའི་འདུས་པ་སུམ་ཅུ་རྩ་དྲུག་པ་ལྷའི་བུ་བློ་གྲོས་རབ་གནས་ཀྱིས་ཞུས་པ་ལས། བྱང་ཆུབ་སེམས་དཔའ་འཇམ་དཔལ་གཞོན་ནུར་གྱུར་པ་ཞེས་བྱ་བ་མཐུ་ཆེ་བ། ཤེས་པ་ཆེ་བ། བརྩོན་འགྲུས་ཆེ་བ། བྱང་ཆུབ་སེམས་དཔའ་རྣམས་ཡང་དག་པར་སྟོན་པར་བྱེད་པ། བྱང་ཆུབ་སེམས་དཔའ་རྣམས་ཡང་དག་པར་འཛིན་དུ་འཇུག་པ། བྱང་(༡༧བ)ཆུབ་སེམས་

དང་འ་རྣམས་ཡང་དག་པར་གཟིངས་བསྐྱོད་པ། བྱང་ཆུབ་སེམས་དཔའ་རྣམས་ཡང་དག་པར་རབ་ཏུ་དགའ་བར་བྱེད་པ། བྱང་ཆུབ་སེམས་དཔའ་རྣམས་ཀྱི་ཕའི་གོ་བྱེད་པ། བྱང་ཆུབ་སེམས་དཔའ་རྣམས་ཀྱི་མའི་གོ་བྱེད་པ། ཆོས་ཐམས་ཅད་ཀྱི་གཞི་རབ་ཏུ་འབྱེད་པའི་ཤེས་པ་ལ་མཁས་པ། ཆགས་པ་མེད་པའི་ཤེས་རབ་ཀྱི་ཕ་རོལ་ཏུ་ཕྱིན་པ་ཐོབ་པ། ཐོགས་པ་མེད་པའི་སྤོབས་པ་དང་ལྡན་པ། གཟུངས་ཐོབ་པ། བྱང་ཆུབ་སེམས་དཔའི་ཡོན་ཏན་བསམ་གྱིས་མི་ཁྱབ་པ་དང་ལྡན་པ་ཞེས་དང་། སྙིང་རྗེ་པདྨ་དཀར་པོའི་མདོ་ལས། རིགས་ཀྱི་བུ་ཁྱོད་ནི་ཤིན་ཏུ་ཡོན་ཏན་དང་ལྡན་ཞིང་ཤིན་ཏུ་ཡེ་ཤེས་དང་ལྡན་པས་གང་གི་ཕྱིར་སེམས་ཅན་ཐམས་ཅད་ཀྱི་དོན་གྱི་ཕྱིར་དེ་ལྟར་རབ་དང་མཆོག་བློ་གྲོས་བཀྲ་ཤིས་པ་བྱས་ཤིང་སངས་རྒྱས་ཀྱི་ཞིང་གི་ཡོན་ཏན་བཀོད་པ་རབ་མཆོག་བཟང་བས་དེའི་ཕྱིར་རིགས་ཀྱི་བུ་ཁྱོད་འཇམ་དཔལ་ཞེས་བྱ་བར་གྱུར་ཅིག །ཅེས་དང་། ཕྱིར་མི་ལྡོག་པའི་འཁོར་ལོའི་མདོ་ལས། འཇམ་དཔལ་ཁྱོད་དེའི་ཕྱིར་ཕྱོགས་བཅུར་སྣང་བས། བྱང་ཆུབ་སེམས་དཔའ་བྱེ་བ་ཁྲག་ཁྲིག་མང་པོ་རྣམས་ཀྱི་མཆོག་ཏུ་གྱུར་ཏེ་དཔེར་ན་ཉི་མའི་དཀྱིལ་འཁོར་བཞིན་ནོ། །ཞེས་སོགས་རྒྱ་ཆེར་བསྔགས་ཤིང་། ངོ་བོ་སངས་རྒྱས་ཐམས་ཅད་ཀྱི་ཡབ་གཅིག་སྐུ་བཞིའི་བདག་ཉིད་ཆེན་པོར་བཞུགས་ཀྱང་རྣམ་པ་ས་བཅུའི་བྱང་སེམས་ཀྱི་ཚུལ་གྱིས་འགྲོ་བའི་དོན་མཛད་པ་རྗེ་བཙུན་འཇམ་དཔལ་དབྱངས་སམ་བརྟན་པའི་འཁོར་ལོར་གྲགས་པ་འདིས་དང་པོར་བྱང་ཆུབ་ཏུ་ཐུགས་བསྐྱེད་པ་སོགས་ཀྱི་ལོ་རྒྱུས་ནི། དཀོན་བརྩེགས་ལེའུ་བཅོ་ལྔ་པ་འཇམ་དཔལ་གྱི་སངས་རྒྱས་ཀྱི་ཞིང་གི་ཡོན་ཏན་བཀོད་པ་ཞེས་བྱ་བ་ལས། བཅོམ་ལྡན་འདས་འཇམ་དཔལ་གཞོན་ནུར་གྱུར་པ་འདི་སངས་(༧༢ན)རྒྱས་བཅོམ་ལྡན་འདས་རྣམས་ཀྱིས་བསྐྱོད་ཅིང་བསྔགས་ན། བཅོམ་ལྡན་འདས་འཇམ་དཔལ་གཞོན་ནུར་གྱུར་པ་འདི་ཡུན་ཇི་སྲིད་ཅིག་ན་བླ་ན་མེད་པ་ཡང་དག་པར་རྫོགས་པའི་བྱང་ཆུབ་མངོན་པར་རྫོགས་པར་འཚང་རྒྱ། དེའི་སངས་རྒྱས་ཀྱི་ཞིང་ནི་ཇི་ལྟ་བུ་ཞིག་ཏུ་འགྱུར་ཞེས་དང་། རིགས་ཀྱི་བུ་སྔོན་བྱུང་བ་འདས་

པའི་དུས་བསྐལ་པ་གྲངས་མེད་པ་བརྒྱ་སྟོང་གནྡའི་ཀླུང་གི་བྱེ་མ་སྙེད་ཕྲག་བདུན་འདས་པ། དེའི་ཕ་རོལ་གྱི་ཡང་ཆེས་ཕ་རོལ་དེའི་ཚེ་དེའི་དུས་ན་དེ་བཞིན་གཤེགས་པ་དགྲ་བཅོམ་པ་ཡང་དག་པར་རྫོགས་པའི་སངས་རྒྱས་འབྲུག་སྒྲའི་དབྱངས་ཀྱི་རྒྱལ་པོ་ཞེས་བྱ་བ་རིག་པ་དང་ཞབས་སུ་ལྡན་པ། བདེ་བར་གཤེགས་པ། འཇིག་རྟེན་མཁྱེན་པ། སྐྱེས་བུ་འདུལ་བའི་ཁ་ལོ་བསྒྱུར་བ། བླ་ན་མེད་པ། ལྷ་དང་མི་རྣམས་ཀྱི་སྟོན་པ། སངས་རྒྱས་བཅོམ་ལྡན་འདས་འཇིག་རྟེན་དུ་བྱུང་སྟེ། སངས་རྒྱས་ཀྱི་ཞིང་འདི་ནས་ཤར་ཕྱོགས་ཡོགས་སུ་སངས་རྒྱས་ཀྱི་ཞིང་གནྡའི་ཀླུང་བྱེ་བ་ཕྲག་དགུ་བཅུ་རྩ་གཉིས་ཀྱི་བྱེ་མ་སྙེད་འདས་པ་ན་འཇིག་རྟེན་གྱི་ཁམས་འབྱུང་བ་བཟང་པོ་ཞེས་བྱ་བ་བྱུང་སྟེ། དེ་ན་བཅོམ་ལྡན་འདས་དེ་བཞིན་གཤེགས་པ་འབྲུག་སྒྲའི་དབྱངས་ཀྱི་རྒྱལ་པོ་ཞེས་བྱ་བ་དེས་ཆོས་སྟོན་ཏོ། །ཞེས་སྟོན་འཇིག་རྟེན་གྱི་ཁམས་འབྱུང་བ་བཟང་པོར་བཅོམ་ལྡན་འདས་དེ་བཞིན་གཤེགས་པ་འབྲུག་སྒྲའི་དབྱངས་ཀྱི་རྒྱལ་པོ་ཕྱོན་ཏེ་ཐེག་པ་གསུམ་སྟོན་པར་མཛད་པའི་ཚུལ་དང་། དེའི་ཚེ་རྒྱལ་པོ་ནམ་མཁའ་ཞེས་བྱ་བ་ཆོས་དང་ལྡན་པ་ཆོས་ཀྱི་རྒྱལ་པོ་འཁོར་ལོས་སྒྱུར་བའི་རིན་པོ་ཆེ་བདུན་དང་ལྡན་པ་བྱུང་སྟེ། རིགས་ཀྱི་བུ་རྒྱལ་པོ་ནམ་མཁའ་ཞེས་བྱ་བ་དེ། བུ་དང་ཆུང་མ་དང་གཉེན་འདབ་དང་འཁོར་དུ་བཅས་པས་ལས་གཞན་མེད་ཅིང་སྐྱོ་བ་མེད་(༧༤བ)པའི་སེམས་ཀྱིས། དེ་བཞིན་གཤེགས་པ་འབྲུག་སྒྲའི་དབྱངས་ཀྱི་རྒྱལ་པོ་ཉན་ཐོས་ཀྱི་དགེ་འདུན་དང་། བྱང་ཆུབ་སེམས་དཔའི་དགེ་འདུན་དང་བཅས་པ་དེ་ལ་ལོ་བརྒྱད་ཁྲི་བཞི་སྟོང་དུ་ཞལ་ཟས་ཀྱི་རྣམ་པ་ཁ་ན་མ་ཐོ་བ་མེད་པ་གཞན་དང་གཞན་དག་དང་། ན་བཟའ་གསར་པ་གསར་པ་གཞན་དང་གཞན་དག་དང་། ཕོ་བྲང་ཁང་པ་བརྩེགས་པ་གསར་པ་གསར་པ་གཞན་དང་གཞན་དག་དང་། རིམ་གྲོ་པ་ཁ་ན་མ་ཐོ་བ་མེད་པ་གཞན་དང་གཞན་དག་དང་། བདེ་བར་སྤྱོར་བ་ཐམས་ཅད་ཀྱིས་རིམ་གྲོར་བྱས་པར་གྱུར་ཏོ་ཞེས་དང་། རིགས་ཀྱི་བུ་དེ་ནས་རྒྱལ་པོ་ནམ་མཁའ་དེ་སྲོག་ཆགས་བྱེ་བ་ཁྲག་ཁྲིག་བརྒྱ་སྟོང་ཕྲག་བརྒྱད་ཅུས་ཡོངས་

སུ་བསྐོར་ཅིང་མདུན་དུ་བདར་ནས། བཅོམ་ལྡན་འདས་དེ་བཞིན་གཤེགས་པ་འབྲུག་སྒྲའི་དབྱངས་ཀྱི་རྒྱལ་པོ་ག་ལ་བ་དེར་དོང་སྟེ་ལྷགས་ནས། བཅོམ་ལྡན་འདས་ཀྱི་ཞབས་གཉིས་ལ་མགོ་བོས་ཕྱག་འཚལ་ཏེ། བཅོམ་ལྡན་འདས་དེ་ལན་གསུམ་སྐོར་བ་བྱས་ནས་ཕྱོགས་གཅིག་ཏུ་འཁོད་དོ། །རིགས་ཀྱི་བུ་དེ་ནས་རྒྱལ་པོ་ནམ་མཁའ་ཞེས་བྱ་བ་དེས་བཅོམ་ལྡན་འདས་དེ་བཞིན་གཤེགས་པ་འབྲུག་སྒྲའི་དབྱངས་ཀྱི་རྒྱལ་པོ་ག་ལ་བ་དེར་ལོགས་སུ་ཐལ་མོ་སྦྱར་བ་བཏུད་ནས། བཅོམ་ལྡན་འདས་ལ་ཚིགས་སུ་བཅད་དེ་གསོལ་བ། ཁྱོད་ཀྱི་སྤྱན་སྔར་དམ་ཆོས་ཞུ། །སྐྱེས་བུ་དམ་པ་མཆོག་སྐྱེ་བར། །རྣམ་པ་གང་གིས་འགྱུར་བ་དེ། །རྣམ་པར་འདྲེན་པས་བདག་ལ་གསུངས། །ཞེས་དང་། འཁོར་བའི་མཐའ་མ་མེད་པ་ཡི། །སྔོན་གྱི་མཐའ་མ་ཇི་སྲིད་པ། །དེ་སྲིད་སེམས་ཅན་ཕན་དོན་དུ། །སྤྱོད་པ་དཔག་ཡས་སྤྱད་པར་བྱ། །འཇིག་རྟེན་མགོན་པོའི་སྤྱན་སྔར་འདིར། །བྱང་ཆུབ་མཆོག་ཏུ་སེམས་བསྐྱེད་དོ། །འགྲོ་བ་ཐམས་ཅད་(༡༩(ན)མགྲོན་གཉེར་ཏེ། །དབུལ་ཞིང་ཕོངས་ལས་སྒྲོལ་བར་བྱ། །དེ་རིང་ཕན་ཆད་གལ་ཏེ་ཡང་། །བདག་གིས་འདོད་ཆགས་སེམས་བསྐྱེད་ན། །ཕྱོགས་བཅུ་དག་ན་གང་བཞུགས་པའི། །སངས་རྒྱས་ཐམས་ཅད་བསླུས་པར་གྱུར། །བྱང་ཆུབ་ནམ་ཞིག་ཐོབ་བར་དུ། །ཐ་བའི་སེམས་དང་གནོད་སེམས་དང་། །ཕྲག་དོག་དང་ནི་སེར་སྣ་ཡང་། །དེ་རིང་ཕྱིན་ཆད་མི་བྱའོ། །ཚངས་པའི་སྤྱོད་པ་བདག་གིས་སྤྱད། །སྡིག་པའི་འདོད་པ་ཡོངས་སུ་བཏང་། །ཚུལ་ཁྲིམས་སྡོམ་དང་ངེས་པ་ལ། །སངས་རྒྱས་རྗེས་སུ་སློབ་པར་བྱ། །བདག་ནི་བྱང་ཆུབ་རིངས་ཚུལ་དུ། །འཚང་རྒྱར་མོས་ཤིང་སྤྲོས་པ་མེད། །ཕྱི་མཐར་ཐུག་གི་བར་དུ་ཡང་། །སེམས་ཅན་གཅིག་ཕྱིར་སྤྱད་པར་བྱ། །ཚད་མེད་བསམ་གྱིས་མི་ཁྱབ་པའི། །སངས་རྒྱས་ཞིང་ནི་སྦྱང་བར་བྱ། །ཕྱོགས་རྣམས་བཅུ་པོ་ཐམས་ཅད་དུ། །བདག་གི་མིང་ནི་ཐོས་པར་བྱ། །བདག་གིས་བདག་ལ་ལུང་བསྟན་ཏེ། །སངས་རྒྱས་འགྱུར་བར་དོགས་པ་མེད། །བདག་གི་ལྷག་བསམ་རྣམ་པར་དག །བདག་དབང་འདི་ནི་འདྲེན་པ་

རྣམས། །ལུས་དང་ངག་གི་ལས་རྣམས་ཀྱང་། །རྣམ་པ་ཀུན་ཏུ་བདག་གིས་སྤྱང་། །ཡིད་ཀྱི་ལས་ཀྱང་སྤྱང་བར་བྱ། །མི་དགེའི་ལས་ནི་སྤྱད་མི་བྱ། །མ་འོངས་དུས་ན་སངས་རྒྱས་ཏེ། །འཇིག་རྟེན་མགོན་དུ་འགྱུར་ཞེ་ན། །བདེན་པ་དེས་ནི་ས་འདི་ཡང་། །རྣམ་པ་དྲུག་ཏུ་གཡོས་གྱུར་ཅིང་། །བདག་གིས་བདེན་ཚིག་གང་བརྗོད་པ། །མ་ནོར་ཡང་དག་སྨྲ་ཤེས་ན། །བདེན་པ་དེས་ནི་མཁའ་དབྱིངས་ལས། །སིལ་སྙན་དག་གི་སྒྲ་གྲག་ཤོག །བདག་ལ་གལ་ཏེ་གཡོ་མེད་ཅིང་། །དེ་བཞིན་ཐ་བ་མེད་ཅེ་ན། །མན་ད་ར་བའི་མེ་ཏོག་བཟང་། །བདེན་པ་དེས་ནི་ཆར་དུ་ཕབ། །(༡༩བ) ཡང་དག་དོན་དུ་ངེས་པ་ཡི། །ཚིག་བདེན་དེ་སྐད་བརྗོད་པ་དང་། །ཕྱོགས་བཅུ་མཐའ་ཡས་ཐམས་ཅད་ཀྱི། །བྱེ་བའི་ཞིང་རྣམས་རབ་ཏུ་གཡོས། །དེ་ཡི་མོད་ལ་མཁའ་དབྱིངས་ནས། །སིལ་སྙན་བྱེ་བའི་སྒྲ་ཡང་བྱུང་། །མེ་ཏོག་མན་ད་ར་བ་དག །མི་འགྲེང་བདུན་སྲིད་བབ་པར་གྱུར། །རྒྱལ་པོ་དེ་ཡི་རྗེས་བསླབས་ཏེ། །སྲོག་ཆགས་བྱེ་བ་ཉི་ཤུ་ཡིས། །འདྲེན་པར་བདག་ཅག་འགྱུར་སྨོན་ཞེས། །ཡིད་དུ་འོང་བའི་སྒྲ་ཡང་བསྒྲགས། །དེ་ལྟར་སྲོག་ཆགས་བྱེ་བ་ཕྲག །ཉི་ཤུ་པོ་རྣམས་ཐམས་ཅད་ཀྱང་། །རྒྱལ་པོ་མཆོག་གི་རྗེས་སློབ་ཅིང་། །བྱང་ཆུབ་མཆོག་ཏུ་ཞུགས་པར་གྱུར། །རིགས་ཀྱི་བུ་དེའི་ཚེ་དེའི་དུས་ན་འཁོར་ལོས་སྒྱུར་བའི་རྒྱལ་པོ་ནམ་མཁའ་ཞེས་བྱ་བ་བྱུང་བ་དེ་གཞན་ཞིག་ཡིན་སྙམ་དུ་ཁྱོད་སེམས་ན་དེ་ལྟར་མི་བལྟའོ། །དེ་ཅིའི་ཕྱིར་ཞེ་ན། འཇམ་དཔལ་གཞོན་ནུར་གྱུར་པ་འདི་ཉིད་དེའི་ཚེ་དེའི་དུས་ན་འཁོར་ལོས་སྒྱུར་བའི་རྒྱལ་པོ་ནམ་མཁའ་ཞེས་བྱ་བར་གྱུར་པ་སྟེ། འཇམ་དཔལ་གཞོན་ནུར་གྱུར་པ་འདིས་བྱང་ཆུབ་ཏུ་སེམས་བསྐྱེད་ཕྱིན་ཆད་བསྐལ་པ་གང་གཱའི་ཀླུང་གྲངས་མེད་པ་བརྒྱ་སྟོང་ཕྲག་བདུན་གྱི་བྱེ་མ་སྙེད་འདས་པར་གྱུར་ཏོ། །མི་སྐྱེ་བའི་ཆོས་ལ་བཟོད་པ་ཐོབ་ནས་ཀྱང་བསྐལ་པ་གང་གཱའི་ཀླུང་དྲུག་ཅུ་རྩ་བཞིའི་བྱེ་མ་སྙེད་འདས་པར་གྱུར་ཏེ། དེ་ནས་ཉེ་བར་བཟུང་ནས་འདི་དེ་བཞིན་གཤེགས་པའི་སྟོབས་བཅུ་ཡོངས་སུ་རྫོགས་སོ། །ཞེས་རྗེ་བཙུན་འཇམ་དཔལ་དབྱངས་འདི་ཉིད་འཁོར་

ཡོང་སྐྱུར་བའི་རྒྱལ་པོ་ནམ་མཁར་གྱུར་ཏེ། དེ་བཞིན་གཤེགས་པ་འབྲུག་སྒྲའི་དབྱངས་ཀྱི་རྒྱལ་པོ་ལ་དང་པོར་ཐུགས་བསྐྱེད། མ་འོངས་པར་འཚང་རྒྱ་བར་ཤོག་ཅིག་གུའི་བདེན་པ་བདར་བས་སིལ་སྙན་བྱེ་བའི་སྒྲ་དུས་གཅིག་ཏུ་བྱུང་ཞིང་། (༢༠ན)མེ་ཏོག་མན་དཱ་ར་བ་མི་འཁྲིང་བདུན་གྱི་ཆར་བབས་པས་རྣམ་པ་དྲུག་ཏུ་གཡོས་པ་སོགས་སྔོན་ཆོག་འགྲུབ་པའི་ལྟས་མངོན་དུ་གྱུར། མ་འོངས་པ་ན་འཇིག་རྟེན་གྱི་ཁམས་རྟུལ་མེད་པ་བསགས་པ་ཞེས་བྱ་བར་དེ་བཞིན་གཤེགས་པ་ཀུན་ཏུ་གཟིགས་སུ་སངས་རྒྱ་བར་དབུགས་དབྱུང་གཟེངས་བསྟོད། དེ་ནས་མི་སྐྱེ་བའི་ཆོས་ལ་བཟོད་པ་ཐོབ་པ་ནས་དེ་བཞིན་གཤེགས་པའི་སྟོབས་བཅུ་ཡོངས་སུ་རྫོགས་ཀྱང་རྣམ་པར་བྱང་ཆུབ་སེམས་དཔའི་ཚུལ་བཟུང་བ་སོགས་རྒྱས་པར་གསུངས་ཤིང་། མ་འོངས་པར་འཚང་རྒྱ་འགྱུར་གྱི་ཞིང་དེའི་བཀོད་པ་དང་ཡོན་ཏན་ཀྱང་། མདོ་དེ་ཉིད་ལས། རིགས་ཀྱི་བུ་དེ་ལྟ་བས་ན་ཁོ་བོ་བྱང་ཆུབ་ལ་མངོན་པར་དགའ་བ་མེད་དེ། བྱང་ཆུབ་ཏུ་དམིགས་པ་མེད་པས་དེའི་ཕྱིར་མངོན་པར་དགའ་བ་མེད་དོ། །རིགས་ཀྱི་བུ་དེ་ལྟ་མོད་ཀྱི། འོན་ཀྱང་གང་ཁྱོད་ཀྱིས་འདི་སྐད་དུ། ཁྱོད་ཀྱི་སངས་རྒྱས་ཀྱི་ཞིང་གི་ཡོན་ཏན་བཀོད་པ་ཇི་ལྟ་བུ་ཞིག་འགྱུར་ཞེས་སྨྲས་པ་དེ་ནི། དེ་ལ་བདག་གིས་བདག་བསྟོད་པར་མི་ནུས་ཏེ་དེ་ཅིའི་ཕྱིར་ཞེ་ན། དེ་བཞིན་གཤེགས་པ་ཆོས་ཐམས་ཅད་ཐུགས་སུ་ཆུད་པ་མངོན་སུམ་དུ་བཞུགས་བཞིན་དུ་བདག་གི་སངས་རྒྱས་ཀྱི་ཞིང་གི་ཡོན་ཏན་བཀོད་པ་བདག་ཉིད་ཀྱིས་བརྗོད་ན་དེ་ནི་བྱང་ཆུབ་སེམས་དཔའ་སེམས་དཔའ་ཆེན་པོའི་བདག་བསྟོད་དུ་འགྱུར་རོ། །ཞེས་རང་གི་ཞིང་གི་ཡོན་ཏན་བཀོད་པ་བདག་ཉིད་ཀྱིས་བརྗོད་མི་རུང་ཞེས་སྟོན་པར་མི་བཞེད་པ་ལས། སླར་སངས་རྒྱས་ཀྱིས་འཇམ་དཔལ་རང་ལ་སྟོན་ཅིག་པར་གསུངས་པ་ལྟར་བསྟན་པ་ནི། མདོ་དེ་ཉིད་ལས། ནམ་བདག་གིས་སངས་རྒྱས་ཀྱི་སྤྱན་སྒྲིབ་པ་མེད་པས་ཕྱོགས་བཅུར་རྣམ་པར་བལྟས་ཀྱང་(༢༠བ)བདག་གིས་སངས་རྒྱས་ཉིད་ལ་མ་བཀོད་པའི་དེ་བཞིན་གཤེགས་པ་དེ་ལྟ་བུ་གང་ཡང་མཐོང་བར་མ་གྱུར་པ་དེའི་ཚེ་བདག་ཀྱང་བླ་ན་མེད་

པ་ཡང་དག་པར་རྫོགས་པའི་བྱང་ཆུབ་མངོན་པར་རྫོགས་པར་འཚང་རྒྱ་བར་བྱའོ། །ཞེས་དང་། ཡང་དེ་ཉིད་ལས། བཅོམ་ལྡན་འདས་བདག་གིས་ནི་བདག་གི་སངས་རྒྱས་ཀྱི་ཞིང་གཅིག་ལ་གཙྭའི་ གླིང་དུ་མའི་བྱེ་མ་སྙེད་ཀྱི་ཞིང་ཙམ་གྱི་ཛ་གྲུ་ཡངས་པར་ཡོངས་སུ་མ་གྲུབ་ཅིང་སངས་རྒྱས་ཀྱི་ཞིང་དེའི་ཕྱིར་རིན་པོ་ཆེ་བརྒྱ་སྟོང་འབུམ་ཕྲག་དུ་མ་ལས་གྲུབ་པ་དང་། རིན་པོ་ཆེ་བརྒྱ་སྟོང་འབུམ་ཕྲག་དུ་མས་སྤྲས་པ། སྲིད་པའི་རྩེ་མོའི་ཚད་ཙམ་དུ་མ་གྱུར་གྱི་བར་དུ་བླ་ན་མེད་པ་ཡང་དག་པར་རྫོགས་པའི་བྱང་ཆུབ་མངོན་པར་རྫོགས་པར་འཚང་རྒྱ་བར་མི་བགྱི་བར་སྨོན་ལམ་བཏབ་བོ། །བཅོམ་ལྡན་འདས་གཞན་ཡང་བདག་གིས་སངས་རྒྱས་ཀྱི་ཞིང་དེར་སྟོང་གསུམ་གྱི་སྟོང་ཆེན་པོའི་འཇིག་རྟེན་གྱི་ཁམས་བཅུའི་ཚད་ཙམ་གྱི་བྱང་ཆུབ་ཀྱི་ཤིང་སྐྱེས་ཏེ། བྱང་ཆུབ་ཀྱི་ཤིང་དེའི་འོད་ཀྱིས་སངས་རྒྱས་ཀྱི་ཞིང་དེ་ཐམས་ཅད་རྒྱས་ཤིང་ཁྱབ་པར་གྱུར་ཅིག་ཅེས་བགྱི་བར་སྨོན་ལམ་དེ་སྐད་བཏབ་བོ། །བྱང་ཆུབ་ཀྱི་ཤིང་དེའི་དྲུང་དུ་བདག་འདུག་པའི་ཚེ་བླ་ན་མེད་པ་ཡང་དག་པར་རྫོགས་པའི་བྱང་ཆུབ་མངོན་པར་རྫོགས་པར་སངས་རྒྱས་ནས་ཡོངས་སུ་མྱ་ངན་ལས་མ་འདས་པའི་བར་དུ་བྱང་ཆུབ་ཀྱི་ཤིང་དྲུང་དེ་ནས་མ་ལངས་ཀྱང་བདག་གི་སྤྲུལ་པ་ཕྱོགས་བཅུའི་ཕྱོགས་རེ་རེ་ཞིང་སངས་རྒྱས་ཀྱི་ཞིང་བྱེ་བ་ཁྲག་ཁྲིག་བརྒྱ་ཕྲག་སྟོང་འབུམ་ཕྲག་གྲངས་མེད་པ་དག་ཏུ་དོང་ཞིང་སེམས་ཅན་རྣམས་ལ་ཆོས་སྟོན་པར་གྱུར་ཅིག །གཞན་ཡང་བདག་གིས་བདག་གི་སངས་རྒྱས་ཀྱི་ཞིང་དེར་ཉན་ཐོས་དང་རང་སངས་རྒྱས་ཀྱི་མིང་ཙམ་ཡང་ཡེ་མེད་པར་གྱུར་ཏེ། བྱང་ཆུབ་སེམས་(༢༧ན)དཔའ་ཞི་སྡང་དང་ཐ་བ་དང་འཆབ་པ་མེད་པར་ཚངས་པའི་སྤྱོད་པ་ཡོངས་སུ་དག་པར་སྤྱོད་པ་༩ ལྟག་གིས་སངས་རྒྱས་ཀྱི་ཞིང་དེ་གང་ལ། སངས་རྒྱས་ཀྱི་ཞིང་དེ་ན་བུད་མེད་ཀྱི་མིང་ཡང་མི་གྲག་ཅིང་མངལ་དུ་སྐྱེ་བ་མེད་པ་དང་། བྱང་ཆུབ་སེམས་དཔའ་དེ་དག་ཐམས་ཅད་ཀྱང་གོས་ངུར་སྨྲིག་གྱོན་ཅིང་སྐྲ་ལ་སོ་ཀྱང་བཅས་པར་བཟྲུས་ཏེ་བྱུང་བ་དང་། སངས་རྒྱས་ཀྱི་ཞིང་དེ་ཤིན་ཏུ་དག་པར་གྱུར་ཏེ། དེ་བཞིན་གཤེགས་པའི་

སྤྲུལ་པ་ཕྱོགས་བཅུའི་འཇིག་རྟེན་གྱི་ཁམས་བྱེ་བ་ཁྲག་ཁྲིག་བརྒྱ་སྟོང་གྲངས་མེད་པར་གཤེགས་ཤིང་སེམས་ཅན་རྣམས་ལ་ཆོས་སྟོན་པ་དེ་དག་ཐེག་པ་གསུམ་ལས་བརྩམས་ཏེ། སོ་སོའི་ཚུལ་བཞིན་དུ་སེམས་ཅན་རྣམས་ལ་ཆོས་སྟོན་པ་མ་གཏོགས་པར་སངས་རྒྱས་ཀྱི་ཞིང་དེ་ན་ཉན་ཐོས་དང་། རང་སངས་རྒྱས་མེད་ཅིང་བྱང་ཆུབ་སེམས་དཔས་ཡོངས་སུ་གང་བར་གྱུར་ཅིག་ཅེས་བགྱི་བར་སྨོན་ལམ་དེ་སྐད་བཏབ་བོ། །ཞེས་སོགས་སྔོན་སྨོན་ལམ་དཔག་ཏུ་མེད་པ་ལེགས་པར་མཛད་ཅིང་རང་གི་སངས་རྒྱས་ཀྱི་ཞིང་བཟུང་བའི་ཚུལ་རྒྱས་པར་གསུངས་ཤིང་། ཞིང་དེ་ཁྱད་པར་དུ་འཕགས་པ་བདེ་བ་ཅན་གྱི་ཞིང་ཁམས་ལ་དཔེར་མཛད་པ་ནི། མདོ་དེ་ཉིད་ལས། འཇམ་དཔལ་གཞོན་ནུར་གྱུར་པས་རང་གི་སངས་རྒྱས་ཀྱི་ཞིང་གི་ཡོན་ཏན་བཀོད་པ་བརྗོད་པ་དེ་དང་། བཅོམ་ལྡན་འདས་དེ་བཞིན་གཤེགས་པ་འོད་དཔག་མེད་ཀྱི་སངས་རྒྱས་ཀྱི་ཞིང་འཇིག་རྟེན་གྱི་ཁམས་བདེ་བ་ཅན་ན་སངས་རྒྱས་ཀྱི་ཞིང་གི་ཡོན་ཏན་བཀོད་པ་དེ་གཉིས་འདྲའམ་འོན་ཏེ་མི་འདྲ་སྙམ་པ་དང་། དེ་ནས་བཅོམ་ལྡན་འདས་ཀྱི་བྱང་ཆུབ་སེམས་དཔའ་དེ་དག་གི་སེམས་ཀྱི་རྟོག་པ་ཐུགས་ཀྱི་ཐུགས་སུ་ཆུད་ནས། བྱང་ཆུབ་སེམས་དཔའ་སེང་གེའི་རྩལ་གྱིས་(༢༧བ)མངོན་པར་བསྒྲགས་པའི་སྒྲ་ལ་བཀའ་བསྩལ་པ། རིགས་ཀྱི་བུ་འདི་ལྟ་སྟེ་དཔེར་ན་མི་ལ་ལ་ཞིག་གིས་སྐྲའི་རྩེ་མོ་བརྒྱར་གཤགས་པའི་ཆས། རྒྱ་མཚོ་ཆེན་པོ་ལས་ཆུའི་ཐིགས་པ་གཅིག་བླངས་ན་རིགས་ཀྱི་བུ་འདི་ཇི་སྙམ་དུ་སེམས། ཆུ་བླངས་པ་དེ་དང་ཕྱི་ན་ལུས་པ་དེ་གཉིས་གང་མང་བར་འགྱུར། གསོལ་བ། བཅོམ་ལྡན་འདས་བླངས་པ་ནི་ཉུང་། སྐད་ན་ལུས་པ་ནི་ཚད་མ་མཆིས་སོ། །བཅོམ་ལྡན་འདས་ཀྱིས་བཀའ་བསྩལ་པ། རིགས་ཀྱི་བུ་ཇི་ལྟར་སྐྲའི་རྩེ་མོ་བརྒྱར་གཤགས་པའི་ཆས་རྒྱ་མཚོ་ཆེན་པོ་ལས་ཆུའི་ཐིགས་པ་གཅིག་བླངས་པ་དེ་ཙམ་དུ་ནི་འཇིག་རྟེན་གྱི་ཁམས་བདེ་བ་ཅན་དུ་དེ་བཞིན་གཤེགས་པ་འོད་དཔག་མེད་ཀྱི་སངས་རྒྱས་ཀྱི་ཞིང་གི་ཡོན་ཏན་བཀོད་པར་བལྟའོ། །རྒྱ་མཚོ་ཆེན་པོ་ན་ཆུའི་ལྷག་མ་ཇི་སྙེད་ཅིག་ཡོད་པ་དེ་ཙམ་དུ་ནི་བཅོམ་

ལྡན་འདས་དེ་བཞིན་གཤེགས་པ་དགྲ་བཅོམ་པ་ཡང་དག་པར་རྫོགས་པའི་སངས་རྒྱས་ཀུན་ཏུ་གཟིགས་པའི་སངས་རྒྱས་ཀྱི་ཞིང་གི་ཡོན་ཏན་བཀོད་པར་བལྟའོ། །ཞེས་དང་། རིགས་ཀྱི་བུ་རྣམ་གྲངས་དེས་ཀྱང་འདི་ལྟར་བཅོམ་ལྡན་འདས་དེ་བཞིན་གཤེགས་པ་དགྲ་བཅོམ་པ་ཡང་དག་པར་རྫོགས་པའི་སངས་རྒྱས་དེའི་ཚེའི་ཚད་ནི། ཚད་མེད་གྲངས་མེད་པར་འགྱུར་བར་རིག་པར་བྱའོ། །ཞེས་དང་། མ་འོངས་པར་འཚང་རྒྱ་བའི་མཚན་དང་སངས་རྒྱས་ཀྱི་ཞིང་གི་མིང་གོང་དུ་བརྗོད་པ་ལྟར་བསྐྱར་ཆགས་ཀྱི་ཚུལ་དུ་བཤད་པ་ནི། མདོ་དེ་ཉིད་ལས། འཇམ་དཔལ་གཞོན་ནུར་གྱུར་པ་བྱང་ཆུབ་མངོན་པར་རྫོགས་པར་སངས་རྒྱས་པ་ན་མིང་ཇི་སྐད་ཅེས་བགྱི་བར་འགྱུར། བཅོམ་ལྡན་འདས་ཀྱིས་བཀའ་བསྩལ་བ། རིགས་ཀྱི་བུ་དེ་བཞིན་གཤེགས་པ་(༢༢ན)ཀུན་ཏུ་གཟིགས་པ་ཞེས་བྱ་བར་འགྱུར་རོ་ཞེས་དང་། དེ་བཞིན་གཤེགས་པ་དེ་ཅིའི་ཕྱིར་ཀུན་ཏུ་གཟིགས་པ་ཞེས་བྱ་ན། རིགས་ཀྱི་བུ་དེ་བཞིན་གཤེགས་པ་ཀུན་ཏུ་གཟིགས་པ་དེས། ཕྱོགས་བཅུའི་འཇིག་རྟེན་གྱི་ཁམས་བྱེ་བ་ཁྲག་ཁྲིག་བརྒྱ་སྟོང་ཚད་མེད་གྲངས་མེད་པ་ཀུན་གྱི་སངས་རྒྱས་བཅོམ་ལྡན་འདས་རྣམས་མཐོང་བར་འགྱུར་བ་དང་སེམས་ཅན་གང་གིས་དེ་བཞིན་གཤེགས་པ་དེ་མཐོང་བར་གྱུར་པ་དེ་དག་ཐམས་ཅད་ཀྱང་བླ་ན་མེད་པ་ཡང་དག་པར་རྫོགས་པའི་བྱང་ཆུབ་ཏུ་ངེས་པར་འགྱུར་བ་དང་། སངས་རྒྱས་ཀུན་ཏུ་གཟིགས་པ་དེའི་མཚན་གང་གིས་ཐོས་པ་དེ་དག་ནི་མི་འགྱུར་བ་ལ་ཞུགས་པ་དང་། མོས་པ་ཆུང་བའི་གང་ཟག་རྣམས་མ་གཏོགས་པར་ཐམས་ཅད་ཀྱང་བླ་ན་མེད་པ་ཡང་དག་པར་རྫོགས་པའི་བྱང་ཆུབ་མངོན་པར་རྫོགས་པར་འཚང་རྒྱ་བས་དེའི་ཕྱིར་དེ་བཞིན་གཤེགས་པ་དེ་ཀུན་ཏུ་གཟིགས་པ་ཞེས་བྱའོ། །ཞེས་དང་། བཅོམ་ལྡན་འདས་གང་དུ་བཅོམ་ལྡན་འདས་དེ་བཞིན་གཤེགས་པ་ཀུན་ཏུ་གཟིགས་པ་དེ་འབྱུང་བར་འགྱུར་བའི་འཇིག་རྟེན་གྱི་ཁམས་དེའི་མིང་ཅི་ཞེས་བགྱི་བར་འགྱུར། བཅོམ་ལྡན་འདས་ཀྱིས་བཀའ་བསྩལ་པ། སྔོན་ལམ་ཇི་ལྟ་བ་བཞིན་དུ་ཡོངས་སུ་རྫོགས་ཤིང་དག་ལ་རྡུལ་མེད་པ་བསགས་པའི་

ཞེས་བྱ་བའི་འཇིག་རྟེན་གྱི་ཁམས་སུ་འགྱུར་རོ་ཞེས་དང་། ཡང་དང་པོ་བྱང་ཆུབ་མཆོག་ཏུ་ཐུགས་བསྐྱེད་པ་དང་སངས་རྒྱས་ཀྱི་ཞིང་བཟུང་བ་ལ་སོགས་པའི་ཚུལ་གཅིག་ནི་སྙིང་རྗེ་པདྨ་དཀར་པོའི་མདོ་ལས། སྔོན་བྱུང་བ་བསྐལ་པ་གྲངས་མེད་པ་གང་གཱའི་ཀླུང་གཅིག་གི་བྱེ་མ་སྙེད་འདས་པ་ན། སངས་རྒྱས་ཀྱི་ཞིང་འདིར་བསྐལ་པ་ཆེན་པོ་འཇོན་པ་ཞེས་བྱ་བར་གླིང་བཞི་(༢༢བ)པ་འདི་ཉིད་དུ་འཁོར་ལོས་སྒྱུར་བའི་རྒྱལ་པོ་རྩིབས་ཀྱི་མུ་ཁྱུད་ཅེས་པ། སྲས་རྒྱལ་པོ་མིག་མི་འཛུམ་ལ་སོགས་པ་སྟོང་དང་། རྒྱལ་ཕྲན་བརྒྱད་ཁྲི་བཞི་སྟོང་མངའ་བ་ཞིག་བྱུང་ལ། དེའི་མདུན་ན་འདོན་གྱི་གཙོ་བོ་བྲམ་ཟེ་ཆེན་པོ་རྒྱ་མཚོའི་རྡུལ་ཞེས་པ་སྲས་རྒྱ་མཚོའི་སྙིང་པོ་སོགས་བརྒྱད་ཅུ་དང་། སློབ་མ་སྟོང་དང་བཅས་བྱུང་བ་ལས། བྲམ་ཟེའི་སྲས་རྒྱ་མཚོའི་སྙིང་པོས་ངེས་པར་བྱུང་ནས་མངོན་པར་རྫོགས་པར་སངས་རྒྱས་པའི་མཚན་དེ་བཞིན་གཤེགས་པ་རིན་ཆེན་སྙིང་པོར་གྱུར་ཏོ། །དེ་ནས་འཁོར་ལོས་སྒྱུར་བའི་རྒྱལ་པོ་རྩིབས་ཀྱི་མུ་ཁྱུད་ཀྱིས་ཟླ་བ་གསུམ་དུ་སངས་རྒྱས་འཁོར་དང་བཅས་པ་ལ་བསྙེན་བཀུར་ཕུན་སུམ་ཚོགས་པ་བྱས། དེ་བཞིན་དུ་སྲས་རྒྱལ་བུ་སྟོང་དུ་ཚང་བ་རེ་རེས་ཀྱང་ཟླ་བ་གསུམ་གསུམ་བགྱིས་ཤིང་། དེའི་བར་བྲམ་ཟེ་རྒྱ་མཚོའི་རྡུལ་གྱིས་འཛམ་བུའི་གླིང་གི་གྲོང་དང་གྲོང་ཁྱེར་རྫོགས་པ་ཀུན་ཏུ་རྒྱུ་ཞིང་སྐྱེ་བོའི་ཚོགས་དགེ་བའི་རྩ་བ་ལ་བཀོད་པའི་མཐར། མདུན་ན་འདོན་ཆེན་པོ་རྒྱ་མཚོའི་རྡུལ་གྱིས་ལོ་བདུན་དུ་བསྙེན་བཀུར། ཆོས་ཉན་ཞིང་རྨི་ལམ་བརྟགས་པར། རྒྱལ་པོ་རྩིབས་ཀྱི་མུ་ཁྱུད་ཀྱིས་སྲོག་ཆགས་མང་པོ་ཟ་བ་དང་། སྟག་ལ་སོགས་པ་སེམས་ཅན་གདུག་པ་ཅན་གྱིས་རྒྱལ་པོ་དེ་ཡང་གསོད་པར་འགྱུར་བ་དང་། བློན་པོ་ཁ་ཅིག་ཤིང་རྟ་བདེ་བ་ལ་ཞོན་ནས་ལམ་གོལ་བར་འདོད་པ་ལ་སོགས་པ་རྨིས་པ་སངས་རྒྱས་ལ་ཞུས་པས། རྒྱལ་པོ་ངན་སོང་དུ་འཁོར་བ་དང་བློན་པོ་ཉན་རང་དུ་གོལ་བ། གཞན་མང་པོ་བྱང་ཆུབ་ཏུ་ལུང་བསྟན་པར་བརྟེན་བྲམ་ཟེ་རྒྱ་མཚོའི་རྡུལ་གྱིས་རྒྱལ་པོ་སྲས་དང་བཅས་པ་ལ་ཐབས་མཁས་པ་ཆེན་པོའི་སྒོ་ནས་ལན་དུ་མར་བསྐུལ་བའི་མཐུས། དེ་བཞིན་གཤེགས་པ་

རིན་ཆེན་སྙིང་པོའི་སྤྱན་སྔར་རང་རང་གི་སངས་རྒྱས་ཀྱི་(༢༣ན)ཞིང་བཟུང་ཞིང་བྱང་ཆུབ་ཆེན་པོར་སེམས་བསྐྱེད་དེ། བྲམ་ཟེའི་སྲས་བརྒྱད་ཅུ་དང་སློབ་མ་སྟོང་། བྲམ་ཟེ་བྱེ་བ་ཕྲག་གསུམ་རྣམས་རྫོགས་པའི་སངས་རྒྱས་རྣམ་པར་གཟིགས་དང་། གཙུག་ཏོར་ཅན་དང་། ཐམས་ཅད་སྐྱོབ་ཀྱི་བར་ལུང་བསྟན། བྲམ་ཟེ་ཆེན་པོ་རྒྱ་མཚོའི་རྟུལ་ཉིད་དང་། རིག་བྱེད་སློབ་པ་སྟོང་བཅས་པ་བདག་ཅག་གི་སྟོན་པ་ཤཱཀྱའི་རྒྱལ་པོ་ལ་སོགས་པ་བསྐལ་པ་བཟང་པོའི་སངས་རྒྱས་སྟོང་རྩ་ལྔར་བསྟན། རྒྱལ་པོ་རྩིབས་ཀྱི་མུ་ཁྱུད་འཛིན་རྟེན་གྱི་ཁམས་བདེ་བ་ཅན་དུ་སངས་རྒྱས་ཚེ་དཔག་མེད་དང་། སྲས་ཐུ་བོ་མིག་མི་འཛུམ་ནི་སྤྱན་རས་གཟིགས་ཏེ་ཚེ་དཔག་མེད་མྱ་ངན་ལས་འདས་ནས་སྲིད་ལ་ཆོས་ནུབ་པའི་ཐོ་རངས་སངས་རྒྱས་པའི་མཚན་འོད་ཟེར་ཀུན་ནས་འཕགས་པ་དཔལ་བརྩེགས་ཀྱི་རྒྱལ་པོའོ། །སྲས་གཉིས་པ་གཞོན་ནུ་མུ་ཁྱུད་ནི་མཐུ་ཆེན་ཐོབ་སྟེ་རབ་ཏུ་བརྟན་པ་ཡོན་ཏན་ནོར་བུ་བརྩེགས་པའི་རྒྱལ་པོ། སྲས་གསུམ་པ་དབང་པོའི་ཚོགས་ནི་རྫེ་བཙུན་འཇམ་པའི་དབྱངས་འདི་ཉིད་དེ། སངས་རྒྱས་ཀྱི་ཞིང་དག་པ་རྟུལ་བྲལ་ཡང་དག་བརྩེགས་སུ་དེ་བཞིན་གཤེགས་པ་དགྲ་བཅོམ་པ་ཡང་དག་པར་རྫོགས་པའི་སངས་རྒྱས་ཀུན་ཏུ་གཟིགས་ཞེས་བྱ་བ་ལ་སོགས་པ་རྒྱལ་བུ་སྟོང་དུ་ཚང་བར་ལུང་བསྟན་པའི་ཚུལ་རྒྱས་པར་གསུངས་པའི་དོན་བསྡུ་ཡིན་ལ། ཁྱད་པར་རྗེ་བཙུན་འཇམ་དཔལ་དབྱངས་ཉིད་ཀྱི་སེམས་བསྐྱེད་པ་དང་ཞིང་བཟུང་བའི་ཚུལ་ནི་མདོ་དེ་ཉིད་ལས། དེ་ནས་བྲམ་ཟེ་རྒྱ་མཚོའི་རྟུལ་གྱིས་སྔ་མ་བཞིན་དུ་སྤྱར་ཏེ། རྒྱལ་བུ་གསུམ་པ་དབང་པོའི་ཚོགས་ཞེས་བྱ་བ་ལ་སྨྲས་པ་དང་། དེས་ཐལ་མོ་སྦྱར་ནས་དེ་བཞིན་གཤེགས་པ་རིན་པོ་ཆེའི་སྙིང་པོ་ལ་འདི་སྐད་ཅེས་གསོལ་ཏོ། (༢༣བ)བཅོམ་ལྡན་འདས་བདག་གིས་བཅོམ་ལྡན་འདས་དགེ་སློང་གི་དགེ་འདུན་དང་བཅས་པ་ལ་ཡོ་བྱད་ཐམས་ཅད་ཀྱིས་བསྙེན་བཀུར་བགྱིས་པ་གང་ལགས་པ་དང་། ངག་གིས་ལུས་དང་ངག་དང་ཡིད་ཀྱིས་ལེགས་པར་སྤྱད་པ་གང་ལགས་པ་དང་། རྫེས་སུ་ཡི་རང་བ་འདི་དང་ལྡན་པའི་བསོད་ནམས་ཀྱི་ཕུང་པོ་གང་ལགས་པ་དེ་དག

ཐམས་ཅད་བླ་ན་མེད་པར་ཡང་དག་པར་རྫོགས་པའི་བྱང་ཆུབ་ཏུ་ཡོངས་སུ་བསྔོའོ། །སངས་རྒྱས་ཀྱི་ཞིང་ཉོན་མོངས་པ་ཅན་དུ་ནི་བླ་ན་མེད་པ་ཡང་དག་པར་རྫོགས་པའི་བྱང་ཆུབ་མངོན་པར་རྫོགས་པར་འཚང་རྒྱ་བར་མི་བགྱི་ཞིང་ཤིན་ཏུ་མྱུར་བར་ཐོབ་པར་ཡང་མི་བགྱི་ལགས་སོ། །ཇི་སྲིད་དུ་བདག་བླ་ན་མེད་པ་ཡང་དག་པར་རྫོགས་པའི་བྱང་ཆུབ་མངོན་པར་རྫོགས་པར་འཚང་མི་རྒྱ་བ་དེ་སྲིད་དུ་བྱང་ཆུབ་ཀྱི་སྤྱོད་པ་སྤྱད་ཅིང་། ཕྱོགས་བཅུའི་འཇིག་རྟེན་གྱི་ཁམས་མཐའ་ཡས་མུ་མེད་པ་གཞན་དང་གཞན་དག་གི་སངས་རྒྱས་བཅོམ་ལྡན་འདས་རྣམས་མཐོང་བར་གྱུར་ཅིག །བདག་བྱང་ཆུབ་སེམས་དཔའི་སྤྱོད་པ་སྤྱད་པ་ན། གང་དག་བདག་གིས་དང་པོར་བྱང་ཆུབ་ཡང་དག་པར་འཛིན་དུ་བསྒྲལ་བ་དང་། བདག་གིས་གང་དག་དེར་དང་པོར་བྱང་ཆུབ་མཆོག་ཏུ་སེམས་བསྐྱེད་དེ། བྱང་ཆུབ་ཀྱི་སེམས་ལ་རབ་ཏུ་བཀོད་པ་དང་། གང་དག་བདག་གིས་ཕ་རོལ་ཏུ་ཕྱིན་པ་རྣམས་ཡང་དག་པར་འཛིན་དུ་སྒྲལ་ཞིང་བཙུད་དེ། རབ་ཏུ་བཀོད་པའི་སངས་རྒྱས་བཅོམ་ལྡན་འདས་གང་དག་བདག་གིས་བྱང་ཆུབ་ཡང་དག་པར་འཛིན་དུ་སྒྲལ་བ་དེ་དག་སངས་རྒྱས་ཀྱི་ཞིང་གངྒཱའི་ཀླུང་གི་བྱེ་མ་སྙེད་ཀྱི་རྡུལ་ཕྲ་རབས་ཀྱི་རྡུལ་སྙེད་ཀྱི་སངས་རྒྱས་ཀྱི་ཞིང་དག་ན་ཆོས་སྟོན་པར་མཛད་པ་རྣམས་ཀྱང་བདག་གི་ལྷའི་མིག་གིས་མཐོང་བར་གྱུར་ཅིག །བདག་བྱང་(༢༨ན)ཆུབ་སེམས་དཔའི་སྤྱད་པ་སྤྱོད་པ་ན། དེ་ལྟར་སངས་རྒྱས་ཀྱི་མཛད་པ་བགྱིད་ཅིང་ཇི་སྲིད་དུ་བདག་གིས་སངས་རྒྱས་ཀྱི་ཞིང་དུ་སེམས་ཅན་གང་དག་སྐྱེ་བར་འགྱུར་བ་དེ་དག་འདི་ལྟ་སྟེ་དཔེར་བགྱི་ན། ཚངས་རིས་ཀྱི་ལྷ་རྣམས་ཇི་ལྟ་བུར་འགྱུར་བ་དེ་བཞིན་དུ་བདག་གིས་སེམས་ཅན་རྣམས་ཀྱི་བསམ་པ་ཡོངས་སུ་སྦྱང་བར་བགྱི་ཞིང་བྱང་ཆུབ་སེམས་དཔའི་སྤྱད་པ་སྤྱོད་པར་བགྱིའོ། །ཅི་ནས་སྟོང་གསུམ་གྱི་སྟོང་ཆེན་པོ་གངྒཱའི་ཀླུང་གི་བྱེ་མ་སྙེད་དག་སངས་རྒྱས་ཀྱི་ཞིང་གཅིག་ཏུ་འགྱུར་བ་དེ་ལྟར་སངས་རྒྱས་ཀྱི་ཞིང་གི་ཡོན་ཏན་བཀོད་པ་ཡོངས་སུ་སྦྱང་བར་བགྱི་སྟེ། སངས་རྒྱས་ཀྱི་ཞིང་དེའི་ར་བ་དག་ཀྱང་སྲིད་པའི་རྩེ་མོའི་མཐར་ཐུག་

ཅིང་རིན་པོ་ཆེ་དུ་མས་ཀུན་ནས་གནས་པ་དང་། རིན་པོ་ཆེ་སྣ་ཚོགས་དག་གིས་ཁྱབ་པར་གྱུར་ཅིག །སངས་རྒྱས་ཀྱི་ཞིང་དེའི་ས་གཞི་ཐམས་ཅད་ནི་བཻ་ཌཱུརྻ་འབའ་ཞིག་ལས་བགྲིས་པར་གྱུར་ཅིང་རྡུལ་དང་གོར་མ་དང་གསེག་མ་མ་མཆིས་ཤིང་ས་གཞི་སྙོག་པ་དང་འདྲེས་པ་མ་མཆིས་པར་གྱུར་ཅིག །དེ་ན་བུད་མེད་ནི་མིང་དུ་གདགས་པ་ཡང་མ་མཆིས་པར་གྱུར་ཅིག །སེམས་ཅན་ཐམས་ཅད་ནི་བརྫུས་ཏེ་སྐྱེ་བར་གྱུར་ཅིག །དེ་ན་སེམས་ཅན་རྣམས་ཟས་ཁམ་གྱིས་འཚོལ་བ་མ་མཆིས་པར་གྱུར་ཅིག །ད་ནི་སེམས་ཅན་ཐམས་ཅད་དགའ་བའི་ཟས་དང་ཆོས་ཀྱི་ཟས་དང་ལྡན་པར་གྱུར་ཅིག །སངས་རྒྱས་ཀྱི་ཞིང་དེ་ན་ཉན་ཐོས་དང་། རང་སངས་རྒྱས་རྣམས་ནི་གདགས་སུ་ཡང་མ་མཆིས་པར་གྱུར་ཅིག །སངས་རྒྱས་ཀྱི་ཞིང་དེ་ཐ་བ་དང་། དྲི་མ་དང་། ཞེ་སྡང་དང་། འཆབ་པ་དང་བྲལ་ཞིང་ཚངས་པར་སྤྱོད་པ་ཡོངས་སུ་དག་པ་ལ་གནས་པའི་བྱང་ཆུབ་(༢༥བ)སེམས་དཔའ་འབའ་ཞིག་གིས་ཡོངས་སུ་གང་བར་གྱུར་ཅིག །དེ་ན་བྱང་ཆུབ་སེམས་དཔའ་ཐམས་ཅད་ཀྱང་སྐྲ་བྲེགས་ཤིང་ཆོས་གོས་དུར་སྨྲིག་འཚལ་བ་ཤ་སྟག་འབྱུང་བར་གྱུར་ཅིག །སྐྱེས་མ་ཐག་ཏུ་འོད་ཆེན་པོ་དང་ལྡན་པར་གྱུར་ཅིག །དེ་དག་གི་སྲུག་པར་རིན་པོ་ཆེའི་ལྷུང་བཟེད་རོ་བྲོ་བ་སྣ་ཚོགས་གྱིས་ཡོངས་སུ་གཏམས་པ་དག་འབྱུང་བར་གྱུར་ཅིག །བྱུང་མ་ཐག་ཏུ་འདི་སྙམ་དུ་གང་བདག་ཅག་ཟས་ཁམ་གྱིས་ཟ་བ་ནི་བདག་ཅག་གི་ཆ་མ་ཡིན་གྱི་གང་བདག་ཅག་འཇིག་རྟེན་གྱི་ཁམསགཞན་དག་ཏུ་དོང་ལ། སངས་རྒྱས་བཅོམ་ལྡན་འདས་བཞུགས་ཏེ་འཚོ་ཞིང་གཞེས་པ་དག་ལ་ཞལ་ཟས་འདི་དབུལ་བར་བྱའོ། །སངས་རྒྱས་ཀྱི་ཉན་ཐོས་རྣམས་དང་སྐྱེ་བོ་སྡུག་བསྔལ་བ་རྣམས་ལ་ཡང་བྱིན་པར་བྱའོ། །ཡི་དྭགས་ཀྱི་གནས་རྣམས་སུ་ཡང་སོང་ལ་བཀྲེས་པ་དང་སྐོམ་པས་ལུས་རབ་ཏུ་འབར་བའི་སེམས་ཅན་རྣམས་ལ་ཡང་ཟས་འདི་བྱིན་པར་བྱའོ་སྙམ་པའི་དྲན་པ་ཐོབ་པར་གྱུར་ཅིག །བྱང་ཆུབ་སེམས་དཔའ་སེམས་དཔའ་ཆེན་པོ་དེ་དག་གིས་དེ་ལྟར་སེམས་བསྐྱེད་མ་ཐག་ཏུ་བསམ་གྱིས་མི་ཁྱབ་པའི་སྤྱོད་པ་དང་ལྡན་པ་ཏིང་ངེ་འཛིན་ཀྱང་

ཐོབ་པར་གྱུར་ཅིག །ཇི་ང་འཛིན་དེ་ཐོབ་ནས་ཀྱང་ཕྱོགས་བཅུའི་སངས་རྒྱས་ཀྱི་ཞིང་དཔག་ཏུ་མ་མཆིས་གྲངས་མ་མཆིས་པ་གཞན་དག་ཏུ་ཐོགས་པ་མ་མཆིས་པར་མཆི་བར་འགྱུར་ཞིང་སངས་རྒྱས་བཅོམ་ལྡན་འདས་བཞུགས་ཏེ་འཚོ་ཞིང་གཞེས་པ་དག་དང་། ཉན་ཐོས་དང་སེམས་ཅན་གཞན་དག་ལ་ཡང་ཞལ་ཟས་འབུལ་བར་གྱུར་ཅིག །དཀའ་བས་ཕུལ་བས་ཀྱང་ཆོས་བཤད་པ་བགྱིས་ནས། དེ་ཉིད་ཀྱི་སྔ་དྲོས་རང་གི་སངས་རྒྱས་ཀྱི་ཞིང་དུ་སླར་མཆི་བར་གྱུར་ཅིག །གོས་རིན་པོ་ཆེ་དག་ལ་ཡང་དེ་བཞིན་དུ་སྦྱར་ཏེ། དེ་ཉིད་ཀྱི་སྔ་དྲོའི་བར་གྱིས་རང་གི་སངས(༢༥ན)རྒྱས་ཀྱི་ཞིང་དུ་སླར་མཆིས་ནས་གཅིག་ལ་གཅིག་གོས་དག་བསྔོན་པར་ཡང་གྱུར་ཅིག །སངས་རྒྱས་ཀྱི་ཞིང་དེ་ན་བྱང་ཆུབ་སེམས་དཔའ་དེ་དག་ལ་ལོངས་སྤྱོད་དང་ཡོངས་སུ་སྤྱོད་པ་གང་ཇི་སྙེད་མཆིས་པ་དེ་དག་ཐམས་ཅད་ཀྱང་སངས་རྒྱས་བཅོམ་ལྡན་འདས་རྣམས་དང་། ཉན་ཐོས་རྣམས་དང་། སེམས་ཅན་གཞན་དག་དང་ཐུན་མོང་དུ་བགྱིས་ནས། སླད་ཀྱི་བདག་ཡོངས་སུ་སྤྱོད་པར་གྱུར་ཅིག །སངས་རྒྱས་ཀྱི་ཞིང་དེ་མི་ཁོམ་པ་བརྒྱད་དང་བྲལ་བར་གྱུར་ཅིག །དེ་ན་སྡུག་བསྔལ་གྱི་སྒྲ་མ་མཆིས་པར་གྱུར་ཅིག །བསླབ་པ་བླང་བའི་སྒྲ་མ་མཆིས་པ་དང་། ལྟུང་བྱེད་ལས་བླང་བའི་སྒྲ་མ་མཆིས་པར་གྱུར་ཅིག །སངས་རྒྱས་ཀྱི་ཞིང་དེར་རིན་པོ་ཆེ་འབུམ་ཕྲག་དུ་མ་དག་བསགས་པར་གྱུར་ཅིག །རིན་པོ་ཆེ་དུ་མས་སྤྲས་ཤིང་ནོར་བུ་ལྷར་ཀུན་ཏུ་སྣང་བར་གྱུར་ཅིག །ནོར་བུ་རིན་པོ་ཆེ་གང་དག་ཕྱོགས་བཅུ་རྣམས་སུ་སྔོན་མ་མཐོང་བ་དང་། སྔོན་མ་ཐོས་པའི་ནོར་བུ་རིན་པོ་ཆེ་དག་སྤྱོད་པར་གྱུར་ཅིག །ནོར་བུ་རིན་པོ་ཆེ་དེ་དག་གི་མིང་བརྗོད་ན་ལོ་བྱེ་བས་ཀྱང་མི་བས་པར་གྱུར་ཅིག །བྱང་ཆུབ་སེམས་དཔའ་གང་དག་སངས་རྒྱས་ཀྱི་ཞིང་གསེར་ལས་གྲུབ་པར་མཐོང་བར་འཚལ་ན་འང་དེ་ལ་གསེར་ལས་གྲུབ་པར་གནས་པར་འགྱུར་བ་དང་། གང་དངུལ་ལས་གྲུབ་པར་འཚལ་བ་དེས་དངུལ་ལས་གྲུབ་པར་མཐོང་ཡང་། དེ་ལ་གསེར་ལས་གྲུབ་པ་ཡང་ཉམས་པར་མི་འགྱུར་བ་དང་། དེ་བཞིན་དུ་སྦྱར་ཏེ། གང་ཤེལ་ལས་གྲུབ་

པ་དང་། བཻ་ཌཱུརྻ་ལས་གྲུབ་པ་དང་། རྡོའི་སྙིང་པོ་ལས་གྲུབ་པ་དང་། མུ་ཏྟིག་དམར་པོ་ལས་གྲུབ་པ་དང་། སྤུག་ལས་གྲུབ་པར་འཚལ་ན་ཡང་སངས་རྒྱས་ཀྱི་ཞིང་དེ་རིན་པོ་ཆེ་རྣམ་པ་དེ་ལྟ་བུ་དག་(༢༥བ)ཏུ་མཐོང་བར་གྱུར་ཅིག །བྱང་ཆུབ་སེམས་དཔའ་སངས་རྒྱས་ཀྱི་ཞིང་དེ་ཨ་ག་རུ་ལས་གྲུབ་པ་དང་། རྒྱ་སྤོས་ལས་གྲུབ་པ་དང་། ཏ་མ་ལའི་ལོ་མ་ལས་གྲུབ་པ་དང་། ཙན་དན་སྦྲུལ་གྱི་སྙིང་པོ་ལས་གྲུབ་པ་དང་། ཙན་དན་ས་མཆོག་ལས་གྲུབ་པར་མཐོང་བར་འཚལ་ན་ཡང་། དེ་ལ་དེ་བཞིན་དུ་གྱུར་ཅིག །ཇི་ལྟ་ཇི་ལྟར་ཅི་འདྲ་བ་མཐོང་བར་འཚལ་བ་དེ་ལྟ་དེ་ལྟར་དེ་དང་འདྲ་བར་མཐོང་བར་གྱུར་ཅིག །གཅིག་གིས་གཉིས་པའི་སྨོན་ལམ་མཐོང་བར་མི་འགྱུར་ཞིང་། ཐམས་ཅད་ཀྱི་སྨོན་ལམ་ཡང་ཡོངས་སུ་རྫོགས་པར་གྱུར་ཅིག །སངས་རྒྱས་ཀྱི་ཞིང་དེ་ན་ཉི་མ་དང་ཟླ་བར་མངོན་པ་ཡང་མ་མཆིས་ཤིང་། དེར་བྱང་ཆུབ་སེམས་དཔའ་འོད་ཅན་དག་སྐྱེ་བར་གྱུར་ཅིག །གཞན་ཡང་འོད་ཇི་ལྟ་བུ་དག་འཚལ་བ་དེ་ལྟ་བུ་དག་ཐ་ན་སངས་རྒྱས་ཀྱི་ཞིང་བྱེ་བ་ཁྲག་ཁྲིག་འབུམ་ཚུན་ཆད་དུ་ཡང་གཏོང་བར་གྱུར་ཅིག །སངས་རྒྱས་ཀྱི་ཞིང་དེ་ན་མེ་ཏོག་མཚན་ཁ་བྱེ་བ་མ་གཏོགས་པར་མཚན་མོ་དང་ཉིན་མོ་དག་གི་མིང་ཡང་མ་མཆིས་པར་གྱུར་ཅིག །སངས་རྒྱས་ཀྱི་ཞིང་དེ་ན་བྱང་ཆུབ་སེམས་དཔའ་གང་བྱང་ཆུབ་མངོན་པར་རྫོགས་པར་འཚང་རྒྱ་བ་འཚལ་བ་དེ་དགའ་ལྡན་དག་ཏུ་ཚེ་བས་པར་བགྲིས་ནས། འཛིག་རྟེན་གྱི་ཁམས་གཞན་དག་ཏུ་བྱང་ཆུབ་མངོན་པར་རྫོགས་པར་འཚང་རྒྱ་བར་འགྱུར་བ་མ་གཏོགས་པར་གྲང་བ་དང་། ཚ་བ་དང་། ནད་དང་། མི་བདེ་བ་དང་། རྒ་བ་དང་། འགུམ་པ་ཡང་མ་མཆིས་པར་གྱུར་ཅིག །སངས་རྒྱས་ཀྱི་ཞིང་དེ་ན་འགུམ་པ་མ་མཆིས་པར་འགྱུར་ཞིང་། སྙིང་གི་བར་སྣང་ལ་དེ་བཞིན་གཤེགས་པ་ལྟར་བླ་ན་མེད་པའི་ཡོངས་སུ་མྱ་ངན་ལས་འདའ་བས་ཡོངས་སུ་མྱ་ངན་ལས་འདའ་བར་གྱུར་ཅིག །བྱང་ཆུབ་སེམས་དཔའ་(༢༦ན)རྣམས་ཀྱང་ཡོངས་སྤྱོད་དང་། ཡོངས་སུ་སྤྱད་པ་ཇི་ལྟ་བུ་དག་འཚལ་བ་དེ་ལྟ་བུ་དག་མངོན་པར་འགྲུབ་

པར་གྱུར་ཅིག །སངས་རྒྱས་ཀྱི་ཞིང་ཀུན་ཏུ་ནམ་མཁའི་དཀྱིལ་ནས་སིལ་སྙན་བྱེ་བ་ཁྲག་ཁྲིག་འབུམ་ཕྲག་དུ་མ་དག་སྒྲ་འཁྲོལ་བར་གྱུར་ཅིག །སིལ་སྙན་དེ་དག་ལས་ཀྱང་ཕ་རོལ་ཕྱིན་པ་རྣམས་ཀྱི་སྒྲ་འབྱུང་བ་དང་། སངས་རྒྱས་ཀྱི་སྒྲ་དང་། ཆོས་ཀྱི་སྒྲ་དང་། དགེ་འདུན་གྱི་སྒྲ་དང་། བྱང་ཆུབ་སེམས་དཔའི་སྡེ་སྣོད་ཀྱི་ཆོས་ཀྱི་རྣམ་གྲངས་ཀྱི་སྒྲ་འབྱུང་བར་འགྱུར་བ་དང་། བྱང་ཆུབ་སེམས་དཔའ་རྣམས་ཇི་ལྟར་མོས་པ་དེ་ལྟ་བུའི་སྒྲ་ཐོས་པར་འགྱུར་བ་མ་གཏོགས་པར་འདོད་པ་དང་ལྡན་པའི་སྒྲ་དག་མི་འབྱུང་བར་གྱུར་ཅིག །བཅོམ་ལྡན་འདས་བདག་བྱང་ཆུབ་སེམས་དཔའི་སྤྱོད་པ་སྤྱོད་པ་ན་བདག་གིས་སངས་རྒྱས་བྱེ་བ་ཕྲག་འབུམ་ཕྲག་དཔག་ཏུ་མ་མཆིས་གྲངས་མ་མཆིས་པ་དག་གིས་སངས་རྒྱས་ཀྱི་ཞིང་གི་ཡོན་ཏན་བཀོད་པ་ཇི་སྙེད་མཐོང་བ་དག་ལས་ཉན་ཐོས་དང་། རང་སངས་རྒྱས་ཀྱི་བཀོད་པ་རྣམས་དང་། སངས་རྒྱས་ཀྱི་ཞིང་སྙིགས་མ་ལྔ་དང་ལྡན་པའི་བཀོད་པ་རྣམས་མ་གཏོགས་པར་བཀོད་པ་དེ་དག་དང་། རྒྱན་དེ་དག་དང་། རྟགས་དེ་དག་དང་། མཚན་མ་དེ་དག་དང་། གནས་དེ་དག་དང་། ངོ་མཚར་དེ་དག་དང་། སྨོན་ལམ་དེ་དག་ཐམས་ཅད་བདག་གི་སངས་རྒྱས་ཀྱི་ཞིང་ན་མཆིས་པར་གྱུར་ཅིག །སངས་རྒྱས་ཀྱི་ཞིང་དེ་ན་སེམས་ཅན་དམྱལ་བ་དང་། དུད་འགྲོ་དང་། ཡི་དྭགས་རྣམས་མ་མཆིས་པར་གྱུར་ཅིག །རི་རབ་དང་། ཁོར་ཡུག་དང་། ཁོར་ཡུག་ཆེན་པོ་རྣམས་དང་། ཁོར་མ་དང་། རྡུལ་གྱི་རི་རྣམས་མ་མཆིས་པར་གྱུར་ཅིག །རྒྱ་མཚོ་ཆེན་པོ་(༢༨བ)ཡང་མ་མཆིས་པར་གྱུར་ཅིག །སངས་རྒྱས་ཀྱི་ཞིང་དེ་ལྷའི་ལས་ཤིན་ཏུ་འདས་པའི་ཤིང་ལྗོན་པ་སྣ་ཚོགས་དག་དང་། ལྷའི་མེ་ཏོག་མན་ད་ར་བ་དང་། མན་ད་ར་བ་ཆེན་པོ་དག་གིས་ཀུན་ཏུ་གང་བར་གྱུར་པ་མ་གཏོགས་པར་ཤིང་ལས་གྲུབ་པའི་ལྗོན་པ་གཞན་དག་མ་མཆིས་པར་གྱུར་ཅིག །དེ་ན་དྲི་ང་བ་མ་མཆིས་པར་གྱུར་ཅིག །སངས་རྒྱས་ཀྱི་ཞིང་དེ་སྤོས་རྒྱ་ཆེ་ཞིང་ཡངས་པ་སྣ་ཚོགས་དག་གིས་ཁྱབ་པར་གྱུར་ཅིག །དེར་བྱང་ཆུབ་སེམས་དཔའ་སྐྱེ་བ་གཅིག་གིས་ཐོགས་པ་ཤ་སྟག་འབྱུང་བར་

གྱུར་ཅིག །དེ་ན་སེམས་ཅན་གཅིག་ཀྱང་དེ་ནས་ཤི་འཕོས་ནས་དགའ་ལྡན་མ་གཏོགས་པར་གཞན་དུ་སྐྱེ་བར་མི་འགྱུར་ཞིང་། དེ་དེ་ནས་ཤི་འཕོས་ནས་ཀྱང་བླ་ན་མེད་པ་ཡང་དག་པར་རྫོགས་པའི་བྱང་ཆུབ་མངོན་པར་རྫོགས་པར་འཚང་རྒྱ་བར་གྱུར་ཅིག །བཅོམ་ལྡན་འདས་བདག་གིས་ཇི་སྲིད་དུ་སྐྱེས་བུ་ཆེན་པོའི་རྩལ་རྣམ་པ་དེ་ལྟ་བུ་དག་མངོན་པར་མ་བསྒྲུབས་པ་དེ་སྲིད་དུ་བྱང་ཆུབ་སེམས་དཔའི་སྤྱོད་པ་སྤྱོད་པར་བགྱིའོ། །སངས་རྒྱས་ཀྱི་ཞིང་དེ་ལྟར་བཞག་པར་བགྱི་སྟེ། སངས་རྒྱས་ཀྱི་ཞིང་དེ་དེ་ལྟ་བུའི་སེམས་ཅན་བསམ་པ་དག་པ་དག་དང་། བྱང་ཆུབ་སེམས་དཔའ་སྐྱེ་བ་གཅིག་གིས་ཐོགས་པ་དང་བཅས་པ་དག་གིས་ཀུན་ཏུ་གཏམས་ཏེ་བཞག་པར་བགྱིའོ། །དེར་བྱང་ཆུབ་སེམས་དཔའ་གང་བདག་གིས་དང་པོར་བྱང་ཆུབ་ཡང་དག་པར་འཛིན་དུ་མ་སྩལ་བ་དང་། ཕ་རོལ་ཏུ་ཕྱིན་པ་རྣམས་ལ་མ་བཙུད་པ་དག་མ་མཆིས་པར་གྱུར་ཅིག །གང་དག་བདག་གིས་དང་པོར་བྱང་ཆུབ་ཡང་དག་པར་འཛིན་དུ་སྩལ་བ་དང་། ཕ་རོལ་ཏུ་ཕྱིན་པ་རྣམས་ལ་བཙུད་པའི་བྱང་ཆུབ་སེམས་དཔའ་ཐམས་ཅད་དེར་སྐྱེ་བར་གྱུར་ཅིག །(༢༧ན)སངས་རྒྱས་ཀྱི་ཞིང་འདི་ཡང་དེ་ཉིད་ཀྱི་ཡོངས་སུ་གཏོགས་པར་བགྱི་ཞིང་འདི་དག་ཐམས་ཅད་ཀྱི་སྡུག་བསྔལ་ཡང་རབ་ཏུ་ཞི་བར་བགྱིའོ། །བཅོམ་ལྡན་འདས་བདག་བྱང་ཆུབ་སེམས་དཔར་གྱུར་ཅིང་། སྐྱེས་བུའི་རྩལ་དེ་ལྟ་བུ་དག་བསྒྲུབས་ནས། དེའི་འོག་ཏུ་སངས་རྒྱས་ཀྱི་ཞིང་དེར་བླ་ན་མེད་པ་ཡང་དག་པར་རྫོགས་པའི་བྱང་ཆུབ་མངོན་པར་རྫོགས་པར་འཚང་རྒྱ་བར་གྱུར་ཅིག །བདག་གི་བྱང་ཆུབ་ཀྱི་ཤིང་ནི་རིན་པོ་ཆེ་སྣ་བདུན་རྣམ་པར་བཀྲ་བར་སྣང་ཞེས་བགྱི་བར་འགྱུར་ཞིང་སྤོམས་སུ་གླིང་བཞི་པ་ཁྲི་མཆིས་པར་གྱུར་ལ། ཁོ་ར་ཁོར་ཡུག་གི་ཁྱོན་ནི་སྟོང་གསུམ་པ་བཅུ་མཆིས་པར་གྱུར་ཅིག །བྱང་ཆུབ་ཀྱི་ཤིང་དེའི་དྲི་དང་། འོད་ཀྱིས་སངས་རྒྱས་ཀྱི་ཞིང་མཐའ་དག་ཁྱབ་པར་གྱུར་ཅིག །དེའི་དྲུང་དུ་རིན་པོ་ཆེ་སྣ་ཚོགས་ཀྱིས་སྤྲས་པའི་རྡོ་རྗེའི་གདན་རབ་ཏུ་ཞི་བ་བཟོད་པའི་ཡེ་ཤེས་ཤིན་ཏུ་འགྲེད་པའི་དྲི་ལ་ཡང་དག་པར་གཞོལ་བ་ཞེས་

བགྲེ་བ་སྒྲིང་བཞི་པ་ལྔའི་ཁྲོན་ཙམ་མཆིས་ལ་ཕང་དུ་ནི་དཔག་ཚད་བརྒྱ་སྟོང་བཞི་བརྒྱ་མཆིས་པར་གྱུར་ཅིག །བྱང་ཆུབ་ཀྱི་ཤིང་དེའི་དྲུང་དུ་རྡོ་རྗེའི་གདན་ལ་བདག་སྐྱིལ་མོ་ཀྲུང་བཅས་ཏེ་མཆིས་ནས། ཡུད་ཙམ་དེ་ཉིད་ལ་བླ་ན་མེད་པ་ཡང་དག་པར་རྫོགས་པའི་བྱང་ཆུབ་མངོན་པར་རྫོགས་པར་འཚང་རྒྱ་བར་གྱུར་ཅིག །ཡོངས་སུ་མྱ་ངན་ལས་འདས་པའི་དུས་ཀྱི་བར་དུ་སྐྱིལ་མོ་ཀྲུང་དེ་མི་འཇིག་མི་འགྲོལ་བར་འགྱུར་ཞིང་བྱང་ཆུབ་ཀྱི་ཤིང་དེའི་དྲུང་ནས་མི་ལྡང་བར་གྱུར་ཅིག །བདག་བྱང་ཆུབ་ཀྱི་ཤིང་དྲུང་དུ་གནས་ཤིང་རྡོ་རྗེའི་གདན་ལ་མཆིས་བཞིན་དུ་སངས་རྒྱས་དང་བྱང་ཆུབ་སེམས་དཔའ་སྤྲུལ་པ་དག་སངས་རྒྱས་ཀྱི་ཞིང་བགྲང་བ་ལས་འདས་པ་གཞན་དག་ཏུ་འཕྲེད་པར་གྱུར་ཅིག །སངས་(༢༧བ)རྒྱས་རེ་རེས་ཀྱང་སྔ་དྲོ་གཅིག་ལ་སེམས་ཅན་རྣམས་ལ་ཆོས་སྟོན་ཅིང་དེ་ཉིད་ཀྱི་སྔ་དྲོ་ལ་ཡང་སེམས་ཅན་བགྲང་བ་ལས་འདས་པ་སྙེད་དག་བླ་ན་མེད་པ་ཡང་དག་པར་རྫོགས་པའི་བྱང་ཆུབ་ཡང་དག་པར་འཛིན་དུ་སྩོལ་བ་དང་། རབ་ཏུ་འགོད་པ་དང་། ཕྱིར་མི་ལྡོག་པ་ལ་འགོད་པར་གྱུར་ཅིག །དེ་བཞིན་དུ་བྱང་ཆུབ་སེམས་དཔའི་སྤྲུལ་པ་དག་ཀྱང་བྱང་ཆུབ་སེམས་དཔའི་བྱ་བ་བགྱིད་པར་གྱུར་ཅིག །བདག་གི་བྱང་ཆུབ་ཐོབ་པ་ན་ཕྱོགས་བཅུའི་འཇིག་རྟེན་གྱི་ཁམས་བགྲང་བ་ལས་ཡང་དག་པར་འདས་པ་གཞན་དག་ཏུ་ཡང་བདག་གི་ལུས་གདའ་བར་གྱུར་ཅིག །སེམས་ཅན་གང་དག་གི་མིག་གི་དབང་པོས་བདག་གི་ལུས་མཚན་གྱིས་བརྒྱན་པ་མཐོང་བར་གྱུར་པའི་སེམས་ཅན་དེ་དག་ཐམས་ཅད་ཀྱང་བླ་ན་མེད་པ་ཡང་དག་པར་རྫོགས་པའི་བྱང་ཆུབ་ཏུ་ངེས་པར་གྱུར་ཅིག །སེམས་ཙན་དེ་དག་བྱང་ཆུབ་ཅིང་ཡོངས་སུ་མྱ་ངན་ལས་འདས་ཀྱི་བར་དུ་ཡང་སངས་རྒྱས་བཅོམ་ལྡན་འདས་རྣམས་དང་མི་འབྲལ་བར་འགྱུར་ཞིང་དེར་དབང་པོ་རྣམས་མ་ཚང་བར་མ་གྱུར་ཅིག །དེ་ན་བྱང་ཆུབ་སེམས་དཔའ་གང་དག་བདག་ལ་བལྟ་བར་འཚལ་བ་དེ་དག་གང་དང་གང་དུ་མཆི་བ་དང་། སླར་ལྡོག་པ་དང་། འཆག་པ་དང་། འགྲེང་བ་དང་། མཆིས་པ་ན་བྱང་ཆུབ་སེམས་དཔའ་དེ་

དག་ཐམས་ཅད་ཀྱིས་སངས་རྒྱས་ཡིད་ལ་བགྱིད་པའི་སེམས་བསྐྱེད་མ་ཐག་ཏུ་བདག་བྱང་ཆུབ་ཀྱི་ཤིང་དྲུང་ན་མཆིས་པ་མཐོང་བར་གྱུར་ཅིག །མཐོང་ནས་ཀྱང་གང་དག་ཆོས་ལ་ཐེ་ཚོམ་དུ་གྱུར་པ་དེས་མཐོང་མ་ཐག་ཏུ་དེ་དང་བྲལ་བར་གྱུར་ནས་ཐེ་ཚོམ་ལས་གྲོལ་བར་གྱུར་ཅིང་། ཆོས་ཀྱི་ཚིག་མ་བསྟན་པའི་དོན་ཀྱང་འཚལ་བར་གྱུར་ཅིག །བདག་གི་ཚེ་ནི་དཔག་ཏུ་མ་མཆིས་པར་གྱུར་ལ། ཐམས་ཅད་མཁྱེན་(༢༨ན)པའི་ཡེ་ཤེས་མ་གཏོགས་པར་གཞན་སུས་ཀྱང་བགྲང་བར་རྗེ་མི་ཐོགས་པར་གྱུར་ཅིག །དེ་ན་བྱང་ཆུབ་སེམས་དཔའ་དག་ཀྱང་དཔག་ཏུ་མ་མཆིས་པར་གྱུར་ཅིག །སྐད་ཅིག་གང་ལ་བདག་སངས་རྒྱས་ཀྱི་ཞིང་དེར་བླ་ན་མེད་པ་ཡང་དག་པར་རྫོགས་པའི་བྱང་ཆུབ་མངོན་པར་རྫོགས་པར་འཚང་རྒྱ་བར་འགྱུར་བ་དང་། ཡོངས་སུ་མྱ་ངན་ལས་འདའ་བ་ཆེན་པོའི་བར་གྱི་སྐད་ཅིག་དེ་ཉིད་ལ་སངས་རྒྱས་ཀྱི་ཞིང་དེར་བྱང་ཆུབ་སེམས་དཔའ་རྣམས་ཀྱང་སྐྲ་བྲེགས་ཤིང་ཆོས་གོས་དུར་སྨྲིག་འཚལ་བ་ཤ་སྟག་འབྱུང་བར་གྱུར་ཅིག །སངས་རྒྱས་ཀྱི་ཞིང་དེར་སེམས་ཅན་གཅིག་ཀྱང་སྐྲ་རིང་ཞིང་གོས་དཀར་པོ་འཚལ་བར་མི་འགྱུར་ལ། ཐམས་ཅད་ཀྱང་དགེ་སློང་གི་ཁ་དོག་ཏུ་འགྱུར་ཞིང་དགེ་སློང་གི་ཚུལ་དུ་གནས་པར་གྱུར་ཅིག །ཅེས་འཁོར་ལོས་སྒྱུར་བའི་རྒྱལ་པོ་རྩིབས་ཀྱི་མུ་ཁྱུད་ཀྱི་སྲས་གསུམ་པ་དབང་པོའི་ཚོགས་ཀྱིས་དེ་བཞིན་གཤེགས་པ་རིན་པོ་ཆེའི་སྙིང་པོའི་སྤྱན་སྔར་ཟབ་པ་དང་རྒྱ་ཆེ་བ་སྨོན་ལམ་ཆེན་པོ་དེ་དག་བཏབ་པ་དང་། བཅོམ་ལྡན་འདས་ཀྱིས་བཀའ་སྩལ་པ། སྐྱེས་བུ་དམ་པ་ལེགས་སོ་ལེགས་སོ། །ཁྱོད་ཀྱང་མཁས་ཤིང་གསལ་ལ་ཡིད་གཞུངས་པ་ཡིན་ཏེ། ཁྱོད་ཀྱིས་ནི་སྨོན་ལམ་ཤིན་ཏུ་བཟང་པོར་བཏབ་བོ། །

རིགས་ཀྱི་བུ་ཁྱོད་ནི་ཤིན་ཏུ་ཡོན་ཏན་དང་ལྡན་ཞིང་ཤིན་ཏུ་ཡེ་ཤེས་དང་ལྡན་པས་ན་གང་གི་ཕྱིར་སེམས་ཅན་ཐམས་ཅད་ཀྱི་དོན་གྱི་ཕྱིར་དེ་ལྟར་རབ་དང་མཆོག་སློ་གྲོས་བཀྲ་ཤིས་པ་བྱས་ཤིང་སངས་རྒྱས་ཀྱི་ཞིང་གི་ཡོན་ཏན་བཀོད་པ་རབ་མཆོག་བཟུང་བས་དེའི་ཕྱིར། རིགས་ཀྱི་བུ་ཁྱོད་འཇམ་དཔལ་ཞེས་བྱ་བར་གྱུར་ཅིག །འཇམ་

དཔལ་ཁྱོད་ནི་མ་འོངས་པའི་(༢༢བ)དུས་ན་བསྐལ་པ་གྲངས་མེད་པ་གཉྫའི་ཀླུང་གཉིས་ཀྱི་བྱེ་མ་སྙེད་འདས་ནས། གྲངས་མེད་པ་གསུམ་པ་ལ་བབ་པ་ན། ལྔ་ཕྱོགས་ལོགས་སུ་འཇིག་རྟེན་གྱི་ཁམས་དག་པ་རྣལ་བྲལ་ཡང་དག་བསགས་ཞེས་བྱ་བ་ཞིག་འབྱུང་བར་འགྱུར་ཏེ། དེར་འཇིག་རྟེན་གྱི་ཁམས་མི་མཛེད་ཀྱང་འདུས་ཤིང་ཁོངས་སུ་ཆུད་པར་འགྱུར་ལ། སངས་རྒྱས་ཀྱི་ཞིང་དེར་དེ་ལྟ་བུའི་ཡོན་ཏན་བཀོད་པ་འབྱུང་བར་འགྱུར་ཏེ། འཇམ་དཔལ་ཁྱོད་ནི་ཞིང་དེར་བླ་ན་མེད་པ་ཡང་དག་པར་རྫོགས་པའི་བྱང་ཆུབ་མངོན་པར་རྫོགས་པར་འཚང་རྒྱ་བར་འགྱུར་ཏེ། དེ་བཞིན་གཤེགས་པ་དགྲ་བཅོམ་པ་ཡང་དག་པར་རྫོགས་པའི་སངས་རྒྱས་ཀུན་ཏུ་གཟིགས་ཞེས་བྱ་བར་འགྱུར་རོ། །ཁྱོད་ཀྱི་བྱང་ཆུབ་སེམས་དཔའི་འཁོར་ཀྱང་དེ་ལྟ་བུར་ཡོངས་སུ་དག་པར་འགྱུར་རོ། །ཁྱོད་བྱང་ཆུབ་སེམས་དཔར་གྱུར་པ་ན་ཇི་ལྟར་སྨོན་ལམ་བཏབ་པ་ཁྱོད་ཀྱི་སྨོན་ལམ་དེ་དག་ཐམས་ཅད་ཀྱང་འགྲུབ་པར་འགྱུར་ཏེ། དེ་བས་ན་ཁྱོད་ནི་སངས་རྒྱས་བྱེ་བ་ཁྲག་མང་པོ་ལས་དགེ་བའི་རྩ་བ་བསྐྱེད་པར་འགྱུར་རོ། །འཇམ་དཔལ་དེའི་ཕྱིར་ཁྱོད་ནི་སེམས་ཅན་རྣམས་ཀྱི་སྨན་ལྟ་བུར་འགྱུར་ཞིང་བསམ་པ་ཡོངས་སུ་སྐྱོང་བར་བྱེད་པར་ཡང་འགྱུར་ལ་ཉོན་མོངས་པ་ཡོངས་སུ་འཇོམས་པར་བྱེད་པ་དང་། དགེ་བའི་ཕྱོགས་རྣམ་པར་འཕེལ་བར་བྱེད་པར་ཡང་འགྱུར་རོ། །འཇམ་དཔལ་གྱིས་གསོལ་བ། བཅོམ་ལྡན་འདས་གལ་ཏེ་བདག་གིས་ཇི་ལྟར་སྨོན་ལམ་བཏབ་པའི་བདག་གི་རེ་བ་འདི་ལྟ་བུ་ཡོངས་སུ་རྫོགས་པར་འགྱུར་བ་ལྟ་ན། དེ་བཞིན་དུ་ཕྱོགས་བཅུའི་འཇིག་རྟེན་གྱི་ཁམས་དཔག་ཏུ་མ་མཆིས་གྲངས་མ་མཆིས་པ་དག་ན། སངས་(༢༣ན)རྒྱས་བཅོམ་ལྡན་འདས་གང་དག་བཞུགས་ཏེ། འཚོ་ཞིང་གཞེས་ལ་སེམས་ཅན་རྣམས་ལ་ཆོས་ཀྱང་སྟོན་པ་རྣམས་ཀྱིས་བདག་ལུང་སྟོན་པར་མཛད་ཅིང་། དེ་བཞིན་དུ་སངས་རྒྱས་ཀྱི་ཞིང་དཔག་ཏུ་མ་མཆིས་གྲངས་མ་མཆིས་པ་དག་ཀྱང་རབ་ཏུ་གཡོ་བར་གྱུར་ཅིག །སེམས་ཅན་ཐམས་ཅད་ཀྱང་འདི་ལྟ་སྟེ་དཔེར་བགྱི་ན། བྱང་ཆུབ་སེམས་དཔའ་བསམ་གཏན་གཉིས་པ་ལ་རྩེ་བའི་བཀོད་

པ་ལ་སྨོམ་པར་ཞུགས་པ་དེ་ལྟ་བུའི་བདེ་བ་དང་ལྡན་པར་གྱུར་ཅིག །དེ་བཞིན་དུ་སངས་རྒྱས་ཀྱི་ཞིང་དཔག་ཏུ་མ་མཆིས་གྲངས་མ་མཆིས་པ་དག་ནས་ཀྱང་ལྷའི་མེ་ཏོག་མན་ད་ར་བ་དག་གི་ཆར་ཡང་རབ་ཏུ་འབབ་པར་གྱུར་ཅིག །མེ་ཏོག་མན་ད་ར་བ་དེ་དག་ལས་ཀྱང་འདི་ལྟ་བུའི་སྒྲ་འབྱུང་བར་གྱུར་ཅིག །འདི་ལྟ་སྟེ། སངས་རྒྱས་ཀྱི་སྒྲ་དང་། ཆོས་ཀྱི་སྒྲ་དང་། དགེ་འདུན་གྱི་སྒྲ་དང་། ཕ་རོལ་ཏུ་ཕྱིན་པ་རྣམས་ཀྱི་སྒྲ་དང་། སྟོབས་དང་མི་འཇིགས་པའི་སྒྲ་དག་འབྱུང་བར་གྱུར་ཅིག །གང་གི་ཚེ་བདག་བཅོམ་ལྡན་འདས་ཀྱི་ཞབས་ལ་ཡན་ལག་ལྔས་ཕྱག་འཚལ་བ་དེའི་ཚེ། དེ་ལྟ་བུའི་མཚན་མ་དག་འབྱུང་བར་གྱུར་ཅིག །གང་གི་ཚེ་འཇམ་དཔལ་གཞོན་ནུར་གྱུར་པས། བཅོམ་ལྡན་འདས་ཀྱི་ཞབས་ལ་མགོ་བོས་ཕྱག་བྱས་པ་དེའི་ཚེ། སྐད་ཅིག་དེ་ཉིད་ལ་སངས་རྒྱས་ཀྱི་ཞིང་དཔག་ཏུ་མེད་གྲངས་མེད་པ་དག་ཀྱང་རབ་ཏུ་གཡོས། ལྷའི་མེ་ཏོག་མན་ད་ར་བ་དག་གི་ཆར་ཡང་རབ་ཏུ་བབས། སེམས་ཅན་ཐམས་ཅད་ཀྱང་ཇི་ལྟར་སྨོན་ལམ་བཏབ་པ་དེ་ལྟ་བུའི་བདེ་བ་དང་ལྡན་པར་གྱུར་པ་དང་། བྱང་ཆུབ་སེམས་དཔའ་སེམས་དཔའ་ཆེན་པོ་གང་དག་སངས་རྒྱས་བཅོམ་ལྡན་འདས་རྣམས་ལ་ཆོས་ཉན་པ་དག་གིས་སངས་རྒྱས་(༢༥་བ)བཅོམ་ལྡན་འདས་དེ་དག་ལ་རྒྱུ་གང་དང་རྐྱེན་གང་གིས་ན། འདི་ལྟ་བུའི་མཚན་མ་དག་བྱུང་བར་གྱུར་ཅིག་ཡོངས་སུ་ཞུས་ནས། སངས་རྒྱས་བཅོམ་ལྡན་འདས་དེ་དག་གིས་ཀྱང་འཇམ་དཔལ་གཞོན་ནུར་གྱུར་པ་བླ་ན་མེད་པ་ཡང་དག་པར་རྫོགས་པའི་བྱང་ཆུབ་ཏུ་ལུང་བསྟན་པ་དང་། བཅོམ་ལྡན་འདས་ཀྱིས་བཀའ་བསྩལ་པ། བློ་གྲོས་མཆོག་རབ་ཡངས་པའི་བློ་དང་ལྡན་པ་ཡོངས། །ཕྱོགས་བཅུའི་འཇིག་རྟེན་མགོན་པོ་རྣམས་ཀྱིས་ཁྱོད་ལུང་བསྟན། །ས་གཡོས་སེམས་ཅན་རྣམས་ཀྱང་བདེ་བས་ཚིམ་པར་གྱུར། །མེ་ཏོག་ཆར་པ་རབ་བབ་འཇིག་རྟེན་སངས་རྒྱས་འགྱུར། །ཞེས་དང་།

འཕགས་མཆོག་མཁྱེན་པའི་གཏེར་ཆེན་པོ་འདི་ཉིད་དུས་གསུམ་རྒྱལ་བ་ཀུན་གྱི་བྱང་ཆུབ་སྒྲུབ་པའི་གྲོགས་སུ་འགྱུར་བ་དང་སྲས་ཀྱི་ཐུ་བོའི་ཚུལ་བཟུང་ནས་ཆོས་ཉན་

པ་སོགས་ཀྱི་རྒྱུ་མཚན་ནི། ལྷ་མོ་དྲི་མ་མེད་པས་ཞུས་པའི་མདོ་ལས། དེ་ནས་བྱང་ཆུབ་སེམས་དཔའ་འཇམ་དཔལ་གྱིས་འདི་སྐད་ཅེས་གསོལ་ཏོ། །བདག་གི་སངས་རྒྱས་བཅོམ་ལྡན་འདས་སྔོན་བྱུང་བ་གང་ལགས་པ་རྣམས་དང་། ཕྱིས་འབྱུང་བ་དེ་དག་གིས་སངས་རྒྱས་ཀྱི་བྱང་ཆུབ་ཐོབ་པར་བགྱི་བའི་སླད་དུ་ཕྱོགས་སུ་གྱུར་པ་ལགས་ཀྱི། ཆོས་ཀྱང་མཉན་ནོ། །ཞེས་དང་།

དེ་ལ་བྱང་ཆུབ་སེམས་དཔའ་ཞེས་བརྗོད་རིགས་པའི་ཚུལ་ནི། འཇམ་དཔལ་རྣམ་པར་རོལ་བའི་མདོ་ལས། བུ་མོས་སྨྲས་པ། འདི་སྐུ་ཞིག་ཡིན། འདིའི་མིང་ཅི། རྣམ་ཐོས་ཀྱི་བུས་སྨྲས་པ། འདི་ནི་བྱང་ཆུབ་སེམས་དཔའ་སྟེ། འཇམ་དཔལ་གཞོན་ནུར་གྱུར་པ་ཞེས་བྱའོ། །ཞེས་དང་། བུ་མོ་བྱང་ཆུབ་སེམས་དཔའ་ཞེས་བྱ་བ་དེ་ནི། ལྷ་ཡང་མ་ཡིན། ཀླུ་ཡང་མ་ཡིན། (༤༠ན)གནོད་སྦྱིན་ཡང་མ་ཡིན། དྲི་ཟ་ཡང་མ་ཡིན། ལྷ་མ་ཡིན་ཡང་མ་ཡིན། ནམ་མཁའ་ལྡིང་ཡང་མ་ཡིན། མིའམ་ཅི་ཡང་མ་ཡིན། ལྟོ་འཕྱེ་ཆེན་པོ་ཡང་མ་ཡིན། བརྒྱ་བྱིན་ཡང་མ་ཡིན། ཚངས་པ་ཡང་མ་ཡིན། འཇིག་རྟེན་སྐྱོང་བ་ཡང་མ་ཡིན། རྒྱལ་པོ་ཆེན་པོ་ཡང་མ་ཡིན་ཏེ། བུ་མོ་དེ་ནི་སེམས་ཅན་ཐམས་ཅད་ཀྱི་བསམ་པ་ཀུན་ཡོངས་སུ་རྫོགས་པར་བྱེད་པ་སྟེ། དེའི་ཕྱིར་བྱང་ཆུབ་སེམས་དཔའ་ཞེས་བྱའོ། །འདི་ནི་བསླངས་པ་ཐམས་ཅད་སྦྱིན་པར་བྱེད་དེ། ཡོངས་སུ་མི་གཏོང་བ་ཅི་ཡང་མེད་པས། དེའི་ཕྱིར་བྱང་ཆུབ་སེམས་དཔའ་ཞེས་བྱའོ། །ཞེས་དང་། འཕགས་པ་དེ་བཞིན་གཤེགས་པ་ཐམས་ཅད་ཀྱི་བྱིན་རླབས་སེམས་ཅན་ལ་གཟིགས་ཤིང་སངས་རྒྱས་ཀྱི་ཞིང་གི་བཀོད་པ་ཀུན་དུ་བསྟན་པའི་མདོ་ལས། བྱང་ཆུབ་སེམས་དཔའ་ཐམས་ཅད་ཀྱང་སྙིང་རྗེ་ཆེན་པོའི་ཤེས་པ་ལ་གནས་པ་ཐམས་ཅད་ཀྱང་སྐྱེ་བ་གཅིག་གིས་ཐོགས་པ་དང་། སྐྱེ་བ་གཉིས་དང་། སྐྱེ་བ་གསུམ་དང་། སྐྱེ་བ་བཅུ་དང་། སྐྱེ་བ་ཉི་ཤུ་དང་། སྐྱེ་བ་སུམ་ཅུ་དང་། སྐྱེ་བ་བརྒྱའི་བར་དག་གིས་ཐོགས་པ། ཐམས་ཅད་ས་བརྒྱད་པ་དང་། ས་བཅུ་པ་ལ་གནས་པ་ཤ་སྟག་སྟེ། འཕགས་པ་སྤྱན་རས་གཟིགས་དབང་ཕྱུག་དང་། འཇམ་དཔལ་

དང་། ཞེས་སོགས་དང་། ཕལ་པོ་ཆེའི་མདོ་ལས། སངས་རྒྱས་ཀྱི་ཞིང་གནྜའི་བྱུང་གི་ཐེ་མ་སླེད་ཀྱི་རྡུལ་ཕྲ་རབ་ཀྱི་གྲངས་ལས་འདས་པའི་འཇིག་རྟེན་གྱི་ཁམས་རེ་རེ་ན་དེ་བཞིན་གཤེགས་པ་ཇི་སྙེད་བཞུགས་པ་དེ་ཐམས་ཅད་ཀྱི་མདུན་ན་འཕགས་པ་འཇམ་དཔལ་རེ་རེ་བཞུགས་ནས་ཐུགས་བསྐྱེད་པར་བཤད་པ་དང་། དེ་ཉིད་ལས། བྱང་ཆུབ་སེམས་དཔའ་རྣམས་ལ་ངེས་(༣༠བ)པར་གནས་པ་ཞིག་གིས་ཚོང་དཔོན་གྱི་ཁྱེའུའི་ཚུལ་བཟུང་བ་ནོར་བཟང་གིས་འཇམ་དཔལ་ནས་བྱམས་པའི་བར་གྱི་དགེ་བའི་བཤེས་གཉེན་བརྒྱ་རྩ་བརྒྱད་བསྟེན་པའི་མཐར། དཔག་ཚད་བརྒྱ་རྩ་བཅུའི་ཕ་རོལ་ནས་འཇམ་དཔལ་གྱིས་ཕྱག་བརྐྱང་བ། ཡིད་བདེ་མངོན་དུ་གྱུར་པའི་གྲོང་ཁྱེར་དུ་ནོར་བཟང་གི་སྤྱི་བོར་ཕྱག་བཞག་སྟེ་ཆེད་དུ་བརྗོད་པ་མཛད་པས་ནོར་བཟང་གིས་ཡེ་ཤེས་ཀྱི་སྤྱོད་ཡུལ་མཐའ་ཡས་པ་ཐོབ། འཇམ་དཔལ་གྱི་བྱིན་རླབས་ཀྱིས་ཀུན་ཏུ་བཟང་པོའི་སྤྱོད་པའི་དཀྱིལ་འཁོར་ལ་རྣམ་པར་འཇུག་ནུས་པར་གྱུར་ནས་ཞེས་སོགས་བྱང་ཆུབ་སེམས་དཔའ་ནོར་བཟང་གི་དགེ་བའི་བཤེས་གཉེན་མཛད་ཚུལ་དང་བཅས་མདོ་ཕྱོགས་ལ་སྤྱིར་མ་འོངས་པ་ན་འཚང་རྒྱ་བའི་ཚུལ་སྟོན་པ་ལྟ་བུར་བཤད་པ་ཤས་ཆེ་བ་དགོངས་པ་ཅན་སྣང་ཚུལ་དང་མཐུན་པར་དྲང་དོན་དུ་གསུངས་པ་དང་། དགོངས་ཅན་མ་ཡིན་པ་ངེས་དོན་གནས་ཚུལ་དང་མཐུན་པར་བདག་ཅག་གི་སྟོན་པ་ཤཱཀྱའི་རྒྱལ་པོ་ཐུགས་བསྐྱེད་ཀྱིའང་སྟོན་འཇམ་དཔལ་གྱིས་བདུད་བཞི་བཅོམ་ཞིང་སངས་རྒྱས་ཟིན་པའི་ཚུལ་ལྟའི་བུ་བློ་གྲོས་རབ་གནས་ཀྱིས་ཞུས་པའི་མདོ་ལས། འཇམ་དཔལ་ཁྱོད་བདུད་ཀྱི་དཀྱིལ་འཁོར་ཐམས་ཅད་རྣམ་པར་འཇིག་པ་ཞེས་བྱ་བའི་ཏིང་ངེ་འཛིན་ལ་སྙོམས་པར་འཇུག་གམ། འཇམ་དཔལ་གྱིས་གསོལ་བ། བཅོམ་ལྡན་འདས་སྙོམས་པར་འཇུག་ལགས་སོ། །བཅོམ་ལྡན་འདས་ཀྱིས་བཀའ་བསྩལ་པ། འཇམ་དཔལ་ཁྱོད་ཀྱིས་ཏིང་ངེ་འཛིན་བསྒྲུབས་པ་དེ་དེ་བཞིན་གཤེགས་པ་གང་ལས་ཐོས། ཁྱོད་ཀྱིས་ཏིང་ངེ་འཛིན་དེ་བསྒྲུབས་ནས་ཇི་སྲིད་ཅིག་ལོན། འཇམ་(༣༡ན)དཔལ་གྱིས་གསོལ་བ། བཅོམ་ལྡན་འདས་གང་གི་

ཚེ་བདག་གིས་ཏིང་ངེ་འཛིན་བསྒྲུབས་པ་དེ་ཐོས་ཤིང་། བདག་གིས་ཏིང་ངེ་འཛིན་དེ་བསྒྲུབས་པ་དེའི་ཚེ་ན། བཅོམ་ལྡན་འདས་ཀྱིས་བྱང་ཆུབ་ཏུ་ཐུགས་བསྐྱེད་པར་ཡང་མ་གྱུར་ལགས་སོ། །བཅོམ་ལྡན་འདས་ཀྱིས་བཀའ་བསྩལ་པ། འཇམ་དཔལ་ཁྱོད་ཀྱིས་ཏིང་ངེ་འཛིན་བསྒྲུབས་པ་དེ་ཐོས་པའི་དེ་བཞིན་གཤེགས་པ་དེའི་མཚན་ཅི། འཇམ་དཔལ་གྱིས་གསོལ་བ། བཅོམ་ལྡན་འདས་སྔོན་བྱུང་བ་འདས་པའི་དུས་བསྐལ་པ་བསམ་གྱིས་མི་ཁྱབ་པའི་ཡང་ཆེས་བསམ་གྱིས་མི་ཁྱབ་པ་གྲངས་མ་མཆིས་པའི་ཡང་ཆེས་གྲངས་མ་མཆིས་པ་འདས་པ་དེའི་ཚེ་དེའི་དུས་ན། དེ་བཞིན་གཤེགས་པ་མེ་ཏོག་མན་ད་ར་བའི་དྲི་ཞེས་བྱ་བ། རིག་པ་དང་ཞབས་སུ་ལྡན་པ། བདེ་བར་གཤེགས་པ། འཇིག་རྟེན་མཁྱེན་པ། སྐྱེས་བུ་འདུལ་བའི་ཁ་ལོ་བསྒྱུར་བ། བླ་ན་མེད་པ། ལྷ་དང་མི་རྣམས་ཀྱི་སྟོན་པ་སངས་རྒྱས་བཅོམ་ལྡན་འདས་བྱུང་སྟེ། དེ་ཏིང་ངེ་འཛིན་བསྒྲུབ་པ་དེ་གསུང་བར་གྱུར་ནས། དེ་བཞིན་གཤེགས་པ་དེ་ལས་བདག་གིས་བདུད་ཀྱི་དཀྱིལ་འཁོར་ཐམས་ཅད་རྣམ་པར་འཇིག་པར་བགྱིད་པའི་ཏིང་ངེ་འཛིན་བསྒྲུབ་པ་དེ་ཐོས་ལགས་སོ། །ཞེས་དང་། དེ་བས་ཀྱང་ཆེས་གསལ་བ་དཔའ་བར་འགྲོ་བའི་ཏིང་ངེ་འཛིན་བམ་པོ་ལྔ་པ་ལས། འོད་སྲུངས་སྔོན་བྱུང་བ་འདས་པའི་དུས་བསྐལ་པ་གྲངས་མེད་པའི་ཡང་ཆེས་གྲངས་མེད་པ་ཡངས་པ། ཚད་མེད་པ། བསམ་མི་ཁྱབ་ཀྱིས་མི་ཁྱབ་པ་དེའི་ཕ་རོལ་གྱི་ཡང་ཆེས་ཕ་རོལ་ཏུ་གྱུར་པ་དེའི་ཚེ་དེའི་དུས་ན། ལྷོ་ཕྱོགས་སུ་སངས་རྒྱས་ཀྱི་ཞིང་འདི་ནས་(37བ)སངས་རྒྱས་ཀྱི་ཞིང་སུམ་སྟོང་འདས་པ་ན། འཇིག་རྟེན་གྱི་ཁམས་མཉམ་པ་ཞེས་བྱ་བ་རི་དང་རྗེ་མེད་པ། ཐང་བ་དང་། གྲོ་མོ་དང་། གསེག་མ་མེད་པ། ལག་མཐིལ་ལྟར་མཉམ་པར་གྱུར་པ། ཀ་ཙ་ལིན་དི་ཀ་ལྟར་རེག་ན་བདེ་བའི་རྩྭ་འཇམ་པོ་སྐྱེས་པར་གྱུར་ཏེ། དེར་དེ་བཞིན་གཤེགས་པ་དགྲ་བཅོམ་པ་ཡང་དག་པར་རྫོགས་པའི་སངས་རྒྱས་རིག་པ་དང་ཞབས་སུ་ལྡན་པ། བདེ་བར་གཤེགས་པ། འཇིག་རྟེན་མཁྱེན་པ། སྐྱེས་བུ་གདུལ་བའི་ཁ་ལོ་བསྒྱུར་བ། བླ་ན་མེད་པ། ལྷ་དང་མི་རྣམས་ཀྱི་སྟོན་པ། སངས་རྒྱས་བཅོམ་

ལྡན་འདས་སྐུའི་རིགས་མཆོག་ཅེས་བྱ་བ་འཇིག་རྟེན་དུ་བྱུང་བར་གྱུར་ཏོ། །དེར་དེ་བཞིན་གཤེགས་པ་སྐུའི་རིགས་མཆོག་དེ་བཞུགས་ཏེ་བྱང་ཆུབ་ཐོབ་བོ། །ཡང་འོད་སྲུངས་དེ་བཞིན་གཤེགས་པ་དགྲ་བཅོམ་པ་ཡང་དག་པར་རྫོགས་པའི་སངས་རྒྱས་སྐུའི་རིགས་མཆོག་དེས། བྱང་ཆུབ་སེམས་དཔའི་ཐེག་པ་ལ་ནི་བྱེ་བ་ཕྲག་བདུན་ཅུ་ཡོངས་སུ་སྨིན་པར་བྱས། ཉན་ཐོས་ཀྱི་ཐེག་པ་ལ་ནི་བྱེ་བ་ཕྲག་བརྒྱད་ཅུ་ཡོངས་སུ་སྨིན་པར་བྱས། རང་སངས་རྒྱས་ཀྱི་ཐེག་པ་ལ་ནི་བྱེ་བ་བརྒྱ་སྟོང་ཕྲག་དགུ་བཅུ་རྩ་དྲུག་ཡོངས་སུ་སྨིན་པར་བྱས་ནས། ཕྱིས་བཅོམ་ལྡན་འདས་དེ་བཞིན་གཤེགས་པ་སྐུའི་རིགས་མཆོག་དེའི་ཉན་ཐོས་ཀྱི་དགེ་འདུན་དཔག་ཏུ་མེད་པར་གྱུར་ཏོ། །ཡང་འོད་སྲུངས་དེ་བཞིན་གཤེགས་པ་སྐུའི་རིགས་མཆོག་དེའི་ཚེའི་ཚད་ནི་ལོ་བཞི་ཁྲིར་གྱུར་ཏེ། དེ་ལྷ་དང་བཅས་པའི་འཇིག་རྟེན་གྱི་དོན་བྱས་ནས་ཡོངས་སུ་མྱ་ངན་ལས་འདས་ཏེ་སྐུ་གདུང་དག་ཀྱང་རྒྱས་པར་གྱུར་ཏོ། །དེའི་མཆོད་རྟེན་ནི་བྱེ་བ་ཕྲག་སུམ་ཅུ་རྩ་དྲུག་ཏུ་གྱུར་ཏེ་དེ་དག་སེམས་(༤༢ན)ཅན་རྣམས་ཀྱིས་མཆོད་པ་བྱས་སོ། །འོད་སྲུངས་བཅོམ་ལྡན་འདས་སྐུའི་རིགས་མཆོག་དེ་ཡོངས་སུ་མྱ་ངན་ལས་འདས་ནས་དམ་པའི་ཆོས་ནི་ལོ་འབུམ་དུ་གནས་པར་གྱུར་ཏོ། །འོད་སྲུངས་དེ་ཇི་སྙམ་དུ་སེམས་དེའི་ཚེ་དེའི་དུས་ན་འཇིག་རྟེན་གྱི་ཁམས་མཉམ་པ་ཞེས་བྱ་བ་དེར་དེ་བཞིན་གཤེགས་པ་སྐུའི་རིགས་མཆོག་ཅེས་བྱ་བ་བྱུང་བ་དེ་གཞན་ཞིག་ཡིན་ནམ་སྙམ་ན། ཁྱོད་ཀྱིས་དེ་ལྟར་མི་བལྟའོ། །དེ་ཅིའི་ཕྱིར་ཞེ་ན། འོད་སྲུངས་འཇམ་དཔལ་གཞོན་ནུར་གྱུར་པ་འདི་ཉིད་དེའི་ཚེ་དེའི་དུས་ན་དེ་བཞིན་གཤེགས་པ་དགྲ་བཅོམ་པ་ཡང་དག་པར་རྫོགས་པའི་སངས་རྒྱས་སྐུའི་རིགས་མཆོག་ཅེས་བྱ་བར་གྱུར་ཏོ། །ཞེས་ངསྐལ་པ་གྲངས་མེད་པའི་སྔོན་རོལ་ནས་སངས་རྒྱས་ཀྱི་མཛད་པ་རྫོགས་པར་བསྟན་ཟིན་པར་མ་ཟད་ཐེག་ཆེན་ལུགས་ལ་ད་ལྟའང་འཇིག་རྟེན་གྱི་ཁམས་འགར་སངས་རྒྱས་ཀྱི་ཚུལ་བསྟན་པར་བཞེད་པ་ཡོད་དེ། སོར་མོའི་ཕྲེང་བ་ལ་ཕན་པའི་མདོ་ལས། རྒྱལ་པོ་ཆེན་པོ་སངས་རྒྱས་ཀྱི་ཞིང་འདི་ནས་བྱང་ཕྱོགས་ལོགས་སུ་གངྒཱའི་ཀླུང་བཞི་བཅུ

རྩ་གཉིས་ཀྱི་བྱེ་མ་སྙེད་ཀྱི་འཇིག་རྟེན་གྱི་ཁམས་འདས་པ་ན། འཇིག་རྟེན་གྱི་ཁམས་རྟག་པར་རབ་ཏུ་དགའ་བ་སྟུག་ཅིང་མོས་པ་ཞེས་བྱ་བ་དེ་ན། དེ་བཞིན་གཤེགས་པ་དགྲ་བཅོམ་པ་ཡང་དག་པར་རྫོགས་པའི་སངས་རྒྱས་མོས་པ་རབ་ཏུ་དགའ་བའི་སྙིང་པོ་ནོར་བུ་རིན་པོ་ཆེ་བརྩེགས་པའི་རྒྱལ་པོ་ད་ལྟར་བཞུགས་ཏེ་འཚོ་ཞིང་གཞེས་པ་དེ་ན། ཉན་ཐོས་དང་། རང་སངས་རྒྱས་ཐམས་ཅད་མེད། ཐེག་པ་གཅིག་ལས་ཐེག་པ་གཞན་གྱི་མིང་ཡང་མེད། རྒ་བ་དང་། ན་བ་དང་། (༣༢བ)སྡུག་བསྔལ་བ་ཡང་མེད། བདེ་བ་ཐམས་ཅད་དང་རབ་ཏུ་ལྡན་པར་གྱུར་ཏེ། སེམས་ཅན་དེ་དག་ཚེ་དཔག་ཏུ་མེད། གཟི་བརྗིད་དང་ཁ་དོག་དཔག་ཏུ་མེད། འཇིག་རྟེན་ན་དཔེ་དང་རྒྱུ་དང་བྱེད་པ་མེད་དེ། རྟག་ཏུ་དགའ་ཞིང་མོས་པ་དང་། དཔེ་མེད་པ་དེ་ལ་དེ་བཞིན་གཤེགས་པ་དགྲ་བཅོམ་པ་ཡང་དག་པར་རྫོགས་པའི་སངས་རྒྱས་མོས་པ་རབ་ཏུ་དགའ་བའི་སྙིང་པོ་ནོར་བུ་རིན་པོ་ཆེ་བརྩེགས་པའི་རྒྱལ་པོ་ད་ལྟར་བཞུགས་ཏེ་འཚོ་ཞིང་གཞེས་པ་དེ་ལ། རྒྱལ་པོ་ཆེན་པོ་ཐལ་མོ་སྦྱར་ཏེ་རྗེས་སུ་ཡི་རང་བར་གྱིས་ཤིག །དེ་བཞིན་གཤེགས་པ་གཞན་མ་ཡིན་གྱི་འཇམ་དཔལ་གཞོན་ནུར་གྱུར་པ་འདི་ཉིད་ཡིན་ནོ། །ཞེས་གསུངས་ཤིང་། ཤུགས་བསྟན་དུ་འང་དགོན་ཅོག་བརྩེགས་པའི་ལེའུ་བཅོ་ལྔ་པ་འཇམ་དཔལ་གྱི་སངས་རྒྱས་ཀྱི་བཀོད་པ་བསྟན་པ་དེ་ཉིད་དུ། གོང་དུ་དྲངས་པའི་ལུང་གི་འཕྲོས་སུ། འདི་དེ་བཞིན་གཤེགས་པའི་སྟོབས་བཅུ་ཡོངས་སུ་རྫོགས་སོ། །འདི་བྱང་ཆུབ་སེམས་དཔའི་ས་བཅུ་ཐམས་ཅད་ཡོངས་སུ་རྫོགས་སོ། །འདི་སངས་རྒྱས་ཀྱི་ས་ཡོངས་སུ་རྫོགས་སོ། །འདི་སངས་རྒྱས་ཀྱི་ཆོས་ཐམས་ཅད་ཡོངས་སུ་རྫོགས་ཏེ། ཞེས་དང་། དེ་ནས་བྱང་ཆུབ་སེམས་དཔའ་སེང་གེའི་རྩལ་གྱིས་མངོན་པར་བསྒྲགས་པའི་སྒྲས། འཇམ་དཔལ་གཞོན་ནུར་གྱུར་པ་ལ་འདི་སྐད་ཅེས་སྨྲས་སོ། །འཇམ་དཔལ་གལ་ཏེ་དེ་ལྟར་ཁྱོད་ཀྱིས་དེ་བཞིན་གཤེགས་པའི་སྟོབས་བཅུ་ཡོངས་སུ་རྫོགས། སངས་རྒྱས་ཀྱི་ས་ཡོངས་སུ་རྫོགས། སངས་རྒྱས་ཀྱི་ཆོས་ཐམས་ཅད་ཡོངས་སུ་རྫོགས་ན་ཅིའི་ཕྱིར་བླ་ན་མེད་པ་ཡང་དག་(༣༣ན)པར་

རྫོགས་པའི་བྱང་ཆུབ་ཏུ་མངོན་པར་རྫོགས་པར་འཚང་མི་རྒྱ། དེ་སྐད་ཅེས་སྨྲས་པ་དང་། འཇམ་དཔལ་གཞོན་ནུར་གྱུར་པས། བྱང་ཆུབ་སེམས་དཔའ་སེང་གེའི་རྩལ་གྱིས་མངོན་པར་བསྒྲགས་པའི་སྒྲ་ལ་འདི་སྐད་ཅེས་སྨྲས་སོ། །རིགས་ཀྱི་བུ་སངས་རྒྱས་ཀྱི་ཆོས་ཡོངས་སུ་རྫོགས་ན་ཡང་དང་ཡང་དུ་མངོན་པར་བྱང་ཆུབ་རྫོགས་པར་འཚང་རྒྱར་མེད་དོ། །

དེ་ཅིའི་ཕྱིར་ཞེ་ན། དེ་བྱང་ཆུབ་ཐོབ་པར་གྱུར་པ་ཐོབ་ཟིན་པ་ནི་བཟོད་ཐོབ་པར་མི་བྱའོ། །ཞེས་དང་། དེ་ཉིད་ལས། སེམས་ཅན་གང་ལུང་བསྟན་པའི་ཚོམ་ཀྱི་རྣམ་གྲངས་འདི་ཐོས་པ་དང་། གང་དག་གིས་འཇམ་དཔལ་གཞོན་ནུར་གྱུར་པའི་མིང་ཐོས་པ་དེ་དག་གིས་ནི། སངས་རྒྱས་མངོན་སུམ་དུ་མཐོང་བར་བལྟའོ། །དེ་སྐད་ཅེས་སྨྲས་པ་དང་། བཅོམ་ལྡན་འདས་ཀྱིས་བྱང་ཆུབ་སེམས་དཔའ་དེ་དག་ལ་འདི་སྐད་ཅེས་བཀའ་བསྩལ་ཏོ། །རིགས་ཀྱི་བུ་དག་དེ་དེ་བཞིན་ནོ། །ཇི་སྐད་སྨྲས་པ་དེ་བཞིན་དེ་རིགས་ཀྱི་བུ་དག་གིས་སངས་རྒྱས་བྱེ་བ་ཁྲག་ཁྲིག་འབུམ་གྱི་མཚན་བརྗོད་པ་བས་ན་གང་གིས་འཇམ་དཔལ་གཞོན་ནུར་གྱུར་པའི་མིང་བརྗོད་ན་འདི་ཉིད་དེ་བས་ཆེས་བསོད་ནམས་མང་དུ་བསྐྱེད་ན། བཅོམ་ལྡན་འདས་དེ་ང་ཞིན་གཤེགས་པ་ཀུན་ཏུ་གཟིགས་པ་དེའི་མཚན་བརྗོད་པ་ལྟ་སྨོས་ཀྱང་ཅི་དགོས་ དེ་ཅིའི་ཕྱིར་ཞེ་ན། འཇམ་དཔལ་གཞོན་ནུར་གྱུར་པས་བསྐལ་པ་རེ་རེ་བཞིན་སེམས་ཅན་གྱི་དོན་ཇི་སྙེད་དུ་བྱས་པའི་སེམས་ཅན་གྱི་དོན་དེ་ནི་སངས་རྒྱས་བྱེ་བ་ཁྲག་ཁྲིག་ཕྲག་འབུམ་གྱིས་ཀྱང་མ་མཛད་དོ། །ཞེས་སངས་རྒྱས་བྱེ་བ་ཁྲག་ཁྲིག་འབུམ་གྱི་མཚན་བརྗོད་པས་མཆོན་བསྟོད་ཕྲག་བསྡེབ་བཀུར་(༣༣བ)བགྱིས་པ་ལས་འཇམ་དཔལ་དབྱངས་ཀྱི་མཚན་ནས་སྨོས་པ་དོན་ཆེ་ལ། མཛད་པ་འདི་སངས་རྒྱས་དེ་དག་ཐམས་ཅད་པས་ཆེས་ཕུལ་དུ་བྱུང་བ་དང་། དེའང་འཚང་ནམ་རྒྱ་ཤིན་ཏུ་ཐག་རིང་བའི་ཚུལ་མདོ་དེ་ཉིད་ལས། གང་གི་ཚེ་སྐྱུ་མའི་སྐྱེས་བུ་བྱང་ཆུབ་ཏུ་མངོན་པར་རྫོགས་པར་འཚང་རྒྱ་བ་དེའི་ཚེ་བདག་ཀྱང་བྱང་ཆུབ་ཏུ་མངོན་པར་རྫོགས་པར་འཚང་

རྒྱའོ། །གང་གི་ཚེ་དགྲ་བཅོམ་པ་ཟག་པ་ཟད་པ་བྱང་ཆུབ་མངོན་པར་རྫོགས་པར་འཚང་རྒྱ་བ་དེའི་ཚེ་བདག་ཀྱང་མངོན་པར་རྫོགས་པར་འཚང་རྒྱའོ། །གང་གི་ཚེ་རྨི་ལམ་གྱི་སྐྱེས་བུ་དང་། བྲག་ཅ་དང་། མིག་ཡོར་དང་། ཆུ་ཟླ་དང་། དེ་བཞིན་གཤེགས་པའི་སྤྲུལ་པ་བྱང་ཆུབ་མངོན་པར་རྫོགས་པར་འཚང་རྒྱ་བ་དེའི་ཚེ་བདག་ཀྱང་མངོན་པར་རྫོགས་པར་འཚང་རྒྱའོ། །གང་གི་ཚེ་ཉི་མའི་འོད་ཀྱིས་མཚན་མོར་གྱུར་ལ། ཟླ་བའི་འོད་ཀྱིས་ཉིན་མོར་གྱུར་པ་དེའི་ཚེ་བདག་ཀྱང་བྱང་ཆུབ་མངོན་པར་རྫོགས་པར་འཚང་རྒྱའོ། །རིགས་ཀྱི་བུ་དེ་ལྟར་ཡིན་གྱི་སུ་བྱང་ཆུབ་ཏུ་སྨོན་པ་དེ་འ་དྲིས་ཤིག །ཅེས་པས་ཀྱང་། ཤུགས་བསྟན་གྱིས་སངས་རྒྱས་ཟིན་དུ་གསུངས་པ་དང་། འཇམ་དཔལ་རྣམ་པར་འཕྲུལ་པའི་མདོ་ལས་ཀྱང་། ལྷའི་བུས་སྨྲས་པ། འཇམ་དཔལ་ཁྱོད་ཅི་དེ་བཞིན་གཤེགས་པ་ཡིན་ནམ། འཇམ་དཔལ་གྱིས་སྨྲས་པ། ལྷའི་བུ་དེ་བཞིན་ཉིད་ཀྱི་འོང་བ་མེད་པ་དང་། འགྲོ་བ་མེད་པ་གང་ཡིན་པ་དེ་ཉིད་ཁོ་བོའི་འགྲོ་བ་དེ་ཉིད་དེ་བཞིན་གཤེགས་པའི་འགྲོ་བ་སྟེ། དེས་ན་ཁོ་བོ་དེ་བཞིན་གཤེགས་པའོ། །དེ་བཞིན་ཉིད་ཇི་ལྟ་བར་ཁོ་བོའང་དེ་ལྟར་འོངས་པས་དེས་ན་ཁོ་བོ་དེ་བཞིན་གཤེགས་པའོ། །དེ་བཞིན་ཉིད་ཇི་ལྟ་བར་ཁོ་བོ་ཡང་དེ་ལྟར་གནས་ཏེ་དེས་ན་ཁོ་བོ་དེ་བཞིན་གཤེགས་པའོ། །ཞེས(༣༤ན)དང་། བདེ་བ་ཅན་གྱི་ཞིང་གི་བཀོད་པ་ལས། དེ་བཞིན་གཤེགས་པ་འཇམ་དབྱངས་ཞེས་བྱ་བ་དང་། དེ་དག་ལ་སོགས་པ་ཤར་ཕྱོགས་ཀྱི་སངས་རྒྱས་བཅོམ་ལྡན་འདས་གངྒཱའི་ཀླུང་གི་བྱེ་མ་སྙེད་དག་རང་རང་གི་སངས་རྒྱས་ཀྱི་ཞིང་རྣམས་ལྗགས་ཀྱི་དབང་པོས་ཁེབས་པར་མཛད་དེ། ཁྱེད་ཅག་ཡོན་ཏན་བསམ་གྱིས་མི་ཁྱབ་པ་ཡོངས་སུ་བརྗོད་པ་སངས་རྒྱས་ཐམས་ཅད་ཀྱིས་ཡོངས་སུ་བཟུང་བའི་ཆོས་ཀྱི་རྣམ་གྲངས་འདི་ལ་ཡིད་ཆེས་པར་གྱིས་ཤིག་ཅེས་གསུང་བར་མཛད་དོ། །ཞེས་དང་། རྒྱུད༷་སྡེ༷་རྣམས་ལས་ཐུགས་བསྐྱེད་པའི་སངས་རྒྱས་དང་ཞིང་དང་སངས་རྒྱས་པའི་མཚན་སོགས་དངོས་སུ་མ་མཐོང་ཡང་། དོན་ལ་སངས་རྒྱས་སུ་བཤད་པ་འཇམ་དཔལ་སྒྱུ་འཕྲུལ་དྲྭ་བ་ལས། ཡེ་ཤེས་

ལུས་ཅན་འཇམ་དཔལ་གྱི། །ཞེས་སོགས་སངས་རྒྱས་ཐམས་ཅད་ཀྱི་ཡེ་ཤེས་རྡོ་རྗེ་སྒྲིབ་བྲལ་གྱི་སྐུའི་ངོ་བོ་ཡིན་པར་ལན་མང་དུ་གསུངས་པ་དང་། འཇམ་དཔལ་ཡེ་ཤེས་སེམས་དཔའ་ཡི། །ཞེས་པའི་རྒྱ་འགྲེལ་ཉི་མ་སེང་གེས་མཛད་པར། ཆོས་ཉིད་ཀྱི་བརྡས་འཇམ་པའི་ཚིག་གིས་རྡོ་རྗེའི་རྩེ་མོ་རབ་ཏུ་རྒྱས་པའི་པདྨ་མཆོག་གོ །དེ་ཉིད་གཉིས་སུ་མེད་པའི་ཡེ་ཤེས་ཀྱི་གནས་ཡིན་པའི་ཕྱིར་དཔལ་ལོ། །དེ་ལས་བྱུང་བའི་གཉིས་སུ་མེད་པའི་ཡེ་ཤེས་ནི་འཇམ་དཔལ་ཡེ་ཤེས་སེམས་དཔའ་སྟེ་དེ་ཡིའོ། །སེམས་ཅན་ཐམས་ཅད་ཀྱི་སྙིང་ལ་གནས་པའི་ཕྱིར་ཡེ་ཤེས་ཀྱི་སྐུ་དང་ཞེས་སོགས་གསུངས་པ་དང་། ཐམས་ཅད་མཁྱེན་པ་དགེ་འདུན་རྒྱ་མཚོའི་ཊཱི་ཀ་ཆེན་དུའང་། རྣལ་འབྱོར་རྒྱུད་ཀྱི་དགོངས་པར་ངེས་དོན་གྱི་འཇམ་དཔལ་ཡེ་ཤེས་སེམས་
(༣༨བ)དཔའ་ནི་སངས་རྒྱས་ཐམས་ཅད་ཀྱི་གཉིས་སུ་མེད་པའི་ཡེ་ཤེས་ཡིན་པ་དང་། དྲང་དོན་གྱི་འཇམ་དཔལ་ཡེ་ཤེས་སེམས་དཔའ་ནི་དེ་ཉིད་གདུལ་བྱའི་དོན་དུ་འཇམ་དཔལ་གྱི་ལྷའི་འཁོར་ལོ་དག་ཏུ་ཤར་བའོ། །ཞེས་དང་། རྣལ་འབྱོར་བླ་མེད་ལ་སྐྱེ་འགྲོ་དང་དུས་འཁོར་ལུགས་གཉིས་ཀྱི་དང་པོར་བདེ་སྟོང་དབྱེར་མེད་ཀྱི་འཇམ་དཔལ་ཡེ་ཤེས་སེམས་དཔའ་དང་། བདེན་གཉིས་དབྱེར་མེད་ཀྱི་འཇམ་དཔལ་ཡེ་ཤེས་སེམས་དཔའ་གཉིས་ཕྱི་མ་དུས་འཁོར་ལུགས་ལྟར་ན་ངེས་དོན་གྱི་འཇམ་དཔལ་ཡེ་ཤེས་སེམས་དཔའ་ནི་རྣམ་མེད་ཀྱི་སྟོང་པ་ཉིད་དང་རོ་གཅིག་ཏུ་ཞུགས་པའི་མི་འགྱུར་བའི་བདེ་བ་ཆེན་པོའི་རང་བཞིན་ཆོས་ཀྱི་སྐུ་དང་། དེ་དང་སྐུ་དང་ཐུགས་སུ་རོ་གཅིག་ཏུ་སྦྱོར་བའི་རྣམ་པ་ཐམས་ཅད་པའི་སྐུ་མཚན་དཔེས་སྤྲས་པ། ཕྱག་རྒྱ་ཆེན་མོ་དང་སྦྱོར་བའི་རྣམ་པ་ཅན་གྱི་གཟུགས་ཀྱི་སྐུ་སྟེ། མདོར་ན་ཐབས་ཤེས་དབྱེར་མེད་ཀྱི་རྡོ་རྗེའི་རྣལ་འབྱོར་རམ་ངེས་དོན་གྱི་དབང་བཞི་པ་དེ་ཉིད་དེ། ཞེས་དང་། དེ་ཡང་སྟོང་པ་ཉིད་དང་རོ་གཅིག་པའི་མི་འགྱུར་བའི་བདེ་བ་ཆེན་པོའི་རང་བཞིན་གྱི་ཐུགས་ཆོས་ཀྱི་སྐུ་དང་། རྡུལ་ཕྲ་རབ་ཀྱི་ཆོས་ཉིད་ལས་འདས་པའི་རྣམ་པ་ཐམས་ཅད་པའི་སྐུ་མཚན་དཔེས་སྤྲས་པའི་སྐུ་གཉིས་ངོ་བོ་གཅིག་ཏུ་སྦྱོར་

བའི་རྡོ་རྗེ་འཛིན་པའི་ཡེ་ཤེས་ཀྱི་སྐུ་ནི་འཇམ་དཔལ་དང་། ཞེས་སངས་རྒྱས་ཐམས་ཅད་ཀྱི་ཡེ་ཤེས་ཡིན་པར་བཤད་པ་དང་། གཉིས་མེད་དུས་ཀྱི་འཁོར་ལོའི་རྒྱ་འགྲེལ་དྲི་མ་མེད་པའི་འོད་ལས། དེ་ནས་བཅོམ་ལྡན་འདས་འཇམ་དཔལ་གྱི་སྤྲུལ་པའི་སྐུ་མིའི་དབང་པོ་གྲགས་པ། ཞེས་ལན་གཅིག་མ་ཡིན་པར་གསུངས་པ་དང་། རིགས་ལྡན་རྒྱལ་པོ་འཇམ་དཔལ་གྲགས་པས་(༣༥ན)དཔལ་ལྡན་རྒྱུད་ཀྱི་ནང་ལེ་བསྟན་ཟིན་པའི་རྗེས། ཉི་མའི་ཤིང་རྟས་ཡན་ལག་མཆོག་སྤྱི་བོར་བཏུད་དེ་བསྟོད་ཕྱག་བགྱིས་པའི་ཚུལ་ནང་ལེའི་མདོར་བསྟུས་བདུན་པའི་འགྲེལ་ཆེན་ལས། ད་ནི་ཉི་མའི་ཤིང་རྟས་ཕྱག་བྱས་པ་ཁྱོད་ནི་མ་དང་ཁྱོད་ནི་ཕ་སྟེ་ཁྱོད་ནི་འགྲོ་བའི་བླ་མ་ཁྱོད་ནི་གཉེན་དང་གྲོགས་བཟང་ཡང་། །ཁྱོད་ནི་མགོན་པོ་ཁྱོད་ནི་བྱེད་པོ་ཕན་དང་སྡིག་འཕྲོག་ཁྱོད་ནི་ཀོ་འཕང་ཕུན་སུམ་ཚོགས་པ་ཡང་། །ཁྱོད་ནི་འབའ་ཞིག་གནས་དང་ཁྱོད་ནི་ཡོན་ཏན་མཆོག་གི་གནས་ཏེ་སྐྱོན་རྣམས་བཅོམ་པ་ཁྱེད་ཉིད་དོ། །ཁྱོད་ནི་དམན་པ་རྣམས་ཀྱི་མགོན་དང་ཡིད་བཞིན་ནོར་བུ་རྒྱལ་བའི་དབང་པོ་ཁྱོད་ལ་བདག་སྐྱབས་མཆི། །ཞེས་པ་སྟེ་ཉི་མའི་ཤིང་རྟས་བླ་མའི་ཕྱག་གིས་བཅོམ་ལྡན་འདས་འཇམ་དཔལ་ལ་བསྟོད་ནས་ཞབས་གཉིས་སྤྱི་བོར་བྱས་ཏེ་སླར་ཡང་རང་གི་སྟན་ལ་འཁོད་དོ། །ཞེས་རིགས་ལྡན་ཆོས་ཀྱི་རྒྱལ་པོ་འཇམ་དཔལ་གྲགས་པ་རྗེ་བཙུན་བརྟན་པའི་འཁོར་ལོའི་སྤྲུལ་པ་ཡིན་པ་དང་། དེ་ཉིད་བདུད་བཞི་བཅོམ་པ་ལ་སོགས་པ་ཡོན་ཏན་ཡོངས་སུ་རྫོགས་པའི་སངས་རྒྱས་བཅོམ་ལྡན་འདས་སུ་གསལ་བར་བསྟན། འཇམ་དཔལ་རྩ་བའི་རྒྱུད་ཀྱི་ལེའུ་བཅུ་དྲུག་པ་འཇམ་དཔལ་གྱི་ཡོན་ཏན་གྱི་བསྔགས་པ་སྟོན་པའི་ཚིགས་སུ་བཅད་པའི་ལེའུར། གཞོན་ནུ་འདི་ནི་དངོས་དོན་ཁྱབ་གྱུར་ཅིང་། །མ་ལུས་འཇིག་རྟེན་ཕན་པ་སྒྲུབ་བྱེད་ལ། །འགྲོ་བ་ཀུན་ལ་ཕན་པ་བྱེད་ཕྱིར་སྟོན། །ཐར་པ་ཤེས་ཤིང་དག་པའི་གནས་སུ་འདུག །བདེན་དང་བརྩེ་དང་བཟོད་པ་ཕན་སེམས་དང་། །གང་ཞིག་རྟག་ཏུ་བྱམས་དང་སྦྱིན་ལ་དགའ། །དེ་དག་རྟག་ཏུ་གྲུབ་པ་ཐོབ་(༣༥བ)པར་བྱེད། །ཀྱེ་མ་གཞན་ལའང་གྲུབ་པ་ཡོད་མ་ཡིན། །རྟག་

ཏུ་ སྔགས་མཆོག་ལ་ནི་དགའ་དད་དམ། །བརྟན་དང་འཁོར་ལོ་འཛིན་དང་འཇམ་
མཆོག་དང་། །དེ་ནི་བདུད་འདུལ་ཆོས་ཀྱི་འཁོར་ལོ་བསྐོར། །འཁོར་ལོ་འཛིན་བར་
འདི་ནི་རིགས་པ་ཡིན། །གང་གི་གསུང་ནི་བཟང་པོ་ཡིད་འོང་ཞིང་། །རྟག་ཏུ་ཐྱིས་
པའི་སྐྱེ་བོ་རྣམ་སྤངས་ཡིན། །ཡིད་འོང་བཟང་པོ་རྣར་ནི་སྙན་པ་དང་། །དགའ་
སྐྱེད་སྙན་པ་དང་ནི་ རྗེས་སུ་མཐུན། །སེམས་ནི་ཆེམ་བྱེད་བདེ་བ་རབ་ཏུ་
སྦྱིན། །འཇམ་ཞེས་བྱ་བ་སངས་རྒྱས་ཡང་དག་གསུངས། །དེ་དག་དེ་བཞིན་གཤེགས་
པའི་ཁྱད་པར་གྱིས། །གང་གི་མཐུ་ནི་མཁྱེན་པར་མི་སྤྱོད་དེ། །དེ་དག་གི་སྤྲུལ་དེ་
བཞིན་སར་བཞུགས་པ། །འཇིག་རྟེན་འདས་པ་དེ་བཞིན་བཅུ་ཡི་གྲངས། །ཁྱོད་ཀྱང་
ལྷ་ཡི་དབང་ཕྱུག་འཇིག་རྟེན་ཁྱད་པར་ཀྱི། །ཐུབ་བཟང་ཤེས་པར་ནུས་པ་མ་ཡིན་
ནོ། །གཟུགས་དང་གཟུགས་མེད་དེ་བཞིན་སར་གནས་དང་། །འདོད་ལྡན་ལྷ་དང་
མི་ནི་ཡིད་ལས་སྐྱེས། །རྣལ་འབྱོར་གྲུབ་པ་ཐོབ་དང་འཇིག་རྟེན་ན། །ཁྱད་པར་ཅན་
ཀུན་དེ་བཞིན་མི་ཡི་གཙོ། །དེ་ཡིས་ཆེ་བ་གང་གིས་ཤེས་གྱུར་པ། །སེམས་ཅན་གང་
དེ་ཡོད་པ་མ་ཡིན་ཏེ། །ཁྱོད་ཀྱི་ཆེ་བ་འདི་ནི་ཡོངས་ཤེས་པ། །འཇམ་ཞེས་བྱ་ང་རབ་
ཤེས་སངས་རྒྱས་ཡིན། །འཇམ་དཔལ་ཞེས་བྱར་ཡོངས་སུ་བཏགས་པ་ནི། །ཇོད་ཀྱི་
མིང་ནི་སྔོན་གྱི་རྒྱལ་པོས་མཛད། །ཁྱོད་ཀྱི་མིང་དུ་འདི་ལྟར་བཏགས་བྱས་པ། །འདས་
དང་མ་བྱུང་ད་ལྟར་སངས་རྒྱས་ཀྱིས། །གཞན་དུ་མ་གཡེང་རྩེ་གཅིག་ཡིད་དག་
པས། །ཁྱོད་ཀྱི་མིང་ནི་འཁོར་གྱི་ནང་དུ་ཐོས། །དེས་ནི་འདི་ལ་ཤེས་དང་ཞི་ང་(༣༨ན)
ཐོབ། །སྲིད་མཐར་བྱང་ཆུབ་མཆོག་གི་ཁྱད་པར་ཐོབ། །སྔགས་རྣམས་མ་ལུས་གྲུབ་
པར་འགྱུར་བ་དང་། །འགྲོ་བའི་སྐྱེ་གནས་མཆོག་ནི་རབ་ཐོབ་ཅིང་། །རྟག་ཏུ་ཆོས་
མཆོག་ལ་ནི་ཡང་དག་གནས། །བགེགས་རྣམས་རྣམ་པར་སྤངས་ཤིང་གྲུབ་པ་
ཐོབ། །འདོད་པའི་སྔགས་རྣམས་མ་ལུས་གྲུབ་པར་བྱེད། །བྱང་ཆུབ་ཤིང་དབང་དྲུང་
དུ་མྱུར་དུ་འགྲོ། །སོང་ནས་བྱང་ཆུབ་མཆོག་ནི་ཐོབ་པར་བྱེད། །སོང་ནས་སེམས་
ཅན་ཕན་ཕྱིར་དེར་འདུག་སྟེ། །སངས་རྒྱས་བྱང་ཆུབ་འཁོར་ལོ་རབ་ཏུ་བསྐོར། །དེ་

ལྟར་རྒྱལ་བའི་གཙོ་བོས་ཡོན་ཏན་གསུངས། །འཇམ་དཔལ་ཞེས་ནི་ཁྱོད་ཀྱི་མིང་དྲན་པ། །ཡོན་ཏན་བསམ་མི་ཁྱབ་ཅེས་རྒྱལ་བས་གསུངས། །རྒྱལ་བའི་གཙོ་བོ་སྟོང་གཟིགས་ཐམས་ཅད་ཀྱིས། །རྟག་ཏུ་ཁྱོད་ཀྱི་མཐུ་ནི་བསྟན་པ་ཡིན། །གཞོན་ནུ་དག་པ་ཁྱོད་ཀྱི་སྔགས་རྫོགས་པ། །བསྐལ་པ་གྲངས་མེད་རྟག་ཏུའང་སྟོན་མི་ནུས། །འཇམ་དཔལ་ཁྱོད་ཀྱི་སྔགས་ཀྱི་སྤྱོད་པ་ནི། །སངས་རྒྱས་མ་ལུས་དག་གིས་རབ་ཏུ་བཤད། །གཞོན་ནུ་འདི་ནི་ཐམས་ཅད་ཀུན་ཏུ་འགྲོ། །ང་ཡི་བསྟན་ལ་ཁྱོད་ནི་མི་མཆོག་བསྟན། །དག་པའི་གནས་ལ་གནས་པའི་སྐྱེ་བོ་རྣམས། །འདི་ནི་མ་ལུས་མཐའ་དག་ཉེ་བར་འགྱུར། །ཁྱོད་ཀྱི་སྔགས་ནི་ནམ་ཡང་འདའ་མ་གྱུར། །ཁྱོད་ཀྱི་སྔགས་ནི་ནམ་ཡང་ཉམས་མ་གྱུར། །ཅེས་གསུངས་པས་འཇམ་དཔལ་རྩ་རྒྱུད་འདི་ལ་རྒྱ་འགྲེལ་བོད་དུ་མ་འགྱུར་བའི་གཉིས་བོད་འགྲེལ་མཛད་པའང་མ་མཐོང་བས་རིགས་དཔྱད་རང་བཟོ་ལྟ་བུར་འདུག་པ་ནའང་། གོང་དུ། འཇམ་ཞེས་བྱ་བ་རབ་ཤེས་སངས་རྒྱས་ཡིན། །འཇམ་དཔལ་(༤༨བ)ཞེས་བྱར་ཡོངས་སུ་བཏགས་པ་ཡིན། །ཞེས་པས་སངས་རྒྱས་ཐམས་ཅད་ཀྱི་མཁྱེན་པ་ཡོངས་སུ་བཟུང་བས་སམ། མཁྱེན་པ་དང་ཤེས་རབ་གཉིས་དོན་མཚུངས་པས་རབ་ཤེས་ཞེས་པ་འགྱུར་ཁྱད་ཀྱིས་པྲ་རབ་དང་། ཛྙཱ་ཤེས་པ་འཐད་འགྱུར་བྱས་པ་དང་དོན་འགྱུར་ལ་ཤེས་རབ་ཅེས་པས། སངས་རྒྱས་ཐམས་ཅད་ཀྱི་ཤེས་རབ་ཡེ་ཤེས་ཀྱི་ངོ་བོ་ཡིན་པས་འཇམ་དཔལ་ཞེས་བྱ་བར་ཡོངས་སུ་མཚན་བཏགས་པ་ཡིན་ནོ། །ཞེས་པར་གོ་ལ། དེ་བཞིན་དུ་འཇམ་དབྱངས་ཞེས་པའང་། འཇམ་གོང་བཞིན། གང་གི་གསུང་ནི་བཟང་པོ་ཡིད་འོང་ཞིང་། །རྟག་ཏུ་བྱིས་པའི་སྐྱེ་བོ་རྣམ་སྤངས་ཡིན། །ཡིད་འོང་བཟང་པོ་རྣར་ནི་སྙན་པ་དང་། །དགའ་བསྐྱེད་སྙན་པ་དང་ནི་རྗེས་སུ་མཐུན། །སེམས་ནི་ཚིམ་བྱེད་བདེ་བ་རབ་ཏུ་སྦྱིན། །ཞེས་པས་འཇམ་དཔལ་གང་གི་གསུང་བཟང་པོ་དང་ཡིད་དུ་འོང་ཞིང་དེའི་རྒྱུ་མཚན་ཡང་། རྟག་ཏུ་བྱིས་པའི་སྐྱེ་བོ་རྣམས་ཀྱི་ནི་རང་བཞིན་ཚིག་ངན་པའི་སྐྱོན་དྲུག་ཅུ་རྩ་བཞི་སྤངས་ཤིང་། ཡིད་དུ་འོང་བ་དང་། ཚིག་དོན་བཟང་པོ་

དང་། ཟླ་བར་སླན་པས་དགའ་བ་བསྐྱེད་པ། སྤྱོད་པ་དང་། ལམ་བཟང་པོ་དང་རྗེས་སུ་མཐུན་པ་སེམས་ཚིམ་པར་བྱེད་པ་གནས་སྐབས་མཐར་ཐུག་གི་བདེ་བ་རབ་ཏུ་སྦྱིན་པ་སོགས་གསུང་དབྱངས་ཀྱི་ཡན་ལག་དྲུག་ཅུ་དང་ལྡན་པས་དབྱངས་ཞེས་གྲགས་པ་དང་། དེས་མཚོན་ནས། བརྟན་དང་འཁོར་ལོ་འཛིན་དང་འཇམ་མཆོག་དང་། །ཞེས་པས་འཇམ་དཔལ་བརྟན་པའི་འཁོར་ལོའི་མཚན་སྒྲ། དེ་བཞིན་བདུད་འདུལ་ཆོས་ཀྱི་འཁོར་ལོ་བསྐོར། །འཁོར་ལོ་འཛིན་པ་འདི་ནི་རིགས་པ་ཡིན། །ཞེས་པས། འཁོར་ལོ་རྩིབས་(༣༧ན)བརྒྱད་ལྡན་པ་དང་། །ཞེས་མངོན་བརྗོད་ལས་འཇམ་དཔལ་གྱི་མཚན་གྱི་རྣམ་གྲངས་སུ་བཤད་པའི་མཚན་སྒྲ་དང་། གཞོན་ནུ་འདི་ནི་ཐམས་ཅད་ཀུན་ཏུ་འགྲོ་ཞེས་པས་གཞོན་ནུར་གྱུར་པ་དང་། ཟུར་ཕུད་ལྔ་ལྡན་སོགས་མཚན་སྒྲ་དང་སངས་རྒྱས་ཐམས་ཅད་ཀྱི་ཤེས་རབ་ཡེ་ཤེས་ཀྱི་ངོ་བོ་ཡིན་པ་དང་། ཡང་རྒྱུད་འདིའི་རབ་འབྱམས་རྩ་བའི་ཚིག་ཞིབ་མོ་ལས། འདི་ནི་བཅོམ་ལྡན་འདས་འཇམ་དཔལ་གཞོན་ནུར་གྱུར་པའི་ཁྲོ་བོ་ཆེན་པོ་གཤིན་རྗེའི་གཤེད་ཅེས་བྱ་བ་ཡིན་ཏེ། གཤིན་རྗེའི་རྒྱལ་པོ་ཡང་འཇོམས་པ་དང་འགུགས་པར་བྱེད་པ་ཡིན་ན། སེམས་ཅན་གཞན་ལྟ་སྨོས་ཀྱང་ཅི་དགོས། ཞེས་དང་། བཅོམ་ལྡན་འདས་གཞོན་ནུའི་གཟུགས་ཅན་འཇམ་དཔལ་ནི་བྱིས་པའི་སྐྱེ་བོ་དགའ་བར་བྱེད་པ་གཞོན་ནུའི་རོལ་བ་ལ་དགྱེས་པ། ཞེས་དང་། མདོ་ལུགས་རང་ལ་ཡང་དཀོན་བརྩེགས་ཀྱི་ལུང་གོང་དུ་དྲངས་པ་ལས། ནམ་བདག་གིས་སངས་རྒྱས་ཀྱི་སྤྱན་སྒྲིབ་པ་མེད་པས་ཕྱོགས་བཅུར་རྣམ་པར་བལྟས་ཀྱང་བདག་གིས་སངས་རྒྱས་ཉིད་ལ་མ་བཀོད་པའི་དེ་བཞིན་གཤེགས་པ་དེ་ལྟ་བུ་གང་ཡང་མ་ཐོབ་པར་མ་གྱུར་པ་དེའི་ཚེ་བདག་ཀྱང་བླ་ན་མེད་པ་ཡང་དག་པར་རྫོགས་པའི་བྱང་ཆུབ་མངོན་པར་རྫོགས་པར་འཚང་རྒྱ་བར་བྱའོ། །ཞེས་སངས་རྒྱས་ཐམས་ཅད་སངས་རྒྱས་ཀྱི་ས་ལ་འགོད་པ་པོ་ཡིན་པར་བསྟན་པས་རྒྱལ་བ་ཀུན་གྱི་ཡབ་ཏུ་གྱུར་པར་དོན་གྱིས་ཐོབ་ཅིང་ཤུགས་སུ་འཇམ་དཔལ་སངས་རྒྱས་ཐམས་ཅད་ཀྱི་ཡབ་ཏུ་གྱུར་པའི་རྒྱུ་མཚན། མཚན་བརྗོད་ཀྱི་མན

ངག་གི་འགྲེལ་པ་ཞེས་པ་རྒྱ་གར་གྱི་མཁན་པོ་གཞོན་ནུ་གྲགས་ཀྱིས་མཛད་པར། གང་ལ་ལས་(༡༧༨)འཇམ་དཔལ་གཞོན་ནུར་གྱུར་པའི་མཚན་བསྟན་ནས་བཟུང་ན་བསོད་ནམས་ཇི་ཙམ་ཞེ་ན། དེ་ནི་གོང་མ་ལས་ཀྱང་དཔག་ཏུ་མེད་ཅིང་བགྲང་བ་ལས་འདས་པའོ། །དེ་ཅིའི་ཕྱིར་ཞེ་ན། འཕགས་པ་འཇམ་དཔལ་ནི་དེ་བཞིན་གཤེགས་པ་ཐམས་ཅད་ཀྱི་དགེ་བའི་བཤེས་གཉེན་དུ་གྱུར་པའི་ཕྱིར་རོ། །དེ་ཉིད་ཀྱང་ཅིས་ཤེས་ན། འཕགས་པ་འཇམ་དཔལ་གཞོན་ནུར་གྱུར་པས་བསྐལ་པ་རེ་རེའི་སེམས་ཅན་གྱི་དོན་བྱས་པ་དེ་ལྟ་བུའི་དཀའ་བ་སྤྱོད་པ་ནི་སངས་རྒྱས་བྱེ་བ་ཁྲག་ཁྲིག་འབུམ་གྱིས་ཀྱང་མ་མཛད་དོ། །དེ་ཉིད་ཀྱང་འཇམ་དཔལ་གཞོན་ནུར་གྱུར་པའི་སྨོན་ལམ་གྲུབ་པ་ཚད་མེད་དོ། །འཇམ་དཔལ་གྱི་ཡོན་ཏན་གྱི་ཁྱད་པར་ལ་ཚད་མེད་དོ། འཇམ་དཔལ་གཞོན་ནུར་གྱུར་པ་ནི་སངས་རྒྱས་བྱེ་བ་ཁྲག་ཁྲིག་བརྒྱ་སྟོང་གི་ཡབ་དང་ཡུམ་ལྟ་བུའོ། །འཕགས་པ་འཇམ་དཔལ་ནི་སངས་རྒྱས་བྱེ་བ་ཁྲག་ཁྲིག་བརྒྱ་སྟོང་ལ་གདམས་ངག་སྟོན་པའོ། །འཕགས་པ་འཇམ་དཔལ་ནི་ཕྱོགས་བཅུའི་འཇིག་རྟེན་གྱི་ཁམས་ན་མིང་གི་འཁོར་ལོ་རྒྱས་པར་བྱེད་པའོ། །འཇམ་དཔལ་གཞོན་ནུར་གྱུར་པ་ནི་དེ་བཞིན་གཤེགས་པའི་དཀྱིལ་འཁོར་གྱི་གཏམ་གྱི་སྙིང་པོར་གྱུར་པའོ། །འཇམ་དཔལ་ནི་དེ་བཞིན་གཤེགས་པ་ཐམས་ཅད་ཀྱིས་བསྟོད་ཅིང་བསྔགས་པའོ། །ཞེས་དང་། མཚན་བརྗོད་ཀྱི་འགྲེལ་པར་གཉིས་སུ་མེད་པ་ཡེ་ཤེས་ཀྱི་སྐུ་དང་། དེ་ཀུན་ལ་ཁྱབ་པར་བཤད་པའི་མཆོན་ནུས་ཤིང་། མདོ་རྒྱུད་འགའ་ཞིག་ནས་རྒྱལ་པོ་ཟས་གཙང་འཇམ་དཔལ་གྱི་སྤྲུལ་པ་ཡིན་པར་བཤད་པའང་རྒྱལ་བ་ཀུན་གྱི་ཡབ་ཡིན་པ་མཚོན་བྱེད་དུ་དགོངས་སམ་སྙམ་པ་དང་། འཇམ་དཔལ་མཚན་བརྗོད་ཀྱི་ཕན་ཡོན་ལས། (༡༨ན)བཅོམ་ལྡན་འདས་ཀྱི་ཡེ་ཤེས་ཀྱི་སྐུ་དང་དེ་བཞིན་གཤེགས་པ་ཐམས་ཅད་ཀྱི་ཡེ་ཤེས་སྐུ་འཇམ་དཔལ་ཡེ་ཤེས་སེམས་དཔའ་མ་འདྲེས་པ་ཡོངས་སུ་དག་པའི་མཚན་ཡང་དག་བརྗོད་པ་སྟེ། ཞེས་དང་། འཇམ་དཔལ་དྲག་པོར་བསྟན་པ་རྡོ་རྗེའི་ཁྲོ་བོ་རྣམས་ཀྱི་ལོ་རྒྱུས་ཀྱི་དབང་དུ་སོང་ན་སྟོན་དུས་

དཔག་ཏུ་མེད་པ་འདས་པའི་སྔོན་རོལ་ན། ལྷ་དབང་ཕྱུག་ཆེན་པོའི་བུ་ལྷའི་དམག་དཔོན་ཆེན་པོ་གཞོན་ནུ་གདོང་དྲུག་དང་། ལྷ་མིན་གདོལ་བ་དྲག་པོ་གཉིས་ཛམྦུ་གླིང་གི་བདག་པོ་སུ་བྱེད་ལ་མ་མཐུན་ནས་ཡུན་རིང་དུ་འཐབས་པ་ལས། གདོང་དྲུག་ནི་ཕམ། གདོལ་པ་དྲག་པོས་འཛམ་གླིང་ལ་དབང་བསྒྱུར་བ་ན་ལྷ་དབང་ཕྱུག་ཆེན་པོ་རི་རབ་ཀྱི་ཁོང་གསེང་ན་གནས་པས་དེ་ཤེས་ཏེ་སུམ་ཅུ་རྩ་གསུམ་ལ་སོགས་པ་མཁའ་ལ་སྤྱོད་པའི་ལྷ་རྣམས་དང་། ནད་བརྒྱད་གདོན་བརྒྱད་སོགས་ས་སྟེང་གི་འབྱུང་པོ་ཐམས་ཅད་དང་། ལྷ་མིན་ཀླུ་ལ་སོགས་པའི་ས་འོག་ན་སྤྱོད་པ་ཐམས་ཅད་དམག་ཚོགས་སུ་བསྐུལ་ཞིང་། དྲག་པོ་དབང་ཕྱུག་ཆེན་པོ་ཉིད་དྲག་ཤུལ་དང་ངཅས་ཏེ་འདས་པ་ན། གདོལ་པ་དྲག་པོ་ནི་མགོན་སྐྱབས་གཞན་མེད་པས་ཤིན་ཏུ་འཇིགས་ཤིང་སྐྲག་པ་ལས་བཅོམ་ལྡན་འདས་འཇམ་དབྱངས་ཡིད་ལ་དྲན་ཏེ། གདོང་ནམ་མཁར་ཕྱོགས་ཏེ་སྐད་ཀྱི་གདངས་ཆེན་པོས་མཆན་ནས་བོས་ཤིང་གསོལ་བ་བཏབ་པས། ཕྱོགས་དེར་འཇམ་དཔལ་མངོན་སུམ་དུ་བྱོན་ནས་གདུག་པ་ཅན་རྣམས་འདུལ་བའི་ཁྲོ་བོའི་སྐུར་བཞེངས་པ་ཞེས་བཅོམ་ལྡན་འདས་སངས་རྒྱས་སུ་བཞེད་པ་སོགས་རྣལ་འབྱོར་བླ་ན་མེད་པས་མཆོན། རྒྱུད་སྡེ་ཤས་ཆེར་རྒྱལ་བ་ཀུན་གྱི་ཡེ་ཤེས་ཀྱི་སྒྱུ་གཟུགས་ཡིན་པ་ལྟར་དཀྱིལ་འཁོར་གྱི་(༣༨བ)དབང་ཕྱུག་རིགས་ཀུན་གྱི་ཁྱབ་བདག་རྡོ་རྗེ་འཛིན་པ་ཆེན་པོ་ཉིད་ཀྱི་ཚུལ་དུ་བསྒྲུབ་པ་དང་། མདོ་ལས་དྲང་དོན་དགོངས་པ་ཅན་མ་ཡིན་པའི་ངེས་དོན་གྱི་དུས་གནས་ཚུལ་དང་མཐུན་པ་སངས་རྒྱས་སུ་བཤད་ཅིང་། རྒྱུད་སྡེ་གོང་མ་འགའ་དང་མདོ་ཤས་ཆེ་བ་དགོངས་པ་ཅན་དྲང་དོན་དུ་སྣང་ཚུལ་དང་མཐུན་པར་བྱང་ཆུབ་སེམས་དཔའ་སློབ་པའི་ཚུལ་དུ་བསྒྲུབས་པའི་སྐོར་འཆད་རྒྱུ་བའི་ཚུལ་སོགས་གསུངས་པའང་དོན་ལ་མི་འགལ་ཏེ། དཔེར་ན་བདག་ཅག་གི་སྟོན་པ་ཤཱཀྱའི་རྒྱལ་པོ་ཡང་། བསྐལ་པ་དཔག་ཏུ་མེད་པའི་སྔོན་ནས་སངས་རྒྱས་ཟིན་པ། སྐར་གདུལ་བྱ་འདུལ་བའི་སླད་དུ་བྱང་ཆུབ་སེམས་དཔའ་སྲིད་པ་མཐའ་མ་པ་གཞོན་ནུ་དོན་གྲུབ་ཏུ་སྐུ་བལྟམས་པའི་ཚུལ་དང་། མ་གནྡར་སྐར་མངོན་

པར་རྫོགས་པར་འཚང་རྒྱ་བའི་ཚུལ་བསྟན་པ་དྲང་དོན་ཡིན་པར། མདོ་སྡེ་པདྨ་དཀར་པོའི་ལེའུ་བཅོ་ལྔ་པ་དེ་བཞིན་གཤེགས་པའི་སྐུ་ཚེའི་ཚད་བསྟན་པ་བམ་པོ་བཅུ་པ་ནས། དཔེ་དང་བཅས་ཏེ་གསུངས་པ་ན། རིགས་ཀྱི་བུ་དག་འདི་ལྟ་སྟེ། དཔེར་ན་སྐྱེས་བུ་སྨན་པ་ནད་ཐམས་ཅད་རབ་ཏུ་ཞི་བར་བྱ་བ་ལ་མཁས་པ། གསལ་བ། ཡིད་གཞུངས་པ། ཤིན་ཏུ་བྱང་བ་འགའ་ཞིག་ཡོད་ལ། སྐྱེས་བུ་དེ་ལ་འང་བུ་མང་པོ་བཅུའམ། ཉི་ཤུའམ། སུམ་ཅུའམ། བཞི་བཅུའམ། ལྔ་བཅུའམ། བརྒྱའམ། སྟོང་ཡོད་པར་གྱུར་ལ། སྨན་པ་དེ་ཡོགས་ཤིག་ཏུ་སོང་སྟེ། དེའི་བུ་དེ་དག་ཐམས་ཅད་དབྱིག་དུག་འཐུངས་སམ། མདའ་དུག་འཐུངས་ནས་དེ་རྣམས་དབྱིག་དུག་དང་མད་ར་དུག་དེ་དག་གི་སྡུག་བསྔལ་གྱི་ཚོར་བ་དག་གིས་ཉོན་མོངས་ཤིང་གདུངས་ཏེ་ས་ལ་འགྲེ་ལྡོག་ལ། དེ་ནས་དེ་དག་གི་ཕ་སྨན་པ་ཡོགས་ཤིག་ནས་འོངས་ནས། བུ་(༣༤ན)དེ་རྣམས་དབྱིག་དུག་གམ་མདའ་དུག་དེའི་སྡུག་བསྔལ་གྱིས་ཉམ་ཐག་སྟེ་ཁ་ཅིག་ནི་འདུ་ཤེས་ལོག་པར་གྱུར། ཁ་ཅིག་ནི་འདུ་ཤེས་མ་ལོག་སྟེ་དེ་དག་ཐམས་ཅད་སྡུག་བསྔལ་དེ་ཉིད་ཀྱིས་ཉམ་ཐག་ལ་ཕ་དེ་མཐོང་ནས་མངོན་པར་དགའ་སྟེ། དེ་ལ་འདི་སྐད་ཅེས། ཡབ་བདེ་ཞིང་གནོད་པ་མི་མངའ་འམ། བདེ་བར་བྱོན་ཏམ། བདག་ཅག་གི་ལུས་འཇིག་པར་བྱེད་པར་དབྱིག་དུག་གམ། མདའ་དུག་འདི་ལས་ཡོངས་སུ་དགྲོལ་བར་གསོལ། ཡབ་ཀྱིས་བདག་ཅག་ལ་སྲོག་བསྩལ་དུ་གསོལ། ཞེས་སྨྲས་པ་དང་། དེ་ནས་སྨན་པ་དེས་བུ་དེ་དག་སྡུག་བསྔལ་གྱིས་ཉམ་ཐག་སྟེ་ན་བས་ཉོན་མོངས་ཤིང་གདུངས་ནས་ས་ལ་འགྲེ་ལྡོག་པ་མཐོང་ནས་དེས་སྨན་ཆེན་པོ་ཁ་དོག་དང་ལྡན་པ་དྲི་དང་ལྡན་པ་རོ་དང་ལྡན་པ་བསྡུས་ནས་རྡོ་ལ་བཏགས་ཏེ་བུ་དེ་དག་འཐུང་དུ་བཅུག་ནས་འདི་སྐད་ཅེས་བུ་ཁྱེད་རྣམས་སྨན་ཆེན་པོ་ཁ་དོག་དང་ལྡན་པ་དྲི་དང་ལྡན་པ་རོ་དང་ལྡན་པ་འདི་འཐུངས་ཤིག །རིགས་ཀྱི་བུ་དག་ཁྱེད་སྨན་བཟང་པོ་འདི་འཐུངས་ན་མྱུར་དུ་དབྱིག་དུག་གམ་མདའ་དུག་ལས་ཐར་ཏེ་བདེ་ཞིང་ནད་མེད་པར་འགྱུར་རོ། །ཞེས་སྨྲས་ན། དེ་ནས་སྨན་པ་དེའི་བུ་གང་དག་འདུ་

ཤེས་མ་ལོག་པ་དེ་དག་ནི་སྨན་དེའི་ཁ་དོག་མཐོང་དྲི་སྣོམ་རོ་མྱང་ནས་མྱུར་དུ་འཕྲུངས་པ་དང་དེ་དག་ནད་ཐམས་ཅད་ལས་ཐམས་ཅད་ཀྱིས་ཐམས་ཅད་དུ་ཐར་བར་གྱུར་ཏོ། །དེའི་བུ་གང་དག་འདུ་ཤེས་ལོག་པར་གྱུར་པ་དེ་དག་གིས་ཕ་དེ་ལ་མངོན་པར་བསྟོད་དེ། འདི་སྐད་དུ་ཡབ་བདེ་ཞིང་གནོད་པ་མི་མངའ་སྐྱེ་ལེགས་པར་ཕྱོན་ཏམ། བདག་ཅག་གསོར་གསོལ་ཞེས་ཚིག་དེ་སྐད་སྨྲས་ཏེ་སྨན་བྱིན་ཀྱང་མི་འཐུང་(ཤ་བ)ངོ་། །དེ་ཅིའི་ཕྱིར་ཞེ་ན། འདི་ལྟར་དེ་དག་འདུ་ཤེས་ལོག་པར་གྱུར་པ་དེས་སྨན་དེའི་ཁ་དོག་ཀྱང་མི་འདོད། དྲི་ཡང་མི་འདོད། རོ་ཡང་མི་འདོད་དོ། །དེ་ནས་སྨྲེས་བུ་སྨན་པ་དེ་འདི་སྙམ་དུ་བསམས་ཏེ། བདག་ཅག་གི་བུ་འདི་དག་དཀྱིག་དུག་གམ་མདའ་དུག་དེས་འདུ་ཤེས་ལོག་པར་གྱུར་པས་སྨན་འདི་ཡང་འཐུང་དུ་མ་ཙུང་སྟེ། ང་ལ་ནི་མངོན་པར་བསྟོད་ན་བདག་གིས་བུ་འདི་དག་ལ་ཐབས་ལ་མཁས་པས་སྨན་འདི་དག་བླུད་དོ་སྙམ་ནས་དེ་ནས་སྨན་པ་དེས་བུ་དེ་དག་ལ་ཐབས་མཁས་པས། སྨན་བླུད་པར་འདོད་ནས་འདི་སྐད་ཅེས་རིགས་ཀྱི་བུ་དག །ང་ནི་རྒས་ཤིང་རྒུད་ཅིང་འཆི་བའི་དུས་ཉེ་བར་གནས་ཏེ། བུ་ཁྱེད་རྣམས་མྱ་ངན་མ་བྱེད་ཅིག །མི་བདེ་བར་མ་གྱུར་ཅིག །སྨན་ཆེན་པོ་བྱིན་པ་འདི་ཁྱེད་འདོད་ན་སྨན་འདི་འཐུང་ཞིག་ཅེས་སྨྲས་ཏེ། བུ་དེ་དག་ལ་ཐབས་མཁས་པས་དེ་སྐད་བསྒོ་ནས། ཡུལ་གཞན་དུ་སོང་སྟེ་ཕྱིན་ནས་བདག་ཤིའོ་ཞེས་བུ་ནད་པ་དེ་དག་གིས་ཐོས་པར་བྱས་པ་དང་། དེ་དག་དེའི་ཚེ་ཤིན་ཏུ་མྱ་ངན་དུ་གྱུར། ཤིན་ཏུ་སྡུག་སྔགས་འདོན་པར་གྱུར། བདག་ཅག་གིས་ཕ་མགོན་པོ་བསྐྱེད་པ་རྗེས་སུ་སྙིང་བརྩེ་བས་ཅིག་ཤུ་དེ་འདང་ཤི་བས་དེའི་ཕྱིར་ད་བདག་ཅག་མགོན་མེད་པར་གྱུར་ཏོ་སྙམ། དེ་དག་བདག་ཉིད་མགོན་མེད་པར་མཐོང་། བདག་ཉིད་སྐྱབས་མེད་པར་མཐོང་ནས། ཕྱིར་ཞིང་མྱ་ངན་བྱེད་པས་གཟིར་བར་གྱུར་ཏེ། དེ་དག་ཕྱིར་ཞིང་མྱ་ངན་བྱེད་པས་གཟིར་བ་དེས་འདུ་ཤེས་ལོག་པ་འདུ་ཤེས་མ་ལོག་པར་གྱུར་ཏེ་སྨན་གང་ཁ་དོག་དང་དྲི་དང་རོར་ལྡན་པ་དེའང་ཁ་དོག་དང་དྲི་དང་རོར་ལྡན་པར་ཤེས་ནས་དེ་ནས་དེའི་ཚེ་དེ་འཐུངས

སོ། །དེ་འཐུངས་ནས་ནད་དེ་ལས་ཐར་པར་གྱུར་ཏོ། །དེ་ནས་(༩༠ན)སྨན་པ་དེས་བུ་དེ་དག་ནད་གསོས་པར་རིག་ནས་སླར་བདག་ཉིད་བསྟན་ན་རིགས་ཀྱི་བུ་དག་འདི་ཇི་སྙམ་དུ་སེམས། སྨན་པ་ཐབས་མཁས་པ་བྱེད་པ་དེ་ལ། ལ་ལ་དག་རྫུན་དུ་སྨྲའོ་ཞེས་ཟེར་རམ་གསོལ་བ། བཅོམ་ལྡན་འདས་དེ་ནི་མ་ལགས་སོ། །བདེ་བར་གཤེགས་པ་དེ་ནི་མ་ལགས་སོ། །བཀའ་བསྩལ་པ། རིགས་ཀྱི་བུ་དག་དེ་བཞིན་དུ། ང་ཡང་བསྐལ་པ་བྱེ་བ་ཁྲག་ཁྲིག་བརྒྱ་སྟོང་གྲངས་མེད་དཔག་ཏུ་མེད་པ་ནས། བླ་ན་མེད་པ་ཡང་དག་པར་རྫོགས་པའི་བྱང་ཆུབ་འདི་མངོན་པར་རྫོགས་པར་སངས་རྒྱས་མོད་ཀྱི། ངས་སྐབས་སྐབས་སུ་ཐབས་མཁས་པ་འདི་ལྟ་བུ་དག་སེམས་ཅན་རྣམས་འདུལ་བའི་ཕྱིར་བསྟན་ཏེ། གནས་དེ་རང་ལ་རྫུན་དུ་སྨྲ་བར་འགྱུར་བ་གང་ཡང་མེད་དོ། དེ་ནས་བཅོམ་ལྡན་འདས་དོན་གྱི་རྣམ་པ་འདི་ཉིད་རྒྱས་པར་སྟོན་ཅིང་དེའི་ཚེ་ཚིགས་སུ་བཅད་པ་འདི་དག་བཀའ་བསྩལ་ཏོ། །བསྐལ་པ་བྱེ་སྟོང་བསམ་གྱིས་མི་ཁྱབ་པ། །དེ་ཡི་ཚད་ནི་ནམ་ཡང་མེད་པ་ནས། །བྱང་ཆུབ་མཆོག་རབ་འདི་ནི་ངས་ཐོབ་སྟེ། །ང་ནི་རྟག་ཏུ་ཆོས་ཀྱང་རབ་འཆད་དོ། །བྱང་ཆུབ་སེམས་དཔའ་མིང་འདི་ཡང་དག་གཟུང་། །སངས་རྒྱས་ཡེ་ཤེས་ལ་ནི་དེ་དག་འགོད། །སེམས་ཅན་བྱེ་བ་ཁྲག་ཁྲིག་མཐའ་ཡས་པ། །བསྐལ་པ་བྱེ་བ་མང་པོར་སྨིན་པར་བྱས། །མྱ་ངན་འདས་པའི་ས་ཡང་བསྟན་བྱ་སྟེ། །སེམས་ཅན་རྣམ་པར་འདུལ་ཕྱིར་ཐབས་བརྗོད་དོ། །དེའི་ཚེ་ང་ནི་མྱ་ངན་མི་འདའ་སྟེ། །འདི་ཉིད་ན་ནི་ཆོས་རྣམས་རབ་སྟོན་ཏོ། །ཞེས་དང་། ཡབ་སྲས་མཇལ་བའི་མདོ་ལས། བྱེ་བ་བརྒྱད་ཅུར་རྒྱལ་བ་ཉིད། །སངས་རྒྱས་ཉིད་དུ་བསྟན་གྱུར་ཀྱང་། །ད་དུང་ཆོག་པའི་འདུ་ཤེས་གསལ། །བྱང་(༩༠བ)ཆུབ་མཆོག་ཏུ་ཐུགས་ཀྱང་འཇུག །སྟོང་གསུམ་དྲུག་ཅུ་རྩ་གཅིག་གི། །སངས་རྒྱས་ཞིང་རྣམས་དག་མཛད་པས། །ཇི་ལྟར་ཐུབ་པ་ཐབས་མཁས་པ། །རྒྱལ་བ་ཁྱོད་ནི་ཀུན་གྱིས་འཚལ། །ད་དུང་དང་པོ་ཐུགས་བསྐྱེད་པར། །དེ་དང་དེར་ནི་ཡོངས་བསྟན་ཏེ། །ད་དུང་དུ་ཡང་འདྲེན་པ་ཁྱོད། །སངས་རྒྱས་མང་པོ་སྟོན་པ་མཛད། །ཅེས་

དང་། གསེར་འོད་དམ་པའི་མདོ་ལས། སངས་རྒྱས་བཅོམ་ལྡན་བསམ་མི་ཁྱབ། །དེ་བཞིན་གཤེགས་པ་རྟག་པའི་སྐུ། །སེམས་ཅན་རྣམས་ལ་ཕན་པའི་ཕྱིར། །བཀོད་པ་རྣམ་པ་སྣ་ཚོགས་སྟོན། །ཞེས་དང་། འཕགས་པ་སངས་རྒྱས་ཀྱི་སྟོབས་བསྐྱེད་པའི་ཆོ་འཕྲུལ་གྱི་ཡུལ་རྣམ་པར་འཕྲུལ་བ་བསྟན་པའི་མདོ་ལས། དེ་བཞིན་གཤེགས་པས་སྡུག་བསྔལ་རྣམ་པ་སྣ་ཚོགས་ཀྱིས་བསྒྲིབས་པའི་སེམས་ཅན་རྣམས་དང་། ཁམས་སྣ་ཚོགས་ཀྱིས་འདུལ་བའི་སེམས་ཅན་རྣམས་ཀྱི་སྤྱོད་པ་མཁྱེན་ནས་ཡོངས་སུ་མྱ་ངན་ལས་འདའ་བ་ཡང་སྟོན། སྐྱེ་བ་ཡང་སྟོན། འཁོར་ལོས་སྒྱུར་བའི་རྒྱལ་པོ་ཡང་སྟོན། རྒས་བ་དང་། དགའ་བ་དང་། བུད་མེད་ཀྱི་བཞད་གད་དང་། ཀུ་རེ་དང་། དྲི་དང་། ཕྲེང་བ་དང་། དགའ་ཞིང་རྩེ་བ་ཡང་སྟོན་ནོ། །ཞེས་དང་། དཔལ་ལྡན་དུས་ཀྱི་འཁོར་ལོའི་བླ་མའི་ཡོན་ཏན་ཡོངས་སུ་བཟུང་བར། སྐུ་བཞིའི་བདག་ཉིད་དེ་བཞི་ལས། །ཟག་མེད་དབྱིངས་ལས་མ་གཡོས་ཀྱང་། །སྔོན་གྱི་སྨོན་ལམ་འཕེན་པ་ཡིས། །སེམས་ཅན་སྲིད་ལས་བསྒྲལ་བའི་ཕྱིར། །འཇིག་རྟེན་ཁམས་སུ་འཕྲིན་ལས་འཇུག །ལྷུན་གྱིས་གྲུབ་ཅིང་རྒྱུན་མི་ཆད། །ཁྱབ་ཅིང་རྟག་པར་དུས་ཀུན་ཏུ། །སངས་རྒྱས་འཕྲིན་ལས་བསམ་མི་ཁྱབ། །ཡིད་བཞིན་ནོར་(༧ན)བུ་དཔག་བསམ་ཤིང་། །རྟོག་པ་མེད་ཀྱང་ཉིད་གནས་པའི། །སོ་སོའི་བསམ་ཀུན་རྫོགས་བྱེད་ལྟར། །སངས་རྒྱས་རྟོག་པ་ཀུན་བྲལ་ཡང་། །སྣ་ཚོགས་ཆོས་ཀྱི་བསམ་པ་སྐོང་། །ཞེས་དང་། རྒྱལ་ཚབ་རྗེའི་རྒྱུད་བླའི་ཊཱི་ཀཱར། བསྟན་བཅོས་མཛད་པ་པོ་བདག་ཉིད་འབའ་ཞིག་དངོས་སུ་གནས་ངན་ལེན་གྱི་དྲི་མ་སྦྲ་མོ་དག་པར་བྱ་བའི་ཕྱིར་དང་། གདུལ་བྱ་གང་ཟག་ཟབ་མོའི་ཆོས་འདི་ལ་མོས་པ་དང་། དེ་ལས་བྱུང་བའི་བསོད་ནམས་ཀྱི་དགེ་བ་ཕུན་སུམ་ཚོགས་པ་དང་ལྡན་པའི་བློ་ཆེན་དེ་དག་རྗེས་སུ་བཟུང་བའི་ཕྱིར་དུ་འདི་བཤད་དོ། །གདུལ་བྱ་ཐུན་མོང་བ་འགའ་ཞིག་ཀྱང་རྗེས་སུ་བཟུང་བའི་ཆེད་དུ་དེ་ལྟར་གསུངས་ཀྱི། ངེས་པའི་དོན་དུ་ནི་མ་ཡིན་ཏེ་བཅོམ་ལྡན་འདས་བྱམས་པ་ཉིད་ཆོས་ཀྱི་སྐུར་མངོན་པར་རྫོགས་པར་སངས་རྒྱས་ཟིན་པའི་ཕྱིར་རོ། །ཞེས་གསུངས་ནས

བྱམས་པ་ངེས་དོན་དུ་སངས་རྒྱས་ཟིན་ཀྱང་གདུལ་བྱ་ཐུན་མོང་བའི་ངོར་བྱང་ཆུབ་སེམས་དཔའི་ཚུལ་བསྟན་ནས་མ་འོངས་པར་འཚང་རྒྱ་ཚུལ་གསུངས་པ་བཞིན་ནོ། །འཇམ་དཔལ་རྩ་རྒྱུད་ལེའུ་རབ་འབྱམས་སོ་གཅིག་པ་ལས། དེ་ཡང་འཇམ་དཔལ་གཞོན་ནུ་དེ་བཞིན་གཤེགས་པའི་རིགས་སུ་བལྟ་བར་བྱ་སྟེ། སངས་རྒྱས་དང་བྱང་ཆུབ་སེམས་དཔའ་ཐམས་ཅད་དང་། འཕགས་པ་ཉན་ཐོས་དང་། རང་སངས་རྒྱས་དང་། འཇིག་རྟེན་དང་འཇིག་རྟེན་ལས་འདས་པ་ཐམས་ཅད་དང་། ཟག་པ་དང་བཅས་པ་དང་། ཟག་པ་མེད་པའི་ཕྱག་རྒྱ་དང་། ཚོ་ག་དང་། ཚོ་གའི་རྣམ་པ་རྣམས་ནི་དེ་བཞིན་གཤེགས་པའི་རིགས་ཀྱི་ནང་དུ་གཏོགས་སོ་ཞེས་བཟུང་བར་གྱིས་ཤིག །འཇམ་དཔལ་རིག་པ་དང་། རྒྱུད་ཐམས་ཅད་དང་། སྔགས་ཀྱི་གསང་བ་གང་དེ་བཞིན་(༧བ)གཤེགས་པའི་དམ་ཚིག་ལ་མ་ཆུད་པ་དེ་ནི་གང་ཡང་མེད་དེ། འཇམ་དཔལ་གཞོན་ནུ་རབ་ཏུ་གཏོགས་པ་ཉིད་དུ་ཟུང་ཞིག་གང་གི་ཕྱིར་དེ་བཞིན་གཤེགས་པ་མཆོག་ཏུ་གསུངས་ཏེ། དེ་བས་ན་དེ་བཞིན་གཤེགས་པའི་རིགས་ཀྱང་མཆོག་ཉིད་དུ་བརྗོད་དོ། །ཞེས་དང་། སྔགས་འདི་ནི་བྱང་ཆུབ་སེམས་དཔའ་སྤྱན་རས་གཟིགས་དབང་ཕྱུག་གི་པདྨའི་ཕྱག་རྒྱ་དང་ཡང་དག་པར་ལྡན་ན་ལས་ཐམས་ཅད་པར་འགྱུར་རོ། །འདི་བཟླས་ན་པདྨའི་རིགས་ཐམས་ཅད་བཟླས་པ་ཡིན་ནོ། །ཞེས་དང་། ཕྱག་ན་རྡོ་རྗེའི་འཁོར་རྡོ་རྗེའི་རིགས་མ་ལུས་པ་ཐམས་ཅད་ཀྱི་ཕྱག་རྒྱ་དང་སྔགས་དང་ལྡན་པ་ཡང་རབ་ཏུ་སྦྱོར་བར་བྱའོ་ཞེས་སོགས་ནས་འཇམ་དཔལ་རིགས་གང་དུ་དབྱེ་ན་བྱ་བའི་རྒྱུད་ནས། དེ་བཞིན་གཤེགས་པའི་རིགས། པདྨའི་རིགས། རྡོ་རྗེའི་རིགས། ནོར་ཅན་གྱི་རིགས། ལྷུས་རྟེན་གྱི་རིགས། འཇིག་རྟེན་པའི་རིགས་ཏེ་བྱ་རྒྱུད་སྒོ་དྲུག་ཏུ་གྲགས་ཤིང་། དང་པོ་དེ་བཞིན་གཤེགས་པའི་རིགས་ལ། རིགས་[༡]ཀྱི་གཙོ་བོ། (དམ་ཚིག་གསུམ་བཀོད་སོགས།) རིགས་[༢]ཀྱི་བདག་པོ། (འཇམ་དཔལ་རྩ་རྒྱུད་སོགས།) རིགས་[༣]ཀྱི་ཡུམ། (དབང་བསྐུར་བའི་གཟུངས་གཟུངས་གྲྭ་ལྔ་སོགས།) རིགས་[༤]ཀྱི་གཙུག་ཏོར། (གདུགས་དཀར་སོགས།) རིགས་[༥]ཀྱི་ཁྲོ་བོ་ཁྲོ་མོ། (ཁྲོ་བོ་རྣམ་པར་རྒྱལ་བ་སོགས།)

[༤]རིགས་ཀྱི་ཕོ་ཉ་ཕོ་མོ། (སྣོ་བཟང་པོ་སོགས།) [༥]རིགས་ཀྱི་བྱང་སེམས། (བྱང་སེམས་ཀྱི་མཚན་བརྒྱ་སོགས།) [༦]གནས་གཙང་གི་ལྷ་དང་བརྒྱད། (འདུས་པ་ཆེན་པོ་སོགས།) གཉིས་པ་པདྨའི་རིགས་ལ། [༡]རིགས་ཀྱི་གཙོ་བོ། (ཚེ་གཟུངས་སོགས།) [༢]རིགས་ཀྱི་བདག་པོ། (རྟ་རྒྱུད་པདྨ་དྲ་བ་སོགས་སྤྱན་རས་གཟིགས་ཀྱི་རྒྱུད།) [༣]རིགས་ཀྱི་ཡུམ། (སྒྲོལ་མ་སྣ་ཚོགས་འབྱུང་བའི་རྒྱུད་སོགས།) [༤]རིགས་ཀྱི་ཁྲོ་བོ་ཁྲོ་མོ། (རྟ་མགྲིན་གྱི་རྒྱུད་སོགས།) (༦༢ན) [༥]རིགས་ཀྱི་ཕྱག་བརྙན་ཕོ་མོ་ལྔ། (ཕྱིར་བཟློག་སྟོབས་ཆེན་སོགས།) དེ་བཞིན་དུ་གསུམ་པ་རྡོ་རྗེའི་རིགས་ལའང་། [༡]རིགས་ཀྱི་གཙོ་བོ། (རྡོ་རྗེ་མི་འཁྲུགས་པའི་གཟུངས་སོགས།) [༢]རིགས་ཀྱི་བདག་པོ། (ཕྱག་རྡོར་རིག་པ་མཆོག་གི་རྒྱུད་སོགས།) [༣]རིགས་ཀྱི་ཡུམ། (རྡོ་རྗེ་མི་ཕམ་པ་མེ་ལྟར་རབ་ཏུ་རྗོངས་བྱེད་སོགས།) [༤]རིགས་ཀྱི་ཁྲོ་བོ་ཁྲོ་མོ། (བདུད་རྩི་ཐབ་སྦྱོར་སོགས།) [༥]རིགས་ཀྱི་ཕྱག་བརྙན་ཕོ་མོ་དང་ལྔ། (སྟོབས་པོ་ཆེ་སོགས།) གཞན་མ་ནོར་ཅན། ལྷས་རྟེན། འཇིག་རྟེན་པའི་རིགས་གསུམ་ལ་ནང་གསེས་མེད་ཀྱང་། དེ་དག་ཐམས་ཅད་དེ་བཞིན་གཤེགས་པའི་སྐུ་གསུང་ཐུགས་ཀྱི་རྣམ་པར་སྤྲུལ་པ་ཡིན་པར་སྐུ་འཇམ་དཔལ། གསུང་སྤྱན་རས་གཟིགས། ཐུགས་ཕྱག་རྡོར་གྱི་ངོ་བོར་བཤད་པ་གསོལ་འདེབས་ལེའུ་བདུན་མའི་བསྟན་པ་རྒྱད་བྱུང་མ་ལས་ཀྱང་། སངས་རྒྱས་སྐུ་ཡི་སྤྲུལ་པ་འཇམ་དཔལ་དབྱངས༔ སངས་རྒྱས་གསུང་གི་སྤྲུལ་པ་སྤྱན་རས་གཟིགས༔ སངས་རྒྱས་ཐུགས་ཀྱི་སྤྲུལ་པ་རྡོ་རྗེ་འཛིན༔ ཞེས་དང་། གླིགས་བམ་རིན་པོ་ཆེའི་ལྷའི་རྒྱལ་པོའི་སྐྱེས་རབས་སུ། དེ་ཡང་རིགས་གསུམ་མགོན་པོ་ལས། །ཐ་དད་ཉིད་དུ་ག་ལ་འགྱུར། །སེམས་ཅན་ཀུན་ལ་སྤྱན་རས་གཟིགས། །འདི་ནི་སྙིང་རྗེ་བྱམས་པའི་རིགས། །ང་ནི་སྙིང་རྗེ་ཆེན་པོ་ཉིད། ང་ལ་སྤྱན་རས་གཟིགས་ཞེས་གྲགས། །ལུས་ངག་ཡིད་གསུམ་ཞི་འཇམ་པས། །འགྲོ་བ་ཀུན་གྱི་དཔལ་དུ་གྱུར། །འཇམ་པའི་དཔལ་དུའང་འགལ་བ་མེད། །ཀུན་མཁྱེན་ཤེས་རབ་ཆེ་བའི་རིགས། །ཕྱག་སྟོང་རེ་ན་མི་རྟོག་པའི། །རྡོ་རྗེ་དཔའ་བོ་རེ་བཟུང་སྟེ། །གདུལ་དཀའ་འདུལ་བའང་ང་ཡིན་ན། །ཕྱག་ན་རྡོ་རྗེ་འགལ་བ་མེད། །དེ་ནི་དཔའ་བོ་དྲག་པོའི་རིགས། །དེ་གསུམ་རིགས་གསུམ་(༦༢བ)མགོན་པོ་ཉིད། །ཕྱོགས

སུ་མ་ཟད་དངོས་ཡིན་ནོ། །ཞེས་སོགས་བཤད་པས་ཐུགས་རྒྱུད་གཅིག་པ་དང་། སྤྱན་རས་གཟིགས་པདྨའི་རིགས་སུ་གཏོགས་པའི་ལུང་ཤིན་ཏུ་གསལ་བ། བྱ་བ་སྤྱི་རྒྱུད་གྲས་གནོད་སྦྱིན་འཕགས་པ་དཔུང་བཟང་གིས་ཕྱག་རྡོར་ལ་ཞུས་པ་དཔུང་བཟང་གི་རྒྱུད་དུ་གྲགས་པ་ལས། ཕྱག་རྡོར་གྱིས། ང་ནི་རྡོ་རྗེའི་རིགས་ཞེས་རབ་ཏུ་བསྟན། །སྤྱན་རས་གཟིགས་དབང་པདྨོའི་རིགས་ཡིན་ཏེ། །ཞེས་གསུངས་པ་དང་། དེའི་ནང་ནས་ཀྱང་པདྨའི་རིགས་ཀྱི་བདག་པོ་ཡིན་པ་དང་། འཇམ་དཔལ་དེ་ངཞིན་གཤེགས་པའི་རིགས་ཡིན་པའི་རྒྱུ་མཚན་གོང་དུ་འཇམ་དཔལ་རྩ་རྒྱུད་ཀྱི་ལུང་དང་མཐུན་པར་འཇམ་མགོན་བཙོང་ཁ་པ་ཆེན་པོས་སྔགས་རིམ་ཆེན་མོ་པར་རྙིང་གི་ཞི་དྲུག་པར། རྣམ་རྒྱལ་དང་གདུགས་དཀར་འཇམ་དབྱངས་ལྷ་བུ་ལ་དེ་བཞིན་གཤེགས་པའི་རིགས་ཀྱི་སྔགས་རྒྱས་བྱའོ། །ཞེས་དང་། དེའི་དྲུག་ཅུ་རེ་གཅིག་པར་བྱ་བ་སྤྱི་རྒྱུད་ལེགས་གྲུབ་ཀྱི་ལུང་དྲངས་པར། དེ་ནས་ལེགས་གྲུབ་ལས་དཀོན་ཅོག་གསུམ་དང་། རིགས་གསུམ་གྱི་བདག་པོ་ལ་བསྟོད་པ་བྱ་བར་གསུངས་པ་ལྟར་བྱ་སྟེ། མགོན་པོ་ཐུགས་རྗེ་ཆེ་ལྡན་པ། །སོགས་ཤོ་ལོ་ཀ་གསུམ་གྱིས། སངས་རྒྱས་ཆོས་དགེ་འདུན་ཏེ་དཀོན་ཅོག་གསུམ་དང་། གཞོན་ནུའི་ཚ་ལུགས་འཆང་བ་པོ། །ཤེས་རབ་སྒྲོན་མེས་རབ་ཏུ་བརྒྱན། །འཇིག་རྟེན་གསུམ་གྱི་མུན་སེལ་བ། །འཇམ་དཔའ་ལ་ཡང་ཕྱག་འཚལ་ལོ། །ཞེས་འཇམ་དབྱངས། སངས་རྒྱས་ཀུན་གྱིས་རབ་ཏུ་བསྔགས། །ཡོན་ཏན་དམ་པ་ཀུན་བསགས་པ། །སྤྱན་རས་གཟིགས་ཞེས་མཚན་གསོལ་བ། །རྟག་པར་བརྩེ་ལ་ཕྱག་འཚལ་ལོ། །ཞེས་སྤྱན་(ཤན)རས་གཟིགས། སྟོབས་པོ་ཆེ་ལ་དྲག་ཤུལ་ཅན། །རིགས་སྔགས་རྒྱལ་པོ་དགེ་བ་ཅན། །གདུལ་དཀའ་པོ་དག་འདུལ་བ་པོ། །རྡོ་རྗེ་འཛིན་ལ་ཕྱག་འཚལ་ལོ། །ཞེས་པས་ཕྱག་རྡོར་ཏེ་རིགས་གསུམ་གྱི་བདག་པོ་རིམ་པར་གསུངས་པ་དང་། ཤོག་བུ་ང་དྲུག་པར། རིགས་གསུམ་གྱི་རིགས་ཀྱི་བདག་པོ་ནི་འཇམ་དབྱངས་དང་སྤྱན་རས་གཟིགས་དང་ཕྱག་ན་རྡོ་རྗེའོ། །ཞེས་སོགས་མང་དུ་གསུངས་ལ། དེའི་རྒྱུ་མཚན་ནི་གསང་བ་སྤྱི་རྒྱུད་ལས།

དེ་བཞིན་གཤེགས་རིགས་དཀྱིལ་འཁོར་དུ། །གང་ཞིག་ལེགས་པར་དབང་བསྐུར་བ། །དེ་ནི་རིགས་རྣམས་གསུམ་ཆར་གྱི། །དཀྱིལ་འཁོར་ལ་སོགས་སློབ་དཔོན་འགྱུར། །འཕགས་པ་སྤྱན་རས་གཟིགས་དབང་གི །དཀྱིལ་འཁོར་དུ་ནི་དབང་བསྐུར་བ། །དེ་ནི་རིགས་གཉིས་དཀྱིལ་འཁོར་གྱི། །སློབ་དཔོན་དུ་ནི་དབང་བསྐུར་འགྱུར། །ཕྱག་ན་རྡོ་རྗེ་གཟི་ཆེན་གྱི། །དཀྱིལ་འཁོར་དུ་ནི་དབང་བསྐུར་བ། །དེ་ནི་རྡོ་རྗེའི་རིགས་གཅིག་གི །དཀྱིལ་འཁོར་གྱི་ནི་སློབ་དཔོན་འགྱུར། །ཞེས་སོགས་ཀྱི་ལུང་དོན། སྔགས་རིམ་ཤོག་བུ་སོ་དགུ་པའི་རྒྱབ་ཏུ། དེ་བཞིན་གཤེགས་པའི་དཀྱིལ་འཁོར་དུ་དབང་ཐོབ་ན་རིགས་གསུམ་ཀ་དང་། པདྨའི་རིགས་ཀྱི་དབང་ཐོབ་ན་རིགས་གཉིས་དང་། རྡོ་རྗེའི་རིགས་ཀྱི་དབང་ཐོབ་ན་དེ་ཉིད་ཀྱི་སློབ་དཔོན་དུ་འགྱུར་བར་གསུངས་ཏེ། ཞེས་པས་རྒྱལ་བ་རིགས་གསུམ་གྱི་མགོན་པོ་ལས་དེ་བཞིན་གཤེགས་པའི་རིགས་ཏེ་གསུམ་གའི་གཙོ་བོར་གྱུར་པ་འཇམ་དཔལ་ལམ་འཇམ་དཔལ་དབྱངས་འདི་ཉིད་ནི་རྗེ་བཙུན་བྱམས་པ་མགོན་པོས་མངོན་རྟོགས་རྒྱན་གྱི་སྐབས་དང་པོ་ལས། སེམས་ཅན་ཀུན་ཡིད་ཤེས་པ་(༤ཕ)དང་། །མངོན་པར་ཤེས་པས་བརྩེ་བ་དང་། །སངས་རྒྱས་ཞིང་བཟང་བསྒྲུབ་པ་དང་། །ཡོངས་སུ་བརྟག་ཕྱིར་སངས་རྒྱས་བསྟེན། །དབང་པོ་ཤེས་དང་རྒྱལ་བ་ཡི། །ཞིང་སྦྱོང་སྒྱུ་མ་ལྟར་གནས་དང་། །བསམས་བཞིན་སྲིད་པ་ལེན་པ་དང་། །ལས་ནི་རྣམ་པ་འདི་བརྒྱད་བཤད། །ཅེས་བྱང་སེམས་ས་དགུ་པའི་ཡོངས་སྦྱོང་བརྒྱད་དུ་བཤད་པའི་དོན་ཤེར་ཕྱིན་རྣམས་སུ་རྒྱ་ཆེར་གསུངས་པ་བཞིན་དང་། དཀོན་བརྩེགས་གསང་བ་བསམ་གྱིས་མི་ཁྱབ་པ་བསྟན་པ་ལེའུ་གསུམ་པ་ལས་ཞི་བའི་བློ་གྲོས། བྱང་ཆུབ་སེམས་དཔའ་ཆོས་ཀྱི་སྐུ་དང་ལྡན་པ་ལ། སྐྱེ་བ་དང་། འཆི་འཕོ་བ་དང་འབྱུང་བ་མེད་ཀྱང་སེམས་ཅན་ཡོངས་སུ་སྨིན་པར་བྱ་བའི་ཕྱིར་སྐྱེ་བ་དང་། འཆི་འཕོ་བ་དང་འབྱུང་བ་ཡང་སྟོན་ཏོ། །དེ་འཆི་འཕོ་ཡང་ཆོས་ཐམས་ཅད་ལ་འཆི་འཕོ་མེད་ཅིང་མངོན་པར་འདུ་བྱེད་པ་མེད་པར་རབ་ཏུ་འབྱུང་ཡང་ཆོས་ཐམས་ཅད་ལ་འཕོ་བ་མེད་པར་རབ་ཏུ་

ཤེས་སོ། །སྐྱེ་ཡང་ཆོས་ཐམས་ཅད་ལ་སྐྱེ་བ་མེད་པར་རབ་ཏུ་ཤེས་སོ། །ཞེས་སངས་རྒྱས་དང་བྱང་སེམས་འགྲོ་བའི་དོན་དུ་སྐྱེ་བ་སྤྲུལ་སྐུ་བཟུང་བ་མདོ་སྡེ་སོགས་ནས་ཇི་སྐྱེད་ཅིག་གསུངས་ཤིང་། ཁྱད་པར་རྒྱལ་བ་ཀུན་གྱི་ཡབ་ཏུ་གྱུར་པ་རྗེ་བཙུན་འཇམ་དབྱངས་སམ་འཇམ་དཔལ་འདི་ཉིད་འཇམ་དཔལ་རྩ་བའི་རྒྱུད་ཕན་ཡོན་ཉེས་དམིགས་ཀྱི་ནུས་པ་བསྟན་པ་རབ་འབྱམས་སོ་དྲུག་པ་ལས། རྒྱལ་བ་ཀུན་ལ་བརྟེན་པ་ཡི། །རྒྱལ་པོ་དབྱིག་གི་གཉེན་ཞེས་བྱ། །སྡེ་ཆེན་སྟོབས་ཀྱང་ཆེ་བ་དང་། །བློན་པོ་རྒྱ་ཆེ་ཉིད་དང་ནི། །སྐྱེ་བོ་རྩ་ལག་རབ་ཏུ་མང་། །ཀླུ་གླུ་བདུད་དང་རྣམ་པར་རྒྱལ། །སྟོན་པའི་བསྟན་པ་དེ་གཙོ་བྱེད། །གཞོན་ནུ་བདག་ཉིད་ཆེན་(༥༥ན)པོ་ཉིད། །དེ་ཡི་སྟགས་ནི་རབ་བསྒྲུབས་པས། །མཐུ་ནི་ཆེན་པོ་དང་ལྡན་པ། །རིག་པའི་རྒྱལ་པོ་ཡི་གེ་བརྒྱད། །དཔའ་བོ་ཆེ་ཞེས་རྣམ་པར་གྲགས། །ཕུན་སུམ་ཚོགས་པའི་གནས་ཆེན་ཡིན། །དེ་ཡི་བྱིས་པའི་བློས་ཡིས་ནི། །རྒྱལ་སྲིད་ཕྱིར་ནི་རབ་སྨོན་བྱས། །གང་གི་དྲན་པ་ཙམ་གྱིས་ནི། །སངས་རྒྱས་ཉིད་དུ་ངེས་འགྱུར་བ། །མི་བདག་རྒྱལ་ཐབས་ཉིད་ཀྱི་ཕྱིར། །དེ་ནི་བསྐལ་པ་མི་ཉུང་འགྱུར། །མཆོག་གི་སྦྱིན་པ་བླ་ན་མེད། །བསམས་པ་ཙམ་གྱིས་ཐོབ་པ་ཉིད། །ཚངས་སོགས་ལྷ་རྣམས་ཐམས་ཅད་ལ། །མ་ལུས་ལུང་ནི་སྟོན་བྱེད་ན། །ལྷ་ངན་ཕལ་པ་དག་དང་ནི། །མི་ཡི་འཇིག་རྟེན་སྨོས་ཅི་དགོས། །ལོ་ནི་བརྒྱ་དང་ལྔ་བཅུར་འཚོ། །གྲགས་ཆེན་ལྷ་ཡི་གནས་སུ་འགྲོ། །ཆོས་ཀྱི་བདག་ཉིད་དེ་མཐར་གྱིས། །བྱང་ཆུབ་དམ་པ་ཐོབ་པར་འགྱུར། །གཞོན་ནུས་ཡོངས་སུ་བཤད་པ་ཡི། །རིག་པ་འདི་ནི་དེའི་ཡུལ་དུ། །དེ་ནི་མྱུར་དུ་གྲུབ་འགྱུར་གྱི། །རིག་པ་གཞན་ནི་ནམ་ཡང་མིན། །བྱང་ཆུབ་སེམས་དཔའ་དཔའ་བོ་ཆེ། །འཇམ་དཔལ་དབྱངས་ནི་འོད་ཆེན་པོ། །མངོན་སུམ་དེ་ཡི་ཡུལ་དག་ན། །བྱིས་པའི་གཟུགས་ཀྱིས་རྒྱུ་བ་ཡིན། །གྲུབ་པའི་ཞིང་མཆོག་དམ་པ་ལ། །མི་ནི་ཡོངས་སུ་སྨྲུབ་པར་འགྱུར། །ཞེས་ལུང་བསྟན་པ་ལྟར་བདག་ཅག་གི་སྟོན་པ་ཐུབ་པའི་དབང་པོའི་འདུལ་ཞིང་རྣམས་གང་གི་སྲས་ཀྱི་ཐུ་བོ་འཕགས་མཆོག་རིགས་

གསུམ་གྱི་མགོན་པོའི་གདུལ་བྱར་གྱུར་ལ། དེ་ཡང་རྒྱ་གར་འཕགས་པའི་ཡུལ་གསང་བའི་བདག་པོ་ཕྱག་ན་རྡོ་རྗེ་དང་། གངས་ཅན་གྱི་ལྗོངས་འཕགས་པ་སྤྱན་རས་གཟིགས། རྒྱ་ནག་དང་རྒྱ་ནག་ཆེན་པོ་(༤༤བ)འཇམ་པའི་དབྱངས་ཀྱི་གདུལ་ཞིང་ཡིན་པའི་ཕྱིར་དེ་ཉིད་ཀུན་རྫོབ་རྩིས་ཀྱིས་འདུལ་བར་དགོངས་ནས་རྒྱལ་པོ་དབྱིག་གཉེན་གྱི་དུས་གནས་མཆོག་ཁྱད་པར་དུ་མས་འཕགས་པ་རི་བོ་རྩེ་ལྔ་ཞེས་མིག་གིས་མཐོང་བ་ཙམ་གྱིའང་ཤེས་རབ་འཕེལ་བའི་ཡ་མཚན་གྱི་ཞིང་དེར་མཉམ་མེད་ཤཱཀྱའི་རྒྱལ་པོ་གྲོང་ཁྱེར་རྩ་མཆོག་ཏུ་མྱ་ངན་ལས་འདས་ནས་ལོ་ཞེ་བརྒྱད་སོང་བ་དུས་བྱད་འཕགས་ལོའི་དང་པོ་ཀྱ་ཅེ་ཞེས་མིག་དམར་རམ་ཤིང་ཕོ་བྱི་བའི་ལོ་ཟླ་བའི་ཐོག་མ་མགོ་ཟླ་བཅུ་གཅིག་པའམ་དཔྱིད་ར་སྟག་གི་ཚེས་བཅོ་ལྔ་དུས་ཚོད་རྗེའུ་མགོ་ཙྪོས་ཀྱི་དུས་གཙུག་ནས་འཁྲུངས་པ་དང་མངལ་དུ་ཞུགས་ནས་འཁྲུངས་པ་སོགས་ངེས་ཚུལ་མི་འདྲ་བ་མང་ཡང་། ཧྲིཀྲའི་ཤིང་གི་ལྦ་བ་ལས་སྐུ་མདོག་གསེར་བཙོ་མ་ལྟ་བུར་བལྟམས་ཏེ་རྩིས་ཀྱི་སྒོ་མོ་བརྒྱད་ཁྲི་བཞི་སྟོང་། གབ་རྩེ་སུམ་བརྒྱ་དྲུག་ཅུ་པོགས་གསུངས་ཤིང་ཡུལ་ཁམས་བདེ་ལ་འགོད་པའི་ཕན་བདེའི་ཟླ་སྣང་གསར་དུ་བསྐྲུན་ཞིང་། གཞན་ཡང་སངས་རྒྱས་ཕལ་པོ་ཆེ་ལས། ཏིང་འཛིན་བརྒྱ་དང་སངས་རྒྱས་བརྒྱ་རྣམས་མཐོང་བྱེད་ཅིང་། །ཞིང་བརྒྱ་བསྐྱོད་ཅིང་རབ་ཏུ་སྣང་བྱེད་ཀུན་ཏུ་འགྲོ། །སེམས་ཅན་བརྒྱ་སྨྲིན་ཆོས་ཀྱི་སྒོ་ལ་འགོད་པར་བྱེད། །བསྐལ་པ་བརྒྱར་རྟག་ལུས་བརྒྱ་རབ་ཏུ་སྟོན་པར་བྱེད། །རྒྱལ་བའི་སྲས་ཀྱང་བརྒྱ་ཡི་གྲངས་ཚང་རབ་ཏུ་སྟོན། །དེ་ཡི་གོང་ནས་སྨོན་མཆོག་སྟོབས་ལྡན་ཚད་ཀྱང་མེད། །ཅེས་དང་། ཡང་དེ་ཉིད་ལས། ཇི་ལྟར་ཟླ་བ་ཤར་གྱུར་པ། །ཚད་མེད་པ་ཡི་གཟུགས་བརྙན་རྣམས། །ཆུ་ཡི་སྣོད་དུ་སྣང་གྱུར་ཀྱང་། །ཟླ་བ་གཉིས་སུ་གྱུར་པ་མེད། །ཅེས་སོགས་དང་།

དགུ་མ་ལ་འཇུག་པའི་སེམས་བསྐྱེད་བཅུའི་མཇུག་བསྡོམས་ལས་ཀྱང་། དེ་ཚེ་འདི་ཡིས་སངས་རྒྱས་བརྒྱ་མཐོང་ཞིང་། །དེ་དག་བྱིན་གྱིས་(༤༥ན)བརླབས་ཀྱང་འདི་

ཡིད་རྟོགས། །དེ་ཉིད་ཚེ་ནི་བསྐལ་པ་བརྒྱར་གནས་ཤིང་། །སྔོན་དང་ཕྱི་མའི་མཐར་ཡང་ཡང་དག་འཇུག །བློ་ལྡན་ཏིང་འཛིན་བརྒྱ་ཕྲག་སྙོམས་པར་འཇུག་ཅིང་གཏོང་བྱེད་དེ། །འཇིག་རྟེན་ཁམས་བརྒྱ་འདི་ཡིས་ཀུན་ནས་གཡོ་ཞིང་སྣང་བར་ནུས། །དེ་བཞིན་རྫུ་འཕྲུལ་གྱིས་ནི་སེམས་ཅན་བརྒྱ་ཕྲག་སྨིན་བྱེད་ཅིང་། །བརྒྱ་ཕྲག་གྲངས་དང་རྗེས་འབྲེལ་ཞིང་དག་ཏུའང་འགྲོ་བར་འགྱུར། །དེས་ན་ཆོས་ཀྱི་སྒོ་རྣམས་ཡང་དག་འབྱེད་བྱེད་ཐུབ་དབང་སྲས། །རང་ཉིད་ལུས་ལ་ལུས་རྣམས་ཀུན་ནས་སྟོན་པར་བྱེད་པའང་ཡིན། །རང་གི་འཁོར་དང་བཅས་པས་མཛེས་འཕྱོར་ལུས་ནི་རེ་རེ་ཞིང་། །རྒྱལ་བའི་སྲས་པོ་བརྒྱ་ཕྲག་དག་དང་རྗེས་སུ་འབྲེལ་བའང་སྟོན། །བློ་ལྡན་རབ་ཏུ་དགའ་བར་གནས་པས་ཡོན་ཏན་དེ་དག་ནི། །ཐོབ་པར་གྱུར་ནས་དེ་བཞིན་ཁོ་ནར་དྲི་མ་མེད་གནས་པས། །དེ་དག་སྟོང་ནི་ཡང་དག་ཐོབ་པར་འགྱུར་ཏེ་ལྔ་པོ་ཡི། །འདི་དག་རྣམས་ལ་བྱང་ཆུབ་སེམས་དཔའ་ཡིས་ནི་འབུམ་ཕྲག་དང་། །བྱེ་བ་བརྒྱ་ཕྲག་ཐོབ་ཅིང་དེ་ཡིས་བྱེ་བ་སྟོང་འགྱུར་ཐོབ། །དེ་ནས་བྱེ་བ་བརྒྱ་ཕྲག་སྟོང་འགྱུར་འདི་ཐོབ་བྱེ་བ་ཕྲག །ཁྲག་ཁྲིག་ཕྲག་བརྒྱ་རྫོགས་པར་གྱུར་དང་སླར་ཡང་སྟོང་ཕྲག་ཏུ། །ཡང་དག་པར་ནི་བསྒྱུར་བ་མཐའ་དག་རབ་ཏུ་ཐོབ་པར་འགྱུར། །ཞེས་ས་དང་པོ་རབ་ཏུ་དགའ་བ་ལ་གནས་པའི་ཡོན་ཏན་བརྒྱ་ཕྲག་དང་། དེ་ནས་རིམ་བཞིན་སྟ་མའི་ཡོན་ཏན་སྟོང་འགྱུར་དང་འབུམ་འགྱུར་སོགས་གསུངས་པ་དང་མཐུན་པར་བི་མ་ལའི་གསང་སྙིང་གི་འགྲེལ་ཆུང་སོགས་བཀའ་བསྟན་མང་པོ་ནས་ས་དང་པོ་ལ་གནས་པའི་བྱང་ཆུབ་སེམས་དཔའ་རྣམས་ཀྱང་(༦༥བ)སྐུའི་བཀོད་པ་དུ་མར་སྟོན་པ་སོགས་ཡོན་ཏན་བརྒྱ་ཕྲག་བཅུ་གཉིས་སྟོན་ནུས་པ་དང་། ཕལ་པོ་ཆེར་བྱང་ཆུབ་སེམས་དཔའི་རྣམ་གཞག་བཅུ་བཤད་པ་ལས། ས་དང་པོ་ནས་ཕྱིར་མི་ལྡོག་པའི་བྱང་སེམས་ཞེས་བཤད་དེ། དཀོན་ཅོག་གསུམ་དང་རང་ས་ལ་ཡིད་ཆེས་ལས་མི་ལྡོག་པའི་ཕྱིར་དང་། ས་བརྒྱད་པ་ལ་གཞོན་ནུར་གྱུར་པའི་བྱང་ཆུབ་སེམས་དཔའ་ཞེས་བཤད་དེ། ཁ་ན་མ་ཐོ་བའི་སྐྱོན་རྩ་བ་དང་བཅས་ཏེ་མེད་པས་གཞོན་ནུའི་སྐྲར་

བཏགས། ས་དགུ་པ་ལ་རྒྱལ་ཚབ་ཀྱི་བྱང་ཆུབ་སེམས་དཔའ་དང་། ས་བཅུ་པ་ལ་དབང་བསྐུར་བའི་བྱང་ཆུབ་སེམས་དཔའ་ཞེས་གསུངས་ནའང་། རྒྱལ་བ་ཀུན་གྱི་ཡབ་ཏུ་གྱུར་པའི་རྗེ་བཙུན་འཇམ་དཔལ་དབྱངས་འདི་ཉིད་གཞོན་ནུར་གྱུར་པའི་མཚན་གྱིས་ས་བརྒྱད་པ་ཡིན་པར་མི་སེམས་ཏེ། སྣང་ཚུལ་དུ་ས་བཅུ་ལ་བཞུགས་པའི་ཚུལ་གྱིས་སངས་རྒྱས་ཀྱི་མཛད་པ་གྲངས་མེད་པ་ཐོབ་པ་ལ་མངའ་བརྙེས་པར་མཛད་པས་མདོར་ན་སྐུའི་བཀོད་པ་ཇི་སྙེད་ཅིག་སྟོན་པར་ལུང་རིགས་ཀྱིས་གྲུབ་པ་ལྟར་རྗེ་བཙུན་མཁྱེན་བརྩེའི་གཏེར་ཆེན་འཇམ་དཔལ་དབྱངས་བསམས་བཞིན་དུ་ངུར་སྨྲིག་གི་རྣམ་པར་རོལ་བ་རང་ཅག་རྣམས་ཀྱི་གཙུག་རྒྱན་འཇམ༷་མགོ༷ན་ཆོ༷ས་ཀྱི༷་རྒྱ༷ལ་པོ༷་བཙོ༷ང་ཁ༷་པ༷་ཆེན་པོ་འདི་ཉིད་ནི། བྱ་རྒྱུད་འཇམ་དཔལ་རྩ་རྒྱུད་རབ་འབྱམས་ཉེར་བརྒྱད་པའི་ལུང་གོང་དུ་སོང་བར་མ་ཟད་ཕན་ཡོན་ཉེས་དམིགས་ཀྱི་ནུས་པ་བསྟན་པ་རབ་འབྱམས་སོ་དྲུག་པ་ལས། ཡི་གེ་བ་ཞེས་སྡོམ་བརྩོན་གྲགས། །དེ་ལས་གཞན་པ་དང་ཡིག་ར། །དང་པོའི་ཡི་གེ་བ་གྲགས་པ། །སྟོན་པའི་གཟུགས་བརྙན་དོན་ཡང་བྱེད། །(༨༧ན)བློ་ལྡན་དང་པོ་ཡི་གེ་མ། །དེ་བཞིན་སྡོམ་བརྩོན་དད་པ་འབྱུང་། །རྣམ་པ་དུ་མར་སྡོམ་བརྩོན་གསུངས། །དེ་ཚེ་མཐའ་ཡས་འབྱུང་བར་འགྱུར། །སྡོམ་བརྩོན་ཐམས་ཅད་བསྒྲགས་པ་ཡང་། །སྟོན་པའི་བསྟན་པ་གསལ་བར་བྱེད། །བསྟན་པ་དེ་ཚེ་ས་སྟེང་དུ། །རྣམ་པར་ཉམས་ཤིང་སྣང་མེད་ལ། །སྟོན་པའི་གཟུགས་བརྙན་ཡིད་དུ་འོང་། །བྱེད་པར་འགྱུར་བར་ཐེ་ཚོམ་མེད། །ཐམས་ཅད་བྱང་ཆུབ་ལུང་བསྟན་ཏེ། །ང་ཡི་བྱང་ཆུབ་མཆོག་ཐོབ་འགྱུར། །དེ་བཞིན་འཇིག་རྟེན་སྒྲོན་གནས་འགྱུར། །སྲིད་པ་གསུམ་གྱི་མཐར་ཡང་བྱེད། །ཕྱོགས་དང་རྒྱུད་ལ་མངོན་བརྩོན་པའི། །གྲགས་པ་འཛིན་པར་ཤེས་པར་བྱ། །ཞེས་སྨྲ་རབས་པ་རྣམས་ཕྱི་མ་འདི་ཉིད་ཡི་གེ་བ་དང་མ་འགྱུར་གྱི་ཁྱད་སོགས་ནས་དབྱིག་གཉེན་ལའང་ངོས་བཟུང་ཡང་དབྱིག་གཉེན་དུས་བསྟན་པ་མ་ཉམས་པ་དང་ཕྱིས་སླང་དར་སོགས་ཀྱི་བསྟན་པ་བསྐྱབས་ཤིང་འདུལ་བསྟན་ཉག་ཕྲ་བ་རྗེ་འདིས་གསལ་བར་མཛད་པ་

དང་། སྟོན་པ་དགུང་ལོ་བཅུ་གཉིས་པའི་སྐུ་ཚད་ཛོ་བོ་རིན་པོ་ཆེ་ལ་ཡོངས་སྤྱོད་རྫོགས་པའི་སྐུ་རྒྱན་ཡིད་དུ་འོང་བ་ཕུལ་བ་དང་། ཁྱོད་ཉིད་ཅེས་འཇམ་དཔལ་གྱི་སྤྲུལ་གཞི་དགོན་པ་དགའ་ལྡན་གྱི་མིང་སྒྲ་བཅས་གང་ཅི་ནས་རྗེ་འདིར་འབྲུལ་བ་མེད་པར་གསལ་བར་བསྟན། མདོ་སྡེ་རྒྱན་བཤད་པའི་ལེའུ་བཅུ་གསུམ་པ་ལས། དེ་ལྟར་བློ་བཟང་སྐྱེ་བ་མེད་ལྡན་བརྩེ་བ་ཅན། །ལྷན་པར་རབ་གྲགས་ཚོ་ག་བཟང་ཤེས་ལྡན་པ་ཡི། །བྱང་ཆུབ་སེམས་དཔའ་ལེགས་པར་སྨྲ་བ་ཡིན་པ་སྟེ། །བཤད་པས་སྐྱོ་བའི་ནང་ན་ཉི་མ་བཞིན་དུ་ལྷམ། །ཞེས་མཚན་སྒྲ་དང་བཅས་གསལ་(༩༨བ)བར་བསྟན། རྒྱལ་པོ་བཀའ་འབུམ་གྱི་དུས་ཀྱི་༣༥༠མཐའ་མ་ཇི་ལྟར་འབྱུང་ལུང་བསྟན་པ་ཕྱི་མ་ཅན་ལས། དེ་ནས་བསྟན་པའི་སྙིང་པོ་སྒྲུབ་པ་པོ། །བྱང་ཆུབ་སེམས་དཔའ་ལྡན་པའི་དགེ་སློང་ནི། །ཡོན་ཏན་དཔག་ཏུ་མེད་པའི་དམ་པ་འབྱུང་། །གསང་སྔགས་མངོན་པར་གྲུབ་པའི་དགེ་སློང་ནི། །དམ་པ་མང་པོས་བསྙེན་བཀུར་བྱེད་པར་འགྱུར། །དེ་ནས་ཁྱད་པར་བསྙེན་བཀུར་ཆེར་མཛད་པ། །དགེ་སློང་བྱང་སེམས་ཤར་ཕྱོགས་སྐུ་འཁྲུངས་པ། །གསང་སྔགས་འཆང་ཞིང་སྐྱེས་ཆེན་དམ་པ་ནི། །སྙིང་པོའི་མཐའ་བརྟེན་རྣལ་འབྱོར་ཆེན་པོ་དེས། །ཞལ་ཡང་བསྒྱུར་ཞིང་བསྙེན་བཀུར་ཆེན་པོ་མཛད། །དེ་ལ་བསྙེན་བཀུར་ཆེར་བྱེད་དེ་དག་ནི། །འཕགས་པའི་གང་ཟག་དགེ་སྦྱོང་ཤ་སྟག་གོ །དེ་ཕྱིར་དེ་དག་ཀུན་ལ་གུས་པ་བསྐྱེད། །དེ་དག་ཅི་ཕྱིར་འཕགས་པ་ཡིན་ཞེ་ན། །སངས་རྒྱས་རྣམས་ལ་མཛད་པ་ཆེན་པོ་མཛད། །དེ་ཕྱིར་དེ་དག་འཕགས་པའི་གང་ཟག་གོ །དེ་ལྟར་འཕགས་པའི་གང་ཟག་རྣམས་འབྱུང་ཞིང་། །འཁོར་ནི་ལེགས་གནས་སྟོན་པའི་གསུང་རབ་དང་། །སྟོན་པའི་སྐུ་གཟུགས་དངོས་སུ་བཞུགས་པ་དང་། །རི་བོ་ཡོན་ཏན་ཅན་ཡང་དེ་ན་ཡོད། །ཅེས་ལུང་འདིར་སྐབས་པོ་ཚུལ་ཁྲིམས་སྙིང་པོའི་ལུང་བསྟན་དུ་འང་བཞེད་པ་སོགས་སྣ་ཚོགས་པ་ཞིག་སྟེ་རབས་བྱུང་འདུག་ཀྱང་རྗེ་འདི་ཉིད་ཕྱིར་སྒྲུབ་པའི་དུས་དང་འཁྲུངས་ཡུལ་ཤར་ཞེས་ངའི་བཙོང་ཁའི་ཡུལ་སྙིང་པོའི་མཐའ་རྟེན་ཞེས་པས་མཚན་ཀུན་དགའ་སྙིང་

པོ་ཡོངས་རྫོགས་དགེ་བསྙེན་གྱི་མཚན་དང་། ཞལ་བསྒྱུར་ཞེས་པ་ཚིག་ཟུར་ཕྲན་བུ་ཉམས་པ་མ་གཏོགས་སྟོན་པའི་སྐུ་གཟུགས་དངོས་སོ་ཞེས་དང་། (༧༢ན)ཞལ་ཡང་བསྒྱུར་ཞིང་བསྙེན་བཀུར་དམ་པ་མཛད་ཅེས་པ་རྗེ་བོ་ཡོངས་སྤྱོད་རྫོགས་སྐུར་བསྒྱུར་བ་དང་། བསྙེན་བཀུར་ཆོ་འཕྲུལ་མཆོད་པས་མཆོན་པའི་མཛད་པ་སོགས་གསལ་བར་བསྟན། རྒྱལ་པོ་བཀའ་ཐང་ལས། དེ་ཕྱིས་འདུས་པ་ཉི་ཤུ་རྩ་ལྔ་ལ༔ ཤཱཀྱའི་ཞིང་ཁམས་འཕྲུལ་སྣང་གཙུག་ལག་ཁང་༔ སྨོན་ལམ་དག་པས་བྱང་སེམས་གནན་དོན་མཛད༔ འདུས་པའི་མཆོག་གྱུར་འཕགས་པ་འབྱུང་བར་འགྱུར༔ ཞེས་འཕྲུལ་སྣང་དུ་སྨོན་ལམ་ཆེན་མོ་སོགས་གཞན་དོན་རྒྱ་ཆེར་མཛད་པར་ལུང་བསྟན། པདྨ་ཐང་ཡིག་ལུགས་གཅིག་ལས། དགའ་ལྡན་ཞེས་བྱའི་དགོན་གནས་དམ་པ་རུ༔ མཁས་པའི་མཆོག་གྱུར་མདོ་རྒྱུད་དོན་ལ་མཁས༔ རྡོ་རྗེ་འཆང་སྤྲུལ་གསང་སྔགས་ངགའ་སྒོ་འབྱེད༔ འགྲོ་བའི་དེད་དཔོན་ལམ་སྟོན་ས་མཁན་ནི༔ བློ་དང་བཟང་གི་མཚན་ཅན་སྐྱེས་བུ་འབྱུང་༔ གསང་མཚན་ལས་རབ་རྡོ་རྗེ་བདེ་བ་རྩལ༔ ཞེས་དང་། པདྨ་བཀའ་ཆེམས་ལས། འཇམ་དབྱངས་སྤྲུལ་པ་གདུལ་བྱ་བསྟན་པའི་བདག༔ མདོ་སྔགས་བསྟན་འཛིན་བློ་བཟང་གྲགས་པ་ཞེས༔ མི་རབས་བརྒྱད་དུ་གསང་སྔགས་རྒྱས་པར་སྟོན༔ ཞིང་འདི་འདས་ནས་བྱམས་པའི་དྲུང་དུ་འགྲོ༔ དེ་ཡི་བརྒྱུད་འཛིན་ཚེ་གཅིག་སངས་རྒྱས་ཡིན༔ རང་བྱུང་བསྐལ་པ་ཆེན་པོ་ལ༔ དགྲ་བཅོམ་ཐོབ་པར་ཐེ་ཚོམ་མེད༔ ཅེས་དང་། རཏྣའི་སྤྱི་ལུང་ཆེན་པོ་ལས་ཀྱང་། འཇམ་དབྱངས་སྤྲུལ་པ་གསང་སྔགས་བསྟན་འཛིན་པ༔ བློ་གྲོས་སྟོབས་ལྡན་གྲགས་པའི་མིང་ཅན་འབྱུང་༔ ཞེས་གོང་དང་ཕྱོགས་མཚུངས་པར་རྡོ་རྗེ་གླིང་པའི་གཏེར་(༧༢བ)ཡིག་ལས་ཀྱང་འདི་དང་མཐུན་པར་ལུང་བསྟན་ཅིང་། ཆོས་རྗེ་མགོན་པོ་རིན་ཆེན་པས་མཚོ་སྣ་ཟངས་ཡག་བྲག་ནས་བཏོན་པའི་ལུང་བསྟན་དང་། གུ་རུ་ཆོས་དབང་གི་གཏེར་ཡིག་གཉིས་མཐུན་པར། འཇམ་དབྱངས་སྤྲུལ་པ་བློ་བཟང་གྲགས་པ་ཞེས༔ བསྟན་པ་རྒྱས་བྱེད་དེ་ནི་ངོ་མཚར་ཅན༔ ཞེས་དང་། འཕོ་བ་འཇག་མ་དངོས་སུ་རྫོགས་

པ་སོགས་ཀྱི་ཁུངས་གྲུབ་ཆེན་ཉི་ཟླ་སངས་རྒྱས་ཀྱི་དག་སྣང་ཞུན་དུ་ཕྱིན་ནས་སློབ་དཔོན་ལ་དྲི་བ་ཞུས་པའི་གྲས་སུ་འདང་། བོད་ཡུལ་ན་ཆོས་རྗེ་བློ་བཟང་གྲགས་པ་འདི་སྐད་ཆེ་ཁོང་སེམས་གར་བསྐྱེད་ཕྱི་མ་གར་གཤེགས་ཞུས་པས། སེམས་བསྐྱེད་ཐུབ་པའི་དྲུང་དུ་བསྐྱེད། །སྐྱེ་བ་ཀུན་ཏུ་འགྲོ་དོན་མཛད། །སྨོན་ལམ་གཅིག་གི་ཐེ་བྲག་གིས །སེམས་དཔའ་དེ་ལ་སྨད་པར་བྱེད། །ཀྱེ་མ་སེམས་ཅན་སྙིང་རེ་རྗེ། །འབྲེལ་ཚད་དོན་ལྡན་སྙིང་སྟོབས་ཅན། །སྲེ་སྣོད་འཛིན་པའི་འཁོར་གྱིས་བསྐོར། །སངས་རྒྱས་བསྟན་པ་བསྲུང་བསྐྱེད་བྱེད། །སྙིགས་མའི་དུས་སུ་ཨ་ལ་ལ། །གྲིབ་དང་གཟའ་གདོན་དག་ལ་འཇོམ། །ཚེ་ལ་བར་ཆད་ཡོང་ཉེ་བས། །གཙུག་ཏོར་རྣམ་རྒྱལ་ལ་སོགས་པའི། །བར་ཆད་བཟློག་པའི་ཆོ་གར་འབད། །བདེ་བ་ཅན་དུ་གཤེགས་རྒྱུ་ལ། །རེ་ཞིག་བྱམས་པའི་དྲུང་དུ་འགྲོ། །སེམས་དཔའ་གསེར་གྱི་མེ་ཏོག་གྲགས། །ཞེས་དང་། བཀའ་གདམས་གླེགས་བམ་རིན་པོ་ཆེ་ཕ་ཆོས་ཉི་ཤུ་རྩ་དྲུག་གི་ཡ་གྱལ་འབྲོམ་གྱིས་འབུལ་མོ་ཆེ་མཛད་པ་ལས་འཕྲོས་པའི་མ་འོངས་ལུང་བསྟན་དུ། བདག་གི་སྤྲུལ་པ་དམ་པ་གཅིག །རེས་འགའ་དགེ་སློང་ཉིད་དུ་སྤྲུལ། །དེས་ནི་གནས་དེ་སྐྱོང་བར་བྱེད། །རེས་འགའ་བྱིས་པའི་(༤༩)གཟུགས་སུ་འོང་། །རེས་འགའ་དབུལ་ཕོངས་སྤྲང་པོའི་གཟུགས། །རེས་འགའ་ཕྱོལ་སོང་བྱ་ཁྱིའི་གཟུགས། །རེས་འགའ་གསོལ་འདེབས་དབྱངས་ཀྱི་གཟུགས། །རེས་འགའ་ཡིག་འབྲུ་གཟུངས་ཀྱི་གཟུགས། །གྲགས་པ་ཅན་གྱི་དགེ་སློང་ངོ་། །བསྟན་གནས་བར་དུ་ཡང་ཡང་འོང་། །དེ་ནི་རྒྱུད་པ་ཉིད་དང་མཚུངས། །ཁྲིམས་ལྡན་དེ་ཡིས་བྱིན་བརླབས་ཤིང་། །སྐྱེས་བུ་གསུམ་ནི་དོན་གཉེར་བའི། །བྱ་བ་སྤྱོད་བ་བརྒྱ་ཕྲག་ཙམ། །གནས་དེར་བསམ་གཏན་སྒོམ་པར་བྱེད། །དེ་ལའང་ཙུང་ཟད་ལྷ་བས་གནོང་། །འདོད་ཡོན་བདུད་ཀྱི་གཡབ་མོ་འབྱུང་། །བསམ་གཏན་ཆགས་སྡང་དག་ལ་འཚོར། །འོན་ཀྱང་སྤྲུལ་པས་བྱིན་བརླབས་པས། །ལྷ་དང་བཅས་པའི་མཆོད་པའི་གནས། །བཀུར་འོད་ཉིད་དུ་ངེས་པར་འགྱུར། །མདོར་ན་གནས་མཆོག་དེ་དག་ཏུ། །དང་པོ་བཞི་གྲྭ་ནས་བཟུང་

སྟེ། །མཐའ་མར་སྟོང་ཕྲག་ཕྱེད་དང་གསུམ། །བསྐལ་པ་གསུམ་ལྡན་ཤཱཀྱའི་སྲས། །འགྲོ་བ་ཀུན་གྱི་མགོན་དུ་འགྱུར། །གནས་དེར་ཕྱོགས་དང་ཕྱོགས་མཚམས་ནས། །དགེ་འདུན་དཔག་མེད་འདུ་བར་འགྱུར། །ཕྱིར་ཡང་ལས་ཅན་ཕྱོགས་བཅུར་འགྲོ། །ཕྱི་ཡི་རྒྱ་མཚོ་དག་དང་མཚུངས། །ཆུ་བོ་བརྒྱ་ཡིས་གང་མི་ནུས། །ཅི་ཙམ་ཞིག་གིས་དམའ་མི་ནུས། །ཞེས་དང་། ཡང་ཕ་ཆོས་ལེའུ་ཉེར་དྲུག་པའི་མ་འོངས་ལུང་བསྟན་དུ། མཐའ་མར་བསྟན་པའི་མེ་རོ་དག །གྲགས་པའི་མཚན་གྱིས་གསོ་བར་བྱེད། །དུ་མའི་ཕན་བདེ་སྒྲུབ་བྱེད་པའི། །དེ་ཡང་གནས་མཆོག་དམ་པ་ཡིན། །ཞེས་གསུངས། ལྷོ་(༧༢བ)བྲག་མཁར་ཆུའི་གནས་བཤད་ལས། བཙོང་ཁའི་ཡུལ་དུ་སྐུ་འཁྲུངས་ཤིང་། །འགྲོ་དོན་དབུས་སུ་སྐྱོང་བར་བྱེད། །མདོ་སྨུགས་ངསྟན་ཁྲིམས་སྲོལ་ཡང་འཛིན། །ཅེས་དང་། འཁྲུངས་ཡུལ་སོགས་གསང་མཚན་ཡོངས་གྲགས་ཀྱི་མཚན་དང་ཇོ་བོ་ལོངས་སྤྱོད་རྫོགས་སྐུར་བསྒྱུར་བ་དང་། གསང་བ་འདུས་པ་དང་དབུ་མའི་ལྟ་བ་སོགས་རྗེ་ཉིད་ཀྱི་མཛད་པ་དང་། དེས་བྱིན་གྱིས་བརླབས་པའི་སྐྱེས་བུ་གསུམ་དོན་གཉེར་བའི་བྱ་བ་སྤྱོད་བའམ་ལམ་ཟིན་པ་བརྒྱ་ཕྲག་ཙམ་དང་བྱིངས་ཚེ་འདོད་ཡོན་ཏ་ཙང་ཆེས་པ་སོགས་ཀྱི་ལྟ་བས་ཅུང་ཟད་གནོད་བར་གྱུར་ཅུང་དོན་དུ་འཇམ་དབྱངས་ཀྱི་སྤྲུལ་པས་བྱིན་གྱིས་བརླབས་པའི་མཆོད་པའི་ཞིང་ཡིན་པ་སོགས་གསལ་བར་བསྟན། དགོན་ཅིག་འབངས་ཀྱི་སྐྱེས་རབས་སུ་བླ་མ་དྲི་མ་མེད་པ་མཚོ་ལས་སྐྱེས་པ་ཇོ་རྗེས། ཕྱིན་ཡུལ་དུ་ཧི་སྐད་སྨྲས་པ་བཞིན། །བདག་ཀྱང་གནས་དེར་ལྷ་འདྲེ་འདུལ་དུ་འགྲོ། །ཞེས་སློབ༷་དཔོན༷་པདྨ༷་ལྷ་འདྲེ་འདུལ་བར་བླ་མ་དྲི་མ་མེད་པ་མཚོ་སྐྱེས་ཇོ་རྗེ་དངོས་སུ་བྱོན་པ་དང་། སྤྲུལ་པ་གཅིག་ནི་རྒྱ་གར་གནས་སུ་འགྲོ། །ཞེས་རྒྱ་གར་དུ་བླ་མ་དྲི་མ་མེད་པའི་སྤྲུལ་པ་ཇོ༷་བོ༷་ཆེན༷་པོ༷་དཱི༷་པཾ༷་ཀ༷་ར༷་དང་། སྤྲུལ་པ་ཞིག་ནི་བལ་པོའི་མཐིལ་དུ་འགྲོ། །ཞེས་བལ་ཡུལ་དུ་པཎྜི༷་ཏ༷་པདྨ༷་བཛྲ༷་དུ་གྲགས་པ་ཐམས་ཅད་མཁྱེན་པ་དགེ་འདུན་གྲུབ་ཀྱི་གོང་མ་དེ་དང་། སྤྲུལ་པ་ཞིག་ནི་མདོ་ཁམས་སྨད་ལ་འགྲོ། །ཞེས་མདོ་སྨད་བཙོང་ཁའི་

ཡུལ་དུ་འཁྲུངས་པའི་འཇམ་མགོན་བླ་མ་བཙོང་ཁ་པ་ཆེན་པོ་བློ་བཟང་གྲགས་པ་སོགས་ལུང་བསྟན། དེ་ཡང་གླིགས་བམ་ཕ་ཆོས་ཀྱི་ལུང་(༧༠ན)བསྟན་ལས། གྲགས་དང་ཡང་གྲགས་རིན་ཆེན་གྲི། །གྲགས་པའི་མཐའ་བཟང་དཔལ་དུ་གྲགས། །བློ་གྲོས་ཤེར་རབ་གཞན་དུ་གསོལ། །གཞན་ཡང་གྲགས་པའི་མཚན་རབ་ཅན། །མང་པོས་འགྲོ་བའི་བདེ་སྐྱིད་བསྐྱུན། །ཞེས་རྒྱལ་བ་བཙོང་ཁ་པ་ཆེན་པོའི་མཚན་ཡོངས་རྫོགས་དང་། གཞན་ཡང་ཞེས་འདུལ་འཛིན་གྲགས་པ་རྒྱལ་མཚན་སོགས་རྗེས་འཇུག་གྲགས་པའི་མཚན་ཅན་མང་པོས་འགྲོ་བའི་བདེ་སྐྱིད་བསྐྱུན་པར་བསྟན། ཡང་ཕ་ཆོས་ཀྱི་ཐོར་བུའི་ཚོམས་སུ། ཤར་ནས་ཟླ་བའི་དཀྱིལ་འཁོར་མཛེས། །ཞེས་ཀྱང་རྗེ་འདི་ཉིད་ཡིན་ལ། གཞན་ཡང་གླིགས་བམ་གྱི་ཇོ་རྗེའི་གླུ་ལས། མར་མེ་མཛད་ཀྱང་གནས་མཆོག་འདིར། །སྒྲོལ་མར་བཅས་ཏེ་སྤྲུལ་སྟོང་འགྱེད། །ལྷག་པར་ཆགས་མེད་བསོད་སྙོམས་པས། །སྙན་པའི་དབྱངས་ཀྱིས་གསོལ་བ་འདེབས། །ཕྱོགས་བཞིའི་ལས་ཅན་དབང་དུ་སྡུད། །ང་ཡིས་མཆོད་ཚོགས་རྒྱས་པར་བྱེད། །མར་མེ་མཛད་དང་བྱམས་པ་ཡང་། །ཁྱོད་ཀྱི་གྲོགས་བཟང་སྤྱེལ་བར་བྱེད། །རིང་པོར་མི་ཐོགས་གནས་མཆོག་འདིར། །མཆོད་ཚོགས་རྒྱ་མཚོ་འདུ་བར་འགྱུར། །སྤྱན་རས་གཟིགས་དབང་བཟང་པོར་སྤྲུལ། །ཞེས་དཔལ་མར་མེ་མཛད་བཀའ་གདམས་ཀྱི་བསྟན་པ་སྤེལ་བར་སྔར་ཡང་སྤྲུལ་པ་མང་དུ་འགྱེད་པའི་ནང་ནས་གཙོ་བོར་གྱུར་པ་ས་རིས་སོགས་ཆོས་བརྒྱད་ཀྱི་ཡོ་ལང་ཙུང་ཟད་ཙམ་ཡང་མ་བཟུང་བར་ཆགས་མེད་བསོད་སྙོམས་ལ་བརྟེན་པའི་རྒྱ་ཡ་བ་བཙོང་ཁ་པ་ཆེན་པོ་འབྱོན་པ་དང་། དེའི་འཕྲིན་ལས་ཀྱི་མཐུས་ཕྱོགས་བཞིའི་འགྲོ་བ་ལས་ཅན་(༧༠བ)རྒྱ་བོད་ཧོར་གསུམ་རྣམས་དབང་དུ་སྡུད་ཅིང་ལྷ་ས་སྨོན་ལམ་ཆེན་མོ་སོགས་རྗེ་བོ་རྣམ་གཉིས་ལ་མཆོད་ཚོགས་རྒྱ་མཚོ་བསྐལ་བརྒྱར་སྤེལ་ཞིང་། དེ་ཉིད་བསྟན་པ་སྤེལ་བར་བྱེད་པའི་མར་མེ་མཛད་དང་བྱམས་པའི་སྤྲུལ་པའི་གྲོགས་ཀྱང་འབྱུང་བ་ནི་མར་མེ་མཛད་ཀྱི་སྤྲུལ་པ་ཅིག་ཤོས་ནི་པཎ་ཆེན་དགེ་འདུན་གྲུབ་ཡིན་པར་སེམས་ལ། དེ་ནས་རིང་པོར་མི་ཐོགས་པར་གནས་དེར་

མཆོད་ཚོགས་རྒྱ་མཚོ་འདུ་བར་འགྱུར་བ་དང་རིགས་གསུམ་ངོ་བོ་གཅིག་གི་སྤྱན་རས་གཟིགས་དབང་བཟང་པོའི་མཚན་ཅན་རྗེ་བླ་མ་ཆེན་པོར་གསུངས་ཤིང་། དེ་དང་མཐུན་པ་ནི་འཕྲོམ་གྱི་འབུལ་མོ་ཆེ་མཛད་པའི་མ་འོངས་ལུང་བསྟན་སོགས་མཐའ་ཡས་པར་གསུངས། གོང་དུ་དྲངས་པའི་གྲགས་སྨམ་གྱི་ལུང་བསྟན་རྣམས་དང་མི་འདྲ་བར་ཁོ་བོས་དྲངས་པའི་ལུང་རིགས་ནས་དག་སྣང་རྣམས་ནི་གོང་བཞིན་དོན་ལ་གནས་པ་གཞིར་བཅས། གཞན་རྣམས་ཁུངས་དང་འབྲེལ་བ་མཛུབ་ཚུགས་སུ་སྟོན་རྒྱུ་ཡོད་པ་ཡིན་ལ། དོན་དམ་ངོ་བོ་སྣང་བ་མཐའ་ཡས་སམ་འཕགས་པ་རིགས་གསུམ་གྱི་མགོན་པོ་བརྒྱུད་གཅིག་པའི་རྣམ་སྤྲུལ་ལ་གདོན་མི་ཟ་ཞིང་། དགའ་ལྡན་གྱི་གནས་སུ་འཇམ་དཔལ་སྙིང་པོ་དང་སེམས་དཔའ་གསེར་གྱི་མེ་ཏོག་ཀྱང་གཅིག །མ་འོངས་པར་ཀྱང་དགོན་ཅིག་བརྩེགས་པའི་ཧྲུལ་མེད་ལ་བསགས་པ་ཞེས་བྱ་བའི་འཇིག་རྟེན་གྱི་ཁམས་དེ་དང་། ངོ་མཚར་རྨད་བྱུང་བཀོད་པ་གཉིས་ཀྱང་དོན་གཅིག་ལ། དེ་བཞིན་གཤེགས་པ་དགྲ་བཅོམ་པ་ཡང་དག་པར་རྫོགས་པའི་སངས་རྒྱས་ཀུན་ཏུ་གཟིགས་པ་དང་། དག་པའི་སྣང་བ་རྣམས་སུ་བྱུང་བའི་རྒྱལ་བ་སེང་གེའི་ང་རོ་གཉིས་ཀྱང་གཅིག་པ་ཞིག་ཨེ་ཡིན་སྙམ་(༥༠ན)ཞིང་། དོན་དམ་ས་བཅུ་ཡོངས་སུ་རྫོགས་པར་མཛད་ཅིང་རིགས་གསུམ་ངོ་བོ་གཅིག་ཏུ་འདུས་པའམ་མགོན་པོ་འོད་དཔག་ཏུ་མེད་པ་བླ་མ་དྲི་མ་མེད་པ་མཚོ་ལས་སྐྱེས་པའི་རྡོ་རྗེའི་སྤྲུལ་པ་གཅིག་མདོ་ཁམས་སྨད་དུ་འབྱོན་པ་ཡིན་ཏེ། རྣམ་པར་སྟོན་པ་ཤཱཀྱ་ཐུབ་པའི་དུས་ཀྱང་ཉན་ཐོས་ཆེན་པོ་ཉེ་བར་འཁོར་གྱི་གྲས་དང་། དེ་ནས་ཨུ་གུཔྟ་དང་ཧྲ་བ་ཧྲ་དྲ་སོགས་དང་སྐབས་འགར་འཁོར་ལོས་སྒྱུར་བའི་རྒྱལ་པོ་བརྒྱ་བྱིན་ཚངས་པ་སོགས་དང་ཁམས་ཀྱི་རྒྱལ་ཕྲན་རབ་ཏུ་བྱུང་བའི་ཚུལ་སྐུ་སྐྱེ་འདི་གའི་སྔོན་མ་ཀཤྨི་རའི་ཡུལ་དུ་པཎྜི་ཏ་མ་ཧི་ཧྲ་དྲ་ཤྲཱི་སྔེ་བློ་བཟང་དཔལ་ཡིན་པ་སོགས་གདུལ་བྱ་དང་མཚུངས་པའི་སྐུའི་རྣམ་སྤྲུལ་དཔག་ཏུ་མེད་པར་བསྟན་ལ།

གཉིས་པ། རྗེ་བཙོང་ཁ་པ་འཁྲུངས་དུས་ནས་སྐུ་ཚེ་གཅིག་རིང་ཐོས་བསམ་སྒོམ་སྒྲུབ་དང་། འཆད་རྩོད་རྩོམ་གསུམ། བསྟན་པ་དར་སྤེལ་སོགས་མཛད་རྒྱལ་མདོར་བསྡུས།

སྐབས་འདིར་སྟོན་ཁ་བ་ཅན་པའི་ཆོས་ཀྱི་རྒྱལ་པོ་རྣམས་ཀྱི་ཆབ་འོག་ཏུ་གཏོགས་པ་མདོ་ཁམས། དེ་ལ་ཡང་སྟོད་སྨད་གཉིས་ལས་སྨད་བཙོང་ཁའི་ཡུལ་གྲུ་ལ་མལ་གྱི་རིགས་དཔའ་ཞིང་དེས་པ་རྟུལ་ཕོད་ཅན་དཀར་ཕྱོགས་ལ་མོས་པ་ད་ར་ཁ་ཆེ་ཀླུ་འབུམ་དགེ་ཞེས་བྱ་བ་དང་། བུད་མེད་ཀྱི་རྟེན་གཡོ་སྒྱུ་ཆུང་བ་ཤིང་མོ་ཨ་ཆོས་ཞེས་བྱ་ངའི་རིགས་རུས་ཆེ་འབྲང་ཕུན་སུམ་ཚོགས་པར་ཡབ་ཀྱི་རྨི་ལམ་དུ་ལྷ་སའི་ཇོ་བོ་རིན་པོ་ཆེ་ཤིང་རྟས་དྲངས་ཏེ་རང་གི་སྦྲ་ནང་དུ་ཕེབས་པ་སོགས་ཡབ་ཡུམ་གཉིས་ཀར་རྨིས་ལྟས་ངོ་མཚར་དུ་མ་དང་བཅས་སྲས་གསུམ་ཡོད་པའི་འོག་མར་སྟོན་པ་རྫོགས་པའི་སངས་རྒྱས་མྱ་ངན་ལས་འདས་ནས་ལོ་ཉིས་སྟོང་ཆིག་བརྒྱ་དགུ་བཅུ་རྩ་དགུ་འདས་པ་རབ་བྱུང་དྲུག་པའི་མེ་བྱ་ལོར་སྐུ་བལྟམས་ཤིང་། དེ་ཡང་དབུ་གདུགས་ཀྱི་དབྱིབས་སོགས་མཚན་ཤིན་ཏུ་བཟང་བར་བྱུང་། བག་མེད་ཀྱི་སྤྱོད་པ་རྒྱང་དུ་དོར་(༥༠བ)བའི་ཡ་མཚན་དུ་མ་དང་ལྡན་ལ། དགུང་ལོ་གསུམ་པར་ཀརྨ་རོལ་པའི་རྡོ་རྗེར་དགེ་བསྙེན་གྱི་སྡོམ་པ་བཞེས་མཚན་ཀུན་དགའ་སྙིང་པོར་གྲགས། དགུང་ལོ་བདུན་པའི་སྐིང་ཆོས་རྗེ་དོན་གྲུབ་རིན་ཆེན་གྱིས་འཇིགས་བྱེད་བདེ་མཆོག་ཀྱི་རྡོར་ཕྲུག་རྡོར་སོགས་ཀྱི་དཀྱིལ་འཁོར་དུ་བཅུག་སྟེ་གསང་སྔགས་རྡོ་རྗེ་ཐེག་པའི་སྒོར་སྨིན་པར་མཛད་གསང་མཚན་དོན་ཡོད་རྡོ་རྗེར་གསོལ། བླ་མ་དོན་གྲུབ་རིན་ཆེན་གྱིས་མཁན་པོ། ཏ་དབེན་གཞོན་ནུ་སེང་གེའི་སློབ་མ་གཞོན་ནུ་བྱང་ཆུབ་ཀྱིས་ལས་སློབ་མཛད་དེ་ཚོགས་སུ་མ་དགེ་ཚུལ་གྱི་སྡོམ་པ་བཞེས་ལ་མཚན་བློ་བཟང་གྲགས་པར་གསོལ། དགུང་ལོ་བཅུ་དྲུག་པ་ལ་མདོ་ཁམས་ནས་བཏེག་སྟེ་ལམ་དུ་ལོ་གསར་བའི་སྣང་ལོ་སྟོན་འབྲི་གུང་མཐིལ་དུ་ཕེབས། སྤྱན་སྔར་ཐེག་ཆེན་སེམས་བསྐྱེད་

སོགས་གསན། ཚལ་གྱི་སྣུན་པ་དཀོན་ཅོག་སྐྱབས་ལ་གསོ་དཔྱད་ཀྱང་གསན་རིང་རྒྱུད་བཞི་ཐུགས་འཛིན་གནང་། སྐྱེ་ཐང་བདེ་བ་ཅན་དུ་མཁན་པོ་བཀྲ་ཤིས་སེང་གེ་དང་ཡེ་ཤེས་སེང་གེ་གཉིས་ལ་ཆོས་འབྲེལ་གསན། བདེ་བ་ཅན་གྱི་བླ་མ་འཇམ་རིན་པར་བྱམས་ཆོས་རྣམས་གསན་ཅིང་ཐུགས་སུ་ཆུད། བླ་མ་དམ་པ་བསོད་ནམས་རྒྱལ་མཚན་དང་། མཁན་ཆེན་རིན་ཆེན་རྣམ་རྒྱལ། པཎ་ཆེན་མ་ཏི་པ་རྣམས་ལ་འཇམ་དབྱངས་བདེ་མཆོག་སོགས་ཁ་ཤས། ས་བཟང་པའི་དྲུང་དུ་ཆོས་བཀའ་དང་སྨྲ། བོ་དོང་ཕྱོགས་ལས་རྣམ་རྒྱལ་ལ་སྦྱོར་བ་ཡན་ལག་དྲུག་པ། སྣར་ཐང་མཁས་པ་ལོ་ཙཱ་བ་དོན་བཟང་ལ་མཛོད་དང་ཚད་མའི་ཊཱི་ཀཱ་ཤངས་ལུགས་ཀྱི་ཕྱག་དྲུག་པ་བཀའ་བཅུ་གསུམ་ནས་རྗེས་གནང་བར་ཆད་ཀུན་སེལ་རྣམས་གསན་ཅིང་། གཉགས་བོན་ཀུན་དགའ་དཔལ་ལ་ཕར་ཕྱིན། རེད་མདའ་བ་གཞོན་ནུ་བློ་གྲོས་ལ་མཛོད་(༤༧ན) རང་འགྲེལ། དབུ་ཚད། ཐུགས་སོགས་ཇི་སྙེད་གསན་ཅིང་བླ་མའི་གཙོ་བོར་གྱུར། ལོ་ཆེན་བྱང་ཆུབ་རྩེ་མོ་ལ་མངོན་པ་ཀུན་བཏུས། སྐྱོར་ལུང་མཁན་པོ་བློ་གསལ་བ་ལ་འདུལ་མཛོད། མལ་གྲོ་ལྷ་ལུང་བླ་མ་བསོད་གྲགས་ལ་ཆོས་ལུང་མང་བ། ལོ་ཙཱ་བ་ནམ་མཁའ་བཟང་པོར་སྙན་ངག་མེ་ལོང་ལ་བཤད་རྒྱུགས། རྗེ་བཙུན་པ་ལ་དབུ་ཚད་མངོན་པ། སྣར་ཐང་མཁན་པོ་ཀུན་དགའ་རྒྱལ་མཚན་ལ་འང་དབུ་ཚད་སོགས་གསན་ཅིང་། ཨེ་ས་སྐྱ་རྩེས་དང་ལ་སྟོད་སྣར་ཐང་སོགས་ལ་གྲྭ་སྐོར་མཛད་ཅིང་རྒྱུའི་ཐེག་པ་མཐའ་དག་ལ་མཁས་པར་གྱུར། ཡར་ཀླུངས་ཚོགས་པའི་མཁན་པོ་བཀའ་བཞི་པ་ཚུལ་རིན་པས་མཁན་པོ། བྱེ་རྡིང་ཚོགས་པའི་མཁན་པོ་ཤར་མགོན་པས་སློབ་དཔོན། བྱེ་རྡིང་པའི་དབུ་མཛད་བསོད་ནམས་རྗེ་རྗེས་གསང་སྟོན། ཚོགས་པ་གཉིས་ཀྱི་ཁ་སྐོང་ལས་སློབ་གྲལ་གྲངས་ཚང་བའི་དབུས་སུ་སོ་ཐར་དགེ་སློང་གི་སྡོམ་པ་བཞེས། དར་ཡུལ་བ་ལ་གསང་སྔགས་རྙིང་མའི་སྐོར་གྱི་སློབ་དཔོན་ཆེན་པོའི་སྙིང་གཏམ་ཞག་ཕྱིལ་མ་(འདིའི་རྩ་བ་འཇམ་མགོན་བླ་མ་རང་གི་གསན་ཡིག་ཏུ་འབྱུང་ཞིང་སྙིང་གཏམ་ཞག་ཕྱིལ་ཞེས་པ་ཆོས་དབང་ཚེ་སྒྲུབ་ཉེ་བརྒྱུད་སྙིང་གཏམ་ཞག་ཕྱིལ་མ་ཡིན་རྗེ་བླ་མ་གསུང་།)

སོགས་ཤོག་སེར་དང་ཚེ་སྒྲུབ་རྟ་མགྲིན་གྱི་སྐོར་སོགས་གསན། བདེ་ཅན་འཇམ་རིན་པ། བླ་མ་རྗེ་བཙུན་པ། བླ་མ་མཆོག་ཤེས་རྣམས་ལ་ལུང་ཁ་ཡར་གསན། གདན་ས་ཐེལ་སྤྱན་སྔ་ཆོས་གྲགས་པར་ན་རོ་ཆོས་དྲུག་སོགས་དང་སྒྲ་གསན། བླ་མ་ཡེ་ཤེས་རྒྱལ་མཚན་ལ་དུས་འཁོར་རྩ་བ་འགྲེལ་ཆེན་སོགས་ཞིབ་པར་གསན་ཅིང་རྒྱ་མཚན་གྱི་སྐར་རྩིས་ལ་ཡང་མཁས་པར་མཛད། བུ་སྟོན་རིན་པོ་ཆེའི་དངོས་སློབ་(༥༧བ)བླ་མ་བདེ་ཆེན་པ་ཆོས་དཔལ་ལའང་དུས་འཁོར་དང་རྡོ་རྗེ་འཕྲེང་བའི་དབང་ལུང་མཇུབ་འཁྲིད་གར་ཐིག་དབྱངས་སོགས་དང་། རྡོ་རྗེ་སྙིང་འགྲེལ། གསང་འདུས་ལུགས་གཉིས། བུ་སྟོན་གྱི་ཡིག་ཆ་སོགས་དུ་མ་གསན། ཁྱུང་པོ་ལྷས་པ་ལ་ཡོ་གའི་སྐོར་གྱིས་ཐོག་དྲངས་རྒྱུད་སྡེ་འོག་མ་རྣམས་ཀྱི་བཀའ་དང་དབང་གིས་ཚུ་བོ་རྒྱུན་མ་ཆད་པར་ཡོད་པ་རྣམས་བུམ་པ་གང་འབྱོའི་ཚུལ་གྱིས་བཞེས། སྡེ་སྣོད་འཛིན་པ་རྒྱལ་མཚན་གྲགས་པར་ཡོ་གའི་གར་དབྱངས་དག་ཐེར་མཛད། ཀླུ་སྒྲུབ་ཡབ་སྲས་ཀྱི་དགོངས་པའི་ལྟ་བ་དང་རིམ་ལྔ་སོགས་རྟོགས་དཀའ་ལ་རྟོགས་ན་དོན་ཆེ་ཞིང་མ་རྟོགས་ན་ལོག་པར་ལྟུང་བའི་གཡང་ས་ཤིན་ཏུ་ཆེ་བ་འཁྲུལ་མེད་དུ་སྟོན་པའི་བཤེས་གཉེན་རྒྱ་བལ་བོད་སོགས་གང་དུ་འདུག་ཀྱང་འཚོལ་བར་ལུས་སྲོག་བོར་ནས་དཀའ་བ་ཅི་བྱུང་ཡང་དང་དུ་བླངས་ཏེ་འགྲོ་དགོངས་པ་ན་རྗེ་བཙུན་འཇམ་དབྱངས་ཀྱི་ཞལ་གཟིགས། གྲུབ་ཆེན་དཔའ་བོ་རྡོ་རྗེའམ་བླ་མ་དབུ་མ་པས་ལོ་ཙཱ་མཛད་དབུ་མའི་ལྟ་བ་སྔགས་མཚན་ཉིད་ཀྱི་ཁྱད་པར་སྔགས་བླ་མེད་ལམ་གྱི་གནད་དང་། རིམ་པ་ལྔའི་གོ་རིམ་དྲང་ངེས་སོགས་དྲི་དོགས་ལེགས་པར་གཅོད་པ་གནང་། ལྷོ་བྲག་གྲུབ་ཆེན་ལས་ཀྱི་རྡོ་རྗེ་ལ་སྙན་བརྒྱུད་དང་ལམ་རིམ་གྱི་འཁྲིད་སོགས་མང་དུ་གསན། སྤྱན་སྔ་རིན་པོ་ཆེ་ཆོས་ཀྱི་རྒྱལ་པོར་ན་རོ་ཆོས་དྲུག་གསན་པ་སོགས་བཤེས་གཉེན་བཅུ་ཕྲག་བཞི་སྐོར་བསྟེན་ཞིང་མདོ་སྔགས་ཀྱི་གདུལ་བྱ་མང་པོ་ལ་སྨིན་གྲོལ་གྱི་དབང་ལུང་རྒྱུད་བཤད་སྨོམ་འབོག་སོགས་བསྟན་པའི་མཛད་པ་བསམ་ལས་འདས། ཡོངས་འཛིན་བསྟེན་པ་རྣམས་ནས་རྡོ་རྗེ་ཐེག་པའི་སྐོར་སྨིན་པ་དང་། དགེ་ཚུལ་

སོགས་ཆོས་རྗེ་(༥༢ན)དོན་གྲུབ་རིན[༡]་ཆེན། ཕར་ཕྱིན་གཉགས་དབོན་ཀུན་དགའ་དཔའོ[༢]། དབུ་ཚད་ཀྱིས་མཚོན་མང་བ་རེད་མདའ་བ་གཞོན་ནུ་བློ[༣]་གྲོས། སྒྲ་ས་བཟང་མ་ཏི་པཎ་ཆེན། སྨན་ངག་ལོ་ཆེན་ནམ་མཁའ་བཟང[༤]་པོ། སྔགས་ཉིང་མ་སྨོར་དྭགས་ཡུལ[༦]་བ། བཀའ་གདམས་སྤྱི་ལྷུས[༧]་པ་དང་ལྷོ་བྲག་གྲུབ་ཆེན། བཀའ་རྒྱུད་སྨོར་འབྲི་གུང་སྤྱན་སྔ་ཆོས་ཀྱི[༨]་རྒྱལ་དང་། ཐེལ་གྱི་སྤྱན་སྔ་ཆོས་གྲགས[༩]། དུས་ཀྱི་འཁོར་ལོ་ཕྱི་རོལ་རྩིས་དང་བཅས་རྟག་པ་དང་ལྡན་པ་ཡེ་ཤེས་རྒྱལ་མཚན[༡༠]། ཚོགས་མཁན་ཆེན་རྩུལ་རིན་པར་སོ་ཐར་གྱི་བསླབ[༡༡]་སྡོམ། སྨན་པ་དཀོན་ཅོག་སྐྱབས་ལ་གསོ་བ་རིག[༡༢]་པ། བླ་མ་དབུ་མ་པར་དབུ་མའི་ལྟ་བ་སོགས་མང་དུ[༡༣]་གསན། གྲུབ་ཆེན་ལས་ཀྱི་རྡོ་རྗེར་ལམ་གྱི་རིམ[༡༤]་པ་དང་སྨན་བརྒྱུད་སོགས་མཐའ་ཡས་པ་གསན་པས་བཅུ་བཞི་པོ་བཀའ་དྲིན་ཆེ་ཞིང་། དེའི་ནང་ནས་ཀྱང་གཙོ་བོ་ནི་ཆོས་རྗེ་དོན་རིན་པ་དང་རེད་མདའ་བ་གཞོན་ནུ་བློ་གྲོས། གྲུབ་ཆེན་དཔའ་བོ་རྡོ་རྗེ་དང་ལས་ཀྱི་རྡོ་རྗེ་བཞི་འགྲན་ཟླ་བྲལ་བའི་དབུ་བླ་ཡིན་ལ། བཤེས་གཉེན་དམ་པ་དེ་དག་བསྟན་པའི་མདོ་སྔགས་རིག་པའི་གནས་ལ་གསན་རྒྱ་ཆེ་བ་དང་། ངེས་དོན་རྗེ་བཙུན་འཇམ་པའི་དབྱངས་དངོས་སུ་མ་ཟད་ཐུན་མོང་བའི་སྣང་ངོར་ཡང་ཉིན་རེ་ཐོས་བསམ་གཞན་གྱི་ཞོར་ལས་སུ་ཤོག་བུ་མདའ་ཚད་བཅུ་གསུམ་ཟིན་པ་དང་ནམ་ལངས་ཙམ་ནས་ཚལ་དབུས་གླིང་གི་གསེར་ཏོག་རྩེར་ཉི་མ་ཤར་གྱི་བར་སྟོན་ཡེ་མ་གཟིགས་པའི་ཕྱུག་དཔེ་མདའ་ཚད་ཕྲེང་དགུ་མ་ཤོག་ལྷེབ་བཞི་ཐུགས་ལ་ཆུད་པ་སོགས་ཐུགས་རབ་ཀྱང་ཧྲད་དུ་བྱུང་ཞིང་། བསྟན་བཅོས་གསུང་འབུམ་སྐོར་ལ་སྨྲ་རྩོམ་(སྔགས་རིམ་དང་དབང་དོན་ལྟ་བུ།) (༥༢བ)ཕྱི་རྩོམ་གྱི་མི་འདྲ་བ་དང་། ལ་ལ་དག་འཇམ་མགོན་ཆོས་ཀྱི་རྒྱལ་པོའི་དགོངས་པ་དངོས་རང་(ཆོས་དྲུག་སོགས།)ཡིད་གཉིས་ཙམ་མཆིས་ཀྱང་དེང་སང་བཀའ་འབུམ་དུ་ངོས་བཟུང་བ་བཀའ་གཉིས་པའི་གྲས་ལ་ཕོ་བོས་དཀར་ཆག་དང་བཅས་པོད་ཚད་དུ་བསྒྲིལ་བ་བཅོ་བརྒྱད་ཀྱི་དང་པོ། རྒྱལ་བ་ཁྱབ་བདག་རྡོ་རྗེ་འཆང་ཆེན་པོའི་ལམ་གྱི་རིམ་པ་གསང་བ་ཀུན་གྱི་གནད་རྣམ་པར་ཕྱེ་བའི་སྟོད་ལེའུ་བཅུ་པ་དབང་

གོང་མ་གསུམ་མཐའ་རྟེན་དང་བཅས་པ། གཉིས་པར་དེའི་འཕྲོས་ལེའུ་བཅུ་གཅིག་པ་རིམ་གཉིས་ཟུང་འབྲེལ་གྱིས་བྱང་ཆུབ་བསྒྲུབ་དགོས་པར་བསྟན་པ། འདུས་པའི་སྒྲུབ་ཐབས་རྣལ་འབྱོར་དག་པའི་རིམ་པ། དབང་དོན་དེ་ཉིད་རབ་གསལ། རྫོགས་རིམ་རིམ་ལྔ་གདན་རྫོགས་ཀྱི་དམར་ཁྲིད། བསྲེ་འཕོའི་གདམས་ངག །རིམ་ལྔ་བསྡུས་པ་དང་བཤད་རྒྱུད་རྡོ་རྗེ་ཕྲེང་བའི་ཟིན་བྲིས། གསུམ་པར་འདུས་པའི་གནད་ཀྱི་དོན་གསལ་བ། རྡོར་བཟླས་དང་མངོན་པར་བྱང་ཆུབ་པ་བདག་བྱིན་རླབས། དགོངས་པ་ལྟ་ན་མེད་པ་རྣམས་ཀྱི་ཟིན་བྲིས། ཆོ་ག་ཉི་ཤུའི་ཁུངས་དགོད་པ། ལམ་ལ་སློབ་ཚུལ་ བཀའ་གནད་བསྟན་པ་ཚིགས་བཅད་མ། ཡེ་ཤེས་རྡོ་རྗེ་ཀུན་བཏུས་ཀྱི་རྒྱ་ཆེར་བཤད་པ། བཤད་རྒྱུད་རྒྱུད་ཐབས། བཞི་པར་སྒྲོན་གསལ་གྱི་བཤད་པ་མཚན་བཅས། ལྔ་པར་མཐའ་གཅོད་རིན་པོ་ཆེའི་མྱུ་གུ། བཤད་པ་འཆད་པའི་བསྡུས་དོན། འདུལ་བཤད་དེ་ཁོ་ན་ཉིད། གསལ་བར་བྱེད་པ། ཡིག་ཆུང་ཉེར་གཅིག་དང་ཐོར་བུ་པ་ ས་ཚིག་གར་ཕྲེང་བའི་དགོངས་པ་བཞིན་དང་། འདུས་པ་ལེའུ་དང་པོའི་འགྲེལ་པའི་ཟིན་བྲིས། འཇམ་རྡོར་དཀྱིལ་ཆོག །སྒྲུབ་ཐབས་འཇམ་དཔལ་དབྱངས་ཀྱི་དགོངས་(༥༣ན)གསལ། དྲུག་པར་འདུས་པའི་མན་ངག་རིམ་པ་ལྔ་རབ་ཏུ་གསལ་བའི་སྒྲོན་མེ། རིམ་གཉིས་བསྒོམ་ཚུལ་གྱི་ཞལ་གདམས་ཟིན་བྲིས། བདུན་པར་གསང་འདུས་བསྐྱེད་རིམ། བཞི་བརྒྱ་ལྔ་བཅུའི་སྐོར། སྒྲུབ་ཐབས་ཚིག་དོན་ཅུང་ཟད་བཀོད་པ་ལ། དྲང་ངེས་ཀྱི་སྔགས་བཏུ་དང་བྱིན་རླབས་ཀྱི་ཆོ་ག་རྣམས་ཀྱི་ཟིན་བྲིས། འདུས་པ་རྗོང་སེམས་ངག་འདོན་གྱི་རིམ་པ། དཀའ་གནད་ཟིན་བྲིས། སྟོབས་པོ་ཆེའི་སྒོ་ནས་ཅར་འབེབས་པ། རྟ་མགྲིན་གྱི་སྒོ་ནས་སྦྱིན་དབྲལ་བ། ཁྲོ་བཅུའི་ཟིན་བྲིས། འཇིགས་བྱེད་ཀྱིས་སྒྲུབ་ཐབས་བདུད་ལས་རྣམ་རྒྱལ། ལྷ་བཅུ་གསུམ། ལྷ་ཞེ་དགུ། ཕྱི་ནང་དག་སྐོར། དགྲ་ནག་སྒྲུབ་ཐབས། གཤིན་རྗེའི་ཆོ་ག་རིན་ཆེན་ཕྲེང་བ། འཇིགས་བྱེད་ཀྱི་སྦྱིན་སྲེག་དངོས་གྲུབ་རྒྱ་མཚོ། འཇམ་དཔལ་ཞི་དྲག་གི་སྒོ་ནས་བར་ཆད་བསྲུང་བ་དང་ཚེ་བསྲིང་བ་སོགས་ཀྱི་གདམས་པ། ཡི་གེ་བཞི་སྲུང་། ཡི་

གེ་བཞི་པའི་མན་ངག །རྩ་རོལ་རྒྱུད་དབུ་གསུམ་དང་གཤིན་རྗེ་སྦྱོར་ཚུལ། གྲུབ་ཆེན་དཔལ་འཛིན་གྱི་དེ་ཁོ་ན་ཉིད་བཞིར་བཤད་པ། ནང་གི་རྩ་འཁོར་དང་གཤིན་རྗེ་སྦྱོར་ཚུལ། འཁོར་ཆེན་མངོན་རྟོགས་དཀྱིལ་ཆོག །བརྒྱད་པར་བདེ་མཆོག་བསྡུས་རྒྱུད་ཀྱི་བཤད་པ་སྦས་དོན་ཀུན་གསལ། རིམ་ལྔའི་རྣམ་བཤད་སྦས་དོན་བལྟ་བའི་མིག་རྣམ་པར་འབྱེད་པ། དཀྱིལ་ཆོག་དང་རྫོགས་རིམ་རྣལ་འབྱོར་ཆེན་མོའི་འཁྲིད་ཀྱི་རིམ་པ་མདོར་བསྡུས་པ། ལཱུ་ཧི་པའི་དཀྱིལ་ཆོག །དེ་ལུགས་ཀྱི་སྒྲུབ་ཐབས་བདེ་ཆེན་གསལ་བ། དགུ་པར་བདེ་མཆོག་གི་མངོན་རྟོགས་བཤད་པ་འདོད་འཇོ། རྫོགས་རིམ་དངོས་གྲུབ་སྙེ་མ། ཕྱི་རོལ་མཆོད་པའི་ཆོ་གའི་ཟིན་བྲིས། མཆོད་འཕྲེང་། དྲིལ་ལུགས་ཀྱི་སྒྲུབ་ཐབས། ངག་འདོན་གྱི་ཆོ་གའི་རིམ་པ། (༥༣བ)ལུས་དཀྱིལ། ཆོ་ག་རིན་ཆེན་བང་མཛོད། རིམ་ལྔའི་འཁྲིད་ཡིག །རྡོ་རྗེ་མཁའ་འགྲོའི་འགྲེལ་པའི་ཟིན་བྲིས། ཆོས་བཅུའི་མཆོད་པ། མན་ངག་སྙེ་མའི་སྐོར་དང་། མི་འཇིགས་གཞུང་འགྲེལ་བསྡུས་པའི་ཟིན་བྲིས། བཅུ་པར་ནཱ་རོ་ཆོས་དྲུག་གི་འཁྲིད་ཡིག་ལག་ཏུ་ལེན་ཚུལ་བསྡུས་པ། རྫོགས་རིམ། ཀྱེ་རྡོར་རྒྱུད་དང་བདག་མེད་མའི་དཀྱིལ་འཁོར་སྒྲུབ་ཐབས། བརྟག་གཉིས་རྣམས་ཀྱི་ཟིན་བྲིས། མཁའ་སྤྱོད་མ་དམར་མོའི་སྒྲུབ་ཐབས། ལྷག་པའི་ལྷ་ནི་གཅིག་པུའི་དོན་བཤད་པ། ཁ་སྦྱོར་གྱི་བརྟག་པ་བརྒྱད་ཀྱི་རབ་བྱེད་གསུམ་པ། འཕོ་བ་གསེར་གྱི་སྒོ་འབྱེད། སྦྱོར་དྲུག །དེའི་དོན་བཤད། དུས་འཁོར་གཉིས་མེད་དང་། མངོན་རྟོགས་དབང་། སྦྱོར་དྲུག་ཉེར་མཁོ་རྣམས་ཀྱི་ཟིན་བྲིས། འཆི་ཞག་དང་ཚེ་ལྷག་བཤད་པ། སྦྱོར་དྲུག་དང་སྒྲུབ་པའི་ཕྱག་རྒྱ་བཞིའི་ཟིན་བྲིས། རྫོགས་རིམ་གནད་བསྡུས། འཁྲིད། ཁམས་ལེ། བསམ་གཏན་ཕྱི་མ། གསང་བ་ཁྱད་བཞི། གྲུབ་ཆེན་བརྒྱད་ཀྱི་བཞུགས་ཚུལ་རྣམས་ཀྱི་ཟིན་བྲིས། བཅུ་གཅིག་པར་དྲི་མེད་འོད་ཀྱི་དཀའ་གནད་རྣམ་པར་འབྱེད་པ། དུས་འཁོར་སྤྱི་དོན། བསྡུས་འགྲེལ་དང་། རྡོར་དབྱིངས་ས་ཆོག །རྡོར་སེམས་བསྙེན་པའི་རིམ་པ། རྡོ་རྗེ་ཧེ་མོའི་དཀྱིལ་ཆོག་སོགས་ཀྱི་ཟིན་བྲིས། སྦྱོང་རྒྱུད་མཚན་ཡོད། དཀྱིལ་ཆོག་རྒྱུད་དོན་གསལ་

བ། འཇམ་དཔལ་སྒྲུབ་ཐབས། བྱ་སྤྱོད་སྤྱིའི་རྣམ་གཞག །འོད་ཟེར་ཅན་མ། ལོ་མ་གྱོན་མ། དབྱངས་ཅན་མ། སྨེ་བརྩེགས་རྣམས་ཀྱི་སྒྲུབ་ཐབས། སངས་རྒྱས་སོ་ལྔའི་མངོན་རྟོགས། སྒྲ་མི་སྙན་པའི་ཚེ་སྒྲུབ། རབ་གནས་རྒྱས་བསྡུས། བཅུ་གཉིས་པར་བླ་མ་ལྔ་བཅུ་པའི་ཊཱིཀྐ། སྔགས་(༥༨ན)ཀྱི་སྤྱོད་པ་དངོས་གྲུབ་སྙེ་མ། སྡོམ་པ་གོང་མ་གཉིས་ཀྱི་ཕྱིར་བཅོས། རྩ་ཤེའི་རྣམ་བཤད་རིགས་པའི་རྒྱ་མཚོ། ལྟ་ཁྲིད། རྒྱན་གྱི་ཟིན་བྲིས། བཅུ་གསུམ་པར་དབུ་མ་ལ་འཇུག་པའི་རྣམ་བཤད་དགོངས་པ་རབ་གསལ། རྒྱན་གྱི་བརྗེད་བྱང་། རིགས་པ་དྲུག་ཅུ་པ། ཤེས་རབ་ལེའུ་རྣམས་ཀྱི་ཟིན་བྲིས། ཐལ་རང་གི་ཁྱད་པར། བདེན་གཉིས་དཀའ་གནད་བརྒྱད་ཀྱི་ཟིན་བྲིས། བཅུ་བཞི་པར་མངོན་རྟོགས་རྒྱན་ལེགས་བཤད་གསེར་ཕྲེང་ལས་སྐབས་དང་པོ་གསུམ་གྱི་རྣམ་བཤད། བཅོ་ལྔ་པ་ལ་སྐབས་ཕྱི་མ་ལྔའི་རྣམ་བཤད། བྱང་ཆུབ་སེམས་སྡོམ་རྣམ་བཤད་བྱང་ཆུབ་གཞུང་ལམ། བཅུ་དྲུག་པར་བྱང་ཆུབ་ལམ་རིམ་ཆེན་མོ་ལས་སྐྱེས་བུ་ཆུང་འབྲིང་གི་ཐུན་མོང་བའི་ལམ་གྱི་རིམ་པ་ལས་རྒྱལ་སྲས་ཀྱི་སྤྱོད་པ་སྤྱི་ལ་བསླབ་པ་དང་། ཞི་ལྷག་གི་སྐབས་རྣམས། བཅུ་བདུན་པར་བྱང་ཆུབ་སེམས་དཔའི་ལམ་གྱི་རིམ་པ་ཆུང་བ། སྐྱེས་བུ་ཆེན་པོའི་རྣམ་གཞག་དྲང་ངེས་རྣམ་འབྱེད་ཀྱི་ལེགས་བཤད་སྙིང་པོ། དགེ་འདུན་ཉེ་ཤུ། ཡིད་ཀུན་འགྲེལ་པ། བཅོ་བརྒྱད་པར་བསླབ་བཏུས་ཟིན་བྲིས། ཚད་མའི་བརྗེད་བྱང་ཆེན་མོ། མངོན་ལེའི་བརྗེད་བྱང་། ཊཱིཀྐ། འདུལ་བ་རྒྱ་མཚོའི་སྙིང་པོ་བསྡུས་པ། ཊཱིཀྐ། བསླབ་བྱ་གནམ་རྩེ་ལྡེང་མ་རྒྱས་བསྡུས། ཚུལ་ཁྲིམས་རྣམ་བཤད། ཡོངས་སྦྱོང་གཞི་གསུམ་ཆོ་ག་སོགས་སོ་ཐར་གྱི་བླང་དོར་རྣམས་མདོར་བསྡུས་པ། གསན་ཡིག་གི་དུམ་བུ། ཆ་ཚད་བལྟ་བའི་མེ་ལོང་། ཆབ་ཤོག་ལེ་ཚན་གཉིས། དབྱངས་ཅན་མ་དཀར་མོའི་སྒྲུབ་ཐབས། སྐུ་བཞེངས་ཕན་ཡོན་མདོར་བསྡུས། ཀློ་སྦྱོང་སྙན་ངག་ཚིག་སྦྱོར། གསུང་ཐོར་བུ་བ་རྣམས་ལེགས་བཤད་རབའ་ཞིག་ཏུ་མཛད། མདོ་སྔགས་ཀྱིས་གདུལ་བྱ་མང་པོར་དབང་(༥༨བ)ལུང་རྒྱུད་བཤད་སྡོམ་འབོག་སོགས་བསྟན་པའི་བྱ་བ་བསམ་ལས་འདས་ཤིང་། མཛད་

ཆེན་བཞིར་གྲགས་པ་ནི་དགུང་ལོ་སོ་དྲུག་པར་འོལ[༡]་ཁ་རྫིང་ཕྱིའི་བྱམས་པའི་སྐུ་ཤིན་ཏུ་འོ་བརྒྱལ་བ་གཟིགས་ནས་ཞིག་གསོ་མཛད་པར་བརྩམས་པར་ཡོ་བྱད་ཀྱིས་རྗེ་མ་ཐོགས་པ་ན་རྣམ་ཐོས་སྲས་ལ་ལས་བཅོལ་བས་ཐམས་ཅད་འབད་མེད་དུ་བྱུང་བ་ལྟར་ལྷ་བཟོ་བ་རྣམས་ཀྱང་སྐྱོ་སྔོམ་དང་བཅས་ཞིག་གསོ་མཛད། རབ་ཏུ་གནས་པའི་ཚེ་སངས་རྒྱས་རབས་བདུན་དངོས་སུ་བྱོན་ཏེ་བྲིས་སྐུ་ལ་ཐིམ་པ་དང་མར་མེ་འཛོན་པ་སོགས་ལྟས་ངོ་མཚར་བ་དུ་མ་བྱུང་། དགུ[༢]ང་ལོ་སོ་དགུ་པ་ལ་གཉལ་གྱི་གསེར་ཕྱེ་འབུམ་པར་མཆོད་པ་ཆེན་པོ་དང་འདུལ་བའི་ཆོས་མང་དུ་གསུངས་ཤིང་། ལྟུང་བྱེད་ཉེས་བྱས་དང་བཅས་པར་བཤགས་པ་མཛད། སྐྱེ་བོའི་ཚོགས་རྣམས་ཀྱང་བསྙེན་གནས་དང་སྐྱབས་འགྲོའི་སྔོམ་པ་ལ་སྦྱར་ཞིང་སྐྱ་སེར་ཐམས་ཅད་ཀྱིས་སཙྪ་འདེབས་པ་སོགས་ལུང་རར་གྲགས་པ་མཛད། དགུ[༣]ང་ལོ་ང་གསུམ་པ་ལ་ལོ་སྟོན་མ་ནས་ལྷ་སར་མཉན་ཡོད་མཆོད་པའི་དུས་སྟོན་ཚོ་འཕྲུལ་སྨོན་ལམ་གྱི་སྔ་གོན་སྣེའུ་རྫོང་དཔོན་ནམ་མཁའ་བཟང་པོར་བསྐུལ་སྟོན་གནང་སྟེ་རྟེན་བརྟེན་པར་བཅས་པར་ཞིག་གསོ་སོགས་གསར་བཞེངས་ལྟ་བུ་མཛད་ཅིང་། ཁྱད་པར་བཀའ་ཆེམས་ལས་ཇི་ལྟར་འབྱུང་བ་དང་མཐུན་པར་སྟོན་པ་དགུང་ལོ་བཅུ་གཉིས་པའི་སྐུ་ཚད་རིན་པོ་ཆེ་སྣ་ལྔ་ལས་གྲུབ་པའི་ཁྱད་ཅན་ཇོ་བོ་རིན་པོ་ཆེར་འབོད་པ་མ་འོངས་ཀླུ་ཡུལ་དུ་གཤེགས་པ་ལས་བསྒྲིངས་ཏེ་ངེས་པ་ལྔ་ལྡན་གྱི་སྐུར་བཞུགས་པའི་ཕྱིར་ཡོངས་སྤྱོད་རྫོགས་པའི་དབུ་རྒྱན་སྒྲོན། གཞན་ཡང་མཆོད་པ་སྣ་ཚོགས་པ་བཤམས་ཤིང་། བརྒྱད་དང་བཅོ་ལྔ་ལ་གསེར་(༥༥ན)ཆབ་ཀྱིས་མཆོན་བསྙེན་བཀུར་ཚོགས་མཆོད་དཔག་ཏུ་མེད་པ་མཛད། ཕྱི་རོལ་དུ་ཕྱོགས་སྐྱོང་གི་དར་ཆེན་ཧོག་ལ་སྐུ་དང་། བ་དན་ལ་སྔགས་བྲིས་པ། རྒྱལ་ཆེན་བཞིའི་རྒྱལ་མཚན། ཀླུ་ཆེན་བརྒྱད་ཀྱི་བ་དན་རྣམས་རང་རང་གི་ཕྱོགས་སུ་བཙུགས། དགེ་འདུན་ཁྲིར་ཉེ་བར་བསྙེན་བཀུར་བས་རྒྱལ་བསྟན་དར་ཞིང་རིགས་དྲུག་གི་འགྲོ་བ་རྣམས་བདེ་བ་ཅན་དུ་འདྲེན་པར་དམིགས་ཕྱུག་པའི་སྨོན་ལམ་གཙོ་བོར་མཛད་ཅིང་། ཉིན་ལྟར་སྟོན་པའི་མཛད་

པ་ལས་བརྩམས་པའི་ཆོས་ཐུན་རེ་གསུངས། གྲོལ་བའི་ཉིན་འདུལ་བ་གནས་མལ་གྱི་གཞི་ལས་སྟོན་པའི་སྐུས་གྲོང་ཁྱེར་བསྐོར་བར་གསུངས་པ་དང་། སྐྱེ་དགུ་རྣམས་ཀྱིས་སྨོན་པ་རྩེ་གཅིག་བྱས་ན་མ་འོངས་བྱམས་པའི་བསྟན་པར་འདུས་པ་དང་པོར་སྐྱེ་བའི་རྟེན་འབྲེལ་དུ་ཛམ་ལའི་ཐུགས་ཀའི་དཔུལ་ལ་ཁ་ཆེ་ཨུཏྤ་ལས་བྱམས་པ་མཆེད་བཞི་བཞེངས་པའི་ཡ་གྱལ་གྱི་ཁྱད་ཅན། ཆོ་ལོ་བརྒྱད་ཁྲི་པའི་ལུས་ཚད་ཕོ་མོ། སྤག །སེང་གེ །གཡག་ལ་སོགས་པ་དང་། རྒྱལ་སྲིད་རིན་ཆེན་སྣ་བདུན་རོལ་མོའི་ཚོགས་དང་བཅས་ཏེ་སྐོར་ལམ་དུ་སྤྱན་དྲངས། སློབ་འཁོར་རྣམས་ཀྱིས་གསོལ་བ་བཏབ་པ་ལྟར་གནས་འདིང་བའི་ལྟས་ཕྱག་རྫོར་ལ་གྲུབ་ཆེན་ལས་ཀྱི་རྡོ་རྗེས་ལུང་བསྟན་ཞུས་པའི་ཕྱིར་ཐེབས་ཤུད་པུ་བ་རང་གི་གསང་བའི་རྣམ་ཐར་ལས། ཁྱེད་ཀྱི་དགོན་གནས་གར་བཏབ་ན་ལེགས་གསུང་བ། བདག་གིས་ཡི་དམ་ལ་ཞུས་པས་འདི་སྐད་གསུང་། དབང་བསྒྱུར་རི་ཡི་ལྷེབས་དག་ཏུ། །བཙུན་མོ་སྲིངས་ཀྱི་ངོས་ཕྱོགས་སུ། །དགེ་འདུན་དཔག་མེད་འདུ་བར་འགྱུར། །རི་ནི་གང་ཡིན་འཛམ་དཔལ་མཆེད། །དབུས་གཙང་མདོ་ཁམས་རྒྱ་(༥༥བ)ཡུལ་གྱི། །མཆོད་གནས་དམ་པ་ཚོགས་གསོག་རྟེན། །མངའ་རིས་བྱང་ཁམས་ཀུན་གྱི་སྐྱབས། །ཕྱོགས་བཅུར་སྡེ་དགོན་རྒྱས་པར་འབྱུང་། །གསུང་བ་ཞིག་བྱུང་། ཞིབ་རྒྱས་ནི་ཁྱེད་རང་གིས་མཁྱེན་པས་དེ་ལྟར་དགོངས་པར་མཛོད། ཅེས་དང་། དགོན་པའི་མིང་ལ་རྟེན་འབྲེལ་གྱི་སྒྲ་དོན་ཡོད་པས། ཁྱེད་རང་འདི་ནས་དགའ་ལྡན་དུ་བྱམས་པའི་དྲུང་དུ་འབྱོན་ཞིང་དེར་བཞུགས་པས་དགོན་པའི་མིང་ཡང་དགའ་ལྡན་ལ་གྲགས་པ་བཏགས་ན་ཁྱེད་རང་བཞུགས་པ་དང་འདྲ་བའི་རྟེན་འབྲེལ་ཡོད་སོགས་ལུང་གིས་གསལ་བ་ལྟར་འབྲོག་རིའམ་འགོག་པ་རིར་གྲགས་པར་སྨོན་ལམ་གྲོལ་ནས་ཞབས་ཀྱིས་བཅགས་ཏེ་འབྲོག་དགའ་ལྡན་རྣམ་པར་རྒྱལ་བའི་གླིང་ས་གཞི་བརྟག་པ་སོགས་འདུལ་བ་དང་གཙུག་ལག་གི་དོན་ལྟར་མཛད་ནས་བཏབ། དཀྱིལ་འཁོར་སྒྲུབ་མཆོད་ཚོགས་ཁང་དུ་བྱས་ན་དབང་མ་ཐོབ་པ་རྣམས་ཀྱིས་དཀྱིལ་འཁོར་མཐོང་བའི་ཉེས་དམིགས་ཆེ་འདུག་པས་སྒྲུབ་མཆོད་

ཁང་འགོལ་བ་ཞིག་དགོས་གསུངས་པ་ལྟར་ལུག་ལོར་རྨང་བཏིང་བའི་གསང་འདུས་བདེ་མཆོག་རྡོར་དབྱིངས་ཀྱི་དཀྱིལ་འཁོར་བློས་བསླང་རྣམས་རིན་པོ་ཆེ་འབབ་ཞིག་ལས་བཞེངས་པ་དང་མཐུན་པར་སྒྲུབ་མཆོད་མཛད། སྡེའུ་རྫོང་ཕྱི་བ་ནམ་མཁའ་བཟང་པོ་དང་། འཇམ་དབྱངས་ཆོས་རྗེ་བཀྲ་ཤིས་དཔལ་ལྡན་པས་རིག་གྲོལ་གྲི་སྡེ་དཔལ་ལྡན་འབྲས་སྤུངས་གཞི་ཐེངས་པ་ཞབས་ཀྱིས་བཙུགས་ཤིང་ཆོས་རྗེ་དགུང་པོ་ང་དགུའི་ཐོག་ཐེབས། སེ་བའི་ར་བ་ཡོད་པའི་སར་ཆོས་སྡིངས་སུ་ཐེག་ཆེན་བཤད་སྒྲུབ་མ་ལུས་པའི་གླིང་འབྱུང་བའི་རྟེན་འབྲེལ་མཛད་པ་ལྟར་བྱམས་ཆེན་ཆོས་རྗེས་དགུང་པོ་རེ་གཉིས་བཞེས་དུས་བཏབ། འདུལ་བ་དང་ཐལ་འགྱུར་གྱི་ལྟ་བ་གཙོར་(༥༨ན)སྒྱུར་གྱི་རྒྱལ་བའི་བསྟན་པ་སྤྱི་བྱེ་བྲག་ལ་བཀའ་དྲིན་ཆེ་ཞིང་ཁྱད་པར་དུ་དྲི་མེད་བླ་མས་སྤྲུལ་པ་གཅིག་ནི་རྒྱ་གར་གནས་ཆེན་འཁྲིམ་ཞེས་པའི་ཇོ་བོ་དཱི་པཾ་ཀ་ར་དང་རྗེ་བླ་མ་འདིའི་ཡང་སྲིད་འབྲོམ་རྒྱལ་བའི་འབྱུང་གནས་རྫོག་ལེགས་པའི་ཤེས་རབ་ཡབ་སྲས་ཀྱི་ལྷ་ཆོས་བདུན་ལྡན་བྱང་ཆུབ་ལམ་གྱི་སྒྲོན་མ་སོགས་སྟོང་ཉིད་ཀྱི་དོན་རྒྱས་པར་སྤེལ་བའི་རིང་ལུགས་བར་སྐབས་ཉག་ཕྲ་བ་གསོས་པ་དང་། འདུལ་བའི་བསྟན་པ་ས་ཀར་སོགས་དར་རྒྱས་ཆེ་ནའང་ལག་ལེན་གྱི་ཆ་བཅས་པ་ཕྲ་མོ་རྣམས་ཡུལ་དུས་ཀྱི་དབང་གིས་ཇི་བཞིན་ཕྱོགས་འདིར་མ་དར་བ་པཎ་ཆེན་ཛྫད་ཀྱི་སྡོམ་རྒྱུན་རྣམ་དག་ལ་བརྟེན་ནས་བཅས་པ་རྣམ་པ་གསུམ་གྱིས་གཏན་ལ་ཕབ། ཆོག་ཙམ་མ་ཡིན་པར་ལག་ལེན་དུ་བཏབ་པ་སོགས་ཁྱད་པར་སྟོང་ཉིད་ཀྱི་ལྟ་ང་དང་འདུལ་བའི་བསྟན་པར་བཀའ་དྲིན་ཆེ། འོན་ཀྱང་རབ་བྱུང་རྣམས་དྲས་དྲུབས་མ་དང་འདིང་བ་ལྷུང་བཟེད་སོགས་ཡོ་བྱད་དང་། ཕྱི་རོལ་སའི་རྟུལ་མ་སྤྱངས་ཏེ་ཟླ་གམ་གྱོན་པ་ལས་ཞྭ་དང་ལུགས་ཀ་སྐྱེར་འཛིན་ཐུགས་ལ་མེད་པ་ནི། ཉིད་ཀྱི་གསུང་ལས། བསྟན་པ་ཐམས་ཅད་འགལ་མེད་རྟོགས་པ་དང་། །གསུང་རབ་མ་ལུས་གདམས་པར་འཆར་བ་དང་། །ཞེས་སོགས་མཚུངས་པར། སྤྱིར་ནང་པའི་ཆོས་ཚུལ་ལ་བླང་བྱ་དང་དོར་བྱ་ཞེས་ཕྱོགས་འཛིན་མི་འཐད་པར་མ་ཟད། གཞན་གྱིས་ཕྲག་

དོག་དང་། དེ་ལ་བརྟེན་རང་གཞན་མང་པོས་རྣམ་སྨིན་གྱི་ལས་མཐུག་པོ་གསོག་པར་དགོངས་ཏེ་འཇམ་མགོན་ཆོས་ཀྱི་རྒྱལ་པོ་དང་པཎ་ཆེན་དགེ་འདུན་གྲུབ་ཡབ་སྲས་ཀྱི་དགོངས་པར་མེད་ཀྱང་སློབ་འཁོར་གཞན་གྱི་འདོད་པ(༥༨བ)ལྟར་ཞྭ་མདོག་ཀྱང་ཟུར་པ་གསེར་བཙོ་མ་ལྟ་བུར་སྒེར་འཛིན་བྱེད་དུ་འཇུག་པ་གནང་། པཎ་ཆེན་དགེ་འདུན་གྲུབ་ཀྱི་ཉིང་མ་བཀའ་གཏེར་ཟུང་འཇུག་གི་ཡི་དམ་རྟ་མགྲིན་ཡང་གསང་དང་། བོ་དོང་ཕྱོགས་ནས་བརྒྱུད་དབང་མོ་ཉེར་བརྒྱད་ཀྱི་གཙོ་མོ་རེ་མ་ཏི་ཆོས་སྐྱོང་དུ་ངརྟེན་པ་དེང་སང་རང་ཕྱོགས་ཀྱི་ཆོས་སྲུང་གཙོ་བོ་དང་། རྗེ་དགེ་འདུན་རྒྱ་མཚོས་ཉིང་མའི་རྟ་མགྲིན་གསང་སྒྲུབ་ཤངས་ལུགས་རྒྱུད་བཞེས་པ་དང་ཞང་སོགས་གཏེར་མ་ལས་བཤད་པའི་རྒྱལ་པོ་སྐུ་ལྔའི་ཡ་གྱལ་གསུང་རྒྱལ་དགྲ་ལྷ་སྐྱེས་གཅིག་སྔོན་གྱི་དམ་ཚིག་ལ་བརྟེན་འགོ་བ་དེང་རང་ཕྱོགས་རྣམས་ཉམས་ལེན་དང་རྒྱལ་པོ་བསྟེན་པ་སོགས་ལྟར་རྗེ་བླ་མ་སྲིད་ཞིའི་གཙུག་རྒྱན་ངག་དབང་བློ་བཟང་རྒྱ་མཚོ་ཆེན་པོས་བོད་ཁམས་སྐྱི་དགུ་བདེ་ཐབས་དང་། ཞི་རྒྱས་དབང་དྲག་གི་ལས་མཐའི་རིགས་སུ་འགྱུར་རྫོ་རྗེ་ཐེག་པ་གཙོར་གྱུར་དང་། དངོས་གཞི་ལྟ་བའང་རྗེ་བླ་མའི་བཀའ་ཞལ་གདམས་ལས། ཕྱག་རྫོགས་དབུ་གསུམ་ལྟ་བ་བོད་འདིར་གྲགས། །དབུ་མ་ཐལ་སྒྲུབ་ཡང་སྲས་བཞེད་པའི་རྩེ། །གཞུང་ལུགས་སྦྱངས་པའི་མཁས་མིན་རྟོགས་པ་དཀའ། །དེང་དུས་ཕྱག་རྒྱ་ཆེ་ཞེས་སེམས་གནས་ཀྱི། །ལྟ་བ་ཡིན་གྱི་ཕྱག་ཆེན་དངོས་གནས་མིན། །ཞེས་སོགས་བསྟུལ་བ་ལྟར་ཟབ་ལམ་ཐུགས་རྗེ་ཆེན་པོའི་ཆོས་སྐོར་སོགས་འཇམ་མགོན་ཆོས་ཀྱི་རྒྱལ་པོའི་དགོངས་པར་ཡང་དོན་གྱི་གནས་མེད། འོན་ཀྱང་རང་ཕྱོགས་རྣམས་དེ་སྐབས་གང་དར་སོར་བཞག་མཛད་ན། མཚན་ཉིད་ས་ལུགས་ལྟ་བ་དབུ་མ་ཐལ་འགྱུར། སྒོམ་པ་པཎ་ཆེན་བརྒྱུད། སྔགས་བུ་ལུགས་དང་ཁྱད་པར་སྨྲོན་གསལ། ཡི་དམ་ར་ལུགས་ཀྱི་འཇིགས་བྱེད་རོང་པ་ཤེར་སེང་ཡན་ཁྱད་མེད(༥༩ན)དེ་ནས་ཕྲན་བུ་མི་འདྲ་བ་དང་བརྒྱུད་པ་གཉིས་ལས་ཆོས་རྗེ་དོན་རིན་པར་རིང་བརྒྱུད་གསན། ཉེ་བརྒྱུད་སྐོད་ལུང་དགའ་བ་གདོང་དུ་དངོས་

སྒྲུ་ཞལ་གཟིགས། ཆོས་སྐྱོང་ཤངས་ལུགས་ཀྱི་ཕྱག་དྲུག་པར་བཀའ་མི་འདྲ་བ་བཅུ་གསུམ་ཡོད་པ་ནས་རྗེས་གནང་བར་ཆད་ཀུན་སེལ་སྣར་ཐང་ལོ་ཙཱ་བ་དོན་གྲུབ་བཟང་པོར་གསན་ཅིང་། རྣམ་སྲས་ཚར་ལུགས་ལ་བཀའ་མི་འདྲ་བ་བཅུ་དྲུག་པོད་པ་ལས་ཞི་བ་བདེ་བྱེད་ལྷ་དགུའམ་སེར་ཆེན་དང་དྲེག་བྱེད་མཐིང་ག་(གསན་ཡིག་ནས་འབྱུང་།)བྲུ་སྟོན་གྱི་ཐུགས་སྲས་སྒྲ་ཚད་པ་རིན་ཆེན་རྣམ་རྒྱལ་ལ་གསན་པ། ལས་གཤིན་ཕྱི་ནང་གསང་གསུམ་གྲུབ་ཆེན་དཔའ་བོ་རྡོ་རྗེའམ་བླ་མ་དབུ་མ་པར་གསན་པ་རྣམས་གཙོ་བོར་མཛད་རིགས་ཤིང་འཇམ་མགོན་ཆོས་ཀྱི་རྒྱལ་པོས་སྤྱི་འགྱུར་དར་ཡུལ་བར་གསན་ཀྱང་ལྟ་བ་རྫོགས་པ་ཆེན་པོ་དང་དེང་སང་རང་ཕྱོགས་དར་རྒྱས་སུ་བྱེད་པའི་རྟ་མགྲིན་གསང་སྒྲུབ་དང་ཡང་གསང་། ལྷ་མོ་དམག་ཟོར་མ། རྒྱལ་པོ་སྐོར་སོགས་དེ་སྐབས་པེ་ཧར་བསམ་ཡས་སུ་ཡོད་པ་ལས་བསྟེན་པ་མ་གནང་བ་རྣམ་ཐར་དུ་གསལ་ཞིང་། ལྟ་བ་ཕྱག་རྒྱ་ཆེན་པོ་ནི་སྤྱིར་གྲུབ་མཐའ་རིས་མེད་ཀྱི་ཆོས་སྐད་ཡིན་ལ། བཀའ་བརྒྱུད་པའི་ཕྱག་རྒྱ་ཆེན་པོ་ཡང་མི་ལ་ཡན་དུ་དམད་པར་མི་རིགས་མོད། རང་ཕྱོགས་སུའང་ལྟོ་བྲག་སྨན་བརྒྱུད་དང་རྗེ་ནོར་བཟང་པའི་གསལ་བའི་སྒྲོན་མ་སོགས་སྣང་ཞིང་སྤྱི་འགྱུར་དུའང་བཀའ་གཏེར་ཁུངས་བཙུན་རྣམས་སུ་ཕྱག་རྒྱ་ཆེན་པོ་ཞེས་མཚན་ཡོད་པ་དུ་མར་འབྱུང་ལ། ལྷག་ཏུ་འཇམ་མགོན་ཆོས་ཀྱི་རྒྱལ་པོས་འབྲི་གུང་དང་ཐེལ་གྱི་སྤྱན་སྔར་གསན་ཚུལ་ཙམ་འདུག་ཀྱང་དེའི་སྐབས་ན་རོ་ཆོས་དྲུག་གི་འཁྲིད་ཙམ་ལས་ཕྱག་ཆེན་གྱི་མིང་(༥༧བ)ཡང་མི་གྲག་ཅིང་འཁྲིད་ཡིག་དེའང་འཇམ་མགོན་བླ་མའི་གསུང་དུ་ཡིད་གཉིས་སུ་གྱུར་ཚུལ་གཡའ་ཐེལ་དུ་འཕོད་པ་ལྟར་དང་། བར་ཞིག་ནས་འབྲུག་གསར་བར་གྲགས་པའི་ཕྱག་ཆེན་ལ་རྙིང་དགེའི་མཁས་རློམ་འགའ་ཞིག་གིས་རང་གི་ལྟ་བ་རྣམ་དག་དང་བསྲེས་པའི་སེང་གེའི་ཡ་མགལ་ཕག་གི་མ་མགལ་དུ་མི་འགྲིག་བཞིན་དུ་སྦྱར་བའི་ཡིག་ཉོག་ནི་འཇམ་མགོན་ཆོས་ཀྱི་རྒྱལ་པོའི་དྲི་བ་ལྷག་བསམ་རབ་དཀར་དང་རྗེ་བླ་མའི་ལམ་གྱི་གཙོ་བོ་རྣམ་གསུམ་གྱི་འཁྲིད་ལས་ཕྱག་རྒྱ་པའི་ལུགས་ལ་ནམ་ཡང་འགྲམ་ཆུ་ལྷང་བར་

རིགས་པ་མ་ཡིན་ཚུལ་སོགས་ལན་མང་གསུངས་པ་ལྟར་ཤེས་ལྡན་ཀུན་གྱིས་རྟོགས་པར་འཚལ་ལོ། ཡང་ས་པཎ་གྱིས་བཀག་པ་སོགས་དོགས་པ་མང་བར་བྱུང་སྲིད་ནའང་ཕྱིར་ཕྱུག་རྫོགས་དབུ་གསུམ་ཧྭ་ཤང་དང་བཅས་ལྟ་བའི་སྐོར་བྱེ་བྲག་རྫོགས་ཆེན་ལ་དེའུ་སོགས་ནང་གསེས་བཅས་རྗེ་བླ་མའི་དགོངས་བཞེད་ཐུན་མོང་མིན་པ་ནི་ཁོ་བོས་ལོགས་སུ་སྨྲས་པ་ལས་ཤེས་པར་བྱའོ། །

གསུམ་པ། རྗེ་བཙོང་ཁ་པ་སྐུ་གཤེགས་ཁར་དགེ་བསྟན་གྱི་བརྒྱུད་འཛིན་རྗེས་འཇུག་ཐུགས་སྲས་གཙོ་བོ་རྣམས་ལ་གཏད་པ་སོགས་ཀྱི་མཛད་རྗེས།

དེ་ལྟར་རེ་ཞིག་ཞིང་འདིའི་གདུལ་བྱའི་སྐལ་བ་རྫོགས་པར་གཟིགས་ཏེ་སྔ་གོང་ནས་ཐམས་ཅད་མཁྱེན་པ་དགེ་འདུན་གྲུབ་པ་དང་བཀྲ་ཤིས་རྗེ་ཁར་མཇལ་སྐབས་དགྱེས་པའི་འཛུམ་ཞལ་ལྷུག་པར་བསྟན་ཅིང་ན་བཟའ་མཐང་གོས་བཞེས་འཕྲོར་གནང་སྟེ་དོན་གྱི་བསྟན་པ་ཡོངས་སུ་གཏད། ཕྱིས་རྒྱལ་ཚབ་དར་མ་རིན་ཆེན་ལ་པཎ་ཞྭ་དང་ཆོས་གོས་སྣལ་བས་གསེར་ཁྲིར་ཕེབས་དགོས་པར་དོན་གྱིས་བསྟན་ནས་དགུང་ལོ་རེ་གཉིས་པ་སེ་ར་ཐེབས་ལོ་ས་ཕག་གི་སྨིན་དྲུག་ཟླ་བའམ་འདུལ་བའི་ལོ་འགོ་དགུན་ཟླ་ར་བ་ཧོར་ཟླ་བཅུ་པའི་མར་ངོའི་མཁའ་འགྲོ་འདུ(༥༢༨)བའི་དུས་ངཟང་ཉེར་ལྔ་ལ་དོན་དམ་དགའ་ལྡན་བདེ་བ་ཅན་མངོན་དགའ་ལ་སོགས་པ་དག་ཞིང་དུ་གཤེགས་པས་གཟུགས་སྐུའི་བཀོད་པ་བསྡུས་པ་ལས་ཐ་མལ་པ་ལྟར་མ་དགོས་ཀྱང་གདུལ་བྱ་རྣམས་ཚུལ་བཞིན་གྱི་ཉམས་ལེན་བྱེད་དགོས་ཁྱད་སྐུ་ཚེ་འདི་ཉིད་ལ་མཆོག་གི་དངོས་གྲུབ་འགྲུབ་ཚུལ་ཕྱག་རྒྱ་མ་བསྟེན་པའི་གཤིས་དངོས་སུ་མ་མཛད་པར་བར་དོ་སྒྱུ་མའི་སྐུར་བཞེངས་ཏེ་ལོངས་སྤྱོད་རྫོགས་པའི་གོ་འཕང་མངོན་དུ་མཛད། སྐྱེ་བ་སྤྲུལ་སྐུ་དགའ་ལྡན་དུ་རྒྱལ་བ་འཇམ་དཔལ་སྙིང་པོའམ་སེམས་དཔལ་གསེར་གྱི་མདོག་ཅན་ལ་སོགས་པ་དང༌། མཆོག་གི་སྤྲུལ་སྐུ་དག་པའི་ཞིང་

རབ་འབྱམས་སྨྲ་མེད་པ་དག་ཏུ་གདུལ་བྱའི་མོས་པ་དང་འཚམ་པར་འཁོར་བ་ཇི་སྲིད་མ་སྟོངས་ཀྱི་བར་དུ་རྒྱུན་མི་ཆད་པར་སྟོན་པར་འགྱུར་རོ། །ཕྱི་ནང་ཐམས་ཅད་མར་མེའི་རྒྱུན་བཟང་པོས་གཏམས་པའི་ལྷ་མཆོད་ཆེན་མོའི་དུས་མཆོད་ཀྱང་ཚུགས། སྐུ་གདུང་རིལ་པོར་དངུལ་གྱི་མཆོད་རྟེན་བུམ་པའི་ནང་དུ་བཞུགས་སུ་གསོལ་བའི་དངུལ་གདུང་མཐོང་བ་དོན་ལྡན་དུ་གྲགས་པ། རྗེ་འདི་ཉིད་ཀྱི་སྲས་ཀྱི་ཐུ་བོ་རྣམ་པ་གཉིས་སུ་པཎ་ཆེན་བསོད་ནམས་གྲགས་པས་རྒྱལ་ཚབ་འདུལ་འཛིན་གཉིས་བཟུང་བ་སོགས་ངོས་འཛིན་ཚུལ་མང་ཡང་དོན་དམ་པར་རིགས་གསུམ་ཐུགས་རྒྱུད་གཅིག་ཅིང་གླིགས་བམ་རིན་པོ་ཆེ་ནས་ལུང་གིས་བསྟན་པ་དང་། དེའི་སྐབས་འཇམ་མགོན་ཆོས་ཀྱི་རྒྱལ་པོ་ཉིད་ཀྱི་ཞབས་འདེགས་སུ་མ་ཟད། དེང་སང་ཡང་སྐུ་ན་རིམ་རྗེས་འཇུག་ལ་སྐུ་དྲིན་ཆེ་བ་མིག་མཐོང་གཟུགས་གྲུབ་འདི་བཞིན་བཅས་ནས་པཎ་ཆེན་དགེ་འདུན་གྲུབ་དང་། མཚན་ཉིད་གཙོར་གྱུར་གྱི་འཇམ་མགོན་ཆོས་ཀྱི་རྒྱལ་པོའི་ཞབས་འདེགས་འབའ་(༥༢བ)ཞིག་གིས་སྐུ་དྲིན་ཆེ་བ་བཅས་རྒྱལ་ཚབ་ཐམས་ཅད་མཁྱེན་པ། མཁྱེན་རབ་ཐོགས་པ་མེད་ཅིང་འཕྲིན་ལས་ཀྱི་མངའ་བདག་མཁས་གྲུབ་ཐམས་ཅད་མཁྱེན་པ་གསུམ་སྲས་ཀྱི་ཐུ་བོ་ཡིན་ཅིང་། གཞན་ཡང་ཆོས་འབྲེལ་གསན་པའི་དབང་གིས། བླ་མ་དབུ་མ་པ། ཕྱག་རྡོར་བ། རྗེ་རེད་མདའ་བ་གསུམ་ཡང་གཏོགས་ལ། ཚ་ཁོ་དཔོན་པོ་ངག་དབང་གྲགས་པ། མདོ་སྡོད་པ་གྲགས་པ་བློ་གྲོས། ལྷོངས་སྟོན་ཀླུ་ན་ཤྲཱི། དགེ་བཤེས་སྟོན་པ་སྟེ་སྡུ་ཚར་བཞི་དང་། ཕྱི་ཚར་དཔྱུས་པ་འཇམ་དཀར་བ། བཟང་སྐྱོང་བ། རིན་རྒྱལ་བ། བྱང་སེ་བ། མདོ་སྨད་པ་རྟོགས་ལྡན་འཇམ་དཔལ་རྒྱ་མཚོ། ཤེས་རབ་གྲགས་པ། འཇམ་དཔལ་བཀྲ་ཤིས། དཔལ་སྐྱོང་བ་སྟེ་བརྒྱད་པོ་འདི་ནི་བྱ་བྲལ་ལ་ཐེགས་པའི་ཕྱག་ཕྱི་འཁོར་དག་པ་རྣམ་བརྒྱད་དུ་གྲགས་སོ། །འཕྲིན་ལས་ཆེ་བ་ནི། འདུལ་འཛིན་པ། འཇམ་དཀར་བ། འཇམ་དབྱངས་ཆོས་རྗེ་བཀྲ་ཤིས་དཔལ་ལྡན། མཚུངས་མེད་ཆོས་རྗེ་རྒྱལ་མཚན་བཟང་པོ། རྗེ་བཙུན་ཤེས་རབ་སེང་གེ་སྟེ་ལྔའོ། །བསྟན་པའི་སྒྲོན་མེ་ལྟ་བུ་ནི། ཆོས་རྗེ་དགོན་

ཙོག་ཚུལ་ཁྲིམས། མཁས་པ་རྒྱལ་དབང་ཁ་ཆེ། གཉལ་རྒོད་རིན་བསམ། མཁྱེན་
རབ་གྲགས་བཟང་པ། གཉལ་ཆེན་ཤེས་རབ་རྒྱལ་མཚན། ཧོར་སྟོན་ནམ་མཁའ་
དཔལ། ཆོས་རྗེ་བློ་གྲོས་ཆོས་སྐྱོང་། ཆོས་རྗེ་ཆོས་རྒྱལ་བ། ཆོས་རྗེ་དཔལ་སེང་
བ། སྟར་ཐང་རབ་མཆོག་དང་བཅུའོ། །བྱང་སེམས་གཞན་དོན་ནུས་པ་ནི། བྱང་
སེམས་ཤཱཀྱ་བསོད་ནམས། བྱང་སེམས་ཀུན་དགའ་བཟང་པོ། བྱང་སེམས་བློ་གྲོས་
རྒྱལ་མཚན། བྱང་སེམས་ཚུལ་ཁྲིམས་དཔལ་བཟང་། བྱང་སེམས་གཞོན་ནུ་རྒྱལ་
མཆོག །བྱང་སེམས་རྒྱལ་མཚན་གྲགས་བཟང་སྟེ་དྲུག་གོ །ས་སྐྱོང་ཧི་ཤྲིར་བཀུར་བ།
(ཡ་ན)བྱམས་ཆེན་ཤཱཀྱ་ཡེ་ཤེས་དང་། བྱང་དར་མ་གཉིས། མང་ཐོས་དབོན་སྲས། མ་
གཅིག་དབོན་པོ་ནམ་མཁའ་དཔལ་དང་། ཡར་རྒྱབ་དབོན་པོ་བསོད་ནམས་རྣམ་
པར་རྒྱལ་བ་གཉིས། སྤྱངས་པའི་ཡོན་ཏན་འཛིན་པ། ཞ་ལུ་བ་བཀྲ་ཤིས་རྒྱ་མཚོ་
དང་། ཆོས་རྗེ་ལེགས་པ་རྒྱལ་མཚན་གཉིས། རྣམ་དཔྱོད་ཕུལ་དུ་བྱུང་བ། སྨུས་
སྲིད་པ་བློ་གྲོས་རིན་ཆེན་སེང་གེ་དང་། ཞང་ཞུང་པ་ཆོས་དབང་གྲགས་པ་གཉིས།
བསྟན་པ་ཕྱོགས་མཐར་སྐྱོང་བ། སྟོད་ཤེར་བཟང་། སྨད་ཤེར་བཟང་། གུ་གེ་ངག་
དབང་གྲགས་པ། ལྷོ་པ་རྒྱལ་མཚན་སེང་གེ །བླ་མ་དཔལ་ལྡན་ཤེས་རབ། ལྡན་མ་
ཡོན་ཏན་དཔལ་བ་སྟེ་དྲུག །སྐད་གཉིས་སྨྲ་བའི་ལོ་ཙཱ་བ། འགོས་ལོ་ཙཱ་བ་གཞོན་
ནུ་དཔལ་དང་། སྟག་ལུང་ལོ་ཙཱ་གཉིས། སྟེ་བདག་གི་ཆོས་རྗེ་རིན་ཆེན་དཔལ་ལྡན་
བཟང་པོ། རིན་པོ་ཆེ་བསོད་ནམས་བཟང་པོ། རིན་པོ་ཆེ་བྱང་ཆུབ་རྡོ་རྗེ། རིན་
པོ་ཆེ་བསོད་ནམས་རྒྱལ་མཚན། འབྲི་གུང་རིན་པོ་ཆེ་དོན་གྲུབ་རྒྱལ་པོ། སྟག་ལུང་
རིན་པོ་ཆེ་བཀྲ་ཤིས་དཔལ་འོད་དང་དྲུག །གསུང་རབ་མང་དུ་མཁྱེན་པ་ཆོས་རྗེ་
ཤེར་འབྱུང་བ་དང་། རྒྱལ་བ་རིན་བསམ། བྱང་སྙིང་པ་གྲགས་རིན། མངའ་རིས་
པ་བསོད་རིན། འཇམ་དབྱངས་རིན་རྒྱལ། གུ་གེ་སངས་རྒྱས་རྒྱལ་མཚན་འཇམ་
དབྱངས་རིན་ཆེན་གྲགས་པ། རྒྱལ་སྲས་བདེ་འབྱུང་བ་དང་བརྒྱད། མདོ་རོང་གི་
མཁས་པ། མདོ་སྨད་པ་འོད་ཟེར། མདོ་སྨད་པ་ལེགས་བཟང་། མདོ་སྨད་པ་བསོད་

ཤེ །རོང་པ་ལྷེ་ནག་དང་བཞི། གྲུབ་པའི་གདུང་གྲེ་ཞིང་རིན་ཆེན་བྱང་དཔལ་བ་དང་། རིན་ཆེན་དཔལ་གཉིས། སྐྱེས་བུ་ཡ་མཚན་ཅན། སྐྱེས་མཆོག་(༧༩བ)སྨོན་ལམ་པ་དང་། རི་མི་འབབ་པ་བསོད་ནམས་རིན་ཆེན་གཉིས། སྤྱན་སྔ་ནི། ཀུན་བློ་བ། གཞོན་ནུ་འོད་པ། བློ་གྲོས་རྒྱལ་མཚན་པ། དཔལ་བཟང་བ། ནམ་རྒྱལ་བ། བསོད་ནམས་ལྷུན་གྲུབ་པ། རིན་རྒྱལ་བ། རིན་ཆེན་འཕེལ་བ་དང་བརྒྱད། ཁྲི་ལ་འཛོགས་པའི་ཟླ་མེད། གུང་ཐང་པ་ཆོས་རྗེ་མཛེས་པ་དཔལ། བླ་ཆེན་ཉན་ཤག་པ། སྟག་ཕུ་གུ་ཤྲཱི་དཔལ་ལྡན་དོན་གྲུབ། ཏེའུ་ར་པ་ཆོས་རྗེ་ཡེ་ཤེས་དཔལ་དང་བཞི། མཁན་ཆེན་ནི་ཆོས་རྒྱལ་དཔལ་བཟང་། རྒྱལ་བཟང་བ། ཀུན་རྫོར་པ། བྱང་དཔལ་བ་བཞི། ཆེན་པོ་ནི་གྲགས་བཟང་། དྭགས་པོ། བློ་འཕེལ། ཀུན་རྒྱལ། བཀྲ་ཤིས་རྒྱལ་མཚན་དང་ལྔ། ཆོས་སྒོ་བ་གདན་ས་འཛམ་དབྱངས་ཁ་ཆེ་དང་། འབྲི་གུང་བཀྲ་ཤིས་རིན་ཆེན་གཉིས། དཀའ་བཅུ་པ་ནི། དར་བཟང་། འབའ་སེར་པ། ཙ་ཙ་སྟོན་རྒྱལ་མཚན། ཏུ་ལ་པ་དང་བཞི། བཀའ་བཞི་པ། མཐིལ་ཚུང་དོན་ཡོད། བྲག་དགོན་རིན་ཆེན་དཔལ། རྒྱལ་བ་རིན་ཆེན་ཆོས་རྒྱལ། གྱེ་རེ་སངས་རྒྱས་དབང་ཕྱུག །སྟག་ཕུ་སངས་རྒྱས་བཟང་པོ། གཡག་སྡེ་བསོད་ནམས་བཟང་པོ། གྲོ་ས་པ། འཚེར་བུ་བ། ཆོས་སེང་། གྲགས་པ་རྒྱལ་མཚན་དང་བཅུ། རྗེ་སྟན་ཟླ་བ་བློ་གྲོས། བསོད་ནམས་ལྷུན་གྲུབ། ལེགས་རིན་པ། གོང་པོ་དང་བཞི། གནས་བརྟན་ཆོས་བཟང་པ། རྒྱལ་སྟེང་པ་དོན་གྲུབ་དཔལ། རྒྱ་མ་བ་དགེ་འདུན་རྒྱལ་པོ། འོད་ཟེར་བཀྲ་ཤིས། གཞོན་ནུ་སངས་རྒྱས། ཀུན་དགའ་འབུམ་དང་དྲུག །རྟོགས་ལྡན་སངས་རྒྱས་དཔལ་བཟང་། ནམ་མཁའ་ཤོར་རེ། གྲགས་པ་འབྱུང་གནས། རལ་ཞིག་པ། ཐོ་ལེ་བ་ནམ་རྒྱལ་དང་ལྔ། (༨༠ན)གཞན་ཡང་ལྷ་གཟིགས་གྲགས་པ་རྒྱ་མཚོ། དྲུང་གཞོན་ནུ་དཔལ་བ། མཁན་པོ་བསམ་རྒྱལ་བ། བླ་མ་གསེར་ཐུབ་པ། ཡར་སྟེང་རིན་པོ་ཆེ། ཞི་སློ་དབོན་པོ། དྲུང་ནམ་མཁའ་བ། བླ་མ་མགོན་པོ་བྱང་ཆུབ། བླ་མ་བསོད་རིན། དྲུང་ཆོས་འཕགས་པ། བླ་མ་ཤཱཀ་རིན་པ། བླ་མ་ཟླ་བ་བཟང་པོ།

བླ་མ་ཆོས་རྒྱལ་མཚན། རྒྱ་ར་སངས་རྒྱས་ཡེ་ཤེས་སོགས་མང་ཡང་རང་རྒྱ་ཐོན་པ་བརྒྱ་དང་བཞི་བཅུ་སོ་སོས་ཆོས་སྡེ་དང་བསྟན་བཅོས་མཛད་པ་སོགས་རྒྱུ་མཚན་ཐོ་ཡོང་མཛད་པ་དང་བསྟུན་ནས་གཤམ་དུ་རིམ་པར་འཆད་ལ།

གདན་ས་རི་བོ་དགའ་ལྡན་གྱི་ཁྲི་པ་རིམ་བྱུང་།

༄ གདན་སའི་གཙོ་བོ་དགའ་ལྡན་རྣམ་པར་རྒྱལ་བའི་གླིང་གི་གསེར་ཁྲི་ཐེབས་པའི་རྒྱལ་ཚབ་དམ་པའི་རིམ་པ་ནི་འཇམ་མགོན་ཆོས་ཀྱི་རྒྱལ་པོ་ཞིང་ཁམས་གཞན་དུ་གཤེགས་པར་ཉེ་བ་ན་རྒྱལ་ཚབ་རིན་པོ་ཆེར་དབུ་ཞྭ་པཎ་ཞྭ་དང་སྐུ་བེར་སོགས་གནང་བའི་དགོངས་པ་ལ་བརྟེན་འདུལ་འཛིན་པས་ཐོག་དྲངས་པའི་སློབ་འཁོར་རྣམས་ཀྱིས་གསེར་ཁྲི་རྒྱལ་ཚབ་ཀྱི་དང་པོར་གསོལ་བའི་ཁྲི་ཐོག་གཉིས་པ་ཐམས་ཅད་མཁྱེན་པ་དར་མ་རིན་ཆེན་ནི་གཙང་སྟོད་དུ་རབ་བྱུང་དྲུག་པའི་ཤིང་འབྲུག་ལ་འཁྲུངས། གནས་སྙིང་དུ་མཁན་པོ་རིན་ཆེན་རྒྱལ་མཚན་ལ་རབ་ཏུ་བྱུང་མཚན་གོང་བཞིན་གསོལ། གངས་ཅན་ཀུན་དགའ་དཔལ་དང་། བཀའ་བཞི་པ་རིན་ཆེན་རྡོ་རྗེ། རེད་མདའ་པ་གཞོན་ནུ་བློ་གྲོས་སོགས་བསྟེན་ནས་གསུང་རབ་ལ་སྦྱངས་པས་ལུང་རིགས་སྨྲ་བའི་མཁས་པ་ཆེན་པོར་གྱུར་ཅིང་། རྗེ་རེད་མདའ་པ་དང་། ལྷོག་ཡོད་པ་ལ་བསྙེན་པར་རྫོགས། ས་སྐྱ། གསང་ཕུ། རྩེས་དང་རྣམས་སུ་དཀའ་བཅུའི་གྲྭ་སྐོར་ལེགས་བཤད་ཀྱིས་ཡིད་འཕྲོག་ཅིང་རིགས་པས་དཔའ་བསྐོར་བ་མཛད། (༨༠བ)རྩེས་དང་དུ་གྲྭ་སྐོར་ཟིན་འཕྲལ་འཇམ་མགོན་བླ་མའི་གྲགས་པ་གསན་པས་རྩོད་པ་མཛད་པར་གཉལ་གྱི་ར་སྒྲོང་དུ་བཞུགས་པའི་དྲུང་དུ་ཕྱིན་པས་ཕྱིར་སྐུ་གསུང་ཐུགས་ཀྱི་ཡོན་ཏན་དང་ཁྱད་པར་དུ་རྟོན་པ་བཞིའི་བཤད་པས་ཤིན་ཏུ་དད་དེ་ལོ་བཅུ་གཉིས་ཀྱི་བར་ཞབས་ཕྱིར་རྒྱུན་མཐུད་ནས་ཆོས་གསུངས་ཚད་གསན། གསན་ཚད་བཟུང་། བཟུང་ཚད་བརྗེད་དུ་མ་བཅུག་པར་མདོ་སྔགས་མཐའ་དག་ལ་ཐོགས་པ་མེད་པའི་མཁྱེན་པས་མཁས་པ་རྣམས་ལེགས་བཤད་ཀྱིས་ཡིད་འཕྲོག

པར་མཛད་ཅིང་ཐམས་ཅད་འདུན་བཞིན་པའི་ངང་ནས། དགུང་ལོ་ང་དྲུག་པ་རབ་བྱུང་བདུན་པའི་ས་ཕག་ལ་དགའ་ལྡན་གྱི་ཁྲིར་རྒྱལ་ཚབ་ཏུ་ཕེབས། ཆོས་ཀྱི་འཁོར་ལོ་དཔག་མེད་བསྐོར་ཞིང་བསྟན་བཅོས་ཀྱང་རྣམ་འགྲེལ་གྱི་རྣམ་བཤད་ཐར་ལམ་གསལ་བྱེད། རྣམ་ངེས་དགོངས་པ་རབ་གསལ། རིགས་ཐིགས་ཀྱི་ཊཱི་ཀཱ་རིན་པོ་ཆེའི་གཏེར་མཛོད། ཚད་མདོའི་མཐར་འཛིན་གདུང་སེལ། ས་དཔྱད་རིག་གཏེར་གྱི་ཊཱི་ཀཱ། མངོན་རྟོགས་རྒྱན་འགྲེལ་བཅས་ཀྱི་རྣམ་བཤད་སྙིང་པོ་རྒྱན། ལམ་བསྒྲིགས། རྒྱུད་བླ། སྤྱོད་འཇུག །རིན་ཆེན་འཕྲེང་བ། སྤྱོད་པ་བཞི་བརྒྱ་པ། ཀུན་བཏུས་རྣམས་ཀྱི་ཊཱི་ཀཱ། ཆོས་མངོན་རྒྱ་མཚོའི་སྙིང་པོ་སོགས་མཛད་ཅིང་ལུང་རིགས་ཀྱིས་བསྟན་པར་བཀའ་དྲིན་ཆེ། ཁྲི་ཐོག་ཏུ་ལོ་ངོ་བཅུ་གསུམ་བཞུགས། འོལ་དགའ་དང་གཙང་གནས་སྙིང་ལ་སོགས་པར་ཕེབས། བུ་སློབ་ཀྱང་འཇམ་མགོན་ཆོས་ཀྱི་རྒྱལ་པོ་དང་ཐུན་མོང་བ་མང་ལ། སྨེར་དུ་འང་མཁས་པ་རཏྣ་བཀྲ་ཤིས། བྱམས་པ་གླིང་པ། རིན་ཆེན་དཔལ། འདུལ་དཀར་བ་གྲགས་པ་དཔལ་ལྡན། བློ་གྲོས་མགོན་པོ། གླིང་སྨད་ཡོན་རྒྱས་པ། (༤༧ན)ཆེན་པོ་རིན་བྱང་བ། འདུལ་འཛིན་བསམ་འཕེལ་བ། སངས་རྒྱས་བཟང་པོ། བློ་བརྟན་པ། གནས་ཕུ་དཀའ་བཅུ་པ། དཔལ་ལྡན་བཟང་པོ། བཀའ་བཞི་པ་ཀུན་དགའ་དཔལ་བཟང་། བླ་མ་གྲགས་བཀྲས་པ། དཀའ་བཅུ་དོན་བཀྲས་རྣམས་ཀྱི་ནང་ནས་མཁས་གྲུབ་དགེ་ལེགས་དཔལ་བཟང་པོ་དགའ་ལྡན་གྱི་གསེར་ཁྲིར་བཀོད་དེ། རྒྱལ་ཁང་རྩེར་ཟུར་བཞུགས་མཛད་ནས་རིང་པོར་མ་ལོན་པར་དགུང་ལོ་རེ་དགུ་པ་ཆུ་བོ་བྱི་ལོ་བྱུང་པ་རིགས་ལྡན་རྣམ་རྒྱལ་གྲགས་བཟང་གིས་གདན་དྲངས་པའི་ཕྱོགས་དེའི་གདུལ་བྱ་བསོད་ནམས་དམན་པས་ཟླ་བ་ལྔ་པའི་ཚེས་བརྒྱད་ལ་པོ་ཏ་ལར་ཕེབས་ཐོག་ཆོས་དབྱིངས་སུ་གཤེགས། གདུང་དགའ་ལྡན་དུ་ཞུགས་སུ་ཕུལ་བའི་གདུང་རུས་སོགས་ནང་རྟེན་དུ་བཞུགས་པ་དངུལ་ལས་གྲུབ་པའི་རྣམ་རྒྱལ་མཆོད་རྟེན་དངུལ་གདུང་རིན་པོ་ཆེའི་གཡས་སུ་བཞུགས་སོ། །

ཁྲི་ཐོག་གསུམ་པ་མཁས་གྲུབ་དགེ་ལེགས་དཔལ་[༢]བཟང་པོ་ནི། གཙང་སྟོད་

མདོ་ག་གཞུང་དུ་ཡབ་བཀྲ་ཤིས་དཔལ་བཟང་དང་། ཡུམ་བུ་འདྲེན་རྒྱལ་མོ་ལ་བར་པ་བ་སོ་ཆོས་ཀྱི་རྒྱལ་མཚན་ཐ་ཆུང་བསོད་ནམས་བཀྲ་ཤིས་ཏེ་སྲས་གསུམ་མངའ་བའི་ཆེ་བར་རབ་བྱུང་བདུན་པའི་ཤིང་གླང་ལོར་འཁྲུངས། རབ་ཏུ་བྱུང་ནས་ལམ་འབྲས་པ་ཡེ་ཤེས་དཔལ་དང་། ཀུན་དགའ་རྒྱལ་མཚན། རྗེ་རེད་མདའ་པ་སོགས་བསྟེན་ནས་མདོ་རྒྱུད་མཐའ་དག་ལ་སྦྱངས་པས་མཁས་པ་ཆེན་པོར་གྱུར་ཅིང་། མཁས་གྲུབ་ལྷ་དབང་བློའི་སྐུའི་སྐྱེ་བར་གྲགས་ལ་བརྟེན་མཁས་གྲུབ་ཆོས་རྗེར་གྲགས། དགུང་ལོ་བཅུ་བདུན་པ་ལ་བོ་དོང་ཕྱོགས་ལས་རྣམ་རྒྱལ་ལྗུང་རིགས་ཀྱིས་བཏུལ། རྗེ་རེད་མདའ་བ་སོགས་(༦༧བ)ལས་བསྙེན་པར་རྫོགས་ནས་དབུས་སུ་ཕེབས། སེ་ར་ཆོས་སྡིངས་སུ་འཇམ་མགོན་ཆོས་ཀྱི་རྒྱལ་པོ་དང་མཇལ། མི་ཕྱེད་པའི་དད་པ་འཁྲུངས་ཤིང་། རྒྱལ་ཚབ་རྗེ་དང་འདུལ་འཛིན་གྲགས་པ་རྒྱལ་མཚན་ལ་ཡང་ཆོས་གསན། ཡུན་ཧ་ཅང་མི་རིང་བར་སྣར་གཙང་དུ་བྱོན། ཉང་སྟོད་ལྕང་རའི་གདན་ས་མཛད་པས་མཁས་གྲུབ་ལྕང་ར་བར་གྲགས། རྒྱལ་རྩེ་བདག་པོ་རབ་བརྟན་ཀུན་བཟང་འཕགས་དང་ཡོན་མཆོད་དུ་འབྲེལ་བས། དཔལ་འཁོར་བདེ་ཆེན་གྱི་ཆོས་སྡེ་ཆེན་པོ་བཏབ་སྟེ། ནོར་བུ་དགའ་ལྡན་པ། གྲང་མོ་ཆེ་བ། ལེགས་གྲུབ་པ། ཞི་གནས་པ། གསེར་ཁང་གོང་འོག་སོགས། དགེ་ལུགས་པའི་གྲྭ་ཚང་ཁག་གི་གཞི་བཏིང་ཐོག་རྒྱལ་རྩེ་བདག་པོ་རབ་བརྟན་པ་དང་མཆོད་ཡོན་གཉིས་ཐུགས་མ་མཐུན་པར་དབེན་གནས་རི་བོ་མདངས་ཅན་དུ་བཞུགས། མདོ་སྔགས་ཀྱི་ཐུགས་རྩོམ་མང་དུ་མཛད། རྒྱལ་ཚབ་ཆོས་རྗེ་གནས་སྙིང་དུ་ཕེབས་པ་དང་མཇལ་བར་བྱོན་པས་ཕྱག་ཕྱིར་ཁྲིད་ནས་དགུང་ལོ་ཞེ་བདུན་པ་ལྕགས་ཕག་ལ་དགའ་ལྡན་གྱི་ཁྲི་ཐོག་ཏུ་ཕེབས། ལོ་བརྒྱད་ཀྱི་བར་བསྟན་པའི་བྱ་བ་མཐའ་ཡས་པ་མཛད་དེ་གསེར་ཁྲིར་བཞུགས། སྣེའུ་རྫོང་ནས་ཆོས་རྒྱལ་དུ་དབེན་ཤ་སྐྱུ་མཆེད་ཀྱིས་གུས་འདུད་ལྷུར་བླངས། འཇམ་དབྱངས་ཆོས་རྗེ་དང་། མཚུངས་མེད་ཆོས་རྗེ་གཉིས་ཀྱིའང་བཀའ་ཆོས་ཞུས། སེ་འབྲས་སུ་ཆོས་མང་དུ་གསུངས། ཤར་ནས་གནས་བརྟན་རིན་ཆེན་

རྒྱལ་མཚན་སོགས་ཀྱིས་གུས་འདུད་ལྷུར་བླངས། བསྟན་བཅོས་ཀྱང་ཚད་མ་རྣམ་འགྲེལ་དུ་རིགས་པའི་རྒྱ་མཚོ། ཡིད་ཀྱི་མུན་སེལ། ཚད་འབྲས་ཀྱི་བཤད་ཆེན། ཕར་ཕྱིན་གྱི་ཊཱིཀྐ། དུས་འཁོར་གྱི་དེ་ཉིད་སྣང་། གྲུབ་དཀྱིལ། སྡོམ་གསུམ་རྣམ་(༨༢ན)གཞག །དབུ་མའི་སྟོང་མཐུན། འདུས་པའི་རྣམ་བཤད་དངོས་གྲུབ་རྒྱ་མཚོ། བརྟག་གཉིས་རྣམ་བཤད། ཀྱེ་རྡོར་གྲུབ་དཀྱིལ། ལྷུ་ཧི་པའི་དཀྱིལ་ཆོག །ཕྱགས་རིམ་ལྷན་ཐབས། མགོན་པོའི་གཏོར་ཆོག །དྲི་ལན། ལྷ་དང་བླ་མའི་བསྟོད་པ་སོགས་མང་དག་མཛད། བུ་སློབ་ཀུན་མཁྱེན་འཕགས་འོད། མཁན་བསོད་ནམས་མཆོག་གྲུབ། སྤྱན་སྔ་བློ་གྲོས་རྒྱལ་མཚན། ལྷ་བཙུན་རིན་ཅེན་རྒྱ་མཚོ། ཤར་ཁ་དབོན་པོ། ཅོ་ཀོ་ཆོས་གྲགས། གསང་མདའ་ཆོས་ལྡན་རབ་འབྱོར། རོང་སྟོན་བློ་བཟང་། ལོ་ཆུང་བཀའ་བཞི་པ། དྭགས་པོ་ཀུན་བཀྲས་པ། ཤར་པ་མཆེད། དགེ་སྦྱོང་སངས་རྒྱས་རྒྱལ་མཚན། དྲུང་དོན་གྲུབ་དཔལ་བ། བླ་མ་སངས་རྒྱས་དཔལ། ཞི་རྒྱས་པ། དར་ཐུལ་བ། སྒྲ་པ་ཆོས་རྒྱལ། གནས་བརྟན་ཆོས་སྐྱོང་། ཆོས་རྗེ་པཎ་ཆེན་པ། སྟོན་པ་དཔལ་ལྡན། ཡར་འབྲོག་ཆོས་གྲགས་པ་རྣམས་སོ། །དགུང་ལོ་ང་བཞི་པ་ས་ཕོ་རྟ་ལོ་ཆོ་འཕྲུལ་ཟླ་བའི་ཉི་ཤུ་གཅིག་ལ་དག་པའི་ཞིང་རབ་འབྱམས་སུ་གཤེགས། ཞུན་ཐིགས་ལས་གྲུབ་པའི་རྟེན་རྣམས་ནང་དུ་བཞུགས་པ་རྣམ་པར་རྒྱལ་བའི་མཆོད་རྟེན་རིན་ཆེན་གཉིས་པ་ལས་གྲུབ་པ་གཙོ་བོའི་གཡོན་དུ་བཞུགས། སྤྲུལ་སྐུ་ནི་འཕྲལ་དུ་ཟམ་མ་ཆད་པ་མིན་ཀྱང་རོང་དུ་ཕྱོགས་སྣང་། དབེན་ས་པ་བློ་བཟང་དོན་གྲུབ། པཎ་ཆེན་བློ་བཟང་རྒྱལ་མཚན། སྤྲུལ་སྐུ་བློ་བཟང་ཡེ་ཤེས་རྣམས་ཡིན་པར་ཕོངས་སུ་གྲགས་པ་ལས་དང་པོ་གཉིས་ལྷ་སྐྱིད་ཀྱི་དབེན་རྩ་ཆོས་སྡེ་སོགས་ལོ་རྒྱུས་ཅི་རིགས་དང་གསུམ་པ་འབྲས་སྤུངས་བཞི་པ་བཀྲས་ལྷུན་དུ་བཤད་པ་བཞིན་ནོ། །

ཁྲི་ཐོག་བཞི་པ་ཆོས་རྗེ་ཞྭ་ལུ་པ་ལེགས་པ་རྒྱལ[༣]་མཚན་ནི་གཙང་དུ་ཤིང་ཡོས་ལ་འཁྲུངས། ཞྭ་ལུར་རབ་ཏུ་བྱུང་ཞིང་དབུ་མཛད་ཡུན་རིང་མཛད། འཇམ་མགོན་བླ་མའི་ཞབས་(༨༣བ)ཕྱིར་ཐོན་ཏེ་དགུང་ལོ་རེ་བཞི་པ་ས་རྟ་ལ་དགའ་ལྡན་གྱི་ཁྲིར་

ཕེབས། འཕྱོང་རྒྱས་པ་ཏོར་དཀོན་ཅོག་རིན་ཆེན་པས་གདན་དྲངས། རྒྱ་ཁབ་རྩར་པ་དམག་དཔུང་དུ་མཐོང་བའི་སྤྲུལ་བསྒྱུར་དང་། དབྱངས་འཆར་གྱི་སྒོ་ནས་ལུས་འདོར་བ་སོགས་མཛད་པ་ངོ་མཚར་བ་དུ་མ་བསྟན། རིགས་སྲུས་བསྐྱུན་པའི་ཚོ་ག་གནང་བས་ཏོར་རྡོ་རྗེ་ཚེ་བརྟན་འཁྲུངས་ཏེ་རི་བོ་བདེ་ཆེན་འདེབས་པ་སོགས་དགེ་ལུགས་པའི་ཡོན་བདག་ཏུ་གྱུར། རིག་སྔགས་འཆང་བའི་དབང་ཕྱུག་ཏུ་ངེས་པས་མི་བསྲུན་དགྲ་བགེགས་ཡོག་པར་འཕྲུ་བ་རྣམས་ཚར་བཅད་དེ་ཆོས་ཀྱི་འཁོར་ལོ་བསྐོར་བཞིན་པ་ནས་དགུང་ལོ་དོན་དྲུག་པ་ལྕགས་རྟ་ཧོར་ཟླ་གཉིས་པའི་ཉི་ཤུ་བཞི་ལ་ཞི་བར་གཤེགས་པའི་དགོངས་པ་རྫོགས་བྱེད་དུ་དངུལ་གྱི་རྣམ་རྒྱལ་མཆོད་རྟེན་གཙོ་བོའི་གཡས་གསུམ་པར་བཞུགས་ཤིང་དུས་མཆོད་ཀྱང་འཕྱོང་རྒྱས་ནས་འཛིན་བཞིན་པའོ། །

ཁྲི་ཐོག་ལྔ་པ་ཆོས་རྗེ་བློ་གྲོས་ཆོས་སྐྱོང་ནི་གཡག་སྡེར་ས་མོ་སྦྲུལ་ལོར་འཁྲུངས། ཆོས་ལུང་ཚོགས་པ་ལ་རབ་ཏུ་བྱུང་ཞིང་། འཇམ་མགོན་ཆོས་ཀྱི་རྒྱལ་པོ་དང་རྒྱལ་ཚབ་རིན་པོ་ཆེ་མཁས་གྲུབ་རྗེ་སོགས་བསྟེན་ནས་མདོ་སྔགས་གཞུང་ལུགས་ལ་མཁས་པར་སྦྱངས་ཤིང་། ཁྱད་པར་དུ་དུས་འཁོར་ལ་མཁས་པས་དུས་འཁོར་ཊཱི་ཀ་ཆེན་བརྩམས། དགུང་ལོ་རེ་གཉིས་པར་རབ་བྱུང་བརྒྱད་པའི་ལྕགས་རྟ་ལ་གསེར་ཁྲིར་ཕེབས། བྱང་ཆུབ་སེམས་དཔའི་སྤྱོད་པ་རྣམ་པར་དག་པས་ཆོས་ཀྱི་འཁོར་ལོ་བསྐོར། མཆོད་ཁང་གསར་མ་བཞེངས། བུ་སློབ་གཙང་ཆུང་ཆོས་གྲགས། འཕགས་པ་ལྷ། ཉེར་བཟང་གསུམ་སོགས་མཁས་གྲུབ་མང་དུ་བྱུང་། དོན་ལྔ་པ་ཆུ་ལུག་ལ་ཟུར་བཞུགས་མཛད། ལོ་དེ་གའི་ཟླ་བ་དགུ་(༥༣ན)པའི་ཚེས་བཅོ་ལྔ་ལ་དགོངས་པ་ཆོས་དབྱིངས་སུ་ཐིམ་པའི་དུས་མཆོད་ཀྱང་ཚུགས་སོ། །

ཁྲི་ཐོག་དྲུག་པ་བ་སོ་ཆོས་རྗེ་ཆོས་ཀྱི་རྒྱལ་མཚན་ནི། མཁས་གྲུབ་རྗེའི་གཅུང་པོར་ཆུ་ཕོ་རྟ་ལོར་འཁྲུངས། འཇམ་མགོན་བླ་མའི་ཞབས་རྡུལ་སྤྱི་བོར་བསྟེན་ཏེ་གསུང་རབ་ལ་སྦྱངས་པས་མཁས་པར་གྱུར། གསང་ཕུ་ར་བ་སྨད་པའི་འཆད་ཉན

པ་མཛད། དེ་ནས་གཙང་རོང་ལྷན་པ་སོར་སྒྲུབ་པ་མཛད་པས་བདེ་སྟོང་གི་ཏིང་ངེ་འཛིན་ཟབ་མོ་འཁྲུངས་ཤིང་བ་སོ་ཆོས་རྗེར་གྲགས། དགུང་ལོ་རེ་གཉིས་པ་ཆུ་ལུག་ལ་དགའ་ལྡན་གྱི་ཁྲིར་ཕེབས། ཁྲི་རྒྱབ་ཀྱི་དྲི་གཙང་ཁང་དུ་རྒྱལ་བ་སེང་གེའི་ང་རོའི་སྐུའི་སྣང་བརྙན་ཆེན་པོ་བཞེངས། བསྟན་བཅོས་ཀྱང་དུས་འཁོར་གྱི་བསྐྱེད་རྫོགས། དབུ་མའི་ལྟ་ཁྲིད། སྙིང་པོ་དོན་གསུམ་སོགས་ཁ་ཤས་མཛད། བུ་སློབ་གནས་སྙིང་ཀུན་དགའ་བདེ་ལེགས། ཁྱུང་པོ་དགེ་འདུན་བཟང་པོ། དགེ་ལེགས་བཤེས་གཉེན། ལོག་ཆོས་པ་རྣམས་བྱུང་། འཆད་རྩོད་རྩོམ་གསུམ་གྱི་སྒོ་ནས་རྒྱལ་བསྟན་གསལ་བར་མཛད་ཅིང་འགྲོ་རྣམས་སྨིན་གྲོལ་ལ་འགོད་པར་མཛད། དགུང་ལོ་དོན་གཉིས་པ་ཆུ་སྤྲེལ་ལ་ཀུན་སྤངས་མཛད་དེ་སྐུའི་བཀོད་པ་བསྟུས་ཤིང་དགོངས་པ་རྫོགས་ཕྱིར་དངུལ་གྱི་རྣམ་རྒྱལ་མཆོད་རྟེན་གཙོ་བོའི་གཡོན་གཉིས་པར་བཞུགས། དེའི་སྤྲུལ་སྐུ་བ་སོ་ལྷ་དབང་ཆོས་ཀྱི་རྒྱལ་མཚན་ཏེ་ཆབ་མདོ་སོགས་ཀྱི་མཁན་པོར་གྱུར། དེའི་ཡང་སྤྲུལ་སྐུ་སྤུན་དྲུག་རྫོང་དུ་འཁྲུངས་པ་རྟ་ཚག་ལྷ་དབང་ཆོས་ཀྱི་དབང་ཕྱུག་བསྟན་པའི་རྒྱལ་མཚན་དཔལ་བཟང་པོ། དེའི་སྤྲུལ་སྐུ་ཕྱོ་བོ་ཀ་གནམ་དུ་འཁྲུངས་པ་ངག་དབང་དཀོན་ཅོག་ཉི་མ་རྒྱ་སོག་སོགས་ཕྱོགས་སུ་ཕེབས་ཤིང་ད་ལྟའང་(༧༣བ) འཚོ་བཞིན་བཞུགས་པ་ཡིན་པར་གྲགས་སོ། །

ཁྲི་ཐོག་བདུན་པ་མཁས་མཆོག[༨]་བློ་གྲོས་བརྟན་པ་ནི། གཙང་གི་ཤངས་མགྲོན་ཁང་དུ་ཆུ་ཕོ་རྟ་ལོར་འཁྲུངས་ཏེ་བ་སོ་ཆོས་རྗེ་དང་དགུང་མཉམ་ཡིན། གནས་སྙིང་དུ་རབ་བྱུང་མཛད། འཇམ་མགོན་ཆོས་ཀྱི་རྒྱལ་པོ་དང་རྒྱལ་ཚབ་རིན་པོ་ཆེ་བསྟེན་ནས་གསུང་རབ་ཀུན་དང་ཁྱད་པར་བྱམས་ཆོས་སུ་སྦྱངས་པས་མཁས་པ་ཆེན་པོར་གྱུར། གསང་ཕུ་ཁུ་སྟེ་གྲྭ་ཚང་གི་འཆད་ཉན་པ་ལོ་ཤས་གནང་། དེ་ནས་ཨེ་དྭགས་སུ་བྱོན་ཏེ་ཤར་ཕྱོགས་བསྟན་པའི་སྒྲོན་མེ་དྭགས་པོ་གྲྭ་ཚང་བཙུགས། ཨེ་དྭགས་ལྷོ་དང་ཡར་སྟོད་སོགས་སུ་བྱོན། སྤྱན་སྔ་རྡོ་རྗེ་རྒྱལ་མཚན་གྱིས་ཆོས་ཞུས། རྣམ་དཀར་གྱི་འཕྲིན་ལས་ཆེ། བསྟན་བཅོས་ཀྱང་བྱམས་ཆོས་ཕྱི་མ་བཞིའི་ཊཱི་ཀཱ་དང་རྣམ་འགྲེལ་

གྱི་འཇམ་བསྒྲིགས་སོགས་ཁ་ཤས་མཛད། བུ་སློབ་གཡའ་བཟང་སྤྱན་སྔ་རྡོ་རྗེ་རིན་ཆེན། དྭགས་པོ་བློ་གྲོས་མཐའ་ཡས། གྲགས་པ་མཐའ་ཡས། ངག་གྲགས་པ་སོགས་བྱུང་། དྭགས་པོ་གྲྭ་ཚང་གི་འཆད་ཉན་དུ་མཁན་ཆེན་ངག་དབང་གྲགས་པ་བསྐོས་ནས་དགའ་ལྡན་བྱང་རྩེར་ཕྱིན། དགུང་ལོ་དོན་གཉིས་པ་ཆུ་སྤྲེལ་ལོར་དགའ་ལྡན་གྱི་ཁྲིར་ཕེབས། ཟབ་པ་དང་རྒྱ་ཆེ་བའི་ཆོས་ཀྱི་འཁོར་ལོ་བསྐོར། དོན་བདུན་པ་ས་ཁྱི་ལ་གཟུགས་སྐུའི་བཀོད་པ་མཐའ་མ་བསྟན་ཏེ་དགོངས་པ་བསྐོང་སྐད་དཔྱལ་གྱི་དཔྱིད་འདུམ་མཆོད་རྟེན་རྟེན་གཙོའི་གཡོན་བཞི་པར་འཕོད་དོ། །

ཁྲི་ཐོག་བརྒྱད་པ་སྨོན་ལམ་དཔལ་དེ་གཡས་རུ་བྱང་དུ་ཤིང་ཕོ་རྟ་ལོར་འཁྲུངས་པཎ་ཆེན་དགེ་འདུན་གྲུབ་པ་བསྟེན་ནས་བཀྲ་ཤིས་ལྷུན་པོར་སློབ་གཉེར་མཛད། རྗེ་ཤེས་རབ་སེང་གེ་ལ་རྒྱུད་འགྲེལ་གསན། མདོ་སྔགས་(༨༢ན)གཉིས་ལ་མཁས་ཤིང་རྩིས་དང་དུ་པུ་ཏི་སུམ་ཅུ་རྩ་དྲུག་གི་གྲྭ་སྐོར་མཛད། གསང་ཕུར་ཆོས་རྗེ་ཡོན་ཏན་རྒྱ་མཚོ་དང་འབྲས་སྤུངས་སུ་འཇམ་དབྱངས་ཆོས་རྗེ་ལ་ཆོས་གསན་ཏེ་གཙང་ལ་ཕྱིན། བཀྲ་ཤིས་ལྷུན་པོ་དང་། གསེར་ཁང་གོང་དུ་བཀའ་དང་བསྟན་བཅོས་མང་པོ་ལ་བཤད་པ་མཛད། སྣར་དབུས་སུ་ཕེབས། སེ་རའི་རྒྱ་གྲྭ་ཚང་། ཤར་གྱི་མཆན་ཉིད་གྲྭ་ཚང་དང་། ཐང་སྐྱ་རྣམས་སུ་འཆད་ཉན་དང་རྣམ་འགྲེལ་ཊཱིཀ་མཛད། བུ་སློབ་ཀུང་ཆེ་བ་ཆོས་རྗེ་བློ་བཟང་པ་སོགས་ལྔ་བྱུང་། དེ་ནས་དགེ་ལྡན་ཤར་གྱི་ཁྲིར་ཕེབས། ཁུ་སྟོན་གྱི་སྐྱེ་བར་ཞལ་གྱིས་བཞེས། རྩེ་ཤར་གྱི་རྩོད་པའི་ཐོག་མ་བྱུང་བ་ཞི་ནས་དགུང་ལོ་རེ་བདུན་པ་ལྕགས་ཕོ་བྱི་བ་ལོར་དགའ་ལྡན་གྱི་ཁྲི་དང་། དེའི་ཕྱི་ལོ་འབྲས་སྤུངས་ཀྱི་ཁྲིར་ཡང་ཕེབས་པའི་གདན་ས་གཉིས་ཀར་ཆོས་འཁོར་བསྐོར། རིན་སྤུངས་པ་དོན་ཡོད་རྡོ་རྗེ་ལྷ་གྲུབ་ཀྱི་ཀུན་སློང་དྲག་པོས་སྙིང་ལ་གཟིར་ཏེ་སྐྱིད་ཤོད་ཕྱོགས་སུ་དཔུང་གི་སྒྲུར་བས་གཞིས་ཀ་སྣེའུ་པར་རྒོལ་བར་རྩོམ་པའི་ཚེ་རྗེ་འདི་ཉིད་ཀྱིས་མགོན་པོ་ཕྱག་དྲུག་པའི་གཏོར་ཆེན་ལ་བརྟེན་པའི་ལས་སྦྱོར་མཛད་པས་དམག་ཡན་གཉིས་ཀྱི་བར་རང་དབང་དང་བྲལ་ཏེ་ཕྱིར་བཟློག་དགོས་པ་སོགས་

ཕྱིས་མྱུ་ངན་ལས་མ་འདས་བར་རིན་སྤུངས་པའི་ལུང་རྒྱུག་མི་ཐུབ་པའི་རྟགས་མཚན་བསྟན། ཕྱག་རྗེས་སུ་རྒྱལ་བ་བྱམས་པའི་ཕོ་བྲང་བཞེངས། བསྟན་བཅོས་རྣམ་འགྲེལ་གྱི་ཊཱི་ཀཱ་འང་མཛད། འདི་ལ་བུ་སློབ་ཆོས་རྗེ་བློ་བཟང་པ། ནེ་ཙོ་པ། བློ་གྲོས་འཇམ་དཔལ། ལས་ཅན་བསོད་དཔལ་བ་སོགས་བྱུང་། དགུང་ལོ་དོན་བདུན་པ་ལྕགས་ཕྱི་ལ་ཟླུར་བཞུགས་དང་། དོན་བརྒྱད་པ་ལྕགས་ཕག་(༨༥བ)ཧོར་ཟླ་བཅུ་གཅིག་པའི་ཉི་ཤུ་གཉིས་ལ་པོ་ཏ་ལར་གཤེགས་སོ། །ཁྲི་ཐོག་ནི་འཇམ་མགོན་ཆོས་ཀྱི་རྒྱལ་པོ་ནས་བརྩིས་པ་ཡིན་ལ། འདི་ཡན་བདུན་པོ་དེ་འཇམ་དབྱངས་གཙང་པ་བདུན་བརྒྱུད་ཅེས་གྲགས་སོ། །

ཁྲི་ཐོག་དགུ་པ་བློ་བཟང་ཉི་མ་ནི། ས་ལུག་ལ་བཙོང་ཁའི་ཡུལ་དུ་འཇམ་མགོན་བླ་མའི་སྐུ་ཚ་ཞིག་གི་སྲས་སུ་འཁྲུངས། གཞོན་ནུ་ནས་དབུས་སུ་ཕྱིན་ཏེ་མཁས་པ་མུས་སྲད་པ་དང་། བླ་མ་ལྷག་ལེབ་བྱང་རྒྱལ། སློབ་དཔོན་གྲགས་འོད་པ་སོགས་བསྟེན་ནས་གསུང་རབ་ལ་མཁས་པར་སྦྱངས་པས་ལུང་རིགས་སྨྲ་བའི་ཁྱུ་མཆོག་ཏུ་གྱུར། གསང་ཕུར་པུ་ཏི་ཉི་ཤུ་རྩ་གཉིས་ཀྱི་གྲྭ་སྐོར་མཛད་ཅིང་། སློབ་དཔོན་རྩེ་ཉག་པ་རིག་པས་ཕམ་པར་མཛད། དེའི་ཕྱི་ལོ་ར་བ་སྟོད་པའི་འཆད་ཉན་པ་མཛད། བཀྲ་ཤིས་ལྷུན་པོར་པཎ་ཆེན་དགེ་འདུན་གྲུབ་ལ་ཆོས་གསན་ཅིང་མི་ཕྱེད་པའི་དད་པ་ཐོབ། སྣར་དབུས་སུ་ཕེབས། འབྲས་སྤུངས་ཀྱི་ཁྲི་ཐོག་ལོ་ཤས་མཛད། དགུང་ལོ་ཞེ་གསུམ་པ་ལྕགས་སྤྲང་ལ་གསང་ཕུ་གླིང་སྨད་ཀྱི་ཆོས་རྗེའི་གོ་སར་ཕེབས་ དྲང་ངེས་རྣམ་འབྱེད་སོགས་གསུངས། དགུང་ལོ་ང་གཉིས་པ་ལྕགས་ཕྱི་ལ་དགའ་ལྡན་གྱི་ཁྲི་ཐོག་ཏུ་ཕེབས་ནས་ཆོས་ཀྱི་འཁོར་ལོ་མཐའ་ཡས་པ་བསྐོར། ང་བཞི་པ་ཆུ་ཁྱི་ལ་དག་ཞིང་དུ་གཤེགས་སོ། །

ཁྲི་ཐོག་བཅུ་པ་ཆོས་རྗེ་ཡེ་ཤེས་བཟང་པོ་ནི་ལྷུན་སྨད་དུ་ཤིང་ལུག་ལ་འཁྲུངས། དབུས་སུ་ཕྱིན་ནས་འབྲས་སྤུངས་མཁན་ཆེན་དཔལ་བློ་བ་ལ་ཕར་ཚད་དང་རིགས་ཚོགས། འདུལ་འཛིན་དགེ་ལེགས་དཔལ་ལ་འདུལ་བ་རྣམས་གསན་ཅིང་། གླིང་

བསྐྱེ་བ་མཛད་པས་དེའི་སྲོལ་ལེགས་པར་ཚུགས། འཇམ་དབྱངས་ཆོས་རྗེ་ལ་(༧༥ན) བསྙེན་པར་རྫོགས་ཏེ་བློ་གསལ་གླིང་གི་འཆད་ཉན་པ་གནང་། དེ་ནས་ཤར་དུ་ཕྱིན་ནས་དབུ་ཕར་དང་ལམ་རིམ་གསུངས། དགུང་ལོ་དོན་དགུ་པ་ཆུ་སླང་ལ་དགའ་ལྡན་གྱི་ཁྲི་ཐོག་ཏུ་ཕེབས། ཟབ་རྒྱས་ཆོས་ཀྱི་འཁོར་ལོ་གྲངས་མེད་དུ་བསྐོར། རྒྱལ་བ་བྱམས་པའི་སྐུ་བརྟན་ཆེན་པོ་བཞེངས། བུ་སློབ་ཆེ་བ་མཁས་བཙུན་སོགས་ཉི་ཤུ་སྐོར་དང་གཞན་ཡང་གྲངས་ལས་འདས་ཤིང་། དགུང་ལོ་གྱ་བཞི་པ་ས་རྟ་ལ་དག་ཞིང་དགའ་ལྡན་དུ་གཤེགས་སོ། །

ཁྲི་ཐོག་བཅུ་གཅིག་པ་འདར་སྟོན་བློ་བཟང་གྲགས་ནི། ས་བྱ་ལ་གཙང་སྟོད་འདར་དུ་འཁྲུངས། འདར་ཆོས་སྡེར་རབ་ཏུ་བྱུང་ནས་གཞུང་འཛིན་པ་དང་རྒྱལ་བརྟབ་བརྒྱ་བ་མཛད། དབུས་སུ་ཕྱིན་ནས་མཁན་ཆེན་དཔལ་བློ་བ། རབ་འབྱམས་སྨོན་ལམ་དཔལ། མཁས་པ་ཀུན་ལེགས་པ། ཆོས་རྗེ་བ་སོ་བ། ཆོས་རྗེ་ཤེར་འབྱུང་སོགས་བསྟེན་ནས་མདོ་སྔགས་ཀྱི་ཆོས་མང་དུ་གསན། ཐང་སྐྱ་དང་གསང་སྔགས་མཁར་དུ་རྣམ་འགྲེལ་སོགས་ཀྱི་འཆད་ཉན་པ་མཛད། ཤར་དུ་ཕེབས་ནས་ཆོས་གསུངས། དགུང་ལོ་དོན་གཉིས་པ་ལྕགས་ཕོ་སྤྲེལ་ལོར་དགའ་ལྡན་གྱི་ཁྲི་ཐོག་ཏུ་ཕེབས་ཏེ་ཟབ་རྒྱས་ཆོས་ཀྱི་སྒོ་འཕར་ཡངས་པར་ཕྱེ། རྒྱལ་བ་འོད་དཔག་མེད་ཀྱི་སྐུ་ཆེན་པོ་དང་། གསང་སྔགས་མཁར་དུ་གཉིས་མེད་དུས་ཀྱི་འཁོར་ལོའི་སྐུ་བཅས་གསེར་ཟངས་ལས་བསྐྲུན། དགུང་ལོ་གྱ་གསུམ་པ་ལྕགས་ལུག་ཟླ་བ་གཉིས་པའི་ཉི་ཤུ་གཉིས་ལ་ཞི་བ་ཆོས་དབྱིངས་སུ་གཤེགས་པའི་དངུལ་གདུང་གསང་སྔགས་མཁར་དུ་བཞུགས་དུས་མཆོད་ཀྱང་དགའ་ལྡན་དུ་ཚུགས་སོ། །

ཁྲི་ཐོག་བཅུ་གཉིས་པ་(༧༥བ)འཇམ་དབྱངས་ཤེས་རབ་དར་ལེགས་པའི་བློ་གྲོས་ནི། ལྕགས་རྟ་ལ་ཨེ་ཕྱོགས་སུ་འཁྲུངས། ཟླ་འབྲིང་ཆོས་སྡེར་བླ་མ་བསོད་ནམས་རྒྱ་མཚོའི་བློ་གྲོས་ལ་རབ་ཏུ་བྱུང་། གསང་ཕུར་སློབ་དཔོན་ཤེས་རབ་བཀྲ་ཤིས་དང་། བཀྲ་ཤིས་ལྷུན་པོར་པཎ་ཆེན་དགེ་འདུན་གྲུབ། སློབ་དཔོན་ཆོས་འབྱོར་

བ། ཆོས་རྗེ་གནས་བརྟན་པ། བླ་མ་སྟོན་པ། རྗེ་པ་བཀྲ་ཤིས་རྒྱལ་མཚན། རྒྱུད་པ་ཤེར་བཟང་པ་སོགས་ལ་ཆོས་གསན། སྟོན་པ་དཔལ་ལྡན་པ་སོགས་ལ་བསྙེན་པར་རྫོགས་ནས། ཉི་མ་ཐང་དུ་ལོ་ཉི་ཤུ་ལྷག་འཆད་ཉན་པ་མཛད། དགུང་ལོ་ང་བདུན་པ་མེ་སྟག་ལ་བྱང་རྩེ་དང་། རེ་གཉིས་པ་རབ་བྱུང་དགུ་པའི་ལྕགས་ལུག་ལ་དགའ་ལྡན་གྱི་ཁྲི་ཐོག་ཏུ་ཕེབས། མདོ་སྔགས་ཀྱི་བསྟན་པ་ཕྱོགས་བརྒྱར་སྤེལ་བའི་བློ་གྲོས་ཀྱི་སྤོབས་པ་དང་ལྡན། མ་འདྲིས་པའི་མཛའ་བཤེས་རྒྱལ་བ་ཉི་མའི་ག་ཉེན་གྱི་སྣང་བརྙན་འགྲན་ཟླ་དང་བྲལ་བ་གསེར་ཟངས་ལས་གྲུབ་པ་བཞེངས། དགུང་ལོ་རེ་བདུན་པ་ལ་མངོན་དགར་ཟུར་བཞུགས་མཛད། བུ་སློབ་ཆེ་བ་གུང་རུ་གཞོན་ནུ་བྱང་ཆུབ་སོགས་དགུ་དང་གཞན་ཡང་མདོ་སྔགས་ཀྱི་སློབ་བུ་མང་། ཡབ་རྗེ་ཁང་གསར་ལ་དགའ་ལྡན་ནས་རབ་གནས་ཀྱི་མེ་ཏོག་གཏོར་བ་ཨེར་ནས་འབྲུ་དངོས་སུ་འཕྲུག་རྒྱུ་བྱུང་བ་སོགས་མཁས་པ་དང་གྲུབ་པའི་རྣམ་པར་ཐར་པས་འདའ་བཞིན་པ་ནས་དགུང་ལོ་བྱ་གཅིག་པ་ལྕགས་སྟག་ལ་ཞིང་གཞན་དུ་གཤེགས་སོ། །

ཁྲི་ཐོག་བཅུ་གསུམ་པ་ཆོས་རྗེ་ཆོས་ཀྱི་བཤེས་གཉེན་ནི་ཆུ་བྱ་ལ་སྟོད་ལུང་མདར་འཁྲུངས། དགའ་ལྡན་སློབ་དཔོན་ཆོས་གྲགས་པ་ལ་རབ་ཏུ་བྱུང་། གཙང་དུ་པཎ་ཆེན་དགེ་འདུན་གྲུབ་(༤༤ན)ལ་ཆོས་གསན། བསྟན་པའི་རྒྱལ་མཚན་འཛིན་པ་ཞེས་མཚན་གྱི་མཇུག་ཏུ་བཏགས། དབུས་སུ་ཕྱིན་ནས་འབྲས་སྤུངས་སུ་སློབ་དཔོན་ཡེ་ཤེས་བཟང་པོ། འཇམ་དབྱངས་ལེགས་ཆོས་པ། དྲུང་དཔལ་ལྡན་རྒྱལ་མཚན་རྣམས་ལ་ཆོས་གསན། རྩེས་དང་དུ་པུ་ཧི་ཉི་ཤུ་རྩ་གྲངས་ཀྱི་གྲྭ་སྐོར་མཛད། རབ་འབྱམས་སྨྲ་ལམ་དཔལ་སོགས་ལ་ཆོས་གསན། རྒྱུད་གྲྭར་སློབ་གཉེར་དང་། སྟག་ལུང་ཆོས་རྗེ་ངག་དབང་གྲགས་པ་ལ་སྒྲ་དང་སྙན་ངག་གསན། ཆོས་རྗེ་གནས་བརྟན་པ་སོགས་ལ་བསྙེན་པར་རྫོགས། ཤག་སྐོར་གྲྭ་ཚང་དུ་འཆད་ཉན་པ་མཛད། དགུང་ལོ་ང་བཅུ་པ་ལ་ཤར་དང་། རེ་བཞི་པ་མེ་བྱི་ལ་དགའ་ལྡན་ཁྲི་ཐོག་ཏུ་ཕེབས། བྱང་ཆུབ་སེམས་དཔའི་སྤྱོད་པ་རླབས་པོ་ཆེས་ཕན་བདེའི་རྩ་ལག་དམ་པར་གྱུར། བུ་སློབ་ཚེ་བ་ལྷ་

དབང་དཔལ་འབྱོར་སོགས་དྲུག་དང་རིགས་པར་སྨྲ་བའི་ཁྱུ་མཆོག་མང་། དགུང་ལོ་བདུན་ཅུ་པ་ཆུ་རྟ་ལ་བདེ་བ་ཅན་དུ་ཟུར་བཞུགས་མཛད། ཀྱི་བརྒྱུད་པ་ལྕགས་ཕོ་ཁྱི་ལོར་ཆོས་དབྱིངས་ཟད་མི་ཤེས་པའི་ཀློང་དུ་གཤེགས་སོ། །

ཁྲི་ཐོག་བཅུ་བཞི་པ་ཆོས་རྗེ་རིན་ཆེན་འོད་ཟེར་ནི། སྟོད་ལུང་མདའ་ཞིང་བཟང་དུ་ཆུ་བྱི་ལ་འཁྲུངས། འབྲས་སྤུངས་སུ་ཆོས་རྗེ་རིན་ཆེན་བྱང་ཆུབ་ལས་རབ་ཏུ་བྱུང་། སློབ་དཔོན་ཡེ་ཤེས་བཟང་སོགས་བསྟེན་ནས་མཁས་པར་སྦྱངས་ཤིང་རྒྱུད་པ་ཚུལ་ཁྲིམས་བཟང་པོར་ཐུགས་ཕྲོགས་གསན། ཉེ་སྙིངས་སུ་དྲུང་གཟིམས་ཆེན་པ་ལ་བསྟེན་པར་རྫོགས། དགུང་ལོ་ཞེ་དྲུག་པ་ས་རྟ་ལ་རྒྱུད་ཀྱི་འཆད་ཉན་མཛད་ཅིང་དར་རྒྱས་སུ་སྤེལ། ང་དགུ་པ་ལྕགས་ལུག་ལ་བྱང་རྩེར་བྱོན། (༨༨བ)བསྟན་རྩིས་གསལ་བའི་སྒྲོན་མེ་བརྩམས། དགུང་ལོ་བདུན་ཅུ་པ་ཆུ་རྟ་ལ་དགའ་ལྡན་གྱི་ཁྲི་ཐོག་ཏུ་ཕེབས། ཆོས་འཁོར་དཔག་ཏུ་མེད་པ་བསྐོར། གསེར་ཟངས་ཀྱི་མགོན་པོ་འོད་དཔག་མེད་པའི་སྐུ་བརྙན་བཞེངས། དགུང་ལོ་དོན་བརྒྱད་པ་ས་གླང་ལ་ཟུར་བཞུགས་དང་། བུ་སློབ་ཆེ་བ་བརྩེ་བ་ཆོས་རྗེ་ཆོས་སྐྱོང་རྒྱ་མཚོ་སོགས་བྱུང་། ཀྱི་བརྒྱུད་པ་ལྕགས་ཕོ་བྱི་བ་ལོར་གཤེགས་སོ། །

ཁྲི་ཐོག་བཅོ་ལྔ་པ་པཎ་ཆེན་བསོད་ནམས་གྲགས་པ་ནི། རྩེས་དང་དུ་ནང་པར་ལམ་པའི་སྲས་སུ་ས་ཁྱིར་འཁྲུངས། ཆེན་པོ་བསོད་ནམས་བཀྲ་ཤིས་ལ་རབ་ཏུ་བྱུང་སྟེ་མཚན་བསོད་ནམས་གྲགས་པར་གསོལ། གསང་ཕུ་ཉི་མ་ཐང་དང་། སེ་ར་བྱེས་སུ་སློང་གཉེར་མཛད། བླ་མ་དོན་ཡོད་དཔལ་ལྡན་པ་བསྟེན་ནས་འཇམ་མགོན་ཆོས་ཀྱི་རྒྱལ་པོའི་རིང་ལུགས་ལ་སྦྱངས་པས་མཁས་པ་ཆེན་པོར་གྱུར་ཏེ་རྩེས་དང་དུ་རབ་འབྱམས་གྲྭ་སྐོར་མཛད། འོད་སྣའི་བླ་མ་སངས་རྒྱས་བཟང་པོ་ལ་དགེ་ཚུལ་དང་བསྙེན་པར་རྫོགས། རྒྱུད་སྟོད་དུ་རྗེ་རྗེ་འཆང་ཆོས་ལྡན་བློ་གྲོས་པ་བསྟེན་ནས་སྔགས་ལ་སྦྱངས་པས་དགེ་བཤེས་ཆེན་པོར་གྱུར་ཏེ་རྒྱུད་སྟོད་པའི་འཆད་ཉན་ལོ་བཅུ་བཞི་མཛད། དགུང་ལོ་སོ་དྲུག་པ་ཆུ་བྱི་ལ་གསང་བ་འདུས་པའི་བསྐྱེད་རྫོགས་

གཉིས་ཀའི་ཊཱི་ཀ་ཆེན་བརྩམས་ཤིང་དེའི་འཆད་ཉན་ཚུགས། རྗེ་དགེ་འདུན་རྒྱ་མཚོ་ལ་ཆོས་མང་དུ་གསན་ཅིང་བཀའ་ནན་ཕེབས་པས་འབྲས་སྤུངས་བློ་གསལ་གླིང་གི་འཆད་ཉན་པ་མཛད་ནས་ལོ་གཅིག་སོང་བ་ན་དགའ་ལྡན་ཤར་གྱི་ཁྲིར་ཕེབས། དགུང་ལོ་ང་གཉིས་པ་ས་མོ་སླང་ལོར་དགའ་ལྡན་གྱི་ཁྲི་ཐོག་ཏུ་ཕེབས། ཆོས་འབྱུང་ཡིད་ཀྱི་མཛེས་རྒྱན། མཛོད་ཊཱིཀ །རྒྱུད་ཊཱིཀ །རྒྱལ་རབས་(༤༧ན)འཕྲུལ་གྱི་ལྡེ་མིག་སོགས་བསྟན་བཅོས་མང་དུ་བརྩམས་ཤིང་ཀུན་མཁྱེན་བུ་སྟོན་གྱི་སྐུའི་སྐྱེ་བར་གྲགས། དགུང་ལོ་ང་བརྒྱད་པ་ཤིང་ལུག་ལ་ཟུར་བཞུགས་ཐོག་འབྲས་སྤུངས་ཀྱི་ཁྲིར་ཕེབས། དེ་བཞིན་དུ་སེ་ར་ཐེག་ཆེན་གླིང་དང་། སྐྱོར་མོ་ལུང་། ཕག་མོ་ཆོས་སྡེ། ཉི་ཕྱོངས་འོད་སྣ། ཆོས་སྡེ་རིན་ཆེན་གླིང་སོགས་ཞལ་འཛིན་མཛད་པས་རྣམ་དཀར་གྱི་འཕྲིན་ལས་ཆེ། ཐམས་ཅད་མཁྱེན་པ་བསོད་ནམས་རྒྱ་མཚོའི་གཙུག་ཕུད་བཞེས་མཚན་གསོལ། དགུང་ལོ་དོན་བཞི་པ་ས་ཕག་ལ་འབྲས་སྤུངས་གཟིམས་ཁང་གོང་དུ་ཟུར་བཞུགས་མཛད། དོན་བདུན་པ་ཤིང་སྟག་ཟླ་བ་བཅུ་གཅིག་པའི་ཚེས་བཅུ་བཞི་ལ་རེ་ཞིག་ཞིང་གཞན་དུ་གཤེགས་པའི་དངུལ་གདུང་འབྲས་སྤུངས་སུ་བཞུགས། དེའི་སྤྲུལ་སྐུ་བསོད་ནམས་ཡེ་ཤེས་དབང་པོ་སྟོད་ལུང་དུ་འཁྲུངས། དེའི་ཡང་སྤྲུལ་སྐུ་དག་དབང་བསོད་ནམས་དགེ་ལེགས། དེའི་རྗེས་སུ་གད་ཁ་ས་པའི་ནང་སོ་གྲོ་ལྷུག་ཐོག་མར་ཐམས་ཅད་མཁྱེན་པ་ཡོན་ཏན་རྒྱ་མཚོའི་སྤྲུལ་སྐུ་ཡོང་དུ་རེ་ཡང་རྗེས་སུ་དག་དབང་དགེ་ལེགས་ཀྱི་སྤྲུལ་སྐུ་བྱས་པས་མཐར་སྐྱེ་གནས་ཀྱང་མི་བཟང་བར་གྱུར་ཏོ། །

ཁྲི་ཐོག་བཅུ་དྲུག་པ་ཆོས་རྗེ་ཆོས་སྐྱོང་རྒྱ་མཚོ་ནི། དབུ་སྟོད་རྒྱ་ར་གཤུར་དུ་ཆུ་མོ་སྦྲུལ་ལོར་འཁྲུངས། བྲག་དབར་དུ་རབ་ཏུ་བྱུང་། མདོ་སྔགས་ལ་སྦྱངས་པ་ཆེར་མཛད། རྒྱུད་སྨད་ཀྱི་བླ་ཐོག་ནས་བྱང་རྩེར་བྱོན། དགུང་ལོ་རེ་གསུམ་པ་ཤིང་ལུག་ལ་དགའ་ལྡན་གྱི་ཁྲིར་ཕེབས། འགྲོ་བའི་དབང་པོ་དང་འཚམས་པར་ཟབ་རྒྱས་ཆོས་ཀྱིས་ཚིམ་པར་མཛད། མཉམ་མེད་ཐུབ་པའི་དབང་པོའི་གོས་སྐུ་ཆེན་པོ་ང་ཞེངས། དུས་དེར་འོད་སྣ་སོགས་དབུས་སྟོད་ཀྱི་ཆོས་སྡེ་ཕལ་ཆེར་(༤༧བ)འབྲི་གུང་པས་བདག་

བྱས་ཤིང་ཤར་པ་དང་འབྲེལ་ཆགས་པས་གཏོར་མ་འཕང་རེས་མཛད། རེ་བདུན་པ་ས་ཕག་ཟླ་བ་གཉིས་པའི་ཉི་ཤུ་བརྒྱད་ལ་ཞི་བར་གཤེགས་པའི་དགོངས་པ་རྫོགས་ཕྱིར་དངུལ་ལས་གྲུབ་པའི་རྣམ་རྒྱལ་མཆོད་རྟེན་དངུལ་གདུང་རིན་པོ་ཆེའི་གཡོན་གཉིས་པར་བཞུགས་སོ། །

ཁྲི༷་ཐོག༷་བཅུ༷་བདུན་པ༷་ཆོས་རྗེ་རྡོ༷་རྗེ༷་བཟང༷་པོ༷་ནི། མདོ་སྨད་མི་ཉག་གི་སར་ལྕགས་མོ་ཕག་ལོར་འཁྲུངས། དགུས་སུ་ཕྱིན་ནས་མདོ་སྔགས་ལ་སྦྱངས་པས་མཁས་པར་གྱུར་ཏེ་སེ་ར་སྨད་ཀྱི་འཆད་ཉན་པ་མཛད་བཞིན་པའི་ངང་ནས་ཤར་དུ་ཐུང་ཙམ་བཞུགས། དགུང་ལོ་ཞེ་དགུ་པ་ས་ཕག་ལ་དགའ་ལྡན་གྱི་ཁྲིར་ཕེབས། རྣམ་པར་དཀར་བའི་འཕྲིན་ལས་ཆེ། གཟིམས་ཁང་ཆེན་མོའི་ཤིང་རྩེ་ལྡེབས་བྲིས་མཛད་དེ་མེ་ཧ་བདེ་བ་ཅན་དུ་ཟུར་བཞུགས་དང་། སྤྲུལ་རིན་ཆེན་བྲག་གི་ཞལ་འཛིན་མཛད། ཐེ་བོ་དང་ལྡན་མ་འབྲུག་པའི་བར་ལ་ཕྱིན་པས་དབུ་ལ་རྫོ་ཕོག་པའི་རྐྱེན་གྱིས་དགུང་ལོ་རེ་བཞི་པ་ཤིང་སྟག་ལ་གཤེགས་སོ། །དེའི་སྐྱེ་བ་ཚུལ་ཁྲིམས་མགོན་པོ་ཞེས་པ་ཡིག་རིགས་ལ་མཁས་པ་ཁྱིམ་པའི་ཚུལ་བཟུང་བ་གཅིག་བྱུང་བ་དེས་དགའ་ལྡན་ཆོས་འབྱུང་བསྡུས་པ་ཞིག་དང་། ཆོས་རྗེ་རྒྱལ་ཁང་རྩེ་པ་དཔལ་འབྱོར་རྒྱ་མཚོའི་རྣམ་ཐར་རྒྱས་པ། གསང་སྔགས་མཁར་གྱི་ལོ་རྒྱུས་རྣམས་ལེགས་པར་བརྩམས་ཞེས་གྲགས་སོ། །

ཁྲི༷་ཐོག༷་ངཙོ༷་བརྒྱད༷་པ༷་ཆོས་རྗེ་རྒྱལ༷་མཚན་བཟང༷་པོ༷་ནི། བྱེ་རི་སྟག་རྩེའི་ལྟག་སྐྱོའི་གྲོང་དུ་འཁྲུངས། མདོ་སྔགས་ལ་སྦྱངས་པས་མཁས་པར་གྱུར་ཏེ་རྒྱུད་སྨད་པའི་འཆད་ཉན་ནས་རིམ་པར་བྱང་རྩེར་ཕྱིན། དགུང་ལོ་ལྔ་བཅུ་པ་མེ་ཧ་ལ་དགའ་ལྡན་གྱི་ཁྲི་ཐོག་ཏུ་ཕེབས་ཆོས་འཁོར་བསྐོར། ང་གཉིས(༦༨ན)པ་ས་ཕོ་སྤྲེལ་ལོར་གཤེགས་པའི་དངུལ་གདུང་སྟེང་ལེ་མ་ལྷ་ཁང་གི་ཤར་གྱི་གཙོ་བོའི་གཡོན་ལྔ་པར་བཞུགས། འདིས་གསེར་ཐོག་གསོ་རན་མཛད། དུས་མཆོད་ཀྱང་མ་ཆག་པར་ལྟེ་བ་མཁར་པས་འཛིན་ནོ། །

ཁྲི་ཐོག་བཅུ་དགུ་པ་ཆོས་རྗེ་ངག་དབང་ཆོས་གྲགས་ནི་སྟོད་ལུང་མདའི་དངོས་གཞིར་ལྟགས་བྱར་འཁྲུངས། དགུང་ལོ་དགུ་པར་རབ་བྱུང་དང་བཅུ་དགུ་པ་ལ་བསྙེན་པར་རྫོགས། མདོ་སྔགས་ལ་མཁས་པར་གྱུར་པས་རྒྱུད་སྟོད་པའི་འཆད་ཉན་དང་། ཤར་དུ་ལོ་བཅུ་གཉིས་བཞུགས། ཞི་བརྒྱད་པ་ས་ཕོ་སྤྲེལ་ལོར་དགའ་ལྡན་གྱི་ཁྲི་ཐོག་ཏུ་ཕེབས། དངུལ་གདུང་རིན་པོ་ཆེའི་དབུ་ཐོག་ཏུ་གསེར་ཟངས་ཀྱི་རྒྱ་ཕིབས་ཉི་མའི་གཟི་བྱིན་འཕྲོག་ནུས་པ་བཞེངས། ང་གཅིག་པ་ལྕགས་ཕག་ལ་ཞི་བ་ཆོས་དབྱིངས་སུ་གཤེགས། དེའི་སྐུའི་སྐྱེ་བ་ཆོས་རྗེ་ངག་དབང་ཆོས་ཀྱི་རྒྱལ་མཚན་ནི་ཤིང་ཕག་ལ་བལྟམས་པས་འདི་དང་ཆོས་རྗེ་ངག་དབང་ཆོས་གྲགས་ཀྱི་བར་དུ་ལོ་ཉི་ཤུ་རྩ་ལྔ་སོང་བས་བར་སྐབས་སུ་གཞན་དུ་སྐྱེ་བ་བཞེས་པ་ཞིག་གམ་གང་ལྟར་སྐུའི་སྐྱེ་བ་འདི་གསལ་པོར་བྱུང་བས་གསལ་ཁང་སྐུ་སྐྱེ་ཞེས་གྲགས། རྒྱུ་མཚན་ཉིད་དང་འབྲས་བུ་སྔགས་ཀྱི་ཐེག་པར་སྦྱངས་པས་རྒྱུད་སྨད་དང་བྱང་རྩེ་དགའ་ལྡན་སོགས་ཀྱི་ཁྲིར་རིམ་པར་ཕེབས་ཀྱང་ཆོས་སྲིད་ཀྱི་ཕན་ཡོན་ལ་དགོངས་ནས་སླར་ཡང་རྒྱུད་སྨད་པའི་འཆད་ཉན་མཛད། དེའི་སྐྱེ་བ་ཨོ་རོད་གཡོན་རུར་བྱུང་བར་གྲགས་སོ། །

ཁྲི་ཐོག་ཉི་ཤུ་པ་ཆོས་རྗེ་ཆོས་གྲགས་བཟང་པོ་ནི། ཆུ་སླང་ལ་སྟག་ཕུར་འཁྲུངས། སྟག་ཕུ་ཆོས་སྡེར་རབ་ཏུ་བྱུང་། མདོ་སྔགས་ལ་སྦྱངས་པས་མཁས་པར་གྱུར་ཏེ་རྒྱུད་སྨད་པའི་འཆད་ཉན་གྱི་སྲུས་བྱང་(༥༨བ)རྩེར་ཕེབས། དགུང་ལོ་དྲུག་ཅུ་པ་ཆུ་བྱིར་དགའ་ལྡན་གྱི་ཁྲིར་འཁོད། གནས་བརྟན་བཅུ་དྲུག་གི་གོས་སྐུ་བཞེངས། ས་ཧྲ་ལ་བདེ་བ་ཅན་དུ་ཟུར་བཞུགས་དང་། རེ་བདུན་པ་ས་ལུག་ཟླ་བ་དགུ་པའི་ཚེས་བཅུར་དག་ཞིང་དུ་གཤེགས་པའི་དགོངས་པ་རྫོགས་ཕྱིར་དངུལ་གྱི་རྣམ་རྒྱལ་མཆོད་རྟེན་དངུལ་གདུང་རིན་པོ་ཆེའི་གཡས་གཉིས་པར་བཞུགས།

ཁྲི་ཐོག་ཉེར་གཅིག་པ་འོལ་དགའ་གྲུང་གསར་བ་དགེ་ལེགས་དཔལ་བཟང་ནི། ཤིང་མོ་སླང་ལ་བལྟམས། བསམ་གཏན་གླིང་དུ་མདོ་དང་རྒྱུད་སྟོད་དུ་སྔགས་ལ་སྦྱངས་ཤིང་། རྒྱུད་སྟོད་དང་ཤར་གྱི་གདན་ས་ནས་དགུང་ལོ་ང་བཞི་པ་ས་ཧྲ་ལ

དགའ་ལྡན་གྱི་ཁྲིར་ཕེབས། རྒྱལ་བ་བྱམས་པའི་སྐུ་བརྙན་གསེར་ཟངས་ལས་གྲུབ་པ་ངསྐྲུན། དྲུག་ཅུ་པ་ཤིང་ཕྱིར་བདེ་བ་ཅན་དུ་ཟུར་བཞུགས་མཛད་པས་ཆོས་རྗེ་བདེ་བ་ཅན་པར་གྲགས། ཐམས་ཅད་མཁྱེན་པ་བསོད་ནམས་རྒྱ་མཚོ་བསྙེན་པར་རྫོགས་པའི་མཁན་པོར་གྱུར། མལ་གྲོ་རིན་ཅེན་གླིང་དང་ཕག་མོ་ཆོས་སྡེ་སོགས་ཀྱི་ཞལ་འཛིན་མཛད། རེ་གསུམ་པ་མེ་ཡོས་ཟླ་བ་བཞི་པའི་ཉི་ཤུ་དྲུག་ལ་དགའ་ལྡན་དུ་གཤེགས་པའི་དངུལ་གདུང་ལི་མ་ལྷ་ཁང་གི་ཤར་རྟེན་གཙོའི་གཡོན་བཞི་པར་བཞུགས། དུས་མཆོད་ཀྱང་ཚུགས་སོ། །

ཁྲི་ཐོག་ཉེར་གཉིས་པ་ཆོས་རྗེ་དགེ་འདུན་བསྟན་པ་དར་རྒྱས་ནི། ཚ་སྒང་ལ་གླང་ཤོད་དབུ་སྣར་འཁྲུངས། གསུང་རབ་ལ་སྦྱངས་པས་དགེ་བའི་བཤེས་གཉེན་ཆེན་པོར་གྱུར་ཏེ་མལ་གྲོ་ཆ་དཀར་གྱི་བླ་མ་མཛད་པ་ན་འཁྲི་གུང་པའི་དམག་འཐོག་པས་ཐག་དབར་དུ་སྤྱོས་ཤིང་མཁར་སྐྱའི་ཞལ་བདག་ཀྱང་མཛད། བྱང་རྩེར་ཕྱིན་ནས་དགུང་ལོ་དོན་གསུམ་པ་རབ་བྱུང་བཅུ་པའི་ཤིང་སྒང་ལ་(༩༩ན)དགའ་ལྡན་གྱི་ཁྲིར་ཕེབས། དོན་བདུན་པ་ས་འབྲུག་ལ་གཤེགས་པའི་དགོངས་པ་བསྐོང་ཕྱིར་དངུལ་ལས་གྲུབ་པའི་དབྱིབ་འདུམ་མཆོད་རྟེན་ལི་མ་ལྷ་ཁང་གི་རྟེན་གཙོར་བཞུགས། དུས་མཆོད་དཔོན་བརྒྱུད་ཀྱིས་འཛིན་ནོ། །

ཁྲི་ཐོག་ཉེར་གསུམ་པ་ཆོས་རྗེ་ཚེ་བརྟན་རྒྱ་མཚོ་ནི། ལྕགས་འབྲུག་ལ་རྩེས་དང་སྲང་དཀྱིལ་དུ་འཁྲུངས་དེར་རབ་ཏུ་བྱུང་། ཡུམ་གྱིས་དགའ་ལྡན་གྱི་ཁྲི་ཐོག་པ་ཞིག་བྱེད་དགོས་ཞེས་སྨྲིད་ཤོད་དུ་སློབ་གཉེར་ལ་བཏང་བས་མཁས་པ་ཆེན་པོར་གྱུར། རྒྱུད་སྟོད་ཤར་ཕག་མོ་ཆོས་སྡེ་རིན་ཆེན་གླིང་སོགས་ཀྱི་ཞལ་འཛིན་མཛད། དགུང་ལོ་ཞེ་དགུ་པ་ས་འབྲུག་ལ་དགའ་ལྡན་གྱི་ཁྲིར་ཕེབས་ཆོས་འཁོར་བསྐོར། སྐབས་འགར་ལྷ་ས་སྨོན་ལམ་གྱི་གྲལ་དབུར་ཕེབས་ཤིང་སྤྱོལ་བཏོད། དགའ་ལྡན་འདུ་ཁང་ཆེན་མོའི་ལྡེབས་བྲིས་དང་། སྤྱིན་བད་སོགས་ཚགས་སུ་ཚུད། ང་དྲུག་པ་ཤིང་ཕག་ལ་རྗེ་ཁང་དུ་ཟུར་བཞུགས་དང་། ང་བདུན་པ་མེ་བྱི་ལ་དག་ཞིང་དུ་གཤེགས་

པའི་དགོངས་པ་རྫོགས་ཕྱིར་གསེར་ཟངས་ལས་གྲུབ་པའི་རྣམ་རྒྱལ་མཆོད་རྟེན་བྲོས་བསླང་ཁང་དུ་བཞུགས་སོ། །

ཁྲི་ཐོག་ཉེར་བཞི་པ་ཆོས་རྗེ་བྱམས་པ་རྒྱ་མཚོ་ནི། མེ་བྱི་ལ་ཞོགས་ཀྱི་གྲམ་ཕུར་འཁྲུངས། སྟག་རྩེ་རིན་ཆེན་སྒང་གི་འབྲུ་བཙུན་མཛད། མདོ་སྔགས་ལ་སྦྱངས་པས་མཁས་བཙུན་གྱི་སྙན་གྲགས་ཆེ། རྒྱུད་སྨད་དང་བྱང་རྩེ་སྟག་རྩེ་རིན་ཆེན་སྒང་རྣམས་ཀྱི་བླ་མ་མཛད། དགུང་ལོ་དྲུག་ཅུ་པ་ཤིང་ཕག་ལ་དགའ་ལྡན་གྱི་ཁྲིར་ཕེབས། རྒྱལ་བ་མི་ཕམ་མགོན་གྱི་གོས་སྐུ་ཆེན་པོ་བཞེངས། རྗེ་བསོད་ནམས་རྒྱ་མཚོ་སོག་ཡུལ་དུ་ཕེབས་པའི་ཕྱི་ལོ་ས་ཡོས་ནས་ལྷ་ས་སྨོན་ལམ་(༦༩བ)གྱི་གྲལ་དབུར་ཕེབས་ རེ་བདུན་པ་ཆུ་རྟ་ལ་མངོན་དགར་བྱུར་བཞུགས་མཛད་པས་ཆོས་རྗེ་མངོན་དགའ་བར་གྲགས། སྟག་རྩེ་རིན་ཆེན་སྒང་ལ་ཕག་མོ་བའི་དམག་འཐོག་པས་ཆོས་སྡེ་དཀྱུང་སྟོན་དུ་སོང་པ་དར་རྒྱས་ཆེ། དོན་ལྡུ་པ་ལྕགས་སྟག་ཟླ་བ་བརྒྱད་པའི་ཚེས་བཅོ་ལྔར་ཞི་བར་གཤེགས་པའི་དཔྱལ་གྱི་བྱང་ཆུབ་མཆོད་རྟེན་མཆོད་ཁང་གསར་མར་གྲགས་པའི་དབུས་སུ་བཞུགས་སོ། །དུས་མཆོད་ཀྱང་བཟང་བར་ཡོད། དེའི་སྐྱེ་བ་གཙང་པ་བཀྲ་ཤིས་དང་ཁམས་མོ་མཚན་ལྡན་སྒྲོལ་མའི་སྲས་དགེ་འདུན་དཔལ་བཟང་ཡིན་པར་གྲགས་སོ། །

ཁྲི་ཐོག་ཉི་ཤུ་རྩ་ལྔ་པ་ཆོས་རྗེ་དཔལ་འབྱོར་རྒྱ་མཚོ་ནི། མེ་ཁྲི་ལ་སྟོད་ལུང་རན་པར་སྡེ་པ་གད་པ་ཁ་པའི་སྲས་སུ་འཁྲུངས། གཞོན་ནུ་ནས་མཁས་པའི་ཕུལ་དུ་ཕྱིན་པས་ར་བ་སྟོད་ཀྱི་འཆད་ཉན་མཛད་མུས་རྒྱུད་སྟོད་པའི་བླ་མ་དང་། འཁོར་ཚོགས་རྒྱ་མཚོས་བསྐོར་བའི་དབུས་སུ་མངོན་པར་མཐོ་བ་དང་བཅས་འོལ་དགར་ཕེབས། དགའ་ལྡན་ཤར་དང་རྒྱུད་སྟེལ་བའི་བླ་མ་མཛད། དགུང་ལོ་ང་བདུན་པ་ཆུ་རྟ་ལ་དགའ་ལྡན་གྱི་ཁྲིར་ཕེབས། ཟབ་མི་ཤེས་པའི་ཆོས་ཀྱིས་འགྲོ་རྣམས་ཐར་པ་དང་བདེ་བ་ཆེན་པོའི་ལམ་དུ་བཀོད་དེ་གཟིམས་ཁང་ཆེན་མོའི་ཞིག་གསོ་དང་ལྗིབས་ཁྲིས་གནང་། ལྷ་ས་སྨོན་ལམ་གྱི་གྲལ་དབུ་རྒྱུན་དུ་མཛད། དུས་ཁྱིམས་ཁྲོན་

པ་ལ་རྣམ་དཀར་གྱི་སྙན་གྲགས་ཆེ། དགུང་ལོ་རེ་བཞི་པ་ས་གླང་ལ་རྒྱལ་ཁང་རྩེར་ཟུར་བཞུགས་མཛད་པས་ཆོས་རྗེ་རྒྱལ་ཁང་རྩེ་པར་འབོད། བྱང་ར་སྒྲེང་རྒྱལ་བའི་དབེན་གནས་སུ་གནས་གཟིགས་ལ་ཕེབས་དུས་ཀ་གཉིས་མའི་ནང་དུ་ཕྱགས་མ་ཕུད་པར་བྱོན་པས་ཇོ་བོ་འཇམ་དཔལ་རྡོ་རྗེས། བརྩོན་འགྲུས་གཡུང་དྲུང་(༧༠ན)ཁྱོད་ངའི་དཀྱིལ་འཁོར་གྱི་ནང་དུ་མཆིལ་ལྷམ་མ་ཕུད་པར་འོང་བ་ཅི་ཡིན་ཞེས་གསུང་བྱོན་ལ། རྒྱལ་བ་ཐམས་ཅད་ཀྱི་ཡེ་ཤེས་རྡོ་རྗེའི་རང་གཟུགས་བསོད་ནམས་རྒྱ་མཚོའི་དཔལ་དང་རྒྱུད་ཐང་སྐད་དུ་མཇལ་སྐབས་ཁུ་སྟོན་བརྩོན་འགྲུས་གཡུང་དྲུང་གི་སྐྱེ་བར་ལུང་བསྟན་ཅིང་། དེ་རྗེས་ཕྱག་མཛོད་གུ་ཤྲཱི་དཔལ་ལྡན་རྒྱ་མཚོས་མཆོག་གི་སྤྲུལ་སྐུ་སོག་ཡུལ་དུ་ཕེབས་པ་གདན་འདྲེན་པར་ཆས་པའི་ཚེ། ཐམས་ཅད་མཁྱེན་པ་ཡོན་ཏན་རྒྱ་མཚོ་ཞེས་མཚན་ཕུལ། ཆོས་སྡེ་ཆེན་པོ་སྐྱོར་མོ་ལུང་། ཕག་མོ་ཆོས་སྡེ། འབར་ཚག་ཆོས་སྡེ། དཔལ་འབར། ཐང་སྐྱ། རིན་ཆེན་སྒང་སོགས་ཀྱི་ཞལ་འཛིན་མཛད། སློབ་མ་ཡང་དགེ་བཤེས་ཤིན་ཏུ་མང་བ་བླ་མར་འཁོད་ཅིང་། དགུང་ལོ་དོན་བཞི་པ་ས་ཕག་ཧོར་ཟླ་དྲུག་པའི་ཚེས་བཅོ་ལྔའི་ཐོ་རངས་གཟུགས་སྐུའི་བཀོད་པ་བསྡུས་ཏེ་གདུང་ཞུགས་སུ་ཕུལ་བའི་རིང་བྱོན་རྣམས་ནང་རྟེན་དུ་བཞུགས་པའི་དངུལ་གྱི་ལྷ་བབས་མཆོད་རྟེན་ལི་མ་ལྷ་ཁང་ཤར་གྱི་གཙོ་བོའི་གཡས་དང་པོར་བཞུགས་དུས་མཆོད་ཀྱང་ཚུགས་སོ། །དེའི་སྐྱེ་བ་ཁམས་སུ་འཁྲུངས་པ་ཆོས་འཁོར་རྒྱ་མཚོར་གྲགས།

ཁྲི་ཐོག་ཉེར་དྲུག་པ་ཆོས་རྗེ་དམ་ཆོས་དཔལ་འབར་ནི། གཙང་སྟོད་གནས་ཀྱི་ཁང་དམར་ཤར་དུ་ཆུ་ལུག་ལ་འཁྲུངས། གནས་ཀྱི་ཆོས་སྡེར་རབ་ཏུ་བྱུང་། པཎ་ཆེན་གནས་པའི་དྲུང་དུ་སློབ་གཉེར་མཛད་པས་མཁས་པའི་སྙན་གྲགས་དབྱར་ངོ་ལྟར་ཆེ། དབུས་སུ་བྲག་དབར་གྱི་འཆད་ཉན་མཛད། དེར་བྱམས་ཆེན་གནས་བཅུའི་གོས་སྐུ། མགོན་ཁང་གསར་མ་བཞེངས། ཡི་དམ། མགོན་པོ། རང་བྱུང་རྒྱལ་མོའི་སྐུ་འདྲ་དང་། རིག་གྲ་ལྔ་མཆོད། བྱམས་སྟོན་གསར་(༧༠བ)འཛུགས་གནང་། འཕགས་མཆོག་སྤྱན་རས་གཟིགས་ཀྱི་རྣམ་པར་སྤྲུལ་པ་འབྲོམ་སྟོན་རྒྱལ་བའི་འབྱུང་གནས་ཀྱི་

གདན་ས་ར་སྒྲེང་དུ་ཕེབས་ཏེ་སྤྱི་བླ་མཛད། ཀ་གཉིས་མའི་གསེར་ཐོག་ཞིག་གསོ་དང་། ཉི་ཤུ་རྩ་བཞིའི་གཞི་ར་བཞེངས། ཆོས་སྡེ་གཙང་དགོན་ལ་སྤྱར་བ་སོགས་བསྟན་པའི་བྱ་བ་ཆེན་པོ་མཛད་དེ་བྱང་རྩེར་ཕེབས། དགུང་ལོ་རེ་བདུན་བ་ས་གླང་ལ་དགའ་ལྡན་གྱི་ཁྲིར་འཁོད། ལྔ་ས་སྨོན་ལམ་གྱི་གྲལ་དབུ་མཛད། མེ་སྤྲེལ་ལ་ཟུར་དུ་བཞུགས། དོན་བདུན་པ་ས་ཕག་ཟླ་བ་དགུ་པའི་ཚེས་བཅུ་གཅིག་ལ་ཞི་བར་གཤེགས་པའི་དུས་མཆོད་ཀྱང་བཟང་བར་ཡོད་དོ། །

ཁྲི་ཐོག་ཉེར་བདུན་པ་ཆོས་རྗེ་སངས་རྒྱས་རིན་ཆེན་ནི། ལྷུགས་བྱེར་མལ་གྲོར་གླ་སློའི་འབྲོག་སྡེར་འཁྲུངས། དགུང་ལོ་བཅུ་གསུམ་པ་ལ་རིན་ཆེན་གླིང་པའི་དབུ་མཛད་ཆོས་བཟང་ཉི་མའི་དྲུང་དུ་རབ་ཏུ་བྱུང་སྟེ། ཉག་རོང་གྲྭ་ཚང་དུ་སློབ་གཉེར་མཛད། སོ་གསུམ་པ་ལ་ཆོས་རྗེ་ཚེ་བརྟན་རྒྱ་མཚོ་དང་ཆོས་རྗེ་བྱམས་པ་རྒྱ་མཚོ་སོགས་ལས་བསྙེན་པར་རྫོགས་ཤིང་སེ་ར་སྨད་པའི་འཆད་ཉན་དང་། ཤར་དང་སྤྲེལ་བའི་བླ་མ་ལོ་གསུམ་མཛད། དགུང་ལོ་ང་བདུན་པ་མེ་ཕོ་སྤྲེལ་ལོར་དགའ་ལྡན་གྱི་ཁྲིར་ཕེབས། ཡངས་པ་ཅན་གྱི་ཞིག་གསོ་ལྷེབས་བྲིས་དང་། ལྔ་སའི་སྨོན་ལམ་གྲལ་དབུ་མཛད། རེ་བཞི་པ་ཆུ་ཡོས་ལ་གཟིམས་སྤྱིལ་ཁང་དུ་ཟུར་བཞུགས་ངོས། ཐང་སྐྱ། ཕག་མོ་ཆོས་སྡེ། རིན་ཆེན་གླིང་སོགས་ཀྱི་བླ་མ་དང་། འཇིག་རྟེན་དབང་ཕྱུག་ཐམས་ཅད་མཁྱེན་པ་ཡོན་ཏན་རྒྱ་མཚོའམ་བདེ་ཆེན་ཆོས་ཀྱི་རྒྱལ་པོ་རབ་བྱུང་བཞེས་པའི་མཁན་པོ་མཛད། དེ་ཡང་ལྷ་རྩེ་དབོན་མོས་གཏེར་ནས་བཏོན་ཁུལ་གྱི་སྒྲིགས་བམ་ལ་རྗེ་བླ་མའི་ཁྲིར་བུཛྲའི་མིང་ཅན་ཞིག་བྱུང་བ་ན་བསྟན་(༧༡ན)པར་འཕེལ་གྲིབ་ཡོང་ཞིང་། དེ་ཉིད་བདུད་སྤྲུལ་ཡིན་ཚུལ་ཡོད་པར་བརྟེན་མདའ་ལྷུས་རྣམ་པར་བཅིངས་པ་འགས་རྒྱལ་པོ་དད་པ་རབ་ཏུ་བརྟན་པའི་བཙུན་མོ་ཕྲེང་ལྡན་མའི་གྲོགས་ལྷ་ཟུར་ཕུད་ལྔ་པའི་སྐྱེ་བར་ངོས་བཟུང་སྟེ་ལོག་པར་བལྟ་བ་ནི་རྗེ་བླ་མ་མཆོག་གི་བཀའ་ལས། ལྷ་ཟུར་ཕུད་ལྔ་པ་ལ་དྲང་དོན་ངེས་དོན་གྱི་དགོངས་པ་ལེན་ཤེས་དགོས་ཤིང་། ལྷ་དང་བདུད་གཉིས་མི་གཅིག་པས་བ་ཟུགས

མེད་ལ་གཟུགས་མ་འཚོས་ཕེབས་པ་ལྟར་ཡིན་ལ། དགུང་ལོ་དོན་གསུམ་པ་ཆུ་བྱི་ལ་ཞི་བར་གཤེགས་པའི་གདུང་རྟེན་དུ་དངུལ་གྱི་བྱང་ཆུབ་མཆོད་རྟེན་དངུལ་གདུང་མཐོང་བ་དོན་ལྡན་གྱི་རྒྱ་ཕུར་ཕྱིའི་གཡས་སྨད་དུ་བཞུགས་ཤིང་། དུས་མཆོད་ཀྱང་དཔོན་པོས་འཛིན་ནོ། །དེའི་སྐྱེ་བ་ཆ་གསུམ་དུ་འཕྲུངས། རབ་ཏུ་བྱུང་བའི་མཚན་རིན་ཆེན་རྒྱ་མཚོའམ་སངས་རྒྱས་རྒྱ་མཚོར་གྲགས་སོ། །

ཁྲི་ཐོག་ཉེར་བརྒྱད་པ་ཆོས་རྗེ་དགེ་འདུན་རྒྱལ་མཚན་ནི། ཆུ་འབྲུག་ལ་ལྷ་སའི་ལུམ་པ་ཤག་ཏུ་འཁྲུངས། སེ་ར་རྗེ་བཙུན་ཆོས་ཀྱི་རྒྱལ་མཚན་དང་། བྱེས་པ་སློབ་དཔོན་ཤེས་རབ་སེང་གེ་ལས་རབ་ཏུ་བྱུང་། སེ་ར་བྱེས་སུ་སློབ་གཉེར་མཛད་པས་མཁས་པ་ཆེན་པོར་གྱུར། དགུང་ལོ་བཅུ་དགུ་པ་ལ་ཐམས་ཅད་མཁྱེན་པ་བསོད་ནམས་རྒྱ་མཚོ་དང་། མངའ་རིས་ལྷ་བཙུན་པ་བསོད་ནམས་དཔལ་བཟང་པོ་སོགས་ལ་ངསྙེན་པར་རྫོགས་ནས་སྨད་རྒྱུད་གྲྭ་ཚང་དུ་ཡོངས་འཛིན་བཀྲ་ཤིས་བཟང་པོ་བསྙེན་པས་མཁས་པའི་གྲགས་པ་ཐོབ། དགུང་ལོ་ཞེ་བཞི་པ་ཤིང་ཕག་ལ་རྒྱུད་སྨད་ཀྱི་བླ་མ་དང་། ང་བརྒྱད་པ་ས་གླང་ལ་བྱང་རྩེར་ཕྱོན། དོན་གཉིས་པ་ཆུ་ཡོས་ལ་དགའ་ལྡན་གྱི་ཁྲིར་ཕེབས་པའི་དགུན་ལྷ་ས་སྨོན་ལམ་གྱི་གྲལ་དབུ་དང་། སྟོན་ལོ་ཐམས་ཅད་(༢༡བ)མཁྱེན་པ་བདེ་ཆེན་ཆོས་ཀྱི་རྒྱལ་པོ་རབ་ཏུ་བྱུང་བའི་སློབ་དཔོན་མཛད། དེང་སང་བཀྲ་ཤིས་ལྷུན་པོའི་པཎ་ཆེན་ལས་ཐོག་པ་བློ་བཟང་ཆོས་རྒྱན་འདི་ཉིད་རང་གི་སློབ་མ་ཡིན་པས། རྒྱུས་ཡོད་ཀྱིས་ཞུ་བ་ལ་དབང་ལུང་གི་གསན་རྒྱ་ཡང་ཆེ་རབ་ཡོད་པ་དང་། སྐུ་ན་གཞོན་ཞིང་ལྡོགས་པ་བཟང་གཤིས་ཕོང་གིས་བཀའ་ཆོས་འབུལ་མཁན་གནང་ན་ཨེ་ལྟར་ཞེས་འཆར་ཕུལ། ལ་མོའི་ས་ཕོག་ནས། དགའ་ལྡན་དུ་དབྱར་གནས་ཞལ་བཞེས་པ་རྣམས་ལ་ཉིན་རེ་བཞིན་གྱི་མང་ཇ་ཆག་མེད་དུ་ཚུགས་པའི་ཐེབས་སུ་ས་རིགས་སྦྱར། དགུང་ལོ་དོན་དྲུག་པ་མེ་ལུག་ལ་ཟུར་བཞུགས་མཛད་ཅིང་དག་ཞིང་དུ་གཤེགས། དངུལ་གདུང་ཡང་དགའ་ལྡན་དུ་བཞུགས་སོ། །དེའི་སྐུའི་སྐྱེ་བ་ལྷས་ཀྱི་ཤ་ར་ཧོར་པའི་མི་ངོར་བྱུང་བར་གྲགས།

ཁྲི་ཐོག་ཉེར་དགུ་པ་ཆོས་རྗེ་བཤེས་གཉེན་གྲགས་པ་ནི། མདོ་སྨད་ཙོ་ནེའི་ས་ཟུང་ཏྲུར་མེ་ཏ་ལ་འཁྲུངས། ལཱ་སོགས་ཡིག་རིགས་ལ་མཁས། དབུས་སུ་ཕྱིན་ནས་མདོ་སྔགས་ལ་སྦྱངས་པས་ཞུལ་དུ་བྱུང་སྐྱེ་རྗེ་རྗེ་འཆང་དགེ་འདུན་རྒྱལ་མཚན་གྱིས་སྐར་མཚན་བསོད་ནམས་དོན་གྲུབ་ཏུ་གསོལ། གསང་ཕུ་སྲེ་སེར་དང་། རྒྱུད་སྟོད་ཤར་བཙས་ཀྱི་བླ་མ་མཛད་པར་སྐྱེ་པ་སྐྱིད་ཤོད་པ་དང་རྩེད་གཞི་བྱུང་ཡང་རྗེ་རྗེ་འཆང་དགེ་འདུན་རྒྱལ་མཚན་གྱིས་བསྟན་པའི་སྦྱིན་བདག་ལ་དགོངས་བྱང་ཆུབ་སེམས་དཔའི་མཛད་པས་མཆོད་ཡོན་ལུགས་ལེགས་སུ་གྱུར། དགུང་ལོ་རེ་གཉིས་པ་མེ་ལུག་ལ་དགའ་ལྡན་གྱི་ཁྲིར་ཕེབས། ལི་མ་ལྷ་ཁང་བཞེངས། ཤིང་ཡོས་(ལ་)ཟླར་དུ་བཞུགས་ཏེ་དོན་གསུམ་པ་ས་ཧ་ལ་ཞི་བར་གཤེགས་པའི་གདུང་རྟེན་དུ་དངུལ་གྱི་བྱང་ཆུབ་མཆོད་རྟེན་(༧༢ན)ལི་མ་ལྷ་ཁང་གི་གཙོ་བོའི་གཡོན་གསུམ་པར་བཞུགས་ཤིང་དུས་མཆོད་ཀྱང་ལེགས་པར་ཚུགས་སོ། །

ཁྲི་ཐོག་སུམ་ཅུ་པ་ཆོས་རྗེ་བློ་གྲོས་རྒྱ་མཚོ་ནི། མེ་ཕོ་ཏ་ལོར་སྟོད་ལུང་གི་སའི་ཆ་སྟག་ལུང་བྲག་ཏུ་འཁྲུངས། སྐྱོར་མོ་ལུང་དུ་རབ་ཏུ་བྱུང་། མདོ་རྒྱུད་ལ་སྦྱངས་པས་མཁས་པར་གྱུར། སྨྲ་བརྗོད་ཤིན་ཏུ་གཙང་ཞིང་གསང་ཕུ་ར་བ་སྟོད་དང་། རྒྱུད་སྨད་པའི་འཆད་ཉན་པ་མཛད། གཞན་ཡང་སྐྱོར་མོ་ལུང་དང་། གསང་སྔགས་མཁར། བྱང་རྩེ་སོགས་ཀྱི་བླ་མར་ཕེབས། བྱང་རྩེ་གྲྭ་ཚང་གསར་དུ་བཙུགས་ཏེ་ཐོས་བསམ་གླིང་དུ་བཏགས། སྐྱོར་མོ་ལུང་གི་བཤད་གྲྭ་རྒྱུན་ཆད་པ་ཡང་རྗེ་འདིས་སྔར་རྒྱུན་སོར་ཆུད་པར་མཛད། དགུང་ལོ་བདུན་ཅུ་པ་ཤིང་ཡོས་ལ་དགའ་ལྡན་གྱི་ཁྲིར་ཕེབས། ཆོས་ཀྱི་འཁོར་ལོ་བསྐོར་ཅིང་རྗེ་བླ་མའི་བྱང་ཆུབ་ལམ་རིམ་ཆེ་ཆུང་སོགས་ཀྱི་རྒྱུད་པར་བཞུགས་པ་གསན་ཡིག་གནྡྷའི་ཆུ་རྒྱུན་དུ་གསལ་བ་ལྟར་ཡིན་ལ། དོན་གསུམ་པ་ས་ཧ་ལ་གཤེགས་པའི་དངུལ་གྱི་བྱང་ཆུབ་མཆོད་རྟེན་བློས་བསླང་གི་གཡོན་ཕྱོགས་སུ་བཞུགས་ཤིང་དུས་མཆོད་ཀྱང་བཟང་ངོ་། །

ཁྲི་ཐོག་སོ་གཅིག་པ་ཆོས་རྗེ་དམ་ཆོས་དཔལ་ནི། འཛངས་ཞབས་སུ་མེ་ཏ་ལ

འཁྲུངས། ཡར་ལམ་ཀོང་པོར་གཏྲ་པ་དབང་ཕྱུག་རྡོ་རྗེ་མཇལ་ཏེ་བཞུགས་པར་བཞེད་ཀྱང་གྲོགས་སྐབས་ཀྱིས་འབྲས་སྤུངས་སུ་ཁྲིད་ནས་བློ་གསལ་གླིང་དུ་སློབ་གཉེར་མཛད། རྒྱ་མཚན་ཉིད་ཀྱི་ཐེག་པར་སྦྱངས་པ་ཤིན་ཏུ་ཆེ། ངམ་རིང་དུ་རབ་འབྱམས་གྲྭ་སྐོར་མཛད་དེ་བློ་གསལ་གླིང་འཆད་ཉན་གྱིས་ཡུན་རིང་དུ་བསྐྱངས། དགའ་ལྡན་ཤར་གྱི་བླ་མར་གྱུར་པས་ཤར་པ་དམ་ཆོས་དཔལ་(༧༢བ)དུ་གྲགས། དགུང་ལོ་དོན་གསུམ་པ་ས་ཏ་ལ་དགའ་ལྡན་གྱི་ཁྲིར་ཕེབས། དོན་ལྔ་པ་ལྕགས་ཕོ་སྤྲེལ་ལོར་གཤེགས་པའི་དངུལ་གདུང་ཅོ་ནེ་ཆོས་རྗེ་དགེ་འདུན་དར་རྒྱས་ཀྱིས་བཞེངས་སོ། །

ཁྲི་ཐོག་སོ་གཉིས་པ་ཆོས་རྗེ་ཚུལ་ཁྲིམས་ཆོས་འཕེལ་ནི། གཙང་གི་ཉང་འགྲོང་ཅེར་ལྕགས་ཏྲྀ་ལ་འཁྲུངས། འགྲོང་རྩེ་ཆོས་སྡེར་རབ་ཏུ་བྱུང་། བཀྲ་ཤིས་ལྷུན་པོ་དང་དབུས་སུ་ཕྱིན། སེ་ར་བྱེས་སུ་མཁས་པར་སྦྱངས་ནས་རབ་འབྱམས་གྲྭ་སྐོར་མཛད། རྗེ་སྟག་ལུང་བྲག་པ་སོགས་མཁས་པ་མང་པོ་བསྟེན། བྱང་རྩེ་གྲྭ་ཚང་གི་འཆད་ཉན་དང་། གསང་སྔགས་མཁར་རི་བོ་བདེ་ཆེན་སོགས་ཀྱི་མཁན་པོ་མཛད། ས་ནད་ཀྱི་བསྟུན་པར་ཚལ་གཡུ་བྲག་ཏུ་སྒྲུབ་པ་མཛད་པས་སྟོན་དྭངས་པ་དང་ཆབས་ཅིག་ཏུ་རྒྱལ་བ་མ་ཕམ་པའི་སྐུ་གཟིགས་སྣང་དང་། རིམ་པར་རྒྱལ་བ་བུ་རམ་ཤིང་པ་དང་ཉན་རང་བྱང་སེམས་དུ་མའི་ཞལ་གཟིགས། ཁྱད་པར་འཕྲིན་ལས་ཀྱི་ལྷ་མོ་ནམ་མཁའི་མདོག་ཅན་གྱིས་བུམ་པ་དགུར་བརྟེན་ནས་དབང་བསྐུར་བའི་གཟིགས་སྣང་། ཆོས་ཀྱི་རྒྱལ་པོ་མ་ཧེའི་གདོང་ཅན་གྱིས་བྲན་ལྟར་བཀའ་བསྒྲུབས་པས་རྣམ་དཀར་འཕྲིན་ལས་ཡར་ཟླ་ལྟར་འཕེལ་རྒྱས་ཆེ། ལྷུང་ལོ་ཅན་དུ་བཞུགས་པས་ལྷུང་ལོ་ཅན་པར་གྲགས། རྩེ་ཤར་མ་བརྒྱུད་པར་དགུང་ལོ་དྲུག་ཅུ་པ་ལྕགས་སྤྲེལ་ལ་དགའ་ལྡན་གྱི་ཁྲིར་ཕེབས། གཙང་སྟེ་སྲིད་ལ་དངོས་པོའི་འབུལ་བ་སྤོམ་མཐོར་བཏེག་སྟེ་མཐར་རྒྱས་བྱང་རྩེ་གྲྭ་ཚང་གི་མཆོད་གཞིས་སུ་ཞུ་སྒྲོར་མཛད། རེ་གསུམ་པ་ཆུ་ཕག་ལ་མངོན་པར་དགའ་བའི་ཞིང་དུ་གཤེགས་པའི་གདུང་རུས་སོགས་བཞུགས་པའི་དངུལ་གྱི་བྱང་ཆུབ་མཆོད་རྟེན་ལི་མ་ལྷ་(༧༣ན)ཁང་ཤར་གྱི་གཙོ་བོའི་གཡོན་གཉིས་

པར་བཞུགས། དུས་མཆོད་ཀྱང་དབོན་བརྒྱུད་ཀྱིས་འཛིན་བཞིན་པའོ། །

ཁྲི་ཐོག་སོ་གསུམ་པ་ཆོས་རྗེ་གྲགས་པ་རྒྱ་མཚོ་ནི་ཤིང་ཡོས་(ལ་)གྱི་རེ་སྟོད་དུ་འཁྲུངས། དགོན་གསར་དུ་རབ་བྱུང་མཛད་དེ་མདོ་སྔགས་ལ་སྦྱངས། ངམ་རིང་དུ་རབ་འབྱམས་གྲྭ་སྐོར་མཛད། རྒྱུད་སྟོད་ཀྱི་འཆད་ཉན་དང་ཤར་སྤྲུལ་རིན་ཆེན་བྲག་སོགས་ཀྱི་ཞལ་འཛིན་མཛད། དགུང་ལོ་བདུན་ཅུ་པ་ཆུ་ཕག་ལ་དགའ་ལྡན་གྱི་ཁྲིར་ཕེབས། ཆོས་ཀྱི་འཁོར་ལོ་བསྐོར་བཞིན་དོན་གསུམ་པ་མེ་ཡོས་ལ་ཞི་བར་གཤེགས་སོ། །

ཁྲི་ཐོག་སོ་བཞི་པ་ཆོས་རྗེ་ངག་དབང་ཆོས་ཀྱི་རྒྱལ་མཚན་ནི། ཤིང་ཕག་ལ་ཕན་ཡུལ་མདར་འཁྲུངས། ཆོས་རྗེ་ངག་དབང་ཆོས་གྲགས་ཀྱི་སྐྱེ་བ་རྗེས་སུ་དྲན་པས་གསལ་ཁང་སྐུ་སྐྱེར་གྲགས། རྒྱུད་སྨད་པའི་འཆད་ཉན་པ་མཛད་ཐོག་ནས་བྱང་རྩེའི་གདན་སར་ཕེབས། རྒྱུད་པ་དང་སྦྲེལ་ཏེ་ཆོས་གསུངས། དགུང་ལོ་ང་གསུམ་པ་རབ་བྱུང་བཅུ་གཅིག་པའི་མེ་ཡོས་ལ་དགའ་ལྡན་གྱི་ཁྲིར་ཕེབས། ལོ་ངོ་གསུམ་མཛད་ནས་པཎ་ཆེན་བློ་བཟང་ཆོས་ཀྱི་རྒྱལ་མཚན་ལ་བྱང་རྩེ་ཕུལ་ཏེ་རྗེའི་དངུལ་གདུང་རིན་པོ་ཆེའི་གསེར་ཐོག་རྒྱ་བསྐྱེད་པར་གསོལ་བ་བཏབ་པས། ས་སྦྲུལ་ལ་པཎ་ཆེན་རིན་པོ་ཆེས་རྒྱ་ལུགས་ཀྱི་གསེར་ཐོག་ལེགས་པར་གྲུབ་ཅིང་། ཆོས་སྦྱིན་ལན་གཅིག་གིས་ཀྱང་ཕན་ཡོན་དཔག་ཏུ་མེད་པ་མདོ་ལས་བཤད་པ་ལྟར་སྔར་ཡང་ཆོས་རྗེ་ཉིད་རྒྱུད་ཀྱི་འཆད་ཉན་དུ་བཞུགས་སོ། །

ཁྲི་ཐོག་སུམ་ཅུ་རྩ་ལྔ་པ་ཆོས་ཀྱི་རྗེ་འཇམ་དབྱངས་དཀོན་ཅོག་ཆོས་འཕེལ་ནི། ཚ་བྱ་ལ་གྲ་ནང་དགོན་པ་ཞོལ་དུ་འཁྲུངས། ཆུང་དུ་ནས་གསང་ཕུ་དབྱར་(༧༣བ)ཆོས་ལ་འགྲོ་ཞེས་སྟོན་གནས་རྗེས་དྲན་གྱི་གསུང་མང་དུ་སྩལ། བཀྲ་ཤིས་ཆོས་གླིང་དུ་བསོད་ནམས་རྒྱལ་མཆོག་ལ་དགེ་བསྙེན་གྱི་སྡོམ་པ་བཞེས། ཐམས་ཅད་མཁྱེན་པ་དགེ་འདུན་རྒྱ་མཚོའི་དཔལ་གྱི་ཞལ་སློབ་བྱུང་ནས་དཀོན་ཅོག་པས་བདག་རྐྱེན་ཡང་དག་པ་མཛད་དེ་དགུང་ལོ་བཅུ་གཉིས་པ་ལ་དྭགས་པོ་གྲྭ་ཚང་དུ་ཕྱིན། སློབ་དཔོན་

བློ་བཟང་ཆོས་འཕེལ་ལ་དགེ་ཚུལ་བསྒྲུབས་པས་མཚན་དཀོན་ཅོག་ཆོས་འཕེལ་དུ་གསོལ། སློབ་གཉེར་ཤིན་ཏུ་འཆར་བས་ཕྱུག་གྲུ་རབ་འབྱམས་པར་གྲགས་པའི་རྟེན་འབྲེལ་འགྲིག །དགུང་ལོ་ཉེ་ཤུ་རྩ་གཉིས་པ་ལ་རྩེས་དང་དུ་རབ་འབྱམས་ཀྱི་སྐོར་མཛད། སྐྱིད་ཤོད་དུ་ཡང་མདོ་སྔགས་གཉིས་ལ་སྦྱངས་ནས་བསྟན་པ་ཡོངས་སུ་རྫོགས་པའི་དགེ་བཤེས་ཆེན་པོར་གྱུར་པས་དགའ་ལྡན་གྱི་ཚོགས་ཆེན་དུ་གྲལ་ལངས་ཀྱི་བགྲོ་གླེང་གནང་བས་མཁས་པའི་སྙན་གྲགས་ཆེ། དགུང་ལོ་ཉེ་ཤུ་རྩ་བཞི་པ་ལ་ཆོས་རྗེ་རྒྱལ་ཁང་རྩེ་པ་སོགས་ལ་བསྙེན་པར་རྫོགས་ཏེ་ཁམས་ཕྱོགས་སུ་འབྱུལ་སྟུང་ལ་ཕྱིན་པས་དཔྱད་དངོས་གྱི་ནོམ་པ་འཕྱོར་ཏེ་དགའ་ལྡན་དུ་ཕྱུལ། གསང་ཕུ་ར་བ་སྟོད་དང་རྒྱུད་སྟོད་པའི་འཆད་ཉན་མཛད་པས་དགེ་བཤེས་ཤིན་ཏུ་ཐོན་ཆེ། ཐམས་ཅད་མཁྱེན་པ་ཡོན་ཏན་རྒྱ་མཚོ་ལ་སྨྱུན་རས་གཟིགས་དང་མི་གཡོ་བའི་རྗེས་གནང་སོགས་དམ་པའི་ཆོས་དུ་མ་གསན། གཙང་སོག་གི་བར་མཛད་པས་སེ་འབྲས་ལ་ཕན་ཐོགས་ཤིང་གཙང་པ་ཡང་དགྱེས་པར་གྱུར། གསང་ཕུའི་ཁྲིར་ཕེབས་གླིང་སྨད་ཆོས་རྗེ་ཞེས་གྲགས་པ་ཆེ། དགའ་ལྡན་ཤར་གྱི་གདན་ས་དང༌། བློ་གསལ་གླིང་སྤྲུལ་བའི་བླ་མ་མཛད་པས་འཆད་ཉན་སྐར་བ་བྱུང༌། (༧༨ན)དགུང་ལོ་ང་བཞི་པ་མེ་སྟག་ལ་དགའ་ལྡན་ཁྲི་ཐོག་ཏུ་ཕེབས་ནས་ཁྲི་ལོ་བཅུ་གཉིས་བསྐྱངས་ཤིང་དེ་ནས་ཟུར་དུ་བཞུགས། ཆོས་རྗེ་འདིའི་ཐོག་གསང་སྔགས་མཁར་དང་དབུ་རུ་སྟོད་སྨད་ཀྱི་ཆོས་སྡེ་རྣམས་འབྲི་གུང་པ་སོགས་ཀྱི་ལག་ནས་ཚུར་ལོན་པས་འཇམ་མགོན་བཙོང་ཁ་པ་ཆེན་པོའི་བསྟན་པ་ལ་འཇིག་རྟེན་ནས་ཀྱང་ཕན་པ་རྒྱ་ཆེ། ཟུར་ཁང་ཤར་པས་གདན་དྲངས་ཏེ་ཡོ་ཁར་ཕེབས་སྐབས་སོས་ཐན་གྱི་གདུང་བ་ལྷག་པར་འཕེལ་བར། རྗེ་འདིས་ཁོ་བོ་པཎ་ཆེན་བྱམས་པ་གླིང་པའི་སྐྱེ་བ་ཡིན་ན་ཆར་ཆེན་པོ་ཕབ་ཅིག་ཅེས་པའི་བདེན་ཚིག་གསུངས་པས། དེ་ནུབ་ནས་ཆར་པའི་རྒྱུན་ཟད་མི་ཤེས་པ་བབས་ཏེ་ཀུན་ངོ་མཚར་དུ་གྱུར། སྐྱོར་མོ་ལུང༌། གསང་སྔགས་མཁར། རིན་ཆེན་གླིང༌། འོལ་དགའ་རྫིང་ཕྱི། གསང་ཕུ་རྣམས་ཀྱི་སྤྱི་བླའམ་མཁན་པོ་མཛད། རྗེ་བླ་

མ་སྲིད་ཞིའི་གཙུག་རྒྱན་ཆེན་པོར་མཚན་ཉིད་ཕུལ་ཞིང་སེ་འབྲས་རྒྱལ་གསང་སོགས་དབུས་ཁུལ་གྱི་བླ་མ་ཕལ་ཆེར་བུ་སློབ་ཏུ་འགྱུར་བ་དང་ལྷ་ས་སྨོན་ལམ་གྱི་གྲལ་དབུ་སོགས་ལུགས་གཉིས་ཀྱི་འཕྲིན་ལས་ནམ་མཁའ་དང་མཉམ་བཞིན་པ་ནས་དགུང་ལོ་དོན་བཞི་པ་མེ་ཕོ་ཁྱིའི་ལོ་གསང་སྔགས་མཁར་ནས་རྗེ་བཙུན་འཇམ་དཔལ་སྙིང་པོའི་དྲུང་དུ་གཤེགས་ཚུལ་བསྟན་པའི་གདུང་རྟེན་དུ་དངུལ་གྱི་རྣམ་རྒྱལ་མཆོད་རྟེན་དགའ་ལྡན་ལི་མ་ལྷ་ཁང་ཤར་གྱི་རྟེན་གཙོའི་གཡས་གཉིས་པར་བཞུགས་སོ། །

ཁྲི་ཐོག་སོ་དྲུག་པ་ཀོང་པོ་བསྟན་འཛིན་ལེགས་བཤད་ནི། ཤར་ཕྱོགས་ཀོང་ཡུལ་དུ་བལྟམས་ཤིང་དགས་པོ་གྲྭ་ཚང་དང་། དཔལ་ལྡན་སྨད་རྒྱུད་སོགས་སུ་མདོ་སྔགས་ཀྱི་ཐུགས་གཉེར་(༧༨བ)གནང་། རྒྱུད་པ་དང་བྱང་རྩེ་རིམ་བཞིན་ཁྲི་ཐོག་ལོ་བདུན་སོང་བའི་རྗེས་ཀོང་པོ་རྣམས་དགའ་ལྡན་དུ་གང་མོས་ལས་འདི་ཐོབ་ཀྱིག་ཅར་མེད་པར་བརྟེན་ཁྲི་པ་འདི་རྩེ་ཤར་ཐུན་མོང་བ་ཡིན་པས་འདི་རྗེས་ཤར་པའི་ཁྲི་འཛིན་ངེས་ཅན་མི་དགོས་པ་སོགས་སྣ་ཚོགས་པར་དཔགས་ཏེ་ཤར་པ་རྣམས་ཀྱི་དམག་ཆས་ཀྱིས་འཚངས་པའི་ཁྲི་བཙན་འཕྲོག་དང་། ཁྲི་པ་རང་ཡང་བྲོས་སྐབས་ཀྱི་ཁམས་དཔལ་འབར་དུ་ཕེབས་ཤིང་འབྲུ་ལའང་བསྐྱངས་པའི་ཐོག་གཤེགས། འདི་ཡན་རྩེ་ཤར་རེ་མོས་ལས་ལོ་གྲངས་སོགས་ངེས་ཅན་མེད་པར་འདི་ནས་གཙང་པའི་ཁྲ་མས་བཅད་པའི་ཁྲི་ལོ་གྲངས་ངེས་ཅན་གྱི་སྲོལ་ཚུགས་སོ། །

ཁྲི་ཐོག་སོ་བདུན་པ་ཆོས་རྗེ་དགེ་འདུན་རིན་ཆེན་ནི། མདོ་ཁམས་དར་རྒྱའི་མཚམས་འཇངས་ཞབས་སུ་འཁྲུངས། བཤད་སྒྲུབ་འཆད་ཉན་གྱི་ཆུ་བོ་ཆེན་པོ་འདུ་བའི་སྨན་ལྗོངས་བོད་ཡུལ་དུ་ཕེབས། སེ་ར་སྨད་དང་རྒྱུད་སྟོད་སོགས་སུ་མདོ་སྔགས་ཀྱི་ཐུགས་གཉེར་དཔྱིས་ཕྱིན་པར་མཛད། རྒྱུད་དང་ཤར་རྩེ་རིམ་པ་ལྟར་ནས་ཆོས་ཀྱི་རྒྱལ་པོ་བཙོང་ཁ་པ་ཆེན་པོའི་ཁྲིར་སོན། ལོ་ལྔའི་བར་བསྟན་པ་རིན་པོ་ཆེའི་བྱ་བ་མཛད་ཅིང་ཁྲི་ཐོག་དེ་ཉིད་དུ་གཟིམས་མལ་མཐའ་མར་གྱུར་པའི་ཚུལ་བསྟན།

ཁྲི་ཐོག་སོ་བརྒྱད་པ་བསྟན་པ་རྒྱལ་མཚན་ནི། དྭགས་ཡུལ་གྱི་མདར་འཁྲུངས།

ཤར་ཕྱོགས་བསྟན་པའི་སྒྲོན་མེ་དྭགས་པོ་གྲྭ་ཚང་དུ་མདོའི་གཞུང་ལུགས་དང་དཔལ་ལྡན་སྨད་རྒྱུད་དུ་གསང་བ་སྔགས་ཀྱི་ཟབ་ལམ་རྡོ་རྗེ་རྣལ་འབྱོར་ལ་བྱང་ཞིང་རྩུབ་པར་མཛད། རྒྱུད་དང་བྱང་རྩེ་རིམ་པ་བཞིན་གསེར་ཁྲིར་ཕེབས། དམ་པའི་ཆོས་ཀྱི་འཁོར་ལོ་བསྐོར་བཞིན་པ་ནས་ཁྲི་ཐོག་མཛད་མུས་སུ(༧༥ན)ཞི་བར་གཤེགས།

ཁྲི་ཐོག་སོ་དགུ་པ་དཀོན་ཅོག་ཆོས་བཟང་ནི། སྟོད་ལུང་གི་སའི་ཆར་སྐུ་འཁྲུངས། ཆུ་བཟང་དགོན་དུ་བསྟན་པ་རིན་པོ་ཆེའི་སྒོར་ཞུགས། དཔལ་ལྡན་འབྲས་སྤུངས་ཀྱི་བཀྲ་ཤིས་སྒོ་མང་དུ་འདུལ་མངོན་དབུ་ཕར་སོགས་དང་། རྒྱུད་སྟོད་དུ་རྡོ་རྗེ་ཐེག་པའི་སྐོར་ཀྱི་ཐུགས་གཉེར་མཛད། རྒྱུད་དང་ཤར་རྩེ་རིམ་པ་ལྟར་ནས་འཇམ་མགོན་བླ་མའི་གདན་སར་ཕེབས། ལོ་བདུན་གྱི་བར་ཆོས་འཁོར་བསྐོར། སླར་ཁྲི་ཐོག་ཐེངས་རྗེས་རིན་ཆེན་སྒང་། གསང་སྔགས་མཁར་སོགས་སུ་འགྲོ་བའི་དོན་རླབས་པོ་ཆེ་མཛད་ནས་དགུང་ལོ་གྱ་བདུན་པར་རྒྱལ་བ་འཇམ་དཔལ་སྙིང་པོའི་དབྱིང་དུ་གཤེགས་པའི་དངུལ་གྱི་ཚོ་འཕྲུལ་མཆོད་རྟེན་ལི་མ་ལྷ་ཁང་ཤར་གྱི་གཙོ་བོའི་གཡོན་དང་པོར་བཞུགས།

ཁྲི་ཐོག་བཞི་བཅུ་པ་དཔལ་ལྡན་རྒྱལ་མཚན་ནི། སྟོད་མངའ་རིས་ཀྱི་ཆ་སྤྱི་ཏི་གྲང་མཁར་དུ་བལྟམས། སྟོན་གྱི་བག་ཆགས་བཟང་པོ་སད་དེ་བསྟན་པའི་འབྱུང་ཁུངས་དབུས་ཕྱོགས་སུ་ཕེབས། ཆོས་འཁོར་རྒྱལ་གྱི་གྲྭ་ཚང་ལྔའི་ནང་ཚན་མཁས་མང་དང་པ་འདུ་བའི་མཚོ་ཆེན་པོ་མངའ་རིས་གྲྭ་ཚང་དང་། རྒྱུད་སྨད་དུ་མདོ་སྔགས་ཀྱི་ཐུགས་གཉེར་ཡང་དག་པར་མཛད། རྒྱུད་ཀྱི་འཆད་ཉན་དང་བྱང་རྩེ་རིམ་པ་བཞིན་ནས་རྗེ་བཙུན་བཙོང་ཁ་པ་ཆེན་པོའི་གསེར་ཁྲིར་ཕེབས། ལོ་བདུན་གྱི་བར་ཆོས་འཁོར་བསྐོར། མངོན་དགར་ཟུར་དུ་བཞུགས་ནས་ར་སྒྲེང་། གསང་སྔགས་མཁར། གསལ་ཁང་། ཞོགས་དགུང་མངོན་རྣམས་ཞལ་འཛིན་གནང་། མཐར་དགུང་ལོ་དོན་གསུམ་ཐོག་གཤེགས་ཤིང་། དངུལ་ལས་བསྒྲུབ་པའི་བྱང་ཆུབ་མཆོད་རྟེན་བདེ་གཤེགས་ལྷ་ཁང་གི(༧༥བ)བྱང་ཕྱོགས་སུ་བཞུགས། སྤྱིལ་སྐུ་ལ་མོར་བྱུང་

བའི་ད་ལྟའི་བྱང་རྩེ་བར་གྲགས།

ཁྲི་ཐོག་ཞེ་གཅིག་པ་བློ་བཟང་རྒྱལ་མཚན་ནི། རྟ་བཞི་ལས་གཡོན་རུའི་ཆ་རྫེས་དང་དུ་འཁྲུངས། སྟག་ཚང་ར་བ་སྟོད་དང་། རྒྱུད་སྟོད་རྣམས་སུ་མདོ་སྔགས་ཀྱི་ཐུགས་གཉེར་མཛད་དེ་གཞུང་ལུགས་རབ་འབྱམས་སྨྲ་བའི་བཤེས་གཉེན་དུ་གྱུར། རྒྱུད་དང་ཤར་རྩེ་རིམ་པ་བཞིན་ནས་ཁྲི་ཐོག་ཏུ་ཕེབས། ལོ་བདུན་གྱི་བར་ལུགས་གཉིས་ཀྱི་འཕྲིན་ལས་སྔར་བཞིན་བསྐྱངས། སྐྱར་ཟུར་བཞུགས་ངོས། མས་རྡོ་རིན་ཆེན་གླིང་དང་རྩེས་དང་སོགས་ཞལ་འཛིན་གྱིས་བསྟན་འགྲོའི་ཕན་བདེ་སྤེལ་ངཞིན་པ་ནས་དགུང་ལོ་དོན་གསུམ་ཐོག་རྒྱལ་ཁང་རྩེ་ནས་དག་ཞིང་དགའ་ལྡན་དུ་གཤེགས་སོ། །

ཁྲི་ཐོག་ཞེ་གཉིས་པ་བློ་བཟང་དོན་ཡོད་ནི། འཕན་ཡུལ་ཞོགས་གྲམ་ཕུར་སྟག་ཡོར་འཁྲུངས། སེ་ར་བྱེས་དང་རྒྱུད་སྨད་དུ་མདོ་སྔགས་ཀྱི་ཐུགས་གཉེར་མཛད། རྒྱུད་དང་བྱང་རྩེ་རིམ་བཞིན་ཁྲི་ཐོག་ཏུ་ཕེབས། ལོ་བདུན་གྱི་བར་ཟབ་རྒྱས་ཆོས་ཀྱི་འཁོར་ལོ་བསྐོར། རྭ་སྒྲེང་དང་རིན་ཆེན་གླིང་སོགས་ཀྱི་གདན་ས་བ་མཛད་དེ་དགུང་ལོ་དོན་བདུན་པ་ས་ཕོ་རྟ་ལོར་དག་པའི་ཞིང་རབ་འབྱམས་སུ་གཤེགས། རིན་ཆེན་གཉིས་པ་ལས་གྲུབ་པའི་བྱང་ཆུབ་མཆོད་རྟེན་རིན་པོ་ཆེའི་ཕྲ་དུ་མས་སྤྲས་པ་འཁྲུན་བླ་དང་བྲལ་བ་བདེ་གཤེགས་ལྷ་ཁང་དུ་བཞུགས།

ཁྲི་ཐོག་ཞེ་གསུམ་པ་བྱམས་པ་བཀྲ་ཤིས་ནི། རྒྱལ་དུ་རྟའི་ཡོར་འཁྲུངས། དྭགས་པོ་གྲྭ་ཚང་དུ་མདོ་ཕྱོགས་དང་། རྒྱུད་སྟོད་དུ་སྔགས་ཀྱི་ཐུགས་གཉེར་མཛད། རྒྱུད་དང་ཤར་རྩེ་རིམ་བཞིན་ནས་གསེར་ཁྲིར་ཕེབས། ལོ་བདུན་གྱི་རིང་འཇམ་པའི་དབྱངས་ཀྱི་གདན་ས་གནང་། གསང་(༧༨ན)སྔགས་མཁར་སོགས་དགོན་ཁག་གི་འཛིན་སྐྱོང་དང་། ལྷ་དང་བཅས་པའི་འགྲོ་བ་ཡོངས་ཀྱི་འདྲེན་པ་ཕྲུག་ན་བཟློ་ངུར་སྨྲིག་གི་རྣམ་པར་རོལ་པ་རྒྱལ་བ་ཀུན་གྱི་སྤྱི་གཟུགས་དག་དབང་བློ་བཟང་རྒྱ་མཚོའི་སྣང་བརྙན་དངུལ་ལས་གྲུབ་པ་དང་། དགའ་ལྡན་ཡངས་ཅན་ཐོག་གསེར་ཟངས་

ཀྱི་གཉེར་ར་བཅས་བཞེངས། སྐལ་ལྡན་སྨིན་གྲོལ་དུ་མཛད་དེ་དགུང་ལོ་རེ་བདུན་པ་ཤིང་བྱི་ལོ་གླིང་ཡགས་སུ་ཟུར་བཞུགས་ཐོག་དག་ཞིང་དུ་གཤེགས་སོ། །

ཁྲི་ཐོག་ཞེ་བཞི་པ་བློ་གྲོས་རྒྱ་མཚོ་ནི། ཨ་མདོ་གླུ་འབུམ་གྱི་སའི་ཆ་མི་ཉག་ཏུ་ཤིང་ཕག་ལོར་འཁྲུངས། འབྲས་སྤུངས་སྒོ་མང་དང་རྒྱུད་སྨད་དུ་མདོ་སྔགས་ཀྱི་ཐུགས་གཉེར་གནང་། སྒོ་མང་། རྒྱུད་སྨད། བྱང་རྩེ་བཅས་རིམ་པ་ལྟར་ནས་དགུང་ལོ་ཞེ་བརྒྱད་ཐོག་གསེར་ཁྲིར་ཕེབས། ལོ་ང་བཞིའི་རིང་དགའ་ལྡན་འདུ་ཁང་ཆེན་མོའི་ཨར་པོ་རྐྱ་ཆེ་བ་སོགས་བྱ་བ་ལས་ཀྱི་འཁོར་ལོས་གདན་ས་ཆེན་པོའི་ཕན་བདེའི་རྩ་ལག་དམ་པར་བསྐྱུར། རྒྱ་སོག་གི་གཞུང་སྲིག་ཏུ་བསྐྱོད་པར་ཕྱིར་ལམ་གཤེགས་པའི་གདུང་རུས་སོགས་ནང་རྟེན་དུ་བཞུགས་པའི་དངུལ་གྱི་སྒོ་མང་མཆོད་རྟེན་བདེ་གཤེགས་ལྷ་ཁང་དུ་བཞུགས་ཤིང་། དེའི་སྤྲུལ་སྐུ་དེང་སང་མཚོ་ཁར་བྱུང་བར་ཡང་གྲགས་སོ། །

ཁྲི་ཐོག་ཞེ་ལྔ་པ་ཚོ་ནེ་འཇམ་དབྱངས་ཚུལ་ཁྲིམས་དར་རྒྱས་ནི། བཙོང་ཁ་དང་མི་རིང་བ་མདོ་སྨད་ཚོ་ནེ་དགའ་ལྡན་བཤད་སྒྲུབ་གླིང་དང་འདབས་འབྲེལ་ཞོ་བཟང་ཞེས་བྱ་བའི་ཡུལ་དུ་ཆུ་ཕོ་སྤྲེལ་ལོར་བལྟམས། མཚོ་ཁྲི་ཤོག་རྒྱལ་མོའི་འགྲམ་བཙན་གདོང་དམར་གྱི་སའི་ཆར་བྱ་ཁྱུང་མཁན་པོ་ནོ་མོན་ཁང་དོན་ཡོད་རྒྱལ་མཚན་གྱིས་མཁན་པོ་དང་། ནོ་ཡོན་ཆོས་རྗེ་རྒྱལ་མཚན་དཔལ་བཟང་(༧༨བ)གིས་གྲོགས་མཛད་དེ་བླ་ཆེན་དགོངས་པ་རབ་གསལ་ནས་བརྒྱུད་པ་སྨད་འདུལ་བའི་སྡོམ་རྒྱུན་ལས་རབ་ཏུ་བྱུང་། མཚན་ཚུལ་ཁྲིམས་དར་རྒྱས་སུ་གསོལ། རིམ་གྱིས་དབུས་སུ་ཐུགས་གཉེར་དུ་ཕེབས་ཏེ་སེ་ར་ཐེག་ཆེན་གླིང་གི་གྲྭ་ཚང་སྨད་དུ་ཞུགས། རྒྱུ་མཚན་ཉིད་ཀྱི་ཐེག་པར་ཐུགས་གཉེར་ཡང་དག་འཐེངས་ནས་དཔལ་ལྡན་སྟོད་རྒྱུད་གྲྭ་ཚང་དུ་འབྲས་བུ་སྔགས་ཀྱི་ཐེག་པ་ལ་ཐོས་བསམ་མཛད་པའི་དུས་རྗེ་བླ་མ་ཆེན་པོས་བཀའ་ཕེབས་ཏེ་དགུང་ལོ་སུམ་ཅུའི་ཐོག་སྨད་གྲྭ་ཚང་གི་འཆད་ཉན་སློབ་དཔོན་དུ་ཕེབས། ལོ་བཅུ་བཞིའི་རིང་བསྐྱངས། དགེ་བའི་བཤེས་གཉེན་མང་དུ་ཐོན་ཞིང་རྟེན་བཞེངས་ཀུན་ར་སོགས་ཕྱག་རིས་རླབས་ཆེ། ཐུགས་སྨོན་རྣམ་པར་དག་པའི་མཚམས་སྦྱོར་

ལ་བརྟེན་འཛམ་མགོན་ཆོས་ཀྱི་རྒྱལ་པོ་བཙོང་ཁ་པའི་གདན་ས་འོལ་ཁ་རྫིང་ཕྱིའི་མཁན་པོར་ཕེབས། བསམ་གླིང་སླེབ་རི། ཚལ་གུང་ཐང་། གསང་སྔགས་མཁར་སོགས་གདན་ས་གཞན་ཡང་དུ་མ་བསྐྱངས། རྟེན་བརྟེན་པ་རྙིང་པའི་ཞིག་གསོ་དང་གསར་བསྐྲུན་མང་བ། ཆོས་དང་ཟང་ཟིང་གིས་འགྲོ་ཕན་བསྐྱངས། མི་འབྲུག་ཨོ་རོད་དུ་སེ་ཆེན་རྒྱལ་པོ་དང་གཡོན་རུ་དཔོན་ས་དགའ་ལྡན་ཧོང་ཐའི་ཇིའི་མདུན་ཆིངས་ལ་ཛྲེ་བླ་མའི་བཀའ་བཞིན་འཕྲིན་གཏོང་། ཀྲུང་ཀྲུང་གཉིས་ནས་གཅིག་ཉིས་ཟིན་པ་སོགས་ངན་ལྷས་དང་། གཙོ་བོར་སེ་ཆེན་རྒྱལ་པོ་ཉིད་ཀྱི་ལས་ཤུགས་བསྡོག་པ་དང་ཕྱི་མ་གཡོན་རུ་ཧོང་ཐའི་ཇིའི་ལས་ཤུགས་གུང་དུ་བདེ་བས་རྒྱལ་ས་འཕོ་ལེན་སོགས་འགོག་ཏུ་དཀའ་ཡང་། སྐབས་དེ་དག་གི་དུས་ལམ་ནོར་བ་བཅུ་རོག་གིས་བསྟན་ཅིང་དགའ་ལྡན་ཧོང་ཐའི་ཇིས་ཁོ་རང་གི་སྐུ་ལུས་(༧༧ན)མངའ་འབངས་དང་བཅས་པ་རྒྱལ་དབང་ཕྱག་ན་པདྨའི་ཆོས་གཞིས་སུ་འབུལ་ཞེས་བསྒྲགས། འཐབ་རྩོད་ཁོལ་བུ་དུ་མ་འདུམས་ཤིང་། མུ་གེ་ཡ་ང་བས་ཉམ་ཐག་པའི་སྐྱེ་དགུ་མང་པོ་ཟས་ཀྱིས་ཚིམ་པར་མཛད་དེ་སྒྲོག་ལས་བསྐྱབས་པ་སོགས་བསྟན་འགྲོའི་དོན་ལྷབས་དང་ལྡན། སོ་སོར་ཐར་པའི་སྡོམ་པ་ནི་སྔར་མདོ་སྨད་དུ་མ་ཟད་བོད་དུའང་པཎ་ཆེན་ནམ་སྨད་འདུལ་གྱི་སྡོམ་རྒྱུན་པཎ་ཆེན་བློ་བཟང་ཆོས་ཀྱི་རྒྱལ་མཚན་ལ་རབ་བྱུང་དང་། ཛྲེ་བླ་མ་སྲིད་ཞིའི་གཙུག་རྒྱན་མཆོག་ལ་བསྙེན་རྫོགས་བཅས་བཞེས་ཟིན་ནའང་སྔར་དགུང་ལོ་ཞེ་བདུན་པ་ས་ཕོ་རྟའི་ལོ་ས་ག་ཟླ་བའི་ཚེས་གཉིས་ལ་འཕགས་པ་འཇིག་རྟེན་དབང་ཕྱུག་གི་ཕོ་བྲང་རི་བོ་གྲུ་འཛིན་གཉིས་པར་རྫོགས་པའི་སངས་རྒྱས་སེམས་ཅན་གྱི་དོན་དུ་ངུར་སྨྲིག་གར་གྱི་རོལ་བ་བརྟན་མཁས་ཀྱི་ཡོན་ཏན་ཕུན་སུམ་ཚོགས་པ་ཐམས་ཅད་མཁྱེན་པ་ངག་དབང་བློ་བཟང་རྒྱ་མཚོས་མཁན་པོ། རྒྱལ་ལེགས་བཤད་གླིང་མཁན་ཟུར་ཞལ་སྔ་ནས་ངག་དབང་བསྟན་འཛིན་གྱིས་ལས་སློབ། གནས་རྙིང་ཞབས་དྲུང་ཀུན་དགའ་བདེ་ལེགས་ཀྱིས་གསང་སྟོན། གནས་བརྟན་དགེ་སློང་འཛམ་དབྱངས་གྲགས་པས་དུས་བསྒོ་དང་བཅས་དད་པའི་དགེ་འདུན་གྲངས་

ཚང་བའི་དབུས་སུ་ཁ་ཆེའི་པཎྜི་ཏ་ཤཱཀྱ་ཤྲཱི་ལས་བརྒྱུད་པའི་སྡོམ་རྒྱུན་འཇམ་མགོན་ཆོས་ཀྱི་རྒྱལ་པོ་བཙོང་ཁ་པའི་སྡོམ་རྒྱུན་དུ་བཞུགས་པ་རྣམ་དག་འདི་ཉིད་ཀྱི་སྒོ་ནས་ཡོངས་སུ་རྫོགས་པ་དགེ་སློང་གི་དངོས་པོ་བཞེས་ཏེ་འགྲོ་བ་ལྷ་དང་བཅས་པའི་ཡོན་གནས་སུ་གྱུར། དགའ་ལྡན་ཤར་གྱི་གདན་ས་མཛད། ཤར་ཕྱོགས་རྒྱ་ནག་ཡུལ་དུ་ཐེབས། རྗོད་ལྡན་གྱི་རང་ཞལ་ལྷུག་པར་བསྟན་པས་ཐན་པ་ཆེན་(༧༧བ)པོ་བྱུང་བ་ལ་གོང་མ་རྒྱལ་པོས་ཆར་པ་ཕབ་ཅིག་པའི་བཀའ་གནང་བ་ལྟར། དམིགས་བརྩེ་མའི་ལས་ཚོགས་དང་གཙོ་བོར་རྗེ་བཙུན་ཕྱག་ན་པདྨ་དག་དབང་བློ་བཟང་རྒྱ་མཚོ་ཉིད་ལ་གསོལ་བ་རྩེ་གཅིག་ཏུ་བཏབ་པས་མི་རིང་བར་ཆར་གྱི་རྒྱུན་ཆེན་པོ་བབས་ཏེ་འགྲོ་བ་མང་པོའི་དབུགས་དབྱུང་། དགུང་ལོ་ང་བཞི་པ་ཤིང་མོ་གླང་གི་ལོ་ལ་རྒྱལ་བ་གཉིས་པ་ཤར་བཙོང་ཁ་པ་བློ་བཟང་གྲགས་པའི་དཔལ་གྱི་མི་འཇིགས་སེང་གེའི་ཁྲི་ཆེན་པོར་ཞབས་ཟུང་གི་པདྨོ་བཀོད། ཁྲི་ཐོག་ལོ་གྲངས་མ་རྫོགས་བར་ལྷ་ས་སྨོན་ལམ་ཆེན་མོའི་གྲལ་དབུ་སོགས་མཛད་པ་མཐའ་དག་མདོར་ན་ཕྲ་མོའི་སྐྱུན་ཚུལ་ཙམ་གྱིས་ཀྱང་མ་གོས་པར་ཆད་འཁྲུམས་མེད་པར་ཉག་གཅིག་ཏུ་ཕྱོགས་བྲལ་འགྲོ་བ་ཡི་རེ་འདོད་ཅིག་ཅར་དུ་བཀང་། སྔགས་མཁར་འདུ་ཁང་། དགའ་ལྡན་དྲི་གཙང་ཁང་སོགས་རྟེན་དང་། སྐུ་བྲིས་འབུར། དངུལ་གདུང་། བཀའ་འགྱུར་སོགས་བརྟེན་པ་འགངས་ཆེ་དུ་མ་བཞེངས། སྤྱི་ཕྱིར་ཕྱག་ན་པདྨ་ངུར་སྨྲིག་གར་རོལ་ལྷ་པ་ལ་འཇམ་དབྱངས་ཆོས་སྐོར་གྱིས་མཚོན་པའི་ཟབ་ཆོས་སོགས་མང་དུ་གསན། ཁྲི་ཐོག་ལོ་གྲངས་ཐེངས་ནས་རང་ཉིད་ཀྱི་གདན་ས་འོལ་ཁ་རྫིང་ཕྱིར་ཟབ་པ་དང་རྒྱ་ཆེ་བའི་ཆོས་འཁོར་བསྐོར་བཞིན་ཟུར་དུ་བཞུགས། ཐུགས་སྨོན་གྱི་མཚམས་སྦྱོར་དམ་པོས་བཅིངས་པའི་སྐབས་རྗེ་བླ་མ་སྲིད་ཞིའི་གཙུག་རྒྱན་ལྔ་པ་ཆེན་པོའི་ཐུན་མོང་དྲང་དོན་དང་བསྟུན་པའི་བསག་སྦྱངས་ཇམས་ཆེན་ཚོགས་མཆོད་ཆེན་མོའི་ཐོག་མའི་གྲལ་དབུ་སོགས་རྣམ་དཀར་གྱི་འཕྲིན་ལས་ནམ་མཁའི་མཐའ་ཁྱབ་ཏུ་བཞུགས།

ཁྲི་ཐོག་ཞེ་དྲུག་པ་བསམ་བློ་སྦྱིན་པ་རྒྱ་མཚོ་ནི། རྨ་ཆུའི་བྱང་ངོས་སུ་སྦྲུལ་ལོར་

བལྟམས། (༧༤ན)ཐུགས་གཉེར་འབྲས་སྤུངས་སྒོ་མང་དང་རྒྱུད་སྨད་དུ་མཛད་ཅིང་མདོ་སྔགས་ལ་མཁས་པར་གྱུར། བཀའ་འགྱུར་གྱི་ལུང་སོགས་ཀྱིས་དབུས་དུས་དབང་གིས་ལུང་ཐོབ་རྒྱ་ཆེ། རྒྱུད་སྨད་དང་བྱང་རྩེ་རིམ་པ་ལྟར་ནས་ཁྲི་ལོ་ང་གསུམ་གྱི་ཐོག་གློ་བུར་དུ་གཤེགས།

ཁྲི་ཐོག་ཞེ་བདུན་པ་ནི། ཤར་རྩེ་ཆོས་རྗེ་སྤོ་འབོར་བློ་བཟང་ཆོས་འཕེལ་མངའ་རིས་མཐོ་ལྡིང་དུ་ཕྱུགས་དེའི་རྒྱལ་བློན་རྣམས་ཀྱིས་ཡུན་རིང་བཞུགས་དགོས་ཚུལ་དང་གལ་ཏེ་ཕྱིར་ཐེབས་ཀྱི་དབང་བཏང་ཡང་བྱང་རྩེ་མདོན་དགའ་སྐྱུལ་སྐྱུའང་གློ་བུར་དུ་གཤེགས་པའི་བྱང་རྩེར་གསར་དུ་འཁོད་འཕྲལ་མངའ་རིས་སུ་ཐེབས་དགོས་སྐབས་དུས་མ་འགྲིག་པའི་གནས་དུས་ཀྱི་བསྐལ་བས་ཁྲི་སྐྱང་སྟོང་ལ་བརྟེན། སླར་ཡང་གོང་དུ་ཞེ་ལྔ་པར་སྨོས་པ་བཞིན་འཇམ་པའི་དབྱངས་ཙོ་ནེ་ཚུལ་ཁྲིམས་དར་རྒྱས་ཉིད་ལས་ཤུགས་ཐུགས་སྨོན་རྣམ་པར་དག་པའི་མཐུ་དཔལ་རྨད་དུ་བྱུང་བ་ལ་བརྟེན་གསེར་ཁྲིར་ཞབས་ཟུང་གི་པདྨ་བཀོད། འཇམ་གླིང་མཆོད་སྟོང་ཆེན་པོ་རྟེན་དང་བརྟེན་པ་བཅས་གེགས་མེད་དུ་འབྱོངས་པའི་བདེན་ཚིག་གིས་དམ་ཚིག་སེམས་དཔའ་ལ་ཡེ་ཤེས་སེམས་དཔའ་དབྱེར་མེད་དུ་མཛད་པའི་ཤིས་བརྗོད་གྱི་ཚེ། སྔར་ཐན་བཞིན་པའི་མུར་གློ་བུར་དུ་ཆར་བབས་པ་སོགས་ཡ་མཚན་གྱི་རྟགས་མང་། རྟེན་བཞེངས་ཀྱི་རིམ་པ་གསེར་ཟངས་ཀྱི་རྒྱལ་བ་བྱམས་པའི་སྐུ་ཁྲུ་བཞི་པ་དང་བཅས་པའི་གསེར་སྐུ་མང་བ། བདག་ཅག་གི་སྟོན་པ། གནས་བརྟན་བཅུ་དྲུག །འཇམ་མགོན་བཙོང་ཁ་པ་སོགས་ཀྱི་སྐུ་པར། དུང་དཀར་གྱི་གཤོག་པ་གསར་བཟོ། འདུ་ཁང་དཀར་མོའི་ཡོ་བསྲང་དང་ཤིང་རྩེ་ལྡེབས་བྲིས་རྒྱས་པ། འདུ་ཁང་སྟེང་ཀ་བཞི་མར་སྨན་བླ་བདེ་གཤེགས་བརྒྱད། སྟོན་པ་ཐུབ་པའི་དབང་པོ། འཕགས་(༧༤བ)པའི་གནས་བརྟན་བཅུ་དྲུག །དགེ་བསྙེན་དྷརྨ། ཧྭ་ཤང་། རྒྱལ་ཆེན་བཞི། འདུ་ཁང་དུ་རྒྱལ་བ་གཉིས་པ་བློ་བཟང་གྲགས་པ། རྗེ་བླ་མ་སྲིད་ཞིའི་གཙུག་རྒྱན་ལྔ་པ། པཎ་ཆེན་བློ་བཟང་ཡེ་ཤེས། བོང་བ་གསེར་གཟིགས་བདག་ས་

རའི་འདྲ་འབག །སོ་སོར་མཆོད་རྫས་དང་བཅས་པ། སྟོན་པ་ཐུབ་པའི་དབང་པོའི་བཀའ་བོད་ཡུལ་དུ་འགྱུར་རོ་ཅོག་པུསྟ་ཀ་བརྒྱ་ཕྲག་བཀྲལ་བ་སོགས་རྣམ་དཀར་རྟེན་བཞེངས་ཀྱི་རིམ་པ། འདུ་ཁང་གི་ལྡེབས་བྲིས་ལ་ཕྱག་ནས་མཛད་པའི་ཚེ་འཇམ་མགོན་བཙོང་ཁ་པ་ཆེན་པོའི་སྐུས་མེ་ཏོག་དངོས་སུ་འཛིན་པར་མཛད་པ་སོགས་ངོ་མཚར་བའི་མཚན་མ་མང་། ཚེ་འཕྲུལ་སྨོན་ལམ་དང་ཚོགས་མཆོད་ཆེན་མོའི་གྲལ་དབུ་སྟར་ཆགས་བཅས་བསྟན་འགྲོའི་ཕན་བདེ་ཀྱེན་དུ་འདེགས་པའི་མཛད་པ་རླབས་པོ་ཆེ་དང་། ལྷ་དང་བཅས་པའི་འགྲོ་བ་ཡོངས་ཀྱི་མགོན་སྐྱབས་དང་དཔུང་གཉེན་དམ་པ་ཕྱག་ན་པདྨ་ངུར་སྨྲིག་གར་རོལ་དྲུག་པ་དོན་སྣང་མཚན་ནས་སྨོས་པ་བློ་བཟང་རིན་ཆེན་ཚངས་དབྱངས་རྒྱ་མཚོའི་སྐུ་ཞབས་སུ་ཆོས་ཕུང་བརྒྱད་ཁྲི་བཞི་སྟོང་གི་ཉིང་ཁུ་ལམ་རིམ་ཆེན་མོས་མཚོན་ཟབ་རྒྱས་དམ་པའི་ཆོས་བཀའ་འབུལ་བར་མཛད་བཞིན་པ་འདི་དག་ཕྱིར་རྗེ་བཙུན་འཇམ་པའི་དབྱངས་ཀྱིས་རྗེས་སུ་བཟུང་བའི་སྐྱེས་ཆེན་འབའ་ཞིག་ལས་གང་ཟག་རང་རྒྱུད་པ་གསེར་ཁྲིར་ཕེབས་པའི་གོ་སྐབས་མེད་ཅིང་། དེ་ཡང་རྩེ་ཤར་སོགས་ལ་སྐུ་ན་ཕྲ་མོ་ནས་ཕེབས་ཟིན་ཀྱང་ཁྲིར་འཁྱོལ་དཀའ་བ་དང་། འཁྱོལ་ཀྱང་སྐུ་ཚེ་མཐར་མི་ཕྱིན་པ་ཁོ་ན་མང་བ་བྱུང་འདུག་ཅིང་། འཇམ་དབྱངས་དཀོན་ཅོག་ཆོས་འཕེལ་དང་འདི་གཉིས་རང་རང་གི་ཁྲི་སྐལ་བཞེད་པ་ལྟར་བསྐྱངས་ནས། སྣར་ཡང་གསེར་ཁྲིར་བཞུབས་ནས་ཕེབས་པ་ནི་ཁྲི་བ་རྣམས་ཀྱི་ནང་ནས་ཁྱད་པར་དུ་འཕགས་པ་(༧༩ན)བྱང་ཆུབ་སེམས་དཔའ་ས་ཆེན་པོ་ལ་བཞུགས་པ་ཐུགས་སྨོན་གྱི་མཚམས་སྦྱོར་ཡང་དག་ཐེབས་པར་ངེས་པ་གཏིང་ནས་རྙེད་དོ། །འཇམ་མགོན་ཆོས་ཀྱི་རྒྱལ་པོའི་གསེར་ཁྲིར་ཕེབས་པའི་རིམ་པ་འདི་དག་ས་ལམ་གྱི་འགྲོས་དང་ཡང་མཐུན་ཏེ། དང་པོར་རང་ཅག་རྣམས་ཀྱི་ཆོས་ཀྱི་སྡེར་རབ་ཏུ་བྱུང་བའི་སྔོར་ཞུགས་སློབ་གཉེར་བྱེད་འདོད་སྨོན་པ། སྒྲིག་འགྲིམ་ཞིང་ཆོས་གྲྭ་ལ་ཞུགས་པ་རྣམས་འཇུག་པ་སེམས་བསྐྱེད། བསྡུས་ར་ཆུང་འབྲིང་ཆེ་གསུམ་ང་རྩི་བ་ཚོགས་ལམ། གཞུང་ལ་སློབ་པ་སྦྱོར་ལམ། དཀའ་བཅུ་རབ་འབྱམས

ཀྱི་གྲྭ་སྐོར་ཚད་ལྡན་བྱས་པས་མཐོང་སྒོམ་གྱི་ལམ་དུ་ཞུགས་ནས་འཕགས་པའི་ཡོངས་སུ་གཏོགས་པ་རྒྱུད་སྟོད་སྨད་ཀྱི་འཆད་ཉན་དུ་འཁོད་ནས་རིམ་གྱིས་དགའ་ལྡན་གྱི་གསེར་ཁྲི་ཐོབ་ངེས་པ་ས་དང་པོ་དང་ས་བརྒྱད་པར་བྱང་ཆུབ་ཏུ་ལུང་བསྟན་པ་ཐོབ་ནས་དུས་སོགས་ངེས་པའི་སངས་རྒྱས་ཐོབ་པར་འགྱུར་བ། རྩེ་ཤར་དུ་འཁོད་ང་ས་བཅུ་པར་རྒྱལ་ཚབ་ཏུ་དབང་བསྐུར་བ་ལྟ་བུ་དང་། དགའ་ལྡན་དུ་འཇམ་མགོན་ཆོས་ཀྱི་རྒྱལ་པོའི་གསེར་ཁྲིར་འཁོད་ནས་ཆོས་སྟོན་པ་ནི། རྫོགས་པའི་སངས་རྒྱས་ཐོབ་ནས་ཆོས་ཀྱི་འཁོར་ལོ་བསྐོར་བ་དང་། འདི་ལས་གཞན་པའི་བླ་མའི་ཐོབ་རྩལ་ནི་ཉན་རང་དགྲ་བཅོམ་པའི་ཐོབ་རིམ་ལྟ་བུ་སྟེ་མདོར་ན་གསེར་ཁྲི་འདི་ཉིད་དུ་རྗེ་བཙུན་འཇམ་དཔལ་དབྱངས་ཀྱིས་རྗེས་སུ་བཟུང་བའི་འཕགས་པའི་གང་ཟག་གམ་དེ་དག་རྣམས་སུ་ལས་འབྲེལ་གྱི་སྨོན་ལམ་ཐེབས་པའི་རིགས་ལས་གང་ཟག་རང་རྒྱུད་པས་ནོན་པར་མི་འགྱུར་བར་གྲགས་སོ། །

དགའ་ལྡན་རྩེ་ཤར་གྱི་བླ་རབས།

གདན་ས་ཆེན་པོ་འདི་ཉིད་ཨང་མེད་ཡང་རྩེའི་གྲས་འདུས་ཚོགས་སྟོང་དང་ཆིག་བརྒྱ་ལྷག་བཅས་འདུ། དེའི་བྱེ་བྲག་རི་བོ་(༧(བ))དགའ་ལྡན་དུ་རྩེ༷་ཤར༷་གཉིས་སུ་ཡོད་པའི་བྱང༷་རྩེ༷་ཞེས་གོང་སློས་ལྟར་རྒྱལ་ཚབ་ཀྱི་གདན་སའི་བླ་རབས་ནི། ཧོར་སྟོན་ནམ་མཁའ་དཔལ་བཟང་པོ་ཆུ་སྣང་ལ་མལ་དྲོར་འཁྲུངས། འཇམ་མགོན་བླ་མ་བཙོང་ཁ་པ་སོགས་བསྟེན་ཏེ་མདོ་སྔགས་ཀྱི་གཞུང་ལུགས་ལ་སྦྱངས་པས་མཁས་པ་ཆེན་པོར་གྱུར། དགའ་ལྡན་དུ་བྱང་རྩེ་བཏབ་སྟེ་བླ་ས་བཟུང་ཆོས་ཟུར་འཆད་མཛད་པས་རྗེ་དགེ་འདུན་གྲུབ་པ་སོགས་མཁས་གྲུབ་མང་པོས་ཆོས་ཞུས། འགོལ་གནས་སུ་ཡང་དབེན་བཏབ་སྟེ་དགུང་ལོ་དོན་ལྔ་པ་མེ་ཡོས་ལ་ཞི་བར་གཤེགས་པའི་དགོངས་རྫོགས་སུ་བཞེངས་པའི་དངུལ་གྱི་སྒོ་མང་མཆོད་རྟེན་དངུལ་གདུང་རིན་པོ་ཆེའི་གཡོན་གསུམ་པར་བཞུགས་སོ། །

དེའི་རྗེས་སུ་དྭགས་པོ་ཆེན་པོ་ཀུན་དགའ་བཀྲ་ཤིས་ནི། དྭགས་པོ་གྲོ་ལུང་དུ་སྐུ་རབ་པའི་ཞལ་ངོར་འབྲུངས། གསང་ཕུའི་ཆེན་པོ་མཛད་ཅིང་དེར་དྭགས་པོ་གྲྭ་ཚང་བཙུགས། སློབ་མ་མཁས་པ་མང་དུ་བྱུང་། དེའི་རྗེས་སུ་བྱང་རྩེའི་གདན་སར་རིམ་པ་བཞིན་ཆོས་རྗེ་བློ་གྲོས་བརྟན་པ། ཀུ་བོ་བཀྲ་ཤིས་རྒྱལ་མཚན། སློབ་དཔོན་ཤེས་རབ་བཟང་པོ། རྒྱུད་པ་ཚུལ་ཁྲིམས་བཟང་པོ། ཆོས་རྗེ་ཤེས་རབ་དར། ཆོས་རྗེ་རྒྱལ་མཚན་བཟང་པོ། ཆོས་གྲགས་བཟང་པོ། དགེ་འདུན་བསྟན་པ་དར་རྒྱས། བྱམས་པ་རྒྱ་མཚོ། དམ་ཆོས་དཔལ་འབར། རྡོ་རྗེ་འཆང་དགེ་འདུན་རྒྱལ་མཚན། སློབ་དཔོན་བཀྲ་ཤིས་འབྱུང་གནས། སྟག་ལུང་བྲག་པ་བློ་གྲོས་རྒྱ་མཚོ། སྤྱིལ་བུ་ཆོས་རྗེ་ངག་དབང་ཆོས་གྲགས། བར་ཉེ་རབ་འབྱམས་པ་དགེ་འདུན་རྒྱལ་མཚན། གསལ་ཁང་སྐུ་སྐྱེ་ངག་དབང་ཆོས་ཀྱི་རྒྱལ་མཚན། ཀོང་པོ་བསྟན་འཛིན་ལེགས་བཤད། དྭགས་པོ་བསྟན་པ་རྒྱལ་མཚན་(༥༠ན)ནམ་ཆོས་རྒྱལ་བཀྲ་ཤིས། མངའ་རིས་དཔལ་ལྡན་རྒྱལ་མཚན། སྲས་ཁང་དམ་ཆོས་རྣམ་རྒྱལ། ཞོགས་པ་བློ་བཟང་དོན་ཡོད། ངག་དབང་ནོར་བུ། ཨེ་རི་ཁྲིད་དགའ་ལྡན་བྱམས་པ་རིན་ཆེན། གླུ་འབུམ་བློ་གྲོས་རྒྱ་མཚོ། བསམ་བློ་སྦྱིན་པ་རྒྱ་མཚོ། མདོན་དགའ་སྐུ་སྐྱེ་ངག་དབང་ཕུན་ཚོགས། ད་ལྟ་སྔོ་མང་བླ་བྲང་དོན་གྲུབ་རྒྱ་མཚོའི་སྐབས་སོ། །

དགའ་ལྡན་ཤར་ནི་རྗེའི་འཁོར་དག་པ་རྣམ་བརྒྱད་ཀྱི་དབུས་པ་བཞིའི་ནང་ཚན་གནས་བརྟན་རིན་རྒྱལ་བས་བཏབ་སྟེ་ཆོས་ཟུར་འཆད་མཛད་ཅིང་ཤར་པ་རིན་ཆེན་རྒྱལ་མཚན་དུ་གྲགས། གདན་སར་རིམ་པ་བཞིན་དཔོན་བླ་གྲགས། ཉི་མ་གྲགས། དྲུང་ཆོས་དཔལ་རྒྱལ་མཚན། རབ་འབྱམས་སྨོན་ལམ་དཔལ། ལྡན་མ་ཡེ་ཤེས་བཟང་པོ། མདར་སྟོན་བློ་བཟང་གྲགས། ཆོས་རྗེ་ཆོས་ཀྱི་བཤེས་གཉེན་པ། པཎྜི་ཏ་བཟང་པོ། པཎ་ཆེན་བསོད་ནམས་གྲགས་པ། ཆོས་རྗེ་དཀོན་ཅོག་དར། མི་ཉག་རྡོ་རྗེ་བཟང་པོ། སྟོད་ལུང་པ་ངག་དབང་ཆོས་གྲགས། འོལ་དགའ་བ་དགེ་ལེགས་དཔལ་བཟང་། རྩེས་དང་པ་ཚེ་བརྟན་རྒྱ་མཚོ། ཉན་པོ་ཤཱཀྱ་རིན་ཆེན། རྒྱལ་ཁང་

ཟླ་པ་ཆོས་རྗེ་དཔལ་འབྱོར་རྒྱ་མཚོ། སློམ་སྒེ་ནམ་མཁའ་རྒྱལ་མཚན། རིན་གླིང་པ་སངས་རྒྱས་རིན་ཆེན། གུང་རུ་དོན་གྲུབ་སེང་གེ །ཅོ་ནེ་ཆོས་རྗེ་བཤེས་གཉེན་གྲགས་པ། མངའ་རིས་པ་ཉི་མ་བཟང་པོ། ལྷོད་པ་དམ་ཆོས་དཔལ། གྱི་རེ་རབ་འབྱམས་པ་གྲགས་པ་རྒྱ་མཚོ། གསང་ཕུ་གླིང་སྨད་པ་ཆོས་རྗེ་དཀོན་ཅོག་ཆོས་འཕེལ། གུང་རུ་ཆོས་རྗེ་སངས་རྒྱས་བཀྲ་ཤིས། ལྷོང་རམས་པ་དགེ་འདུན་རིན་ཆེན། རིན་ཅེན་གླིང་པ་ངག་དབང་རིན་ཆེན། ཚ་བཟང་དཀོན་ཅོག་ཆོས་བཟང་། འོལ་དགའ་བློ(༡༠བ)བཟང་རྣམ་རྒྱལ། ཟླས་དང་བློ་བཟང་རྒྱལ་མཚན། ཚ་རྫོར་བློ་བཟང་དཔལ་འབར། རྒྱལ་པ་བྱམས་པ་བཀྲ་ཤིས། ཉག་རེ་དགེ་འདུན་གྲགས་པ། ཅོ་ནེ་ཚུལ་ཁྲིམས་དར་རྒྱས། ད་ལྷ་སྤོམ་འབོར་བློ་བཟང་ཆོས་འཕེལ་གདན་སར་འཁོད་རྣམས་མངའ་རིས་མཐོ་ལྡིང་དུ་འགྲོ་དོན་མཛད་བཞིན་ནོ། །

དགའ་ལྡན་སོགས་སུ་རྒྱུད་གྲྭ་དང་བླ་རབས་བྱུང་ཚུལ།

དགའ་ལྡན་སོགས་སུ་རྒྱུད་གྲྭ་དང་དེའི་བླ་རབས་བྱུང་ཚུལ་ནི། རྗེ་ཤེས་རབ་སེང་གེ་དེ་གཙང་སྟོད་དུ་འཁྲུངས། སྣར་ཐང་ཆོས་སྡེར་རབ་ཏུ་བྱུང་སྟེ་མཁན་ཆེན་གྲུབ་པ་ཤེས་རབ། ཤངས་པ་ཀུན་མཁྱེན་ཤེས་རབ་དཔལ་བཟང་། རོང་སྟོན་ཆོས་རྗེ། འཇམ་མགོན་ཆོས་ཀྱི་རྒྱལ་པོ་རྣམས་བསྟེན་ནས་མདོ་སྔགས་ཀྱི་ཆོས་མང་དུ་གསན། ཁྱད་པར་དུ་གསང་བ་འདུས་པའི་རྩ་བཤད་ཊཱི་ཀཱ་དང་བཅས་པ་གསན་པས་རྒྱུད་དོན་ལ་ནང་བྱན་ཚུད་པའི་མཁས་གྲུབ་ཏུ་གྱུར། འཇམ་མགོན་བཙོང་ཁ་པ་ཆེན་པོས་ཟབ་པ་དང་རྒྱ་ཆེ་བའི་ཆོས་འཁོར་དུ་མ་ཞིག་བསྐོར་ཏེ་དེ་ནང་ནས་འདུས་པའི་ཆོས་འདི་སྤེལ་ནུས་པ་སུ་ཡོད་ཅེས་གསུངས་པས། རྗེ་འདིས་ཞལ་གྱིས་བཞེས་པས་ལེགས་སོ་སྩལ། རྒྱུད་ཀྱི་གླེགས་བམ་འགྲེལ་བཅས་ཆོས་རྒྱལ་གྱི་ཞལ་འབག་དང་བཅས་པའི་གནང་སྦྱིན་སོགས་རྒྱལ་བསྟན་དྲི་མ་མེད་པ་དགེ་འདུན་གྱི་བྱེད་ལས་ལ་རག་ལུས་པས་ཕྱིས་རྗེས་འཇུག་རྣམས་ལ་ཕན་པའི་ལྷག་བསམ་གྱི་བཀའ་ནན་དཔྱིས་ཕྱིན་པ་

མཛད། དེ་བཞིན་གཤེགས་པ་དབང་པོའི་ཏོག་གིས་ཐེག་ཆེན་གྱི་ཆོས་འདོམས་པ་པོ་ཡོད་དམ་ཞེས་གསུངས་པར་བྱང་སེམས་གཞན་རྣམས་ཀྱིས་ཞུ་བའི་སྐབས་མ་ཉེད་པར་སྙིང་སྟོབས་ཆེན་པོས་ཞལ་གྱིས་བཞེས་པ་དང་ཚུལ་མཐུན་པར་བརྟེན་དེ་དང་ཐུགས་རྒྱུད་གཅིག་པར་གྲགས། རེ་(༧༣ན)ཞིག་གསང་ཕུ་མཐོང་སྨོན་གྲྭ་ཚང་གི་འཆད་ཉན་མཛད། དེ་ནས་གྲྭ་ཚང་རྗེ་དགེ་འདུན་གྲུབ་པ་ལ་གཏད་དེ་གཙང་དུ་ཕྱིན། རྗེའི་ལུང་བསྟན་བཞིན་ལྷུན་པོ་རྩེར་སི་ཏུ་བསོད་ནམས་དཔལ་དང་། བདག་མོ་ཤཱཀྱ་དཔལ་གྱིས་སྦྱིན་བདག་མཛད་ནས་རྒྱུད་ཀྱི་འཆད་ཉན་རྒྱ་ཆེར་གནང་བས་སྦྱིན་བདག་ཡབ་ཡུམ་དང་། ཆོས་སྡེ་དེའི་བླ་མ་འཕགས་འོད་ཡོན་ཏན་རྒྱ་མཚོ་འཁོར་བཅས་ཀྱིས་ཆོས་ཞུས། དེར་རྗེའི་ལུགས་ཀྱི་སྒྲུབ་དཀྱིལ་ཕྱག་ལེན་དང་། རྒྱུད་ཀྱི་བཤད་རྒྱུན་བཙུགས། སྲད་རིན་ཆེན་རྩེ་པས་སྦྱིན་བདག་བྱས་ནས་རྒྱུད་གྲྭ་ཆེན་པོ་བཙུགས་པ་སྲད་དགའ་ལྡན་ཕོ་བྲང་དུ་ཆགས་པས་སྲད་རྒྱུད་པར་གྲགས།

རྗེ༷་ཤེ༷ས་ར༷བ་སེ༷ང་གེ༷་ལ་དངོས་སློབ་རྗེ་དགེ་འདུན་གྲུབ་པ། འཕགས་འོད་ཡོན་ཏན་རྒྱ་མཚོ། རྡོ་རྗེ་འཆང་སྦྱིན་པ་དཔལ། རབ་འབྱམས་པ་སྨོན་ལམ་དཔལ། བྱང་སེམས་འདུལ་དཀར་ནག་གཉིས། རྒྱུད་པ་གྲགས་བཟང་པ། དྭགས་པོ་བཀྲ་ཤིས་རྣམ་རྒྱལ་སྐུ་མཆེད། པཎ་ཆེན་བཟང་པོ་བཀྲ་ཤིས། ཆོས་རྗེ་གྲགས་པ་བསམ་གྲུབ། ཆོས་རྗེ་ཟླ་རྒྱལ་བ། མཁས་པ་རིན་ཆེན་ཤཱཀྱ་སོགས་མཁས་ཤིང་གྲུབ་བརྙེས་མང་དུ་བྱུང་། སྲད་རྒྱུད་དུ་བླ་མ་རིམ་པར་བྱོན་པ་ནི། རྗེ་ཤེས་རབ་སེང་གེ །འདུལ་ནག་པ་དཔལ་ལྡན་བཟང་པོ། རོག་ཚོ་ཆོས་མཛད། བླ་མ་དགེ་འདུན་འཕེལ། རབ་འབྱམས་པ་ཆོས་དབྱིངས། བླ་མ་བཀྲ་ཤིས་འཕགས། རྒྱུད་པ་བསམ་གྲུབ་རྒྱ་མཚོ། གནས་སྙིང་ཆོས་རྗེ་བསོད་ནམས་རྒྱལ་མཚན། རྒྱུད་ཆེན་བརྩོན་འགྲུས་འཕགས། རྒྱུད་པ་རྡོ་རྗེ་བཟང་པོ། བཙེ་ཆེན་བྱམས་པ་རྒྱལ་མཚན། རྡོ་རྗེ་འཆང་དཀོན་ཅོག་རྒྱ་མཚོ། མཁས་གྲུབ་དགེ་འདུན་རྒྱལ་པོ། བླ་མ་རིན་ཆེན་རྒྱ་མཚོ། རབ་འབྱམས་པ་(༧༣བ)ཆོས་དབང་། སངས་རྒྱས་རྒྱ་མཚོ། ཕྱུག་ཆེན་པ། ཤེས་རབ་རིན་ཆེན། དཔལ་ལྡན་

མཆོག་སྤྲིན། ཆོས་རྒྱལ་མགོན་པོ། མཆོག་ལེགས་འོད་ཟེར། དཀོན་ཅོག་ཡར་འཕེལ། ངག་དབང་བློ་བཟང་ཡེ་ཤེས། ད་ལྟ་བློ་བཟང་དོན་གྲུབ་ཀྱིས་གཙོ་བོར་འགྲེལ་པ་བཞི་སྦྲགས་དང་། བརྩོན་འགྲུས་འཕགས་པའི་ཊཱི་ཀཱ། འདུས་པའི་བསྐྱེད་རྫོགས་སོགས་ལ་འཆད་ཉན་བྱེད། ཨང་དང་གྲྭ་གྲངས་བརྒྱ་དང་ལྔ། གཙང་རྒྱུད་ཚོགས་ནས་དབུས་སུ་ཕེབས། རྒྱུད་ཀྱི་འཆད་ཉན་བཙུགས་ཏེ། ཕྱོགས་ཕྱོགས་སུ་ཆོས་བར་བཏེག་པ་ལ་འཁོར་མང་དུ་འདུས་པར། དབྱར་སོས་འདུས་པའི་རྒྱུད་འགྲེལ་དང་། སྟོན་དུས་རིམ་ལྔ་གདན་རྫོགས། སྦྱོར་དྲུག །ན་རོ་ཆོས་དྲུག །ལྷུ་དྲིལ། རྫོགས་རིམ། འཇིགས་བྱེད་ཀྱི་རྫོགས་རིམ་ལ་ཁྲིད་ཆེན་དྲུག་ཅེས་པ་དང་། དབུ་མ། ལམ་རིམ་རྣམས་ཀྱི་ཁྲིད་གསུངས་ཤིང་། རབ་བྱུང་བདུན་པར་རྒྱུད་གྲྭ་ཚོགས་པ་སྨད་རྒྱུད་དུ་གྲགས་ཤིང་དེ་ལ་འཆད་ཉན་མཛད་བཞིན་པར་གཤེགས་སོ། །

དེ་ནས་འཆད་ཉན་བླ་མ་རིམ་པར་བྱོན་པ་ནི། རྡོ་རྗེ་འཆང་སྤྲིན་པ་དཔལ། རྒྱུད་པ་ཀུན་དགའ་དོན་གྲུབ། ཀྲེ་བོ་བཀྲ་ཤིས་རྒྱལ་མཚན། ཞི་སྟོད་པ་ཤེས་རབ་བཟང་པོ། ཨུ་རི་དཀའ་བཅུ་པ། སློབ་དཔོན་ཚུལ་བཟང་། ཆོས་རྗེ་ཆོས་སྐྱོང་རྒྱ་མཚོ། རྒྱལ་མཚན་བཟང་པོ། ཆོས་གྲགས་བཟང་པོ། དྭགས་པོ་ནམ་མཁའ་གྲགས། ཆོས་རྗེ་བྱམས་པ་རྒྱ་མཚོ། མངའ་རིས་པ་བཀྲ་ཤིས་བཟང་པོ། རྡོ་རྗེ་འཆང་དགེ་འདུན་རྒྱལ་མཚན། གཙང་སྟོད་རྣམ་རྒྱལ་དཔལ་བཟང་། སྟག་ལུང་བྲག་ང་བློ་གྲོས་རྒྱ་མཚོ། སྤྱིལ་བུ་པ་ངག་དབང་ཆོས་གྲགས། གསལ་ཁང་སྐུ་སྐྱེ་ངག་དབང་ཆོས་ཀྱི་རྒྱལ་མཚན། ཀོང་པོ་བསྟན་འཛིན་ལེགས་བཤད། དྭགས་པོ་ཆོས་རྒྱལ་(༦༢ན)བཀྲ་ཤིས། མངའ་རིས་དཔལ་ལྡན་རྒྱལ་མཚན། འཕེན་པོ་དམ་ཆོས་རྣམ་རྒྱལ། ཞོགས་པ་བློ་བཟང་དོན་ཡོད། མངའ་རིས་བློ་བཟང་རྣམ་རྒྱལ། ཞོགས་མདའ་ངག་དབང་ནོར་བུ། གསང་ཡེ་བ་ཤེས་རབ་རྒྱ་མཚོ། སླུ་འབུམ་མི་ཉག་བློ་གྲོས་རྒྱ་མཚོ། བསམ་བློ་སྦྱིན་པ་རྒྱ་མཚོ། དགའ་ལྡན་ཞོལ་པ་དཔལ་འབྱོར་རྒྱ་མཚོ། ད་ལྟ་སོ་ཙང་བླ་ཟུར་དོན་གྲུབ་རྒྱ་མཚོས་གཙོ་བོར་འགྲེལ་པ་བཞི་སྦྲགས། ཟུར་ཆོས་རིམ་ལྔ་གསལ་སྒྲོན་

དང་། བསྐྱེད་རིམ་དངོས་གྲུབ་རྒྱ་མཚོ། མཁས་གྲུབ་རྗེས་མཛད་པའི་འཇིགས་བྱེད་བསྐྱེད་རྫོགས། དྭགས་པོ་ནམ་མཁའ་གྲགས་ཀྱི་གསང་འདུས་བསྐྱེད་རྫོགས། རྩ་རྒྱུད་ཀྱི་ཊཱིཀྐ། གསང་འདུས་རིམ་ལྔའི་དམར་ཁྲིད་རྣམས་ལ་འཆད་ཉན་མཛད་བཞིན་པའོ། །ཨང་དང་གྲྭ་གྲངས་སུམ་བརྒྱ་སྐོར།

རྒྱུད་སྟོད་པ་དང་བླ་རབས་བཅས་བྱུང་ཚུལ་ནི། རྗེ་ཤེས་རབ་སེང་གེའི་དངོས་སློབ་རྒྱུད་པ་ཀུན་དགའ་དོན་གྲུབ་འདི་གཙང་དུ་ས་ཕག་ལོར་འཁྲུངས། སྣར་ཐང་དུ་སློབ་གཉེར་མཛད། རྗེ་ཤེར་སེང་སོགས་གཙོར་གྱུར་ཡོངས་འཛིན་མང་པོ་བསྟེན་ནས་མདོ་རྒྱུད་ལ་སྦྱངས་པས་མཁས་པ་ཆེན་པོར་གྱུར། ཀླུང་ཤོད་དུ་བཞུགས་པའི་ཚེ་རྒྱུད་པའི་བླ་མར་སྤྱན་དྲངས་དུས་མནལ་ལམ་དུ་བུད་མེད་ཅིག་གིས་ལོ་དང་ལ་མོའི་ངར་དུ་ཡོལ་བ་བཏང་བ་རྨིས་པས། དབུར་སྟོད་དུ་བཞུགས་ན་བསྟན་པ་ལ་ཕན་པར་དགོངས་ཏེ་བཞུགས་པ་ན། གྲྭ་སློབ་མང་དུ་འདུས་པ་ལ་རྒྱུད་ཀྱི་འཆད་ཉན་གནང་བས་རྒྱུད་པ་སྟོད་པར་གྲགས་པ་འདི་རབ་བརྒྱུད་ཤིང་རྟར་ཚུགས། དགུང་ལོ་རེ་བརྒྱད་པ་མེ་རྟ་ཟླ་བ་གཉིས་པའི་ཆོས་དྲུག་ལ་གཤེགས་སོ། །དེ་ནས་ལོ་གཉིས་ཙམ་འཆད་ཉན་མ་ཚུགས་པར་བར་སྟོང་(༤༢བ)བྱུང་ཞིང་། དེ་རྗེས་རྒྱ་མ་བ་ལྷ་དབང་རིན་ཆེན། སློབ་དཔོན་ཆོས་ལྡན་བློ་གྲོས། པཎ་ཆེན་བསོད་ནམས་གྲགས་པ། ཆོས་རྗེ་དཀོན་ཚོག་དར། ཆོས་རྗེ་ངག་དབང་ཆོས་གྲགས། ཆོས་རྗེ་དགེ་ལེགས་དཔལ། རྗེ་ཚེ་བརྟན་རྒྱ་མཚོ། ཉན་པོ་ཤཱཀྱ་རིན་ཆེན། ཆོས་རྗེ་དཔལ་འབྱོར་རྒྱ་མཚོ། སྒོམ་སྡེ་ནམ་མཁའ་རྒྱལ་མཚན། སྒོམ་སྡེ་བྱང་ཆུབ་འོད་ཟེར། ཐོགས་མེད་འཇམ་དབྱངས་འོད་ཟེར། གྱི་རེ་གྲགས་པ་རྒྱ་མཚོ། བྱམས་གླིང་པ་ཆོས་རྗེ་དཀོན་ཅོག་ཆོས་འཕེལ། གུང་རུ་རབ་འབྱམས་པ་སངས་རྒྱས་བཀྲ་ཤིས། ལྷུངས་རམས་པ་དགེ་འདུན་རིན་ཆེན་རྒྱ་མཚོ། འོལ་དགའ་བློ་བཟང་བསྟན་འཛིན། ངག་དབང་ཆོས་འཕེལ། སྟོད་ལུང་དཀོན་ཅོག་ཆོས་བཟང་། འོལ་དགའ་རབ་འབྱམས་པ་རྣམ་རྒྱལ། རྩེས་དང་བློ་བཟང་རྒྱལ་མཚན། ཙོ་ནེ་བློ་བཟང་དཔལ་འབར། རྒྱལ་པ་རབ་འབྱམས་པ་བཀྲ་ཤིས། ཉག་རེ་

དགེ་འདུན་གྲགས་པ། རྩེས་དང་བློ་བཟང་དགེ་ལེགས། སྤྱོམ་འབོར་བློ་བཟང་ཆོས་འཕེལ། ད་ལྟ་འོལ་དགའ་བ་བློ་བཟང་ཆོས་འཕེལ་གྱི་འདུས་པ་བཞི་སྤྲུགས་དང་རིམ་ལྷ་གསལ་སྒྲོན། པཎ་ཆེན་བསོད་གྲགས་ཀྱི་བསྐྱིད་རྫོགས་ཡིག་ཆ་ལ་འཆད་ཉན་མཛད་བཞིན་པའི་སྐབས་སོ། །ཨང་དང་གྲྭ་གྲངས་ཉིས་བརྒྱ་དང་དགུ་བཅུ་སྐོར།

དགའ་ལྡན་དུ་མཚན་ཉིད་ཀྱི་བཤད་གྲྭ་བྱུང་ཚུལ་ནི། མཁས་གྲུབ་དགེ་ལེགས་དཔལ་བཟང་གི་ཞལ་བཀོད་ལྟར། པཎ་ཆེན་པ། སྟོན་པ། ཡར་འབྲོག་པ། གྲགས་པ་དཔལ་བ་བཅས་མཁས་པ་བཞི་མཚན་ཉིད་ཀྱི་འཆད་ཉན་ལ་བསྐོས་པ་རྗེས་སོར་གཉིས་སུ་འཕྲིལ་ནས་བྱང་རྩེ་ཕྱོགས་ལ་ཉན་པོ་བ་ཆོས་ཀྱི་དབང་ཕྱུག་དང་། ཤར་པ་ཕྱོགས་ལ་ཆོས་(༢༣ན)རྗེ་རབ་འབྱམས་པ་གཉིས་ཀྱིས་འཆད་ཉན་མཛད། བླ་མ་དེ་གཉིས་ཀྱི་རྗེས་སུ་གཉལ་སྟོན་དཔལ་འབྱོར་ལྷུན་གྲུབ་དང་། མཆེ་མ་དབང་རྒྱལ་གཉིས་བསྐོས་ནས་འཆད་ཉན་མཛད་ཀྱང་བར་སྐབས་སུ་རྒྱུན་ཆད་པ་ནས་ཞལ་ངོ་ཆ་དཀར་འབྲི་གུང་པས་ཞྭ་སྐྱབས་བསྐྱུར་བ་ན། ཆ་དཀར་གྲྭ་ཚང་དགའ་ལྡན་དུ་དོན་པའི་བཀག་རྗེན་དུ་རྩེ་ཤར་གྱི་འཆད་ཉན་དུ་བཞུགས། སྣར་བྱིངས་བྲག་དབར་སོགས་སུ་འཕོས་ཤུལ་གྱི་སོན་ཕྲན་ལ་གཞི་བྱས་པའི་ཉང་རོང་གྲྭ་ཚང་དུ་འཆད་ཉན་སློབ་དཔོན་རིམ་པ་བཞིན་ཆོས་རྗེ་རྒྱལ་དབང་པ། སློབ་དཔོན་གྲགས་པ་བཀྲ་ཤིས། དྲུང་ཀུན་དགའ་བཟོད་པ། མངའ་རིས་རབ་འབྱམས་པ། དྲུང་བཟང་དཔལ་བ། རིན་པོ་ཆེ་དོན་ཡོད་པ། བློ་གྲོས་ལྷུན་གྲུབ། སྐུ་སྐྱེ་པཎ་ཆེན། བཀྲ་ཤིས་དཔལ་འབྱོར། དྲུང་ཆོས་བཀྲ་ཤིས་པ། དགེ་ལེགས་རྒྱ་མཚོ། ཆོས་འབྱུང་གནས། བློ་བཟང་བསྟན་འཕེལ། སླིང་ཨཱཙྪ། ཤར་པ་དོན་གྲུབ་སེང་གེ །དབུ་མཛད་བསོད་ནམས་ལྷུན་པོ། འབུམ་རམས་པ་བསོད་ནམས་རྣམ་རྒྱལ། ཁམས་སྟོན་སངས་རྒྱས་བསྟན་པ་རྒྱ་མཚོ། ཐང་སྐྱ་བ་དོན་གྲུབ་དཔལ་ལྡན། དྲུང་བཟང་པོ་རྣམ་རྒྱལ་ སྐྱོར་མོ་ལུང་པ་རིན་ཆེན་བཀྲ་ཤིས། ངག་དབང་རིན་ཆེན། བྲག་དགོན་པ་བཀྲ་ཤིས་རྣམ་རྒྱལ། བྲག་ལོགས་པ་བློ་བཟང་སྐལ་ལྡན། སྣེ་ཐང་པ་དགེ་འདུན་ཤེས་རབ། བྱམས་

གླིང་པ་ཚུལ་ཁྲིམས་རྣམ་རྒྱལ། འཆེས་ལུང་པ་བློ་བཟང་རྒྱལ་མཚན། བྲག་ནག་པ་བློ་བཟང་བཀྲ་ཤིས། ད་ལྟ་རྒྱུད་སྟོད་བློ་བཟང་ཡོན་ཏན་པས་འཆད་ཉན་གྱི་ཡིག་ཆ་པུཎྜི་བཞི་ག་པཎ་ཆེན་སོར་བཞག་བྱེད། གསང་ཕུའི་དབྱར་ཆོས་སུ་འཚོག །དེ་ཕྱིན་དགའ་ལྡན་དུ་གཏན་འཇགས་ཨང་དང་གྲྭ་(༤༣བ)གྲངས་ཉིས་བརྒྱ་སྐོར། དེ་ནས་ཆོས་རྗེ་བློ་གྲོས་རྒྱ་མཚོས་བྱང་རྩེ་གྲྭ་གཙང་ཐོས་བསམ་གླིང་གསར་འཛུགས་མཛད་དེ་འབྲོང་རྩེ་རབ་འབྱམས་པ་ཚུལ་ཁྲིམས་ཆོས་འཕེལ་བ་འཆད་ཉན་དུ་བསྐོས་ནས་གྲྭ་ཚང་དར་རྒྱས་ཆེ་བ་བྱུང་ཞིང་མཐར་རྒྱས་དེའི་ཆོས་གཞིས་སུ་གྱུར། འབྲོང་རྩེ་རབ་འབྱམས་པ་དགའ་ལྡན་གྱི་ཁྲིར་ཕེབས། རྒྱལ་རོང་རབ་འབྱམས་པ་བསྟན་པ་དར་རྒྱས་རྗེ་འདུལ་བ་འཛིན་པའི་སྐུའི་སྐྱེ་ཟླ་ཡིན་པར་ཆོས་རྒྱལ་གྱིས་ལུང་བསྟན་པ་ལྟར་དགུང་ལོ་ཉེར་ལྔའི་ཐོག་ནས་བྱང་རྩེ་གྲྭ་ཚང་གི་འཆད་ཉན་དུ་བསྐོས་པས་དར་རྒྱས་ཆེ། བདུན་ཅུར་ཟུར་དུ་བཞུགས་ཤིང་། འཕྱོངས་རྒྱས་རབ་འབྱམས་པ་ཀུན་དགའ་སྐལ་བཟང་། ཆོས་འཁོར་སྒང་པ་དཀའ་བཅུ་དགེ་འདུན་དོན་གྲུབ། འཕན་ཡུལ་གྲུབ་པ་ངག་དབང་རྒྱལ་མཚན། མདོན་དགའ་སྐུ་སྐྱེ་ངག་དབང་ཕུན་ཚོགས། དགུང་མདོན་དགེ་ལེགས་རྒྱ་མཚོ། ད་ལྟ་ཏར་གདོང་བློ་གྲོས་དོན་གྲུབ་ཀྱི་སྐབས་སོ། །

འདི་ལ་སེ་ར་རྗེ་བཙུན་པའི་འདུལ་མཛོད་དབུ་ཕར་དང་། དགེ་འདུན་བློ་བཟང་གི་རྣམ་འགྲེལ། དབུ་ཕར་ཁྱུང་ཕྲུག །འདུལ་བ་བདེ་ལེགས་ཉི་མ་རྣམས་འཆད་ཉན་སྐབས་སྦྱར་དུ་བྱེད། བསྡུས་ཚད་སློབ་གཉེར་ར་བ་སྟོད་དུ་འགྲོ། ཚ་དཀར་ཆོས་སྡེའི་བླ་མ་དྲུག་པ། དྲུང་གཞོན་ནུ་མཛེས་པས་བཙུགས་པའི་ཚ་དཀར་གྲྭ་ཚང་དུ་གྲགས་པ་འདིའི་འཆད་ཉན་དུ། སློབ་དཔོན་དཔལ་ལྡན་པ། རྒྱལ་སྲས་ཤེས་རབ་འཕེལ་བ། དགེ་འདུན་བསྟན་པ་དར་རྒྱས་ཀྱི་ཐོག་འབྲི་གུང་པས་ཆོས་ལུགས་བསྒྱུར་ཏེ་དགའ་ལྡན་དུ་བཀག་བརྟེན་མཛད། དེ་ནས་བྲག་དབར་དུ་སྤོས་པ་ཡིན་ལ། དེ་ཡང་བྲབ་དབར་ནི་ཁྲོམ་གཞེར་ཆེན་པོ་རིན་ཆེན་འོད་ཀྱིས་བཏབ། གདན་སར་སྐྱེ་རིན་པོ་ཆེ་བྱང་ཆུབ་(༤༤ན)རིན་ཆེན། རྗེ་སྲས་རིན་ཆེན་སེང་གེ་ཞིག་པོ་འདུལ་གྲྭ་བ།

བསོད་ནམས་རིན་ཆེན། ཁྲིམ་གཞེར་རིན་ཆེན་གཞོན་ནུ། སྒྲོ་སྟོན་བྱང་ཆུབ་རིན་ཆེན། རིན་ཆེན་སེང་གེ །སངས་རྒྱས་འོད་ཟེར། མཁན་ཆེན་བརྩོན་འགྲུས་བཟང་པོ། མཁན་ཆེན་དོན་གྲུབ་དཔལ་དང་། དེ་ནས་སྤྱན་སྔ་རིན་ཆེན་ཟླ་བ། སྤྱན་སྔ་རིན་ཆེན་དཔལ་འབྱོར། སྤྱན་སྔ་རིན་ཆེན་ལེགས་པ། མཁས་གྲུབ་ཆོས་དབང་གྲགས་པ། ཡོངས་འཛིན་ཀུན་དགའ་མགོན་པོ། འདི་ནས་བླ་མ་པར་བཀབ་མེད་ཐོག་ཆ་དཀར་གྲྭ་ཚང་དང་གཞིས་བྱེས་ཁྲོན་གཅིག་པའི་སློབ་དཔོན་དུ། དམ་ཆོས་དཔལ་འབར། ཞལ་སྔ་ནས་ཕུན་ཚོགས་བཀྲ་ཤིས། ཞལ་སྔ་ནས་འཇམ་དབྱངས་འབྱུང་གནས། ཞལ་སྔ་ནས་ཐུབ་བསྟན་འཇིགས་མེད། པཎ་ཆེན་བསོད་ནམས་ཡེ་ཤེས། ཞལ་སྔ་ནས་འཇམ་དབྱངས་བཤེས་གཉེན། ཞལ་སྔ་ནས་དགེ་འདུན་རྒྱལ་མཚན། འཇམ་དབྱངས་གྲགས་པ། རབ་འབྱམས་པ་བསོད་ནམས་གྲགས། གསལ་ཁང་སྐུ་སྐྱེ་ངག་དབང་ཆོས་རྒྱན། བསོད་ནམས་ཚུལ་ཁྲིམས། ལེགས་པ་རྒྱལ་མཚན། བསོད་ནམས་དར་རྒྱས། ཞལ་སྔ་ནས་ངག་དབང་ནོར་བུ། ཆོས་འཕེལ་རྒྱ་མཚོ། བློ་བཟང་ནམ་མཁའ། འཕྲིན་ལས་རབ་རྒྱས། ད་ལྟ་སློན་ལམ་ཕུན་ཚོགས་ཀྱིས་འདུལ་བ་བློ་གྲོས་ལེགས་བཟང་པའི་མཐའ་གཅོད། ཕར་ཕྱིན་མཁས་གྲུབ་བསྟན་དར་བའི་ཐལ་ཕྲེང་། སྤྱི་དོན། མཛོད་རྩིས་དང་དངོས་གྲུབ་པ། དབུ་མ་བསྟན་དར་བའི་རྣམ་བཤད་མཐའ་གཅོད་བཅས་པུ་ཏི་བཞིའི་འཆད་ཉན་གྱི་སྐབས་སོ། །ཨང་དང་གྲྭ་གྲངས་བརྒྱ་ཞེ་བདུན་སྐོར།

ཆོས་གྲྭ་ཆེན་པོ་དཔལ་ལྡན་འབྲས་སྤུངས་བྱུང་ཚུལ་དང་གདན་རབས།

ཆོས་གྲྭ་ཆེན་པོ་(༢༨བ)དཔལ་ལྡན་འབྲས་སྤུངས་ཀྱི་བྱུང་ཚུལ་ནི། རྗེའི་དངོས་སློབ་འཇམ་དབྱངས་ཆོས་རྗེ་བཀྲ་ཤིས་དཔལ་ལྡན་དུ་གྲགས་པ་རབ་བྱུང་རྣུག་པའི་ས་ལུག་ལ་བསམ་ཡས་སུ་འཁྲུངས། རྩིས་དང་དུ་རབ་ཏུ་བྱུང་ཞིང་གྲྭ་འཛིན་མཛད། སྒྲུས་རྒྱལ་བ་ལྷ་ནང་པའི་སྐྱེ་བར་ཁོ་རང་གི་མནལ་ལམ་དུ་མཁར་འགྲོས་

ལུང་བསྟན། གསང་ཕུར་གཉལ་རྒོད་རིན་ཆེན་བསམ་གྲུབ་དང་། ལྷན་མ་དཀོན་ཅོག་སེང་གེ་ལ་ཕར་ཚད་གསན། སྐྱོར་མོ་ལུང་དུ་མཁན་ཆེན་བཀའ་བཞི་པ་ལ་འདུལ་མངོན་དང་། དགའ་ལྡན་དུ་འཇམ་མགོན་ཆོས་ཀྱི་རྒྱལ་པོར་དྲང་ངེས་རྣམ་འབྱེད། ལམ་རིམ་ཆེ་ཆུང་། གསང་འདུས་འགྲེལ་བཤད་སོགས་བཀའ་དང་བསྟན་བཅོས་མང་དུ་གསན་པས་མཁས་ཤིང་གྲུབ་པའི་དབང་ཕྱུག་ཏུ་གྱུར། མགོན་པོ་འཇམ་དཔལ་དབྱངས་ཅུར་སྒྲིག་གིས་རྣམ་པར་རོལ་བ་ཆོས་ཀྱི་རྒྱལ་པོ་ལྷོ༷་བཟ༷ང་གྲ༷གས་པ༷ས་མཁན་པོ་དང་། འདུལ་འཛིན་གྲགས་པ་རྒྱལ་མཚན་གྱིས་ལས་སློབ། རྒྱལ་ཚབ་དར་མ་རིན་ཆེན་གྱིས་གསང་སྟོན་མཛད་དེ་བསྙེན་པར་རྫོགས། ཤིང་ལུག་ལོ་སྣེའུར་བཞུགས་དུས་མནལ་ལམ་དུ་གནམ་ཐེ་ཡིན་ཟེར་བ་དོན་གསུང་རྒྱལ་དགྲ་ལྷ་སྐྱེས་གཅིག་དཔོན་བློན་གྱིས་ས་ཡུལ་བསྟན་ལ་འདིར་དགོན་པ་ཞིག་ཐོབ། ངས་བཙུན་པ་སྟོང་ཕྲག་ལྔ་སྐྱེར་ཟེར་བ་དང་དན་འབབ་མདར་ལོངས་སྤྱོད་ཀྱི་ཆུ་ཡིན་ཟེར་བའི་རྫིང་བུ་མང་པོ་དང་སྣང་ཆེན་རིའི་གདོང་དུ་འཇམ་མགོན་ཆོས་ཀྱི་རྒྱལ་པོ་བཞུགས་ཏེ་འདི་རྣམས་ཐོས་བསམ་གྱི་རྫིང་བུ་ཡིན་པས་འཁྲུང་གསུང་བ་སོགས་མནལ་ལྟས་ཁྱད་པར་ཅན་དུ་མ་བྱུང་བ་དང་། དངོས་སུ་ཡང་འཇམ་མགོན་བླ་མས་ཆོས་སྡེ་འདི་བས་དགོས་སྣེའུ་རྫོང་ཕྱི་བ་ནམ་མཁའ་བཟང་པོ་(༤༥ན)དང་ལྷན་དུ་བཀའ་ཕེབས་པས་དགུང་ལོ་སོ་བརྒྱད་པ་རབ་བྱུང་བདུན་པའི་མེ་ཕོ་སྤྲེལ་ལོར་བསིལ་ལྡན་གྱི་རྒྱན་གཅིག་འཕགས་ཡུལ་དཔལ་ལྡན་འབྲས་སྤུངས་དང་གཉིས་སུ་མེད་པའི་རིག་གྲོལ་གྱི་སྡེ་ཆེན་པོའི་རྨང་འདིང་བར་ལྗོ་འཕྱིའི་ཐིག་སོགས་འཇམ་མགོན་ཆོས་ཀྱི་རྒྱལ་པོ་བཙོང་ཁ་པ་ཆེན་པོ་ཉིད་ཀྱིས་ཞལ་བཀོད་གནང་ཞིང་། ལུང་བསྟན་ལྟར་འགོག་པ་རི་ནས་གཏེར་དུ་བཞེས་པའི་ཆོས་དུང་ཁྱད་པར་ཅན་སྐྱུལ་ཏེ་དགོན་མ་བས་བུ་ལྷག་པ་སོགས་མ་འོངས་ལུང་དུ་བསྟན། གཙུག་ལག་ཁང་དབུས་མར་རྟེན་དུས་གསུམ་སངས་རྒྱས་ལ་ཉེ་བའི་སྲས་བརྒྱད་ཀྱིས་བསྐོར་བ་དང་། རྗེ་བཙུན་བཙོང་ཁ་པའི་སྐུ། བྱམས་ཆེན་གྱི་ནང་བཞུགས་སུ་རྒྱལ་བུ་གཞོན་ནུ་དོན་གྲུབ་ཀྱི་ཆིབས་དང་པ་གསེར་

ལྡན་གྱི་སྣ་འཕོར། མཁའ་འགྲོ་མ་བྱེ་བ་འབུམ་གྱི་དབུ་སྐྲར་བཟློས་པའི་ཞྭ་སོགས་བྱིན་ཆེན་དུ་མ་དང་བཅས་པ། གཞན་ཡང་འཛིགས་མཛད་རྡོ་རྗེ་དཔའ་གཅིག །ར་ལོའི་སྐུ་གདུང་རིལ་པོ་ནས་སྲིན་མཇུབ་གཅིག་མ་གཏོགས་ཚང་བ་དང་། ར་ལོ་ཙཱ་བ་ཆེན་པོའི་ཐུགས་དམ་རྟེན་དགྲ་ནག་གི་སྐུ་སོགས་ནང་བཞུགས་བྱིན་ཆེན་དུ་མ་དང་བཅས་འཛིམ་པ་མཐེབ་ཀྱུ་རེར་ཡ་མ་ནྟ་ཛ་ཁྲི་ཕྲག་རེ་དང་སྲིན་ཞལ་ལ་འབུམ་ཕྲག་རེའི་རྩིས་འཇམ་མགོན་བཙོང་ཁ་པ་ཉིད་ཀྱི་རྫུ་འཕྲུལ་གྱིས་བརླས་པ་མཛད་དེ་སྒྲུལ་སྐུ་ལྷ་ལག་པས་བཞེངས་པ་སྐུ་རྒྱབ་རྟེན་པ་དང་ཞབས་ས་ལ་མ་རེག་པར་བར་སྣང་དུ་བཞུགས་པ་དང་འཇམ་མགོན་བཙོང་ཁ་པ་ཉིད་ཀྱིས་རབ་ཏུ་གནས་པར་ཡང་གྲགས་པ་བོད་ཡུལ་དུ་འགྲན་ཟླ་མ་མཆིས་པས་གཙོས་རྟེན་དང་བརྟེན་པར་བཅས་པའི་ཐུགས་(༤༥བ)ཁང་བསྐྲུན་དབུ་ཕར་གཙོར་བཏོན་གྱི་གྲྭ་ཚང་སྒོ་མང་། བློ་བ་སལ་གླིང་། ཐོས་བསམ་གླིང་ངམ་རྒྱལ་བ། ཤག་སྐོར་བ་དང་། བཀའ་དང་པོ་བདེན་བཞིའི་ཆོས་འཁོར་གཙོ་བོར་བཏོན་པ་འདུལ་བ་པ། རིག་པའི་དབང་ཕྱུག་ཆོས་ཀྱི་གྲགས་པའི་ཚད་མ་ལ་བདེ་ཡངས། གསང་འཛིགས་གཙོར་གྱུར་ཟབ་མོ་སྔགས་ཀྱི་ཐེག་པ་བ་སྔགས་པ་སྟེ། གྲྭ་ཚང་བདུན་བཙུགས་པའི་སློབ་དཔོན་སྒོ་མང་ཧྲ་ཧྲུང་གྲགས་པ་རིན་ཆེན། བློ་གླིང་དུ་ལེགས་ལྡན་པ། བདེ་ཡངས་སུ་ལྟོག་པ་བྱང་དཔལ། འདུལ་བར་བརྩོན་འགྲུས་གྲགས་པ། སྔགས་པར་བློ་གྲོས་རྒྱལ་མཚན། ཤག་སྐོར་དུ་རབ་མཆོག །རྒྱལ་པར་ཀུན་བཟང་རིན་ཆེན་རྣམས་འཆད་ཉན་དུ་བསྐོས། སྟེའུ་ནས་ས་ཐེབས་བཟང་པོ་སྦྱར་ཏེ་དགུན་ཆོས་དང་རིག་གྲྭ་ཆེན་མོ་བཙུགས། གསུང་རབ་རྒྱ་མཚོ་བསྐྱི་བའི་འདུན་ས་དགེ་བཤེས་མཁས་པའི་འབྱུང་གནས་སུ་གྱུར་ ལྷ་ས་སྨོན་ལམ་ཆེན་མོར་སེ་འབྲས་ཀྱིས་གཙོས་པའི་ཕྱོགས་བཞིའི་དགེ་འདུན་བསམ་གྱིས་མི་ཁྱབ་པར་གང་འཚམ་གྱི་ཆོས་གསུངས། དབྱར་དགུན་སྟོན་དཔྱིད་བཞིའི་ཆོས་སུ་མདོའི་ཕྱུ་ཧི་བརྒྱད་བརྒྱད་རང་རང་གི་འགྲེལ་པ་དང་བསྟུན་ནས་བོད་ཊཱིཀ་རེ་དང་སྦྱར་ནས་ལེགས་པར་བཤད། གཞན་ཡང་གཞུང་ལུགས་ཀྱི་ཕྱུ་ཧི་བརྒྱ་དང་སུམ་ཅུར་

འགྲེལ་བཤད་དང་། ཞལ་འདོན་ལ། གསང་འདུས། བདེ་མཆོག །ཡོ་ནག་དྲིལ་གསུམ། ཀྱེ་རྡོར། དགྲ་འཇིགས་གཤེད་གསུམ། མི་གཡོ་བ། སྒྲོལ་མ། མཚན་བརྗོད་ཉིན་རེ་བཞིན་ཚར་གསུམ། ལྷ་མང་པོའི་བཟླས་བསྙེན་མ་ཆག་པར་མཛད། ཡིག་དྲུག་དུང་གཉིས་ལྷག་ཙམ་སོང་། དབུས་སུ་འཇམ་དབྱངས། གཡས་གཡོན་དུ་ཀླུ་སྒྲུབ་དང་། (༨༧ན)ཞི་བ་འཚོ། མདུན་དུ་ཇོ་རིན་པོ་ཆེ་བཞུགས་པའི་གཟིགས་སྣང་རྒྱུན་ཨར་བྱུང་། བདེ་སྟོང་དབྱེར་མེད་ཀྱི་རྫོགས་རིམ་མངའ་བས་རླུང་འོད་ཟེར་ལྟ་བ་གཟིགས། ཕྱག་རྫས་རྣམས་ཆོས་སྐྱོགས་དང་སྦྱིན་པར་གཏོང་བ་ལས་ཆགས་ཞེན་ཡེ་མི་གནང་། སློབ་མ་ཡང་མཁས་པ་མུས་སྲད་པ། ཉན་པོ་ཤཱཀྱ་རྒྱལ་མཚན། མཁན་ཆེན་དཔལ་བློ། སློབ་དཔོན་སྣ་ལེབ། ལྷག་ལེབ། སྣར་ཐང་པ་རབ་མཆོག །གྲྭ་ཚུང་ཡོན་ཏན་རྒྱ་མཚོ། ཉག་རེ་རྡོ་རྗེ་རྒྱལ་མཚན། སྟག་པ་བྱང་དཔལ། བང་རིམ་ཆོས་མཛད་འཇམ་དབྱངས་དཔལ་འབྱོར་རིན་ཆེན། སྟག་ལོ་ཤེས་རབ་རིན་ཆེན། ཆོས་རྗེ་ནམ་བློ། གཙང་པ་ཀུན་རྒྱལ། བླ་མ་བརྩོན་འགྲུས་གྲགས། སྦྱིན་མཆོག་པ། སློབ་དཔོན་རྒྱན་ཚུལ། སློབ་དཔོན་ཀུན་བཟོད། གནས་བརྟན་དགེ་ལེགས་དཔལ་སོགས་མང་དག་ཅིག་བྱོན། ཕྱི་འདུལ་བའི་དཔྱད་པ་གཙང་ཞིང་ནང་ཟབ་མོ་དབུ་མའི་ཉམས་བཞེས་ཁོ་ནར་དུས་འདའ་བའི་ངང་ནས་དགུང་ལོ་དོན་གཅིག་པ་ས་སྦྲུལ་ཟླ་བ་བཞི་པའི་ཚེས་བཅོ་བརྒྱད་ལ་དགོངས་པ་ཆོས་དབྱིངས་སུ་ཐིམ་པའི་གདུང་དངུལ་གྱི་མཆོད་རྟེན་དུ་བཞུགས་ཤིང་དུས་མཆོད་ཀྱང་མ་ཆག་པར་ཡོད་དོ། །

གདན་ས་གཉིས་པ་དཔལ་ལྡན་སེང་གེ་ནི། གཙང་རོང་ཐོན་དུ་འཁྲུངས། ཆོས་ལུང་ཚོགས་པར་རབ་ཏུ་བྱུང་། ཇོ་ཡབ་སྲས་ལ་ཆོས་མང་དུ་གསན། གསང་ཕུར་བཞུགས་དུས་གྲུབ་ཆེན་ཤ་བ་རི་པ་དཔོན་སློབ་བདུན་དང་མཇལ་ནས་ཞག་བདུན་ཆོས་གསན། ནཻའུ་དཔལ་འབྱོར་རྒྱལ་པོས་འབྲས་སྤུངས་ཀྱི་ཁྲིར་གདན་དྲངས་ཆོས་གསུངས། དངོས་སློབ་ཀྱང་མཁས་བཙུན་ཡོན་ཏན་རྒྱ་(༨༧བ)མཚོ། ཞང་ལྷ་དཔོན་པོ་བློ་གྲོས། བླ་མ་དུམ་པ་ཅན་པ། མདུང་རྩེ་རས་པ། ཆོས་རྗེ་རིན་ཆེན་བྱང་ཆུབ་

སོགས་ཕྱིན་ནོ། །

གསུམ་པ་རིན༷་ཆེན༷་བྱང༷་ཆུབ༷་ནི། དེ་ཡང་མདོ་ཁམས་སྟོད་གུང་ཐུའི་སར་འཁྲུངས། གསང་ཕུར་མཚུངས་མེད་ཆོས་རྗེ་དང་། དགའ་ལྡན་དུ་རྒྱལ་ཚབ་ཆོས་རྗེ་བསྟེན་ནས་མདོ་སྔགས་ལ་མཁས་པར་སྦྱངས། སྤྲ་སེར་གྱི་སློབ་དཔོན་མཛད། སྙིང་པོ་རྒྱན་གྱི་དགོངས་པ་བཞིན་སྤྱི་དོན་ཆེན་མོ་བརྩམས། གསང་ཕུ་གླིང་སྟོད་དང་འབྲས་སྤུངས་ཀྱི་གདན་སར་ཕེབས། བྱམས་ཆོས་གསུང་བའི་མོད་ལ་གཤེགས་སོ། །

བཞི་པ་རྗེ༷་དཔོན༷་བློ༷་བཟང༷་ཉི༷་མ༷་ནི་བཙོང་ཁའི་ཡུལ་དུ་འཁྲུངས་ཏེ་རྣམ་པར་ཐར་པ་ཐོ་ཡོང་ཞིག་དགའ་ལྡན་གྱི་སྐབས་སུ་སྨོས་ཟིན་པ་ལྟར་རོ། །

ལྔ་པ་བློ༷་བཟང༷་གྲགས༷་ནི། མདོ་ཁམས་སྨད་ཀྱི་རོང་པོར་འཁྲུངས། དབུས་སུ་ཕྱིན་ནས་མདོ་སྔགས་ལ་སྦྱངས། དགའ་ལྡན་གྱི་ཤར་གཉིས་ཁང་བཟང་ནས་དབང་ལུང་གི་མཛོད་ཕྱེ། དེ་ནས་འབྲས་སྤུངས་ཀྱི་ཁྲིར་ཕེབས། ཕྱིན་རླབས་ཆེ་ཡང་གསུང་གོ་དཀའ་བས་གྲྭ་པ་རྣམས་ཀྱི་འདོད་པར་མ་བབས་པས་ཉན་ཤག་པ་ལ་གདན་ས་གཏད་དེ་སྟོད་ཕྱོགས་སུ་གཤེགས་སོ། །

དྲུག་པ་ཤཱཀྱ༷་རིན༷་ཆེན༷་ནི་ཕན་ཡུལ་དུ་འཁྲུངས། ཉན་པོར་རབ་ཏུ་བྱུང་། རྒྱལ་ཚབ་རྗེ་དང་། འཇམ་དབྱངས་ཆོས་རྗེ་བསྟེན་ནས་མདོ་སྔགས་རིག་གནས་ལ་མཁས་པར་སྦྱངས། ཐོས་བསམ་གླིང་གི་འཆད་ཉན་པ་མཛད། སྟག་ལུང་ཆོས་རྗེ་བཀྲ་ཤིས་དཔལ་འོད་ལ་དགོངས་པ་ཞུས་ནས་ཁྲུས་སུ་རིན་ཆེན་ཕྲག་བཏབ། འབྲས་སྤུངས་ཀྱི་ཁྲིར་ཕེབས་ཏེ་ཆོས་གསུངས་སྐུ་ཚེ་མཐར་ཕྱིན་ཏེ་བདེ་བར་གཤེགས་སོ། །

བདུན་པ་སྨོན༷་ལམ༷་(༤༧ན)དཔལ་ལེགས༷་པའི༷་བློ༷་གྲོས༷་ཀྱི་རྣམ་པར་ཐར་པ་ནི་དགའ་ལྡན་གྱི་ཁྲི་སྐབས་སུ་བརྗོད་ཟིན་པ་ལྟར་རོ། །

བརྒྱད་པ་ལེགས༷་པ༷་ཆོས༷་འབྱོར༷་བ༷་ནི། ས་བྱ་ལ་ཚལ་དུ་འཁྲུངས། གུང་ཐུ་ཆོས་བློ་དང་། སློབ་དཔོན་དཔལ་བློ་ལ་ཕར་ཚད་དང་། སློབ་དཔོན་གནས་བརྟན་པ་ལ་འདུལ་མདོན། བ་སོ་ཆོས་རྗེ་དང་པཎ་ཆེན་པ་ལ་གསང་སྔགས་སོགས་གསན་ནས་

མཁས་པ་ཆེན་པོར་གྱུར། གསང་ཕུ་ར་བ་སྨད་པའི་འཆད་ཉན་མཛད། དེ་ནས་ཁམས་ཕྱོགས་ལ་ཕེབས་ཀྱང་རིང་པོར་མ་ཐོགས་པར་དབུས་སུ་ཕྱིན། སློ་གསལ་གླིང་གི་འཆད་ཉན་ལོ་ཉི་ཤུ་ཙམ་མཛད། དེ་ནས་འབྲས་སྤུངས་ཀྱི་ཁྲིར་ཕེབས། གཞུང་ཆེན་པོའི་བཤད་པ་གཙོ་བོར་མཛད། ཞལ་སློབ་པ་ཡང་ཐམས་ཅད་མཁྱེན་པ་དགེ་འདུན་རྒྱ་མཚོ། དགའ་ལྡན་ཆོས་རྗེ་ཆོས་ཀྱི་བཤེས་གཉེན། རྩེ་ཤར་གྱི་ཆོས་རྗེ་པཎྜི་ཏ་བཟང་པོ་དང་། ཆོས་སྐྱོང་རྒྱ་མཚོ། ཉི་ཤིང་བླ་མ་དཔལ་ལྡན་འོད་ཟེར། གོ་མལ་རབ་འབྱམས་སྨྲ་མཆེད། སེམས་དཔའ་ཆེན་པོའི་སྐུ་སྐྱེ་སྨོན་ལམ་བློ་གྲོས། བྱེ་རྫིང་མཁན་པོ་རབ་འབྱོར་སེང་གེ །གོ་རམས་པ་བཀྲ་ཤིས་སེང་གེ །ཀོང་སྟོན་དཀོན་ཅོག་འབྱུང་གནས། འོལ་དགའ་དཀའ་བཅུ་པ་བློ་གྲོས་གྲགས་སོགས་ཤིན་ཏུ་མང་བ་འདུས། སྟེའུ་ནས་སྦྱིན་བདག་མཛད་དེ་འབྲས་སྤུངས་སུ་བྱམས་ཆེན་གྱི་སྐུ་བཞེངས་ཤིང་དགུང་ལོ་དོན་ལྔ་པར་གཤེགས་སོ། །

དགུ་པ་མཁས་བཙུན་ཡོན་ཏན་རྒྱ་མཚོ་ནི། ཚུ་ཕག་ལ་གཙང་སྨད་དུ་ཐོན་པའི་ཞལ་ངོར་འཁྲུངས། འབྲས་སྤུངས་སུ་སློབ་དཔོན་དཔལ་བློ་དང་ཡེ་ཤེས་བཟང་པོ་ལ་དབུ་ཕར་འདུལ་མངོན་ཚད་མ་སོགས་གསན་ཅིང་མཁས་པར་སྦྱངས། ཕུ་ཏི་བཅུ་ལྷག་གི་(༡༧བ)གྲྭ་སྐོར་མཛད། བ་སོ་ཆོས་རྗེ་ལ་ཟབ་ཆོས་གསན། རྒྱུད་པ་སྦྱིན་པ་དཔལ་དང་། གྲགས་བཟང་པ་ལ་བསྙེན་པར་རྫོགས། ཤར་རྩེ་ཤེར་འབྱུང་བློ་གྲོས་ལ་ཟབ་ཆོས་གསན་ཏེ་ལྷ་རིར་སྒྲུབ་པ་མཛད། དེ་ནས་འབྲས་སྤུངས་ཀྱི་ཁྲིར་ཕེབས་ནས་ཆོས་གསུངས། སླར་ལྷ་རིར་ཕྱིན་ནས་སྒྲུབ་པ་མཛད་ཅིང་ཐོན་སླེའི་ཆོས་སྡེ་རྒྱལ་བྱེད་ཚལ་བཏབ་སྟེ་རྗེའི་ལུགས་བཟང་དར་བར་མཛད། དགུང་ལོ་དོན་དགུ་པར་གཤེགས་སོ། །

གདན་ས་བཅུ་པ་ཐམས་ཅད་མཁྱེན་པ་དབྱངས་ཅན་བཞད་པ་དགེ་འདུན་རྒྱ་མཚོ་དཔལ་བཟང་པོ་ནི། དཀོན་ཅོག་འབངས་ཀྱི་སྐྱེས་རབས་ལས། གསང་བ་ཡེ་ཤེས་དང་མཐའ་དུས་མཁའ་འགྲོ་མ་རྣམས་ཀྱི་རྡོ་རྗེའི་གླུར། ཤར་རྡོ་རྗེ་གདན་

གྱི་བྱང་ཕྱོགས་ན། །གནས་ཕུར་རྒྱལ་བོད་ཅེས་བྱ་བ་ཡོད། །རི་མཐོན་པོ་གནམ་གྱི་ཀ་བ་ཡོད། །མཚོ་དམའ་མོ་གཡུ་ཡི་མཎྜལ་ཡོད། །གངས་དཀར་པོ་ཤེལ་གྱི་མཆོད་རྟེན་ཡོད། །སྤང་སེར་པོ་གསེར་གྱི་ལྷུན་པོ་ཡོད། །དྲི་ཞིམ་པོ་སྨན་གྱི་བདུག་སྤོས་ཡོད། །སྔོན་བཀྲ་བ་གསེར་གྱི་མེ་ཏོག་ཡོད། །དབྱར་བཀྲ་བ་གཡུ་ཡི་མེ་ཏོག་ཡོད། །ཀྱེ་གངས་རིའི་མགོན་པོ་སྤྱན་རས་གཟིགས། །གནས་དེ་ན་ཁྱེད་ཀྱི་ཞིང་ཁམས་ཡོད། །ཞིང་དེ་ན་ཁྱེད་ཀྱི་གདུལ་བྱ་ཡོད། །ཀྱེ་གངས་རིའི་མགོན་པོ་སྤྱན་རས་གཟིགས། །རི་པདྨ་སྟོང་ལྡན་དབྱིབས་ལེགས་པ། །དུས་དགུན་གསུམ་དཀར་པོ་ཤེལ་གྱི་མདོག །དུས་དབྱར་གསུམ་སྔོན་མོ་གཡུ་ཡི་མདོག །དུས་སྟོན་གསུམ་སེར་པོ་གསེར་གྱི་མདོག །དུས་དཔྱིད་གསུམ་ཁྲ་བོ་གཟི་ཡི་མདོག །མདོག་ཕུན་སུམ་ཚོགས་པའི་རི་བོ་ལ། །ལྷས་ཁྱད་པར་འཕགས་པའི་མཚན་མ་ཡོད། །དུང་དཀར་པོ་གཡས་སུ་འཁྱིལ་བ་ལ། །དར་དམར་པོ་(འའན)སྣ་གའི་ཅོད་པན་ཡོད། །མི་ཁྱོད་ཀྱི་སྙན་པ་ཕྱོགས་བཅུར་འཕེལ། །དཔལ་བེའུས་རི་རྐེད་བརྒྱན་པ་ལ། །ནགས་བཀྲ་ཤིས་ཡལ་འདབ་རྒྱས་པ་ཡོད། །མི་ཁྱོད་ཀྱི་བུ་སློབ་ཕྱོགས་བཅུར་འཕེལ། །རི་བོགས་ཆད་གཡུ་ཡི་བུམ་པ་ལ། །ཆུ་ཡན་ལག་བརྒྱད་ལྡན་ཆུ་མིག་འབབ། །མི་ཁྱོད་ཀྱི་ཐུགས་རྗེས་བསིལ་བར་བྱེད། །གནམ་སྔོན་མོ་གཡུ་བྱའི་གདུགས་སུ་ཕུབ། །ལས་ཉོན་མོངས་ཚད་པ་ཞི་བར་བྱེད། །མི་ཁྱོད་ཀྱི་དགེ་བཤེས་འཕེལ་བའི་རྟགས། །རི་ཟུར་གསུམ་བྲག་གཞུང་གནམ་དུ་མཐོ། །ངེད་མཁའ་འགྲོའི་རྒྱལ་མཚན་བསྒྲེང་བ་འདྲ། །མི་ཁྱོད་ཀྱིས་གནས་དེར་བསྟན་པ་སྤེལ། །ས་རྩེ་བརྒྱད་ལྷུང་པ་ཕྱོགས་སུ་གྱེས། །ཀྱེ་འཁོར་ལོ་རྩིབས་བརྒྱད་ཕུབ་པ་འདྲ། །མི་ཁྱོད་ཀྱི་མི་མཐུན་གཅོད་པའི་རྟགས། །ཐང་ཆེན་པོའི་དཀྱིལ་ན་རི་ཆུང་ཉལ། །མཚོ་ཆེན་པོའི་ནང་གི་ཉ་མོ་འདྲ། །མི་ཁྱོད་ཀྱི་སྤྱན་སྔ་འཕེལ་བའི་རྟགས། །ཀྱེ་གངས་རིའི་མགོན་པོ་སྤྱན་རས་གཟིགས། །མི་ཁྱོད་ཀྱི་ཞིང་ཁམས་དེ་ན་ཡོད། །ཞིང་དེ་ན་ཁྱོད་ཀྱི་གདུལ་བྱ་ཡོད། །འབྲུ་སྣ་ཚོགས་སྨིན་པའི་ཞིང་ས་ཅན། །འབྲུ་བང་མཛོད་རྒྱས་པའི་རྟགས་སུ་བཟང་། །ཤིང་སྣ་ཚོགས་སྐྱེས་

པ་ཙཱ་གས་ཀྱི་ཁྲོད། །གནས་ཁང་བཟང་འཕེལ་བའི་རྟགས་སུ་བཟང་། །ཆུ་མི་ཆེ་རྒྱ་མཚོ་ཆེན་པོ་མེད། །ཆུ་མི་ཆུང་ཆུ་བོ་དཔག་མེད་འབབ། །ཆུ་སྨོམས་པས་ཡུལ་མི་རྟག་ཏུ་བདེ། །ཀྱེ་གངས་རིའི་མགོན་པོ་སྤྱན་རས་གཟིགས། །གནས་དེ་ནི་ཁྱོད་ཀྱི་ཞིང་ཁམས་ཡིན། །ཞིང་དེ་ན་ཁྱོད་ཀྱི་གདུལ་བྱ་ཡོད། །ཤར་ལྷུན་པོའི་རྩེ་ནས་ཉི་མ་འཆར། །ཕྱོགས་གཞན་གསུམ་མི་ནོར་ཤུགས་ལ་ཤེས། །(༢༢བ)འཆར་མི་སྟ་སྟ་དུས་བསམ་གཏན་འཕེལ། །འཆར་མི་ཕྱི་ཉི་འོད་སྨིན་པ་ལ། །ལུས་བག་ཕེབས་བདེ་བར་སྤྱོད་པར་བྱེད། །རྒས་མི་སྟ་ཕོ་རབ་འདུན་སྟངས་འཕེལ། །རྒས་མི་ཕྱི་མཛངས་མའི་ལས་རྣམས་འགྲུབ། །ཀྱེ་གངས་རིའི་མགོན་པོ་སྤྱན་རས་གཟིགས། །ཡུལ་བཀྲ་ཤིས་འབྱུང་དེ་ཁྱོད་ཀྱི་ཞིང་། །ཞིང་དེ་ན་ཁྱོད་ཀྱི་གདུལ་བྱ་ཡོད། །ཅེས་དང་། ཡང་མཁའ་འགྲོ་མ་ཞིག་ན་རེ། སྔོན་ཕྱོགས་བཅུའི་རྒྱལ[༡]་བ་མ་ལུས་པའི། །ཐང[༣]་ལག་མཐིལ་ལྟར་སྨོམས་བཻ་ཌཱུརྱ། །འཕངས་མཐོན་པོ་གསེར་གྱི་བ་གམ་ཅན། །གནས་གཞལ་ཡས་ཆེན་པོར་བྱིན་གྱིས་བརླབས། །དེ་ཡ་མཚན་ངང་གིས་འབྱུང་བ་ནི། །ཚོན་ཁ་དོག་བཀྲ་བ་མེ[༢]་ཏོག་རིས། །གྲངས་བཅུ་གསུམ་བཅུ་གསུམ་རྒྱུན་དུ་འབྲུངས། །ཞེས་སོགས་ཀྱི་མུར། ཞིང་དེར་ནི་མཁའ་འགྲོ་བྱེ་བ་འབུམ། །དུས་རྟག་ཏུ་འཁོར་ཞིང་འཁོར་བར་བྱེད། །ཁྱོད་ས་བཅུའི་མགོན་པོ་སྤྱན་རས་གཟིགས། །གནས་དེ་ན་བཞུགས་ཏེ་གཞན་དོན་མཛོད། །ཅེས་པ་རྐང་པ་དང་པོས་རྒྱལ་དང་། དྲུག་པས་མེ་ཏོག །གཉིས་པས་ཐང་སྟེ་གནས་མིང་ཡང་གསལ་བར་བསྟན་ཅིང་།

ཡང་མཁའ་འགྲོ་རྣམས་ཀྱི་ར་སྒྲེང་ལུང་བསྟན་པའི་རྗེས། ཕྱུན་མཁའ་འགྲོ་བྱེ་བ་དཔག་མེད་ཀྱིས། །སྒྲ་སྐད་ཐུན་མོང་མ་ཡིན་གནས་དེར་གྲགས། །དེ་ན་བདག་པོས་མ་བཟུང་གང་གིས་ཀྱང་། །སྤྱི་མིང་ཙམ་ཟད་དགོས་ཀྱི་མིང་མ་བཏགས། །འོན་ཀྱང་ཆུ་འ་མིང་བཏགས་ཙམ་ཞིག་འདོད། །རྒྱལ་བ་རྒྱ་མཚོའི་འབྱུང་གནས་རྒྱལ་གྱི་དཔལ། གནས་དེར་བྱིན་གྱིས་བརླབ་ཅིང་(༥༩ན)ལྷུན་པོར་གནས། །ཞེས་གསུངས་པའང་སྒྲ་སྐད་ཐུན་མོང་མ་ཡིན་པ་ལེགས་བཤད་ཡིན་པས་རྒྱལ་ལེགས་བཤད་སྒྲོག་

པའི་དགའ་ཚལ་བསྟན། ཚུ་ལ་མིང་བཏགས་ཞེས་པས་ཚུ་སྐྱེས་མེ་ཏོག་གི་མིང་སྟེ་མེ་ཏོག་ཐང་བསྟན། རྒྱལ་བ་རྒྱ་མཚོའི་འབྱུང་གནས་ཞེས་པ་འཁོར་གྱི་མཚན་དབུས་སུ་རྗེ་དགེ་འདུན་རྒྱ་མཚོ་སོགས་ཐམས་ཅད་མཁྱེན་པ་རིམ་པར་བྱོན་པའི་མཚན་མཐར་རྒྱ་མཚོ་ཞེས་འབྱུང་བར་བསྟན། རྒྱལ་ཞེས་པ་མིང་དངོས་དང་དཔལ་ནི་འཁོར་གྱི་སྤྲུལ་པ་རྣམས་གནས་དེའི་དཔལ་མགོན་དང་། ཡང་ན་ཐམས་ཅད་མཁྱེན་པའི་མཚན་རྒྱ་མཚོ་དཔལ་བཟང་པོ་ཞེས་འབྱུང་ཚུལ་དང་། ལྷུན་པོར་ཞེས་པས་བཀྲ་ཤིས་ལྷུན་པོ་ཡང་འཁོར་གྱི་ཡང་སྲིད་ཀྱིས་འདེབས་པར་བསྟན་ནོ། །

ཡང་ཟིང་བུ་བརྒྱ་ཕྲག་གཅིག་དང་བཅུ་གསུམ་ཡོད། །གང་གིས་དེ་འཁྲུངས་རྒྱལ་བ་ཉིད་དུ་ངེས། །ཞེས་མཚོའི་གྲངས་དང་ཕན་ཡོན་བསྟན། གཞན་ཡང་ཕ་ཆོས་ལེའུ་བཅུ་གཅིག་པར། མཚོ་མོ་ཟིང་བུ་དབྱར་དུས་ཆེ། །གཡུ་ཡི་མཆུལ་གསེར་བྱས་བརྒྱན། །དགུན་དུས་ཤེལ་གྱི་མཆུལ་ཏེ། །སྔོན་དཔྱིད་མཛེས་པའི་ཁྲིམས་གཉེར་ཅན། །འཁོར་ལོ་བྱེ་བ་དབུས་ནས་འཁྱིད། །ཟ་ཧླབས་ཆེན་པོ་མཐའ་ནས་གཡོ། །རང་ལས་བྱུང་ཞིང་རང་ལ་ཐིམ། །སྒྲ་མེད་དམ་ཆོས་སྟོན་པ་ཡོད། །ཅེས་མཚོ་མཇལ་བ་འོང་བ་སོགས་བསྟན་ཅིང་། རིགས་འཛིན་ལས་འཕྲོ་གླིང་པའི་གཏེར་ལུང་ལས། རིགས་འཛིན་མང་པོ་བཞུགས་པའི་གནས༔ འོལ་དྭགས་མཚམས་ཀྱི་ལུང་གསུམ་ལྗོངས༔ (༤་བ)དགེ་གནས་བརྒྱད་ཀྱི་གཅིག་ཡིན་ཀྱང་༔ གཞི་བདག་མཆོད་ལ་གནས་སྒོ་ཕྱེ༔ ཡི་གེར་བྲི་བར་མི་འོས་ཀྱང་༔ པདྨས་ཕྱི་རབས་དོན་དུ་བྲིས༔ ཞེས་དང་། ཨོ་རྒྱན་སྤྲུལ་རས་གཟིགས་ཀྱི་སྤྲུལ་པ་ཡིས༔ ལུང་གསུམ་ལྗོངས་འདི་འཛིན་པར་འགྱུར༔ གཞན་ཡང་། བསྟན་པའི་མཇུག་ཏུ་བསྟན་པ་འདི་ནས་འབྱུང་༔ ཁྱད་པར་གསང་སྔགས་བསྟན་པ་འཕེལ་བའི་གནས༔ ཞེས་སོགས་དང་།

གསང་འདུས་ཀྱི་རྒྱུད་གཏེར་མ་ལས། སྔོན་ནུབ་ཕྱོགས་ཨོ་རྒྱན་གྱི་ཡུལ་དུ་བྱང་ཆུབ་སེམས་དཔའ་མཐའ་ཡས་རིགས་མཆོག་ཏུ་གྱུར་པའི་ཚེ། སྟོན་པ་རྡོ་རྗེ་འཆང་གིས་ཆོས་རྒྱལ་ཨིནྡྲ་བྷུ་ཏི་སོགས་འཁོར་མཐའ་ཡས་པའི་ནང་དུ་བྱང་ཆུབ་སེམས་

དཔའ་མཐའ་ཡས་རིགས་མཆོག་ཉོན་ཅིག །བྱང་ཆུབ་སེམས་དཔའ་ཁྱོད་ནི་འགྲོ་བ་སེམས་ཅན་གྱི་སྟོན་པ་ཆེན་པོ་སྟེ་ཇི་སྲིད་འཁོར་བ་མ་སྟོངས་བར་དེ་སྲིད་དུ་འགྲོ་བའི་སྐྱབས་མགོན་དམ་པར་འགྱུར་རོ། །ཁྱད་པར་གངས་ཅན་གྱི་ཡུལ་དུ་གཟུགས་ཀྱི་སྐུ་འི་སྐྱེ་བ་བླངས་ཏེ་སྡེ་སྣོད་གསུམ་ཆོས་ཀྱི་བསྟན་པ་དར་བར་བྱེད་ཅིང་འགྲོ་བའི་དོན་ལ་སྤྲོ་བར་འགྱུར་རོ། །མཐའ་ཡས་རིགས་མཆོག་གངས་ཅན་གྱི་ཡུལ་དེ་ནི་བྱང་ཆུབ་སེམས་དཔའ་སེམས་དཔའ་ཆེན་པོ་སྤྱན་རས་གཟིགས་ཀྱིས་འདུལ་བའི་ཞིང་ཡིན་ཏེ་ཡུལ་གངས་ཅན་དེའི་ལྟེ་བ་འབིགས་བྱེད་ཀྱི་ལྗོངས་དཔལ་གསང་བ་འདུས་པ་དང་། དཔལ་རྡོ་རྗེ་འཇིགས་བྱེད་ཀྱི་དཀྱིལ་འཁོར་ཡོངས་སུ་རྫོགས་པའི་གནས་ཡེ་ཤེས་ཀྱི་མཁའ་འགྲོ་མ་འདོད་ཁམས་དབང་ཕྱུག་ཆེན་མོ་བདུད་དང་མུ་སྟེགས་(༩༠ན)ཀྱི་གཡུལ་ལས་རྣམ་པར་རྒྱལ་མ། དཔལ་ལྡན་གཙོ་མོ་དབང་གི་རྒྱལ་མོས་གནས་ཀྱི་སྲུང་མ་བྱེད་པ། ཡུལ་གྱི་དབྱིབས་ནི་ཨེ་ཆོས་ཀྱི་འབྱུང་གནས་ཀྱི་དབྱིབས་ཅན། གནས་ཀྱི་མིང་ནི་འཕགས་པའི་གནས་རྒྱལ་ཞེས་ཐུབ་མོང་དུ་གྲགས་པ་ཐུན་མོང་མ་ཡིན་པར་མཁའ་འགྲོའི་བརྡ་སྐད་ཚོགས་དང་ལྡན་པའི་སངས་རྒྱས་ཀྱི་ཞིང་རྣམ་དག་པའི་གནས་དེ་ནི་དགོས་འདོད་འབྱུང་བ་ཡིད་བཞིན་གྱི་ནོར་བུའི་གཏེར་ལ་སོགས་པ་ནོར་དང་ཆོས་ཀྱི་གཏེར་བསམ་གྱིས་མི་ཁྱབ་པ་དག་ཀྱང་ཡོད་ལ། ཞེས་སོགས་དང་།

གངས་ཅན་གྱི་ལྗོངས་དེ་ནི་བྱང་ཆུབ་སེམས་དཔའ་སྤྱན་རས་གཟིགས་མཐའ་ཡས་རིགས་མཆོག་ཁྱོད་ཀྱིས་འདུལ་བའི་ཞིང་དུ་གྱུར་པས་ན་གནས་དེར་ཁྱོད་ཀྱིས་སྡེ་སྣོད་གསུམ་དང་། བླ་མེད་རྡོ་རྗེ་ཐེག་པའི་ཆོས་ཀྱི་བསྟན་པ་རབ་ཏུ་གསལ་བར་འགྱུར་རོ། །ཞེས་མ་འོངས་པའི་གནས་དང་གདུལ་བྱ་སོགས་ལུང་བསྟན་པ་ལྟར་གཙང་རྟ་ནག་རྡོ་རྗེ་གདན་དུ་ཡབ་སྲེག་མིའི་རིགས་གསང་སྔགས་གསར་རྙིང་བསྟན་པ་རིས་མེད་ཐམས་ཅད་ཀྱི་བདག་པོ་རྡོ་རྗེ་འཆང་ཀུན་དགའ་རྒྱལ་མཚན་དང་། ཡུམ་མ་གཅིག་ཀུན་དགའ་དཔལ་མོ་གཉིས་ཀྱི་སྲས་སུ་རབ་བྱུང་བརྒྱད་པའི་ཤིང་མོ་ལུག་

(འདི་བི་དཀར་བསྟན་རྩིས་དང་མི་མཐུན་པ་ལོ་འགོའི་འཛིན་ལུགས་ཀྱིས་སོ། །)གི་ལོ་མངའ་དུ་འཇུག་པའི་དུས་ཡུམ་ལ་གསུང་རབ་ཀྱི་གླེགས་བམ་གསེར་ཆོས་མང་པོ་ཞལ་དུ་སོང་བ་དང་། ཡབ་ལ་ཐམས་ཅད་མཁྱེན་པ་དགེ་འདུན་གྲུབ་དབེན་གནས་ཡོལ་དཀར་དུ་སྐུ་མཚམས་ལ་བཞུགས་ཡོད་པས་ཁྱོད་ཤོག་ཟེར་བརྡེ་གཞོན་ནུ་ཞིག་བྱུང་། (༩༠བ) ཕྱིན་པ་ན་བུག་སྒོའི་ནང་དུ་དབུ་སྐུ་རིལ་ལེ་བཞུགས་འདུག་པའི་གསུང་ལས། ངེད་ཀྱིས་འདིར་མཚམས་ཤིག་བྱས་པ་ཡིན་ཏེ་ཉིད་ད་བར་མ་བྱུང་། ང་ཆོས་གསུམ་ལ་མཚམས་གྲོལ་ཡོང་བས་བཀྲ་ཤིས་ལྷུན་པོར་སྒྲོལ་མར་ངའི་རྣམ་སྤྲུར་དང་ལྷུང་བཟེད་ཁྱེར་ཤོག་གསུང་བ་མཛད། ཅེས་པ་ཞིག་དང་། བཙའ་བར་ཉེ་བ་ན་ཡུམ་ལ་ཁྱོད་ལ་བུ་གཅིག་སྐྱེ། དེ་མིང་སངས་རྒྱས་འཕེལ་ཞེས་བྱ་བར་ཐོགས། འདི་དུས་གསུམ་སངས་རྒྱས་ཐམས་ཅད་ཀྱིས་བཏགས་པ་ཡིན་པས་བསྒྱུར་དུ་མི་བཏུབ་ཟེར་བ་སོགས་རྨིས་པ་ལྟར། རྒྱལ་ཟླ་བའི་ཆོས་གསུམ་ལ་གཟིམས་ཁང་དུ་ས་དཀར་གསོལ་བ་དང་དུས་མཚུངས་ཡུམ་ལ་སྣུན་ཟུག་སོགས་ཡེ་མེད་པར་སྐུ་ལུས་ཤེལ་ལྟར་དྭངས་པ་འོད་ཟེར་འཕྲོ་བཞིན་དུ་བལྟམས། དེ་མ་ཁད་ནས་བཀྲ་ཤིས་ལྷུན་པོར་ཞལ་གདན་དེ་ཐལ་མོ་སྦྱར། ཡབ་ཀྱིས་ཤིས་བརྗོད་རྒྱས་པར་མཛད། ཞལ་ནས་སྨྲ་བའི་ཐོག་མ་ཏུཏྟ་རེ་གསུངས།

དགུང་ལོ་གསུམ་པའི་དུས་ཡུམ་གྱིས་བཀའ་བསྐྱོན་པས། བུ་ཚ་མི་སྡོད་བཀྲ་ཤིས་ལྷུན་པོར་འགྲོ། ཁང་པ་ཡང་འདི་ལས་སྐྱིད་པ་ཡོད་སོགས་སྐུ་གོང་མའི་དུས་ཀྱི་གསུང་གླེང་མཛད། ང་ཤི་ནས་དབུ་མཛད་སངས་རྒྱལ་བས་ཐག་པ་ཞིག་གིས་བཀྱིག་ས་བྱུང་བ་ཡེ་ཤེས་མགོན་པོས་བཀྲོལ་ཏེ་དེ་དང་འགྲོགས་ནས་འོངས་པ་ཡིན་དང་། ངས་ཐོག་མར་དགའ་ལྡན་དུ་ཕྱིན་རྗེ་བཙུན་བྱམས་པ་དང་། ཇོ་བོ་ཡབ་སྲས། བཅོང་ཁ་པ་རྣམས་ཆོས་མང་པོ་གསུང་བ་ཉན། བདག་འགྲོ་དོན་ལ་གང་དུ་ཕྱིན་པར་དགའ་ཞུས་པས། མེ་ཏོག་པདྨ་ཞིག་དང་། སེར་བ་ཇོག་པོ་གཉིས་གནང་སྟེ་འདི་རྣམས་(༩༡ན)གང་དུ་སོང་བར་འགྲོ་དོན་གྱིས་གསུངས་བསྒྱུར་བས། ཡོལ་དཀར་དུ་པདྨ་དེ་

བཏང་། སེར་བ་གཅིག་དབུས་སྟོད་ཕྱོགས་སུ་བབས། གཅིག་མདོ་ཁམས་སུ་བབས་ཞེས་སོགས་གསུངས། ནུབ་གཅིག་གྲང་རླུང་དང་འཇིགས་སྐྲག་གིས་ཡབ་ཀྱི་སྐུ་པང་དུ་བྱུང་། ཅི་བྱུང་ཞུས་པས་བརྡེ་རས་ཕྲུམ་དང་། བསེ་ཐེབ་ཀྱིན་པ་ཞིག་གིས་རྐང་པ་ཅས་འཐེན་པ་ལ་དཔལ་ལྡན་ལྷ་མོ་དྲེའུ་ལས་བབས་ཏེ་བེ་ཅོན་བརྒྱབ་པ་ལག་པར་ཐེབས་ནས་བྲོས་སོང་སོགས་དང་མངལ་དུ་ཞུགས་དུས་ཡབ་ཡུམ་ལ་མནལ་ལྟས་དང་བལྟམས་ནས་ངེས་ཤེས་ཀྱི་གསུང་ཡང་བྱོན། རབ་བྱུང་བར་མཚན་ཡུམ་ཀྱི་མནལ་ལམ་ལྟར་སངས་རྒྱས་འཕེལ་ཞེས་གྲགས་ཤིང་ཡབ་རྡོ་རྗེ་འཆང་ཀུན་དགའ་རྒྱལ་མཚན་པས་བསྐྱངས་ཏེ་བཀྲ་ཤིས་ལྷུན་པོའི་མཆོད་མཇལ་དུ་ཕེབས་དུས་བཞུགས་ཁྲིའི་སྟེང་དུ་བྱོན་ཏེ་ང་དང་པོ་ཆོས་འཆད་དུས་འདི་བཞིན་བྱེད་སོགས་གནང་བས་ཐམས་ཅད་ཡིད་ཆེས་སུ་གྱུར། འོན་ཀྱང་རབ་བྱུང་དེ་སྐབས་སྐབས་མ་འགྲིག་པར་ཕྱིར་ཕེབས། ཡབ་རྡོ་རྗེ་འཆང་ལ་བདེ་མཆོག་ལཱུ་ནག་དྲིལ་གསུམ། འཇིགས་བྱེད་བཅུ་གསུམ་མ། ཞི་དགུ་མ། རོ་ལངས་བརྒྱད་བསྐོར་རྣམས་ཀྱི་དབང་། མགོན་པོ་ཕྱག་དྲུག་པའི་རྗེས་གནང་དགའ་ལྡན་པ་ལ་གྲགས་པ་བཅུ་གསུམ་མ་དང་། ཤངས་སྐོར་རང་གི་དེ་ལ་མི་ཐེ་བ་དུ་མ་དང་། མགོན་པོ་ཕྱག་བཞི་པ། གུར། ཆོས་བདག་ཆེན་པོ་ཨ་སྐྱོ་ར་ཕྱི་ནང་གསང་གསུམ། དམ་ཅན་ཆོས་ཀྱི་རྒྱལ་པོ། རྣམ་སྲས་སྐོར། དཔལ་ལྡན་(༡བ)དམག་ཟོར་རྒྱལ་མོ། བེག་ཙེ་ལྕམ་དྲལ་སོགས་ཆོས་སྐྱོང་སྐོར་གྱི་རྗེས་གནང་། ཡིག་ཆ་རྣམས་ཀྱི་ལུང་། ན་རོ་ཆོས་དྲུག་གི་འཁྲིད། དྭགས་ཤངས་ཀྱི་ཕྱག་རྒྱ་ཆེན་པོའི་སྐོར་མང་པོ་དང་། སུ་ཁ་ཆོས་དྲུག །ཞི་བྱེད་བརྒྱུད་པ་སྔ་ཕྱི་བར་གསུམ་གྱི་ཆོས་སྐོར། ཁྱད་པར་བརྒྱུད་པ་ཕྱི་མའི་དབང་རྗེས་གནང་གདམས་པ་ཆ་ལག་དང་བཅས་པ། སྤྱོད་ཡུལ་ཟབ་དོན་སྐོར། ཕྱོན་བསྙེན་སྒྲུབ། རྟ་མགྲིན་ཡང་གསང་། གསང་སྒྲུབ། གུ་རུ་ཞི་དྲག་སོགས་ཐུགས་སྙིང་མའི་སྐོར། པོ་ཏོ་བའི་དཔེ་ཆོས་སྐོར་སོགས་བཀའ་གདམས་མ་བུ་ཚང་བ་ལྷ་བཞིའི་སྐོར་དང་བཅས་པ། མགོན་པོའི་རྗེས་གནང་བར་ཆད་ཀུན་སེལ་དང་། ཚེ་དབང་གྲུབ་རྒྱལ་མ། ལྷ་དགུ་མ།

འཆི་བསླུ་(བླུ་)དང་བཅས་པ། ནཱ་རོ་མཁའ་སྤྱོད་ཀྱི་ཆོས་སྐོར། འཇམ་དབྱངས་ནག་པོ། འབིར་སྲུང་། འབིར་སྒྲུབ་སྐོར་ལ་མཁའ་འགྲོ་མ་སེང་གེའི་གདོང་ཅན་གྱི་སྐོར་སོགས་ས་སྐྱ་པའི་ཟབ་ཆོས་མང་པོ། ཡེ་ཤེས་གྲུང་ཁྲ། ཕྱག་རྡོར་གཏུམ་པོ་ཆེ་ཆུང་སོགས་ཕྱག་རྡོར་གྱི་རྗེས་གནང་། འཁོར་ལོ་ཆེན་པོའི་དབང་། བཅུ་གཅིག་ཞལ་གྱི་ཆོས་སྐོར། ཆོས་རྗེ་རྒྱལ་སྲས་ཐོགས་མེད་པ། སྐལ་བཟང་དོན་ཡོད་པ་བཞིའི་བཀའ་འབུམ། ཡང་དགོན་པའི་རི་ཆོས་སྐོར་དུ་མ། སྒྲུབ་ཐབས་རྒྱ་མཚོ། ཀྱཻ་རྡོར། འཁོར་ཆེན། ཀུན་རིག །མི་འཁྲུགས་པ། གདུགས་དཀར། ཤངས་ལུགས་རྒྱུད་སྡེ་ལྔའི་དབང་གིས་ཐོག་དྲངས་ནི་གུ་ཆོས་དྲུག་སོགས་ཚང་བ། ལེགས་ལྡན་མཆེད་བ་སུམ་གྱི་རྗེས་གནང་གིས་མཚོན་ཆོས་བཀའ་(༡༢ན)རྣམས་བུམ་པ་གང་འཕྱོའི་ཚུལ་དུ་གནང་བས་གསན་རྒྱ་ཆེ། དགུང་ལོ་བཅུ་བཞིས་དུས་བཀྲ་ཤིས་ལྷུན་པོ་སྤྱིས་གདན་དྲངས་ཏེ་ཆོས་སྡེར་ཕེབས། ཧ་ལོ་ཧོར་ཟླ་དྲུག་པའི་ཆོས་བཞི་རྒྱལ་བས་ཆོས་འཁོར་བསྐོར་བའི་དུས་ཆེན་གྱི་ཉིན་པཎ་ཆེན་ལུང་རིགས་རྒྱ་མཚོར་གཙུག་ཕུད་འབུལ་བ་གནང་། ཡོངས་རྫོགས་དགེ་བསྙེན་གྱི་སྡོམ་པ་བཞེས། མཚན་དགེ་འདུན་རྒྱ་མཚོའི་དཔལ་དུ་གསོལ། ལོ་དེ་གའི་དགུན་ཆོས་ལ་གནས་སྙིང་ཀུན་དགའ་བདེ་ལེགས་རིན་ཆེན་རྒྱལ་མཚན་པས་མཁན་པོ། པཎ་ཆེན་ལུང་རྒྱམ་པས་སློབ་དཔོན། དབུ་མཛད་སངས་ཚུལ་བས་དུས་བསྒོ་བ་མཛད་དེ་རབ་ཏུ་བྱུང་བ་དགེ་ཚུལ་གྱི་དངོས་པོར་བསྒྲུབས། མགོན་པོ་འཁོར་བརྒྱད་སྙིང་ཞུགས་འཕོ་བ་བཅས་པ། རྗེའི་གསང་རྣམ། རྗེ་དགེ་འདུན་གྲུབ་ཀྱི་སྒྲོལ་དཀར་སྤྱན་བདུན་མའི་རྗེས་གནང་ཐུན་མོང་མ་ཡིན་པ་སོགས་གསན། དགུང་ལོ་བཅུ་དྲུག་པར་འཇམ་དཀར་དང་དབྱངས་ཅན་མའི་བསྙེན་པ་གནང་བ་འགྲུབ་ནས་ཛ་ཡུན་རེར་ཀློ་ཀ་བརྒྱ་རེ་ཟིན་པ་དང་སྔན་ངག་ཐུགས་ནས་རང་རྩོལ་དུ་བྱུང་། སྨག་ལོ་མན་བཀྲ་ཤིས་ལྷུན་པོ་རང་དུ་མཚན་ཉིད་གཙོ་ངོར་གྲུར་པའི་སློབ་གཉེར་གནང་། དེ་ནས་དབུས་ཕྱོགས་དཔལ་ལྡན་འབྲས་སྤུངས་སུ་ཕེབས། འཇམ་དབྱངས་ལེགས་པ་ཆོས་འབྱོར་ལ་རྟ་ཤེའི་མཛུབ་ཁྲིད། ཡབ་སྲས་བཀའ་འབུམ།

རྫེའི་རྣམ་ཐར་ཆེ་ཆུང་། འཇམ་དབྱངས་ཆོས་རྗེའི་རྣམ་ཐར། འདུལ་མཛོད་མངོན་པ་གོང་འོག །རྒྱུད་བླ། འབྱེད་(༡༢བ)རྣམ་གཉིས། མདོ་སྡེ་རྒྱན། ཚད་མའི་མདོ། དྲང་ངེས་རྣམ་འབྱེད་སོགས་མཚན་ཉིད། མི་ལའི་རྣམ་ཐར། འདུས་པའི་དབང་། འགྲེལ་པ་བཞི་སྦྲགས། གསལ་སྒྲོན། གདན་རྫོགས་བསྐྱེད་རིམ། སྔགས་རིམ་ཆེན་མོ། འདོད་འཇོ། རྣལ་འབྱོར་ཆེན་མོ། རིམ་ལྔ་སོགས་འཁྲིད། རྒྱལ་ཚབ་པའི་དུས་འཁོར་གྱི་འཁྲིད། བ་སོ་བའི་བསྐྱེད་རྫོགས། སྙིང་པོ་དོན་གསུམ་གྱི་འཁྲིད་སོགས་མདོ་སྔགས་ཀྱི་ཆོས་སྐོར་མཐའ་ཀླས་པ་གསན་པའི་ཡོངས་འཛིན་དུ་བསྟེན། རྗེ་ཡེ་ཤེས་བཟང་པོར་བླ་མའི་རྣལ་འབྱོར་གྱི་ཆོས་འབྲེལ། སེ་ར་ཆོས་རྗེ་ལའང་རྗེའི་རྟོགས་བརྗོད་ཀྱི་ལུང་དང་། བར་ཆད་ཀུན་སེལ། རྣམ་འཇོམས་ཀྱི་རྗེས་གནང་སོགས་གསན། ཡོས་ལོ་ཟླ་བ་གཉིས་པའི་ཚེས་བརྒྱད་ལ་མཁན་པོ་ཚིགས་སྔ་མའི་དེ་ཉིད་དང་། འཇམ་དབྱངས་ལེགས་ཆོས་པས་ལས་སློབ། ར་ཚག་པ་སངས་རྒྱས་བཟང་པོས་གསང་སྟོན། དྲུང་འོལ་དགའ་སངས་བཟང་པས་དུས་བསྒོ་བ་མཛད་དེ་ཡོངས་སུ་རྫོགས་པ་དགེ་སློང་གི་སྡོམ་པ་ཡང་དག་པར་བཞེས། པཎ་ཆེན་མཆོག་ལྷ་བ་དང་འཕྱོང་རྒྱས་ཞབས་དྲུང་ནོ་རྗེ་ཚེ་བརྟན་པ་མཆོད་ཡོན་གྱིས་གདན་དྲངས། ཟབ་ཆོས་ཀྱི་སྒོ་འཕར་ཅི་ཡང་ཕྱེ། རྗེ་སངས་རྒྱས་བཟང་པོར་ཕག་མོ་བཅུ་གསུམ་མའི་དབང་ལུང་སོགས་གསན། འོལ་དགའ་ཕྱོགས་སུ་ཕེབས། ལྷ་སྲས་མུ་ནེ་དང་འབྲུངས་བརྒྱུད་གཅིག་པ་མཁས་གྲུབ་ཆེན་པོ་ནོར་བཟང་རྒྱ་མཚོ་དང་མཇལ། སྔགས་མཚན་ཉིད་དང་དུས་ཀྱི་(༡༣ན)འཁོར་ལོའི་དབང་ལུང་མན་ངག་ཕྱི་རོལ་རྫོགས་པའི་ཐ་སྙད་གཙུག་ལག་སྐོར། གཞན་ཡང་གསང་བ་འདུས་པ་སོགས་ཆོས་མང་དུ་གསན་ཅིང་། ནང་དོན་གྱི་ལྟ་བ་ཐུན་མོང་མ་ཡིན་པ་ཐུགས་ལ་འབྲུངས་པའི་ཚུལ་ཡང་འདི་ནས་བསྟན་པས་བླ་མ་ནོ་རྗེ་འཆང་དུ་གཟིགས། ཕར་ཡང་ཆོས་བཀའ་མང་པོ་འབུལ་བ་གནང་། རིམ་གྱིས་ཨོ། གཉལ། བྱར་ཡོར་གསུམ། གནས་ཆེན་ཙ་རི་ཏ་སོགས་ཞབས་ཀྱིས་བཅགས་ཏེ་ཡར་ཀླུངས་སུ་ཕེབས། དྲུང་ནས་གསུང་རབ་རྒྱ་མཚོ་ཡང་

ཞབས་ཕྱིར་འབྱོར། གཙང་དུ་ཕེབས་ནས་ཡབ་དང་མཇལ། སླར་ནཱ་སྙིང་དུ་ཕེབས་འབྲོམ་སྟོན་ཆོས་ཀྱི་རྒྱལ་པོས་བྱིན་གྱིས་བརླབས་པའི་ལྷས་ཁྲིད་པར་ཅན་མང་དུ་བྱུང་། ས་སྤྲུལ་སྟོན་གྱི་ཟླ་བའི་ཡར་ཚེས་བཟང་པོར་ལུང་བསྟན་ལྟར་སྲས་ཡུལ་དཀར་མོ་ལྡོངས་སུ་ཆོས་འཁོར་རྒྱལ་མེ་ཏོག་ཐང་གི་ཆོས་སྡེ་བཏབ། གཙུག་ལག་ཁང་རྟེན་དང་བརྟེན་པར་བཅས་པ་ལེགས་པར་བཞེངས། ལོ་གསར་ཚེས་གཅིག་གི་གཏོར་ཆེན་ཡབ་རྗེ་རྗེ་འཆང་གི་བཀའ་བཞིན་འདི་ལོ་ནས་གནང་། པཎ་ཆེན་ཡེ་ཤེས་རྩེ་མོར་རྗེ་ནས་བརྒྱུད་པའི་ཕྱག་དྲུག་པའི་བར་ཆད་ཀུན་སེལ། དུས་འཁོར་ཊཱི་ཀ་ཆེན། མགོན་པོ་བཀའ་བཅུ་གསུམ་དང་ཡིག་ཆའི་སྐོར། བདེ་མཆོག་དང་ཀྱེ་རྡོར་གྱི་ཊཱི་ཀ་ཆེན། སྨིན་སྲིག་སོགས་ལུང་མང་པོ། ཆོས་ཆུང་བརྒྱ་རྩ། རྗེ་ཡབ་སྲས་གསུམ། ཐམས་ཅད་མཁྱེན་པ་གོང་མ། འདུལ་འཛིན་བློ་གྲོས་སྲས་པ་རྣམས་ཀྱི་བཀའ་འབུམ་སོགས་གསན་ཀྱང་ཕྱ་སོར་ཙུང་ཟད་མི་མཉེས་པའི་ཚུལ་མཛད་པ་ལ་སྙིང་ནས་འཁྱོད་པའི་བཤགས་སྡོམ་དང་བཅས་གདན་དྲངས་པ་ལྟར་བཀྲ་ཤིས་ལྷུན་པོའི་མཁན་པོར་ཕྱིན་སྤྲུལ་བུ་བཞི་བཅུ་ལྷག་ཙམ་མ་འགྲུངས་པར་འཕེལ་བ་སོགས་འཕྲིན་ལས་ཆེ་བ་བྱུང་། སླར་ཡང་ཆོས་འཁོར་རྒྱལ་དུ་(༡༤བ)ཕེབས། དེ་མོ་ལ་ཡན་དྭགས་གོང་གི་ས་ཐམས་ཅད་ཞབས་ཀྱིས་བཅགས་ཤིང་ཡོན་མཆོད་དུ་གྱུར་པ་མཛད། དཔལ་ལྡན་དམག་ཟོར་རྒྱལ་མོའི་བླ་མཚོ་ངོ་མཚར་ཅན་དེའི་གནས་སྒོ་ཕྱེ། གྲུབ་པའི་དབང་ཕྱུག་མཁས་བཙུན་ཐོན་པ་བ་ཡོན་ཏན་རྒྱ་མཚོ་བསྟན་པའི་ཉི་མར་བདེ་མཆོག་ལཱུ་དྲིལ་གྱི་དབང་། རྫོགས་རིམ་གྱི་འཁྲིད། བླ་མའི་རྣལ་འབྱོར། རྣམ་སྣང་མངོན་བྱང་གི་དབང་། དམར་པོ་སྐོར་གསུམ་དང་། ཛམ་ལ་དཀར་དམར། ཕྱག་རྡོར་འགྲོ་བཟང་། ཨུ་ཙྪ། རྣམ་སྲས་མི་འདྲ་བ་བརྒྱད། གུར་ཞལ་དུར་ཁྲོད་བདག་པོ། ལྷ་མོ་ཤྲ་མ་ཎ། ནཱ་ག་རཀྵ། ཇོ་བོའི་སྒྲོལ་མ་ཉེར་གཅིག་རྣམས་ཀྱི་རྗེས་གནང་སོགས་ཆོས་བཀའ་ཟབ་ཁྲིད་ཞལ་ཤེས་ཀྱི་སྐོར་མང་བ་གསན། དུར་སྤྲིག་གར་རོལ་གོང་མ་པཎ་ཆེན་དགེ་འདུན་གྲུབ་ཀྱིས་ལུང་དང་མཐུན་པ་སྐུ་ཚེ་དེའི་གདན་ས་གཙང་སྟོད་

བཀྲ་ཤིས་ལྷུན་པོ་བཏབ། རྗེ་འདིས་ཆོས་འཁོར་རྒྱལ་མེ་ཏོག་ཐང་ལྡིང་དང་མཐུན་པར་བཏབ་པ་ཡིན་ཀྱང་སྤྱིར་འཕགས་པ་ཕྲུག་ན་པན྄འི་གནས་ཀྱི་གཙོ་བོ་རི་བོ་གྲུ་འཛིན་དང་མིང་དོན་དབྱེ་བ་མེད་པ་དམར་པོ་རི་དང་དགའ་བཞི་འཕྲུལ་སྣང་གི་གཙུག་ལག་ཁང་ཆེན་པོ་ལོགས་བཀྲ་ཤིས་རྟགས་བརྒྱད་སོགས་དགེ་མཚན་དུ་མས་བསྐོར་བ་ཡིན་པར་མ་ཟད་ཅུར་སྨྲིག་གར་རོལ་ལྷ་པ་ནས་བཟུང་སྟོམ་བརྩོན་རྒྱལ་པོའི་རྩལ་གྱི་སྐྱེ་དགུ་ཀུན་བདེ་ལེགས་སུ་དགྲི་བར་མཛད་པའི་རྒྱལ་ཁབ་ཆེན་པོའི་ཕོ་བྲང་དེ་དག་དང་ཟུང་དུ་འཇུག་པའི་ཆེད་གདན་ས་འདི་དང་སེ་ར་ཐེག་ཆེན་གླིང་སོགས་ཀྱི་མཁན་པོར་ཕེབས་པའི་ཐུགས་སྨོན་གྱི་མཚམས་སྦྱོར་དམ་པོ་དགུང་དུ་བདོ་བ་ལ་བརྟེན་མཁན་ཐོག་དགུ་པ། ཐོན་ཡོན་རྒྱམ་པའི་བཀའ་དང་། སྤྱི་སོ་རང་གི་ཞུ་འབུལ། གོང་མ་ཆོས་རྒྱལ་ཆེན་པོ་ངག་གི་དབང་ཕྱུག་བཀྲ་ཤིས་གྲགས་པ་རྒྱལ་མཚན་དཔལ་བཟང་པོས་བསྐོ་འཇའ་དང་བཅས་ཆོས་གྭ་ཆེན་པོ་དཔལ་ལྡན་འབྲས་སྤུངས་ཀྱི་མི་འཇིགས་སེང་གེའི་ཁྲིར་(༡༤ན)དགུང་ལོ་ཞེ་གསུམ་པ་མེ་སྤྲང་ལ་ཕེབས། ཆོས་ཀྱི་རྒྱལ་པོ་བཙོང་ཁ་པ་ནས་བཟུང་ལྷ་ས་སྨོན་ལམ་ཆེན་མོ་འབྲས་སྤུངས་པས་སྐྱར་ཆགས་ཡིན་ནའང་། སྐྱིད་ཤོད་རིན་སྤུངས་པས་ཁ་བདག་བྱས་པ་ནས་བཟུང་ལོ་བཅུ་དགུ་ཙམ་གྱི་བར་གསང་ཕུ་བ་དང་ཀརྨ་པ་སོགས་ཀྱིས་བྱེད་པ་ཞིག་བྱུང་འདུག་པ་འདི་ལོ་ནས་སྨོན་ལམ་ལ་སེར་འབྲས་ཀྱི་གྲྭ་པ་ཚུད་པའི་ཞུ་འབུལ་མཛད་པར་བརྟེན་དེ་ལོ་འབྲས་སྤུངས་པ་སྟོང་དང་ལྔ་བརྒྱ། སེ་ར་བ་སུམ་བརྒྱར་ཉེ་བའི་གྲལ་དབུར་ཕེབས། སྐྱེས་རབས་སོ་བཞི་པའི་ཆོས་གསུངས། ས་སྟག་ལོ་གོང་མ་ཆེན་པོས་དགའ་ལྡན་ཕོ་བྲང་སྦྱོར་འཛུགས་མཛད། མེ་བྱ་ཧོར་ཟླ་དང་པོའི་དཀར་ཚེས་ལ་སེ་ར་ཐེག་ཆེན་གླིང་གི་གདན་སར་འཁོད། ཡོངས་འཛིན་དམ་པ་བཅུ་སྐོར་བསྟེན་པའི་གཙོ་བོ་ནི་ཡབ་རྗེ་རྗེ་འཆང་དང་། རྗེ་ནོར་བཟང་རྒྱ་མཚོ། བསྟན་བཅོས་གསུང་འབུམ་གྲས་རྗེ་ཉིད་ཀྱི་རྣམ་ཐར། ཡབ་རྗེ་རྗེ་འཆང་ཀུན་དགའ་རྒྱལ་མཚན་གྱི་རྣམ་ཐར་ནོར་བུའི་ཐེམ་སྐས། པཎ་ཆེན་ཡེ་ཤེས་རྩེ་མོའི་རྣམ་ཐར། བླ་མའི་བསྟོད་ཚོགས་

ཀྱི་སྐོར། སངས་རྒྱས་བྱང་སེམས་ཀྱི་བསྟོད་ཚོགས་ཀྱི་སྐོར། ཞལ་གདམས་མགུར་མའི་སྐོར། བླ་མའི་རྣལ་འབྱོར་དང་དེའི་མཆོད་པ་འཁྲིད་ཀྱི་སྐོར། མཚན་བརྗོད་ཀྱི་རྒྱ་ཆེར་བཤད་པ་རྡོ་རྗེའི་རྣལ་འབྱོར་གྱི་དེ་ཁོ་ན་ཉིད་སྣང་བར་བྱེད་པའི་ཉི་མ། དཔལ་གསང་བ་འདུས་པའི་ལམ་རིམ་པ་གཉིས་ལས་བསྐྱེད་རིམ་གྱི་ཚུལ་ལ་སྦྱོབ་ཚུལ། རྡོ་རྗེ་འཇིགས་བྱེད་ཀྱི་རིམ་པ་དང་པོའི་ལམ་ལ་སློབ་ཚུལ་བསྐྱེད་རིམ་གསལ་བའི་སྒྲོན་མེ། ཟབ་ལམ་ན་རོ་ཆོས་དྲུག་གི་དམིགས་རིམ་ཡེ་ཤེས་མཁའ་འགྲོའི་ཞལ་ལུང་། དྲིལ་བུ་ལུགས་བདེ་མཆོག་ལྷ་ལྔའི་སྒྲུབ་ཐབས་དངོས་གྲུབ་བང་མཛོད། དེའི་ཞི་བའི་སྦྱིན་སྲེག །ལུས་དཀྱིལ་གྱི་བསྐྱེད་རིམ། དཔལ་འཁོར་ལོ་སྡོམ་པ་ལཱུ་ཧི་པ་ལུགས་(༩༨བ)ཀྱི་རིམ་པ་དང་པོ་སྟེ་ལམ་ལ་བསླབ་ཚུལ་འདོད་པ་འཇོ་བའི་སྙིང་པོ། གྲུབ་ཆེན་དྲིལ་བུ་ཞབས་ལུགས་ཀྱི་དཔལ་འཁོར་ལོ་སྡོམ་པའི་རྫོགས་རིམ་རིམ་པ་ལྔའི་གནད་དོན་གསལ་བར་བྱེད་པ་ཉི་མའི་འོད་ཟེར། ཡི་དམ་སྒྲུབ་སྐོར་དང་དེའི་རྗེས་གནང་གི་རིམ་པ། དཔལ་མོ་ལུགས་ཀྱི་ཐུགས་རྗེ་ཆེན་པོའི་སྒྲུབ་ཐབས། འཇམ་དབྱངས་ཨ་ར་པ་ཙ་ནའི་མངོན་རྟོགས་རྗེས་གནང་དང་བཅས་པ། ཀུ་རུ་ཀུལླེ་གསང་སྒྲུབ་ཀྱི་སྒྲུབ་ཐབས་ཀྱི་གནད་ཡོངས་སུ་རྫོགས་པ། སྒྲ་དབྱངས་ལྷ་མོའི་རྗེས་གནང་བྱེད་ཚུལ། རབ་གནས་ཀྱི་ཆོ་ག་འཕྲིན་པོ་བཀྲ་ཤིས་སྙེ་མ། གནས་བརྟན་ཕྱག་མཆོད། རྣལ་འབྱོར་དབང་ཕྱུག་ཀློ་གྲོས་སྤྲས་པའི་ཉམས་མགུར། རྒྱལ་བ་ཀུན་འདུས་མའི་འགྲེལ་པ། བཅུད་ལེན་གྱི་གདམས་པ་རིམ་པ་ལྔ་པ། དཀར་གཏོར་དང་གཏོར་མ་བརྒྱ་རྩའི་རིམ་པ། དྲང་བ་དང་ངེས་པའི་དོན་རྣམ་པར་འབྱེད་པ་ལེགས་པར་བཤད་པའི་སྙིང་པོའི་དགོངས་དོན་རབ་ཏུ་གསལ་བར་བྱེད་པའི་སྒྲོན་མེ། དབུ་མ་འཇུག་པའི་རྣམ་བཤད་དགོངས་པའི་དོན་རབ་ཏུ་གསལ་བའི་རྒྱན། སྟོང་ཉིད་བདུན་ཅུ་པའི་རྣམ་བཤད་དབུ་མའི་ལམ་རབ་ཏུ་གསལ་བར་བྱེད་པའི་སྒྲོན་མེ། ཟང་མོ་རྟེན་ཅིང་འབྲེལ་བར་འབྱུང་བ་གསུངས་པའི་སྒོ་ནས་བསྟོད་པ་ལེགས་བཤད་སྙིང་པོའི་ཚིག་དོན་བཤད་པ་བླ་ན་མེད་པའི་འཇུག་ངོགས། ཕྱག་འཚལ་སྒྲོལ་མ་ཉེར་གཅིག་

གི་རྣམ་བཤད། ཛ་མཆོད་རྩ་འགྲེལ། མཆོད་ཡར་ཚོགས་གཉིས་གསེར་འཛིན་མ། གྲུབ་མཐའི་རྣམ་གཞག་གྲུབ་མཐའ་རྒྱ་མཚོར་འཇུག་པའི་གྲུ་རྫིངས་ལེ་ཚན། དཀར་ཆག་སྣན་ངག་སྐོར། དགེ་སློང་གི་བསླབ་བྱ་ལག་ལེན་གསལ་སྒྲོན་འདུལ་བ་བསྡུས་པའི་སྙིང་པོ། སྨོན་ལམ་བདུན་ཅུ་པའི་ཚིག་དོན་བཤད་པ་རྒྱལ་སྲས་འཇུག་ངོགས། ཆོས་སྐྱོང་གི་གཏོར་ཆོག་བསྐང་བ་དང་(༨༥ན)གསོལ་མཆོད་སྐོར། དཔལ་ལྡན་ལྷ་མོ་དམག་ཟོར་མའི་བེའུ་བུམ། བརྒྱ་བཞིའི་ཆོ་ག །ཆོས་རྒྱལ། ཚེ་རིང་མཆེད་ལྔ། རྡོ་རྗེ་གྲགས་རྒྱལ། གཡུ་སྒྲོན་མ། འཕྲོས་ལྷ། ཀོང་བཙུན་དེ་མོ། འོ་དེ་གུང་རྒྱལ་རྣམས་ཀྱི་གཏོར་ཆོག་གསོལ་བསྐོད་དང་བཅས་པ། ཚེ་རིང་མཆེད་ལྔའི་མངོན་རྟོགས་གཏོར་འབུལ་རྗེས་གནང་དང་བཅས་པ། འོད་ཆེན་འབར་བའི་བསྐུལ། ཆབ་ཤོག་སྣན་ངག་སྐོར། འཇིགས་བྱེད་ཀྱི་ཤིས་བརྗོད་སྨོན་ལམ་དང་བཅས་པ། དོན་རྒྱན་སོ་ལྔའི་དཔེར་བརྗོད། བཀའ་གདམས་གླེགས་བམ་གྱི་བསྡུས་དོན། བརྟན་བཞུགས་སྐོར། སྙན་ཚྭ་བདེ་གཤེགས་བརྒྱད་ཀྱི་ལྷ་ཚོགས་རྣམས་ཀྱི་ཤིས་བརྗོད་རྣམས་དང་། ཉམས་བཞེས་ཀྱི་གཙོ་བོ་རྗེ་གོང་མའི་དུས་ཀྱི་སྙིང་ཉིང་མའི་བླ་སྒྲུབ་དང་། རྟ་མགྲིན་གསང་སྒྲུབ། ཡང་གསང་ཁྲོས་པ། གུ་རུ་ཞི་དྲག །ནཱ་ག་རཀྴ། ས་སྐྱ་པའི་མཁའ་སྤྱོད་དམར་པོ་སྐོར་གསུམ། བེག་ཙེ། ནར་ཐང་པའི་མགོན་པོ་ཞི་དྲག །ཤངས་པའི་འཁྲིད་དྲུག་རྣམས་གནང་། ཆོས་སྲུང་རྗེ་གོང་མའི་དུས་ཀྱི་སྙིང་གཙོ་བོ་འདོད་ཁམས་དབང་ཕྱུག་མ་དང་། གསུང་རྒྱལ་དགྲ་ལྷ་སྐྱེས་གཅིག་ཡང་དགོན་ནས་ཧྭ་མགོའི་ཚུལ་གྱིས་སྟོན་གྱི་ལས་འབྲེལ་དམ་ཚིག་གིས་ཕེབས་ཤིང་། དུས་གསུམ་རྒྱལ་བ་མ་སོགས་གསོལ་མཆོད་འཕྲིན་བཅོལ་གནང་བས་འཕྲིན་ལས་ཀྱང་མྱུར་བ་བྱུང་བས་བསྟེན་པ་གནང་། དེ་ལྟར་འཆད་རྩོད་རྩོམ་གསུམ་གྱི་སྒོ་ནས་སངས་རྒྱས་ཀྱི་བསྟན་པ་རིན་པོ་ཆེ་ཉི་མ་ཤར་བ་ལྟར་མཛད་དེ་ཙུང་ཟད་སྐུ་ན་སྙིན་པ་དང་། རྗེ་ཉིད་ཀྱི་གསུང་ལས། བླ་མ་རྣས་ཤིང་འཕོགས་པའི་ལུས་འདིས་རང་གཞན་གྱི་དོན་གཉིས་བགྱི་བར་གང་ཡང་རྫོ་མི་ཐོགས་པས། དེ་བས་ན་ད་ནི་བླ་མ་གཞོན་ནུར་གྱུར་པ་ཞིག་གི་ཞབས་

ཏོག་བྱེད་པ་ལ་དགའ་བར་གྱིས་ཤིག །(༤༥བ)ཅེས་དང་། ང་དང་འབྲས་སྤུངས་པ་ལ་ད་དུང་ལས་འབྲེལ་འདུག །ད་ནང་(ནངས་)མང་ཇ་མེད་ནའང་དུང་སྐད་གསང་བ་བཞི་བྱུང་། ང་ལ་འཁྲུལ་བ་མེད་པས་སེམས་ལ་ཞོག་ཅིག །ཅེས་དང་། ང་དང་སྔེ་གདོང་གོང་མ་ཆེན་མོ་ཁུ་དབོན་རྣམས་ལའང་ལས་འབྲེལ་འདུག །རྩེ་ཞབས་དྲུང་ནས་འབུལ་དུ་བཏང་བ་ཡིན་ཟེར་རྒྱལ་མཚན་བཞི་བྱུང་བ་རྨིས་པས་དེ་རྣམས་སེམས་ལ་ཞོག་ཅེས་གསུངས་ཤིང་། དགུང་ལོ་རེ་བརྒྱད་པ་ཆུ་སྟག་ནག་ཟླའི་ཚེས་བརྒྱད་ལ་དག་པའི་ཞིང་དུ་གཤེགས། སྐུ་གདུང་ཞུན་དུ་ཕུལ་ཞིང་དབུ་ཐོད། ཕྱག་མཐེ །རྒྱུ་མ། ཐུགས་དང་བཅས་པ་གདུང་ལོགས་སོགས་བྱོན་ཞིང་དེ་རྣམས་དང་བཅས་རིང་བསྲེལ་གྱི་ཕུང་པོར་གྱུར། གདུང་ནང་ནས་བདེ་མཆོག་དང་དུང་དཀར་གཡས་འཁྱིལ་སོགས་རང་བྱོན་ཡང་སྟོན་ཟླ་ལྟར་གསལ་ཞིང་དངུལ་གདུང་རྗེ་ཉིད་ཀྱིས་དངུལ་སྲང་སུམ་བརྒྱ་སྐོར་གྱི་རྣམ་རྒྱལ་མཆོད་རྟེན་མཐོ་བཅུ་བཞི་པ་བཞེངས་པ་གནང་བའི་ནང་དུ་དབུ་ཐོད་རིལ་པོ་དང་རིང་བསྲེལ་སོགས་བཞུགས་སོ། །

བཅུ་གཅིག་པ་པཎ་ཆེན་བསོད་ནམས་གྲགས་པ་ནི་དགའ་ལྡན་གྱི་དུས་བརྗོད་པ་ལྟར་རོ། །

བཅུ་གཉིས་པ་ཐམས་ཅད་མཁྱེན་པ་བསོད་ནམས་རྒྱ་མཚོ་ནི། འགྲོ་དོན་ཟམ་མི་ཆད་པར་སྐྱོང་བའི་སྐུ་རིམ་པ་བདུན་གྱི་གོང་མ་གཉིས་ཀྱི་གནས་སོགས་སླེགས་བམ་རིན་པོ་ཆེ་ཕ་ཆོས་མ་འོངས་ལུང་བསྟན་དང་། དཀོན་ཅོག་འབངས་ཀྱི་སྐྱེས་རབས་སོགས་སུ་རྒྱས་པར་མཁའ་འགྲོ་རེས་གསུངས་ཤིང་། འདི་མན་སྤྱ་སོར་ཙོ་ཐོག་གི་ལུང་བསྟན་རིགས་ལས་གནས་དང་བཅས་པའི་ཚུལ་མི་འབྱུང་བ་ནི་མཁའ་འགྲོ་མས་རྗེ་དགེ་འདུན་རྒྱ་མཚོའི་གནས་སོགས་གསུངས་པའི་རྗེས་ཐོག་དེར། མཁའ་འགྲོ་མ་ཞིག་ན་རེ། ཀྱེ་བདག་ཅག་མཁའ་འགྲོ་བྱེ་བ་འབུམ། །ཀྱེ་རེ་རེས་སྒྲུ་དབྱངས་མགུར་བཞེས་ཀྱང་། །གནས་གང་ཟག་བཅས་པའི་ཡོན་ཏན་རྣམས། །(༤༦ན)དུས་བསྐལ་པར་བརྗོད་ཀྱང་མི་རྫོགས་པས། །ང་མཁའ་འགྲོ་བྱེ་བ་འབུམ་ཕྲག་ཀྱང་། །རྗེ་དོ་རྗེ

འཛིན་པའི་ངོ་བོ་ཉིད། །ཁོང་བླ་མས་གསུངས་པ་ཀུན་ལ་གསལ། །ཞེས་གསུངས་པར་གནས་ཀྱི་ལུང་བསྟན་ཆེར་མི་འབྱུང་ཞིང་། ཕ་ཆོས་ཀྱི་རྫོང་དུས་དགུ་ཡི་མཐའ་མ་ལ་ཞེས་སོགས་སྦྱར་གཞི་འདུག་ནའང་གོང་དུ་པཎ་ཆེན་དགེ་འདུན་གྲུབ་ཀྱི་དུས་བཤད་པ་ལྟར་ཅུང་མི་འདྲ་ཙང་། སྐུ་ཕྲེང་འདིའི་ལུང་བསྟན་དཀོན་ཅོག་འབངས་ཀྱི་སྐྱེས་རབས་ལས་ཐུགས་བླ་མེད་ཀྱི་དོན་གསང་བ་ཡེ་ཤེས་ཀྱི་མགུར་དུ་མཛད་ལན་དཀོན་ཅོག་འབངས་ཀྱིས་གསུངས་པའི་ཡང་ལན་མཁའ་འགྲོ་མ་ཞིག་གིས། བོད་བྱང་གི་ཕྱོགས་ནས་བྱང་ཕྱོགས་སུ། །མི་ཁྱོད་ཀྱི་སྤྲུལ་པ་དམ་པ་ཞིག །འབངས་མགོན་མེད་མང་པོ་འདྲེན་དུ་འགྲོ། །ཞེས་ལུང་བསྟན་པ་ལྟར་པཎ་ཆེན་དགེ་འདུན་རྒྱ་མཚོ་གཤེགས་པའི་སྐྱེ་སྲིད་མ་བཟུང་བའི་བར་དེར་ཡེ་ཤེས་སྐུའི་ངོ་མཚར་རྒྱ་མཚོའི་མཛད་པའི་བཀོད་པ་གྲངས་མེད་པར་བསྟན་པ་མཐའ་དག་བརྗོད་པར་ག་ལ་ནུས། འོན་ཀྱང་ཉིད་རང་གི་གསུང་ལས་བྱུང་བ་ལྟར་ན། དགའ་ལྡན་དང་དག་པ་མཁའ་སྤྱོད་བདེ་བ་ཅན་སོགས་ལ་ཕེབས་ཏེ། བྱམས་འཛམ། སྟོན་པ་ཤཱཀྱའི་དབང་པོ། མགོན་པོ་ཚེ་དཔག་མེད། སྨན་བླ། སྤྱན་རས་གཟིགས། ཕྱག་རྡོར། རྗེ་བཙུན་བཙོང་ཁ་པ་སོགས་དུ་མ་དང་མཇལ། ཟངས་མདོག་དཔལ་རིར་གཤེགས་པ་ན། ལམ་བར་སྲིན་རིགས་དུ་མ་དང་། ཁྱད་པར་སྲིན་པོ་མགོ་བཅུ་གཅིག་པ་སྙིང་ན་རྟ་མགོ་ཅན་ཞིག་བྱུང་ནས་མེ་ཏོག་གཏོར་ཏེ་འཁོར་བའི་ཚ་གདུང་སྐྱོབ་བྱེད་ཆེན་པོ་འདིར་བྱོན་པ་ལེགས་སོ། །ལམ་འདི་ནས་དགེ་བའི་བཤེས་གཉེན་གྱི་དྲུང་དུ་བྱོན་ཅིག་ཟེར་ནས་ལམ་སྣ་ཕུལ་བར་ཕེབས་པ་ན། བར་ཆད་རྫོམ་པའི་སྲིན་པོ་མགོ་བཞི་པ་(༩༨བ) ཞིག་བྱུང་བས་ཞབས་ནས་འཐེན་པའི་ཚེ་སྲུང་མ་ལུས་བོངས་ཆེ་བ། ཁ་དོག་ནག་པ་ཤིན་ཏུ་འཇིགས་པའི་གཟུགས་ཅན་རལ་པ་དཀར་པོའི་ཐོར་ཅོག་བསྒྲིངས་པ། སྨ་ར་དཀར་པོ་ཆེད་པ་ཅོན་པ། ལག་གཡས་གཡོན་རལ་གྲི་དང་ཐོད་ཁྲག་འཛིན་པ་ཞིག་དང་། ཁ་དོག་དམར་པོ་མེ་ལྟར་འབར་བ་བསེ་ཁྲབ་དང་བསེ་རྨོག་གྱོན་པ་ལྕེམ་ཕྲུ་ཅན་དར་སྣས་བརྒྱན་པ། ལག་ན་མདུང་དམར་དང་ཞགས་པ་ཐོགས་པ།

སྐུག་རལ་དང་གཟིག་ཤུབས་ཅན་བསེ་ལྷམ་དམར་པོ་གྱོན་པ་གཉིས་བྱུང་སྟེ་བརྡེག་སྐངས་སོགས་མོ་རེ་བྱས་བྱུང་བ་དང་སེར་པོ་དེ་ལྷུངས། དེ་ནས་སྲིན་ཡུལ་དུ་ཕེབས་པ་དང་། ཟངས་མདོག་དཔལ་རི་རྩེ་གསུམ་པ་དབུས་ན་སྙིང་གི་དབྱིབས་ཅན་སྟེང་ན་པདྨ་འོད་ཀྱི་གཞལ་ཡས་ཁང་གྲུ་བཞི་སྒོ་བཞི་རྟ་བབས་བཞི་ལ་སོགས་པའི་དཀྱིལ་འཁོར་ཆེན་པོའི་མཚན་ཉིད་ཐམས་ཅད་དང་ལྡན་པ་ལྟ་བས་ཆོག་མི་ཤེས་པའི་རྒྱན་བཀོད་པ་ཕུན་སུམ་ཚོགས་པ་ཅན། རི་དེའི་མཐའ་ཀུན་ནས་སྲིན་པོའི་གྲོང་ཁྱེར་དཔག་ཏུ་མེད་པས་ཡོངས་སུ་བསྐོར་བ་ཕོ་བྲང་ཆེན་པོ་དེའི་དབུས་ན་ཉི་མའི་ཁ་དན་ལ་གུ་རུ་དུས་གསུམ་གྱི་སངས་རྒྱས་པདྨ་འབྱུང་གནས་དེ་ཉིད་རིགས་འཛིན་དཔའ་བོ་མཁའ་འགྲོའི་ཚོགས་ལ་ཟབ་མོའི་ཆོས་སྟོན་ཅིང་བཞུགས། ཡང་དེའི་གཡས་ཕྱོགས་ན་ཛྲ་པོ་ཛྲེ་དཔལ་ལྡན་ཨ་ཏི་ཤ་དང་། གཡོན་ན་ས་སྐྱ་པཎྜི་ཏ་ཀུན་དགའ་རྒྱལ་མཚན། མདུན་ན་རྗེ་རིན་པོ་ཆེ་བཙོང་ཁ་པ་ཆེན་པོ་རྣམས་བཞུགས་འདུག །དེ་ལ་སྲུང་མ་འདི་གཉིས་སུ་ཞིག་ལགས་ཞུས་པས། གུ་རུ་རིན་པོ་ཆེའི་ཞལ་ནས། ངའི་བཀའ་སྡོད་ཡིན་པར་རིམ་གྱིས་ཤེས་པར་འགྱུར་ཞིང་། ཁོང་གཉིས་གྲོགས་སུ་ཁྲིད་ལ་སླར་བོད་ཡུལ་དབུས་སུ་སོང་ཞིག །ཅེས་གསུངས་ནས་སྲུང་མ་དེ་གཉིས་ཀྱང་གྲོགས་སུ་བཟུང་ངོ་། །

དེ་ནས་དེ་(༡༧ན)གཉིས་དང་འགྲོགས་ཏེ་ཡུད་ཙམ་གྱིས་བོད་དུ་འོངས། སྐྱོར་མོ་ལུང་། དགའ་ལྡན་ཕོ་བྲང་། བདེ་ཆེན་རྩེ། འོལ་དགའ་གཞིས་ཀ །ཨེའི་རི་སྒོ་ལ་སོགས་བར་སྣང་ཡུལ་རེ་བལྟས་ཏེ་འཕྱོང་རྒྱས་ཀྱི་ཕུ་ནས་ཡུད་ཙམ་གྱིས་རི་རབ་ཀྱི་སྟེང་དུ་ཕྱིན་པས་དེ་ན་སུམ་ཅུ་རྩ་གསུམ་པའི་ལྷ་རྣམས་ཕལ་ཆེར་འདོད་པའི་ཡོན་ཏན་ལ་གཡེངས་འདུག །ལྷ་དེ་རྣམས་ཀྱི་ནང་ནས་ལྷའི་བུ་མོ་འོད་ཀྱི་རང་བཞིན་ཅན་ཞིག་བྱུང་ནས་མདུན་ནས་བསུས་ཏེ་བསྙེན་བཀུར་ཕུན་སུམ་ཚོགས་པ་བྱས་སོ། །དེ་ནི་དཔལ་ལྡན་ལྷ་མོ་འདོད་པ་ཁམས་ཀྱི་དབང་ཕྱུག་མ་ཡིན་པར་འདུག །དེ་ནས་ལྷ་མོ་དེ་ཁྲི་མོའི་སྐྱར་གྱུར་པའི་མདུན་ན་སྤྲུལ་པའི་སྲིན་དཀར་པོ་མཐའ་འཇང་རིས་སྣ་

ཚོགས་རྣམ་པར་བཀྲ་བའི་མཛེས་པ་ཞིག་ཡིང་ངེ་འདུག་པས་དེའི་སྟེང་དུ་དཔལ་ལྡན་ལྷ་མོ་རང་ཉིད་བཞུགས་ཏེ། དེའི་ཕྱོགས་གཅིག་ཏུ་ང་ལ་ཡང་འདིར་ཕྱིན་གསུངས། དེར་ཕྱིན་པ་དང་སྤྲིན་དེའི་སྣ་ལས་འོད་ཟེར་སྣ་ལྔ་འཕྲོས་ཏེ་མི་ཡུལ་དུ་སོང་། དེ་ནས་དཔལ་ལྡན་ལྷ་མོ་དང་ལྷན་ཅིག་ཏུ་སྤྲིན་ལ་ཞོན་ནས་འོད་སྣ་ལྔའི་ལམ་ནས་ཡུད་ཙམ་གྱིས་སུམ་ཅུ་རྩ་གསུམ་གྱི་གནས་ནས་སྟོད་ལུང་གི་མཐིལ་ཁང་གསར་གོང་གི་གཞིས་ཀར་ཡོང་། དེར་ཨ་མ་བྲུང་པའི་སྐུ་ལུས་ལ་གཞན་ཞིག་ཞུགས་ནས་སྡོད་ས་དེ་ངགག་འདུག་པས། དཔལ་ལྡན་ལྷ་མོས་བགེགས་དེ་ཕྱི་རོལ་དུ་འབྱིན་པའི་འཕྲིན་ལས་མཛད་ནས་མའི་རུམ་ཤིན་ཏུ་གཙང་བར་གྱུར་པ་དང་། དེར་ངས་ཞུགས་པ་ཡིན་གསུང་བ་ལྟར་སྐྱིད་ཤོད་ཀྱི་ཡུལ་གྲུའི་ཆ་སྟོད་ལུང་མདའ་རྩེ་དགའ་ཁང་གསར་གོང་ཞེས་བྱ་བར་སྟོན་ཆོས་རྒྱལ་ཁྲི་སྲོང་གི་དུས་ལོ་ནྡྷ་བ་བརྒྱ་རྩ་བརྒྱད་ཀྱི་ནང་ནས་གཙོ་བོར་གྱུར་པ་སད་མི་བདུན་གྱི་ནང་ཚན་རྨ་རིན་ཆེན་མཆོག་དང་གཅིག་པའི་མཁས་གྲུབ་ཀྱི་(༡༧བ)སྐྱེས་ཆེན་མང་དུ་ཐོན་པའི་གདུང་དྲི་མ་མེད་པར། ཕྱི་ཐ་སྙད་རིག་པ་སོགས་ལུགས་གཉིས་ལ་མཁྱེན་པ་རྒྱས་ཤིང་། ནང་གསང་སྔགས་ཀྱི་ཏིང་ངེ་འཛིན་ལ་མངོན་པར་གཞོལ་བའི་ཡབ་སྔེ་པ་རྣམ་རྒྱལ་གྲགས་པ་དང་། ཡུམ་སྔེ་སྲིད་ཕག་མོ་གྲུ་པའི་དཀོན་གཉེར་དཔོན་སྔགས་རྙིང་མའི་རིགས་སྔགས་འཆང་བའི་དབང་ཕྱུག་རིན་པོ་ཆེ་ཀུན་བཟང་རྩེ་ནས་ཀྱི་སྲས་མོ་དཔལ་འཛོམ་བུ་ཁྲིད་གཉིས་ཀྱི་སྲས་སུ་ངོ་མཚར་བའི་ལྟས་བརྗོད་ཡུལ་ལས་འདས་པ་མང་པོ་དང་བཅས་རབ་བྱུང་དགུ་པའི་མཛེས་བྱེད་ཅེས་པ་ཆུ་ཡོས་ཀྱི་ལོ་དཔྱིད་ར་དང་པོའི་ཉེར་ལྔ་ལ་སྐུ་བལྟམས་ཤིང་། ཐོག་མར་མཚན་ར་ཏྣ་སྲཱི་ཚེ་དྷ་དཔལ་བཟང་པོ་ཞེས་པར་གསོལ་ལ། དེ་ནས་དགུང་ལྔ་བརྒྱད་ཙམ་བཞེས་པའི་ཚེ་རིན་པོ་ཆེ་དྷེ་བ་ཆོས་ཀྱི་རྒྱ་མཚོ་ཞེས་གྲགས་པ་འཕོར་བརྒྱ་ཕྲག་མང་པོས་བསྐོར་བ་ཞིག་ཕྱོགས་དེར་བསོད་སྙོམས་ཀྱི་ཕྱིར་བྱུང་བ་ན། སྔེ་པ་ཡབ་ཡུམ་གྱིས་མགྲོན་དུ་སྤྱན་དྲངས་ཏེ་ཕྱག་མཆོད་ཕུལ་ནས་ཆོས་དང་བྱིན་རླབས་ཞུས་སོ། །དེའི་ཚེ་སྐུ་གཞོན་ནུ་ཡུམ་གྱི་པང་དུ་སྤྱན་དྲངས་ཏེ། བླ་མ་བགྲེས་

པོ་ལོ་བརྒྱ་ལོན་དུ་ཉེ་བ་དེ་ལ་བྱིན་རླབས་ཞུ་བར་བརྩམས་པས་ཐུགས་ཁྲོལ་བའི་རྣམ་འགྱུར་སྟོན་ཅིང་ཉིད་ཀྱི་དབུ་ཕྱིར་བསྐྱོད་དེ་ཕྱག་གཡས་སྐྱབས་སྦྱིན་གྱི་ཕྱག་རྒྱ་སྦྲུལ་གྱི་གདེངས་ཀ་བཞིན་འཕྱུར། ཞབས་ཀྱི་པདྨའི་མཆུ་བ་ནི་གླང་པོ་ཆེའི་སྣ་ལྟར་བརྐྱངས་ནས་དྲང་སྲོང་ཆེན་པོ་དེའི་དབུ་ལ་ཕྱག་དབང་དང་ཞབས་དབང་གནང་བར་ཆས་ཏེ་སྤྱན་འབུར་ཚུགས་སུ་གཟིགས་པས་ཟིལ་གྱིས་མནན་པ་དང་། དེར་ཚོགས་པའི་མཆོད་ཡོན་རྣམས་ཧ་ལས་ཏེ་ངོ་མཚར་དུ་གྱུར་ཏོ། །སྤྱན་གྱི་པདྨ་རྣམ་པར་བཞད་པ་དང་མཉམ་དུ་དཔལ་ལྡན་ལྷ་མོ་ཕྱག་གཡས་རལ་གྲི་དང་། གཡོན་ཐོད་པ་ནོར་བུས་གང་བ་བསྣམས་(༩༤ན)པ་བཞོན་པ་མེད་པ་ཞིག་གཟིགས་པ་དེ་ཞལ་གཟིགས་ཀྱི་ཐོག་མ་ཡིན་འདུག །གཡུལ་ཁར་མ་མས་འཁྱུར་ཏེ་སྐུ་སངས་ལ་ཕེབས་པའི་ཚེ་ལྗོན་ཤིང་གི་སྡོང་པོའི་རྩེ་ནས་དཔལ་མགོན་ཞལ་བྲ་ཅན་བྱོན་ཏེ་ཁྱོད་དང་ང་ཚོ་རབས་སྔ་མ་ནས་འབྲེལ་བ་ཡིན་པས་མཆོད་གཏོར་ཕུལ་ཞིག་གསུངས། སྐབས་ཤིག་བློན་གོང་རྒྱལ་པོས་སླགས་ལྟ་བའི་ཆེད་དུ་བརྡེ་མ་ཏུངས་པའི་གཟུགས་ཀྱིས་བར་ཆད་བྱེད་པར་བརྩམས་པ་ན། བཅོམ་ལྡན་འདས་རྡོ་རྗེ་འཇིགས་བྱེད་བདུད་ལས་རྣམ་པར་རྒྱལ་བ་བྱོན་ཏེ་ནག་པོའི་ཕྱོགས་དེ་དག་ཚར་བཅད་པ་དངོས་སུ་གཟིགས། དགུང་ལོ་གསུམ་བཞེས་པ་ཤིང་སྤྲུལ་ལོ་ཆོས་སྡེ་ཆེན་པོ་སྐྱོར་མོ་ལུང་དུ་ཕེབས་པའི་ཚེ་ཆིབས་ཐོག་ཏུ་དགོངས་སྐྱེམས་ཞུས་པ་ན་ཞལ་དཀར་འཕངས་པ་མ་ཆག་པས་ཀུན་ངོ་མཚར་དུ་འཛིན། དེ་ནས་ཡབ་ཀྱི་དགོངས་པར་ངའི་བུ་འཇིག་རྟེན་ལས་ཁྱད་དུ་འཕགས་པ་འདི་སྤྲུལ་སྐུ་ཞིག་ནི་ཡིན་མཆིས། གལ་ཏེ་འབྲས་སྤུངས་ཆོས་རྗེ་ཐམས་ཅད་མཁྱེན་པའི་སྤྲུལ་སྐུ་ཡིན་ངེས་ན་གང་ས་ནས་ལེགས་པ་འདུག །གང་ལྟར་བརྟག་པ་མང་དུ་བྱ་དགོས་དགོངས་ནས་སྐྱོར་མོ་ལུང་ཆོས་སྡེར་གནས་བརྟན་ཟླ་བ་བྱ་བ་སྒྲོལ་མས་ལུང་བསྟན་གསལ་པོར་ཡོང་བ་ཡོད་པ་ལ། ཁྱེད་ཀྱིས་ངའི་གཞོན་ནུ་འདི་རྗེ་ཐམས་ཅད་མཁྱེན་པའི་སྐུ་སྐྱེ་ཡིན་མིན་བརྟག་པ་མཛོད་ཅིག་གསུངས་པས། གནས་བརྟན་པས་ཀྱང་གལ་པོ་ཆེར་བཟུང་ནས་མཚམས་དམ་པོར་བཅད་དེ་ལྷག་པའི་ལྷ་

སྤྲོལ་མ་ལ་གསོལ་བ་བཏབ་ནས་དོན་གསལ་བར་ལུང་བསྟན་དུ་གསོལ་ཞེས་གསོལ་བ་བཏབ་པས། ཐོ་རངས་རྨི་ལམ་དུ་མི་དཀར་པོ་ཞིག་གིས་ཚིགས་སུ་བཅད་པའི་གསལ་འདེབས་དང་ལུང་བསྟན་ལྷུག་པར་འདི་ནི་དགེ་འདུན་གྲགས་པ་རྒྱལ་མཚན་དཔལ་བཟང་པོ་བསྟན་པའི་ཉི་མ་ཕྱོགས་(༡༤བ)ཀུན་ལས་རྣམ་པར་རྒྱལ་བའོ། །ཞེས་དང་། དེས་མཚོན་ཏེ་རྣལ་འབྱོར་པ་ཐུགས་དམ་གྱི་གདེངས་ལྡན་དུ་མར་ཡང་རྗེ་ཐམས་ཅད་མཁྱེན་པའི་སྤྲུལ་པའི་སྐུ་ཡིན་པར་ལུང་བསྟན་དངོས་ཉམས་ཅི་རིགས་སུ་བྱུང་ངོ་། །

འབྲུག་ལོ་ཟླ་བ་བརྒྱད་པར་དྲུང་གནས་གསུང་རྒྱམ་པས་གསང་ཐབས་ཀྱིས་ཁང་གསར་གོང་དུ་ངོས་འཛིན་བརྟག་དཔྱད་དུ་འབྱོན་པར་ཆས་པའི་ཚེ། གནས་ཆུང་ལྷོག་ཏུ་སྤྲུལ་པའི་ཆོས་སྐྱོང་ཆེན་པོ་རྡོ་རྗེ་འོད་ལྡན་དཀར་པོ་ཐོག་ཕེབས་ཀྱིས། ཉི་མ་ཤར་བ་ལ་སྤྲིན་མེ་འདེགས་མི་དགོས། ད་དུང་རེ་ཞིག་སློད་ལ་ཞོག །མ་འགྱངས་པར་རྟེན་འབྲེལ་ལེགས་ཚོགས་སུ་འགྲིག་པའི་ཚེ་ངའི་ཕྱག་མཐིལ་གྱི་དར་དཀར་པོ་གྲུ་བཞི་འདི་སྟོན་ལ་གྲོགས་པོས་ཕུལ་ཞིག །མི་མངོན་པར་ངེད་རང་གིས་འབུལ་ཞེས་ངཀྲ་ཤིས་ཁ་བཏགས་དཀར་པོ་དྲི་མ་མེད་པ་ཞིག་གནང་། མེ་རྟ་ཚེ་འཕྲུལ་ཟླ་བའི་ཚེས་བཅུ་བཞིའི་གཟའ་སྐར་ལེགས་པ་ལ་དྲུང་གནས་རིན་པོ་ཆེ་དཔོན་སློབ་ཉུང་བསྡུས་བང་གསར་གོང་དུ་ཕྱིན་པའི་སྔ་འགྲོས་སུ་སྟོན་གྱི་དྲུང་ཡིག་པ་ཆོས་ཀྱི་དཔལ་འབྱོར་ལེགས་པ་ཞབས་དྲུང་གོང་མའི་ཆིབས་པ་ཞོན་ཏེ་སོང་བ། གཞིས་ཀའི་སྒོ་དྲུང་དུ་ཉེ་བར་སླེབས་པ་ན། མ་མ་ལ་ངའི་རྒྱ་མཚོ་འོང་གི་ཡོད་པ་འདུག་ཧ་གཡུལ་རྒྱལ་སླེབས་བྱུང་། གཡུལ་རྒྱལ་ཨོག་ཨོག་སྙིང་རེ་རྗེ་གསུངས། དེ་ནས་ཡུམ་ལ། མ་གི་ན་དགེ་བཤེས་ཡིག་མཁན་གྱིས་ཞོན་པའི་རྟ་དེ་ངའི་ཡིན་གསུངས་མཉེས་པའི་རྣམ་འགྱུར་མཛད། དྲུང་གནས་རིན་པོ་ཆེ་དང་ཆོས་མཛད་བློ་གྲོས་པ་དཔོན་གཡོག་རྒྱང་ནས་ཕྱིན་པ་གཟིགས་པས། ཨ་ལི་ངའི་རྒྱ་མཚོ་སླེབས་བྱུང་། བློ་གྲོས་ཀྱང་བྱུང་གསུངས་ནས་ཞབས་བྲོ་མཛད། དེ་ནས་ངོ་མཚར་བའི་རྣམ་འགྱུར་མང་པོ་མཛད་

ཅིང་། གསོལ་ཇ་དང་པོའི་ཐོག་ཏུ་བཞུགས་གདན་ལ་ཕེབས་(༡༡ན)པ་ན། དྲུང་གནས་
རིན་པོ་ཆེས་ཐོག་མར་ཆོས་སྐྱོང་ཆེན་པོས་འབུལ་རྒྱུ་བསྐུར་བའི་ཁ་བཏགས་ཀྱིས་སྣ་
དྲངས་དཔོན་སློབ་ཚང་མས་མཇལ་དར་རིམ་བཞིན་ཕུལ། དེར་ནམ་མཁའ་དག་
པ་དང་། མེ་ཏོག་གི་ཆར། འཇའ་འོད་ཀྱི་གུར། དྲི་བཟང་པོའི་དུད་པ་འཕྱུར་བ་
སོགས་ངོ་མཚར་བའི་ལྟས་མཐའ་ཡས་པ་བྱུང་ཞིང་། སྐྱ་འདྲ་ཕྲུག་འཕྲེང་། ན་བཟའ་
སོགས་ཚང་མར་འབྲུལ་མེད་ཀྱི་ངོས་འཛིན་ཡིད་ཆེས་པ་མཛད། མེ་ཧ་ནག་པ་ཟླ་
བའི་དཀར་ཕྱོགས་ཀྱི་རྒྱལ་བ་གཉིས་པ། རེས་གཟའ་ཕུར་བུ་ཟླ་སྐར་རྒྱལ་དང་
འཛོམས་པའི་ཉིན་དབུ་སྐྲ་ལྟུང་ལོ་དང་ལྡན་ཡང་པཎ་ཞྭ་སྐུ་ཆོས་སོགས་རབ་ཏུ་བྱུང་
བའི་རྟགས་དང་བཅས་ཏེ་དཔལ་ལྡན་འབྲས་སྤུངས་ཀྱི་ཉེ་འདབས་སུ་ཕེབས་པ་ན་
དགེ་འདུན་གྲངས་མེད་པའི་སེར་སྤྲེང་དང་། བསྟན་སྲུང་ཆོས་སྐྱོང་པེ་ཀར་ཡང་
ཁོག་ཏུ་ཞུགས་ཏེ་བསུ་བས་མཆོན། ཆོས་སྲུང་ཡུལ་ལྷ་གཞིས་བདག་རྣམས་ཀྱང་བསུ་
བ་ལ་བྱོན་པ་ནམ་མཁའ་གང་བ་ལྟ་བུ་ངོ་མཚར་བའི་ལྟས་ཕུན་སུམ་ཚོགས་ང་དང་
བཅས་དཔལ་ལྡན་འབྲས་སྤུངས་ཆོས་ཀྱི་སྡེ་ཆེན་པོའི་འཇིགས་པ་མེད་པའི་སེང་གེའི་
ཁྲི་ཆེན་པོར་ཞབས་ཀྱི་པདྨ་བཀོད། དཔོན་སློབ་རིན་པོ་ཆེ་བསོད་ནམས་གྲགས་པའི་
དྲུང་དུ་ཡོངས་སུ་རྫོགས་པ་དགེ་བསྙེན་གྱི་སྡོམ་པ་བཞེས་ཏེ་མཚན་བསོད་ནམས་རྒྱ་
མཚོ་དཔལ་བཟང་པོ་བསྟན་པའི་ཉི་མ་ཕྱོགས་ཐམས་ཅད་ལས་རྣམ་པར་རྒྱལ་བར་
གསོལ། མེ་ལུག་སོགས་རྒྱལ་དུ་ཕེབས། ས་བྱི་ས་ག་ཟླ་བའི་ནང་པཎ་ཆེན་བསོད་
ནམས་གྲགས་པས་མཁན་པོ། གསང་ཕུ་ཆོས་རྗེ་ལེགས་པ་དོན་གྲུབ་ཀྱིས་ལས་སློབ།
ཤར་རྩེ་ལེགས་པ་དོན་གྲུབ་ཀྱིས་དུས་བསྒོ་བ་མཛད་དེ་དགེ་ཚུལ་གྱི་སྡོམ་པ་བཞེས་
ཤིང་པཎ་ཆེན་བསོད་ནམས་གྲགས་པ་ལ་གྲུབ་རྒྱལ་མ་(༡༡བ)རྣམ་སྲས་སེར་ཆེན།
དམག་ཟོར་མ། དཔལ་ལྡན་སེང་གེའི་ཞལ། ཕྱག་དྲུག་པ། ལས་གཤིན་ཕྱི་སྒྲུབ་
རྣམས་གསན། གླིང་སྟོད་ཆོས་རྗེ་ལེགས་དོན་པར་འཇིགས་བྱེད་ཀྱི་སྟགས་བསྙུ། བླ་
མ་ལྔ་བཅུ་པའི་ཊཱི་ཀཱ། ལམ་རིམ་ཆེ་ཆུང་། ལམ་སྒྲོན། བྱང་ཆུབ་གཞུང་ལམ་ འདུལ་

བའི་བསླབ་བྱ་ཆེ་ཆུང་། གཞི་གསུམ་གྱི་ཆོ་ག །ལས་ཆོག་རྩ་འཇུག་གཉིས་ཊཱི་ཀཱ་བཅས་
པ། འགྲེལ་པ་དོན་གསལ། ལེགས་བཤད་སྙིང་རྒྱན། རྣམ་འགྲེལ་ཐར་ལམ་གསལ་
བྱེད། མཛོད་རྩ། མདོ་རྩ། དྲང་ངེས་རྣམ་འབྱེད། དཔེ་ཆོས་གསལ་སྒྲོན། གདན་
ཇོགས། མཁས་གྲུབ་བཀའ་འབུམ། བསྐྱེད་རིམ་དངོས་གྲུབ་རྒྱ་མཚོ་རྣམས་ཀྱི་
ལུང་། ཤར་རྩེ་ལེགས་དོན་པར་འཛམ་དཀར། སྤྱན་རས་གཟིགས་ཕྱག་བཞི་པ།
མགོན་པོ་སྙིང་ཞུགས་འཁོར་བརྒྱད། ཧ་མགྲིན་གསང་སྒྲུབ། ལྕགས་རལ་ཅན། གུར་
དྲག །ནཱ་ག་རཀྵ། ཨུ་ཙྪ། ཕྱག་བཞི་པ་ཚལ་ལུགས། སྒྲོལ་དཀར། ཚེ་རིང་མཆེད་
ལྔ། ཡེ་ཤེས་ཁྱུང་ཁྲ། བེག་ཙེ། དམར་པོ་སྐོར་གསུམ། ཀུ་རུ་ཀུལླེའི་གསང་སྒྲུབ།
སྒྲོལ་མ་ཉེར་གཅིག །རྣམ་སྲས་ཧ་སྔོན་ཅན། བེ་ཅོན་ཅན། མདུང་དམར་ཅན། ཕྱག་
མཚན་བཞི་པ། གར་མཁན་མཆོག །དྲག་བྱེད། དཀར་པོ་ཆེ་སྒྲུབ། ཤྭ་མ་ཏཱ། སེང་
ལྡེང་ནགས་སྒྲོལ། སེང་གདོང་མ། སྨེ་བརྩེགས་རྣམས་ཀྱི་རྗེས་གནང་། འཇམ་
དབྱངས་ཞི་ཁྲོ་སྨྲགས་སྒྲུབ་ཀྱི་ལུང་། གསང་འདུས་འཇམ་རྡོར་དང་འཇིག་རྟེན་
དབང་ཕྱུག་གི་དབང་། ཐིག་ལེ་བཅུ་དྲུག་དང་གླེགས་བམ་གྱི་ལུང་གསན། པཎ་
ཆེན་ངསོད་གྲགས་པར་རྗེའི་གསུང་འབུམ་ཐོར་བུ། རྗེ་དགེ་འདུན་རྒྱ་མཚོའི་གསུང་
འབུམ་ཡོངས་རྫོགས། སྐྱེས་རབས་སོ་བཞིའི་ལུང་། སྒྲུབ་(༧༠༠ན)ཐབས་རྒྱ་མཚོ།
མགོན་དཀར་གྱི་རྗེས་གནང་། གསང་འདུས་མི་བསྐྱོད་པའི་དབང་། ལས་ཆེན་ཀུན་
རྒྱལ་བ་རེ་བཀའ་གདམས་ཆོས་འབྱུང་། བེའུ་བུམ་སྔོན་པོ་རྩ་འགྲེལ། ཀཱ་ཤ་ཏམ།
མེ་ཏོག་འཕྲེང་རྒྱུད། པཎ་ཆེན་རང་གིས་མཛད་པའི་དགའ་ལྡན་ཆོས་འབྱུང་། གནས་
བཅུའི་སྒྲུབ་ཐབས། སྟོང་ཉིད་བདུན་ཅུའི་རྣམ་བཤད་རྣམས་ཀྱི་ལུང་གསན། འཕགས་
བདེ་ལོ་ཙཱ་བ་རྗེ་དགེ་འདུན་བཀྲ་ཤིས་ལ་རྒྱུད་སྡེ་བཞིའི་དབང་ལུང་མན་ངག་ཕྱག་
ལེན། ཚེ་དཔག་མེད་ལྷ་མང་། གུ་རུ་ཞི་དྲག །དོན་ཞགས། བཅུ་གཅིག་ཞལ། ཚེ་
དཔག་མེད་ལྷ་དགུ་རྣམས་ཀྱི་དབང་། འཕྲེང་བ་ཞི་ལྔ། ཟུར་བཀའ་འདུས་པ་
འཕགས་ལུགས་དང་ཡེ་ཤེས་ཞབས་ལུགས། བདེ་མཆོག་ལཱུ་ཧི་པ། དྲིལ་བུ་པ་ཕྱི་

ནང་། སམྦུ་ཏ། ཀྱི་རྡོར་མན་ངག་ལུགས་དང་རྫོག་ལུགས། བདག་མེད་ལྷ་མོ་བཅོ་ལྔ། གུར་རིགས་བསྡུས། དྲག་པོ་གདེངས་ཅན། ར་(རྭ་)ལུགས་འཇིགས་བྱེད། དགྲ་ནག །སྐྱོས་ལུགས་རོ་ལངས་བརྒྱད་སྐོར་དང་། དགྲ་ནག་ཞང་ལུགས་ཞི་དྲུ་མ། དཔལ་འཛིན་ལུགས་ཀྱི་གཤེད་དམར་དང་བིར་ལུགས་ལྷ་ལྔ། འཁོར་ཆེན་གདུག་པོ་ཁྲུང་ཉེར་གཅིག །ཁྲོ་བོ་བཞི་བཅས་ཧེ་ཉེར་ལྔ་མ། ཀུན་རིག །མི་འཁྲུགས་པ། གཏུགས་དཀར། གྲ་ལྔ། མི་ཏྲའི་ལུགས་ཀྱི་སྤྱན་རས་གཟིགས། དུས་འཁོར་གྱི་དབང་རྣམས་དང་། ཕྱག་རྡོར་ཁྲུང་ལྔ། ཨ་ཙཱ་འགྲོ་བཟང་ལུགས། རྣམ་འཇོམས། ཚེ་དཔག་མེད་གྲུབ་རྒྱལ་མ། ནོར་རྒྱུན་མ། འོད་ཟེར་ཅན། ཛམ་ལ། ལོ་མ་གྱོན་མ་རྣམས་ཀྱི་རྗེས་གནང་། རས་བྲིས་དང་ལུས་དཀྱིལ་ལ་བརྟེན་པའི་ཕྱག་བཞི་པའི་དབང་། གུར་ཞལ་ལེགས་ལྡན་(༧༠༠བ)མཆེད་གསུམ། བདེ་མཆོག་སྡོགས་བསྡུ་དབྱངས་གསལ་ཡི་རྐྱར་ཡིག་བརྒྱ་རྣམས་ཀྱི་རྗེས་གནང་། མགོན་པོ་བཞི་སྦྲགས་དང་། དུས་མཚན་མ། སེང་གདོང་རིགས་ལྔའི་དབང་སྒྲུབ་ཐབས་ལས་ཚོགས། འཇམ་དབྱངས་ཆོས་སྐོར་དབང་ལུང་རྫོགས་པ། རྣམ་སྲས་གསང་སྒྲུབ་ལྷུང་སེར། དྲག་བྱེད་ཀླུ་བརྒྱད་ཀྱི་སྐོར། སེར་ཆེན། དཀར་པོ། བདུད་མོ་བཞི་སྐོར་གཤིན་རྗེ་ལྷར་སྒྲུབ་པ། དྲག་བྱེད་ཏང་ཐང་མ། མི་ཏྲ་ཁྲིད་དྲུག་བཅས་པའི་རྗེས་གནང་། ཕྱག་དྲུག་པའི་བེ་བུམ་དཀར་ནག་གཏོར་ཆེན་འཁོར་ལོ་སོགས་ཀྱི་ཕྱག་ལེན་ཞལ་ཤེས། ར་པོད་འཕྲུལ་འཁོར་དྲུག་ཅུ་པའི་ཕྱག་ལེན་སོགས་བུམ་པ་གང་འབྱོའི་ཚུལ་དུ་གསན། སྐུ་ཞང་ཀུན་བཟང་རྩེ་པར་ཚར་ཆེན་ནས་བརྒྱུད་པའི་དཔལ་མགོན་ཞལ་གྱི་དབང་ལུང་མན་ངག་ཁ་ཡར། ས་ཕུར་ལྷ་ཁྲ། ཞལ་གནང་དབབ་དང་། དབྱངས་ཅན་ཆེངས། ཉིང་མའི་དྲག་སྡགས། ཆོས་དབང་གི་ཐྲ་མ་ཞི་དྲག །ཚེ་བདག །ཁྲོ་ཆུ། འཆར་ཀ །དཔལ་མགོན་མ་ནིང་བསྟན་སྲུང་ཡོངས་རྫོགས། ཞིང་སྐྱོང་། གཟའ། རྡོར་ལེགས་སོགས་སྡེ་འགྱུར་གྱི་ཆོས་མང་བ་དང་། ཕྱག་ལེན་མཐའ་དག་གསན། སྨན་པོ་སྤྱན་སྡེ་བཀྲ་ཤིས་རྣམ་རྒྱལ་དང་ཕན་ཚུན་ཆོས་འབྲེལ། ཚར་ཆེན་ལ་གུར་མགོན་

རྫེས་གནང་། དཔལ་ལྡན་རྡོ་རྗེ་ལྷ་ཧི་པའི་དབང་། ཚེ་དབང་། ལྷ་བཙུན་བསོད་ནམས་དཔལ་བཟང་ལ་སྐར་རྩིས། འདོད་ཁམས་མའི་ཆོས་བཀའ་གསན། མཆོད་རྟེན་བཅས་ཚོག་དང་། ཞལ་གྱི་རྡོ་ནག་མརྡལ་སོགས་བཅས་ཏེ་བསྙེན་སྒྲུབ་ལས་སྦྱོར་མང་པོ་བསྟར། ཕུར་པ་དང་། བླ་མའི་ལས་བྱང་གར་ཐིག་དབྱངས་སོགས་རྩེ་ལུགས་འཛུགས་བཞེད་ཀྱང་རྐྱེན་གྱིས་མ་འགྲུབ། ས་ལུག་སྣེའུ་(༧༠༧ན)སྟོང་པའི་དབུ་ལྷར་གྱུར། ཤིང་བྱི་ས་ག་ཟླ་བའི་ཉར་དགའ་ཁྲི་ཟུར་དགེ་ལེགས་དཔལ་བཟང་གིས་མཁན་པོ། ཁྲི་ཐོག་པ་དགེ་འདུན་བསྟན་པ་དར་རྒྱས་ཀྱིས་ལས་སློབ། ཤངས་དགེ་འཕེལ་ཆོས་རྗེ་ཕྱོགས་ལས་རྣམ་པར་རྒྱལ་བས་གསང་སྟོན། ལྷ་བཙུན་བསོད་ནམས་དཔལ་བཟང་གིས་དུས་བསྒོ་བ་མཛད་དེ་དད་པའི་དགེ་འདུན་གྲངས་ཚང་བའི་དབུས་སུ་དགེ་སློང་གི་དངོས་པོ་བཞེས། འདུལ་བའི་བསླབ་བྱ་ལམ་རིམ་ཞིབ་བཤད་རྣམས་མཁན་པོ་དང་། ལས་སློབ་དུ་ཤཱ་ན་བཞི་སྐོར། མགོན་པོ་ལྗོ་ནུབ་མའི་རྗེས་གནང་སོགས་བཀའ་གདམས་སྐོར་དང་། གསང་སྟོན་པར་རྒྱུད་སྡེ་ལྔའི་དབང་སོགས་ཤངས་ཆོས། ནག་པོ་པའི་དབང་གསན། ལྷ་ས་པར་ཁང་ནས་མངའ་བདག་གི་གཏེར་ཞབས་ཤོག་དྲིལ་ལྷ་གཏེར་ནས་བཞེས། ཤིང་སྤྲང་ནག་ཟླར་དྭང་གནས་གསུང་རབ་ང་གཤེགས། ས་འབྲུག་གི་ལོ་མཇུག་ཕན་བདེ་ལེགས་བཤད་གླིང་འཛུགས་པ་གནང་ཞིང་། དེར་ཨལ་ཐན་རྒྱལ་པོའི་ཚེ་སྒྲུབ་ལ་དམིགས་རྣམ་རྒྱལ་མའང་བཙུགས། སེར་འཕྲེས་རྒྱལ་སོགས་ཀྱི་གདན་ས་རྗེ་དགེ་འདུན་རྒྱ་མཚོ་ལྟར་བསྐྱངས། ཙུགས་ཧ་ཡོར་རྒྱལ་དུ་གདན་སའི་བསིལ་བ་ཚལ་གཟིམས་ཁང་དབུས་མ་དི་བྲི་ཀོ་ཏི་སོགས་ཀྱི་ཡི་དམ་ཆོས་སྐྱོང་གི་སྒྲི་ནང་གསང་བའི་རྟེན་རྣམས་བཞེངས། བོད་མཁར་བར་ཚར་ཆེན་ལ་མ་གསན་པའི་སྟན་བརྒྱུད་སོགས་གསན། མི་བྱ་ཡོར་བྱང་ཕྱོགས་སུ་རྒྱལ་བའི་བསྟན་པ་དང་ཞྭ་སེར་ཅོད་པན་འཆང་བའི་རིང་ལུགས་སྤེལ་བར་ཆིབས་བསྐྱོད། ལྷ་སྲས་མུ་ནེ་དང་འཁྲུངས་བརྒྱུད་གཅིག་པ་གནམ་སའི་དབང་ཕྱུག་ཨལ་ཐན་ཆོས་ཀྱི་རྒྱལ་པོའི་དབུ་བླར་གྱུར་ཏེ་སའི་ཚངས་པ་དེ་ཉིད་ཀྱིས་མི་རིགས་མི་

གཅིག་པ་དུ་མའི་དབུས་སུ་གསེར་ལས་(༡༠༡བ)གྲུབ་པའི་དབུ་རྒྱན། བུམ་པ། རིགས་ལྔའི་ཕྱག་མཚན། གསེར་སྲང་བརྒྱ་ལས་གྲུབ་པའི་ཐམ་ཀ་འབྲུག་སེར་མོ་ལྔ་པས་མཚན་པ། ཁ་རིས་ལ་རྡོ་རྗེ་འཆང་ཏཱ་ལའི་བླ་མའི་ཐམ་ཀ་རྒྱལ་ཞེས་ཧོར་ཡིག་གསར་དུ་ཡོད་པ། ཡོ་བྱད་འབགངས་ཆེ་བ་མ་ཚང་བ་མེད་པ་དང་བཅས་ཏཱ་ལའི་བླ་མ་བཛྲ་དྷ་ར་ཞེས་ཁྱབ་བདག་རྡོ་རྗེ་འཆང་གི་ལས་ཀ་ཕུལ། རྒྱལ་པོ་ལའང་ཆོས་ཀྱི་རྒྱལ་པོ་ལྷའི་ཚངས་པ་ཆེན་པོ་ཞེས་མཚན་གནང་ཞིང་། སྟར་ཕན་སོག་པོ་རྣམས་མི་ཤི་བའི་དགེ་བ་ལ་ཨོང་ཀོ་ཞེས་པའི་གཟུགས་བཅོས་ཏེ་སེམས་ཅན་བསད་པའི་ཤ་ཁྲག་གིས་མཆོད་པ་བྱེད་པ་བསྒྱུབས་ཤིང་། གསང་སྔགས་དང་མདོའི་གཉིན་ཆོག་གི་སྲོལ་བཏོད། ཐེག་ཆེན་ཆོས་འཁོར་གླིང་ལ་སོགས་པ་གཙུག་ལག་ཁང་དང་ཀུན་དགའ་ར་བ་རྟེན་བརྟེན་པར་བཅས་པ་མང་པོ་གསར་དུ་བསྐྲུན། ཡིག་དྲུག་གི་ལུང་དང་བསྙེན་གནས་ཡན་ལག་བརྒྱད་པའི་སྡོམ་པ་ཕབ་ནས་མཆོག་དམན་མཐའ་དག་ཆོས་པར་མཛད་དེ་མཐའ་འཁོབ་མུན་པའི་གླིང་དམ་པའི་ཆོས་ཀྱི་ཉི་མའི་སྣང་བས་ལེགས་པར་ཁྱབ། རྒྱ་ནག་གོང་མ་ཞྭན་ཡི་རྒྱལ་པོས་རྒྱལ་ཁམས་ཐམས་ཅད་བླ་མ་ཀྱོག་ཆེན་ཤྲིའི་མཚན་དང་། ཐམ་ཀ་ལུང་། ལས་ཞྭ། ལས་གོས། འཇའ་ས་སོགས་ཀྱི་སྔོན་དུ་རྒྱལ་པོའི་ཆེ་བའི་རོལ་མོ་སྣ་ཚོགས་དང་བཅས་རྒྱ་ནག་གི་མི་དཔོན་གསུམ་གྱིས་གཙོས་པ་འབྱོར། ལུ་ཧང་གསེར་མའི་ན་བཟའ་ཆ་ཚང་སོགས་དང་། གསེར་དངུལ་གོས་དར་སོགས་ཕོ་བྲང་གི་དཔྱད་པ་མང་དུ་ཕུལ། ངེད་རང་གི་འབངས་སུ་གྱུར་པའི་སོག་པོ་ཚོ་ཆེན་བཞི་བཅུ་དང་། གན་ཙུ་དུ་ཐང་གི་མི་དཔོན་སོགས་ཀྱི་རེ་བ་ཡོངས་སུ་བསྐངས་པ་ལེགས་ཤིང་། ཕོ་བྲང་ཆེན་པོར་ཡང་རིམ་གྱིས་(༡༠༢ན)གདན་འདྲེན་ཞེས་པ་སོགས་ཀྱི་བཀའ་ཤོག་གནང་། དེ་ནས་མདོ་ཁམས་ཀྱི་ཆ་ལི་ཐང་ཕྱོགས་སུ་ཕེབས་པའི་ལམ་དུ་རིགས་འཛིན་ཆེན་པོ་སངས་རྒྱས་གླིང་པའི་ཆོས་པ་རྒྱུད་འཛིན་པ་ཀཿཐོག་པ་དཔོན་སློབ་ཀྱི་ཡིད་ལ་ཀར་ལུགས་ཀྱི་བླ་མ་སྔར་པ་རྣམས་དང་འདྲ་བའི་འཇིག་རྟེན་ཕྱོགས་སྟོབས་ཆེ་བ་མ་གཏོགས་ནུས་མཐུ་རང་མེད་ཡོང་སྙམ་སྟེ་

བཙན་རྒོད་འབར་བ་སྤྱན་བདུན་ཐད་དེ་ཆོ་འཕྲུལ་ཆེན་པོ་བཏང་བས། མགོན་པོ་ཞལ་གྱི་སྒོ་ནས་ཕྱིར་སློག་པས་ཀཿཐོག་པ་རྣམས་ཡིད་ཆེས་ཏེ་མཇལ་བ་དང་འདུད་པར་མང་པོས་འོངས། རིམ་གྱིས་ཕེབས་ཡི་དམ་གྱི་ལྷ་དུ་མའི་སྒོ་ནས་ས་གཞི་བྱིན་གྱིས་བརླབས། རྣམ་གནོན་ཞེས་པ་ལྕགས་འབྲུག་གི་ལོ་གསར་རྒྱས་པར་གནང་། སྐུ་ཚེ་འདིའི་མཛད་པའི་དགོན་པ་འདེབས་པའི་ཁུ་ལག་དང་བཟོ་བོ་མཐའ་དག་འཛངས་ས་ཐམ་རྒྱལ་པོས་བསྒྲུབས་ཏེ། གསེར་ཟངས་ལས་གྲུབ་པའི་བྱང་ཆུབ་ཆེན་པོ་དང་ལྷན་ཅིག་པར་རབ་གནས་ཀྱིས་མཐའ་བརྟེན་པའི་བར་མཛད་ཅིང་། དགོན་མིང་ཐུབ་བསྟན་བྱམས་ཆེན་ཕྱོགས་ཐམས་ཅད་ལས་རྣམ་པར་རྒྱལ་བའི་སྡེར་བཏགས། དེ་ནས་ཆབ་མདོ་བ་རྣམས་ཀྱིས་གདན་དྲངས་པའི་ཕེབས་ལམ་དུ་རྒྱ་མོ་བཟའི་ཕྲུག་བཟོའི་རྣམ་སྣང་གི་སྐུ་མཇལ་བས། དེ་རྣམ་སྣང་དངོས་སུ་གྱུར་པའི་དབུ་གཙུག་ནས་འོད་ཟེར་རྣམ་པ་ལྔ་འཕྲོ་བ་དང་། ཐུགས་ཀ་ནས་མགོན་པོ་གུར་ཞི་བའི་ཆས་ཅན་གསལ་བར་གཟིགས། རྫུ་འཕྲུལ་གྱིས་ཞབས་རྗེས་མཛད།

པོན་དགོན་ཞིག་གི་གཞོགས་སུ་བཞུགས་སྐབས་ཕབ་པའི་ནུབ་བོན་པོས་ཐོག་དང་སེར་བ་སྤྱར་ཏེ་བཏང་བས་སྐུ་ཆས་སུ་ཞུགས་མགུལ་ཕུར་གདེངས་ཏེ་ཁྲོ་བོའི་སྟངས་སྟབས་ཀྱིས་འཆམས་དང་(༡༠༢བ)བཅས་ཏེ་ཐོག་སེར་བོན་དགོན་རང་གི་སྟེང་དུ་བསྒྱུར་བས་སྐྲག་སྟེ་སང་བཤགས་པ་འབུལ་བར་འོངས། མཆོད་རྟེན་དཀར་པོ་ཞེས་པ་བྱིན་རླབས་ཅན་བཞུགས་པའི་ཡུལ་གྱི་གཙུག་ལག་ཁང་བཞེངས་པ་ལ་རབ་གནས་མཛད། ཉིན་གཅིག་ནགས་ཐོ་རེ་བ་ཡོད་པའི་རི་ཞིག་ལ་ཕེབས་པས་དགེ་སློང་ན་བཟའ་རྒྱལ་པོ་བཞེས་པ་ཞིག་དང་མཉམ་ཕྲུག་མཛད་གསུང་གླིང་མང་དུ་གནང་སྟེ་དེ་ནས་ནགས་གསེབ་ལ་ཡུད་ཀྱིས་བཞུད་སོང་བས་སྐུ་འཁོར་རྣམས་ཀྱིས་དྲི་བ་ཞུས་པར། རྒྱལ་ལྷ་ཐོག་སྟེང་ནས་གྲུབ་ཆེན་ཐར་པའི་རྒྱལ་མཚན་ཁོ་བོ་འགྲོ་ཁར་ཐུག་པ་ལ་བྱོན་པར་འདུག །ད་ནང་ག་ནས་ཕེབས་ཞུས་པས། གཏོར་མ་གྲོལ་ནས་འོངས་གསུངས་བྱུང་། ཁོང་ཡང་ཡུན་རིང་བཞུགས་མདོག་མ་ཁ་གསུང་བ་སོགས་དག་པའི་

སྣང་བ་དང་མཛད་པ་རྒྱ་ཆེར་མཛད་ཅིང་། བླ་མ་ཀུན་བཟང་རྩེ་པ་དང་ཚར་ཆེན་གཉིས་ཀྱིས་གཙོ་བྱས་བཅུ་གཅིག་དང་། ཉམས་བཞེས་གཙོ་བོ་རྗེ་གོང་མའི་སྙིང་རྟ་མགྲིན་ལེ་ཚན་གུར་དྲག་སོགས་རྙིང་མ་རྒྱས་སུ་སོང་ཞིང་། གསུང་འབུམ་གྲངས་བྱང་ཆུབ་ལམ་གྱི་རིམ་པའི་འཁྲིད་ཡིག་གསེར་གྱི་ཡང་ཞུན། གུ་རུ་དྲག་པོའི་ལས་བྱང་ཉི་མའི་འཁོར་ལོ། དེའི་ལྷ་ཚོགས་ལ་བསྟོད་པ་བྱིན་རླབས་རྒྱུན་ཆགས། རྩ་བརྒྱུད་ཀྱི་བླ་མར་གསོལ་འདེབས་དངོས་གྲུབ་འབྱུང་གནས། རྩ་བའི་བླ་མ་རྣམས་ཀྱི་བྲིས་ཐང་གི་རྒྱབ་ཡིག་ཏུ་བསྟོད་པ་ཚོགས་བཅད་མ་རེ་སྩལ་བ་ཕྱོགས་གཅིག་ཏུ་བསྒྲིགས་པ། ཕག་མོ་གྲུ་པ་རྡོ་རྗེ་རྒྱལ་པོའི་བསྟོད་པ་བྱིན་རླབས་ལྡན་པོ། རྗེ་རང་ཉིད་ལ་བསྟོད་པ་རྒྱ་ཆེན་བསོད་ནམས་མ་དང་། ཕུན་ཚོགས་རྣམ་དཔྱོད་མ། ཐུགས་རྗེའི་བདག་ཉིད་མ། བསྐལ་བཟང་དཔག་མེད་མ་རྣམས། རྡོ་རྗེ་(༡༠༣ན)གདན་བཞིའི་བསྟོད་པ་དབྱངས་ཅན་གྲུབ་པའི་ངག །དཔལ་རྡོ་རྗེ་འཇིགས་བྱེད་ཀྱི་དྲག་པོའི་སྦྱིན་སྲེག་གི་ལས་མཐའ་སྲིད་གསུམ་ཟ་བའི་སྲེག་ཁང་འབར་བ། ལས་ཀྱི་གཤིན་རྗེར་ཀ་འཕྲེང་ལས་བརྩམས་པའི་གསོལ་མཆོད་འཕྲིན་ལས་གསོལ་བའི་ཕོ་ཉ། དེའི་གཏོར་ཟོར་རྒྱག་ཚུལ། རྣལ་འབྱོར་གྱི་དབང་ཕྱུག་དྲིལ་བུ་ལུགས་ཀྱི་བདེ་མཆོག་ལྷ་ལྔའི་བདག་འཇུག །དེའི་ཤིས་བརྗོད། མི་འཁྲུག་པའི་སྨོན་ལམ། བརྒྱ་བཞིའི་ཆོ་ག་བསྒྲགས་པས་དོན་གྲུབ། སྙིང་པོ་དོན་གསུམ་གྱི་འཁྲིད་ཡིག །རྟ་མགྲིན་གསང་སྒྲུབ་ཀྱི་སྒྲུབ་ཐབས་བདུད་དཔུང་ཕྱིར་འཐག །དཔལ་ཚོགས་ཀྱི་བདག་པོའི་སྒྲུབ་ཐབས་འདོད་དགུ་མ་ལུས་པའི་འབྱུང་གནས། རྗེ་བཙུན་ཀུ་རུ་ཀུལླེའི་སྒྲུབ་ཐབས་དངོས་གྲུབ་བང་མཛོད། མགོན་དཀར་ཡིད་བཞིན་ནོར་བུའི་སྒྲུབ་ཐབས། དཔལ་གུར་གྱི་མགོན་པོའི་མངོན་རྟོགས་དངོས་གྲུབ་ཀྱི་ཉིང་ཁུ། དེའི་གཏོར་འབུལ་བསྡུས་པ། དཔལ་མགོན་བྲམ་ཟེའི་གཟུགས་ཅན་ལ་མཆོད་གཏོར་འབུལ་ཚུལ་འཕྲིན་བཅོལ་དང་བཅས་པ། ཡང་དེའི་གཏོར་འབུལ། ཞལ་བཞི་པའི་བསྐང་གསོ་རྒྱས་པའི་བསྒྲལ་ལས་ཀྱི་མཆོད་འབུལ། ཞལ་བཞི་པ་གདོང་བཙན་ཅན་འཁོར་མང་གི་སྒྲུབ་ཐབས་རྒྱས་པ།

དགྲ་བགེགས་སྲི་འཇོམས་གནམ་ལྕགས་སྤུ་གྲི། དེའི་བསྟོད་པ་དང་གདབ་ལས་ཀྱི་བསྐུལ་ཚིག །ཆོས་སྐྱོང་དྲེགས་པ་ལྕམ་སྲིང་གི་བསྟོད་པ། དཔལ་ལྡན་དམག་ཟོར་རྒྱལ་མོ་ལ་བསྟོད་ཅིང་འཕྲིན་ལས་བཅོལ་བ་དང་དངོས་གྲུབ་རྒྱ་མཚོ། དཔལ་གྱི་ལྷ་མོ་འཁོར་བཅས་ལ་མཆོད་གཏོར་འབུལ་བ་དངོས་གྲུབ་ཆར་འབེབས། ལྷ་མོ་དུས་མཚན་མར་མཆོད་གཏོར་འབུལ་བའི་རིམ་པ། (༧༠༣བ)དེའི་བསྟོད་པ། གཟའ་རྒོད་བཤན་པ་མིག་དམར་གྱི་མངོན་རྟོགས་འཕྲིན་ལས་མྱུར་སྒྲུབ། རྒྱ་ལེ་ཆོས་མཛད་ལ་གནང་བའི་ཞལ་གདམས། ཡང་ཞལ་ཆེམས་གནས་ཚུ་ལེན་མ། ལོ་གསར་གྱི་དུས་ཆེན་སྐབས་གནང་བའི་མཆོད་འབུལ་གྱི་གོ་རིམ། ཐུགས་དམ་བསྒྲིགས་ཚགས་ཀྱི་རིམ་པ་བཀོད་པ། ཇ་མཆོད་སྨྲས་བཅས་རྒྱལ་བ་མ། འབྲུམ་ནད་བཟློག་བསྒྱུར་སྲིད་གསུམ་བདག་མོ། ཆོས་འཁོར་རྒྱལ་གྱི་གནས་མཇལ་སྤྱིའི་མཚོ་སྐོར་མཇལ་ཚུལ། བརྟན་བཞུགས་ཚིགས་བཅད་མ། བྱམས་པའི་སྨོན་ལམ། བཀྲ་ཤིས་ཚིགས་བཅད་མའི་རིམ་པ་རྣམས། ཆོས་སྐྱོང་ལྷ་མོ་དང་དགྲ་ལྷ་རྡོ་རྗེ་གྲགས་ལྡན་གཙོར་འཛིན་དུ་གནང་། དགུང་ལོ་ཞེ་དྲུག་བཞེས་པའི་དུས་ཙམ་ཞིག་བསྟན་པའི་ཚུལ་མཛད་པར་ཚང་མས་གསོལ་བ་བཏབ་ངོར་སྐུ་མཚམས་གནང་བའི་སྐབས་རྒྱལ་བ་བཙོང་ཁ་པས་བཏང་བའི་ཕོ་ཉ་ཡིན་ཟེར་བ་ཞིག་འོངས་ཏེ་ཡི་གེ་ཕྱག་ཏུ་ཕུལ་བ་གཟིགས་པ་ན་རེ་ཞིག་དགའ་ལྡན་དུ་ཤོག་ཟེར་བ་འདུག་གསུངས་ཏེ་ཀུན་ཏུ་རྒྱུ་རབ་བཟང་ལྡར་སྐུ་དངོས་ཀྱི་གདུལ་བྱའི་མཐའ་མ་རྫོགས་ཏེ་ས་ཕྱི་ནག་ཟླའི་ཉེར་དྲུག་གི་ཐོ་རངས་སྤྲུལ་སྐུ་རགས་པའི་ཟ་མ་ཏོག་ལས་ལོངས་སྐུ་ཡེ་ཤེས་སྒྱུ་མའི་སྐུ་ཡོགས་སུ་ཕྱེ་ནས་རྗེ་བཙུན་འཇམ་དཔལ་སྙིང་པོའི་དྲུང་དུ་གཤེགས་སོ། །སྐུ་གདུང་སོག་ཡུལ་དུ་ཞུན་ལ་ཕུལ་བས་སྤྱན་རས་གཟིགས་ཀྱི་སྐུ་དང་ཡིག་འབྲུ་དབུ་ཐོད་རིལ་པོ་སོགས་རྟེན་རིང་བསྲེལ་གྱི་ཕུང་པོར་གྱུར་ཅིང་དངུལ་གྱི་མཆོད་རྟེན་ཁྲུ་བཅུ་གསུམ་པ་ཕྱག་མཛོད་རྒྱ་སེང་གེས་བཞེངས་པ་འབྲས་སྤུངས་སུ་བཞུགས།

བཅུ་གསུམ་པ་བདེ་ཆེན་ཆོས་ཀྱི་རྒྱལ་པོའམ་རྗེ་ཡོན་ཏན་རྒྱ་མཚོ་ནི། དེ་ཡང་

ཐམས་ཅད་མཁྱེན་པ་བསོད་ནམས་རྒྱ་(༧༠༥ན)མཚོའི་མཆོག་གི་སྤྲུལ་སྐུ་རིན་པོ་ཆེ་གནས་ཆུང་ནས་དགྲ་ལྷ་འོད་ལྡན་དཀར་པོ་དང་ཚེར་གསེབ་ཆོས་སྐྱོང་གཉིས་ཀས་སོག་ཡུལ་རང་དུ་ཕེབས་པར་ལུང་བསྟན་ཀྱང་འདི་ཚེར་འཁྲི་གྱུང་སོགས་ལ་དོགས་པ་བྱུང་བས་དོགས་དཔྱད་མང་པོ་མཛད་ཀྱང་ངོས་འཛིན་ངེས་ཤེས་མེད་མུར་སོག་ཡུལ་སྣར་པའི་འགོ་མི་གསོལ་དཔོན་ཚུལ་ཁྲིམས་རྒྱ་མཚོས་བང་ཆེན་ཆེན་པོ་ཧོར་གྱི་ཡུལ་དུ་ཐེང་གིར་གྱི་རྒྱལ་བརྒྱུད་ཡབ་སེ་ཆེན་ཆོས་ཁུར་དང་། ཡུམ་བྷ་ཁེན་ཛྷུ་ལ་གཉིས་ཀྱི་སྲས་སུ་ཡུམ་གྱི་མངལ་དུ་ཕེབས་དུས་རྗེ་བསོད་ནམས་རྒྱ་མཚོ་ན་ངཟའ་དཀར་པོ་བཞེས་ཏེ་ངར་འདིར་གནས་ཤིག་གཡོར་གསུང་བ་དང་། པོ་ཏ་ལའི་རྩེ་མོར་ཁྱིའུ་ཤེལ་དཀར་གྱི་ཕྲེང་བ་ཅན་དང་ཕྲད་དེ། རང་གི་ལུས་ལ་ཐིམ་པ། ཉི་ཟླ་ཟུང་འབྲེལ་དུ་ཤར་ནས་ཁྱོང་པར་ཞུགས་པ། གཙུག་ལག་ཁང་ཆེན་པོ་ཞིག་ལ་ཁྲི་མཐོན་པོ་སེང་གེས་བཏེག་པའི་ཁད་ཉེར་སླེབས་པ་ན་སེང་གེའི་ང་རོས་སྟོང་གསུམ་གང་བ་ལ་སོགས་པ་དངོས་རྨིས་ཀྱི་ལྟས་ཡ་མཚན་ཞིང་། སྦྲུམ་མའི་དུས་སྟོད་དུ་ཡོད་སྐམ་པ་དང་། ལུས་སེམས་བདེ་བས་གང་བ། ཟླ་བ་བརྒྱད་པའི་ནང་ལྷ་དཀར་པོ་ཞིག་གིས་འདི་ཧྭ་ལའི་བླ་མའི་སྐུ་སྐྱེ་ཡིན་ཁྱིར་ཐོན་ལ་སྡེར་མཛལ་ཁ་ཐོང་ཟེར་བ་སོགས་ལུང་བསྟན་མང་ཞིང་ས་མོ་གླང་ལོ་ཧོར་ཟླ་དང་པོའི་ཚེས་གཅིག་གི་ཉི་ཤར་ལ་ཡ་མཚན་པའི་ལྟས་དུ་མ་དང་བཅས་ཏེ་འཁྲུངས། ལོ་གཅིག་ཙམ་བཞེས་པ་ན་ཐུགས་རྗེ་ཆེན་པོ་ཕྱག་བཞི་པ་དང་། ཧཱུཾ་ཡིག་དཀར་པོ་དང་། འོད་དཀར་གྱི་ཐིག་ལེ་དང་རལ་པའི་ལྩང་ལོ་ཅན་ཕྱམ་ཚེ་དཀར་པོ་བཞེས་པའི་རྣམ་པ་སོགས་མཐོང་ཚུལ་མི་འདྲ་བ་མང་དུ་བྱུང་། ཆུ་འབྲུག་ལོ་གསར་སྐབས་ནག་པོ་སྐོར་གསུམ་ཞལ་གཟིགས། དེ་ནས་ཕྱག་མཛོད་ཆེན་པོ་དཔལ་ལྡན་རྒྱ་མཚོའམ་སེང་གེར་གྲགས་པ་དེ་དང་། སྡེ་སྟོང་གོང་མ། གོང་དཀར་དང་ཤུབ་ཞབས་དྲུང་། རྒྱ་རི་བ། ས་སྐྱོང་དགའ་ལྡན་པ་སོགས་སྡེ་དཔོན་ཆེ་ཕྲའི་མི་སྣ། སེ་འབྲས་དགེ་གསུམ་གྱི་ཐོག་(༧༠༥བ)དྲངས་ཆོས་སྡེ་ཁག་གི་གདན་འདྲེན་པ་རྣམས་མཁར་སྟོན་པོར་འབྱོར། སྟོན་གནས་

ཇེས་དྲན་གྱི་གསུང་སོགས་སྐུལ་བས་ཐམས་ཅད་དགའ་བ་དང་སྐྱོ་བ་སྐྱེལ་བའི་རྣམ་འགྱུར་མང་པོ་བསྟན། དགའ་ལྡན་ཁྲི་རིན་པོ་ཆེ་ཟུར་པ་རྒྱལ་ཁང་རྩེ་པ་དཔལ་འབྱོར་རྒྱ་མཚོས་ཕྱག་མཛོད་སོག་ཡུལ་དུ་འདེགས་གདོང་དེང་སང་དགེ་ལུགས་ཀྱི་བླ་མའི་རྒན་འགོ་ངེད་རང་ཡིན་གཤིས་བབས་ཐོབ་འདུག་པས་ཞབས་དྲུང་རིན་པོ་ཆེའི་མཚན་ལ་ཐམས་ཅད་མཁྱེན་པ་ཡོན་ཏན་རྒྱ་མཚོ་དཔལ་བཟང་པོ་ཞེས་འབུལ་རྒྱུ་ཕུལ། མཛེས་བྱེད་ཅེས་པ་ཆུ་ཡོས་ལོ་ཆིབས་ཀྱི་ཁ་ལོ་བསྒྱུར་ཏེ། མཚོ་ཁ་ར་སྒྲེང་། སྟག་ལུང་རྣམས་སུ་རིམ་པས་ཕེབས། སྐུ་མདུན་རིན་པོ་ཆེ་ཆོས་བཟང་འཕྲིན་ལས་དང་། ས་སྐྱོང་དགའ་ལྡན་པ་ཡབ་སྲས་སོགས་ཕེབས་བསུ་བ་རྣམས་དང་མཇལ། དགའ་ལྡན་རྣམ་པར་རྒྱལ་བའི་གླིང་དུ་ཕྱོན་རྒྱལ་བ་བཙོང་ཁ་པ་ཆེན་པོ་ཞལ་གཟིགས། སྡེ་པ་གཡུལ་རྒྱལ་ནོར་བུས་དགའ་ལྡན་ཁང་གསར་དུ་སྤྱན་དྲངས། ཆོས་རྗེའི་གཙུག་ཕུད་བཞེས། ཨ་ཁུ་བཀྲ་ཤིས་པར་རྗེ་གོང་མས་གནང་བའི་དངུལ་གྱི་ཀ་པཱ་ལི་ཁེབས་གཅོད་གཡུ་ཕྲ་ཅན་དེ་དང་། ཆོས་ལུང་བདེ་ལེགས་ཀྱི་ས་ཆ་རྣམས་འབུལ་བར་མཛད། དེ་ནས་བོད་ཡུལ་གྱི་དཔལ་ལྡན་འབྲས་སྤུངས་ཕྱོགས་ཐམས་ཅད་ལས་རྣམ་པར་རྒྱལ་བའི་གླིང་གྲུ་འཛིན་གཉིས་པ་དགའ་ལྡན་ཕོ་བྲང་གི་སེང་གེའི་ཁྲིར་ཕེབས། གཟའ་ཆོས་ཕུན་སུམ་ཚོགས་པར་ར་ས་འཕྲུལ་སྣང་གི་གཙུག་ལག་ཁང་ཆེན་པོར་ཇོ་བོ་ཤཱཀྱ་མུ་ནེའི་དྲུང་དུ་མཁན་པོ་དགའ་ལྡན་ཁྲི་རིན་པོ་ཆེ་ཟུར་པ་སངས་རྒྱས་རིན་ཆེན་དང་། སློབ་དཔོན་ཁྲི་རིན་པོ་ཆེ་ལས་ཐོག་པ་ཞལ་སྔ་ནས་དགེ་འདུན་རྒྱལ་མཚན་གྱིས་གནང་སྟེ་ལྕང་ལོའི་ཕྲེང་བ་རིང་དུ་དོར་ཏེ་དགེ་ཚུལ་གྱི་དངོས་པོ(༧༠༥ན)བཞེས། མི་རིང་བར་བཀྲ་ཤིས་ལྷུན་པོ་ནས་པཎ་ཆེན་བློ་བཟང་ཆོས་ཀྱི་རྒྱལ་མཚན་དཔལ་བཟང་པོས་མཇལ་བར་ཕེབས་ལོ་ཤས་བཞུགས། སྔོན་ལམ་ཚོགས་དབུར་ཕེབས། གོང་དཀར་ཞབས་དྲུང་། གྱི་རི་ལྷ་པ། གསང་སྔགས་བདེ་ཆེན། བྲག་དཀར་རྣམས་སུ་གདན་དྲངས་བསྙེན་བཀུར་ཕུན་སུམ་ཚོགས་པ་བསྒྲུབས། རྫིང་ཕྱི་དང་། ཆོས་འཁོར་རྒྱལ་རྣམས་སུ་ཕེབས་ཆོས་དང་ཟང་ཟིང་གི་

སྨིན་པ་སྟལ། འཕྲོང་རྒྱས། སྟེའུ་སྟོང་རྩེ། རྩེས་དང་། རྒྱ་རི། ཡར་རྒྱབ་རྣམས་ལ་གདན་དྲངས་ཤིང་བསྙེན་བཀུར་ཞུས། དད་ལྡན་རྣམས་དམ་པ་ཆོས་ཀྱི་བདུད་རྩིས་ཚིམ་པར་མཛད། ཐོན་བརྒྱུད་བཀྲ་ཤིས་ལྷུན་པོར་ཕེབས། སྔེ་སྔིད་གཙང་པ་ཕུན་ཚོགས་རྣམ་རྒྱལ་གྱིས་གཟབ་ཤིང་གི་མཐུན་རྐྱེན་མཛད། སྐྱ་སེར་ཀུན་ལ་ཐར་པའི་ས་བོན་བསྐྲུན། དེ་ཡང་སྔར་གསྟ་པ་ཆོས་གྲགས་རྒྱ་མཚོས་རིན་སྤུངས་པ་དོན་རྡོར་བསྐུལ་ནས་གཞིས་ག་སྟེལ་པ་ཡུལ་བཏོན། ས་ནག་མར་དགོན་པ་བཏབ་སྟེ་གར་དགེའི་ཀུན་སྤྱོང་ཡོད་བཞིན་པ་དང་། ཉེ་ལམ་རྗེ་ཉིད་སོག་ཡུལ་ནས་ཕེབས་འཕྲལ་གྱི་ལེགས་ཆར་ཞྭ་དམར་ཆོས་དབང་པས་སྣན་ངག་གི་ཞུ་ཡིག་ཕུལ་བའི་ལན་འདེབས་ལ་གོ་ཕྱོགས་ཙུང་ཟད་འཛོལ་བ་དང་། གར་ལུགས་པ་རྣམས་ཀྱིས་ལྷ་སར་ཛ་བོའི་སྣན་དར་ཞལ་བྱང་དུ་བསྣད་དོན་དགེ་ལུགས་པར་དམའ་འབེབས་ཀྱི་ངན་ཚོམ་ཁ་ཡར་བརྒྱབ། དེ་ལན་སོག་པོས་སྣར་པའི་ཧ་དྲིལ་ཕྱུགས་པ་སོགས་ལ་བརྟེན་ཡར་རྒྱབ་པ་དང་གཙང་པ་ཞང་ཚན་གཅིག་དྲིལ་གྱི་དམག་དཔུང་སྐྱིད་ཤོད་དུ་བཙུག ས་ཆ་རྫོང་གཞིས་ཀྱི་བཙད་དྲས་དང་ཆད་ལས་བྱུང་བ་སོགས་མི་གནང་ག་མེད་ལ་དཔགས་དྲུག་ཅུ་པ་དང་། ཆོ་འཆར་(༧༠༥བ)ཞལ་བཞི། དཔལ་ལྡན་ལྷ་མོ་སོགས་ཀྱི་སྔོ་ནས་ལས་སྦྱོར་གནང་བས་འཕྲལ་དུ་པོ་ཏ་ལའི་རྫོང་ལ་འབྲུག་བརྒྱབ། མི་རིང་བར་ཞང་ཚན་ནང་འཁྲུགས་ཏེ་གཙང་དཔུང་ཡར་རྒྱབ་ཏུ་འོངས་ནས་ལྟོ་སྐལ་གྱི་སྟེང་དུ་སྟོད་དགོས་བྱུང་བས་མཚོན་དྲག་པོ་མངོན་སྤྱོད་ཀྱི་རྟགས་གསལ་བར་བྱུང་བས་མཚན་མཐུ་སྟོབས་རྒྱ་མཚོ་ཞེས་པར་བསྒྱུར། རྒྱལ་དུ་བཞུགས་དུས་དབུ་མཛད་དབྱངས་དཔོན་པས་ད་ལོ་དགུན་ཤིན་ཏུ་དྲོ་བ་འདི་ཐུགས་རྗེའི་ཤུགས་ཡིན་པར་གདའ་ཞུས་པས་འདི་ཙམ་ལ་གནད་ཅི་ཡོད། དེང་སང་མཐའ་དམག་གིས་བོད་ལ་གནོད་པ་ཆེ་བ་ཡོང་གྲབས་བྱུང་རེས་ཀྱི་ཁ་གནོན་བྱས་པ་ཡིན། ད་དུང་ཡང་དེད་ཁམས་བཟང་རིང་ལ་སོག་པོས་བོད་ལ་གནོད་པ་མི་ཡོང་། ཆོས་རྗེ་ཞྭ་དམར་བས་ཀྱིད་ཁ་སྨྲས་ཀྱི་ཕྲུག་གུ་མ་སྐྱེས་དགོས། ཞེས་བཀའ་བསྐྱོན་མཛད་བྱུང་ཡང་དེའི་གནོང་ལེན་དགོས་

པ་མ་བྱས། ཞྭ་སེར་ཅན་ཀྱིས་ཀྱང་ཞུས་པ་ལ་ཡིན་ཞེས། པད་འདྲ་ཙམ་ཡིན་བྱས་ཀྱང་ཆོག་པ་ཡོད་གསུངས། འཕགས་པ་ལྷ་ཆོས་ཀྱི་རྒྱལ་པོ་དང་། བ་སོ་སྤྲུལ་སྐུ་གཉིས་ཀྱི་གཙུག་ཕུད་བཞེས། གཞན་ཡང་དེ་མོ་སྤྲུལ་སྐུ། ཤེར་དབང་སྤྲུལ་སྐུ་སོགས་མདོ་སྟོད་མདོ་སྨད་དང་། རྒྱ་སོག་གི་བླ་ཆེན་མང་པོ་ཕེབས་ཡུལ་བབས་དང་བསྟུན་པའི་ཟང་ཟིང་གི་འབུལ་བ་ཕུལ། འཛིགས་བྱེད་བཅུ་གསུམ་མའི་དབང་སོགས་ཆོས་མང་དུ་སྩལ། དེ་མོ་སྤྲུལ་སྐུས་འཁྲིམ་སྟོན་པར་དངོས་སུ་གཟིགས། དགུང་ལོ་ཉེར་དྲུག་པ་ཤིང་སྟག་ཧོར་ཟླ་བཅུ་གཉིས་པར་པཎ་ཆེན་བློ་བཟང་ཆོས་རྒྱན་གྱིས་མཁན་པོ། སྤྲུལ་སྐུ་བསོད་ནམས་དགེ་ལེགས་དཔལ་བཟང་གིས་ལས་སློབ། གཞན་ཡང་གསང་སྟོན་དུས་བསྒོ་བ་སོགས་དགེ་འདུན་གྲངས་ཚང་བའི་དབུས་སུ་བསྙེན་པར་རྫོགས་ཏེ་(༧༠༨ན)དུར་ཁྲིག་འཆང་བ་རྣམས་ཀྱི་ཏོག་དམ་པར་གྱུར། ཁྲི་རིན་པོ་ཆེ་ཟུར་པ་སངས་རྒྱས་རིན་ཆེན། ལས་ཐོག་པ་དགེ་འདུན་རྒྱལ་མཚན། ཞལ་ སྔ་ནས་བཤེས་གཉེན་གྲགས་པ། པཎ་ཆེན་རིན་པོ་ཆེ། གཟིམས་ཁང་གོང་སྤྲུལ་སྐུ། འོལ་དགའ་དྲུང་པ་མཁས་བཙུན་པ། རྗེ་ནོར་བུ་བ་སོགས་ལ་མདོ་སྔགས་ཀྱི་ཆོས་ཚུལ་རགས་རིམ་གསན། རྒྱ་ནག་གོང་མ་རྒྱལ་པོ་འུན་ཤུ་ཕང་སྡེ་ཏའི་ཕང་གིས་བླ་མ་བསོད་ནམས་བློ་གྲོས་སོགས་རྒྱ་མི་མང་པོ་མངགས། ཁྲབ་བདག་རྡོ་རྗེའི་སངས་རྒྱས་ཀྱི་ལས་ཀ་དང་། ལས་ཞྭ་ལས་པོས་ཐམ་ག་ཕུལ། རྒྱ་ནག་ཏུ་ཕེབས་དགོས་པའི་སྙན་གསན་ཕབ། བླ་མ་བསོད་བློས་རྒྱ་ཡུལ་དུ་བཞེངས་པའི་མཆོད་ཁང་ལ་དགའ་ལྡན་པོ་བྲང་གི་རྟེ་ནས་ཕྱག་ནས་གཏོར་བས་མཆོད་ཁང་གི་ཕྱི་ནང་ཐམས་ཅད་ལ་ནས་འཕྱུག་རྒྱུ་ཡོད་པ་དང་། རྟེན་འགའ་ཞིག་གི་ཐུགས་ཀར་མེ་ཏོག་དངོས་སུ་བཟུང་བ། གསང་ཡིབ་ཚུ་ཚན་ཁར་རྗེ་ལ་ཞབས་རྗེས་གསལ་བར་བྱུང་བ་སོགས་རྫུ་འཕྲུལ་བསྟན། མངལ་དུ་ཕེབས་བལྟམས་སོགས་ལྟས་དགེ་བ་དང་། ལས་སྨྲུབ་སྲུང་མ་ཟག་བཅས་ཀྱི་སྤྱན་ལྡན་གྱིས་ལུང་བསྟན་པར་མ་ཟད་བཀའ་ཆེམས་ལས། མི་གནམ་བསྐོས་ཀྱི་དགའ་བ་བསྐྱེད་བྱེད་རྒྱལ། །མཚན་ཀུན་ཏུ་བཟང་པོའི་ཡོན་ཏན་ཏེ། །དཔལ་ཡར་གྱི་ངོ་བཞིན་གོང་

དུ་འཕེལ། །ཞེས་པའི་དོན་གནམ་བསྐོས་ནི་ཇིང་གིར་གྱི་རྒྱལ་བརྒྱུད་དེའི་རིགས་སུ་འཁྲུངས་པས་ཡབ་ཡུམ་སོགས་ཕྱོགས་དེའི་སྐྱེ་བོ་རྣམས་དགའ་བ་བསྐྱེད་པར་བྱེད་པ་དང་། ཡོན་ཏན་ཞེས་མཚན་ཟུར་དངོས་སུ་ཐོན་པ་དང་། གོང་དུ་འཕེལ་ཞེས་རྒྱ་མཚོ་ལ་ཆུ་བོ་མཐའ་དག་འདུ་ཞིང་འཕེལ་བའི་དོན་གྱི་མཚན་སྒྲ་བཅས་ངེས་ཤེས་ཆེ་བ་དང་། (༧༠༨བ)ཧོར་སོག་རྣམས་ཆོས་སུ་མ་ཟད་ངེད་ཀྱི་རིགས་སུ་འཁྲུངས་ཞེས་སྲིད་ནས་ཀྱང་དད་འདུན་འཕེལ་བའི་དགོངས་གཞི་སོགས་རྗེ་གོང་མའི་རྣམ་སྤྲུལ་དུ་གདོན་མི་ཟ་ཡང་། སྐུ་ཚེའི་ལྷག་ཡིན་ཟེར་བའི་ངག་རྒྱུན་ཙམ་འདུག་པ་སོགས་ཇི་ལྟར་ནའང་སྐུ་ཚེ་ཐུང་བ་དང་འཁྲུངས་ཡུལ་གྱི་སྟབས་སོགས་ནས་ཡོངས་འཛིན་ཡང་རབ་བྱུང་བསྙེན་རྫོགས་ཀྱི་མཁན་པོ་སོགས་གོང་བཤད་ལྟར་ལས་གཞན་ཆེར་མ་བསྟེན་ཅིང་། ཕྱག་ཕྱིས་ཀྱི་བཀའ་འབུམ་ཡང་མེད། ཉམས་བཞེས་ཆོས་སྤྱོད་ཡང་ལར་རྒྱ་རྒྱལ་བ་གོང་མ་གསུམ་གྱི་སྲོལ་ཏང་སྒྲོམ་ལྟར་གནང་སྟེ་དགུང་ལོ་ཉེར་བརྒྱད་པ་མེ་འབྲུག་ཧོར་ཟླ་བཅུ་གཉིས་པའི་ཚེས་བཅོ་ལྔའི་ཉིན་གཟུགས་སྐུའི་བཀོད་པ་ཆོས་དབྱིངས་སུ་བསྡུས། གདུང་ཞུན་དུ་ཕུལ་བར་ཐུགས་ལྗགས་སྤྱན་གསུམ་དང་དབུ་ཐོད་སོགས་རིང་བསྲེལ་མང་དུ་ཕེབས་ཤིང་ཁར་ཁ་ཆུ་ཁུར་གྱིས་དབུ་ཐོད་དང་། ཐུ་མེད་ཐའི་ཇིས་ཐུགས་སོགས་དང་ཧེན་རང་རང་ཡུལ་དུ་སྤྱན་དྲངས་ཤིང་། ཁར་ཁ་ཆེ་ཁུར་གྱིས་སྦྱིན་བདག་དང་ཕྱག་མཛོད་བསོད་ནམས་རབ་བརྟན་གྱིས་ཐུགས་ཁུར་བཞེས་ཏེ་དངུལ་གྱི་མཆོད་རྟེན་བཞེངས་པ་འབྲས་སྤུངས་སུ་བཞུགས།

བཅུ་བཞི་པ་པཎ་ཆེན་ཐམས་ཅད་མཁྱེན་པ་བློ་བཟང་ཆོས་ཀྱི་རྒྱལ་མཚན་དཔལ་བཟང་པོ་ནི། གཙང་གི་རོང་ཆེན་ལྷན་དུ་ཡབ་ཀུན་དགའ་དཔལ་འབྱོར་དང་། ཡུམ་འཚོ་རྒྱལ་གྱི་སྲས་སུ་རབ་བྱུང་བཅུ་པའི་ལྕགས་རྟ་ལ་འཁྲུངས་མ་ཐག་ནས་ཞལ་འཛུམ་པ་དང་། སྤྱན་རྒྱང་རིང་དུ་གཟིགས་པ་སོགས་མཚན་ལྟས་བཟང་། རྒྱལ་བ་བློ་བཟང་དོན་གྲུབ་ཀྱི་སྐྱེ་བ་ཐུགས་ཀྱིས (གསོལ་བའི་གསུང་གླེང་མང་དུ་གནང་།)དབེན་ས་བ་རྗེ་སངས་རྒྱས་ཡེ་ཤེས་ཀྱིས་བསྐྱུང་འཕོར་མཛད་དེ་དགེ་བཤེས་དཔལ་འབྱོར་རྒྱལ་

མཆར་ལ་(༡༠༧ན)སྤྲུལ་པའི་སྐུ་འདི་མཁས་གྲུབ་རིན་པོ་ཆེའི་སྐུའི་སྐྱེ་བ་ཡིན་པས་དེ་དང་འཕྲིན་ལས་མཉམ་པ་འབྱུང་ཞེས་གསུངས། དགུང་ལོ་བཅུ་བཞི་པར་རྗེ་སངས་རྒྱས་ཡེ་ཤེས་པས་དབེན་ས་ཆོས་སྡེར་སྤྱན་དྲངས་རབ་ཏུ་བྱུང་སྟེ་བློ་བཟང་ཆོས་ཀྱི་རྒྱལ་མཚན་དུ་མཚན་གསོལ། དབང་ལུང་གདམས་ངག་རྣམས་བུམ་པ་གང་འབྱོའི་ཚུལ་དུ་གནང་། བཀྲ་ཤིས་ལྷུན་པོར་ཐལ་ཕྲེང་བརྩི་བ་མཛད་པས་བསྟུས་ཚད་ནས་གཞུང་ལུགས་རྣམས་ཀྱི་ཚིག་དོན་མ་ལུས་པར་ཐུགས་སུ་ཆུད་དེ་མཁས་པའི་བྱ་བ་གསུམ་གྱིས་དུས་འདའ་བར་མཛད། དགུང་ལོ་ཉེ་ཤུར་བཀྲ་ཤིས་ལྷུན་པོ་པཎ་ཆེན་དམ་ཆོས་ཡར་འཕེལ་སོགས་ལས་བསྙེན་པར་རྫོགས་ཏེ་འདུལ་བ་འཛིན་པའི་མཆོག་ཏུ་གྱུར། དགུང་ལོ་ཉེར་བདུན་པ་ལ་གངས་ཅན་ཆོས་འཕེལ་གྱི་གདན་སར་ཕེབས་ཏེ་ཆོས་གསུངས། སུམ་ཅུ་པ་ལ་བཀྲ་ཤིས་ལྷུན་པོའི་ཁྲི་ཐོག་ཏུ་ཕེབས། དྲི་གཙང་ཁང་གི་སྟེང་དུ་གསེར་འབུམ་ཤིན་ཏུ་ཆེ་བ་དང་། བྱམས་ཆེན་གྱི་དབུ་ཐོག་ཏུ་གསེར་ཐོག །འགྲན་ཟླ་དང་བྲལ་བའི་ལི་མ་ལྷ་ཁང་ཆེ་བ། དགེ་འདུན་དབྱེན་འདུམས་ཀྱི་མཆོད་རྟེན་རྣམས་གསར་དུ་བཞེངས། དགུང་ལོ་སོ་བཞི་པ་ཆུ་ཡོས་ལ་སོག་ཡུལ་ནས་ཐམས་ཅད་མཁྱེན་པ་ཡོན་ཏན་རྒྱ་མཚོ་བོད་དུ་ཕེབས་པ་མཇལ་བར་བྱོན་པས་ཐམས་ཅད་མཁྱེན་པ་ཡོན་ཏན་རྒྱ་མཚོའི་བསྙེན་རྫོགས་ཀྱི་མཁན་པོ་དང་། སྤྲུལ་སྐུ་ངག་དབང་བསོད་ནམས་དགེ་ལེགས་དཔལ་གྱི་དབང་ལུང་གདམས་ཆོས་ཐམས་ཅད་གསན་པའི་བླ་མར་གྱུར། རྗེ་ཡོན་ཏན་རྒྱ་མཚོའི་ཞབས་ཕྱིར་འོལ་དགའ་དང་རྒྱལ་དུ་ཕེབས། ཆོས་ཀྱི་ཆར་ཕབ། དེ་ནས་རྒྱ་སོག་ལྷ་སྡིངས་སོགས་དང་། གདན་ས་ཐེལ། རྩེས་དང་། ཁྲ་འབྲུག །གྲྭ་བྱམས་པ་གླིང་། གོང་དཀར་(༡༠༧བ)རྡོ་རྗེ་གདན། ཆུ་བོ་རི་སོགས་མཇལ་ནས་བཀྲ་ཤིས་ལྷུན་པོར་ཕེབས། ཤངས་རི་བོ་དགེ་འཕེལ་དང་། ཐོན་རྒྱལ་བྱེད་ཚལ་གྱི་བླ་མ་ཡང་མཛད། མོན་ཕག་རི་སོགས་ལྷོ་ཕྱོགས་དང་། བྱང་ངམ་རིང་བསམ་གྲུབ་དགའ་ལྡན་སོགས་རིས་སུ་མ་ཆད་པའི་ལྷ་སྡེ་མི་སྡེ་རྣམས་ཀྱིས་རང་རང་གི་དབང་པོ་དང་འཚམས་པའི་ཆོས་ཞུས། དགུང་ལོ་ཞེ་བདུན་པ་མེ་འབྲུག

ལ་རྗེ་ཡོན་ཏན་རྒྱ་མཚོ་གཤེགས་པའི་དགོངས་རྫོགས་ལ་ཕེབས། མེ་སྤྲུལ་ལོར་སེར་འབྲས་གཉིས་ཀྱི་སེང་གེའི་ཁྲིར་འཁོད། ལྷ་ས་སྨོན་ལམ་གྱི་གྲལ་དབུ་ཡུན་རིང་དུ་མཛད། བཅུ་གཅིག་ཞལ་གྱི་དབུ་ཐོག་ཏུ་རྒྱ་ཕུབས་བཞེངས། མངའ་རིས་རྒྱལ་པོས་གདན་དྲངས་ཏེ་ཡུལ་ཁམས་དེའི་འགྲོ་བ་རྣམས་སྨིན་གྲོལ་དུ་བཀོད། དུས་འཁོར་ཊཱིཀ་ཆེན་པོ་སླ་བ་དང་། གསང་འདུས་ཀྱི་ལམ་བསྐྱེད་རྫོགས་ཆ་ཚང་བ་ཐུགས་རྩོམ་མཛད་དེ་བཀྲ་ཤིས་ལྷུན་པོར་འཆད་ཉན་བཙུགས། དེ་བཞིན་དུ་སོག་པོ་ལྷ་བཙུན་སྐུ་མཆེད་ཀྱིས་ནག་ཆུ་ཁ་བར་གདན་དྲངས། བྱང་ཕྱོགས་སྐྱེ་བོ་ཧོར་སོག་མང་པོ་སྨིན་གྲོལ་དུ་བཀོད། ར་སྒྲེང་དུ་མཆོད་རྟེན་ཆེན་པོ་བཞེངས་པ་སོགས་གསང་བ་གསུམ་གྱི་མཛད་པ་མཐའ་ཡས། རྣམ་ཐར་གྱི་གོ་རིམ་བསྒྲིག་ལུགས་རྗེ་དགེ་འདུན་རྒྱ་མཚོ་དང་ལམ་པ་(ཏ་ལམ་)འདྲ། བཀའ་རྩོམ་ཡང་ཤིན་ཏུ་མང་བ་པར་དུ་འཁོད་འདུག་པ་ལྟར་དང་། འཕྲིན་ལས་ནམ་མཁའ་དང་མཉམ་པས་ཐམས་ཅད་མཁྱེན་པ་ཡོན་ཏན་རྒྱ་མཚོའི་རབ་བྱུང་གི་གསོལ་ངག་དབང་བསོད་ནམས་དགེ་ལེགས་སོགས་སྤྲུལ་པའི་སྐུ་མང་པོ་དང་། གླིང་སྨད་ཆོས་རྗེ་དཀོན་ཅོག་ཆོས་འཕེལ་སོགས་དང་དགའ་ལྡན་གྱི་ཁྲིར་ཕེབས་པ་དུ་མ། རྩེ་ཤར་གཉིས་དང་རྒྱུད་སྟོད་སྨད་ཀྱི་སློབ་དཔོན་
(༧༠༨ན)སོགས་བླ་ཁག །སོག་པོ་དང་མངའ་རིས་ལྷ་བཙུན་སོགས་རྒྱལ་བརྒྱུད་ཁག་དང་བཅས་དཀའ་བཅུ་རབ་འབྱམས་སྨྲ་བས་ཐོགས་དྲངས་གྲྭ་པ་ཆེས་མང་། གསལ་ཁང་སྐུ་སྐྱེས་བྱང་རྩེ་ཕུལ་བས་དགའ་ལྡན་དངུལ་གདུང་རིན་པོ་ཆེའི་སྟེང་དུ་གསེར་ཐོག་བཟོ་དབྱིབས་ཁྱད་པར་འཕགས་པ་ཡང་བཞེངས། དགུང་ལོ་གོ་གསུམ་པ་རབ་བྱུང་བཅུ་གཅིག་པའི་ཆུ་སྟག་ལ་གཤེགས་ཤིང་གདུང་རིལ་པོར་བཞུགས་པའི་དངུལ་གདུང་ཆེན་མོ་དང་། དུས་མཆོད་སོགས་བཀྲས་ལྷུན་ན་ཡོད་དོ། །

ཆོས་སྡེ་ཆེན་པོ་དཔལ་ལྡན་འབྲས་སྤུངས་ཀྱི་ཁྲི༷་ཐོག༷་བཅོ༷་ལྔ༷་པ༷་ནི། དེ་བཞིན་གཤེགས་པ་འོད༷་ཟེར༷་ཀུན༷་འཕགས་དཔལ༷་བརྩེགས༷་རྒྱལ༷་པོ༷་སྣང་ཚུལ་དུ་བྱང་ཆུབ་སེམས་དཔའ་སྤྱན་རས་གཟིགས་ཀྱི་ཞིང་ཁམས་དཔག་ཏུ་མེད་པར་སེམས་ཅན་གྱི་

དོན་མཛད་པ་ལས་དུས་མཐར་རི་ཁ་བ་ཅན་དུ་དུར་སྒྲིག་གར་གྱིས་རོལ་བ་ཟམ་མི་ཆད་པ་བདུན་ཕེབས་པའི་ལྷ་པ་ཟ་ཧོར་གྱི་གདུང་སོགས་གཟིགས་པ་རྣམ་པ་ལྔ་དང་མཛད་པ་བཅུ་གཉིས་ལ་སོགས་པ་ཐ་ན་བལྟམས་པའི་གཟའ་སྐར་སོགས་ཆ་ཕྲ་རོས་ཀྱང་སངས་རྒྱས་ཁོ་ན་དང་དབྱེ་བ་མེད་པ་པཎ་གྲུབ་སྤྱི་དང་དུར་སྒྲིག་གར་རོལ་གོང་མ་བཞི་ལས་ཀྱང་སངས་རྒྱས་འཕགས་པའི་མཛད་པ་ཐུགས་བསྐྱེད་ཐུགས་སྨོན་གྱི་མཚམས་སྦྱོར་དགུང་དུ་བདོ་བ་ཆེས་གསལ་ཞིང་འཕགས་པ་ཐུབ་བསྟན་སྤྱི་དང་བྱེ་བྲག་འཇམ་མགོན་བཙོང་ཁ་པ་ཆེན་པོའི་བསྟན་པར་ཕྲུག་རིས་ཀྱི་མཛད་པ་ཀུན་ལས་ཆེ་བ་སོགས་སོ་སྐྱེས་བརྗོད་པའི་ཡུལ་ལས་འདས་པ་ལས་ཆེ་ཡོང་གཤམ་དུ་བརྗོད་པ་སྲིད་གསུམ་འགྲོ་བའི་མགོན་པོ་དོན་སླད་མཚན་ཡོངས་སུ་གྲགས་པ་ཐམས་ཅད་མཁྱེན་པ་ངག་གི་དབང་ཕྱུག་བློ་བཟང་རྒྱ་མཚོ་འཇིགས་མེད་གོ་ཆ་ཐུབ་བསྟན་(༡༠༢༨)ལང་ཚོའི་སྟེ་ཆེན་པོའོ། །

དཔལ་ལྡན་འབྲས་སྤུངས་ཀྱི་མཁན་ཐོག་བཅུ་དྲུག་པ་ནི་བཤད་མ་ཐག་པའི་འཕགས་ཆེན་དམ་པ་ཆེན་པོ་དེ་དག་འདུས་བྱས་མཚོན་བྱེད་དུ་འཕོ་འཇུག་གི་མཛད་པ་བསྟན་པའི་མདོར་ན་འོད་གསལ་ལྷ་ལས་ཆད་པའི་སྨྱོས་གདུང་ཤིང་སྣ་ལ་པ་ལྷ་བུ་སོགས་གཟིགས་པ་ལྔ་ལ་སོགས་པ་སངས་རྒྱས་འཕགས་པའི་ཚུལ་མཐའ་དག་ཡོངས་སུ་ཚང་བ་མཚན་ཡོངས་གྲགས་ཐམས་ཅད་མཁྱེན་པ་བློ་བཟང་རིན་ཆེན་ཚངས་དབྱངས་རྒྱ་མཚོ་སྟེ་ཞིབ་པ་གཤམ་དུ་འཆད་པ་བཞིན་ནོ། །

དཔལ་ལྡན་འབྲས་སྤུངས་ཀྱི་གྲྭ་ཚང་བདུན་གྱི་བླ་རབས་ནི། བཀྲ་ཤིས་སྒོ་མང་དུ་དང་པོར་དྲུང་གྲགས་པ་རིན་ཆེན་པས་འཆད་ཉན་མཛད་ཅིང་། དེ་ནས་རིམ་བཞིན་མཁས་པ་ཀྲ་ཞིབ། ལྷག་ཞིབ། གུང་རུ་ཚུལ་བཟང་། ཆེན་པོ་དཔལ་ཤེ །སློབ་ཚང་ཀུན་རྒྱལ་བ། མཁན་ཆེན་དབང་དཔལ་བ། སློབ་དཔོན་དཔལ་བློ་དང་ཤེ་བློ་གཉིས་མཉམ་བསྐོས་བྱས། དེ་ནས་བྱང་པ་རབ་འབྱམས་པ་ཡེ་ཤེས་གྲགས། དཀའ་བཅུ་པ་དཔལ་ལྡན་འོད་ཟེར་དང་དཀོན་ཅོག་བཟང་གཉིས་མཉམ་དུ་བསྐོས། སློབ་

ཆུང་རིན་ཆེན་བྱང་ཆུབ་འདིས་ཁམས་སྟོད་དཔལ་འབར་དུ་བཤད་གྲྭ་བཙུགས། རིན་ཆེན་བྱང་ཆུབ་ཀྱི་རྗེས་སུ་ཆུ་བཟང་དཀའ་བཅུ་པ་དག་དབང་འབྱུང་གནས། རྒྱལ་བྱེད་ཚལ་པ་བློ་བཟང་ཨེ་ཝཾ། ཅོ་ནེ་ཕྱོགས་ལས་རྣམ་རྒྱལ། གུང་ཐུ་ཆོས་ཀྱི་འབྱུང་གནས། ཆུ་བཟང་པ་བྱམས་པ་ལྷུན་གྲུབ། དར་གདོང་པ་བརྩོན་འགྲུས་རྒྱ་མཚོ། སླར་བྱམས་པ་ལྷུན་གྲུབ། བཞུ་ཁང་རབ་འབྱམས་པ་དགེ་ལེགས་ལྷུན་གྲུབ། ཆུ་བཟང་པ་ཆོས་གྲགས་རྣམ་རྒྱལ། སླར་ཡང་བཞུ་ཁང་པ། གུང་ཐུ་རབ་འབྱམས་པ་སངས་རྒྱས་(༧༠(ན)བཀྲ་ཤིས། སྟོད་ལུང་རྒྱ་ཡགས་པ་དགེ་ལེགས་དཔལ་འཕྱོར། བསམ་གྲུབ་སྒང་པ་བློ་བཟང་ངག་དབང་། སྐ་ཐུ་ངག་དབང་དཔལ་འབྱོར། འ་ཤུར་ངེ་ཕྲིན་ལས་ལྷུན་གྲུབ། ཀླུ་འབུམ་བློ་གྲོས་རྒྱ་མཚོ། ཨོ་རོད་དོན་གྲུབ་རྒྱ་མཚོ། ཧོར་སྟོད་པ་དོན་གྲུབ་རྒྱ་མཚོ། ད་ལྟ་ཧ་འོན་འོད་ཟེར་གྱིས་རྗེ་བཙུན་པའི་འདུལ་བ་བློ་བ་སལ་ཐེམ་སྐས། ཕར་ཕྱིན་གུང་ཐུ་ཆོས་འབྱུང་གི་ཐལ་འཕྲེང་། མཛོད་རྩེས་དང་དངོས་གྲུབ་རྒྱ་མཚོས་མཛད་པ། དབུ་མ་མཁས་གྲུབ་ཀྱི་བསྐལ་བཟང་མིག་འབྱེད་རྣམས་ལ་འཆད་ཉན་གྱི་སྐབས་སོ། །

བློ་གསལ་གླིང་དུ་མཁན་ཆེན་ལེགས་ལྡན་པས་འཆད་ཉན་པ་མཛད། དེ་ནས་རིམ་པ་བཞིན་གཞུ་བསོད་པ། མཁས་པ་དཔལ་ལྡན་བློ་གྲོས། ཀོང་པོ་ཚུལ་བློ། ལྡན་མ་ཡེ་ཤེས་བཟང་པོ། སློབ་ཆུང་ཧྲེའོ་རབ་འབྱམས་པ། འཇམ་དབྱངས་དཀའ་བཞི་བློ་གྲོས། སློབ་ཆུང་ཚུལ་རྒྱམ། སློབ་དཔོན་སངས་རྒྱས་བཟང་པོ། དབུ་མ་རིན་ཆེན་དར་མ་དང་མཁས་པ་སངས་ལེགས་གཉིས་མཉམ་དུ་བསྐོས། དེ་ནས་སློབ་དཔོན་ཡོན་ཏན་འོད་ཀྱི་དུས་སུ་གཅིག་ཏུ་འདུམས། དེ་ནས་པཎ་ཆེན་བསོད་ནམས་གྲགས་པ། བོ་དོང་རབ་འབྱམས་པ་དགེ་འདུན་དོན་གྲུབ། སློབ་དཔོན་བཀྲ་ཤིས་འོད་ཟེར། གཙང་སྟོན་བསམ་གཏན་མཆོག །གཙང་པ་བཀྲ་ཤིས་འོད་ཟེར། གཙང་པ་ཆོས་གྲགས་འོད་ཟེར། རྒྱ་ཡ་ང་ནང་སོ་བློ་གྲོས་རྒྱལ་མཚན། ཚ་བ་ནམ་མཁའ་ཤེས་རབ། ཉང་པོ་རྒྱ་ནང་པ་མཁན་ཆེན་དཔལ་ལྡན་གྲགས་པའི་ཞལ་སྔ་ནས། ཟར་པ་

དམ་ཆོས་དཔལ། སྟོད་ལུང་པ་དོན་གྲུབ་མགོན་པོ། འཇམ་དབྱངས་བླ་མ་དཀོན་ཅོག་ཆོས་འཕེལ། ཁེ་གསུམ་ཆོས་མཛད་བློ(༧༠(བ)བཟང་བསྟན་འཛིན། ཕོད་ཁང་པ་འཇམ་དབྱངས་བཀྲ་ཤིས། ཕན་པོ་དམ་ཆོས་རྣམ་རྒྱལ། སྟོད་ལུང་འབུར་ལྷག་པ་ངག་དབང་དཔལ་བཟང་། གྲ་ནང་བསྟན་པ་རྒྱ་མཚོ། དགའ་གདོང་ངག་དབང་བློ་གྲོས། མི་ཉག་དོན་ཡོད་རྒྱལ་མཚན། ལྩང་ལོ་ཅན་པ་འཕྲིན་ལས་རྒྱ་མཚོ། ཉག་རེ་དགེ་འདུན་གྲགས་པ། ཚུལ་ཁང་ལེགས་པ་དོན་གྲུབ། རྡེ་བོ་བློ་བཟང་འཇམ་དཔལ། ད་ལྟ་མི་ཉག་བླ་བྲུར་ལྷ་མགོན་གྱིས་འདུལ་བར་པཎ་ཆེན་བསོད་ནམས་གྲགས་པའི་སྤྱི་དོན། དེས་མཛད་པའི་ཕར་ཕྱིན་ཡང་གསལ་སྒྲོན་མེ། མདོན་པ་སྤྱི་དོན་ཤེས་བྱ་རབ་གསལ། དབུ་མ་སྤྱི་དོན་ཐོས་གྲོས་རྣམས་གཙོ་བོར་སྟོན། གཞན་ཡང་གྲྭ་པ་སོ་སོའི་བློ་དང་སྦྱར་བའི་རྗེ༷་བླ༷་མའི༷་བཀའ་རྩོམ་སོགས་སྣ་མ་འགགས་པར་འཆད་ཉན་གྱི་སྐབས་སོ། །

བདེ་ཡངས་སམ་ཟབ་ཡངས་འཁྱིལ་པ་ནི་དང་པོར་ལྷོག་པར་བྱུང་དཔལ། དེ་ནས་རིམ་པ་བཞིན་གྲྭ་ཚུང་ཡོན་ཏན་རྒྱ་མཚོ། མཆེ་མ་དབང་རྒྱལ། རོང་པོ་དགའ་བཅུ་པ་བརྩོན་འགྲུས། བླ་མ་བློ་སེང་། དྲུང་ནམ་མཁའ་བ། བླ་མ་བཀྲ་ཤིས་རྒྱ་མཚོ། དྲུང་རིན་དར་བ། ཆེན་པོ་རྒྱལ་མཚན་ལེགས་པ། རབ་འབྱམས་པ་རིན་ཆེན་རྣམ་རྒྱལ། དགའ་བཅུ་པ་དཔལ་ལྡན་དོན་གྲུབ། བཀྲ་ཤིས་དཔལ་འབྱོར། དགའ་བཅུ་ཆོས་དཔལ་བ། སློབ་དཔོན་འོད་སྲུངས་པ། ཉི་ཟླིངས་པ་ཡོན་ཏན་རྒྱ་མཚོ། སློབ་དཔོན་ཕུན་ཚོགས་རྒྱ་མཚོ། ལྷོ་སྨོ་རབ་འབྱམས་པ། དབུས་བསམ་རབ་འབྱམས་པ། གསེར་ཁང་དགའ་བཅུ་པ། ལྷོ་སྨོ་རབ་འབྱམས་པ་གཉིས་པ། ཤར་རྩེ་རབ་འབྱམས་པ། སློབ་དཔོན་ཤེས་རབ་རྒྱ་མཚོ། རབ་འབྱམས་པ་རིན་ཆེན་བཀྲ་ཤིས། གེ་རེ(༡༧༠ན)བློ་བཟང་བསྟན་འཛིན། ཉང་པོ་བསོད་ནམས་ཚེ་རིང་། ལྷ་ས་ཕུན་ཚོགས་ཆོས་ལྡན། སྤྱན་གཡས་དངོས་གྲུབ་རྒྱ་མཚོ། ཨ་མདོ་ལུང་རིགས་རྒྱ་མཚོ། འཕྱོས་པ་ངག་དབང་བསྟན་འཛིན། ཚག་གུར་བ་བློ་བཟང་ཡོན་ཏན། སྟོད་ལུང་པ་ངག་དབང་སྟོབས་

ལྡན། ད་ལྟ་བློ་བཟང་ཟླ་བས་འདུལ་བར་པཎ་ཆེན་བསོད་གྲགས་པའི་ལུང་རིགས་ཉི་མ་དང་། ཕར་ཕྱིན་ཀུང་དེས་མཛད་པ། གླིང་སྨད་པའི་མཛོད། བསྡུས་ཚད་ར་བ་སྟོད་པ་སོར་བཞག་རྣམས་ཀྱིས་མཚོན་གཞུང་ལུགས་ཀྱི་འཆད་ཉན་དང་། རྗེ༷་བླ༷་མ༷འི་བཀའ་རྩོམ་སྨན་བླའི་མདོ་ཆོག །ཀུན་རིག་སོགས་འགྲོ་དོན་གྱི་སྐབས་སོ། །

འདུལ༷་བ༷་གྲྭ༷་ཚང༷་དུ་ཐོག་མར་དྲུང་བརྩོན་འགྲུས་གྲགས་པ། འདུལ་འཛིན་དགེ་ལེགས་དཔལ། སློབ་དཔོན་དཔལ་ལྡན་བློ་གྲོས། སློབ་དཔོན་གྲོ་པ། སློབ་དཔོན་དཔལ་འབྱོར་པ། འདུལ་འཛིན་རིན་ཆེན་གྲགས། དྲུང་འཕྱོང་རྒྱས་པ། སློབ་དཔོན་བདེ་ལེགས་པ། དཀའ་བཅུ་བ་བྱམས་པ་བློ་གྲོས། སློབ་དཔོན་ལྷ་དབང་རིན་ཆེན། ཀོང་པོ་ཆོས་འཕེལ་བློ་གྲོས། ཀོང་པོ་དབུ་མཛད་པ། དྲུང་ཨ་མདོ་བ་ཤེས་རབ་བཟང་པོ། སྐྱོར་མོ་ལུང་པ་ཨ་དོན་པ། གཉལ་པ་རྣམ་རྒྱལ། ཉང་པོ་བསྟན་པ་རྒྱ་མཚོ། ཚ་བ་ཚེ་དཔལ་བ། འཕྱོང་རྒྱས་པ་ལེགས་གྲུབ་རྒྱ་མཚོ། སྒྲོམ་མདའ་ང་བཀྲ་ཤིས་འོད་ཟེར། སྐྱོར་མོ་ལུང་པ་ཡོན་ཏན་ནོར་བུ། སློབ་དཔོན་བཟང་པོ། ཐང་ཏུ་སློབ་དཔོན་དགེ་ལེགས་རྣམ་རྒྱལ། སྣང་རྩེ་ཧྲ་ཆེན་ཆོས་རྗེ། ཉང་བྲན་པ་ཚོགས་གཉིས་རྒྱ་མཚོ། ཨོ་རོད་ཆོས་རྗེ། ཕུན་ཚོགས་པ་ངག་དབང་ཆོས་འཕེལ། དགའ་གདོང་དམ་ཆོས་བཟང་པོ། པ་རི་བློ་གྲོས་རྣམ་(༡༡༠བ)རྒྱལ། དཔོན་འདུར་ཆོས་རྗེ། ཐུ་མེད་བློ་བཟང་དགའ་ལྡན། ལྷ་ས་བ་བློ་བཟང་བསྟན་འཛིན། ད་ལྟ་བྱ་བྲལ་དགེ་འདུན་གྲུབ་ཀྱི་སྐབས་སོ། །

ཤག༷་སྐོར༷་གྲྭ་ཚང་དུ་བླ་མ་རིམ་པར་བྱོན་པ་ནི། སྣར་ཐང་པ་རབ་མཆོག །ཉག་རེ་རྡོ་རྗེ་རྒྱལ་མཚན། སློབ་དཔོན་རིན་ཆེན་བློ་གྲོས། ཞོགས་པ་དབུ་སེ། སྣར་དག་པ་བདེ་བློ། རིན་པོ་ཆེ་ཆོས་ཀྱི་བཤེས་གཉེན། བདེ་མཆོག་རབ་འབྱམས་པ་ཀུན་དགའ་རྒྱལ་མཚན། མདར་རམ་པ་དཀོན་ཅོག་དར། དཀའ་བཅུ་བ་ཆོས་གྲགས་རིན་ཆེན། ཉང་པོ་རབ་འབྱམས་པ་བློ་གྲོས་ལྷུན་གྲུབ། ཕོད་ཁང་དཀའ་བཅུ་བ་དགེ་ལེགས་བཟང་། སློབ་དཔོན་རྡོ་རྗེ་དཔལ་བཟང་། ཚ་བ་སློབ་དཔོན་ནམ་མཁའ་ཤེས་

རབ། སློབ་དཔོན་ཤེས་རབ་བློ་གྲོས། མཁས་པ་ཆོས་དབང་གྲགས་པ། ཀམ་ཀམ་དཀར་བཅུ་པ། ཕོད་ཁང་པ་ངག་དབང་རྒྱ་མཚོ། ཟུར་རྫ་འོད་ཟེར་རྒྱ་མཚོ། ཙོ་ནེ་རིན་ཆེན་རྡོ་རྗེ། སྒྲོམ་མདའ་བ་བཀྲ་ཤིས་འོད་ཟེར། རབ་འབྱམས་པ་ཨ་གཟུངས། ཕོད་ཁང་པ་བསྟན་པ་བཀྲ་ཤིས། པདྨ་ཆོས་འཕེལ། ཚ་བ་བསྟན་པ་ཡར་འཕེལ། པ་རི་མདོ་སྡེ་རྒྱ་མཚོ། ཞང་པོ་སྦྱིན་པ་འབྱུང་གནས། མཚོ་སྨད་བློ་བཟང་མགོན་པོ། ཧུར་ཕོད་ངག་དབང་དོན་གྲུབ། འབྲུག་པ་སྐུ་སྐྱེ་ཕག་རི་བློ་བཟང་རབ་བརྟན། ད་ལྟ་ཧར་གདོང་བློ་བཟང་བསྟན་པ།

ཐོས་བསམ་གླིང་ངམ་རྒྱལ་བ་གྲྭ་ཚང་གི་བླ་མ་རིམ་པར་བྱོན་པ་ནི། སློབ་དཔོན་ཀུན་བཟང་རིན་ཆེན། ཆོས་རྗེ་ཉན་པོ་ཤཱཀྱ་རིན་ཆེན་པ། དྲུང་རྒྱལ་བཟང་པ། དྲུང་དཔལ་ལྡན་པ། བླ་མ་དཔལ་རྒྱལ་མཚན། ཞང་པོ་བསམ་གཏན་ཤེས་རབ། རྒྱ་མ་བ་བློ་གྲོས་མཐའ་ཡས། མི་ཉག་དཀའ་བཅུ་པ་སངས་རྒྱས། སློབ་དཔོན་བསྟན་པ་དར་(༡༡༡ན)རྒྱས། ཇོ་པ་བླ་མ། སློབ་དཔོན་ཐར་དགོན། གདེངས་ཀ་སློབ་དཔོན། གཉལ་པ་དཀའ་བཅུ་པ། ལོང་པོ་རབ་འབྱམས་པ་ལེགས་པའི་ཤེས་རབ། བསམ་བློ་དཀའ་བཅུ་པ་དགེ་འདུན་རིན་ཆེན། ཚ་བ་དཀའ་བཅུ་པ། ཕ་ར་དཀའ་བཅུ་པ་བསོད་ནམས་དབང་ཕྱུག །ཚུལ་པ་གྲགས་པ་འོད་ཟེར། སྒྲིད་ཐང་ཆོས་དཔལ་བཟང་། ཚོང་འདུས་བྱང་མ་འོད་ཟེར་ཕུན་ཚོགས། སྟེང་ཁ་དཀོན་ཅོག་རྒྱལ་མཚན། ཨོ་རོད་དཀོན་ཅོག་རྒྱ་མཚོ། ཚོང་འདུས་ཆོས་ལྷུན་གྲུབ། རག་མ་བ་ལེགས་བཤད་རྒྱ་མཚོ ད་ལྟ་སྒོ་མང་ངག་དབང་བྱང་ཆུབ།

སྔགས་པ་གྲྭ་ཚང་དུ་བླ་མ་རིམ་པ་བཞིན། སློབ་དཔོན་རྒྱལ་མཚན་ཚུལ་ཁྲིམས། སློབ་དཔོན་སྦྱིན་མཆོག་པ། དྲུང་རིན་ཆེན་མཆོག །སློབ་དཔོན་དཔལ་མགོན་རྒྱལ་མཚན། གདེངས་ཀ་སློབ་དཔོན། རྗེན་ཆུང་ཐོག་ཁ་བ། ཨེ་དཔལ་ཐང་བ། གཙང་སྟོན་ནམ་མཁའ་བཟང་པོ། གཙང་པ་རིན་ཆེན་རྒྱ་མཚོ། རྒྱ་ཡགས་ཆོས་མཛད་བདེ་ལེགས་རྣམ་རྒྱལ། དགའ་གདོང་ཆོས་གྲགས་རྣམ་རྒྱལ། འོལ་དགའ་འཕྲིན་

ལས་རྒྱལ་མཚན། ཕོད་ཁང་ཁམས་པ་བཀྲ་ཤིས། སྤང་རི་དཔལ་ལྡན། ཐང་བུ་བློ་བཟང་དཔལ་འབྱོར། སྟེང་ཁ་རིན་ཆེན་ཆོས་བཟང་། སོག་པོ་ཡོན་ཏན་རྒྱལ་མཚན། ཧེ་བོ་བློ་བཟང་འཇམ་དཔལ། རག་མ་ལེགས་བཤད་རྒྱ་མཚོ། འཕྱོང་རྒྱས་བློ་བཟང་བཀྲ་ཤིས། ད་ལྟ་གྲགས་པ་རྒྱལ་མཚན་ཚོགས་འདོན་དང་འགྲོ་དོན་ལ་གསང་བདེ་འཇིགས་གསུམ། ཀུན་རིག །མི་འཁྲུག་པ། ཚེ་དཔག་མེད། རྡོ་རྗེ་མཁའ་འགྲོ་མའི་བཀའ་སྲོམ་སྨན་བླའི་མདོ་ཆོག་རྣམས་གཏོང་ཞིང་། འཆད་ཉན་གསང་(༧༧༧བ)འདུས་དང་འཇིགས་བྱེད་ཀྱི་བསྐྱེད་རྫོགས། རྒྱུད་སྡེ་སྤྱིའི་རྣམ་གཞག་སོགས་བྱེད། མདོ་ལུགས་ཀྱི་སློབ་གཉེར་བློ་གསལ་གླིང་སོགས་དང་། བསྡུས་ཚད་པ་རྣམས་ར་བ་སྟོད་དུ་འགྲོ་རྒྱུན། ལེགས་བཤད་ཆོས་འཁོར་གླིང་ནི་ཐམས་ཅད་མཁྱེན་པ་བསོད་ནམས་རྒྱ་མཚོས་ཚོགས་པ་ཉུང་ངུ་ཞིག་འཛུགས་པ་གནང་སྟེ་སློབ་དཔོན་དོན་གྲུབ་མགོན་པོ་འཆད་ཉན་པ་དང་། བླ་མར་ལྡན་ཆུང་རབ་འབྱམས་པ་བསྐོས་ནས་དར་རྒྱས་སུ་ཡོད་ཀྱང་རྗེ་ཉིད་སོག་ཡུལ་དུ་ཕེབས་པ་ན་ཚུགས་ཀ་མ་ཟིན། སླར་རྗེ་ཡོན་ཏན་རྒྱ་མཚོ་བོད་དུ་ཕེབས་ནས་གུང་རུ་དྲུང་ཆེན་པ་སློབ་དཔོན་དུ་བསྐོས། ཡང་དེ་རྗེས་ནས་ཛེ་ཞན་དུ་སོང་བ་གུང་རུ་རབ་འབྱམས་པ་སངས་རྒྱས་བཀྲ་ཤིས་འཆད་ཉན་པར་བསྐོས་ཏེ་རྣམ་དཀར་འཕེལ་རྒྱས་སུ་ཡོད་ཀྱང་སེར་འབྲས་ལ་གཙང་དམག་འཕོག་པས་འཐོར། ཕྱིས་ས་སྐྱོང་བསོད་ནམས་རབ་བརྟན་གྱིས་གྲྭ་ཚང་གསར་དུ་བཙུགས། སློབ་དཔོན་བཟང་གྲོང་པ་ངག་དབང་ཆོས་འཕེལ་བསྐོས། དེ་རྗེས་བསྟན་འཛིན་འཕྲིན་ལས། འབྲོག་མོ་ངག་དབང་བཀྲ་ཤིས། ཉང་བྲན་པ་བློ་བཟང་དཔལ་འབྱོར། དབུར་སྟོད་རབ་འབྱམས་པ་སྐམ་པོ། འདི་སྐབས་སྒོ་བློ་གཉིས་དང་འགལ་མཚམས་སོགས་རྣམ་ཐར་རིན་པོ་ཆེ་དུ་ཀཱུ་ལའི་གོས་བཟང་གླེགས་བམ་ཁ་པར་གསལ་བ་བཞིན་ལུགས་གཉིས་ཀའི་བཀའ་ཁྲིམས་ལ་བླང་དོར་མི་ཤེས་པའི་མུ་ཅོར་སྨྲ་བ་མེ་ཏོག་མདའ་ཅན་གྱིས་ཟིན་པ་འགའི་ཁ་ལ་རྒྱུགས་ཏེ་གྲྭ་རྙིང་རྣམས་ངན་ཁ་འཁྱེར་གྱིས་འཐོར་རོ། །དེ་ཡང་ཆོས་གྲྭ་ཆེན་པོ་འདི་ཉིད་རྡོ་རྗེ་བླ་མ་ཕྱག་ན་པདྨའི་འཕྲིན་ལས་ཀྱི

དཔང་གིས་དབྱར་མཚོའམ་ཡར་ཟླའི་ཆ་ཤས་ལྟར་ཇེ་འཕེལ་ལ་ཚད་བཟུང་དཀའ་ནའང་། ད་ལྟ་དགེ་དགོན་གྱི་ཡང་རྩེ་ཨང་མེད་དགེ་(༡༡༢ན)འདུན་བཞི་སྟོང་ཉིས་བརྒྱ་ལྷག་བཅས་འདུའོ། །

སེ་ར་ཐེག་ཆེན་གླིང་གི་ལོ་རྒྱུས་དང་གདན་རབས།

སེ་ར་ཐེག་ཆེན་གླིང་གི་ལོ་རྒྱུས་ནི། འཇམ་མགོན་ཆོས་ཀྱི་རྒྱལ་པོ་སེ་ར་ཆོས་སྡིངས་སུ་རྩ་ཤེའི་འགྲེལ་ཆེན་རིགས་པའི་རྒྱ་མཚོ་མཛད་པའི་དུས་ཤེར་ཕྱིན་གྱི་ཡི་གེ་གསེར་ཞུན་གྱིས་བྲིས་པ་ལྷ་བུ་བར་སྣང་ལ་གཟིགས་པས་ཐེག་ཆེན་བཤད་སྒྲུབ་མ་ལུས་འདུ་བའི་སྡེ་འབྱུང་བར་ལུང་བསྟན་པ་ལྟར་བྱམས་ཆེན་ཆོས་རྗེ་ཤཱཀྱ་ཡེ་ཤེས་དེ་ཚལ་གུང་ཐང་དུ་འབྲུངས། གསུང་རབ་མང་པོའི་དོན་ཐུགས་སུ་ཆུད་པས་མཁས་ཤིང་སྟོན་གནས་རྗེས་སུ་དྲན་པ་སོགས་ཀྱི་མངོན་ཤེས་དང་ལྡན། རྣམ་ཐོས་སྲས་འགྲུབ། འཇམ་མགོན་ཆོས་ཀྱི་རྒྱལ་པོ་རྩ་བའི་བླ་མར་བསྟེན། རྒྱ་ནག་རྒྱལ་པོ་ཏའི་མིང་གིས་རྗེ་རིན་པོ་ཆེ་སྤྱན་འདྲེན་པར་བཏང་བའི་རྒྱལ་ཚབ་ཏུ་ཆོས་རྗེ་ཤཱཀྱ་ཡེ་ཤེས་མངགས། རྒྱལ་པོའི་བླ་མཆོད་དུ་བཀུར། རྒྱ་ནག་ཏུ་ཁ་བ་འབེབས་པའི་རྫུ་འཕྲུལ་བསྟན་པས། ཏའི་བཅུ་དྷ་ཤང་སྟེ་བྱམས་ཆེན་ཆོས་ཀྱི་རྒྱལ་པོར་མཚན་གསོལ། དངོས་པོ་གྲུ་ནོམ་པའི་འབུལ་བ་སྟོམ་མཐོར་བཏེག །རྒྱ་ཡུལ་དུ་ཏ་ཡན་སི་ཞེས་པའི་ཆོས་སྡེ་བཏབ། ཕྱོགས་དེར་མཉམ་མེད་བཙོང་ཁ་པ་ཆེན་པོའི་བསྟན་པ་དར་རྒྱས་སུ་མཛད་ནས་བོད་དུ་ཐེབས། སེ་ར་རྩེར་རྗེ་དང་མཇལ་བཀྲ་འབུལ་མཛད་དེ་མི་རིང་བར་ཟླ་མའི་བཀའ་དང་དུ་བཞེས་ནས་ས་ཕག་ལོར་སེ་ར་ཐེག་ཆེན་གླིང་གི་ཆོས་གྲྭ་ཆེན་པོ་བཏབ་ཅིང་རྟེན་གཙོར་ཆོས་རྗེ་ཉིད་ཀྱིས་རྒྱ་ཡུལ་ནས་བཞེས་པའི་ཙན་དན་དཀར་པོའི་གནས་བརྟན་བཅུ་དྲུག་ནང་དུ་བཞུགས་པའི་ཐུབ་དབང་གནས་བཅུས་བསྐོར་བའི་ལྷ་ཁང་བཞེངས།

དགེ་འདུན་ཡང་འདུ་ཆེ་བར་སྟོད་སྨད་རྒྱ་འཁོར་སྟེང་སྡེ་གྲྭ་ཚང་བཞི་བཙུགས།

དེ་ནས་བཀའ་བཅུ་སྨྲ་བ་དར་རྒྱས་བཟང་པོ་གདན་སར་བསྐོས། འཇམ་མགོན་(༧༧༢བ)ཆོས་ཀྱི་རྒྱལ་པོ་གཤེགས་རྗེས་སླར་ཡང་རྒྱ་ནག་ཏུ་སྤྱན་དྲངས། ཏའི་མིང་རྒྱལ་པོའི་སྲས་ཐྲོན་ཧྲི་རྒྱལ་སར་འཁོད་པས་ཡབ་ཀྱི་སྒྲོལ་ལེགས་པར་བཏོད་དེ་གུས་འདུད་མཛད། སླར་བོད་དུ་ཕེབས་པའི་བར་ལམ་མཛོ་མོ་སྒར་དུ་སྐུ་གཤེགས། མཁན་ཆེན་ཤཱཀྱ་ཚུལ་ཁྲིམས་པས་དེར་ཆོས་སྡེ་བཏབ། དགའ་ལྡན་དུ་དངུལ་གདུང་རིན་པོ་ཆེར་རྒྱ་གུར་དང་གནས་བརྟན་བཅུ་དྲུག་གི་སི་ཐང་ཕུལ། སློབ་མ་ཨ་མོ་གྷ་དང་། བསོད་ནམས་ཤེས་རབ་པས་རྒྱལ་པོའི་ཏི་ཤྲཱི་མཛད། དེ་གཉིས་ཀྱི་སློབ་མ་གཞོན་ནུ་དཔལ་ལྡན་པས་ཀུང་རྒྱལ་པོའི་བླ་མཆོད་མཛད། མཛོ་མོ་སྒར་གྱི་ཆོས་སྡེ་དབོན་བརྒྱུད་ཀྱིས་བཟུང་ངོ་། །

གདན་ས་བ་མཁས་པ་དར་བཟང་གི་རྗེས་སུ་མཚུངས་མེད་ཆོས་རྗེ་རྒྱལ་མཚན་བཟང་པོ་ནི་ཚ་ཕག་ལ་གུང་ཐུ་སྟོད་དུ་འཁྲུངས། དབུས་སུ་བྱོན་ནས་འཇམ་མགོན་ཆོས་ཀྱི་རྒྱལ་པོ་དང་། བྱང་སེམས་ན་སྐྲིང་པ་བསྟེན། མདོ་སྔགས་ལ་སྦྱངས་པས་མཁས་པར་གྱུར། རྗེ་ཡབ་སྲས་སོགས་དགེ་འདུན་གྲངས་ཚང་བའི་དབུས་སུ་བསྙེན་པར་རྫོགས། གསང་ཕུ་སྣེ་སེར་གྱི་འཆད་ཉན་མཛད། ལུང་དང་རིགས་པ་སྨྲ་བ་ལ་མཚུངས་པ་མེད་པས་མཚུངས་མེད་ཆོས་རྗེར་གྲགས། སེ་རའི་ཁྲིར་ཕེབས། བཙུན་མོ་ཚལ་དང་གདན་ས་ཉིས་འཛིན་གྱི་སྒོ་ནས་ཆོ་གསུངས། ཚད་མའི་བསྟན་བཅོས་མཁས་པ་དགའ་སྐྱེད་སོགས་མང་དུ་བརྩམས། དགུང་ལོ་རེ་བརྒྱད་པ་ལྷུག་ཧ་ལ་གཤེགས། སློབ་མ་ཡང་མཁས་གྲུབ་དཔལ་ལྡན་སེང་གེ །ཆོས་རྗེ་རིན་ཆེན་བྱང་ཆུབ། ཀུན་ལེགས་པ། པུ་ཏོ་བླ་མ་གཞོན་ནུ་དཀོན་ཅོག །འབྲོང་སྟེང་བླ་མ་སངས་རྒྱས་ཚུལ་ཁྲིམས། དཔུང་མཁར་བླ་མ་རྒྱལ་མཆོག་པ། རི་ཁ་བླ་མ་(༧༧༣ན)གྲོགས་རིང་བ། བྱེའུ་གནས་བརྟན་པ། དེས་རྒྱ་ཤོད་དུ་བན་དཀར་དགོན་བཏབ་པ་སོགས་གཞན་དོན་ནུས་པ་མང་དུ་བྱུང་ངོ་། །

བཞི་པ་ཞ་ལུ་པ་སྨྲ་སྔན་རིག་བྱེད་ལ་མཁས་པ་བཀྲ་ཤིས་རྒྱ་མཚོ། ལྷ་ང་མཁས་

པ་ལ་སྟོད་མུས་སྲད་དུ་ཐུགས་སྙིང་གི་བརྒྱུད་པ་རིན་ཆེན་བློ་གྲོས་སེང་གེ་ནི་རྗེ་དགེ་འདུན་གྲུབ་པ་དང་འཇམ་དབྱངས་ཆོས་རྗེ་བསྟེན་ཏེ་མཁས་པར་སྦྱངས། འབྲས་སྤུངས་ཟུར་ཁང་པའི་འཆད་ཉན་མཛད། དེ་ནས་སེ་རའི་ཁྲི་ཐེབས། དབུ་ཚད་ཀྱི་བཤད་རྒྱུན་དང་བསྟན་བཅོས་བརྩམས། སློབ་མར་རྗེའི་དཔོན་སོགས་དང་། སློབ་དཔོན་དཔལ་བློ། ལྷོ་པ་འཇམ་གྲགས་པ་སོགས་བྱོན། རྗེས་མས་ཆབ་མདོར་བཤད་པ་ཨ་མཛད་དོ། །

དྲུག་པ་ཆོས་རྗེ་འདུལ་བ་འཛིན་པ་གནས་བརྟན་པ་འདིས་འདུལ་བ་གཙོར་མཛད་སློབ་མ་བློ་གསལ་བ་སོགས་མང་བ་བྱུང་། བདུན་པ་ལྷ་ཞུ་ཆོས་རྗེ། བརྒྱད་པ་གཉལ་སྟོན་དཔལ་འབྱོར་ལྷུན་གྲུབ་མི་ལུག་ལ་འཁྲུངས། གསང་ཕུར་ཆོས་རྗེ་རིན་ཆེན་བྱང་ཆུབ་དང་། འབྲས་སྤུངས་ཟུར་ཁང་དུ་མཁས་པ་མུས་སྲད་པ་དང་། དགའ་ལྡན་དུ་བ་སོ་ཆོས་རྗེ་སོགས་བསྟེན་ནས་མདོ་སྔགས་ལ་སྦྱངས་པས་མཁས་པར་གྱུར། ཀྱེ་རེ་བཀའ་བཞི་པ་སོགས་ལས་བསྙེན་པར་རྫོགས། བྱང་རྩེའི་མཚན་ཉིད་གྲྭ་ཚང་གི་འཆད་ཉན་པ་མཛད། དེ་ནས་གསང་ཕུར་སྤྲེ་སེར་གྱི་འཆད་ཉན་མཛད་པ་ན། པཎ་ཆེན་ཤཱཀྱ་མཆོག་དང་། རྩེ་ཞག་པ་ཐལ་འགྱུར་གྱིས་བརྩམ་པས་གྲགས་ཆེ། དེ་ནས་དགུང་ལོ་ང་ལྔ་པ་ལ་སེ་ར་ཐེག་ཆེན་གླིང་གི་ཁྲི་ཐེབས་ཆོས་གསུངས་ཏེ། དགུང་ལོ་གྱ་བརྒྱད་པ་ཤིང་ཁྱི་ལ་གཤེགས་སོ། །

དགུ་པ་མང་ཐོས་དཔལ་ལྡན་བློ་གྲོས་ནི་(༡༡༣བ)དགུང་ལོ་ང་ལྔ་པ་ལྕགས་གླང་ལ་སེ་རའི་ཁྲི་ཐེབས། དགུང་ལོ་གྱ་བརྒྱད་པ་ཤིང་བྱི་ལ་གཤེགས་སོ། །

བཅུ་པ་འཇམ་དབྱངས་དོན་ཡོད་དཔལ་ལྡན་ཉང་སྟོད་དུ་ཤིང་གླང་ལ་འཁྲུངས། དཔལ་འཁོར་བདེ་ཆེན་དུ་རབ་བྱུང་མཛད། སློབ་དཔོན་བཟོད་དཔལ་བ་བསྟེན་ནས་སྦྱངས་པས་མཁས་པ་ཆེན་པོར་གྱུར། བྱང་སེམས་འདུལ་དཀར་བ་སོགས་ལ་བསྙེན་པར་རྫོགས། དབུས་སུ་བྱོན། རིན་ཆེན་བྲག་ཏུ་ཉན་ཤཱཀ་པ་དང་། སེ་ར་ཐེག་ཆེན་གླིང་དུ་གཉལ་སྟོན་དཔལ་འབྱོར་ལྷུན་གྲུབ་ལ་ཆོས་གསན་དགུང་ལོ་ཞེ་གཅིག་པ་ལ

སེ་ར་བྱེས་པ་གྲྭ་ཚང་གི་འཆད་ཉན་པ་མཛད། དཀྱུང་ལོ་དོན་གཉིས་པ་ལ་སེ་རའི་ཁྲིར་ཕེབས་ཏེ་ཆོས་གསུངས། དཀྱུང་ལོ་བརྒྱད་ཅུ་པ་ཤིང་སྤྲེ་ཟླ་བ་དང་པོའི་ཚེས་གཅིག་ལ་གཤེགས་སོ། །

བཅུ་གཅིག་པ་ཕྲུག་ན་པཎྜི་ཏར་སློག་གར་གྱིས་རོལ་པ་ཐམས་ཅད་མཁྱེན་པ་དགེ་འདུན་རྒྱ་མཚོའི་དཔལ་ཏེ་རྣམ་པར་ཐར་པ་ཐོ་ཡོང་ཞིག་འབྲས་སྤུངས་ཀྱི་སྐབས་སུ་བརྗོད་ཟིན་པ་ལྟར་རོ། །

བཅུ་གཉིས་པ་སེ་ར་རྗེ་བཙུན་ཆོས་ཀྱི་རྒྱལ་མཚན་ནི་གཙང་དུ་འཁྲུངས་ རྒྱུ་མཚན་ཉིད་དང་འབྲས་བུ་སྔགས་ལ་མཁས་པར་སྦྱངས་ཏེ་སེ་ར་ཐེག་ཆེན་གླིང་གི་ཁྲིར་ཕེབས་པ་ན། གཞན་པ་མི་བསྐྱོད་རྫོ་རྗེས་བསྐུལ་ནས་གོ་ལན་དང་། ཤཱཀྱ་ལན་མཛད་པས་བསྟགས་པ་ཆེན་པོ་བརྗོད་དོ། །

བཅུ་གསུམ་པ་པཎ་ཆེན་བསོད་ནམས་གྲགས་པ་སྐྱེ་རྣམ་ཐར་དགའ་ལྡན་གྱི་སྐབས་བརྗོད་ཟིན་ནོ། །

བཅུ་བཞི་པ་ཆོས་རྗེ་ཆོས་གྲགས་བཟང་པོ་སྐྱེ་དཀྱུང་ལོ་རེ་གཉིས་པ་ཤིང་སྟག་ལ་སེ་རའི་ཁྲིར་ཕེབས་ལོ་ངོ་བཞི་ཆོས་གསུངས་པ་སོགས་ཀྱི་རྣམ་ཐར་དགའ་ལྡན་གྱི་སྐབས་སུ་སོང་བ་ལྟར་རོ། །

བཅོ་ལྔ་པ་འཇིག་རྟེན་དབང་ཕྱུག་ཕྲུག་ན་པཎྜི་(༡༡༦ན)ཐམས་ཅད་མཁྱེན་པ་བསོད་ནམས་རྒྱ་མཚོ་སྐྱེ་རྣམ་པར་ཐར་པ་རགས་ཙམ་འབྲས་སྤུངས་ཀྱི་སྐབས་སུ་གསལ་ལོ། །

བཅུ་དྲུག་པ་ནི་སྟོང་འཁོར་ཆོས་རྗེ་ཡོན་ཏན་རྒྱ་མཚོས་ཟླ་ངོ་གསུམ་ཙམ་སེ་རའི་གདན་སར་ཕེབས་ཏེ་སྨར་ཁམས་སུ་ཕེབས་སོ། །འདི་ནི་ཆོས་རྗེ་འདུལ་བ་འཛིན་པའི་སྤྲུལ་སྐུ་ཟླ་བ་རྒྱལ་མཚན། དེའི་སྐུ་སྐྱེ་སྟོང་འཁོར་ཆོས་རྗེ་ཡོན་ཏན་རྒྱ་མཚོ་དང་། དེའི་སྐུའི་སྐྱེ་བ་སྤྲུལ་པའི་སྐུ་གཉིས་བྱུང་སྟེ། སྟོང་འཁོར་སྤྲུལ་པའི་སྐུ་འཇམ་དབྱངས་རྒྱ་མཚོ་དང་། རྒྱལ་བ་རྒྱ་མཚོ་གཉིས་ལྷན་ཅིག་ཏུ་བྱུང་བར་གྲགས་སོ། །

བཅུ་བདུན་པ་འཕགས་པ་སྤྱན་རས་གཟིགས་ངུར་སྨྲིག་གར་གྱིས་རོལ་པ་ཐམས་ཅད་མཁྱེན་པ་ཡོན་ཏན་རྒྱ་མཚོ་སྐྱེ་འཕྲུལ་སྤྲུངས་ཀྱི་དུས་བཤད་ཟིན་ཏོ། །

བཅོ་བརྒྱད་པ་ནི་དབེན་ས་པཎ་ཆེན་བློ་བཟང་ཆོས་ཀྱི་རྒྱལ་མཚན་ཏེ་འཕྲུལ་སྤྲུངས་དུས་བཤད་ཟིན་པ་ལྟར་རོ། །

བཅུ་དགུ་པ་ལྷ་དང་བཅས་པའི་འགྲོ་བ་ཡོངས་ཀྱི་སྐྱབས་གཅིག་པད་དཀར་འཆང་བ་ངུར་སྨྲིག་ཟློལ་གྱིས་རྣམ་རོལ་སྲིད་ཞིའི་གཙུག་རྒྱན་རྗེ་བླ་མ་ལྷ་པ་ཉིད་དེ། རྣམ་ཐར་རགས་པ་དཔལ་ལྡན་འཕྲུལ་སྤྲུངས་ཀྱི་སྐབས་སུ་སྨོས་ཟིན་པ་ལྟར་དང་། ད་ལྟ་དེ་བཞིན་གཤེགས་པ་འོད་ཟེར་ཀུན་འཕགས་དཔལ་བརྩེགས་རྒྱལ་པོ་བསམས་བཞིན་སྨྲིས་རིགས་སྣ་ལ་པ་ཆེན་པོར་བལྟམས་པ་ཆོས་ཀུན་ཐམས་ཅད་མཁྱེན་པ་བློ་བཟང་རིན་ཆེན་ཚངས་དབྱངས་རྒྱ་མཚོའི་ཞབས་སེན་སྲིད་གསུམ་སྐྱེ་དགུའི་གཙུག་རྒྱན་དུ་འགོད་བཞིན་པར་འཚོ་ཞིང་གཞིས་པ་འདི་ག་ལས་ཇི་སྲིད་བསྐལ་པ་རྒྱ་མཚོའི་བར་དུ་གཡོ་བ་མི་མངའ་བར་ཡང་དག་པར་སྨོན་ནོ། །གྲྭ་ཚང་བཞི་བྱུང་བའི་རྒྱུ་གྲྭ་ཚང་དང་འབྲོམ་སྟེང་གཉིས། རྒྱལ་ཆོས་རྗེ་རབ་འབྱམས་པ་ཆེན་པོ་འཇམ་འཕགས་པ། འབྲོམ་སྟེང་གྲྭ་ཚང་དུ་དྲུང་རབ་བྱུང་བ་དྲུག་བརྒྱ་དཔོན་པོ་སོགས་བསྐོ་བ་བྱུང་འདུག་ཀྱང་དེ་ནས་གཉིས་ཀ་སྟོད་ཀྱི་(77ན)གྲྭ་ཚང་ལ་འགྲེལ་བའི་སྟོད་པའི་བླ་མ། ཆེན་པོ་ཤེས་རབ་རྒྱ་མཚོ། གུང་རུ་ཆོས་བློ། སློབ་དཔོན་ཤཱཀྱ་བཟང་པོ། ཀྱེ་རིང་བློ་གྲོས་རིན་ཆེན། ཆེན་པོ་འཇམ་གྲགས་པ། ཆེན་པོ་མཉྫུ་པ། ནམ་མཁའ་དཔལ་བཟང་། དབུ་མ་པ་རིན་ཆེན་དར་མ། ཆེན་པོ་དོན་གྲུབ། སློབ་དཔོན་དར་གླིང་དཀའ་བཅུ་པ། བསྟན་པ་དར་རྒྱས་པ། བློ་བཟང་ཨེ་ཝཾ། ཉན་སྟོན་ལེགས་པ། རིན་ཆེན། ཉང་པོ་དགའ་བ་རིན་ཆེན། འཕན་པོ་ཡོན་ཏན་འོད་ཟེར། རིན་ཆེན་བྲག་པ། ཚུལ་ཁྲིམས་དར་རྒྱས། སྒོ་བོ་བཀྲ་ཤིས་རྒྱ་མཚོ། སློབ་དཔོན་འཕྲིན་ལས་རྒྱ་མཚོ། ཀོང་སྟོན་བསམ་གྲུབ་རིན་ཆེན། བསམ་བློ་དཀའ་བཅུ་བ། ལྷོ་པ་རབ་འབྱམས་པ། རབ་འབྱམས་སྨྲ་བ་བྱམས་པ་སྨོན་ལམ། ཀླུན་པོ་ཆོས་མཛད་

དགེ་འདུན་ཕུན་ཚོགས། པ་རི་མདོ་སྔེ་རྒྱ་མཚོ། དྲུག་བཅུ་བཀྲ་ཤིས་རྒྱ་མཚོ། མཁར་ཆེན་བློ་ལྡན་ཤེས་རབ། སྡེ་བོ་དོན་གྲུབ་རྒྱལ་མཚན། ཉང་བྲན་བློ་བཟང་ཆོས་ལྡན། དྲུག་བཅུ་བློ་བཟང་འཇམ་དཔལ། སྡེ་བོ་བློ་བཟང་རྒྱལ་མཚན། ད་ལྷུ་ལྷ་ས་ང་བློ་བཟང་ནམ་མཁའི་སྐབས་སོ། །

སེ་ར་སྨད་པའི་གྲྭ་ཚང་དུ་འཆད་ཉན་སློབ་དཔོན་རིམ་པར་བྱོན་པ་ནི། ཆེན་པོ་བྱང་འབུམ་པ། གཡུ་པ་བརྩོན་འགྲུས་བཟང་པོ། སློབ་དཔོན་ཤཱཀྱ་བཀྲ་ཤིས་པ། དྲུང་རིན་ཆེན་རྒྱལ་མཚན། མཆིམ་དབང་རྒྱལ། ཆེན་པོ་ཚུལ་རྒྱལ་བཟང་པོ། རབ་འབྱམས་པ་ཟླ་འོད་དཔལ་མགོན། ཆེན་པོ་ཡོན་ཏན་བཤེས་གཉེན། རབ་འབྱམས་པ་ཚུལ་ཁྲིམས་འོད་ཟེར། དཀའ་བཅུ་པ་ཆོས་གྲགས་རིན་ཆེན། སློབ་དཔོན་རྡོ་རྗེ་བཟང་པོ། ཙོ་ནེ་ཕྱོགས་ལས་རྣམ་རྒྱལ། སློབ་དཔོན་ཚུལ་ཁྲིམས་འོད་ཟེར། སྣེའུ་ལྷ་རྩེ་བ་ཆོས་བཟང་གྲགས་པ། སློབ་དཔོན་ལ་མོ་པ། ཕོད་ཁང་པ་དགེ་ལེགས་ངཟང་པོ། གཙང་སྟོན་ཆོས་གྲགས་འོད་ཟེར། ཚ་བ་ནམ་མཁའ། དབུ་སྟོད་པ་བྱང་ཆུབ་འོད་ཟེར། རིན་ཆེན་གླིང་པ་ཆོས་རྗེ་སངས་རྒྱས་རིན་ཆེན། ཆོས་རྗེ་བཀྲ་ཤིས་འབྱུང་གནས། (༡༡༥ན)སེམས་དཔའ་ཆེན་པོ་ངག་དབང་ཆོས་ཀྱི་རྒྱ་མཚོ། ཉང་པོ་རྒྱ་ནང་པ་སངས་རྒྱས་དཔལ་འབྱོར། ལྷུངས་རབ་འབྱམས་པ་དགེ་འདུན་རིན་ཆེན་རྒྱ་མཚོ། སློབ་དཔོན་བཟང་པོ་རྣམ་རྒྱལ། སློབ་དཔོན་ཤེས་རབ་སེང་གེ །དབུ་སྟོད་པ་ཤེས་རབ་རྒྱ་མཚོ། རྩིས་དང་པ་བྱམས་པ་ལྷུན་གྲུབ། ཁེ་གསུམ་ཆོས་མཛད་བློ་བཟང་བསྟན་འཛིན། ཀོང་པོ་བསྟན་འཛིན་ལེགས་བཤད། ལྷུངས་པ་སྤོམ་སྤོར་རྒྱལ་མཚན། སྟོད་ལུང་རིན་ཆེན་རྒྱ་མཚོ། སྡེ་བོ་དཔལ་འབྱོར་རྒྱལ་མཚན། གུང་རུ་ནམ་མཁའ་རྒྱལ་མཚན། ཙོ་ནེ་བློ་བཟང་དཔལ་འབར། འཕན་པོ་དགེ་འདུན་འཇམ་དབྱངས། ཙོ་ནེ་ཚུལ་ཁྲིམས་དར་རྒྱས། ཉང་བྲན་བློ་བཟང་རྒྱལ་མཚན། ན་ཁ་བློ་བཟང་དོན་གྲུབ། གཙང་པ་བློ་བཟང་། ད་ལྷུ་ཚོ་རྗོར་ཚུལ་ཁྲིམས་དར་རྒྱས་ཀྱིས་འདུལ་བ་ཀུན་མཁྱེན་བློ་གྲོས་ལེགས་བཟང་གིས་མཛད་པ་དང་། དབུ་སྟོད་བསྟན་དར་བའི་ཕར་

ཕྱིན་ཐལ་ཕྲེང་། སྤྱི་དོན། མངོན་པ་དངོས་གྲུབ་པས་མཛད་པ། དབུ་མ་བསྟན་དར་བའི་སྤྱི་དོན་ཐལ་ཕྲེང་སོགས་འཆད་ཉན་གྱི་སྐབས་སོ། །

སེ་ར་བྱེས་པ་གྲྭ་ཚང་ནི་མུས་སྲད་པ་རིན་ཆེན་སེང་གེ་འབྲས་སྤུངས་ནས་སེ་རར་ཕེབས་དུས་གྲྭ་པ་བརྒྱ་ལྷག་ཕྱག་ཕྱིར་འབྲངས་པས་ལྡན་པ་ངག་དབང་དང་། ཛྙཱ་ཤྲཱིས་ཆོས་འཆད་མཛད་ཀྱང་ངག་དབང་པ་ཆབ་མདོར་བྱོན། ཛྙཱ་ཤྲཱི་གཤེགས་པས་བར་སྐབས་སུ་སྟོངས་པ་དང་། དེའི་རྗེས་སུ་སྣེའུ་དཔལ་འབྱོར་རྒྱལ་པོ་དང་དཔོན་ས་བུ་ཁྲིད་དཔལ་འཛོམ་གྱིས་བཙུགས་ཤིང་ཐོག་མར་གཞི་མ་ཆགས་པར་ཆོས་དབར་འདེགས་པ་ཞིག་བྱུང་བས་མིང་ཡང་བྱེས་སུ་གྲགས་ཤིང་། དུས་ངེས་པ་ཁུངས་མ་ཚོད་ཀྱང་སྟོད་གྲྭ་ཚང་གི་རྒྱ་གྲྭ་ཚང་ཡོངས་རྫོགས་དང་(༡༡༥བ)འབྲོམ་སྟེང་གི་རགས་རིམ་ བཅས་སྤྱི་གུང་མ་གཏོགས་ཕལ་ཆེར་འདིར་འཁྱིལ་འདྲ་སྨམ་སློབ་དཔོན་ཐོག་མ་ནི་སེ་རའི་མཁན་སོ་བརྒྱད་པ་གཉལ་སྟོན་དཔལ་འབྱོར་ལྷུན་གྲུབ། མང་ཐོས་དཔལ་ལྡན་བློ་གྲོས། འཇམ་དབྱངས་དོན་ཡོད་དཔལ་ལྡན། རྗེ་བཙུན་ཆོས་ཀྱི་རྒྱལ་མཚན། གཙང་སྟོན་ཤེས་རབ་སེང་གེ །དབུ་སྟོད་པ་ཤེས་རབ་རྒྱ་མཚོ། རྩིས་དང་དྲུང་ཆེན་དཔལ་འབྱོར་རྒྱལ་མཚན། གཙང་སྟོད་པ་བདེ་ལེགས་ཉི་མ། འཕྱོས་པ་མཁས་བཙུན་རྒྱ་མཚོ། སྒོམ་སྡེ་རབ་འབྱམས་པ་ནམ་མཁའ་རྒྱལ་མཚན། གཙང་སྟོན་རིན་ཆེན་བཤེས་གཉེན། རྩིས་དང་ཆེན་པོ་བྱང་མ་ཁང་གསར་བ་དཔལ་འབྱོར་བསོད་ནམས་ལྷུན་གྲུབ། བྲག་དཀར་ལྡན་པ་འཕྲིན་ལས་ལྷུན་གྲུབ། ཨེ་པ་ཡོན་བདག་རབ་འབྱམས་པ་དཔལ་འབྱོར་ལྷུན་གྲུབ། ཀོང་སྟོན་བསམ་གྲུབ་རིན་ཆེན། རྩིས་དང་རབ་འབྱམས་པ་བྱམས་པ་སྨོན་ལམ། སེ་ར་ཤར་པ་འཕྲིན་ལས་བསམ་གྲུབ། ཧོ་བོ་བསོད་ནམས་རྒྱལ་མཚན། བྱ་བྲལ་འཇམ་དབྱངས་ལྷུན་གྲུབ། ཧོ་བོ་བློ་བཟང་བཀྲ་ཤིས། སེ་ར་ཤར་པ་རྒྱལ་མཚན་དོན་གྲུབ། ད་ལྟ་ཧར་གདོང་ངག་དབང་རྒྱ་མཚོས་བདེ་ལེགས་ཉི་མའི་འདུལ་བ། ཕར་ཕྱིན་ལ་རྗེ་བཙུན་པའི་ཐལ་ཕྲེང་། སེ་ར་ཤར་པའི་ཊཱིཀྐ། རྗེ་ཕ་བོང་ཁ་དཔལ་འབྱོར་ལྷུན་གྲུབ་ཀྱི་ཊཱིཀྐ་སོགས་དང་། ཆོས་

ཛཱེ་དངོས་གྲུབ་པའི་མཛོད། སེ་ར་རྗེ་བཙུན་དང་སྨོན་སྡེ་ནམ་མཁའ་རྒྱལ་མཚན་གྱི་ཡིག་ཆའི་ཐོག་ནས་དབུ་མ་སོགས་འཆད་ཉན་གྱི་སྐབས་སོ། །དེ་ལྟར་མཁས་མང་རྒྱ་མཚོ་འདུལ་བའི་བསྟི་གནས་ཆེན་པོ་འདི་ཉིད་རྒྱལ༷་དབང༷་ཕྱག༷་ན༷་པདྨ༷འི་ཐུགས་རྗེའི་འཇུག་པ་མཁའ་དང་མཉམ་པའི་ཕྱོགས་(༡༡༨ན)མཐའ་དག་ནས་མཆོ་ལ་དང་པ་འདུ་བ་བཞིན་རིམ་པར་འཕེལ་བ་ལ་ཚད་བཟུང་དཀའ་ནའང་། ད་ལྟ་འདུས་ཚོགས་ཀྱི་ཡང་རྩེ་ཨང་མེད་དགེ་འདུན་ཉིས་སྟོང་བརྒྱད་བརྒྱ་ལྔ་བཅུ་སྐོར་རོ། །

རྨེ་རུ་སོགས་ལྷ་ས་དང་ལྷ་སའི་ཉེ་འདབས་དབུས་ཁུལ་གྱི་དགོན་སྡེ།

༡ ལྷ༷་ས༷་རྨེ༷་རུ༷་ནི། མངའ་བདག་ཁྲི་རལ་ཅན་གྱིས་ལྷ་སའི་ཕྱོགས་བཞིར་མཆོད་ཁང་དང་དགེ་འདུན་གྱི་སྡེ་གཉིས་རེ་བཙུགས་པ་ལས། ཤར་དུ་རྨེ་རུ་དང་ཀྱཱ་རུ་ཞེས་བྱུང་བ་དར་མས་བསྣུབས། ཇོ་བོ་རྗེ་ཕེབས་ནས་སླར་ཡང་དགེ་འདུན་གྱི་སྡེ་ཆེན་པོ་ཚུགས་པའི་བླ་མ་ཆེན་པོ་ཤར་པ་ཞེས་སོགས་བྱུང་། ཐམས་ཅད་མཁྱེན་པ་བསོད་ནམས་རྒྱ་མཚོའི་དུས་ནས་དགེ་ལུགས་ཀྱི་གྲོང་ཚོག་པར་འགྱུར། བླ་མ་ཉག་རེ་བློ་བཟང་རྒྱ་མཚོ། དེ་རྗེས་དབུ་སྟོད་ཤེས་རབ་སེང་གེ་ཞེས་པའི་དུས་གཙང་སོག་དུས་འགྱུར་གྱིས་ཡུལ་འཁོས་པ་སླར་ཚང་ཚུད་དུས་ལྷུན་པོ་ཆོས་མཛད་དགེ་འདུན་ཕུན་ཚོགས་ཀྱིས་བླ་མ་བྱས། དེ་ནས་འབྲས་སྤུངས་བློ་བཟང་ཆོས་འཕྲོར། ཁ་ཙང་པ་རབ་འབྱམས་པ་བློ་བཟང་བསྟན་དར། དེ་རྗེས་སླར་ཡང་ལྷུན་པོ་ནས་ཀྱི་ལོ་ཤས། ལྷ་ས་སྨྱི་སྨུག་བསོད་ནམས་རྒྱལ་མཚན། ལྷ་ས་བྱང་མདོ་སྦྱིན་པ་རྒྱ་མཚོ། བྱམས་པ་གླིང་པ་བློ་བཟང་དགེ་འདུན། ཞལ་སྔ་ནས་པ་རི་མདོ་སྡེ་རྒྱ་མཚོ། བྲག་སྣ་མཐོན་པོ་བ་ཕུན་ཚོགས་རྒྱལ་མཚན། སྟ་མོ་མཁར་པ་རིན་ཆེན་རྒྱ་མཚོ། ལྷ་ས་བ་དཀོན་ཅོག་དཔལ་བཟང་། ཚལ་པ་བྱམས་པ། ད་ལྟ་ལྷ་ས་བ་བསོད་ནམས་རྒྱ་མཚོ། ངོ་བོ་སྟགས་གྲྭ་ཚང་། ཚོགས་འདོན་དང་འགྲོ་དོན་ལ་འདུལ་འཛིན་པའི་ཀུན་རིག །ཧེ༷་ཧླ༷་མུ༷འི་བཀའ་རྩོམ་སྨན་བླའི་མདོ་ཆོག་སོགས་གཏོང་། མཚན་ཉིད་ཀྱི་སློབ་གཉེར་

འཇས་སྐྱུངས་བདེ་ཡངས་དང་ར་བ་སྟོད་སོགས་(༡༡༨བ)ལ་འགྲོ་རྒྱུན། ཨང་དང་གྲས་གྲྭ་གྲངས་ཉིས་བརྒྱ་དགུ་བཅུ་སྐོར།

༢ ར་མོ་ཆེ་བཞི་སྡེ་ནི། ཚལ་པ་ཁྲི་དཔོན་དགའ་བདེ་བཟང་པོས་རྒྱས་བཏབ་གཙུག་ལག་ཁང་དུ་མཆོད་འབུལ་བ་བཞི་གྲྭ་བཙུགས་པས་མིང་བཞི་སྡེ་པ་ཞེས་བཏགས་པར་གྲགས་ཤིང་། དེ་ལས་རིམ་འཕེལ་གྱི་གྲྭ་ཚང་ལྔ་བུར་སོང་བར། ཚལ་པ་ཧྲམས་པ་ཡན་ལམ་ཙམ་རྙེ་ཏུ་བ་དང་བླ་རབས་གཅིག །རབ་བྱུང་བཅུ་གཉིས་པ་ནས་རྙེ་ཏུ་བ་དང་ཡ་བྲལ་ཞིང་། ད་ལྟ་སློབ་དཔོན་པ་མེད་ཀྱང་འདུས་ཚོགས་ཇེ་འཕེལ་གྱི་དར་རྒྱས་ཆེ། ཚོགས་འདོན་དང་འགྲོ་དོན་ལ་འདུལ་འཛིན་པའི་རྣམ་སྣང་མངོན་བྱུང་དང་། རྡོ་བླ་མའི་སྨན་བླའི་མདོ་ཆོག་ཡིད་བཞིན་དབང་རྒྱལ་སོགས་གཏོང་། སློབ་གཉེར་སེར་སྨད་དུ་འགྲོ་རྒྱུན། ཨང་དང་གྲས་གྲྭ་པ་ཉི་ཤུ་སྐོར།

༣ ཕ་བོང་ཁ་བྱང་ཆུབ་ཤིང་གི་ནགས་ཁྲོད་ནི། རྡོ་བླ་མའི་ཡང་སྲིད་གོང་མ་ཆོས་རྒྱལ་སྲོང་བཙན་སྒམ་པོས་དེར་བཞུགས་ཤིང་སྒྲུབ་པ་མཛད་པས། མཐའ་འདུལ་ཡང་འདུལ་དང་ར་ས་འཕྲུལ་སྣང་གི་གཙུག་ལག་ཁང་སོགས་བོད་ཀྱི་ཕན་བདེ་རྒྱས་པའི་བཞེད་དོན་མཐའ་དག་བདེ་བླག་ཏུ་འགྲུབ། དེ་ནས་ཚངས་པ་ལྷའི་མེ་ཏོག་ཡན་གོས་དཀར་ལྕང་ལོའི་ཁྲིང་བ་འཆང་བ་བརྒྱ་ལྷག་དང་། སད་མི་བདུན་རབ་ཏུ་བྱུང་བ་ནས་དགེ་འདུན་བརྒྱ་ཕྲག་ཙམ་བཞུགས་པས་ཆོས་ཁྲིམས་དང་རྒྱལ་ཁྲིམས་གཉིས་ཀ་དར། རྒྱལ་པོ་དར་མས་དགེ་འདུན་རྣམས་བསྒྲད་པས་བོད་ཁམས་སིལ་བུར་སོང་། དེ་རྗེས་དབུས་གཙང་གི་མི་བཅུས་བསྟན་པ་སྤེལ་ཀྱང་ཕ་བོང་ཁར་རབ་བྱུང་གི་སྡེ་མ་ཚུགས་པས་རྒྱ་བོད་འབྲུགས། རྒྱལ་དང་རྭ་སྒྲེང་ལ་བརྙིང་ཡོག་བྱུང་། དེ་ལ་བརྟེན་ནས་དགེ་བཤེས་བྲག་དཀར་བས་གནས་འདིར་འདུས་(༡༡༩ན)སྡེ་བཙུགས་པས་གདན་རབས་བདུན་ཙམ་གྱི་བར་བསྟན་པ་དང་སེམས་ཅན་གྱི་བདེ་སྐྱིད་གོང་དུ་འཕེལ། དེ་ནས་རིམ་འགྲིབ་ལ་སོང་བས་ཧོར་དམག་བོད་དུ་ལྷགས། འགྲོ་བའི་མགོན་པོ་ཆོས་རྒྱལ་འཕགས་པས་ཕ་བོང་ཁར་ཞིག་གསོས་དང་བསྟན་པ་

རྒྱས་པའི་སྨོན་ལམ་མཛད་པ་བཞིན་བོད་ཁྲི་སྐོར་བཅུ་གསུམ་ལ་དབང་བསྒྱུར་ཏེ་བསྟན་འགྲོའི་ཕན་བདེ་སྤེལ། ལོ་བདུན་ཙུ་ཙམ་ནས་སྐུ་འདི་ཉམས་པས་ས་ཕག་གི་དུས་འབྲུག་བྱུང་། དེ་ནས་ཐེག་ཆེན་ཆོས་ཀྱི་རྒྱལ་པོས་དགེ་འདུན་གྱི་སྡེ་བཙུགས་པས་ཕག་གྲུའི་སྲིད་ཀྱི་ལོ་ཉིས་བརྒྱ་སྐོར་བོད་བདེ་བར་བསྐྱངས། དེ་རྗེས་ཆོས་རྗེ་བདེ་ལེགས་ཉི་མས་བཞུགས་ཤིང་དགེ་འདུན་གྱི་སྡེ་ཚུགས་པས་བོད་ཁམས་བདེ་ནའང་བར་སྐབས་ནང་མ་མཐུན་པར་གྱེས་པས་ལྷ་སའི་དམག་འབྲུག་བྱུང་། སླར་རྒྱལ་བའི་བསྟན་པ་རིན་པོ་ཆེ་འཕེལ་བ་དང་སེམས་ཅན་གྱི་བདེ་སྐྱིད་ལ་དགོངས་ཏེ་རབ་བྱུང་བཅུ་པའི་ས་ལུག་ལ་འཕོན་སྟོན་རྡོ་རྗེ་འཆང་དཔལ་འབྱོར་ལྷུན་གྲུབ་ཀྱིས་བཞུགས་ཤིང་རིག་གྲོལ་གྱི་སྡེ་རྣམ་པར་དག་པ་ཚུགས་པས། རྗེ་བླ་མའི་ཆོས་སྲིད་གདུགས་དཀར་གྱིས་ཛཱ་ཏིའི་མེ་ཏོག་མངོན་པར་བཀྲ་བའི་ཡུལ་གྲུ་ནས། ཟ་འོག་ཐགས་སུ་བསྒྲུན་པའི་རྒྱལ་ཁམས་ཀྱི་བར་ཁྱབ་སྟེ་བསྟན་འགྲོའི་བདེ་སྐྱིད་བླ་ནས་བླར་སྤེལ་བ་འདི་ཡིན་ཅིང་། དེ་རྗེས་ཞལ་སྔ་ནས་དཔལ་འབྱོར་རབ་རྒྱས། སེ་ར་པ་འཇམ་དབྱངས་གྲགས་པ། མཁན་ངག་དབང་བསྟན་འཛིན། ད་ལྟ་སྨད་བླ་ཟུར་བློ་བཟང་དོན་གྲུབ་འདུས་སྡེ་དང་བཅས་དར་རྒྱས་ཀྱི་སྐབས་སུ་མཆིས་སོ། །

༄ ཆོས་གྲྭ་ཆེན་པོ་གསང་སྔགས་མཁར་ནི། བྲག་དཀར་ནང་སོ་རིན་ཆེན་ལྷུན་པོས་སྦྱིན་བདག་མཛད་དེ་ས་མོ་ཕག་གི་ལོར་འཇམ་མགོན་བླ་མ་བཙོང་ཁ་པ་ཆེན་པོས་(༡༡༧བ)ས་འདུལ་དང་། ས་ཁྲ། ལྟོ་འཕྱེའི་ཐིག་གདབ། ས་གཞི་རབ་གནས་ཤིས་བརྗོད་མཛད་དེ་གཙུག་ལག་ཁང་བཞེངས། བྲག་དཀར་པས་མངའ་འོག་ནས་ཐོ་བཙུན་མང་པོ་དང་། ཆོས་ཐེབས་བཟང་པོ་སྦྱར། འཇམ་མགོན་ཆོས་ཀྱི་རྒྱལ་པོ་གཤེགས་ཀྱང་རྒྱལ་ཚབ་ཐམས་ཅད་མཁྱེན་པས་ཞལ་འཛིན་དང་ཞ་ལུ་བཟང་བཀྲས་པ་དབུ་མཛད་དུ་བསྐོས། དེའི་རྗེས་སུ་མཁས་གྲུབ་རྗེས་གདན་ས་མཛད། དེ་ནས་རིགས་གཏེར་བ་བློ་གྲོས་དཔལ། བྱང་སེམས་བསོད་ནམས་དཔལ། མཁས་གྲུབ་ཀུན་དགའ་ལེགས་པ། དེས་གསེར་ཞོ་བརྒྱད་ཙུ་ལས་གྲུབ་པའི་རྒྱལ་བ་བུ་རམ་ཤིང་

པའི་སྐུ་བརྙན་དང་། སྨན་འདམ་གྱི་ཉེ་བའི་སྲས་བརྒྱད། སྒོ་སྲུང་གཉིས། གཙྫོ་ལ། དང་རྩེར་མཉམ་མེད་ཤཱཀྱའི་རྒྱལ་པོའི་སྐུ་བརྙན་ལ་གནས་བརྟན་བཅུ་དྲུག་གིས་བསྐོར་བ་དང་། མདོ་མང་པུ་ཏི་བདུན་ཅུ་དོན་གཅིག །རྗེའི་བཀའ་འབུམ་སོགས་སྐུ་གསུང་ཐུགས་རྟེན་མང་དུ་བཞེངས་པས་རྣམ་དཀར་གྱི་མཛད་པ་མཐའ་ཡས། ནང་སོ་རིན་ཆེན་ལྷུན་པོའི་སྲས་སྲི་ཆོད་རྒྱལ་པོའི་དགོངས་རྫོགས་ཀྱི་ཕྱིར་དུ་བྱམས་ཁང་དུ་གསེར་ཞོ་བརྒྱ་དང་དགུ་བཅུ་ལས་གྲུབ་པའི་བྱམས་ཆེན་གྱི་སྐུ། བཙུན་མོ་རྒྱ་མ་ཁྲི་ལྕམ་མགོན་མོ་བུ་ཁྲིད་དང་། དེའི་སྲས་འཇམ་དཔལ་ཚེ་རིང་རྒྱལ་པོས་བཞེངས། གཞན་ཡང་དགེ་འདུན་བཞི་བརྒྱ་ལ་མཐུན་རྐྱེན་སྦྱར་ཏེ་བྱམས་ཆོས་སྡེ་ལྔ། དབུ་མ་རིགས་ཚོགས་དྲུག །ཚད་མ་སྡེ་བདུན་གྱི་འཆད་ཉན་བཙུགས། སྤྱིལ་མིག་མང་དུ་བཏིང་ནས་ས་རྟ་ལ་འདར་སྟོན་བློ་བཟང་གྲགས་པ་གདན་སར་བསྐོས། དེའི་རྗེས་སུ་བླ་མ་བློ་གྲོས་བཤེས་གཉེན། འདི་དུས་ནས་སྤྱི་ཁང་འཆད་ཉན་པར་དཔལ་ལྡན་དོན་གྲུབ་དང་(༡༡༢ན)མཁས་གྲུབ་ཀུན་ལེགས། འདར་བ་ཤེར་བཟང་། ལེགས་བཟང་པ། བདེ་མཆོག་རབ་འབྱམས་པ། ཆོས་རྗེ་དཀོན་ཅོག་དར་རྒྱས། སྤྱི་ཁང་འོག་ཏུ་འཆད་ཉན་པ་ཐོག་མར་རབ་འབྱམས་པ་སྨོན་ལམ་དཔལ། འདར་སྟོན་བློ་བཟང་གྲགས། པཎ་ཆེན་མཆོག་ལྷ་འོད་ཟེར། དྲུང་ལེགས་བཟང་པ། སྤྱི་བླ་བློ་གྲོས་བཤེས་གཉེན་གྱི་རྗེས་སུ་གདན་སར་ཆོས་རྗེ་ཆོས་སྐྱོང་རྒྱ་མཚོ། པཎ་ཆེན་ལྷ་དབང་དཔལ་འབྱོར། སེ་ར་རྗེ་བཙུན་པ་ཆོས་ཀྱི་རྒྱལ་མཚན། དེ་དུས་སྤྱི་ཁང་གི་སློབ་དཔོན་འོད་སྲུང་པས་མཛད་ཐོག་ནས་འབྲས་སྤུངས་བདེ་ཡངས་སློབ་དཔོན་དུ་སྤྱན་དྲངས། རྗེ་བཙུན་པའི་རྗེས་སུ་གསང་སྔགས་མཁར་གྱི་ཁྲི་ཐོག་ཏུ་ཆོས་ཀྱི་གྲགས་པ། ཆོས་རྗེ་ཆོས་གྲགས་བཟང་པོ། སྤྱི་ཁང་གོང་གི་སློབ་དཔོན་དམ་ཆོས་དཔལ་བཟང་། ཆོས་རྗེ་ཆོས་གྲགས་བཟང་པོ། སྤྲུལ་སྐུ་ཆོས་འཕེལ་རྒྱ་མཚོ། བྱང་རྩེ་ནས་ཆོས་རྗེ་བྱམས་པ་རྒྱ་མཚོ་འདི་དགའ་ལྡན་གྱི་ཁྲི་ཐོག་ཏུ་ཕེབས་ནས་ཀུང་ཞལ་བདག་མཛད། དེ་དུས་སྤྱི་ཁང་གི་སློབ་དཔོན་ཕོད་ཁང་རབ་འབྱམས་པ་བཀྲ་ཤིས་དཔལ་བཟང་གིས་

མཛད། བཞི་པ་ཆོས་རྗེ་བྱམས་པ་རྒྱ་མཚོའི་རྗེས་སུ་སློམ་སྡེ་རབ་འབྱམས་པ་ནམ་མཁའ་རྒྱལ་མཚན། འབྲི་ཚང་རབ་འབྱམས་པ་སངས་རྒྱས་རྒྱལ་མཚན། སྟག་ལུང་བྲག་པ་བློ་གྲོས་རྒྱ་མཚོས་མཛད་ཐོག་ནས་དགའ་ལྡན་གྱི་ཁྲིར་ཕེབས། འདི་ཞིང་བརྗེས་ནས་གཙང་སོག་གི་དུས་འཁྲུག་ལ་བརྟེན་ཡང་རི་བས་བཟུང་། ཤག་སྐོར་དང་བཅན་ཆ་བཅོས། སྤྱི་ཁང་གོང་འོག་གི་འཆད་ཉན་སོགས་ཆོས་སྤྱོད་ཀྱི་བྱ་བ་ཡང་ལྷག་ཚུ་ཆད་པའི་རྫིང་ལྟར་སོང་། སླར་སོག་དམག་གིས་གཙང་དཔུང་ཞུགས(༧༧༤བ)པོ་རིར་བཀར་བ་ན་པཎ་ཆེན་རིན་པོ་ཆེ་དང་། གླིང་སྨད་ཆོས་རྗེ་དཔོན་སློབ་ཀྱིས་ཕྱོན་སངས་རྒྱས་གཉིས་པའི་ལུང་བསྟན་བཞིན་དུ་སྐྱེ་བོ་མང་པོའི་སྲོག་སྐྱབས་མཛད་དེ་ཞུགས་ཕོ་སྤྲེལ་ལོར་ཁྲིམས་བཅད་ཅིང་དགེ་ལུགས་པའི་ཆོས་ལུགས་བསྐྱར་ཚད་དང་། གསང་སྔགས་མཁར་རྩར་བླངས་ཏེ་ཁྲི་ཐོག་ཏུ་གླིང་སྨད་ཆོས་རྗེ་དཀོན་ཅོག་ཆོས་འཕེལ་བྱོན། བདེ་ཆེན་རྫོང་དཔོན་གྱིས་དགོན་པ་ལྡན་རི་ལ་སྤོ་དགོས་པའི་བཀོད་པ་བྱུང་ཡང་ཟང་ཟིང་གི་དངོས་པོ་དུ་མ་དང་བཅས་ཐབས་མཁས་པ་ཆེན་པོའི་འཕྲུལ་ལས་གཞན་དབང་དུ་མ་གྱུར་ཞིང་། གདན་ས་དགའ་ལྡན་གྱི་ཁྲིར་ཕེབས། སྔོན་ལམ་གསར་འཛུགས་སོགས་མཛད་པ་རླབས་ཆེན་ཡང་རྗེ་མར་པའི་གསོ་དཔྱད་ཀྱི་དཔེ་བཞིན་སྤྱི་ཁང་གོང་འོག་གི་འཆད་ཉན་སོར་ཆུད་པ་ནི་མ་བྱུང་འདུག །དེ་ནས་མདའ་རིས་གུ་གེ་བ་དཔལ་ལྡན་རྒྱལ་མཚན། ཆུ་བཟང་པ་དཀོན་ཅོག་ཆོས་བཟང་། ཅོ་ནེ་ཨ་མདོ་བ་བློ་བཟང་དཔལ་འབར། རྒྱལ་པ་བྱམས་པ་བཀྲ་ཤིས། ད་ལྟ་ཅོ་ནེ་ཚུལ་ཁྲིམས་དར་རྒྱས་སོགས་དགའ་ལྡན་གྱི་ཁྲི་དང་ཟུང་འབྲེལ་གྱི་ཞལ་འཛིན་ཕལ་ཆེ་བས་གནང་བཞིན་པའོ། །གཞིས་དགོན་ལུགས་ཟླ་ང་དང་པོར་འདུས་པ་སོགས་སྒྲུབ་མཆོད་དང་བླ་མ་རྣམས་ཀྱིས་ལམ་རིམ་གྱིས་མཚོན་གང་བབས་ལས་མདོ་སྔགས་འཆད་ཉན་ཆེར་མེད། བཀང་(བསྐང་)བ་སོགས་རྒྱུད་སྨད་དང་མཐུན། སློབ་ཉེར་གྲྭ་རྒྱུན་དགའ་ལྡན་ཐོས་བསམ་གླིང་། སེ་ར་སྨད། འབྲས་སྤུངས་བདེ་ཡངས་པ། ར་བ་སྟོད་བཅས་ལ་འགྲོ། ཨང་དང་གྲྭ་གྲངས་ཉིས་བརྒྱ་སྐོར།

༥ གསང་ཕུ་ར་བ་སྟོད་པའི་ལོ་རྒྱུས་ནི། ས་ལུགས་ཀྱི་བཤད་གྲྭ་སློབ་དཔོན་སེང་གེ་རི་བོང་གིས་འཆད་ཉན་པ་མཛད་སྐབས་(༧༧ན)འཇམ་མགོན་བླ་མ་བཙོང་ཁ་པས་བཀའ་བཞིའི་གྲྭ་སྐོར་གནང་བའི་ལྷགས་བཤད་ཀྱིས་མཁས་པ་མང་པོའི་ཡིད་འཕྲོགས། དེ་ནས་རྗེ་དང་རོང་སྟོན་གྱི་སློབ་མ་མཁྱེན་རབ་དབང་ཕྱུག་གྲགས་པས་སེང་གེ་རི་བོང་གི་རྗེས་སུ་འཆད་ཉན་པ་མཛད། དེའི་རྗེས་སུ་ཀུན་མཁྱེན་ཡོན་ཏན་རྒྱ་མཚོས་འཆད་ཉན་པ་མཛད་སྐབས་འཇམ་མགོན་བླ་མར་ཤིན་ཏུ་དད་དེ་ཞབས་ཕྱིར་འབྲོན་པའི་འདུན་པ་མཛད་པར། རྗེ་རིན་པོ་ཆེས་འཆད་ཉན་རང་བསྟན་ལ་ཕན་པའི་བཀའ་ལུང་ནན་ཏན་དུ་གནང་ཞིང་། དེ་ཡང་ཡོན་རྒྱམ་པ་དེ་གྲྭ་ཆེ་བར་འཁྲུངས། མཁྱེན་རབ་པ་བསྟེན་ནས་གཞུང་ལུགས་མང་པོར་སྦྱངས་པས་མཁས་པ་ཆེན་པོར་གྱུར་ཏེ་གྲྭ་ཚང་འདིའི་སློབ་དཔོན་དང་གསང་ཕུའི་ཆེན་པོ་དང་། གླིང་སྨད་ཆོས་རྗེར་ཕེབས་པ་ཡིན་ལ། དེ་དང་གྲྭ་པ་ཕལ་ཆེར་རྗེ་བཙུན་བཙོང་ཁ་པ་ཆེན་པོར་དད་པར་ཀུན་སློང་ཅན་འགའ་ཞིག་གིས་སུན་འབྱིན་བྱུང་བར་གྲྭ་ཚང་གི་སྟོད་དུ་ཇོ་ར་བསྐོངས་ཏེ་སློབ་གཉེར་བྱས་པ་ལས་ར་བ་སྟོད་ཅེས་གྲགས་པ་ཞྭ་སེར་ཅོད་པན་འཆང་བའི་རིང་ལུགས་སུ་གྱུར། དེང་སང་འཇམ་མགོན་བཙོང་ཁ་པའི་ཚད་མ་དང་ཕར་ཕྱིན་ལ་ཐུགས་གཉེར་གནང་བའི་གནས་སྒོ་ཐང་བདེ་བ་ཅན་དུ་འཚོག །གཞུང་དེར་ར་བ་སྨད་དུ་གྲགས་པ་ས་ལུགས་དེ་འདིར་འཆད་མ་དགོས། ར་བ་སྟོད་དུ་འཆད་ཉན་སློབ་དཔོན་རིམ་པ་བཞིན། ཐོག་མར་པཎ་ཆེན་མཆོག་ལྷ་འོད་ཟེར། དེ་ནས་སློབ་དཔོན་བསྟན་པ་རྒྱལ་མཚན། ཆེན་པོ་ལེགས་བཟང་པ། རྗེས་དང་པ་ལྷ་དབང་དཔལ་འབྱོར། ཆོས་ཀྱི་གྲགས་པ། བསམ་གཏན་མཆོག །གད་པ་ཁ་པ་ཆོས་རྗེ་དཔལ་འབྱོར་རྒྱ་མཚོ། བློ་(༧༧བ)བཟང་བསྟན་འཕེལ། རྗེས་དང་པ་སངས་རྒྱས་རྒྱ་མཚོ། སྟག་ལུང་བྲག་པ་བློ་གྲོས་རྒྱ་མཚོ། གླིང་སྨད་ཆོས་རྗེ་དཀོན་ཅོག་ཆོས་འཕེལ། ཁེ་གསུམ་ཆོས་མཛད་བློ་བཟང་བསྟན་འཛིན། སྤྱན་གཡས་བྱང་གླིང་རབ་འབྱམས་པ། གསལ་ཁང་པ་དམ་ཆོས་རྣམ་རྒྱལ། ཟུར་ཁང་པ་ཀུན་དགའ་

རྒྱ་མཚོ། ནང་ར་བ་བློ་བཟང་དོན་གྲུབ། བྲག་སྐོ་བ་ཕུན་ཚོགས་རྒྱལ་མཚན། སྒྲུབ་གཡས་པ་བསྟན་འཛིན་རྒྱ་མཚོ། ལྷ་ས་བ་ཕུན་ཚོགས་ཆོས་ལྡན། རྗེ་གདན་པ་བསྟན་མཛེས། ལུང་རིགས། ཞིང་ཚང་པ་ངག་དབང་ཕུན་ཚོགས། རྩེ་ཚོགས་པ་ཕུན་ཚོགས་བློ་གྲོས་གྲགས་པ། ད་ལྟ་གསང་སྔགས་མཁར་པ་ཚུལ་ཁྲིམས་རིན་ཆེན་གྱིས་འཆད་ཉན་བསྟུས་གཞུང་ངག་རྒྱུན་སྣ་ཚོགས་དང་རྣམ་འགྲེལ་མཐའ་དཔྱོད་དྲུང་ལེགས་བཟང་དང་པཎ་ཆེན་མཆོག་ལྷ་འོད་ཟེར་གྱིས་མཛད་པ། འདུལ་བ་པཎ་ཆེན་བསོད་གྲགས། དབུ་མ་གྲྭ་ཚང་ཡོན་ཏན་རྒྱ་མཚོ། ཕར་ཕྱིན་འཇམ་དབྱངས་མཆོག་ལྷ་འོད་ཟེར། མཛོད་དཀོན་ཅོག་ཆོས་འཕེལ། དེང་སང་དབུ་ཕར་རྗེ་བླ་མའི་བཀའ་རྩོམ་གཉིས་དང་མཛོད་དཀོན་ཅོག་ཆོས་འཕེལ་དང་རྗེ་བླ་མའི་བཀའ་རྩོམ་སྐབས་སྦྱར་ཐོག་འདི་ལོ་ནས་ཐམས་ཅད་མཁྱེན་པ་དགེ་འདུན་གྲུབ་པའི་སྤྱི་དོན་རིགས་རྒྱན། ཚད་མ་རྣམ་འགྲེལ་ལེགས་པར་བཤད་པའི་ཊཱིཀ་ཆེན། བསྡུས་གཞུང་གསར་རྩོམ་རྣམས་གཏོང་། ཨང་དང་གྲས་གྲྭ་གྲངས་སུམ་བརྒྱ་སྐོར།

དེ་བཞིན་དུ་གསང་ཕུར་དགེ་ལུགས་པའི་གྲྭ་ཚང་གཞན་རྣམས་ཀྱི་ལོ་རྒྱུས་ཅུང་ཟད་ཞོར་ལ་འཆད་ན། གཉལ་རྐོང་རིན་ཆེན་བསམ་གྲུབ་ཀྱིས་འཇམ་མགོན་ཆོས་ཀྱི་རྒྱལ་པོར་ཆོས་འབྲེལ་གསན་པས་དད་པའི་སྤུ་ལོང་ལྷག་པར་གཡོ་ཞིང་ཞབས་ཟུང་གི་པདྨ་སྤྱི་བོའི་རྒྱན་དུ་བཀོད་དེ་ཐུགས་རྗེའི་འཇུག་པ་མི་ཟད་པའི་རྟེན་ཅིང་འབྲེལ་འབྱུང་ལས་སྤྱིལ་སེར་རམ་སྤྲི་སེར་དང་ཉི་ཐང་གྲྭ་ཚང་གཉིས་དུས་མཉམ་དུ་(༡༢༠ན)ཚུགས་པ་དང་། སྤྲི་སེར་དུ་འཆད་ཉན་གྱི་སྲོལ་བཏོད་དེ་བླ་རབས་རིམ་པར། བྱང་སེམས་ཀ་སྐྱིད་བ་ཤཱཀྱ་བསོད་ནམས། ཆོས་རྗེ་རྒྱལ་མཚན་བཟང་པོ། ཆོས་རྗེ་དཔལ་ལྡན་སེང་གེ །ཆོས་རྗེ་རིན་ཆེན་བྱང་ཆུབ། གཉལ་སྟོན་དཔལ་འབྱོར་ལྷུན་གྲུབ། ཆོས་རྗེ་ནེ་ཙོ་བ། སློབ་དཔོན་ཉི་མ་གྲགས། རྩེ་ཐུ་མཁན་པོ། ཆེན་པོ་ཆོས་ཤེ་བ། སློབ་དཔོན་མཁས་བཙུན་པ། ཤེས་རབ་ཉི་མ། རཏྣ་ཧྲ་ཛ། ཀུང་ཐུ་ཨ་ནུ་ཀུན་དགའ་རིན་ཆེན། བློ་གྲོས་རྒྱ་མཚོ། རྒྱལ་བྱེད་པ་གྲགས་པ་རྣམ་སྲས། ཀུང་ཐུ་

དྭང་ཆེན། སྐྱེ་མོ་བ་རིན་ཆེན་བཀྲ་ཤིས། མངའ་རིས་པ་བློ་བཟང་ཆོས་དར། སྐྱུར་པོ་བ་བློ་བཟང་དམ་ཆོས། འཕྱོང་རྒྱས་པ་ངག་དབང་རྣམ་རྒྱལ། ཞག་རེ་ལྷུན་གྲུབ་རྒྱ་མཚོ། དྭང་ཆེན་ངག་དབང་རྣམ་རྒྱལ། ད་ལྷ་བློ་བཟང་ཆོས་དར་བས་ཧེ་བཛྲ་མའི་བཀའ་རྫོམ་དགུ་ཕར་མཛོད་གསུམ་དང་པཎ་ཆེན་བསོད་གྲགས་པས་མཛད་པའི་འདུ་ཡ་བ་སོགས་ལ་འཆད་ཉན་བྱེད་བཞིན་ལས་སྤྱི་ཐོག་འཆད་ཉན་ངེས་མེད་ཨང་དང་གྲྭ་གྲངས་བརྒྱད་ཅུ་སྐོར།

༨ ཉི་མ་ཐང་དུ་འཆད་ཉན་སློབ་དཔོན་རིམ་པ་བཞིན་དུ་ལྡན་མ་བ་བློ་གྲོས་རྒྱ་མཚོ། གཉལ་ཆེན་ཤེས་རབ་རྒྱལ་མཚན། ཆོས་རྗེ་ངག་རྒྱལ་བ། མཁས་མཆོག་པ། གུང་རུ་ཆོས་བཟང་། གཉལ་པ་སྟོན་བསོད། དྭང་ཤེས་རབ་བཀྲ་ཤིས། ཆེན་པོ་དཔལ་ཤེ །ཇོ་རྗེ་སེང་གེ །འཇམ་དབྱངས་ཤེས་རབ་དར། ཤར་ཁ་རབ་འབྱམས་པ་སངས་རྒྱས་ལེགས་པ། སློབ་དཔོན་བསོད་ནམས་རྒྱ་མཚོ། ཆེན་པོ་ལེགས་པ་དོན་གྲུབ། རྩིས་དང་པ་དཔལ་འབྱོར། གུང་རུ་བསོད་ནམས་རྒྱལ་མཚན། ཨེ་པ་རབ་འབྱམས་པ་བྱམས་པ་བརྟན་པ། (༧༢༠བ)རྩིས་དང་པ་དངོས་གྲུབ་རྒྱ་མཚོ། མང་ཐོས་དཔལ་འབྱོར་ལྷུན་གྲུབ། གུང་རུ་ཀུན་དགའ་རིན་ཆེན། བྱམས་གླིང་པ་འཕྲིན་ལས་རྒྱ་མཚོ། སློབ་དཔོན་བློ་གྲོས་རྒྱལ་མཚན། སྟོད་ལུང་རྟ་ཞིང་ཆོས་མཛད་ཐུབ་བསྟན་རྣམ་རྒྱལ། མཉེས་ཐང་བློ་བཟང་རྒྱ་མཚོ། གྲྭ་པ་བྱམས་པ་བློ་གསལ། བསྟོན་ཤེས་རབ་དཔལ་འབྱོར། ཞག་རེ་བློ་བཟང་ཆོས་གྲགས། སོག་པོ་ཤེས་རབ་སྦྱིན་པ། ལྷོ་བྲག་པ་ཕུན་ཚོགས་ཡོན་ཏན། ད་ལྷ་ལྷོ་བྲག་པ་ཕུན་ཚོགས་སེང་གེས་འཆད་ཉན་དགུ་ཕར་སེ་ར་རྗེ་བཙུན་པ་དང་འདུལ་མཛོད་ངེས་མེད་གཏོང་བ་ད་ཆ་མཛོད་ཧེ་བཛྲ་མའི་གསུང་དང་། འདུལ་བ་བདེ་ལེགས་ཉི་མར་བྱེད། ཨང་དང་གྲྭ་པ་བརྒྱ་དང་བརྒྱད་སྐོར།

ཉང་རོང་གྲྭ་ཚང་གི་འབྱུང་ཁུངས་ལྷ་རབས་སོགས་དགའ་ལྡན་གྱི་ཁོངས་སུ་གསལ། དེ་ལྟར་གསང་ཕུར་དགའ་ལྡན་པའི་གྲྭ་ཚང་བཞི་དང་། ས་སྐྱ་པའི་གྲྭ

ཚང་བདུན་ཡོད་པ་ལས་གླིང་སྟོད་པ་ལ་གྲུ་ཚང་སྤྱིལ་སེར། ཉི་མ་ཐང་། དྲགས་པོ་གྲྭ་ཚང་། རྣམ་རྒྱལ་གསེར་ཁང་པ། ཁྲུ་སྤེ་བ་རྣམས་སོ། །གླིང་སྨད་དུ་གྲྭ་ཚང་ནི། སྒྲོས་རྙིང་པ། གཞི་བ། ཉང་རོང་གྲྭ་ཚང་། གནས་སྒོ་བ་གསུམ། སྒྲོས་གསར་བ། ར་བ་སྟོད་སྨད་གཉིས་ཏེ་བཅུ་གཅིག་གམ། གནས་སྒོ་བ་ལ་གསུམ་དུ་ཕྱེ་ན་གྲྭ་ཚང་བཅུ་གསུམ་ཡོད་དོ། །

༧ དེ་ལྟར་བཤད་གྲྭ་བཅུ་གཅིག་གམ་བཅུ་གསུམ་གྱིས་ལེགས་པར་བརྒྱན་པ་བསྟན་པའི་འབྱུང་ཁུངས་གསང་ནེའུ་ཐོག་གི་ཆོས་སྡེ་འདི་ནི་ལྷ་སྲས་མུ་ནེ་དང་འབྲུངས་བརྒྱུད་གཅིག་པ་རྫོག་ལེགས་པའི་ཤེས་རབ་ཀྱིས་བཏབ་སྟེ། དེ་ཡང་ཇོ་བོ་ཨ་ཏི་ཤ་མཉེས་ཐང་དུ་བཞུགས་དུས་ཤིག །གསང་ཕུའི་ཕྱོགས་སུ་ཕྱག་མཇུབ་བསྟད་ནས་ལེགས་(༡༢༧ན)པའི་ཤེས་རབ་ལུང་པ་ཡ་གིའི་ཕུར་དུང་གཡས་འཁྱིལ་རང་བྱོན་དང་། ནམ་མཁར་གསེར་གྱི་འཁོར་ལོ་རྩིབས་སྟོང་དང་ལྡན་པ་འཁོར་བ་དང་། ཐུབ་དབང་དཔང་དུ་བཞུགས་ནས་བྱམས་པ་དང་འཇམ་དབྱངས་གཉིས་དྲང་ངེས་ཀྱི་ཆོས་ལ་བགྲོ་བ་མཛད་སྣང་བས། དེར་ཁྱོད་ཀྱི་གནས་གཞི་བྱས་ན་བསྟན་པ་རྒྱས་པར་འགྱུར་རོ་ཞེས་ལུང་བསྟན་པས། འོ་ན་རེ་ཞིག་གསང་བར་ཞུ་ཞུས་པས་གསང་ཕུར་གྲགས། མི་རིང་བར་ཉེར་དཔྱད་ནེའུ་ལེས་ཁྱེར་བ་དེར་བསྐྱལ་བས་ནེའུ་ཐོག་ཏུ་གྲགས་པར་རབ་བྱུང་དང་པོའི་ཆུ་གླང་ལ་བཏབ། ཐོག་མར་གྲྭ་པ་ལྔ་བརྒྱ་ཙམ་ལ་འཆད་ཉན་མཛད། རྗེས་སུ་གདན་སར་ཞང་ཆོས་སྒྲོང་། གཉལ་པ་རི་ལུ། རྣམ་འབར་བ། ཆ་པ་ཆོས་ཀྱི་སེང་གེ །གས་དབང་ཕྱུག་སེང་གེ །གཙང་པ་འཇམ་དཔལ་སེང་གེ །གཉལ་པ་དད་པ་བཟང་པོ། འཇམ་བཙན་ནེ། འདི་དུས་གདན་ས་གླིང་སྟོད་སྨད་དུ་ཕྱེས་ཟེར་བ་དང་། ཁ་ཅིག་འཇམ་དཔལ་སེང་གེའི་དུས་སུ་ཕྱེས་ཟེར། གང་ལྟར་བྱམས་འཇམ་དབྱངས་གཉིས་དྲང་ངེས་ལ་བརྩད་པའི་རྟེན་འབྲེལ་གྱིས་གླིང་སྟོད་སྨད་དང་། ས་དགའ་ལྡན་དང་། ར་བ་སྟོད་སྨད་གཉིས་འབྱུང་བར་ལུང་བསྟན་ནོ། །གླིང་སྟོད་སྨད་དུ་ཕྱེས་པའི་རྒྱུ་མཚན་ནི་དབོན་པོ་ཛོ་ཕུར་གྱིས་བདག་རྐྱེན་ལ་

བརྟེན་ནས་བཤད་གྲྭ་ཡོགས་སུ་བཙུགས་པ་ལས་གླིང་སྟོད་སྨད་བྱུང་ཟེར། ཁ་ཅིག་ནི་འཇམ་སེང་དང་། དད་བཟང་མ་མཐུན་པར་གྱེས་ཟེར། ཁ་ཅིག་ནི་གླིང་སྨད་ལོ་ཙྪ་བའི་ཁྲི་དང་། གླིང་སྟོད་ཆ་པའི་ཁྲི་ཡིན་ཟེར། ཁ་ཅིག་གླིང་སྟོད་སྨད་ཀྱི་ཁྲི་འདི་ཛོག་ཁུ་དཔོན་གྱི་ཁྲིར་འཛིན་ཡང་འཇམ་དད་གཉིས(༡༢༧བ)ཀྱི་རྩོད་གཞི་ལས་གྱེས་པར་མངོན་ནོ། །གང་ལྟར་གསང་ཕུ་གླིང་སྟོད་སྨད་དུ་གྱེས་པ་དེ་བསྟན་པ་དར་བ་ལ་བཟང་འགྲན་དུ་སོང་བས་ལེགས་པའི་ཆའོ། །

གླིང་སྟོད་ཀྱི་གདན་སར་གཙང་པ་འཇམ་དཔལ་སེང་གེའི་རྗེས་སུ་རིམ་པ་བཞིན་གཞུང་དོན་རྟུལ་མོ། བློ་གྲོས་འབར། གཉལ་ཞིག་པ། རྒྱ་འཆིང་རུ་བ། ཆུ་མིག་པ་སེང་གེ་དཔལ། ལྡན་མ་གྲགས་རིན། སྟོ་བྲག་པ་ཆོས་སེང་། ཉང་སྟོད་ཡེ་ཤེས་མགོན་པོ། སོག་དཔོན་རིན་ཆེན་མགོན་པོ། གཙང་དགོན་པ། བླ་བྲང་ཆོས་དཔལ་རྒྱལ་མཚན། གཞོན་ནུ་རིན་ཆེན། ལྷ་སྟོན་ཞིག་པོ། ཡང་རྩེ་བ། ལྷ་ཡུལ་བ། བོན་དཔོན་ཤེས་རབ་བཟང་པོ། རིན་ཆེན་གྲགས་པ། ཡོན་ཏན་རྒྱ་མཚོ། དཀོན་ཅོག་ཚུལ་ཁྲིམས། རིན་ཆེན་རྣམ་རྒྱལ། མདོ་ཆེན་གྲགས་དཔལ། དབེན་དགེ་དཀོན་ཅོག་རྒྱ་མཚོ། མི་ཉག་རིན་ཆེན་བཟང་པོ། དཔལ་ལྡན་སེང་གེ །ཚོགས་ཆེན་པ་ཀུན་དགའ་དབང་ཕྱུག །རིན་ཆེན་བྱང་ཆུབ། རྩེས་དང་པ་ནམ་མཁའ་བསྟན་པ། ཚལ་པ་གྲགས་པ་རྒྱལ་མཚན། གཉལ་པ་ཆོས་དཔལ་རྒྱལ་མཚན། གཙང་ཆོས་ལུང་པ་བསོད་ནམས་ལེགས་མཆོག །གཙང་སྟོན་ལེགས་པ་དོན་གྲུབ། ཆོས་རྗེ་རཏྣ་ཧྲི་ཛ། འ་ལུ་བ་བློ་གྲོས་དཔལ་ལྡན། ཁུ་སྤྱི་བ་བསྟན་པ་རབ་རྒྱས། ཉི་མ་ཐང་པ་བསོད་ནམས་རྒྱལ་མཚན། དྭགས་པོ་གྲྭ་ཚང་པ་ཆོས་རྗེ་ཀུན་དགའ་འབྱུང་གནས། སྒྲོམ་ལྡིང་པ་རིན་ཆེན་ངག་ཤེས། མཉེས་ཐང་པ་བློ་བཟང་རྒྱ་མཚོ། བསམ་ཡས་པ་དཀོན་ཅོག་དཔལ་འབྱོར། ད་ལྟ་གོང་དཀར་ཀུན་དགའ་དབང་རྒྱལ་གྱི་སྐབས་སོ། །

གསང་ཕུ་གླིང་སྨད་ཀྱི་གདན་སར(༡༢༢ན)རིམ་པ་བཞིན། འཇམ་བཙན་ནི། ངཟང་པོ་དར་མ་འོད། བཟང་སྟོན་དོན་གྲུབ། སློབ་དཔོན་རྫོ་ནམ། བླ་མ་

རོག །སྒྲོས་ཉིད་པ་འོད་ཟེར་མགོན་པོ། འཇམ་དབྱངས་ཤཱཀྱ་གཞོན་ནུ། རྒྱམ་པ་བཀྲ་ཤིས་རྒྱལ་མཚན། གཉལ་པ་ཕྱོགས་ལས་རྣམ་རྒྱལ། ཡར་འབྲོག་པ་ཡོན་ཏན་རྒྱལ་མཚན། རྒྱས་སྡེ་བ་གཞོན་ནུ་སེང་གེ །གཙང་དཀར་བ་བློ་གྲོས་སེང་གེ །བླ་མ་དར་དབང་། བླ་མ་ཡེ་ཤེས། ཤེས་རབ་རྒྱལ་མཚན། གཞོན་ནུ་བློ་ལྡན། བློ་གྲོས་བརྟན་པ། ཚད་མ་སྟོན་པོ་བསོད་ནམས་འཕེལ། སེང་གེ་རྒྱལ་མཚན། བསམ་གཏན་བཟང་པོ། སངས་རྒྱས་རྒྱལ་མཚན། བརྩོན་འགྲུས་སེང་གེ །གྲྭ་ཚུང་པ་ཡོན་ཏན་རྒྱ་མཚོ། གསང་མདའ་བ་སངས་རྒྱས་ཆོས་སྐྱོང་། གཙང་པ་སངས་རྒྱས་བཟང་པོ། ཤེས་རབ་དཔལ་ལྡན། རྗེའི་དཔོན་བློ་བཟང་ཉི་མ། ཤངས་དགེ་འཕེལ་བ་མཆོག་ལྷ་འོད་ཟེར། རྒྱ་མ་བ་ལྷ་དབང་དཔལ་འབྱོར། མདའ་རིས་པ་སངས་རྒྱས་བཀྲ་ཤིས། བྱམས་པ་གླིང་པ་ཆོས་ཀྱི་གྲགས་པ། གསང་ཕུ་མདའ་པ་བསམ་གྲུབ། ཤར་པ་དོན་གྲུབ་སེང་གེ །ཆོས་རྗེ་རིན་ཆེན་འབྱོར་ལྡན། ཆོས་རྗེ་འཕྲིན་ལས་དཔལ་འབྱོར། ཆོས་རྗེ་འཕགས་པ་ནོར་བུ། བྱམས་པ་གླིང་པ་འཇམ་དབྱངས་དཀོན་ཅོག་ཆོས་འཕེལ། མཉེས་ཐང་པ་ཀུན་དགའ་སངས་རྒྱས། ངོལ་པ་དཔལ་ལྡན་དོན་གྲུབ། ཉང་རོང་པ་བཀྲ་ཤིས་རྣམ་རྒྱལ། སྤྱན་གཡས་བསྟན་འཛིན་རྒྱ་མཚོ། གྲྭ་ཕྱི་ཕུན་ཚོགས་རྒྱལ་མཚན། ལྷ་ས་བ་ཕུན་ཚོགས་ཆོས་ལྡན། ཀླུངས་ཤོད་བློ་བཟང་རྒྱལ་མཚན། ད་ལྟ་མཉེས་ཐང་པ་དཔལ་ལྡན་གྲགས་པ་གླིང་སྟོད་སྨད་(༡༢༢བ)དུ་ས་དགེ་སྣ་ཚོགས་ཀྱི་འཆད་ཉན་ཡང་རང་རང་གྲྭ་ཚང་གི་ཡིག་ཆའི་རྗེས་འབྲང་ངོ་། །བླ་མ་དེ་དག་ལས་དགའ་ལྡན་པ་ཤས་ཆེ་ལ། འཇམ་མགོན་ཆོས་ཀྱི་རྒྱལ་པོས་ཀྱང་གསང་ཕུར་ཕར་ཕྱིན་གྱི་གྲྭ་སྐོར་དང་ཕྱིས་བཀའ་བཞིའི་གྲྭ་སྐོར་མཛད་པ་ན་མཁས་པ་རྣམས་ཡིད་འཕྲོགས་ཏེ་ཡོན་ཏན་རྒྱ་མཚོ་སོགས་མང་པོས་ཆོས་གསན་ནོ། །

༢ ཚལ་གུང་ཐང་ནི། རྗེ་བླ་མའི་ཡང་སྲིད་གོང་མའི་ནང་ཚན་ཞང་འགྲོ་བའི་མགོན་པོ་བདེ་བའི་རྡོ་རྗེའམ་བརྩོན་འགྲུས་གྲགས་པས་བཏབ། དེ་ནི་སྲིད་ཞོད་ཀྱི་སའི་ཆ་ཚ་བ་གྲུར་ཆུ་མོ་ཡོས་ལོར་བཙུགས། དགུང་ལོ་ཉི་ཤུ་རྩ་དྲུག་པར་སློབ་དཔོན་

གྲུབ་མཁར་བ་སོགས་ལས་བསྙེན་པར་རྫོགས། མདོ་ཁམས་ཀྱིས་མཆོད་ཡུལ་གྱུ་མང་པོར་བྱོན་ཏེ་ཐེག་པ་ཆེན་པོའི་ཡོངས་འཛིན་དུ་མ་བསྟེན་ཅིང་། ཁྱད་པར་དཔལ་ཆེན་ཆུ་ལོ་དང་། དྭགས་སྒོམ་ཚུལ་ཁྲིམས་སྙིང་པོ། སློབ་དཔོན་རྫོག །མལ་ཡེར་པ་བ། བླ་མ་འོལ་དགའ་བ། བླ་མ་བཻ་རོ་བ་སྟེ་རྩ་བའི་བླ་མ་དྲུག་རིགས་ཀྱི་བདག་པོར་བཞེས་ནས་སྒྲོག་པ་ཐོས་བསམ་དང་སྒོམ་བ་བསམ་གཏན་ལ་བརྩོན་པར་མཛད་པས་ཉམས་རྟོགས་བཟང་པོ་ཐུགས་ལ་འཁྲུངས། སྐྱེ་བ་མེད་པའི་དོན་རྟོགས་པས་སྐྱེ་མེད་ཞིང་དུ་གྲགས། བྱ་བ་ལས་ཀྱི་འཁོར་ལོར་གུང་ཐང་གི་གཙུག་ལག་ཁང་རྟེན་དང་བརྟེན་པར་བཅས་པ་ཐབས་མཁས་པ་དུ་མའི་སྒོ་ནས་བཞེང་བར་མཛད། གྲུབ་པའི་མཚན་མ་མང་དུ་བསྟན། མཐར་དགུང་ལོ་དོན་གཅིག་པ་ཚུ་སྤྲང་ལ་གཟུགས་སྐུའི་བཀོད་པ་ཆོས་དབྱིངས་སུ་བསྡུས། དེ་ཉིད་ཀྱི་ཉེ་གནས་དར་མ་གཞོན་ནུ་ཞེས་ལྷ་དབང་བརྒྱ་བྱིན་གྱི་སྤྲུལ་པར་གྲགས་པ་དེས་སྤྱིར་ཞང་རིན་པོ་ཆེ་རང་གི་ཞབས་ཏོག་ལེགས་པར་བསྒྲུབས། ལྷག་པར་ཞིང་དུ་གཤེགས་ཁར་སྡེ་གཙུག་ལག་ཁང་གཉིས་ཀྱི་(༧༢༣ན) བདག་པོར་བསྐོས་པ་བཞིན། ཕྱིའི་ཁྲམས་སྣང་དང་མགོན་ཁང་། ནང་དུ་གདུང་རྟེན་བཀྲ་ཤིས་འོད་འབར། སྐུ་འབུམ་ཆེན་མོའི་འཁྲི་སོགས་གྲུབ་པར་མཛད། དེའི་དཔོན་པོ་འབྱུང་གནས་བརྩོན་འགྲུས་ཀྱིས་དཔོན་གྱི་གོ་ས་བཟུང་ནས་ལུགས་གཉིས་ཀྱི་བྱ་བ་མི་དམན་པ་འགའ་ཞིག་བགྱིས། དེ་དཔོན་ཡེ་ཤེས་འབྱུང་གནས་ཀྱིས་སྲིད་མ་བཞི་བུ་བརྒྱད་དུ་གྲགས་པའི་ཡུལ་གྲོང་མང་པོ་མངའ་འོག་ཏུ་ཆུག །དེ་རྗེས་ཆོས་རྒྱལ་སྲོང་བཙན་སྒམ་པོའི་འཕྲུལ་བློན་ཆེན་པོ་མགར་གྱི་བརྒྱུད་ལས་རྒྱལ་བ་འབྱུང་གནས་པ་དང་ཞང་འགྲོ་བའི་མགོན་པོ་ཡོན་མཆོད་དུ་གྱུར་སྐབས་ཁྱོད་ལ་ཕུན་སུམ་ཚོགས་པ་ཞིག་འབྱུང་ཞེས་ལུང་བསྟན་པ་ལྟར་ཕྱིས་དཔོན་སངས་རྒྱས་དངོས་གྲུབ་འཁྲུངས་པ་ནར་སོན་ནས་ཚལ་པའི་དཔོན་གྱི་གོ་ས་བཟུང་། དེ་སྲས་དཔོན་ཆེན་རིན་རྒྱལ་གྱིས་རྒྱ་ནག་ཏུ་བྱོན། གོང་མ་སེ་ཆེན་རྒྱལ་པོས་ལྷ་ཁང་ཞིག་གསོས་བྱེད་པའི་མི་སྟེར་ཚལ་པ་ཁྲི་སྐོར་གྱི་འཛིན་ས་གནང་། གུང་ཐང་གཟིམས་ཁང་ཤར་དང་

ཁྲིམས་ར་ཆེན་མོ་བསྐྲུན། དེ་སྲས་དཔོན་དགའ་བདེ་བར་ཁང་། རྒྱ་ཕུབས། གསེར་ཕྲུ་སོགས་རྟེན་དང་བཅས་པ་བཞེངས། ཆོས་འཁོར་གླིང་བཏབ་ནས་མཚན་ཉིད་ཀྱི་བཤད་གྲྭ་དང་། དབུས་གླིང་དུ་སྔགས་གྲྭ་བཙུགས་པ་སོགས་རྣམ་དཀར་གྱི་མཛད་པ་རླབས་ཆེ། དེ་སྲས་སློན་ལམ་རྡོ་རྗེས་ལྷ་སའི་བར་སྐོར་དང་། གསེར་ཐོག་ལེ་ཚན། འབུམ་མོ་ཆེའི་གཟི་ར། དབུས་གླིང་འོད་གསལ་འཕྲུལ་གྱི་ལྷ་ཁང་སོགས་བཞེངས། དེ་སྲས་དཔོན་ཀུན་དགའ་རྡོ་རྗེ་རབ་ཏུ་བྱུང་བའི་མཚན་དྲུང་ཆེན་ཐམས་ཅད་མཁྱེན་པ་དགེ་བའི་བློ་གྲོས་ཞེས་སྙན་གྲགས་དང་ལྡན་པ་དེ་ཡིན་པར་མཁར་ལོས་ཆོས་འཁོར་གླིང་དྲུང་(༧༢༣བ)ཆེན་སློན་ལམ་རྡོ་རྗེས་བཏབ་པར་བཞེད་ཅིང་། སི་ཏུ་དགེ་བློ་དང་དྲུང་ཀུན་དགའ་རྡོ་རྗེ་སོ་སོར་འདྲེན་པ་ནི་མ་ངེས་པའི་གཏམ་ཡིན་ཚུལ་དེབ་ཐེར་དཔྱིད་ཀྱི་རྒྱལ་མོའི་གླུ་དབྱངས་སུ་བཀའ་སྩལ་པ་ལྟར་དང་། རྗེས་སོར་འཇམ་མགོན་ཆོས་ཀྱི་རྒྱལ་པོས་སྨན་པ་དགོན་ཅིག་སྐྱབས་ལ་གསོ་རིག་གསན་པ་དང་བཅས་སྔ་ཕྱིར་ཕེབས་པའི་རྟིང་མ་བོད་ཡུལ་དུ་འགྱུར་རོ་ཅོག་གི་བཀའ་དང་བསྟན་བཅོས་མ་ལུས་པར་ཐུགས་རྟོག་ཞིབ་ཏུ་གནང་། མངོན་རྟོགས་རྒྱན་འགྲེལ་པ་དང་བཅས་པའི་རྣམ་བཤད་ཆེན་མོ་བརྩམས། འཛིན་ཤེ་འགྲན་པ་སོགས་དཔག་པར་དཀའ་བའི་མཛད་པ་གོང་དུ་བརྗོད་ཟིན། ཐེག་ཆེན་ཆོས་ཀྱི་རྒྱལ་པོའམ་བྱང་སེམས་ཆོས་རྗེ་དང་། འཇམ་དབྱངས་དགའ་བའི་བློ་གྲོས་གཉིས་ཀྱི་འབྲུངས་ཡུལ་དང་གྲྭ་ས་འདི་ནས་ཡིན་ཅིང་གདན་ས་ཆེན་པོ་དགའ་ལྡན་རྣམ་པར་རྒྱལ་བའི་གླིང་གི་ཁྲི་ཐོག་དགུ་པ་བློ་བཟང་ཉི་མས་ཚལ་གུང་ཐང་དུ་དབེན་དགོན་ཞིག་བཏབ་པ་ལ་ཆུ་མིག་རང་བཞོལ་དུ་བྱུང་བས་སྐྱེ་བོ་ཀུན་ངོ་མཚར་བྱེད་པ་ལ་དཔགས་ན་འདུས་སྐྱེ་འདི་ཉིད་འཇམ་མགོན་ཆོས་ཀྱི་རྒྱལ་པོའི་རིང་ལུགས་སུ་རིང་མོ་ཞིག་ནས་འགྱུར་བར་མངོན།

མཁར་ནག་ལོ་ཙཱ་བས། རྗེ་བཙུན་བཙོང་ཁ་པ་ཆེན་པོའི་དངོས་སློབ་ཁྲི་སྟེང་མཛེས་པའི་བླ་ཆེན་བཞིའི་གྲས་སུ་གུང་ཐང་ཆོས་ཀྱི་རྗེ་རྒྱལ་སྲས་བདེ་འབྱུང་ཞེས་བགྲངས་ཀྱང་། དེ་ནི་པཎ་ཆེན་བསོད་ནམས་གྲགས་པ་སོགས་མཁས་པ་དུ་མ་གཉལ

གུང་ཐང་ཆོས་རྗེ་མཛེས་པ་དཔལ་ལ་བཞེད་པས་རྩུང་ཟད་ནོངས་ཤིང་། འོན་ཀྱང་བདེ་འབྱུང་བ་ཚུལ་ནས་ཡིན་པའི་ཡིག་ཆ་ཁུངས་བཙུན་མ་མཐོང་ཏུང་། རྒྱལ་དབང་འཇམ་དཔལ་སྙིང་པོའི་ཞལ་སློབ་གསུང་རབ་མང་དུ་མཁྱེན་པའི་བསྟན་འཛིན་བརྒྱུད་ཅེས་པའི་ནང་ཚན་ཡིན་པས། ཁོང་ཚུལ་པ་ཡིན་ན་དེ་དུས་(༧༢༨ན)དགེ་ལུགས་སུ་འགྱུར་བ་ཆོས་འབྱུང་དཔག་བསམ་ལྗོན་ཤིང་གི་བརྗོད་བྱའི་དོན་ལ་གནས་པར་སེམས། གོང་གི་ཡིག་ཚངས་སུ་མ་གསལ་ཏུང་། ཡང་དགོན་ནི་འགྲོ་མགོན་རིན་པོ་ཆེ་རང་གི་དུས་ནས་ཡོད་པར་གྲགས་པས་གདན་སར་རིམ་པ་བཞིན། མཉམ་མེད་ཤཱཀྱ་ཡེ་ཤེས། སློབ་དཔོན་བྱང་ཆུབ་ཡེ་ཤེས། ལྷ་ཕྱུག་པ་ཉི་ཟླ་འོད། སངས་རྒྱས་འབུམ་པ། སྨོམ་པ་ཡེ་ཤེས་ལྡན། སངས་རྒྱས་སྙིང་པོ། སངས་རྒྱས་གཞོན་ནུ། གསེར་ཁང་སྡིང་པ་ཀུན་དགའ་རྒྱལ་མཚན། སངས་རྒྱས་རིན་ཆེན། ཤཱཀྱ་འབུམ། བྱང་ཆུབ་དཔལ། སྤྱན་སྔ་གྲགས་པ་བཤེས་གཉེན། འདི་ནས་ཚུལ་པའི་སྡེ་ཚུགས་ཉམས་ཞེས་གྲགས། དེ་རྗེས་སྤྱན་སྔ་ལེགས་པ་རྒྱལ་མཚན། སྤྱན་སྔ་དངོས་གྲུབ་རྒྱལ་མཚན། ཆོས་རྗེ་གྲགས་དོན་པ། སྤྱན་སྔ་གྲགས་པ་རྒྱ་མཚོ། སྤྱན་སྔ་ངག་དབང་རྒྱ་མཚོ། སྤྱན་སྔ་ངག་དབང་བསོད་ནམས་རབ་བརྟན། སྤྱན་སྔ་སྐལ་ལྡན་རྒྱ་མཚོ། ཤ་ར་ཧོར་པ་དགེ་འདུན་དར་རྒྱས། སྲིད་ཞོད་ཞབས་དྲུང་བླ་མ། བསམ་གྲུབ་སྒང་པ་མཁས་བཙུན་བཟང་པོ། སྟོད་ལུང་བློ་བཟང་བསྟན་འཕེལ། འཕྱོས་པ་བློ་བཟང་བསྟན་འཛིན། སྣ་མོ་མཁར་རིན་ཆེན་རྒྱལ་མཚན། ཧོར་རྣམ་རྒྱལ། རགས་མ་ལེགས་བཤད་རྒྱ་མཚོ། འཕྱོང་རྒྱས་ངག་དབང་ཕུན་ཚོགས། ད་ལྟ་ཤྲུན་པ་ངག་དབང་སྨོན་ལམ། ཚལ་ལུགས་བདེ་མཆོག་ལཱུ་ཧི་པ། འདུལ་འཛིན་ཀུན་རིག །སྨན་བླའི་མདོ་ཆོག་ཡིད་བཞིན་དབང་རྒྱལ་སོགས་གཏོང་། གྲྭ་རྒྱུན་སེར་འབྲས་དགེ་གསུམ་གང་སོས། ཨང་དང་གྲྭ་བཙུན་བརྒྱ་དང་བཞི་བཅུ།

དབུས་གླིང་གི་གདན་(༧༢༨བ)སར་བླ་མ་ཆོས་རྒྱལ་བ། ཀུན་དགའ་བློ་བཟང་། བྱང་རྒྱལ་བ། དགའ་བྱང་པ། དགེ་འདུན་འོད་ཟེར། རིན་ཆེན་དཔལ།

སེམས་བྱང་པ། སངས་རྒྱས་དོན་གྲུབ། བསོད་ནམས་དཔལ། བསོད་བཟང་པ། རྒྱལ་ལེགས། ཤེར་སེང་། བསོད་རྒྱལ། རྣམ་རྒྱལ་བ། ལེགས་དབང་། སྤྲུལ་རྣམ་པ། བྱང་བཀྲས། བསམ་གྲུབ། དགེ་ལེགས་པ། རབ་ཤེར་བ། མགོན་རྒྱལ། གཞོན་དགོན། བཤེས་གཉེན་འཇམ་པ། བློ་བཟང་མཆོག །བློ་འཕེལ་བ། དོན་གྲུབ་དཔལ། སྨན་ཡོན་པ། དཀོན་འཕེལ་བ། ཀུན་དགའ་བློ་བཟང་། རིན་ཆེན་དཔལ། སངས་དཔལ། ནམ་མཁའ་དཔལ་ལྡན། བཟང་རིན་པ། ཐང་ཆེན་པ། ནམ་མཁའ་བཤེས་གཉེན། སེང་གེ་ཡེ་ཤེས། ལྷ་ཕུ་བ། ནམ་ཤེ་བ། སངས་རྒྱལ་བ། བྱ་བཟང་པ། རྗེ་པ། དྲུང་ཆེན་སྨོན་ལམ་རྡོ་རྗེ་སོགས་དཔོན་པ་རང་གི་གནས་ཚུལ་ལ་བྱུང་ནའང་། སྟགས་གྲྭ་འདི་དཔོན་དགའ་བདེས་བཏབ་པ་དང་། དེའི་སྲས་དྲུང་ཆེན་སྨོན་ལམ་རྡོ་རྗེ་ཡིན་པར་གོང་དུ་བརྗོད་མ་ཐག་པ་ལྟར་ནས། བླ་རབས་གོང་གསལ་ཡིད་ཆེས་ཀྱི་གནས་སུ་འཛོག་པ་དཀའ་བར་སྣང་། ཁྲིམས་ཡེར་པ་བྱམས་པ་ཡོངས་གྲགས། གཉལ་པ་ཆོས་རྗེ། ལྷ་ས་ཕུན་ཚོགས་ཚུལ་ཁྲིམས། དྲུག་བརྒྱ་བཀྲས་རྒྱམ་པ། བདེ་ཆེན་བློ་བཟང་བསྟན་འཛིན། ཏོར་བསོད་ནམས། འཕྱོས་པ་བློ་གྲོས་ཆོས་འཕེལ། ཉང་བྲན་བཟང་པོ་རྒྱལ་མཚན། དཔལ་ལྡན་བློ་བཟང་ཕུན་ཚོགས། དྲུག་བརྒྱ་འཇམ་དཔལ་བཀྲ་ཤིས། རགས་མ་ལེགས་བཤད་རྒྱ་མཚོ། ད་ལྟ་ངག་དབང་བརྩོན་འགྲུས་འདོན་མཆོད་དངོས་གཞི་རྒྱུད་སྨད་དང་ཆ་མཐུན་ཐོག་ཚལ་ལུགས་མགོན(༧༢༥ན)པོ་ཕྱག་བཞི་པའི་བཀང་བ་གཏོང་། གྲྭ་རྒྱུན་དགའ་ལྡན་བྱང་རྩེ། འབྲས་སྤུངས་སྒོ་མང་། སེ་ར་བྱེས་རྣམས་སུ་འགྲོ། ཨང་དང་གྲྭ་བཙུན་བརྒྱ་སྐོར།

ཆོས༷་ཁྲི༷་སྐྱོ༷་ཕྱོག༷་ནི། ཐོག་མར་སྲུས་བཏབ་མ་བྱུང་ཞིང་། བར་ཞིག་ནས་བླ་མ་ཕྱག་ཆེན་པ་བཀྲ་ཤིས་བཟང་པོ་དྲུང་དཀར་འབྲུག་གྲགས། ཡང་དགོན་སྐལ་ལྡན་རྒྱ་མཚོ། ཟུར་ཆེན་ཆོས་དབྱིངས་རང་གྲོལ། བླ་མ་དགེ་དར་བ། རྗེ་གདན་རབ་འབྱམས་པ། ཡེར་པ་ཆོས་རྗེ་ནོར་བུ་རྒྱ་མཚོ། ད་ལྟ་ཁྲི་རིན་པོ་ཆེ་ཚུལ་ཁྲིམས་དར་རྒྱས། ཀུན་རིག་བདེ་མཆོག་ལྷན་སྐྱེས། མགོན་པོ་ཕྱག་བཞི་པ་སོགས་གཏོང་། གྲྭ་

རྒྱུད་འབྲས་སྤུངས་སྔོ་མང་། སེ་ར་སྨད་བཅས་པར་འགྲོ། ཨང་དང་གྲྭ་བཙུན་དྲུག་ཅུ་རེ་བདུན།

ཆོས་འཁོར་གླིང་ནི། དེང་སང་གཟིམས་ཁང་ཤར་པ་སོགས་ལ་ཐིམ་པས་བླ་བྲང་སོ་ས་སྐྱོར་འཛིན་མེད་ཅིང་གྲྭ་ཇ་ཙམ་ལ་ཐུར་འཚོག་བྱེད་པ་ཞིག་ཡོད་འདུག་ཀྱང་བླ་རབས་དང་འཆད་ཉན་པར་བཀབ་མེད།

གཟིམས་ཁང་ཤར་པ་ནི་དཔོན་ཆེན་རིན་རྒྱལ་གྱིས་བཏབ་པ་བརྗོད་ཟིན་བཞིན་དང་། དཔལ་ལྡན་ས་སྐྱ་པའི་རིང་ལུགས་འཛིན་པས་འདིར་ཞིབ་སྨོས་མ་དགོས།

༩ ཡེར་པ་སྤོས་དགའ་ནི། མལ་ཡེར་པ་བ་ཞེས་བླ་མ་ཞང་གཡུ་བྲག་པ་ཆེན་པོའི་ཟུ་ངའི་བླ་མ་དྲུག་གི་ནང་ཚན་དེས་བཏབ། བར་སྐབས་ཀྱི་བླ་རབས་མ་བྱུང་། ཕྱིས་ཐུར་ཆེན་ཆོས་དབྱིངས་རང་གྲོལ་གྱིས་ཞལ་འཛིན་མཛད། རྗེ་བླ་མའི་ཆོས་སྲིད་གདུགས་དཀར་གྱིས་ཁྱབ་ནས་ཡེར་པ་གྲྭ་ཚང་གསར་འཛུགས་གནང་བའི་བླ་མ་ན་རིམ་ནས་དགོན་འདི་ཡང་ཉེས་སྐྱོང་བྱེད་པས་བླ་རབས་དེར་གསལ་ལྟར་དང་། མི་འགྱུགས་པའི་ཚོ་ག་དང་། མགོན་པོ་ཕྱག་བཞི་དྲུག་གི་བཀང་བ་སོགས་ཀྱིས་(༧༢༥བ) གཉེན་གསོན་གདུལ་བྱ་སྐྱེ་བཏགས་ཙམ་སྐྱོང་། གྲྭ་རྒྱུན་སློབ་གཉེར་ཡེར་པ་གྲྭ་ཚང་དུ་འགྲོ། སེར་ཁྱིམ་ཨང་གཉིས་གྲྭ་བཙུན་སུམ་ཅུ་སོ་དྲུག །

༡༠ གྲོག་མཁར་ནི། སྦྱ་ཐོག་རྙིང་མ་བ། བར་སྐབས་གར་ལུགས། དེང་སང་ཡེར་པ་གྲྭ་ཚང་ནས་ཉེས་སྐྱོང་སྟབས་རྙིང་མའི་ལས་བྱང་ལེའུ་བརྒྱད་མ་དང་། དགེ་ལུགས་ཀྱི་ས་ལམ་ཞབས་བརྟན་སོགས་ཆོས་སྤྱོད་རགས་རིམ་ལ་བརྟེན་ནས་འགྲོ་དོན་ཅུང་ཟད་སྐྱོང་། བླ་རབས་དང་གྲྭ་རྒྱུན་སྤོས་དགའ་དང་མཚུངས། སེར་ཁྱིམ་གྲྭ་བཙུན་བཞི་བཅུ་ཞེ་བརྒྱད།

སྣང་ར་བྱུར་དགོན་ནི། ཐོག་མ་སུས་བཏབ་ངེས་པ་མ་བྱུང་ཡང་། ཕྱིས་ཡེར་པ་གྲྭ་ཚང་གི་དགོན་ལག་ཏུ་གྱུར་པས་བླ་རབས་དེར་གསལ་བཞིན་དང་། རྗེ་བླ་མའི་བཀའ་རྫོམ་ སྨན་བླ་དང་མི་འགྱུགས་པ་སོགས་གཏོང་།

༧༡ བཀྲ་ཤིས་ལྡོངས་ནི། སྐྱིད་ཤོད་ནས་སྦྱིན་བདག་མཛད་ཅིང་། པཎ་ཆེན་བློ་བཟང་ཆོས་ཀྱི་རྒྱལ་མཚན་དང་། རྗེས་དང་བྱང་མ་བ་དཔལ་འབྱོར་བསོད་ནམས་ལྷུན་གྲུབ་བཅས་མཆོད་ཡོན་ཞལ་གྲོས་ནས་བཏབ། རྒྱལ་བ་གཉིས་པའི་རིང་ལུགས་མདོ་སྔགས་ཀྱི་འཆད་ཉན་ལེགས་པར་བཙུགས། དེ་རྗེས་ཆོས་རྗེ་བསྟན་འཛིན་བློ་བཟང་རྒྱ་མཚོ། བློ་བཟང་བསྟན་སྐྱོང་རྒྱ་མཚོ། བློ་བཟང་བསྟན་འཛིན། ད་ལྟ་ངག་དབང་ཕུན་ཚོགས་འཇམ་དཔལ། དབུ་ཕར་འདུལ་མཛོད་བཞི་ཀའི་འཆད་ཉན་རྟ་མ་ཆག་ཙམ་དང་། སྔགས་ཕྱོགས་ཀྱི་འདོན་ཆ་རྒྱུད་སྨད་པར་ཉེ། གྲྭ་རྒྱུན་སློབ་གཉེར་རྒྱུད་སྟོད་སྨད་གང་མོས་སུ་འགྲོ། ཨང་དང་གྲྭ་གྲངས་བརྒྱ་དང་ལྔ་བཅུ་ང་བཞི།

༧༢ ཚ་ཕུ་བྲག་སོག་དགོན་ནི། ཕུར་ཀླུ་མེས་ཀྱི་སློབ་མ་ཤཱཀྱ་དབང་ཕྱུག་ཅེས་པས་བཏབ་པར་གྲགས་ཀྱང་། བར་སྐབས་སུ་དར་རྒྱས་ཆེར་(༧༢༥ན)མ་བྱུང་། རྗེ་བླ་མའི་ཆོས་སྲིད་འོད་པོ་ཆེས་ཁྱབ་ནས། སློབ་དཔོན་སྦྱིན་མེད་དཔལ་འབྱོར་གྲགས་པ། བྲག་དགོན་པ་གཞོན་ནུ་ཚེ་རིང་། ཚ་ཡུ་བ་གྲགས་པ་དཔལ་འབྱོར། དཔལ་འབྱོར་ཚེ་རིང་། བསོད་ནམས་ལེགས་པ། བྲག་དགོན་པ་བསྟན་པ་བཟང་པོ། རྒྱུད་སྨད་ཆོས་དར་རྒྱས། ཤངས་པ་བློ་བཟང་གཞོན་ནུ། འཕྱོས་པ་བསྟན་པ་རྒྱལ་མཚན། གྲུབ་པ་ངག་དབང་རྒྱལ་མཚན། ད་ལྟ་མདོན་དཀའ་སྐུ་སྐྱེ་ངག་དབང་ཕུན་ཚོགས། འདོན་ཆོས་སོགས་རྒྱུད་སྨད་པ་དང་མཚུངས། གྲྭ་རྒྱུན་སློབ་གཉེར་དགའ་ལྡན་བྱང་རྩེ་དང་འབྲས་སྤུངས་བློ་གསལ་གླིང་དུ་འགྲོ། ཨང་གཉིས་གྲྭ་གྲངས་བཞི་བཅུ་སྐོར།

༧༣ ལྷས་བུ་དགོན་ནི། སངས་རྒྱས་དཔོན་གྱི་བུ་ཆེན་སངས་རྒྱས་རྫོར་བསྟན་པས་བཏབ། འཇམ་མགོན་ཆོས་ཀྱི་རྒྱལ་པོ་བཙོང་ཁ་པ་ཆེན་པོས་ཞབས་ཀྱིས་བཅགས་ཤིང་ཚད་མ་རྣམ་འགྲེལ་གྱི་ཆོས་འཁོར་བསྐོར་བས་རང་ཤུགས་ཀྱིས་དགེ་ལུགས་སུ་འགྱུར། ཕྱིས་སློབ་ཚུང་པ་ངག་དབང་ལྷུན་གྲུབ། བྱམས་པ་རིན་ཆེན། དགེ་འདུན་བཀྲ་ཤིས། བློ་གྲོས་རྒྱལ་མཚན། དམ་ཆོས་ཀུན་དགའ། བསྟན་འཛིན་ལྷུན་གྲུབ་རྣམས་རིམ་པར་བྱུང་། ད་ལྟ་དུང་དཀར་སྐུ་སྐྱེ་ཚངས་དབྱངས་འབྲུག་གྲགས་ཀྱིས་

སྐྱོང་། གསང་འདུས། འཇིགས་བྱེད། ཀུན་རིག་སོགས་རྒྱུད་སྨད་པ་དང་ཕྱོགས་མཐུན་ཐོག་སྨན་བླའི་མདོ་ཆོག་ཀུང་གཏོང་། གྲྭ་རྒྱུན་སློབ་གཉེར་སེར་འབྲས་དགེ་གསུམ་དུ་འགྲོ། ཨང་གཉིས་གྲྭ་པ་བཞི་བཅུ་སྐོར།

༧༤ ལྷས་སྣང་ལུང་དགོན་ནི། བཀའ་གདམས་ཀྱི་བཤེས་གཉེན་སྣང་ལུང་པས་བཏབ། བར་དུ་བསྟན་པ་འཕེལ་འགྱིབ་ཀྱི་དབང་ལས་དགོན་སྟོང་(༡༢༨བ)དུ་སོང་ནའང་། ཕྱིས་ལྷས་གྲུ་བཞི་པའི་མི་ངོ་བཙུན་མ་གཅིག་དང་གཡོག་མོ་གསུམ་བཅས་བསྐྱང་པ་ནས་རིམ་འཕེལ་གྱི་དགོན་ཚུགས་ཟེར། བླ་མ་ར་སྒྲེང་གནས་བཅུ་དྲུང་རམས་པ། གྲུབ་ཆེན་འབར་ཚག་པ། གསང་སྔགས་མཁར་པ་དགའ་བཅུ་ངག་དབང་བསམ་གཏན། དེ་རྗེས་དགའ་ལྡན་ཁྲི་རིན་པོ་ཆེ་ན་རིམ་ནས་ཞལ་འཛིན་གནང་རྒྱུན། བཅུ་གཅིག་ཞལ་དང་སྨན་བླའི་ཆོ་ག་བླ་མ་མཆོད་པ་སོགས་གཏོང་། ཨང་གཉིས་བཙུན་མ་ཉི་ཤུ་རྩ་གྲངས་སྐོར།

༧༥ ལྷས་ བྲག་དགོན་ནི། དགེ་བའི་བཤེས་གཉེན་སྒྲིར་སྒོམ་པའི་སློབ་མ་སངས་རྒྱས་དཔོན་ཞེས་བྱ་བས་བཏབ་ཅིང་། བྲག་དགོན་སྤྱན་སྔ་ཟེར་བ་ཁ་ཤས་བྱུང་འདུག་ཀྱང་བར་སྐབས་ཀྱི་བླ་རབས་མིང་གསལ་མ་རྙེད། ད་ལྟ་སེར་ཁྲིམ་པ་བཀྲ་ཤིས་ལྷུན་པོ་ཀྱི་དགོན་ལག་གྲུས། ས་ལམ་སོགས་དགེ་ལུགས་ཀྱི་ཆོས་སྤྱོད་རགས་རིམ་འདོན། ཨང་གཉིས་གྲྭ་བཙུན་ཉི་ཤུ་སྐོར།

༧༦ བ་ལམ་ནུ་ཆོས་རྫོང་ནི། ཐོག་མར་སུས་བཏབ་དང་། བླ་རབས་གོང་མ་རྣམས་ཀྱི་ངེས་ཁུངས་མ་བྱུང་། རྗེ་བླ་མའི་ཆོས་སྲིད་གདུགས་དཀར་གྱིས་ཁྱབ་ནས་དུང་དཀར་འབྲུག་གྲགས། དེ་རྗེས་ཤེས་རབ་རྣམ་རྒྱལ། ངག་དབང་བློ་བཟང་། དཔལ་འབྱོར་སངས་རྒྱས། ད་ལྟ་བསྟན་པ་ཡར་འཕེལ། བླ་མ་མཆོད་པ་དང་མི་འཁྲུགས་པའི་ཆོ་ག་གཏོང་། ཨང་གཉིས་བཙུན་མ་སུམ་ཅུ་སྐོར།

བ་ལམ་ཆོས་འཁོར་ནི། སྟེ་ཕུ་ཤུག་གསེབ་པས་བཏབ། ལར་རྒྱ་གསང་སྔགས་མཁར་ནས་སྐྱོང་བ་ལས་བླ་རབས་བར་མ་ཆད་པའི་སྟར་ཆགས་མ་བྱུང་འདུག་ཀྱང་

ཕྱིས་བྱམས་པ་བཀྲ་ཤིས། ཚུལ་ཁྲིམས་ཕུན་ཚོགས། དཀོན་ཅོག་རྒྱ་མཚོ། འཕྲིན་ལས་རྒྱ་མཚོ་སོགས་(༡༢༧ན)བྱུང་། ལས་བྱང་ཉི་མའི་སྙིང་པོ་ལ་བརྟེན་ཕྱུགས་རྗེ་ཆེན་པོའི་ཚོ་ག་དང་། ཆོས་སྤྱོད་རགས་རིམ་གསང་སྔགས་མཁར་དང་མཚུངས། ཨང་གཉིས་བཙུན་མ་ཉི་ཤུ་ཙམ་གྲངས་སྐོར།

༡༧ སྐམ་དགོན་ནི། རྗེ་བླ་མའི་ཡང་སྲིད་གོང་མ་འགྲོ་མགོན་གཡུ་བྲག་པ་ཆེན་པོས་འདེབས་པ་གནང་ཞིང་། དངོས་སློབ་ཉི་མ་འོད་གདན་སར་བསྐོ་བར་ནཛད། ཡང་དགོན་སྤྱན་སྔ་དག་དབང་བསོད་ནམས་རྒྱལ་མཚན་ནས་བཟུང་ཚལ་དང་ཉིས་སྐྱོང་སྐབས་བླ་རབས་དེར་གསལ་ལྟར་དང་། ཀུན་རིག་སོགས་ཆོས་སྤྱོད་རགས་པ་ཡང་དགོན་དང་འདྲ་བ། ཨང་གཉིས་གྲྭ་བཙུན་བཅུ་བདུན་སྐོར།

༡༨ ཀྱིའི་བྱ་དཀར་འབུར་མགོ་ནི། རྗེ་བླ་མའི་རྣམ་སྤྲུལ་འགྲོ་བའི་མགོན་པོ་ཞང་རིན་པོ་ཆེས་བཏབ། ཚལ་དབུས་གླིང་དང་མ་བུ་ཡིན་གཤིས་བླ་རབས་གོང་སྨོས་དང་། ཆོས་སྤྱོད་རགས་པ་ཡང་དེ་དང་མཚུངས། ཨང་གཉིས་གྲྭ་བཙུན་བཅུ་བདུན་སྐོར།

དགེ་བསྟན་སྟོད་ལུང་ཁུལ་དུ་དར་ཚུལ།

འཇམ་མགོན་ཆོས་ཀྱི་རྒྱལ་པོའི་རིང་ལུགས་སྟོད་ལུང་དུ་དར་ཚུལ་ནི། ༡ སྐྱོར་མོ་ལུང་དུ་འདུལ་བ་འཛིན་པ་རྒྱ་མཚོའི་ཁྲོད་ན་ཉི་མ་ལྟར་གྲགས་པ་དགེ་བའི་བཤེས་གཉེན་ཐག་མ་པའི་བུ་ཆེན་སྨྲལ་ཧྲི་དགྲ་བཅོམ་པའི་བཤད་རྒྱུད་འཛིན་པའི་གདན་ས་བ་བཀའ་བཞི་སློ་གསལ་བ་ལ་འཇམ་མགོན་བླ་མས་འདུལ་བའི་བཤད་སྲོལ་ལེགས་པར་གསན་ཅིང་གནས་དེར་ཡུན་རིང་དུ་བཞུགས། དེའི་དཔོན་པོ་མཁན་ཆེན་ཆོས་རྒྱལ་བ་འཇམ་མགོན་བླ་མའི་དངོས་སློབ་ཏུ་གྱུར་པས་ཆོས་སྡེ་དགེ་ལུགས་པར་འགྱུར་བ་ཡིན་ལ། ཆོས་སྡེ་འདི་ནི་དང་པོ་དགྲ་བཅོམ་པ་སྨྲལ་ཧྲིས་བཏབ། མཚན་དངོས་དབང་ཕྱུག་ཚུལ་ཁྲིམས་སོ། །དེ་དང་ཉེ་བའི་ཆར་སློབ་དཔོན་རིན་པོ་ཆེའི་སྐྱབ་ཚུ

སྟོད་ལུང་གཞོང་པ་ལྷ་ཆུ་ཡོད། ཆོས་སྡེའི་མཁན་པོར་བཀའ་གདམས་(༧༢༧བ)པའི་བླ་མ་མང་དུ་བྱོན། མཁན་ཆེན་བློ་གསལ་བའི་རྗེས་སུ་མཁན་པོ་རིམ་པ་བཞིན་ཆོས་རྒྱལ་དཔལ་བཟང་། ལེགས་པ་བཟང་པོ། རིན་ཆེན་དབང་རྒྱལ། ཁང་མོ་ཆེ་པ་བློ་གྲོས་དཔལ་བཟང་། པཎ་ཆེན་བསོད་ནམས་གྲགས་པ། རྒྱལ་ཁང་རྩེ་པ་དཔལ་འབྱོར་རྒྱ་མཚོ། སྤྲུལ་པའི་སྐུ་བསོད་ནམས་ཡེ་ཤེས་དབང་པོ། ཆོས་རྗེ་རིན་ཆེན་བཤེས་གཉེན། སྣར་ཡང་བསོད་ནམས་ཡེ་ཤེས་དབང་པོ། སྟག་ལུང་བྲག་པ་བློ་གྲོས་རྒྱ་མཚོ། གླིང་སྨད་ཆོས་རྗེ་དཀོན་ཅོག་ཆོས་འཕེལ། གད་ཁ་ས་པ་གྲགས་རྒྱན། བསམ་གྲུབ་སྣང་པ་བློ་བཟང་དག་དབང་། ཙོ་ནེ་བློ་བཟང་དཔལ་འབར། ཞོགས་པ་བློ་བཟང་དོན་ཡོད། སྣང་མགོ་ངག་དབང་རྒྱ་མཚོ། གྲོང་གསར་བ་བློ་བཟང་རྒྱལ་མཚན། ཚུལ་ཁང་པ་ལེགས་པ་དོན་གྲུབ། གསང་མདའ་བ་སྟོབས་པ་ཆེ་ཆེན་སྐུ་སྐྱེ་ནམ་མཁའ་དབང་པོ། འཕྱོང་རྒྱས་ངག་དབང་གྲགས་པ། ད་ལྟ་བླ་འབུམ་བློ་བཟང་འཇམ་དབྱངས་ཀྱི་སྐབས་སོ། །དེ་ཡང་སྐྱོར་མོ་ལུང་དུ་ནང་གསེས་གྲྭ་ཚང་ཁག་གསུམ་ཡོད་པའི།

ཁྲིམས་པ་ནི། དབང་ཡེ་ཤེས་སེང་གེས་བཙུགས་པར་གྲགས་ཤིང་། རིང་ཞིག་ནས་སློབ་དཔོན་པ་སྣང་མཁར་རྡོ་རྗེ་དཔལ་བཟང་། སྣར་ཟམ་པ་བསོད་ནམས་མཆོག་གྲུབ། དཀོན་ཅོག་རྒྱ་མཚོ། སྟར་སྡོང་པ་ངག་དབང་དཔལ་བཟང་། སྟོད་ལུང་པ་འཕྲིན་ལས་རྒྱ་མཚོ། དཔལ་སྡིངས་པ་བློ་བཟང་བསྟན་འཕེལ། བློ་བཟང་མཐུ་སྟོབས། ཨོ་རོད་ཚུལ་ཁྲིམས་རྒྱ་མཚོ། དན་འབག་རིན་ཆེན་སྣང་པ་ཡེ་ཤེས་རྒྱ་མཚོ། རྒྱང་མཁར་བ་བློ་བཟང་དངོས་གྲུབ། ཁང་སེར་བློ་བཟང་བྱང་ཆུབ། ད་ལྟ་འབྲོག་མོ་ངག་དབང་རྒྱ་མཚོའི་སྐབས་དང་། ངོ་བོ་ཐུགས་སྭ། གསང་འདུས། འཇིགས་བྱེད། ཀུན་རིག་(༧༢༨ན)མགོན་ཆོས། རྣམ་སྲས་སོགས་ཀྱི་སྒོ་ནས་བསྙེན་མཆོད་དང་དུས་གཏོར་གཏོང་། མདོའི་སློབ་གཉེར་རབ་སྟོད་དང་སྐྱོར་ལུང་བཤད་གྲྭ་གང་བདེར་འགྲོ།

ཕུ༷ག་ཁ༷ང་པ༷་ནི། སྤལ་ཧི་དགྲ་བཅོམ་པའི་དགོན་བརྒྱུད་ཞིག་པོ་ཚུལ་ཁྲིམས་འོད་ཀྱིས་བཙུགས། སློབ་དཔོན་པ་རིམ་པ་བཞིན། ཡེ་ཤེས་ཆེན་པོ། ཆོས་རྒྱལ་མཚན། ཡོན་ཏན་དོན་གྲུབ། ནམ་མཁའ་བཟང་པོ། སེར་མ་བ་དཔལ་བཟང་དོན་གྲུབ། ལམ་པ་བསོད་ནམས་གྲགས་པ། ཏ་ཞིང་ཐུབ་བསྟན་རྣམ་རྒྱལ། ཆར་མ་བ་འཕྲིན་ལས་དཔལ་ལྡན། གུང་མཁར་བཤེས་གཉེན་དཔལ་བཟང་དང་བློ་གྲོས་རྒྱལ་མཚན། སྐྱུར་པོ་དམ་ཆོས་རྣམ་རྒྱལ། མིག་གཉིས་རྒྱལ་མཚན་དར་རྒྱས། ཞོལ་པ་བསོད་ནམས་བཀྲ་ཤིས། ཆར་མ་བློ་གྲོས་རྣམ་རྒྱལ། ལྷུན་རབ་བློ་བཟང་འཇོན་འགྲུས། ཆར་མ་ངག་དབང་བློ་གསལ། ཞོལ་པ་བསོད་ནམས་བཀྲ་ཤིས། ངག་དབང་ལུང་རིགས། ད་ལྟ་བསོད་ནམས་མཆོག་གྲུབ། ངོ་བོ་སྔགས་གྲྭ་ཚང་། བདེ་གསང་འཇིགས་གསུམ། ཀུན་རིག །ནག་པོ་སྐོར་གསུམ་སོགས་ཀྱི་ཚུལ་བསྒྲུབ་མཆོད་དང་དུས་གཏོར་གཏོང་། སློབ་གཉེར་གྲྭ་རྒྱུན་ཁྲིམས་པ་དང་མཚུངས།

མཚན༷་ཉི༷ད་པ་ནི། སྤལ་ཧི་དགྲ་བཅོམ་པ་ནས་བཟུང་། དེའི་དགོན་བརྒྱུད་བཅུ་བདུན་པ་ནམ་མཁའ་ཆོས་བཟང་ཡན་ལ་འདུལ་མཛོད་ཀྱིས་གཙོས་པའི་བཤད་སྒྲུབ་འཆད་ཉན་གྱི་བྱ་བ་མཁན་པོ་རང་གི་སྐྱོང་བ་ཡིན་འདུག་ནའང་། པཎ་ཆེན་བསོད་གྲགས་པའི་གོང་ཙམ་ནས་འཆད་ཉན་གྱི་རྒྱུན་ནུབ། དེ་རྗེས་རྗེ༷་བླ༷་མ༷་ལྷ་པ་ཆེན་པོས་རྒྱ་གར་གྱི་ཆུ་བོ་གངྒཱ་ཚུན་ལ་མཁས་པའི་འཇམ་དབྱངས་སྟག་ལུང་བྲག་པ་ཞེས་བསྟགས་བརྗོད་ཀྱི་ཡུལ་དུ་གནང་བ་མཚན་དངོས་བློ་གྲོས་(༡༢༨༤)རྒྱ་མཚོར་གྲགས་པ་དེ་སྐྱོར་ལུང་གི་མཁན་པོར་ཕེབས་ཐོག་གྲྭ་ཚང་འདི་སྐད་ཡང་གསར་འཛུགས་མཛད། དེ་ནས་སློབ་དཔོན་པ་རིམ་པ་ལྟར་ཆུ་བཟང་པ་ཆོས་གྲགས་རྣམ་རྒྱལ། གསར་བྱུང་དོན་གྲུབ་མགོན་པོ། ལྷུང་ར་བ་གསེར་འོད་དོན་གྲུབ། དོན་གྲུབ་མགོན་པོ། བྱམས་གླིང་འཕྲིན་ལས་རྒྱ་མཚོ། སྟོད་ལུང་པ་དོན་གྲུབ་རིན་ཆེན། ལྷུང་ལོ་ཙན་པ་ཡེ་ཤེས་རྒྱ་མཚོ། དཔལ་སྡིངས་པ། འབྲོག་མོ་བསོད་ནམས་བློ་གྲོས། མི་ཉག་དོན་ཡོད་རྒྱལ་མཚན། གུང་མཁར་བ་ཚུལ་ཁྲིམས་འཕྲིན་ལས། ལམ་པ་བློ་

བཟང་བསྟན་འཛིན། སྟག་གྲོང་བློ་བཟང་ཤཱཀྱ། ཉག་རེ་གྲགས་པ་བསམ་གཏན། གཞོང་པ་དཔལ་འབྱོར་རྒྱལ་མཚན། ད་ལྟ་གུང་མཁར་བ་ངག་དབང་ཚུལ་ཁྲིམས་པས་འདུལ་བ་བདེ་ལེགས་ཉི་མའི་བསྐལ་བཟང་ནོར་བུའི་ཕྲེང་བ། ཕར་ཕྱིན་རྗེ༷་བླ༷་མ༷འི་བཀའ་རྩོམ་བློ་བཟང་དགོངས་རྒྱན་གདོང་ལྔའི་སྒྲ་དབྱངས། མཛོད་རྩིས་དང་དངོས་གྲུབ་རྒྱ་མཚོའི་བློ་གྲོས་པདྨོ་ཁ་འབྱེད་དང་། རྗེ༷་བླ༷་མ༷འི་བཀའ་རྩོམ་ཆོས་མདོན་རིན་ཆེན་འདྲེན་པའི་ཤིང་རྟ། དབུ་མ་སེ་ར་རྗེ་བཙུན་པའི་བསྐལ་བཟང་མགུལ་རྒྱན་དང་བཀའ་རྩོམ་ཐེག་ཆེན་རྒྱ་མཚོར་འཇུག་པའི་གྲུ་རྫིངས། རྣམ་འགྲེལ་ར་བ་སྟོད་པ་ལུགས་དྲུང་ཆེན་ལེགས་བཟང་གིས་མཛད་པ་རྣམས་ལ་འཆད་ཉན་བྱེད། གོང་གསལ་གྲྭ་ཚང་གསུམ་ཁྱོན་གཅིག་ཏུ་སྐྱོར་མོ་ལུང་ཆོས་སྡེ་ཞེས་འབོད་པ་ཡང་དང་གྲྭ་པ་སུམ་བརྒྱ་དང་སུམ་ཅུ་སོ་གཉིས་སྐོར།

༢ དཀ༷འ་བ༷་གདོ༷ང་ནི། ཞིག་པོ་ཤེས་རབ་པས་བཏབ་ཅིང་། རྗེ༷་བཙུན་བཙོ༷ང་ཁ༷་པ༷་ཆེན་པོ་དང་བླ་མ་དབུ་མ་བ་གཉིས་ཀྱིས་ཡུན་རིང་བཞུགས་ཤིང་། འཇམ་པའི་དབྱངས་ཀྱིས་གསུང་གི་སྣང་བ་བསྟུལ་བ་སོགས་གནས་ཁྱད་པར་ཅན་ཡིན་འདུག་ཀྱང་ངར་སྐབས་ནས་སེར་ཁྲིམ་དུ་སོང་ཞིང་བླ་རབས་ངེས་པ་ཞིག་མི་སྣང་། འབྲས་སྤུངས་ཤག་སྐོར་གྲྭ་ཚང་གི་བླ་མ་བསྟན་པ་བཀྲ་ཤིས་ནས་བཟུང་ལས་(༡༢༩ན)ཐོག་པ་ན་རིམ་གྱིས་སྐྱོང་བ་དེར་གསལ་ལྟར་རོ། །ཏ་ལམ་སྤགས་གྲྭ་རྒྱུད་སྟོད་དང་མཚུངས། གྲྭ་རྒྱུན་ཕལ་ཆེར་འབྲས་སྤུངས་སུ་འགྲོ། ཡང་དང་གྲྭ་བཙུན་བརྒྱད་ཅུ་སྐོར།

༣ སྟོད༷་ལུང༷་ཚུ༷་བཟང་ནི། རྗེའི་དངོས་སློབ་ཤེར་འབྱུང་བློ་གྲོས་ཀྱིས་བཏབ་ཅིང་། དེ་ནས་ནམ་མཁའི་མཚན་ཅན། དཔལ་ལྡན་ཤེས་རབ། རྒྱལ་ཚབ་པ། རིན་ཆེན་གཞོངས་རིག་སེང་། གྲགས་པ་རྒྱལ་མཚན། བདེ་ལེགས་བཀྲ་ཤིས། ཁམས་པ་སངས་རྒྱས་བཀྲ་ཤིས། གྲགས་པ་ལྷུན་གྲུབ། སོག་པོ་ནམ་མཁའ་རྒྱ་མཚོ། ཉང་བྲན་ངག་དབང་དཔལ་འབྱོར། རོང་བཙན་པ། བསྐལ་བཟང་རྒྱ་མཚོ། བློ་བཟང་རབ་བརྟན། སོག་པོ་དཔལ་འབྱོར་རྒྱ་མཚོ་དང་བསྟན་འཛིན་རྒྱ་མཚོ་རྣམས་བྱུང་

ངོ་། །སྔགས་ལུགས་རྒྱུད་སྟོད་དང་ཧ་ལམ་མཚུངས། སློབ་གཉེར་གྲྭ་རྒྱུན་འཛས་སྤྲུངས་སྒོ་མང་དང་སེ་ར་སྨད་དུ་འགྲོ། ཨང་དང་གྲྭ་པ་བརྒྱ་དང་བདུན་ཅུ་སྐོར།

༤ སྟོད་ལུང་ལམ་པ་ནི། དགེ་བའི་བཤེས་གཉེན་སྟོད་ལུང་པ་ཆེན་པོ་རིན་ཆེན་སྙིང་པོས་བཏབ་ཅིང་། དགོན་པ་འདིའི་ས་ཡུལ་བཙན་དྲོ་བར་ཉོས་པས་ཆོས་འབྱུང་ཉིང་པ་རྣམས་སུ་བཙན་དྲོ་དགོན་ཞེས་པ་ཤ་སྟག་ཡོད་ལ། མཁར་ལོས་ལམ་པ་དང་བཙན་དྲོ་སོ་སོར་བྲངས་པ་ཙུང་ཟད་རྩ་ཁྲུངས་མ་ཆོད་པར་མངོན། དགེ་བའི་བཤེས་གཉེན་འདིས་དགུང་ལོ་བཅུ་གཅིག་བཞེས་དུས། རྗེ་བོ་ཨ་ཏི་ཤ་བོད་དུ་ཕེབས་པས་ཤམ་ཐབས་ཁྲལ་གྱི་གསེར་ཞོ་གང་ཕུལ། ཞལ་མ་མཇལ་བས་འཁྱོད་དེ། ཕྱིས་རྣལ་འབྱོར་པ་ཆེན་པོ་དང་། སྤྱན་སྔ་བ་ལ་ཆོས་གསན། ལམ་རིམ་དང་། བདེན་གཉིས་ལ་མཁས། དགུང་ལོ་གྱ་ལྔ་པ་མེ་སྤྲེལ་ལ་བཙན་དྲོར་གཤེགས་སོ། །དེ་ནས་ཁྲི་བློ་ཀྲུ་སོགས་བླ་རབས་མང་པོ་(༧༢༩.བ)སོང་བའི་མཐར། བླ་མ་གྱེ་རེ་བ། བསམ་བློ་སྨང་གེ །བཀྲ་ཤིས་ཕུན་ཚོགས། དུང་དཀར་འབྲུག་གྲགས། རྩིས་དང་བྱམས་པ་སྨོན་ལམ། འཕྲོས་པ་དཔལ་མགོན། ཕུན་ཚོགས་བཟང་པོ། སྟར་སྟོང་ངག་དབང་དཔལ་བཟང་། ངག་རྒྱམ་པ་བྱམས་པ་རྒྱལ་མཚན། དུང་དཀར་ཚངས་དབྱངས་འབྲུག་གྲགས། ཁྲི་རིན་པོ་ཆེ་བློ་གྲོས་རྒྱ་མཚོ། ཨོ་རོད་མཁས་པ་རྒྱ་མཚོ། ད་ལྟ་བློ་བཟང་བསྟན་པ། གཞིས་དགོན་སྔགས་ལུགས་རྒྱུད་སྨད་དང་སློབ་གཉེར་གྲྭ་རྒྱུན་སྒོ་མང་དང་བྱེས། ར་བ་སྟོད་སོགས་སུ་འགྲོ། ཨང་དང་གྲྭ་པ་ཉིས་བརྒྱ་སྐོར།

༥ ཧཙུ་རི་ནི་བླ་མ་དགེ་འདུན་འོད་ཟེར་རམ་དྲུང་པ་ཤེས་རབ་རྡོ་རྗེས་བཏབ་ཅིང་། ཕྱིས་སུ་སྡིངས་ཀའི་དགོན་ལག་ཏུ་སོང་བས་བླ་རབས་དེར་གསལ་བཞིན་དང་ཀུན་རིག་གི་སྒྲུབ་མཆོད་ཙམ་གཏོང་། ཨང་གསུམ་གྲས་བཙུན་མ་ཉི་ཤུ་སྐོར།

༦ སྟོད་ལུང་སྡིངས་ཀ་ནི། གསང་ཕུའི་བླ་མ་ཡར་ཀླུངས་པ་གྲགས་པ་རྒྱལ་མཚན་གྱིས་བཏབ། དེ་ནས་སངས་རྒྱས་བློ་གྲོས། བློ་གྲོས་གྲགས་པ། ཆོས་མཆོག་དཔལ་བཟང་། འདི་ཡན་ས་ལུགས་ལ་ཕྱིས་དགའ་ལྡན་པར་འགྱུར་བར་གྲགས་

ཤེང་། རིན་ཆེན་དཔལ་བཟང་། ཟངས་མཁར་ལོ་ཙྪ་བ་འཇམ་དཔལ་འོད་ཟེར། ནོར་བུ་དོན་ཡོད། ནོར་བུ་རྒྱ་མཚོ། བཛྲ་པཱ་ཎི། བློ་བཟང་བསྟན་པའི་རྒྱལ་མཚན། དོན་གྲུབ་རྣམ་རྒྱལ། ཚ་བ་བྱམས་པ་ཆོས་འབར། ཚ་བ་བསྟན་པ་ཆོས་འཕེལ། ནུབ་ཕྱོགས་དམ་ཆོས་བཟང་པོ་ནས་བཟུང་བར་སྐབས་འབྲས་སྤུངས་འདུལ་བ་གྲྭ་ཚང་ལས་ཐོག་པ་ན་རིམ་གྱིས་སྐྱོང་། ད་ལྟ་སེ་ར་སྨད་གྲགས་པ་རྒྱ་མཚོ། སྔགས་དགོན་ཏ་འབམ་རྒྱུད་སྨད་ལུགས། གྲྭ་རྒྱུན་འབྲས་སྤུངས་བློ་གསལ་གླིང་(༧༣༠ན)སེ་ར་སྨད། དགའ་ལྡན་བྱང་རྩེ་རྣམས་སུ་འགྲོ། ཨང་དང་གྲྭ་པ་བརྒྱ་དང་ལྔ་བཅུ་ང་གཉིས་སྐོར།

༧ སྟོད་ལུང་ར་ཚག་ནི། བུ་སྟོན་ཆོས་འབྱུང་སོགས་སུ་ཀླུ་མེས་ཀྱི་སློབ་བུ་སྣ་ནམ་རྡོ་རྗེ་དབང་ཕྱུག་གིས་བཏབ་པར་བཤད། མཁར་ཡོས་དགེ་བའི་བཤེས་གཉེན་ཁྲིམ་གཞེར་ཆེན་པོས་བཏབ་པར་བཞེད་ཅིང་། འགའ་ཞིག་ཏུ་ར་ལོ་ཙྪ་བས་མངོན་སྤྱོད་ཀྱིས་ས་གནས་ཀྱི་སེམས་དཔའ་བདུན་བཀྲོངས་པའི་བཤགས་པར་དགོན་པ་བརྒྱ་དང་བརྒྱད་འདེབས་པའི་དམ་བཅའ་མཛད་པ་འདིས་ཚག་པས་ར་ཚག་ཅེས་པའི་བླ་རབས་གསལ་བ་མ་བྱུང་། རབ་བྱུང་བཅུ་གཅིག་པའི་ས་འབྲུག་དུས་ཕོད་ཁང་ངའི་རབ་འབྱམས་པ་ཧ་ཞུན་ཆོས་མཛད། དེའི་རྗེས་ཙམ་ལ་འཕྲིན་ལས་དཔལ་ལྡན། དམ་ཆོས་རྒྱལ་མཚན། རྒྱལ་མཚན་སངས་རྒྱས། བསོད་ནམས་རྒྱལ་མཚན། བློ་གྲོས་རྒྱལ་མཚན། བློ་བཟང་བརྟོན་འགྲུས། ངག་དབང་བློ་གསལ། ངག་དབང་ལུང་རིགས། ད་ལྟ་བསོད་ནམས་མཆོག་གྲུབ་ཀྱིས་སྐྱོར་ལུང་ཕུག་ཁང་དང་ཉིས་སྐྱོང་གི་སྐབས་སོ། །སྔགས་ལུགས་རྒྱུད་སྟོད་དང་མཚུངས། སློབ་གཉེར་སེར་འབྲས་ར་བ་སྟོད་སོགས་སུ་འགྲོ། ཨང་གཉིས་གྲྭ་པ་སུམ་ཅུ་སྐོར།

༨ མཚོ་སྨད་ནི་ཀླུ་མེས་ཀྱིས་བཏབ། སྐ་བ་ཤཱཀྱ་དབང་ཕྱུག་གིས་རྒྱས་པར་མཛད། བར་སྐབས་ས་ལུགས་མཁན་པོ་རྗོར་རིན་པ། རྗོར་རྒྱལ་བ། བསོད་ནམས་དོན་གྲུབ། མཚོ་སྨད་མཁན་ཆེན་ཤཱཀྱ་དབང་ཕྱུག །ཀུན་དགའ་རྒྱལ་མཚན། ཕྱིས་དགེ་ལེགས་སུ་འགྱུར་བའི་ཚ་བ་ནམ་མཁའ་ཤེས་རབ། ལྟོ་པ་དགེ་འདུན་དོན་གྲུབ།

རྒྱལ་རོང་པ། ཀོང་པོ་བསམ་གྲུབ་རིན་ཆེན། ཀོང་པོ་དགེ་འདུན་རྒྱལ་མཚན། སངས་རྒྱས་(༡༣༠བ)དཔལ་འབྱོར། སྨིངས་ཀ་ཆོས་རྗེ། ལྷ་ས་བློ་བཟང་ཆོས་འཕེལ། སྣང་རྩེ་པདྨ་ཆོས་འཕེལ། པ་རི་མདོ་སྡེ་རྒྱ་མཚོ། ཉང་པོ་སྦྱིན་པ་འབྱུང་གནས། དུང་དཀར་ཚངས་དབྱངས་འབྲུག་གྲགས། མཚོ་སྨད་བློ་བཟང་མགོན་པོ། མཚོ་སྨད་ངག་དབང་ཕུན་ཚོགས། ད་ལྷ་གསལ་ཁང་ནམ་རྒྱལ་རིན་ཆེན། གཞིས་དགོན་སྟགས་ལུགས་རྒྱུད་སྨད་དང་ཉེ། སློབ་གཉེར་གྲྭ་རྒྱུན་འབྲས་སྤུངས་བློ་གླིང་དུ་འགྲོ། ཨང་དང་གྲྭ་པ་དྲུག་ཅུ་རེ་དྲུག་སྐོར།

༩ ཕུན་མར་ཁུ་སྟུས་ཀུ་ནི། འཇམ་མགོན་ཆོས་ཀྱི་རྒྱལ་པོ་བཙོང་ཁ་པ་ཆེན་པོའི་རྣམ་ཐར་དད་པའི་འཇུག་ངོགས་ལས། རྗེ་བླ་མ་འདི་ཉིད་ཀྱིས་དེའི་དགུན་སྐྱོར་མོ་ལུང་གི་བྲག་ལ་བཞུགས་ནས་སྡེ་སྣོད་འཛིན་པ་ཆེན་པོ་དུ་མ་ལ་དུས་འཁོར་དང་ཕར་ཚད་མངོན་པ་སོགས་མང་དུ་གསུངས། ཞེས་བཤད་པ་ལྟར་གྱི་བཞུགས་གནས་ཕུག་པ་ཞིག་ཡོད་པར་རིམ་བརྟེན་གྱིས་ཆགས་ཤིང་། སྐྱོར་ལུང་ཁྲིམས་པ་གྲྭ་ཚང་གི་དགོན་ལག་ཡིན་གཤིས་སྣང་མཁར་པ་རྡོ་རྗེ་དཔལ་བཟང་སོགས་བླ་རབས་དེར་གསལ་ལྟར་དང་ས་ལམ་སོགས་ཆོས་སྤྱོད་དགེ་ལུགས་ཕྱིངས་འགྲོ། ཨང་གཉིས་བཙུན་མ་ལྔ་བཅུ་ང་དགུ་སྐོར།

༡༠ ཆེར་གསེབ་དགོན་ནི། ཐོག་མར་གསང་ཕུ་སེ་བ་ཅན་པ་ཡོན་ཏན་ཚུལ་ཁྲིམས་ཀྱིས་བཏབ། བར་སྐབས་སྐྱོར་ལུང་ཕུག་ཁང་གི་སློབ་དཔོན་ལམ་པ་བ་བསོད་ནམས་གྲགས་པ། ཆར་མ་བ་འཕྲིན་ལས་དཔལ་ལྡན། ཕྱིས་འབྲས་སྤུངས་བདེ་ཡངས་བླ་མ་ཉན་པ་བསོད་ནམས་ཚེ་རིང་། ལྷ་ས་བ་ཕུན་ཚོགས་ཆོས་ལྡན། སྤྱན་གཡས་པ་དངོས་གྲུབ་རྒྱ་མཚོ། ཨ་མདོ་བ་ལུང་རིགས་རྒྱ་མཚོ། འཕྱོས་པ་ངག་དབང་བསྟན་འཛིན། ཆག་སྤུར་བློ་བཟང་ཡོན་ཏན། (༡༣༡ན)སྟར་ཁང་པ་ངག་དབང་སྟོབས་ལྡན། ད་ལྷ་སུ་ར་ལྷ་གཡོངས་པ་བློ་བཟང་ཟླ་བ། དཔལ་མོ་ལུགས་ཀྱི་སྒྲུང་གནས་དང་། ཤེས་འབྱུང་བློ་གྲོས་ཀྱིས་མཛད་པའི་ཕག་མོའི་ཚོ་ག་སོགས་གཏོང་། ཨང་

དང་བཙུན་མ་བདུན་ཅུ་སྐོར།

༡༡ སྟོད་ལུང་སྤུར་ཕུ་དགོན་ནི། འགྲོ་བའི་མགོན་པོ་ཕག་མོ་གྲུ་པའི་སྲས་ཀྱི་ཐུ་བོ་བཞིའི་ནང་ཚན་སྤུར་ཕུ་བ་བློ་གྲོས་སེང་གེ་ཞེས་ཡོངས་སུ་གྲགས་པ་དེས་བཏབ་པ་ཡིན་ལ། གདན་སར་རིམ་བཞིན་སྟར་ཆགས་མ་ཡིན་པའི་ཐོར་བུ་གང་ངེས་ལྟར་ན། སྤུ་ར་བ་བསླབ་གསུམ་དབང་ཕྱུག །རིན་ཆེན་ནོར་བུ། རྩེ་གདོང་དཀོན་ཅོག་བསོད་ནམས། འདི་ཡན་ས་ལུགས་སོགས་ཡིན་ཀྱང་། སྨིངས་ཀ་སྦྱི་ལུང་པ་ཡོན་ཏན་བཟང་པོ་བླ་མར་འཁོད་པ་ནས་འཛམ་མགོན་བཙོང་ཁ་པ་ཆེན་པོའི་རིང་ལུགས་རྣམ་དག་ཏུ་འགྱུར། དེ་རྗེས་མཚོ་སྔ་ངག་དབང་བསམ་གཏན། མངའ་རིས་པ་རྒྱལ་མཚན་འོད་ཟེར། གངས་ཅན་པ་བློ་བཟང་བསམ་གྲུབ། སྟག་ས་མཁར་དཀོན་ཅོག་བཀྲ་ཤིས། ད་ལྟ་དགའ་ལྡན་ཞོལ་པ་དགེ་འདུན་བསོད་ནམས། གཞིས་དགོན་སྟག་ས་གྲྭ་འདོན་ཆོས་སོགས་རྒྱུད་སྨད་ལུགས་དང་བླ་མ་ཡང་རྒྱུད་རང་ནས་བསྐོ་བཞིན། གྲྭ་རྒྱུན་འབྲས་སྤུངས་སྒོ་མང་དང་སྟག་ས་པར་འགྲོ། ཨང་དང་གྲྭ་པ་ལྔ་བཅུ་ང་ལྔ་སྐོར།

༡༢ རྨང་བཀྲ་ཤིས་ཆོས་སྡིངས་ནི། རྗེ་ཤེས་འབྱུང་བའི་སློབ་བུ་བླ་མ་ངག་དབང་བཟང་པོས་བཏབ་ཅིང་། ཚུ་བཟང་པའི་དགོན་ལག་ཏུ་སོང་བས་སྐེར་དུ་བླ་མ་མེད། ཕྱིས་བང་པ་དགེ་ལེགས་འབྱུང་གནས། གུང་རུ་བློ་བཟང་ཆོས་གྲགས། བང་པ་བློ་གྲོས་འབྱུང་གནས། གཙང་པ་བློ་བཟང་ཀུན་དགའ། བང་པ་བློ་གྲོས་དོན་(༡༣༡བ)གྲུབ། བང་པ་བློ་བཟང་ནོར་བུ། ཆོས་བཟང་པོ། ཤུན་པ་དགེ་ལེགས་ཕུན་ཚོགས། ད་ལྟ་ཟླང་པ་བློ་བཟང་བསྟན་འཛིན། འདོན་ཆོས་སྤྱོད་ཏ་ལམ་རྒྱུད་སྟོད་པ་དང་ཉེ། ཨང་གཉིས་བཙུན་མ་བཞི་བཅུ་ཞེ་དགུ་སྐོར།

༡༣ ཉན་ཚུ་བཟང་དགོན་ནི། བཀའ་གདམས་ཀྱི་བཤེས་གཉེན་ཉན་ཕུ་ཚུ་བས་བཏབ། ཕྱིས་འབྲས་སྤུངས་ནས་ཉང་མགོ་བ་འཛམ་དབྱངས། བློ་བཟང་ལུང་རིགས། སྐྱོར་ལུང་བསོད་ནམས་གྲགས་པ། ཁམས་པ་བསྟན་པ་བཀྲ་ཤིས། དཀོན་ཅོག་རྒྱལ་མཚན། གནས་བརྟན་ལྷས་བྱིན། ནུབ་ཕྱོགས་པ་བློ་བཟང་དཔལ་འབྱོར།

དགེ་འདུན་བཀྲ་ཤིས། ངག་དབང་དཔལ་འབྱོར། མཚོ་སྣོད་བློ་བཟང་ཕུན་ཚོགས། ད་ལྟ་གསལ་ཁང་རྣམ་རྒྱལ་རིན་ཆེན། བཀང་གསོ་སྟོད་རྒྱུད་ལུགས། ཨང་གཉིས་བཙུན་མ་ཉི་ཤུ་རྩ་གཉིས་སྐོར།

༡༥ ཐང་ཕུ་དགོན་ནི། བྱང་སེམས་བདེ་མོ་ཐང་པས་བཏབ། གདན་སར་རྟའུ་རི་ཁྲིད་པ་རིན་ཆེན་དོན་གྲུབ། ཕྱིངས་ཀ་དམ་ཆོས་བཟང་པོ། ཕ་ར་བ་བསོད་ནམས་དབང་ཕྱུག །ཚ་བ་བྱམས་པ་རྒྱ་མཚོ། སྣང་རྩེ་གྲགས་བཟང་། འབྲོག་མོ་ངག་དབང་བཀྲ་ཤིས། བློ་གསལ་གླིང་སློབ་དཔོན་པ་ཧེ་བོ་བློ་བཟང་འཇམ་དཔལ། ད་ལྟ་མི་ཉག་བླ་བྲུར་ལྷ་མགོན་གྱིས་སྐྱོང་། འདོན་ཆོས་སྤྱོད་རྒྱུད་སྨད་པར་ཉེ། གྲྭ་རྒྱུན་བློ་གསལ་གླིང་། ཨང་གཉིས་གྲྭ་གྲངས་སུམ་ཅུ་སོ་གཉིས་སྐོར།

དགེ་བསྟན་སྨིད་སྨད་དུ་དར་ཚུལ།

སྨིད་སྨད་དུ་འཇམ་མགོན་ཆོས་ཀྱི་རྒྱལ་པོའི་བསྟན་པ་དར་ཚུལ་ནི།

༡ བཟད་ཀྱི་དོ་གུ་ལུང་དུ་མཁས་པ་མང་པོར་ཟབ་རྒྱས་དམ་པའི་ཆོས་ཀྱི་སྒོ་འཕར་ཕྱེ། གེ་རེ་སྨད་དུ་བླ་མ་ལྷ་པས་རྗེའི་བསྟན་པ་རིན་པོ་ཆེ་སྤེལ་བའི་མཐུན་རྐྱེན་དང་ཞབས་(༡༣༢༥)བྲུང་བསྙེན་ཅིང་བཀུར་བ་ནི། དེ་ཡང་གྲུབ་ཆེན་ནག་པོ་སྤྱོད་པའི་སྐྱེ་བ་སྨོས་རྒྱལ་བ་ལྷ་ནང་བའི་དཔོན་བརྒྱུད་ལྷ་པ་དབང་གི་རྒྱལ་པོས་སྨིད་སྨད་གེ་རེར་གཙུག་ལག་ཁང་རྟེན་དང་བརྟེན་པར་བཅས་པ་བཞེངས། གདན་སའི་རིམ་པ་སྨོས་སྟོན་རྗོ་རྗེ་མ། སྤྱན་སྔ་ནམ་མཁའ་དཔལ། ཀུན་དགའ་རིན་ཆེན་དང་། སངས་རྒྱས་དབང་ཕྱུག་གིས་རྗེ་བཙུན་བཙོང་ཁ་པ་ཆེན་པོར་ཆོས་གསན་ཅིང་། གྲུབ་མཐའ་དགེ་ལུགས་སུ་འགྱུར། དེའི་གཙུང་ཆོས་འབྱོར་རྒྱ་མཚོ། སྐུ་རིན་པོ་ཆེ་ལྷ་དབང་རྒྱ་མཚོ། ལྷ་དཔལ་འབྱོར་བསོད་ནམས་དབང་པོ་རྣམས་ཀྱིས་གདན་ས་རིམ་པར་མཛད་ཅིང་ལྷ་བའི་ཞལ་ངོས་མོན་ཡུལ་དུ་ཡང་རྗེ་བཙུན་འཇམ་དཔལ་གླིང་པོའི་བསྟན་པ་སྤེལ་བར་མཛད། གཙུག་ལག་ཁང་དེའི་ལྷག་གི་ས་ཡུལ་དུ་འཇམ་

མགོན་ཆོས་ཀྱི་རྒྱལ་པོའི་དངོས་སློབ་གེ་རེ་བཀའ་བཞི་པ་རིན་ཆེན་རྒྱལ་མཚན་གྱིས་གསང་སྔགས་ཕོ་བྲང་གི་དགོན་པ་བཏབ། སློབ་དཔོན་རིམ་པ་ལྟར་བསམ་གཏན་མཆོག །རབ་འབྱམས་པ་ཐུབ་བསྟན་རྣམ་རྒྱལ། ཆོས་གྲགས་ལྷ་དབང་། དེ་ནས་ཞང་མཁར་བ། གསེར་འོད་པ། སྟོད་ལུང་བློ་བཟང་བསྟན་འཛིན། གེ་རེ་བྱང་པ། ནགས་ཤོད་དགྲ་ལྷ། སྟོད་ལུང་ཐང་ཕུ་བ། འཕན་པོ་བཀྲ་ཤིས་རྒྱ་མཚོ། ཞང་མདའ་བློ་བཟང་ཆོས་རྒྱལ། འཕྱོང་རྒྱས་བཀྲ་ཤིས་ཕུན་ཚོགས། ད་ལྟ་ཁམས་པ་ཀུན་རིན་གྱི་སྐབས་དང་། ལུགས་གཉིས་ཀྱི་འཛིན་སྐྱོང་དངོས་གཞི་ལྷ་བ་ན་རིམ་ནས་མཛད། ལར་བབས་དགེ་ལུགས་སྔགས་དགོན་སྤྱི་དང་འདྲ། གྲྭ་རྒྱུན་བདེ་ཡངས་བྱེས་བྱང་རྩེ་བཅས་སུ་འགྲོ། ཨང་དང་གྲྭ་པ་སུམ་ཅུ་སོ་བདུན་སྐོར། (༧༣༢བ)བཀའ་བཞི་པའི་ཞལ་ངོ་ཞིག་གིས་སོག་ཡུལ་ཚ་དཀར་དུ་ཐམས་ཅད་མཁྱེན་པ་བསོད་ནམས་རྒྱ་མཚོའི་རྒྱལ་ཚབ་ཏུ་ཙོན་ནས་དགའ་ལྡན་པའི་བསྟན་པ་སྤེལ་ལོ། །

༢ སྐྱིད་སྟོད་ཀྱི་གེ་རེ་དགོན་གསར་ནི། འཇམ་མགོན་ཆོས་ཀྱི་རྒྱལ་པོའི་དངོས་སློབ་གྲུས་བཀའ་བཞི་པ་ཀུན་དགའ་མགོན་པོས་བཏབ། བར་སྐབས་ཀྱི་བླ་རབས་སོགས་མ་བྱུང་། ཕྱིས་བཀྲ་ཤིས་ལྷོངས་ནས་ཉིས་སྐྱོང་གི་ཞལ་ཕྱ་ནས་རྩིས་དང་པ་ཆོས་རྗེ་བསྟན་འཛིན་བློ་བཟང་རྒྱ་མཚོ། བསྟན་སྐྱོང་བློ་རྒྱམ་པ། བློ་བཟང་བསྟན་འཛིན། ད་ལྟ་ངག་དབང་ཕུན་ཚོགས་འཇམ་དཔལ། གཞིས་དགོན་སྔགས་ལུགས། གྲྭ་རྒྱུན་དགའ་ལྡན་ཉག་རོང་དང་སེ་ར་བྱེས། ཨང་དང་གྲྭ་གྲངས་སུམ་ཅུ་སོ་བཞི་སྐོར།

དགེ་བསྟན་རྒྱ་མའི་ཁྲི་འོག་ཏུ་དར་ཚུལ།

རྒྱ་མའི་ཁྲི་འོག་ཏུ་རྗེ་རིན་པོ་ཆེའི་བསྟན་པ་དར་ཚུལ་ནི།

༡ རིན་ཆེན་སྣང་འདི་དང་པོར་དགེ་བའི་བཤེས་གཉེན་སྨེ་ཟུར་བའི་དངོས་སློབ་གྱེར་སྒོམ་ཆེན་པོ་གཞོན་ནུ་གྲགས་པས་བཏབ། གྲྭ་པ་བརྒྱད་བརྒྱ་ཙམ་འདུས། དགུང་ལོ་གྱ་གཉིས་པ་ལྕགས་ཡོས་ལ་གཤེགས། དེའི་རྗེས་གཅུང་གཞོན་ནུ་འབྱུང་

གནས་བསྐལ་པ་བཟང་པོའི་སངས་རྒྱས་སྐལ་ལྡན་ཤིང་རྟ་ཡིན་ཅེས་གྲགས་པ་ཡང་བྱུང་། དེའི་རྗེས་དཔོན་པོ་སངས་རྒྱས་ཡོན་ཏན། བདེ་གཤེགས་ཆེན་པོ། སྐམ་དགོན་པ་གཞོན་ནུ་འབུམ། སངས་རྒྱས་འོད་འབྱུང་། སངས་རྒྱས་གཞོན་འོད། བཀྲ་ཤིས་རྒྱལ་པོ། ཀུན་བཟང་པ་གཞོན་ནུ་སེང་གེ །བསོད་ནམས་རྒྱལ་བ། སངས་ཡོན་པ། སངས་རྒྱས་བྱང་ཆུབ། འདིས་ཁང་པ་ཞིག་ལ་སྒྲུབ་སྙིང་གི་མིང་འདོགས་དང་དངོས་གཞི་ཞེས་མཆོད་པ་བཙུགས། གཙུང་བློ་གྲོས་རྒྱལ་མཚན་གྱིས་འཇམ་མགོན་བཙོང་ཁ་པའི་ཞབས་(༡༣༣ན)ལ་ཕྱག །འདུལ་བར་མཁས་པར་སྦྱངས། ཆོས་ཞུས་པས་རྗེའི་རིང་ལུགས་སུ་འགྱུར། འདུས་པའི་བསྒྲུབ་མཆོད་སོགས་མཆོད་གཞིས་རང་སྐལ་ཟུར་དུ་ཕྱེ་བའི་སྒྲུབ་གསར་སྙིང་གི་དབྱེ་བ་བྱུང་བ་ལས་བྱིངས་བཀའ་གདམས་དང་ཀུན་དགའ་བློ་གྲོས་ཀྱིས་ས་ལུགས་མཛད་པར་བརྟེན་ས་དགེ་སོ་སོ་དང་། དེ་ནས་སྤྱི་མཁན་ལུགས། གཞོན་ནུ་འོད། འདི་ནས་སེར་ཁྲིམ་དུ་སོང་ཞིང་བར་དུ་ས་སྐྱ་བདག་ཆེན་སོགས་ཁྲི་སྣ་ཚོགས་ཀྱིས་བཟུང་། བློ་གྲོས་རྒྱལ་མཚན་གཉིས་པ། བློ་གྲོས་འཛིགས་མེད། འཇམ་དབྱངས་འོད་ཟེར། འདིའི་དུས་སུ་འབྲི་ཁུང་པས་རྒྱ་མ་ཕྲོགས་ཏེ་ལྷས་ཀྱི་ཐུག་དགོན་དུ་བཏོན། འབྲི་ཁུང་པས་སྤྱན་སྔའི་ཕྱི་རྒྱ་མཛད་དེ་འཆད་ཉན་ཆག །དེའི་རྗེས་རྒྱ་མ་དཔོན་ས། སྐུ་སྐྱེ་ཞ་ར། རྗེ་བླ་མའི་ཆོས་སྲིད་གདུགས་དཀར་གྱིས་ཁྱབ་ནས་ཤར་པ་ཆོས་རྗེ་ངག་རིན་པ་དང་གྱེར་ཁྲི་དང་སྔགས་པ་སྒྲུབ་གསར་ཉིས་འཛིན་པ། ཁྲི་རིན་པོ་ཆེ་བློ་བཟང་རྒྱལ་མཚན། ཁྲི་པ་བྱམས་པ་བཀྲ་ཤིས། སོག་པོ་སངས་རྒྱས་བཟང་པོ། ད་ལྟ་ཁོ་བོའི་སློབ་རྒྱུན་རིག་བྱེད་སྨྲ་བ་བཀྲ་ཤིས་རྒྱ་མཚོ། གཞིས་དགོན་རྒྱུད་སྟོད་དང་ཉེ་བ། གྲྭ་རྒྱུན་སེར་འབྲས་དགེ་གསུམ་གང་འོས་སུ་འགྲོ། ཨང་དང་གྲྭ་པ་དྲུག་ཅུ་རེ་ལྷ་སྐོར།

༢ སྟོན་གྱི་དུམ་བུ་རི་ནི་དགེ་བའི་བཤེས་གཉེན་ཟླ་བ་རྒྱལ་མཚན་གྱིས་བཏབ། དེའི་དཔོན་ཟླ་བ་གྲགས་པ། བླ་མ་བཀའ་བཞི་པ། དེ་ནས་བླ་རབས་གསུམ་ཙམ་གྱི་བར་ཧོལ་ཁོངས་དང་། དེ་རྗེས་ཁྲི་རིན་པོ་ཆེ་ངག་དབང་ཆོས་གྲགས། ཁྲི་རིན་

པོ་ཆེ་དཔལ་འབྱོར་རྒྱ་མཚོ། རྒྱ་མ་ངག་དབང་ལྷུན་གྲུབ། བྲག་དགོན་པ་བཟང་པོ་རྣམ་རྒྱལ། (༧༣༣བ)རྒྱ་མ་བཀྲ་ཤིས་ལེགས་ལྡན། ངག་དབང་ཆོས་འབྱོར། དན་འངག་ཆོས་དཔལ་རྒྱ་མཚོ། ཤར་པ་ངག་དབང་རིན་ཆེན། སྟོད་ལུང་བསྟན་པ་རྒྱལ་མཚན། ཐང་སྐྱ་དགེ་འདུན་ཤེས་རབ། རྡོ་པ་ནམ་མཁའ་བཟང་པོ། མཚོ་ཁ་སངས་རྒྱས་བཟང་པོ། ད་ལྷ་བཤད་མ་ཐག་པའི་བཀྲ་ཤིས་རྒྱ་མཚོ། ཐུགས་ལུགས་རྒྱུད་སྟོད་དང་ཉེ་བ། ཨང་དང་གྲྭ་པ་དྲུག་ཅུ་སྐོར། གྲྭ་རྒྱུན་ཞང་རོང་བློ་གསལ་གླིང་སེ་ར་བྱེས་བཅས་པར་འགྲོ།

༣ ལ་མོ་ཆོར་གསེབ་ནི། སླུ་མེས་ཀྱིས་བཏབ་པ་རྗེས་སུ་དགེ་བཤེས་པོ་ཏོ་བས་བསྐྱངས་ཤིང་། དེ་ནས་གདན་ས་གོ་རིམ་གསལ་ཆ་མ་བྱུང་། རྗེ་བདག་ཉིད་ཆེན་པོ་བཙོང་ཁ་པ་དག་ཞིང་དུ་གཤེགས་རྗེས། ཆོས་རྗེ་མདའ་རིས་པ། སངས་རྒྱས་དཔལ་ལྡན། དྲུང་ཀུན་བློ་བ། ཆོས་རྗེ་བློ་བཟང་པ། དྲུང་སངས་རྒྱས་རྒྱལ་མཚན། དྲུང་དཀོན་ཅོག །དྲུང་འཇམ་དབྱངས། དེ་ཇེང་ཀར་སྲིད་ཀོང་དམག་གིས་མི་བཀྱི་བའི་ཆགས་འཛིག་ཞིག་གསོ་གྲུབ་ཙང་སེར་ཁྲིམ་པར་སོང་ཞིང་། བླ་མ་ཞོགས་ཀུན་དགའ་མཆོག་གྲུབ། བཙུན་ཚུལ་དགེ་དར་བ། རྒྱལ་རོང་ཡོན་ཏན་རྒྱ་མཚོ། སྐྱོར་ལུང་བསམ་གཏན་དཔལ་བཟང་། ཏོར་བསོད་ནམས་ཡར་འཕེལ། ཆོར་གསེབ་ཚུལ་ཁྲིམས་དར་རྒྱས། ལ་མོ་འཇམ་དབྱངས་རྒྱ་མཚོ་དང་། བློ་བཟང་ཆོས་ལྡན། བཙུན་ཚུལ་དགེ་འདུན་དར་རྒྱས། ཕག་མོ་བློ་བཟང་ཆོས་འཕེལ་རྣམས་དང་། གཞིས་དགོན་ཆོས་སྡེ་སོགས་ཏ་ལམ་རྒྱུད་སྨད་དང་ཉེ། སློབ་གཉེར་གྲྭ་རྒྱུན་བྲག་དབར། དགའ་ལྡན་ཐུང་སྟེ། རྒྱུད་སྨད་བཅས་པར་འགྲོ་རྒྱུན། ཨང་དང་གྲྭ་བཙུན་སུམ་ཅུ་སྐོར།

༤ དགེ་འདུན་སྒང་ནི། སེ་སྤྱིལ་བུ་(༧༣༤ན)བ་ཆོས་ཀྱི་རྒྱལ་མཚན་གྱི་སློབ་མ་ལྷ་དགེ་འདུན་སྒང་པས་བཏབ་ཅིང་། བླ་རབས་ནི་དགའ་ལྡན་ཐོས་བསམ་གླིང་བླ་མས་ཉིས་སྐྱོང་བྱེད་བཞིན་དེར་གསལ།

༥ བཙུན་མོ་ཚལ་གྱི་ཆོས་སྡེ་ནི། འདུལ་བ་འཛིན་པ་གྲགས་པ་རྒྱལ་མཚན་

གྱིས་བཏབ་ཅིང་། འདི་སྟོན་བྲམ་ཟེའི་ཁྱེའུའི་གོ་འཕང་དུ་གྱུར་དུས་རང་སངས་རྒྱས་གཅིག་ལ་མཆོད་དེ་སེམས་བསྐྱེད། མཉམ་མེད་ཐུབ་པའི་དྲུང་དུ་དགེ་སློང་འདུལ་བའི་ཏོག །དེའི་སྐྱེ་བ་ལྷའི་བུ་ཞི་བའི་ཏོག །དེའི་སྐྱེ་བར་གྲགས་ཤིང་དབུ་སྟོད་ སྨྲམ་དུ་ཤིང་སྟག་ལ་འཁྲུངས། གསུང་ཚངས་པའི་དབྱངས་ལྟར་སྙན། སྨྱུན་སྤྲ་ཆོར་ཀྱི་རྒྱལ་པོའི་གཟིམས་དཔོན་པ་མཛད། འཇམ་མགོན་བཙོང་ཁ་པ་ཆེན་པོར་མི་ཕྱེད་པའི་དད་པ་ཐོབ་སྟེ་ཆོས་གསན། མདོ་སྔགས་སྤྱི་དང་ཁྱད་པར་འདུལ་བ་ལ་མཁས་པས་འདུལ་ཊཱིཀ །གླིང་འབུམ། བསླབ་བྱ། གཞི་གསུམ་ཆོ་ག་སོགས་ཕྱོགས་བསྒྲིགས་མང་པོ་བརྩམས་ཏེ་འདུལ་འཛིན་ཞེས་པའི་མཚན་དོན་དང་མཐུན་པར་མཛད། སྟོན་ཆོས་རྒྱལ་སྲོང་བཙན་སྒམ་པོ་རྒྱ་མ་མདར་ཕོ་བྲང་བྱམས་པ་མི་འགྱུར་གླིང་དུ་འཁྲུངས། བྱན་ཆེན་མདར་ཐུ་མི་སམ་བྷོ་ཊས་ཡིག་ཕུད་ཕུལ་བས་འཕོར་སྣང་ལྷ་ཁང་དུ་ཐུགས་པ་སོགས་རྒྱལ་པོ་ཡབ་ཡུམ་གྱི་སྐྱིད་མོས་ཚལ་ཏེ་བཙུན་མོ་རྣམས་རྒྱུན་དུ་བཞུགས་པས་བཙུན་མོ་ཚལ་ཞེས་གྲགས་པའི་སར་ཆོས་སྡེ་འདི་ཉིད་བཏབ། དགུང་ལོ་རེ་གཅིག་པ་ཤིང་སྟག་ལ་གཤེགས། ཆོས་རྗེ་འདུལ་འཛིན་གྲགས་པ་རྒྱལ་མཚན་གྱི་སྐྱེ་བ་ལྷའི་བུ་ཞི་བའི་སྙིང་པོ་དེའི་སྤྲུལ་སྐུ་སྟོང་འཁོར་ཆོས་རྗེ་བློ་བ་རྒྱལ་མཚན། དེའི་སྐྱེ་བ་སྟོང་འཁོར་ཆོས་རྗེ་ཡོན་ཏན་རྒྱ་མཚོ་མེ་སྤྲུལ་ལ་འཁྲུངས། སོ་གཅིག་པ་ཆུ་ཕག་ལ་གཤེགས། དེའི་སྐྱེ་བ་གཉིས་བྱུང་བ་སྟོང་འཁོར་སྤྲུལ་སྐུ་འཇམ་དབྱངས་རྒྱ་མཚོ་དང་རྒྱལ་བ་རྒྱ་མཚོ་(༡༣༤བ)གཉིས་ཁལ་ཁ་དང་མཚོ་ཁ་ཕྱོགས་སུ་བྱུང་བ་མཚོ་ཁའི་དེ་དུར་ཁྲིད་དུ་རྒྱ་ཕྲུག་རོར་འཕོ་བ་གྲོང་འཇུག་བྱས་པར་གྲགས་ཤིང་དེའི་སྐྱེ་བ་མཚོ་ཁར་དཀར་པོར་འབོད་པ་དེ་དང་ཁལ་ཁའི་དེའི་སྐྱེ་བ་འོར་དུས་སུ་ཡོད་པར་གྲགས། དེ་ནས་གདན་ས་རིམ་པར་བྱུང་དར་མས་གཙུག་ལག་ཁང་གཞི་འདིང་ཡང་མཛད། སེམས་དཔའ་ཆེན་པོ་བློ་གྲོས་རྒྱལ་མཚན། ཇོ་ར་བཀའ་བཞི་པ། ཆོས་རྗེ་ཡོན་རྒྱམ་པ། རྒྱལ་མཚན་བཟང་པོ། གླིང་པ་བསྟན་པ་རྒྱལ་མཚན། རྒྱལ་ཁང་རྩེ་བ། སེམས་དཔའ་ཆེན་པོ་ངག་དབང་ཆོས་ཀྱི་རྒྱ་མཚོ། ཆོས་རྗེ་སངས་རྒྱས་རིན་ཆེན། ཆོས་རྗེ་

རོང་པོ་ཡོན་ཏན་རྒྱ་མཚོ། བྲག་དབར་འཇམ་དབྱངས་གྲགས་པ། ཁྲི་རིན་པོ་ཆེ་བསྟན་པ་རྒྱལ་མཚན། ལ་མོ་བ་ཚུལ་ཁྲིམས་དར་རྒྱས། དགེ་འདུན་སྐང་བློ་བཟང་དར་རྒྱས། རྒྱལ་ཁང་རྩེ་སྐུ་སྐྱེ་བློ་བཟང་འཇམ་དབྱངས་རྒྱ་མཚོ་རྣམས་ཀྱིས་རིམ་པར་བསྐྱངས། ད་ལྟ་སློབ་དཔོན་གྱི་རིགས་མེད། སྔར་འདུལ་བ་འཛིན་པའི་དུས་བཤད་གྲྭ་ཡིན་ཀྱང་དེང་སང་སྔགས་གྲྭ་རྒྱུད་སྟོད་དང་ཉེ་བའི་སྙིང་འདུལ་འཛིན་གྱི་ཀུན་རིག་གཏོང་། སློབ་གཉེར་གྲྭ་རྒྱུན་བྱང་རྩེ་དང་བྲག་དབར་གྲྭ་ཚང་དུ་འགྲོ། ཨང་དང་གྲྭ་པ་བཞི་བཅུ་ཞེ་དགུ་སྐོར།

༤ ཉེ་སྙིངས་ཆོས་སྡེ་ནི། སེམས་དཔའ་ཆེན་པོས་བཏབ་ཅིང་། དེ་ནི་དབུས་ཡུལ་ཚུམས་གྲོང་གསར་དུ་ཚུ་ཕོ་སྤྲེལ་ལོར་འཁྲུངས། འཇམ་མགོན་ཆོས་ཀྱི་རྒྱལ་པོ་དང་པཎ་ཆེན་དགེ་འདུན་གྲུབ། རྒྱལ་ཚབ་མཁས་གྲུབ། ཤར་པ་རིན་ཆེན་རྒྱལ་མཚན། རྫོག་རིན་ཆེན་དཔལ་སོགས་བསྟེན་ནས་བྱང་ཆུབ་ལམ་རིམ་ཐུགས་ཉམས་སུ་བསྟར་བས། ཕྱིའི་ཀུན་སྤྱོད་དུལ་བས་འཕགས་པ་ཧ་ཐུལ་ལྟ་བུ། ནང་གི་(༡༣༥ན)ཀུན་སྤྱོད་དཀར་ཕྱེར་འབབ་ཞིག་མཛད་པས་རྗེས་འབྲང་རྣམས་ཀྱང་དམར་དྲི་ཙམ་ཡང་མེད་པ་དང་ཆོས་གྲྭར་དགེ་བཤེས་གཞན་ཞིག་གིས་དགེ་སློང་ཟོག་རྒྱུ་བ་ཞེས་དམོད་པར་འན་མ་མཛད་ཅིང་། སླར་དེར་གཡུ་ཕུལ་བཟོད་གསོལ་མཛད་པ་སོགས་ཀྱི་སེམས་དཔའ་ཆེན་པོ་ཞེས་གྲགས། འདུལ་འཛིན་གྲགས་པ་རྒྱལ་མཚན་ལས་བསྙེན་པར་རྫོགས། བོད་དུ་འགྱུར་རོ་ཅོག་གི་བཀའ་དང་བསྟན་བཅོས་ཐམས་ཅད་གསན། ཐང་སྐྱའི་མཆོད་ཁང་གསར་མ་དང་ལྕགས་ཟམ་བཙུགས། ལྷ་སར་བྱམས་པ་ཁྲིམ་གཟིགས་བཞེངས། ན་བཟའ་ཅུར་སེར་དང་སྟོར་དཀར་སོགས་ཕྱི་ནང་གི་དཔྱད་པ་གཙང་བ་དང་བཅས་ཏེ་རབ་བརྒྱད་ན་ཉེ་སྙིངས་དང་རི་ཞོལ་དུ་བདེ་མོ་ཐང་གི་ཆོས་སྡེ་བཏབ་པས་བྱང་སེམས་བདེ་མོ་ཐང་པར་ཀྱང་གྲགས། བསྟན་པ་དང་སེམས་ཅན་གྱི་དོན་རྒྱ་ཆེན་པོ་མཛད་དེ། དགུང་ལོ་དོན་དགུ་པ་ལྕགས་སྟག་ཟླ་བ་བརྒྱད་པའི་ཚེས་བཙོ་གཉིས་ལ་ཞི་བར་གཤེགས་སོ། །དེ་ལ་སློབ་མ་འཕགས་པ་ལྔ། བྱང་སེམས་

ཤ་མི་གསོལ། རིན་པོ་ཆེ་སློན་ལམ་དཔལ། རྒྱུད་པ་ཀུན་དགའ་དོན་གྲུབ། ཆོས་རྗེ་པཎ་ཆེན། པཎ་ཆེན་ཡེ་ཤེས་རྩེ་མོ། གུ་དཀར་ཆོས་མཛད། མཁན་རིན་ཆེན་ཚོས་བཟང་། མཁན་ཆེན་སངས་རྒྱས་བཟང་པོ། གནས་བརྟན་ཆོས་སྐྱོང་བ། སྲོ་འབོར་བ་སེང་གེ་རྒྱལ་མཚན། བཤེས་གཉེན་ཟླ་བ་རྒྱལ་མཚན། ཉག་རེ་བསྟན་པ་རྒྱལ་མཚན། གནས་བརྟན་བྱང་ཆུབ་རྒྱལ་མཚན། རྗེ་སྟོབས་ལྡན་པ། རིན་ཆེན་རྣམ་རྒྱལ། གནས་བརྟན་ངག་དབང་། དྲུང་བློ་གྲོས་ཆོས་དབང་། དྲུང་གཞོན་ནུ་གྲགས། དྲུང་གཟིམས་ཆེན་པ། དྲུང་འོད་(༧༣༥བ)སྲུང་བ། ཆོས་རྗེ་བསོད་ནམས་བཀྲ་ཤིས་སོགས་མང་དུ་བྱུང་ལ། སེམས་དཔའ་ཆེན་པོ་དེའི་སྐུ་སྐྱེ་སློན་ལམ་བློ་གྲོས་ལྷགས་ཡོས་ལ་ཆུམས་རྩ་བརྒྱད་དུ་འཁྲུངས། དགུང་ལོ་གྱ་གསུམ་པ་ལ་གཤེགས། དེའི་སྐྱེ་བ་གྲགས་པ་རྒྱལ་མཚན་ཆུ་ཚན་ཁར་ཤིང་སྟག་ལ་འཁྲུངས། དགུང་ལོ་བཅུ་དགུ་ལ་གཤེགས། དེའི་སྐྱེ་བ་སེམས་དཔའ་ཆེན་པོ་ངག་དབང་ཆོས་ཀྱི་རྒྱ་མཚོ་ནི་ཧྲུམས་སུ་ཆུ་བྱ་ལ་འཁྲུངས། དགུང་ལོ་སོ་གཉིས་པ་ལ་གཤེགས། དེའི་སྐྱེ་བ་སེམས་དཔའ་ཆེན་པོ་ངག་དབང་ཕུན་ཚོགས་རྣམ་པར་རྒྱལ་བ་དབང་པོའི་སྔོ་མི་ལུག་ལ་ཆུམས་སུ་འཁྲུངས། སོག་ཡུལ་དུ་ཕེབས་ནས་འཇམ་མགོན་བླ་མ་བཙོང་ཁ་པ་ཆེན་པོའི་བསྟན་པ་སྤེལ་ལོ། །གདན་སར་རིམ་པ་བཞིན་སེམས་དཔའ་ཆེན་པོ་བློ་གྲོས་རྒྱལ་མཚན་གྱི་རྗེས་སུ་བྱང་སེམས་ཤ་མི་གསོལ་སངས་རྒྱས་བཟང་པོ། སྲོ་འབོར་བ་སེང་གེ་རྒྱལ་མཚན། སྟག་ཁྲ་ཟླ་བ་རྒྱལ་མཚན། ཀུན་མཁྱེན་སྟོབས་ལྡན་འོད་ཟེར། མཁན་རིན་ཆེན་ཆོས་བཟང་། སློབ་དཔོན་དཔལ་ལྡན་འོད་ཟེར། པཎ་ཆེན་བསོད་ནམས་གྲགས་པ། རྗེ་ཚུལ་ཁྲིམས་འོད་ཟེར། ཆོས་རྗེ་ངག་དབང་ཆོས་གྲགས། སེམས་དཔའ་ཆེན་པོ་གྲགས་པ་རྒྱལ་མཚན། ཆོས་རྗེ་ཆེ་བརྟན་རྒྱ་མཚོ། རིན་ཆེན་གླིང་པ་བློ་བཟང་བསྟན་འཕེལ། སྒོམ་སྡེ་ནམ་མཁའ་རྒྱལ་མཚན། སེམས་དཔའ་ཆེན་པོ་ངག་དབང་ཆོས་ཀྱི་རྒྱ་མཚོ། སྲོ་འབོར་རབ་འབྱམས་པ་དགེ་འདུན་རྒྱལ་མཚན། སེམས་དཔའ་ཆེན་པོ་ངག་དབང་ཕུན་ཚོགས་རྣམ་རྒྱལ། ཧེ་བོ་ནམ་མཁའ་བསམ་གྲུབ། སེམས་

དཔའ་ཆེན་པོ་ངག་དབང་ཕུན་ཚོགས། ད་ལྟ་སེམས་དཔའ་ཆེན་པོ་བློ་(༡༣༨ན)བཟང་སྙན་གྲགས་བཟང་པོ། དེ་ཡང་འཇ༷མ་མགོ༷ན་བཙོ༷ང་ཁ༷་པ༷་ཆེན་པོའི་བཀའི་གནང་བ་སྐུལ་བ་བཞིན་བྱང་ཆུབ་ལམ་གྱི་རིམ་པའི་བཤད་སྲོལ་ཚུགས་པའི་འཆད་ཉན་པ་རིམ་པར། སློབ་དཔོན་བསོད་ནམས་རྒྱལ་མཚན། བློ་གྲོས་ཆོས་སྐྱོང་། གུང་རུ་འོད་སྲུང་བ། གཟིམས་ཚང་པ་བློ་གྲོས་ཆོས་དབང་། མཐོང་སྨོན་དཀའ་བཅུ་བ་དོན་གྲུབ་བློ་གྲོས། རབ་གསལ་ཟླ་བ། དཔལ་འཕེལ་བློ་གྲོས། དཔལ་འབྱོར་རྒྱལ་མཚན། ཆོས་བཀྲ་ཤིས། ངག་དབང་བསྟན་པ། བྱིན་པ་ཤེས་རབ་དཔལ་བཟང་། གཙང་པ་ཤེར་དཔལ། གཙང་པ་ཆོས་འཕེལ་བཟང་པོ། ཀམ་ཀམ་པ་ཆོས་དབང་གྲགས་པ། ར་ཁྲིམ་པ་རིན་ཆེན་དཔལ་བཟང་། མས་རྡོ་བ་ཀུན་དགའ་དོན་གྲུབ། མཁར་ཐོག་པ་དགེ་འདུན་ཆོས་གྲགས། དཔལ་འབར་བ་བསོད་ནམས་དཔལ་བཟང་། སྟོད་ལུང་པ་དགེ་འདུན་དཔལ་བཟང་སོགས་ནི་རིམ་གྱིས་ལམ་རིམ་གྱི་བཤད་པ་གཙོ་བོར་བྱེད་པས་ལམ་རིམ་པ་ཞེས་གྲགས་ཀྱང་། དེང་སང་ཉེ་ཕྱིངས་དང་ལམ་རིམ་གྲྭ་ཚང་ཁྱོན་གཅིག་ཏུ་སེམས་སྤྲུལ་ན་རིམ་ནས་ཞལ་འཛིན་མཛད་པ་ལས་གཞུང་ཆེན་པོ་འདི་ཉིད་ཀྱི་འཆད་ཉན་གཏན་ལ་འབེབས་པའི་མིང་དོན་དང་མཐུན་པ་མེད་པར་མངོན། གྲྭ་རྒྱུན་ཐག་དབར་དང་སེར་འབྲས་དགེ་གསུམ་གར་འགྲོ། ཨང་དང་གྲྭ་པ་བརྒྱ་ཉི་ཤུ་རྩ་དགུ་སྐོར།

༧ བདེ༷་མོ༷་ཐ༷ང་ནི་གོང་དུ་སྨོས་པ་ལྟར་སེམས་དཔའ་ཆེན་པོ་བློ་གྲོས་རྒྱལ་མཚན་གྱིས་བཏབ་ཅིང་། དེའི་རྗེས་སུ་གནས་བརྟན་ཆོས་སྐྱོང་བ། དཀའ་བཅུ་བ་དགེ་འདུན་བཀྲ་ཤིས། དེ་ནས་ཕལ་ཆེར་ཉེ་ཕྱིངས་ཀྱི་གདན་ས་བ་རྣམས་ནས་ཉིས་སྐྱོང་མཛད་པས་གོ་རིམ་དེར་གསལ་ལྟར་དང་། གྲྭ་རྒྱུན་བྱང་བོད་ཀྱི་གྲྭ་ཚང་གཉིས་ཡོད་པའི་བོད་པ་ཉང་རོང་བློ་གླིང་(༡༣༨བ)བྱེས་བྱང་པ་བྱང་རྩེ་སྔོ་མང་བྱེས་རྣམས་སུ་འགྲོ། ཨང་དང་གྲྭ་གྲངས་བཅུ་དྲུག་སྐོར།

༨ ཀ༷མ་ཀ༷མ་ནི་དགེ་བའི་བཤེས་གཉེན་ཁྲིམ་གཞེར་བ་ཆེན་པོས་བཏབ་ཅིང་། བླ་

རབས་ཀྱང་ཡོངས་འཛིན་ཀུན་དགའ་མགོན་པོའི་བར་བྲག་དབར་བཞིན་དང་། དེ་ནས་བར་སྐབས་ལོ་གྲངས་ཁ་ཤས་བླ་མ་མེད། དེ་ནས་རྗེ་བླ་མའི་ཆོས་སྲིད་གདུགས་དཀར་གྱིས་ཁྱབ་ནས་སྨྱུན་སྟོའི་གདུང་ངག་དབང་བློ་བཟང་། ནམ་མཁའ་རྒྱལ་མཚན། ངམ་ཏུ་བརྩོན་འགྲུས་རྒྱ་མཚོ། ལྷ་བཙུན་ངག་དབང་དགོན་མཆོག །སྟོན་པ་བླ་མ་བློ་བཟང་ནམ་མཁའ། རྒྱ་བློ་བཟང་དགེ་སློང་། ད་ལྟ་དེའི་ཚ་བོ་བློ་བཟང་ནམ་མཁའ། གཞིས་དགོན་རྒྱུད་སྟོད་དང་ཉེ་བ། ཨང་གཉིས་གྲས་གྲྭ་བཙུན་ཉི་ཤུ་རྩ་གསུམ། སློབ་གཉེར་དགའ་ལྡན་ཤང་རོང་། སེ་ར་བྱེས། བློ་གསལ་གླིང་། བྲག་དབར་རྣམས་སུ་འགྲོ།

༨ མས་དོ་ཆ་དཀར་དགོན་ནི། རྗེ་བཙུན་བཙོང་ཁ་པ་ཆེན་པོའི་དངོས་སློབ་ལྷ་གཟིགས་གྲགས་པ་རྒྱ་མཚོས་བཏབ། གདན་སར་བླ་མ་རིམ་པ་བཞིན་བྱང་གླིང་པ་གྲགས་པ་རིན་ཆེན། དྲུང་གཞོན་ནུ་ནམ་མཁའ། གཞོན་ནུ་འོད། སློབ་དཔོན་ཆོས་དྲུག་པ། དྲུང་གཞོན་ནུ་མཛེས་པ། སློབ་དཔོན་དཔལ་ལྡན། སློབ་དཔོན་བདེ་ལེགས་དཔལ་བཟང་། སློབ་དཔོན་དཔལ་ལྡན་པ། རྒྱལ་སྲས་ཤེས་རབ་འཕེལ། ཆོས་རྗེ་དགེ་འདུན་བསྟན་པ་དར། བར་སྐབས་འབྲི་གུང་དཔོན་པོ་མགོན་རྒྱལ་གྱིས་ཆོས་ལུགས་བསྒྱུར་བ་དང་གནས་དབྱུང་བྲག་དབར་དུ་ཆགས་པ་བླ་རབས་དེར་གསལ་ལྟར་དང་། གཞིས་དགོན་འདིར་བར་སྐབས་སུ་བླ་མ་མེད། རྗེ་བླ་མའི་ཆོས་སྲིད་ཉི་ཟླའི་སྣང་བ་ལྟར་ཁྱབ་པ་ནས་བྲག་དབར་ཞལ་ཕྱི་ནས། ཀླུངས་ཤོད་བསོད་ནམས་དར་རྒྱས། ཁྲི་རིན་པོ་ཆེ་བསྟན་(༡༣༧༨)པ་རྒྱལ་མཚན། སེ་ར་ངག་དབང་བསམ་གྲུབ། ཙ་ནེ་བློ་ལྡན་ཤེས་རབ། སྤོ་བོ་དོན་རྒྱན་པ། ཉང་བྲན་བློ་བཟང་ཚུལ་ཁྲིམས། རྒྱལ་བ་ངག་དབང་རིན་ཆེན། ད་ལྟ་དྲུང་དཀར་སྐུ་སྐྱེ་ཚངས་དབྱངས་འབྲུག་གྲགས་ཀྱི་སྐབས་སོ། །སྔགས་ལུགས་རྒྱུད་སྟོད་དང་མཚུངས་ཤིང་། ཨང་དང་གྲྭ་གྲངས་བཞི་བཅུ་ཞེ་གཉིས་སྐོར། སློབ་གཉེར་དགའ་ལྡན་ཐོས་བསམ་གླིང་། བློ་གླིང་། བྱེས། བྲག་དབར་རྣམས་སུ་འགྲོ།

༡༠ བྲ༷ག་རྒྱ༷བ་ནི། གནས་བརྟན་ངག་དབང་གྲགས་པས་བཟུང་ཞིང་། དེང་
སང་ཡང་སྐྱོང་བ་བསམ་གཏན་ལ་གཞོལ་བའི་དགེ་འདུན་གཉིས་གསུམ་རེ་མ་ཆད་
པར་ཡོད་པ་བདེ་མོ་ཐང་གི་དགོན་ལག་ཡིན་པས་བླ་རབས་དེར་སྨོས་ལྷར་རོ། །

༡༡ ཐ༷ང་སྐྱ་ནི། དང་པོ་ཆོས་རྒྱལ་སྲོང་བཙན་སྒམ་པོས་མཐའ་འདུལ་ཡང་
འདུལ་སོགས་ཀྱི་གཙུག་ལག་ཁང་དང་དུས་མཉམ་དུ་བཏབ་པར་གྲགས། དེ་ནས་
སླུ་མེས་ཀྱིས་ཞིག་གསོས་མཛད། དགེ་འདུན་གྱི་སྡེ་བཙུགས། དེ་ནས་ཇོ་ནང་པའི་
ཆོས་ལུགས་སུ་ཡོད་ཀྱང་སེམས་དཔའ་ཆེན་པོ་བློ་གྲོས་རྒྱལ་མཚན་པས་དགེ་ལུགས་
སུ་བསྒྱུར་ཏེ་གདན་སར་སྤྱོ་འབོར་བྱང་སེམས་པ། སེམས་དཔའ་ཆེན་པོ་སྨོན་ལམ་
བློ་གྲོས་པ། རབ་འབྱམས་པ་སྨོན་ལམ་དཔལ། འདར་སྟོན་བློ་བཟང་གྲགས། ཉང་
རོང་སློབ་དཔོན་བཟང་པོ། སློབ་དཔོན་ཡོན་ཏན་འོད། ཉང་རོང་སློབ་དཔོན་བཀྲ་
ཤིས་དཔལ་འབྱོར། ལོ་ཆུང་སྐྱ་སྐྱེ་ཚོགས་གཉིས་རྒྱ་མཚོ། མངའ་རིས་པ་ཆོས་བཀྲ་
ཤིས། མངའ་རིས་པ་བཀྲ་ཤིས་སེང་གེ །ཉན་པོ་ཤཱཀྱ་རིན་ཆེན། རྒྱུད་པའི་སློབ་
དཔོན་ཉི་མ་བཟང་པོ། རྒྱལ་ཁང་རྩེ་པ་དཔལ་འབྱོར་རྒྱ་མཚོ། སེམས་དཔའ་ཆེན་
པོ་ངག་དབང་ཆོས་ཀྱི་རྒྱ་མཚོ། ཆོས་རྗེ་བཤེས་གཉེན་གྲགས་པ། དཔལ་འབྱོར་རྒྱ་
མཚོ། འོལ་དགའ་(༡༣༧བ)ལྷ་བ། ལྷུངས་པ་དགེ་འདུན་རིན་ཆེན། ཚུ་བཟང་དཀོན་
ཅོག་ཆོས་བཟང་། ཉག་རེ་དགེ་འདུན་གྲགས་པ། སྤྱོ་བོ་བློ་བཟང་རྒྱལ་མཚན། ད་
ལྟ་སེ་ར་སྟོད་ལས་ཐོག་པ་ངག་དབང་ནམ་མཁས་སྐྱོང་། གཞིས་དགོན་ཆོས་སྐྱོད་
རྒྱུད་སྟོད་དང་ཉེ་བ། ཨང་དང་གྲྭ་པ་བརྒྱད་ཅུ་གྱ་གཉིས་སྐོར།

༡༢ གྲོ༷ག་ཨོ༷་ཕུ༷ཾ་ཆོས་སྡེ༷་ནི། གཡག་སྡེ་པཎ་ཆེན་བརྩོན་འགྲུས་དར་གྱིས་ས་ཕག་
ལ་བཏབ། དགུང་ལོ་བརྒྱད་ཅུ་པ་ས་རྟ་ལ་གཤེགས་པ་ན་གདན་སར་འབྲི་གུང་ཆོས་
མགོན་པ། རྟོགས་ལྡན་སྟོ་ཉལ་མ། ཆོས་སྐྱོ་ཡེ་ཤེས་འོད་ཟེར། བཀའ་བཞི་ཆོས་
སེང་། བློ་གྲོས་བཤེས་གཉེན། ཆོས་གྲགས་པ་རྒྱ་མཚོ། ཆོས་སྐྱོ་བ་བཀྲ་ཤིས་རིན་ཆེན་
པ། དེའི་དཔོན་པོ་དགེ་ལེགས་རྒྱ་མཚོས་ཨེ་ཕུཾ་གླིང་སྣད་དུ་དགའ་ལྡན་པའི་ཆོས་

ལུགས་བཙུགས། ཆོས་བཟང་གྲགས་པ་སོགས་ཆོས་སྐོར་བ་རིམ་བཞིན་དང་། རྗེ་དགེ་འདུན་གྲུབ་ཀྱི་རྣམ་ཐར་ལས། ཨེ་ཝཾ་དུ་འཇམ་དབྱངས་རིན་ཆེན་རྒྱལ་མཚན་ཞེས་པའི་བླ་མ་ཁྱད་པར་ཅན་ཞིག་ཡོད་པ་དེ་རྗེ་ཉིད་ཀྱི་སྐུ་སྐྱེ་སྔ་མ་ནས་འབྲེལ་བ་ཅན་ཡིན་ཅིང་། དུས་ཀྱི་འཁོར་ལོའི་སྐོར་ལ་སྦྱར་ནས་ཐུགས་བཞེད་ཆེ་བར་ཡོད་ནའང་དེ་བར་མ་གྲུབ་པར་བླ་མ་དེ་ཉིད་ལ་དུས་ཀྱི་འཁོར་ལོའི་སྨིན་བྱེད་ཀྱི་དབང་ཡོངས་རྫོགས། གྲོལ་བྱེད་སྦྱོར་དྲུག་གི་འཁྲིད། རྒྱུད་འགྲེལ་གྱི་བཤད་པ་རྒྱས་པ་མན་ངག་ཆ་ལག་དང་བཅས་པ། ས་རིས་ཡོངས་རྫོགས། གཞན་ཡང་རྒྱུད་འབུམ་གྱི་ལུང་དང་ཆོས་བཀའ་རྗེས་གནང་སོགས་མདོ་སྔགས་ཀྱི་དཀའི་གནད་མ་ལུས་པ་ཞུས་ཏེ་འདི་ཕྱི་གཉིས་ཀར་བཀའ་དྲིན་ཆེ་བའི་བླ་མ་གཅིག་ཏུ་མཛད། ཅེས་བྱུང་བ་ལ་དཔགས་ན་འདི་ཡང་ཨེ་ཝཾ་གྱི་གདན་ས་པ་ཡིན་ནམ་སྙམ། རྗེ་(༧༣༥ན)ཟླ་མའི་ཆོས་སྲིད་ཉི་ཟླའི་འོད་སྣང་ལྟར་ཁྱབ་པ་ནས་ས་དགེ་གཅིག་འགྲིལ་དབེན་ཟླ་རབ་འབྱམས་པ་དགེ་འདུན་ཆོས་བཟང་། ངག་དབང་རྒྱ་མཚོ། བསམ་བློ་ནོར་བུ་བཀྲ་ཤིས། སྤྱན་གཡས་བསོད་ནམས་རྒྱལ་མཚན། དགེ་འདུན་བསམ་གྲུབ། སེ་བ་པདྨ་ལྷུན་གྲུབ། ད་ལྟ་འབྲས་སྤུངས་ཤག་སྐོར་བླ་མ་ལས་ཐོག་པ་སུ་ཡིན་གྱིས་སྐྱོང་། སྔགས་གྲྭ་འདོན་ཆ་རྒྱུད་སྟོད་དང་ཉེ་བ། གྲྭ་རྒྱུན་བློ་གླིང་། ཉང་རོང་། བྱེས། ཐག་དབར་རྣམས་སུ་འགྲོ། ཨང་དང་གྲྭ་པ་བརྒྱད་ཅུ་གྱ་བདུན་སྐོར།

༧༣ ལོ་མདའ་ཕག་མོ་ཆོས་སྡེ་ནི་བྱ་ཡུལ་ནས་ཕག་མོའི་རྫོང་དཔོན་དུ་དཔོན་བསོད་ནམས་རྒྱལ་པོ་ཞེས་བསྐོས་པ་དེས་བུ་ཚབ་ཏུ་དགེ་འདུན་གྱི་སྡེ་ཆེན་པོ་འདུ་བའི་གཙུག་ལག་ཁང་ཞིག་འདེབས་པར་བརྩམས་པ་ན། སེམས་དཔའ་ཆེན་པོ་བློ་གྲོས་རྒྱལ་མཚན་གདན་དྲངས་ཏེ་ལྟོ་འཕྱེའི་ཐིག་དང་ས་གཞི་བྱིན་གྱིས་བརླབས་པ་སོགས་མཛད་དེ་གཙུག་ལག་ཁང་རྟེན་དང་བརྟེན་པར་བཅས་པ་བཞེངས། རབ་ཏུ་བྱུང་བ་དགེ་འདུན་གྱི་སྡེ་ཆེན་པོ་བཙུགས། གསང་ཕུ་ནས་གཉལ་ཆེན་ཤེས་རབ་རྒྱལ་མཚན་སྤྱན་དྲངས་ཏེ་ཕག་མོ་ཆོས་སྡེའི་ཁྲིར་བསྐོས། དེ་ནས་རིམ་པར་རྒྱ་འབུམ་

རབ་འབྱམས་པ་གྲགས་པ་འོད་ཟེར། ལྷན་མ་ཡེ་ཤེས་བཟང་པོ། རྩོག་པ་བྱམས་ཆེན་བསོད་ནམས་རྒྱ་མཚོ། འཇམ་དབྱངས་ཤེས་རབ་དར། ཆོས་རྗེ་ལེགས་པ་དོན་གྲུབ། ཆོས་རྗེ་ངག་དབང་ཆོས་གྲགས། མངའ་རིས་པ་ཉི་མ་བཟང་པོ། བདེ་བ་ཅན་པ་དགེ་ལེགས་དཔལ། ཉན་པོ་ཤཱཀྱ་རིན་ཆེན། རྒྱལ་ཁང་རྩེ་པ་དཔལ་འབྱོར་རྒྱ་མཚོ། ཟུར་བཞུགས་པ་སངས་རྒྱས་རིན་ཆེན། རྒྱལ་ཁང་རྩེ་པའི་སྐུའི་སྐྱེ་བ་ཆོས་འབྱོར་རྒྱ་མཚོ་ ཉི་མ་ཐང་པ་བློ་བཟང་ཉི་མ། ལྷུངས་རབ་འབྱམས་པ་དགེ་འདུན་རིན་ཆེན་རྒྱ་མཚོ། སྐྱིད་ཤོད་བློ་བཟང་བསྟན་སྐྱོང་རྒྱ་མཚོ། རྩེས་དང་པ་བློ་བཟང་རྒྱལ་མཚན། ཚུམས་པ་སེམས་དཔའ་སྤྲུལ་(༡༣༨བ)སྐུ་ངག་དབང་ཕུན་ཚོགས། འབྲི་གུང་བློ་བཟང་རྒྱལ་མཚན། ལྷ་ས་དཀོན་ཅོག་ངག་དབང་། ད་ལྟ་འབྲས་སྤུངས་ཤག་སྐོར་བླ་མས་ཉིས་འཛིན། སྔགས་གྲྭ་འདོན་ཆ་སོགས་སྟོད་རྒྱུད་དང་ཉེ་བ། གྲྭ་རྒྱུན་ཉང་རོང་། བློ་གླིང་། བྱེས་སོགས་སུ་འགྲོ། ཨང་དང་གྲྭ་གྲངས་བརྒྱ་དང་བཅོ་བརྒྱད་སྐོར།

༡༨ ཕག་མོ་ལོ་དགོན་ནི། འབྲོམ་སྟོན་པ་རྒྱལ་བའི་འབྱུང་གནས་ཀྱི་སློབ་མ་སྐུ་མཆེད་གསུམ་གྱི་ནང་ཚན་སྤྱན་སྔ་བ་ཚུལ་ཁྲིམས་འབར་གྱིས་བཏབ། དེ་ཉིད་ནི་འབྲུངས་ཡུལ་ཉན་སྣང་ར་སྔང་། རུས་དབལ། དགུང་སྐྱིད་བྱ་ལོ་པ་ཉེར་ལྔ་བཞེས་དུས་འབྲོམ་དང་མཇལ་ཏེ་རྩ་བའི་ཡོངས་འཛིན་དུ་བསྟེན་ཐར་པ་དང་ཐམས་ཅད་མཁྱེན་པའི་དགོངས་པ་མངོན་དུ་མཛད་དེ་དོན་གཉིས་ལྷུན་གྱིས་གྲུབ། དོན་བཞི་པ་ལུག་ལོར་དག་པའི་ཞིང་དུ་གཤེགས། སློབ་མ་ནི་འདུལ་བ་འཛིན་པ་བཞི། སྒོམ་པ་བཞི། དགེ་བའི་བཤེས་གཉེན་སྟོད་ལུང་པ་སོགས་མཁས་ཤིང་གྲུབ་བརྙེས་མང་དུ་བྱུང་ངོ་། །དེའི་རྗེས་སུ་གདན་སར་རིམ་པ་བཞིན། ལོ་པ་གཞོན་ནུ་སྨོན་ལམ། རྟོག་ལྡན་ཕྱིངས་པོ་བ། སྨོན་ལམ་བློ་གྲོས། གཙང་པ་རྡོ་རྗེ་རྒྱལ་མཚན། རིན་པོ་ཆེ་སྣང་ལུང་པ། སེ་རྒྱལ་འབྱོར་པ་བསོད་ནམས་རྒྱལ་མཚན། སངས་རྒྱས་སྒོམ་པ་རྡོ་རྗེ་གཞོན་ནུ། གཙང་པ་རྡོ་སྐྱབས། ཟེམ་གྲགས་པ་སེང་གེ །ཁམ་ལུང་པ་རིན་ཆེན་སེང་གེ །སངས་རྒྱས་རྡོ་བོ་དབང་ཕྱུག་གཞོན་ནུ། སངས་རྒྱས་སྟོན་པ་ཚུལ་ཁྲིམས་

སེང་གེ །སངས་རྒྱས་སྒོམ་པ་ཤེས་རབ་ཚུལ་ཁྲིམས། སངས་དབོན་གཞོན་ནུ་སྒྲོན་ལམ། བཙུ་བཞི་ཚུལ་ཁྲིམས་མགོན་པོ། གནམ་གང་པ་གཞོན་ནུ་ཡེ་ཤེས། ཆོས་བཙུ་བ་ཆོས་རྗེ་རྫེ། (༡༣༥ན)བརྩེ་བརྒྱད་པ་བློ་གྲོས་རིན་ཆེན། རིན་ཆེན་རྒྱལ་མཚན། ཚུལ་ཁྲིམས་དར། བསོད་ནམས་ལྷ་དབང་། གཙུང་བསོད་ནམས་རྒྱལ་མཚན། སྤྱན་སྔ་ཆོས་གྲགས་རྒྱལ་མཚན། མི་ཏྲི་དོན་གྲུབ་རིན་ཆེན། རྒྱ་མ་བ་སྦྱིན་པ་ངག་དབང་ཀུན་དགའ་དོན་གྲུབ། སེམས་དཔའ་ཆེན་པོ་ངག་དབང་ཕུན་ཚོགས་རྣམ་རྒྱལ། ཏྲི་པོ་ནམ་མཁའ་བསམ་གྲུབ། སེམས་དཔའ་ངག་དབང་ཕུན་ཚོགས། སློབ་ཆུང་པ་སྙན་གྲགས་རྣམ་རྒྱལ། ད་ལྟ་སེམས་དཔའ་སྤྲུལ་སྐུ་བློ་བཟང་སྙན་གྲགས་རྒྱ་མཚོ། སྔགས་ལུགས་འདོན་ཆོས་རྒྱུད་སྟོད་དང་ཉེ། གྲྭ་རྒྱུན་འབྲས་སྤུངས་བློ་གླིང་། སེ་ར་བྱེས་རྣམས་སུ་འགྲོ། ཨང་དང་གྲྭ་གྲངས་ལྔ་བཅུ་ང་གསུམ་སྐོར།

༡༥ བྱེཾ་ཆུང་གི་ཏུཾ་དགོན་པ་ནི། ཐོག་མའི་འདེབས་པ་པོ་སུ་ཡིན་མ་བྱུང་ཡང་། རིང་མོ་ཞིག་ནས་བཙུན་མོ་ཚལ་པའི་དགོན་ལག་ཏུ་འབྲེལ་གཤིས། བླ་རབས་དང་ཆོས་སྤྱོད་དེར་བཤད་ཟིན་ལྟར་དང་། ཨང་གཉིས་བཙུན་མ་ཉེ་ཤུ་རྩ་དྲུག་སྐོར།

༡༦ སྐྱུཾ་ཐོཾ་ནི། དགེ་བའི་བཤེས་གཉེན་པོ་ཧོ་བས་ལ་མོ་ཚེར་གསེབ་དར་རྒྱས་སུ་མཛད་སྐབས་བཏབ་ཟེར་ཀྱང་། ཆོས་འབྱུང་ཡིག་ཚངས་སུ་གསལ་བ་ནི་མ་བྱུང་ལ། ཡིན་ནའང་བར་སྐབས་དགོན་སྟོང་དུ་སོང་བ་མེ་ཧ་གིང་ཆེན་ཚངས་པའི་སྐུ་ཕོག་དབང་འདུས་རྒྱལ་པོས་ཞིག་གསོས་ཀྱིས་དགོན་ཚུགས་ཟིན། བླ་མ་མེད་ཅིང་ཆོས་སྤྱོད་རགས་པ་བཙུན་ཚལ་དང་འདྲ། ཨང་གཉིས་བཙུན་མ་བཞི་བཅུ་ཞེ་གསུམ་སྐོར།

༡༧ མསཾ་དྲྀ་ཡང་དབེན་དགོཾན་ནི། དམ་པ་སངས་རྒྱས་ཀྱི་སློབ་མ་མ་ཤ་མ་བས་བཏབ། ཐམས་ཅད་མཁྱེན་པ་བདེ་ཆེན་ཆོས་ཀྱི་རྒྱལ་པོས་ཞལ་འཛིན་དང་སློབ་ཆུང་བསྐོ་བ་སོགས་(༡༣༥བ)གནང་འདུག་ཀྱང་ངེས་གསལ་མ་རྙེད། རྫེཾ་བླཾ་མའི་ཆོས་སྲིད་གདུགས་དཀར་གྱིས་ཁྱབ་ནས་དགའ་ལྡན་ཁྲི་རིན་པོ་ཆེ་ན་རིམ་གྱིས་ཞལ་འཛིན་གནང་རྒྱུན་བླ་རབས་ཁྲི་གདན་ས་བ་ན་རིམ་དང་། གཞིས་དགོན་ཆོས་སྤྱོད་རྒྱུད་

སྟོད་པ་དང་ཉེ། སློབ་གཉེར་གྲྭ་རྒྱུན་བློ་གསལ་གླིང་། ཞེས། ཤར་རྩེ་བཅས་པར་འགྲོ། ཨང་དང་གྲྭ་བཙུན་ཉི་ཤུ་རྩ་གཉིས་སྐོར།

༡༨ སེ༷་(ས་)ར༷་དགོ༷ན་ནི། མས་རྡོ་གནས་ནང་པ་བསྟན་པའི་ཉི་མས་བཙུགས། དེ་རྗེས་རིམ་པ་ལྷར་ལོ་པ་བློ་བཟང་བསྟན་པ། ལྷ་ས་བ་བློ་བཟང་དོན་གྲུབ། ལྷ་ལུང་པ་བསོད་ནམས་དོན་གྲུབ། ཀོང་པོ་བློ་བཟང་རབ་བརྟན། སྲས་ཁང་པ་བློ་བཟང་དར་རྒྱས། ད་ལྟ་འོན་པ་བློ་བཟང་རབ་རྒྱས། ཆོས་སྤྱོད་རྒྱུད་སྨད་པ་དང་ཉེ། སྒྲུབ་སྡེ་ལྟ་བུའི་རི་ཁྲོད་པར་སོང་གཤིས་གྲྭ་རྒྱུན་སློབ་གཉེར་ཕྱོགས་སུ་འགྲོ་སྲོལ་མེད། ཨང་དང་གྲྭ་པ་བཅུ་སྐོར།

༡༩ ལྷ་ལུ༷ང་སྐྱི༷ད་སྡུ༷་དགོ༷ན་ནི། པཎ་ཆེན་ཤཱཀྱ་ཤྲཱི་རྒྱ་མར་ཕེབས་སྐབས་རབ་བྱུང་སྒྲུབ་མི་ཁ་ཤས་བྱུང་བ་རྣམས་སངས་རྒྱས་དབོན་སྟོན་གྱིས་ཞལ་བདག་མཛད་ནས་རྒྱ་མ་བྲི་ཁང་དུ་སྟན་ཆགས་པ་ལས། ལྷ་ལུང་བླ་མ་རྗོང་པས་སྐྱིད་སྡུག་གཞིས་ཀའི་ས་ཆ་རྣམས་དགོན་གནས་སུ་ཕུལ་བས་འདུས་སྡེ་འདི་ཆགས་པར་གྲགས་ལ། སྔ་དུས་རྫོ་གདན་པའི་ལུགས། ཕྱིས་བྲག་དབར་ཞལ་སྔ་ནས་ཀྱིས་བླ་མ་མཛད་དེ་དགེ་ལུགས་སུ་འགྱུར། དེ་རྗེས་རྒྱ་མ་བ་བཀྲ་ཤིས་ལེགས་ལྡན། མས་རྡོ་བསོད་ནམས་དབང་རྒྱལ། བྲག་དགོན་གཞོན་ནུ་ཚུལ་ཁྲིམས། སྒྲ་ཁ་དགེ་འདུན་བཀྲ་ཤིས། ཁྲི་རིན་པོ་ཆེ་དྭགས་པོ་ཆོས་རྒྱལ། མཁར་པ་བསོད་ནམས་ཡེ་ཤེས། ཆོས་འཁོར་སྒང་པ་(༡༩༠ན) དགེ་འདུན་དོན་གྲུབ། ད་ལྟ་མངོན་དགའ་སྒྲུ་སྐྱེ་ངག་དབང་ཕུན་ཚོགས། ཆོས་སྤྱོད་རྒྱུད་སྨད་པ་དང་ཉེ། གྲྭ་རྒྱུན་སློབ་གཉེར་བྱང་རྩེ་བདེ་ཡངས། ཞེས། བྲག་དབར་རྣམས་སུ་འགྲོ། ཨང་དང་གྲྭ་པ་བཅོ་བརྒྱད་སྐོར།

༢༠ ཤུ༷ག་གསེ༷བ་དགོ༷ན་ནི། ལྷ་ལུང་པ་ཀུན་དགའ་དབང་ཕྱུག་གིས་བཏབ། ཐུགས་སྲས་འཇམ་དབྱངས་པ་སོགས་འགའ་ཞིག་སོང་རྗེང་། དཀའ་བཅུ་སྐྱ་འཇོལ། ཆོས་དར་བསམ་གཏན། བཀྲས་བསམ་པ། དགའ་ལྡན་ཁྲི་རིན་པོ་ཆེ་གཙང་པ་དམ་ཆོས་དཔལ་འབར། འབྲོང་རྩེ་བ་ཚུལ་ཁྲིམས་ཆོས་འཕེལ། ལྷ་ལུང་བསོད་ནམས་

དབང་རྒྱལ། བསོད་ནམས་ཚུལ་ཁྲིམས། ཁྲི་རིན་པོ་ཆེ་ཆོས་རྒྱལ་བཀྲ་ཤིས། སྔ་ལུང་བསོད་ནམས་ཡེ་ཤེས། ཆོས་འཁོར་སྒང་པ་དགེ་འདུན་དོན་གྲུབ། ད་ལྟ་མདོན་དགའ་སྐྱ་སྐྱེ་ངག་དབང་ཕུན་ཚོགས། འདོན་མཆོད་གྲྭ་རྒྱུན་སོགས་སྐྱིད་སྡུག་བ་དང་མཐུན། ཨང་གཉིས་གྲྭ་བཙུན་བཅུ་བདུན་སྐོར།

༢༡ སླུངས་ཤོད་ཁྲི་ལྷག་དགོན་ནི། འབྲི་གུང་སྐྱབས་སྔ་ཆོས་ཀྱི་རྒྱལ་པོས་བཏབ་ཅིང་། བླ་རབས་བཞི་ཙམ་སོང་ནས། དགའ་ལྡན་ཁྲི་རིན་པོ་ཆེ་བློ་གྲོས་ཆོས་སྐྱོང་། ནམ་མཁའ་དཔལ་བཟང་། ཆོས་སྐྱོང་བཟང་པོ། བདེ་བ་ཅན་པ། དཔལ་འབྱོར་རྒྱ་མཚོ། ཆོས་གྲགས་རྒྱ་མཚོ། དགེ་འདུན་རྒྱལ་མཚན། བཤེས་གཉེན་ཐུགས་པ། ནམ་མཁའ་རྒྱལ་མཚན་སོགས་དགའ་ལྡན་ཁྲི་པ་ཉག་གཅིག་དང་། དེ་རྗེས་ཆོས་འབྱོར་རྒྱ་མཚོ། ཁྲི་རིན་པོ་ཆེ་སངས་རྒྱས་རིན་ཆེན་དང་། ལྷོངས་རམས་པ། ཤངས་པ་ངག་དབང་བསོད་ནམས་ལྷུན་པོ། སྲིད་རྒྱུད་པ། ཉང་པོ་བ། མས་དྲོ་ང་སྐལ་(༡༥༠བ)ལྡན་བློ་བཟང་། མངའ་རིས་པ་སངས་རྒྱས་རིན་ཆེན། སླུངས་ཤོད་སངས་རྒྱས་ཆོས་འཕེལ། ཕག་མོ་བློ་བཟང་བསྟན་པ། སྤྱིལ་ནང་སྐྱ་སྐྱེ། ཚའུ་པ་དཀོན་ཅོག་རྒྱ་མཚོ། ཤེས་རབ་རྒྱལ་མཚན། ད་ལྟ་སྟོད་ལུང་བློ་བཟང་ཐབས་མཁས། གཞིས་དགོན་ཐུགས་གྲྭ་རྒྱུད་སྟོད་དང་ཉེ། གྲྭ་རྒྱུན་སློབ་གཉེར་ཉང་རོང་བློ་གླིང་བྱེས་རྣམས་སུ་འགྲོ། ཨང་དང་གྲྭ་གྲངས་སུམ་ཅུ་སོ་གཉིས་སྐོར།

༢༢ ར་ཁྲིམ་དགོན་ནི། རྙིང་མ་བ་ཁམས་པ་འཕང་པ་ཟེར་བས་བཏབ་ཅིང་བརྒྱུད་འཛིན་ན་རིམ་ནས་སྐྱོང་བར། ཕྱིས་ལྷ་དབང་རིན་ཆེན་པའི་དུས་དགེ་ལུགས་སུ་འགྱུར། དེ་ནས་སྦྱིན་པ་རྒྱ་མཚོ། དེ་རྗེས་རྒྱུད་སྟོད་པའི་དགོན་ལག་ཏུ་ཐོང་བའི་བླ་མ་འོལ་དགའ་ལྷ་བ་ནས་བཟུང་། ད་ལྟ་ཕན་ན་རིམ་དེར་སློས་བཞིན་དང་། ཆོས་སྤྱོད་རྒྱུད་སྟོད་དང་ཉེ། གྲྭ་རྒྱུན་བློ་གླིང་། སྨད། ཉང་རོང་རྣམས་སུ་འགྲོ། ཨང་གཉིས་གྲྭ་བཙུན་བཞི་བཅུ་ཞེ་གསུམ་སྐོར།

༢༣ ཞོགས་གུར་སྟོན་ནི་སྟོན་དཔལ་ཆེན་ཀ་ཡོས་བཏབ་ཅིང་དེའི་ཆོས་རྒྱུད་

འཛིན་ནའང་། རྗེས་སུ་རིམ་ཉམས་ཀྱིས་ནང་པ་ཀུར་སྨོན་པ་ཟེར་བ་མི་ནག་གིས་བདག་བཟུང་བྱེད་པ་ལས་དགེ་འདུན་གྱི་སྡེ་མེད། དེ་ཡང་སྟག་རྩེའི་འོག་དགེ་ལུགས་ཀྱི་ཅོས་སྡེ་རིན་ཆེན་སྒང་ལ་ཕག་མོ་བའི་དམག་འཕོག །དགོན་པ་མེར་བསྲེགས་ཏེ་གྲྭ་པ་བྱིངས་རྣམས་འཐོར། བཅུ་སྐོར་ཞིག་འདུས་པ་རེ་ཞིག་ཞོགས་ཕུའི་ས་ཕུག་སོགས་སུའང་བཞུགས་དགོས་བྱུང་། དེ་རྗེས་རྒྱལ་ཁང་རྩེ་པ་རྗེ་ཞལ་སྔ་ནས་དཔལ་འབྱོར་རྒྱ་མཚོའི་མཛད་པ་ཐབས་མཁས་ཀྱི་སྒོ་ནས་ནང་པ་ཀུར་སྨོན་པ་གཞན་དུ་འཕོས་ཤུལ་རིན་ཆེན་སྒང་གི་གྲྭ་ཉིང་རྣམས་སྤྱོས་པས་ཁྲིམས་ལྡན་གྱི་འདུས་སྡེ་སྐལ་(༧༦༧ན)ལྡན་དང་བ་འདྲེན་པ་ཞིག་ཏུ་གྱུར། དེ་ནས་བཟུང་བླ་མར་ཆོས་རྗེ་བྱམས་པ་རྒྱ་མཚོ། ལྷ་ས་བ་དགེ་འདུན་རྒྱལ་མཚན། འབྲོང་རྩེ་ཚུལ་ཁྲིམས་ཆོས་འཕེལ། སྤྱིལ་བུ་ངག་དབང་ཆོས་གྲགས། གསལ་ཁང་སྐུ་སྐྱེ་ངག་དབང་ཆོས་ཀྱི་རྒྱལ་མཚན། གོང་པོ་བསྟན་འཛིན་འཕྲིན་ལས། མངའ་རིས་ངག་དབང་རྡོ་རྗེ། ཞོགས་པ་བློ་བཟང་དོན་ཡོད། རྒྱུད་སྨད་པ་དཔལ་འབྱོར་རྒྱ་མཚོ། ད་ལྟ་སྒོ་མང་བླ་ཟུར་དོན་གྲུབ་རྒྱ་མཚོས་ཞལ་འཛིན་གྱི་སྐབས་ཡིན་ཅིང་། རྒྱུད་པའི་ཆོས་ཐོག་ཀྱང་ཟླ་རེ་ཙམ་འཛུགས་ཤིང་ཟླ་མའང་རྒྱུད་སྨད་དང་ཐུན་མོང་བ་ཤས་ཆེ་བའི་གཞིས་དགོན་ཏ་ལམ་ཕྱགས་ལུགས། སློབ་གཉེར་གྲྭ་རྒྱུན་སེར་འབྲས་དགེ་གསུམ། བྲག་དབར་སོགས་སུ་འགྲོ། ཨང་དང་གྲྭ་གྲངས་དགུ་བཅུ་གོ་གཅིག་སྐོར།

༢༥ ཞོགས་ཕུ་འོད་གསལ་ནི་ཟེམ་གྱི་སློབ་མ་རིན་ཆེན་སེང་གེས་བཏབ་ཅིང་། བླ་རབས་ཀྱང་ཇི་བཞིན་མི་འདུག་ཙང་། ཕལ་ཆེར་དེ་རྗེས་དཔལ་འབྱོར་བཟང་པོ། དོན་གྲུབ་ཀུན་དགའ། རིན་ཆེན་ཆོས་གྲགས། བླ་མ་ཆོས་མཛད། ལྷུགས་རི་བ་བློ་བཟང་རྡོ་རྗེ། ཞོགས་བཀྲ་ཤིས་རིན་ཆེན། གུང་སྟོན་དབུ་མཛད་ཟུར་པ། ཉེ་སྔིངས་སློབ་དཔོན་ཟུར་པ་བཅས་རིམ་པར་བྱུང་ངོ་། །གཞིས་དགོན་ཕྱགས་ལུགས་རྒྱུད་སྨད་དང་འདྲ། སློབ་གཉེར་གྲྭ་རྒྱུན་བྱང་རྩེ། སེ་ར་བྱེས་སོགས་སུ་འགྲོ། ཨང་དང་གྲྭ་གྲངས་ཉེར་ལྔ་སྐོར།

དགེ་བསྟན་ཡན་ཡུལ་དུ་དར་ཚུལ།

འཇམ་མགོན་ཆོས་ཀྱི་རྒྱལ་པོའི་བསྟན་པ་ཡན་ཡུལ་དུ་དར་ཚུལ་ནི།

༡ རྗེའི་དངོས་སློབ་ཉན་པོ་ཤཱཀྱ་རྒྱལ་མཚན་པས་སྤྲུལ་རིན་ཆེན་བྲག་གི་ཆོས་སྡེ་བཏབ་གདན་ས་རིམ་པ་བཞིན་དུ། ཉན་པོ་ཤཱཀྱ་རྒྱལ་མཚན། འཇམ་དབྱངས་(༡༧༡བ)བཀའ་བཞི་པ་ལེགས་པ་ཆོས་འབྱོར། མི་ཉག་རྡོ་རྗེ་བཟང་པོ། ཕྱོགས་ལེགས་འོད་ཟེར། གཙང་པ་སྣ་གཡུ། གཙང་པ་བློ་ཁྲི། གཙང་སྟོན་ཚུལ་ཁྲིམས་འབྱུང་གནས། ཆོས་རྗེ་བཀྲ་ཤིས་རྒྱ་མཚོ། ཆོས་རྗེ་ཉི་མ་བཀྲ་ཤིས། ཆོས་གྲགས་འོད་ཟེར། སེར་ཆེན་གྲགས་པ་དོན་གྲུབ། གུང་རུ་དོན་གྲུབ་སེང་གེ །ཙོ་ནེ་རིན་ཆེན་རྡོ་རྗེ། ཉག་རོང་དུང་ཆེན་བཟང་པོ་རྣམ་རྒྱལ། ཆོས་རྗེ་གྲགས་པ་རྒྱ་མཚོ། ལྷུངས་རབ་འབྱམས་པ་དགེ་འདུན་རིན་ཆེན་རྒྱ་མཚོ། བདེ་ཡངས་པ་རིན་ཆེན་བཀྲ་ཤིས། དམ་ཆོས་ལེགས་པ། བསྟན་པ་རྣམ་རྒྱལ། དགེ་འདུན་ཤེས་རབ། ཀོང་པོ་འཕགས་མཆོག་དབང་རྒྱལ། དེང་སྐབས་རྒྱལ་བ་ཀུན་དགའ་དོན་གྲུབ་པས་སྐྱོང་ཞིང་། གཞིས་དགོན་ཐུགས་ཕྱོགས་རྒྱུད་སྟོད་དང་ཉེ་བ། སློབ་གཉེར་གྲྭ་རྒྱུན་བློ་གསལ་གླིང་། སེ་ར་སྨད། ཉང་རོང་རྣམས་ལ་འགྲོ། ཨང་དང་གྲྭ་གྲངས་ལྔ་བཅུ་ང་དགུ་སྐོར།

༢ འབྲོང་སྟེང་ནི། ཆོས་འབྱུང་འགར་སློབ་དཔོན་ཤཱཀྱ་བཟང་པོ་འདིངས་མི་ཡིན་པར་གྲགས་ཀྱང་། དོན་ཉན་པོ་ཤཱཀྱ་རིན་ཆེན་པས་བཏབ་ལ། གདན་སར་བླ་མ་ཀྱེ་རིང་པ་བློ་གྲོས་རིན་ཆེན་པ། འཇམ་འཕགས་པ། ཆེན་པོ་མཉྫུ་བ། བླ་མ་རྗེ་སྟན་པ། མི་ཉག་རྡོ་རྗེ་བཟང་པོ་ཚུལ་ཁྲིམས་འབྱུང་གནས། རིན་ཆེན་ཚུལ་ཁྲིམས། སེར་ཆེན་གྲགས་དོན། ཐར་དགོན་པ་གྲགས་པ་རྒྱལ་མཚན། གྲུ་སྐྱུ་ཆོས་མཛད་འཕྲིན་ལས་རྒྱ་མཚོ། གུང་རུ་སངས་རྒྱས་བཀྲ་ཤིས། དྭགས་པོ་ཆོས་རྒྱལ། རྒྱུད་སྨད་མངའ་རིས་རིང་མོ། སྲུས་ཁང་དམ་ཆོས་རྣམ་རྒྱལ། གུང་སྟོན་བློ་བཟང་དོན་ཡོད། ངག་དབང་ནོར་བུ། སེ་ར་ཤེས་རབ་རྒྱ་(༡༧༢ན)མཚོ། སྐུ་འབུམ་ལུང་རིག་རྒྱ་མཚོའི་

སྐབས་ཡན་གཞིས་དགོན་འདོན་ཆ་སོགས་རྒྱུད་སྨད་དང་ཉེ་ཡང་རྗེས་སུ་སྟག་རྩེ་ནས་རྒྱུད་པ་དང་འཕྲལ་བའི་ཁྲལ་མི་སེར་ཁྱིམ་པ། གྲྭ་རྒྱུན་བློ་གླིང་སེ་ར་སྨད་བྱང་རྩེ་སོགས་སུ་འགྲོ། ཨང་གསུམ་གྲྭ་བཙུན་བཞི་བཅུ་ཞེ་དགུ་སྐོར།

༣ པུ་ཧོ་དགོན་ནི། བཀའ་གདམས་ཀྱི་དགེ་བའི་བཤེས་གཉེན་ཆེན་པོ་པོ་ཏོ་བ་རིན་ཆེན་གསལ་གྱིས་བཏབ། འདུས་སྡེ་སྟོང་ཕྲག་སྐོར་འདུས་ཤིང་ཆོས་སྲྗོད་འཕེལ་རྒྱས་སུ་བྱུང་ཀྱང་། སླར་རྗེ་ཉམས་ཀྱི་བཙུན་མའི་དགོན་དུ་སོང་བས་བླ་རབས་ཀྱང་ངེས་པ་མ་རྙེད། ཕྱིས་སྲིད་ཞིའི་འདྲེན་པ་ཕྱག་ན་པདྨའི་ཆོས་སྲིད་གྱེན་དུ་ཕྱུར་བ་ནས་ཐང་སག་དགའ་ལྡན་ཆོས་འཁོར་བླ་མས་ཉིས་སྐྱོང་གི་ཐོག་མ་ལྷ་ས་བ་རྒྱལ་མཚན་ལེགས་པ། ར་ཤ་བློ་བཟང་དར་རྒྱས། མཉེས་ཐང་བློ་བཟང་འཇམ་དབྱངས། པ་རི་མདོ་སྡེ་རྒྱ་མཚོ། ལྷ་ས་ཕུན་ཚོགས་ཆོས་ལྡན། རྡོ་བ་ནམ་མཁའ་བཟང་པོ། ད་ལྷ་རྩེས་དང་དངོས་གྲུབ་རྒྱ་མཚོ། རྗེ་བླ་མའི་བཀའ་རྩོམ་མི་འཁྲུགས་ལྷ་དགུའི་ཆོ་ག་དང་། སྨྱུན་རས་གཟིགས་ཕྱག་བཞི་པའི་ལས་བྱང་གི་སྒོ་ནས་བསྒྲུབ་མཆོད་དང་གཤིན་ཆོག་སོགས་གཏོང་། བཙུན་མ་བཞི་བཅུ་སྐོར།

༤ གཞན་ཡང་སྟེར་དགེ་ལུགས་པའི་དགོན་དུང་ཁ་ནི་བླ་མ་ཡེ་ཤེས་མགོན་པོས་བཏབ་པ་དང་། ཡུལ་སྟེ་མ་དར་སྟིངས་དགོན་གསར་དང་ལྷ་རྩེ་གཉིས་དུང་ཁའི་དགོན་ལག་ཡིན་ལ། ཐེག་ཆེན་རྩེ་ཞེས་སྤྱན་སྔ་བློ་གྲོས་རྒྱལ་མཚན་པས་བཏབ་པ་རྣམས་ཡོད་པར་གྲགས་ཀྱང་བར་སྐབས་བསྟན་པ་འཕེལ་འགྲིབ་ཀྱི་དབང་གིས་དེང་སང་ལྷུ་རྩེ་མ་གཏོགས་མེད། ལྷུ་རྩེར་མགོན་པོ་ཡེ་ཤེས་པའི་རྗེས་སུ་དྲུང་པད་དཀར། བློ་གྲོས་རྒྱ་མཚོ། (༡༧༢བ)འོད་ཟེར་རྡོ་རྗེ། ཐུབ་བསྟན་དཔལ་འབྱོར། དགེ་འདུན་ངསྟན་དར། བློ་བཟང་དར་རྒྱས། ད་ལྷ་ངག་དབང་བློ་གྲོས། གཞིས་དགོན་རྒྱུད་སྨད། གྲྭ་རྒྱུན་སྨད་བློ་བྱང་རྩེ། ཨང་གསུམ་གྲྭ་བཙུན་ཉི་ཤུ་སྐོར།

༥ ཐན་ཡུལ་སྟོད་དུ་རྒྱལ་ལྷ་ཁང་ནི། བླ་ཆེན་བརྒྱུད་པ་རྒྱལ་གྱི་ཞང་ཆེན་པོའམ་སྣ་ནམ་རྡོ་རྗེ་དབང་ཕྱུག་ཏུ་གྲགས་པ་དེས་བཏབ། གདན་སར་སླན་ཚུལ་

བྱང་། འབྲིང་སྟོན། སྣ་ར་བ། རྒྱལ་ཚ་བྱང་ཡེ། འབྲོམ་སྟོན། དགེ་བཤེས་ཨར། ཚུལ་འཕགས། ཁྱུང་ཐོད་དམར། ཡེ་བྲག་ས་དམར་བ། སྐྱན། དྲི་འདུལ་སྐྱོན། ལྷུང་རི་བ། སྐྱང་སྟོན་ཤེར་སེང་། ཞང་སྟོན་ཚེར་པ་བ། སོ་སྟོན། ཞང་ལྷས་སོས། གནས་བརྟན་པ། སྐྱང་སྟོན་སེང་གེ་འབུམ། མཁན་པོ་བར་པ། འཕགས་པ་བྱང་སེམས། ཀུན་སྤངས་ལྷ་རི་བ། ཛྙཱ་ན་པྲཛྙཱ། འཇམ་དཔལ་ཡེ་ཤེས། ཡེ་ཤེས་བསོད་ནམས་རྒྱ་མཚོ། བསོད་ནམས་གྲགས་པ། སྤྱན་སྔ་བསོད་གྲགས། གྲགས་པ་བཟང་པོ། ཀུན་དགའ་རྒྱལ་མཚན། ཀུན་རྫོང་བ། བློ་གྲོས་རྒྱལ་མཚན། ཡོན་ཏན་རྒྱལ་མཚན། ཚལ་པ་གྲགས་པ་འོད་ཟེར། སྲིད་ཐང་པ་ཆོས་དཔལ་བཟང་མན་འབྲས་སྤུངས་རྒྱལ་པ་གྲྭ་ཚང་གི་བླ་མ་ལས་ཐོག་པ་སུ་ཡིན་ནས་སྐྱོང་བས་བླ་བརྒྱུད་ཀྱང་དེར་བཤད་ལྟར་ཡིན། གཞིས་དགོན་སྤགས་གྲྭ་རྒྱུད་སྟོད་ལུགས། གྲྭ་རྒྱུན་བློ་གསལ་གླིང་། སེ་ར་སྨད་སོགས་སུ་འགྲོ། ཨང་དང་གྲྭ་གྲངས་བརྒྱ་དང་ཉི་ཤུ་སྐོར།

༤ གསལ་ཁང་དགོན་པ་ནི། ལྷ་ས་གསལ་ཁང་པས་བཏབ་པའི་ཐོང་དགོན་ཐོག་སངས་རྒྱས་དཔོན་གྱི་སློབ་མ་ཟུང་འཇུ་མོས་བཏབ་པས་ཟུང་འཇུ་མོ་ཟླ་བསྐྱིལ་བ་འདུས་པའི་སྡེ་ཡིན་ལ། (༧༦༣ན)གདན་སའི་གོ་རིམ་ནི། མཁན་པོ་ཆོས་ལྡན་ག་ཞོན་ནུ། སློབ་དཔོན་ཆོས་ཀྱི་སེང་གེ །སློབ་དཔོན་མཆོག་དགའ། མཁན་ཆེན་མཆོག །གྲུབ་ཆེན་དབུ་སེ། མཁན་པོ་དཀོན་ཅོག་རྒྱལ་མཚན། སློབ་དཔོན་རིན་ཆེན་རྒྱལ་མཚན། སློབ་དཔོན་བྱུང་བ་བློ་གསལ། སློབ་དཔོན་ཉི་མ་རྒྱལ་མཚན། མཁན་ཆེན་ཀུན་དགའ་འཕེལ། སྡོམ་བརྩོན་ཀུན་དགའ་རྒྱན། མཁན་པོ་བསོད་ནམས་རྒྱལ་མཚན། མཁན་པོ་ཆོས་ཀྱི་རྒྱལ་མཚན། མཁན་པོ་ཀུན་དགའ་བཀྲ་ཤིས། མཁན་པོ་ཀུན་དགའ་དོན་གྲུབ། ཀུན་སྤངས་པ་བློ་གྲོས་ཆོས་རྒྱལ། མཁན་ཆེན་གཞོན་ནུ་དཔལ་ལྡན། འཕན་ཡུལ་སྣ་བ་རོང་གྲུབ་ཆེན་གཞོན་ནུ་ལེགས་གྲུབ། གྲ་ཆུང་པ་ཡོན་ཏན་རྒྱ་མཚོ། མཆེ་མ་གྲགས་པ་དབང་རྒྱལ། བྱང་རྩེ་རྒྱུད་ཆེན་ཚུལ་ཁྲིམས་བཟང་པོ། སྟོད་ལུང་པ་རིན་ཆེན་འོད་ཟེར། རྒྱ་ར་ཆོས་སྐྱོང་རྒྱ་མཚོ། གླིང་སྨད་ཞབས་དྲུང་ལྷ་

དབང་དཔལ་འབྱོར། ཁྲི་རིན་པོ་ཆེ་ཆོས་ཡོད་རྒྱལ་མཚན་བཟང་པོ། ཁྲི་རིན་པོ་ཆེ་སྟག་ཕུ་ཆོས་གྲགས་བཟང་པོ། ཁྲི་རིན་པོ་ཆེ་གླུངས་ཤོད་དགེ་འདུན་བསྟན་པ་དར་རྒྱས། ཁྲི་རིན་པོ་ཆེ་ཞོགས་མདའ་བྱམས་པ་རྒྱ་མཚོ། ཁྲི་རིན་པོ་ཆེ་གཙང་པ་དམ་ཆོས་དཔལ་འབར། གཙང་པ་རྣམ་རྒྱལ་དཔལ་བཟང་། ཁམས་པ་དགེ་འདུན་རྒྱལ་མཚན། སྟག་ལུང་བྲག་པ་བློ་གྲོས་རྒྱ་མཚོ། ཁྲི་རིན་པོ་ཆེ་འབྲོང་རྩེ་ཚུལ་ཁྲིམས་ཆོས་འཕེལ། ཁྲི་རིན་པོ་ཆེ་འཕན་ཡུལ་ངག་དབང་ཆོས་ཀྱི་རྒྱལ་མཚན། ཁྲི་རིན་པོ་ཆེ་དྭགས་པོ་ཆོས་རྒྱལ། ཁྲི་རིན་པོ་ཆེ་མངའ་རིས་ངག་དབང་རྡོ་རྗེ། འཕན་ཡུལ་འཕྲིན་ལས་ཕུན་ཚོགས། འཕན་མདའ་དམ་ཆོས་རྣམ་རྒྱལ། ཞོགས་མདའ་ངག་དབང་ནོར་བུ། འཕན་མདའ་(༡༥༣བ)ངག་དབང་རྒྱལ་མཚན། ལྷ་ས་བློ་བཟང་དོན་གྲུབ། ད་ལྟ་འཕན་མདའ་འཕྲིན་ལས་རབ་རྒྱས་ཀྱི་སྐབས་སོ། །ཕྱོགས་དགོན་རྒྱུད་སྨད་དང་ཉེ་བ། སློབ་གཉེར་དགའ་ལྡན་བྱང་རྩེ། སེ་ར་སྨད། འབྲས་སྤུངས་བདེ་ཡངས་སོགས་ལ་འགྲོ་རྒྱུན། ཨང་དང་གྲྭ་གྲངས་བརྒྱ་དང་བཅུ་བདུན་སྐོར།

༧ ཉ༷ན་པོ༷་དགོ༷ན་ནི། ཚོད་ཤེས་རབ་གྲགས་པས་བཏབ་ཅིང་། ཞི་བྱེད་པ་ཡིན་ཀྱང་། ཕྱིས་ཆོས་རྗེ་ཉི་མ་རྒྱལ་མཚན་གྱིས་པོ་ཏ་ལར་འཇམ་མགོན་བཙོ༷ང་ཁ༷་པ༷་ཆེན་པོའི་ཞལ་མཇལ་བ་ནས་ས་དགེ་གཉིས་སུ་དར་ལ། ཉན་སྟོན་ཤཱཀྱ་རྒྱལ་མཚན་སོགས་མཁས་པ་ཁ་ཤས་བྱོན་ཀྱང་བླ་བརྒྱུད་ཀྱི་པར་བཀབ་མི་སྣང་། ཕྱིས་སུ་འབྲས་སྤུངས་པ་བསྟན་པ་རྒྱལ་མཚན། ཆེན་པོ་ལྷ་བསངས་པ། ངག་དབང་བློ་བཟང་། ཐང་སྐྱ་བ་བསྟན་པ་རྣམ་རྒྱལ། ཆོས་མཛོད་ནོར་བུ། ནག་ཚང་བྱང་པ་བློ་བཟང་གཞོན་ནུ། སེ་ར་སྟོད་དྲུག་བརྒྱ་བ། ཉང་རོང་དགེ་འདུན་ཤེས་རབ། ཀོང་པོ་འཕགས་མཆོག་དབང་རྒྱལ། རྒྱལ་བ་བློ་བཟང་རྒྱལ་མཚན་རྣམས་རིམ་པར་བྱུང་། དགེ་ལུགས་ཕྱོགས་གྲྭ་གཞིས་དགོན་འདོན་ཆོས་རྒྱུད་སྟོད་དང་ཉེ་ཞིང་། ས་ལུགས་ཀྱི་ཀུན་རིག་དང་ཀྱེ་རྡོར་ཡང་གཏོང་། གྲྭ་རྒྱུན་སྟོ་མང་། སྨད་ཉང་རོང་སོགས་སུ་འགྲོ། ཨང་གཉིས་གྲྭ་བཙུན་བརྒྱ་དང་ཉེ་ཤུ་རྩ་དྲུག་སྐོར།

དགེ་བསྟན་དབུ་སྟོད་འབྲི་གུང་པའི་ཁྲི་འོག་ཏུ་དར་ཚུལ།

དབུ་སྟོད་འབྲི་གུང་པའི་ཁྲི་འོག་ཏུ་འཇམ་མགོན་ཆོས་ཀྱི་རྒྱལ་པོའི་བསྟན་པ་དར་ཚུལ་ནི།

༡ རྗེ་བཙུན་བཙོང་ཁ་པ་ཆེན་པོས་དགུང་ལོ་བཅུ་བདུན་བཞེང་དུས་གཞོ་རོང་ཕུ་འབྲི་གུང་ཐེལ་དུ་ཕེབས། སྤྱན་སྔ་ཆོས་ཀྱི་རྒྱལ་པོ་དང་མཇལ། ཇོ་རྗེ་འཕྲེང་བའི་དབང་དང་ཕྱག་ལེན་སོགས་ཟབ་ཁྲིད་གསན། སྤྱན་སྔ་(༡༨༨ན)རིན་པོ་ཆེར་བསྟོད་པ་དང་ཐོག་མཐའ་བར་དུ་དགེ་བའི་སྨོན་ལམ་བཙམས། སླར་ཡང་སྤྱན་དྲངས་ཏེ་ཟབ་པ་དང་རྒྱ་ཆེ་བའི་ཆོས་དཀའ་ཅི་རིགས་པ་གསན་པས་ཡོངས་འཛིན་དུ་གྱུར། སྤྱན་སྔ་ཆོས་ཀྱི་རྒྱལ་པོའི་དབོན་བཤེས་གཉེན་དོན་གྲུབ་རྒྱལ་པོ་དང་། འདུལ་འཛིན་གྲགས་པ་རྒྱལ་མཚན། ཆོས་སྒོ་བ་བཀྲ་ཤིས་རིན་ཆེན། ལྷ་གཟིགས་གྲགས་པ་རྒྱ་མཚོ་སོགས་མཁས་གྲུབ་ཀྱི་སློབ་མ་མང་དུ་བྱུང་། ལྷ་གཟིགས་གྲགས་པ་རྒྱ་མཚོས་ཐེལ་དང་ཉེ་བའི་སར་ཆོས་སྡེ་ལྷུན་པོ་བཏབ་ཅིང་། དེའི་གདན་སར་རིམ་པ་བཞིན། ལྷ་གཟིགས་པ། བླ་མ་སེ་མཚུར་སྟོན། མཁས་མཆོག་པ། རོང་སྟོན་བློ་བཟང་གྲགས། རྗེ་བློ་གྲོས་བརྟན་པ། བསམ་གྲུབ་དཔལ་འབྱོར། ཤེས་རབ་བཟང་པོ། དྲུང་དག་དབང་མཆོག་གྲུབ། བླ་མ་ཀུན་བཟང་པ་སོགས་བྱོན་ནས་ཆོས་ཀྱི་རྒྱལ་པོ་བཙོང་ཁ་པ་ཆེན་པོའི་དབུ་འདུལ་གཙོར་གྱུར་གྱི་རྒྱལ་བསྟན་རྒྱ་ཆེར་སྤེལ་བ་མཛད་ཀྱང་ཕྱིས་འབྲི་གུང་མགོན་རྒྱལ་སོགས་ཡིད་སྨུབས་སྙིང་ཞུགས་ཀྱི་རང་རྟགས་ཤར་བ་སྐྱེ་བོ་འགགས་གྲུབ་མཐའི་ཀུན་སློང་གི་སྨང་སྙེར་བརྟེན་དེང་སང་གྱང་རྟུལ་ཙམ་ལས་མི་སྣང་ངོ་། །

༢ ན་སྙིང་ནི། རྗེ་བླ་མའི་ཡང་སྲིད་གོང་མ་འབྲོམ་སྟོན་རྒྱལ་བའི་འབྱུང་གནས་ཀྱིས་བཞེངས་ལ། དེ་ཡང་སླེང་རྗེ་ཆེན་པོ་པད་དཀར་ལས། དེ་ན་དགེ་བསྙེན་ཆོས་འཕེལ་ཞེས་བྱ་བ། རྫུ་འཕྲུལ་ཆེ་བ། མཐུ་ཆེ་བ། དབང་ཆེ་བར་གྲགས་ང་། གསལ་

བ། དུལ་བ། འཇིགས་པ་མེད་པ། མང་དུ་ཐོས་པ། ငེས་པར་བྱེད་པ་ལ་མཁས་པ་ཞིག་འབྱུང་། ཞེས་དང་། ཀུན་དགའ་བོ་ཁྱིམ་བདག་(༧༨༨བ)ཆོས་འཕེལ་དེ་ཡང་ངའི་བསྟན་པ་འདི་རྒྱ་ཆེར་རྒྱས་པར་བྱེད་པར་འགྱུར་རོ། །ཞེས་དང་། དགོན་ཚིག་འབབས་ཀྱིས། ཀྱེ་རང་རྒྱུད་ཐ་རྗོད་ཐུལ་བ་ཡིས། །སོང་དགེ་སློང་དཔལ་ལྡན་ཁུར་བའི་ཕྱིར། །ང་ཚངས་སྤྱོད་དཔལ་ལྡན་དགེ་བསྙེན་དུ། །ལུས་དམན་པའི་ཚུལ་དུ་གནས་པར་བྱེད། །ཀྱེ་གོས་ལའང་བརྟས་པར་མི་བྱེད་ན། །སོང་དགེ་སློང་མཆོད་པར་ཅིས་མི་རིགས། །ཞེས་དང་། ཡེ་ཤེས་ཀྱི་མཁའ་འགྲོ་མ་ཞིག་ན་རེ། ཁྱོད་བོད་ཀྱི་རྒྱལ་པོར་སྐུ་བསྟན་ཏེ། །བོད་མཐའ་འཁོབ་སྨིན་པར་བྱས་གྱུར་ནས། །སླར་པོ་ཏ་ལ་ཡི་རྩེ་མོ་ལ། །ཆོས་དགེ་བ་བཅུ་ཡི་འོད་ཟེར་འགྱེད། །རི་གངས་ཀྱི་ར་བས་བསྐོར་བ་ཡིས། །ཐང་སེར་པོ་གསེར་གྱི་མཎྜལ་ལ། །རྩིབས་མུ་ཁྱུད་སྟོང་གིས་ལེགས་བརྒྱན་ཏེ། །རྗེ་རྒྱལ་བ་སྟོང་གིས་བྱིན་རླབས་པའི། །གསེར་དྲི་མ་མེད་པའི་མཆོད་རྟེན་ཡོད། །ཅེས་སོགས་ཁྲི་རལ་ཡན་རྒྱལ་པོར་སྐྱེ་བ་བཞེས་པ་དང་། དེ་ནས་སླར་འཁོར་དུ་ཕེབས་པའི་གནས་སོགས་ཀྱང་རྒྱ་ཆེར་བཤད་ཅིང་ཁྱད་པར་བླ་མ་དྲི་མ་མེད་པའི་ཞལ་ནས། ཁྱོད་ཀྱིས་ལུས་སྲོག་ལ་མི་བལྟ་བར་བཙལ་བས་མཆོག་དང་ཐུན་མོང་གི་དངོས་གྲུབ་ཉེད་དོ། །དེའང་མ་འོངས་ལྔ་བརྒྱའི་མཐའ་མར་གྱུར་པ་ནའང་གསང་བའི་བྲག་ཕུག་ཏུ་ཇི་ལྟར་ལུང་བསྟན་པ་བཞིན་དུ་མཁའ་འགྲོ་མའི་སྐད་དུ། ར་སྒྲེང་ཞེས་བྱ་བའི་ཕོ་བྲང་དུ་ལུས་དང་སྲོག་ལ་མི་བལྟ་བར་སེམས་ཅན་གྱི་དོན་བྱེད་དོ་ཞེས་གསུངས་པ་དང་། རྒྱལ་བུའི་ཞལ་ནས་བླ་མ་གསུང་བ་བཞིན་དུ་མཁའ་འགྲོ་མའི་བརྡ་སྐད་ཐུན་མོང་མ་ཡིན་པར་ར་སྒྲེང་ཞེས་བྱ་བ་དེར་དགོན་ཚིག་གསུམ་གྱི་ཐུགས་རྗེ་དང་མཛད་པ་འཕྲིན་ལས་ལ་(༧༨༩ན)བརྟེན་ནས་རྒྱལ་པོ་བདེ་སྐྱིད་ཅེས་བྱ་བ་འདི་བོད་ཀྱི་རིགས་ལ་བཟང་བ་འཁོར་དེའི་ནང་ནས་ཡག་བཞེར་མཁའ་འགྲོ་མས་བྱིན་གྱིས་བརླབས་པའི་བརྡ་སྐད་སྐུ་གཉེན་ཞེས་བྱ་བ་དང་། མ་ཀུན་ཏུ་བཟང་མོ་འདི་མཁའ་འགྲོ་མས་བྱིན་གྱིས་བརླབས་པའི་བརྡ་སྐད་ཁུ་འོང་བཟའ་ལྷ་གཅིག

ཅེས་བྱ་བ་སྤྲུལ་པའི་ཡབ་ཡུམ་གཉིས་འབྱུང་སྟེ། བྱང་རྩ་སྐྱེ་མོའི་ཡུལ་དུ་རི་དྭགས་ལྟར་ཁོ་བོ་སྐྱིད་དེ་སོགས་ཡབ་ཡུམ་རིགས་རུས་གསལ་བ་དང་།

ཡང་། ཤར་རྡོ་རྗེ་གདན་གྱི་བྱང་ཕྱོགས་ན། །པུར་རྒྱལ་བོད་ཀྱི་ཞིང་ཁམས་གྲགས་པ་ཅན། །སྐོས་སུ་ཁ་བ་ཅན་ལྗོངས་ཁྱད་འཕགས་ན། །ཉིང་སྐོས་དང་རུ་བྱང་ཕྱོགས་དེ་ནང་ནས། །སླུངས་ཤོད་ནག་པོ་ཐོག་བརྒྱུད་འབྲོམ་གྱི་ཡུལ། །ཆོས་དང་དཔལ་འབྱོར་རྒྱས་པར་འགྱུར་རོ་ཞེས། །སྔོན་གྱི་རྒྱལ་བ་རྣམས་ཀྱིས་བྱིན་རླབས་པའི། །ས་གནས་ཕུན་སུམ་ཚོགས་པ་འདི་ལྟ་སྟེ། །ཙ་ཞེས་བྱ་བ་འདོད་ཆགས་རྩལ་དང་བྲལ། །ཆགས་པ་མེད་པ་དམ་པའི་ཆོས་ཀྱི་སྒོ། །ཙ་ཞེས་བྱ་བ་ཞེ་སྡང་རྩལ་དང་བྲལ། །བྱམས་པ་ཆེན་པོ་དམ་པའི་ཆོས་ཀྱི་སྒོ། །ཙ་ཞེས་བྱ་བ་གཏི་མུག་རྩལ་དང་བྲལ། །ཤེས་རབ་ཆེན་པོ་དམ་པའི་ཆོས་ཀྱི་སྒོ། །ཙ་ཞེས་བྱ་བ་ཕྲག་དོག་རྩལ་དང་བྲལ། །མཉམ་ཉིད་ཆེན་པོ་དམ་པའི་ཆོས་ཀྱི་སྒོ། །ཙ་ཞེས་བྱ་བ་ང་རྒྱལ་རྩལ་དང་བྲལ། །ཞི་དུལ་བག་ཡོད་དམ་པའི་ཆོས་ཀྱི་སྒོ། །སྒོ་ལྔའི་རྒྱལ་མཚན་མི་གཡོ་བརྟན་པ་དེ། །ཡོད་མིན་མེད་མིན་སྐྱེ་མཆེད་མཐར་ཕྱུག་པ། །མི་ཉམས་རྒྱས་པར་རྟག་ཏུ་སྐྱོང་བར་བྱེད། །དེ་ནི་སྤྱན་རས་གཟིགས་ཀྱི་ཕོ་བྲང་ཡིན། །གནས་མཆོག་དེ་རུ་འགྲོ་བ་གང་སྐྱེས་པ། །སྔོན་གྱི་(༧༥བ)ལས་འཕྲོ་སྟོབས་ལྡན་སད་པ་ཡིན། །དེ་ནི་རི་བོ་པོ་ཏ་ལ་དང་མཚུངས། །ཞེས་དང་།

གཞན་ཡང་། ལྷ་ཤིང་ཤུག་པའི་སྦྱོས་དང་རྒྱུན་མི་ཆད་པའི་ཕྱོགས་བཞིར་ཤེལ་ལྡན་ཟངས་ལྡན་གཡུ་ལྡན་ཞེས་བཞིས་གཙོས་ཉིས་ཁྲི་ཆིག་སྟོང་རྩ་གཉིས་ཡོད་པ་ཡོན་ཏན་བརྒྱད་ལྡན་དུ་གནས་ཏེ། ཤུག་པ་ཉིས་ཁྲི་ཆིག་སྟོང་གི་རྩ་བ་སའི་འོག་ནས་གཉིས་ཀྱིས་སྦྲེལ་བ་དང་། ས་མཚམས་ན་ཡོད་པའི་ཤུག་པའི་རྩ་བ་རེ་རེར་ཡོད་པ་དང་། དེ་དག་གི་ཡལ་ག་དུ་མར་གྱེས་པ་དང་རྐྱགས་པའི་རིམ་པ་བདུན་དུ་གནས་པ་ཉིད་དང་། རྒྱལ་མཚན་བསྙང་བའམ་གདུགས་ཕུབ་པ་ལྟར་མཛེས་པ་ཉིད་དང་། ཤིང་ཐོག་ཟླུམ་པ་རུས་པ་ཅན་ཡོད་པ་ཉིད་དང་། རོ་ཁ་བ་ཉིད་དང་། ནད་

མི་སྐྱིད་པ་ཉིད་དེ་བརྒྱད་དོ། །

ཤུག་པ་ཉིས་ཁྲི་ཆིག་སྟོང་གི་རྩ་བ་ས་འོག་ཏུ་གཉིས་ལ་སྤྲེལ་བ་ནི། ཨ་ཧི་ཤ་ཞེས་བྱ་བ་དང་། རྒྱལ་བའི་འབྱུང་གནས་ཞེས་བྱ་བ་ལ་གདམས་པ་ཟབ་མོ་ཐོག་མཐར་བར་གསུམ་དུ་དགེ་བ་ཞེས་བྱ་བ་ལས་དང་ལྡན་པའི་སློབ་མ་དབུས་སུ་དྲུག་བརྒྱ་བདུན་ཅུ་རྩ་ལྔ་དང་། དམ་པ་དེ་དག་ལས་ཀྱང་མཆེད་པ་དཔག་ཏུ་མེད་པ་ཞེས་བྱ་བ་དང་། གཙང་དུ་ལྔ་བཅུ་རྩ་གཉིས་ལས་མང་པོར་མཆེད་པ་ཞེས་བྱ་བ་དང་། གཞན་ཡང་མདོ་ཁམས་ལ་སོགས་པ་ཕྱོགས་བཅུར་མཆེད་པའི་རྟེན་འབྲེལ་ཟབ་མོ་ཡིན་ནོ། །

ས་མཚམས་ན་རྩ་བ་གཅིག་ཏུ་ཡོད་པ་ནི་ཐམས་ཅད་བཀའ་གདམས་སུ་གཅིག་པའི་རྟེན་འབྲེལ་ཟབ་མོའོ། །དེ་ལ་ཕྱོགས་བཅུར་ཡལ་ག་དུ་མ་གྱེས་པ་ནི་རིགས་གསུམ་མགོན་པོའི་སྤྲུལ་པས་གཙོ་བྱས་སྐྱེས་བུ་དམ་པ་བསྟན་པའི་རྒྱལ་མཚན་མ་གཡོས་པར་འཛིན་པ་སྐྱེས་བུ་དམ་པ་ཆིག(༧༥༨ན)རྒྱུ་ཐུབ་པ་དཔག་ཏུ་མེད་པ་འབྱུང་བའི་རྟེན་འབྲེལ་ཟབ་མོའོ། །ཤུན་པ་རིམ་པ་བདུན་དུ་ཡོད་པ་ཉིད་ནི་ལྔ་བརྒྱ་དུས་ཀྱི་མཐའ་མར་འགྲོ་བ་འདྲེན་པར་སྨོན་ལམ་ཐེབས་པའི་རྒྱལ་བ་བདུན་གྱིས་རྒྱུན་ཆད་མེད་པར་སྐྱོབ་པའི་རྟེན་འབྲེལ་ཟབ་མོའོ། །ཤིང་ཐོག་ཀླུམ་པོ་རྡུས་པ་ཅན་ནི་འདུལ་བ་མདོ་སྡེ་མངོན་པ་ཁེ་ཆེ་ལ་གཡང་ས་ཆུང་བའི་ཆོས་འཕྲུལ་སྣེ་ཕྱུགས་རྣམ་པ་ཐམས་ཅད་མཁྱེན་པའི་སངས་རྒྱས་འཐོབ་པའི་རྟེན་འབྲེལ་ཟབ་མོའོ། །རོ་ཁ་བ་ནི་སེམས་ཅན་ཉོན་མོངས་པ་ཅན་གང་གིས་ཀྱང་ཚུགས་པ་མེད་པའི་རྟེན་འབྲེལ་ཟབ་མོའོ། །དྲི་ མི་ཞིམ་ཀྱང་ནད་མི་སྐྱིད་པ་ནི་འཕྲལ་དུ་དཀའ་སྡེ་ཕྱུགས་ཤིན་ཏུ་དགེ་བའི་རྟེན་འབྲེལ་ཟབ་མོའོ། །འདི་དག་ནི་བྱང་ཆུབ་སེམས་དཔའི་རྒྱུའི་ཡན་ལག་ཕུན་སུམ་ཚོགས་པའོ། །ཞེས་སོགས་གནས་དང་གང་ཟག་གསལ་བར་བསྟན་པ་ལྟར།

ཡུལ་བྱང་ཕྱོགས་རྩ་སྒྲོ་མོར་འབྲོམ་གྱི་རིགས་ལས་ཡབ་སྟག་གསུམ་ཞུ་བཞིན་དང་། ཡུམ་ཁུ་རྡོག་བཟའ་གཉིས་ཀྱི་སྲས་སུ་རབ་བྱུང་དུ་མ་སླེབས་པའི་རྩིས་འགོ་

ཟླུག་ནས་ལོ་སོ་གཉིས་པ་ཤིང་ཕོ་འབྲུག་གི་ལོ་ལ་བལྟམས། མི་རིང་བར་ཡུམ་དགུམ། ཡབ་ཀྱིས་བག་མ་གཞན་ཞིག་བླངས། ཉིན་གཅིག་མ་ཡར་དེས་བ་ཞིག་བཞོས་ཁྱིའུས་བ་དཀྲུགས་ཞེས་མ་ཡར་མོས་བརྡུངས་པས། འདི་དང་འཐབ་པ་ལས་འོལ་བའི་རྣ་ཁྲིད་བྱས་ན་སླ་སྙམ་ཐོན་ནས་བྱོན། རྗེ་བོ་སེ་བཙུན་གཞོན་ནུ་འོད་དང་མཇལ། ཤིན་ཏུ་དད་པས་སེམས་འཁྲུག་པར་གྱུར། གཡུང་ཚོས་མགོན་ལ་ཡི་གེ་གསན། སྣ་ནམ་རྡོ་རྗེ་དབང་ཕྱུག་ལ་དགེ་བསྙེན་གྱི་སྡོམ་པ་བཞེས། མཚན་རྒྱལ་བའི་འབྱུང་གནས་སུ་གསོལ། དགུང་ལོ་བཅུ་བདུན་བཞེས་དུས་(༡༠༢༠)ཚོང་དཔོན་ཞིག་གི་རྣ་ཁྲིད་བྱས་ཁམས་སུ་ཕེབས། ཚོང་དཔོན་གྱིས་སྨོམ་ཆེན་མཆོད་གནས་ཤིག་ལ་ཕུལ་ནས་ཚོས་བསླབས་པས་བློ་རྣོ་བ་བྱུང་། དེ་ནས་སེ་བཙུན་དང་མཇལ། མངོན་པ་དང་གསང་སྔགས་རྙིང་མའི་ཚོས་མང་པོ་གསན། པཎྜི་ཏ་སྨྲྀའི་ཚེར་མ་ཞེས་སྨྲི་ཏི་ལ་ངེ་ཕྲན་སོགས་སྒྲ་གསན། སེ་བཙུན་གྱི་ཞབས་ཏོག་ཏུ་འགྱུར་བར་མཛད། དེ་རྗེས་མངའ་རིས་ན་པཎྜི་ཏ་མཁས་པ་ཞིག་ཕེབས་པ་དེ་ཡུན་རིང་མི་བཞུགས་འདུག་ཟེར་བའི་གཏམ་གསན་པས། སོག་ཆུ་ཁ་བརྒྱུད་ཕེབས་པ་ལམ་ནོར་ལ་ཉེ་སྐབས་བརྡེ་རྩལ་པ་དང་ཤ་བ་འཕེང་པོས་ལམ་བསྟན།

དེ་དུས་བདག་ཉིད་ཆེན་པོ་དཱི་པཾ་ཀ་ར་ཤྲཱི་ཛྙཱ་ན་སྤུ་རངས་སུ་བཞུགས་དུས་སྤྲོལ་ནས། ད་སྔེ་ཞག་གསུམ་བཞི་ལ་བོད་ཀྱི་ཨུ་པ་སི་ཀ་འབྱོན་པས་དེ་ལ་བྱིན་གྱིས་རློབས་ཤིག་གསུངས་པ་ལྟར། ཞག་གསུམ་ནང་པར་དྲོ་ཇ་ཚུན་བྱ་ར་མཛད་པས་མ་བྱུང་། སྤྲོལ་མས་རྫུན་གསུང་སྲིད་དམ་གསུངས་གྲོང་གསེབ་ཏུ་ཚོས་སྟོན་པར་བྱོན་ཤུལ་དུ་འབྲོམ་ཕེབས། འཁོར་རྣམས་ཀྱིས་རྗེ་བོ་ད་ལྟ་འབྱོན་སྐབས་ཤིག་བྱས་པས། ང་ཐེག་ཆེན་གྱི་བླ་མ་མཇལ་བར་སྐད་ཅིག་གི་སྟེ་མ་འདེམས་གསུངས། གྲོང་གསེབ་ཏུ་བྱོན། སྲང་ཁ་ཞིག་ལ་མཇལ། ཕྱག་ཕུལ་བར་ཇོ་བོས་མཁྱེན་ཏེ་ཕྱག་དབུར་བཞག་བཀྲ་ཤིས་བརྗོད། དེ་ནས་གཟིམས་ཁང་དུ་ཕེབས། བུམ་པའི་དབང་བསྐུར་སོགས་ཞུས། མངའ་རིས་སུ་ཟླ་བ་དགུ་བཞུགས། དེ་ནས་ལྷ་སྲས་མུ་ནེའི་ཡང་སྲིད་རྗེག་ལེགས་པའི་ཤེས་རབ་

ཀྱང་རྗེ་བོ་ཡབ་སྲས་དང་གདན་འཛོམས། རིམ་གྱི་གཙང་དང་དབུས་སུ་ཕེབས། དེ་ནས་རྗེ་བོ་ཆེན་པོ་ཁུ་སྟོན་གྱིས་ཐང་པོ་ཆེར་གདན་དྲངས། འབྲོམ་ལ་འཕྲང་ཁ་བེར་(༧༨ན)ཆུང་གིས་ར་སྒྲེང་དུ་དགོན་པ་འདེབས་པ་དང་བླ་མཆོད་དུ་བསྐུལ་བར། རྗེ་བོ་དང་ཤི་འབྲལ་བྱེད། དེ་ཉིད་ཚེ་ལ་བར་ཆད་མ་བྱུང་ན་ཁྱོད་ཀྱི་མཆོད་གནས་ངས་བྱེད་གསུངས། རྗེ་བོ་ཆེན་པོ་ཐང་པོ་ཆེར་སྐུ་སྒྲིལ་བར་ཡོད་པ་ཐབས་ཀྱིས་སྤྱན་དྲངས།

རྗེ་བོ་ཡབ་སྲས་རྣམས་ཀྱིས་ཡེར་པ་ལྷ་རི་སྙིང་པོར་ཞུ་བ་ཞུ་ལན་གྱི་གླེགས་བམ་རིན་པོ་ཆེས་དབུས་ཆོས་ཀྱི་འཁོར་ལོ་དཔག་ཏུ་མེད་པ་བསྐོར། བྲན་ཁ་སོགས་ལྷ་འདྲེ་མ་རུངས་པ་མང་པོ་བཏུལ། སྡེ་སྣོད་གསུམ་གྱི་སྙིང་པོ་སྐྱེས་བུ་གསུམ་གྱི་ལམ་གྱི་རིམ་པ་དང་། ཐུབ་དབང་། ཐུགས་རྗེ་ཆེན་པོ། སྒྲོལ་མ། མི་གཡོ་བ་སྟེ་ལྷ་བཞི། འདུལ་བ། མདོ་སྡེ། མངོན་པ་སྟེ་ཆོས་གསུམ་དང་བཅས་ལྷ་ཆོས་བདུན་ལྡན་དུ་གྲགས་པའི་གཡེང་བ་འདུ་འཛི་ཚེ་འདིའི་བྱ་བཞག་རྣམས་དོར་བ། ཐེག་པ་ཆེ་ཆུང་གི་བཀའ་མ་ལུས་པ་ལས་བོར་རྒྱུ་རྡུལ་ཙམ་མེད་པར་གང་ཟག་གཅིག་འཚང་རྒྱ་བའི་མཐུན་རྐྱེན་དུ་སྟོན་པ་གདམས་པའི་མཆོག་ཏུ་བྱེད་པ་བཀའ་གདམས་པའམ། རྒྱལ་བའི་བཀའ་ལས་ཡི་གེ་ན་གཅིག་ཀྱང་བཞག་རྒྱུ་མེད་པ་གདམས་ངག་ཏུ་གོ་བའི་བཀའ་གདམས་ཞེས་པའི་སྲོལ་གཏོད། རྗེ་བོ་ཆེན་པོ་དགུང་ལོ་དོན་གཉིས་པར་ཉེ་བ་ན། མཁའ་འགྲོ་རྣམས་ང་ལ་མཆོད་པ་བྱེད་པ་མཐོང་ངམ་གསུངས་པ་སོགས་ཞལ་གདམས་མང་པོ་གནང་སྟེ་ཤིང་རྟའི་ལོ་དབྱུ་གུ་ཟླ་བའི་ཚེས་བཅོ་བརྒྱད་ལ་དགའ་ལྡན་དུ་གཤེགས། འབྲོམ་སྟོན་གྱི་སྟོན་དུ་འཕྲང་ཁ་བེར་ཆུང་གིས་བསྐུལ་བ་ལྟར། འཇམ་དཔལ་རྩ་རྒྱུད་ལས། ལྔ་བརྒྱ་དུས་ཀྱི་ཐ་མ་ལ། །སངས་རྒྱས་བསྟན་པ་གར་རྒྱས་པ། །བྱང་ཕྱོགས་ཁ་(༧༨བ)ཙན་ཡུལ་གྱི་དབུས། །སོགས་དང་། དང་པོ་ར་ལ་དེ་འོག་སྒྲེང་ཞེས་དང་། གླེགས་བམ་རིན་པོ་ཆེ་རང་ནས་དུ་མར་ལུང་བསྟན་པའི་ར་སྒྲེང་རྒྱལ་བའི་དབེན་གནས་ཆེན་པོ་འགའ་ཞིག་ཏུ་མེ་སྤྲེ་ཞེས་ཀྱང་མེ་མོ་བྱའི་ལོ་ལ་བཏབ་ཅིང་། རྗེ་བོའི་ལུགས་ཚུལ་རྒྱས་པར་ཟིན། སྙན་གཞིར་མཛེ་བྱུང་བ་ནི་

གདུག་པ་ས་བདག་གི་ངར་ཆག་པ་དང་། དགའ་ལྡན་དུ་སྐྱེ་བར་ཆེ་མཇུག་མཛོ་བྱུང་ན་འཕྲོད་པ་སོགས་སྔོ་དུ་མའི་དགོས་པ་ལ་བརྟེན་ཤིང་ཕོ་འབྲུག་གི་ལོ་ལ་སྐྱུའི་བཀོད་པ་བསྟུས་སོ། །

གདན་ས་རིམ་པ་བཞིན་ཨ་མེས་བྱང་ཆུབ་རིན་ཆེན། དགོན་པ་བ་དབང་ཕྱུག་རྒྱལ་མཚན། ཛོག་ལོ། པོ་ཧོ་བ། ཤ་ར་བ། སྟབས་ཀ་བ། ཞང་དར་མ་གཞུང་དྲུང་། སྐང་ཐང་དཀར་བ་རྡོ་རྗེ་རིན་ཆེན། དོལ་པ་ཤེས་རབ་རྒྱ་མཚོ། འོད་འཛོ་དར་མ་གྲགས། འདི་ནས་གདན་ས་སྟོད་སྨད་གཉིས་སུ་གྱེས་ཏེ་མཁན་པོ་གྲུར་སྟོན་བསྐོས། དེ་བཞིན་དུ་རྫ་སྟོན་ཤེས་རབ་རིན་ཆེན། མཁན་ཆེན་ཤེས་རབ་རྡོ་རྗེ། འདུལ་འཛིན་འཇམ་དབྱངས་རིན་ཆེན་གྲགས། འདི་ཙམ་ནས་འཇམ་མགོན་ཆོས་ཀྱི་རྒྱལ་པོའང་ཕེབས་ཏེ་འཆད་རྩོམ་གྱི་ཆོས་འཁོར་བསྐོར་བ་མཛད་པ་བཀའ་གདམས་དང་མཐུན་པར་གོ་ནས་མཁན་པོ་དངོས་སློབ་དང་རིང་ལུགས་ཀྱང་འཇམ་མགོན་ཆོས་ཀྱི་རྒྱལ་པོའི་ལུགས་སུ་འགྱུར་རོ། །དེ་རྗེས་མཁན་པོ་འཇམ་དབྱངས་པ་སོགས་བྱོན། འོད་འཛོའི་རྗེས་སུ་གདན་སར་རྒྱ་ཡོན་ཏན་གཞོན་ནུ། གཙང་པ་ཤེས་རབ་འོད་ཟེར། དར་ཡུལ་བ་ཡོན་ཏན་གཞོན་ནུ། གྲུར་སྟོན་ཡོན་ཏན་ཡེ་ཤེས། རྔ་ར་བ་བྱང་ཆུབ་རྡོ་རྗེ། ཆོས་རྗེ་ཤཱཀྱ་དབང་ཕྱུག །ར་སྒྲེང་པ་གྲགས་པ་གཡུང་དྲུང་། རྫ་སྟོན་ཤེས་རབ་རིན་(༡༥༤ན)ཆེན། འདི་ནས་སྟོད་སྨད་དབོན་བརྒྱུད་དང་། སྤྱི་གླར་འདུལ་འཛིན་དཀོན་ཅོག་རྒྱལ་མཚན། ཆོས་རྗེ་དཀོན་ཅོག་དང་། ཕྲུལ་སྐུ་ཆོས་འཕེལ་རྒྱ་མཚོ། ཆོས་རྗེ་དམ་ཆོས་དཔལ་འབར། ཤར་པ་དོན་གྲུབ་སེང་གེ །མངའ་རིས་པ་དཔལ་ལྡན་རྒྱལ་མཚན། བསམ་གྲུབ་སྒང་པ་བློ་བཟང་དག་དབང་། དུར་ཁོད་ནོ་མོན་ཁང་བསྟན་པ་དར་རྒྱས། ཐོག་རྟགས་པ་ངག་དབང་བསྟན་འཛིན། ཁྲི་རིན་པོ་ཆེ་ཚོགས་པ་བློ་བཟང་དོན་ཡོད། ཉང་བྲན་པ་བློ་བཟང་རྒྱལ་མཚན། བྱ་ས་ཟླ་བ་གྲགས་པ། དུར་ཁོད་ངག་དབང་དར་རྒྱས། ད་ལྟ་འོན་འདུ་སུ་བློ་བཟང་བསྟན་པ། གཞིས་དགོན་རྒྱུད་སྨད་དང་ཉེ་ཞིང་། སློབ་གཉེར་གྲྭ་རྒྱུན་ཀྱང་ཕལ་ཆེར་རྒྱུད་

སྨད་དུ་འགྲོ། ཨང་དང་གྲྭ་པ་སུམ་བརྒྱ་དང་སུམ་ཅུ་སོ་གཅིག་སྐོར།

༣ ཡང་དགོན་རི་ཁྲོད་ནི། ཐུགས་རྗེ་དང་མཁྱེན་པ་རྨད་དུ་བྱུང་བ་འཇམ་མགོན་ཆོས་ཀྱི་རྒྱལ་པོ་བློ་བཟང་གྲགས་པའི་དཔལ་གྱིས་སྙིང་པོའི་དོན་ཉམས་བཞེས་སུ་བསྐྱར་བའི་སྒྲུབ་པ་ཡུན་རིང་དུ་གནང་ཞིང་། བྱང་ཆུབ་ལམ་གྱི་རིམ་པ་ལ་སོགས་པ་ལེགས་པར་བཤད་པའི་བསྟན་བཅོས་ཆེན་པོ་ཆེས་མང་བ་སྤེལ་བའི་གནས་བྲག་སེང་གེའི་ཞོལ་དུ་གྲགས་པ་དེ་ཡིན་ལ། རྗེར་བཀའ་གདམས་ཀྱི་དགེ་བའི་བཤེས་གཉེན་དུ་མས་ཀྱང་དབེན་གནས་ཀྱི་གཙོ་བོར་མཛད་པ་དང་ཕྱིས་རྗེ་བཙུན་རེད་མདའ་བ་གཞོན་ནུ་བློ་གྲོས། ལོ་ཆེན་སྐྱབས་མཆོག་དཔལ་བཟང་། མཁས་གྲུབ་དགེ་ལེགས་དཔལ་བ། རྒྱལ་ཚབ་དར་མ་རིན་ཆེན་སོགས་ཀྱིས་བཞུགས་པའི་སྒྲིལ་བུའང་ད་ལྟ་ཡོད་ཅིང་། ར་སྒྲེང་མཁན་པོ་ན་རིམ་གྱིས་སྐྱོང་བ་ལས་སྐེར་དུ་བླ་མ་མེད། (༡༥༨བ) དཔལ་གསང་བ་འདུས་པ་དང་། རྗེ་བླ་མ་མཆོག་གི་བཀའ་རྩོམ་བདེ་མཆོག་དྲིལ་བུ། ནག་པོ་སྐོར་གསུམ་སོགས་ཀྱི་ཆོ་ག་དུས་མཆོད་སོགས་གཏོང་། དགེ་སློང་ཉི་ཤུ་སྐོར།

༤ ར་སྒྲེང་བསམ་གཏན་གླིང་ནི། འཇམ་མགོན་ཆོས་ཀྱི་རྒྱལ་པོས་བཙོང་ཁ་པ་ཆེན་པོའི་གཟིམས་ཕུག་དང་ཞབས་རྗེས་ཡོད་འདུག་པར་དཔགས་ན། དེ་དུས་ནས་སྒྲུབ་པ་ལ་ནན་ཏན་དུ་མཛད་པའི་གང་ཟག་རེ་གཉིས་རྒྱུན་མ་ཆད་འདྲ་ཡང་ཡིག་ཆ་ཁུངས་ཐུབ་ཆོར་མ་གསལ་བས་འདྲི་བར་མ་སྤོབས། ཐམས་ཅད་མཁྱེན་པ་ཡོན་ཏན་རྒྱ་མཚོའི་སྐུ་ཐོག་ཙམ་ལ་མངའ་རིས་བརྩོན་འགྲུས་སྙིང་པོ། གནས་བཅུ་རབ་འབྱམས་པ་དགེ་འདུན་རྒྱལ་མཚན། རྗེ་བླ་མའི་ཆོས་སྲིད་གདུགས་དཀར་གྱིས་ཁྱབ་ནས་མངའ་རིས་པ་དཔལ་ལྡན་རྒྱལ་མཚན་སོགས་ར་སྒྲེང་མཁན་པོ་ན་རིམ་ནས་སྐྱོང་། བླ་མ་མཆོད་པ་དང་སྨན་བླའི་མདོ་ཆོག་བསྒྲུབས་པ་སོགས་གཏོང་། ཨང་གཉིས་བཙུན་མ་ཉི་ཤུ་རྩ་དྲུག་སྐོར།

༥ ཤུང་མཁར་དགོན་ནི་མི་ཉག་པ་མགོན་པོ་ཡེ་ཤེས་ཀྱིས་བཏབ། དེ་ནས་པད་དཀར་ང། བློ་གྲོས་རྒྱ་མཚོ། འོད་ཟེར་རྡོ་རྗེ། ཐུབ་བསྟན་དཔལ་འབྱོར། དགེ་འདུན་

བསྟན་དར། བློ་བཟང་དར་རྒྱས། ད་ལྟ་ངག་དབང་བློ་གྲོས། ཆོས་སྤྱོད་འདོན་ཆ་རྒྱུད་སྨད་དང་འདྲེ། སློབ་གཉེར་གྲྭ་རྒྱུན་བློ་གསལ་གླིང་སྨད་ཐོས་བསམ་གླིང་རྣམས་སུ་འགྲོ། ཨང་དང་གྲྭ་པ་ཉི་ཤུ་རྩ་གཉིས་སྐོར།

༦ རི་ཆོས་དགོན་ནི། ལ་ཡུང་པ་འོད་ཟེར་རྒྱ་མཚོས་བཏབ། དེ་ནས་སངས་རྒྱས་དཔལ་མགོན། ཤཱཀྱ་བློ་གྲོས། འཇམ་དབྱངས་དཀོན་ཅོག་ཆོས་འཕེལ། འདི་ནས་བཟུང་རྒྱུད་སྟོད་པའི་དགོན་ལག་ཏུ་ཆད་པས་དེ་ནས་བསྐོས(༡༥༩ན)པའི་སློབ་ཚང་པ་བསྟན་པ་རྒྱ་མཚོ། བསོད་ནམས་ཆོས་རྒྱལ། གྲགས་པ་རྒྱ་མཚོ། བསྟན་པ་དར་རྒྱས། བློ་བཟང་འཇམ་དབྱངས། ད་ལྟ་ངག་དབང་འཕྲིན་ལས། གཞིས་དགོན་རྒྱུད་སྟོད་དང་འདྲེ། གྲྭ་རྒྱུན་སློབ་གཉེར་དགའ་ལྡན་ཤར་རྩེ། ར་བ་སྟོད་བཅས་པར་འགྲོ། ཨང་གཉིས་གྲྭ་པ་སུམ་ཅུ་སོ་བཞི་སྐོར།

༧ བསམ་རྩེ་བསྒྲུབ་སྡེ་ནི། མགོན་པོ་ཡེ་ཤེས་དམ་པའི་བུ་ཆེན་ཞིག་གིས་བཏབ། ཟླ་བརྒྱུད་དང་འདོན་མཆོད་གྲྭ་རྒྱུན་སོགས་དངོས་གཞི་ཤང་མཁར་དང་མཚུངས་ཤིང་། རྗེ་བླ་མའི་ཆོས་སྲིད་འཛམ་དར་ཡུག་གཅིག་གིས་ཁྱབ་ནས་རྒྱུད་སྨད་པའི་དགོན་ལག་ཏུ་གྱུར་གཤིས་ལར་རྒྱ་ཉིས་སྐྱོང་། ཨང་གཉིས་གྲྭ་པ་བཅུ་སྐོར།

༨ གླུངས་ཤོད་འབའ་ཚག་ཆོས་སྡེ་ནི། སེམས་དཔའ་ཆེན་པོ་རྒྱལ་མཚན་གྲགས་བཟང་བས་བཏབ། འདི་ར་སྒྲེང་ཕ་རིར་འཁྲུངས་ཤིང་འཛམ་མགོན་ཆོས་ཀྱི་རྒྱལ་པོར་བསྙེན་པར་རྫོགས། དེ་ནས་གདན་སར་བླ་མ་རིན་རྒྱལ་བ། ཉི་གྲགས་སོགས་དང་། གཙང་པ་རིན་ཆེན་འོད་ཟེར། ཀུང་རུ་ཆོས་ཀྱི་འབྱུང་གནས། ཅོ་ནེ་བཤེས་གཉེན་གྲགས་པ། ཆོས་རྗེ་སངས་རྒྱས་བཀྲ་ཤིས། ཀུང་ཐང་རབ་འབྱམས་པ་སངས་རྒྱས་འབྱུང་གནས། མངའ་རིས་སྟག་མོ་བ་བློ་བཟང་རིན་ཆེན། བྲག་ཧི་རབ་འབྱམས་པ་རྒྱལ་མཚན་དར་རྒྱས། རྣམ་རྒྱལ་དགོན་པ་བློ་བཟང་དབང་རྒྱལ། ད་ལྟ་ལྷས་དཀོན་ཅོག་ཆོས་དབང་། སྔགས་གྲྭ་གཞིས་དགོན་རྒྱུད་སྟོད་པ་དང་འདྲེ་ཞིང་། གྲྭ་རྒྱུན་དགའ་ལྡན་ཤང་རྩེ་། འབྲས་སྤུངས་སྒོ་མང་། སེ་ར་སྨད་རྣམས་སུ་འགྲོ། ཨང་

དང་(༧༤༩བ)གྲྭ་པ་སུམ་ཅུ་སོ་བཞི་སྐོར།

༩ སླུངས་ཤོད་དཔལ་འབར་སྒང་ནི། རྗེའི་དངོས་སློབ་མངའ་རིས་པ་བསོད་ནམས་རིན་ཆེན་གྱིས་ཞག་ཆེར་སྦྱིན་བདག་བསྐུལ་ནས་བཏབ། གདན་སར་རིམ་པ་བཞིན་སེམས་དཔའ་རྒྱལ་མཚན་གྲགས་བཟང་བ། བླ་མ་ཆོས་དཔལ་བ། དྲུང་ཤྲཱ་རིའི་བུ་སོགས་དང་། འཇམ་དབྱངས་གྲགས་པ། བྱང་ཆུབ་འོད་ཟེར། དགའ་ལྡན་ཆོས་རྗེ་དགེ་འདུན་རྒྱལ་མཚན། གསེར་གོང་པ་དགེ་འདུན་རྒྱལ་མཚན། སླུངས་ཤོད་འཇམ་དབྱངས་གྲགས་པ། ར་སྒྲེང་དགོན་གོང་བླ་མ། སླུངས་ཤོད་དཔལ་འབྱོར་བཟང་པོ། སླུངས་ཤོད་ཆོས་རྒྱལ་མཚན། བློ་བཟང་ཆོས་འཕེལ། དགའ་ལྡན་ཁྲི་རིན་པོ་ཆེ་བློ་གྲོས་རྒྱ་མཚོ། སླུངས་ཤོད་འཕྲིན་ལས་རྒྱལ་མཚན། རི་ཆོས་པ་གྲགས་པ་རྣམ་རྒྱལ། གྲུབ་པ་འཕྲིན་ལས་རབ་རྒྱས། ད་ལྟ་བློ་བཟང་ཕྱུག་རྫོར། སྔགས་དགོན་རྒྱུད་སྟོད་དང་ཉེ་བ། གྲྭ་རྒྱུན་འབབ་ཚག་དང་མཚུངས། ཨང་དང་གྲྭ་གྲངས་དྲུག་ཅུ་རེ་ལྔ་སྐོར།

༡༠ སླུངས་ཤོད་སྤྱིལ་བུ་བ་ནི། དགེ་བའི་བཤེས་གཉེན་འཆད་ཁ་བའི་སློབ་མ་སེ་ཁྲུན་པ་ཆོས་ཀྱི་རྒྱལ་མཚན་གྱིས་བཏབ། གདན་སར་རིམ་པ་བཞིན་ལྷ་ལུང་གི་དབང་ཕྱུག །ལྷ་འགྲོ་བའི་མགོན་པོ། ལྷ་བྲག་ཁ་བ་བློ་གྲོས་ཡེ་ཤེས། ལྷ་ཟུར་ཁང་པ་དབང་ཕྱུག་ཡེ་ཤེས། ལྷ་བློ་གྲོས་འོད། ལྷ་རིན་ཆེན་སེང་གེ །ལྷ་ཤཱཀྱ་བསོད་ནམས་རྒྱལ་མཚན། ལྷ་བསོད་ནམས་ལྷུན་གྲུབ། སྤྱན་སྔ་བསོད་ནམས་རྒྱལ་མཚན། ལྷ་ཤཱཀྱ་འོད་ཟེར། ལྷ་དཔལ་ལྡན་བཟང་པོ། ལྷ་སྐན་གྲགས་པ། ལྷ་བཤེས་གཉེན་བཟང་པོ། ལྷ་བསོད་ནམས་རྒྱལ་མཚན། ལྷ་ཆོས་རྒྱལ་དཔལ་(༧༥༠ན)བཟང་། ལྷ་ངག་དབང་རྒྱལ་མཚན་འདི་ཡན་འཆད་ཁ་དང་སྤྱིལ་བུའི་གདན་ས་སྦྲགས་མ་དང་། དེ་ནས་འཆད་ཁའི་གདན་སར་ལྷུང་རྩིབས་རི་མགོའི་མི་ཛོ་རེ་དང་སྤྱིལ་བུའི་གདན་ས་རྗེ་དོན་པོ་ཆེ་བའི་མི་ངོས་བྱེད་རྒྱུན་བྱུང་། སྐབས་དོན་སྤྱིལ་བུའི་མཁན་ས་ནི་རིམ་པར་སྤྲུལ་སྟོན་གཞོན་ནུ་བློ་གྲོས། དེའི་དབོན་པོ་གཞོན་ནུ་བྱང་ཆུབ། གཞོན་ནུ་

འོད། གཞོན་ནུ་ཚུལ་ཁྲིམས། ཡོ་སྟོན་ལྷ་དབང་བློ་གྲོས། མཁན་པོ་ཤེས་རབ་རྡོ་རྗེ། དཀོན་ཅོག་རྒྱལ་པོ། སྨུག་ཆུང་བ། རྨ་སྟོན། བྱང་རྒྱལ་བ། དཔལ་ལྡན་ངག་ཤེས། བློ་གྲོས་དབང་པོ། ངག་དབང་རྣམ་རྒྱལ། ཐར་བཟང་པ། བྱམས་པ་ཅོས་རྒྱལ། ཆོས་གྲགས་རྒྱ་མཚོས་དགའ་ལྡན་བླ་ཆུང་དང་སྤྲུགས་ནས་མཛད་དོ། །སློབ་དཔོན་པ་ནི་རིན་ཆེན་འོད་ཟེར། དགེ་འདུན་བཀྲ་ཤིས། དགེ་འདུན་རྒྱལ་མཚན། སྒྲོལ་མདའ་རིན་ཆེན་བཟང་པོ། མལ་དྲོ་སངས་རྒྱས་རྒྱལ་མཚན། སེམས་དཔའ་ཆེན་པོ་ངག་གི་དབང་ཕྱུག་གུང་ཐང་རབ་འབྱམས་པ། ཧོ་བོ་ནམ་མཁའ་བསམ་གྲུབ། སེམས་པ་ངག་དབང་ཕུན་ཚོགས། ད་ལྟ་ཆུམས་པ་སེམས་དཔའ་ཆེན་པོ་བློ་བཟང་སྐལ་གྲགས་བཟང་པོ། སྔགས་གྲྭ་གཞིས་དགོན་རྒྱུད་སྨད་དང་ཉེ་བ། གྲྭ་རྒྱུན་བྱང་རྩེ། བློ་གླིང་། བྱེས་རྣམས་སུ་འགྲོ། ཨང་དང་གྲྭ་གྲངས་བཞི་བཅུ་ཞེ་བཞི་སྐོར། འཆད་སྒྲོལ་གྱི་སྒྲུབ་སྡེ་དཀྱུ་པ་བསོད་ནམས་ལྷུན་གྲུབ་པས་འཇམ་མགོན་ཆོས་ཀྱི་རྒྱལ་པོར་ཆོས་གསན་ཏེ་སྒྲུབ་སྡེ་བརྒྱུད་ཀྱི་ནང་ཚན་དུ་གྲགས།

༡༡ དབྱེ་བོ་དགོན་གསར་ནི་འཇམ་དབྱངས་ཤཱཀྱ་རིན་(༡༥༠བ)ཆེན་པས་བཏབ། གདན་སར་རྒྱུད་པ་ཀུན་དགའ་དོན་གྲུབ། འདི་ནས་བླ་རབས་ཁ་ཤས་མ་ཚང་། ཤིང་བྱ་ནས་འཇམ་དབྱངས་བླ་མ་དཀོན་ཅོག་ཆོས་འཕེལ། གུང་རུ་སངས་རྒྱས་བཀྲ་ཤིས། གེ་རེ་གྲགས་རྒྱམ་པ། ལྷངས་པ་དགེ་འདུན་རིན་ཆེན་རྒྱ་མཚོ། ཁེ་གསུམ་བློ་བཟང་བསྟན་འཛིན། སྟོད་ལུང་པ་ངག་དབང་ཆོས་འཕེལ། ཆུ་བཟང་དཀོན་ཅོག་ཆོས་བཟང་། ཞལ་སྔ་ནས་འོལ་དགའ་བ། རྩེས་དང་པ་བློ་བཟང་རྒྱལ་མཚན། ཙོ་ནེ་ཚ་རྫོར་བ་བློ་བཟང་དཔལ་འབར། རྒྱལ་བ་བྱམས་པ་བཀྲ་ཤིས། ཉག་རེ་དགེ་འདུན་གྲགས་པ། རྩེས་དང་པ་བློ་བཟང་རྒྱལ་མཚན། སྤོ་འབོར་བློ་བཟང་ཆོས་འཕེལ། ད་ལྟ་འོལ་དགའ་བ་བློ་བཟང་ཆོས་འཕེལ། སྔགས་གྲྭ་གཞིས་དགོན་རྒྱུད་སྟོད་དང་ཉེ་བ། གྲྭ་རྒྱུན་སློབ་གཉེར་སྒོ་མང་། སེ་ར་སྨད། ཉང་རོང་རྣམས་སུ་འགྲོ། ཨང་གཉིས་གྲྭ་བཙུན་ཉི་ཤུ་རྩ་གཉིས་སྐོར།

༧༢ མངའ་ཕུ་དགོན་པ་ནི། དབྱེ་བོ་དང་འདེབས་མི་གཅིག་ཅིང་བར་སྐབས་སུ་བཙུན་མ་དགོན་ཚུགས་ཀ་མ་ཞིག་ཙམ་ཡོད་ཀྱང་འབྲི་གུང་མགོན་རྒྱལ་གྱི་དུས་སྟོངས་པར་སྣང་།

༧༣ གླུངས་ཤོད་བྱམས་པ་གླིང་ནི་དྭང་ཚུལ་བཀྲས་པ་དང་དཔལ་འབྱོར་རྒྱལ་མཚན་པས་བཏབ་ཅིང་བླ་རབས་དང་མདོ་སྔགས་སོགས་དབྱེ་དགོན་ཇི་ལྟར་རོ། །ཨང་དང་གྲྭ་གྲངས་ལྔ་བཅུ་སྐོར། སློབ་གཉེར་གྲྭ་རྒྱུན་དགའ་ལྡན་ཤང་རྩེང་དང་། ཐག་དབར། རྒྱུད་སྟོད་བཅས་པར་འགྲོ།

༧༤ ལྷ་རྩེ་དགོན་གསར་ནི། དཔལ་འབྱོར་རྒྱལ་མཚན་པས་བཏབ་ཀྱང་བར་སྐབས་སུ་བླ་རབས་འདི་བྱུང་གསལ་བ་མི་འདུག །འོལ་དགའ་སྨན་ལུང་དཀའ་བཅུ་ནས་རིམ་པ(༧༥༧ན)བཞིན། རིན་ཅེན་སྐྱང་པ། མངའ་རིས་དབེན་ཚུང་། དྭགས་པོ་ལྷ་དབང་རྒྱ་མཚོ་དང་བསྟན་པ་རྒྱ་མཚོ། ཨེ་པ་ནམ་མཁའ་རྒྱ་མཚོའི་སྐྱེ་བ། དྭགས་དཀོན་ཅོག་དར་རྒྱས། ཨེ་པ་བློ་བཟང་དར་རྒྱས། ཨེ་སྔགས་རམས་པ། ད་ལྟ་ཨེ་པ་བཀྲ་ཤིས་རྒྱ་མཚོ། གཞིས་དགོན་སྔགས་ལུགས། གསང་འདུས་དང་ནག་པོ་སྐོར་གསུམ། ཨང་གསུམ་གྲྭ་བཙུན་བཅོ་བརྒྱད་སྐོར།

༧༥ གླུངས་ཤོད་འོད་སྣ་ཆོས་སྡེ་ནི། གཡག་སྡེ་པཎ་ཆེན་གྱི་སློབ་མ་ཨེ་ཕྱེ་གྱི་གདན་ས་པ་ཆོས་རྗེ་མགོན་པོ་ཡེ་ཤེས་ཀྱིས་བཏབ། གདན་སར་རིམ་པ་བཞིན་དུ་ཆོས་རྗེ་གཞོན་ནུ་དཔལ། བླ་མ་གསེར་ཐུབ་པ། ཤཱཀྱ་ཤྲཱི། མངའ་རིས་རབ་འབྱམས་པ། ཆོས་རྗེ་ལེགས་ཆོས་པ། འདར་སྟོན་བློ་བཟང་པ། སློབ་དཔོན་ལྷ་རིན་པ་པཎ་ཆེན་བསོད་ནམས་གྲགས་པ་རྣམས་བྱོན། དེ་ནས་ཞྭ་དམར་སེར་གྱི་གྲུབ་མཐའི་ཀུན་སློང་ལ་བརྟེན་ཞྭ་སྐབས་བསྒྱུར་ནས་ཀུན་དགའ་རིན་ཆེན་པ། རིན་ཆེན་རྣམ་རྒྱལ། པཎ་ཆེན་པ། བླ་མ་རྣམ་འཇོམས་སོགས་བྱུང་། དེ་ནས་ཐྲིལ་ལོ་དུས་འཁྲུག་སྐབས་ལྕགས་ཐོ་རིར་སོག་དམག་གིས་གཅང་དཔུང་བསྐྱིལ་བའི་འགྲོ་མང་དོན་དུ་ལྷག་པའི་བསམ་པ་དང་སྨོན་ལམ་རྣམ་པར་དག་པས་མཚམས་སྦྱར་ཏེ་པཎ་ཆེན་ཐམས་ཅད་

མཁྱེན་པ་དང་། འཇམ་དབྱངས་བླ་མ་དཀོན་ཅོག་ཆོས་འཕེལ་གཉིས་ཀྱིས་ལུགས་བཟུང་གི་བཀའ་ནན་ལྟར་ཚྭི་བའི་བར་མཚམས་ཀྱིས་བཅད་དེ་རང་ཕྱོགས་དགེ་ལུགས་པའི་ཆོས་སྡེ་རྣམས་སོར་ཆུད་བླ་མར་བཟང་པོ་རྣམ་རྒྱལ་བསྐོས་ཀྱང་སླར་མི་ཏོག་མདའ་ཅན་གྱི་བརྟུལ་ཞུགས་འཛིན་པ་འབྲི་གུང་པས་ཕུན་ཚོགས་རྣམ་རྒྱལ་བཞག་(༧༥༧བ)པ་སོགས་བར་སྐབས་འགྱུར་ལྡོག་མང་ཡང་ཛྙེ་བླ་མའི་ཆོས་སྲིད་ཀྱི་གདུགས་དཀར་པོ་སྲིད་པའི་རྩེ་མོར་འཕོར་བ་ནས་ཞྭ་སེར་ཅོད་པན་འཆང་བའི་རིང་ལུགས་སུ་གཞོལ་བའི་བླ་རབས་ནི། བསམ་བློ་ནོར་བུ་རྒྱལ་མཚན། སྤྱན་གཡས་བསོད་ནམས་རྒྱལ་མཚན། འབྲུག་པ་བློ་བཟང་བསྟན་འཛིན། དར་མདོ་ངག་དབང་ལྷུན་གྲུབ། བ་རི་མདོ་སྡེ་རྒྱ་མཚོ། དེང་སང་སེ་ར་སྨད་བློ་བཟང་བསྟན་འཛིན། སྟགས་དགོན་རྒྱུད་སྟོད་དང་ཉེ་བ། གྲྭ་རྒྱུན་ཞང་རོང་བློ་གླིང་བྱེས་རྣམས་སུ་འགྲོ། ཨང་དང་གྲྭ་གྲངས་བརྒྱ་དང་ཉེ་ཤ་ཙ་དྲུག་སྐོར།

༧༨ གཙོ་རོང་མདོར་ཞྭ་ལྷ་ཁང་ནི། པཎ་ཆེན་བི་མ་ལ་རྒྱ་ནག་ཏུ་བཞུད་ནས་ལོ་ལྔ་བཅུ་སོང་བའི་ཚེ་ཇོ་ཛྙེ་ལེགས་པས་མདོ་ཁམས་སུ་སེར་བ་ཕབ་སྟེ་ནས་ཇ་མོའི་ཁལ་རྒྱབ་བརྒྱ་བཀལ་བྱུང་བ་ལ་ཉང་ཏིང་འཛིན་བཟང་པོས་ཇོ་ཛྙེ་འཕངས་པས་དམ་ཚིག་དྲན་ཏེ་ནས་ཕུལ་བ་ལ་མཐུན་རྐྱེན་བྱས་ཀླུ་བདུད་ནག་པོའི་ཁ་གནོན་དུ་མཆོད་རྟེན་དཀར་ནག་ཞབས་སྦྱོད། མ་གཟའ་རྗོར་གསུམ་གྱི་སྨན་སྐྱ་བཅས་བཞེངས་ཤིང་གདམས་པ་རྣམས་ཀེའུ་ཚང་རིམ་གསུམ་སྒོའི་སྟེང་ཀ་བའི་ཕོང་གསེང་རྣམས་སུ་སྦས། ཕྱིས་སྤྲུལ་བའི་གཏེར་སྟོན་ལྡང་མ་ལྷུན་རྒྱལ་གྱིས་ཟབ་གཏེར་ཆེས་མང་བ་བཞེས་པ་སོགས་ཁྱད་པར་འཕགས། སླར་ཆོས་རྗེ་དྲི་མེད་འོད་ཟེར་རམ་ཀུན་མཁྱེན་ཀློང་ཆེན་པས་ཞིག་གསོ་མཛད། སྟ་ཐོག་ཛེ་སྟན་པའི་རིང་ལུགས་འཛིན། ཕྱིས་དགེ་ལུགས་སུ་འགྱུར་ནས་སློབ་དཔོན་པ་སྟར་ཕུ་ཆོས་དཔལ་བཟང་པོ། ཞོགས་འོད་ཟེར་སྤྱན་སྡེ། ཀུང་ཐང་སངས་རྒྱས་འབྱུང་གནས། ཅོ་ནེ་བསོད་ནམས་རྒྱ་མཚོ། ལྷན་ཙ་བསམ་གཏན་རིན་ཆེན། ཁལ་(༧༥༢ན)ཁ་ངག་དབང་དཀོན་ཅོག །སྟར་བུ་ཆོས་དབང་གྲགས་

པ། ད་ལྟ་ཁྲི་རིན་པོ་ཆེ་ཚོ་ནེ་ཚུལ་ཁྲིམས་དར་རྒྱས། སྔགས་ལུགས་རྒྱུད་སྟོད་དང་ཉེ། གྭ་རྒྱུན་དགའ་ལྡན་ཤར་རྩེ་དང་བྲག་དཀར་དུ་འགྲོ། ཨང་དང་གྭ་པ་ཉི་ཤུ་རྩ་བཞི་སྐོར།

༡༧ བྲ་ཡུལ་མང་ར་ནི། དགེ་བའི་བཤེས་གཉེན་བྲ་ཡུལ་བའམ་སྟོད་ལུང་པ་གཞོན་ནུ་འོད་ཅེས་པས་བཏབ། སངས་རྒྱས་གཙང་སྟོན་གྱི་དུས་འབྲི་གུང་པས་ཞུགས་ཀྱིས་བསྲེགས་ནའང་། སླར་སངས་རྒྱས་རྗེ་བོས་ཞིག་གསོ་ལེགས་པར་མཛད་པ་ཡིན་ལ། གདན་རབས་ནི་སྤྱན་སྔ་ཚུལ་ཁྲིམས་འབར། སྤྱིལ་སྣ་བྲ་ཡུལ་བ་གཞོན་ནུ་འོད། དགེ་བཤེས་གནས་བརྟན་པ། གཙང་པ་རིན་པོ་ཆེ་ནམ་མཁའ་རྡོ་རྗེ་རྒྱལ་མཚན། སླང་ལུང་པ་བརྩོན་འགྲུས་གཞོན་ནུ། སངས་རྒྱས་སྒོམ་པ་རྡོ་རྗེ་གཞོན་ནུ། ཟེམ་རིན་པོ་ཆེ་གྲགས་པ་སེང་གེ །ཁམས་པ་ལུང་པ་རིན་ཆེན་སེང་གེ །སངས་རྒྱས་རྗེ་བོ་དབང་ཕྱུག་གཞོན་ནུ། སངས་རྒྱས་སྟོན་པ་ཚུལ་ཁྲིམས་སེང་གེ །སངས་སྒོམ་གསར་མ་ཚུལ་ཁྲིམས་ཤེས་རབ། རྒྱས་སྟེང་པ་སངས་རྒྱས་དཔོན་གཞོན་ནུ་སྒོམ་ལམ། བཅུ་བཞི་པ་ཚུལ་ཁྲིམས་མགོན་པོ། བློ་གྲོས་རྣམ་དག་གནམ་གང་པ་གཞོན་ནུ་ཡེ་ཤེས། ཆོས་བཅུ་པ་ཆོས་ཀྱི་རྡོ་རྗེ། བཅོ་བརྒྱད་པ་བློ་གྲོས་རིན་ཆེན་འདི་ལ་འཇམ་མགོན་ཆོས་ཀྱི་རྒྱལ་པོས་བཀའ་གདམས་གསན། སྤྱན་སྔ་བ་རིན་ཆེན་རྒྱལ་མཚན་དངོས་སློབ་ཏུ་གྱུར་ཞིང་། དེ་ནས་བྱམས་མགོན་ཚུལ་ཁྲིམས་དང་། སྤྱན་སྔ་བསོད་ནམས་རྒྱལ་མཚན། དེའི་མཆེད་ཟླ་བསོད་ནམས་ལྷ་དབང་། སྤྱན་སྔ་བསོད་ནམས་ལྷའི་(༡༥༢བ)དབང་པོ། སྤྱན་སྔ་ཆོས་གྲགས་རྒྱལ་མཚན། འདི་ཡན་བྲ་ཡུལ་བའི་དཔོན་བརྒྱུད་ཡིན། དེ་ནས་མཁན་པོ་བསྐོས་པ་ལ་འཕྱིན་པ་ངག་དབང་རྣམ་རྒྱལ། གཙང་པ་མི་ཧི་དོན་གྲུབ་རྒྱལ་མཚན། རྒྱ་རག་པ་ཆོས་ཀྱི་རྡོ་རྗེ། སླར་དཔོན་བརྒྱུད་ངག་དབང་བྱམས་པ་བསོད་ནམས་དཔལ་བཟང་པོ། སྐྱིད་ཤོད་ངག་དབང་རྣམ་རྒྱལ། གཉལ་པ་ནམ་མཁའ་བསོད་ནམས་གྲགས་པ། ཧེ་བོ་ནམ་མཁའ་བསམ་གྲུབ། ཉག་རེ་དགེ་འདུན་གྲགས་པ། སོག་པོ་ངག་དབང་བསྟན་འཛིན། ད་ལྟ་སྤོ་བོ་

བློ་བཟང་རྒྱལ་མཚན། ཐུགས་དགོན་རྒྱུད་སྨད་དང་ཉེ། གྲྭ་རྒྱུན་བྱང་རྩེ་བློ་གསལ་གླིང་སེ་ར་བྱེས་རྣམས་སུ་འགྲོ། ཨང་དང་གྲྭ་གྲངས་དྲུག་ཅུ་རེ་དྲུག་སྐོར།

༧༨ སྐྱིད་ཚུ་ཤར་ཁའི་དབུ་སྟོད་སྟག་ཕུ་ཆོས་སྡེ་ནི། སྔོན་རྗེ་བོ་རྗེའི་སློབ་མ་རིན་ཆེན་སྙིང་པོས་གཙུག་ལག་ཁང་ཉིང་པ་བཙིགས། ལོ་མང་པོ་སོང་རྗེས་ཀུན་དགའ་དོན་གྲུབ་ཨེ་གོང་པོར་འབྲུངས་ཤིང་ཆོས་ཁང་གསར་དུ་བཙིགས། འདི་འཇམ་མགོན་ཆོས་ཀྱི་རྒྱལ་པོ་དང་མཇལ་ཞིང་རིང་ལུགས་སུ་གྱུར། གདུལ་བྱ་མང་དུ་འདུས་པ་ལ་ཆོས་གསུང་བ་ན་རྒྱ་ནག་རྒྱལ་པོས་གོ་ཤྲིའི་ལས་ཀ་གནང་བས་འཕྲིན་ལས་ཆེ། དེའི་རྗེས་དྲུང་ཆེན་ཤར་པ་བློ་གྲོས་རྒྱལ་མཚན། ཀུན་དགའ་དོན་གྲུབ་ཕྱི་མ། དྲུང་དོན་གྲུབ་དཔལ། མཚམས་བཅད་པ་ཀུན་དགའ་གྲགས། ཐུགས་འཆང་ཀུན་དགའ་དོན་གྲུབ། མཁས་པ་བློ་གྲོས་རྒྱལ་མཚན། རྗེ་བཙུན་བསོད་ནམས་ཆོས་ཀྱི་རྒྱ་མཚོ། ཆོས་རྗེ་ནོར་བུ་བཟང་པོ། དེའི་དབོན་པོ་ཆོས་རྒྱལ་བསྟན་འཛིན་འདིས་སྟག་ཕུ། ཉང་པོ་རྒྱ་ནང་ཧླ་ཙ་དགོན། བྱང་ཧ་རི་ཏ། (༧༥༣ན)རྒྱས་ཤོད་བན་མཁར་རྣམས་ཀྱི་བླ་མ་མཛད། སྟག་ཕུའི་སློབ་དཔོན་གྱི་རིམ་པ་ནི། སློབ་དཔོན་ནམ་མཁའ་རྒྱལ་མཚན། གྲགས་པ་རྒྱལ་མཚན། ཕུན་ཚོགས་བློ་གྲོས། ཆོས་རྒྱལ་མཚན། གྲགས་ཤེ། ནམ་མཁའ་འབྱུང་གནས། ཕུན་ཚོགས་ཚུལ་ཁྲིམས། སློབ་དཔོན་ངག་དབང་རྣམ་རྒྱལ། ཡུལ་ཕྱི་དམ་ཆོས་ཡར་འཕེལ། བསོད་ནམས་ཡར་འཕེལ། རྣམ་རྒྱལ་རྒྱ་མཚོ། ཆོས་འཕེལ་རྒྱ་མཚོ། ཆོས་དབང་གྲགས་པ། སྤྱི་བོ་བློ་བཟང་རྒྱལ་མཚན། ད་ལྟ་སེ་ར་སྟོད་ངག་དབང་ནམ་མཁའ། ཐུགས་དགོན་རྒྱུད་སྨད་དང་ཉེ་བ། གྲྭ་རྒྱུན་དགའ་ལྡན་ཐོས་བསམ་གླིང་དང་བློ་གླིང་སོགས་ལ་འགྲོ། ཨང་གཉིས་གྲྭ་པ་བརྒྱད་ཅུ་གྱ་དགུ་སྐོར།

༧༩ སྣུག་ཙུམ་ནི་བཙོན་འགྲུས་འབར་གྱིས་བཏབ་ལ་བཀའ་གདམས་ཀྱི་དགེ་བཤེས་མང་པོས་བཞུགས་པའི་དར་རྒྱས་ཆེ་ནའང་། ཕྱིས་མས་ཏྲི་ཀ་ཚལ་དུ་འཕྲི་གུང་པས་སྣུག་ཙུམ་གཙུག་ལག་ཁང་གི་རྟེན་མཆོད་རྣམས་གསར་དུ་བསྒྲིགས་ཚུལ་ལ་དཔག་ནས་བཤིག་པར་མངོན་ཞིང་། གང་ལྟར་ད་ལྟ་སྣུག་ཙུམ་ཞེས་པའི་མི་ནག

ཐུད་གཉིས་ལས་དགོན་པའི་ཚུགས་ཀ་མི་སྣང་ངོ་། །

༢༠ མལ་དྲོ་ཆོས་འཁོར་སྒང་ནི་བླ་མ་ཆོས་ཀྱི་རྒྱལ་མཚན་པས་བཏབ་ཅིང་། ཀུ་ཤྲཱི་དཔལ་ལྡན་དོན་གྲུབ་ཀྱིས་དར་རྒྱས་སུ་མཛད། དེ་རྗེས་གད་གྲོང་ཆོས་རྗེ་སྐམ་བུ། དོན་གང་ངག་དབང་རྣམ་རྒྱལ། འཕྲོང་རྩེ་ཚུལ་ཁྲིམས་ཆོས་འཕེལ། མལ་དྲོ་བཀྲ་ཤིས་གྲགས་པ། ཧོར་བསོད་ནམས་ཡར་འཕེལ། རྩ་ཕྲ་དགེ་འདུན་དོན་གྲུབ། ད་ལྟ་བན་མཁར་བློ་བཟང་རབ་བརྟན་གྱི་སྐབས། གཞིས་དགོན་རྒྱུད་(༧༥༣བ)སྨད་དང་ཉེ། སློབ་གཉེར་གྲྭ་རྒྱུན་དགའ་ལྡན་ཐོས་བསམ་གླིང་། ཐག་དབར། རྒྱུད་སྨད་བཅས་པར་འགྲོ། ཨང་གཉིས་གྲྭ་བཙུན་ཉི་ཤུ་སྐོར།

༢༡ མལ་དྲོ་རྒྱལ་བཟང་ནི། དེབ་སྔོན་དུ་རྨ་ལོ་ཙྪ་བའི་བརྒྱུད་འཛིན་སྤྲུལ་སྐུ་བས་གཙུག་ལག་ཁང་བཞེངས་ཤིང་། ལྷ་ཞལ་འཕྲང་གི་འཇིགས་པ་ཞི་བར་མཛད་ཅེས་དང་། མཁར་ལས་དང་པོ་མ་གཅིག་ཞ་མ་ལྕམ་གྱིས་བཏབ་ཅིང་། ཡུན་རིང་པོ་སོང་མཚམས་ཐམས་ཅད་གྲོས་མཐུན་གྱི་སྒོ་ནས་རྗེ་ཐམས་ཅད་མཁྱེན་པ་བསོད་ནམར་རྒྱ་མཚོ་ལ་ཕུལ་བའི་བླ་མ་དགའ་ལྡན་ཕོ་བྲང་ནས་བསྐོ་ཡང་མིང་གསལ་ཁུངས་མ་འཁྱེར། ཕྱིས་དགའ་ལྡན་ཁྲི་རིན་པོ་ཆེ་ལྷུངས་རམས་པ་དགེ་འདུན་རྣམ་རྒྱལ་ནས་བཟུང་ཁྲི་ཐོག་པ་ན་རིམ་གྱིས་སྐྱོང་བའི་བསླབ་སྟོན་སྐུལ་བ་དེང་སང་ཡང་རྒྱུན་ར་ཉམས་པར་མཆིས། སློབ་གཉེར་མདོ་ཉང་རོང་གྲྭ་ཚང་དང་གཞིས་དགོན་ཕྱོགས་གྲྭ་རྒྱུད་སྟོད་པར་ཉེ། ཨང་དང་གྲྭ་བཙུན་ཉེར་བཞི་སྐོར།

༢༢ མཁར་སྐྱུ་ཆོས་སྡེ་ནི། བླ་མ་སངས་རྒྱས་ཚུལ་ཁྲིམས་དང་། དྲུང་སངས་རྒྱས་བསམ་གྲུབ། རྫོང་དཔོན་བཟང་ངེ་བ་མཆོད་ཡོན་གྱིས། གོང་མ་ཆོས་གཉིས་རིན་པོ་ཆེ་དཔལ་ངག་གི་དབང་པོ་བཀའ་བརྒྱུད་རྣམ་པར་རྒྱལ་བའི་ལྷ་ལ་དགོངས་པ་ཞུས་ནས། ཟུར་ཕུག་མདར་འདུས་སྡེ་འདི་བསྐྲུན་པ་ཡིན་ལ། རིན་ཆེན་གླིང་པའི་དབུ་མཛད་དགེ་འདུན་འཕེལ་བླ་མར་བསྐོས། དེ་ནས་བླ་མ་རིམ་པ་བཞིན་དབུ་སྟོད་པ་དགེ་འདུན་བསྟན་པ་དར་རྒྱས། དྲུང་ཕུན་ཚོགས་བཀྲ་ཤིས། སྤུན་དྲུག་རྫོང་པ་

བསོད་ནམས་རྣམ་རྒྱལ། དེའི་གཙུང་ཐུབ་བསྟན་འཛིགས་མེད་གྲགས་པ། གཙང་སྟོན་(༧༥༩ན)དམ་ཆོས་དཔལ་འབར། རྒྱལ་སྲས་དོན་ཡོད་ཆོས་ཀྱི་རྒྱ་མཚོ། འབྲོང་རྩེ་རབ་འབྱམས་པ་ཚུལ་ཁྲིམས་ཆོས་འཕེལ། སླར་ཡང་རྒྱལ་སྲས་དོན་ཡོད་ཆོས་ཀྱི་རྒྱ་མཚོ། ལོ་པ་དགེ་འདུན་དར་རྒྱས། ཤར་ཁང་པ་ངག་དབང་རྣམ་རྒྱལ། གཉལ་པ་བསོད་ནམས་གྲགས་པ། བྱང་རྩེ་བ་དམ་ཆོས་རྣམ་རྒྱལ། དགའ་ལྡུང་རྒྱལ་སྲས་བློ་བཟང་བསྟན་འཛིན་རྒྱ་མཚོ། ད་ལྟ་བསླབ་གསུམ་རྒྱ་མཚོ། སློབ་གཉེར་བློ་གླིང་བྱེས་བྱང་རྩེ། གཞིས་དགོན་རྒྱུད་སྨད་དང་ཉེ་བ། ཨང་དང་གྲྭ་པ་བརྒྱད་ཙུ་གྲུ་གཉིས་སྐོར།

༢༣ ཆོས་སྡེ་རིན་ཆེན་གླིང་ནི་དྲུང་ནམ་དཔལ་བས་ཀུང་ཐུགས་ཁུར་བཞེས་ཏེ་བྱང་སེམས་འདུལ་བ་པ་དགེ་འདུན་རིན་ཆེན་པས་ཏུ་ཐོག་བླ་མ་བསོད་ནམས་རྒྱལ་མཚན་ལ་ཆོས་སྡེ་འདེབས་པའི་བརྟག་པ་ཞུས་པར་ཟར་མདོར་ཐོབ་གསུངས་པ་ལྟར་དེར་ཕེབས་ཀུང་ཕ་རི་ཚུར་རི་གང་ཡིན་མ་དགོངས་པའི་ངང་ནས་གཏོར་མ་གཏོང་ཞིང་བཞུགས་པ་ན། བྱ་རོག་གིས་གཏོར་ཆ་ཁྱེར་ཏེ་ཕ་རིར་བཞག་པའི་ཤུལ་དུ་མཆོད་ཁང་བརྩིགས་རྟེན་གསུམ་བཞེངས་ཏེ་རབ་བྱུང་བདུན་པའི་མེ་སྤྲེལ་ལོར་བཏང་པས་ཡས་མས་ནས་བཙུན་པ་མང་དུ་འདུས་ཤིང་། གླིང་རྒྱ་ཤིན་ཏུ་ཆེ་བར་བྱུང་བས་རིན་ཆེན་གླིང་དུ་བཏགས། བླ་མར་དྲུང་ནམ་མཁའ་དཔལ་བཟང་པ་བསྐོས། དེའི་རྗེས་སུ་བྱང་སེམས་འདུལ་བ་པ་རང་གིས་བླ་མ་མཛད། དེ་ནས་གདན་སར་རིམ་པ་བཞིན་དུ་བླ་མ་རབ་འབྱོར་འཕགས། བླ་མ་ཆོས་རིན་པ། བྱང་སེམས་འདུལ་བ་པའི་སྐྱེ་བ་དྲུང་རབ་ཏུ་བྱུང་བ། སླར་བླ་མ་སྐུ་སྐྱེ་བ། ཏི་ཤྲཱི་དཔལ་ལྡན་ལེགས་པ་རེ་རྒྱལ་མཚན་དཔལ་བཟང་པོ། ཆོས་རྗེ་ཤར་པ་དཀོན་ཅོག་དར། པཎ་ཆེན་བསོད་(༧༥༩བ)ནམས་གྲགས་པ། ཆོས་རྗེ་ངག་དབང་ཆོས་གྲགས། བདེ་བ་ཅན་པ་དགེ་ལེགས་དཔལ་བཟང་པོ། ཆོས་རྗེ་ཚེ་བརྟན་རྒྱ་མཚོ། ཆོས་རྗེ་རྒྱལ་ཁང་རྩེ་པ་དཔལ་འབྱོར་རྒྱ་མཚོ། ཆོས་རྗེ་སངས་རྒྱས་རིན་ཆེན། གླིང་སྨད་ཆོས་ཀྱི་རྗེ་རིན་པོ་ཆེ་དཀོན་ཅོག་ཆོས་འཕེལ། ལོ་པ་དགེ་འདུན་རྣམ་རྒྱལ། ཚ་བཟང་པ་བྱམས་པ་རྣམ་རྒྱལ། སྟོང་

ལུང་པ་དཀོན་ཅོག་ཆོས་བཟང་། རྒྱལ་བ་བྱམས་པ་བཀྲ་ཤིས། མངོན་དགའ་སྐུ་སྐྱེ་ངག་དབང་ཕུན་ཚོགས། ད་ལྟ་ཕུན་གླིང་བཀྲ་ཤིས་རྒྱ་མཚོ། སྟགས་གཞིས་དགོན་རྒྱུད་སྟོད་དང་ཉེ། གྲྭ་རྒྱུན་སློབ་གཉེར་ཤར་རྩེ། བློ་གླིང་། སེ་ར་སྨད་སོགས་འགྲོ། ཨང་དང་གྲྭ་པ་བརྒྱ་དང་བདུན་ཅུ་དོན་དྲུག་སྐོར།

༢༩ ཏུ་ཐོག་དགོན་ནི་ཞང་ཚལ་པའི་སློབ་མ་རྟོགས་ལྡན་བདེ་བ་གཞོན་ནུས་བཏབ། དེ་ནས་སྤྱན་སྔ་གཞོན་ནུ་རྒྱལ་མཚན། སྤྱན་སྔ་ཆོས་བློ་གྲོས། གཙུང་རིན་པོ་ཆེ། འཛིགས་མེད་སེང་གེ །འདི་ཡན་ཚལ་པ་བཀའ་བརྒྱུད་དང་། དེ་ནས་རྒྱལ་དབང་དགེ་འདུན་རྒྱ་མཚོའི་འཕྲིན་ལས་ཀྱི་དབང་གིས་རང་ཤུགས་སུ་དགེ་ལུགས་ལ་འགྱུར་བའི་གངས་ཅན་རབ་འབྱམས་པ། ཡོ་པ་ཆོས་རྗེ་དགེ་འདུན་རྣམ་རྒྱལ། འོད་ཟེར་གྲུང་པ་ངག་དབང་དོན་གྲུབ། བྲག་དཀར་བསམ་གཏན་རིན་ཆེན་རྣམས་བྱུང་། སློབ་གཉེར་ཤར་རྩེ་བློ་གླིང་སྨད་རྣམས་སུ་འགྲོ། གཞིས་དགོན་རྒྱུད་སྟོད་དང་ཉེ། ཨང་དང་གྲྭ་པ་ཉི་ཤུ་རྩ་བདུན་སྐོར།

དགེ་བསྟན་འོལ་དགའ་ཕྱོགས་སུ་དར་ཚུལ།

འོལ་དགའ་ཕྱོགས་སུ་འཛམ་མགོན་ཆོས་ཀྱི་རྒྱལ་པོའི་བསྟན་པ་དར་ཚུལ་ནི།

༡ ལྷ་ཆེན་པོ་དགོངས་པ་རབ་གསལ་གྱིས་མདོ་ཁམས་ནས་གར་མི་ཡོན་ཏན་གཡུང་དྲུང་ལ་ལེ་ཡུལ་དུ་རྒྱལ་པོ་ཧྲཥྨི་ཀ་ལླ་(༧༥༥ན)བའི་སྐྱིད་པོས་བཞེངས་པའི་རྫོ་གླིཾ་ལས་གྲུབ་པའི་རྒྱལ་བ་བྱམས་པའི་སྐུར་ཙན་དན་གྱི་རྗེ་བོ་ཁྲུ་གང་པ་དང་། ཤེལ་གྱི་རྗེ་བོ་མཐིད་གང་པ་ཡང་ཐིམ་པའི་རང་བྱོན་སུམ་ལྡན་དུ་གྲགས་པའི་ཁྲུད་ཅན་གནང་སྩེ་དབུས་གཙང་དུ་འགྲོ་དོན་གྱིས་གསུངས་པ་ལྟར་འོལ་དགར་བྱོན་ནས་གནས་གཞི་ཞིག་བརྩིག་པར་བརྩམས་པ་ན་རྒྱལ་བ་བྱམས་པའི་སྐུ་དེར་གསོལ་བ་བཏབ་པས་བྲག་ལྷ་གསེར་ཁང་ནས་རྫིང་མ་གིའི་ཕྱི་ཙམ་དུ་བརྩིགས་ཞེས་ལུང་བསྟན་པ་བཞིན་གནས་གཞི་བཞེངས་པས་རྫིང་ཕྱིར་གྲགས། ཆོས་མངོན་པའི་བཤད་གྲྭ་དང་སྒྲུབ་གྲྭ་གཉིས་

བཙུགས། བླ་མ་རིམ་པ་བཞིན་ཁུ་བསྟོན་འགྲུས་ཤེས་རབ། ར་ཁྲི་བཟང་འབར། རྒྱ་རྒྱལ་བུ་ཚུལ་ལེགས། བྲང་ཏི་དར་མ་སྙིང་པོ་རྣམས་བྱོན། བར་སྐབས་སུ་གུད་པ་ན་འཇམ་མགོན་ཆོས་ཀྱི་རྒྱལ་པོས་ཞིག་གསོ་མཛད་དེ་མཁན་པོ་རིམ་པར་བསྐོར་བ་མཁན་ཆེན་སྒྲི་ཐོག་པ་བསམ་གཏན་རྒྱལ་མཚན། མཁན་ཆེན་གཙང་སྟོན་བསྟན་པ་བཟང་པོ། མདོ་སྨད་པ་བློ་གྲོས་སེང་གེ །ཀ་ཧུ་བ་བཟང་སྐྱོང་། དབུ་སྟོད་པ་ནམ་མཁའ་རིན་ཆེན། གདན་ཧུ་བ་ཆོས་རྒྱལ་མཚན། ཚུམས་པ་ཟླ་བ་རྒྱལ་མཚན། གནས་སྙིང་པ་བསྟན་པ་རྒྱལ་མཚན། སྟག་རྩེའི་ཞལ་ངོ་ནོར་འཛིན་ཆོས་རྒྱལ། ནེལ་པ་སངས་རྒྱས་ཚུལ་ཁྲིམས། ཐམས་ཅད་མཁྱེན་པ་དགེ་འདུན་རྒྱ་མཚོ། དེའི་དཔོན་པོ་བློ་བཟང་དཔལ་འབྱོར། དན་འབག་པི་ལིང་པ་དབང་ཕྱུག་བཟང་པོ། སྟག་རྩེའི་ཞལ་ངོ་དོན་ཡོད་རྒྱ་མཚོ། གཙང་སྟོན་ཀུན་དགའ་ཤེས་རབ། གཙང་འབྲི་མཚམས་པ་མཁན་ཆེན་ཆོས་འཕེལ་བཟང་པོ། འོལ་དགའ་ཚོང་པ་མཁན་ཆེན་བློ་བཟང་རྒྱ་མཚོ། སྤེལ་སྟོན་ནས་འབུམ་རམས་པ་མཁན་ཆེན་བསོད་ནམས་རྣམ་རྒྱལ། གླིང་སྨད་ཆོས་རྗེ་རིན་པོ་ཆེ་དཀོན་ཅོག་ཆོས་འཕེལ། ལྷུངས་རབ་འབྱམས་པ་(༧༥༥བ)དགེ་འདུན་རིན་ཆེན་རྒྱ་མཚོ། སྐྱིད་ཤོད་དགེ་འདུན་རྣམ་རྒྱལ། འོལ་དགའ་བྱམས་པ་རྣམ་རྒྱལ། འོལ་དགའ་རིན་ཆེན་བློ་གྲོས། འོལ་དགའ་བྱམས་པ་རྒྱལ་མཚན། གྲྭ་བྱམས་གླིང་བློ་བཟང་སྐྱེས་མཆོག །ཨེ་རི་སྔོ་བྱམས་པ་རིག་འཛིན། ད་ལྟ་ཁྲི་རིན་པོ་ཆེ་ཙོ་ནེ་ཚུལ་ཁྲིམས་དར་རྒྱས་ཀྱི་སྐབས། གཞིས་དགོན་འདོན་ཆོས་རྒྱུད་སྟོད་པ་ལུགས། སློབ་གཉེར་གྲྭ་རྒྱུན་ཞང་རོང་བློ་གླིང་སྨད་རྣམས་སུ་འགྲོ། ཨང་དང་གྲྭ་པ་ཕྱེད་བཞི་བརྒྱ་སྐོར།

༢ འོལ་དགའ་བསམ་གླིང་ནི། དང་པོར་རྗེ་སྒམ་པོ་པས་སྒྲུབ་པ་མཛད། དེ་རྗེས་གདན་ས་ཐེལ་བའི་རྟོག་ལྡན་མི་བརྒྱད་ཀྱིས་བཟུང་མཆོད་ཁང་བཞེངས། དེ་ནས་འཇམ་མགོན་ཆོས་ཀྱི་རྒྱལ་པོ་ཕེབས་ཆོས་གསུངས་ཤིང་། འདུས་པ་སོགས་བསྟན་བཅོས་ཀྱང་མཛད་ནས་དགའ་ལྡན་པར་གྱུར་པའི་བླ་མ་རིམ་པ་བཞིན་དུ་

ཆོས་རྗེ་བདེ་བའི་བློ་གྲོས། ཡུལ་བཟང་པ་ནམ་མཁའ་ལེགས་པ། རྗེས་དྲང་པ་ལྷ་དབང་རིན་ཆེན། གུང་རུ་གཞོན་ནུ་བྱང་ཆུབ། འདིས་མཚན་ཉིད་གྲྭ་ཚང་བཙུགས། ཉེལ་པ་བྱམས་པ་རང་བྱུང་མཐའ་ཡས། རྒག་པ་དཔལ་ལྡན་ལེགས་པ། ཧེའུ་ར་བ་ཐར་པ་བཟང་པོ། སྣམ་ཞུག་པ་བློ་བཟང་དབང་པོ། རྗེས་དྲང་པ་ཚུལ་དཔལ་བ། སྐར་པ་བསྟན་པ་རབ་གསལ། རི་སྤྲུག་པ་དགེ་འདུན་ནོར་བཟང་། མཁན་ཆེན་བློ་བཟང་རྒྱ་མཚོ། མཁས་བཙུན་དར་རྒྱས་དབང་པོ། རབ་འབྱམས་སྨྲ་བ་བསྟན་པ་རྒྱ་མཚོ། འོལ་དགའ་རིན་ཆེན་བློ་གྲོས། འོལ་དགའ་ཆོས་སྐྱོང་རྣམ་རྒྱལ། འོལ་དགའ་འཕྲིན་ལས་རྒྱ་མཚོ། ད་ལྟ་དགའ་ལྡན་ཁྲི་པ་ཚུལ་ཁྲིམས་དར་རྒྱས་ཀྱི་སྐབས། གཞིས་དགོན་སྟགས་རྒྱུད་སྟོད་(༧༥༨ན)ལུགས་མདོའི་སློབ་གཉེར་སེ་ར་སྨད་བློ་གླིང་ཉང་རོང་མངའ་དགས་གང་སོས། ཨང་དང་གྲྭ་པ་བརྒྱད་ཅུ་གྱ་བཞི་སྐོར།

༣ ཆུ་བཟང་དགོན་པ་ནི་འཇམ་མགོན་ཆོས་ཀྱི་རྒྱལ་པོ་བཙོང་ཁ་པས་ཞབས་ཀྱིས་བཅགས་ཤིང་། གྲུབ་ཆེན་ནམ་མཁའ་རྒྱལ་མཚན་དང་། རྗེའི་དངོས་སློབ་དྲུང་ཆེན་བསོད་ནམས་བློ་གྲོས་པས་བཏབ། གདན་སར་བླ་མ་རིམ་པ་བཞིན། དྲུང་ཆེན་བསོད་བློ། དོ་པ་ཤེས་རབ་དཔལ་བཟང་། ན་ཁ་བློ་བཟང་པ། ཟལ་དཀར་བ་བློ་གྲོས་འཕེལ། གཙང་པ་ཆོས་ཉི་མ། སློབ་རི་བ་བསོད་ནམས་མཐའ་ཡས། ཐོན་པ་བསྟན་པ་ཡར་འཕེལ། གུང་རུ་གཞོན་ནུ་བྱང་ཆུབ། སྣམ་ཞུག་པ་བློ་བཟང་དབང་པོ། སྐྱུང་པ་དཀོན་ཅོག་དཔལ། སློབ་རི་བ་བསོད་ནམས་རིན་ཆེན། ལྷོ་སྟེ་བ་དགེ་འདུན་བསམ་གྲུབ། སྤྱིལ་མདའི་བླ་མ་བྱམས་པ་བློ་བཟང་། འབག་གི་དཀའ་བཅུ་པ་ཤེས་རབ་ཆོས་འཕེལ། རབ་འབྱམས་སྨྲ་བ་བསྟན་པ་རྒྱ་མཚོ། འོལ་དགའ་འཇམ་དབྱངས། ཤར་ཆེན་བྱམས་པ་རྣམ་རྒྱལ། འོལ་དགའ་ཞོལ་བྱམས་པ་རྒྱལ་མཚན། འོལ་དགའ་སྨན་གྲོགས་དགེ་འདུན་བསོད་ནམས། དྭགས་པོ་བྱེ་ཉུལ་དགེ་འདུན་ཆོས་རྒྱལ་དབང་ཕྱུག །འོལ་དགའ་མགར་འབྲོག་ཡོན་ཏན་རྒྱལ་མཚན། སོག་པོ་བློ་བཟང་དགའ་ལྡན། ད་ལྟ་མངའ་རིས་རིན་ཆེན་ཆོས་བཟང་། སྟགས་དགོན་རྒྱུད་སྟོད་

དང་ཉེ་བ། སློབ་གཉེར་མངའ་དབུགས། ཨང་དང་གྲྭ་གྲངས་བརྒྱད་ཅུ་གྱ་གཉིས་སྐོར།

༤ འཛམ་མགོན་ཆོས་ཀྱི་རྒྱལ་པོའི་བསག་སྦྱང་མཛད་པའི་ཆོས་ལུང་དུ་ཡང་། དགེ་འདུན་པ་རྣམ་དག་བཅུ་ལྷག་རེ་ཟམ་མ་ཆད་པར་བྱུང་ཞིང་དེང་རང་དགེ་(༧༥༨བ)སློང་བཅུ་དྲུག་སྐོར་ཚོགས་པ་དགོན་དེབ་ཏུའང་ད་ལྟར་ཡོད།

༥ ཉི་མ་གླིང་ནི་རྗེ་བདག་ཉིད་ཆེན་པོའི་འཁོར་དག་པ་རྣམ་བརྒྱད་ཀྱི་ནང་ཚན་རྣལ་འབྱོར་པ་བྱང་ཆུབ་སེང་གེས་བཏབ་ཅིང་། འཛམ་པའི་དབྱངས་བློ་བཟང་གྲགས་པ་ཁང་གསར་གོང་དུ་བཞུགས་སྐབས་རབ་གནས་ཞུས་པར་དེ་ག་ནས་མེ་ཏོག་འཁོར་བ་ཉི་གླིང་དུ་དངོས་སུ་སླེབས་པ་བྱུང་། བླ་མའི་རིམ་པ་ནི། རྣལ་འབྱོར་བྱང་སེང་། རྒྱལ་སྲས་བཟང་སྐྱོང་བ། སྤྱང་མདའ་བ་དགེ་འདུན་བཟང་པོ། བླ་མ་བསམ་གཏན་བཀྲ་ཤིས། འཕན་ཡུལ་རྒྱལ་པ། འོལ་དགའ་བ་བསོད་ནམས་རབ་བརྟན། ཞོགས་པ་སངས་རྒྱས་རྒྱལ་པོ། ལུང་པ་བ་བསོད་ནམས་མཐའ་ཡས། ཐོན་པ་བསྟན་པ་ཡར་འཕེལ། གྱང་གསར་བ་བསོད་ནམས་རྒྱ་མཚོ། ཆོས་རྗེ་སངས་རྒྱས་ལེགས་པ། སྤྲུལ་སྐུ་ཆོས་འཕེལ་རྒྱ་མཚོ། ལྷོ་ནེ་པ་དགེ་འདུན་བསམ་གྲུབ། ཆོས་རྗེ་བསམ་གཏན་རྒྱ་མཚོ། ལྕག་ར་ཆོས་རྗེ་བསོད་ནམས་རྣམ་རྒྱལ། འབག་དཀའ་བཅུ་བ་ཤེས་རབ་ཆོས་འཕེལ། འོལ་དགའ་བྱམས་པ་རྒྱལ་མཚན། དགེ་འདུན་བསོད་ནམས། རྗེ་དྲུང་དགེ་འདུན་ཆོས་རྒྱལ། འདུལ་བ་བླ་ཟུར་ཐུ་མེད་བློ་བཟང་དགའ་ལྡན། ད་ལྟ་ཟངས་མཁར་བ་རིན་ཆེན་ཆོས་བཟང་། གཞིས་དགོན་སྔགས་རྒྱུད་སྟོད་མདོའི་སློབ་གཉེར་སྐད་བློ་གླིང་ཉང་རོང་མངའ་དབུགས་སུ་འགྲོ། ཨང་དང་གྲྭ་པ་དྲུག་ཅུ་རེ་དྲུག་སྐོར།

༦ རི་བོ་གསེར་གླིང་ནི། འཛམ་མགོན་བླ་མའི་གསོལ་ཇ་བ་ཡོན་ཏན་བློ་གྲོས་པས་བཏབ་ཅིང་། རབ་གནས་རྗེ་ཉིད་ཀྱིས་མཛད། བླ་མའི་རིམ་པ་ནི། ཆོས་རྗེ་ཡོན་ཏན་བློ་གྲོས། གསང་སྔགས་མཁར་པ་ཀུན་(༧༥༩ན)དགའ་རྡོ་རྗེ། གྲུབ་ང་རྒྱལ་མཚན་བཟང་པོ། དོ་པ་ཀུན་དགའ་སེང་གེ །གྲོག་པ་བཀྲ་ཤིས་རྣམ་རྒྱལ། ཐུག་དེ་བ་བློ་བཟང་རྒྱ་མཚོ། འབག་དཀའ་བཅུ་པ་བསོད་ནམས་དཔལ་ལྡན། དོ་པ་བསྟན་

པ་དར་རྒྱས། འབག་དཀའ་བཅུ་པ་ཤེས་རབ་ཆོས་འཕེལ། མཁན་ཆེན་འབུམ་རམས་པ་བསོད་ནམས་རྣམ་རྒྱལ། སླར་ཡང་དཀའ་བཅུ་པ་ཤེས་རབ་ཆོས་འཕེལ། སྐྱོང་པ་སྐུ་སྐྱེ་མཐུ་སྟོབས་པ། མགར་འབྲོག་རྒྱལ་མཚན་དཔལ་བཟང་། མས་རྡོ་ངག་དབང་རིན་ཆེན། འོལ་དགའ་སྟོད་པ་བསོད་ནམས་བསམ་གྲུབ། འོལ་དགའ་བྱམས་པ་རྒྱལ་མཚན། ཕྱོ་བྲག་བློ་བཟང་རྒྱལ་མཚན། འཕྱོང་རྒྱས་པ་བློ་བཟང་མཁས་བཙུན། ༼དཀར་པོ་དགེ་འདུན་དབང་ཕྱུག ༼འབྲས་སྤུངས་བློ་བཟང་དགའ་ལྡན། ད་ལྟ་མངའ་རིས་རིན་ཆེན་གྲགས། སྟགས་དགོན་རྒྱུད་སྟོད་དང་ཉེ་བ། སློབ་གཉེར་བློ་གླིང་སེ་ར་སྨད། ཉང་རོང་རྣམས་སུ་འགྲོ། ཨང་དང་གྲྭ་པ་བཞི་བཅུ་ཞེ་དྲུག་སྐོར།

༧ བྱམས་པ་གླིང་དུ་རྗེ་བཙུན་བཙོང་ཁ་པ་ཆེན་པོའི་གཟིམས་ཁང་དཀར་པོར་བླ་མ་ཁམས་པས་མཆོད་ཁང་བཞེངས། རིན་ཆེན་སྒང་པ་ལ་གཉེར་གཏད་ཞུས་པས་དགེ་སློང་བཞི་སྡེ་ཙམ་མ་ཆག་པར་བྱུང་། ཕྱིས་ཆུ་བཟང་རབ་འབྱམས་པ་བསོད་ནམས་བསམ་གྲུབ་པས་གཞི་གསུམ་གྱི་ཆོ་ག་སོགས་བསྟན་པའི་བྱ་བ་མཛད། ད་ལྟ་དགེ་སློང་བརྒྱད་རེ་མ་ཆག་པར་བཞུགས་ཤིང་དགོན་དེབ་ཏུའང་དེ་ལྟར་ཡོད།

༨ རིན་ཆེན་སྒང་ནི་ཐོག་མར་དཔལ་ཆོས་ཀྱི་གྲགས་པས་གཞི་བཏིང་། དེ་ཉིད་ལ་སྟོད་བྱང་དུ་འབྲུངས། རྩེས་དང་དུ་ཕྱོན་ནས་གཞུང་ལུགས་མང་(༡༥༧བ)དུ་སྦྱངས་སུ་གྲུ་རྫོ་པའི་འཆད་ཉན་མཛད། སྣེའུ་སྟོད་གྲགས་པ་འབྱུང་གནས་ཀྱི་བླ་མར་གྱུར་ཡང་མི་ཆེན་གྱི་བླ་མར་དགོས་པ་མེད་དགོངས་འོལ་དགར་ཕེབས་འགོལ་བཞུགས་གནང་། ས་གསུམ་མར་སྐྱོན་སོགས་མཛད་ཀྱང་དེ་རྗེང་འཇམ་མགོན་ཆོས་ཀྱི་རྒྱལ་པོའི་གསུང་རབ་ལ་གཟིགས་པས་ཅུང་ཟད་དད་པར་གྲགས། མཁས་གྲུབ་ནོར་བཟང་རྒྱ་མཚོ་དང་མཇལ་ཞིང་མཐར་དབེན་གནས་དེ་གར་སྐུ་གཤེགས།

དེ་རྗེས་མཁས་གྲུབ་ནོར་བཟང་རྒྱ་མཚོ་ནི་གཙང་རྟ་ནག་ཏུ་ཆུ་ཡོས་ལ་འཁྲུངས། ཆུ་བྱང་གི་གྲྭ་ཚང་ལ་ས་དགེ་གཉིས་ཡོད་པས་དགེ་ལུགས་འཁྲིམས་ཤིང་མདོ་ཕྱོགས་ལ་སྦྱངས། དགུང་ལོ་བཅུ་གསུམ་པ་ལ་རབ་ཏུ་བྱུང་། བཀྲ་ཤིས་ལྷུན་པོར་རྗེ་དགེ་

འདུན་གྲུབ་པ་བསྟེན་ནས་མདོ་སྔགས་དུ་མར་སྦྱངས་ཤིང་དབུས་སུ་ཕྱིན་ནས་དཀའ་ལྡན་དུ་ཆོས་རྗེ་བློ་གྲོས་ཆོས་སྐྱོང་དང་འབྲས་སྤུངས་སུ་རོང་སྟོན་བློ་བཟང་གྲགས་པ་ལའང་དུས་འཁོར་སོགས་ཆོས་གསན། དགུང་ལོ་སོ་བདུན་པ་ལ་འོལ་དགར་ཕེབས། དཔལ་ཆོས་ཀྱི་གྲགས་པའི་ཞབས་ལ་ཐུག་སྟེ་ཆོས་མང་དུ་གསན། གྲུབ་པའི་རྒྱལ་མཚན་ཚུགས་པའི་བདེ་སྟོང་གི་ཏིང་འཛིན་ཟབ་མོ་ཐུགས་ལ་འཁྲུངས་ཤིང་གསུང་རབ་ཐམས་ཅད་གདམས་པར་ཤར་བ་དང་བླ་མ་བཟང་པོ་སོགས་སྟོན་གནས་རྗེས་དྲན་གྱི་རྣམ་པས་དུས་ཀྱི་འཁོར་ལོའི་སྤྱི་དོན་དྲི་མེད་འོད་རྒྱན་དང་པད་དཀར་ཞལ་ལུང་མ་བུ་འདུས་པའི་རིམ་གཉིས་ཀྱི་བཤད་པ་དབུ་མ་ལ་གྲུབ་མཐའི་སྤྲོལ་བཏོད་སོགས་ཁྱད་འཕགས་ཀྱི་བསྟན་བཅོས་མང་པོ་མཛད། འོན་ཀྱང་ཞལ་ལུང་མར་དེ་སྐབས་དགེ་ལུགས་དར་རྒྱས་ཆུང་གཤིས་ཀུན་ལ་མ་དར་དོགས་སྦྱར་བྱང་མ་ཆ་མཛད། (༧༥༢ན)གཞན་ཡང་འཇམ་དཔལ་དབྱངས་ཞལ་གཟིགས་པ་དང་ལྷ་སར་དཀྱིལ་བའི་རོལ་མོ་གསན་པ། གཏེར་ལ་རང་ཕྱིན་སོགས་ངོ་མཚར་དུ་མ་བྱུང་ཞིང་གྲུ་རིགས་མང་དུ་འདུས་པ་ལས་རིན་ཆེན་སྒང་ཆགས། འོལ་དགའ་དཔོན་སློབ་ཀྱི་བླ་མར་གྱུར། དགུང་ལོ་གོ་གཅིག་པ་ཆུ་བྱ་ཟླ་བ་དྲུག་པའི་ཉི་ཤུ་ལྔ་ལ་གཤེགས་པར་མེ་ཏོག་གི་ཆར་དང་འཇའ་གུར་རིང་བསྲེལ་སོགས་ངོ་མཚར་དུ་མ་ཟད་གདུང་ཐལ་ལས་བཞེངས་པའི་སྐུ་འདྲ་ལ་རིང་བསྲེལ་དེང་སང་བར་ཡང་འཛག་པ་ཡོད་དོ། །སློབ་མ་ནི་པཎ་ཆེན་དགེ་འདུན་རྒྱ་མཚོ་སོགས་མང་། གདན་སར་བླ་མ་རིམ་པ་བཞིན་བྲོའོ་དཀའ་བཅུ་བློ་གྲོས་པ། གཉལ་པ་ནམ་མཁའ་དཔལ་ལྡན། དཀའ་བཅུ་བ་བཀྲ་ཤིས་རྣམ་རྒྱལ། རྩེས་དང་པ་ཆོས་ཀྱི་ཚེ་དབང་། རྗེ་དགེ་འདུན་རྒྱ་མཚོའི་དཔོན་པོ་བློ་བཟང་དཔལ་འབྱོར། འཕྲོས་ལམ་རིམ་པ། སྐར་པ་བསྟན་པ་རབ་གསལ། རིན་ཆེན་གླིང་པ་ངག་དབང་རྣམ་རྒྱལ། ཏའུ་ར་བ་ནམ་མཁའ་བཟང་པོ། ལྷ་པའི་ཞལ་ངོ་ངག་དབང་ཕྱུག་རྗོར། གཉལ་པ་སྐུ་སྐྱེ་ངག་དབང་ཆོས་སྐྱོང་བློ་བཟང་། སྤྲུལ་པའི་སྐུ་གྲགས་པ་རྒྱལ་མཚན། འཕྲོང་རྒྱས་མཁས་བཙུན་པ། ཨ་རིག་འཇམ་དབྱངས་ལྷུན་

གྲུབ། ད་ལྟ་དྭགས་བྱེ་སྤྱལ་ཆོས་རྒྱལ་དབང་ཕྱུག་གཞིས་དགོན་ཐུགས་རྒྱུད་དང་ཆོས་སྐྱོང་སྐོར་རྒྱལ་པ་ལུགས། སློབ་གཉེར་བློ་སྦྱིང་དང་སྨད་ཞང་རོང་མངའ་དྭགས་རྣམས་སུ་འགྲོ། ཨང་དང་གྲྭ་པ་དྲུག་ཙུ་རེ་བརྒྱད་སྐོར།

༩ སྐྱིབ་རི་དགོན་པ་ནི། སེམས་དཔའ་ཆེན་པོ་བློ་གྲོས་རྒྱལ་མཚན་གྱི་སློབ་མ་བསམ་གཏན་བཀྲ་ཤིས་པས་བཏབ། བླ་མའི་(༧༥༨བ)རིམ་པ་ནི། བསམ་གཏན་བཀྲ་ཤིས་ ཆོས་རྗེ་རྒྱལ་པོ། བ་གེ་ནམ་མཁའ་བཟང་པོ། བླ་མ་བསོད་ནམས་མཐའ་ཡས། ལབ་པ་ཐར་པ་བཟང་པོ། གྱང་གསར་བ་བསོད་ནམས་རྒྱ་མཚོ། ལྷུངས་རབ་བརྟན་པ། ཀར་ལེགས་པ་དཔལ་འབྱོར་རྒྱལ་མཚན། ཀོང་སྟོན་ཤཱཀྱ་རབ་དབང་ཕྱུག །རི་ཕྲུག་པ་དགེ་འདུན་ནོར་བཟང་། རྒྱལ་བྱེད་ཚལ་ནས་རབ་འབྱམས་པ་དྲུང་རྒྱལ་མཚན་རིན་ཆེན། ཁེ་གསུམ་ཆོས་མཛད་བློ་བཟང་བསྟན་འཛིན། སྣར་ཡང་དྲུང་རྒྱལ་མཚན་རིན་ཆེན། འབྲོང་རྩེ་དགེ་ལེགས་རྒྱལ་མཚན། མས་དྲོ་ངག་དབང་རིན་ཆེན། སྟོད་ལུང་བསྟན་པ་རྒྱལ་མཚན། འོལ་དགའ་རྣམ་རྒྱལ་རྒྱལ་མཚན། སྟོད་ལུང་འབྲོག་མོ་ངག་དབང་བཀྲ་ཤིས། ད་ལྟ་དགའ་ལྡན་ཁྲི་པ་ཙོ་ནེ་ཚུལ་ཁྲིམས་དར་རྒྱས། གཞིས་དགོན་ཐུགས་རྒྱུད་སྟོད་པ་དང་ཉེ། སློབ་གཉེར་བློ་སྦྱིང་སྨད་ཞང་རོང་མངའ་དྭགས་རྣམས་སུ་འགྲོ། ཨང་དང་གྲྭ་པ་ཉིས་བརྒྱ་སྐོར།

༡༠ སོ་དགེ་ལུང་ནི་སྔར་བཀའ་བརྒྱུད་པས་འཛིན་ཡང་ཕྱིས་དྲུང་པ་མཁས་བཙུན་དར་རྒྱས་དབང་པོས་གྲུབ་པའི་རྒྱལ་མཚན་བཙུགས་པས་དགེ་ལུགས་པའི་དགེ་སློང་རྣམ་དག་རེ་བཞུགས་པར་གྲགས་ཀྱང་ད་ལྟ་རི་ཁྲོད་པའི་རིགས་མེད་འདུག །

༡༡ འོལ་དགའ་གར་ཕུག་ནི་མཁའ་འགྲོ་གར་བྱེད་པའི་མིང་ཡང་ཐོགས་ལ་སློབ་དཔོན་པདྨས་ཟླ་གཅིག་བཞུགས་ཡུམ་གཏེར་ཆ་གཅིག་སྦས་ཤིང་བར་དུ་བཀའ་བརྒྱུད་པས་མཆོད་ཁང་བརྩིགས་པ་སོགས་མཛད་ཀྱང་། རྗེས་སོར་དགེ་ལུགས་པའི་བླ་མ་དབུ་སྟོད་པ་ཆོས་དཔལ་བཟང་པོ་དང་གྲུ་སྒྲུབ་བློ་བཟང་རྒྱ་མཚོས་ཡུན་རིང་དུ་བཞུགས། (༧༥༩ན)དེ་ནས་གྲུབ་ཆེན་ལྷ་དབང་དཔལ་འབྱོར་དཔོན་སློབ་བཞུགས་

ཏེ། གཞི་གསུམ་གྱི་ཕྱག་ལེན་དང་དཀར་རྫོར་དང་ཐུགས་དམ་འཕེལ། བར་སྐབས་བཞུགས་མི་རྒྱུན་མ་ཆད་ཙམ་ལས་མ་བྱུང་འདུག་ཏུང་། ད་ལྟ་མངའ་རིས་པ་གྲུབ་ཆེན་བརྩོན་འགྲུས་རྒྱལ་མཚན་སོགས་རི་ཁྲོད་པ་དགེ་སློང་བཅུ་གཉིས་སྐོར་ཡོད་སྐབས་སོ། །

འོལ་དགས་ཀྱི་མཚམས་རྒྱ་སོག་ལྷ་སྡིངས་སུ་འཇམ་མགོན་ཆོས་ཀྱི་རྒྱལ་པོས་ཡུན་རིང་དུ་བཞུགས། བར་སྐབས་རྒྱལ་སྲས་དོན་ཡོད་ཆོས་ཀྱི་རྒྱ་མཚོས་གྲུབ་སྡེ་བཙུགས་པས་དགེ་སློང་རྣམ་དག་བཅུ་ལྷག་ཙམ་དང་། རྒྱ་སོག་ཏུ་མངའ་རིས་དཔོན་ཚང་གིས་གྲུབ་སྡེ་བཙུགས་པས་དགེ་སློང་རྣམ་དག་བཅུ་ལྷག་ཙམ་རེ་བཞུགས་ཤིང་། དེ་རྗེས་སྤྲུལ་སྐུ་གྲགས་པ་རྒྱལ་མཚན། རྫིང་ཕྱིའི་མཁན་པོ་བྱམས་པ་རྒྱལ་མཚན། རྒྱལ་སྲས་བློ་བཟང་བསྟན་འཛིན། རྫིང་ཕྱིའི་མཁན་པོ་བྱམས་གླིང་བློ་བཟང་སྐྱེས་མཆོག རྫིང་ཕྱིའི་གྲྭ་པ་རབ་འབྱམས་པ་ཤེས་རབ་དར་རྒྱས། ད་ལྟ་དགེ་སློང་བསླབ་པ་རྣམ་རིམ་གྱིས་མདོ་བསྐུལ་ཙམ་བྱེད་སྐབས་ཡིན་ཅིང་། སོ་སོར་དགེ་སློང་བཅུ་སྐོར་རེ་འདུག་པ་དགོན་དེབ་ཏུའང་ཨང་དང་གྲས་ལ་དེ་ལྟར་ཡོད་དོ། །

༡༢ ཆོས་འཁོར་རྒྱལ་ལེགས་བཤད་སྒྲོག་པའི་དགའ་ཚལ་ནི་སྤྲས་ཡུལ་དཀར་མོ་ལྗོངས་དེའི་ཁྱིམ་པ་རྣམས་སུམ་ཅུ་རྩ་གསུམ་གྱི་ལྷ་དང་རབ་བྱུང་རྣམས་དགའ་ལྡན་དུ་སྐྱེ་བ་སོགས་ཁྱད་འཕགས་སུ་གཟིགས་ནས་རྗེ་བླ་མའི་ཡང་སྲིད་གོང་མ་པཎ་ཆེན་དགེ་འདུན་རྒྱ་མཚོས་བཏབ་ཅིང་དེའི་གནས་དང་གང་ཟག་ལུང་བསྟན་ཚུལ་སོགས་གོང་དུ་འབྲས་སྤུངས་ཀྱི་དུས་བརྗོད་ཟིན་པ་ལྟར་རོ། །ཡར་རྒྱ(༡༥་བ)ནི་འབྲས་སྤུངས་དང་མཚུངས་པའི་རྗེ་བླ་མའི་ཡང་སྲིད་རིམ་པ་རྣམས་ཀྱིས་སྐྱོང་ལ་མཁན་པོ་ནི་ཨོར་པ་ཆོས་མཛད་བློ་གསལ་བཤེས་གཉེན་པ། གདན་ཏུ་བ་བྱམས་པ་རབ་བྱུང་མཐའ་ཡས། ཨེ་པ་དགེ་འདུན་ལྷུན་གྲུབ། ཕོད་ཁང་པ་རིན་ཆེན་གྲགས་པ། གོང་པོ་ཤེས་རབ་དཔལ་ཕྱུག །དབུ་སྟོད་པ་འཇམ་དབྱངས་འབྱུང་གནས། གཙང་པ་མགོན་པོ་འོད་ཟེར། ཚོད་ནས་མཁན་ཆེན་བློ་བཟང་རྒྱ་མཚོ། གོང་པོ་བཀྲ་ཤིས་འབྱུང་གནས་

འདིས་བྱམས་སྒྲོན་བཙུགས། སྤྱིལ་སྟོན་ནས་འབུམ་རབ་འབྱམས་པ་བསོད་ནམས་རྣམ་རྒྱལ། སྒྲོམ་མདའ་ཆོས་མཛོད་བློ་བཟང་བསྟན་པའི་ཉི་མ། མཁས་མཆོག་སྐུ་སྐྱེ་བློ་བཟང་བསྟན་པ་རྒྱ་མཚོ། རྗེ་ཚོགས་པ་གཞོན་ནུ་ཚུལ་ཁྲིམས། སྒྲོམ་མདའ་སློབ་དཔོན་བཀྲ་ཤིས་འོད་ཟེར། བྱམས་པ་གླིང་པ་བྱམས་པ་ཆོས་མཆོག །བྱམས་གླིང་པ་ཀུན་དགའ་རྒྱལ་མཚན། བྱམས་པ་དཔལ་བཟང་། འོལ་དགའ་རིན་ཆེན་བློ་གྲོས། བྱམས་གླིང་བློ་བཟང་སྐྱིད་མཆོག །འོལ་དགའ་འཕྲིན་ལས་རྒྱ་མཚོ། སྐྱོར་ལུང་བློ་བཟང་རྒྱལ་མཚན། འཕྲོས་པ་ངག་དབང་བསྟན་འཛིན། བྱེ་སྤུལ་བ་ཆོས་རྒྱལ་དབང་ཕྱུག །སོག་པོ་བློ་བཟང་དགའ་ལྡན། ད་ལྟ་ཟངས་མཁར་བ་རིན་ཆེན་ཆོས་བཟང་། ཆོས་སྡེ་ཆེན་པོ་འདི་ལ་ཆོས་འཆད་ཉན་གྱི་གྲྭ་ཚང་ལྔ་ཡོད་པ་ལས་གཞི་པ་གྲྭ་ཚང་གི་བླ་མ་ནི་ལེགས་བཤད་གླིང་དུ་མཁན་པོ་རིམ་པར་བྱོན་པ་དེ་དག་ཡིན་ལ། སྔགས་གཞིས་དགོན་རྒྱུད་སྨད་ཤས་ཆེ་ཞིང་གཞན་ཡང་ས་སྙིང་གི་ཆོས་སྐྱོང་ཡང་གཏོང་། སློབ་གཉེར་མངའ་དྭགས་སུ་འགྲོན་རྒྱུན། ཨང་དང་(༡༨༠ན)གྲྭ་གྲངས་བཞི་བརྒྱ་དང་བདུན་ཅུ་དོན་གཅིག་སྐོར།

༡༣ གཉིས་པ་དྭགས་པོ་གྲྭ་ཚང་ནི་འཇམ་དབྱངས་བདུན་བརྒྱུད་ཀྱི་དྲུག་པ་ཆོས་རྗེ་བློ་གྲོས་བརྟན་པས་བཙུགས་ཏེ་ཕྱོགས་ཕྱོགས་སུ་ཆོས་དབར་བཏིག་ནས་འོལ་དྭགས་ཨེ་ལྔ་བརྒྱུད་ཡར་ཀླུངས་སོགས་སྦྱིན་བདག་འཕྲུལ་འཚོལ་གྱི་ངང་ནས་ཆོས་ཉན་བཤད་མཛད་པ་ལས། བླ་ཐོག་ལྷུ་པ་ཨོར་པ་བློ་གསལ་བཤེས་གཉེན་པས་རྗེ་དགེ་འདུན་རྒྱ་མཚོ་ལ་རྒྱལ་དུ་ཕུལ། བླ་རབས་ནི་རིམ་པ་བཞིན་དུ། ཆོས་རྗེ་བློ་གྲོས་བརྟན་པ། མཁན་ཆེན་ངག་དབང་གྲགས་པ། དྭགས་པོ་ཆོས་དཔལ་བ། དྭགས་ཉག་རིག་པའི་རལ་གྲི་བློ་གྲོས་འཕེལ། ཨོར་པ་བློ་གསལ་བཤེས་གཉེན། གཙང་སྟོད་དགེ་ལེགས་བཤེས་གཉེན། དྭགས་པོ་མཁས་མཆོག་རྒྱ་མཚོ། ཨེ་པ་དགེ་འདུན་ལྷུན་གྲུབ། དྭགས་པོ་སྐལ་བཟང་རྒྱ་མཚོ། ཨེའི་ཏེའུ་ར་པ་དགེ་འདུན་བསམ་གྲུབ། ཀོང་སྟོན་ཕུན་ཚོགས་རྣམ་རྒྱལ། ཡར་ཀླུངས་པ་སངས་རྒྱས་བློ་གྲོས། མཁན་ཆེན་

བློ་བཟང་རྒྱ་མཚོ། སློབ་མདའ་བ་བློ་བཟང་ཆོས་འཕེལ། འཕྱོང་རྒྱས་རབ་འབྱམས་པ་ནམ་མཁའ་རྒྱ་མཚོ། ཆོས་རྗེ་བྱམས་པ་བརྟན་པ་འདིས་ཕར་ཕྱིན་གྱི་ཊཱི་ཀཱ་ལེགས་པ་ཞིག་མཛད། རྒྱལ་སྲས་དོན་ཡོད་ཆོས་ཀྱི་རྒྱ་མཚོ། འབུམ་རབ་འབྱམས་པ་བསོད་ནམས་རྣམ་རྒྱལ། བྱམས་གླིང་རབ་འབྱམས་པ་བྱམས་པ་ཆོས་མཆོག་འདིས་མཛོད་ཊཱིཀ་ཆེན་མོ་མཛད། ཟངས་པོ་ཆེ་བ་ངག་དབང་ཆོས་འཕེལ། སྣར་ཡང་བྱམས་གླིང་རབ་འབྱམས་པ་བྱམས་པ་ཆོས་མཆོག །ངག་དབང་ཆོས་འཕེལ། ཆོས་རྒྱལ་བཀྲ་ཤིས། མཁས་(༡༤༠ཐ)བཙུན་རྒྱ་མཚོ། ཐུབ་བསྟན་དཔལ་འབྱོར། བློ་བཟང་བསྟན་འཛིན། བྱམས་པ་བློ་གསལ། དཔལ་ལྡན་རྒྱ་མཚོ། བློ་བཟང་དོན་གྲུབ། བློ་བཟང་རིན་ཆེན། ད་ལྟ་བློ་བཟང་ཆོས་འཛིན་པས་འདུལ་བ་ཨོར་པ་བློ་གསལ་བཤེས་གཉེན་གྱི་ལེགས་བཤད་ཉི་མའི་འོད་ཟེར། ཕར་ཕྱིན་དྭགས་ཞག་གི་མཐའ་གཅོད་སྐལ་བཟང་མགུལ་རྒྱན། མཛོད་བྱམས་པ་ཆོས་མཆོག་གི་སྤྱི་དོན་མཐོང་བ་དོན་ལྡན། དབུ་མ་ངྲམས་བསྟན་པའི་ལུང་རིགས་འདོད་འཇོ་རྣམས་འཆད་ཉན་བྱེད། ཨང་དང་གྲྭ་གྲངས་སུམ་བརྒྱ་དང་སུམ་ཅུ་སྐོར།

༡༩ གསུམ་པ་མདའ་རིས་གྲྭ་ཚང་ནི། རྗེ་བླ་མའི་ཡང་སྲིད་གོང་མ་པཎ་ཆེན་དགེ་འདུན་རྒྱ་མཚོས་དགུང་ལོ་རེ་དྲུག་བཞེས་སྐབས། མདའ་རིས་ནས་ཆོས་རྒྱལ་འཇིག་རྟེན་དབང་ཕྱུག་པད་དཀར་ལྡེ་དང་། སློན་པོ་ངག་དབང་རྣམ་རྒྱལ་གྱིས་རིན་པོ་ཆེ་དུ་མའི་འབུལ་བ་དང་བཅས་རབ་བྱུང་ངང་པའི་ཁྱུ་འདྲ་བ་མང་པོ་བཏང་བ་རྒྱལ་དུ་གྲྭ་ཚང་བཙུགས་པས་མཚན་ཡང་དེ་ལྟར་གྲགས་ལ། མཆོད་གཞིས་སྦྱར། འཆད་ཉན་དུ་རིམ་པ་བཞིན་སེ་སྟོད་འཛིན་པ་བསྟན་པ་དར་བཟང་། ཤངས་པ་པཎ་ཆེན་ཆོས་དཔལ་རྒྱ་མཚོ། རྟ་ནག་པ་མཁན་ཆེན་ཀུན་དགའ་ཤེས་རབ། གཙང་སྟོན་བསམ་གྲུབ་དཔལ་བཟང་། གཙང་པ་འཇམ་དབྱངས་སངས་རྒྱས་རྒྱ་མཚོ། ཞང་སྟོད་པ་ལྷ་དབང་བློ་གྲོས། དྭགས་པོ་སྐྱུངས་པ་བསྟན་པ་རྣམ་རྒྱལ། མདང་ར་རིས་པ་བཀྲ་ཤིས་དཔལ་བཟང་། རྟ་ནག་པ་དོན་གྲུབ་ལེགས་པ། རྟ་ནག་པ་ངོ་མཚར་

རྒྱ་མཚོ། ཚ་བ་དགེ་འདུན་རྒྱལ་མཚན། སྣར་དོན་གྲུབ་ལེགས་པ། མངའ་རིས་གུ་གེ་བ་བློ་(༡༦༡ན)གྲོས་རྒྱ་མཚོ། ཆ་མལ་ཆོས་མཛོད་ཆོས་སྐྱོང་རྒྱ་མཚོ། ཚ་བ་ཐོག་གཉིས་པ་བྱམས་པ་རྒྱལ་མཚན། རབ་འབྱམས་པ་ཆོས་དཔལ་འབྱོར། མངའ་རིས་མང་ཡུལ་བ་བླ་མ་སངས་རྒྱས་དཔལ་བཟང་། ཟུར་མཁར་པ་བློ་བཟང་ཆོས་འཕེལ། དྲུང་ཆེན་བཟང་པོ་རྣམ་རྒྱལ། སྟོ་བྲག་རབ་འབྱམས་པ་བྱམས་པ་ཡེ་ཤེས། མངའ་རིས་རབ་འབྱམས་པ་བསྟན་པ་རྒྱ་མཚོ། པི་ཏི་བ་དཔལ་ལྡན་རྒྱལ་མཚན། གཉལ་ཐྲ་གོར་བ་བསྟན་པའི་ཉི་མ། གཉལ་རི་སྟེང་བསྟན་འཛིན་འཕྲིན་ལས། བྲག་ཁ་བ་དཔལ་འབྱོར་བཟང་པོ། གུ་གེ་བ་བརྩོན་འགྲུས་རྒྱལ་མཚན། ཐོན་པ་ཆོས་དབང་རྒྱ་མཚོ། པི་ཏི་བ་གསུང་རབ་རྒྱ་མཚོ། ཡོག་པ་བློ་བཟང་བསྟན་འཛིན། པི་ཏི་བ་བློ་བཟང་རྣམ་རྒྱལ། འཕྱོང་རྒྱས་པ་ཀུན་དགའ་བསྟན་མཛེས། འཕྱོང་རྒྱས་བློ་བཟང་ནོར་བུ། བྲག་ཁ་བ་བློ་བཟང་ཡར་འཕེལ། ད་ལྟ་བློ་བཟང་བསྟན་འཕེལ་བས་འདུལ་བ་པཊ་ཆེན་བསོད་གྲགས་པའི་སྐྱི་དོན་དང་དཀྱིལ་ཁང་པའི་འདུལ་གཞུང་ལྟ་བའི་སྟོན་མེ། ཕར་ཕྱིན་ཤཱནྟི་པའི་གསུང་རྒྱུན་བསྟན་དར་བའི་ཟིན་བྲིས། མཛོད་དཀྱིལ་ཁང་པའི་ལུང་རིགས་གཏེར་མཛོད་སོགས་འཆད་ཉན་བྱེད། ཨང་དང་གྲྭ་གྲངས་ཉིས་བརྒྱ་དང་བཞི་བཅུ་སྐོར།

༡༥ བཞི་པ་སྣར་པ་གྲྭ་ཚང་ནི། རྗེ་རྗེ་འཆང་སྤྱིན་པ་དཔལ་གྱི་དངོས་སློབ་བླ་མ་རྒྱལ་ཚབ་པ་སངས་རྒྱས་རིན་ཆེན་གྱིས་བཙུགས་ནས་རྗེ་དགེ་འདུན་རྒྱ་མཚོ་ལ་ཕུལ། འདུས་པའི་བསྐྱེད་རྫོགས་ལ་འཆད་ཉན་བྱེད། འཆད་ཉན་སློབ་དཔོན་རིམ་པ་ནི། བླ་མ་རྒྱལ་ཚབ་པ། སློབ་དཔོན་དཔལ་(༡༦༡བ)འབྱོར་རིན་ཆེན་པ། མགར་པ་ཚུལ་ཁྲིམས་བཀྲ་ཤིས། ངོ་མཚར་ཆོས་དབང་། བསྟན་པ་རབ་གསལ། དགེ་འདུན་སྐྱེས་མཆོག །ནམ་མཁའ་བྱམས་པ། བསོད་ནམས་བཟང་པོ། རིན་ཆེན་རྒྱ་མཚོ། ངག་དབང་ལྷུན་གྲུབ། ནམ་མཁའ་སངས་རྒྱས། ཆོས་འབྱོར་དཔལ་བཟང་། ཚུ་བཟང་རབ་འབྱམས་པ་བསོད་ནམས་བསམ་གྲུབ། དྲུང་མཁན་རབ་འབྱམས་པ་སྐལ་བཟང་

རྒྱ་མཚོ། སྔགས་རམས་པ་བསྟན་པ་རྒྱ་མཚོ། མངའ་རིས་པ་དཔོན་ཚང་། ཨེ་བྲག་སྣ་ཆོས་རྗེ། ནམ་མཁའ་བྱམས་པའི་སྐུ་སྐྱེ། ལྷོ་བྲག་པ་བློ་བཟང་འཕྲིན་ལས། འབྱོར་རྒྱས་དོན་གྲུབ་རྒྱ་མཚོ། འདི་སྐབས་ཛོ་ཛོང་གཡུལ་རྒྱལ་རབ་བརྟན་དུ་བླ་མ་གྲྭ་བཅས་བཏེག་ནས་ཕན་བདེ་བའི་ཤུལ་དུ་ཆོས་སྡེ་གསར་པའི་སྲོལ་བཏོད། སྔར་ལྷོ་བྲག་གསང་སྔགས་བདེ་ཆེན་དུ་ཕེབས། དོན་རྒྱམ་པའི་རྗེས་ལྷོ་ཤར་ཚ་བདག་དབང་རྒྱལ། སྟོད་ལུང་ངག་དབང་རྒྱལ་མཚན། ད་ལྟ་བློ་བཟང་ཤེས་རབ། སྔགས་གྲྭ་རྒྱུད་སྨད་དང་ཉེ། གྲྭ་རྒྱུན་མངའ་དྭགས། ཨང་དང་གྲྭ་པ་དྲུག་ཅུ་རེ་བཞི་སྐོར།

༡༨ ལྷ་པ་རྣམ་རྒྱལ་གྲྭ་ཚང་ནི་རྗེ་བླ་མ་སྲིད་ཞིའི་གཙུག་རྒྱན་ཆེན་པོ་འཕགས་པ་རིན་པོ་ཆེར་སྐྱེ་བ་བཞེས་དུས་ཧོར་སེ་ཆེན་རྒྱལ་པོས་འབུལ་ཆེན་གསུམ་གྱི་ཨ་ཐའ་མར་གོས་ཡུག་ནག་པོ་བདུན་གྱི་མཐར་དཀར་པོ་གཅིག་ཕུལ་བས་འདི་ནས)སྐྱེ་བ་བདུན་པར་མི་ཕྲད། དེ་རྗེས་ཁྱོད་རྒྱལ་པོ་གསེར་གྱི་མིང་ཅན་དང་། ངེད་ཆུ་ལས་བྱུས་པའི་མིང་ཅན་དུས་མཇལ་ནས་འགྲོ་དོན་རྒྱ་ཆེན་པོ་བྱེད་གསུངས་པ་སོགས་ལུང་དུ་མ་ནས་བསྟན་པ་ཐོག་ཏུ་བབས་ཏེ་ཐམས་ཅད་མཁྱེན་པ་བསོད་ནམས་རྒྱ་མཚོ་ཨལ་ཐན་(༡༨༢ན)རྒྱལ་པོས་སོག་ཡུལ་དུ་གདན་དྲངས་དུས་རྒྱལ་པོའི་སྐུ་ཚེ་བསྲིང་བར་རྣམ་རྒྱལ་མའི་ཆོ་ག་དང་རྗེ་ཉིད་རང་བསྟེན་པའི་དགེ་སྙིང་གི་ཆོས་སྲུང་སྙིང་ས་ལུགས་གསུར་ཞལ་སོགས་ཀྱི་བཀང་བ་གདངས་དབྱངས་སོགས་ཀུན་བཟང་རྩེ་པའི་ལུགས་ལྟར་བཙུགས་པས་རྣམ་རྒྱལ་གྲྭ་ཚང་དུ་གྲགས། སློབ་དཔོན་ཐོག་མར་རི་སྦུག་པ་དགེ་འདུན་ནོར་བཟང་བསྐོས་ཤིང་འདི་སྐབས་འཆད་ཉན་སྣ་ཚོགས་བྱུང་འཕྲོས་སུ་འདུག །དེ་ནས་རབ་འབྱམས་པ་འཕྲིན་ལས། དབུ་སྟོད་པ་སྤྲ་རི་ཁ་དགེ་འདུན་ཆོས་གྲགས། འབྲི་མཚམས་པ་དཔལ་ལྡན་བླ་མ་བློ་གྲོས་རིན་ཆེན། རྟའུ་རི་པའི་རབ་འབྱམས་པ་ཕུན་ཚོགས་བཟང་པོ། རྗེ་བླ་མ་མཆོག་ཞིང་འདིར་ཕེབས་ནས་འཛིགས་བྱེད་ཚར་ལུགས་སོགས་ཐམས་ཅད་མཁྱེན་པ་བསོད་ནམས་རྒྱ་མཚོའི་དུས་གང་ཡིན་རྣམས་གོང་འཕེལ་དང་གདངས་ཅན་དུ་ཆོས་སྲིད་གདུགས་དཀར་གྱིས་ཁྱབ་པ་རེ་ཕན་

བདེ་སྤྱིལ་བའི་དགོས་པ་ཁྱད་པར་ཅན་ཞི་རྒྱས་དབང་དྲག་གི་ལས་དང་མཐར་ཐུག་ཀྱང་ཐུགས་རྗེ་ཆེན་པོའི་དམིགས་ཁྲིད་ཉེ་ལམ་རིག་འཛིན་ཞལ་ལུང་སོགས་ནང་དོན་སྤྱི་འགྱུར་རྡོ་རྗེ་ཐེག་པའི་རིང་ལུགས་དར་རྒྱས་སུ་གྱུར་ཅིང་སློབ་དཔོན་དུ་བྲག་སྣ་བ་ཨོ་རྒྱན་བསྟན་འཛིན། ཤར་ཁང་ནོ་མོན་ཁང་སྤྱན་གཡས་བློ་བཟང་བསྟན་འཕེལ། འཕྱོང་རྒྱས་པ་བློ་བཟང་དར་རྒྱས་བར་བསྐོ་བཞག་དང་། དེ་ནས་ལས་མཐའ་དག་བསྙེན་སྒྲུབ་ཐེངས་པའི་རྡོ་རྗེ་སློབ་དཔོན་རིམ་སྐོར་གྱིས་མཛད་པ། ད་ལྟ་ཨགྣི་དང་པོའི་ཡང་རྩེ་ཨང་མེད་གྲྭ་གྲངས་བརྒྱ་(༡༨༢བ)བརྒྱད་ཙུ་སྐོར་ས་གསུམ་ན་འགྲན་ཟླ་དང་བྲལ་བ་དེའོ། །

དགེ་བསྟན་དྭགས་ཕྱོགས་སུ་དར་ཚུལ།

འཇམ་མགོན་ཆོས་ཀྱི་རྒྱལ་པོའི་བསྟན་པ་དྭགས་ཕྱོགས་སུ་དར་ཚུལ་ནི།

ཤར་ཕྱོགས་བསྟན་པའི་སྒྲོན་མེ་དྭགས་པོ་གྲྭ་ཚང་དང་། སྐར་པ་གྲྭ་ཚང་དཔོན་སློབ་རྣམས་ཀྱིས་འོལ་དྭགས་ཨེ་གསུམ་གྱི་ས་ཆར་ཡོ་རེ་བཞིན་ཕེབས་ཏེ་འཕྱོར་ལྡན་སྐྱེ་བོ་རྣམས་ཀྱི་བསོད་ནམས་སྐྱེད་པའི་ཞིང་ས་དང་། དམ་པའི་ཆོས་ལ་ཉན་བཤད་ཀྱི་སྒོ་ནས་རང་གཞན་གྱི་མངོན་པར་རྟོགས་པ་གོང་དུ་སྤེལ། ཤེར་ཕྱིན་གྱི་མདོ་བསྡུས་ལ་ཀློག་འདོན་གྱི་སྒྲ་བསྒྲག་པས་དཀར་ཕྱོགས་པ་རྣམས་དགའ་བ་བསྐྱེད་ཅིང་བསོད་ནམས་འཕེལ་བའི་བྱ་བ་ཆེན་པོ་མཛད་དོ། །དགེ་འདུན་གྱི་སྡེ་དར་ཚུལ་ཡང་།

༡ མགར་བསམ་གཏན་གླིང་ནི། མགར་བ་ཚུལ་ཁྲིམས་བཀྲ་ཤིས་པས་བཏབ། གདན་ས་རིམ་པ་བཞིན་བླ་མ་ཚུལ་བཀྲས་པ། ཨེ་པ་དོ་མཚར་ཆོས་དབང་། ལྷུན་ར་ཆོས་མཛད་ལུང་རིགས་རྒྱ་མཚོ། རྩེ་ར་ཆོས་རྗེ། སྐམ་ཤུག་པ་བློ་བཟང་དབང་པོ། རི་བོ་གསེར་གླིང་པ་བསོད་ནམས་དཔལ་ལྡན། འཕྱོང་རྒྱས་རབ་འབྱམས་པ་ནམ་མཁའ་རྒྱ་མཚོ། རྒྱལ་སྲས་དོན་ཡོད་ཆོས་ཀྱི་རྒྱ་མཚོ། ཞལ་སྔ་ནས་ངག་དབང་ཆོས་

འཕེལ། བར་སྐབས་བླ་མ་མ་འཁོད་འདུག་ཅིང་། དེང་སང་རྒྱལ་ནས་དྭགས་ཕྱི་ཡུལ་དགེ་སློང་བློ་བཟང་འབྱུང་གནས། ཚལ་ཁྲུ་ཚེ་རིང་། ད་ལྟ་དྭགས་པོ་བློ་བཟང་རྒྱལ་མཚན་གྱི་སྐབས། གཞིས་དགོན་རྒྱུད་སྨད་དང་རྒྱལ་བ་ལུགས། སློབ་གཉེར་མང་འདྭགས། ཨང་དང་གྲྭ་གྲངས་བཞི་བཅུ་སྐོར།

༢ ང་རབ་བྲ་སྟེང་དགོན་ནི། འབྲི་གུང་པ་རིན་ཆེན་རྡོ་རྗེས་བྲའོ་འདེབས་ཡུལ་དུ་དགོན་འདི་བཏབ། མགར་པ་ཚུལ་ཁྲིམས་བཀྲ་ཤིས་པས་དགེ་ལུགས་སུ་བསྒྱུར་ནས་བླ་རབས་(༡༤༣ན)ཕལ་ཆེར་བསམ་གཏན་གླིང་དང་གཅིག་ཅིང་། ཕྱིས་ངག་རྒྱམ་པ། རྒྱལ་སྲས་པ། ངག་ཆོས་པ། ཨཱཙྪ་དེ་བ། དབུ་མཛད་འབྱུང་གནས། ཚལ་ཁྲུ་ཚེ་རིང་། ད་ལྟ་དྭགས་པོ་བློ་བཟང་རྒྱལ་མཚན། གཞིས་དགོན་ཐུགས་གྲྭ། སློབ་གཉེར་གྲྭ་རྒྱུན་མང་འ་དྭགས་གཉིས། ཨང་དང་གྲྭ་གྲངས་བཞི་བཅུ་ཞེ་དྲུག་སྐོར།

༣ དྭགས་ལུང་གི་ལྷ་སྟེངས་དགོན་ནི་འཇམ་མགོན་ཆོས་ཀྱི་རྒྱལ་པོས་སྒྲུབ་པ་མཛད་པར་གྲགས་པའི་མུན་ཁང་བསམ་གཏན་ཕུག་ཟེར་བར་བརྟེན་འོལ་དགའ་མཐོང་སྨོན་པ་རྒྱལ་སྲས་ཆོས་འཕེལ་རྒྱ་མཚོས་བཏབ་ཅེས་བྱུང་ཡང་། མཁར་ནག་ཆོས་འབྱུང་དུ་བླ་མ་རིན་ཆེན་རྡོ་རྗེས་བཏབ་ནས་བླ་རབས་ནི། སློབ་དཔོན་རིན་ཆེན་དཔལ། སྐལ་བཟང་པ། ཀོང་པོ་བླ་མ། བླ་མ་གཡང་ཁ་བ་སོགས་བྱོན། དེ་ནས་མགར་བ་ཚུལ་ཁྲིམས་བཀྲ་ཤིས་པས་དགེ་ལུགས་པར་བསྒྱུར་ནས་བླ་མ་ཆོས་སྐྱོང་རྒྱ་མཚོ། བླ་མ་དོན་གྲུབ་པ། འཕྱོང་རྒྱས་པ་ནམ་མཁའ་རྒྱ་མཚོ། བླ་མ་ངག་དབང་ཆོས་འཕེལ་བ། དེ་རྗེས་གསོ་སྦྱོང་གི་མདོ་འདོན་སོགས་བསླབ་པ་བསྲེས་པས་བྱེད་སྒྲོལ་ལས་བླ་མའི་པར་བཀབ་མེད། བླ་མཆོད། གསང་འཛིགས་སོགས་དགེ་ལུགས་རི་ཁྲོད་པ་དཔེ་འགྲེའི་འདོན་མཆོད་བྱེད། ཨང་དང་གྲྭ་གྲངས་སུམ་ཅུ་སོ་དགུ་སྐོར།

༤ མཁར་ཐོག་ཆོས་སྡེ་ནི། ལྷུང་ར་བའི་རིམ་གྲོར་ལྷ་སྟེངས་ནས་དགེ་འདུན་པ་འགའ་རེ་གདན་དྲངས་པ་ལས་རིམ་པས་ཆགས་ཤིང་གཙུག་ལག་ཁང་བཞེངས། མངའ་འོག་ནས་ཐོ་བཙུན་བཀྲལ། བླ་མ་གཉལ་སྟོན་དགེ་འདུན་ཕུན་ཚོགས། ཏེའུ་

ར་པ་ནམ་མཁའ་བཟང་པོ། འཕྱོང་(༧༦༣བ)རྒྱས་པ་ནམ་མཁའ་རྒྱ་མཚོ། གཉལ་སྟོན་ངག་དབང་ཆོས་འཕེལ། ཞལ་སྔ་ནས་བྱམས་པ་བློ་གསལ། བྱམས་གླིང་དཔལ་ལྡན་རྒྱ་མཚོ། དྭགས་སྟོད་དཀོན་ཅོག་རྒྱ་མཚོ། ད་ལྷ་ཨེ་པ་བློ་བཟང་དོན་གྲུབ། གཞིས་དགོན་རྒྱུད་སྨད་དང་ཉེ། སློབ་གཉེར་བློ་གླིང་། བྱེས། བྱང་རྩེ། དྭགས་གྲྭ་ཚང་བཅས་པར་འགྲོ། ཨང་དང་གྲྭ་གྲངས་བརྒྱད་ཅུ་སྐོར།

༥ ཟམ་གྱི་ལྷུ་ས་སྟིང་ནི་བླ་མ་ཞང་གི་དངོས་སློབ་ཡེ་ཤེས་བློ་གྲོས་པས་བཏབ་ཅིང་སྔ་ཐོག་གི་བླ་མ་ཆོས་འབྱུང་སོགས་ནས་མ་བྱུང་ཙུང་བར་སྐབས་ནས་འོལ་དགའ་སྨན་ལུང་དཀའ་བཅུ། འོལ་དགའ་རིན་ཆེན་སྣང་པ། མངའ་རིས་དཔོན་ཚང་། དྭགས་པོ་མགར་ཡུལ་བསྟན་པ་རྒྱ་མཚོ། ཨེ་གདུང་ལ་བ་ནམ་མཁའ་རྒྱ་མཚོའི་སྐུ་སྐྱེ། ཨེ་པ་བློ་བཟང་དར་རྒྱས། ཨེ་པ་ཐུགས་རམས་པ། ད་ལྷ་ཨེ་པ་བཀྲ་ཤིས་རྒྱ་མཚོའི་སྐབས། ཐུགས་གཞིས་དགོན་ལུགས། གྲྭ་རྒྱུན་དྭགས་གྲྭ་ཚང་དུ་འགྲོ། ཨང་གཉིས་གྲྭ་པ་ཉི་ཤུ་ཙ་བདུན་སྐོར།

༦ སེ་ལུང་ལ་ཁ་ནི་རྗེ་ནམ་མཁའ་འོད་ཟེར་གྱིས་བཏབ་ཅིང་། དེ་རྗེས་བསྟན་པ་ཆོས་འཕེལ། ཆོས་སྐྱོང་གྲགས་པ། རིན་ཆེན་སྣང་པ། སྨན་ལུང་དཀའ་བཅུ། གདུང་ལོ་སྐུ་སྐྱེ། བློ་བཟང་དར་རྒྱས། དགེ་སློང་ཐུགས་རམས་པ། ད་ལྷ་བཀྲ་ཤིས་རྒྱ་མཚོ། འདོན་ཆོས་སྤྱོད་དགེ་ལུགས་གཞིས་དགོན་བྱིངས་འགྲེ། གྲྭ་རྒྱུན་དྭགས་གྲྭ་ཚང་དུ་འགྲོ།

༧ དྭགས་པོ་སྒྲོམ་མདའ་གནས་གཞི་ནི། བྱ་པའི་ཞལ་ངོ་མཁན་པོ་ཡོན་ཏན་མཆོག་གིས་བཏབ། དེ་ནས་བྱ་པ་བཀྲ་ཤིས་དར་རྒྱས་ཀྱི་དུས་སུ་རྫོང་གཞིས་ཀ་བརྩིགས། སྒྲོམ་མདའ་པ་རྗོང་དཔོན་དུ་བསྐོས་པས་(༧༦༤ན)གཞིས་ཀའི་འོག་ཙམ་དུ་ཆོས་སྡེ་བཏབ་པས་སྒྲོམ་མདའ་དགོན་གསར་དུ་གྲགས། བླ་མ་དོན་གྲུབ་རྒྱ་མཚོ་བསྐོས། དེ་ནས་རིམ་པར་བླ་མ་གཉལ་པ་ཚུལ་ཁྲིམས་ལྷུན་གྲུབ། ཚོགས་མཁན་ཆེན་བློ་གྲོས་བསམ་གྲུབ། ཁེ་གསུམ་པ་ཆོས་ཀྱི་རྣམ་རྒྱལ། སྒྲོམ་མདའ་ཆོས་མཛད་

པ། བློ་མ་བཀྲ་ཤིས་ཆོས་འཕེལ། སྨྲོམ་མདའ་ཆོས་མཛད་བློ་བཟང་བསྟན་པའི་ཉི་མ། དུང་མཁན་རབ་འབྱམས་པ་སྐལ་བཟང་རྒྱ་མཚོ། ཨ་མདོ་མཁར་མཁན་པོ་ངག་དབང་དཔལ་བཟང་། སྨྲོམ་མདའ་མཐུ་སྟོབས་དཔལ་འབྱོར། ཨ་མདོ་སྦྱིན་ང་རྒྱ་མཚོ། ལྷ་ས་བ་བློ་གྲོས་རིན་ཆེན། རྒྱལ་མོ་རོང་པ་བློ་བཟང་བཀྲ་ཤིས། ད་ལྷ་བྲག་དབར་བླ་བྲུར་འཕྲིན་ལས་རབ་རྒྱས། རྫེ་བླ་མའི་དབུ་ཕར་མཛོད་གསུམ་དང་འདུལ་བ་ཤར་རྩེ་ལྟར་གྱི་འཆད་ཉན་སྐབས། དེང་སང་ཀུ་རབ་དགའ་ལྡན་རབ་བརྟན་དུ་གྲགས་ཤིང་། ཨང་དང་གྲྭ་པ་ཕྱིད་སུམ་བརྒྱ་སྐོར།

༨ དཀྱིར་སྨད་དུ་བདུད་རིམ་ཆོས་སྡེའི་ལོ་རྒྱུས་ནི། དཀྱིར་རིགས་མང་ཡུལ་བློ་ལྡན་པ་རྒྱ་མ་རིན་ཆེན་སྒང་དུ་བཞུགས་སྐབས་སྤྱན་རས་གཟིགས་ཁ་སརྤ་ཎི་རི་སྐུ་བརྙན་གྱིས་ལུང་བསྟན་པ་བཞིན་དྭགས་སྨད་དུ་ཐར་ཀླུ་མེས་ཀྱི་གནས་གཞི་ཉིང་པའི་སར་སྐུ་རྟེན་སྤྱན་དྲངས་གནས་གཞི་ཤར་དུ་བཙིགས། དེ་རྗེས་དཀྱིར་སངས་རྒྱས་དཔོན་གཞོན། དེ་ནས་དཀྱིར་རིགས་རིམ་བྱོན་གྱི་སངས་རྒྱས་འོད་ལ་རྟུས་ལྡུ་བྱུང་བའི་ཚེ་བ་དེས་རང་མེས་སངས་རྒྱས་དཔོན་གྱི་སྐུ་འབག་འཛམ་གླིང་རྒྱན་གཅིག་བཞེངས་ཤིང་དགོན་པའང་རྒྱབ་རིའི་དབྱིབས་ལྟར་བདུད་རིམ་སུམ་བརྩེགས་བཏབ་པས་བདུད་རིམ་ཆོས་སྡེར་གྲགས། (༡༧༤༨)དགེ་འདུན་ལྔ་བརྒྱ་ཙམ་འཚོགས། གདན་སར་སྣེའུ་ཟུར་པའི་སྐྱེ་བར་གྲགས་པ་སངས་རྒྱས་དགེ་སློང་། དེའི་སྐུ་མཆེད་སློབ་དཔོན་ཡོན་ཤཱཀ་གིས་སྐུ་འབུམ་བཞེངས། གཙུང་ཟླ་བ་རྒྱལ་མཚན་གྱིས་གསེར་གྱི་འབུམ་སོགས་གསུང་རབ་བཞེངས། གཙུང་པོ་དབང་གི་རིན་ཆེན་པས་སྲིད་ངསྐྱངས་པའི་སྲས་སུ་རྒྱ་མ་འཁྲུངས་པ་གདན་སར་བསྐོས། འདི་སློ་བུར་དུ་གྲོངས་པ་རེ་རྗེས་གདུང་བརྒྱུད་རྣམས་ཕྲ་བ་དང་བཅས་ས་འབྲིས་འཕོ་འགྱུར་མང་བར་བྱུང་ཞིང་བར་ཞིག་བདུད་རིམ་པའི་མི་ངོ་འཛམ་དབྱངས་དཔལ་འབྱོར་རིན་ཆེན་པས་འབྲས་སྤྱུངས་སུ་འཛམ་དབྱངས་ཆོས་རྗེ་ལ་གདུགས་མཁས་པར་སྦྱངས་ནས་དྭགས་པོར་ཕེབས། ལྷ་སྡེ་མི་སྡེ་ཐམས་ཅད་དགེ་ལུགས་པར་བསྒྱུར། ཆོས་རྗེ་བློ་གྲོས་བརྟན་ང་འི་སློབ

མ་དྷ་གས་པོ་དགའ་བཅུ་པ་བློ་གྲོས་མཐའ་ཡས་པས་ཀྱང་བླ་མ་མཛད་ཅིང་གདུང་བརྒྱུད་རྣམས་སྣང་ཤོལ་དུ་སྣང་བར་གྲགས། ཡང་ཉ་གུད་ཕྲན་བུ་ནས་བྱ་བཀྲ་ཤིས་སྟོངས་རྒྱལ་གྱིས་ཞིག་གསོ་དང་། པཎ་ཆེན་དགེ་འདུན་རྒྱ་མཚོ་སྤྱན་དྲངས་དགོན་པར་བཀའ་གདམས་ལྷུན་པོ་དང་ཁྱུ་དབོན་རབ་ཏུ་བྱུང་ཞིང་དབོན་དུ་དཔའ་བོ་ཆོས་རྒྱལ་ཞེས་བཏགས་པ་བླ་མར་བསྐོས། དེ་ནས་རིམ་པར་ཨེ་པ་ངོ་མཚར་ཆོས་དབང་། འཕྲོང་རྒྱས་རབ་འབྱམས་པ་ནམ་མཁའ་རྒྱ་མཚོ། ཇོ་སྟན་གཞོན་ནུ་ཚུལ་ཁྲིམས། ཞ་མོ་སྐུ་སྐྱེ་ཕུན་ཚོགས་རྒྱ་མཚོ། བྱམས་གླིང་རབ་འབྱམས་པ་བྱམས་པ་ཆོས་མཆོག །ཀོང་སྟོད་དུལ་བ་ཕུན་ཚོགས་རྒྱ་མཚོ། སྐྱིད་ཤོད་ཆེ་གསུམ་པ་དགེ་འདུན་དར་རྒྱས། འོལ་དགའ་བསམ་གླིང་པ་རིན་ཆེན་བློ་གྲོས། ཇིང་ཕྱི་བ་བྱམས་པ་རྒྱལ་(༡༦༥ན)མཚན། ཡར་གླུངས་གདུང་ལ་བ་ནམ་མཁའ་བཟང་པོ། སྟོད་ལུང་རིན་ཆེན་སྐང་པ་བློ་བཟང་རྒྱལ་མཚན། འཕྲོས་བཀྲ་ཤིས་བདེ་ཆེན་པ་ངག་དབང་བསྟན་འཛིན། ད་ལྟ་ཇིང་ཕྱི་བ་རྡོ་རྗེ་རྒྱལ་མཚན་གྱི་སྐབས། གཞིས་དགོན་ཐུགས་གྲྭ་རྒྱུད་སྨད་དང་ཉེ་བའི་སྟེང་གཞི་གསུམ་གྱི་ཕྱག་ལེན་དང་། དབྱར་གནས་སྐབས་ལམ་རིམ་ཆེ་ཆུང་གི་འཆད་ཉན་བྱེད། གྲྭ་རྒྱུན་འབྲས་སྤུངས་བློ་གླིང་། སེ་ར་སྨད། དགའ་ལྡན་བྱང་རྩེ། དྭགས་གྲྭ་ཚང་བཅས་ལ་འགྲོ། ཨང་དང་གྲྭ་པ་ཉིས་བརྒྱ་སྐོར།

དགེ་བསྟན་ཨེ་ཕྱོགས་སུ་དར་ཚུལ།

ཨེ་ཕྱོགས་སུ་འཇམ་མགོན་ཆོས་ཀྱི་རྒྱལ་པོའི་བསྟན་པ་བྱུང་ལུགས་ནི། ཏེའུ་རར་འཇམ་མགོན་ཆེན་པོས་ཡུན་རིང་དུ་བཞུགས་ཤིང་བྱིན་གྱིས་བརླབས། འོད་གསལ་ལྷའི་གདུང་སྲི་པ་ལྷ་པ་དཔོན་སློན་གྱིས་རིང་ལུགས་འདི་ཉིད་ལ་མི་ལྡོག་པའི་དད་པ་བརྟན་པོས་སྦྱིན་བདག་གི་མཐིལ་མཛད། དེ་ཡང་།

༡ རྒྱ་རི་དགོན་པ་ནི་བཀའ་གདམས་ཀྱི་དགེ་བའི་བཤེས་གཉེན་བྱ་ཡུལ་བ་ལ་སློབ་མ་ཆེན་པོ་བརྒྱད་ཡོད་པའི་ནང་ཚན། རྒྱ་རི་མེར་བ་ཆེན་པོས་རྫ་རྒྱ་བ་སྐྱེས་

པའི་རི་ལ་གནས་གཞི་བཏབ་པས་རྒྱ༷་རི༷་བ༷་ཆེན་པོར་གྲགས། ཚ་རོང་བཙད་པོ་དང་ཕག་གྲུ་དཔོན་སློབ་ཅུང་མ་མཐུན་པས་རྒྱ་རི་ཆོས་རྫོང་དང་། དྭགས་པོ་བླ་མདར་གནས་པ་སོགས་གཞན་དུ་བྱུང་བ་ལྷར་བླ་ལྷ་ཆེན་པོ་ཨེར་སྤྱན་དྲངས་རྒྱ་རི་ཆོས་རྫོང་དང་། ཀློག་གི་བླ་མར་བསྐོས་པས་ཀློག་གི་མཆོད་ཁང་གསར་མ་བཞེངས། རྒྱ་རི་ཆོས་སྡེའི་བླ་མ་དེའི་རྗེས་སུ་རིམ་པར་བྱོན་པ་ནི། མཁན་ཆེན་ངག་དབང་གྲགས་པ། བསོད་ནམས་བཟང་པོ། དེའི་དབོན་པོ་(༧༤༥བ)དབང་ཕྱུག །ཆོས་རྒྱལ་བ་རྣམས་བྱུང་། ལྷ་བཙུན་རྒྱ་བོ་དང་། ཆོས་རྗེ་བྱམས་པ་བརྟན་པས་ཨེའི་ཆོས་སྡེ་བལ་ཆེར་གྱི་བླ་མ་མཛད། དེ་རྗེས་གྲྭ་ནང་བྱམས་པ་ཆོས་མཆོག །འཕྱོང་རྒྱས་བློ་བཟང་མཁས་བཙུན། ལྷ་ངག་དབང་དཔལ་བཟང་། ད་ལྟ་དགའ་ལྡན་རབ་བརྟན་དབང་པོ། གཞིས་དགོན་རྒྱུད་སྨད་ལུགས། སློབ་གཉེར་གྲྭ་རྒྱུན་དྭགས་གྲྭ་ཚང་དང་དགེ་འབྲས་སེ་གསུམ་ལ་འགྲོ། ཨང་དང་གྲྭ་གྲངས་སུམ་ཅུ་སྐོར།

༢ རི༷་སྒོ༷་ཆོས༷་སྡེ༷་ནི་གཙང་པ་ངག་དབང་གྲགས་པས་བཏབ། བླ་མ་འགར་པ་ཚུལ་ཁྲིམས་བཀྲ་ཤིས། ལྷ་བཙུན་རྒྱ་བོ། རྗེ་བྱམས་པ་བརྟན་པ། རྗེ་བྱམས་སྙིང་པ་བྱམས་པ་ཆོས་མཆོག །གཉལ་ཟངས་པོ་ཆེ་བ་ངག་དབང་ཆོས་འཕེལ། རྒྱ་རིའི་ཞལ་ངོ་ངག་དབང་དགའ་ལྡན་རབ་བརྟན། ད་ལྟ་དགའ་ལྡན་རབ་བརྟན་དབང་པོ། སྔགས་གཞིས་དགོན་རྒྱུད་སྨད་དང་ཉེ་བ། སློབ་གཉེར་དྭགས་གྲྭ་ཚང་དང་སེར་འབྲས་དགེ་གསུམ་གང་ལའང་འགྲོ། ཨང་དང་གྲྭ་པ་བརྒྱ་དང་ཉེ་ཤུ་རྩ་གསུམ་སྐོར།

༣ ཀློག༷་ཆོས༷་སྡེ༷་ནི། བྱ་པའི་ཞལ་ངོ་ཡོན་ཏན་མཆོག་གིས་བཏབ་ཅིང་། བར་དུ་རྒྱ་རི་བའི་བླ་དཔོན་ཟུང་དུ་འཛིན། བར་ཞིག་དྭགས་གྲྭ་ཚང་བྱམས་པ་བསྟན་པ། དེ་རྗེས་བླ་མ་ཆོས་རྗེ་བྱམས་པ་ཆོས་མཆོག །དེ་ནས་བར་སྐབས་བླ་མ་མ་བཀོད་ཅིང་། ད་ལྟ་ཞབས་དྲུང་ཆོས་རྗེ་ཉིད་ཀྱི་སྐབས། གཞིས་དགོན་སྔགས་རྒྱུད་སྨད་དང་རྒྱལ་ལུགས། ཨང་དང་གྲྭ་པ་བཞི་བཅུ་སྐོར། སློབ་གཉེར་བློ་གླིང་དང་བྱེས་རྣམས་སུ་འགྲོ།

༤ ཨོ་སེ་བེ་དགོན་ནི་བྱ་པའི་ཞལ་ངོ་ཨ་མི་བྱ་ནག་ཆེན་པོ་རིན་ཆེན་འོད་ཀྱིས་བཏབ་(༡༧༨༨ན)ཅིང་བླ་མ་བསྐལ་བཟང་རྒྱ་མཚོ། རང་ཕྱོགས་ཀྱི་བསྟན་པ་བརྩེངས་ནས་(མི་རིང་བར་ཧོར་དམག་འཕོག་པའི་ཕོར་ཞིག་ཏུ་སོང་།

༥ སེ་མདོ་དགའ་ལྡན་རྣམ་རྒྱལ་ནི་རྒྱ་རི་ཞབས་དྲུང་བློ་བཟང་མཐུ་སྟོབས་ཀྱི་དུས་གསོལ་དཔོན་རབ་བརྟན་པས་ཁུར་འཁུར་ཏེ་ཆོས་སྡེ་གསར་དུ་བཏིང་བ། མཁར་ལས་ཕྱེད་ཙམ་གྱི་དུས་གོང་མ་ལྔ་པ་ཆེན་པོས་དགུང་ལོ་བཅོ་ལྔ་པར་ཞབས་ཀྱིས་བཙགས་ཤིང་། རྗེས་སོར་མིང་གོང་བཞིན་སྐུལ། བླ་མར་)བྱམས་གླིང་བྱམས་པ་ཆོས་མཆོག །རྩེས་དང་བསོད་ནམས་དངོས་གྲུབ། ཨེ་རིན་ཆེན་རྒྱ་མཚོ། ཨེ་དགའ་བཅུ་བྱམས་པ་རབ་འཕེལ། རྒྱ་རི་བྱམས་པ་བཀྲ་ཤིས། སྟོད་སྲིད་བློ་བཟང་དམ་ཆོས། ད་ལྟ་སྟོད་སྲིད་རབ་འབྱམས་པ་བརྩོན་འགྲུས་རྒྱ་མཚོ། ཡིག་ཆ་དྭགས་གྲྭ་ཚང་སོར་བཞག་གི་འཆད་ཉན་མ་ཆག་ཙམ་དང་ཐུགས་རྒྱུད་སྨད་དང་ཉེ། ཨང་དང་གྲྭ་པ་བརྒྱ་དང་དྲུག་ཅུ་སྐོར།

༦ ཨེ་ཟལ་དཀར་མདོ་མཁར་ཆོས་སྡེ་ནི་གནུབས་སྟོན་ཤེས་རབ་གྲགས་པས་བཏབ་ཅིང་བཀའ་གདམས་ལུགས་དང་། བླ་མའང་དགེ་བའི་བཤེས་གཉེན་ཁ་ཤས་བྱུང་ཞིང་ཕྱིས་རྒྱ་རིའི་ཞལ་ངོ་ན་རིམ་གྱིས་ཞལ་འཛིན་གནང་བ་རྒྱ་རི་དགོན་གསར་དང་མཚུངས་སོ། །

༧ རོང་ཆ་དཀར་ཆོས་སྡེ་ནི་ལྷ་རབ་འབྱམས་པ་རབ་བརྟན་དང་ཆོས་རྗེ་བྱམས་པ་བརྟན་པ་མཆོད་ཡོན་བཀའ་བགྲོས་ནས་བཏབ་ཅིང་། ཞབས་དྲུང་ཀརྨ་ཆོས་རྒྱལ་གྱིས་དར་རྒྱས་སུ་མཛད། གདན་ས་ནི་བྱམས་པ་བསྟན་པ། གྲྭ་བྱམས་གླིང་བྱམས་པ་ཆོས་མཆོག །འཕྱོང་རྒྱས་བློ་བཟང་བསྟན་འཕེལ། གཙང་ལྷུན་པོ་རྩེ་བ་བློ་བཟང་ཆོས་འཕེལ། རྒྱ་རིའི་ཞལ་ངོ་བློ་བཟང་ལྷུན་གྲུབ། འཕྱོང་རྒྱས་དོན་གྲུབ་རྒྱ་མཚོ། ཐེ་ལིང་དོན་གྲུབ་རྒྱ་མཚོ། ད་ལྟ་རྨེ་ཏུ་ནམ་མཁའ་རྣམ་རྒྱལ། གཞིས་དགོན་ཐུགས་ལུགས། གྲྭ་རྒྱུན་སེར་བྱེས། དགའ་ལྡན་བྱང་རྩེ། བློ་གླིང་རྒྱུད་སྨད་སོགས་གང་མོས་

སུ་འགྲོ། ཨང་དང་གྲྭ་པ་བརྒྱ་དང་བརྒྱད་སྐོར།

༨ ཨེ་རོང་དགའ་ལྡན་ཆོས་སྡིངས་ནི། འོད་གསལ་ལྷ་རིགས་འཛིན་པ་(༧༩༤བ)ས་སྐྱོང་རྒྱ་རི་བ་ཕྱུག་རྫོར་གྱིས་བཏབ། སློབ་དཔོན་པ་གཙང་པ་དགེ་ལེགས་བཟེས་གཉེན། ཨེ་པ་དགེ་འདུན་ལྷུན་གྲུབ། དགེ་འདུན་བསམ་གྲུབ། ནམ་མཁའ་རྒྱ་མཚོ། བྱམས་པ་བརྟན་པ། དོན་ཡོད་ཆོས་རྒྱལ། གྲ་ནང་བྱམས་པ་ཆོས་མཆོག །འཕྱོང་རྒྱས་མཁས་བཙུན་དར་རྒྱས། གྲ་ཕྱི་བྱམས་པ་བློ་གསལ། ཨེ་པ་བློ་བཟང་དོན་གྲུབ། ད་ལྟ་ཟླ་དཀར་བློ་བཟང་རིན་ཆེན། དཔལ་གསང་བ་འདུས་པའི་ཆོ་ག་དང་ནག་པོ་སྐོར་གསུམ་སོགས་ཆོས་སྤྱོད་ཧང་རྒྱ་རྒྱུད་སྨད་དང་ཉེ། གྲྭ་རྒྱུན་སློབ་གཉེར་དགའ་ལྡན་བྱང་རྩེ་འབྲས་སྤུངས་བློ་གླིང་སེ་ར་བྱེས་དྭགས་པོ་གྲྭ་ཚང་རྣམས་སུ་འགྲོ། ཨང་དང་གྲྭ་གྲངས་བཞི་བཅུ་ཞེ་བརྒྱད་སྐོར།

༩ རྒྱལ་ལྷ་ཐོག་སྟེང་ནི། སྔམ་པོ་ཟླ་འོད་གཞོན་ནུས་གནས་སྐོ་ཕྱེ། འཇམ་མགོན་ཆོས་ཀྱི་རྒྱལ་པོ་སོགས་དམ་པ་དུ་མའི་ཞབས་ཀྱིས་བཅགས། སྐྱབས་སྡེ་དངོས་གཞི་འཛུགས་མི་ནི། སེར་སྨད་པའི་གྲྭ་རྒྱུན་སྐྱིད་ཤོད་ཞང་བྲན་ན་ཁ་བ་གྲུབ་ཆེན་ཐར་པའི་རྒྱལ་མཚན་ཞེས་མཁའ་སྤྱོད་གྲུབ་པའི་དཔའ་བོ་མདོ་སྔགས་བསྟན་པ་ཡོངས་རྫོགས་ཀྱི་བཤེས་གཉེན། ཐམས་ཅད་མཁྱེན་པ་བསོད་ནམས་རྒྱ་མཚོ་མཐའ་འཁོབ་ཁ་ར་ཆེང་གི་ཡུལ་དུ་མྱུ་ངན་ལས་འདའ་བར་ཉེ་བའི་ཚེ། རི་ཁྲོད་འདི་ཉིད་ནས་སྡེ་ཙྪ་གཅིག་ལ་སོག་ཡུལ་དུ་ཕེབས་ཏེ་ཟབ་རྒྱས་ཀྱི་བཀའ་མཆིད་མཛད་པ་པོ་དེ་ཡིན་ལ། དེ་རྗེས་སངས་རྒྱས་འོད་ཟེར། མངའ་རིས་དཀའ་བཅུ་པ། བསོད་ནམས་ཉི་མ། སྒྲོམ་མདའ་བློ་གསལ་བཀྲ་ཤིས། རྒྱལ་བ་བྱམས་པ་འཕྲིན་ལས། བསྟན་འཛིན་རྒྱ་མཚོ། བྱམས་གླིང་བློ་རྒྱམ་པ། གཉལ་པ་བློ་བཟང་དོན་གྲུབ། རྒྱལ་(༧༤༧ན)བློ་བཟང་ཡེ་ཤེས། རྒྱལ་དགེ་སློང་དོན་གྲུབ། གཉལ་པ་བློ་བཟང་བསྟན་འཛིན། ཨ་མདོ་བློ་བཟང་ཆོས་སྐྱོང་། འོན་པ་བློ་བཟང་དབང་པོ། རྒྱལ་བློ་བཟང་ངག་དབང་། ཉང་པོ་འཕགས་པ་བརྩོན་འགྲུས། ཨེ་པ་ལུང་རིག །ད་ལྟ་ཕན་པོ་ལེགས་བཤད་རྒྱ་མཚོ།

གཞི་གསུམ་གྱི་ཕྲུག་ལེན་སོགས་ཀྱི་སྐབས། མདོ་འདོན་དབུ་མཛད་ལྷ་བུ་ལས་བླ་མ་རང་གི་ཐ་སྙད་མེད་ཅིང་། གཙོ་བོ་ནི་འཕགས་པ་ཀླུ་སྒྲུབ་ཡབ་སྲས་ཀྱི་གཞུང་དོན་ཕྱིན་ཅི་མ་ལོག་པ་ལམ་རིམ་སོགས་ལ་བརྟེན་ནས་རྡོ་རྗེའི་རྣལ་འབྱོར་ལ་བརྩོན་པའི་རི་ཁྲོད་པ་ཤ་སྟག་ཡིན། ཨང་དང་དགེ་སློང་བཅུ་གཅིག་སྐོར།

༧༠ ཁྲི་སྨུལ་ཐར་གླིང་རི་ཁྲོད་ནི། སྒོམ་མདའ་ཀླུངས་སྒྲ་ཁ་བ་དགེ་སློང་གྲགས་པས་འཕོར་བ་དོང་ནས་ཕྱུགས་པའི་རང་ཉིད་ཀྱིས་ཧང་གཅིག་མཐུན་རྐྱེན་དུ་སྦྱར་ཏེ་སྒྲུབ་སྡེ་བཙུགས། བླ་མ་དབུ་མཛད་པ་གནས་བཅུ་རབ་འབྱམས་པ་དགེ་འདུན་རྒྱལ་མཚན། གཉལ་པ་གྲགས་པ་དོན་གྲུབ། སྒོམ་མདའ་བློ་གསལ་བཀྲ་ཤིས། དྭགས་པོ་བསོད་ནམས་ཉི་མ། ངག་དབང་རྒྱ་མཚོ། ཆོས་འཕེལ། ཆོས་དབང་། ལུང་རིག །སོག་པོ་བློ་བཟང་བརྩོན་འགྲུས། ད་ལྟ་རྒྱལ་མཁན་པོས་སྐྱོང་། གཞི་གསུམ་གྱི་ཕྲུག་ལེན་སོགས་ཏ་ལམ་ལྷ་ཐོག་པ་དང་འདྲ། ཨང་དང་དགེ་སློང་བཅུ་གཉིས་སྐོར།

༧༡ ཟེ་སྨོ་གདོང་དགོན་ནི། དྭགས་པོ་གྲྭ་ཚང་གི་བླ་ཐོག་གཉིས་པ་མཁན་ངག་དབང་གྲགས་པས་བཏབ་ནས་བླ་ཐོག་ལྔ་པ་ཏྲ་ར་ཆོས་དཔལ་བ་ཡན་དྭགས་པོ་གྲྭ་ཚང་དང་གཅིག །དེ་ནས་པད་དཀར་འཛིན་པ་དགེ་འདུན་རྒྱ་མཚོར་དགོན་པ་ཕུལ་བས་ཞབས་(༡༤༧བ)ཀྱིས་བཅགས། ཆོས་དཔལ་བའི་རྗེས་སུ་བློ་བཟང་མཁས་བཙུན། བྱམས་གླིང་བློ་བཟང་བསྟན་འཛིན། སྒོམ་མདའ་ཆོས་མཛད་མ་སངས་རྒྱས་ཆོས་སྒྲོན། བང་རིམ་ཀུན་དགའ་རྒྱ་མཚོ། ཁང་གསར་ཆོས་མཛད་མ་བློ་བཟང་ཆོས་སྒྲོན། གྲུ་ལུང་བློ་བཟང་ངོ་མཚར། སོག་པོ་བརྩོན་འགྲུས། ད་ལྟ་ཏུ་མི་སངས་རྒྱས་བློ་གྲོས། བླ་མ་མཆོད་པ་དང་སྨྱུང་གནས། སྨན་བླའི་མདོ་ཆོག་བསྡུས་པ་སོགས་གཏོང་། ས་ལམ་གྱིས་གཙོས་ཆོས་སྤྱོད་ཕྱིངས་དགེ་ལུགས་སྤྱི་འགྲེ། ཨང་གཉིས་བཙུན་མ་བདུན་ཅུ་སྐོར།

༧༢ རབ་ཐང་བཀྲ་ཤིས་ཆོས་གླིང་ནི། སྒོམ་མདའ་མཁན་པོ་མཐུ་སྟོབས་དཔལ་འབྱོར་གྱིས་བཙུགས། དེ་རྗེས་ཨ་མདོ་སྦྱིན་པ་རྒྱ་མཚོ། ལྷ་ས་བ་བློ་གྲོས་རིན་ཆེན།

ད་ལྷ་རྒྱལ་རོང་བློ་བཟང་བཀྲ་ཤིས། ཐམས་ཅད་མཁྱེན་པ་དགེ་འདུན་རྒྱ་མཚོས་མཛད་པའི་བླ་མ་མཆོད་པ་དང་གཙང་ལུགས་ཀྱི་སྨན་བླ་བསྡུས་པ་གཏོང་། ས་ལམ་སོགས་ཆོས་སྤྱོད་དགེ་ལུགས་ཕྱིངས་འགྲེ། ཨང་དང་བཙུན་མ་བརྒྱ་དང་དྲུག་སྐོར།

༡༣ ཟེ་མཁར་དགའ་ལྡན་ཕན་བདེ་གླིང་ནི། སྒྲུང་གནས་པ་རྒྱ་ཡིང་རས་པས་བཏབ་པའི་དགོན་བདེ་ཆེན་ཆོས་འཁོར་ཟེར་བ་བླ་བྲང་ཙམ་ལས་ཕྱིངས་སྟོངས་མཚམས། ཤག་ཀློ་དཀོན་དར་བས་འདི་གའི་ཁྲ་མ་དང་བཀོད་པའི་དོན་བཞིན་རི་ཁྲོད་ཁ་གཙང་དུ་བསྒྱུར། མིང་གོང་གསལ་གསར་དུ་བཏགས། བླ་མ་དབུ་མཛད་ལྷ་བུར་ཨེ་པ་རབ་འབྱམས་པ་ཆོས་དབང་རྒྱ་མཚོ་བསྐོས་པའི་འཁོར་ལོ་གཉིས་ཀྱི་ནང་ཚན་ནས་སྤྱོང་བ་བསམ་གཏན་ལ་བརྩོན་པར་མཆིས་སོ། །ཨང་གཉིས་དགེ་སློང་བཅོ་ལྔ་སྐོར།

༡༩ སྒྲོམ་མདའ་དགའ་(༡༧༤༨ན)ལྡན་ཆོས་གླིང་ནི། འདིབས་མི་དང་། བླ་རབས། ཆོས་སྤྱོད་སོགས་གང་ཅི་རབ་ཐང་བཀྲ་ཤིས་ཆོས་གླིང་དང་ཁྱད་པར་མེད་ཅིང་། ཨང་གཉིས་བཙུན་མ་དྲུག་ཅུ་སྐོར།

དགེ་བསྟན་གཉལ་ཕྱོགས་སུ་དར་ཚུལ།

འཇམ་མགོན་ཆོས་ཀྱི་རྒྱལ་པོའི་བསྟན་པ་གཉལ་ཕྱོགས་སུ་དར་ཚུལ་ནི། རྗེ་བཙུན་བཙོང་ཁ་པས་བྲ་གོར་དུ་མཁན་ཆེན་ཆོས་སྐྱབས་དཔལ་བཟང་པོ་ལ་འདུལ་བ་དང་བཀའ་གདམས་རྒྱས་པར་གསན་ཅིང་སྒྲུབ་པ་དང་བསྟན་བཅོས་སོགས་མཛད། གཉལ་སྟོད་དགུ་སྟུད་ར་གྲོང་དུ་བཞུགས་ཚེར་གྲོང་དགེ་བཤེས་ཀྱིས་ཞངས་ནས་བཏེག་སྟེ་གསེར་མང་པོ་ཕུལ་བས་སངས་རྒྱས་ཀྱི་དུས་ཆེན་དུ་དམིགས་པའི་གཉལ་སྨེ་དྲུག་ལ་མཛད་ཆེན་བཞིའི་ཡ་གྱལ་ལུང་ར་ཆེན་མོ་འཛུགས་པ་གནང་བའི་སྲོལ་དེང་སང་བར་མ་ཉམས་པར་མཆིས། རྗེའི་ལུགས་བཟང་པོ་དར་བའི་སྨེ་དྲུག་ལས།

༡ དང་པོ་གྲྭ་འོར་ནི་རྒྱ་གར་པཎ་ཆེན་ལ་བ་པ་གནས་སྐོར་དུ་ཕེབས་སྐབས་

གཉལ་དུ་ཆོས་སྡེ་འདེབས་པའི་སྨོན་ལམ་མཛད་པ་ལྟར་སྐྱེ་བ་དེའི་ཕྱི་མ་སྨྱོས་ཀྱི་རིགས་སུ་རབ་བྱུང་དང་པོའི་ལྕགས་སྟག་ལ་བལྟམས། བཀའ་གདམས་ཀྱི་དགེ་བའི་བཤེས་གཉེན་པོ་ཏོ་བའི་ཞབས་ལ་གཏུགས་ཤིང་བསྙེན་པར་རྫོགས་ནས་མཚན་སྨྱོས་སྟོན་ཆོས་འབར་དུ་བཏགས། པོ་ཏོ་བའི་སྲས་ཀྱི་ཐུ་བོ་བརྒྱད་ཀྱི་ནང་ཚན་དུ་གྱུར་ཅིང་བསྐུལ་མ་མཛད་པ་ལྟར་དགུང་ལོ་རེ་གཉིས་པ་ལྕགས་ཡོས་ལ་གཙུག་ལག་ཁང་བཏབ་མཐར་ལྕགས་རིས་བསྐོར་བས་གྲྭ་སྐོར་ཞེས་བཏགས། པོ་ཏོ་བའི་ཐུགས་དང་རང་གི་སྐྱེ་བ་སྔ་མའི་ཁ་ཐུཾ་སོགས་མཁའ་འགྲོས་རྒྱ་གར་ནས་བླངས་ཏེ་བཞུགས་པའི་མཆོད་རྟེན་བཞེངས། དགུང་(༡༧༤༨)ལོ་རེ་གསུམ་པ་ཆུ་འབྲུག་མཆུ་ཟླའི་ཉེར་དགུ་ལ་ཞི་བར་གཤེགས། དེའི་རྗེས་དབོན་ཆོས་ཀྱི་སེང་གེ །ཡོན་ཏན་སྐྱབས། སྐུ་འབུམ་པ་གསུམ། བུ་སློབ་གྲོ་ལུང་པ། དཀར་པོ་འདུལ་འཛིན་པ། གཙང་ཞིབ་ཆེན་པོ། ཐུ་མི་བསོད་ནམས་འབྱུང་གནས་རྣམས་ཀྱིས་གདན་ས་མཛད་ཅིང་ཆོས་སྡེ་གཞན་ཡང་བཏབ། དེ་ནས་མཆོ་སྣ་པ་ཤེས་རབ་བཟང་པོ། ཚུལ་ཁྲིམས་བཀྲ་ཤིས། ཆོས་སྐྱབས་བཟང་པོ། འདིའི་སློབ་མར་གྲུབ་ཆེན་ནམ་མཁའ་རྒྱལ་མཚན་སོགས་བྱུང་། འཇམ་མགོན་བླ་མ་བཙོང་ཁ་པ་དང་ཡང་མཇལ། དེའི་རྗེས་སངས་རྒྱས་ཤེས་རབ་ཀྱིས་འཇམ་མགོན་ཆོས་ཀྱི་རྒྱལ་པོ་སྤྱན་དྲངས་ཤིང་རིང་ལུགས་སུ་གྱུར། དེ་ནས་རྡོ་རྗེ་བཟང་པོ། ཆོས་དཔལ་རྒྱལ་མཚན། ངག་དབང་གྲགས་པ། ཡོན་ཏན་རིན་ཆེན། གྲགས་པ་བསོད་ནམས་དཔལ་ལྡན། བསམ་གྲུབ་ཤེས་རབ། རྡོ་རྗེ་ཤེས་རབ། ཡོན་ཏན་དབང་པོ། ཆོས་རྗེ་བ། རྒྱལ་བཟང་པ། ཆོས་རྒྱལ་བཟང་པོ། དབུ་ནག་པ་ཆོས་བཟང་། བརྩོན་འགྲུས་བཟང་པོ། གཙང་སྟོད་ཡོན་ཏན་འོད་ཟེར། སངས་རྒྱས་བསྟན་འཛིན། བསྐལ་བཟང་ཆོས་རྗེ། བཟོད་པ་ངག་གྲགས། རྩ་པ། སྤང་སྤྱིལ་བ། བསོད་ཙམས་རྒྱལ་མཚན། སངས་རྒྱས་བསྟན་འཛིན། ཐུབ་བསྟན་ཡར་འཕེལ་རྣམས་གྲྭ་འོར་ཀྱི་མཁན་པོ། དེ་ནས་མཁན་པོ་པར་བཀབ་མེད་ཅིང་ལུང་རའི་ཚོགས་དབུར་ཡང་སྣ་ཚོགས་ནས་འབོད་པ་བྱུང་འདུག །རྗེ་བླ་མའི་ཆོས་སྲིད་གདུགས་དཀར་གྱིས་

ཁྱབ་ནས་ལུང་རའི་མཆོད་ཐེབས་རབ་དགའ་བདེ་ཆེན་རྫོང་(༡༨༩ན)གཞིས་དང་བཅས་སྐུལ་ནས་སྐྱིའི་མཁན་པོ་འབྲོང་རྩེ་ཁང་དམར་བ་དགེ་ལེགས་རྒྱལ་མཚན། དེ་ནས་ཁ་ར་བ་དཀོན་ཅོག་བསྟན་འཛིན། སྟ་མོ་ཤག་པ་བློ་བཟང་བསྟན་འཛིན། འཕྱོང་རྒྱས་བློ་བཟང་དར་རྒྱས། སྟགས་གཞིས་དགོན་རྒྱུད་སྨད་དང་རྒྱལ་བ་བཅས་ཉེ་བ། དང་ཐོག་ཤར་པ། འདུལ་བ། ལྗོ་པ། ནུབ་པ་ཞེས་གྲྭ་ཚང་ཁག་དྲུག་དང་། པོ་ཏི་བཞི་ཀའི་འཆད་ཉན་སོགས་ཡོད་ཀྱང་། ཕྱིས་ཇེ་ཕྲར་སོང་བའི་ད་ལྟ་གྲྭ་ཚང་རྣམས་ཁྲིན་གཅིག་ཏུ་འགྲིལ། གྲྭ་རྒྱུན་སེར་འབྲས་སོགས་གང་མོས། ཨང་དང་གྲྭ་གྲངས་ཉིས་བརྒྱ་དང་ཉི་ཤུ་རྩ་གཅིག་སྐོར།

༢ ཟངས་པོ་ཆེའི་ལོ་རྒྱུས་ནི། སྐྱོས་སྟོན་ཆོས་འབར་གྱི་སློབ་མ་ཐུ་མིའི་གདུང་དགེ་བའི་བཤེས་གཉེན་བསོད་ནམས་འབྱུང་གནས་དེ་ཉིད་དགེ་འདུན་སྟོང་ཙམ་ལ་ཆོས་འཆད་ཅིང་བཞུགས་པ་ན་ས་ཕུག་ཅིག་ཡོད་པ་རྙེབ་ནས་དགེ་འདུན་དུ་མ་གྲོངས་པས་ཐུགས་སྐྱོ་སྟེ་གནའ་རོང་དུ་ཐོན་པར། སྦྱིན་བདག་ཕྱུག་པོ་ཞིབ་གིས་བསྙེན་བཀུར་ཞུས། སྙིང་ཐིག་རྫོ་སྲས་ལ་དགོན་པ་ཡོད་པས་ཕུལ་དེར་བཙུན་མའི་ཁྲིད་དུ་བཞུགས་པར་གསོལ་བས་མི་ཊུང་གསུང་བ་ལ་བཙུན་མ་རྣམས་ཟུར་དུ་ཕུད་པས་ཟུར་ཕུད་དགོན་པ་བྱུང་། དགོན་ཤུལ་དུ་ཆོས་སྡེ་བཏབ་ཅིང་དགེ་འདུན་མང་དུ་འདུས་པ་ལ་ཡུལ་མིས་ཚོགས་ཟངས་ཆེན་པོ་ཕུལ་བས་ཟངས་པོ་ཆེར་གྲགས། འདུས་སྡེ་རིམ་འཕེལ་གྱིས་གྲོག་པོ་ཕ་གར་ཡང་ཆོས་སྡེ་ཆགས། རྫོ་སྲས་པའི་མཆོད་རྟེན་འབུམ་མོ་ཆེ་བཞེངས། གདན་ས་པ་དར་མ་བསོད་ནམས། དེས་ལྷ་འགྲོ་བའི་མགོན་པོ་སྤྱན་དྲངས་ཆོས་(༡༨༩བ)གསན། ཆོས་སྡེ་འདི་ལ་གྲྭ་ཚང་སྟག་ཚང་ང་། ཆོས་འཕེལ་གླིང་པ། དཔལ་འབྱོར་གླིང་པ། རིན་ཆེན་གླིང་པ་ཞེས་བཞི་ཡོད་པ་ཕྱིས་ཀོ་ལོང་ཆུང་ཁྱད་ཀྱི་གཅིག་ཏུ་བསྡུམས། ཟངས་ཆེན་པོའི་ཚུལ་ཁྲིམས་རྣམ་ངར་དག་པའི་དྲི་ངད་རྒྱང་རིང་དུ་ལྡང་བའི་སྐད་གྲགས་ཆེ། དེའི་བུ་ཆེན་བཞི་ནི་དགེ་བའི་བཤེས་གཉེན་མཚོ་སྣ་པ་ཤེས་རབ་བཟང་པོ། རྩེ་དཀར་བ། ཕྱར་ཁང་པ། དར་མ་

སྐད་པ་སྟེ་སོ་སོས་ཆོས་སྡེ་བརྩིགས་ནས་གདུལ་བྱ་བསྐྱངས། ཐངས་པོ་ཆེའི་མཁན་པོ་རིམ་པ་བཞིན་ལྷ་འགྲོ་བའི་མགོན་པོ། རྗེ་དཀར་བ། ཚུལ་ཁྲིམས་བསོད་ནམས། བསོད་ནམས་རྒྱལ་པོ། བྱ་སྤྱིལ་བུ་པ། བྱ་པ་ཆོས་སེང་འོད། ཚུལ་ཁྲིམས་བཟང་པོ། དཀོན་ཅོག་བཟང་པོ་འདི་སྐབས་འཛམ་མགོན་ཆོས་ཀྱི་རྒྱལ་པོ་གཙུག་ན་བསྟེན་པའི་དགེ་ལུགས་སུ་གྱུར་གསེར་ཕྲེའི་སློན་ལམ་བཙུགས། ཆོས་རྗེ་དཔལ་བཟང་། ཤཱཀྱ་དཔལ་མགོན། མཛད་པ་འཁྲུལ་མེད་མཛད་པོ་སྐལ་བཟང་ཆོས་རྗེ། བཀྲ་ཤིས་རྣམ་རྒྱལ་ཡན་བྱ་པའི་ཞལ་ངོ་། །དེ་ནས་བར་དུ་མཁན་པོ་སྟར་ཆགས་མ་བྱུང་ཞིང་། རྗེ༷་བླ༷་མ༷་འི་ཆོས་སྲིད་ལེགས་བྱས་ཤར་རིའི་ཕྲག་པ་ལས་བྱུང་བའི་ཉི་ཟླའི་སྣང་བས་ཁྱབ་པ་ནས་བཟུང་སྟེ་དྲུག་སྤྱིར་མཁན་པོ་གཅིག་གིས་འཕྲུས་པ་གོང་བཞིན་དང་། བར་སྐབས་བསྟན་པ་འཕེལ་འགྲིབ་ཀྱི་དབང་ལས་བཤད་གྲྭའི་རྒྱུན་ཆུབ་ཀྱང་། གཞིས་དགོན་སྔགས་ལུགས་རྒྱུད་སྐད་དང་ཉེ། གྲྭ་རྒྱུན་སེར་འབྲས་དང་མངའ་རིས་གྲྭ་ཚང་སོགས་གང་མོས་སུ་འགྲོ། ཨང་དང་གྲྭ་གྲངས་བརྒྱ་དང་དྲུག་ཅུ་སྐོར།

༢ རི༷་སྟེང༷་ནི་རིན་ཆེན་ཚུལ་ཁྲིམས་བྱང་ཆུབ་(༡༧༠༩)གྱིས་ཤུལ་རྫོང་ལ་འབྲུངས། ཚོང་དགེ་ལ་གཏུགས་སྡེ་སྟོད་ལ་སྤྱངས་ཤིང་དེས་ལུང་བསྟན་པ་ལྟར་དགོན་བརྒྱ་ཞི་བདུན་བཞེངས་པའི་ཡ་གྲུབ་བརྒྱ་ཚོ་རིན་ཆེན་སྟེང་གི་གཙུག་ལག་ཁང་འདི་བཏབ་པ་ཡིན་ལ། དེ་རྗེས་གྲ་འོར་མཁན་པོ་ཤེར་བཟང་པའི་སློབ་མ་རྒྱལ་མཚན་བཟང་པོས་གྲྭ་རིགས་འཕྲིད་ནས་དར་རྒྱས་སུ་མཛད། འདུལ་བ་དང་ཕར་ཕྱིན་གྱི་གྲྭ་ཚང་བྱུང་། དེ་ནས་བླ་མའི་རིམ་པ་ནི། ཆོས་རྗེ་རིན་ཆེན། ཀོང་སྟོན་ཤེས་རབ་རྡོ་རྗེ། ཤེས་རབ་འོད་ཟེར། ཆོས་རྒྱལ་རིན་ཆེན། སྐུ་འབུམ་པ། ཆོས་རྗེ་དཔལ་བཟང་། དེའི་རྗེས་བྱ་པའི་ཞལ་ངོ་ཆོས་རྒྱལ་བཟང་པོ། དཀོན་ཅོག་བཟང་པོ་འདི་ཐོག་འཛམ་མགོན་བླ་མ་དང་མཇལ་ཞིང་རིང་ལུགས་སུ་གྱུར། ཀོང་སྟོན་སྔོ་གཅིག་པའི་སྐྱེ་བ་བྱ་བའི་ཞལ་ངོ་པདྨ་ཧ་མཆོག་རྒྱལ་པོ། དེའི་ཚ་དབོན་བྱ་པ་སྤྲུལ་སྐུ་ཆོས་ཀྱི་གྲགས་པ། དེའི་སྐུ་མཆེད་བཀྲ་ཤིས་རྣམ་རྒྱལ་གྱིས་གཉལ་ཕྱོགས་པལ་ཆེར་གྱི་

ལྷ་མ་མཛད་ཅིང་། རྒྱ་མཚོ་བཞིའི་བསྟན་བཅོས་བརྩམས། ཕྱིས་བང་རིམ་མཁན་ཆེན་མཁྱེན་རབ་རྒྱ་མཚོ། དེ་རྗེས་ཛེ༷་ལྷ༷་མའི༷་ཆོས་སྲིད་ཀྱིས་ཁྱབ་ནས་གོང་དང་འདྲ་ཕྱིས་འཆད་ཉན་ཆད་ཅིང་གཞིས་དགོན་རྒྱུད་སྨད་དང་ཉེ། གྲྭ་རྒྱུན་སེར་འབྲས་དགེ་གསུམ་དུ་འགྲོ། ཨང་དང་གྲྭ་པ་བརྒྱ་དང་ཉེ་ཤུ་རྩ་བཞི་སྐོར།

༤ དང༷་སྐྱུལ་ནི། འབྲི་གུང་འཇིག་རྟེན་མགོན་པོའི་སློབ་མ་གྲུབ་ཐོབ་གཙང་ཞིབ་པར་ལྷ་མའི་ལུང་བསྟན་བཞིན་རྒྱ་ཆེ་དགོན་པར་ཐུགས་དམ་ལ་བཞུགས་དུས་གཏོར་ཆ་དང་པས་ཁྱེར་ནས་བྱང་རིའི་ཡོགས་སུ་བསྐྱུལ་བས་མཁའ་འགྲོའི་ལུང་བསྟན་དུ་གོ་ནས་དེར་དགོན་(༡༧༠བ)པ་བཏབ་པས་མིང་ཡང་དང་སྐྱུལ་དུ་ཐོགས། གདན་སར་ལྷ་མ་རིམ་པ་བཞིན་ཞང་ལྷ། རྒྱལ་བའི་མཚན་ཅན། གཟི་བརྗིད་རིན་ཆེན། གཉལ་ཞིག་པ། རྒྱལ་བ་རི་ཁྲོད་སེང་གེ །ལྷ་མ་གསལ་བ། མཁས་གྲུབ་རིན་ཆེན་རྒྱལ་མཚན། འདི་ནས་ལྷ་མ་གཅིག་གཉིས་ཆད་ཅིང་འཇམ་མགོན་ལྷ་མའི་རིང་ལུགས་སུ་གྱུར། ཆོས་རྒྱལ་རིན་ཆེན་དང་། རིན་ཆེན་བློ་གྲོས། བྱ་པ་རིན་ཆེན་དཔལ་བཟང་སོགས་བྱོན། དེའི་དབོན་པོས་ཐམས་ཅད་མཁྱེན་པ་དགེ་འདུན་རྒྱ་མཚོ་ལ་དགོན་པ་འདི་ཕུལ། དེ་ནས་ཚུལ་ཁྲིམས་བཟང་པོ། དེ་རྗེས་བར་སྐབས་གདན་ས་པར་བཀབ་མེད་པར་ཛེ༷་ལྷ༷་མའི༷་ཆོས་སྲིད་གདུགས་དཀར་གྱིས་ཁེབས་ནས་སྔེ་དྲུག་སྤྱི་ཁྱབ་ཀྱི་མཁན་པོ་གོང་བཞིན་དང་། ཐུགས་ལུགས་རྒྱུད་སྨད་དང་ཉེ་བ། སློབ་གཉེར་སེར་འབྲས་དགེ་གསུམ་དུ་འགྲོ། ཨང་དང་གྲྭ་གྲངས་དགུ་བཅུ་གོ་བདུན་སྐོར།

༥ ཧེ༷ཝུ་ར༷་ནི། པོ་ཏོ་བའི་སློབ་མ་སྐོར་འདུལ་བ་ཆེན་པོས་རང་གཞིས་ཆག་པའི་རྟ་ར་དང་ཉེ་བར་ཆོས་སྡེ་བཏབ་པས་མིང་ཧེཝུ་རར་ཆགས་པ་ནི་ཙ་དོངས་དཀར་པ་སྟེ་ས་ཆའི་མིང་དང་། ཆག་ནི་རུས་ཀྱི་མིང་སྟེ་གདན་སའང་ཆག་ལོ་དང་པོ་དགྲ་བཅོམ་པ། ཆོས་རྗེ་དཔལ། བསྟན་འཛིན་དཔལ་བཟང་། ཟླ་བ། རིན་ཆེན་འབྱུང་གནས། བློ་གྲོས་དཔལ། ཤཱཀྱ་དཔལ། བཟང་པོ་དཔལ། ཆག་པ་ཆོས་དཔལ་བཟང་པོ། ཉི་མ་དཔལ། ཡེ་ཤེས་དཔལ། འདི་སྐབས་འཇམ་མགོན་ཆོས་ཀྱི་རྒྱལ་

པོ་དང་མཇལ་ཞིང་རྗེའི་སློབ་མ་ཁྲི་ལ་འཛོགས་པའི་ཟླ་མེད་བཞིའི་ནང་གི་གཅིག་ཡིན་(༡༧༡ན)པ་གོང་གི་རྣམ་ཐར་དུ་གསལ། དེ་རྗེས་བསམ་གྲུབ་དཔལ་མགོན། བློ་བཟང་དཔལ་འབྱོར། ཆག་ལོ་རིན་ཆེན་ཆོས་རྒྱལ་འདི་ནས་བར་སྐབས་མཁན་པོ་མེད་ཅིང་རྗེ་བླ་མའི་ཆོས་སྲིད་ཀྱིས་ཁྱབ་ནས་མཁན་ས་གོང་བཞིན་དང་དགའ་ལྡན་བསམ་གཏན་གླིང་ཞེས་འདོགས་པ་གནང་། གཞིས་དགོན་རྒྱུད་སྨད་དང་ཉེ། སློབ་གཉེར་སེར་འབྲས། དྭགས་པོ་གྲྭ་ཚང་། ཉེ་མ་ཐང་སོགས་སུ་འགྲོ། ཨང་དང་གྲྭ་པ་བདུན་ཅུ་དོན་ལྔ་སྐོར།

༤ གསེར་ཕྱི་ཁ་ནི། བྱང་སེམས་ཐུགས་རྗེ་རྒྱལ་མཚན་གྱིས་བཏབ། དེ་ཡང་གཉལ་སྨད་ལྷོག་གྲོང་ཁང་ཆེན་དུ་སྐྱེ་བའི་རིགས་སུ་བལྟམས། རང་རིགས་དང་མཐུན་པའི་གསོ་བ་རིག་པའི་འགྲོ་དོན་བསྐྱངས། བཀའ་གདམས་ཀྱི་དགེ་བའི་བཤེས་གཉེན་སྣེའུ་ཟུར་པའི་བུ་སློབ་ཏུ་གྱུར། བླ་མའི་ལུང་བསྟན་བཞིན་གསེར་ཕྱི་འབུམ་མོ་ཆེ་ཕལ་ཆེར་བཞེངས། མཇུག་ཚགས་དང་བཅས་པ་གྲུ་ལུང་པས་མཛད་དེ་བུམ་ནང་དུ་སྣེའུ་ཟུར་པའི་ཕྱག་དར་དང་། ཁྲིའི་ནང་དུ་ཐུགས་རྗེ་རྒྱལ་མཚན་པའི་སྐུ་གདུང་བཞུགས། དེ་ནས་གདན་ས་རྒྱ་སྒོམ་མདོན་ཤེས་མཐུ་སྟོབས། གྲུ་ཤུལ་ཆོས་རྗེ་རིན་ཆེན། མཁས་གྲུབ་ཤེས་རབ་རྡོ་རྗེ། དེའི་སློབ་མ་ཤེས་རབ་འོད་ཟེར། ཆོས་རྒྱལ་རིན་ཆེན། སྐུ་འབུམ་རིན་ཆེན། བྱ་པའི་ཞལ་ངོ་རྒྱལ་ཆེན་དགོན་ཅིག་བཟང་པོ། འདིའི་སྐབས་འཛམ་མགོན་བཙོང་ཁ་པ་ཆེན་པོས་གཉལ་དུ་ཐེབས། སེང་རྫོང་བཙོང་ཁ་ཐུག་ཏུ་བཞུགས། དཔལ་དུས་ཀྱི་འཁོར་ལོ་སོགས་ཡི་དམ་དུ་མའི་ཞལ་གཟིགས། གསེར་ཕྱི་(༡༧༡བ)འབུམ་པར་བསྟན་པ་རྒྱས་པའི་སྨོན་ལམ་མཛད་ཅིང་། དགོན་ཡས་མས་རྣམས་རིང་ལུགས་སུ་འགྱུར། ཆོས་རྗེ་དཔལ་བཟང་། ཆོས་རྒྱལ་བཟང་པོ། སྒོ་གཅིག་པ། དེ་ནས་ཆེན་པོ་གྲགས་པ་རྒྱལ་མཚན། མཁས་གྲུབ་ཆོས་དབང་། དེ་ནས་བར་སྐབས་གདན་རབས་ཀྱི་ཐ་སྙད་ཆེར་མ་བྱུང་། རྗེ་བླ་མའི་ཆོས་སྲིད་གདུགས་དཀར་གྱིས་ཁྱབ་ནས་མཁན་ས་སྔ་བཞིན་དང་། འདི་ཡན་དགོན་ཁག་དྲུག་ལ་གཉལ

སྔོ་དྲུག་ཅེས་འབོད་པ་ཡིན་ལ་མཁར་སྟེང་སོགས་ཕྱིས་བྱུང་རྣམས་མ་ཕོག་ང་འཕྲུམས་ལྟ་བུ་ཡིན། སྟགས་གྲྭ་རྒྱུད་སྨད་ལུགས། གྲྭ་རྒྱུན་སེར་འབྲས་དགེ་གསུམ་གང་ཐོས། ཨང་དང་གྲྭ་གྲངས་བརྒྱ་དང་བཞི་བཅུ་ཞེ་དགུ་སྐོར།

༧ མཁར་སྟེང་ནི། རོང་པོ་རྡོ་རྗེ་རྒྱལ་མཚན་གྱིས་བཏབ་པར་གྲགས། དེ་ནས་གདན་རབས་སོགས་ཆེར་མ་རྙེད། བར་སྐབས་ནས་གུང་ཐང་པ་མཛེས་པ་དཔལ་ལྡན། ནམ་མཁའ་བློ་གྲོས། ནམ་མཁའ་ཆོས་བཟང་། ནམ་མཁའ་ལྷུན་གྲུབ། ནམ་མཁའ་མཛེས་དཔལ། མགོན་པོ་མཛེས་པ་རྡོ་རྗེ། ནམ་མཁའ་བསོད་གྲགས། རྗེ་བླ་མའི་ཆོས་སྲིད་ཀྱིས་ཁྱབ་ནས་སྤྱི་བཞིན་ནོ། །སྟགས་ལུགས་རྒྱུད་སྨད་དང་ཉེ་ གྲྭ་རྒྱུན་མངའ་དྭགས་སོགས་ལ་འགྲོ། ཨང་དང་གྲྭ་གྲངས་བརྒྱ་སྐོར།

༨ བྱ་ཡུལ་པདྨ་བཀོད་ནི། བྱ་པ་བཀྲ་ཤིས་དར་རྒྱས་ཀྱིས་ཞལ་ཏ་མ་པདྨ་ཟེར་བ་བཀོད་པ་བྱེད་བཅུག་ནས་བཙུགས་པས་མིང་དེ་ལྟར་གྲགས་ལ། ཐོག་མ་ཀར་ལུགས། རྗེ་བླ་མའི་ཆོས་སྲིད་གདུགས་དཀར་གྱིས་ཁྱབ་ནས་སྔོ་དྲུག་ཟངས་པོ་ཆེའི་དགོན་ལག་ཏུ་གྱུར་ཅིང་། (༡༧༢ན)མཁན་པོ་ཁང་དམར་བ་སོགས་ན་རིམ་ནས་སྐྱོང་བ་དེར་གསལ་ལྟར་དང་། འདོན་མཆོད་ཏ་ལམ་ཟངས་པོ་ཆེ་རང་དང་མཚུངས། སློབ་གཉེར་གྲྭ་རྒྱུན་དྭགས་པོ་གྲྭ་ཚང་དུ་འགྲོ། ཨང་གཉིས་གྲྭ་པ་བཞི་བཅུ་ཞེ་གསུམ་སྐོར།

༩ འཕགས་སྐྱེ་དགོན་ནི་ཐར་པ་བཟང་པོས་བཏབ་ཅིང་། འཕགས་སྐྱེ་ཚོགས་པ་ནས་རིམ་བསྐོས་ཀྱི་ས་ལུགས་བླ་རབས་འགའི་མཐར། བསོད་ནམས་དངོས་གྲུབ། འདིས་ཆོས་སྲིད་ཀྱི་བསྒྱུར་ཁ་ཅམ་བྱས་ཏེ་དགེ་ལུགས་སུ་གཏོགས་ཅམ། ད་ལྟ་ངག་དབང་དོན་གྲུབ། ངོར་ལུགས་ཀྱི་ཀུན་རིག་སོགས་འདོན། ཨང་གཉིས་གྲྭ་པ་ཉེ་ཤུ་རྩ་བརྒྱད་སྐོར།

༡༠ གཉལ་སྔོ་དྲུག་གི་བུའམ་ལེ་ལག་ཏུ་གཏོགས་པའི་གུང་ཐང་ཆོས་སྡེ་ནི། རྗེའི་དངོས་སློབ་ཆོས་རྗེ་བཞིའི་ཡ་གྱལ་གུང་ཐང་ཆོས་རྗེ་མཛེས་པ་དཔལ་ཞེས་བྱ་བ་དེས་བཏབ་པ་ཡིན་ལ། དེས་བཙམ་ལྡན་ལྷ་མཛེས། ནམ་མཁའ་བློ་གྲོས་ཆོས་ལྡན། ནམ་

མཁའ་ཆོས་བཟང་། ནམ་མཁའ་འོད་མཛེས་སོགས་བྱུང་ཡང་ཕྱིས་རིམ་ཉམས་ཀྱི་ད་ལྟ་གྲྭ་བཙུན་གྱི་འདུ་འཚོག་མེད་ཅིང་གཞིས་ཞིང་ཙམ་ཡོད་ཚོད་དུ་སྣང་། གཞན་ཡང་སྔར་བཀའ་གདམས་ཀྱི་དགེ་བཤེས་བྱ་རབ་པ་ཡོན་ཏན་གློ་གྲོས་ཀྱིས་བཏབ་པའི་གྲོང་མཁར་ཆོས་སྡེ་སོགས་ཡོད་ཀྱང་དེང་སང་བོ་དོང་པའི་ཆོས་ལུགས་འཛིན་པས་འདིར་སྨོན་འབྲལ་མ་ཆེའོ། །

དགེ་བསྟན་ལྗོ་བྲག་ཏུ་དར་ཚུལ།

འཛམ་མགོན་ཆོས་ཀྱི་རྒྱལ་པོའི་བསྟན་པ་ལྗོ་བྲག་ཏུ་དར་ཚུལ་ལས་ཐོག་མར།

༡ འགྲོ་བ་དགོན་ནི། ཁྲི་སྲོང་གི་ཆོས་བློན་ཤུད་བུ་དཔལ་སེང་གི་བརྒྱུད་པ་ཤུད་བུ་མཁན་ཆེན་ཟླ་བ་རྒྱལ་མཚན་གྱིས་ཆོས་སྡེ་(༡༧༢བ)བཏབ། དེ་ནས་མེ་མཚན་དཔལ། ཉི་མ་འོད་ཟེར། དགྲ་འདུལ། ཉི་མ་རྒྱལ་པོ། དཀོན་ཅོག་སྐྱབས། འདི་ཡན་སྔ་འགྱུར་རྡོ་རྗེ་ཐེག་པ་ཁོ་ན་དང་། ནམ་མཁའ་སེང་གེ །ནམ་མཁའ་རྒྱལ་པོ། སེང་གེ་བཟང་པོ། རྒྱལ་སྲས་བཟང་པོ། དེ་ནས་གྲུབ་ཆེན་ནམ་མཁའ་རྒྱལ་མཚན་དེ་ཉི་མེ་སྟག་ལ་འཁྲུངས། དགུང་ལོ་བཅུ་པ་ལ་ཁུ་བོ་རྒྱལ་སྲས་བཟང་པོ་ལས་རབ་ཏུ་བྱུང་། དགུང་ལོ་བཅུ་དགུ་པ་ལ་རྒྱ་མ་རིན་ཆེན་སྒང་གི་བླ་མ་བཀྲ་ཤིས་རྒྱལ་པོ་སོགས་ལ་བསླེན་པར་རྫོགས། ཕྱག་ན་རྡོ་རྗེ་འགྲུབ་ཅིང་། དགུང་ལོ་བདུན་ཅུ་པ་ལ་འཛམ་མགོན་ཆོས་ཀྱི་རྒྱལ་པོ་དགུང་ལོ་སོ་དགུ་བཞེས་དུས་དང་མཇལ་ཞིང་བཀའ་གདམས་དང་ཕྱག་ན་རྡོ་རྗེའི་ཆོས་སྐོར་གནང་བཀྲོ་བ་མཛད་པས་ཆོས་སྡེའི་མིང་ཡང་བཀྲོ་དགོན་དུ་ཐོགས་ཤིང་དེའི་རིང་ལུགས་སུ་གྱུར། གྲུབ་ཆེན་དོན་བདུན་པ་ཚ་རྟའི་ཚེ་འཕྲུལ་ཟླ་བའི་ཉི་ཤུ་ལྔ་ལ་བན་པ་ཐེག་ཕྱིར་གཤེགས། སྐུ་འབུམ་དེ་གང་གིས་མཐོང་རེག་རྣམས་དོན་ལྡན་དུ་གསུངས། དེའི་རྗེས་གདན་ས་ནམ་མཁའ་འོད་ཟེར། ནམ་མཁའ་རྡོ་རྗེ། པདྨ་བཛྲ། མས་ལྷོབས་གྱེན་བལྟ། གསང་སྔགས་སྐྱོད་པ་འདི་ཡན་ཤུད་བུའི་བརྒྱུད་གཅིག་དང་དེ་ནས་བླ་རབས་ཁ་ཤས་མ་ཆད་མཐར། ལྗོ་

ཐྲག་བྱང་ཆེན་སངས་རྒྱས། འཕྱོང་རྒྱས་བསྟན་དགེ་ལེགས། བན་པ་བྱ་ཁྱུང་པ། ཞ་ནམ་མཁའ་ནོར་བུ། བན་པ་སངས་རྒྱས་ལེགས་བཤད། གཏམ་ཤུལ་བློ་བཟང་ལྷ་དབང་། བསམ་དགོན་ཚེ་བདག་དབང་རྒྱལ། གཙང་པ་བློ་བཟང་ཆོས་གྲགས། སྟོད་ལུང་བློ་བཟང་ཐབས་(༡༧༣ན)མཁས། སྐུ་འབུམ་དཔལ་འབྱོར་དར་རྒྱས། སྐྱོར་ལུང་བློ་བཟང་རྒྱལ་མཚན། ད་ལྷ་སེ་ར་སྨད་བློ་བཟང་དགེ་ལེགས། གཞིས་དགོན་རྒྱུད་སྟོད་དང་ཉེ་བ། གྲྭ་རྒྱུན་བློ་གླིང་བྱེས་ཉེ་ཐང་རྣམས་སུ་འགྲོ། ཨང་དང་གྲྭ་གྲངས་བཞི་བཅུ་ཞེ་གཉིས་སྐོར།

༢ དེའི་ལྷག་གི་ཁྱུང༷་ཚང༷་དགོན༷་ཡང་ཤུད་བུ་ཟླ་བ་རྒྱལ་མཚན་གྱིས་བཏབ་པ་ནས་གསང་སྔགས་སྤྱོད་པ་ཡན་བཤད་མ་ཐག་པ་ལྟར་དང་། དེ་ནས་ཧླ་མ་མང་དུ་བྱོན་པའི་མཐར། བློ་གྲོས་རྒྱལ་མཚན། ཀུན་དགའ་སངས་རྒྱས། ཡོན་ཏན་འབྱུང་གནས། སྨྱན་གཡས་ལེགས་པའི་བློ་གྲོས། བརྩོན་འགྲུས་བཟང་པོ། གདང་བློ་གྲོས་ཕྱོགས་ལས། རྩིས་དང་པ་དངོས་གྲུབ་རྒྱ་མཚོ། འཕྱོང་རྒྱས་བསྟན་དགེ་ལེགས། རྩིས་དང་པ་བློ་བཟང་བསྟན་པ། རབ་འབྱམས་པ་བློ་བཟང་ཉི་མ། ཆོས་རྗེ་བྱ་ཁྱུང་པ། ཞ་པ་ནམ་མཁའ་ནོར་བུ། བན་པ་བརྩོན་འགྲུས་དར་རྒྱས། གདང་པ་བློ་གྲོས་དོན་གྲུབ། གཏམ་ཤུལ་བློ་བཟང་རྒྱལ་བ། བན་པ་ཚེ་བདག་དབང་རྒྱལ། འཕན་པོ་པདྨ་ལྷུན་གྲུབ། སྐུ་འབུམ་དཔལ་འབྱོར་དར་རྒྱས། སྐྱོར་ལུང་བློ་བཟང་རྒྱལ་མཚན། ད་ལྷ་སེ་ར་སྨད་བློ་བཟང་དགེ་ལེགས། གཞིས་དགོན་སྟོད་རྒྱུད་དང་ཉེ་བ། གྲྭ་རྒྱུན་སོགས་གོང་བཞིན་དང་། ཨང་དང་གྲྭ་གྲངས་བདུན་ཅུ་དོན་བཞི་སྐོར།

༣ ཆག་ཏུ་སློ༷་པོ༷་དགོན༷་ནི། ཤུད་བུ་སེང་གེ་བཟང་པོས་བཏབ། དེ་ནས་གྲུབ་ཆེན་ནམ་མཁའ་རྒྱལ་མཚན་བར་གོང་བཞིན། དེ་ནས་བར་སྐབས་ངེས་ཁུངས་ཆེར་མ་བྱུང་ཞིང་། དེ་རྗེས་འབུར་དོད་ནས་(༡༧༣བ)བསྐྱངས་པའི་ཁང་གསར་བ་བྱམས་པ་མཁས་བཙུན། ཆས་གྲོང་ནུབ་དཀའ་བཅུ་འཕྲིན་ལས་རྡོ་རྗེ། ཆས་གྲོང་ཤར་བྱམས་པ་རིན་ཆེན། སྤོས་དགའ་བློ་བཟང་བསྟན་པ། གསེར་པོ་ཆེ་ཆོས་བཟང་། གསེར་ཕྱི་

བློ་བཟང་དངོས་གྲུབ། གསེར་ཕྲེ་ཐར་པ་རྣམ་རྒྱལ། སྤོ་ལང་བློ་བཟང་ནོར་བུ། ད་ལྟ་ཆས་གྲོང་ཤར་པ་བྱམས་པ་བསྟན་འཛིན། གསེར་ཁྲིམ་པ་འབུར་དོད་དང་འདོན་མཆོད་མཚུངས། ཨང་གསུམ་གྲྭ་བཙུན་སུམ་ཅུ་སོ་གསུམ་སྐོར།

༥ གདུང་དགོན་གསར་ནི། གདང་པའི་ཞལ་ངོ་བློ་གྲོས་དཔལ་འབྱོར་གྱིས་བཏབ། ཐམས་ཅད་མཁྱེན་པ་བསོད་ནམས་རྒྱ་མཚོས་ཀྱང་ཕེབས་ཤིང་མེ་ཏོག་འཐོར་བ་མཛད། དེ་ནས་འཕྱོང་རྒྱས་ལེགས་པ་བློ་གྲོས། བློ་གྲོས་རྒྱ་མཚོ། གདང་པ་བློ་གྲོས་མཆོག་ལེགས། དྭགས་པོ་བསྟན་འགྲུས་བཟང་པོ། གདང་པ་དགེ་འདུན་རྒྱ་མཚོ། གདང་པ་བློ་གྲོས་དོན་གྲུབ། གདང་པ་དོན་གྲུབ་རྒྱ་མཚོ། གདང་པ་བསྟན་འགྲུས་ནོར་བུ། སྐྱོར་ལུང་བློ་བཟང་རྒྱལ་མཚན། ད་ལྟ་སེ་ར་སྨད་བློ་བཟང་དགེ་ལེགས། སྟགས་དགོན་ལུགས་གྲྭ་རྒྱུན་བློ་སློང་བྱེས་ཉེ་ཐང་རྣམས་སུ་འགྲོ། ཨང་དང་གྲྭ་གྲངས་བཞི་བཅུ་ཞེ་གསུམ་སྐོར།

༦ གནམ་ཤུལ་བཀྲ་ཤིས་ཆོས་སྡིང་ནི་འཇམ་མགོན་ཆོས་ཀྱི་རྒྱལ་པོ་བཙོང་ཁ་པ་དང་མཁན་ཆེན་ཕྲུག་རྡོར་བ་ནམ་མཁའ་རྒྱལ་མཚན་གཉིས་ཀྱི་དངོས་སློབ་འཕྱོང་རྒྱས་པ་མགོན་པོ་བྱང་ཆུབ་པས་བཏབ་པར་གྲགས་ཀྱང་རྗེ་བླ་མ་མཆོག་གིས་བཀྲ་ཤིས་བདེ་ཆེན་དཀར་ཆག་ཏུ་ཡར་སླུངས་རི་བོ་ཆོས་གླིང་དང་འདི་གཉིས་ཆོས་རྗེ་དོན་གྲུབ་དཔལ་བས་བཏབ་པར་གསུངས་པ་དོན(༡༧༧ན)ལ་གནས། དེ་ནས་གདན་སར་རིམ་པ་ལྟར་གནམ་ཤུལ་བསོད་ནམས་གྲགས་པ། ཚལ་པ་བློ་གྲོས་རྣམ་རྒྱལ། སྤྱན་བ་ཡས་དོན་དཔལ་པ། གནམ་ཤུལ་བསོད་ནམས་བྱང་ཆུབ། མདའ་རིས་ཆོས་འཕེལ་རྒྱལ་མཚན། མི་ཉག་པ་ཆོས་རྗེ་རྗེ། ཨེ་པ་ཤེས་རབ་དར་བ། ཁམས་པ་དགེ་འདུན་སྐྱབས། གཉལ་པ་ཤེས་རབ་རྒྱལ་མཚན། ཤུད་བུ་ལེགས་པ་བློ་གྲོས། གླ་བོ་ནམ་མཁའ་བཟང་པོ། གདང་པ་ངག་དབང་དཔལ་འབྱོར། ཀོང་པོ་སངས་རྒྱས་རྒྱལ་མཚན། དྭགས་པོ་བློ་གྲོས་དཔལ་རྟེ། ནམ་མཁའ་བྱམས་པ། རྟེས་དང་དངོས་གྲུབ་རྒྱ་མཚོ་ བྱམས་པ་སྨོན་ལམ། འཕྱོང་རྒྱས་པ་བློ་བཟང་དཔལ་མགོན། སྟོད་ལུང་པ་

ཐུབ་བསྟན་རྣམ་རྒྱལ། སྣར་ཡང་བློ་བཟང་དཔལ་མགོན། དཔལ་འབྱོར་ལྷུན་པོ་བློ་བཟང་ཕུན་ཚོགས། གསང་སྔགས་མཁར་པ་ངག་དབང་ཆོས་གྲགས། གཏམ་ཤུལ་བྲག་དམར་པ་ཕུན་ཚོགས་རྒྱ་མཚོ། ད་ལྟ་འཕྱོང་རྒྱས་པ་སྐྱ་སྐྱེ་བསྟན་འཛིན་རྒྱ་མཚོ། བདེ་མཆོག་ལྷུ་ཧི་པ། གསང་འདུས་འཕགས་ལུགས། འཇིགས་བྱེད་བཅུ་གསུམ་མ། འདུལ་འཛིན་ཀུན་རིག །ཚེ་དཔག་ལྷ་དགུ། སྨན་བླའི་མདོ་ཆོག་ཡིད་བཞིན་དབང་རྒྱལ་བཅས་པའི་སྒོ་ནས་སྒྲུབ་མཆོད་དང་གདུལ་བྱ་སྐྱོང་། ས་ལམ་སོགས་ཆོས་སྤྱོད་དགེ་ལུགས་སྤྱི་འགྲོ། གྲྭ་རྒྱུན་སློབ་གཉེར་བློ་གསལ་གླིང་། བྱེས། ཤར་རྩེ། དྭགས་གྲྭ་ཚང་། ཉི་ཐང་སོགས་སུ་འགྲོ། ཨང་དང་གྲྭ་པ་བརྒྱ་དང་བཅུ་དགུ་སྐོར།

༤ བཙན་གྲོ་འབུར་ཐོག་དགོན་ནི་འདིབས་མི་བླ་རབས་(༡༥༨བ)ཆོས་སྤྱོད་རྩོགས་གང་ཅི་བཀྲ་ཤིས་ཆོས་གླིང་དང་མཚུངས། ཨང་དང་གྲྭ་པ་བཞི་བཅུ་སྐོར།

༥ ཡུག་ནམ་སྙིང་ནི། ཤུད་བུ་ཟླ་བ་རྒྱལ་མཚན་པས་བཏབ་ཅིང་། གནས་དེ་ནགས་འཁྲུག་པོས་ཁེབས་པའི་གནམ་མཐོང་བ་ཙམ་ལས་མི་འདུག་པས་གནམ་མཐོང་སྒྲ་འཕྱུགས་ཏེ་ནམ་སྙིང་དུ་གྲགས། དེ་ནས་གྲུབ་ཆེན་ནམ་མཁའ་རྒྱལ་མཚན་བར་ཐིག་ཕྱི་དང་འདྲ། བླ་མ་དཔལ་ལྡན་རྒྱལ་མཚན་པ། ཉི་མ་ཐང་པ་དཔལ་ལྡན་བློ་གྲོས། བསོད་ནམས་ལྷུན་པོ། དངོས་གྲུབ་རྒྱ་མཚོ། བྱམས་པ་སྨོན་ལམ། བར་སྐབས་བླ་རབས་མ་རྙེད། དེ་ནས་ཀརྨ་པས་བཀྲ་ཤིས་ཆོས་གླིང་དུ་བསྒྲིལ་དགོས་བྱུང་འདུག་ཅིང་། ཚང་འཛུད་བྱུང་ནས་ཤུད་བུའི་དཔོན་བརྒྱུད་བླ་བོ་ལེགས་པ་བློ་གྲོས་ནས་ད་ལྟ་བར་བཀྲ་ཤིས་ཆོས་གླིང་གི་བླ་རབས་དང་འདོན་ཆོས་སོགས་གཅིག་གོ །ཨང་དང་གྲྭ་པ་སུམ་ཅུ་སོ་བརྒྱད་སྐོར།

༦ མཚོ་སྣ་ལྷུན་གྲུབ་བདེ་ཆེན་ནི། གཏེར་སྟོན་རཏྣ་གླིང་པའི་སྐུ་རྫོང་ལེ་པ་ཟེར་བས་བཏབ་ཅིང་། བར་སྐབས་བླ་མའི་པར་བཀབ་མེད། ཕྱིས་དགའ་ལྡན་རབ་རྒྱས་གླིང་པའི་དགོན་ལག་ཏུ་སོང་བས་བླ་རབས་དེར་གསལ་ལྟར་དང་། ས་ལམ་སོགས་ཆོས་སྤྱོད་ཙམ་འདོན། ཨང་གཉིས་བཙུན་མ་ཉི་ཤུ་སྐོར།

༩ གྲོ་ཞུར་མདོ་མཁར་ཆོས་སྡེ་ནི། གནུབས་སྟོན་ཤེས་རབ་གྲགས་པས་བཏབ་ཅིང་བཀའ་གདམས་ཀྱི་ཆོས་རྒྱུན་དར་བར་ཡོད་ཀྱང་། གཙྭ་པ་དབང་ཕྱུག་རྡོ་རྗེའི་དུས་གྲུབ་མཐའ་བསྒྱུར། སྔར་མེ་སྦྲེ་ལོ་རི་བོང་ཚང་སློག་གི་དགེ་ལུགས་སུ་འགྱུར། རྗེ་བླ་མའི་ཆོས་སྲིད་ཀྱི་འོད་སྣང་ཕྱོགས་བཅུར་འཕྲོ་བ་ནས་བླ་མ་འཕྱོང་རྒྱས་རབ་འབྱམས་པ་བསོད་(༡༧༥ན)ནམས་དངོས་གྲུབ། རྒྱ་མ་རབ་འབྱམས་པ་ངག་དབང་བསོད་ནམས། ལམ་པ་བསོད་ནམས་དཔལ་འབྱོར། དགོན་རྩེའི་བླ་མ་བསྟན་པ་རྒྱ་མཚོ། སེ་ར་སྟོད་བླ་ཟུར་བློ་བཟང་འཇམ་དཔལ། སེ་ར་སྨད་རབ་འབྱམས་པ་དཀོན་ཅོག་ནམ་མཁའ། ད་ལྟ་སེ་ར་སྨད་བློ་བཟང་བཀྲ་ཤིས། གསང་འདུས་ནག་པོ་རྣར་གསུམ་སོགས་རྒྱུད་སྟོད་ལུགས། གྲྭ་རྒྱུན་སློབ་གཉེར་བློ་གསལ་གླིང་སེ་ར་བྲག་ཏི་བཅས་པར་འགྲོ། ཨང་དང་གྲྭ་པ་བརྒྱད་ཅུ་གྱ་གསུམ་སྐོར།

༡༠ མོན་མཚོ་སྣའི་ས་སྐྱིང་ནི། བླ་མ་ལེགས་པ་རྒྱལ་མཚན་གྱིས་བཏབ། ཐམས་ཅད་མཁྱེན་པ་བསོད་ནམས་རྒྱ་མཚོ་ཕྱོགས་དེར་ཕེབས་ཤིང་མིང་དགའ་ལྡན་ཕོ་བྲང་དུ་འདོགས་པ་གནང་། དེ་རྗེས་མཁན་པོ་བློ་བཟང་བསྟན་པའི་རྒྱལ་མཚན། ངག་དབང་མཁྱེན་བརྩེའི་དབང་ཕྱུག །བློ་བཟང་བསྟན་པ་རྒྱ་མཚོ། ད་ལྟ་བློ་བཟང་དཔལ་འབྱོར་གྱིས་སྐྱོང་ཞིང་། ཕྱིས་རྗེ་བླ་མ་མཆོག་ནས་དགོན་མིང་དགའ་ལྡན་རབ་རྒྱས་གླིང་དུ་བསྒྱུལ། གཞིས་དགོན་ཐུགས་ལུགས། སློབ་གཉེར་གྲྭ་རྒྱུན་འབྲས་སྤུངས་བློ་གླིང་སེ་ར་བྱེས་དྭགས་པོ་གྲྭ་ཚང་སོགས་སུ་འགྲོ། ཨང་དང་གྲྭ་གྲངས་བརྒྱད་ཅུ་གྱ་བརྒྱད་སྐོར།

དགེ་བསྟན་གཡོ་རུའི་ས་ཆ་ཕག་གྲུའི་ཁྲི་འོག་ཡར་ཀླུངས་སུ་དར་ཚུལ།

གཡོ་རུའི་ས་ཆ་ཕག་གྲུའི་ཁྲི་འོག་ཡར་ཀླུངས་སུ་འཇམ་མགོན་ཆོས་ཀྱི་རྒྱལ་པོའི་བསྟན་པ་བྱུང་ཚུལ་ནི། སྣེའུ་སྟོང་རྩེར་གོང་མ་གྲགས་པ་རྒྱལ་མཚན་གྱིས་སྦྱིན་བདག་གི་གཙོ་བོ་དང་ཆོས་ཞུས། ཚོགས་མཁན་ཆེན་ཚུལ་ཁྲིམས་རིན་ཆེན་དང་། བྱེ་རྫིང་

མཁན་ཆེན་ཤེས་རབ་མགོན་པོ་མཁན་སློབ་ཏུ་གསོལ་ཏེ་བསྙེན་པར་རྫོགས། རྗེས་དང་དུ་བཀའ་བཞིའི་(༡༧༥བ)གྲྭ་སྐོར་དང་། ཐེལ་དུ་སྤྱན་སྔ་གྲགས་པ་བྱང་ཆུབ་ལ་ཆོས་བཀའ་གསན་པ་སོགས་ནས། ཆོས་སྒོ་བ་ཁ་ཆེ་པཎྜི་ཤྲཱི་དང་བྲག་ལྟོག་པ་དཔལ་ལྡན་རྒྱལ་མཚན་སོགས་ཐེལ་གྱི་མཁན་སློབ་ཕལ་ཆེར་དགེ་ལུགས་པ་བྱུང་། ཟངས་རི་དང་། འོན་གྱི་ལྷ་ཁང་ཀེ་རུ། བཀྲ་ཤིས་རྡོ་ཁ་རྣམས་སུ་ཡུན་རིང་དུ་བཞུགས།

༧ ཆོས་གྲྭ་ཆེན་པོ་རྩེས་དང་ནི། སྐུ་མེས་ཀྱི་གནས་གཞི་རྙིང་པར་དྲུང་པ་ཏའི་སི་ཏུ་བྱང་ཆུབ་རྒྱལ་མཚན་པས་ལྷུགས་ཡོས་ལ་གཙུག་ལག་ཁང་རྟེན་དང་བརྟེན་པར་བཅས་པ་བཞེངས། ཆུ་འབྲུག་ལོ་ཕྱོགས་ཕྱོགས་ཀྱི་ཆོས་སྡེ་སོ་སོ་ནས་དགེ་འདུན་མང་པོ་སྤྱན་དྲངས་ཏེ་འཆད་ཉན་གྱི་སྲོལ་ལེགས་པར་བཏོད། ཆོས་གཞིས་ཀྱང་ཆེས་རྒྱ་ཆེ་བ་སྦྱར་ཞིང་གོང་མ་རང་གི་ཞལ་ངོ་རེ་གདན་སར་བསྐོ་བ་ལས་ཐོག་མར་འཇམ་དབྱངས་ཤཱཀྱ་རྒྱལ་མཚན་འདི་ཉིད་བཀའ་པོད་བཞི་ལ་ཐུགས་བཤད་སོགས་ཁ་སན་གཟིགས་རྒྱ་ཆེ་ཞིང་། དགུང་ལོ་ཉེ་ཤུ་རྩ་དྲུག་པ་ལ་སྣེའུ་སྡོང་རྩེའི་ཁྲིར་ཕེབས། དེ་ནས་རིམ་པར་རྒྱལ་སྲས་གྲགས་པ་རིན་ཆེན། འཇམ་སྟོན་པ། རྗེ་བསོད་ནམས་གྲགས་པ། གྲགས་པ་རྒྱལ་མཚན། དྲུང་བྱང་ཆུབ་རྡོ་རྗེ། མི་དབང་གྲགས་པ་འབྱུང་གནས། ཀུན་དགའ་ལེགས་པའི་འབྱུང་གནས། ཆེ་ས་སངས་རྒྱས་རྒྱལ་མཚན། རྡོ་རྗེ་རིན་ཆེན་དབང་གི་རྒྱལ་མཚན། དཔལ་ངག་གི་དབང་པོ། གོང་མ་བཀྲ་ཤིས་གྲགས་པ་རྒྱལ་མཚན། དེ་ནས་གཙང་པ་དབང་ཕྱུག་རྡོ་རྗེ་སོགས་རིམ་པར་བྱུང་། དེ་ཡང་གདན་ས་བ་དངོས་ཉིད་ཕག་གྲུའི་སྡེ་སྲིད་ཀྱི་འགན་བཞེས་སྐབས། རྒྱུན་གཏན་ཚོགས་སུ་གཤིན་གསོན་གྱི་བསྔོ་བ་བྱེད་(༡༧༦ན)མི་སློབ་དཔོན་པ་ལྷ་བུར་ཆེན་པོ་ལྷོ་བྱང་གཉིས་བསྐོས་པ་ལས། དང་པོར་ལྷོ་མ་བ་ལ། ཆེན་པོ་ཆོས་ཡེ། སྟོར་ཐོག་པ། བྱང་རིན་མཁར་ཐོག་པ། རྒྱལ་བཟང་བ། ཚལ་སློ། རིན་ཆེན་དཔལ། བཟང་རྒྱམ། དྭགས་པོ་འོར་སེང་གེ །སློ་རྒྱལ་བ། དཔལ་འཁོར་བ། བཀྲས་བཟང་བ། སློ་གྲོས་སེང་གེ། བསོད་ནམས་བཀྲ་ཤིས། ཀུམ་སྤྱིལ་བ། བྱང་སྒོ་བ། གཟིམས་ལྕིལ་བ། སངས་རྒྱས་

མགོན་པོ། ཁྲི་ཁང་པ། ཞལ་སྐྱིལ་བ། ཡོལ་ནས་རིན་པོ་ཆེ་དང་། གྲུབ་ཐོབ་པ་སོགས་ས་ལུགས་འབྲས་བུ་སླིང་པ་ན་རིམ་ནས་ད་ལྟའི་བར་སྐྱོང་ཞིང་། བྱང་མ་བ་ལ། ཆེན་པོ་སངས་རྒྱས་རྒྱལ་མཚན། གྲགས་པ་རྒྱལ་མཚན། ཡོན་ཏན་རིན་ཆེན། བློ་གྲོས་འཕེལ་འདིའི་སྐབས་འཇམ་མགོན་ཆོས་ཀྱི་རྒྱལ་པོ་མི་དབང་གྲགས་པ་རྒྱལ་མཚན་གྱིས་འོན་བཀྲ་ཤིས་རྡོ་ཁར་ལེགས་བྱས་སྤེལ་བའི་ཞིང་དུ་སྤྱན་དྲངས། མདོ་སྔགས་ཀྱི་ཆོས་འཁོར་བསྐོར་དུས་རྗེས་དང་ནས་འདུས་ཚོགས་སྤྱིས་བྱང་མ་བ་འདི་ཉིད་ཚད་མ་ལ་རྩོད་པ་ཞུ་བར་བཏང་བས་གྲུབ་པའི་ལེའུ་ལུགས་འབྱུང་ལུགས་ལྡོག་ལ་ལྷགས་བཤད་གནང་བ་དང་འགྲིག་པས་རྩོད་པ་དང་བྲལ་ཏེ་མི་ཕྱེད་པའི་དད་པ་ལྷག་པར་སྐྱེས་ནས་དངོས་སློབ་ཏུ་གྱུར། གྭ་སློབ་སུམ་ཅུ་ལྷག་དང་བཅས་འཇམ་མགོན་ཆོས་ཀྱི་རྒྱལ་པོའི་ལུགས་སྲོལ་ཕྱིན་ཅི་མ་ལོག་པ་ལོ་དེ་ནང་ནས་བཟུང་བས་ལྷ་མཆོད་གྭ་ཚང་ཚུགས་པའི་ཐོག་མ་ཡིན་ཅིང་། བྱང་མ་ཁང་གསར་པ་དགེ་སློང་རང་སངས་རྒྱས་ཀྱིས་འཇམ་མགོན་ཆོས་ཀྱི་རྒྱལ་པོར་དད་གུས་དང་ལྡན་པས་དགེ་ལུགས་(༡༧༤༨)པའི་སྦྱིན་བདག་གི་མཐིལ་མཛད།

འཇམ་མགོན་ཆོས་ཀྱི་རྒྱལ་པོ་དགའ་ལྡན་དུ་གཤེགས་པའི་དུས་མཆོད་དགའ་ལྡན་ལྔ་མཆོད་པར་གྲགས་ཤིང་གཙང་པོ་ལྷོ་ཁར་དུས་མཆོད་འཛིན་མཁན་གྱི་ཐོག་མ་ཡིན། དེའི་བླ་རབས་ནི་གྲགས་བཟང་པ། དཔལ་བཟང་པ། ཆོས་འཕེལ་བ། གེ་མལ་བ། ཚུ་སྐོར་བ། བྱང་མ་ཁང་གསར་པ་མཁྱེན་རབ་དཔལ་བཟང་། སྔ་སོར་གྭ་པ་རྣམས་ཀྱི་ཁང་སོ་སོར་ཁ་འཐོར་ནས་བཞུགས་པར། འདིས་འཕྱོང་རྒྱས་བྱ་འདབས་སྤྱིལ་བུ་ལ་འདུ་ཁང་དང་གཙུག་ལག་ཁང་རྟེན་དང་བརྟེན་པར་བཅས་པ་ལེགས་པར་བཞེངས་ནས་ལྷ་མཆོད་ཁང་དུ་གྲགས་ཤིང་། ཐམས་ཅད་མཁྱེན་པ་དགེ་འདུན་རྒྱ་མཚོ་འདུ་ཁང་གསར་བསྐྲུན་གྱི་ཐོག་མར་ཚོགས་དབུར་སྤྱན་དྲངས་ཏེ་གྭ་ཚང་ཕུལ། རྗེ་ཉིད་ཀྱིས་རྟེན་བརྟེན་པར་ཕྱག་ནས་དང་། བསྟན་སྲུང་རྡོ་རྗེ་གཡུ་སྒྲོན་མར་གཉེར་གཏད་གནང་ཞིང་། སྐྱེའུ་སྟོང་གོང་མར་ཞུ་བ་གནང་ནས་ཆོས་གཞིས་ཀྱི་མཐུན་རྐྱེན་སྦྱར།

དེ་རྗེས་བོལ་གདོང་ཆ་པ་བྱང་མ་བ། མཆོད་རྟེན་ལྷག་པ། ཐང་སྟོད་པ། ཚུ་རྔོར་བ་ནོར་བུ་དཔལ་བཟང་། བྱང་མ་ཁང་གསར་བ་བསོད་ནམས་དཔལ་འབྱོར་ལྷུན་གྲུབ། འདི་དུས་བྱེད་མཁས་མིན་ལ་བརྟེན་ཡར་གཙང་གིས་བླ་མ་མ་བསྐོས། རྗེ་བླ་མའི་ཆོས་སྲིད་གདུགས་དཀར་གྱིས་ཁྱབ་ནས་ལྷ་མཆོད་པས་ཁྲི་བ་དང་ཆེན་པོ་བྱང་མ་བ་ཉིས་སྨྲུགས་བྱེད་པར་རི་བོ་བདེ་ཆེན་པ་རིན་ཆེན་རབ་རྒྱས། སྣ་མོ་ཤག་པ་བློ་བཟང་བསྟན་འཛིན། ཁྲི་རིན་པོ་ཆེ་བློ་བཟང་རྒྱལ་མཚན། སྤྲུལ་སྐུ་བློ་བཟང་བསྟན་འཛིན། རྒྱུད་སྟོད་ཟུར་པ་བློ་བཟང་དགེ་ལེགས། (༡༧༧ན)སྟག་ལུང་ཀྱུ་རྒྱུད་སྟོད་ལུགས། གྲྭ་རྒྱུན་སེར་འབྲས་དགེ་གསུམ་གསང་རྒྱལ་རྣམས་གང་མོས། ཨང་དང་གྲྭ་གྲངས་ཉིས་བརྒྱ་དང་བཅུ་སྐོར།

༢ བཀྲ༷་ཤིས༷་བདེ༷་ཆེན༷་ནི། ཆོས་རྗེ་དོན་གྲུབ་དཔལ་བ་ཡར་ཀླུངས་འཕྱོས་ཀྱི་རི་བོ་དགོན་པར་བཞུགས་ནས་ལམ་རིམ་བློ་སྦྱོང་གསང་འདུས་གསུམ་ལ་འཆད་ཉན་མཛད། ཕྱིས་སུ་ལུང་བ་ཕུ་ཁད་མཐོ་བས་འགྲོངས་དཀའ་བར་བརྟེན་སྦེ་པ་འཕྱོས་པས་སྦྱིན་བདག་བགྱིས་ཏེ་བྱ་འདབས་གཞིས་ཀའི་ཟོགས་སུ་སྤོས་མིང་བཀྲ་ཤིས་བདེ་ཆེན་དུ་གྲགས། རི་བོའི་སྤོར་རྒྱལ་མཚན་རྩེའི་གཟིམས་ཁང་དུ་ཐམས་ཅད་མཁྱེན་པ་དགེ་འདུན་རྒྱ་མཚོས་མང་དུ་བཞུགས་ནས་བསྟན་བཅོས་ཀྱི་བཀའ་རྩོམ་གནང་། མགོན་ཁང་དུ་ཤངས་མཚལ་མའི་དཔལ་ལྡན་འདོད་ཁམས་དབང་ཕྱུག་གི་སྐུ་གཟུགས་ཤིན་ཏུ་གཉན་པ་བཞུགས། དེ་ནས་གདན་ས་བ་རིམ་པ་བཞིན། སྨན་ལམ་དཔལ་བ། གནས་བརྟན་གཞོན་ནུ་སེང་གེ །བླ་མ་བསོད་རིན་པ། དཔལ་འབྱོར་ཡོན་ཏན་རྒྱ་མཚོ། ཀུ་གེ་པ་བློ་གྲོས་རྒྱ་མཚོ། འོལ་དགའ་ཆོས་སྐྱོང་རྒྱ་མཚོ། ཆོས་གྲགས་བཟང་པོ། དྭགས་པོ་སློབ་དཔོན་པ། ཚ་བ་བྱམས་པ་རྒྱལ་མཚན། རིན་ཆེན་རྣམ་རྒྱལ། སྐྱེ་མོ་བློ་གྲོས་རིན་ཆེན། གླིང་སྨད་བློ་གྲོས་རྒྱལ་མཚན། འཇོང་རྒྱས་བློ་བཟང་བསྟན་འཕེལ། རྗེས་དང་བྱམས་པ་རྒྱ་མཚོ། འབག་ཚང་བསྟན་འཛིན་རྒྱ་མཚོ། ཉག་རེ་བློ་བཟང་ཆོས་གྲགས། ཟུང་མཁར་བ་ངག་དབང་རབ་བརྟན། ད་

ལྷ་འཕྲོས་པ་སྐུ་སྐྱེ་བསྟན་འཛིན་རྒྱ་མཚོ། གཞིས་(༡༧༧བ)དགོན་སྤགས་གྲྭ། སློབ་གཉེར་གྲྭ་རྒྱུན་སེར་འབྲས་མངའ་རིས་གྲྭ་ཚང་སོགས་སུ་འགྲོ། ཨང་དང་གྲྭ་པ་བརྒྱ་དང་སུམ་ཅུ་སྐོར།

༣ ཐང་པོ་ཆེ་ནི། བསྟན་པ་ཕྱི་དར་གྱི་འདུལ་འཛིན་དབུས་གཙང་གི་མི་བཅུའི་ནང་ཚན་ལམ་པ་ཀླུ་མེས་པ་ཆེན་པོའི་སློབ་མ་གྲུ་མེར་ལ་སོགས་པ་མཆེད་བརྒྱད་ཀྱིས་བཏབ། ཁུ་སྟོན་བརྩོན་འགྲུས་གཡུང་དྲུང་གིས་དར་རྒྱས་སུ་མཛད། སྙིགས་དུས་ཀྱི་འགྲོ་བའི་མིག་གཅིག་ཇོ་བོ་ཆེན་པོ་མར་མེ་མཛད་ཡེ་ཤེས་ཡུན་རིང་དུ་བཞུགས། སོལ་ནག་ཐང་ཆེན་ཞེས་བོད་དུ་ཆེ་བའི་དགེ་འདུན་གྱི་སྡེ་ཡིན་ཀྱང་། ཁུ་སྟོན་ཉིད་ང་རྒྱལ་བས་ཐོག་མར་འབྲོམ་སྟོན་ལ་ཡང་སྣང་སུན་བྱས་པ་དང་། ལྷག་ཏུ་གཏེར་སྟོན་ཆེན་པོ་གྲྭ་པ་མངོན་ཤེས་ལ་བརྙས་ཐབས་ཆེས་པའི་མཐུས་དགོན་པའི་ཕྱིད་མེས་འཚིག་པར་གྲགས། གདན་སར་ཁུ་སྟོན་ནས། འབྱུང་གནས་རྒྱལ་མཚན། ཁུ་ཤེར་བརྩོན། ཁུ་མདོ་སྡེ་འབར། ཆག་ལོ་དགྲ་བཅོམ་པ། ཆག་ཆོས་རྗེ་དཔལ། བླ་བྲང་བ་གཞོན་ནུ་རྒྱལ་མཚན། གྲུབ་བརྙེས་བློ་གྲོས་དཔལ། ཀུན་མཁྱེན་བཟང་པོ་དཔལ། ཉི་མ་རྒྱལ་མཚན་དཔལ་བཟང་། འདི་ལ་རྗེ་བཙུན་ཕྱག་ན་པདྨ་དགེ་འདུན་གྲུབ་པས་གསང་འདུས་འཇིགས་བྱེད་གཤེད་དམར་སོགས་རྒྱལ་བ་བཙོང་ཁ་པ་ཆེན་པོའི་བཀའ་ལ་བརྟེན་ནས་གསན་ཚུལ་ལ་དཔགས་ན་འཇམ་མགོན་ཆོས་ཀྱི་རྒྱལ་པོ་ཉིད་ཀྱིས་ཀྱང་ཆོས་འབྲེལ་ཙམ་གསན་པར་མངོན། བླ་དམ་བསོད་ནམས་དཔལ་འབྱོར། ཆོས་དཔལ་བཟང་པོ། བླ་བྲང་པ་ཆོས་རྒྱལ། ལྷུན་གྲུབ་རྒྱལ་པོ། ལྷུན་གྲུབ་རྒྱ་མཚོ། ཁྲིམས་སྟོད་པ་ངག་དབང་(༡༧༨ན)དཔལ་བཟང་། ཚངས་དབྱངས་འབྲུག་གྲགས། གངས་ཅན་པ། ད་ལྟ་ངག་དབང་དཔལ་འབྱོར། གསང་བ་འདུས་པ་དང་ཀུན་རིག་ཇོར་ཕྲེང་གསུམ་གྱི་སྒོ་ནས་ཚུལ་སྒྲུབ་མཆོད་ཙམ་གཏོང་། སེར་ཁྲིམ་ཨང་དང་སྣ་བཙུན་སུམ་བརྒྱ་དང་ཉི་ཤུ་སྐོར།

༤ ཆོས་འཁོར་སྒིང་ནི། མཁན་ཆེན་ཆོས་འཕགས་པས་བཏབ། དེ་རྗེས་འཕྲོས་

པ་བསོད་ནམས་བློ་གྲོས། རིན་ཆེན་རྣམ་རྒྱལ། ཧ་ནག་བློ་གྲོས་རིན་ཆེན། འཕྱོང་རྒྱས་བློ་བཟང་བསྟན་འཕེལ་དང་། ཕུན་ཚོགས་འོད་མཆོག །སྤྱིན་གཡས་བསྟན་འཛིན་རྒྱ་མཚོ། ཉག་རེ་བློ་བཟང་ཆོས་གྲགས། ཟུར་མཁར་ངག་དབང་རབ་བརྟན། ད་ལྷ་བློ་བཟང་བསྟན་འཕེལ་གྱི་སྐྱེ་བར་གྲགས་པ་འཕྲོས་པ་སྐུ་སྐྱེ་བསྟན་འཛིན་རྒྱ་མཚོ། འདོན་ཆོས་སྔགས་གྲྭ་རྒྱུད་སྨད་པར་ཞེ་ཙམ། གྲྭ་རྒྱུན་སློབ་གཉེར་ར་བ་སྟོད་དང་མངའ་རིས་གྲྭ་ཚང་ལ་འགྲོ། ཨང་དང་གྲྭ་གྲངས་བཞི་བཅུ་སྐོར།

༥ རི་བོ་དབེན་དགོན་གླིང་ནི། འབྲས་སྤུངས་ཆོས་འཁོར་གླིང་པའི་དགེ་བཤེས་ཚལ་པ་ཤཱཀྱ་དར་གྱིས་བཏབ། སློབ་དཔོན་ཆེན་པོ་པདྨ་སམ་བྷའི་བསྒྲུབ་གནས་བྱིན་ཅན་ཡིན་པར་གྲགས། ཐོག་མ་ནས་བླ་མའི་པར་བཀབ་མེད་ཅིང་། རི་བོ་བདེ་ཆེན་སོགས་ཀྱི་གྲྭ་རྒྱུན་ཐར་པ་དོན་གཉེར་བ་ཉི་ཤུ་ཙ་གྲངས་ངེ་སྟར་ཚགས་སུ་གནས། གཞི་གསུམ་གྱི་ཕྱག་ལེན་གཙོར་འདོན་ངོས་ནམ་དཀར་གོང་འཕེལ་དུ་མཆིས་ཤིང་། ཨང་དང་གྲྭ་གྲངས་ཉེར་གཅིག་སྐོར།

༦ རོང་ཁང་ནི། ཆོས་ཀྱི་རྒྱལ་པོ་མུ་ཁྲི་བཙན་པོའི་བཙུན་མོ་ངང་ཚུང་དཔལ་གྱི་རྒྱལ་མོས་བསོད་ནམས་ཀྱི་ཞིང་དུ་གཙུག་ལག་ཁང་རྟེན་དང་བརྟེན་པར་བཅས་བཞེངས་པ་ལ་(༧༩༨བ)དབུ་རྩེ་སྙིང་མ་དང་། གྲུ་མེར་བ་ཆེན་པོའི་སློབ་མ་གཟུང་རྡོ་རྗེ་རྒྱལ་མཚན་གྱིས་བཞེངས་པ་ལ་གཙུག་ལག་ཁང་གསར་མ་ཞེས་གྲགས། དམ་པའི་ཆོས་འདུལ་བའི་འཆད་ཉན་བཙུགས། སྒོ་ཆུང་ཚུལ་ཁྲིམས་འབྱུང་གནས། ཉང་མཚམས་རིན་ཆེན་བླ་མ། ཉམས་གསལ་སྙིང་པོ་སོགས་བླ་རབས་འགའ་ཞིག་གི་བར་དར་རྒྱས་ཙམ་བྱུང་འདྲ་ཡང་། དེང་སང་རི་བོ་བདེ་ཆེན་གྱི་དགོན་ལག་གྲུབ་སེར་ཁྱིམ་པ་ཁོ་ན་ལས་འདོན་མཆོད་གྲྭ་རྒྱུན་སོགས་དགོན་པའི་ཚུགས་ཀ་ཙམ་ལས་མེད་འདུག །ཨང་གཉིས་གྲྭ་བཙུན་བཅུ་གཅིག་སྐོར།

༧ བྱམས་པ་གླིང་ངམ་འཕྲོས་བདེ་བྱམས་ནི། འཇམ་མགོན་ཆོས་ཀྱི་རྒྱལ་པོའི་སློབ་མ་བསོད་ནམས་རིན་ཆེན་གྱིས་བཏབ་ཀྱང་། དེང་སང་སེར་ཁྱིམ་པ་འཕྲོས

ལམ་རིམ་པའི་མོ་བྲན་གྲས་སུ་ཡོད་འདུག་ཅིང་། ཨང་གཉིས་གྲྭ་བཙུན་བཅུ་སྐོར།

༨ ཕོ་བྲང་རྒྱལ་གསང་སྔང་ནི། བཀའ་གདམས་ཀྱི་དགོན་རོ་ཞིག་ལ་སྐྱིད་ཤོད་ཡོ་པ་གང་ཤར་རས་ཆེན་ཞེས་སྨྲུང་གནས་པའི་རིང་ལུགས་འཛིན་པས་ཞིག་གསོ་བྱས། རྗེ་བླ་མའི་ཆོས་སྲིད་གདུགས་དཀར་གྱིས་ཁྱབ་ནས་དགེ་ལུགས་སུ་འགྱུར། བླ་མ་ནི་རས་ཆེན་པའི་སྐྱེ་བ་དོན་གཉིས་མཐར་ཕྱིན། དེ་ནས་བློ་བཟང་ཐུབ་བསྟན། ད་ལྟ་ངག་དབང་དོན་གྲུབ། འདོན་ཆོས་སྤྱོད་རགས་པ་རྒྱུད་སྟོད་དང་འདྲེ། གྲྭ་རྒྱུན་སློབ་གཉེར་འབྲས་སྤུངས་བློ་གསལ་གླིང་དུ་འགྲོ། ཨང་གཉིས་གྲྭ་པ་བཞི་བཅུ་སྐོར།

༩ ལྷག་ཏུ་ནི། ཆོས་རྒྱལ་ཁྲི་ལྡེ་གཙུག་བརྟན་ནམ་མེས་ཨག་ཚོམས་ཀྱིས་གཙུག་ལག་ཁང་བརྟབ་པར་རིམ་གྱིས་འདུས་སྡེ་(༡༧)(ན)ཚུགས་པར་གྲགས་ནའང་། ད་ལྟ་སེར་ཁྱིམ་པ་ཤ་སྟག་ལས་འདོན་ཆོས་བླ་རབས་སོགས་འདི་ཡིན་མེད་འདུག་ཅིང་། གྲྭ་རྒྱུན་དར་རྒྱས་གླིང་དུ་འགྲོ། ཨང་གཉིས་གྲྭ་བཙུན་ལྔ་བཅུ་ང་བཞི་སྐོར།

༡༠ ལ་མཁར་དགའ་ལྡན་གླིང་ནི། སྔ་ཐོག་ཨེ་པ་བསམ་གཏན་དར་བས་བཏབ་པས་གྲུབ་མཐའ་གཞན་ཕྱོགས་པར་མཆིས་ཀྱང་། ཕྱིས་ཐོས་བསམ་དར་རྒྱས་གླིང་པར་མགོ་བཏགས་ངོས་ཆོས་ལུགས་འགྱུར་ཞིང་སློབ་ཚུང་པ་རེ་དེ་ནས་བསྐོར་བར་ལྷག་ཏུ་བློ་བཟང་རྡོ་རྗེ། ཡར་སྟོད་ངག་དབང་ཉི་མ། ཕོ་བྲང་ནོར་བཟང་རྒྱ་མཚོ། འཕན་པོ་མཐུ་སྟོབས་རྒྱ་མཚོ། ཡར་སྟོད་བློ་བཟང་ཆོས་སྐྱོང་། ད་ལྟ་བྱང་སྲིབས་ངག་དབང་ཀུན་བཟང་། ཆོས་སྤྱོད་རགས་པ་དར་གླིང་ལུགས་གྲྭ་རྒྱུན་སློབ་གཉེར་ཀྱང་དར་རྒྱས་གླིང་རང་དུ་འགྲོ། ཨང་གཉིས་གྲྭ་གྲངས་སུམ་ཅུ་སྐོར།

༡༡ རི་བོ་ཆོས་གླིང་ནི། འཇམ་མགོན་ཆོས་ཀྱི་རྒྱལ་པོའི་དངོས་སློབ་སྤྱན་གཡས་པ་ཆོས་རྗེ་དོན་གྲུབ་དཔལ་བས་བཏབ། སྔགས་གྲྭ་བཙུགས། གདན་སར་རིམ་བཞིན་དེའི་དཔོན་པོ་རབ་འབྱམས་སྨོན་ལམ་དཔལ། ཀོང་སྟོན་ཆོས་ཀྱི་སེང་གེ །བྱང་ཆུབ་ཚེ་བརྟན། ས་བ་གྲུ་པའི་ཆོས་མཛད་བསོད་ནམས་བཟང་པོ། ལྷ་རི་རྩེ་པ། ཁེ་གསུམ་པ་ཆོས་ཀྱི་རྣམ་རྒྱལ། ཆོས་རྗེ་དཔལ་འབྱོར་རྒྱལ་མཚན། ཟུར་ཤག་པ་ནས་

མཁའ་བྱམས་པ། ཚོགས་མཁན་ཆེན་རིན་ཆེན་རྒྱ་མཚོ། ཚུ་བཟང་རབ་འབྱམས་པ་བསོད་ནམས་བསམ་གྲུབ། ཡར་ཀླུངས་ཁེ་གསུམ་བློ་བཟང་བསྟན་འཛིན། གཙང་འབྲི་མཚམས་(༡༧༩བ)པ་བློ་གྲོས་རིན་ཆེན། ཡང་གཙང་ཁང་དམར་ནས་དགེ་ལེགས་པ། འཕྲོང་རྒྱས་ཞོལ་པ་རིན་ཆེན་རབ་རྒྱས། སྤྱན་གཡས་བྱང་གླིང་བ་ངག་དབང་བསྟན་འཕེལ། ཁམས་ཧྲེ་བོ་བསོད་ནམས་རྒྱལ་མཚན། ཡོག་པ་རྒྱལ་སྲས་བློ་བཟང་བསྟན་འཛིན། ད་ལྟ་ས་གྲུ་ངག་དབང་རྒྱ་མཚོའི་སྐབས། གཞིས་དགོན་ སྔགས་ཤུགས་རྒྱུད་སྟོད་དང་ཉེ། སློབ་གཉེར་མངའ་དྭགས་ར་བ་སྟོད་ལ་འགྲོ། ཨང་དང་ཐྲ་པ་བརྒྱ་དང་ལྔ་བཅུ་སྐོར།

༡༢ ཡར་ཀླུངས་ཤེལ་བྲག་དང་ཉེ་བ་འཕྲོས་ལམ་རིམ་ཐེག་ཆེན་གླིང་ནི། རྗེ་པ་འཕྲོས་པ་ཆོས་རྒྱལ་པས་སྦྱིན་བདག་བྱས་ཏེ་ཐར་མ་ཆོས་མཛད་བརྒྱུད་པ་ཚུལ་བཟང་པར་གྲགས་པ་དེས་བཏབ། འཇམ་མགོན་ཆོས་ཀྱི་རྒྱལ་པོའི་དངོས་སློབ་གཞོན་ནུ་སངས་རྒྱས་ཀྱིས་ལམ་རིམ་གསུངས་པས་དགོན་མིང་དུ་ཆགས། གདན་སར་རིམ་པ་བཞིན་དུ་ཚུལ་ཁྲིམས་བཟང་པོ། གྲགས་པ་རྒྱལ་མཚན། ནམ་མཁའ་བཟང་པོ། གཙང་སྟོན་གྲགས་པ་དབང་ཕྱུག །བསོད་ནམས་སངས་རྒྱས། རི་བོ་ཆོས་གླིང་པ་དགེ་འདུན་ལྷུན་གྲུབ། བྱམས་གཞུང་ཆོས་གྲགས་རྒྱ་མཚོ། ངང་སྐྱུལ་བ་བཀྲ་ཤིས་རྣམ་རྒྱལ། གཙང་སྟོན་གྲགས་པ་བཀྲ་ཤིས། ཁེ་གསུམ་པ་ཆོས་ཀྱི་རྣམ་རྒྱལ། རྗེས་དང་པ་སངས་རྒྱས་བློ་གྲོས། སྤྱན་དྲུག་རྫོང་པའི་ཆོས་མཛད་འཇིགས་མེད་གྲགས་པ། ཡང་རྫོང་པ་ངག་དབང་བསོད་ནམས་རྣམ་རྒྱལ། ཀོང་པོ་བློ་གྲོས་དཔལ་བརྟེགས། ཐླབས་ཕྲེང་བ་དགེ་འདུན་སྐྱབས་མཆོག །རི་བོ་རྣམ་རྒྱལ་བ་ཡོན་ཏན་རྒྱ་མཚོ། ཆ་མལ་ཆོས་མཛད་ཆོས་སྐྱོང་རྒྱ་མཚོ། རྗེས་དང་པ་དངོས་གྲུབ་རྒྱ་མཚོ། ཡང་(༡༨༠ན)ཡོན་ཏན་རྒྱ་མཚོ། དཔལ་ལྡན་བླ་མ་བློ་གྲོས་རིན་ཆེན། ཞལ་ སྔ་ནས་སངས་རྒྱན་པ། ཞལ་སྔ་ནས་དཔལ་མགོན། ཞལ་སྔ་ནས་རིན་ཆེན་རབ་རྒྱས་གསུམ་འཕྲོང་རྒྱས་ཞོལ་པ། གྲ་ཡང་དགོན་བསྟན་པ་རྒྱ་མཚོ། རྗེས་དང་བྱམས་པ་རྒྱ་མཚོ། གླིང་སྨད་

ཞབས་དྲུང་སྐྱན་གཡས་པ། ཏཻ་བོ་ཧོར་ཚང་ཆོས་རྗེ། འོལ་དགའ་རྒྱལ་སྲས་བློ་བཟང་བསྟན། གནས་སྙིང་སྤྲུལ་སྐུ་ཀུན་དགའ་བདེ་ལེགས། ད་ལྷ་ཞྭ་ལུང་བློ་བཟང་ཡོན་ཏན། གཞིས་དགོན་ཐུགས་རྒྱུད་སྐད་དང་ཉེ། སློབ་གཉེར་སེ་ར་བྱེས་བློ་གླིང་ར་བ་སྟོད་མངའ་དྭགས་རྣམས་སུ་འགྲོ། ཨང་དང་གྲྭ་པ་བརྒྱ་དང་བརྒྱད་སྐོར།

༡༣ འཕྱོང་རྒྱས་རི་བོ་བདེ་ཆེན་ནི། མཁན་ཆེན་ཉི་ཁྲི་འཛིན་པ་བློ་གྲོས་དཔལ་བཟང་དང་། འཕྱོང་རྒྱས་པ་ས་སྐྱོང་རྡོ་རྗེ་ཚེ་བརྟན་རྣམ་རྒྱལ་སྐྱིད་པ་དཔལ་བཟང་པོ་ཡོན་མཆོད་ཀྱིས་འགར་སྟོན་ཆོས་རྗེ་ཞེས་མཁས་གྲུབ་དགེ་ལེགས་དཔལ་བཟང་པོའི་དངོས་སློབ་མཁས་ཤིང་གྲུབ་པ་བརྙེས་པ་དེའི་ཞལ་བཀོད་ལྟར་གཙུག་ལག་ཁང་དང་སྤྱིལ་མིག་སུམ་ཅུར་ཉེ་བ་བཏབ། པཎ་ཆེན་བྱམས་པ་གླིང་པ་གདན་དྲངས་ཏེ་རབ་ཏུ་གནས་པ་རྒྱས་པར་མཛད། ཞོལ་གཙོ་བོར་གྱུར་པའི་མངའ་འབངས་ནས་ཐོ་བཙུན་མང་པོ་བསྡུས་ཏེ་ཐུགས་གྲྭ་བཙུགས། འདོན་ཆོས་སྤྱོད་འཇམ་མགོན་ཆོས་ཀྱི་རྒྱལ་པོ་བཙོང་ཁ་པའི་ལུགས་སོར་བཞག་མཛད། དེ་ནས་ལོ་ངོ་བཞི་ཙམ་ནས་སྤྱིལ་མིག་བརྒྱ་རྩ་བརྒྱད་སོགས་ད་ལྟའི་བར་རིམ་འཕེལ་དང་། མཐུན་པའི་རྐྱེན་བཟང་པོ་སྦྱར་ཏེ་རྒྱུད་སྡེ་བཞི་དང་འབྲེལ་བའི་རིམ་གཉིས་ཀྱི་སློབ་སྦྱོང་སྒྲུབ་མཆོད་སོགས་(༡༨༠བ)ལེགས་པར་ཚུགས། ཉི་ཁྲི་པ་འདི་ཉིད་འབྲུངས་ས་གཙང་ལ་སྟོད་པ་ཡིན་ཅིང་། ཐམས་ཅད་མཁྱེན་པ་དགེ་འདུན་གྲུབ་དང་འགར་སྟོན་སོགས་བཤེས་གཉེན་མང་དུ་བསྟེན་པའི་མདོ་སྔགས་གཞུང་ལུགས་ལ་མཁས་ཤིང་ཤེས་རབ་ཀྱི་ཕ་རོལ་ཏུ་ཕྱིན་པ་ཉི་ཁྲི་ལྔ་སྟོང་པ་ཐུགས་ལ་བཟུང་སྟེ་རྒྱུན་གཏན་ཞལ་འདོན་མཛད་པས་མཚན་ཡང་དེར་གྲགས། དེ་རྗེས་གདན་སར་བླ་མ་རིམ་པ་བཞིན་དུ་འཕྱོང་རྒྱས་པ་དཀའ་བཅུ་ཆོས་འཕེལ་རྒྱལ་མཚན་འདིས་བདེ་མཆོག་གི་བསྐྱེད་རྫོགས་སོགས་ཡིག་འཛུག་ཀྱང་དུ་མ་མཛད། འཇམ་དབྱངས་མཆོག་ལྷ་འོད་ཟེར་གྱིས་གསང་ཕུ་གླིང་སྨད་སོགས་གདན་ས་ཆེ་བ་མང་པོའི་བླ་མ་མཛད་ཅིང་རྗེ་དགེ་འདུན་གྲུབ་པའི་ཞལ་ཆེམས་ལྟར་ཐམས་ཅད་མཁྱེན་པ་དགེ་འདུན་རྒྱ་མཚོ་དགོན་གནས་སུ་གདན་དྲངས་

ཏེ་ལུགས་གཉིས་ཀྱི་བསྟེན་བཀུར་ཕུན་སུམ་ཚོགས་པ་བསྒྲུབས། ཆོས་རྗེ་ཆོས་སྐྱབས་པ། ཆོས་རྗེ་ངག་དབང་གྲགས་པ། འཕྲོང་རྒྱས་པ་མཁྱེན་རབ་དབང་ཕྱུག །རྒྱུད་ཆེན་བསོད་ནམས་དཔལ་འཕེལ། འཇམ་དབྱངས་དོན་གྲུབ། དགོན་དམར་ང་བློ་བ་རྒྱལ་མཚན། ཁེ་གསུམ་པ་ཆོས་ཀྱི་རྣམ་རྒྱལ། བྱང་མ་ཁང་གསར་བ་གསུང་རབ་དཔལ་འབྱོར། ཐང་པོ་ཆེ་པ་འཕྲིན་ལས་རྒྱ་མཚོ། འཕྲོང་རྒྱས་རབ་འབྱམས་པ་ནམ་མཁའ་རྒྱ་མཚོ། འདུལ་བ་ཆོས་རྗེ་ལེགས་གྲུབ་རྒྱ་མཚོ། ཚོགས་མཁན་ཆེན་རིན་ཆེན་རྒྱ་མཚོ། བྱང་མ་ཁང་གསར་བ་ཆེན་པོ་དཔལ་འབྱོར་བསོད་ནམས་ལྷུན་གྲུབ། ཆོས་རྗེ་བྱམས་པ་བརྟན་པ། སླར་ཡང་མཁན་ཆེན་རིན་ཆེན་རྒྱ་མཚོ། དགའ་ལྡན་ཁྲི་པ་ཚུལ་ཁྲིམས་ཆོས་འཕེལ། གནས་སྙིང་(༡༨༧ན)ཆོས་རྗེ་ཀུན་དགའ་བདེ་ལེགས། ཉང་སྟོད་སྐྱིད་ང་བ་བློ་བཟང་ཕུན་ཚོགས། འདི་སྐབས་བསྟན་འཛིན་ཆོས་ཀྱི་རྒྱལ་པོ་དཔུང་བཅས་བསིལ་ལྡན་དུ་ལྷགས་ཤིང་། རི་བོ་ཆོས་གླིང་བླ་མ་གཙང་ཁང་པ་དང་དུས་མཚུངས་པས་ཁོང་དང་འདོད་གཅིག་གིས་སྐྱ་ཟ་ལས་ཚན་ཆེ་ཁར་སོང་བ་དང་བཅས་གཙང་ཞེན་ལ་བརྟེན་མི་མང་ཁ་བསྒྱུར་ཨེ་ཐུབ་ཀྱི་འོག་འགྱུ་སྣ་ཚོགས་ཤིག་མཛད་ཀྱང་ལས་འབྲས་ཀྱི་ཤུགས་འདི་སུས་ཀྱང་བཀག་པར་མ་ནུས་པས་རྗེ་བླ་མའི་ཆོས་སྲིད་གདུགས་དཀར་གྱིས་ཁྱབ་པ་ཡིན་ལ། དེ་ནས་ལྷུངས་ཞབས་པ་འཇམ་དབྱངས་བཀྲ་ཤིས། འཕྲོང་རྒྱས་བློ་བཟང་བསྟན་འཕེལ། བློ་བཟང་མཁས་བཙུན། ལྷ་ས་བ་ཚུལ་ཁྲིམས་རྒྱ་མཚོ། ཏེ་བོ་ངག་དབང་དཔལ་བཟང་། ཟངས་རི་བ་རྒྱལ་སྲས་བློ་བཟང་བསྟན་འཛིན། གནས་སྙིང་སྤྲུལ་སྐུ་རྒྱལ་སྨན་ངག་དབང་ཀུན་དགའ་བདེ་ལེགས། ད་ལྟ་རྗེ་བླ་མ་སྲིད་ཞིའི་གཙུག་རྒྱན་ལྔ་པ་ཆེན་པོའི་ཞམ་འབྲིང་ལྷ་ས་བ་འཆམ་དཔོན་དགེ་སློང་ངག་དབང་དཀོན་ཅོག །གཞིས་དགོན་སྟགས་སྤྱི། དུས་འཁོར་སྐུ་གསུང་ཐུགས་ཡོངས་རྫོགས་དང་། གསང་བདེ་འཇིགས་གསུམ། དཀྱིལ་རྫོར་སྨན་བླའི་མདོ་ཆོག་ཡིད་བཞིན་དབང་རྒྱལ་སོགས་ཀྱི་སྒོ་ནས་བསྒྲུབ་མཆོད་དང་འགྲོ་དོན་སྐྱོང་། སློབ་གཉེར་གྲྭ་རྒྱུན་དགའ་ལྡན་བྱང་རྩེ། བློ་གླིང་། བྱེས་ རབ་

སྟོད་རྣམས་སུ་འགྲོ། ཨང་དང་གྲྭ་པ་ལྔ་བརྒྱར་ཉེ་བ།

༡༤ འཕྱོང་རྒྱས་སྨྲིན་གཡས་ནི། སྤྲུལ་པའི་གཏེར་སྟོན་གྲྭ་པ་མངོན་ཤེས་ཀྱིས་བཏབ། ཤྲཱ་རིའི་བུའི་སྨྲིན་གཡས་ཀྱི་རང་བྱོན་ཚ་ཚྭ་ལྷར་གསལ་བས་མིང་དེ་ལྟར་དུ་གྲགས། (༡༨༧བ)གདན་སར་བླ་མ་རིམ་པ་བཞིན་གནས་བརྟན་དར་མ་བཀྲ་ཤིས། ཁ་ཆེ་མི་སྟོན་ཆོས་འབར། ཁུ་ཤེས་རབ་བརྩོན་འགྲུས། ལྟོ་བྲག་པ་དར་མ་སེང་གེ །དགེ་བཤེས་འདོད་འཇོ། མཁས་བཙུན་དད་པ། ཉང་བན་ནམ་མཁའ་གཞོན་ནུ། བླ་མ་ནམ་མཁའ་དཔལ། རྒྱལ་ཚ་གཞོན་ནུ་གྲགས། མཁན་ཆེན་སངས་རྒྱས་གྲགས། སངས་རྒྱས་རྒྱལ་མཚན། གཞོན་ནུ་དཔལ། དབང་ཕྱུག་དཔལ། བྱང་ཆུབ་དཔལ། གཞོན་ནུ་སེང་གེ །སངས་རྒྱས་འབུམ་དཔལ། ཆོས་མཆོག་པ། སྐར་བྱང་ཆུབ་དཔལ། གཞོན་ནུ་འོད། བརྩོན་འགྲུས་རྒྱལ་མཚན། སངས་རྒྱས་མགོན། བཀྲ་ཤིས་ལེགས། བློ་གྲོས་ཕུན་ཚོགས། རྣམ་རྒྱལ་ལྷ་དབང་། ཤེས་རབ་ཡེ་ཤེས། སངས་རྒྱས་དོན་གྲུབ། འཕྲིན་ལས་རྒྱ་མཚོ། རྩེས་དང་པ་དངོས་གྲུབ་རྒྱ་མཚོ། འཕྱོང་རྒྱས་པ་གནས་བརྟན། འཕྱོང་རྒྱས་འཕྲིན་ལས་པ། འཕྱོང་རྒྱས་ཚ་སྨྲུག་པ་ནམ་མཁའ་རྒྱ་མཚོ། སྨྲིན་གཡས་པ་དགེ་འདུན་རབ་འཕེལ། གྲ་ནང་བསྟན་པ་རྒྱ་མཚོ། འཕྱོང་རྒྱས་ཀུན་དགའ་བསྟན་འཛིན། སྨྲིན་གཡས་པ་དངོས་གྲུབ་རྒྱ་མཚོ། ད་ལྟ་འཕྱོས་པ་སྐུ་སྐྱེ་བསྟན་འཛིན་རྒྱ་མཚོའི་སྐབས། ཐུགས་གྲྭ་རྒྱུད་སྟོད་དང་ཉེ། གྲྭ་རྒྱུན་བློ་གླིང་། བྱེས། ཉང་རོང་། རྒྱུད་སྟོད། ར་བ་སྟོད། མངའ་རིས་གྲྭ་ཚང་བཅས་པར་འགྲོ། ཨང་དང་གྲྭ་གྲངས་དགོན་སྟོད་དུ་ལྔ་བཅུ་ང་གསུམ་དང་མཐིལ་པར་གྲྭ་བཙུན་སུམ་བརྒྱ་སྐོར།

༡༥ ཧྲིང༷་བསམ༷་གཏན༷་རྩེ༷་ནི། ཧྲིང་བ་ཀུན་དགའ་རྒྱལ་མཚན་པས་བཏབ་ཅིང་། བར་སྐབས་ཀྱི་བླ་རབས་བཅུ་སྐོར་ངེས་ཁུངས་མ་བྱུང་། དེ་རྗེས་རྣམ་རྒྱལ་(༡༨༢ན)སློབ་དཔོན་རིན་ཆེན་པ། ཡང་ཁ་དག་དབང་ཆོས་འཕེལ་དང་། བློ་བཟང་ཆོས་འཕེལ། ཨ་རིག་ཆོས་རྗེ། བསྟན་འཕེལ་ཉི་མ། དཔལ་འབྱོར་བཟང་པོ། བྱམས་པ་རྒྱ་མཚོ། བསམ་གཏན་འཕྲིན་ལས། བློ་བཟང་དགེ་འདུན། ངག་དབང་རབ

བརྟན། ད་ལྟ་རྟེས་དང་བློ་བཟང་སྨྲིན་པ། གཞིས་དགོན་སྔགས་གྲྭ་རྒྱུད་སྨད་ལུགས། མདོ་སྔགས་ཀྱི་སློབ་གཉེར་རྣམ་པར་རྒྱལ་བའི་ཕན་བདེ་ལེགས་བཤད་གླིང་། སྨད་རྒྱུད། འབྲས་སྤུངས་བློ་གླིང་། སེ་ར་བྱེས། མངའ་རིས་གྲྭ་ཚང་རྣམས་སུ་འགྲོ། ཡོང་དང་གྲྭ་གྲངས་དགུ་བཅུ་སྐོར།

༡༦ མོན་མཁར་བཀྲ་ཤིས་གདོང་དུ་མཁས་པ་མང་པོ་འདུས་པར་འཇམ་མགོན་ཆོས་ཀྱི་རྒྱལ་པོ་བཙོང་ཁ་པ་ཆེན་པོས་ཉིན་གཅིག་ལ་གཞུང་ཆེན་བཅོ་ལྔའི་རྒྱ་གར་སྐད་དུས་གཅིག་ཏུ་དབུ་བཙུགས། སྐར་ཡང་གཞུང་ཚང་གཉིས་བསྟན་ཏེ་པོ་ཏི་བཅུ་བདུན་གྱི་བཤད་པ་དཀའ་ཆེན་འགའ་ཞིག་བོད་ཀྱི་ཊཱི་ཀྐ་ཆེན་མོ་རེ་གཞིར་བཞག་པའི་སྙིང་འགྲེལ་པའི་འཆད་ཚུལ་དུ་མ་དགག་སྒྲུབ་དང་བཅས་པ་གཏན་ལ་ཕབ་ཅིང་ཟླ་བ་གསུམ་གྱི་བར་ལ་ཡོངས་སུ་རྫོགས་པར་གསུངས་པ་འདི་ཐུན་མོང་གི་རྣམ་ཐར་གཅིག་ལ་ཡ་མཚན་ཆེ་ཞིང་། དེ་དུས་ཀྱི་བཞུགས་ཁྲིའང་ད་ལྟ་མ་ཉམས་པར་མཆིས་སོ། །

༡༧ མོན་མཁར་ཕྱུགས་དགོན་ནི། འཇམ་མགོན་ཆོས་ཀྱི་རྒྱལ་པོ་བཙོང་ཁ་པ་ཆེན་པོའི་དངོས་སློབ་སྤྱན་སྔ་བསོད་ནམས་རྒྱལ་མཚན་ནམ་ལྷ་གཟིགས་རས་པ། ཉེར་གཉིས་རིན་པོ་ཆེ་སྐྱེ་མཚན་སུམ་ལྡན་དེས་བཏབ་ཅིང་འཇམ་མགོན་བླ་མ་ཉིད་ཀྱིས་མེ་ཏོག་འཐོར་བ་མཛད། རྟེས་དང་ལྷ་མཚོད་(༡༨༢བ)པའི་དགོན་ལག་ཏུ་གྱུར་པས་ཕྱུགས་དགོན་ལྷ་མཚོད་པར་གྲགས་ཀྱང་བར་སྐབས་སུ་སེར་ཁྲིམ་པ་ལྟ་བུར་སོང་། ཕྱིས་རྣམ་སྲས་གླིང་པའི་ལྷག་བསམ་ལས་གཙང་དགོན་དུ་འགྱུར་ཞིང་། ལྷ་མཚོད་ཆེན་མོར་སྨན་བླའི་བསྒྲུབ་མཆོད་དང་། གཉག་དབོན་གྱིས་མཛད་པའི་ཀུན་རིག་སོགས་གཏོང་། ཆོས་སྤྱོད་བྱིང་རྗེ་ལུགས་དང་འདྲེས་ཆེ། སྔ་སོར་བླ་མའི་པར་བཀབ་མེད་པར་ཆུ་ཕོ་སྟག་ལོ་ནས་བསམ་གྲུབ་ཆོས་རྫོང་པ་ངག་དབང་རྣམ་རྒྱལ། དེ་ནས་བློ་བཟང་མགོན་མཛེས། ད་ལྟ་བློ་བཟང་བསྟན་འཛིན་ཚུལ་ཁྲིམས། སློབ་གཉེར་གྲྭ་རྒྱུན་བློ་གསལ་གླིང་། ཨང་གཉིས་གྲྭ་པ་ཉི་ཤུ་རྩ་བཞི་སྐོར།

༡༨ གྲ་ནང་ཨར་དུ་གེ་དགོན་ནི། བཀའ་གདམས་ཀྱི་དགེ་བཤེས་བྱ་འདུལ་བ

འཛིན་པའི་སློབ་མ་བྱང་ཆུབ་བརྩོན་འགྲུས་ཀྱིས་བཏབ། བར་སྐབས་སུ་གཙུག་ལག་ཁང་ལ་ཆུའི་འཇིགས་པ་ཆེར་བྱུང་བ་གྲྭ་ནང་ཤཱཀྱ་ཆོས་རབ་པས་གསོས་ཤིང་ཡར་གཙང་གི་དུས་ཇོ་སྟན་པའི་མཁན་ཐོག་བརྒྱད་ཙམ་གྱིས་བསྐྱངས་འདུག་ཀྱང་སེར་ཁྲིམ་དུ་སོང་། རྗེ་བླ་མའི་ཆོས་སྲིད་གདུགས་དཀར་གྱིས་ཁྱབ་ནས་མཁར་ཐོག་པ་མངས་བཙུན་རིན་ཆེན། བསམ་གྲུབ་སྒང་པ་བློ་བཟང་དག་དབང་། ཡང་དབེན་བསྟན་པ་རྒྱལ་མཚན། རྨེ་རུ་བློ་བཟང་དགེ་འདུན། ཤག་སྐོར་ངག་དབང་དོན་གྲུབ། མས་དྲྭ་དཀོན་ཅོག་དོན་གྲུབ། ད་ལྷ་གཙང་པ་དཀོན་ཅོག་ལྷུན་གྲུབ། གྲྭ་རྒྱུན་འབྲས་སྤྱངས། དྭགས་པོ་གྲྭ་ཚང་། དོལ་གསུང་གླིང་བཅས་པར་འགྲོ་བ་ལས་གཞིས་དགོན་དུ་འདོན་མཆོད་ཀྱི་རིགས་ཆེར་མེད། ཨང་གཉིས་གྲྭ་བཙུན་དགུ་བཅུ་(༡༤༣ན)སྐོར།

༡༩ མོན་མཁར་དགའ་ལྡན་ལྷ་སྡིངས་ནི། འཇམ་མགོན་བཙོང་ཁ་པ་ཆེན་པོ་བཀྲ་ཤིས་གདོང་དུ་ཕེབས་སྐབས་ཆགས་པར་གྲགས་ཤིང་། དེ་ནས་བཟུང་བཀྲ་ཤིས་ཁང་གསར་བའི་མི་བརྒྱུད་ཀྱིས་ཟམ་མ་ཆད་པར་བསྐྱངས་ཚུལ་འདུག་ཀྱང་། བླ་ཐོག་ངོ་བོ་འདྲེན་རྒྱུ་དགེ་འདུན་ཆོས་འཕེལ། བློ་བཟང་ཆོས་འཕེལ། པུ་ཧྲི་ཧྲྀ་ཛ། བསྟོད་པ་རྒྱ་མཚོ། ད་ལྟ་བློ་བཟང་དོན་གྲུབ། ཆོས་སྤྱོད་འདོན་ཆ་རྒྱུད་སྟོད་དང་ཉེ་བ། སློབ་གཉེར་གྲྭ་རྒྱུན་བློ་གསལ་གླིང་དང་མངའ་དྭགས་སོགས་སུ་འགྲོ། གཞིས་དགོན་སེར་ཁྲིམ་ཨང་གཉིས་གྲྭ་བཙུན་བཅུ་དགུ་སྐོར།

༢༠ ཡར་འབྲོག་སྣྲང་ལྕུང་དགོན་ནི། གསང་བདག་ནམ་མཁའ་རྒྱལ་མཚན་ལ་ལས་ཅན་གྱི་སློབ་མ་བཅུ་གསུམ་འབྱུང་བར་ལུང་བསྟན་པའི་ནང་ཚན་འཕྲེང་པོ་ལྷ་ལུང་པ་འཇམ་དབྱངས་ནམ་མཁའ་བཟང་པོས་བཏབ། གདན་རབས་འགའ་ཞིག་ནས་སྨྱོན་ཞུ་ཆོས་གྲགས་པ་དང་། ཞྭ་དམར་བ་སོགས་ནས་ཞལ་འཛིན་མཛད་པའང་བྱུང་། རྗེ་བླ་མའི་ཆོས་སྲིད་གདུགས་དཀར་གྱིས་ཁྱབ་ནས་རི་བོ་བདེ་ཆེན་གྱི་དགོན་ལག་ཏུ་གྱུར་ཅིང་དེ་ནས་བསྐོས་པ། འཕྱོང་རྒྱས་པ་བློ་བཟང་བསྟན་འཛིན། ཞིས་རབ་རྒྱ་མཚོ། འཕྲིན་ལས་ཕུན་ཚོགས། བློ་བཟང་བསྟན་འཕེལ། ད་ལྟ་ཀུན་

དགའ་ཕུན་ཚོགས། རྗེ་བླ་མའི་ལྟོགས་བསྒྲིགས་བླ་མ་མཆོད་པ་དང་ཐུགས་རྗེ་ཆེན་པོ་ནམ་མཁའ་རྒྱལ་པོའི་ལས་བྱང་སོགས་ཀྱི་སྒོ་ནས་རང་གཞན་གྱི་དོན་བྱེད། ས་ལམ་སོགས་ཆོས་སྤྱོད་དགེ་ལུགས་བྱིངས་འགྲོ། གྲྭ་རྒྱུན་སློབ་གཉེར་འབྲས་སྤུངས་སུ་བློ་གསལ་གླིང་(༡༨༣བ)པར་ཐོབ་པ་དང་མཚུངས་པའི་སེ་ར་དང་དགའ་ལྡན་སོགས་སུའང་འགྲོ། ཨང་གཉིས་གྲྭ་བཙུན་དགུ་བཅུ་གོ་ལྔ་སྐོར།

༢༡ གྲ་བྱམས་པ་གླིང་ནི། ཐུ་མི་སམ་བྷོ་ཊ་ནས་གདུང་རབས་བཅུ་གཉིས་པ་དྲུང་ཆེན་ཚུལ་ཁྲིམས་རྒྱལ་མཚན་ལ་སྲས་གཉིས་བྱུང་བའི་གཅེན་དགེ་བསྙེན་ལྷུན་གྲུབ་བཀྲ་ཤིས་ཀྱིས་བཏབ། སྲས་གཉིས་པ་བྱམས་པ་གླིང་པ་བསོད་ནམས་རྣམ་རྒྱལ་དང་། ལོ་ཆེན་བསོད་ནམས་རྒྱ་མཚོས་མཆོད་རྟེན་བཞེངས། བོད་དུ་ཆོས་འཁོར་མཆོད་རྟེན་ཡོད་ཚད་ཀྱི་ནང་ནས་ཁྱད་པར་འཕགས། ཟུར་ཆེན་ཆོས་འཁོར་སྐད་གི་བླ་མ་གྲ་ཕྱི་གནས་གསར་རྒྱ་སྟོན་པ། དུས་འཁོར་མཆོད་རྟེན་གྱི་བླ་མ་གཙང་ཞང་སྟོད་དོན་གྲུབ་ཀུན་དགའ། འབྲས་བུ་ཚལ་གྱི་བླ་མ་གྲ་ནང་ལྷུན་གྲུབ་རྒྱ་མཚོ། མུན་བུ་བླ་མ་གྲ་ནང་ནོར་བཟང་པ། ཡང་དབེན་བླ་མ་གྲ་ནང་རྣམ་རྒྱལ་མགོན་པོ། ནོ་སྟེང་བླ་མ་གྲ་ཕྱི་ཆོས་གྲགས་རྣམས་བསྐོ་བཞག་མཛད་འདུག་ཅང་། ལོ་ཆེན་ཉིད་ཞིང་དུ་གཤེགས་གཙང་དུས་ཟུར་ཆེན་རྣམས་ལ་བརྟབས་བསིགས་ཆེས་པས་སྐྱབ་མཆོད་ཆེན་མོ་ཆག །རྗེ་བླ་མའི་ཆོས་སྲིད་གདུགས་དཀར་གྱིས་ཁྱབ་ནས་གྲྭ་ཚང་རྣམས་སྡེ་སོར་བསྡུས་ངོས་མཁན་པོ་ཡར་གླུངས་པ་མཁས་བཙུན་རིན་ཆེན། སྟོད་ལུང་བསམ་སྐད་པ། སེ་ར་ཚུལ་ཁྲིམས་རྒྱ་མཚོ། རྩིས་དང་བྱམས་པ་རྒྱ་མཚོ། ན་ཁ་བློ་བཟང་དོན་གྲུབ། ད་ལྟ་རྗེ་བླ་མ་སྲིད་ཞིའི་གཙུག་རྒྱན་ལྔ་པ་ཆེན་པོའི་མཆོད་དཔོན་པ་རྒྱལ་དར་གོང་པ་ངག་དབང་ཤེས་རབ་ཀྱི་སྐབས། ཐོག་མར་དཀྱིལ་འཁོར་གྱི་ཆོ་ག་སོགས་མང་ཡང་ཕྱིས་ཉམས་པས་གཞིས་དགོན་སྟགས་ལུགས། གྲྭ་རྒྱུན་(༡༨༤ན)བློ་གླིང་། བྱེས། ཞང་རོང་སོགས་སུ་འགྲོ། ཨང་དང་གྲྭ་པ་ཉིས་བརྒྱ་དང་ཉེ་ཤུ་སྐོར།

༢༢ གྲ་རི་བོ་རྣམ་རྒྱལ་ནི། རྗེའི་དངོས་སློབ་གནས་བརྟན་དགེ་འདུན་རྒྱལ་པོས་

བཏབ། དེ་རྗེས་ནམ་མཁའ་བློ་གྲོས། གྲྭ་ནང་རོག་པ་ཆོས་སྐྱབས། གྲྭ་ཡང་ཁ་པ་ཆོས་རྗེ་ཡོན་ཏན་རྒྱ་མཚོ། གཙང་དུས་བླ་མ་ཆེར་མ་བྱུང་བས་བར་སྟོངས་ལུས་འདུག་ཅིང་། དེ་རྗེས་བྱམས་པ་གླིང་པ་ཆོས་རྗེ་སངས་རྒྱས་ཆོས་འཕེལ། གྲྭ་ཡང་དཔེན་བསྟན་པ་རྒྱ་མཚོ། བྱམས་གླིང་པ་བློ་བཟང་དགེ་འདུན། གཙང་པ་བློ་བཟང་། ད་ལྟ་གསུང་རབ་གླིང་དང་ཉིས་ཚོགས་མས་ཇོ་དགོན་ཅིག་དོན་གྲུབ་སྐབས། གཞིས་དགོན་སྔགས་ལུགས། ཨང་དང་གྲྭ་གྲངས་དྲུག་ཅུ་སྐོར།

༢༣ གྲྭ་བདེ་བ་གླིང་ནི། གནས་བརྟན་འོད་ཟེར་བཀྲ་ཤིས་ཀྱིས་བཏབ་ཅིང་། བྱམས་གླིང་ནས་དགོན་བདག་བྱེད་ཀྱང་ལྟ་གྲུབ་འབྲུག་ལུགས་ཡིན་པས་འདིར་མ་བཀོད། གཙང་པོ་བྱང་ཁ་ཟུར་མཁར་ནང་དུ་ཆོས་སྡེ་མདོ་སྔགས་གླིང་ནི། རྗེའི་དངོས་སློབ་བྱང་སེམས་ཀུན་དགའ་བཟང་པོས་བཏབ་པ་ཡིན་ལ། དེ་ཡང་ཟུང་མཁར་དུ་ལྷེའི་རིགས་སུ་མི་ཏྲ་ལ་འབྲུངས། རྩིས་དང་དུ་ཁང་རྙིང་པའི་འཆད་ཉན་པ་མཛད། གྲུབ་ཆེན་ནམ་མཁའ་རྒྱལ་མཚན་དང་། འཇམ་མགོན་ཆོས་ཀྱི་རྒྱལ་པོར་ཆོས་གསན། དགུང་ལོ་དོན་གསུམ་ལ་དགོན་བཏབ་སྡེ་དགུ་ཚད་དང་གསང་བདེ་གཉིས་ཀྱི་འཆད་ཉན་བཙུགས། དོན་དགུ་ཆུ་བྱི་ལ་གཤེགས། སློབ་མ་ནི་འཇམ་དབྱངས་ཆོས་རྗེ་བཀྲ་ཤིས་དཔལ་ལྡན། ཚལ་པ་ཆོས་རྗེ་བསོད་ནམས་རིན་ཆེན་(༧༨་བ)ཆོས་རྗེ་བློ་གྲོས་རྣམ་རྒྱལ། དགེ་སློང་བསོད་ནམས་གྲགས་པ། དགེ་སློང་ཐུབ་པ། དགེ་སློང་རང་སངས་རྒྱས་སོགས་ཆེ་གྲྭ་མང་དུ་འདུས། བླ་གཡེས་པ་དང་གླིང་སྨད་ཅེས་ཁག་གཉིས་སུ་གྱེས་པའི་སོ་སོར་འཆད་ཉན་གྱི་སློབ་དཔོན་རེ་དང་མཁན་པོ་བཅས་གསུམ་ཙམ་བྱུང་། གདན་ས་ནི་བཀའ་བཞི་པ་བློ་གྲོས་རྣམ་རྒྱལ། དཀའ་བཅུ་བློ་གྲོས་མཚུངས་མེད། དེ་ནས་ལོ་འགའ་སོང་རྗེས་ཐམས་ཅད་མཁྱེན་པ་དགེ་འདུན་རྒྱ་མཚོ་ལ་ཕུལ་བ་མངའ་རིས་གྲྭ་ཚང་པར་གནང་བས་མཁན་པོའི་ས་ནི་མངའ་རིས་གྲྭ་ཚང་གི་བླ་མ་རིམ་པར་བྱོན་པ་རྣམས་ཀྱིས་མཛད་ཅིང་། སློབ་དཔོན་ནི་གླིང་སྟོད་སྨད་དུ་རེ་རེ་བསྐོ་བའི་སྲོལ་དང་མདོ་སྔགས་ཀྱི་འཆད་ཉན་

དར་བར་ཡོད་ནའང་། ཕྱིས་བསྟན་པ་འཕེལ་འགྲིབ་ཀྱི་དབང་ལས་འཆད་ཉན་གྱི་རྒྱུན་ཉུབ་ཅིང་། གླིང་སྟོད་སྨད་དྲིལ་ནས་བླ་མ་གཅིག་གིས་སྐྱོང་བར། དྭགས་པོ་བསྟན་པ་རྣམ་རྒྱལ། སྟོ་བྲག་རབ་འབྱམས་པ་བྱམས་པ་ཡེ་ཤེས། སྤྱན་གཡས་པ་དཀའ་བཅུ་བློ་བཟང་རིན་ཆེན། ཟུར་མཁར་བ་བློ་བཟང་ཆོས་གྲགས། མངའ་རིས་བློ་བཟང་དཔལ་འབྱོར། མཐོངས་ཁ་རུ་བ་ངག་དབང་རབ་བརྟན། ད་ལྟ་ཆོས་བློ་གྲོས། སློབ་གཉེར་གྲྭ་རྒྱུན་སེར་འབྲས་དང་རྒྱུད་མངའ་རིས་གྲྭ་ཚང་སོགས་གང་འོས་སུ་འགྲོ། ཨང་དང་གྲྭ་པ་དྲུག་ཅུ་རེ་གསུམ་སྐོར།

༢༤ འོན་དགའ་ལྡན་ཆོས་འཁོར་སྡིངས་ནི། ཐོག་མར་འཇམ་མགོན་ཆོས་ཀྱི་རྒྱལ་པོའི་དངོས་སློབ་འོན་པ་རྗེ་ཕྲུག་གྲགས་པ་འབྱུང་གནས་ཀྱིས་བཏབ། དཔོན་ངསོད་ནམས་རྒྱལ་མཚན་སོགས་གདན་རབས་འགའ་ཞིག་གི་རིང་འཕེལ་རྒྱས་བྱུང་(༢༤༥ན)འདྲ་ཡང་བར་སྐབས་སུ་རིམ་ཉམས་ཀྱི་སེར་ཁྱིམ་པར་སོང་། ཕྱིས་རྒྱལ་སྲས་སྤྲུལ་སྐུ་བློ་བཟང་བསྟན་འཛིན་རྒྱ་མཚོ་དང་། སྐྱིད་ཤོད་པ་ས་སྐྱོང་ལྷ་རྒྱལ་རབ་བརྟན་ཡོན་མཆོད་ནས་ཐུགས་ཁུར་ཡང་དག་ལ་བརྟེན། སེར་ཁྱིམ་པ་རྣམས་དགོན་ཞོལ་དུ་སྤོས། དེ་ཤུལ་རྣམ་པར་དག་པའི་འདུས་སྡེ་གསར་དུ་བསྐྲུན། གསང་འཇིགས་ཀྱི་ཚོ་ག་རྒྱུད་སྨད་གཞིར་བཞག་གི་སྟེང་། འདོན་ཆོས་བྱིངས་ཆོས་འཁོར་རྒྱལ་དང་མཚུངས་ཤིང་། ལམ་རིམ་ཆུང་བའི་འཆད་ཉན་ཀྱང་ཡོད། ད་ལྟའང་ཤར་རཕེལ་སྤྲུལ་སྐུ་རང་གིས་སྐྱོང་། སློབ་གཉེར་གྲྭ་རྒྱུན་བློ་གསལ་གླིང་དུ་འགྲོ། ཨང་དང་གྲྭ་གྲངས་ལྔ་བཅུ་སྐོར།

༢༥ ཡོགས་དགའ་ལུང་ནི། ཕག་གྲུའི་སློབ་མ་ཤིང་དགོན་དཀར་བ་ཞེས་པས་བཏབ་ཀྱང་བར་སྐབས་སུ་སྟོངས། ཕྱིས་སྒམ་པོ་པའི་གྲྭ་པ་གཅིག་ལ་བརྟེན་པའི་རི་ཁྲོད་གྲྭ་བཙུན་རྒྱུན་མ་ཆད་ཙམ་ཡོད་པ་ལས། གོང་བཞིན་ཤར་འཕེལ་སྤྲུལ་སྐུ་མཆོད་ཡོན་ནས་དར་རྒྱས་སུ་མཛད། ཐམས་ཅད་མཁྱེན་པ་དགེ་འདུན་རྒྱ་མཚོས་མཛད་པའི་བླ་མ་མཆོད་པ་སོགས་ཆོས་སྤྱོད་དགེ་ལུགས་སྤྱི་མཐུན། ད་ལྟ་ཤར་འཕེལ་སྤྲུལ་

སྐུས་སྐྱོང་ཞིང་ཨང་དང་གྲྭ་པ་བཅོ་བརྒྱད་སྐོར།

དགེ་བསྙེན་གཙང་ཕྱོགས་སུ་དར་ཚུལ།

འཇམ་མགོན་བཙོང་ཁ་པ་ཆེན་པོའི་བསྟན་པ་གཙང་ཕྱོགས་སུ་དར་ཚུལ་ནི། འཇམ་མགོན་བླ་མ་བཙོང་ཁ་པ་ཆེན་པོས་བཞེས་གཉེན་དུ་མ་བསྟེན་པ་དང་གྲྭ་སྐོར་སོགས་ཀྱི་དོན་གཙང་དུ་ཡང་ཡང་ཕེབས། དེ་ཡང་གཙང་སྨད་གཞུ་དང་སྙེ་མོའི་མཚམས་སུ་འཇམ་མགོན་ཆོས་ཀྱི་རྒྱལ་པོའི་རིང་ལུགས་ཀྱི་ཆོས་སྡེ་ཐུབ་མིའི་དགོན་བརྒྱུད་དུ་གྲགས་པའི་ཐོན་པ་མཁས་བཙུན་ཡོན་ཏན་རྒྱ་མཚོས་བཏབ་པའི་ཐོན་རྒྱལ་བྱེད་ཚལ། ལྷ་རི་བྱང་ཚལ་སྟེང་ང་(༡༤༥བ)རྒྱས་སྟེང་བཅས་དང་། དེའི་ལྷག་ཏུ་འཇམ་མགོན་བླ་མ་ཆེན་པོ་དང་ལྷ་བཙུན་གྱི་སྐྱབ་གནས་ཀྱང་ཡོད་ཅིང་། ཐམས་ཅད་མཁྱེན་པ་དགེ་འདུན་གྲུབ་དབུས་ཕྱོགས་སུ་ཞབས་བསྐྱོད་ཀྱི་མར་ལམ་རྒྱལ་བྱེད་དུ་ཕེབས། འབྲུ་བའི་སྟེན་གཞི་ཞིག་བྱུང་བར་མཁའ་འགྲོ་མ་ཧུས་རྒྱན་ཅན་གྱིས་ལུང་བསྟན་ཏེ་ལེགས་པར་དྲངས། སྙེ་མོ་སྐུ་ཞང་ཆོས་རྗེར་འཆི་བདག་འཇོམས་པའི་དབང་ཞིག་ཀྱང་ཞུ་བ་གནང་ཞེས་བྱུང་ལ།

༡ དེ་ལ་རྒྱལ་བྱེད་ཀྱི་གདན་རབས་ནི། མཁས་བཙུན་ཉིད། འཇམ་དབྱངས་དགེ་ལེགས་རྣམ་རྒྱལ། གྲུབ་ཆེན་ཞང་ལྷ། ཞབས་དྲུང་ཆོས་རྗེ། དེ་ནས་མཁན་ས་ཆེར་མེད། ཕྱིས་སྟག་རྒྱ་གྲགས་པ་དགེ་བསྙེན། སྟེང་མོ་ཆོས་དབང་རྒྱ་མཚོ། བློ་བཟང་ཆོས་འཕེལ། ད་ལྟ་བྱ་སྒོ་ཆོས་མཛད་བློ་བཟང་དབང་ཕྱུག །གཞིས་དགོན་རྒྱན་སྨད་དང་མཐུན། ཨང་དང་གྲྭ་གྲངས་བརྒྱ་དང་སུམ་ཅུ་སོ་དགུ་སྐོར།

༢ ལྷ་རིའི་གདན་རབས་ནི། བར་དུ་གཉེར་པ་ལས་མཁན་པོ་མེད་ཅིང་། ཕྱིས་སྨན་རི་བློ་བཟང་དགེ་འདུན། གུང་མ་བརྩོན་འགྲུས་རྣམ་རྒྱལ། དེང་སང་རྒྱལ་བྱེད་སློབ་དཔོན་སུ་བསྐོས་ཀྱིས་ཆོག་དཔོན་སྐབས་སོ། །འདོན་མཆོད་ཏ་ལམ་གོང་འདྲ། ཨང་གསུམ་གྲྭ་བཙུན་ཉི་ཤུ་རྩ་གཉིས་སྐོར།

༣ ཉུག་མོ་ལུང་བྱམས་ཚལ་གྱི་གདན་ས་གཡུང་པ་ཨ་ལ་སྐྱིད་སྒྲུག །ཆོས་རྗེ་རྒྱ་འབལ་བ། ལུང་ནང་རྒྱལ་མཚན་བསོད་ནམས། ལུང་ནང་དཀོན་ཅོག་རྒྱལ་མཚན། སྐང་བུ་བ་སངས་རྒྱས་བཀྲ་ཤིས། སྡིང་མོ་བ་དགེ་འདུན་དར་རྒྱས། གཞུ་པ་དཀའ་ཆེན་རྡོར་ལེགས། ད་ལྷ་སྒོང་ཕུ་བ་ལྷ་དབང་རྒྱལ་མཚན། གཞིས་དགོན་རྒྱལ་བྱེད་དང་འདོན་ཆོས་འདྲ་བ་སེར་ཁྲིམ་ཨང་གསུམ་གྱི་བཙུན་བཅུ་གསུམ་སྐོར།

༤ སྡིང་དུར་ཐོག་མར་རྗེ་ལམ་པ་བསླུ་(༧༨༦ན)མེད་ནས། རིན་ཆེན་གྲགས་པ། ཆར་སྒྲུག་རྗེ་ཡོན་ཏན་པ། སྡིང་མོ་བ་བཀྲ་ཤིས་རྒྱལ་མཚན། སྤུས་འོག་ཆོས་དར་རྒྱས། སྡིང་མོ་བ་དགེ་འདུན་དར་རྒྱས། གཞུ་པ་དཀའ་ཆེན་རྡོར་ལེགས། ད་ལྷ་སྐང་ཕུ་བ་ལྷ་དབང་རྒྱལ་མཚན། གཞིས་དགོན་གོང་མ་དང་འདྲ་བ། སེར་ཁྲིམ་ཨང་གསུམ་གྱི་བཙུན་ཉི་ཤུ་སྐོར།

༥ རྒྱས་སྡིང་གདན་ས་ཚིབས་སྐ་ཀུན་དགའ་བརྩོན་འགྲུས། འོད་སྣང་པ་ལེགས་པ་དོན་གྲུབ། སྐྱ་རིང་སངས་རྒྱས་རྒྱ་མཚོ། གླིང་འོག་པ་བློ་བཟང་དཔལ་འབྱོར། ད་ལྷ་ཆོག་དཔོན་སོགས་རྒྱལ་བྱེད་སློབ་དཔོན་སུ་རིགས། འདོན་མཆོད་རྒྱལ་བྱེད་དང་འདྲ་བ། སེར་ཁྲིམ་ཨང་གསུམ་གྱི་བཙུན་བཅུ་དྲུག་སྐོར།

༦ གཙང་པོ་ལྷོ་ཁ་ཕྱོགས་གཡག་སྡེ་སོག་པོར་ཆོས་སྡེ་དགའ་ལྡན་ལྷུན་པོ་ནི། ཕྱག་ན་པདྨོ་བསོད་ནམས་རྒྱ་མཚོའི་སྡེའི་བཀའ་ལུང་ལྟར་འབྲོང་རྩེ་ལྷ་སྲུང་པའི་དཔོན་པོ་བློ་བཟང་རྣམ་རྒྱལ་བས་བཏབ། དེའི་བླ་རབས་ནི། ལྷ་བཙུན་བློ་ནམ་པ་དེ་དང་། ཐོན་པ་བཀྲ་ཤིས་རྒྱལ་མཚན། སོག་པོ་རྗེ་དྲུང་བློ་བཟང་བསྟན་འཛིན། གནས་སྙིང་པའི་ཞབས་དྲུང་བློ་བཟང་དཔལ་མགོན། བྱམས་ཚལ་བླ་མ་དཀོན་ཅོག་རྩེ་མོ། འོད་ཡུག་བྲག་དཀར་བླ་མ་འཕྲིན་ལས་ལྷུན་གྲུབ། དེ་རྗེས་བླ་མ་མེད་པར་གྲྭ་པ་མདོ་སྔགས། སངས་རྒྱས་རྒྱལ་མཚན། ད་ལྷ་སོག་པོ་པའི་མི་ངོ་བློ་བཟང་ལེགས་པ་རྒྱལ་མཚན། སྔགས་དགོན་བཀྲས་ལྷུན་སྔགས་པ་དང་ཉེ་བ། ཨང་གཉིས་གྲྭ་སློབ་བཞི་བཅུ་ཞེ་ལྔ་སྐོར།

༧ རྒྱ༵ལ་བྱེད་རི་ཁྲོ༵ད་དབུ༵ས་རྫི༵་ནི། བློ་བཟང་ཆོས་ཀྱི་རྒྱལ་མཚན་ནས་དགེ་སློང་བཞི་གྲྭ་ཞིག་ལ་ཕོགས་གནང་སྟེ་བཞག་པ་ལས་ཚུགས་ཤིང་། བླ་མ་མཆོད་པ་སོགས་སྤྱོང་བ་བསམ་གཏན་གྱི་རིམ་པ་ལ་བརྩོན་པར་བྱེད། ཨང་དང་གྲྭ་པ་བཅུ་གསུམ་སྐོར།

༨ གཞུ་ནུ༵ང་རབ་རྒྱ༵ས་གླི༵ང་(༡༨༤བ)ནི། བར་བཟུང་ཨེར་ཁས་སྦྱིན་བདག་བགྱིས་ཏེ་བཙུགས། རྒྱལ་བྱེད་ཚལ་མཁན་པོས་ཉེས་སྐྱོང་བྱེད་ཅིང་། གཞིས་དགོན་སྟག་ལུགས་འདོན་མཆོད་སོགས་ཆོས་འཁོར་ཡང་རྩེར་ཉེ། གྲྭ་རྒྱུན་འབྲས་སྤུངས་སུ་སྦོ་མང་པར་ཐོབ་པས་མཚོན་པའི་སེར་འབྲས་དགའ་གསུམ་ངེས་མེད། ཨང་གཉིས་གྲྭ་པ་བཞི་བཅུ་ཞེ་དགུ་སྐོར།

༩ བྲ༵ག་དཀ༵ར་དགོ༵ན་ནི། ཐོན་སྟེང་ང་བ་ཆོས་དབང་རྒྱ་མཚོས་བཏབ། ད་ལྟ་ཁམས་པ་དཀའ་བཅུ་ཆོས་མཛད། འདོན་མཆོད་སོགས་རྒྱལ་བྱེད་ཚལ་པ་དང་མཚུངས། ཨང་གཉིས་གྲྭ་པ་ཉི་ཤུ་རྩ་བདུན་སྐོར།

༡༠ གཞུ་བྱུ༵ང་གླི༵ང་ནི། ཐོག་མར་འཇམ་མགོན་ཆོས་ཀྱི་རྒྱལ་པོའི་དངོས་སློབ་བཀའ་བཞི་པས་བཏབ། བར་སྐབས་ཀྱི་བླ་རབས་མ་ངེས། ཕྱིས་ལྕང་ནང་པ་རྣམ་རྒྱལ་གྲགས། མཐོན་པ་སྨན་ཁྲི་པ། ལྕང་ནང་ཚུལ་ཁྲིམས་རྒྱལ་མཚན། ཐོན་པ་སངས་རྒྱས། གཞུ་པ་བློ་བཟང་ཀུན་དགའ། ད་ལྟ་དམག་ལམ་པ་བློ་བཟང་ཆོས་འཕེལ། ཆོས་སྤྱོད་དགེ་ལུགས་བྱིངས་འགྲེ། གྲྭ་རྒྱུན་ཆོས་འཁོར་ཡང་རྩེར་འགྲོ། ཨང་གཉིས་གྲྭ་པ་ཉི་ཤུ་སྐོར།

༡༡ གཞུ་ནང་ཀུ༵ན་ར༵་དགོ༵ན་ནི། རྫོག་ཕུང་ཆུབ་འབྱུང་གནས་ཀྱིས་བཏབ། རྫོ་བོ་སེ་བཙུན། འབྲོམ་སྟོན་པ། གཡུང་ཆོས་མགོན་སོགས་སྐྱེས་ཆེན་དམ་པ་མང་པོས་བཞུགས་པའི་གནས་ཡིན་ཀྱང་། ས་དཀར་སོགས་གྲུབ་མཐའ་འཕོ་འགྱུར་མངས་པས་བླ་རབས་སྔ་མ་རྣམས་མ་དགོས། རྗེ༵་བླ༵་མའི༵་ཆོས་སྲིད་གདུགས་དཀར་གྱིས་ཁྱབ་ནས་གཞུ་པ་འཕྲིན་ལས་རྒྱལ་མཚན་རྒྱས་བྱེད་དོན་གསལ། བློ་བཟང་ཀུན་དགའ། ད་ལྟ་ངག་དབང་དམ་ཆོས། འདོན་ཆོས་སྤྱོད་རྒྱལ་བྱེད་ཚལ་པ་དང་མཚུངས། གྲྭ

རྒྱན་ཕྱོགས་ལ་འགྲོ་སྤྱོལ་མེད། ཡང་གཉིས་གྱུ་པ་ཞེ་ལྔ་སྐོར།

༡༢ དྭ་བོ་རི་ནི། དང་ཐོག་ཀར་ལུགས། ཕྱིས་སྡེང་ང་ཆོས་དབང་རྒྱ་མཚོ། ཐོན་(༡༥༧ན)པ་ཚུལ་ཁྲིམས་བརྟན་པ། ད་ལྟ་ཕན་བདེ་རྒྱལ་མཚན། འདོན་ཆོས་སྤྱོད་སོགས་རྒྱལ་བྱེད་པ་དང་འདྲ། ཡང་གསུམ་གྱུ་རྒྱན་ཞེ་དགུ་སྐོར།

༡༣ གཡག་སྡེ་དགའ་ལྡན་དགེ་འཕེལ་ནི། སློ་བོ་སྟག་སྐྱ་བ་ནམ་མཁའ་རྡོ་རྗེས་བཙུགས། རི་ཁྲོད་པའི་འདོན་མཆོད་དགེ་ལུགས་བྱེད་མཚུངས། གྲྭ་རྒྱུན་བློ་གླིང་། སེ་ར་བྱེས། ཡང་དང་དགེ་སློང་བཅུ་སྐོར།

༡༤ རོང་བྱམས་གླིང་ངམ་བྱམས་ཆེན་ཆོས་སྡེ་ནི། རིན་སྤུངས་པ་ནོར་བུ་བཟང་པོ་དང་། འཇམ་མགོན་བཙོང་ཁ་པ་ཆེན་པོའི་དངོས་སློབ་སེམས་དཔའ་ཆེན་པོ་གཞོན་ནུ་རྒྱལ་མཆོག་གིས་རབ་བྱུང་དྲུག་པའི་མེ་ལུག་ལ་བཏབ། ཀུན་དགའ་བཀྲ་ཤིས་དཔལ་བཟང་པོས་སེམས་དཔའ་ཆེན་པོའི་ལུང་བསྟན་ལྟར་བྱམས་པའི་སྐུ་གཟུགས་ཁྲུ་དོན་ལྔ་པ་སྟེ་རྒྱབ་མཐོ་བརྒྱ་ཞེ་ལྔ་པ་དང་། འདུ་ཁང་ཀ་བ་བརྒྱད་ཅུའི་ས་བཞེངས། རྒྱ་གར་གྱི་པཎ་ཆེན་ནགས་ཀྱི་རིན་ཆེན་པས་མེ་ཏོག་གཏོར་བར་དེབ་ཐེར་དཔྱིད་ཀྱི་རྒྱལ་མོའི་སྨྲ་དབྱངས་སུ་བཤད་ཅིང་། སྤྱིར་གྲྭ་ཚང་བདུན་བྱུང་བ་ལ། ས་ལུགས་གྲྭ་ཚང་སྡེ་རྒྱས། དཔལ་འཁོར་སྐང་། ཤར་ཆེན་པ། ལྷམ་ར་སྡེངས་རྣམས་ཏེ་བཞི་ལས། ཕྱིས་སྡེ་མ་གཉིས་གཅིག་དང་། ཕྱི་མ་གཉིས་གཅིག་ཏུ་འགྲིལ་ཏེ་གཉིས་ཡོད། བོ་དོང་པའི་གྲྭ་ཚང་ནོར་བུ་གླིང་དང་། ཆེན་ཁང་པ་གཉིས དགེ་ལུགས་པ་བདེ་བ་ཅན་པ་བཅས་བྱུང་སྟེ། སོ་སོར་རང་ལུགས་ཀྱི་སློབ་དཔོན་པ་རེ་བསྐོ་བཞག་དང་། དེ་དག་ཐམས་ཅད་ལ་སྤྱི་བླ་རེ་བྱུང་ཡང་དགེ་ལུགས་ཁ་གཙང་མིན་པས་འདིར་འཆད་མ་དགོས་ལ། སྐབས་དོན་བདེ་བ་ཅན་པའི་བླ་རབས་ནི། ཆོས་རྗེ་སྐྱབས་མཆོག་དཔལ་བཟང་། ཐོན་པ་བློ་གྲོས་རྒྱལ་མཚན། སེ་ར་རྗེ་བཙུན་པ། ཧ་ནག་རི་མཁར་བ། མདོག་ཆོས་པ། གཡག་སྡེ་གྱི་ཝུག་པ། བྲག་དཀར་བླ་མ། རྗེ་བླ་མའི་ཆོས་སྲིད་གདུགས་དཀར་(༡༥༧བ)གྱིས་ཁྱབ་ནས་བདེ་ཤར་ནོར་གླིང་

པ་སོགས་འདུལ་ཁྲིམས་འཛོལ་ཉོག་ཏུ་སྤྱོད་པའི་རྣམ་དག་ཞིག་མེད་འདུག་པ་དང་བཅས་གོང་གསལ་ཁག་ཚང་མ་འཛམ་མགོན་བཙོང་ཁ་པ་ཆེན་པོའི་རིང་ལུགས་སུ་བསྒྱུར་ཏེ་གྲྭ་ཚང་གསར་བཙུགས་ཀྱི་ཐོག་སྦྱི་བླའམ་མཁན་པོར་ལྷ་ས་ལྷུགས་གྲོང་བློ་བཟང་ཆོས་གྲགས་བསྐོ་བཞག་ངོས། འཆད་ཉན་དང་བསྒྲིགས་ཀུན་སྤྱོད་སྐལ་ལྡན་དང་བ་འདྲེན་པའི་མིག་རྐྱེན་དུ་འགྱུར་བའི་སྒྲོལ་བརྗོད། དེ་རྗེས་རྒྱ་མ་བ་བསོད་ནམས་ཆོས་འཕྲོར། པ་རི་མདོ་སྡེ་རྒྱ་མཚོ། དོགས་སྡེ་བློ་བཟང་རྒྱལ་བ། ཀོང་པོ་བློ་བཟང་དོན་གྲུབ། ཟངས་མཁར་རིན་ཆེན་ཆོས་བཟང་། ཏུ་ལ་བློ་བཟང་ཆོས་སྐྱོང་། ད་ལྟ་སེ་ར་སྨད་ལེགས་གྲུབ་ཀྱིས་རྗེ་བླ་མའི་བཀའ་རྫོམ་དབུ་ཕར་འདུལ་མཛོད་གསུམ་དང་པཎ་ཆེན་བསོད་གྲགས་པའི་འདུལ་བར་འཆད་ཉན་དུ་གནས། ཡང་དང་གྲྭ་གྲངས་ཉིས་བརྒྱ་དང་བཞི་བཅུ་ཞེ་བརྒྱད་སྐོར།

༧༨ རོང་གི་ལྷུན་བུ་སོ་ཆོས་སྡེ་ནི། མཁས་གྲུབ་རྗེའི་གཅུང་པོ་ཆོས་ཀྱི་རྒྱལ་མཚན་གྱིས་སྐྱབ་པ་མཛད་པ་ལས་ཆོས་སྡེ་ཆགས། དེ་རྗེས་འབྲོང་རྩེ་བློ་གྲོས་ཆོས་སྐྱོང་། བ་སོ་ཆོས་ཀྱི་རྒྱལ་མཚན། དགེ་འདུན་གཞོན་ནུ། མཁས་གྲུབ་གྲགས་པ་བསམ་གྲུབ། སེ་ར་རྗེ་བཙུན་པ་ཆོས་ཀྱི་རྒྱལ་མཚན། མཁས་གྲུབ་སངས་རྒྱས་ཡེ་ཤེས། དེ་རྗེས་ཐོབ་རྒྱལ་ནས་གཛྷ་པའི་ཁྲི་གདན་ས་བས་ཁ་འཛིན་བྱས། དེ་ནས་པཎ་ཆེན་ཐམས་ཅད་མཁྱེན་པས་ཞལ་འཛིན་གནང་ཐོག་ནས་ཀྱི་པ་རྗེ་དྲུང་དགེ་བཤེས་རྒྱ་མཚོ། བཀྲས་ལྷུན་ཐུགས་གྲྭའི་སློབ་དཔོན་མགོན་པོ་རྒྱལ་མཚན་ནམ་ཤེས་རིན་པ། དེ་རྗེས་ཐུགས་གྲྭ་སློབ་དཔོན་དཀོན་ཅོག་རྒྱལ་མཚན། དེ་རྗེས་ཁྲི་གདན་ས་པ་རྣམས་ཀྱང་དགེ་ལུགས་སུ་བསྒྱུར་ནས་ཐོབ་རྒྱལ་དགའ་ལྡན་རབ་རྒྱས་གླིང་དུ་མིང་འདོགས་དང་པཎ་ཆེན་ཐམས་ཅད་མཁྱེན་པས་ཞལ་འཛིན་ངོས་སློབ་དཔོན་གཅིས་ལགས་(༧༨༨ན)བསྐོས་ཀར་བཙུན་རྣམས་བློ་ཁ་བསྒྱུར་ཕྱིར་ལྷུན་བ་སོ་དང་ཟུང་སྦྲེལ་གནང་། དེ་རྗེས་ཧ་ནག་བློ་བཟང་བསྟན་འཛིན། ཧ་ནག་བློ་བཟང་མགོན་པོ། སྲིད་པ་བསྟན་པ་དར་རྒྱས། འཁྲིག་པ་བཟོད་པ་རྒྱལ་མཚན། ད་ལྟ་ཉང་སྟོད་ནོར་

བུ་རྒྱལ་མཚན་གྱི་སྐབས། བཀྲ་ཤིས་ལྷུན་པོ་ནས་ཚོས་བར་བཏེག་པའི་བསྐྱེད་རྫོགས་སོགས་ཀྱི་འཆད་ཉན་བྱེད་ལུགས་དགའ་ལྡན་རབ་རྒྱས་གླིང་གི་སྐབས་སུ་བརྗོད་པ་ལྟར་རོ། །ཨང་གཉིས་གྲྭ་སློབ་བརྒྱད་ཅུ་སྐོར།

༡༦ ལྷ་སྒྲུབ་ཀྱི་དྲེན་ཙ་ཚོས་སྡེ་ནི་ཐོག་མར་འདེབས་པ་པོ་མཁས་གྲུབ་རྗེའི་སྤྲུལ་སྐུར་གྲགས་པ། ལྷ་སྒྲུབ་ཀྱི་ཕུ་དྲེན་ཙར་མདོང་གི་བརྒྱུད་གསང་སྔགས་རྙིང་མའི་བླ་མ་རྣལ་འབྱོར་དབང་ཕྱུག་ཚེའི་རིགས་འཛིན་གྱི་སྐུ་ཚ་ཉིད་དུ་འཁྲུངས་ རྗེ་བསྟན་བསོད་ནམས་རིན་ཆེན་ལས་རབ་ཏུ་བྱུང་ཞིང་མཚན་བསོད་ནམས་ཕྱོགས་ཀྱི་གླང་པོར་གསོལ། བ་སོ་ཚོས་ཀྱི་རྒྱལ་མཚན་དང་། སེམས་དཔའ་ཆེན་པོ་བློ་གྲོས་སྦས་པ་སོགས་བསྟེན། དངོས་སློབས་རིག་པའི་དབང་ཕྱུག་ཏུ་གྱུར་པས་གསང་ཕུ་ལ་སོགས་པར་གྲྭ་སྐོར་མཛད། ཉན་བཤད་ཀྱིས་བསྟན་པ་འཕེལ། ཐུབ་དབང་གི་སྣང་བརྙན་ལི་མ་ཞིག་ཡོད་པ་དེས་ལུང་བསྟན་པ་བཞིན་དྲེན་ཙ་ཕུར་ཚོས་འཁོར་དབུས་སྡིང་གི་དགོན་པ་འདི་བཏབ་པ་ཡིན་ལ། དེའི་གདན་ས་ལྷ་བུ་ལྷ་གཟིངས་པ། བླ་མ་སྐྱབས་མཆོག་དཔལ་བཟང་། རྗེ་བློ་བཟང་དོན་གྲུབ། མཁས་གྲུབ་སངས་རྒྱས་ཡེ་ཤེས། པཎ་ཆེན་བློ་བཟང་ཚོས་ཀྱི་རྒྱལ་མཚན། ལྷ་སྒྲུབ་པ་སངས་རྒྱས་ཡེ་ཤེས་ཀྱི་སྤྲུལ་སྐུ་བློ་བཟང་རྒྱ་མཚོ། སླར་ཡང་པཎ་ཆེན་བློ་བཟང་ཚོས་ཀྱི་རྒྱལ་མཚན་གྱིས་གདན་ས་བསྐྱངས་ཤིང་། ད་ལྟ་སྤྲུལ་པའི་སྐུ་བློ་བཟང་ཡེ་ཤེས་ཀྱིས་ཞལ་འཛིན་གནང་བཞིན་པ་དང་། གཞིས་དགོན་སྒྲུབ་སྡེ་ལུགས། ལམ་རིམ་དང་བདེ་མཆོག་འཇིགས་བྱེད་སོགས་ཀྱི་ཚོ་ག་གཏོང་(༡༨༨བ)ཕྱོགས་ཀྱི་གྲྭ་ས་དུ་མ་ནས་འདུས་པའི་རིབྲོད་ལྷ་བུ་ཡིན་གཤིས་གྲྭ་རྒྱུན་ལ་ངེས་པ་མེད། ཨང་དང་གྲྭ་གྲངས་ཉིས་བརྒྱ་སྐོར།

༡༧ གཙང་པོ་བྱང་ཁར་ཤངས་མདོ་རི་བོ་དགེ་འཕེལ་ནི། ཤངས་པ་རྗེས་རབ་དཔལ་བཟང་གིས་གཞུང་ལུགས་མང་པོར་མཁས་པར་སྦྱངས་པས་ཤངས་པ་ཀུན་མཁྱེན་པར་གྲགས། ཉུག་ཏུ་ཚོས་སྡེ་བཏབ་ནས། ཐུགས་དམ་མཛད་ཀྱང་ཁྱིམ་པ་དང་འདབ་ཉེ་བའི་བཞེད་པ་བཞིན་མ་བྱུང་བས་དགོན་གནས་གཞན་འཚོལ་བའི་

དགོངས་གཏད་ཀྱིས་བྱོན་པ་ན། མི་དཀར་རྗ་དཀར་ཅན་ཞིག་དང་མཇལ། དེས་ཁྱེད་གར་འགྲོན་པ་ཡིན་ཞེས་འདྲི་བར་དགོན་པ་ཞིག་འཚོལ་དུ་འདོང་ངོ་གསུངས་པས། འོ་ན་མྱུར་དུ་བྱོན་ཞིག་དང་། ཤངས་མདོའི་རི་སྣང་པོ་ཆེ་ཆུ་འཕྲང་འདྲ་བ་ཡ་གའི་ངོས་སུ་འཕགས་པའི་གནས་བརྟན་བཅུ་དྲུག་གསོ་སྦྱོང་ལ་ཐེབས་ནས་གདའ་འོ་ཞུས་པས། དེར་མྱུར་བར་བྱོན་པ་ན་གནས་བརྟན་བཅུ་དྲུག་ཞལ་མཇལ་ཞིང་ཆོས་སྒོ་འདི་བཏབ་པ་ཡིན་ལ་གནས་འདིར་ཐམས་ཅད་མཁྱེན་པ་དགེ་འདུན་གྲུབ་ཀྱིས་བླ་བ་གཅིག་སྐུ་མཚམས་མཛད་པས་མནལ་ལམ་དུ་རྒྱལ་བ་བཙོང་ཁ་པ་ཆེན་པོ་དང་མཇལ་ཏེ་བཀྲ་ཤིས་ལྷུན་པོའི་དགོན་པ་འདེབས་བའི་ལུང་བསྟན་གསལ་བར་བྱུང་། གདན་སར་ཏུག་པ་བྱང་སེམས་ཚུལ་ཁྲིམས་དཔལ་བཟང་། འཕགས་མཆོག་ཚུལ་ཁྲིམས་རིན་ཆེན། སྟག་ལོ་ཤེས་རབ་རིན་ཆེན། ཆོས་རྗེ་རིན་ཆེན་བཤེས་གཉེན། རྗེ་སངས་རྒྱས་རྒྱ་མཚོ། མཁས་གྲུབ་གྲགས་པ་བསམ་གྲུབ། འཇམ་དབྱངས་པ་ལེགས་པའི་རྡོ་གྲོས། རྗེ་ཐུབ་བསྟན་རྣམ་རྒྱལ། ཐོན་པ་བློ་གྲོས་རྒྱ་མཚོ། པཎ་ཆེན་ཕྱོགས་ལས་རྣམ་རྒྱལ། ཆོས་རྗེ་སངས་རྒྱས་དཔལ་བཟང་། ལྗོག་ཆོས་པ་བློ་གྲོས་རྣམ་རྒྱལ། ཆོས་རྗེ་སངས་རྒྱས་ཡེ་ཤེས། རྗེ་ཆོས་དཔལ་རྒྱ་མཚོ། གནས་སྙིང་འཇམ་དབྱངས་པ། པཎ་ཆེན་ཐམས་ཅད་(༡༥༩ན)མཁྱེན་པ་བློ་བཟང་ཆོས་ཀྱི་རྒྱལ་མཚན། མངའ་རིས་སྨན་བླ་བ། གནས་སྙིང་དག་དབང་ཕྱོགས་རྣམ་པ། གྲམ་པ་ཚེ་བརྟན་རྒྱལ་མཚན། སྟོད་ལུང་དོན་གྲུབ་རྒྱ་མཚོ། འཕྱོང་རྒྱས་དཔལ་ལྡན་རྒྱ་མཚོ། དར་མདོ་ངག་དབང་ལྷུན་གྲུབ། འགའ་ཤིང་བློ་བཟང་རིན་ཆེན། ད་ལྷ་སྟོད་ལུང་བློ་བཟང་བདེ་ཆེན་པའི་སྐབས། རི་བོ་དགེ་འཕེལ་ལ་གྲྭ་ཚང་གསུམ་ཡོད་པའི་ཚུལ་ཁྲིམས་སྐྱང་པའི་བླ་མ་ཐོག་མ་རིན་ཆེན་བཤེས་གཉེན། ཚུལ་ཁྲིམས་དཔལ་བཟང་། གཡང་རབ་འབྱམས་པ། སངས་རྒྱས་རྒྱ་མཚོ། བཀྲ་ཤིས་རྒྱ་མཚོ། ཕན་བདེ་རྒྱལ་མཚན། ད་ལྷ་བློ་བཟང་ཚེ་དབང་། གཉིས་པ་བདེ་ཡངས་པའི་སློབ་དཔོན་མཁས་གྲུབ་རིན་ཆེན་བཤེས་གཉེན། དགྲ་འདུལ་བ། སྟག་སྣ་བྱམས་པ། མདོ་བརྗོད་པ། རྒྱལ་འབྱུང་

བ། སངས་རྒྱམ། སྐྱབས་མཆོག་དཔལ་བཟང་། ད་ལྟ་ཚུལ་ཁྲིམས་ཁང་དང་ཉིས་ཚོགས་གོང་སློས་ལྟར། གསུམ་པ་ནོར་སྐྱེང་པའི་སློབ་དཔོན་འཕྲིན་ལས་རྒྱ་མཚོ། བློ་གྲོས་མཆོག་ལྡན། སངས་རྒྱས་རྒྱ་མཚོ། མཆོག་རྒྱམ་པ། བསྟན་པ་ཡར་འཕེལ། རྒྱལ་མཚན་གྲགས་པ། སངས་རྒྱས་དོན་གྲུབ་རྣམས་རིམ་པར་བྱུང་། གཞིས་དགོན་བཀྲས་ལྷུན་ཐུགས་པ་ལུགས། སློབ་གཉེར་གྲྭ་རྒྱུན་ཚུལ་ཁྲིམས་ཁང་པ་རྣམས་ཐོས་བསམ་གླིང་དང་གཞན་གཉིས་ཤར་རྩེར་འགྲོ། ཨང་དང་གྲྭ་གྲངས་བརྒྱ་དང་ལྔ་བཅུ་ང་བརྒྱད་སྐོར།

༡༨ ཤངས་འབྲུས་སྦུངས་ནི་གྲུབ་ཆེན་བཟང་པོ་རྒྱལ་མཚན་པས་བཏབ་ཀྱང་བར་སྐབས་སུ་བླ་མ་མ་བྱུང་བ་འདྲ་ཞིང་། རིང་མོ་ཞིག་ནས་དཀྱིལ་ཁང་པ་ནོར་བཟང་རྒྱ་མཚོ། རྟ་ནག་ཆོས་རྒྱ་མཚོ། མདའ་པ་དབུ་མཛད། ཀུ་གེ་འཇམ་དབྱངས་རྒྱལ་མཚན། ལ་དྭགས་བརྩོན་འགྲུས་རྒྱལ་མཚན། ནུབ་ར་ཆོས་དཔལ་རྒྱལ་མཚན། རྟ་ནག་བློ་མགོན། མགོན་པོ་(༡༨༩༦)དཔལ་བཟང་། ད་ལྟ་ཟངས་མཁར་བློ་བཟང་བཀྲ་ཤིས་བཅས་དཀྱིལ་ཁང་པས་ཉིས་ཚོགས་བྱེད། གཞིས་དགོན་ཐུགས་གྲྭ་མི་འབྲུགས་སྨན་བླ་སོགས་གཏོང་། གྲྭ་རྒྱུན་བཀྲ་ཤིས་ལྷུན་པོར་འགྲོ། ཨང་གསུམ་གྲྭ་བཅུན་ཉི་ཤུ་སྐོར།

༡༩ ཤངས་སྤྱིར་ཐོག་ནི། ཆོས་རྗེ་རིན་ཆེན་བཤེས་གཉེན་པས་བཏབ། དེ་ནས་གདན་སར་རིམ་པ་བཞིན་འཇིགས་མེད་ངག་དབང་གྲགས་པ། འདུལ་འཛིན་ངག་དབང་གྲགས་པ། ལེགས་པའི་བློ་གྲོས། མཆོག་ལེགས་རྣམ་རྒྱལ་བ། འདིས་སྟོན་རྒྱལ་བ་བྱམས་པ་བྲམ་ཟེ་སྐྱེ་བ་བདུན་པར་གྱུར་པའི་དབུ་ཐོད་སྣང་འཕྲུན་མར་གྲགས་པ་དེ་ཐམས་ཅད་མཁྱེན་པ་བསོད་ནམས་རྒྱ་མཚོར་ཕུལ། དེ་ནས་བློ་བཟང་རྒྱལ་འབྱུང་། བློ་བཟང་བསྟན་སྒྲོན། བྱམས་པ་རྒྱལ་མཚན། བློ་བཟང་ལྷ་རྒྱས། བསྟན་པ་རྒྱལ་མཚན། མངའ་རིས་ངག་དབང་ལྷུན་གྲུབ། ད་ལྟ་ཕུན་གླིང་ངག་དབང་རིན་ཆེན་པའི་སྐབས་སོ། །གཞིས་དགོན་ཐུགས་ལུགས་སློབ་གཉེར་དགའ་ལྡན་ཆོས་འཁོར་

ཏུ་འགྲོ། ཨང་གཉིས་གྲྭ་གྲངས་བདུན་ཅུ་དོན་གཅིག་སྐོར།

༢༠ བ་ཤེལ་ནི། ཆོས་རྗེ་བཤེས་གཉེན་རིན་ཆེན་པས་བཏབ་ཚུལ་སྣང་ཡང་། ཤངས་པ་མཆོག་ལེགས་རྣམ་རྒྱལ་པས་བཏབ། དེ་ནས་བྱང་སྟོན་དགེ་འདུན་མགོན་པོ། ཆོས་ཀྱི་དབང་ཕྱུག །བྱམས་པ་རྒྱལ་མཚན། ལྷ་དབང་རྒྱལ་མཚན། ཀུན་དགའ་བཟང་པོ། འདི་ནས་གྲྭ་ཚང་ཆེན་མོ་དང་མ་བུ་གཅིག་ཏུ་འབྲེལ་བའི་དེང་སང་དགའ་ལྡན་ཆོས་འཁོར་གྱི་དགོན་ལག་གྲས་བླ་མ་ན་རིམ་གྱིས་སྐྱོང་བ་དེར་སློས་ལྟར་རོ། །གཞིས་དགོན་སྟགས་རྒྱུད་སྨད་དང་ཉེ་བ། སློབ་གཉེར་དགའ་ལྡན་ཆོས་འཁོར། ཨང་གཉིས་གྲྭ་སློབ་སུམ་ཅུ་སོ་གསུམ་སྐོར།

༢༡ ཤངས་ཡོལ་དཀར་ནི་དང་པོར་ཞང་ཚལ་པས་བཏབ། ཡུན་རིང་པོ་སོང་བ་ན་གུད་པ་དང་། ལྷོ་ཆོས་པ་བློ་གྲོས་རྣམ་རྒྱལ་གྱིས་སྟགས་དགོན(༧༨༠ན)ཞིག་གི་ཤུལ་དུ་ཕྱིས་སྤྱོས་ཏེ་བཤད་སྒྲུབ་དར་རྒྱས་གླིང་དུ་བཏགས་དགེ་ལུགས་པར་འགྱུར། དེ་ནས་བཀྲ་ཤིས་ལྷུན་པོ་དམ་ཆོས་པ། ལྷོ་པ་དགེ་འདུན་འོད་ཟེར། དུལ་པ་སྐྱབས་མཆོག །བྱམས་པ་རྒྱ་མཚོ། སྣར་ཐང་བློ་བཟང་པདྨ། དེང་སྐབས་བཀྲ་ཤིས་ལྷུན་པོ་རྒྱལ་མཚན་མཐོན་པོ་ནས་མཆོག་སྤྲུལ་བློ་བཟང་ཡེ་ཤེས་ཀྱིས་སྐྱོང་། ཞང་ལུགས་ཀྱི་བདེ་མཆོག་དང་ཆོས་སྐྱོང་ཕྱག་བཞི་པ། གྲྭ་རྒྱུན་བཀྲ་ཤིས་ལྷུན་པོར་འགྲོ། ཨང་གསུམ་གྲྭ་བཙུན་ཉི་ཤུ་རྩ་ལྔ་སྐོར།

༢༢ ཤངས་ཀྱི་གྲྭ་ཚང་ཆེན་མོ་ནི། ཐོག་མར་ཚུམས་བདེ་ཆེན་གྱི་བླ་མ་ཀུན་དགའ་སྨོན་ལམ་པས་བཏབ། དེའི་རྗེས་འཛམ་མགོན་ཆོས་ཀྱི་རྒྱལ་པོའི་དངོས་སློབ་མཁྱེན་རབ་གྲགས་བཟང་པས་དར་རྒྱས་སུ་མཛད་དེ། ས་དགེ་གཉིས་ཀ་འདུ་བ་བྱུང་། སླར་ས་ལུགས་ཉག་གཅིག་ཏུ་འགྱུར་ཞིང་། དེ་ཡང་ཁག་གཉིས་སུ་སོང་སྟེ་གཅིག་ཤངས་དང་། གཅིག་འཛད་དུ་ཡོད། བྱང་ཁའི་གྲྭ་ཚང་ཆེན་མོར་གྲགས་པའི་བར་སྐབས་ཀྱི་བླ་རབས་མ་དགོས། ཆུ་རྟ་ལུག་གཉིས་ཀྱི་ནང་ཙམ་ལ་ལྷ་ཕུ་བ་ཀུན་དགའ་བཟང་པོས་གྲྭ་ཚང་ཆེན་མོ་འདི་སྐྱོང་ཞིང་། གནས་སྐབས་ཉག་ཕྲ་བའི་དུས་

གསུང་རབ་གླིང་པས་རི་ལ་སྤྱི་བོས་བརྡུང་བའི་ངང་ཚུལ་ལྟར་སྐྱར་ལངས་བྱེད་རྗོད་མ་མཁས་པར་བརྟེན། གསུང་གླིང་པའི་ཀར་བཙུན་རྣམས་གྲྭ་ཚང་ཆེན་མོར་ཕྱོགས། གསུང་གླིང་དགོན་པར་གྲྭ་ཚང་ཆེན་མོའི་གྲྭ་པས་སོན་ལྟ་བུ་བྱས་པའི་རྗེ་བླ་མ་འདི་ཉིད་ཀྱིས་གསར་བསྐྲུན་གནང་བ་གཤམ་དུ་འཆད་དོ། །

༢༣ གཙང་པོ་ལྷོ་ཁའི་གྲྭ་ཚང་ཆེན་མོར་གྲགས་པ་ཉང་སྨད་བཀྲ་ཤིས་ལྷུན་པོ་ནི། ར་སྒྲེང་རྒྱལ་བའི་དབེན་གནས་ཀྱི་ཤུག་པའི་ཤུན་གྲངས་དང་མཐུན་པར་མ་འོངས་སྙིགས་མའི་དུས་སུ་སྲིད་གསུམ་འགྲོ་བ་ཀུན་གྱི་མ་འདྲིས་པའི་མཛའ་བཤེས་དུར་ཁྲིག་གར་གྱི་རོལ་པ་ཟམ་མི་ཆད་པར་བདུན་ཕེབས་པའི་དང་(༧༩༠བ)པོ་བལ་ཡུལ་དུ་པཎྜི་ཏ་པདྨ་བཛྲ་གྱི་ཡང་སྲིད་དེ་མ་ཁད་པཎ་ཆེན་དགེ་འདུན་གྲུབ་ནི། སློགས་བམ་རིན་པོ་ཆེའི་མ་འོངས་ལུང་བསྟན་དུ། ཆོས་དགེ་བ་བཅུ་ཡིས་ཁྱད་འཕགས་པ། །གླིང་ཕུན་སུམ་ཚོགས་པ་ཛམ་བུའི་གླིང་། །སྐོས་ཉང་ཤབ་ས་ཡི་ལྟེ་བ་ཡིན། །ས་དེ་ཡི་ཆ་ང་ན་ཁྱད་འཕགས་པ། །མཐོ་བཀྲ་ཤིས་བརྟན་པ་ལྷུན་པོའི་འདབས། །ནོར་པདྨ་རཱ་ག་ལྟ་བུར་འདུག །ཞེས་དགེ་འདུན་མཚན་སྒྲ་དང་བཀྲ་ཤིས་ལྷུན་པོ་ཞེས་གནས་དང་གང་ཟག་གཉིས་ཀ་ལུང་བསྟན་ལ། གཞན་ཡང་། རྩོད་དུས་དགུ་ཡི་མཐའ་མ་ལ། །བསོད་ནམས་མཆོག་གི་མཚན་ལྡན་པས། །བསྟན་པའི་མེ་རོ་གསོ་བར་བྱེད། །བཤད་ཚོགས་རྒྱ་མཚོ་ལྟ་བུ་ནའང་། །ཁྲིམས་ནི་ཅུང་ཟད་ལྷོད་པར་འགྱུར། །ཐིག་གཅིག་པ་དང་མཆེ་བ་ཅན། །ཁྲིམས་འཆལ་བྱོལ་སོང་སྐྱོང་བར་བྱེད། །ཅེས་པ་སྣར་ཐང་དང་། ཡང་འགའ་ཞིག་ཐམས་ཅད་མཁྱེན་པ་བསོད་ནམས་རྒྱ་མཚོ་དང་། ཐིག་གཅིག་པ་དང་མཆེ་བ་ཅན་ཞེས་ཕྱག་མཛོད་རྒྱ་སང་གི་སེང་གེ་ལ་སྦྱོར་བ་སོགས་མང་ཡང་པཎ་ཆེན་དགེ་འདུན་གྲུབ་དང་། པཎ་ཆེན་ཡེ་ཤེས་རྩེ་མོ་སོགས་བསོད་ནམས་ཀྱི་ཞིང་མཆོག་དགེ་འདུན་ཏེ་པཎ་ཆེན་དགེ་འདུན་གྲུབ་རང་དང་། ཉིད་ཀྱི་ཞལ་ནས་འདི་ནས་མཁན་ཐོག་ཁ་ཤས་འཆད་ཉན་སོགས་བཀའ་གདམས་ཀྱི་བསྟན་པ་དར་རྒྱས་འབྱུང་། མ་འོངས་པ་ན་ཧ་ཕྱུགས་སོགས་ཐིག་གཅིག་མཆེ་ཅན་མང་པོ་སྐྱོང་བར་

གསུངས་པ་སོགས་གནས་དང་གང་ཟག་མཐུན་པར་ཊཱི་སྐེད་ནས་ལུང་བསྟན་པ་ལྟར་དཔལ་ལྡན་ས་སྐྱའི་བྱ་འདབས་ཞག་དང་བན་རྙིང་གཉིས་ཀྱི་ས་མཚམས་གུང་རུ་རུ་བར་དེའི་རུས་དར་ཚེ་ལས་བྱུང་བ་མགོན་པོ་རྗོ་རྗེ་དང་། རྗོ་མོ་ནམ་སྐྱིད་གཉིས་ཀྱི་སྲས་སུ་རབ་བྱུང་བདུན་པའི་ལྕགས་མོ་ལུག་གི་ལོ་ལ་བལྟམས། མཚན་པདྨ་རྡོ་རྗེར་བཏགས། འབྲུངས་པའི་ནུབ་མོ་དགྲ་ཧག་བྱུང་བས་ཡབ་(༡༧༧ན)ཡུམ་གྱིས་རྗེ་གསེབ་ཏུ་སྦས། སང་ཉིན་ལྷ་བར་ཕྱིན་པ་ན་བྱ་རོག་གཅིག་གིས་དངོས་སུ་བསྲུང་བ་མཐོང་བ་རྗེས་སུ་དཔལ་མགོན་ཞལ་ཡིན་པར་གྲགས།

དགུང་ལོ་བདུན་པའི་སྐབས་སྣར་ཐང་མཁན་ཆེན་གྲུབ་པ་ཤེས་རབ་པར་དགེ་བསྙེན་གྱི་སྡོམ་པ་བཞེས། རྒྱ་སྟོན་ཙནྡྲ་པ་ལ་རྒྱ་བོད་ཀྱི་ཡིག་རིགས་མཐའ་དག་གསན་ཅིང་བྱང་ཆུབ་པར་མཛད། དགུང་ལོ་བཅོ་ལྔ་པ་ཤིང་མོ་བྱའི་ལོ་ཧོར་ཟླ་གསུམ་པའི་ཉེར་གཅིག་གི་ཉིན་དཔལ་ལྡན་སྣར་ཐང་གི་ཆོས་གྲྭ་ཆེན་པོར་སློབས་དུས་ཀྱི་ཐུབ་པ་ཆེན་པོ་གྲུབ་པ་ཤེས་རབ་པས་མཁན་པོ་དང་། བྱང་པའི་ཆེན་པོ་བློ་ལྡན་པས་སློབ་དཔོན་མཛད་དེ་ཚོགས་སྨ་མ་དགེ་ཚུལ་གྱི་སྡོམ་པ་ཡང་དག་པར་མནོས། མཚན་དགེ་འདུན་གྲུབ་པ་དཔལ་དུ་གསོལ་བར། བཟང་པོ་ཞེས་རང་ཉིད་ཀྱིས་འདོགས་པར་བཞད། པཎྜི་ཏ་ཆེན་པོ་སངྒྷ་ཤྲཱི་ལ་སྐན་ངག་མེ་ལོང་དང་། འཆི་མེད་མཛོད། སྒྲ་མཚམས་སྦྱོར་ལྔ་པ་སོགས་དང་། གདུམ་པོ་དཀར་པོའི་རྗེས་གནང་སོགས་ཆོས་བཀའ་དུ་མ་དང་ཨ་ཧྲ་ཡ་ཀིརྟའི་ཚད་མ། སྣར་ཐང་ཉེར་འཛིན་པ་ཀྱི་རྡོར་ལྷ་དགུ། གུར་མགོན། སྨན་རྒྱལ། གནས་བཅུ་སོགས་ཀྱི་རྗེས་གནང་གསན། གཞན་ཡང་ཕྱག་ཆེན་བསོད་ནམས་བློ་གྲོས་དང་། དཔོན་སྟོན་ཐུབ་པ་དཔལ་བཟང་། སྟོན་པ་དགེ་བ་དཔལ་རྣམས་བསྙེན་ཏེ་ཀློག་པ་ཐོས་བསམ་གྱི་སྒོ་ནས་བསྟན་པ་ལ་བྱ་བ་ཆེན་པོ་མཛད་དགུང་ལོ་ཉི་ཤུ་པ་ལྕགས་སྟག་ཟླ་བ་གཉིས་པའི་ཚེས་བཅུ་གཅིག་གི་ཉིན་ཚོགས་སྨ་མའི་མཁན་སློབ་གཉིས་ཀྱི་ཐོག་གདན་ས་པ་གྲགས་པ་ཤེས་རབ་པས་གསང་སྟོན་དང་། དང་པའི་དགེ་འདུན་གྲངས་ཚང་བའི་དབུས་སུ་ཡོངས་སུ་རྫོགས

པ་དགེ་སློང་གི་བསླབ་པ་བཞེས་ཏེ་འགྲོ་བ་ལྷ་དང་བཅས་པའི་ཡོན་གནས་གཅིག་ཏུ་གྱུར། དེ་ནས་དབུས་སུ་ཕྱིན། ཁྲ་འབྲུག་ཏུ་སེམས་དཔའ་ཆེན་པོ་ཀུན་(༡༩༡བ)བཟང་པ་དང་། ཐང་པོ་ཆེར་རོང་སྟོན་ཤཱཀྱ་རྒྱལ་མཚན་པའི་ཞབས་ལ་གཏུགས་ཕར་ཕྱིན་ཞུས། དེ་རྗེས་རྒྱལ་བ་བཙོང་ཁ་པ་ཆེན་པོ་མི་དབང་གྲགས་པ་རྒྱལ་མཚན་པས་བཀྲ་ཤིས་རྫོ་ཁར་སྤྱན་དྲངས་པའི་དྲུང་དུ་སེམས་དཔའ་ཀུན་བཟང་པ་དང་བསྟེབས་ནས་ཕྱིན། ཚད་མ་རྣམ་ངེས། དྲང་ངེས་རྣམ་འབྱེད་དང་། རྩ་ཤེ །བླ་མ་ལྔ་བཅུ་པ། རྩ་ལྟུང་རྣམ་བཤད་སོགས་ཆོས་མང་དུ་ཞུས། རྗེ་རིན་པོ་ཆེ་ཡང་ཐུགས་ཤིན་ཏུ་དགྱེས། འདུལ་བའི་བསླབ་ཁྲིམས་ཁྱད་པར་ཅན་སྤྱེལ་བ་སོགས་དེང་སང་གི་བསྟན་པའི་རྟེན་འབྲེལ་འགྲིག་ཕྱིར་མཐང་གོས་བཞེས་འཕྲོ་གནང་། རྗེའི་བཀའ་ལ་བརྟེན་ནས་ཐང་ཆེན་བླ་བྲང་པ་ཉི་མ་རྒྱལ་མཚན་དང་། གསང་ཕུ་བ་ཤེས་རབ་སེང་གེ་གཉིས་ལ་གསང་འདུས། འཇིགས་བྱེད། གཤེད་དམར་སོགས་སྔགས་དང་། ཚད་མས་མཚོན་མང་པོ་གསན་ཅིང་སྟོན་པ་བཟང་བའི་གྲགས་པ་ཆེན་པོ་བྱུང་།

སྟོན་ཆོས་ལ་རི་བོ་དགའ་ལྡན་དུ་ཐེབས། རྗེ་རིན་པོ་ཆེ་དང་རྒྱལ་ཚབ་དམ་པ་གཉིས་ལ་བྱང་ཆུབ་ལམ་རིམ་ཆེན་མོ། ཚད་མ། ཕར་ཕྱིན། མངོན་པ་ཀུན་བཏུས། དུས་འཁོར། བྱམས་ཆོས་ཀྱིས་གཙོས་ཟབ་རྒྱས་དམ་པའི་ཆོས་བཀའ་དཔག་ཏུ་མེད་པ་གསན། འདུལ་འཛིན་གྲགས་པ་རྒྱལ་མཚན་ལ་དྲང་ངེས་རྣམ་འབྱེད། གྲོ་ས་བ་དཔལ་ལྡན་རིན་ཆེན་དང་། རྒྱ་མཚོ་རིན་ཆེན་གཉིས་ལ་འདུལ་བ་ལུང་སྡེ་བཞིའི་ལུང་སོགས་ཆོས་དུ་མ་ཉན་པ་གནང་། གསང་ཕུ་གླིང་སྟོད་མཐོང་སྨོན་གྱི་གདན་ས་པོ་ཁ་ཡར་མཛད་མནལ་ལམ་དུ་ཐུབ་དབང་གི་མཛོད་སྤུ་ནས་ཟླ་བ་ཉ་གང་བ་ཞིག་ཤར་ཏེ་རང་ལ་ཐིམ་པ་སོགས་ཡ་མཚན་པ་བྱུང་། དགུང་ལོ་བཅུ་གཉིས་ཞུགས།

སྣར་གཙང་དུ་ཐེབས། སྣར་ཐང་བྱང་ཆེན། རི་ཁུད་སོགས་སུ་བཞུགས། དབུ་མ་འཇུག་པའི་རྣམ་བཤད་དགོངས་པ་རབ་གསལ་བརྩམས། གནས་སྙིང་དུ་མཁས་(༡༩༢ན)གྲུབ་རྗེ་ལ་ཆོས་འབྲེལ་ཙམ་དང་། རྒྱལ་ཚབ་དམ་པ་མཇལ་ཏེ་ཆོས་མང་པོ་

ཞུས། ལ་སྟོད་ཕྱོགས་སུ་ཕྱིན། ཆོས་སྡིངས་གཡུལ་རྒྱལ་བ་ཡོན་འབྱུང་ལ་དབྱངས་འཆར་སྐོར་གསན་ཅིང་ལེགས་པར་སྦྱངས། པོ་དོང་པཎ་ཆེན་ཕྱོགས་ལས་རྣམ་རྒྱལ་བ་དང་མཇལ། སྒྲོལ་མ་ཉེར་གཅིག །བཅུ་བདུན་མ། དཀར་སྔོ། དབྱངས་ཅན་མ་སོགས་ཆོས་དཔག་མེད་གསན། དྲི་བ་དུ་མ་མཛད་པར་ལན་ཕུལ་བས་ཤིན་ཏུ་མཉེས་ཏེ་ཐམས་ཅད་མཁྱེན་པ་ཞེས་པའི་མངའ་གསོལ་གནང་། ཚད་མ་རྣམ་འགྲེལ་གྱི་ཊཱིཀྐ་བརྩམས། ཤངས་པ་ཀུན་མཁྱེན་དང་གདན་ས་བ་ཆེན་པོ་ཚུལ་ཁྲིམས་དཔལ་བཟང་ལ་ཆོས་བཀའ་མང་པོ་གསན། རི་ཁུད་ཆོས་སྡེའི་གདན་ས་མཛད། རྗེ་བཙུན་བྱམས་མགོན་གྱི་སྐུ་བཞེངས། གཙུག་ལག་ཁང་ལ་རྫོ་བཅལ་བཏིང་། སློན་ལམ་བཙུགས། རྟ་ནག་ཆོས་རྗེ་ཨ་ནནྡ་པར་གདོང་བཞི་པའི་བཀའ་ལུང་གསན། སྟར་དཔལ་མགོན་དང་ལས་གཤིན་མི་མཐུན་པར་བྱེད་ཀྱང་ལ་སྟོད་ལམ་བར་འཁྲུག་འཛོམས་པ་བྱུང་ནུབ་མནལ་ལམ་དུ་དཔལ་མགོན་གྱིས་ངའི་གྲོགས་ལ་ཆོས་རྒྱལ་ཐང་གསུངས་པ་ནས་མཐུན་པར་གྱུར། རྟ་ནག་ཕུའི་བླ་མ་དོན་ཡོད་པ་ཞེས་མཚོན་ཤེས་མངའ་བའི་ལུང་བཞིན་སྒྲོལ་མ་བ་འཇམ་དབྱངས་བསམ་གྲུབ་རྡོ་རྗེར་ལྟུགས་རལ་ཅན་གྱི་རྗེས་གནང་དང་ཕུར་པ་གསན། ལྷ་མོ་དམག་ཟོར་མ་སྐྱེ་བ་མང་པོའི་ཆོས་སྐྱོང་ཡིན་པས་པོ་དོང་ཆོས་བཟང་པར་གསན་པའི་སྐན་གསན་མཛད་ནུབ་ཁོང་པར་སྤྱན་ལྟས་བཟང་བ་བྱུང་ཞིང་མན་ངག་སྒྲུབ་སྐོར་རྫོགས་པར་གནང་། དཔོན་སློན་ཐུབ་པ་དཔལ་ལ་མགོན་པོ་བཞི་སྦྲགས་དང་ཕྱག་དྲུག་པའི་སྐོར་གསན། བྱང་ཆེན་དུ་ཐེག་ཆེན་ཕོ་བྲང་བཏབ། ཚད་མའི་བསྟན་བཅོས་ཆེན་མོ་རིགས་པའི་རྒྱན་ཞེས་པ་ཐུགས་རྩོམ་གནང་།

རིམ་གྱིས་དབུས་ཕྱོགས་སུ་ཐེབས། ཕྱང་(༧༨༢བ)རྩེ་ཆོས་རྗེ་ནམ་མཁའ་དཔལ་བ་ལ་དུས་འཁོར་སོགས་ཆོས་ཤིན་ཏུ་མང་བ་གསན། གཞན་ཡང་ཟུར་ཁང་པ་བསོད་ནམས་ལྷུན་གྲུབ། སྤྱན་སྔ་རིན་ཆེན་འཕེལ། འཇམ་དབྱངས་རིན་ཆེན་རྒྱལ་མཚན་སོགས་ལ་ཆོས་དུ་མ་ཞུ་བ་མཛད། སྣར་གཙང་དུ་ཕྱིར་ཐེགས། སྣར་ཐང་དུ་འདུལ་

བའི་གླིང་འབུམ་དང་སོ་ཐར་གྱི་ཊཱི་ཀཱ་བརྩམས། རྗེ་བཙུན་སྒྲོལ་དཀར་གྱི་ཚེ་སྒྲུབ་མཛད་པས་ཞལ་མངོན་སུམ་དུ་གཟིགས། འཇིགས་བྱེད། ཕྱག་དྲུག་པ། དཔལ་མགོན་སོགས་ལྷ་དང་ཆོས་སྐྱོང་མང་པོས་ཞལ་བསྟན་ཅིང་གསུང་གི་གནང་བ་སྩལ། ལོ་ཆེན་ཐུགས་རྗེ་དཔལ་ལ་སྒྲ་དང་གླེགས་བམ་རིན་པོ་ཆེའི་ལུང་། ཀུན་མཁྱེན་ཆོས་རྗེར་གཤིན་རྗེ་གཤེད་སྐོར་གྱིས་མཚོན་ཁ་ཤས། ལྷ་ཟུར་ཁང་པ་བསོད་ལྷུན་ལ་བློ་སྦྱོང་། སྤྱན་སྔ་རིན་འཕེལ་ལ་བཀའ་གདམས་སྐོར། འཇམ་དབྱངས་རིན་རྒྱན་པར་དུས་འཁོར་གྱི་རྒྱུད་དབང་རྗེས་གནང་ལེ་ལག་སྐར་རྩིས་དང་། ལྷུན་རྩེ་ཀུན་མཁྱེན་པར་འཕྲུལ་འཁོར་སོགས་མང་བར་གསན།

དེ་ནས་རབ་བྱུང་ཞེས་པ་མེ་ཡོས་ལོར་བསམ་གྲུབ་རྩེར་བྱོན། དཔོན་ཆོས་སྐྱོང་དར་ལ་བཀའ་ལུང་གནང་། བྲག་དམར་ལྷ་བྲང་དུ་རྟེན་བཞེངས་ཀྱི་འགོ་བཙུགས། རྗེ་བཙུན་མ་དང་སྟོན་པའི་སྐུ་རྒྱབ་མཐོ་ཉེར་ལྔ་པ་མཐོང་བས་དོན་ལྡན་དེ་ཉིད་བསྐྲུན། ལོ་འདི་གའི་སྨིན་དྲུག་ཟླ་བའི་ཡར་ཆོས་བཟང་པོ་ལ་སྦྱིན་བདག་དར་རྒྱས་པ་དཔོན་བསོད་ནམས་དཔལ་བཟང་པས་བྱས། ས་བརྟག་པ། གཞིས་བདག་ལ་གཏོར་མ་སྦྱིན་པ་སོགས་ཚོ་ག་རྒྱས་པར་མཛད་དེ། གླེགས་བམ་རིན་པོ་ཆེའི་ལུང་བསྟན་དང་སྟར་ཐང་དུ་རྗེ་རིན་པོ་ཆེས་བཀའ་གནང་ཞིང་དམག་ཟོར་མའི་ལུང་ལྟར་བཀྲ་ཤིས་ལྷུན་པོ་དཔལ་གྱི་བདེ་ཆེན་ཕྱོགས་ཐམས་ཅད་ལས་རྣམ་པར་རྒྱལ་བའི་གླིང་བཏབ། སྟོན་པ་དང་། རྗེ་བཙུན་བྱམས་མགོན་གྱི་སྐུ་ཤིན་ཏུ་ཆེ་བས་དབུས་གསེར་སྐུ། ལུགས་མ། འཇིམ་པ། ལྡེབས་བྲིས། གོས(༡༨༣ན)སྐུ་ལེ་ཚན། བཀའ་འགྱུར་སོགས་སྐུ་གསུང་ཐུགས་ཀྱི་རྟེན་མཆོད་ཇུས་དང་བཅས་མཚན་ཉིད་དང་ལྡན་པ་དངོས་གཙང་ཞིང་རྣམ་གྲངས་མང་བ་ལེགས་པར་བཞེངས། དཔལ་གསང་བ་འདུས་པའི་སྒོ་ནས་རབ་གནས་རྒྱས་པ་མཛད། དགོན་པའི་གཞི་རྟེན་དུ་དར་རྒྱས་དཔོན་གྱིས་གཞིས་མཁར་གྱི་ཡོང་སྒོ་ཕུལ། ཤིང་པོ་རྟ་ལོའི་ཆོ་འཕྲུལ་ཟླ་བར་མཆོད་པའི་སྦྱིན་ཕུང་བསམ་གྱིས་མི་ཁྱབ་པ་དང་། དགེ་འདུན་སྟོང་ཕྲག་དུ་མ་འདུས་ཏེ་

སློབ་ལམ་ཆེན་མོ་གནང་། གཙོ་བོར་འཆད་རྩོད་རྩོམ་གསུམ་གྱིས་སྟོན་པའི་བསྟན་པ་སྤྱི་དང་། ཁྱད་པར་རྒྱལ་བ་བཙོང་ཁ་པ་ཆེན་པོའི་རིང་ལུགས་འདི་ཉིད་རྒྱ་མཚོའི་མཐར་ཕྱིན་པ་མཛད།

ས་སྐྱ་པ་ཆོས་རྗེ་སེང་རྒྱལ་བར་དམར་པོ་སྐོར། རྟ་མགྲིན་ཡང་གསང་། གུར། བེག་ཙེ་ལྩམ་དྲལ་སོགས་ཀྱི་དབང་རྗེས་གནང་མན་ངག་དང་། རིན་པོ་ཆེ་ཀུན་དགའ་དཔལ་ལྡན་པར་ཤངས་པའི་ཆོས་སྐོར་ཚད་མ་དང་མགོན་པོ་ཡིད་བཞིན་ནོར་བུ། སྣར་ཐང་མཁན་ཆེན་གྲགས་པ་དོན་གྲུབ་པར་རྣམ་སྲས་གསན། མཁས་གྲུབ་ཤེར་རྒྱན་པས་ཞུ་བ་པོ་མཛད་དེ་བཀའ་གདམས་གླེགས་བམ་གསུངས། སྟོབས་ལྡན་འོད་ཟེར་གྱིས་གླེགས་བམ་འདི་ལ་ཆོས་མིན་ཞུ་མཁན་འདུག་པ་ཇི་ལྟར་ལགས་ཞུས་པས། ཆོས་ཡིན་མིན་ཆ་མེད་སེམས་ལ་ཤིན་ཏུ་ཕན་གསུངས། ཡེ་ཤེས་རྩེ་མོས་ སྔར་བདེ་བ་ཅན་དུ་འགྲོན་བཞེད་ཡོད་ནའང་ཕྱིས་དགའ་ལྡན་དུ་འགྲོན་བཞེད་ཡོད་པ་ཡིན་ཞེས་མི་ཀུན་སླེང་ཞུས་པར། ཁོ་བོ་ལ་དེ་ལྟ་བུའི་འདོད་པ་ཕུར་བཙུགས་མ་མེད་ངང་བདེ་བ་ཅན་སོགས་ན་གདུལ་བྱ་ཡང་དག་པ་འབའ་ཞིག་ཡོད། དེ་བས་མ་དག་པའི་གདུལ་བྱ་རྣམས་འདུལ་བའི་ཕྱིར་རེ་ཞིག་ཞིང་འདི་གར་སྤྱོད་སོགས་གསུངས། སེམས་དཔའ་ཆེན་པོ་བློ་གྲོས་སྦས་པ་དང་། དཔལ་ལྡན་བཟང་པོ་སོགས་མཁས་ཤིང་གྲུབ་པ་བརྙེས་པའི་སློབ་མའང་བསམ་(༡༩༣བ)གྱིས་མི་ཁྱབ་པ་བྱུང་། ཡོངས་འཛིན་བཅུ་ཕྲག་ལྔ་བསྟེན་པ་རྣམས་ཀྱི་ནང་ནས་སྐུ་ཚེ་འདིར་བཀའ་དྲིན་ཆེ་བ་མཁན་ཆེན་གྲུབ་པ་ཤེས་རབ་དང་། ཤེས་རབ་སེང་གེ་གཉིས། སྐྱེ་བ་ཐམས་ཅད་དུ་བཀའ་དྲིན་ཆེ་བ་ཛྲ་བཙུན་བཙོང་ཁ་པ་ཆེན་པོ་ཡིན་ཞེས་གསུངས།

གསུང་འབུམ་གྲས་ངོར་པ་ཀུན་བཟང་པས་ཕྲག་དོག་མཛད་པར་བསྟེན་པའི་ཤར་གངས་རི་མ་སོགས་ཉམས་མགུར་སྒྲུབ་ཐབས་བསྟོད་ཚོགས། དབུ་མའི་ལྟ་ཁྲིད། ཚབ་ཤོག །སློན་ལམ་སོགས་གསུང་ཐོར་བུ་བ་སྣ་ཚོགས་ཀྱི་སྐོར། བཅོམ་ལྡན་འདས་ཐུབ་པའི་དབང་པོའི་རྣམ་ཐར་བསྟོད་པ་བདུད་དཔུང་ཕྱིར་འཐག །ཐེག་པ་ཆེན་

པོའི་བློ་སྦྱོང་དོན་བདུན་མའི་འཁྲིད་ཡིག །གཏོར་མའི་ཆོ་ག་ཆོག་དོན་རབ་གསལ།
རྗེན་ལ་གཟུངས་བཞུགས་འབུལ་ཚུལ་དང་རབ་གནས་རྒྱ་ཐོག་མ། དཔལ་གསང་
བ་འདུས་པའི་སྒོ་ནས་རབ་གནས་བྱེད་པའི་ཆོ་ག་མདོར་བསྡུས་པ། དབུ་མ་རྩ་བ་
ཤེས་རབ་ཀྱི་ངག་དོན་བཤད་པ་རིན་པོ་ཆེའི་འཕྲེང་བ། དབུ་མ་ལ་འཇུག་པའི་རྣམ་
བཤད་དགོངས་པ་རབ་ཏུ་གསལ་བའི་མེ་ལོང་། ཚད་མ་རྣམ་འགྲེལ་གྱི་ཊཱིཀྐ་ལེགས་
པར་བཤད་པ་ཞེས་བྱ་བ་ལས་ལེའུ་གསུམ་པ་མངོན་སུམ་ལེའུའི་ཊཱིཀྐ་ཡན། དེ་ཉིད་
ལས་ལེའུ་བཞི་པ་གཞན་དོན་ལེའུའི་ཊཱིཀྐ། ཚད་མའི་བསྟན་བཅོས་ཆེན་པོ་རིགས་རྒྱན།
རྒྱལ་པོ་བློ་བ་བཟང་པོའི་རྣམ་འཕྲུལ་ཏའི་སི་ཏུ་རྣམ་རྒྱལ་གྲགས་པའི་དྲི་ལན་ སོ་
སོར་ཐར་པའི་མདོའི་རྣམ་བཤད་གཞུང་དོན་གསལ་བའི་ཉི་མ། ལེགས་པར་གསུངས་
པའི་དམ་པའི་ཆོས་འདུལ་བའི་སྙིང་གཞི་དང་རྟོགས་པ་བརྗོད་པ་ལུང་སྡེ་བཞི་ཀུན་
ལས་བཏུས་པ་རིན་པོ་ཆེའི་མཛོད་ལས་ལྟུང་བྱེད་འབའ་ཞིག་པའི་སྡེ་ལ་བརྡུ་ཚན
དགུར་ཕྱེ་བའི་བཅུ་ཚན་ལྔ་པ་འཆབ་པའི་ལྟུང་བྱེད་ཡན། དེ་ཉིད་ལས་ལྟུང་བྱེད་
འབའ་ཞིག་པའི་བཅུ་ཚན་དྲུག་པ་སྟོམ་ནི། བདེ་དང་མེ་དང་བདུན་པ་དང་། །ཞེས་
(༧༨ན)པ་ནས་མཇུག་རྫོགས་པའི་བར། དམ་པའི་ཆོས་འདུལ་བ་མཐའ་དག་གི་སྙིང་
པོའི་དོན་ལེགས་པར་བཤད་པ་རིན་པོ་ཆེ་འཕྲེང་བ་རྣམས། ཉམས་བཞེས་ཡི་དམ་
འཛིགས་བྱེད། ཆོས་སྐྱོང་གདོང་བཞི་པ། ལས་གཤིན་རྣམས་འཇམ་མགོན་བཙོང་
ཁ་པའི་དུས་དང་རྗེ་འདིས་ཕྱུར་པ། རྟ་མགྲིན་ཡང་གསང་། དམག་ཟོར་མ། གུར།
བེག་ཙེ་ལས་འཇམ་མགོན་བཙོང་ཁ་པ་དང་སྐུ་ཐོག་འདི་གཉིས་ལ་རྒྱལ་པོ་སོགས་
ཀྱི་སྲོལ་མེད། དེ་ལྟར་མཛད་པ་རྣམས་ཡོངས་སུ་རྫོགས་ཏེ་ཤིང་ཕོ་རྟ་ལོ་དགུང་ལོ་
གྱ་ལྔ་པ་དགུན་ཟླ་འབྲིང་པོའི་ཚེས་བརྒྱད་ཀྱི་ཐོ་རངས་ངོ་མཚར་བའི་ལྟས་དཔག
ཏུ་མེད་པ་དང་བཅས་ཏེ་དག་ཞིང་དུ་གཤེགས་ཤིང་གདུང་ཞལ་གདམས་ལྟར་ཞུན
དུ་ཕུལ་བར་དབུ་ཐོད་རིལ་པ་དང་དུང་གཡས་འཁྱིལ་གྱི་རང་བྱོན་རིང་བསྲེལ་གྱིས་
གཏམས་པ་བྱིན་རླབས་ཀྱི་རྟེན་དུ་བྱོན། དངུལ་གདུང་ཤིང་སྲང་གི་ཁལ་བཞི་ཞེས་

དཔྱལ་སྲང་ཕྱེད་སུམ་བརྒྱར་ཉེ་བར་བཞེངས་པ་བཀྲ་ཤིས་ལྷུན་པོར་བཞུགས།

བྲུ་སློབ་ནི་མཁས་གྲུབ་ནོར་བཟང་རྒྱ་མཚོ། རབ་འབྱམས་པ་སློན་ལམ་དཔལ། འདུལ་འཛིན་བློ་གྲོས་སྲས་པ། འདུལ་ནག་པ་དཔལ་ལྡན་བཟང་པོ། བྱ་བཏང་སེམས་དཔའ་ཆེན་པོ། པཎ་ཆེན་བཟང་པོ་བཀྲ་ཤིས། ཤངས་སྟོན་དྲི་མེད་བཤེས་གཉེན། དྲུང་དཔལ་ཚུལ་པ། མཁན་ཆེན་བཟང་པོ་དཔལ། ཆོས་རྗེ་བཟང་པོ་རྒྱལ་མཚན། རབ་འབྱམས་པ་བཀྲ་ཤིས་བཟང་པོ། རྗེ་དཔལ་ལྡན་ཆོས་སྐྱོང་། རྒྱུད་པ་སྦྱིན་པ་དཔལ། རྒྱུད་པ་གྲགས་བཟང་། རྒྱུད་པ་ཀུན་དགའ་དོན་གྲུབ། འཕགས་པ་འཆར་ཀ །མངའ་རིས་པ་རྒྱལ་མཆོག །པཎ་ཆེན་ཀུན་རིག །འདར་སྟོན་བྱང་དཔལ། དྲུང་ཤཱ་རིའི་བུ། བླ་མ་བྱང་གླིང་པ། ཆོས་དཔལ། བཀའ་བཅུ་སྨྲ་སེང་སོགས་(༡༧༥༨)སྔ་ཚར་དང་། བར་ཚར་ནི་མཁན་ཆེན་ཤེས་རབ་རྒྱལ་མཚན། པཎ་ཆེན་ལུང་རིགས་རྒྱ་མཚོ། རྗེ་གྲགས་པ་བསམ་གྲུབ། སྟོབས་ལྡན་འོད་ཟེར། ཆོས་འཁོར་དཔལ་བཟང་། འཇམ་དཔལ་གྲགས་པ། གནས་སྙིང་པ་འོད་ཟེར། བྱམས་ཆོས་བ་གྲགས་ཡོན། རབ་འབྱམས་སངས་རྒྱས་དབང་ཕྱུག །བྱང་པ་བློ་གྲོས་མགོན། བཀའ་བཞི་པ་དགེ་འདུན་བསམ་གྲུབ། ཐོག་སངས་རྒྱས་དཔལ་རིན། ཞྭ་པ་དོན་གྲུབ་དཔལ། དཀའ་བཅུ་པ་ཀུན་དགའ་དཔལ་རིན། དབང་ཕྱུག་དཔལ། དཔལ་ལྡན་བཟང་པོ། དོན་ཆོས་པ། རིན་ཆེན་རྒྱལ་ཚན་རྣམས་སོ། །

ཕྱི་ཚར་ནི། གནས་སྙིང་རིན་པོ་ཆེ་ཀུན་དགའ་བདེ་ལེགས། རྗེ་དཔོན་བློ་བཟང་ཉི་མ། ཆོས་རྗེ་ཤེས་རབ་དར། མཁན་ཆེན་གྲགས་ཤེ །པཎ་ཆེན་ཡེ་ཤེས་རྩེ་མོ། རྟ་ནག་ཆོས་མཛད། འབྲོང་རྩེ་ཆོས་རྗེ་ཆོས་ཀྱི་བློ་གྲོས། དཀའ་བཅུ་བ་ཡེ་ཤེས་བཟང་པོ། གངས་ཅན་པ་རྒྱལ་བ་བསམ་གྲུབ། འཇམ་དབྱངས་བློ་གྲོས། རྣམ་རྒྱལ་གྲགས་པ། འཇམ་དཔལ་བཟང་པོ། བླ་མ་ལྷུན་རྩེ་བ། སྨན་ལུང་པ། ཡོན་ཏན་དཔལ་འབྱུང་། ཤེས་རབ་དཔལ་ལྡན། སློན་ལམ་པ། མཁན་ཆེན་བྲག་པ། ས་སྐྱ་པ་སངས་རྒྱས་བྱང་ཆུབ། ཨུ་རི་བ་ཤེས་རབ་དཔལ། ཚུལ་ཁྲིམས་བཟང་པོ། དཀའ་བཅུ་པ་

ཆོས་འཕེལ་རྒྱལ་མཚན་སོགས་མཁས་གྲུབ་བརྙེས་པའི་སློབ་མ་མང་ངོ་། །

དེ་དག་གི་ནང་ནས་བཀྲ་ཤིས་ལྷུན་པོའི་ཁྲི་ཐོག་ཏུ་ཕེབས་པ་ནི་པཎ་ཆེན་བཟང་པོ་བཀྲ་ཤིས་ནི། ལ་སྟོད་བྱང་དུ་ལྟེགས་སྟག་ལ་འཁྲུངས། རྗེ་ཤེས་རབ་སེང་གེ་ རྗེ་དགེ་འདུན་གྲུབ་པ། རྗེ་བློ་གྲོས་ཆོས་སྐྱོང་། དྷགས་པོ་ཀུན་དགའ་བཀྲ་ཤིས་སོགས་བསྟེན་ནས་མདོ་རྒྱུད་རིག་གནས་ལ་མཁས་པར་སྦྱངས། གངས་ཅན་ཆོས་འཕེལ་བཏབ་ནས་ཚོགས་པ་བསྐྱངས། དགུང་ལོ་ར་(༡༧༥༨)དྲུག་པ་ལ་བཀྲ་ཤིས་ལྷུན་པོའི་ཁྲིར་ཕེབས། རེ་དགུ་པར་གཤེགས། དེའི་རྗེས་སུ་ཁྲི་ཐོག་ཏུ་རིམ་པ་བཞིན་པཎ་ཆེན་ལུང་རིགས་རྒྱ་མཚོ། པཎ་ཆེན་ཡེ་ཤེས་རྩེ་མོ། པད་དཀར་འཛིན་པ་དྲུང་སྒྲིག་གར་རོལ་གཉིས་པ་ཐམས་ཅད་མཁྱེན་པ་དགེ་འདུན་རྒྱ་མཚོ། མངའ་རིས་ལྷ་བཙུན་བློ་བཟང་བསྟན་པའི་ཉི་མ་རྒྱལ་མཚན། པཎ་ཆེན་ཤཱཀྱ་པ་བློ་གྲོས་རྒྱལ་མཚན། པཎ་ཆེན་དོན་ཡོད་རྒྱ་མཚོ། ཤངས་སྟོན་བློ་གྲོས་ལེགས་བཟང་། གནས་སྙིང་ཆོས་རྗེ་ཆོས་ཀྱི་རྒྱལ་མཚན། ཤངས་སྟོན་ཆོས་དཔལ་རྒྱ་མཚོ། ཕྱུག་གཞུང་པ་བསོད་ནམས་རྒྱལ་མཚན། ཤངས་སྟོན་བསམ་གྲུབ་དཔལ་བཟང་། ཉང་སྟོན་དམ་ཆོས་ཡར་འཕེལ། ཉང་སྟོན་ལྷ་དབང་བློ་གྲོས། པཎ་ཆེན་ཐམས་ཅད་མཁྱེན་པ་བློ་བཟང་ཆོས་ཀྱི་རྒྱལ་མཚན། དཔྱལ་སྐུ་བློ་བཟང་ཡེ་ཤེས་འཚོ་ཞིང་གཞེས་སྐབས་སོ། །

དེའི་ཡང་སྲིད་གཡས་རུ་གཙང་གི་སའི་ཆ་ཐོབ་རྒྱལ་གྱུ་ཚང་དུ་ཚུ་མོ་ཡོས་ལོར་བལྟམས། པད་དཀར་འཛིན་པ་ཐམས་ཅད་མཁྱེན་པ་ལྷ་པ་ངག་དབང་བློ་བཟང་རྒྱ་མཚོ་ཆེན་པོས་གཟིམས་དཔོན་རི་ཁྲོད་དགའ་ལྡན་བློ་བཟུར་བྱམས་པ་རིན་ཆེན་དང་མགྲོན་གཉེར་སྐྱུར་པོ་བ་ཅན་ཆེད་དུ་མངགས་པའི་ཆོས་སྡེ་བཀྲ་ཤིས་ལྷུན་པོའི་མི་འཇིགས་སེང་གེའི་ཁྲིར་མངའ་གསོལ། མཚན་བློ་བཟང་ཡེ་ཤེས་དང་དབུས་སུ་ལན་གཉིས་ཕེབས་པའི་ཚོགས་སྦྱི་མ་དགེ་ཚུལ་གྱི་བསླབ་པ་དང་ཟབ་ཆོས་མང་བསྒྲུབ་བའི་བསྟན་པའི་བདག་པོར་གྱུར། དེང་ཐམས་ཅད་མཁྱེན་པ་དྲུག་པའི་སོ་ཐར་རབ་ཏུ་བྱུང་བའི་མཁན་པོ་དང་མཚན་བློ་བཟང་རིན་ཅེན་ཚངས་དབྱངས་རྒྱ་མཚོར་འབུལ་

བ་གནང་ཞིང་། འཛམ་གླིང་སྐྱེ་དགུའི་མཆོད་སྡོང་དུ་གྲུ་འཛིན་གྱི་གཞལ་མེད་ཁང་ཆེན་པོའི་འཇིགས་པ་མེད་པ་གདོང་ལྔས་བཏེག་པའི་ཁྲིར་ཞབས་མངའ་གསོལ་གྱི་ཐོག་མར་ཕྲུག་མཛོད་བློ་བཟང་མགོན་པོ་གནང་། འཇམ་མགོན་ཆོས་ཀྱི་རྒྱལ་པོ་བཙོང་ཁ་པའི་གསུང་ཐོར་བུས་དབུས་ལྷོགས་ལུང་གི་རིགས་དང་འཇིགས་མཛད་རྡོ་རྗེ་ལྷ་བཅུ་གསུམ་མའི་དཀྱིལ་འཁོར་དུ་སྨིན་པར་མཛད་པ་(༡༥༥བ)སོགས་རིགས་ཀྱི་བདག་པོ་ཆེན་པོར་གྱུར་ཅིང་སྐུ་གསུང་ཐུགས་རྒྱུན་གྱི་འཁོར་ལོ་རྡོ་རྗེའི་རང་བཞིན་ད་ལྟ་འཚོ་ཞིང་གཞེས་པའོ། །

བཀྲ་ཤིས་ལྷུན་པོར་འཆད་ཉན་གྱི་གྲྭ་ཚང་ཆེན་པོ་གསུམ་བྱུང་བ་ལས་དང་པོ་ཤར་རྩེ་གྲྭ་ཚང་དུ་འཆད་ཉན་སློབ་དཔོན་རིམ་པར་བྱོན་པ་ནི། ཤངས་སྟོན་དྲི་མེད་བཤེས་གཉེན་འདིས་ཕར་ཕྱིན་གྱི་མཚན་ཉིད་རྣམ་གཞག་བཙམས། དེ་ནས་སྟོབས་ལྡན་འོད་ཟེར། ཚུལ་ལེགས་པ། དགེ་འདུན་བསམ་གྲུབ། བྱང་སྟོན་ཆོས་གྲགས། མཁས་པ་བློ་གྲོས་རྒྱ་མཚོ་འདིས་ཕར་ཕྱིན་གྱི་ཊཱིཀ་ཆེན་བརྩམས། སློབ་དཔོན་ལེགས་པ་དོན་གྲུབ། བྱང་སྟོན་བསམ་གཏན་འོད་ཟེར། ཉང་སྟོན་ཤཱཀྱ་ཡེ་ཤེས། པཎ་ཆེན་དམ་ཆོས་ཡར་འཕེལ། པཎ་ཆེན་ལྷ་དབང་བློ་གྲོས། དགྲ་འདུལ་ཆོས་མཛད་ཤཱཀྱ་མཆོག་གྲུབ། དགེ་འདུན་འོད་ཟེར། ཤངས་སྟོན་བསམ་པ་ལྷུན་གྲུབ། སྟོ་དགོན་དགེ་འདུན་འོད་ཟེར། ཕན་པོ་དཔལ་འབྱོར་དབང་པོ། རྒྱལ་མཁར་རྩེ་པ་གྲགས་པ་དཔལ་འབྱོར། རྒྱལ་ཆེན་རྩེ་པ་ཆོས་གྲགས་རྒྱལ་མཚན། ཕྲུག་གཞུང་བློ་བཟང་པདྨ། གནས་སྙིང་བློ་བཟང་དཔལ་འབྱོར། ད་ལྟ་རྒྱལ་ཆེན་རྩེ་པ་མཁས་གྲུབ་རྒྱ་མཚོ། དབུ་མ་ལེགས་དོན་པའི་རྣམ་བཤད་དང་མཐའ་གཅོད། ཕར་ཕྱིན་སྟོབས་ལྡན་འོད་ཟེར་གྱི་སྣང་བྱེད་དཀྱིལ་འཁོར། ལེགས་དོན་པའི་རྣམ་བཤད་སྙིང་པོ་རྒྱན་གྱི་སྣང་བ། འདུལ་བ་ལེགས་པ་དོན་གྲུབ་ཀྱི་སྤྱི་དོན། མཛོད་བློ་གྲོས་ལེགས་བཟང་གི་མཁས་པའི་ཡིད་འཕྲོག །རྣམ་འགྲེལ་ལེགས་པ་དོན་གྲུབ་ཀྱི་ཊཱིཀྐ་མཐའ་གཅོད་རྣམས་འཆད་ཉན་མཛད་པར་གྲགས།

གཉིས་པ་དཀྱིལ་ཁང་གྲྭ་ཚང་དུ་འཆད་ཉན་སློབ་དཔོན་རིམ་པར་བྱོན་པ་ནི། སློབ་དཔོན་དཔལ་ལྡན་ཆོས་སྐྱོང་། འཕགས་པའི་ཆར་ཀ །སངས་རྒྱས་དཔལ་རིན། སངས་རྒྱས་དབང་ཕྱུག །དྲུང་ཆོས་གྲགས་པ། ལྷ་བཙུན་བློ་བཟང་བསྟན་པའི་ཉི་མ་རྒྱལ་མཚན། འདིས་སངས་རྒྱས་སྟོང་སྐུ་ལ་གསེར་གསོལ། ཤཱཀྱ་པ་བློ་གྲོས་རྒྱལ་མཚན། སེ་ར་རྗེ་བཙུན་པའི་དཔོན་པོ་གྲགས་ཆེན་དཔལ་འབར། སྔོ་སྟོད་འཛིན་པ་བསྟན་པ་དར་བཟང་། མཁས་པ་བློ་གྲོས་རྒྱ་མཚོ། བློ་གྲོས་ལེགས་པ། ཆོས་དཔལ་རྒྱ་མཚོ། བསམ་གྲུབ་དཔལ་བཟང་། ཀུན་(༡༩༨ན)ཤེའི་ནོར་བཟང་རྒྱ་མཚོ། དཔོན་པོ་བློ་གྲོས་པ། སངས་རྒྱས་རྒྱ་མཚོ། ཛོ་མོ་ཛོང་པ་བློ་བཟང་བསྟན་པའི་རྒྱལ་མཚན། དགེ་ཐུབ་པ་སངས་རྒྱས་དཔལ། ཟངས་མཁར་སངས་རྒྱས་བཟང་པོ། གུ་གེ་པ་འཇམ་དབྱངས་རྒྱལ་མཚན། བརྩོན་འགྲུས་རྒྱལ་མཚན། ནུབ་ར་ཆོས་དཔལ་རྒྱལ་མཚན། ལྷུན་གྲུབ་རྩེ་བ་བློ་བཟང་མགོན་པོ། ཧ་ནག་པ་མགོན་པོ་དཔལ་བཟང་། ད་ལྟ་ལ་དྭགས་བློ་བཟང་བཀྲ་ཤིས་ཀྱིས་དབུ་མ་ཤཱཀྱ་པའི་རྣམ་བཤད་དགོངས་པ་རབ་ཏུ་གསལ་རྒྱན། ཕར་ཕྱིན་ཀྱང་དེས་མཛད་པའི་ཤེར་ཕྱིན་དོན་གསལ། འདུལ་བ་སངས་རྒྱས་རྒྱ་མཚོའི་ལྟ་བའི་སྒྲོན་མེ། མཛོད་དེས་མཛད་པའི་ལུང་རིགས་གཏེར་མཛོད། རྣམ་འགྲེལ་བསྟན་པ་དར་བཟང་གི་རྣམ་བཤད་ལུང་རིགས་གཏེར་མཛོད་རྣམས་ལ་འཆད་ཉན་མཛད་དོ། །

གསུམ་པ་ཐོས་བསམ་གླིང་གི་གྲྭ་ཚང་དུ་འཆད་ཉན་སློབ་དཔོན་རིམ་པར་བྱོན་པ་ནི། དྲི་མེད་བཤེས་གཉེན་གྱིས་འཆད་ཉན་མཛད་ཀྱང་ཡུན་མ་སོང་བར་གསང་ཕུར་ཐེབས། ཀུན་མཁྱེན་ཆོས་འབྱོར་དཔལ་བཟང་། འཇམ་དབྱངས་ཆོས་རྗེ་བློ་བཟང་བཤེས་གཉེན། གཅེན་ལུང་པ་བློ་བཟང་ཆོས་གྲགས་རིན་ཆེན། བྱང་ཕྱུག་བྱམས་པ་བཀྲ་ཤིས། བྱང་སྟོན་བརྩོན་འགྲུས་རྒྱལ་མཚན། རྒྱ་ཡང་ནང་སོ་བློ་གྲོས་རྒྱལ་མཚན། སྣར་ཡང་བྱང་སྟོན་པ། སྤང་ཡུལ་བ་འཇམ་དབྱངས་བློ་གྲོས། དགེ་འདུན་ནོར་བཟང་། པཎ་ཆེན་བསོད་ནམས་རྒྱལ་མཚན། འཇམ་དབྱངས་བཀྲ་

ཞིས། བྱམས་པ་བཤེས་གཉེན། དཔལ་འབྱོར་རྒྱ་མཚོ། མང་ཐོས་ནོར་བཟང་རྒྱ་མཚོ། སློབ་དཔོན་ཕུན་ཚོགས་རྒྱ་མཚོ། བསམ་གྲུབ་ཆོས་འཕེལ། ཉང་སྟོན་ལེགས་བཤད་དཔལ་ལྡན་པ། སྟོད་བཞེར་བ་དགེ་འདུན་ཕུན་ཚོགས། འབྲོང་རྩེ་དགེ་འདུན་ཡར་འཕེལ། དབང་ལྡན་ངག་དབང་དོན་གྲུབ། ལྕགས་པ་དམ་ཆོས་ཡར་འཕེལ། གཅེན་ཁྱུང་བློ་བཟང་བྱམས་པ། ད་ལྟ་སྲིད་པ་འཛམ་དབྱངས་ཆོས་འཕེལ། དབུ་མ་སེ་ར་རྗེ་བཙུན་པའི་སྤྱི་དོན། བྱང་སྟོན་སྨྲ་སེང་གི་རྣམ་བཤད། བསོད་རྒྱན་པའི་སྤྱི་ཐལ་ཕར་ཕྱིན་སེ་ར་རྗེ་བཙུན་པའི་ཐལ་འཕྲེང་། ཆོས་འབྱོར་དཔལ་བཟང་གི་བསམ་འཕེལ་དབང་རྒྱལ། འདུལ་བ་བདེ་ལེགས་ཉི་(༡༩༨བ)མ། བློ་གྲོས་བཤེས་གཉེན་གྱི་ཕན་བདེའི་ལམ་གསལ། མཛོད་བློ་བཟང་བཤེས་གཉེན་གྱི་སྤྱི་དོན། བྱམས་པ་ཆོས་མཆོག་གི་ཊཱི་ཀཱ། རྣམ་འགྲེལ་བསོད་ནམས་རྒྱལ་མཚན་གྱི་ཊཱི་ཀཱ་རྣམས་ལ་འཆད་ཉན་མཛད་བཞིན་པའོ། །

དེ་ཡང་ཐམས་ཅད་མཁྱེན་པ་དགེ་འདུན་གྲུབ་ཀྱི་བཀའ་ལས་རྗེ་ཤེས་རབ་སེང་གེའི་བཀའ་དྲིན་བསབ་ཕྱིར་དུ་གསང་བ་འདུས་པའི་ལྷ་གྲངས་ཚང་བ་ཞིག་བཞེང་བ་དང་། དགོན་པ་འདིར་ཡང་རྒྱུད་ཀྱི་འཆད་ཉན་ཇང་ཚུགས་པ་ཞིག་བྱེད་ཅེས་འདུལ་ནག་པ་དཔལ་ལྡན་བཟང་པོ་དང་རྗེ་ཡེ་ཤེས་རྩེ་མོ་གཉིས་དབུས་སུ་སྔགས་ཀྱི་སློབ་གཉེར་ལ་ཆེད་བསྐྱད་ཇོང་བདའ་གནང་བ་ཡིན་ནའང་དེ་སྐབས་རྐྱེན་འབྲེལ་འགྲིག་པ་ཞིག་མ་བྱུང་འདུག་ཅིང་། དགོངས་པ་ཟབ་མོ་དེ་ཉིད་ལ་བརྟེན་ནས་ཕྱིས་མཁན་པོ་པཎ་ཆེན་བློ་བཟང་ཆོས་ཀྱི་རྒྱལ་མཚན་དཔལ་བཟང་པོས་གསང་བ་འདུས་པའི་བསྐྱེད་རྫོགས་གསལ་བྱེད་བརྩམས་ནས་དེའི་འཆད་ཉན་གྱི་སྔགས་གྲྭ་གསར་དུ་བཙུགས། མཆོད་གཞིས་བཟང་པོ་སྦྱར་ཞིང་ཇོ་ཇོང་པ་བློ་བཟང་བསྟན་པའི་རྒྱལ་མཚན་ཇོ་རྗེ་སློབ་དཔོན་དུ་བསྐོས། སྔགས་ཀྱི་འཆད་ཉན་ཀྱང་ལེགས་པར་གྲུབ། དེ་ནས་རིམ་པ་བཞིན་ལ་སྟོད་པ་མགོན་པོ་རྒྱལ་མཚན། ཉང་སྟོད་ཤེས་རབ་རིན་ཆེན་པ། སྣང་ཆེན་པ་དཀོན་ཅོག་རྒྱལ་མཚན། ཧ་ནག་དགེ་འདུན་དོན་གྲུབ། ལྷུན་གྲུབ་

རྗེ་པ་བློ་བཟང་མགོན་པོ། ད་ལྟ་ཞང་སྟོད་དགེ་ལེགས་རྣམ་རྒྱལ། འདུལ་པའི་འཆད་ཉན་གོང་སློས་ལྟར་དང་། གསང་འཛིགས་ཀུན་རིག་ཆེ་ཆོག་སོགས་དང་། འདོན་མཆོད་ཁྲིངས་རྒྱུད་སྐད་དང་འདྲ་བ། དེ་ལྟར་མདོ་སྔགས་ཀྱི་གྲྭ་ཚང་བཞི་ཡོད་པའི་ཆོས་སྡེ་ཆེན་པོ་འདི་ཉིད་ཨང་དང་དགེ་འདུན་ཉིས་སྟོང་ལྔ་བརྒྱ་ལྷག་བཅས་འདུ།

༢༤ སྟག་ལ་ནུབ་ཏུ་གངས་ཅན་ཆོས་འཕེལ་ནི། བཀྲ་ཤིས་ལྷུན་པོའི་ཁྲི་ཐོག་གཉིས་པ་པཎ་ཆེན་བཟང་པོ་བཀྲ་ཤིས་པས་བཏབ། གདན་སར་བླ་མ་རིམ་པ་བཞིན་དུ། ཆོས་རྗེ་སྟོབས་ལྡན་འོད་ཟེར། རྒྱལ་བ་བསམ་གྲུབ། ཚུལ་ཁྲིམས་སྟོབས་འབར། དྲུང་བྱང་ཆུབ་བློ་གྲོས། ན་བཟའ་བ་ཚུལ་སྟོན་འོད་ཟེར། རྗེ་བཀྲ་ཤིས་འཕགས། ས་ལུགས་བསྟན་པའི་སྒྲོན་མེ། ཚུལ་ཁྲིམས་དོན་གྲུབ། པཎ་ཆེན་དོན་ཡོད་རྒྱལ་མཚན། (༡༨༧ན)འཇམ་དབྱངས་ནམ་མཁའ་བཟང་པོ། རྗེ་ཁྱད་པར་བཤེས་གཉེན། ཆོས་རྗེ་རིག་པ་སེང་གེ །རྒྱུད་ཆེན་སངས་རྒྱས་རྒྱ་མཚོ། དཔལ་འབྱོར་རྣམ་རྒྱལ། པཎ་ཆེན་བསོད་ནམས་རྩེ་མོ། པཎ་ཆེན་བློ་བཟང་ཆོས་ཀྱི་རྒྱལ་མཚན། བློ་བཟང་ནོར་བུ་འོད་ཟེར། རྗེ་རྒྱལ་བ་རིན་ཆེན། གསང་ལུང་འཕྲིན་ལས་དབང་ཕྱུག །གནས་སྙིང་པ་ངག་དབང་ཕྱོགས་ལས་རྣམ་རྒྱལ། པ་སྣམ་སྐྱིད་པ་བ་བློ་བཟང་ཕུན་ཚོགས། བྲམས་པ་གླིང་པ་བློ་བཟང་དཀོན་ཅོག །སྤོ་བོ་བློ་བཟང་རྒྱལ་མཚན། སེ་ཆེན་ནམ་མཁའ་དབང་པོ། ད་ལྟ་སྒྲོམ་མདའ་མཁན་ཟུར་བློ་བཟང་བཀྲ་ཤིས་ཀྱི་སྐབས་འདི་ལ་ནང་གསེས་གྲྭ་ཚང་ཁག་གཉིས་ཡོད་པར་འཆད་ཉན་དུ་སྟོབས་ལྡན་པའི་དབུ་ཕར་འདུལ་མཛོད་རྣམ་འགྲེལ་བཅས་གྲྭ་ཚང་གཉིས་ཀར་གཏོང་ཞིང་བྱང་རྩེ་བ་དེའི་དངོས་སློབ་ཆོས་སྐུ་དཔལ་འབྱོར་གྱི་དབུ་རྣམ་ཕར་ཕྱིན་རྗེ་བླ་མའི་ཕར་ཕྱིན་བཅས་པར་འཆད་ཉན་བྱེད། ཨང་དང་གྲྭ་པ་སུམ་བརྒྱ་དང་ལྔ་བཅུ་སྐོར།

༢༥ ཉང་གཞུང་དུ་འབྲོང་རྩེ་ཆོས་སྡེ་ཐར་པ་གླིང་ནི། མཁས་གྲུབ་དགེ་ལེགས་དཔལ་བཟང་པོའི་དངོས་སློབ་འབྲོང་རྩེ་ལྷ་སྲས་པ་རིན་ཆེན་རྒྱ་མཚོས་བཏབ་ཅིང་། དེའི་སྐྱེ་བ་ཐོན་པ་ཆོས་རྗེ་བློ་གྲོས་རྒྱལ་མཚན་ཡིན་པར་གྲགས་ཤིང་། དེ་

ཡང་འདུས་སྡེ་འདིར་གྲྭ་ཚང་ཁག་གཉིས་ཡོད་པ་ལས། གྲྭ་ཚང་གོང་གི་སློབ་དཔོན་པ་ཐོག་མ་འཁྲིད་ཆེ་དཀོན་ཅོག་བཀྲ་ཤིས། དེ་ནས་བློ་གྲོས་མཐའ་ཡས། ཕྱོགས་ལས་རྣམ་རྒྱལ། ཡེ་ཤེས་འོད་ཟེར། འཕྲིན་ལས་ཡར་འཕེལ། འགོ་ཡུལ་བྱམས་པ། ཀུ་རུ་བློ་བཟང་། གྲགས་པ་རྒྱལ་མཚན། དཔལ་ལྡན་ལེགས་ཚོགས། ཤངས་པ་དོན་བཟང་། འཁྲིད་ཆེ་དགེ་ལེགས། བློ་བཟང་དོན་གྲུབ། གཙང་བྲག་བྱམས་པ་རྒྱ་མཚོ། འཕྲི་མཚམས་དཔལ་འབྱོར་རབ་བརྟན། ཉིང་རོ་དོན་ལྡན་རྒྱ་མཚོ། རྒྱང་རོ་(༡༦༧བ) དགའ་ལྡན་དར་རྒྱས། འགོ་ཡུལ་བློ་བཟང་དབང་ཕྱུག །འཁྲིད་ཆེ་དགེ་ལེགས་རྒྱལ་མཚན། ད་ལྟ་དགེ་འདུན་དར་རྒྱས།

གྲྭ་ཚང་འོག་གི་སློབ་དཔོན་ཐོག་མ་འཁྲིད་ཆེ་ཕུན་ཚོགས་རྒྱ་མཚོ། དེ་ནས་གྲགས་པ་བཤེས་གཉེན། གྲགས་པ་བསམ་གྲུབ། སྦྱིན་པ་རྒྱལ་མཚན། འཁྲིད་ཆེ་དམར་ཆེན་པ། བྱང་ཆུབ་རིན་ཆེན་པ། ཤེས་རབ་དཔལ་འབྱོར། འཁྲིད་ཆེ་འཇམ་དབྱངས་བློ་བཟང་། ངག་དབང་བློ་བཟང་། གཅེན་ལུང་དཔལ་འབྱོར་ཕུན་ཚོགས། དབང་ལྡན་རྡོ་རྗེ་རྒྱ་མཚོ། འབྲུམ་པ་དོན་ཡོད་དཔལ་ལྡན། ཁྲུང་ཆེ་དགེ་འདུན་དཔལ་བཟང་། ད་ལྟ་འཁྲིད་ཆེ་བློ་བཟང་རྣམ་རྒྱལ། གཞིས་དགོན་སྟགས་གྲྭ་བཀྲས་ལྷུན་དང་ཉེ་ཞིང་། སློབ་གཉེར་གྲྭ་རྒྱུན་ཀྱང་དེར་འགྲོ། ཨང་དང་གྲྭ་གྲངས་བརྒྱ་དང་ཞེ་གཉིས་སྐོར།

༢༨ ཉང་སྟོད་ཀྱི་དཔལ་འཁོར་བདེ་ཆེན་ནི་རྒྱལ་མཁར་རྩེ་བ་བདག་པོ་རབ་བརྟན་ཀུན་བཟང་འཕགས་དང་མཁས་གྲུབ་ཆོས་རྗེ་དགེ་ལེགས་དཔལ་བཟང་པོ་མཆོད་ཡོན་གྱིས་བཏབ། གཟིམས་ཁང་དཀར་པོ་མ་གཏོགས་ཐམས་ཅད་ལ་ས་ཁྲ་གསོལ། བདག་པོ་རབ་བརྟན་པས་ཀུན་མཁྱེན་རོང་སྟོན་ཤཱཀྱ་རྒྱལ་མཚན་དང་། རྗེ་སྟོད་པའི་དཔང་པོར་འོས་པའི་མཁས་པ་མང་པོ་འབད་པས་སྤྱན་དྲངས་ཀྱང་། རོང་སྟོན་སྨྲ་བའི་སེང་གེས་འབྱོན་མ་ནུས་པར་བརྟེན་མཁས་གྲུབ་རྗེས་འཇིགས་པ་མེད་པའི་སེང་གེའི་སྒྲ་བསྒྲགས་པ་བཀའ་འབུམ་དུ་ཡོད་ལ། མཆོད་ཡོན་ཀྱང་ཅུང་ཟད་མ་

མཐུན་པས་ཉང་སྟོད་ལྕང་ར་ཆོས་སྡེ་དང་མདངས་ཅན་དགོན་པར་བཞུགས་པ་སོགས་དགའ་ལྡན་གྱི་སྐབས་སུ་བརྗོད་ཟིན་པ་ལྟར་ཡིན་ཅིང་།

དེ་ཡང་དཔལ་འཁོར་བདེ་ཆེན་ལ་འཇམ་མགོན་བློ་བཟང་གྲགས་པའི་རིང་ལུགས་པ་གྲྭ་ཚང་ཁག་བདུན་ཡོད་པ་ལས། དང་པོ་རྒྱུད་རོ་ལྷ་ཁང་པའི་ཇོག་མའི་སློབ་དཔོན་དཔལ་ལྡན་སེང་གེ །ཤངས་པ་རྒྱུད་ཆེན་རྣམ་རྒྱལ་དཔལ་(༧༢ན)བཟང་། ཁྲིམས་མདའ་བློ་གྲོས་ལེགས་བཟང་། ཤངས་པ་བསམ་པ་ལྷུན་གྲུབ། ལྷོ་ག་བྱང་དགེ་འདུན་ཡར་འཕེལ། ཤངས་པ་ཆོས་སྐྱོང་བཀྲ་ཤིས། རྒྱལ་རྩེ་གྲགས་པ་དཔལ་འབྱོར། ཨ་མདོ་བསྟན་པ་བཟང་པོ། རྒྱལ་ཆེན་རྩེ་ཆོས་གྲགས་རྒྱལ་མཚན། སྟག་ལ་ཤར་བློ་བཟང་པདྨ། ཧོར་དག་དབང་དོན་གྲུབ། སྟོད་ལུང་པ་ཡོན་ཏན་བཟང་པོ། སྤུ་ར་བློ་བཟང་ཟླ་བ། མཁར་སྟོན་ཨ་ཆི་ཐུ་ཆོས་རྗེའི་ནུ་བོ་སྦྱིན་པ་རྒྱ་མཚོ། ད་ལྟ་བློ་བཟང་བརྩོན་འགྲུས། ངོ་བོ་སྟག་ས་གྲྭ། མདོ་ཕྱོགས་ཀྱི་སློབ་ཕ་ཉེར། གྲྭ་རྒྱུན་བཀྲ་ཤིས་ལྷུན་པོ་ཤར་རྩེར་འགྲོ། ཨང་དང་གྲྭ་གྲངས་བརྒྱ་སྐོར།

གཉིས་པ་ནོར་བུ་དགའ་ལྡན་པའི་སློབ་དཔོན་ཐོག་མ་སེམས་དཔའ་ཆེན་པོ་དོན་གྲུབ་བཟང་པོ། དེ་རྗེས་བསོད་ནམས་སེང་གེ །ཉང་སྟོད་དཀོན་ཅོག་རྒྱལ་མཚན། འབྲི་མཚམས་བཟང་པོ་རྒྱལ་མཚན། འཕན་ཡུལ་དོན་ཡོད་ཆོས་རྒྱལ་མཚན། འབྲི་མཚམས་ཀུན་དགའ་གྲགས་པ། གང་རོང་བློ་བཟང་དཔལ་ལྡན། ཧོར་ཤེས་རབ་ཡོན་ཏན། ཤངས་པ་ཚེ་བརྟན་རྒྱ་མཚོ། སོག་པོ་བསྟན་པ་དར་རྒྱས། གང་རོང་བློ་བཟང་ཐབས་མཁས། ཉིང་རོ་དར་རྒྱས་བཟང་པོ། ད་ལྟ་སྐུ་འབུམ་ཆོས་རྒྱ་མཚོའི་སྐབས་དང་། ངོ་བོ་སྟག་ས་གྲྭ། མདོའི་སློབ་གཉེར་གྲྭ་རྒྱུན་བཀྲ་ཤིས་ལྷུན་པོའི་གྲྭ་ཚང་ཐོས་བསམ་གླིང་དུ་འགྲོ། ཨང་དང་གྲྭ་སློབ་བདུན་ཅུ་དོན་དྲུག་སྐོར།

གསུམ་པ་ལེགས་གྲུབ་པའི་ཐོག་མའི་སློབ་དཔོན་གྲགས་པ་མཐའ་ཡས། སྐོམ་སྡེ་ནམ་མཁའ་རྒྱལ་མཚན། རྟ་ནག་ནོར་བཟང་རྒྱ་མཚོ། དགེ་འདུན་བློ་བཟང་། ཤེས་རབ་རྒྱ་མཚོ། ལུང་ནག་ལེགས་བཤད་དཔལ་ལྡན། འབྲོང་རྩེ་དགེ་ལེགས་རྒྱལ་

མཚན། འབྲི་མཚམས་བཟང་པོ་རྒྱལ་མཚན། ཉང་སྟོད་བསོད་ནམས་(༧༩༨བ)བསྟན་འཛིན། ལྷུན་རྩེ་ཆོས་རྒྱལ་མགོན་པོ། ཉང་བྲན་ཤེས་རབ་བཟང་པོ། སྣེ་མོ་ཤག་པ་བློ་བཟང་བསྟན་འཛིན། རྟ་ནག་བློ་བཟང་ཆོས་མགོན། ལྷ་ས་དཀོན་ཅོག་བསྐལ་བཟང་། སྟོད་ལུང་རག་དབང་བྱང་ཆུབ། ད་ལྷ་ཡོན་ཏན་འོད་ཟེར། གཞིས་དགོན་ཕྱགས་ལུགས་བཀྲས་ལྷུན་ཕྱགས་པ་གྲྭ་ཚང་དང་ཉེ་ཞིང་། མདོ་ཕྱོགས་སློབ་གཉེར་ཐོས་བསམ་གླིང་དུ་འགྲོ། ཨང་དང་གྲྭ་གྲངས་བདུན་ཅུ་སྐོར།

བཞི་པ་གསེར་ཁང་གོང་པའི་ཐོག་མའི་སློབ་དཔོན་པ་དྲི་མེད་བཤེས་གཉེན། ཤེས་རབ་སེང་གེ་འཇམ་དབྱངས་རྒྱ་མཚོ། དཔལ་འབྱོར་བཟང་པོ། འཇམ་དབྱངས་སྨོན་ལམ། སྟག་ལ་ནུབ་སངས་རྒྱས་བཟང་པོ། ཤངས་པ་བསམ་གྲུབ་དཔལ་ལྡན། འཕྱོང་རྒྱས་རིན་ཆེན་རྒྱ་མཚོ། གོང་པོ་རིན་ཆེན་འོད་འཛོམ། ལོ་པ་དགེ་འདུན་རྣམ་རྒྱལ། དྭགས་པོ་འཕྲིན་ལས་རྒྱ་མཚོ། ཡང་ལོ་པ་དགེ་འདུན་རྣམ་རྒྱལ། ལུང་ནག་བློ་བཟང་དོན་གྲུབ། འབྲོང་རྩེ་དགེ་འདུན་ཡར་འཕེལ། ལུང་ནག་དགེ་འདུན་བློ་གྲོས། འགོ་ཡུལ་དགེ་འདུན་སེང་གེ འབྲོང་རྩེ་ངག་དབང་དོན་གྲུབ། སྟོད་ལུང་དགེ་ལེགས་ནོར་བུ། འཕན་ཡུལ་དམ་ཆོས་རབ་བརྟན། ལྷ་ས་བ་ཆོས་དར་རྒྱས། ད་ལྷ་བློ་བཟང་རྒྱལ་བ། གཞིས་དགོན་ཕྱགས་གྲྭ་རྒྱུད་སྟོད་དང་ཉེ། མདོ་ཕྱོགས་ཀྱི་སློབ་གཉེར་གྲྭ་རྒྱུན་བཀྲས་ལྷུན་ཐོས་བསམ་གླིང་དུ་འགྲོ། ཨང་དང་གྲྭ་པ་བརྒྱ་སྐོར།

ལྔ་པ་ཞི་གནས་གྲྭ་ཚང་གི་སློབ་དཔོན་པ་ཐོག་མ། ལ་སྟོད་རིན་ཆེན་པ། དཔལ་འབྱོར་བཟང་པོ། འཇམ་དབྱངས་ཆོས་རྗེ། ཏའི་གུ་ཤྲཱི། ཆོས་ལྡན་དཔལ་བཟང་། བྱང་ཆུབ་བདེ་ལེགས། ཆོས་དོན་གྲུབ། བླ་མ་རིན་ཆེན། ལྷ་དབང་བློ་གྲོས། ཆོས་འབྱོར་བཟང་པོ། གོང་པོ་དཀོན་ཅོག་རྒྱལ་མཚན། ཤངས་པ་དགེ་འདུན་འོད་ཟེར། རི་ནང་བློ་བཟང་དོན་གྲུབ། གོང་(༧༩༩ན)པོ་བཀྲ་ཤིས་བློ་གྲོས། སྐྱིང་ང་བློ་བཟང་ཕུན་ཚོགས། རྒྱང་རུ་བློ་བཟང་ནོར་བུ། སྤང་ཡུལ་བློ་བཟང་རྒྱལ་མཚན། རྒྱལ་རྩེ་དཔལ་འབྱོར་མཆོག་ལྡན། གོང་པོ་བྲག་ཕྱི་སྐུ་སྐྱེ། ད་ལྷ་གསེར་ཁང་འོག་

ཟླ་ཟུར། གཞིས་དགོན་ཐུབ་བསྟན་སྡིང་དུ་བསྐྲུན་ཏེ། མདོ་ཁམས་ཀྱི་སྙིང་པོ་ཆགས་པའི་ཡུལ་གྲུ་རྒྱ་ཆེ་བ་ཞིག་ལ་ཆོས་སྲིད་ཀྱི་དབང་བསྒྱུར་བ་དང་། མདོའི་སློབ་གཉེར་

བཀྲ་ཤིས་ལྷུན་པོ་ཤར་རྩེ་གྲྭ་ཚང་དུ་འགྲོ་ཞིང་ཡིག་ཆའང་དེ་ཉིད་སོར་བཞག་བྱེད།

ཨང་དང་གྲྭ་གྲངས་ཉིས་བརྒྱ་སྐོར།

དྲུག་པ་གུང་སོ་ཆེ་པའི་སློབ་དཔོན་པ་ཐོག་མ་མག་པ་པཎ་ཆེན་སངས་རྒྱས་

ཞིགས། ཡོངས་འཛིན་དབང་རྒྱལ། ཁམས་པ་ནོར་བཟང་རྒྱ་མཚོ། དེ་ནས་ཟླ་རབས་

འགའ་ཞིག་སོང་རྗེས། བདེ་འཕྱོར་བ་དགེ་འདུན་ཕུན་ཚོགས། གཅེན་ལུང་དཔལ་

འབྱོར་རྒྱལ་མཚན། རྒྱ་ནང་སོའི་ཆོས་མཛད། ཙོ་ནེ་ཆོས་རྗེ། ཁམས་པ་མགོན་པོ་

རྒྱལ་མཚན། ཤར་འབྲོག་དགེ་འདུན་ཕུན་ཚོགས། ཨོ་རོང་ཡེ་ཤེས་རྒྱ་མཚོ། དམ་

ཆོས་རྒྱལ་མཚན། སྟོད་ལུང་བློ་བཟང་ལྷུན་གྲུབ། རྒྱལ་མཁར་བ་བློ་བཟང་དོན་གྲུབ།

ད་ལྟ་བདེ་ཡངས་ཤེས་རབ་ཆོས་ལྡན། གཞིས་དགོན་སྲིད་རྒྱུད་པའི་ལུགས། མདོ་

ཕྱོགས་ཀྱི་སློབ་གཉེར་བཀྲ་ཤིས་ལྷུན་པོའི་ཐོས་བསམ་གླིང་དུ་འགྲོ་ཞིང་ཡིག་ཆའང་

དེ་ག་སོར་བཞག །ཨང་དང་གྲྭ་སློབ་བརྒྱ་དང་བཞི་བཅུ་སྐོར།

བདུན་པ་བདེ་འཕྱོར་གྲྭ་ཚང་གི་སློབ་དཔོན་པ་ཐོག་མ་འཇམ་དབྱངས་ཐར་པ་

དཔལ་བཟང་། བྱམས་པ་རྒྱལ་མཚན། ངག་དབང་རིན་ཆེན། རྒྱ་མཚོ་རྣམ་རྒྱལ།

གྲགས་པ་བསམ་གྲུབ། དབང་ལྡན་དགེ་འདུན་བསམ་གྲུབ། འབྲོག་པ་བསོད་ནམས་

ཕུན་ཚོགས། རྣམ་སྲས་རྒྱལ་མཚན། ངག་དོན་པ། དགའ་གདོང་བློ་བཟང་དཔལ་

འབྱོར། ལྷ་ས་དཀོན་ཅོག་ངག་དབང་དང་། དཀོན་ཅོག་ཆོས་དབང་། སོག་པོ་

ངག་དབང་བསྟན་(༡༨༨བ)འཛིན། ད་ལྟ་སེ་ར་སྨད་ཚེ་དབང་རྒྱ་མཚོ། གཞིས་གྲྭ་

བཀྲས་ལྷུན་ཐུགས་སྲྭ་ལུགས། མདོ་ཕྱོགས་ཀྱི་སློབ་གཉེར་ཐོས་བསམ་གླིང་དུ་འགྲོ་

ཞིང་། ཡིག་ཆ་ཡང་དེ་ཉིད་སོར་བཞག །ཨང་དང་གྲྭ་སློབ་དྲུག་ཅུ་སྐོར།

གཞན་ཡང་ས་ལུགས་གྲྭ་ཚང་བཞི། ཞ་ལུ་པ་གཅིག །དུས་འཁོར་བ་བཞི། ས་

དགེ་ཐུན་མོང་གསེར་ཁང་འོག་པ་བཅས་ཁྱོན་གྲྭ་ཚང་བཅུ་བདུན་ཡོད་པ་འདིའི་སྐྱི་

ཟླའམ་མཁན་ས་ནི། མཁས་གྲུབ་ཆོས་རྗེ། བཟང་པ་བློ་གྲོས་རྒྱ་མཚོ། རྗེ་སེང་གེ་

བཟང་པོ། ཆོས་རྗེ་བསོད་ནམས་གྲགས་པ། དཀོན་ཅོག་བདེ་བའི་འབྱུང་གནས། དཀོན་ཅོག་ཚུལ་ཁྲིམས། ཀུན་དགའ་དཔལ་འབྱོར། བཀྲ་ཤིས་རྣམ་རྒྱལ། ཀུན་དགའ་གྲོལ་མཆོག །ལུང་རིགས་རྒྱ་མཚོ། མཁན་ཆེན་འཕགས་པ། འཇམ་མགོན་ལྷུན་གྲུབ། ལྷུན་རབ་པ། ལུང་རིགས་ཀུན་དགའ་རྒྱ་མཚོ། ཨེར་ཏེ་ཤེས་རབ་ཡོན་ཏན། ཡོན་ཏན་སེང་གེ །དཀོན་ཅོག་བསྟན་འཛིན། ཡར་སྟོད་པ་ངག་དབང་འཕྲིན་ལས། ད་ལྟ་ལ་དྭགས་རྒྱལ་སྲས་བློ་བཟང་ངག་དབང་ཕུན་ཚོགས་ཀྱི་སྐབས་སོ། །

༢༧ ཉང་སྟོད་གནས་སྙིང་པའི་ལོ་རྒྱུས་ནི། སློབ་དཔོན་ཆེན་པོ་པདྨ་ཐོད་འཕྲེང་གིས་ཆོས་རྒྱལ་ཁྲི་སྲོང་ལྡེ་བཙན་དང་བློན་པོ་འགོས་ཀྱི་བླ་མར་རྒྱ་འཇམ་དཔལ་གསང་བ་ཞེས་བྱ་བའི་རིག་སྔགས་འཆང་བ་དེ་ཉིད་གནང་། ལ་སྟོད་མདོར་ཐུགས་རྗེ་ཆེན་པོའི་སྤྲུལ་པ་ཞིག་བྱོན་པ་དེས་ཐང་ཁར་ཞབས་རྗེས་ཞུས་པས་པདྨ་འདབ་མ་གྱ་བརྒྱད་འབྲུངས་པ་ན་རྒྱའི་གདུང་བརྒྱུད་ལ་སྤྲུན་རས་གཟིགས་ཀྱི་སྤྲུལ་པ་བརྒྱད་ཅུ་རྩ་བརྒྱད་འབྱོན་པར་ལུང་བསྟན། རྫོག་པ་ཟེ་ཐང་དཀོན་ཅོག་མཁར་ལ་གནང་། ཨ་མེས་ཕུར་མགོན་གྱིས་བཏབ། གནས་སྙིང་གི་མདོར་ཇོ་བོ་ཨ་ཏི་ཤ་ཕེབས་པ་ལ་ཕྱག་ནས་ཞུས་པས། འདི་གནས་ཀྱི་(༢༠༠ན)སྙིང་པོར་འདུག་གསུངས་པས་གནས་སྙིང་དུ་གྲགས།

དེ་ནས་རྒྱ་འཇམ་དཔལ་གསང་བ་ནས་འབྲི་ཤེས་རབ་འབར་ཙམ་མ་གཏོགས་ཐུགས་རྗེ་ཆེན་པོའི་སྤྲུལ་པ་རྒྱའི་གདུང་རིམ་བྱོན་གྱི་ཞེ་གཉིས་པ་འཇམ་དབྱངས་རིན་ཆེན་རྒྱལ་མཚན་འདི་སྐབས་འཇམ་མགོན་བཙོང་ཁ་པ་ཆེན་པོས་ཀྱང་དེར་བཀའ་བཞིའི་གྲྭ་སྐོར་མཛད་པ་ལ་ཞབས་ཏོག་ཞུས། འཇམ་དབྱངས་རིན་ཆེན་གྲུབ་པ་དང་། རྒྱལ་མཚན་རིན་ཆེན་པའི་སྲས་མཐུ་ཆེན་གྲགས་པ་རྒྱལ་མཚན་དང་མཁན་ཆེན་ཀུན་དགའ་བདེ་ལེགས་རིན་ཆེན་རྒྱལ་མཚན་དཔལ་བཟང་པོ་དེས་རྗེ་དགེ་འདུན་གྲུབ་པ་ལ་ཆོས་གསན། གཙོ་བོར་འཇམ་མགོན་བླ་མ་རང་ཉིད་ཀྱི་ཐུགས་རྗེ་དང་། ཁྱད་པར་རྒྱལ་ཚབ་རིན་པོ་ཆེའི་གཞིས་དགོན་ཡིན་གཤིས་མཁས་གྲུབ་དགེ་དཔལ་ང་ཡང་གདན་དྲངས་ཤིང་གནས་སྙིང་དགའ་ལྡན་པར་བསྒྱུར། འབྲས་སྤུངས་

དང་འོལ་དགའ་ལ་སོགས་པར་ཕེབས། རྗེ་དགེ་འདུན་རྒྱ་མཚོ་བསྙེན་པར་རྫོགས་པའི་མཁན་པོ་མཛད། རིན་ཆེན་རྡོ་རྗེ་གྲགས་པ་རྒྱལ་མཚན་དེའི་སྲས་རྒྱལ་ང་རྗོ་རྗེ་རིན་ཆེན་དང་། འཇམ་དཔལ་སྙིང་པོ། ར་ལོའི་སྤྲུལ་པ་འཇམ་དབྱངས་བསྟན་པའི་ཉི་མ། འཇམ་དབྱངས་གསང་བའི་རྒྱལ་མཚན། དེའི་སྲས་བློ་བཟང་བསྟན་པའི་རྒྱལ་མཚན་གྱིས་མོན་དུ་འཇམ་མགོན་བླ་མའི་བསྟན་པ་སྤེལ། དེའི་གཙུང་བསོད་ནམས་རྒྱལ་མཚན་འོད་ཟེར་དཔལ་བཟང་པོ་དང་དབང་ཆེན་རབ་བརྟན་གྲགས་པའི་འོད་ཟེར་དང་། ལས་རབ་དབང་ཆེན་ཀུན་དགའ་ཡེ་ཤེས་རྒྱ་མཚོ་ དེ་ནས་དབྱངས་ཅན་ངག་དབང་ཀུན་དགའ་ལྷུན་གྲུབ། ཕུན་ཚོགས་པ། དགའ་ལྡན་རྣམ་རྒྱལ། རིན་ཆེན་རྒྱལ་མཚན། དབྱངས་ཅན་ངག་གི་དབང་པོའི་སྲས་མི་འགྱུར་བསོད་ནམས་དབང་ཆེན། བློ་བཟང་ཀུན་དགའ་བདེ་ལེགས། བློ་བཟང་ངག་(༣༠༠བ) དབང་ཕྱོགས་ལས་རྣམ་རྒྱལ། བློ་བཟང་བསྟན་འཛིན། ད་ལྟ་འཇམ་དབྱངས་ཀུན་དགའ་ལེགས་པ། གནས་སྙིང་དུ་གྲྭ་ཚང་དྲུག་ཡོད་པའི་ཚང་མ་གཞིས་དགོན་ཐུགས་ལུགས་དང་། ཐོག་མའི་སློབ་དཔོན་སོགས་ཁུངས་མ་ཆོད་ཀྱང་། སྐྱིད་ཚལ༷་གྲྭ་ཚང༷་གི་སློབ་དཔོན་གནས་སྙིང་རྡོ་རྗེ་རྣམ་རྒྱལ། གནས་སྙིང་བློ་བཟང་དར་རྒྱས། སྟག་ལ་ཤར་བསོད་ནམས་དཔལ་བཟང་། གནས་སྙིང་ལྷ་དབང་རྒྱལ་མཚན། ང་ལྷ་སེ་ར་གྲྭ་ཚང་གི་སློབ་དཔོན་གནས་སྙིང་ཤེས་རབ་ཀྱིས་ཉིས་འཛིན་གྱི་སྐབས། གྲྭ་རྒྱུན་བཀྲས་ལྷུན་ཤར་རྩེར་འགྲོ།

མཆོད་ཁང་གྲྭ་ཚང་གི་སློབ་དཔོན་གནས་སྙིང་བཤེས་གཉེན་རྒྱལ་མཚན། དབང་ལྡན་འདུལ་བ་རྒྱ་མཚོ། གནས་སྙིང་ཆོས་འཕྱོར་རྣམ་རྒྱལ། གནས་སྙིང་དོན་གྲུབ་རྒྱ་མཚོ། དབང་ལྡན་པ་རྒྱལ་མཚན་བསམ་གྲུབ། གནས་སྙིང་པ་བློ་བཟང་དཀྲ་ཤིས། ད་ལྟ་གནས་སྙིང་བློ་བཟང་ནོར་བུའི་སྐབས། གྲྭ་རྒྱུན་བཀྲས་ལྷུན་ཐོས་བསམ་གླིང་།

ནུ༷བ་ཞ༷བས་གྲྭ་ཚ༷ང་གི་སློབ་དཔོན་རྒྱང་ཙ་བློ་བཟང་ཆོས་འཕེལ། ལུམ་པ་ལེགས་པ་རྒྱལ་མཚན། རྒྱལ་ཞོལ་བློ་གྲོས་ཕུན་ཚོགས། རྒྱལ་ཆེན་རྩེ་བློ་བཟང་བསྟན་འཕེལ།

ད་ལྟ་སློབ་དཔོན་མེད། གྲྭ་རྒྱུན་བཀྲས་ལྷུན་ཤར་རྩེ།

གནས་སྙིང་སེ་ར་གྲྭ་ཚང་གི་སློབ་དཔོན་ཤངས་པ་བློ་བཟང་སྦྱིན་པ། རྒྱང་རྩེ་ལེགས་བཤད་དཔལ་ལྡན། རྒྱལ་ཆེན་རྩེ་མགོན་པོ་བློ་བཟང་། བརྒྱ་གྲོང་བློ་བཟང་རྡོ་རྗེ། ད་ལྟ་གནས་སྙིང་ཤེས་རབ་ཀྱི་སྐབས། གྲྭ་རྒྱུན་བཀྲས་ལྷུན་ཤར་རྩེ།

ཟུར་ཁང་གྲྭ་ཚང་གི་སློབ་དཔོན་ཧ་ནག་བརྩོན་འགྲུས་རྣམ་རྒྱལ། གནས་སྙིང་རྡོ་རྗེ་རྣམ་རྒྱལ། ཧ་ནག་ཆོས་དཔལ་རྒྱལ་མཚན། ཆོས་ཉི་བློ་བཟང་ཕུན་ཚོགས། ད་ལྟ་གནས་སྙིང་བློ་བཟང་བསྟན་པའི་སྐབས། སློབ་གཉེར་བཀྲས་ལྷུན་དཀྱིལ་ཁང་། ད་ལྟར་(༢༠༧ན)གྲྭ་ཚང་ཁག་དྲུག་ཡོད་པ་ལས་ཕྱིས་སྐོར་ཁང་གསར་བ་སྟོངས་པའི་ལྷ་ཁྲིན་བསྡོམས་ཨང་དང་གྲྭ་གྲངས་བརྒྱ་དང་བདུན་ཅུ་སྐོར།

༢༨ ཤབ་སྟོད་དུ་ལྷུན་པོ་རྩེའི་ཆོས་སྡེ་ནི། པོ་དོང་ཨེ་འབྲོག་པ་འབྲོག་མི་བསོད་ནམས་མཚན་ཅན་གྱིས་བཏབ། སི་ཏུ་བསོད་ནམས་དཔལ་དང་བདག་མོ་ཤཱཀྱ་དཔལ་གྱིས་དར་རྒྱས་སུ་མཛད། ཆོས་སྡེ་དེའི་གདན་རབས་བཞི་པ་སེང་རྩེ་ཤར་གདོང་སླ་བྲང་བ་འཕགས་འོད་ཡོན་ཏན་རྒྱ་མཚོའི་དུས་སུ་རྗེ་ཤེས་རབ་སེང་གེ་ཕེབས་ཏེ་དགའ་ལྡན་པའི་ཆོས་ལུགས་བཙུགས། དེ་རྗེས་ལ་སྟོད་ཟུར་ཚོ་བ་ལོ་ཆེན་སྐྱབས་མཆོག །རྗེ་བཙུན་གྲགས་པ་སེང་གེ །ཤ་བ་པ་འཇམ་དབྱངས་ནམ་མཁའ་བཟང་པོ། བཤད་པ་པཎ་ཆེན་དོན་ཡོད་རྒྱལ་མཚན། དཔལ་སྡིངས་པ་ཚུལ་ཁྲིམས་རྒྱ་མཚོ། གསལ་ལུང་པ་པཎ་ཆེན་བསོད་ནམས་རྩེ་མོ། བདེ་འཕྲོར་བྱང་པ་བསོད་ནམས་རྒྱལ་མཚན། མཁས་བཙུན་ཆོས་འཕྲོར་དཔལ་བཟང་། གཅེན་ལུང་པ་ཡང་ང་ནང་སོ། ཧ་ཉག་པ་ཆོས་འཕེལ་རྒྱ་མཚོ། མཁན་རིན་པོ་ཆེ་གནས་སྙིང་པ། ཧ་ནག་དཔལ་འཕྲོར་རྒྱལ་མཚན། ཨ་མདོ་འདུལ་བ་ཆོས་རྗེ། རྩེ་གྲོང་པ་ངག་དབང་བློ་བཟང་དོན་གྲུབ། གྲ་བྱམས་གླིང་དཀོན་ཅོག་རིན་ཆེན། བློ་བཟང་རྒྱལ་མཚན། ད་ལྟ་བློ་བཟང་ཡར་འཕེལ་གྱི་སྐབས། སྔགས་གྲྭ་རྒྱུད་སྨད་དང་མཐུན་པ། གྲྭ་རྒྱུན་བཀྲ་ཤིས་ལྷུན་པོ་ཐོས་བསམ་གླིང་དང་གངས་ཅན་སེར་འབྲས་ཀྱི་བློ་གླིང་སྨད་བཅས་

པར་འགྲོ། ཨང་དང་གྲྭ་གྲངས་བརྒྱ་དང་དགུ་བཅུ་གོ་དྲུག་སྐོར།

༢༩ རོག་ཚོ་ཚོས་སྡེ་བསམ་གྲུབ་བདེ་ཆེན་ནི། རོག་ཚོ་ཚོས་མཛད་ཀྱིས་བཏབ་ཅིང་གསང་ཕུའི་བླ་མ་ཡང་རོག་ཚོ་པ་ཡིན་ལ། དེ་ནས་རིང་ཞིག་སོང་རྗེས་རོང་(རོག་)ཚོ་བ་ཐུབ་པ། པཎ་ཆེན་ཆོས་དཔལ་རྒྱ་མཚོ། ཧ་ནག་པ་མཁྱེན་རབ་རིན་ཆེན། རོང་(རོག་)(༢༠༧བ)ཚོ་བ་རྡོ་རྗེ་རྒྱལ་མཚན། རོང་(རོག་)ཚོ་བ་བསོད་ནམས་རྒྱལ་མཚན། ཨོ་རྒྱན་རྫོང་པ་ལེགས་བཤད་རྒྱ་མཚོ། འདར་པ་དཔལ་བཟང་རྒྱ་མཚོ། མངའ་རིས་པ་སངས་རྒྱས་དར་རྒྱས། ད་ལྟ་མངའ་རིས་པ་ངག་དབང་ཆོས་རྒྱལ་གྱི་སྐབས། སློབ་གཉེར་བཀྲས་ལྷུན་དཀྱིལ་ཁང་ལ་འགྲོ་ཞིང་། གཞིས་དགོན་བཀྲས་ལྷུན་ སྟགས་པ་ལུགས། ཨང་དང་གྲྭ་པ་སུམ་ཅུ་སོ་དྲུག་སྐོར།

༣༠ བཞད་བཀྲ་ཤིས་དགེ་འཕེལ་ནི། དང་པོ་གཞན་ཕྱོགས་ཀྱི་ལྟ་གྲུབ་འཛིན་ཀྱང་། སློ་གྲོས་མགོན་པོས་རྗེ་བཙུན་བཙོང་ཁ་པ་ཆེན་པོའི་རིང་ལུགས་སུ་བསྒྱུར་བ་ཡིན་ལ། དེ་རྗེས་ཆུ་སྐོར་དཀར་པོ་བ་བློ་བཟང་དབང་ཆེན། ཕུག་པ་བཟང་པོ་རྒྱལ་མཚན། ངམ་རིང་བརྩོན་འགྲུས་རྒྱལ་མཚན། དབང་ལྡན་པ་ཤེས་རབ་རིན་ཆེན། ཉང་སྟོད་པ་དོན་ཡོད་དཔལ་བཟང་། རྗེ་བླ་མའི་ཆོས་སྲིད་གདུགས་དཀར་གྱིས་ཁྱབ་ནས་བཞད་ཁུལ་བཀྲ་ཤིས་ལྷུན་པོའི་མཆོད་གཞིས་སུ་གནང་བས་ལར་རྒྱ་རྒྱལ་མཚན་མཐོན་པོ་ནས་མཛད་ཅིང་། སློབ་དཔོན་པ་འཕྲིན་ལས་དཔལ་བཟང་། ཤེས་རབ་དཔལ་འབྱོར། ནོར་བུ་རྒྱལ་མཚན་པ། རོང་པ་བློ་བཟང་རབ་བརྟན། འབྲོང་རྩེ་བློ་བཟང་བདེ་ལེགས། ཉང་སྟོད་ངག་དབང་དོན་གྲུབ། ཤབ་པ་ཆོས་གྲགས་རྒྱལ་མཚན། ད་ལྟ་བཞད་དགེ་སྡིངས་པ་བློ་བཟང་ནོར་བུ། གྲྭ་རྒྱུན་སློབ་གཉེར་བ་རྣམས་བཀྲ་ཤིས་ལྷུན་པོའི་གྲྭ་ཚང་ཐོས་བསམ་གླིང་དུ་འགྲོ་ཞིང་། གཞིས་དགོན་དུ་ཁང་དེའི་སྟགས་པ་གྲྭ་ཚང་ལུགས་སོར་གནས་བྱེད། ཨང་གཉིས་གྲྭ་པ་ཉིས་བརྒྱ་སུམ་ཅུ་སྐོར།

༣༡ གཅེན་ལུང་མཁའ་སྤྱོད་ཆོས་སྡེ་ནི། གྲུབ་ཆེན་ནམ་མཁའ་རྒྱལ་མཚན་གྱི་དངོས་སློབ་དཔལ་རྗེ་རྗེས་བཏབ་པ་ཡིན་ལ། ལུང་པ་དེ་སངས་རྒྱས་ཀྱི་སྤྱན་དབྱིབས་

འདྲ་བས་སྨྱུན་ལུང་ཟེར་རྒྱུ་སྒྲ་འཆོལ་ཏེ་གཅེན་ལུང་དུ་གྲགས་ཤིང་། བར་སྐབས་ས་སྐྱ་པའི་རིང་ལུགས་(༢༠༢ན)འཛིན་པར་ཕྱིས་བླ་མ་རྒྱ་ཆེན་པས་འཇམ་མགོན་བཙོང་ཁ་པ་ཆེན་པོའི་ལྟ་སྤྱོད་རྣམ་པར་དག་པ་འདི་ཉིད་ལ་བསྒྱུར་བ་མཛད། དེ་རྗེས་རང་གྲ་ཆོས་རྒྱལ་རིན་ཆེན་པ། བཀྲ་ཤིས་དཔལ་བཟང་། སངས་རྒྱས་དཔལ་འབྱོར། སངས་རྒྱས་ཡེ་ཤེས། སངས་རྒྱས་ཤེས་རབ། ཐོས་བསམ་གླིང་པ་ནོར་བཟང་རྒྱ་མཚོ། སྒྲུར་སྤེ་བ་དཔལ་ལྡན་ཚུལ་ཁྲིམས། དཔལ་ཆེ་བ། གནས་པ་བློ་བཟང་བཀྲ་ཤིས། བློ་གྲོས་བཟང་པོ། བསོད་ནམས་རྒྱལ་མཚན། བློ་བཟང་དོན་གྲུབ། ལྷུན་རྩེ་དགེ་འདུན་བསྟན་འཛིན། འཕྲིང་རྩེ་གྲགས་པ་རྒྱ་མཚོ། ད་ལྟ་རང་གྲ་བློ་བཟང་དཔལ་རྒྱས་ཀྱི་སྐབས་དང་། གསང་འདུས། མི་འཁྲུགས་ལྷ་བཅུ་གསུམ་མ་སོགས་ཀྱི་སྒོ་ནས་སྒྲུབ་མཆོད་དང་གདུལ་བྱ་སྐྱོང་། འདོན་མཆོད་ཕྱིངས་བཀྲ་ཤིས་ལྷུན་པོ་ལྟར་སྐྱ་ཚང་དང་ཉེ། མདོ་ཕྱོགས་ཀྱི་སློབ་གཉེར་ཐོས་བསམ་གླིང་དང་སེར་འབྲས་གང་རོས་སུ་འགྲོ། ཨང་དང་གྲྭ་གྲངས་བརྒྱ་དང་ལྔ་བཅུ་སྐོར།

༣༢ འོད་ཡུག་ཐག་དཀར་དགོན་ནི། ཐམས་ཅད་མཁྱེན་པ་དགེ་འདུན་གྲུབ་ཀྱི་ཞལ་སློབ་གཡང་ཁང་པ་མཁས་བཙུན་མགོན་པོ་རྒྱལ་མཚན་གྱིས་བཏབ། གདན་སར་རིམ་པ་ལྟར་སྨྱུ་གུ་བ་སངས་རྒྱས་རྒྱལ་མཚན། གྲགས་པ་ཆོས་འབྱོར། ཐར་པ་རྒྱལ་མཚན། བློ་གྲོས་བཟང་པོ། ནམ་མཁའ་སྟོབས་རྒྱལ་མཚན། བློ་བཟང་བསྟན་སྒྲོན། དཔལ་ལུང་བློ་བཟང་དགེ་ལེགས། ཧོར་མཐུ་སྟོབས་དབང་པོ། སྟག་ཕུ་ངག་དབང་རྒྱལ་མཚན། བློ་གླིང་དཀོན་ཅོག་རྒྱལ་མཚན། ཆོས་གླིང་ཤེས་རབ་བཟང་པོ། སེ་ར་སྨད་དཔལ་འབྱོར་བློ་བཟང་། བདེ་ཡངས་པ་བློ་བཟང་མི་དབང་། མངའ་རིས་ངག་དབང་ལྷུན་གྲུབ། ད་ལྟ་ཕུན་གླིང་ངག་དབང་རིན་ཆེན། གཞིས་དགོན་ཐུགས་ལུགས། གྲྭ་རྒྱུན་སེར་འབྲས་དགེ་གསུམ་གང་བདེ། ཨང་དང་གྲྭ་(༢༠༢བ)གྲངས་བརྒྱ་སྐོར།

༣༣ རྒྱང་ཏུ་གསེར་ སྡིངས་དགོན་ནི། གཞོན་ནུ་འོད་ཀྱིས་བཏབ། དེ་རྗེས་ཆོས་

སྐུ་འོད་ཟེར། འོད་ཟེར་བཟང་པོ། བཀྲ་ཤིས་རིན་ཆེན། རྒྱལ་མཚན་བཀྲ་ཤིས་སོགས་གདན་རབས་ཁ་ཡར་སོང་མཚམས། གད་རི་ལུང་པ་ཕུན་ཚོགས་གྲུབ་པ། གསེར་ཕུ་བ་ཆོས་འཕེལ་འོད་ཟེར། རྒྱང་ཏུ་དགེ་འདུན་ལྷུན་གྲུབ། སྐྱོར་ལུང་བློ་བཟང་ལྷ་དབང་། བློ་བཟང་ཕུན་ཚོགས། ངག་དབང་འཕྲིན་ལས། ད་ལྟ་ར་འོན་བློ་བཟང་སྦྱིན་པས་འགྲེལ་པ་བཞི་སྦྲགས་ཀྱི་འཆད་ཉན་དང་། གསང་འཛིགས་ཀྱི་ཆོ་ག་སོགས་རྒྱུད་སྨད་པར་ཉེ་བ། གྲྭ་རྒྱུན་སློབ་གཉེར་བཀྲ་ཤིས་ལྷུན་པོར་འགྲོ། ཨང་དང་གྲྭ་པ་དགུ་བཅུ་གོ་གཉིས་སྐོར།

༣༨ རི་ཁྲོད་དགའ་ལྡན་ནི། རྒྱལ་རྩེ་བདག་པོ་རབ་བརྟན་ཀུན་བཟང་འཕགས་ཀྱིས་དཔལ་འཁོར་ཆོས་སྡེའི་བསྐྱབ་གྲྭ་ལྟ་བུར་བཏབ་པར་གྲགས། བླ་རབས་ནི། དཔལ་ལྡན་ལེགས་པ། ཤེས་རབ་ལེགས་པ། བྱམས་པ་རྒྱལ་མཚན། ཤེས་རབ་གྲགས་པ། བར་སྐབས་བླ་མ་མེད། རྗེ་བླ་མའི་ཆོས་སྲིད་གདུགས་དཀར་གྱིས་ཁྱབ་ནས་འཕྱོང་རྒྱས་སྡིང་ཁང་དགེ་སློང་། ཨེ་པ་བྱམས་པ་རིན་ཆེན། སྤྱན་གཡས་བློ་བཟང་རྣམ་རྒྱལ། ཨེ་པ་བློ་བཟང་མཁས་གྲུབ། བྱམས་པ་ཕུན་ཚོགས། ལྷ་རྩེ་ངག་དབང་སྦྱིན་པ། ད་ལྟ་བློ་བཟང་བཀྲ་ཤིས། སུ་སོར་དཔལ་འཁོར་ཆོས་སྡེ་གྲྭ་ཚང་ཁག་བཅུ་བདུན་སྡེའི་སྒྲུབ་གྲྭར་སོང་གཞིས་སྐྱོར་དྲུག་གི་འཁྲིད་ལ་གཙོར་འདོན་ལས་གྲུབ་མཐའི་དབྱེ་བ་ཆེར་མེད་ཀྱང་། ཕྱིས་ཆོས་སྐྱོང་བྱིངས་དགེ་ལུགས་དཔེ་འགྲོ། ཨང་དང་གྲྭ་གྲངས་བརྒྱད་ཅུ་གྱ་བརྒྱད་སྐོར།

༣༥ རྩེ་ཆེན་ཆོས་སྡེའི་མདོན་དགའ་གྲྭ་ཚང་ནི། ཆོས་རྗེ་སངས་རྒྱས་བཀྲ་ཤིས་ཀྱིས་བཙུགས། དེ་ནས་རམ་ཕུ་བ་སྦྱིན་པ་རྒྱ་མཚོ། ཤར་ཆེན་སངས་རྒྱས་ཆོས་འཕེལ། དམར་ཁམས་མཁྱེན་དབང་པ། གྲ་ན་ཚེ་དབང་ཤེས་རབ། སྣང་པ་ངག་དབང་མཁྱེན་རབ། རྒྱལ་རྩེ་བློ་(༢༠༣ན)བཟང་བསྟན་འཛིན། བླ་ལུང་པ་བློ་བཟང་ཤེས་རབ། ད་ལྟ་རྩེ་ཆེན་བྱམས་པ་བསམ་གྲུབ། གྲྭ་རྒྱུན་སློབ་གཉེར་ཤངས་དགའ་ལྡན་ཆོས་འཁོར་དུ་འགྲོ། ཨང་དང་གྲྭ་གྲངས་ལྔ་བཅུ་སྐོར།

༣༦ ཆྭངས་པ་གསེར་གླིང་ནི། བྲག་དཀར་པ་རིན་ཆེན་རྒྱལ་མཚན་གྱིས་བཏབ་ཅིང་། ཆོས་ལུང་ཚོགས་པའི་མཁན་པོ་བསོད་ནམས་གྲགས་པར་ཕུལ། བླ་མར་རིམ་པ་ལྟར། ཉང་སྨད་བསོད་ནམས་བཟང་པོ། སྐྱེ་མོ་གཞོན་ནུ་མགོན་པོ། བྲ་མ་ལུང་གྲགས་པ་རྒྱལ་མཚན། ཚོང་འདུས་གྲགས་པ་བཤེས་གཉེན། སྐྱེ་མོ་ནམ་མཁའ་རྒྱལ་མཚན། ཉང་སྟོད་རིན་ཆེན་རྒྱལ་མཚན། ཞུག་པ་བཤེས་གཉེན་རྒྱལ་མཆོག །སྐྱེ་མོ་རྒྱལ་གྲགས་པ། ཚ་མི་ཟླ་བ་བློ་གྲོས། དྲའུ་ལྷས་ཕྱུག་ན། ཉང་རེ་བཤེས་གཉེན་བཟང་པོ། གཡག་སྡེ་མགོན་པོ་བཀྲ་ཤིས། ཉི་མ་རྒྱལ་མཚན། འོད་ཡུག་ནམ་མཁའ་ཚུལ་ཁྲིམས། བསམ་ཡས་པ་ཀུན་དགའ་བློ་གྲོས། བཀྲ་ཤིས་རྣམ་རྒྱལ། ཉང་བར་གྲགས་ཆེན་པ། དཀོན་རིན་པ། བཟང་པ་ལུང་རྒྱམ་པ། རོང་པ་ཀུན་རྒྱམ་པ། དོན་ཡོད་རྒྱ་མཚོ། ཀུན་དགའ་བསོད་ནམས། པ་སྣམ་བློ་བཟང་བསྟན་འཛིན། བཟང་ཡུལ་ཆོས་རྒྱ་མཚོ། ད་ལྟ་སྣང་པ་བསོད་ནམས་རྒྱལ་མཚན། སྡེ་ཐོག་ཆོས་ལུང་ཚོགས་པའི་གྲུབ་མཐའ་འཛིན་པ། ཕྱིས་འཇམ་མགོན་ཆོས་ཀྱི་རྒྱལ་པོའི་རིང་ལུགས་སུ་འགྱུར་ཞིང་། ཀུན་རིག་དང་སྨན་བླའི་ཆོ་ག་གཏོང་། ཆོས་སྤྱོད་ཕྱིངས་དགེ་ལུགས་དཔེ་འགྲོ། གྲྭ་རྒྱུད་བཀྲས་ལྷུན་ཐོས་བསམ་གླིང་སོགས། ཨང་དང་གྲྭ་སློབ་བཞི་བཅུ་ཞེ་དྲུག་སྐོར།

༣༧ རིན་ཆེན་སྒང་ནི། ཁྲུང་པོ་དོན་གྲུབ་རིན་ཆེན་པས་བཏབ། དེ་ནས་རྣམ་རྒྱལ་དབང་པོ། ཤེས་རབ་ཆོས་འཕེལ། ཤེས་རབ་དཔལ་བཟང་། རིན་ཆེན་ཆོས་རྒྱལ། སྲིད་རྒྱུད་པ་དགེ་ལེགས་དཔལ་བཟང་། གསེར་སྡིངས་དཀོན་ཅོག་རྒྱ་(༢༠༣བ)མཚོ། སེང་རྫེ་ཡོན་ཏན་བཟང་པོ། འགྲིག་ཤེས་རབ་རྒྱ་མཚོ། རྒྱལ་རྩེ་མགོན་མཆོག །བྲག་དམར་བློ་བཟང་དཔལ་ལྡན། ད་ལྟ་མཆོག་སྦྱིན་ཡར་འཕེལ། སྨྱུང་གནས་ཀྱི་ཆོ་ག་གཏོང་ཞིང་ས་ལམ་སོགས་ཆོས་སྤྱོད་དགེ་ལུགས་སྒྱི་འགྲོ། ཨང་གཉིས་བཙུན་མ་བཞི་བཅུ་སྐོར།

༣༨ པ་སྣམ་ཁྲུལ་བསམ་སྡིངས་དགོན་ནི། གཞོན་ནུ་གྲུབ་པས་བཏབ། དྲུང་མཆོག་དོན་ཡོད་རྒྱལ་མཚན་སོགས་བཀའ་གདམས་པ་དང་། འབྲུལ་ཞིག་ཚུལ་ཁྲིམས་

རྒྱལ་མཚན་སོགས་ཞ་ལུ་པ། ཁྲུང་པོ་རྣལ་འབྱོར་སོགས་ཤངས་ལུགས། རྗེ་བཙུན་གྲོལ་མཆོག་སོགས་ཇོ་ནང་པ་སྟེ་གྲུབ་མཐའ་རིས་སུ་མ་ཆད་པ་དུ་མས་བསྐྱངས་པར་གྲགས། ཕྱིས་མཚན་སྒྲོག་པ་དང་གཅིག་བསྲེས་ལྷ་བུར་ཕྱུར་པས་བླ་རབས། འདོན་མཆོད། གྲྭ་རྒྱུན་སོགས་གང་ཅི་མཚུངས། ཨང་གཉིས་གྲྭ་པ་ལྔ་བཅུ་ང་བཞི་སྐོར།

༣༩ བསམ་གླིང་པ་ནི། རྫོག་སྟོན་ཀུན་དགས་བཏབ། གྲུབ་མཐའ་ས་ལུགས། ཕྱིས་དགེ་འཕེལ་དབང་འཛིན་དང་འདོད་པ་གཅིག་སྐྱོན་གྱིས་ལྗོ་དཔལ་གླིང་སྣང་པར་གནང་བས་འཛམ་མགོན་ཆོས་ཀྱི་རྒྱལ་པོའི་རིང་ལུགས་སུ་འགྱུར་ནའང་། བླ་མ་དང་འདོན་མཆོད་སོགས་ཀྱི་པར་བཀབ་མེད། ཨང་དང་གྲྭ་གྲངས་བཅུ་གཉིས་སྐོར།

༤༠ ཐར་པ་བ་ནི། དཔྱལ་ལོ་ཙྪ་བ་ཆོས་ཀྱི་བཟང་པོས་ཤིང་ཕོ་བྱི་བའི་ལོ་ལ་བཏབ། ཁ་ཆེའི་པཎྜི་ཏ་ཆེན་པོ་ཤཱཀྱ་ཤྲཱིས་ཞབས་ཀྱིས་བཅགས་ཤིང་། དཔལ་བྱང་ཆུབ་ཐར་པ་གླིང་ཞེས་པའི་མིང་འདོགས་མཛད། ཀུན་མཁྱེན་བུ་སྟོན་གྱི་བླ་མ་ཐར་ལོ་ཉི་མ་རྒྱལ་མཚན་སོགས་མཁས་ཤིང་གྲུབ་པ་བརྙེས་པ་དུ་མས་བཞུགས། དཔྱལ་གྱི་བླ་རབས་རྣམས་འདིར་མ་སྨོས། རྗེ་བླ་མའི་ཆོས་སྲིད་གདུགས་དཀར་གྱིས་ཁྱབ་ནས་བྲག་སྣ་བ། ཀུན་དགའ་ཡེ་ཤེས་རྒྱལ་མཚན། འདི་སྐབས་བླ་གྲྭ་འདོད་པ་རྩེ་མཐུན་གྱི་སྒོ་ནས་རྗེ་བླ་མར་བསླབ་སྟོན་ཞུས་པའི་དགེ་(༢༠༤ན)ལུགས་སུ་འགྱུར། དེ་རྗེས་འཕྲོང་རྒྱས་པ་བསོད་ནམས་དངོས་གྲུབ། འོད་མཆོག་སྤྲུལ་སྐུ་ངག་དབང་འོད་གསལ་རང་གྲོལ། ད་ལྟ་བྱམས་ཆེན་པ་དགེ་འདུན་རྒྱ་མཚོ། དཔྱལ་ཕུད་ཀྱི་བསྟུབ་མཆོད་ སྔར་རྒྱུན་བཞིན་གནས་དགོས་པ་རྗེ་བླ་མའི་བཀའ་ཤེབས་ལྟར་དུ་འཆམས་དང་བཅས་བྱེད། གཞན་མའི་འདོན་མཆོད་བཀྲ་ཤིས་ལྷུན་པོ་སྟགས་པ་གྲྭ་ཚང་དང་འདྲ་བ། གྲྭ་རྒྱུན་སློབ་གཉེར་གཞན་དུ་འགྲོ་སྲོལ་མེད། ཨང་དང་གྲྭ་པ་བརྒྱ་དང་ཉི་ཤུ་རྩ་བཞི་སྐོར།

༤༡ ཤངས་རྟོད་ཚང་རི་ཁྲོད་ནི། འུག་པ་གླིང་པ་འཇམ་དཔལ་གྲགས་པས་བཙུགས། པཎ་ཆེན་བློ་བཟང་ཆོས་རྒྱན་པས་དར་རྒྱས་སུ་མཛད་དེ། བླ་མར་མངའ་

རིས་བཟང་མཁར་བ་བརྩོན་འགྲུས་རྒྱལ་མཚན་བསྐོས། དེ་རྗེས་མངའ་རིས་བློ་བཟང་རྒྱལ་མཚན། རྟ་ནག་བསྟན་འཛིན་བཟང་པོ། ད་ལྟ་བཟངས་མཁར་བརྩོན་རྒྱམ་པ། བདེ་མཆོག་ལྷུ་ཧི་པའི་བདག་མདུན་སོགས་ཆོས་སྤྱོད་རགས་པ་རྒྱུད་སྟོད་དང་མཚུངས། འདི་ཉིད་བསྐྱབ་སྡེར་སོང་གཞིས་གྲྭ་ས་གཞན་ནས་སློབ་གཉེར་ཚར་རིམས་ཀྱི་ཚུར་ཡོང་བ་ལས་ཕར་འགྲོ་སྲོལ་མེད། ཨང་དང་གྲྭ་པ་བཞི་བཅུ་སྐོར།

༥༣ གཡུང༷་ཆོས༷་སྡེ༷་ནི། གཡང་པ་ཆོས་རྗེ་གྲགས་པ་བསམ་གྲུབ་པས་བཏབ། དེ་ནས་ཐམས་ཅད་མཁྱེན་པ་དགེ༷་འདུན༷་རྒྱ༷་མཚོ། ལྷ་ཕུ་བ་གྲགས་པ་རྒྱལ་མཚན། ཚུ་བར་བློ་བཟང་དོན་ཡོད། སྣར་ཐང་གྲགས་པ་བསོད་ནམས། ཉང་སྟོད་ལེགས་བཤད་དཔལ་ལྡན། ཚེ་བརྟན་རྒྱ་མཚོ། གཡང་བསྟན་པ་དར་རྒྱས། བྱམས་ཆེན་བློ་བཟང་ཆོས་འཕེལ། ད་ལྟ་རྟ་ནག་ཆོས་འཕེལ་རྒྱལ་མཚན། གཞིས་དགོན་ སྔགས་ཕྱོགས་རྒྱུད་སྐད་པ་དང་ཉེ། གྲྭ་རྒྱུན་སློབ་གཉེར་ཐོས་བསམ་གླིང་དུ་འགྲོ། ཨང་དང་གྲྭ་པ་དྲུག་ཅུ་སྐོར།

༥༤ སྤོལ༷་དར༷་རྒྱས༷་བསྐྱབ་སྡེ༷་ནི། ཐོག་མར་སྲུས་(༢༠༥བ)བཏབ་མེད་ཅིང་། བླ་མའི་དང་པོ་རིན་ཆེན་བཤེས་གཉེན། ཀྲི་པ་དགེ་ལེགས་རྒྱ་མཚོ། མངའ་རིས་པ་བློ་བཟང་བརྩོན་འགྲུས་རྒྱལ་མཚན། རྟ་ནག་བློ་རྒྱམ་པ། གནས་སྙིང་བྱམས་པ་ནོར་བུ། རྒྱལ་ཆེན་རྩེ་བློ་བཟང་ཡར་འཕེལ། སྦྲུད་པ་སྣམ་རྒྱལ་མཚན། ད་ལྟ་བཀྲས་རབ་བློ་བཟང་རིག་གྲོལ། འདོན་མཆོད་དགེ་ལུགས་བྱིངས་འགྲེ། བསྐྱབ་སྡེར་སོང་བས་གྲྭ་རྒྱུན་གཞན་དུ་འགྲོ་སྲོལ་མེད། ཨང་དང་གྲྭ་གྲངས་བཞི་བཅུ་ཞེ་དྲུག་སྐོར།

༥༥ ཚུམས༷་ལྷ༷་སྡིངས༷་ནི། གྲུབ་ཐོབ་དབུས་སྨྱོན་པས་བཏབ་པར་གྲགས་ཤིང་བར་སྐབས་ཀྱི་བླ་རབས་ངེས་པ་མ་བྱུང་། རྗེ༷་བླ༷་མའི༷་ཆོས་སྲིད་གདུགས་དཀར་གྱིས་ཁྱབ་ནས། ཟངས་མཁར་བློ་བཟང་རྒྱལ་མཚན། མཁར་སྐྱ་རབ་འབྱམས་པ། རྒྱལ་ཆེན་རྩེ་བློ་བཟང་ཆོས་འཕེལ། བྲིས་ཁ་བ་མཆོག་ལྡན་རྒྱ་མཚོ། གཞིས་རྩེ་བློ་བཟང་ལྷུན་གྲུབ། ཤངས་པ་གྲུབ་པའི་རྒྱལ་མཚན། ད་ལྟ་གུ་གེ་ལེགས་བཤད་རྒྱ་མཚོ། ཆོས་

སྐྱོད་དགེ་ལུགས་བྱིངས་འགྲོ། བཀྲ་ཤིས་ལྷུན་པོ་ནས་གྲངས་བཅད་ཀྱི་འཛོག་པ་ལས་གྲྭ་རྒྱུན་སོགས་ཀྱི་སྲོལ་མེད། ཨང་གཉིས་གྲྭ་པ་ཉི་ཤུ་རྩ་གསུམ་སྐོར།

༩༥ རིན་ཆེན་སྒང་ནི། ཤངས་གྲྭ་ཚང་ཆེན་མོ་འདེབས་མི་དང་གཅིག་པར་གྲགས། ཁྲིམས་དགའ་ལྡན་ཆོས་འཁོར་གསར་ཚུགས་ནས་བཟུང་དེའི་དགོན་ལག་ཡིན་གཤིས། བླ་རབས་དང་ཆོས་སྐྱོད་མ་མཚུངས། ཨང་གཉིས་གྲྭ་པ་བཅོ་ལྔ་སྐོར།

༩༦ གཞིས་རྩེ་ཁུལ་གདོང་དཀར་རི་བོ་མདངས་ཅན་ནི། པད་དཀར་འཆང་བ་ཏུར་སྒྲིག་གར་རོལ་དང་པོ་དགེ་འདུན་གྲུབ་པས་ལུང་བསྟན་པ་ལྟར། དངོས་སློབ་གདོང་དཀར་བ་སངས་རྒྱས་དཔལ་རིན་པས་བཏབ། དེ་ནས་ཤངས་པ་ཆོས་དཔལ་རྒྱ་མཚོ། མངའ་རིས་སངས་རྒྱས་པ། སངས་རྒྱས་བཟང་པོ། སངས་རྒྱས་དཔལ་བཟང་། (༢༠༥ན)རྣམ་རྒྱལ་རྒྱལ་མཚན། བསོད་ནམས་དཔལ་གྲུབ། སླར་ཡང་རྣམ་རྒྱལ་རྒྱལ་མཚན། ད་ལྟ་ཨོ་རྒྱན་རྫོང་པ་ལེགས་ཚོགས་རྒྱ་མཚོ། གཞིས་དགོན་ཐུགས་ལུགས་རྒྱུད་སྨད་དང་ཉེ། གྲྭ་རྒྱུན་བཀྲས་ལྷུན་དཀྱིལ་ཁང་དུ་འགྲོ། ཨང་དང་གྲྭ་གྲངས་དགུ་བཅུ་གོ་བཞི་སྐོར།

༩༧ རྟ་ནག་རི་མཁར་ཆོས་སྡེ་ནི། ཤངས་པ་བཀའ་བརྒྱུད་པ་བྱ་བཏང་ནམ་མཁའི་རྣལ་འབྱོར་པས་བཏབ། བླ་རབས་བཞི་ལྔ་ཙམ་སོང་མཚམས། འཇམ་མགོན་ཆོས་ཀྱི་རྒྱལ་པོའི་རིང་ལུགས་པ་འོ་སྣོན་དཔལ་འབྱོར་རྒྱལ་མཚན། པཎ་ཆེན་ལུང་རིག་རྒྱ་མཚོ། རྟ་ནག་ཆོས་རྒྱན་པ། འཇམ་གྲགས་པ། རིན་ཆེན་རྒྱ་མཚོ། རྗེ་རྫོང་མཆོག་ལེགས་རྣམ་རྒྱལ། ཉང་སྟོད་ལྷ་དབང་བློ་གྲོས། གསེར་ཕྱིངས་པ། ཤངས་པ་ཆོས་དཔལ་རྒྱ་མཚོ། པཎ་ཆེན་བློ་བཟང་ཆོས་རྒྱན། བསྟན་འཛིན་རྒྱ་མཚོ། ལྷུན་གྲུབ་རྩེ་པ་ཆོས་དབྱིངས་རྒྱ་མཚོ། ཨོ་རྒྱན་རྫོང་པ་རིན་ཆེན་བློ་གྲོས། རྟ་ནག་བཀྲས་རྒྱན་པ། རོང་ཚོ་དར་རྒྱམ་པ། རྗེར་གདན་བློ་རྒྱམ་པ། མངའ་རིས་པ་རྣམ་རྒྱལ་མཚན། ད་ལྟ་རྟ་ནག་དཀོན་ཅོག་རྒྱ་མཚོ། གསང་འདུས་མི་བསྐྱོད་པ་དང་བདེ་མཆོག་ལྷ་ཧེ་པའི་བསྒྲུབ་མཆོད་སོགས་གཏོང་། ཆོས་སྐྱོང་སྐོར་སོགས་དགེ་ལུགས་

བྱིངས་འགྲོ། གྲྭ་རྒྱུན་སློབ་གཉེར་བཀྲ་ཤིས་ལྷུན་པོའི་དཀྱིལ་ཁང་དུ་འགྲོ། ཨང་དང་གྲྭ་གྲངས་དྲུག་ཅུ་རེ་བརྒྱད་སྐོར།

༤༨ ཧ་ནག་གསེར་གླིང་ནི། འཇམ་དབྱངས་ཤེས་རབ་རིན་ཆེན་གྱིས་བཏབ་ཚུལ་ལས་སྔ་མོའི་བླ་རིམ་རྣམས་ངེས་ཁུངས་མ་རྙེད། ཕྱིས་གནའ་པ་བ་བློ་བཟང་དངོས་གྲུབ། གསེར་ཁང་པ་ལེགས་བཤད་དཔལ་ལྡན། གནས་པ་ཁ་བྲག་པ་ཆོས་རྒྱལ་མགོན་པོ། འབྲོང་རྩེ་དགེ་འདུན་ཡར་འཕེལ། ཧ་ནག་དགེ་དར་(༢༠༥བ)བ། དགེ་འདུན་དོན་གྲུབ། ད་ལྟ་ཧ་ནག་བློ་བཟང་ཀུན་དགའ། གཞིས་དགོན་བཀྲས་ལྷུན་སྔགས་གྲྭ་དང་མཚུངས། གྲྭ་རྒྱུན་སློབ་གཉེར་ཐོས་བསམ་གླིང་པར་འགྲོ། ཨང་དང་གྲྭ་གྲངས་བཞི་བཅུ་ཞེ་དྲུག་སྐོར།

༤༩ ཧ་ནག་ས་རྡོ་རྗེ་གདན་ནི། ཤངས་པ་བཀའ་བརྒྱུད་ཀྱི་རིང་ལུགས་པ་ཆེན་པོ་ཡེ་ཤེས་ཀྱི་མགོན་པོ་ཕྱག་དྲུག་པ་བྲན་དུ་འཁོལ་བ། སྲིག་མིའི་རིགས་ལས་ཕ་རྒོད་ཀུན་དགའ་བཟང་པོས་བཏབ། དེ་སྲས་དྲན་མཆོག་དོན་ཡོད་རྒྱལ་མཚན། དེ་སྲས་རྡོ་རྗེ་འཆང་ཀུན་དགའ་རྒྱལ་མཚན་དཔལ་བཟང་པོ། དེ་སྲས་པད་དཀར་འཛིན་པ་དུར་ཁྲིག་གར་རོལ་གཉིས་པ་དབྱངས་ཅན་བཞད་པའི་རྡོ་རྗེའམ་དགེ་འདུན་རྒྱ་མཚོ། གཙུང་རྗེ་དཔོན་ཤེས་རབ་རྒྱལ་མཚན། དེ་རྗེས་ལ་སྟོད་པ་བསྟན་པ་དར་སངས། འོད་ཡུག་བསོད་ནམས་རྒྱལ་མཚན། ཧ་ནག་སངས་བཟང་པ། དགེ་འདུན་བཟང་པོ། མངའ་རིས་སངས་རྒྱས་དཔལ་བཟང་། འཇམ་དབྱངས་རྒྱལ་མཚན། དགོན་སྡེ་བློ་རྒྱམ་པ། རྣམ་རྒྱལ་རྒྱལ་མཚན། ད་ལྟ་ཧ་ནག་དགེ་ལེགས་རྒྱལ་མཚན། གསང་འཛིགས་ཆོས་སྐྱོང་སྐོར་སོགས་དགེ་ལུགས་བྱིངས་འགྲོ། གྲྭ་རྒྱུན་བཀྲས་ལྷུན་དཀྱིལ་ཁང་དུ་འགྲོ། ཨང་དང་གྲྭ་གྲངས་སུམ་ཅུ་སྐོར།

༥༠ ཧ་ནག་ཨོ་རྒྱན་ཆོས་རྫོང་ནི། དཔལ་ལྡན་བླ་མ་དམ་པ་བསོད་ནམས་རྒྱལ་མཚན་གྱིས་བཏབ། ཕྱིས་དགེ་ལུགས་སུ་འགྱུར་བའི་བླ་མ་ནམ་མཁའ་རྒྱལ་མཚན། རིན་ཆེན་བློ་གྲོས། ལེགས་བཤད་རྒྱ་མཚོ། ཆོས་ཉི་ཡར་འཕེལ། རྗེ་རྫོང་ལེགས་

བཤད་རྒྱལ་མཚན། ཧ་ནག་བློ་བཟང་བཀྲ་ཤིས། ཀུ་གེ་བློ་རྒྱམ་པ། ད་ལྷ་ཆོས་ཉི་བ་བློ་བཟང་རྒྱལ་མཚན། ནག་པོ་སྐོར་གསུམ་སོགས་དགེ་ལུགས་ཕྱིངས་འགྲེ། གྲྭ་རྒྱུན་བཀྲས་ལྷུན་(༢༠༤ན)དཀྱིལ་ཁང་གྲྭ་ཚང་དུ་འགྲོ། ཨང་དང་གྲྭ་གྲངས་ལྔ་བཅུ་ང་གསུམ་སྐོར།

༥༧ བཞད་གྲྭ་ཚང་ཆེན་མོ་ནི། འཇམ་མགོན་ཆོས་ཀྱི་རྒྱལ་པོའི་སློབ་མ་ཀུན་མཁྱེན་གྲགས་པ་བཟང་པོས་བཏབ། དེ་རྗེས་མངའ་རིས་པ་ནམ་མཁའ་བསོད་ནམས། ཚ་འདུས་བསོད་ནམས་ཡེ་ཤེས། ཨོ་རྒྱན་རྗོང་པ་ཆོས་སྐྱོང་རྒྱལ་མཚན། ཉང་པ་བློ་གྲོས་རྒྱ་མཚོ། སྟོད་རོང་རཏྣ་ཧྲ་དྲ། ཁྱུང་དཀར་བསོད་ནམས་དཔལ་བཟང་། བྱང་པ་འཕྲིན་ལས་དབང་ཕྱུག །ཉང་པ་དཔལ་འབྱོར་རྒྱ་མཚོ། ཁྱུང་དཀར་ཤེས་རབ་ནོར་བུ། བྱང་པ་ངག་དབང་རིན་ཆེན། བྲོ་ཁོར་གྲགས་མཆོག་པ། བྱང་པ་བཀྲས་རྒྱམ་པ། བྲ་མ་ལུང་ཆོས་རྒྱ་མཚོ། ཉང་པ་བསོད་ནམས་དཔལ་འབྱོར། ར་ས་བ་ཤཱཀྱ་མཆོག་ལྡན། ཉང་པ་ངག་དབང་མཁྱེན་རབ། གོ་སྐོར་ངག་དབང་སྨིན་གྲོལ། ད་ལྟ་ཁྱུང་དཀར་དཔལ་འབྱོར་ལྷུན་གྲུབ་ཀྱིས་རྩ་བའི་དགོན་འདེབས་པ་པོས་མཛད་པའི་འདུལ་བ་ངོ་མཚར་སྣང་བ། ཕར་ཕྱིན་ཡུམ་དོན་ནོར་བུའི་དགོངས་རྒྱན། རྣམ་འགྲེལ་གྱི་སྤྱི་དོན་ལུང་རིགས་སྒྲོན་མེ་སོགས་འདུལ་མཛོད་དབུ་ཕར་ཚད་མ་བཅས་པའི་འཆད་ཉན་བྱེད་ཅིང་། འཛིགས་བྱེད་དང་བདེ་མཆོག་དགེ་ལུགས་ཕྱིངས་འགྲེ། ཨང་དང་གྲྭ་གྲངས་བརྒྱ་དང་དྲུག་ཅུ་རེ་དྲུག་སྐོར།

༥༨ བཞད་སྟེང་ཁ་དགོན་ནི། འཇམ་མགོན་ཆོས་ཀྱི་རྒྱལ་པོའི་དངོས་སློབ་རྗེ་བཙུན་ཤེས་རབ་སེང་གེས་བཏབ། དེ་རྗེས་བློ་བཟང་ཤེས་རབ། ལྷུན་རྩེ་བློ་བཟང་དཔལ་འབྱོར། གནས་པ་བློ་བཟང་ལེགས་པ། སེང་རྩེ་ཤེས་རབ་ཆོས་འཕེལ། ཀླུ་ལུང་ནོར་རྒྱམ་པ། བཞད་པ་བློ་བཟང་རྒྱལ་མཚན། རྫོག་དགེ་འདུན་རྒྱལ་མཚན། ཉང་པ་བློ་བཟང་ཆོས་འཕེལ། ཀླུ་ལུང་ལྷ་དབང་དཔལ་འབྱོར། བཞད་པ་འཕྲིན་ལས་དཔལ་བཟང་། གྲངས་(༢༠༤བ)ཆེན་དོན་བཟང་པ། ཤེས་རབ་དཔལ་འབྱོར།

ལྡན་བློ་བཟང་རབ་བརྟན། འབྲོང་རྩེ་བློ་བཟང་བདེ་ལེགས། དབང་ལྡན་ངག་དོན་པ། སྤྱིངས་པ་ཆོས་གྲགས་རྒྱལ་མཚན། ད་ལྟ་བཞད་པ་བློ་བཟང་ནོར་བུ། གཞིས་དགོན་བཀྲ་ཤིས་ལྷུན་པོ་སྟགས་པ་གྲྭ་ཚང་དང་ཉེ། གྲྭ་རྒྱུན་ཐོས་བསམ་གླིང་དུ་འགྲོ། ཨང་དང་གྲྭ་གྲངས་ལྔ་བཅུ་སྐོར།

༥༣ བཞད་འབྲོང་ཕུ་དགོན་ནི། ཐམས་ཅད་མཁྱེན་པ་དགེ་འདུན་གྲུབ་པའི་ཞལ་སློབ་སྣར་ཐང་པ་སེང་ལྷ་རི་བས་བཏབ། དེ་ནས་བྱམས་པ་རྣམ་རྒྱལ། དཔལ་ལྡན་བློ་གྲོས། ཨོ་རྒྱན་མཚོ་མོ། ནང་རམས་པ། ཚུམས་པ་གྲགས་པ་ཚུལ་ཁྲིམས། ད་ལྟ་དགའ་ལྡན་ཆོས་འཁོར་བླ་མས་ཉེས་སྐྱོང་། ཀུན་རིག་རྒྱུད་དོན་གསལ་བའི་སྙིང་པོ་དང་འཇིགས་བྱེད་སོགས་དགེ་ལུགས་སྟགས་ཕྱོགས་གཞིས་དགོན་དཔེ་འགྲོ། གྲྭ་རྒྱུན་དགའ་ལྡན་ཆོས་འཁོར་དུ་འགྲོ། ཨང་དང་གྲྭ་གྲངས་བཞི་བཅུ་ཞེ་དགུ་སྐོར།

༥༤ སྟག་ལུང་ཟླ་བ་ཕུག་ནི། སྟར་གཞན་ཕྱོགས་པ་ཕྱིས་སྨན་ཐང་པས་དགེ་ལུགས་སུ་བསྒྱུར་བའི་མི་ཙེ་བཙུན་མ་ཞིག་བླ་མར་བསྐོས། ད་ལྟ་བཀྲས་ལྷུན་ལྷ་བཙུན་ཇེ་རྗེ། བླ་མ་མཆོད་པ་དང་སྨན་བླ་བསྟུས་པ་སོགས་གཏོང་། ཨང་གཉིས་བཙུན་མ་ཉི་ཤུ་རྩ་གཉིས་སྐོར།

༥༥ བཀྲ་ཤིས་ཆོས་སྡིངས་ནི། ངམས་རིང་པ་དཔོན་པོ་བྱ་འབྲས་ཞེས་པས་བཏབ། དེ་ནས་བཀྲས་ལྷུན་དཀྱིལ་ཁང་གྲྭ་ཚང་གི་བླ་མ་ན་རིམ་ནས་སྐྱོང་། བདེ་གསང་ཀུན་རིག་སོགས་སྟགས་པ་གྲྭ་ཚང་ལུགས་དང་ཉེ། སློབ་གཉེར་གྲྭ་རྒྱུན་དཀྱིལ་ཁང་དུ་འགྲོ། ཨང་གཉིས་གྲྭ་པ་ཉི་ཤུ་རྩ་གཉིས་སྐོར།

༥༦ གློ་སྨུགས་ནི། པད་དཀར་འཆང་བ་དགེ་འདུན་གྲུབ་པའི་སློབ་མ་པ་སྣམ་པ་ཐར་པ་རྒྱལ་མཚན་གྱིས་བཏབ། དགོན་མིང་བསམ་གྲུབ་དགེ་འཕེལ་དུ་བཏགས། དེ་རྗེས་པཎ་ཆེན་ཤཱཀྱ་པའི་སློབ་(༢༠༧ན)བུ་བསྟན་པ་རྒྱ་མཚོ་གསན་བསམ་རྒྱ་ཆེ་སྐབས། ཐམས་ཅད་མཁྱེན་པ་དགེ་འདུན་རྒྱ་མཚོ་རྟ་ནག་ནས་ཕེབས་པའི་ལམ་ནས་དགོན་འདི་གཟིགས་པར། བཀའ་ལས་རི་གློ་བ་འདྲ་བའི་སྨུགས་ན་མཁས་པ་ཉི་མ་

འདྲ་བ་ཞིག་ལེགས་བཤད་ཀྱི་གཟི་འོད་འབར་ནས་འདུག་ཕེབས་ཏེ་སློ་སྨུགས་ཞེས་མིང་ཆགས། དེ་རྗེས་ཤོ་ཁུད་པ་རྒྱལ་བ་བསམ་གྲུབ། ས་སྐྱེ་སངས་དར་བ། ཉུག་པ་དཔལ་འབྱོར་རབ་རྒྱས། ཨོ་རྒྱན་རྫོང་པ་སངས་རྒྱམ། ཆོས་ཉི་བསྟན་པ་ཡར་འཕེལ། རྫོ་རྫོང་བློ་བཟང་ཆོས་འཕེལ། གྲོ་ཁུང་བློ་བཟང་དོན་གྲུབ། ཧ་ནག་བློ་བཟང་རྣམ་རྒྱལ། བཞད་པ་འཕྲིན་ལས་དཔལ་འབྱོར། མངའ་རིས་བློ་བཟང་བཀྲ་ཤིས། རྫོང་འདུས་ནོར་བུ་རྒྱལ་མཚན། ད་ལྟ་ཨོ་རྒྱན་རྫོང་པ་བློ་བཟང་ཡར་འཕེལ། གཏིས་དགོན་བཀྲས་ལྷུན་སྨུགས་གྲྭ་དང་ཉེ། གྲྭ་རྒྱུན་དཀྱིལ་ཁང་དུ་འགྲོ། ཨང་གཉིས་གྲྭ་གྲངས་སུམ་ཅུ་སོ་དྲུག་སྐོར།

༥༧ ཧ་ནག་ལ་ཁ་དགོན་ནི། འཇམ་མགོན་ཆོས་ཀྱི་རྒྱལ་པོའི་ཞབས་ལ་ཐུག་པར་གྲགས་པ་མགར་སྟོན་བྱང་ཆུབ་དཔལ་བས་བཏབ། དེ་རྗེས་ལྷུན་གྲུབ་རྩེ་བ་བློ་གྲོས་རྣམ་རྒྱལ། འོད་ཡུག་བསོད་ནམས་རྒྱལ་མཚན། ལ་ཁ་སངས་རྒྱས་བཟང་པོ། ཆོས་ཉི་བསྟན་པ་དར་བཟང་། བསམ་ཡས་པ་སངས་རྒྱས་བཟང་པོ། ཤོ་ཁུད་བསམ་གྲུབ་དཔལ་བཟང་། རྫོ་རྫོང་བློ་བཟང་བསྟན་རྒྱལ། ཧ་ནག་དགེ་འདུན་བཟང་པོ། མངའ་རིས་སངས་རྒྱས་དཔལ་བཟང་དང་། སངས་རྒྱས་བཟང་པོ། འཇམ་དབྱངས་རྒྱལ་མཚན། ཧ་ནག་པ་བཀྲ་ཤིས་རྒྱལ་མཚན། མངའ་རིས་རྣམ་རྒྱལ་རྒྱལ་མཚན། ཧ་ནག་བློ་བཟང་རྣམ་རྒྱལ། ད་ལྟ་ལ་ཁ་བ་དགེ་ལེགས་རྒྱལ་མཚན། ནག་པོ་སྐོར་གསུམ་སོགས་དགེ་ལུགས་ཕྱིངས་འགྲེ། (༢༠༧བ)གྲྭ་རྒྱུན་སློབ་གཉེར་བཀྲ་ཤིས་ལྷུན་པོའི་དཀྱིལ་ཁང་གྲྭ་ཚང་དུ་འགྲོ། ཨང་གཉིས་གྲྭ་གྲངས་སུམ་ཅུ་སོ་གསུམ་སྐོར།

༥༨ རི་ཁུད་དགོན་ནི། བསྟན་པ་སྔ་དར་གྱི་སྐབས་བཻ་རོ་ཙ་ནས་བཏབ་པར་གྲགས་ཀྱང་ཆོས་འབྱུང་ཡིག་ཚངས་སུ་གསལ་བ་མ་བྱུང་བས་ཡིད་གཉིས་ཀྱི་རྒྱུར་སྣང་། ཐམས་ཅད་མཁྱེན་པ་དགེ་འདུན་གྲུབ་ཀྱི་རྣམ་ཐར་ལས། ཧ་ནག་དགེ་སྐྱོང་དཀར་པོ་བས་རི་ཁུད་ཆོས་སྡེ་རྗེ་ཤེས་རབ་སེང་གེ་ལ་ཕུལ། ལོ་ཤས་བདག་འཛིན་མཛད། དེ་ནས་རྗེ་ཉིད་དབུས་སུ་མཁས་གྲུབ་རྗེར་དུས་འཁོར་གསན་པར་བྱོན། རི་

ཁྲོད་ཀྱི་གདན་སར་ཐམས་ཅད་མཁྱེན་པ་དགེ་འདུན་གྲུབ་ཕེབས་རྗེ་བཙུན་བྱམས་པའི་སྐུ་བཞེངས། གཙུག་ལག་ཁང་གི་སྒོ་བསྐྱར་བ་དང་རྫོ་བཅལ་བཏིང་། དུས་ཆེན་སྨོན་ལམ་ཆེན་མོ་བཙུགས། ཞེས་བྱུང་བ་ལྟར་ཕྱིས་རྗེ་ཤེས་རབ་སེང་གེ །ཐམས་ཅད་མཁྱེན་པ་དགེ་འདུན་གྲུབ། ཤངས་པ་བློ་བཟང་བ། རྗ་ནག་དགེ་འདུན་བློ་བཟང་། བྱང་སྟོན་བརྗོན་འགྲུས་རྒྱལ་མཚན། དེ་ནས་བླ་རབས་འགའ་ཞིག་མ་ཉེད། རྗེ་ཏཱ་མའི་ཆོས་སྲིད་གདུགས་དཀར་གྱིས་ཁྱབ་ནས་བཀྲ་ཤིས་ལྷུན་པོའི་དགོན་ལག་ཏུ་གྱུར་ཅིང་། དེ་ནས་བསྐོས་པ་འཁྲིད་རྩེ་པ་དགེ་འདུན་ཡར་འཕེལ། ཉང་སྟོད་དགེ་དབང་དོན་གྲུབ། ལྷུགས་པ་དམ་ཆོས་ཡར་འཕེལ། གཅེན་ལུང་བློ་བཟང་བྱམས་པ། ད་ལྟ་སྲིད་པ་འཇམ་དབྱངས་ཆོས་འཕེལ། གཞིས་དགོན་བཀྲིས་ལྷུན་སྤགས་སུ་ལུགས་དང་། སུ་རྒྱུན་ཐོས་བསམ་གླིང་དུ་འགྲོ། ཨང་གཉིས་སུ་གྲངས་ལྔ་བཅུ་ང་གཅིག་སྐོར།

༥༩ རྗ་ནག་ས་སྐྱ་ཆེན་ནི། ཤེས་རབ་བཟང་པོས་བཏབ། དེ་ནས་དོན་ཡོད་རྒྱལ་མཚན། དཀོན་ཅོག་རྒྱལ་མཚན། ཐོགས་མེད་དཔལ་བཟང་། ཡོན་ཏན་དཔལ་འབྱུང་། གསང་བ་འབྱུང་གནས། བྱ་བཏང་ཆོས་རྒྱལ། དགེ་(༢༠༨ན)འདུན་དཔལ་གྲུབ། བསྟན་རྒྱལ་བ། ལུང་རྒྱམ་པ། ད་ལྟ་བློ་བཟང་དཔལ་འབྱུང་། གཞིས་དགོན་བཀྲས་ལྷུན་སྤགས་སུ་དང་ཉེ་ཞིང་། སུ་རྒྱུན་དཀྱིལ་ཁང་དུ་འགྲོ། ཨང་གཉིས་སུ་གྲངས་ཉེ་ཤུ་རྩ་ལྔ་སྐོར།

༦༠ ལྷུན་གྲུབ་རྩེ་ཆོས་སྡེ་ནི། ལྷུན་གྲུབ་རྩེ་པ་བློ་གྲོས་རྣམ་རྒྱལ་གྱིས་བཏབ། དེ་རྗེས་འོ་སྒྲོན་དཔལ་འབྱོར་རྒྱལ་མཚན། རྒྱུད་ཆེན་སངས་རྒྱས་པ། རྗ་ནག་ནོར་བཟང་རྒྱ་མཚོ། རྣམ་རྒྱལ་དཔལ་བཟང་། མངའ་རིས་པ་སངས་རྒྱས་བཟང་པོ། སངས་རྒྱས་དཔལ་བཟང་། ལྷུན་གྲུབ་རྩེ་པ་དཔལ་འབྱོར་རྡོ་རྗེ། མངའ་རིས་འཇམ་དབྱངས་རྒྱལ་མཚན། ལྷུན་གྲུབ་རྩེ་པ་བློ་བཟང་རྣམ་རྒྱལ་དང་། སངས་རྒྱས་དཔལ་འབྱོར། མངའ་རིས་རྣམ་རྒྱལ་རྒྱལ་མཚན། དཔལ་འབྱོར་མགོན་པོ། ད་ལྟ་ལ་ཁ་

བ་དགེ་ལེགས་རྒྱལ་མཚན། གསང་འཛིགས་དང་ཆོས་སྐྱོང་སྐོར་སོགས་དགེ་ལུགས་ཕྱིངས་མཚུངས། གྲྭ་རྒྱུན་སློབ་གཉེར་བཀྲམ་ལྷུན་དཀྱིལ་ཁང་དུ་འགྲོ། ཨང་གཉིས་གྲྭ་གྲངས་སུམ་ཅུ་སོ་གཉིས་སྐོར།

༤༡ བཞད་དཀའ་ལྡན་ཆོས་སྡིངས་ནི། པཎ་ཆེན་བློ་བཟང་ཆོས་ཀྱི་རྒྱལ་མཚན་གྱིས་མེ་ཕོ་བྱི་བའི་ལོར་གསར་འཛུགས་མཛད་ཅིང་མིང་གོང་སྨོས་སུ་བཏགས། གདན་ས་ཆོས་གྲགས་རྒྱ་མཚོ་བླ་མར་བསྐོས། དེ་ནས་ཤེས་རབ་དཔལ་འབྱོར་ནས་བཀྲ་ཤིས་དགེ་འཕེལ་དང་ཉིས་སྐྱོང་ཡིན་གཤིས་བླ་རབས་དེར་གསལ་ལྡར་དང་། བླ་མ་མཆོད་པ། སྨྱུང་གནས་སོགས་ཆོས་སྤྱོད་དགེ་ལུགས་སྤྱི་འགྲོ། ཨང་གཉིས་གྲྭ་ངཙུན་བརྒྱ་བཅོ་བརྒྱད་སྐོར།

༤༢ བཞད་བྲིས་ཁ་དགོན་ནི། སྔ་ཐོག་འབྲུག་ལུགས། ཕྱིས་གཡང་ཡེ་ཤེར་རྒྱལ་མཚན། གདན་ས(༢༠༨བ)པ་ཆོས་གྲགས་རྒྱ་མཚོ། གནས་གསར་པ། ཤེས་རབ་དཔལ་འབྱོར། ལྷན་བློ་བཟང་རབ་བརྟན། ཡང་ཤེས་རབ་དཔལ་འབྱོར། འབྲོང་རྩེ་བློ་བཟང་བདེ་ལེགས། བྱ་ཁྱུང་ཆོས་རྗེ། ཕྱུག་གཞུང་ཆོས་གྲགས་རྒྱལ་མཚན། ད་ལྟ་བཞད་པ་བློ་བཟང་ནོར་བུ། འདོན་ཆོས་སྤྱོད་དགེ་ལུགས་ཕྱིངས་འགྲོ། ཨང་གཉིས་བཙུན་མ་བཞི་བཅུ་ཞེ་གསུམ་སྐོར།

༤༣ འབྲོང་ཕུ་དགོན་གསར་ནི། ཆོས་རྗེ་གད་པ་ཟེར་བས་བཏབ་ཅིང་། འབྲོང་ཕུ་བའི་དགོན་ལག་ཡིན་པས་བླ་རབས་དེར་སྨོས་ཟིན་ལྟར་དང་། བླ་མ་མཆོད་པ་སོགས་ཆོས་སྤྱོད་དགེ་ལུགས་ཕྱིངས་འགྲོ། གྲྭ་རྒྱུན་དགའ་ལྡན་ཆོས་འཁོར། ཨང་གཉིས་གྲྭ་པ་སུམ་ཅུ་སྐོར།

༤༤ བཞད་དབེན་ས་དགེ་འཕེལ་ནི་གྲགས་པ་བཟང་པོས་བཏབ། དེ་ནས་དཔལ་ལྡན་བློ་གྲོས། ཨོ་རྒྱན་མཚོ་མོ། རབ་འབྱམས་པ་ནང་སོ། གྲགས་པ་ཚུལ་ཁྲིམས། ད་ལྟ་དགའ་ལྡན་ཆོས་འཁོར་བའི་དགོན་ལག་ཏུ་སོང་བས་དེ་ནས་ཉིས་སྐྱོང་བྱེད། ཀུན་རིག་འཇིགས་བྱེད་སོགས་ཆོས་སྤྱོད་དགེ་ལུགས་སྤྱི་འགྲོ། གྲྭ་རྒྱུན་

དགའ་ལྡན་ཆོས་འཁོར། ཨང་གཉིས་སྒོ་གྲངས་སུམ་ཅུ་སོ་གསུམ་སྐོར།

༨༥ དཔལ་སྣར་ཐང་ནི། བཀའ་གདམས་ཀྱི་བཤེས་གཉེན་ཆེན་པོ་གཏུམ་སྟོན་བློ་གྲོས་གྲགས་ཀྱིས་ཆུ་མོ་བྱའི་ལོར་བཏབ། པཎ་ཆེན་སངྒ་ཤྲཱི། རྗེ་ཤེས་རབ་སེང་གེ །ཐམས་ཅད་མཁྱེན་པ་དགེ་འདུན་གྲུབ་ལ་སོགས་པ་མཁས་ཤིང་གྲུབ་བརྙེས་ཀྱི་སྐྱེས་ཆེན་དུ་མ་བྱོན་པའི་གནས་ཡིན་ལ། གདན་སར་རིམ་པ་ལྟར་ཇོ་སྟོན་ཤེས་རབ་གྲགས། ཞང་བཙུན་ཇོ་རྗེ་འོད། གྲོ་བདུད་རྩི་གྲགས། ཞང་སྟོན་ཆོས་བླ། སངས་རྒྱས་སྒོམ་པ། མཆིམས་ནམ་མཁའ་གྲགས། སྐྱོ་སྟོན་སྨོན་ལམ་ཚུལ་ཁྲིམས། ཆོས་རྗེ་ཉི་མ(༢༠༠(ན)རྒྱལ་མཚན། གྲགས་པ་བརྩོན་འགྲུས། གྲགས་པ་ཤེས་རབ། མཆིམས་བློ་བཟང་གྲགས། ཀུན་དགའ་རྒྱལ་མཚན། འདི་སྐབས་འཇམ་མགོན་ཆོས་ཀྱི་རྒྱལ་པོ་བཙོང་ཁ་པས་སྣར་ཐང་དུ་ཡང་ཡང་ཕེབས། མཁན་ཆེན་འདི་ཉིད་ལ་དབུ་མའི་རིག་ཚོགས་ཐམས་ཅད་ཀྱི་ལུང་སོགས་གསན། དེ་རྗེས་གྲུབ་པ་ཤེས་རབ། བསོད་ནམས་མཆོག་གྲུབ། གྲགས་པ་དོན་གྲུབ། བཟོད་པ་དཔལ་གྲུབ། དཔལ་ལྡན་བཟང་པོ། ཤེས་རབ་རྒྱལ་མཚན། དེ་ནས་བར་སྟོང་ཅུང་ཟད་བྱུང་ཞིང་། མདའ་རིས་པ་ཇོ་རྗེ་ལྷུན་གྲུབ། ཤངས་པ་ཡེ་ཤེས་བཟང་པོ། བཀྲས་ལྷུན་གྲགས་པ་དཔལ་འབྱོར། ཚེ་བརྟན་རྒྱལ་མཚན། ངག་དབང་འཕྲིན་ལས། ངག་དབང་བཀྲ་ཤིས། ད་ལྟ་སྒོ་མང་བསྟན་འཛིན་རྒྱ་མཚོ། ཆོས་སྤྱོད་སོགས་ས་ལུགས་ཀྱི་འདྲེས་ཆེ་བ། སློབ་གཉེར་བཀྲས་ལྷུན་ཐོས་བསམ་གླིང་དང་ཤར་རྩེར་འགྲོ། ཨང་དང་ས་དགེ་ཁྱོན་གྲྭ་པ་བརྒྱ་དང་བདུན་ཅུ་དོན་བརྒྱད་སྐོར།

༨༦ རྒྱལ་ཆེན་རྩེ་ཆོས་སྡེ་ནི། རིན་སྤུངས་པའི་དཔོན་ས་བུ་འདྲེན་བདག་མོས་བཏབ་པར་གྲགས་ཤིང་། རིང་མོ་ཞིག་ནས་པཎ་ཆེན་དམ་ཆོས་ཡར་འཕེལ་གྱིས་བླ་མ་མཛད། རྗེ་བླ་མའི་ཆོས་སྲིད་གདུགས་དཀར་གྱིས་ཁྱབ་ནས་པཎ་ཆེན་བློ་བཟང་ཆོས་རྒྱན་གྱིས་སྐྱོང་བ་གནང་། ད་ལྟ་སྤྲུལ་པའི་སྐུ་བློ་བཟང་ཡེ་ཤེས་འཚོ་ཞིང་གཞིས་སྐབས་སོ། །གཞིས་དགོན་བཀྲས་ལྷུན་སྟགས་སུ་ལུགས་དང་། སྒྲ་རྒྱུན་ཤར་རྩེར་འགྲོ།

ཨང་དང་གྲྭ་གྲངས་བདུན་ཅུ་དོན་གསུམ་སྐོར།

༤༧ གནས་ཆོས་སྡེ་ནི། རྗེ་ཞིས་རབ་སེང་གེའི་དངོས་སློབ་མགོན་པོ་དཔལ་གྱིས་བཏབ། དེ་རྗེས་གནས་པ་བློ་གྲོས་རྒྱ་མཚོ། དོན་ཡོད་རྒྱ་མཚོ། སེང་མ་བྱམས་པ་འོད་ཟེར། ལྷུན་རྩེ་དོན་གྲུབ་བཀྲ་ཤིས། རོང་པོ་བློ་བཟང་(༢༠(བ)རྒྱལ་མཚན། ངག་དབང་རྒྱ་མཚོ། ཁྲི་མདའ་སྐུ་སྐྱེ། ཞོལ་རོང་རྒྱལ་བ་རིན་ཆེན། གནས་ཞོལ་བློ་གྲོས་རྒྱ་མཚོ། སེང་མ་ཀུན་དགའ་རྒྱ་མཚོ། དཔལ་སྡིངས་གྲགས་པ་དབང་ཕྱུག །གནས་པ་དཔལ་ལྡན་རིན་ཆེན། བསམ་གཏན་རིན་ཆེན། སེང་མ་འཇམ་དབྱངས་རྒྱལ་མཚན། འབྲུགས་དགེ་འདུན་རྒྱལ་མཚན། གནས་བསོད་ནམས་རྒྱལ་མཚན། ཤབ་པ་ཕུན་ཚོགས་འཇམ་དཔལ། ད་ལྟ་པ་སྣམ་ཆོས་རྒྱ་མཚོ། གཞིས་དགོན་ཐུགས་གྲྭ་རྒྱུད་སྨད་པ་དང་ཉེ། གྲྭ་རྒྱུན་སློབ་གཉེར་སེ་ར་སྨད། བཀྲས་ལྷུན་ཐོས་བསམ་གླིང་། གངས་ཅན་བྱང་པ་རྣམས་སུ་འགྲོ། ཨང་དང་གྲྭ་གྲངས་དྲུག་ཅུ་རེ་གསུམ་སྐོར།

༤༨ སྟོན་མོ་ཟོང་རྫོ་རྗེ་གདན་ནི། འཇམ་དབྱངས་འཕོན་སྟོན་གྱིས་བཏབ། བཞད་ཁམ་རིང་པ་རྗོ་རྗེ་རིན་ཆེན། འདི་སྐབས་ཐམས་ཅད་མཁྱེན་པ་དགེ་འདུན་གྲུབ་པས་དཔལ་ལྡན་ལྷ་མོ་དམག་ཟོར་མའི་མགོན་ཁང་ཕྱིན་རླབས་ཅན་དེ་བཞེང་པ་གནང་། དེ་རྗེས་ས་ལུང་པ་བློ་བཟང་ཡར་འཕེལ། ཨེ་འབྲོག་བློ་བཟང་ཆོས་འཕེལ། རོང་(རོག་)ཚེ་དགེ་འདུན་ཆོས་འབྱོར། སྟོན་ཟོང་བློ་བཟང་དགེ་ལེགས། རྙ་ནག་དགེ་འདུན་དོན་གྲུབ། ཐོན་པ་དཔལ་འབྱོར་རྒྱལ་མཚན། རྒྱལ་ཆེན་རྩེ་བློ་བཟང་རབ་རྒྱས། གནས་སྙིང་བློ་བཟང་ཚེ་རིང་། ཞི་གནས་པ་དཔལ་འབྱོར་དོན་གྲུབ། ད་ལྟ་གཏིང་སྐྱེས་བློ་བཟང་དར་རྒྱས། གསང་འདུས་ཀུན་རིག་ཆོས་སྐྱོང་སྐོར་སོགས་བཀྲས་ལྷུན་ཐུགས་གྲྭ་དང་ཉེ། གྲྭ་རྒྱུན་སློབ་གཉེར་དགའ་ལྡན་ཤར་གདོང་། སེ་ར་སྨད། བློ་གསལ་གླིང་། བཀྲས་ལྷུན་དཀྱིལ་ཁང་། གངས་ཅན་ཤར་རྩེ་བཅས་པར་འགྲོ། ཨང་དང་གྲྭ་གྲངས་དགུ་བཅུ་གོ་གཉིས་སྐོར།

༤༩ སེང་རྩེ་ཆོས་སྡེ་ནི། སེང་གེ་རྩེ་པས་སྤྱིན་བདག་བྱས་ཏེ་ས་སྐྱ་པ་ཆོས་རྗེ་

རྗེས་བཏབ་ཀྱང་(༢༧༠ན)རིང་ཞིག་ནས་དགོན་ཚུགས་མི་ཟིན་པར་ཉེ་བའི་ཚེ། རྗེ་ཤེས་རབ་སེང་གེས་ཆོས་དང་ཟང་ཟིང་གི་སྦྱིན་པ་བསྐུལ་ཞིང་། སྲིད་པ་ཡོན་ཏན་རྒྱ་མཚོ་བླ་མར་བསྐོས་པས་དགེ་ལུགས་སུ་རང་ཤུགས་ཀྱིས་འགྱུར། བར་སྐབས་སྲིད་སྐྱུད་སློབ་དཔོན་པས་ཉིས་སྐྱོང་། རྗེ་བླ་མའི་ཆོས་སྲིད་གདུགས་དཀར་གྱིས་ཁྱབ་ནས་ཆོས་རྒྱལ་མགོན་པོ། སེང་རྩེ་བསླབ་གསུམ་པ། དོན་ཡོད་རྒྱལ་མཚན། སེང་མ་འཇམ་དབྱངས་རྒྱལ་མཚན། ཉང་སྟོད་དགེ་འདུན་རྒྱལ་མཚན། ད་ལྟ་རྒྱལ་རྩེ་དཔལ་འབྱོར་དོན་གྲུབ། གཞིས་དགོན་བཀྲས་ལྷུན་ཞབས་གྲྭ་དང་ཉེ། གྲྭ་རྒྱུན་སློབ་གཉེར་གངས་ཅན་ཆོས་འཕེལ་དུ་འགྲོ། ཨང་དང་གྲྭ་གྲངས་ལྔ་བཅུ་ང་བདུན་སྐོར།

༧༠ བྱང་ཆེན་ནི། བཀའ་གདམས་གླེགས་བམ་ལས། བྱང་རི་ལྷུན་པོ་བརྟན་པའི་རྩེར། །བྱང་ཆུབ་གནས་ཞེས་གྲགས་པའི་སར། །བདག་གིས་བྱིན་རླབས་སེང་གེའི་སྒྲ། །སྒྲ་གདུང་དམ་པ་དེར་གནས་ཏེ། །ཐུགས་རྗེའི་འོད་ཟེར་ཕྱོགས་བཅུར་འཕྲོ། །དད་ལྡན་བརྒྱ་ཕྲག་དུ་མ་སྟུད། །ཅེས་ལུང་བསྟན་པ་ལྟར་དཔལ་སྣར་ཐང་གི་མཁན་ཐོག་དྲུག་པ་སངས་རྒྱས་བསྒོམ་པ་མཚན་དངོས་སེང་གེ་སྐྱབས་ཞེས་པས་བཏང་། དེ་ཉིད་སྨྲ་ངན་ལས་འདས་པའི་གདུང་ཚའི་རྟེན་བྱང་ཆུབ་མཆོད་རྟེན་བཞེངས་པས་བྱང་ཆུབ་ཆེན་པོའི་དབེན་གནས་ཞེས་མིང་ཐོགས། ཐམས་ཅད་མཁྱེན་པ་དགེ་འདུན་གྲུབ་པའི་རྣམ་ཐར་ལས། བྱང་ཆེན་འདིར་ཆོས་དབར་འདྲ་དང་སྐབས་སུ་ཐུགས་དམ་བྱེད་པའི་ཁང་པ་ཞིག་དགོས་པར་འདུག་སྙམ་དུ་དགོངས་ཏེ་དེའི་ཙ་ཐུབ་རྗེན་ཤིང་ཆ་སོགས་བསྟན་པའི་སྦྱིན་བདག་ཆེན་པོ་ཤཱཀྱ་དཔལ་བ་ལ་བཀའ་ལུང་གནང་ཞིང་། ཁོང་གིས་ཀྱང་གང་དགོས་ཕུལ་(༢༧༠བ)ཏེ་ས་གཞི་དེར་བྱས་ན་གདུལ་བྱ་འཕྲིན་ལས་རྒྱ་ཆེན་ཡོང་བའི་མཚན་ལྟས་སོགས་ཀྱང་ཡོད་པས་ཐེག་ཆེན་ཕོ་བྲང་ཞེས་པའི་གཟིམས་ཁང་མེ་ཕོ་འབྲུག་གི་ལོ་ལ་བཏབ། ཅེས་བཤད་པ་ལྟར་ཡུན་རིང་བཞུགས་ཤིང་ཚད་མའི་བསྟན་བཅོས་ཆེན་པོ་རིགས་པའི་རྒྱན་ཅེས་བྱ་བ་དང་སེང་ལྡེང་ནགས་སྒྲོལ་གྱི་བསྟོད་པ་ལེགས་བྲིས་མ་སོགས་འཆད་རྩོམ་

མང་དུ་མཛད། སྒྲོལ་མ་དཀར་སྟོན། འཇིགས་བྱེད་དཔའ་བོ་གཅིག་པ། མགོན་པོ་ཕྱག་དྲུག་པ་སོགས་ལྷ་དང་ཆོས་སྐྱོང་མང་པོའི་ཞལ་གཟིགས། ཁྱད་པར་དཔལ་མགོན་གདོང་བཞི་པས་ཁྱོད་པཎྜི་ཏ་ཆེན་པོ་ཡིན་ཏེ་ཁོ་བོ་ལ་བསྟོད་པ་རྩོམ་གསུང་བ་དང་། མནལ་ལམ་ཁྱད་པར་ཅན་དུ་མ་བྱུང་བ་སོགས་དབེན་གནས་འགྲུབ་ཟླ་དང་བྲལ་བ་ཡིན་ནའང་། བར་སྐབས་རྟག་བརྟན་པ་སོགས་རྣམ་གྲངས་མང་པོས་བདག་གིར་བཟུང་བས་ཕྲ་རབས་ངེས་ཁུངས་མེད། རྗེ་བླ་མའི་ཆོས་སྲིད་གདུགས་དཀར་གྱིས་ཁྱབ་ནས་པཎ་ཆེན་བློ་བཟང་ཆོས་རྒྱན་ལ་གནང་བས། དེ་ཉིད་ཀྱིས་ཀྱང་བཞུགས་ཤིང་། བསྒྲུབ་དཔོན་པ་རེ་བསྐོ་བ་ནི། མཁར་སྐྱ་བ་བསྟན་ཉི། ལྷ་བ་སྐྱ་སྐྱེ་བློ་བཟང་བསྟན་པ། སྟོན་རྫོང་བློ་བཟང་ལྷ་དབང་། བྲག་མཇུག་བློ་བཟང་བཀྲ་ཤིས། འབྲོང་རྩེ་རྣམ་རྒྱལ་རྒྱལ་མཚན། སྟག་ནུབ་རྣམ་རྒྱལ་མཚན། ཚོགས་གསོག་རྣམ་རྒྱལ་མཚན་པ། གུ་གེ་ལེགས་བཤད་རྒྱ་མཚོ། འབྲོང་རྩེ་དགེ་ལེགས་རབ་རྒྱས། ཤངས་པ་བློ་བཟང་ཆོས་འཛིན། ད་ལྷ་རྟ་ནག་མགོན་པོ་དཔལ་བཟང་། ཚོགས་འདོན་དགེ་ལུགས་སྒྲི་འགྲོ་ལྷུར་དང་། རྒྱུན་གྱི་ཉམས་ལེན་ལམ་རིམ་ཆེ་ཆུང་ལ་བཤར་སྒོམ་ཆིག་དྲིལ་དུ་བྱེད། ཨང་གཉིས་གྲྭ་པ་སུམ་ཅུ་སྐོར།

༧༡ དཔལ་སྡིངས་དགོན་ནི། རྒྱ་གར་གྱི་(༢༡༡ན)གྲུབ་ཐོབ་ཨ་ཀ་ར་ཛྙཱ་ཧི་ཞེས་པས་བཏབ་པར་གྲགས། དེ་ནས་གོ་ལུང་པ་ནམ་མཁའ་རྒྱལ་མཚན། གནས་པ་དོན་གྲུབ་བཀྲ་ཤིས། ལྷུན་རྩེ་དད་པ་བ། གནས་པ་བྱམས་པ་འོད་ཟེར། དཔལ་སྡིངས་བློ་གྲོས་རྒྱ་མཚོ། གནས་དོན་རྒྱན་པ། བློ་བཟང་ནོར་བུ། མངའ་རིས་བརྩོན་འགྲུས་རྒྱལ་མཚན། གནས་སྙིང་ཕྱོགས་རྣམ་པ། སྐྱོང་ང་བློ་བཟང་ཕུན་ཚོགས། བྱམས་གླིང་བློ་བཟང་དཀོན་ཅོག །ད་ལྷ་ཁམས་པ་བློ་བཟང་རྒྱལ་མཚན། གཞིས་དགོན་སྟགས་ཕྱོགས་དགེ་ལུགས་སྒྲི་འགྲེ། གྲྭ་རྒྱུན་སློབ་གཉེར་དགའ་ལྡན་བྱང་རྩེ། སེ་ར་སྨད། འབྲས་སྤུངས་བློ་གླིང་། བཀྲས་ལྷུན་ཐོས་བསམ། གངས་ཅན་བྱང་རྩེ་རྣམས་སུ་འགྲོ། ཨང་གཉིས་གྲྭ་པ་སུམ་ཅུ་སོ་བདུན་སྐོར།

༧༢ རོག་ཆོ་བསྒྲུབ་སྡེ་ནི། ཐོག་མར་སུས་བཏབ་སོགས་ཁུངས་མ་ཆོད་ཀྱང་། ཕྱིས་ཀྱི་བླ་རབས་སོགས་རོག་ཆོ་བསམ་གྲུབ་སྡེ་ཆེན་དང་འདོད་པ་གཅིག་པས་དེར་བཤད་ཟིན། ཨང་གཉིས་བཅུན་མ་སུམ་ཅུ་སྐོར།

༧༣ ནམ་མཁའ་ཆོས་མཛོད་ནི། ཐམས་ཅད་མཁྱེན་པ་དགེ་འདུན་གྲུབ་ཀྱི་དགོངས་བཞེད་ལྟར་དམིགས་པ་བཀྲས་འཛོམ་པ་ནམ་མཁའ་ཆོས་རྒྱལ་བས་བཏབ་པར་གྲགས་ཀྱང་། བར་སྐབས་བྱ་ཁྲལ་གྱི་སོའི་དཔེ་བཞིན་ཀར་འབྲུག་ལ་བརྟེན་པ་ལས་རང་ཕྱོགས་ཀྱི་གྲུབ་མཐའ་མ་ཚུགས་འདུག །ཕྱིས་དམིགས་པའི་བཙུན་མ་བློ་ངཟང་དཔལ་འཛིན་མས་པཎ་ཆེན་བློ་བཟང་ཆོས་རྒྱན་ལ་སྐྲ་བཅད་མིང་བསྒྱུར་ཞུས་ནས་བླ་མ་བྱས། མོ་དགོན་སྒྲུང་གནས་སོགས་ཆོས་སྤྱོད་དགེ་ལུགས་བྱིངས་འཕྲེར་འགྱུར། ད་ལྟ་དམིགས་བཙུན་ཆོས་སྒྲོལ་མ། ཨང་གཉིས་བཙུན་མ་ཉི་ཤུ་རྩ་གསུམ་སྐོར།

༧༤ ཉེལ་དཀར་ཆོས་ལུང་ནི། བྲེས་གྲོང་པ་ནམ་(༢༧༧བ)གསལ་བས་བཏབ། དེ་ནས་ཁྲིམ་མདའ་ངག་དབང་ཆོས་རྒྱལ། ལྷུན་རྩེ་བློ་བཟང་རྒྱལ་མཚན་ནས་གངས་ཅན་བྱང་རྩེ་བའི་དགོན་ལག་བླ་རབས་དེར་གསལ་བཞིན་དང་། གསང་འདུས་སྒྲུང་གནས་སོགས་དགེ་ལུགས་བྱིངས་མཚུངས། ཨང་གཉིས་བཙུན་མ་བཞི་བཅུ་ཞེ་བརྒྱད་སྐོར།

༧༥ ཞྭགས་ཟབ་མོ་བྲག་ནི། ཡར་ཀླུངས་པ་བཀའ་བཞི་ཚུལ་ཁྲིམས་འགྱུར་མེད་ཀྱིས་བཏབ་པའི་ཤངས་ལུགས། རྗེ་བླ་མའི་ཆོས་སྲིད་གདུགས་དཀར་གྱིས་ཁྱབ་ནས་པ་སྣམ་ཐར་པ་བའི་དགོན་ལག་ཏུ་ཆོད་པས་བླ་རབས་དེར་སྨོས་ཟིན་ལྟར་དང་། རྗེ་བླ་མའི་བཀའ་རྩོམ་མི་འགྲུགས་པ་སོགས་ཆོས་སྤྱོད་དགེ་ལུགས་བྱིངས་འགྲེ། གྲྭ་རྒྱུན་ཐར་པ་བར་འགྲོ། ཨང་གཉིས་གྲྭ་པ་སུམ་ཅུ་སོ་གཉིས་སྐོར།

༧༦ དགའ་ལྡན་དར་རྒྱས་གླིང་ནི། སོག་པོ་བློ་བཟང་ཆོས་འཕེལ་དང་ཞྭགས་པ་བ་ཐུན་མོང་ནས་རབ་བྱུང་བཅུ་གཅིག་པའི་ཤིང་བྱར་བཙུགས། བཀྲ་ཤིས་ལྷུན་

ཕོ་ཐོས་བསམ་གླིང་ནས་ཉིས་སྐྱོང་བྱེད། འདོན་མཆོད་དགེ་ལུགས་སྤྱི་འགྲོ། ཨང་གཉིས་བཙུན་མ་ཉི་ཤུ་རྩ་དྲུག་སྐོར།

༧༧ དངོས་གྲུབ་ཆོས་རྫོང་ནི། དགའ་ལྡན་དར་གླིང་དང་འདེབས་མི་གཅིག་ཅིང་བཀྲས་ལྷུན་ཐོས་བསམ་གླིང་ནས་ཉིས་སྐྱོང་བྱེད། སློབ་གཉེར་གྲྭ་རྒྱུན་ཡང་ཐོས་བསམ་གླིང་དུ་འགྲོ། ཨང་གཉིས་གྲྭ་པ་བཅུ་གཉིས་སྐོར།

༧༨ འབྲིག་ནོར་བུ་སྒང་ནི། ཐོག་མར་སྲུས་བཏབ་དང་བླ་རབས་ཁྲུངས་མ་རྙེད་ཕྱིས་གསེར་ཁང་གོང་པ་བློ་བཟང་དཔལ་ལྡན། ཞེས་རབ་ཡོན་ཏན། སོག་པོ་སྐུ་སྐྱེ། བློ་བཟང་ཐབས་མཁས། ལས་གྲུབ་པ་བློ་དར། ད་ལྟ་ཁམས་པ་ཆོས་རྒྱ་མཚོ། གཞིས་དགོན་ཐགས་ལུགས་བཀྲས་ལྷུན་ཐགས་གྲྭ་དང་ཉེ། གྲྭ་རྒྱུན་ཐོས་བསམ་གླིང་དུ་འགྲོ། ཨང་གཉིས་གྲྭ་པ་བཞི་བཅུ་སྐོར།

༧༩ གཙང་གི་(༡༧༢༨)ལ་སྟོད་བྱང་དུ་ངམ་རིང་ངམ་དང་རིངས་ཆོས་སྡེ་ནི་མི་ཉག་སེའུ་རྒྱལ་པོའི་གདུང་རབས་ལེགས་པ་བྱ་བར་གཙང་སྟོད་སྟག་སྡེ་སེང་གེ་ལུང་དུ་སྲས་དགུ་བྱུང་བའི་ཆེ་བ་སེང་གེ་དར་ནས་རིམ་པར་བརྒྱུད་པའི་ཏི་ཤྲཱི་ཀུན་དགའ་བློ་གྲོས་བོད་ཀྱི་དཔོན་ཆེན་དུ་བསྐོས་པའི་དུས་གད་པ་ངམ་ནག་པའི་ཐད་དུ་ཡོད་པས་ངམ་རིང་ངམ་མཚོ་ཆེན་པོར་དང་པ་སྐད་སྒྲོག་པའི་སྣེར་ཡོད་པས་དང་རིངས་ཟེར་བའི་ཡུལ་འདིར་སྟག་རྩེ་ལ་རྒྱབ་པ་ཤཱཀྱ་སེང་གེ་སྤྱན་དྲངས་རབ་བྱུང་བཞི་པའི་ཤིང་བྱར་ཆོས་སྡེའི་གཞི་བཙུགས། གདན་རབས་ནི་ལྗོག་ཡོན་ཏན་རྒྱལ་མཚན། གེར་ཞུ་རྒྱ་ས་བ་ཀུན་མཁྱེན་གངས་ཁྲོད་པ། རྩང་སྨད་པ་བརྩོན་འགྲུས་རྒྱལ་མཚན། འདི་ཡན་སྤྱིའུ་དཀར་པོ་ལ་བླ་བྲང་དང་ཚོམས་ཆུང་ལ་འདུ་ཁང་བྱེད། མངའ་རིས་པ་དུས་ཞབས་ཕྱོགས་ལས་རྣམ་རྒྱལ། འདི་སྐབས་འཛམ་མགོན་ཆོས་ཀྱི་རྒྱལ་པོ་བཀའ་བཞིའི་གྲྭ་སྐོར་དུ་ཕེབས། འདི་ནས་རིམ་གྱིས་ས་ལུགས་ཀྱི་གྲྭ་ཚང་བཙོ་ལྔ་དང་དགེ་ལུགས་པ་བཅུ་ཚུགས་ཤིང་གྲྭ་ཁང་དང་བཅའ་ཡིག་སོགས་དར་རྒྱས་སུ་མཛད། དེའི་རྗེས་ཁམས་པ་བསོད་ནམས་རྒྱལ་མཚན། ལྗོག་གཅེས་པ་བསྟན་པའི་

རྒྱལ་མཚན། བཀའ་བསྒོ་བ་ཟླ་མགོན་ཤེས་རབ། ཚུ་ཁ་སྤེལ་དམར་བ་དཔལ་འབྱོར་ཤེས་རབ། བཀའ་ཆད་པ་རིན་ཆེན་དཔལ་བཟང་། ལྗོག་ཆེན་པ་མཉྫུ་ཤྲཱི། འཇམ་དབྱངས་གྲགས་དཔལ། ས་སྐྱ་པ་ཀུན་དགའ་རྒྱལ་མཚན། ལྗོག་མགར་རོང་ཨ་ཏི་བཟང་པོ། སྤེ་སྐྱ་བ་སེང་གེ་དཔལ་རིན། འདི་རྗེས་བྱང་བདག་པ་དཀོན་ཅོག་བཟང་པོས་སེམས་དཔའ་ཆེན་པོ་གཞོན་ནུ་རྒྱལ་མཆོག་སྤྱན་དྲངས་གཙུག་ལག་ཁང་ཀ་བ་བརྒྱད་ཅུའི་ས་དང་། བྱམས་སྐུ་ཁྲུ་དོན་ལྔ་པ་བཞེངས། སེམས་དཔའ་ཆེན་པོས་མཁན་པོའང་མཛད། དེ་ནས་(༢༧༢བ)དོན་བཟང་རྒྱལ་མཚན། བློ་བཟང་གྲགས་པ། རོལ་པ་བསོད་ནམས་སེང་གེ །ཀུན་དགའ་གྲུབ་པ། སངས་རྒྱས་སེང་གེ །འཇིགས་མེད་གྲགས་པ། རིན་ཆེན་རྡོ་རྗེ། དཔལ་ལྡན་བློ་གྲོས། སྨན་ལུང་བྱང་སེམས་པ། ཤེས་རབ་དཔལ། དགེ་ལེགས་བཀྲ་ཤིས། བསོད་ནམས་བཟང་པོ། སངས་རྒྱས་རྒྱ་མཚོ། བྱམས་པ་བསོད་ནམས། བཟང་པོ་བཀྲ་ཤིས། བློ་གྲོས་རྣམ་རྒྱལ། སངས་རྒྱས་རྒྱལ་མཚན། ངག་དབང་བཀྲ་ཤིས། ཀླུ་སྒྲུབ་རྒྱ་མཚོ། ཀུན་དགའ་རྒྱལ་མཚན། ཆོས་དཔལ་བཀྲ་ཤིས། བྱམས་པ་བཟང་པོ། བྱམས་པ་ཆོས་རྒྱལ་མཚན། ཚུལ་ཁྲིམས་རྒྱལ་པོ། ཀླུ་སྒྲུབ་ཆོས་ཀྱི་རྒྱལ་མཚན། ར་ས་སྙེ་ཕུབ་པ་ཀླུ་སྒྲུབ་ཆོས་ཀྱི་དར་རྒྱས། མང་ཡུལ་ལོ་ཙྪ་བ་ཚེ་བརྟན་རྒྱལ་མཚན། ད་ལྟ་གྲྭ་བྱམས་གླིང་ངག་དབང་འོད་ཟེར་གྱི་སྐབས། དེ་ཡང་ཆོས་སྡེ་ཆེན་པོ་འདིར་དབྱར་ཆོས་དང་དགུན་ཆོས་ལ་ས་དགེའི་གྲྭ་ཚང་ཉི་ཤུ་རྩ་ལྔ་འཚོག་པར་དགེ་འདུན་སུམ་སྟོང་བརྒྱད་བརྒྱ་ཙམ་འབྱུང་ལ། རྩ་བ་བཞིར་སྐྱོན་ཡོད་མེད་དགེ་བསྐོས་ཀྱིས་མནའ་ལེན་པའི་སྲོལ་དར་ཞིང་། གཞུང་ལུགས་རབ་འབྱམས་སྨྲ་བ་སོགས་དབུས་གཙང་མཐའ་དག་ནས་མཁས་མང་རྒྱ་མཚོ་ཆེན་པོ་འདུ་བར་ངམ་རིང་གྲྭ་སྐོར་ཞེས་སྙན་ལྷར་གྲགས། དུས་རྒྱུན་སོ་སོའི་ཆོས་སྡེར་བཞུགས་པར།

༤༽ དགེ་ལུགས་གྲྭ་ཚང་བཅུ་ཡོད་པའི་དང༷་པོ༷་སྡེ༷་གུང་པ༷་ནི། རྟ་ཤར་བའི་ཞལ་ངོ་རྡོ་རྗེ་འཆང་ཉི་མ་བཀྲ་ཤིས་པས་བཏབ། གདན་སར་རིམ་པ་ལྟར་བླ་མ་བྱམས་

པ། བཞད་པ་འཕྲིན་ལས་དཔལ་བཟང་། ཁྲུང་པོ་རིན་ཆེན་རྒྱལ་མཚན། རྟ་ཞབ་རིན་ཆེན་ཆོས་འཕེལ། སྤྱང་ཡུལ་བློ་བཟང་བསམ་གྲུབ། ཁྲུང་རྩེ་དགེ་འདུན་རྒྱལ་མཚན། ཙུང་བུམ་(༡༧༣ན)བློ་བཟང་ཆོས་འཕེལ། ཚེ་བརྟན་རྒྱལ་མཚན། མགུར་པ་བློ་བཟང་དར་རྒྱས། ལ་སྟོད་བློ་བཟང་དོན་གྲུབ། ལྷ་རྩེ་དགེ་འདུན་བསམ་གྲུབ། དིང་རི་བློ་བཟང་རྒྱལ་མཚན། ད་ལྟ་བཞད་པ་དགེ་འདུན་ཟླ་བ། གཞིས་དགོན་ཐུགས་སྲུ། མདོ་ཕྱོགས་ཀྱི་སློབ་གཉེར་བགྲ་ཤིས་ལྷུན་པོར་འགྲོ། ཨང་དང་གྲྭ་གྲངས་ལྔ་བཅུ་ང་བརྒྱད་སྐོར།

༧ གཉིས་པ་དགའ་ལྡན་བདེ་གླིང་ཤར་པ་ནི། ཐོག་མར་དཔལ་ལྡན་བཟང་པོས་བཏབ། དེ་ནས་བསོད་ནམས་ལེགས་གྲུབ། ཆོས་དཔལ་འབྱོར། སངས་རྒྱས་ཕུན་ཚོགས། བསོད་ནམས་རབ་བརྟན། བསོད་ནམས་དར་རྒྱས། བྱམས་པ་ལྷ། སྤྱིལ་འབྲོག་བསོད་ནམས་རིན་ཆེན། འཇམ་དབྱངས་ཕུན་ཚོགས། སློབ་དཔོན་ངབུས་པ། བྱང་པ་ཁ་ཆག །བསོད་ནམས་དཔལ་འབར། མུས་བློ་བཟང་དར་རྒྱས། མདོ་སྨི་བློ་བཟང་རྒྱལ་མཚན། སྨེར་ཕུ་བློ་བཟང་དམ་ཆོས། ལྡོག་བློ་བཟང་འཕྲིན་ལས། སྣར་ཐང་བློ་བཟང་དོན་གྲུབ། ད་ལྟ་གཙང་འབྲས་སྤུངས་བློ་བཟང་དོན་གྲུབ་པའི་སྐབས། གཞིས་དགོན་སྔགས། མདོའི་སློབ་གཉེར་བགྲ་ཤིས་ལྷུན་པོར་འགྲོ། ཨང་དང་གྲྭ་གྲངས་བཞི་བཅུ་ཞེ་གཉིས་སྐོར།

༨ གསུམ་པ་ཙུང་རྟ་ཤར་བ་ནི། དཀྲ་བཙོམ་པ་དོན་བཟང་གིས་བཏབ། དེ་ནས་གདན་སར་རིམ་པ་ལྟར། བློ་རྒྱལ། བློ་གྲོས་མགོན། བྱམས་པ་བཟང་པོ། ཆོས་བཟང་། བློ་རིན་པ། བློ་བཟང་རྒྱལ་སྲས། ལེགས་པ་རྒྱལ་མཚན། རྟ་ཞལ་བྱམས་པ་བཟང་པོ་དཔལ། འདི་ནས་ཆོས་གྲྭ་ཆེན་པོ་ངམ་རིང་གི་ཆོས་སྡེ་ཐོག་མར་ཚུགས་པར་གྲགས་ལ། རིམ་གྱིས་དགེ་ལུགས་སུ་འགྱུར་བར་མཛད། དེ་རྗེས་སེམས་དཔའ་ཆེན་པོ། (༡༧༣བ)དོན་བཟང་རྒྱལ་མཚན། བློ་གྲོས་རྒྱལ་མཚན། དཔལ་འབྱོར་ཆེན་པོ། ཕྱོགས་ཀྱི་གླང་པོ། སྐྱི་ལུང་དཔལ་ལྡན་ཚུལ་ཁྲིམས། སྐ་ཙ་བ་སངས་རྒྱས་ཕུན་

ཚོགས། སྡེ་ཤར་བསོད་ནམས་དར་རྒྱས། ཧ་ཞལ་བློ་བཟང་རྣམ་རྒྱལ། གྲོག་ཏུ་ལྷུན་གྲུབ་དཔལ་འབྱོར། ཁྱུང་པོ་བསོད་ནམས་དཔལ་འབར། ཧ་ཞལ་སངས་རྒྱས་དཔལ་འབྱོར། བམ་ཆུང་བ་བློ་བཟང་ཆོས་འཕེལ། ཞལ་སྣ་ནས་བསོད་ནམས་རྒྱལ་མཚན། བྱ་ཚང་དགེ་ལེགས་དཔལ་བཟང་། ཧ་ཞལ་ཚུལ་ཁྲིམས་རྒྱལ་མཚན། ད་ལྷ་བློ་བཟང་ཡར་འཕེལ། གཞིས་དགོན་སྟགས་གྲྭ། མདོ་ཕྱོགས་ཀྱི་སློབ་གཉེར་བཀྲ་ཤིས་ལྷུན་པོར་འགྲོ། ཨང་དང་གྲྭ་པ་སུམ་ཅུ་སོ་གཉིས་སྐོར།

༤༣ བཞི་པ་ཅུང་འབུམ་སྤོ་ཐོག་བཀྲ་ཤིས་སྒང་ནི། བླ་མ་བཀྲ་ཤིས་རིན་ཆེན་པས་བཏབ་ཅིང་། བར་སྐབས་ཀྱི་བླ་རབས་མ་བྱུང་ཕྱིས་ས་བརྗེས་བྱས་ནས་མཚོ་འཁོར་དུ་སྤོས་པའི་བླ་མའི་དང་པོ་དཀོན་ཅོག་རྡོ་རྗེ། ཁྱུང་པོ་བསོད་ནམས་དཔལ་འབར། སྤྲུལ་ལུང་སངས་རྒྱས་ཚེ་དབང་། བམ་ཆུང་མགོན་པོ་རྒྱལ་མཚན་དང་། བློ་བཟང་ཆོས་འཕེལ། སྟོང་བཤེར་བྱམས་པ་རྒྱལ་མཚན། བསྟར་རྒྱུས་བློ་བཟང་དར་རྒྱས། ཆུ་གཞུང་བློ་འབྱུང་། དགའ་གདོང་བློ་བཟང་བསྟན་འཕེལ། ད་ལྷ་ཧ་ཞལ་བློ་བཟང་ཡར་འཕེལ། གཞིས་དགོན་སྟགས་གྲྭ། མདོའི་སློབ་གཉེར་བཀྲ་ཤིས་ལྷུན་པོར་འགྲོ། ཨང་དང་གྲྭ་པ་སུམ་ཅུ་སྐོར།

༤༤ ལྔ་པ་བསམ་གྲུབ་དགའ་ལྡན་ནི། ཡ་ག་ཆོས་སྡེ་བ་ནང་ཅུང་ཟད་མ་མཐུན་པར་བརྟེན་དགེ་འདུན་བདུན་ཅུ་སྐོར་ཞིག་ཡུལ་དོན། ལྷོག་གི་ཕུར་བཞུགས་ཏེ་འཇམ་མགོན་བླ་མ་བཙོང་ཁ་པ་ཆེན་པོའི་རིང་ལུགས་སུ་ཞུགས་ཤིང་སྟར་བས་ཆེས་སྤྲོ་སྟེ་བདག་ཅག་གི་བསམ་པ་འགྲུབ་པོ་(༢༧༤ན)ཞེས་མགྲིན་གཅིག་ཏུ་སྨྲས་པས་བསམ་གྲུབ་དགའ་ལྡན་པར་གྲགས། བྱང་ཁང་གསར་བ་འཇམ་དབྱངས་དཔལ་ལྡན་རྒྱལ་མཚན་གྱིས་བདག་གིར་བཟུང་། དེའི་སློབ་མ་ཚུལ་ཁྲིམས་ལེགས་པས་དར་རྒྱས་སུ་མཛད། སེམས་དཔའ་ཆེན་པོ་གཞོན་ནུ་རྒྱལ་མཆོག་གི་སྐྱེ་བར་གྲགས་པ་རྒྱལ་སྲས་དཔལ་ལྡན་རྒྱལ་མཚན་བླ་མར་བསྐོས། དེ་ནས་རིམ་པ་ལྷུར་བཀྲ་ཤིས་དཔལ་འབྱོར། ནམ་མཁའ་བཟང་པོ། བྱང་སྟོན་ཡེ་ཤེས་གྲགས། ཐོན་པ་སངས་རྒྱས་རྒྱ་མཚོ། བདེ་

ཐང་པ་དགེ་ལེགས་རྒྱ་མཚོ། འཇམ་དབྱངས་བཤེས་གཉེན། རིན་ཆེན་དཔལ་འབྱོར། དམ་ཆོས་ཡར་འཕེལ། ཤེས་རབ་རྒྱ་མཚོ། བསྟན་འགྲུས་འོད་ཟེར། བྱམས་པ་རྒྱ་མཚོ། རྒྱལ་བ་དཔལ་འབྱོར་དབང་པོ། སླ་ཟླ་བ་བློ་གྲོས་ཆོས་རྒྱན། རྒྱལ་བྱེད་པ་བསྟན་འགྲུས་རྣམ་རྒྱལ། འདི་ཡན་ལ་མདོའི་འཆད་ཉན་དར་བར་བྱུང་། དེ་ནས་ཐོན་པ་བློ་བཟང་ཆོས་འཕེལ། ལྷ་སུ་དམ་ཆོས་རྣམ་རྒྱལ། དགའ་བ་གདོང་བློ་བཟང་བསྟན་འཕེལ། སྤོ་འབོར་བློ་བཟང་ཆོས་འཕེལ། སེ་ར་ཤར་པ་སངས་རྒྱས་འཕྲིན་ལས། སྟོད་ལུང་དག་དབང་སྟོབས་ལྡན། འཕན་པོ་བློ་བཟང་ཀུན་དགའ། སྔིངས་ཁ་བ་བློ་བཟང་ལྷུན་གྲུབ། ད་ལྟ་སེ་ར་སྨད་བློ་བཟང་དར་རྒྱས། གཞིས་དགོན་སྡེ་སྒ་མདོ་ཕྱོགས་ཀྱི་སློབ་གཉེར་གྲྭ་རྒྱུན་བཀྲ་ཤིས་ལྷུན་པོར་འགྲོ། ཨང་དང་གྲྭ་གྲངས་ཉེས་བརྒྱ་དང་བཞི་བཅུ་ཞེ་དྲུག་སྐོར།

༤༥ དྲུག་པ་མདོག་བུམ་པ་ནི། བླ་མ་བཀྲ་ཤིས་མགོན་གྱིས་བཏབ། དེ་རྗེས་བསྟན་པ་འཕེལ་འགྲིབ་ཀྱི་དབང་ལས་བླ་རབས་ངེས་པ་ཅན་མ་བྱུང་ཡང་། ལམ་ཅམ་བྱང་སེམས་ཟླ་བ་རྒྱལ་མཚན། ཤར་རྩེ་སངས་སྐྱིད་(༢༧༤བ)པ། བསམ་གྲུབ་དགའ་ལྡན་ཞལ་སྔ་ནས་འཇམ་དབྱངས། མངའ་རིས་ནོར་བུ་པ། སངས་རྒྱས་རྒྱལ་མཚན། དཔལ་འབྱོར་རྒྱལ་མཚན། ད་ལྟ་ཡེ་ཤེས་རྒྱལ་མཚན། གཞིས་དགོན་སྡེ་སྒ་གྲྭ། མདོ་ཕྱོགས་ཀྱི་གྲྭ་རྒྱུན་བཀྲ་ཤིས་ལྷུན་པོར་འགྲོ། ཨང་དང་གྲྭ་སློབ་སུམ་ཅུ་སོ་གསུམ་སྐོར།

༤༦ བདུན་པ་ཆོས་ལུང་ལྗོ་པ་ནི། མཁས་གྲུབ་དགེ་ལེགས་དཔལ་བཟང་གི་སློབ་མ་འཇམ་དབྱངས་ཐུགས་རྗེ་སེང་གེས་བཏབ། བྱང་གཙང་གི་སྡེ་གཟར་སོགས་ནས་བར་སྐབས་ཀྱི་བླ་རབས་ངེས་ཁུངས་མ་བྱུང་། རྗེ་བླ་མའི་ཆོས་སྲིད་གདུགས་དཀར་གྱིས་ཁྱབ་ནས་རྒྱལ་ཆེན་རྩེ་ཆོས་སྐྱོང་བཟང་པོ། དམ་ཆོས་རྣམ་རྒྱལ། འཇམ་དབྱངས་པ། ག་ལེ་བསྟན་འགྲུས་པ། ད་ལྟ་བསམ་གྲུབ་དགའ་ལྡན་གྱི་དགོན་ལག་ཡིན་གཤིས་དེ་ནས་བསྐོས་པའི་སློབ་དཔོན་པ་གཙང་འབྲས་སྤུངས་པས་སྐྱོང་སྐབས། གཞིས་དགོན་སྡེ་སྒ་ཧེ་མདོའི་སློབ་གཉེར་བཀྲ་ཤིས་ལྷུན་པོར་འགྲོ། ཨང་གཉིས་གྲྭ

སློབ་ཉི་ཤུ་ཙམ་དྲུག་སྐོར།

༤༧ བརྒྱད་པ་སྤྱང་ཡུལ་བདེ་བ་ཅན་པ་ནི། མཁས་གྲུབ་རྗེའི་དངོས་སློབ་ཆོས་ལྡན་རབ་འབྱོར་བས་བཏབ། དེ་རྗེས་ཚུལ་ཁྲིམས་བཟང་པོ། སངས་རྒྱས་བྱང་ཆུབ། ཆོས་སྐྱོང་དོན་གྲུབ་རིན་ཆེན། སྤྱན་ལྔང་བློ་གྲོས་དཔལ་ལྡན། ཚུལ་ཁྲིམས་བཟང་པོ། བདེ་འབྱོར་ཤེས་རིག་པ། གནས་གྲགས་པ་དབང་ཕྱུག །སྤྱང་ཡུལ་བསོད་ནམས་རྒྱལ་མཚན། བློ་བཟང་དོན་གྲུབ། ཧ་ནག་དགེ་དོན། འབྲོང་རྩེ་སངས་རྒྱས་པ། འཕྲིན་ལས་ཡར་འཕེལ། སེང་མ་དགེ་འདུན་བསྟན་འཛིན། ད་ལྟ་བཞད་པ་འཕྲིན་ལས་དང་ལ་འབྱོར། གཞིས་དགོན་བཀྲས་ལྷུན་ སྔགས་གྲྭ་ལུགས། མདོ་ཕྱོགས་ཀྱི་གྲྭ་རྒྱུན་བཀྲ་ཤིས་ལྷུན་པོར་འགྲོ། ཨང་དང་གྲྭ་སློབ་(༢༧༥ན)བདུན་ཅུ་དོན་དྲུག་སྐོར།

༤༨ དང་ཐོག་མུས་ཀྱི་ཆོས་ལུང་ཤར་དང་། ལུང་དགའ་ལྡན་པ་སོ་སོར་ཡོད་ཀྱང་བྱང་པའི་དུས་ཆོས་ལུང་དུ་ཆུ་ཤོར་གྱི་འཕྲ་མ་ཚུགས་པར་དགོན་གཉིས་གཅིག་ཏུ་བསྡོམས་ཏེ། དེང་སང་ལུང་དགའ་ལྡན་དུ་གྲགས་པ་ནི་ཁྲུང་རབ་འབྱམས་པ་བློ་གྲོས་མགོན་པོས་བཏབ། དེ་ནས་བླ་རབས་བར་མ་ཆད་པའི་ཁྲུངས་མ་རྙེད་ཀྱང་། ཀུན་དགའ་ཉི་མ། བཀྲས་ལྷུན་པ། ཤངས་པ་བ། ནོར་བུ་རྒྱལ་མཚན། དམ་ཆོས་རྣམ་རྒྱལ། བསོད་ནམས་ཆོས་འཕེལ། གཞིས་དགོན་སྔགས་ལུགས། མདོའི་སློབ་གཉེར་བཀྲ་ཤིས་ལྷུན་པོར་འགྲོ། ཨང་དང་གྲྭ་སློབ་དྲུག་ཅུ་ཡོད་པ་སྟེ་དགེ་ལུགས་ཀྱི་གྲྭ་ཚང་བཅུ།

དཔལ་ལྡན་ས་སྐྱ་པའི་གྲྭ་ཚང་བཅོ་ལྔ་ནི། དཀར་ལེགས་པ། དཀར་པོ་ཤར། མདོན་དགའ་ཤར་པ། སྟག་རྩེ་བ། ཆོས་གླིང་པ། མཐོང་སྨོན་པ། སྣང་རིག་པ། ལྷ་སྡིངས་པ། སྡེ་ཕུག་པ། ཚར་གུང་པ། ཀ་ཚལ་བ། ཆོས་ལུང་པ། ཡ་ག་ཆོས་སྡིངས་པ། ཆོས་འཁོར་སྒང་པ། སྐར་ཁུང་བ་རྣམས་སོ། །

༤༩ མདོ་མཁར་དགའ་ལྡན༷་དར༷་རྒྱས་གླིང༷་ནི། མགོན་པོ་རྒྱ་མཚོ་བས་བཏབ་ཅིང་། དེའི་དཔོན་བརྒྱུད་དཔལ་ལྡན་རྒྱ་མཚོས་ཐམས༷་ཅད༷་མཁྱེན༷་པ༷་བསོད༷་ནམས༷

རྒྱ་མཚོར་ལུང་བསྟན་ཞུས་ཏེ། རྒྱང་རིའི་བྱང་ཕྱོགས་སུ་སྤྱོས། མིང་དགའ་ལྡན་དར་རྒྱས་གླིང་དུ་བསྒྱུར། དེ་རྗེས་རྒྱ་མཁར་པ་དགེ་འདུན་དཔལ་གྲུབ། ཟངས་མཁར་དཀོན་རིན་པ། དགེ་འདུན་དཔལ་འབྱོར། གུ་གེ་འཇམ་དབྱངས་རྒྱལ་མཚན། ཧ་ནག་ནོར་རྒྱན་པ། ཁལ་ཁ་བཟོད་པ་རྒྱ་མཚོ། མང་ཡུལ་བསོད་ནམས་ཆོས་འཕེལ། ཟངས་མཁར་བློ་བཟང་བཀྲ་ཤིས། ད་ལྟ་གཏིང་(༢༡༥བ)སྐྱེས་བློ་བཟང་བསྟན་པ་དར་རྒྱས། འཇིགས་བྱེད་བཅུ་གསུམ་མ་དང་། ཀུན་རིག །སྨན་བླའི་མདོ་ཆོག་ཡིད་བཞིན་དབང་རྒྱལ་སོགས་གཏོང་། མདོ་ཕྱོགས་ཀྱི་སློབ་གཉེར་བཀྲ་ཤིས་ལྷུན་པོ་དཀྱིལ་ཁང་དུ་འགྲོ། ཨང་དང་གྲྭ་གྲངས་བཞི་བཅུ་ཞེ་གཉིས་སྐོར།

༡༠ སར་ལུང་དགའ་ལྡན་ཆོས་འཁོར་ནི། ཕྱོག་དགེ་བཅུ་བ་རྡོ་རྗེ་རྒྱལ་མཚན་ཀྱིས་བཏབ། ཆོས་ལུགས་ས་སྐྱ་པ། ཕྱིས་གངས་ཅན་པ་ཡེ་ཤེས་རྩེ་མོས་བླ་མ་མཛད་པ་ནས་འཇམ་མགོན་ཆོས་ཀྱི་རྒྱལ་པོའི་རིང་ལུགས་སུ་འགྱུར། དེ་ནས་མང་མ་བར་དགེ་འདུན་དཔལ་འབྱོར། སར་ལུང་དཀོན་ཅོག་ཆོས་བཟང་། བཙག་པ་འཕྲིན་ལས་དཔལ་འབྱོར། ད་ལྟ་ཤབ་དགེ་འདུན་ཡར་འཕེལ། གསང་འཇིགས་ཀུན་རིག་སོགས་རྒྱུད་སྨད་པར་ཉེ། གྲྭ་རྒྱུན་སློབ་གཉེར་བཀྲས་ལྷུན་ཤར་རྩེ་དང་གངས་ཅན་ཤར་རྩར་འགྲོ། ཨང་གཉིས་གྲྭ་པ་དྲུག་ཅུ་སྐོར།

༡༡ མང་མཁར་ཆོས་སྡིངས་ནི། བྱང་སེམས་ཟླ་བ་རྒྱལ་མཚན་ལ་སྐྱིད་གྲོང་ཇོ་བོས་ལུང་བསྟན་པའི་གྲུས་ཡིན་པར་གྲགས། བར་སྐབས་ཀྱི་བླ་རབས་མ་བྱུང་། ཕྱིས་དཔལ་ལྡན་རྒྱ་མཚོ་ནས་དགའ་ལྡན་དར་རྒྱས་གླིང་གི་དགོན་ལག་ཏུ་སྒྱུར་ནས་བླ་རབས་གོང་སྨོས་ལྟར་དང་། དཔལ་མོ་ལུགས་ཀྱི་སྨྱུང་གནས་དང་། པཎ་ཆེན་བླ་མཆོད་སོགས་ཆོས་སྤྱོད་དགེ་ལུགས་སྤྱི་འགྲོ། ཨང་གཉིས་བཙུན་མ་བཞི་བཅུ་ཞེ་དགུ་སྐོར།

༡༢ མང་མཁར་ཚ་ལུང་ནི། པཎ་ཆེན་འབུམ་ཕྲག་གསུམ་པའི་དངོས་སློབ་གྲུབ་ཆེན་མ་བདེ་ལེགས་དཔལ་འཛོམ་གྱིས་བཏབ། རྗེ་ས་སྐྱ་པ་གྲགས་པ་རྒྱལ་མཚན་

གྱིས་ཡུན་རིང་བཞུགས་ཤིང་། པཎྜི་ཏ་ཀུན་དགའ་རྒྱལ་མཚན་གྱིས་ཚོགས་བདག་དང་། ཚར་ཆེན་ཆོས་ཀྱི་རྒྱལ་པོས་དཔལ་ཧ་མགྲིན་ཞལ་གཟིགས་པའི་གནས་(༢༧༨ན)ཡིན་པར་གྲགས། བར་སྐབས་ཇོ་ནང་པས་བདག །ཕྱིས་ཀུན་དགའ་ཆོས་བཟང་། ད་ལྟ་ཀྲེ་པ་བ། བྱང་གཏེར་ཐུགས་རྗེ་ཆེན་པོ་སོགས་གཏོང་། ཨང་གཉིས་བཙུན་མ་བཞི་བཅུ་ཞེ་དགུ་སྐོར།

༦༣ ལྷོག་མཁར་ཆུང་ནི། གྲུབ་ཐོབ་སེ་མཁར་ཆུང་བས་བཏབ། དེའི་སློབ་མ་གཞང་སྟོན་མཆེད་དང་། ཡང་སློབ་ས་ཆེན་ཀུན་དགའ་སྙིང་པོ་སོགས་མཐའ་ལས་འདས་པ་བྱུང་ཞིང་། ཆོས་གྲྭ་ཆེན་པོ་ངམ་རིང་གི་མཁན་པོ་གོང་མ་རྣམས་རྒྱང་སྐུ་འབུམ་དང་བྱ་རྐོད་གཞོངས་སོགས་སུ་བཞུགས་ནའང་། ཕྱིས་མང་ཡུལ་ལོ་ཙྪ་བ་ཚེ་བརྟན་རྒྱལ་མཚན་པས་དབྱར་དགུན་གྱི་ཆོས་ཐོག་གྲོལ་ནས་རྒྱུན་པར་འདིར་སྡན་ཆགས་པས། དགེ་འདུན་གྱི་སྡེ་གཞན་མེད་ཀྱང་མཁན་པོ་གྲྭ་བཅས་བཅུ་སྐོར་དགོན་དེབ་ཨང་དང་དུ་འཕོད་ཅིང་། ད་ལྟ་མཁན་ངག་དབང་འོད་ཟེར་ཆོས་སྐྱོང་དགེ་ལུགས་སྤྱི་འགྲོ།

༦༤ ལྷོག་གསང་སྔགས་མཁར་ནི། མཁས་གྲུབ་དགེ་ལེགས་དཔལ་བཟང་གི་དངོས་སློབ་གསང་མདའ་བ་ཆོས་ལྡན་རབ་འབྱོར་གྱིས་བཏབ། གདན་སར་ལྷ་རི་རྩེ་པ་དགེ་ལེགས་བཤེས་གཉེན། དེ་རྗེས་བྱང་ཁར་གསར་པ་དཔལ་འབྱོར་རྒྱལ་མཚན་ནས་བསམ་གྲུབ་དགའ་ལྡན་གྱི་བུ་དགོན་དུ་ཕྱུར་པས་བླ་རབས་དེར་བཤད་ཟིན་ལྟར་དང་། གཞིས་དགོན་བཀྲས་ལྷུན་སྔགས་གྲྭ་ལུགས། སློབ་གཉེར་གྲྭ་རྒྱུན་བཀྲ་ཤིས་ལྷུན་པོར་འགྲོ། ཨང་དང་གྲྭ་གྲངས་སུམ་ཅུ་སོ་གཉིས་སྐོར།

༦༥ ཟེ་མཁར་ཆོས་སྡེ་ནི། གངས་ཅན་ཆོས་འཕེལ་གྱི་མཁན་ཐོག་གཉིས་པ་སྟོབས་ལྡན་འོད་ཟེར་གྱི་སློབ་མ་ངམ་རིང་བ་བྱམས་པ་བསྟན་འཕེལ་གྱིས་བཏབ། དེ་རྗེས་སངས་རྒྱས་དཀོན་ཅོག །ཐུབ་བསྟན་འཕྲིན་ལས། ཤེས་རབ་འཕྲིན་ལས། གྲམ་མཚོ་ཆོས་དབང་གྲགས་(༢༧༨བ)པ། བཤེས་གཉེན་བཟང་པོ། ཆོས་གྲགས་པ།

དགེ་འདུན་དཔལ་ལྡན་པ། ཚུལ་ཁྲིམས་བཀྲ་ཤིས། དཔལ་འབྱོར་གྲགས་པ། རྡོར་གྲག་པ་དགེ་རྒྱམ། ས་ལུང་བསོད་ནམས་བཀྲ་ཤིས། ངམ་ཆར་ཆོས་འཛིན་གྲགས་པ། སྐར་ཐང་གྲགས་པ་དཔལ་ལྡན། བྲག་སྣ་ལེགས་པ་དོན་གྲུབ། བསྟན་པ་རྒྱལ་མཚན། ཀོང་པོ་སངས་རྒྱས་དཔལ་འབྱོར། ཤེལ་དཀར་ངག་རྒྱན་པ། པ་སྣམ་ཀུན་དགའ་རྒྱ་མཚོ། ད་ལྟ་སེ་ར་སྨད་དགེ་འདུན་དར་རྒྱས། གཞིས་དགོན་སྡེགས་གྲྭ་ནག་པོ་སྐོར་གསུམ་སོགས་བཀྲས་ལྷུན་སྡེགས་གྲྭ་དང་ཉེ། གྲྭ་རྒྱུན་འབྲས་སྤུངས་བློ་གསལ་གླིང་། སེ་ར་སྨད། དགའ་ལྡན་བྱང་རྩེ། བཀྲས་ལྷུན་དང་གངས་ཅན་གྱི་ར་རྩེ་རྣམས་སུ་འགྲོ། ཨང་དང་གྲྭ་པ་བདུན་ཅུ་དོན་གཅིག་སྐོར།

༦ སྨན་ཁབ་དཔལ་སྡིངས་དགོན་ནི། ཐམས་ཅད་མཁྱེན་པ་དགེ་འདུན་རྒྱ་མཚོའི་ཞལ་སློབ་སངས་རྒྱས་དཔལ་བཟང་གིས་བཏབ། དེ་ནས་མཁྱེན་རབ་དཔལ་བཟང་། བློ་བཟང་བསྟན་པ་དར་རྒྱས། སུམ་མདོ་བ་བསོད་ནམས་རྒྱལ་མཚན། ད་ལྟ་གླིང་གསེབ་བློ་བཟང་དར་རྒྱས། གཞིས་དགོན་སྡེགས་གྲྭ་བཀྲས་ལྷུན་དང་ཉེ། གྲྭ་རྒྱུན་འབྲས་སྤུངས་བློ་གླིང་། སེ་ར་བྱེས། བཀྲས་ལྷུན་ཐོས་བསམ་གླིང་རྣམས་སུ་འགྲོ། ཨང་དང་གྲྭ་པ་བཞི་བཅུ་ཞེ་གཅིག་སྐོར།

༧ མང་དུར་དགའ་ལྡན་བསམ་གཏན་གླིང་ནི། རྗེ་བཙུན་མི་ལའི་སློབ་མ་རས་པ་ཞི་བ་འོད་ཀྱི་བསྒྲུབ་གནས་ལ་བརྟེན་ཏེ་ཆགས་པར་གྲགས། ཕྱིས་ཤེལ་དཀར་ཆོས་སྡེའི་བླ་མ་ཀོང་པོ་ཆབ་ནག་པ་སངས་རྒྱས་དཔལ་འབྱོར་ནས་དགེ་ལུགས་བརྡབ་གྲྭ་གསར་དུ་བཙུགས་ཤིང་མིང་གོང་གསལ་དུ་བཏགས། རྗེ་བླ་མའི་བཀའ་རྫོམ་བྲྀ་མ་མཆོད་པ་དང་མི་འཁྲུགས་ལྷ་དགུ་(༢༧༧ན)སོགས་གཏོང་། བློ་སྦྱོང་དང་སྙིང་པོ་དོན་གསུམ་གྱི་འཁྲིད་སོགས་དགེ་ལུགས་སྒྲུབ་སྡེ་སྤྱི་འགྲོ། བླ་རབས་དང་གྲྭ་རྒྱུན་ཤེལ་དཀར་ཆོས་སྡེ་ཇི་ལྟ་བ། ཨང་དང་གྲྭ་པ་བཅོ་ལྔ་སྐོར།

༨ གླིང་སྣ་སྨུག་ནི། དམ་པ་རྒྱ་གར་པའི་སྒྲུབ་ཕུག་ཞིག་ལ་བརྟེན་ནས་བཟུགས་པ་སྔར་གྲུབ་མཐའ་ངེས་མེད། ཕྱིས་ཤེལ་ཆོས་བླ་མ་སངས་རྒྱས་དཔལ་འབྱོར་བས་

དགེ་ལུགས་སྒྲུབ་གྲྭ་གསར་དུ་བཙུགས། དེ་ནས་བཟུང་བླ་རབས་དང་གྲྭ་རྒྱུན་ཞལ་ཆོས་དང་མཚུངས། འདོན་མཆོད་གོང་གི་བསམ་གླིང་ལྟར། ཨང་དང་གྲྭ་པ་བཅུ་གཉིས་སྐོར།

༩༩ བོད་ཤོད་རི་བོ་ཆེ་ནི། ཁྲ་སྟོན་པ་བྱང་ཆུབ་རྒྱལ་མཚན་པས་བཙུགས་པ་སྡེ་ཟློག་ཤངས་ལུགས། བར་དུ་རྙིང་མ་བྱང་གཏེར། ཕྱིས་ཞལ་ཆོས་བླ་མ་ལེགས་པ་དོན་གྲུབ་ཀྱིས་དགེ་ལུགས་སུ་བསྒྱུར་བ་ནས་བླ་རབས་དང་གྲྭ་རྒྱུན་དགོན་མ་དང་མཚུངས། བླ་མ་མཆོད་པ་དང་དབུ་མའི་ལྟ་ཁྲིད་སོགས་བྱེད། ཨང་གཉིས་གྲྭ་པ་ཉི་ཤུ་རྩ་བདུན་སྐོར།

༡༠༠ ཡོ་ཡོ་ལྷ་ཆོས་འཕོར་ནི། ཞལ་ཆོས་བླ་མ་ཀོང་པོ་སངས་རྒྱས་དཔལ་འབྱོར་གྱིས་བཙུགས། དེ་ནས་ཞལ་ཆོས་དགོན་ལག་ཏུ་གྱུར་པས་བླ་རབས་དེར་གསལ། རྗེ་བླ་མའི་བཀའ་རྫོམ་བླ་མ་མཆོད་པ་དང་མི་འཁྲུགས་ལྷ་དགུ་སོགས་གཏོང་། ཨང་གཉིས་བཙུན་མ་བཅུ་དགུ་སྐོར།

༡༠༡ འདོད་རྒྱས་དགོན་ནི། ཞལ་ཆོས་བླ་མ་སངས་རྒྱས་དཔལ་འབྱོར་བས་བཙུགས་པ་བླ་རབས་ཆོས་སྤྱོད་སོགས་གོང་མཚུངས། ཨང་གཉིས་བཙུན་མ་ཉི་ཤུ་རྩ་གཅིག་སྐོར།

༡༠༢ ཀླི་བྱང་དོས་ནི། བླ་མ་སངས་རྒྱས་དཔལ་འབྱོར་བས་བཏབ་པ་སོགས་གོང་འདྲ། ཨང་གཉིས་བཙུན་མ་བཅུ་དྲུག་སྐོར།

༡༠༣ ཕ་དྲུག་ཆོས་གླིང་ཡང་འཇུགས་མི་སོགས་གང་ཅི་སློས་ཟིན་ལྟར་དང་། ཨང་གཉིས་བཙུན་(༢༡༧བ)མ་ཉི་ཤུ་རྩ་གསུམ་སྐོར། འདོན་ཆོས་བླ་རབས་སོགས་གོང་འདྲ་ཞལ་ཆོས་བླ་མ་ལེགས་པ་དོན་གྲུབ་ཀྱིས་བཙུགས་གྲགས།

༡༠༤ གྲམ་མཆོ་རབ་བརྟན་ཆོས་ལུང་ལ་བཙུན་མ་སུམ་ཅུ་སོ་བཞི་སྐོར།

༡༠༥ བོང་ཤོད་བྲག་དཀར་ལ་བཙུན་མ་བཅུ་གསུམ་སྐོར།

༡༠༦ གཞན་མ་གོང་ལྟར་ལ་བླ་མ་སངས་རྒྱས་དཔལ་འབྱོར་གྱིས་བཙུགས་པ།

སོས་སྟུ་རྫོང་ཕུག་ཏུ་བཙུན་མ་བཞི་བཅུ་ཞེ་ལྔ་སྐོར།

༡༠༧ མུན་དྲུར་རྫོ་དགོན་དུ་བཙུན་མ་བཅུ་བཞི་སྐོར།

༡༠༨ མངའ་རིས་ར་སྟེ་བ་བཀྲ་ཤིས་རྒྱ་མཚོས་བཙུགས་པ་ཕ་དྲུག་བཀྲ་ཤིས་དགའ་ལྡན་དུ་བཙུན་མ་བཅུ་བཞི།

༡༠༩ སྟོད་ལུང་སྣ་གསེབ་ངག་དབང་ཡེ་ཤེས་ཀྱིས་བཙུགས་པ་ལྷོག་དགའ་ལྡན་བཀྲ་ཤིས་ཆོས་སྡིངས་སུ་བཙུན་མ་ཉི་ཤུ་རྩ་གཅིག །

༡༡༠ གཏིང་སྐྱེས་བཀྲ་ཤིས་ཆོས་འཕེལ་ནི། ཐོག་མར་འབྲིག་མཚམས་པ་སངས་རྒྱས་ཀྱིས་བཏབ་པའི་བཀའ་བརྒྱུད་པ། ཕྱིས་བླ་མ་ལྷ་པས་དགེ་ལུགས་སུ་བསྒྱུར་བའི་མིང་བཀྲ་ཤིས་ཆོས་འཕེལ་དུ་བཏགས། བླ་མར་སྔང་སྒྲོ་བ་ལེགས་པ་རྒྱལ་མཚན་བསྐོས། དེ་རྗེས་ཧ་ནག་དགེ་འདུན་དོན་གྲུབ། སྲིད་པ་བསྟན་པ་དར་རྒྱས། ཁལ་ཁ་བསྟན་དར་བ། འཕན་པོ་བློ་བཟང་ཀུན་དགའ། ད་ལྟ་ཨེ་པ་བློ་བཟང་ཡེ་ཤེས། གསང་འདུས། འཇིགས་བྱེད། ཀུན་རིག །མི་འཁྲུགས་པ་སོགས་ཀྱི་སྒྲུབ་མཆོད་དང་གདུལ་བྱ་སྐྱོང་། གྲྭ་རྒྱུན་སློབ་གཉེར་བཀྲས་ལྷུན་ཐོས་བསམ་གླིང་། སེ་ར་སྨད་ བློ་གསལ་གླིང་རྣམས་སུ་འགྲོ། ཨང་དང་གྲྭ་པ་བརྒྱ་དང་བརྒྱད་ཅུ་སྐོར།

༡༡༡ དཔེ་རྩ་དགོན་ནི། བླ་མ་ཙནྡྲ་འཕགས་པས་བཏབ། དེ་ནས་སེང་གེ་འོད་ཟེར། ཆོས་རྒྱལ་བསམ་གྲུབ། ཚུལ་ཁྲིམས་འོད་ཟེར། བསམ་གྲུབ་རྒྱ་མཚོ། མདོ་ཁྲ་དཀོན་རྒྱམ་པ། བློ་བཟང་ཚེ་དབང་། དབྱིག་གཉེན་རྒྱ་མཚོ། ཆོས་རྒྱམ་པ། ཆོས་དཀར་རིན་(༢༡༨ན)རྒྱམ། གཉེན་རྩེ་ཤེས་རྒྱམ་པ། དཔེ་རྩ་བསྟན་པ་རྒྱལ་མཚན། མདོ་ཁྲ་བློ་བཟང་རྒྱལ་མཚན། ད་ལྟ་ཆོས་དཀར་བློ་བཟང་འོད་ཟེར། མི་འཁྲུགས་ལྷ་བཅུ་གསུམ་མ་སོགས་ཀྱི་སྒོ་ནས་དོན་གཉིས་བྱེད། སློབ་གཉེར་གྲྭ་རྒྱུན་གདངས་ཅན། བློ་གསལ་གླིང་། སྨད་རྣམས་སུ་འགྲོ། ཨང་དང་གྲྭ་པ་དགུ་བཅུ་གོ་གཉིས་སྐོར།

༡༡༢ དགའ་ལྡན་སྟོར་ཐོག་ནི། ཐག་ཁུང་པ་སངས་རྒྱས་རྒྱལ་མཚན་གྱིས་བཏབ། དེ་ནས་བཀྲས་གླིང་བློ་བཟང་རྒྱལ་མཚན། བློ་བཟང་ཆོས་འཕེལ། སྤྱན་ཁུང་བློ་

བཟང་དག་དབང་། བློ་བཟང་ལྷ་དབང་། བློ་བཟང་བསྟན་པ། བློ་བཟང་སྦྱིན་པ། བློ་བཟང་བཀྲ་ཤིས། སྲིད་པ་དཀོན་རིན་པ། དགེ་འདུན་ཡར་འཕེལ། བཀྲས་གླིང་རྒྱལ་འབྱུང་། ལྷུན་ལེགས་འབྱུང་། བློ་བཟང་དག་དབང་། མགོན་པོ་དཔལ་འབྱོར་ཆ་དཀར་ལེགས་བཀྲས། བློ་བཟང་གསུང་རྒྱལ། ད་ལྟ་བློ་བཟང་བཀྲ་ཤིས། གཞིས་དགོན་ཐོགས་གྲྭ་སྲིད་རྒྱུད་ལུགས་དང་ཉེ། གྲྭ་རྒྱུན་སློབ་གཉེར་བློ་གླིང་། སྨད། ཐོས་བསམ་གླིང་བཅས་པར་འགྲོ། ཨང་དང་གྲྭ་པ་ལྔ་བཅུ་ང་བཞི་སྐོར།

༡༡༣ ཟར་ཆོས་འཕོར་བདེ་ཆེན་ནི། གཏིང་སྐྱེས་པ་ཡེ་ཤེས་རྒྱ་མཚོས་བཏབ། དེ་རྗེས་སྟར་ཐང་རིན་རྒྱམ་པ། ཀུན་དགའ་རྣམ་གྲོལ། མངའ་རིས་དཔལ་འབྱོར་དར་རྒྱས བཟང་པོ་བཀྲ་ཤིས། བསྟན་པ་རྒྱ་མཚོ། ད་ལྟ་ལྷུགས་ཐང་བློ་བཟང་བཟོད་པ་ གཞིས་དགོན་ཐོགས་གྲྭ་རྒྱུད་སྨད་དང་ཉེ། གྲྭ་རྒྱུན་སློབ་གཉེར་དགའ་ལྡན་ཤུན་ཚོགས་གླིང་སོགས་སུ་འགྲོ། ཨང་དང་གྲྭ་པ་བཞི་བཅུ་ཞེ་དགུ་སྐོར།

དགེ་བསྟན་སྟོད་མངའ་རིས་སྐོར་གསུམ་དུ་དར་ཚུལ།

སྟོད་མངའ་རིས་སྐོར་གསུམ་དུ་འཇམ་མགོན་ཆོས་ཀྱི་རྒྱལ་པོའི་བསྟན་པ་རིན་པོ་ཆེ་དར་རྒྱས་སུ་གྱུར་པའི་ལོ་རྒྱུས་ནི། མཚོ་ཆེན(༢༧༤བ)གྱི་ཤུལ་ས་སྙིང་གི་འབྱུང་ཁུངས་བར་སྐབས་ཁ་ཅིག་ཞང་ཞུང་གི་ཡུལ་ཡིན་ཡང་ཟེར་བོད་ཆོས་རྒྱལ་གྱི་གདུང་གིས་བཟུང་བས་གུ་གེར་གྲགས་ཤིང་། པཎྜི་ཏ་དྷརྨ་པཱ་ལ་དང་ལྷ་བླ་མ་བྱང་ཆུབ་འོད། ལོ་ཆེན་རིན་བཟང་། དཱི་པཾ་ཀ་ར་སོགས་པཎ་གྲུབ་དུ་མས་ཞབས་ཀྱིས་བཅགས་པའི་ཡུལ་བ་ཀླའི་ལྗོངའི་འགྲམ་དང་ཉེ་བར་འབྲུངས་པའི་ཀ་ལིང་པ་དག་དབང་གྲགས་པས་དབུས་གཙང་གི་ལྗོངས་སུ་ཕྱིན། འཇམ་མགོན་ཆོས་ཀྱི་རྒྱལ་པོའི་ཞབས་པད་ཡུན་དུ་བསྟེན་ཏེ་དམ་ཆོས་དཔག་མེད་གསན་གསུང་རབ་ཀྱི་དཔྱད་པ་ཡོངས་སུ་རྫོགས་པས་དངོས་སློབ་བསྟན་པ་ཕྱོགས་མཐར་སྐྱོང་བ་དྲུག་གི་གྲས་སུ་གཏོགས། སླར་མངའ་རིས་སུ་ཕྱིན། དུང་དཀར་ས་སྙིང་དུ་བཞུགས། དཔལ་རྡོ་རྗེ་འཇིགས་བྱེད་ཞལ་ཕྱག

ཡོངས་སུ་རྫོགས་པའི་སྐུ་བཞེངས། ཀུན་སྤྱོད་རྣམ་པར་དག་ཅིང་ལེགས་བཤད་ཀྱི་དགའ་སྟོན་འགྱེད་པའི་སྐན་པ་གུ་གེ་ཆོས་རྒྱལ་གྱི་གདུང་བརྒྱ་ཤེས་འོད་ལྡེ་དང་། ཁྲི་རྣམ་རྒྱལ་འོད། ཤཱཀྱ་འོད་དང་མཆེད་གསུམ་གྱི་སྐན་དུ་ལྷོན་པས་སྤྱན་དྲངས་ངགྱ་པ་དཔོན་མོ་ཟེར་བ་འདྲེར་སྐྱེས་པ་གནོད་ཚབས་ཆེ་བ་ས་འབྲི་སོགས་ཀྱི་བླ་མས་མ་འཕྲུལ་བ་རྗེ་འདེས་བཏུལ་བར་གྲགས། དེ་ནས་ཆོས་ཞུ་བར་བཞེད་པའི་སྐན་གསན་ཕབ་པ་ན་རྗེ་ངག་དབང་གྲགས་པའི་ཞལ་ནས་རྒྱལ་པོར་ཆོས་གསན་པར་བཞེད་ན་སྣན་དམའ་བ་ལ་བཞུགས་ཤིང་། སྡོད་ཀྱི་སྐྱོན་གསུམ་སྤངས། འདུ་ཤེས་དྲུག་བསྐྱེད་དགོས་པ་སོགས་ཚུལ་ལྡན་མཛད་ན་ཡོང་མཆི། དེ་ལྟ་མིན་པར་རྒྱལ་པོའི་དྲེགས་འགྱིངས་ལ་ཆོས་འབུལ་བར་རྗེ་མི་ཐོགས་སོ་ཞེས་གསུངས་པས། དེ་དུས་རྒྱལ་པོའི་སར་ས་སྐྱ་པའི་དགེ་བཤེས་སྤྲུལ་སྐུ་བ་ཡོད་པ་ལ། རྗེ་ངག་དབང་གྲགས་པའི་གསུང་ལུགས་རྣམས་བརྗོད་པས། ཆོས་ཉན་(༡༧༨ན)པ་ལ་དེ་ལྟར་ལོས་དགོས་ཟེར། ཕོ་ན་ཁྱེད་དེ་ལྟ་བུ་མི་མཛད་པ་ཅི་ཡིན་དྲིས་པས་རྒྱལ་པོ་མ་དགྱེས་དོགས་པས་སོ་ཟེར་བ་ལ། རྒྱལ་པོ་ན་རེ། ཆོས་ཉན་པའི་ཀུན་སྤྱོད་དེ་བཞིན་བྱེད་འཚལ་ལོ་ཞེས་ཞུས་ཏེ། རྗེ་ངག་དབང་གྲགས་པ་གདན་དྲངས་ཆོས་གསན་ཞིང་གཞན་ཡང་སྟོང་ཤེར་བཟང་དང་གུ་གེ་རྒྱལ་མཚན་བཟང་པོ་སོགས་ཀྱིས་བསྟན་པ་སྤེལ་ཏེ་མངའ་རིས་བདག་པོ་འབངས་བཅས་འཛམ་མགོན་ཆོས་ཀྱི་རྒྱལ་པོའི་རིང་ལུགས་སུ་གྱུར་ཅིང་གུ་གེ་ངག་དབང་གྲགས་པ་མཐི་ལྡིང་དང་ཀློས་བཏང་གི་གདན་སར་བསྐོས། དེ་ཡང་མཐོ་ལྡིང་གསེར་གྱི་ལྷ་ཁང་ནི། ལྷ་བླ་མ་ཡེ་ཤེས་འོད་ཀྱིས་གཉེ་ནམ་མཁར་འཕངས་ནས་བདག་གི་གདུལ་བྱ་འདུ་སར་བབས་ཤིག་ཅེས་སྨོས་སྐྱུར་བས་ནམ་མཁར་མཐོན་པོར་ལྡིང་ཞིང་ས་ཕྱོགས་དེར་བབས་སར་གཙུག་ལག་ཁང་བཞེངས་པས།

༡ མཐོ་ལྡིང་ཞེས་འབོད་པ་ལ། དེང་སང་སྒྲ་འཚོལ་ཏེ་ཐོ་ལིང་དུ་གྲགས། ལོ་ཆེན་རིན་ཆེན་བཟང་པོས་མཁན་པོ་མཛད། ཇོ་བོ་ཨ་ཏི་ཤས་ཞབས་ཀྱིས་བཅགས་ཤིང་རྒྱུད་སྡེ་བཞིའི་ལྷ་ཁང་ཡང་ཡོད།

དེ་ནས་བླ་རབས་མང་དུ་སོང་རྗེས་གོང་དུ་བརྗོད་པ་ལྟར་ཀུ་གེ་ངག་དབང་གྲགས་པའི་རྗེས་སུ་རིམ་པར། ཆོས་རྗེ་ཚུལ་ཁྲིམས་བཤེས་གཉེན། རྗེ་ལེགས་གྲུབ་པ། ཀུན་སྤངས་པ་ནམ་མཁའི་མཚན་ཅན། རྗེ་ཀུན་དགའ་དཔལ་བཟང་། རྗེ་རིན་ཆེན་དཔལ་བཟང་། པཎ་ཆེན་ཤཱཀྱ་པ་བློ་གྲོས་རྒྱལ་མཚན། སློབ་དཔོན་སེང་གེ་རྒྱ་མཚོ། ཆོས་རྗེ་ཕྱག་རྡོར་དཔལ་བཟང་། ཆོས་རྗེ་བདེ་ལེགས་དར། རྗེ་སངས་རྒྱས་དཔལ་བཟང་། རྗེ་གྲགས་པ་འོད་ཟེར། རྗེ་ཚུལ་ཁྲིམས་རྒྱལ་མཚན། ལྷ་བཙུན་བློ་བཟང་བསྟན་པའི་ཉི་འོད། འདི་སྐབས་པཎ་ཆེན་བློ་བཟང་ཆོས་རྒྱན་སྤྱན་(༢༧༡བ)དྲངས་དམ་པའི་ཆོས་ཀྱི་སྒོ་འཕར་ཕྱེ། ཕྱིར་ཕེབས་ཁར་མཁན་པོ་ལྷ་བཙུན་བློ་བཟང་ཡེ་ཤེས་འོད་དེ་ཉིད་ཀྱིས་ཁྲི་ལོ་བཅུ་གཉིས་ཙམ་མཛད་རྗེས་མདའ་ལྷས་རྣམ་པར་བཅིངས་པའི་བྱེད་པ་ལ་དྭགས་སེང་གེ་རྣམ་རྒྱལ་གྱིས་མཁན་པོ་དང་། ཀུ་གེ་བདག་པོ་བཀྲ་ཤིས་གྲགས་པ་བཅས་རང་དབང་དང་འཕྲལ་ཏེ་གདན་དྲངས། ཁོ་པས་གུ་གེར་དབང་བསྒྱུར། དེ་ནས་བསྐོས་པ་དུང་དཀར་བ་བཤེས་གཉེན་བཟང་པོ། ཀུ་གེ་བྱེ་དཀར་བཟོད་པ་རྒྱལ་མཚན། རྩ་ཧྲང་པ་སྐུ་སྐྱེ་བློ་བཟང་ཆོས་འཕེལ། ཕྱིས་སྐོར་གསུམ་དུ་རྗེ༷་བླ༷་མ༷འི་ཆོས་སྲིད་གདུགས་དཀར་གྱིས་ཁྱབ་པར་ཉེ་བ་ནས་ལ་དྭགས་བསོད་ནམས་དཔལ་གྲུབ། བྱང་རྩེ་ཆོས་རྗེ་ཨ་མདོ་སྦྱིན་པ་རྒྱ་མཚོ། ད་ལྟ་ཤར་རྩེ་ཁམས་སྤྱི་འཁོར་བ་བློ་བཟང་ཆོས་འཕེལ་གྱིས་སྐྱོང་ཞིང་གྲྭ་གྲངས་དང་མཆོད་གཞིས་སོགས་རྒྱས་པར་གསར་དུ་ཁོ་བོས་བཙུགས་པ་གཤམ་དུ་འཆད་ལ། སྔོན་ལམ་ལྷ་ས་ཧེ་ལྟ་བ། གཞིས་དགོན་ལུགས་སློབ་གཉེར་གྲྭ་རྒྱུན་སེ་འབྲས་དགེ་གསུམ་མངའ་རིས་གྲྭ་ཚང་བཅས་པར་འགྲོ། ཀུ་གེ་བདག་པོ་ཁྲི་ནམ་མཁའི་དབང་ཕྱུག་ཕུན་ཚོགས་སྡེའི་དུས་ད྄་སེ་འཕགས་པ་ཡེ་ཤེས་བརྩོན་འགྲུས་ཀྱིས་རྩ་ཧྲང་དུ། ༢ བྲི་ལྡན་དང་། ༣ བཀྲ༷་ཤིས༷་བདེ༷་རྒྱས༷་སམ་བློས༷་སྟངས་ཀྱི་ཆོས་སྡེ་གཉིས་བཏབ། དབྱར་ས་དགུན་སའི་ཁྱད་པར་ལས་ཁྲོན་གཅིག་ཡིན་ལ། རྒྱལ་པོའི་ཕོ་བྲང་དང་ཉེ་བའི་བློས་སུ་ས་འབུར་ཁའི་སྟེངས་སུ་ཡོད་པས། བློས་སྟེང་ཟེར་ཡང་དེང་སང་ནི་བློས་སྟངས་སུ་འབོད་

ངོ། །དེ་ནས་རྒྱལ་རབས་དྲུ་མ་ཞིག་སོང་རྗེས། ཆོས་རྒྱལ་བུཧྣའི་སྲས། བློ་བཟང་རབ་བརྟན་པས་རྗེ་ངག་དབང་གྲགས་པའི་ཞབས་པད་སྤྱི་བོས་བསྟེན་ཅིང་འཇམ་མགོན་ཆོས་ཀྱི་རྒྱལ་པོའི་རིང་ལུགས་དར་བར་མཛད།

དེའི་བཙུན་མོ་དོན་གྲུབ་མས། (༢༢༠ན) ༤ མཆོད་ཁང་དམར་པོ་ག་བ་སུམ་ཅུའི་ཁྱོན་ལྡན་དང་། མཉམ་མེད་ཐུབ་པའི་དབང་པོ། བྱམས་པ། རིགས་གསུམ་མགོན་པོ། རྗེ་བཙུན་བཙོང་ཁ་པ་ཡབ་སྲས་རྣམས་ཀྱི་སྐུ་བརྙན་དང་། གསུང་རབ་སོགས་སྐུ་གསུང་ཐུགས་རྟེན་བརྟེན་པར་བཅས་པ་བཞེངས། ཡབ་ཡུམ་དེའི་སྲས་འཕགས་པ་ལྷ། དེའི་སྲས་ཤཱཀྱ་འོད་དང་། ཤཱཀྱ་རིན་ཆེན། དེའི་སྲས་འཇིག་རྟེན་དབང་ཕྱུག་པད་དཀར་ལྡེ་དང་། འཇམ་དབྱངས་པ། ཕྱག་རྡོར་དང་གསུམ་བྱུང་། སྐུ་མཆེད་འདི་རྣམས་ཀྱིས་རྩ་ཧྲང་དུ། ༥ མཆོད་ཁང་དཀར་པོ་དང་། འཇིགས་བྱེད་ལྷ་བང་སོགས་སྐུ་གསུང་ཐུགས་རྟེན་མང་དུ་བཞེངས། ཐམས་ཅད་མཁྱེན་ཅིང་གཟིགས་པ་ཆེན་པོ་དགེ་འདུན་རྒྱ་མཚོའི་དཔལ་ལ་འབུལ་ཆེན་དང་། མངའ་རིས་གྲྭ་ཚང་འཛུགས་པའི་མཐུན་རྐྱེན་ཕུལ། འཇིག་རྟེན་དབང་ཕྱུག་གི་སྲས་ངག་གི་དབང་ཕྱུག་དང་། ལྷ་བཙུན་ཤེས་རབ་འོད་ཟེར་གཉིས། ངག་གི་དབང་ཕྱུག་གི་སྲས་ཁྲི་ནམ་མཁའི་དབང་ཕྱུག་དང་། ལྷ་བཙུན་བློ་བཟང་བསྟན་པའི་ཉི་འོད་གཉིས། དེས་བྲི་ལྡན་དུ་གུང་ནས་གཡས་སུ་རིམ་པར་དུས་འཁོར། གསང་འདུས་མི་བསྐྱོད་པ་འཇམ་དཔལ་རྡོ་རྗེ། འཇིག་རྟེན་དབང་ཕྱུག །གཤིན་རྗེ་དམར་ནག་འཇིགས་གསུམ། མི་འཁྲུགས་པ། ཚེ་དཔག་མེད། གཡོན་ཕྱོགས་སུ་བདེ་མཆོག་ལོ་དྲིལ་ནག་གསུམ། དགྱེས་རྡོར། འཁོར་ཆེན། འབྱུང་འདུལ། ཀུན་རིག་རྣམ་སྣང་དང་བཅས་པའི་དཀྱིལ་འཁོར་བཅུ་བདུན་གྱི། ལྷ་ཁང་སོ་སོར་ཡོད་པ་དང་། སྟེང་དུ་སྨན་བླའི་ཕོ་བྲང་བཅས་པར་ཆོས་འཕྲུལ་ཟླ་བར་ཚོགས་གྲྭ་སོ་སོའི་སྒྲུབ་མཆོད་ཟླ་རེ་ལྷག་ཙམ་དུ་བསྙེན་བཀུར་བཟང་པོས་མཆོད་པའི་སྲོལ་བཙུགས།

ཁྲི་ནམ་མཁའི་དབང་ཕྱུག་གི་སྲས་ཁྲི་ཉི་མའི་དབང་ཕྱུག །དེའི་སྲས་ཁྲི་གྲགས་

པའི་དབང་ཕྱུག་ལྷེ་(༢༢༠བ)དང་། ལྷ་བཙུན་བློ་བཟང་ཡེ་ཤེས་འོད། སྔ་མའི་སྤྲུལ་ཁྲི་ཇམ་རྒྱལ་གྲགས་པ་བཟང་པོའི་ལྡེ་ཁུ་དཔོན་འདི་རྣམས་ཀྱིས་ ༤ ཆོས་སྡེ་གསར་པ་བཏབ་ཅིང་པཎ་ཆེན་བློ་བཟང་ཆོས་རྒྱན་ལ་བཀུར་སྟིར་མཛད། བློས་སྣང་སམ་བགྲ་ཤེས་བདེ་རྒྱས་ཀྱི་བླ་རབས་སྔ་མ་རྣམས་ནི་བརྗོད་དུ་མ་ལང་ཞིང་། ཆོས་རྗེ་ངག་དབང་གྲགས་པ་ནས་བླ་རབས་ནི། སྟོང་ང་དཔལ་བཟང་། རིན་ཆེན་དཔལ་བཟང་། པཎ་ཆེན་ཤཱཀྱ་པ། རྗེ་སངས་རྒྱས་དཔལ་བཟང་། གྲགས་པ་འོད་ཟེར། སློབ་དཔོན་ཡིད་བཞིན། ལྷ་བཙུན་ཤེས་རབ་འོད་ཟེར། ཆོས་རྗེ་ཚེ་དབང་དཔལ་བཟང་། ལྷ་བཙུན་བློ་བཟང་བསྟན་པའི་ཉི་འོད། ལྷ་བཙུན་བློ་བཟང་ཡེ་ཤེས་འོད། ཁྲི་དཀར་བ་ཚེ་དབང་བཟང་པོ། ཀ་ཧུ་རབ་འབྱམས་པ། གུ་གེ་རྡོ་རྗེ་སྟོང་པོ་བ་བློ་བཟང་ཤེས་རབ། རྩ་ཧྲང་བ་བློ་བཟང་རྣམ་རྒྱལ། མ་ནར་བློ་བཟང་མཁས་བཙུན། ད་ཧྲི་དོ་ཤངས་པ་ཆོས་སྐྱོང་རྒྱལ་མཚན་གྱི་སྐབས། གཞིས་དགོན་ སྔགས་གྲྭ་རྒྱུད་སྨད་ལུགས། མདོ་ཕྱོགས་ཀྱི་སློབ་གཉེར་སེར་འབྲས་དགེ་གསུམ་གྱི་མངའ་རིས་ཁང་སོགས་སུ་འགྲོ། གྲྭ་གྲངས་དྲུག་ཅུ་སྐོར།

༧ ཁྲི་དཀར་དུ་ཆོས་སྡེ་རྣམ་རྒྱལ་རྩེ་ནི་གྲུབ་ཆེན་དབང་ཕྱུག་དཔལ་ལྡན་པས་བཏབ། བར་སྐབས་སུ་འབྲི་ཁུང་པའི་ཆོས་ལུགས་དར། དེ་ནས་རྗེ་ངག་དབང་གྲགས་པའི་སློབ་མ་སློབ་དཔོན་གྲགས་པ་བཟང་པོས་དགེ་ལུགས་པར་བསྒྱུར། གདན་སར་རིམ་པ་བཞིན་སངས་རྒྱས་མགོན་པོ། ཆོས་བཟང་མགོན་པོ། ལྷ་བཙུན་ཤེས་རབ་འོད་ཟེར། རྗེ་ཚེ་དབང་དཔལ་བཟང་། ལྷ་བཙུན་བློ་བཟང་ཡེ་ཤེས་འོད་དེས་ཆོས་སྡེ་རི་དང་སྒང་རྣམས་གཞལ་བདག་ཀྱང་མཛད། གུ་གེ་ལྡོང་བ་བློ་བཟང་བསྟན་པའི་རྒྱལ་མཚན། ཚུ་སི་བ་བཟོད་པ་རྒྱལ་མཚན། ད་ལྟ་ཁྲི་དཀར་བ་བློ་བཟང་བསྟན་འཛིན་གྱི་སྐབས་སྔགས་གྲྭ་རྒྱུད་སྨད་ལུགས། མདོའི་སློབ་གཉེར་སེར་འབྲས་དགེ་གསུམ་གྱི་མངའ་རིས་ཁང་དུ་འགྲོ། དགེ་འདུན་བརྒྱ་ཉི་ཤུ་(༢༢༧ན)སྐོར།

༨ སྨད་ནང་བྱང་ཆུབ་གླིང་ནི་སྔོན་ལྷ་བླ་མ་བྱང་ཆུབ་འོད་ཀྱིས་བཏབ། འཕགས་

ཡུལ་གྱི་པཎྜི་ཏ་ཆེན་པོ་དྷི་པཾ་ཀ་རས་ཡུན་རིང་དུ་བཞུགས། སྐུ་ཆོས་ཀ་ཅ་སོགས་ནང་རྟེན་དུ་མ་བཞུགས་ཞེས་ཐོས། གདན་སའི་རིམ་པ་ནི། མ་ནང་ལྷ་བཙུན་ཤཱཀྱ་འོད། གུ་གེ་ངག་དབང་གྲགས་པ། དོན་གྲུབ་རིན་ཆེན། ཆོས་དབྱིངས་རྒྱ་མོ། ལྷ་དངར་བཀྲ་ཤིས། ལྷ་དབང་དཔལ་བཟང་། ལྷ་དབང་བློ་གྲོས། བློ་བཟང་རྒྱལ་མཚན། བློ་བཟང་འཕྲིན་ལས། ཆོས་དཔལ་བཟང་པོ། འབྲོག་པ་ཡ་ཚ་བ་རྡོ་རྗེ་འབུམ། གུ་གེ་སངས་རྒྱས་དཔལ་བཟང་། ཆོས་རྒྱལ་གྱི་གདུང་ལྷ་བཙུན་ཤེས་རབ་འོད། མ་ནང་པའི་གྲས་བྱང་ཆུབ་བཟང་པོ། བྱང་ཆུབ་རྒྱལ་མཚན། དམ་ཆོས་རྒྱལ་མཚན། དམ་ཆོས་རྣམ་རྒྱལ། བློ་བཟང་དཔལ་འབྱོར། བློ་བཟང་མཁས་བཙུན། གུ་གེ་བློ་གྲོས་རྒྱ་མཚོ། ད་ལྟ་གུ་གེ་ངག་དབང་བསྟན་འཛིན་གྱི་སྐབས། གཞིས་དགོན་སྤྱག་པ་གྲྭ་རྒྱུད་སྨད་ལུགས། གྲྭ་རྒྱུན་སེར་འབྲས་དགེ་གསུམ་གྱི་མངའ་རིས་ཁང་དུ་འགྲོ། དགེ་འདུན་དྲུག་ཅུ་རེ་བཞི་སྐོར།

༩ གུ་གེའི་བྱེ་བྲག་མདའ་པ་སར་བཀྲ་ཤིས་ལྷུན་པོ་ནི་ཐམས་ཅད་མཁྱེན་པ་དགེ་འདུན་གྲུབ་ཀྱི་གདན་ས་བདུན་པ་པཎ་ཆེན་ཤཱཀྱ་པས་བཏབ། འདི་ཉིད་འཁྲུངས་ཡུལ་དུང་དཀར། མཐོ་ལྡིང་བྱམས་པས་གསུང་བྱོན་ཅིང་། རིན་པོ་ཆེའི་གཏེར་བརྫོལ་བ་སོགས་མཛད་པ་ངོ་མཚར་ཆེ། གདན་སར་བླ་མ་རིམ་པ་བཞིན། པཎ་ཆེན་ཤཱཀྱ་པ། དེའི་དབོན་པོ་དཔལ་འབྱོར་བཟང་པོ། ཆོས་རྗེ་དཔལ་ལྡན་གྲགས་པ། རྗེ་ཚུལ་ཁྲིམས་རྒྱལ་མཚན། ལྷ་བཙུན་བློ་བཟང་བསྟན་པའི་ཉི་འོད། ལྷ་བཙུན་བློ་བཟང་ཡེ་ཤེས་འོད། གྲྭ་གྲངས་བརྒྱ་དང་རེ་གཅིག་སྐོར།

༡༠ གྲུབ་ཆེན་རྡོ་རྗེ་འབུམ་གྱིས་རི་རྩེར་སེང་གེ་རྫོང་བཏབ་ཅིང་། གདན་སར་རྡོ་རྗེ་འབུམ་གྱི་སྐྱེ་བ་དཔལ་འབྱོར་རྒྱལ་མཚན་ཡོད་ཚུལ་མཁར་ནག་ཆོས་འབྱུང་དུ་བྱུང་ཡང་དེང་སང་སྟོངས་ནས་མེད།

༡༡ རྡོ་ཤང་སྨུ་དཀར་ཆོས་(༢༢༧བ)རྫོང་ནི། མཁས་གྲུབ་རྗེའི་དངོས་སློབ་གྲུབ་ཆེན་དཀོན་ཅོག་དཔལ་མགོན་གྱིས་བཏབ། བླ་རབས་ནི། གྲུབ་ཆེན་དཀོན་ཅོག་

དཔལ། སློབ་དཔོན་དབང་ཕྱུག་དཔལ་བཟང་། རྗེ་སངས་རྒྱས་དཔལ་བཟང་། སྟོང་ང་དཔལ་བཟང་། རིན་ཆེན་དཔལ་བཟང་། ལྷ་བཙུན་ཤེས་རབ་འོད་ཟེར། ཚེ་དབང་དཔལ་བཟང་། ལྷ་བཙུན་བློ་བཟང་ཡེ་ཤེས་འོད། ཆོས་རྒྱལ་གྱི་གདུང་ཨ་ན་ཆོས་རྗེ། གུ་གེ་ངོ་ཤང་པ་ཀརྨ། ལྟོང་པོ་བ་བློ་བཟང་བསྟན་པའི་རྒྱལ་མཚན། ངོ་ཤང་པ་དཔོན་པོ་གདན་ས་བ། གུ་གེ་བེས་བ་དཔལ་ལྡན་བཀྲ་ཤིས། ཚུ་པེ་བ་བཟོད་པ་རྒྱལ་མཚན། ངོ་ཤང་པ་བཀྲ་ཤིས་རྒྱལ་མཚན། ཆོས་སྐྱོང་རྒྱལ་མཚན། ད་ལྟ་བློ་བཟང་རྒྱལ་མཚན་གྱི་སྐབས། ཐུགས་སྒྲུབ་རྒྱུད་སྨད་ལུགས། སྒྲུབ་རྒྱུན་སེ་འབྲས་དགེ་གསུམ་གྱི་མངའ་རིས་ཁང་དུ་འགྲོ། དགེ་འདུན་བཞི་བཅུ་ཞེ་ལྔ་སྐོར།

༧༢ པུ་ཧྲིར་ཧྲ་སོ་ཆོས་སྡེ་ནི་ལོ་ཆེན་རིན་ཆེན་བཟང་པོས་བཏབ། བླ་རབས་ངེས་ཁུངས་མ་རྙེད་ཀྱང་། པི་ཧྲི་སློབ་དཔོན་དགེ་འཕེལ། ཕྱུག་རྫོར། ཐང་བ་རིན་བཟང་། ཧྲ་སོ་གཡང་དཔལ། ཨ་ན་ཆོས་རྗེ། ལ་རི་བ་སྲིན་བུ། ཧྲ་སོ་རབ་འབྱམས་པ་དམག་ཟོར། དབུས་པ་ཚེ་རིང་རྒྱལ་མཚན། ཀྲ་ཐུང་བསྟན་པ་རྒྱ་མཚོ། སངས་རྒྱས་ཆོས་འཕེལ། བློ་བཟང་རྒྱལ་མཚན། ལ་རི་པ་དབུས་པ་བློ་བཟང་ཚུལ་ཁྲིམས། ད་ལྟ་ཧྲ་སོ་རབ་འབྱམས་པ་བློ་བཟང་ཚེ་རིང་གི་སྐབས། ཐུགས་སྒྲུབ་རྒྱུད་སྨད་ལུགས། དགེ་འདུན་ལྔ་བཅུ་ང་དགུ་སྐོར།

༧༣ དེའི་ལག་མངོན་དགར་དགེ་དགོན་དང་ས་དགོན་གཉིས་ཆགས་ཀྱང་གཉིས་ཀ་སྐྱོ་དགོས་པའི་མངོན་དགའ་ད་ལྟ་དགོན་རྩེ་དང་དགེ་ལུགས་པ་རྣམས་བྱང་སེམས་ཤེས་རབ་བཟང་པོའི་བུ་ཆེན་ཁྲི་ས་སློབ་དཔོན་ཤེས་རབ་བློ་གྲོས་ཀྱིས་བཏབ་པས་ཇོར་བུ་དགེ་འཕེལ་དུ་སྒྲོས། བླ་རབས་དེ་ནས་ཁྲི་ས་བ་དྲུང་པ་ཐུབ་པ་བསོད་ནམས་དོན་གྲུབ། སྨྲ་མི་ཧྲག་པ། ཚུལ་ཁྲིམས་བཀྲ་ཤིས། པི་ཧྲི་རང་རིག་པ་མང་ཐོས་རྒྱ་མཚོ། ཧྲ་སོ་བ་བསྟན་པ་རྒྱ་མཚོ། ཁུ་རིག་པ་བསོད་(༢༢༢ན)ནམས་རྒྱ་མཚོ། སྐྱིད་ཤུར་པ་བཟོད་པ་རྒྱ་མཚོ། བསོད་ནམས་དཔལ་འབྱོར། ད་ལྟ་རང་རིག་པ་དགེ་ལེགས་རྒྱལ་མཚན། ཐུགས་རྒྱུད་སྨད་ལུགས། དགེ་འདུན་དྲུག་ཅུ་རེ་དགུ་སྐོར།

༧༤ བྱ༷ང་ཆུ༷བ་གླི༷ང་ནི་མཐོ་ལྡིང་པ་བྱང་ཆུབ་སེམས་དཔས་བཏབ། དེ་ནས་པེ་ཧི་བ་བློ་བཟང་རྒྱལ་མཚན། གསུམ་དཀྱིལ་བ་དོན་གྲུབ་རྒྱལ་མཚན། མཐོ་ལྡིང་བློ་བཟང་བསྟན་པ། མཐོ་ལྡིང་དབོན་པོ། གསུམ་དཀྱིལ་བ་དཀོན་ཅོག་རྡོ་རྗེ། དོ་ཧྲུར་པ་ཚུལ་ཁྲིམས་རྒྱལ་མཚན། ཚུལ་ཁྲིམས་བཤེས་གཉེན། བློ་གྲོས་དོན་གྲུབ། ཚེ་རིང་དོན་གྲུབ་སེང་གེ །ད་ལྟ་དཀོན་ཅོག་ཞིགས་པ། ཐོགས་གྲྭ་རྒྱུད་སྨད་ལུགས། དགེ་འདུན་བཞི་བཅུ་ཞེ་དྲུག་སྐོར།

༧༥ ལ༷་གོ༷་སྒྲུ༷ལ་ནི་རང་རིག་པ་སངས་རྒྱས་འོད་ཟེར་གྱིས་བཏབ། དེ་ནས་བླ་རིན། ནམ་མཁའ་ལྷ་དབང་། སྒྲ་མི་རྟག་པ། ཤང་རྩེ་དགེ་འདུན་ཡར་འཕེལ། ཀུན་དགའ། མགོན་པོ་ཚེ་རིང་། སངས་རྒྱས་ཆོས་འཕེལ། མགར་ཕྲུག །ལྷ་ལུང་ཆུང་ཆུང་། ད་ལྟ་མང་རྩེ་བ་བསོད་ནམས་མཆོག་གྲུབ། ཐོགས་རྒྱུད་སྨད་ལུགས་དགེ་འདུན་དྲུག་ཅུ་སྐོར།

༧༦ ར༷མ་ཡོ༷་ནི་རབ་འབྱམས་པ་དཔལ་འབྱོར་གྱིས་བཏབ། དེ་ནས་པི་ཧི་ཆོས་ཞིགས། ཞིགས་པ་རྒྱ་མཚོ། བློ་གྲོས་ཚེ་རིང་། གུ་གེ་འདུལ་བ་རྒྱ་མཚོ། སྐྱིད་ཕུར་བསོད་ནམས་དཔལ་འབྱོར། ད་ལྟ་བསོད་ནམས་མཆོག་ལས། ཐོགས་གྲྭ་རྒྱུད་སྟོད་ལུགས།

༧༧ ཨོ༷་ར༷་མ༷་ནི་ཁྲི་སེ་བ་ཞིག་གིས་བཏབ་ཚུལ་ལས་ཁ་གསལ་མ་རྙེད། བླ་རབས་ཞིགས་པ་རྒྱ་མཚོ། སྐྱིད་ཕུར་བློ་གྲོས་ཚེ་རིང་། གུ་གེ་འདུལ་བ་རྒྱ་མཚོ། ད་ལྟ་ཕྲུག་ལྟ་བ་ཙ་ར་ཁ་བ། ཐོགས་གྲྭ་རྒྱུད་སྟོད་ལུགས། དགེ་འདུན་བཅུ་བདུན་སྐོར། གོང་གསལ་མ་བུ་རྣམས་ཀྱི་གྲྭ་རྒྱུན་སེར་འབྲས་དགེ་གསུམ་གྱི་མདའ་རིས་ཁང་དང་མདའ་རིས་གྲྭ་ཚང་བཅས་པར་འགྲོ།

༧༨ དུང་དཀར་དུ་བཀྲ༷་ཤི༷ས་ཆོ༷ས་གླི༷ང་ནི། སྟོན་ལྩམ་ལྷའི་མེ་ཏོག་གིས་མཆོད་གནས་དགེ་སློང་རྣམ་དག་སུམ་ཅུ་ཙམ་ལ་ཞབས་ཏོག་རྒྱུན་འཛུགས་མཛད། གཙོ་བོར་(༢༢༢བ)སངས་རྒྱས་ཀྱི་མཚན་སྒྲོག་པ་མི་རབས་དུ་མར་དར་བས་ཁྲི་དབང་རྡུག་ལྡེ་

དང་། ཁྲི་རྣམ་རྒྱལ་ལྷེས་ཆོས་སྡེ་བཙུགས་ནས་ཆོས་རྗེ་ངག་དབང་གྲགས་པ་ལ་ཕུལ། ཆོས་དབང་གྲགས་པ། ཚུལ་ཁྲིམས་རིན་ཆེན། ཆོས་རྗེ་རབ་བཟང་། ལེགས་གྲུབ། སྟོང་བ་དཔལ་བཟང་། རིན་ཆེན་དཔལ་བཟང་། སངས་རྒྱས་དཔལ་བཟང་། ཤཱཀྱ་པ་བློ་གྲོས་རྒྱལ་མཚན། ཤེས་རབ་བཟང་པོ། བྱམས་པ། བྱང་སེམས་བདེ་ལེགས་དར་ ནོར་བཟང་། ཆོས་སྐྱབས། བློ་རིན། དཔལ་མགོན། དཀོན་ཅོག་རྒྱལ་མཚན། དཔལ་བཟང་། བཀྲ་ཤིས་དཔལ་འབར། བློ་བཟང་རྒྱ་མཚོ། བཤེས་གཉེན་བཟང་པོ། སངས་རྒྱས་དཔལ་འཕྲིན་གསུམ་སྐྱེས་དུང་དཀར་བ། གུ་གེ་བློ་བཟང་བསྟན་འཛིན། ད་ལྟ་མཐོ་ལྡིང་ནས་སྐྱོང་བའི་སྐབས། སྔགས་གྲྭ་རྒྱུད་སྨད་ལུགས། གྲྭ་རྒྱུན་གོང་འདྲ། དགེ་འདུན་སུམ་ཅུ་སོ་ལྔ་སྐོར།

༡༩ གུ་གེའི་ཞབས་ཕུར་ཆོས་སྡེ་དགའ་ལྡན་ལྷུན་པོ་ནི། གུ་གེ་སང་ཐར་བ་སེང་གེ་རྒྱ་མཚོས་བཏབ། གདན་རབས་ནི་ཕྱུག་རྫོར་དཔལ་བཟང་། རིན་ཆེན་དཔལ་བཟང་། ནམ་མཁའ་བློ་གྲོས། སློབ་དཔོན་དཔལ་འབྱོར་རྒྱལ་མཚན། རིན་ཆེན་དཔལ་བཟང་གིས་དེར་བྱམས་ཆེན་གྱི་སྐུ་བཞེངས། ཨ་ན་ཆོས་རྗེ། བྱ་དཀར་བ་ཆོས་རྒྱ་མཚོ་ གུ་གེ་ཞབས་པ་བཀྲ་ཤིས་རྒྱལ་མཚན། མདའ་པ་བསྟན་འཛིན་རྣམ་རྒྱལ། ཐེ་བོ་ངག་དབང་བཀྲ་ཤིས། ད་ལྟ་མ་ནང་པ་ངག་དབང་དཔལ་འབྱོར། བཀྲས་ལྷུན་སྔགས་གྲྭ་ལུགས། གྲྭ་རྒྱུན་གོང་མཚུངས། དགེ་འདུན་བཞི་བཅུ་ཞེ་བཞི་སྐོར།

༢༠ ཞབས་རྟེར་རྒྱལ་སྲས་མི་ཉི་པས་ལཾ་ཀཱ་ཆོས་སྡེ་བཏབ་ཅིང་། གདན་སར་ལེགས་གྲུབ་དཔལ་བཟང་བསྐོས་པ་ཆོས་རྒྱལ་འཇིག་རྟེན་དབང་ཕྱུག་གི་དབུ་བླར་གྱུར་ཏེ། སླར་ཞབས་རྟེའི་ཕོ་བྲང་འཁྲིས་སུ་སྤྱོས་ནས་གཙུག་ལག་ཁང་བཞེངས། ཆོས་སྡེའི་མིང་རཾ་བརྟནྣ་བྱམས྄་པ་གླིང་དུ་བཏགས། བླ་མ་རིམ་པ་བཞིན་ལེགས་གྲུབ་དཔལ་བཟང་། རྒྱལ་སྲས་མི་ཉི་(༢༢༣༩)པའི་དཔོན་པོ་ཤཱཀྱ་པ་བློ་གྲོས་རྒྱལ་མཚན། རྣམ་རྒྱལ་བ། བློ་གསལ་བ། བྱམས་པ་རྒྱ་མཚོ། དུང་དཀར་རབ་བརྟན། རྡོ་རྗེ་རིན་ཆེན། ལྷ་བཙུན་ཤེས་རབ་འོད་ཟེར། ཆོས་འཕེར་རྒྱ་མཚོ། བཀྲ་ཤིས་དཔལ་འབར།

སྨོམ་པ་སངས་རྒྱས་འོད་ཟེར། ལྷ་བཙུན་བློ་བཟང་ཡེ་ཤེས་འོད། ཤངས་རྟེ་གསེར་དཔོན་དཀའ་བཅུ་བ། དུང་དཀར་བ་བཤེས་གཉེན་བཟང་པོ། ཤངས་རྟེ་བ་གྲགས་པ་རྒྱ་མཚོ་དང་དགེ་སློང་ཀུན་དགའ་ཆེན་མོ། ཕི་བྱུང་འབྲོག་པ་འཕྲིན་ལས་མཆོག་གྲུབ། དུང་དཀར་བ་སངས་རྒྱས་དཔལ་འཕྲིན། ཤངས་རྟེ་བ་ཆོས་རྗེ་དོན་གྲུབ། བྱེ་དཀར་བ་བློ་བཟང་བསྟན་འཛིན། མདའ་པ་བློ་བཟང་བསྟན་འཛིན། ཤངས་རྟེ་བློ་བཟང་རྣམ་རྒྱལ། གུ་གེ་ཀྲ་པ་བ་བདེ་ལེགས་བསམ་གྲུབ། ད་ལྟ་གླིང་པ་བློ་བཟང་དབང་ཕྱུག་གི་སྐབས། སྤགས་གྲྭ་རྒྱུད་སྨད་ལུགས། གྲྭ་རྒྱུན་གོང་འདྲ། དགེ་འདུན་བདུན་ཅུ་དོན་གཉིས་སྐོར།

དགེ་བསྟན་ཚ་བོ་སི་ཏའི་བརྒྱུད་མངའ་རིས་མང་ཡུལ་དུ་དར་ཚུལ།

ཚ་བོ་སི་ཏའི་ཚ་བརྒྱུད་མངའ་རིས་མང་ཡུལ་དུ་འཛམ༷་མགོན༷་ཆོས༷་ཀྱི་རྒྱལ༷་པོའི༷་བསྟན་པ་དར་ཚུལ་ནི། དེ་ཉིད་ཀྱི་གསུང་ལས། ཚ་བོ་སི་ཏའི་གཡས་ཕྱོགས་སུ། །ང་ཡི་བསྟན་པ་རྒྱས་པར་འགྱུར། །ཞེས་ལུང་བསྟན་པ་བཞིན་དུ་རྗེའི་དངོས་སློབ་སྟོད་ཤེས་རབ་བཟང་པོས་ཁྲི་སེའི་ཕུར་སྟག༷་མོ༷་ལྕ་ཁང༷་བཏབ། ཆོས་འབྱུང་འགར་ཆོས་སྡེ་ཞེས་བྱུང་ཡང་། རྟེན་འབྲེལ་གྱི་དབང་ལས་དགེ་འདུན་གྱི་འདུ་ཚོགས་ཨ་དར་འདུག །

༡ ཁྲི༷་སེའི༷་ཆོས༷་སྡེ༷་ནི་རྒྱལ་དབང་འཛམ་དཔལ་སྙིང་པོའི་དངོས་སློབ་སྟོད་ཤེས་རབ་བཟང་པོའི་དབོན་དཔལ་ལྡན་ཤེས་རབ་ཏུ་གྲགས་པས་བླ་བྲང་དང་བཅས་པ་བཏབ་ཅིང་། དེའི་མི་ཆོས་པ་མང་ཡུལ་རྒྱལ་པོའི་བློན་ཡིན་པས། ཆོས་སྡེ་དར་རྒྱས་ཆེ་ཞིང་གདན་སར་རང་གི་དབོན་པོ་འཛམ་དབྱངས་བློ་གྲོས་བསྐོས། དེ་ནས་བླ་མ་རིམ་པར་བྱོན་པ་ནི། དབོན་པོ་དཔལ་འབྱོར་བ། དེའི་དབོན་པོ་འཛམ་དབྱངས་རིན་ཆེན། འདིས་ཁྲི་སེའི་གཙུག་ལག་ཁང་བཞེངས། འཛམ་དབྱངས་(༣༢༣བ)རིན་ཆེན་པའི་རྗེས་སུ། ཆོས་རྗེ་བློ་གྲོས་རབ་བརྟན། བློ་གྲོས་ཚེ་བརྟན། འཛམ་དབྱངས་

རྒྱ་མཚོ། དྲུང་སྐྱོབ་པ། ཤེས་རབ་རྒྱལ་མཚན། འཇམ་དབྱངས་ཚེ་རིང་། སངས་རྒྱས་བློ་གྲོས། བསོད་ནམས་རྒྱལ་མཚན། བསོད་ནམས་རྒྱ་མཚོ། ལ་དྭགས་ཞལ་པ་ཚོས་རྗེ། ལ་དྭགས་ཤར་སྒོ་ལ་པ་དྲུང་བློ་བཟང་རྣམ་རྒྱལ། གཙང་རོག་ཚོ་བ་དར་རྒྱས་རྣམ་རྒྱལ། ལྷ་ས་ངག་དབང་དཀོན་ཅོག །ད་ལྟ་ཁྲི་སེ་བ་བསོད་ནམས་གྲགས་པའི་སྐབས། སྟགས་གྲྭ་རྒྱུད་སྟོད་ལུགས། གྲྭ་རྒྱུན་སེར་འབྲས་དགེ་གསུམ་གྱི་མངའ་རིས་ཁང་དུ་འགྲོ། དགེ་འདུན་བདུན་ཅུ་དོན་ལྔ་སྐོར།

༢ དཔེ་ཐུབ་ཆོས་སྡེ་ནི། སྟོན་དགྲ་བཅོམ་པ་ཉི་མ་གུང་པས་ས་གཞི་བྱིན་གྱིས་བརླབས། ལོ་ཆེན་རིན་ཆེན་བཟང་པོས་ཕྱོགས་དེར་ཆོས་སྡེ་དཔེ་ཐུབ་པ་གཅིག་འབྱུང་ཞེས་གསུངས་པས་དཔེ་ཐུབ་དུ་གྲགས། ལྷ་བླ་མ་བྱང་ཆུབ་འོད་ཀྱི་གཅེན་པོ་འོད་ལྡེ་ཞེས་བྱ་བས་དགུང་ལོ་སུམ་ཅུ་པ་བྱི་བ་ལོར་མང་ཡུལ་དུ་ཕེབས་དཔེ་ཐུབ་ཀྱི་ལྷ་ཁང་བཞེངས། དགེ་འདུན་གྱི་སྡེ་བཙུགས་ཀྱང་དུས་ཡུན་རིང་སོང་བས་གོགས་པའི་སྐབས་སུ་མཁས་གྲུབ་རྗེའི་སློབ་མ་གསང་ཕུ་བ་ལྷ་དབང་བློ་གྲོས་པས་དཔེ་ཐུབ་ཞིག་གསོ་མཛད་དེ། མང་ཡུལ་ཕྱོགས་ལ་འཕྲིན་ལས་ཆེའོ། །བླ་རབས། དྲུང་པ་བློ་བཟང་དཔལ་འདྲེན། རྗེ་ནམ་མཁའ་དཔལ་བཟང་། དྲུང་བསོད་ནམས་རྒྱ་མཚོ། རྗེ་ཆོས་རྒྱལ་ལེགས་པ། དྲུང་རབ་འབྱོར་བ། རྗེ་སངས་རྒྱས་བསྟན་པ། རྗེ་གྲགས་པ་དོན་གྲུབ། རྗེ་བསྟན་པ་རྒྱལ་མཚན། འབུམ་རམས་པ་བསམ་གཏན་རྒྱ་མཚོ། རྗེ་རིན་ཆེན་དཔལ་འབྱོར། དྲུང་ཤེས་རབ་པ། རྗེ་བློ་བཟང་ཆོས་སྐྱོང་། ཆོས་རྗེ་བསྟན་པ་རྒྱ་མཚོ། སྐྱེ་མོ་བ་བསྟན་པ་རྒྱལ་མཚན། སློབ་པ་ཆོས་རྗེ་དྲུང་གནས། ལ་དྭགས་ཕི་ཕྱང་པ་ནམ་མཁའ་རྒྱལ་མཚན། དྲུང་པ་ས་སྤྱི། པི་ཏི་ཧ་སོ་བ་བསྟན་པ་རྒྱ་མཚོ། སློབ་པ་བློ་བཟང་དཔལ་གྲུབ། ཡང་གྲགས་པ་རྒྱལ་མཚན། ཕི་ཕྱང་པ་སངས་རྒྱས་རྒྱ་མཚོ། ད་ལྟ་སློབ་པ་བསོད་ནམས་བསྟན་དར་གྱི་སྐབས་སྟགས་(༢༢༨ན)གྲྭ་རྒྱུད་སྨད་ལུགས། གྲྭ་རྒྱུན་སེར་འབྲས་དགེ་གསུམ་གྱི་མངའ་རིས་ཁང་དུ་འགྲོ། དགེ་འདུན་ལྔ་བཅུ་སྐོར། མང་ཡུལ་སྟོད་པའི་རྒྱལ་པོ་བློ་གྲོས་མཆོག་ལྡན་

པས་མཁས་པ་ལྷ་དབང་བློ་གྲོས་པའི་སྦྱིན་བདག་མཛད། གཙང་དུ་རྗེ་བླ་མའི་ཡང་སྲིད་གོང་མ་པཎ་ཆེན་དགེ་འདུན་གྲུབ་ལ་འབུལ་ཆེན་ཕུལ། དེའི་དབོན་བརྒྱུད་ལྷ་བཙུན་བསོད་ནམས་དཔལ་བཟང་པོས་བཀྲ་ཤིས་ལྷུན་པོར་སློབ་གཉེར་དང་། རྗེས་དང་དུ་རབ་འབྱམས་སྨྲ་སྐོར་མཛད། ཐམས་ཅད་མཁྱེན་པ་བསོད་ནམས་རྒྱ་མཚོ་བསྙེན་པར་རྫོགས་པའི་གསང་སྟོན་དང་ཞབས་ཕྱིར་བཞུགས་སོ། །

༣ བར་སྐྱུའམ་བར་ཀྱོག་ནི་ལྷ་དབང་བློ་གྲོས་པས་བཏབ། དེ་ནས་མཐོ་སྤྱིང་པ་འཇམ་རྫོར། ཨ་ན་ཆོས་རྗེ། བེ་དཀར་ཆོས་སྐྱ་གཉེར། ཀུན་ཐུབ། སྙིང་པ་དབུ་སྣང་། མ་ནང་བ་བསམ་འཕེལ། གྲགས་རྒྱལ་མཚན། དོན་ཡོད་རྒྱལ་མཚན། རིན་ཆེན་ཚུལ་ཁྲིམས། བློ་བཟང་རྒྱལ་མཚན། ལྷུན་གྲུབ་རྒྱ་མཚོ། བསྐལ་ལྡན་རྒྱ་མཚོ། བསམ་གཏན་བཟང་པོ། ཚེ་དབང་འབུམ། ཡོན་ཏན་རྒྱ་མཚོ། དོན་གྲུབ་རྒྱལ་མཚན། བློ་བཟང་ཆོས་གྲགས། བསྟན་པ་རྒྱལ་མཚན་རྣམས། ད་ལྟ་བླ་མ་མེད། སྡེབ་ས་གྲྭ་རྒྱུད་ལུགས། གྲྭ་རྒྱུན་གོང་འདྲ། དགེ་འདུན་བདུན་ཙུ་སྐོར།

༤ ཝི་ཀིར་ཆོས་སྡེའམ་དེང་སང་ཐུ་དཀྱིལ་དུ་གྲགས་པ་ཡང་མཁས་པ་ལྷ་དབང་བློ་གྲོས་པས་བཏབ་ཅིང་། བླ་རབས་ངེས་པ་མ་བྱུང་ཙང་གདན་སར་སློབ་དཔོན་སེང་གེ་རྒྱ་མཚོ། དཔལ་འབྱོར་བཟང་པོ། དྲུང་པ་བློ་བཟང་ལྷ་དབང་། ལེགས་མོ། བློ་བཟང་ལྷུགས་གཏུན། བློ་བཟང་ཆོས་གྲུབ། མཆོག་ལེགས་རྣམ་རྒྱལ། ཤེས་རབ་ཆོས་བཟང་། བློ་བཟང་བདེ་ལེགས། ཤེས་རབ་ལུང་རིགས། ཤེས་རབ་རྒྱ་མཚོ། ལ་དྭགས་པ་བསོད་ནམས་རྣམ་རྒྱལ། དྲུང་པ་བསོད་ནམས་ཕུན་ཚོགས་ཆོས་འཕེལ། ཆོས་དཔལ་བཟང་། བློ་བཟང་ཚེ་རིང་ཆོས་འཕེལ། ད་ལྟ་དྲུང་པ་ཤེས་རབ་རྒྱ་མཚོའི་སྐབས་གཞིས་དགོན་སྡེབས་གྲྭ་རྒྱུད་སྔད་ལུགས་གྲྭ་རྒྱུན་གོང་འདྲ། དགེ་འདུན་(༢༢༤བ) སུམ་ཙུ་སོ་དྲུག་སྐོར།

༥ མང་ཡུལ་གྱི་ཁྲི་བྲག་ཟངས་མཁར་དུ་དཀར་ཤ་བྱམས་པ་གླིང་དང་ཕུག་ཏཱ་གཉིས་ནི། དང་པོར་ཟངས་མཁར་ལོ་ཙཱ་བ་འཕགས་པ་ཤེས་རབ་ཀྱིས་བཏབ། སློབ་

དཔོན་མདོ་སྡེ་རིན་ཆེན་གྱིས་དར་རྒྱས་སུ་མཛད། སྟོད་ཤེར་བཟང་གིས་འཇམ་མགོན་བླ་མ་ཆེན་པོའི་ཆོས་ལུགས་བཙུགས། གདན་སར་སློབ་དཔོན་བསྟན་པ། ཆོས་རྗེ་རབ་འབྱམས་པ། དྲུང་པ་སངས་རིན། སངས་རྒྱས་བློ་གྲོས། དོན་གྲུབ་དཔལ་བཟང་། སྨྲས་ཏི་བློ་བཟང་རྣམ་རྒྱལ། དྲུང་པ་སངས་རྒྱས་རྒྱལ་མཚན། ཟངས་མཁར་བ་ཆོས་རྗེ་གྲགས་པ་རྒྱལ་མཚན། ད་ལྟ་ཟངས་མཁར་བ་བློ་བཟང་རྡོ་རྗེའི་སྐབས། ཕྱོགས་གྲྭ་རྒྱུད་སྟོད་ལུགས། གྲྭ་རྒྱུན་སེར་འབྲས་དགེ་གསུམ་དུ་འགྲོ། དགེ་འདུན་ཉིས་བརྒྱ་དང་གསུམ་སྐོར།

༤ ཐུ་ག་ཏ་ར་རྗེ་དྲུང་དཔལ་ལྡན་ཤེས་རབ། འཇམ་དབྱངས་དོན་གྲུབ། དྲུང་པ་རབ་བརྟན། དྲུང་པ་ཚེ་དབང་བརྟན་པ། དྲུང་པ་ཀུན་དགའ། དྲུང་པ་བཀྲ་ཤིས་རྒྱ་མཚོ་རྣམས་ལ་དྭགས་པ། ཟངས་མཁར་བ་གྲགས་པ་རྒྱལ་མཚན། ད་ལྟ་བླ་ཚབ་རེ། ཕྱོགས་གྲྭ་རྒྱུད་སྟོད་ལུགས། གྲྭ་རྒྱུན་སེར་འབྲས་དགེ་གསུམ་ལ་འགྲོ། དགེ་འདུན་བརྒྱད་ཅུ་གྱ་བདུན་སྐོར།

༥ མུ་ར་ང་གླིང་ངམ་ད་ལྟ་སྟོད་སྡེ་ལེགས་བཤད་གླིང་དུ་འབོད་པ་ནི། སྔོན་རྗེ་མར་པས་བཏབ་པར་གྲགས་ཤིང་། སྟོད་སྡེ་པ་ཤཱཀྱ་བཟང་པོས་དར་རྒྱས་སུ་མཛད། བླ་མ་རྒྱལ་མཚན་པ་གླུ་སྒྲུབ་དཔལ་བཟང་པོས་འཇམ་མགོན་བཙོང་ཁ་པའི་ཆོས་ལུགས་བཟུང་ཞིང་སློབ་དཔོན་བློ་བཟང་ལེགས་པ། སློབ་དཔོན་ཤེས་རབ་འབྱུང་གནས། བློ་གསལ་འབྱུང་གནས། ད་ལྟ་སྟོད་སྡེ་བ་དཔལ་ལྡན་བཟང་པོའི་སྐབས། ཕྱོགས་གྲྭ་རྒྱུད་སྟོད་ལུགས། གྲྭ་རྒྱུན་སེར་འབྲས་དགེ་གསུམ་ལ་འགྲོ། དགེ་འདུན་ལྔ་བཅུ་ང་གཅིག་སྐོར།

༦ ཟངས་མཁར་ཆོས་སྡེ་ནི། དྲུང་མདོ་སྡེ་རིན་ཆེན་པས་བཏབ། ཡུ་ནུ་ཀཱ་གནམ་ལྷུན་གྲུབ་དགེ་འཕེལ་ནི། ཐོག་མར་ས་སྐྱ་པའི་རིང་ལུགས་འཛིན་པ། གུ་གེ་དཔོན་པོ་ཨ་ཏཾ་ཟེར་བས་(༢༢༥ན)དགེ་ལུགས་སུ་བསྒྱུར། བླ་མར་མཐོ་ལྡིང་དཔལ་འབྱོར་རྒྱལ་མཚན་བསྐོས། དེ་རྗེས་དུང་དཀར་བ་སོགས་བླ་རབས་བཅུ་སྐོར་སོང་

ཡང་མིང་གསལ་མ་བྱུང་། ད་ལྟ་གསེར་ཁོང་སྐུ་སྐྱེ། གཞིས་དགོན་ཕྱགས་གྲྭ་གསང་འདུས་བདག་མདུན། ནག་པོ་སྐོར་གསུམ་སོགས་གཏོང་། གྲྭ་རྒྱུན་འགྲོ་ཁུངས་དགའ་ལྡན་བྱང་རྩེ། འབྲས་བློ། སེ་བྱེས། མངའ་རིས་གྲྭ་ཚང་རྣམས་སུ་འགྲོ།

༩ ཚ་ཚུང་རང་རིག་དགོན་ནི། ཕྱི་དར་བསྟན་པའི་སྔོན་མེ་སྐད་གཉིས་སྨྲ་བ་ལོ་ཆེན་རིན་བཟང་པོས་བཏབ་པར་གྲགས། གདན་རབས་ཞིབ་པ་མ་འཚལ་རུང་རགས་པ་བླ་མ་ཆོས་སྐྱོང་། གུ་རུ། ཡེ་ཤེས་བསོད་ནམས། ཚུལ་ཁྲིམས་བློ་གྲོས། ཆོས་རྗེ་དོན་གྲུབ། ད་ལྟ་ཟ་རང་ཆོས་དཔལ། གཞིས་དགོན་ཕྱགས་གྲྭ་དགེ་ལུགས་ཀྱི་འགྲོ། གྲྭ་རྒྱུན་འགྲོ་ཁུངས་གོང་མཚུངས། དགེ་འདུན་སུམ་ཅུ་སྐོར།

༡༠ ཀུན་གྱི་དགོན་བཀྲ་ཤིས་དགེ་འཕེལ་ནི། འཛམ་དབྱངས་བློ་གྲོས་པས་བཏབ། དེ་རྗེས་ཆོས་འབྱུང་། མགོན་པོ་གཟུངས་སྐྱབས། ད་ལྟ་ཆོས་དཔལ་བ། གཞིས་དགོན་ཕྱགས་ལུགས། གྲྭ་རྒྱུན་གོང་འདྲ། དགེ་འདུན་ཉི་ཤུ་རྩ་ལྔ་སྐོར།

༡༡ མངོན་དགའ་ཆོས་གླིང་ནི། སློབ་དཔོན་ལོ་ལེགས་པས་བཏབ། དེ་རྗེས་བསོད་ནམས་ཚེ་རིང་། མ་ཏི། ཐུགས་རྗེ། ད་ལྟ་དཔག་བསམ། གཞིས་དགོན་ཕྱགས་གྲྭ་གྲྭ་རྒྱུན་གོང་མཚུངས། གྲྭ་བཙུན་ཉི་ཤུ་སྐོར།

༡༢ རི་ཕུག་དགའ་ལྡན་ཆོས་གླིང་ནི། བླ་མ་ཆོས་སྐྱོང་བས་བཏབ། དེ་རྗེས་ཚེ་དབང་དཔལ་བཟང་། ཛོ་རྗེ། ཚེ་རིང་དཔལ་བཟང་། ད་ལྟ་ཀུན་དགའ་དཔལ་བཟང་། གཞིས་དགོན་ཕྱགས་ཕྱོགས། གྲྭ་རྒྱུན་གོང་འདྲ། གྲྭ་བཙུན་བཅོ་ལྔ་སྐོར།

༡༣ སྲིབས་དགའ་ལྡན་ཆོས་འཕེལ་ནི། དགེ་སློང་སངས་རྒྱས་རྒྱལ་མཚན་པས་བཙུགས། དེ་རྗེས་དཀའ་བཅུ་བསམ་གཏན། ད་ལྟ་བསོད་ནམས་ལྷུན་གྲུབ། གཞིས་དགོན་ཕྱགས་ལུགས། གྲྭ་རྒྱུན་གོང་འདྲ། གྲྭ་བཙུན་དྲུག་ཅུ་སྐོར།

༡༤ མངོན་དགའ་གླིང་ནི། སྟེང་པ་ཡོན་ཏན་རྒྱ་མཚོས་བཏབ། དེ་རྗེས་རྩེ་ཕུར་བ། དཀའ་བཅུ་ཐུགས་རྗེ། ཀོ་ནོམ་པ། ད་ལྟ་བསྟན་འཛིན་(༢༢༥བ)རྒྱ་མཚོ། གཞིས་དགོན་ཕྱགས་ཕྱོགས། གྲྭ་རྒྱུན་གོང་མཚུངས། དགེ་འདུན་ཉི་ཤུ་རྩ་ལྔ་སྐོར།

༧༥ རག་མཚམས་ཆོས་འཁོར་གླིང་ནི། ཆི་ཁུལ་ཡོན་རྒྱམ་པས་བཏབ། དེ་ནས་རྩེ་ཕུར་བ་ཐུགས་རྗེ། ཚ་ཟུ་པེ་ཏ། ད་ལྟ་བསྟན་རྒྱམ་པ། གཞིས་དགོན་ སྤགས་ཕྱོགས། གྲྭ་རྒྱུན་གོང་འདྲ། དགེ་འདུན་བཅུ་དགུ་སྐོར།

༧༦ གྲོ་ཤོད་ཁུལ་དུ་འཇམ་དབྱངས་ཤཱཀྱ་པས་བཏབ་པའི་དགའ་ལྡན་ཆོས་འཁོར་ཟེར་བ་ཕར་ཕྱིན་དང་རྣམ་འགྲེལ་གྱི་འཆད་ཉན་ཡོད་པ་ཞིག་བྱུང་ཡང་། མདའ་ལྷའི་འཇུག་པས་ཡིད་རྣམ་པར་བནྲམས་པ་གློ་བོ་སློན་ཐང་པའི་བྱེད་སྒོས་དེང་སང་སྟོངས།

༧༧ དགའ་ལྡན་ཆོས་འཕེལ་ནི། དང་ཐོག་ས་སྐྱ་དང་བོ་ལུགས། ཕྱིས་ཤིང་ཕོ་འབྲུག་ལོ་ནས་གསར་བཙུགས་བྱས། བླ་མར་པན་ཕྱི་བློ་བཟང་ཚུལ་ཁྲིམས་བསྐོ་བཞག་གནང་བ་ད་ལྟ་འཚོ་བཞིན་དང་། གཞིས་དགོན་སྤགས་ཕྱོགས་རྒྱུད་སྨད་དང་ཉེ། ཆོས་སྤྱོད་དགེ་ལུགས་སྤྱི་འགྲོ། སློབ་གཉེར་གྲྭ་རྒྱུན་འབྲས་སྤུངས་བློ་གསལ་གླིང་། གྲྭ་པ་བརྒྱད་ཅུ་སྐོར།

༧༨ ཀྲེ་པའི་ཆར་ཉེ་བ་སྤུ་བྲག་ནི། འཇམ་དབྱངས་ལེགས་པ་དོན་གྲུབ་ཀྱིས་བཏབ། དེ་ནས་གུ་གེ་རིན་ཆེན་གྲགས་པ། བཤེས་གཉེན་ཀུན་དགའ་རྒྱ་མཚོ། མེ་ཤང་བསོད་ནམས་རྒྱ་མཚོ། བསོད་ནམས་ཟེར་མོ། ནམ་མཁའ་དཔལ་བཟང་། སངས་རྒྱས་རྒྱལ་མཚན། གུ་གེ་འཇམ་དབྱངས་ལྷུན་གྲུབ། ཨེ་པ་དོན་གྲུབ་རྒྱ་མཚོ། གསུང་རབ་རྒྱ་མཚོ། ངག་དབང་རྒྱ་མཚོ། ཀྲེ་བོ་དཔོན། ད་ལྟ་བཞི་སྡེ་བློ་བཟང་དར་རྒྱས། གཞིས་དགོན་སྤགས་གྲྭ་རྒྱུད་སྨད་དང་ཉེ། གྲྭ་རྒྱུན་སེ་བྱེས་འབྲས་བློ་དགའ་བྱང་རྣམས་སུ་འགྲོ། གྲྭ་གྲངས་དྲུག་ཅུ་རེ་གསུམ་སྐོར།

༧༩ རྫོང་དགའ་ཁུལ་དགའ་ལྡན་ལྷུན་པོ་ནི། རྒྱལ་བ་ཉེ་མའི་གཉེན་གྱི་གདུང་དྲི་མ་མེད་པ་ཆོས་རྒྱལ་ཆེན་པོ་ཁྲི་རྣམ་རྒྱལ་ལྡེས་བཏབ། གཞི་གསུམ་གྱི་ཕྱག་ལེན་རྣམ་པར་དག་པ་བཙུགས། ཞལ་སྔ་ནས་སྒྲོལ་མ་རྒྱལ་མཚན་བླ་མར་བསྐོས་པ་ཡིན་ལ། དེ་ནས་རིམ་པ་ལྟར་སྐྱ་སྐྱ་བ་(༢༢༨ན)བྱམས་པ་རྒྱལ་མཚན། གུང་ཐང་རྡོ་རྗེ་རྒྱལ་མཚན། རིན་ཆེན་གྲགས་པ། ཡང་ཐོག་བྱམས་པ་བཀྲ་ཤིས། རིན་ཆེན་དཔལ་

བཟང་། བློ་བཟང་དཔལ་མགོན། སངས་རྒྱས་ཚུལ་ཁྲིམས། རྒྱལ་མཚན་འོད་ཟེར། བསམ་གྲུབ་རྡོ་རྗེ། ནམ་མཁའ་དཔལ་བཟང་། སྨད་འགབ་དཔོན་པོ། བསོད་ནམས་བཟང་པོ། སངས་རྒྱས་རྒྱལ་མཚན། དཔལ་འབྱོར་རྒྱལ་མཚན། སྒྲོལ་མ་རྒྱལ་མཚན། འཇམ་དཔལ་རྒྱ་མཚོ། ཆོས་འབྱོར་བཀྲ་ཤིས། ནམ་མཁའ་བཀྲ་ཤིས། རྒྱལ་བའི་འབྱུང་གནས། དཔལ་འབྱོར་རྒྱལ་མཚན། བློ་བཟང་འཇམ་དབྱངས། ད་ལྟ་གུང་ཐང་ར་སྒྲེ་བ་བློ་བཟང་ཆོས་ལྡན། གསང་འདུས། མི་འཁྲུགས་པ་སོགས་ཀྱི་ཆོ་ག་གཏོང་། ཆོས་སྤྱོད་དགེ་ལུགས་སྤྱི་འགྲོ། གྲྭ་རྒྱུན་བློ་གསལ་གླིང་། བྲེས། བྱང་རྩེ། ཐོས་བསམ་གླིང་རྣམས་སུ་འགྲོ། ཨང་གཉིས་གྲྭ་པ་དྲུག་ཅུ་རེ་གསུམ་སྐོར།

༢༠ ནུབ་རི་ལྷ་མདུན་པ་ནི། ཆོས་རྗེ་སེང་གེ་རྒྱལ་མཚན་ཞེས་དཔལ་ལྡན་ས་སྐྱ་པའི་རིང་ལུགས་འཛིན་པ་དེས་བཏབ། བླ་རབས་མང་ཙམ་སོང་མཐར་ཆོས་རྒྱལ་མཚན་པས་རྫོང་དགའ་འཕེལ་གླིང་པར་སྒྱུར་བས་དེ་ནས་བསྐོས་པ། མགོན་པོ་རྒྱལ་མཚན། དཔལ་འབྱོར་རྒྱལ་མཚན། བློ་བཟང་བསྟན་པ། ངག་དབང་ཡེ་ཤེས། ད་ལྟ་ཡང་ཐོག་དོན་གྲུབ་རྒྱ་མཚོ། འདོན་ཆོས་སྤྱོད་དང་བསྒྲིགས་རྣམ་གཞག། གྲྭ་རྒྱུན་འབབ་ཁུངས་སོགས་མ་དགོན་འཕེལ་གླིང་དང་མཚུངས། ཨང་དང་གྲྭ་པ་བདུན་ཅུ་དོན་བཞི་སྐོར།

༢༡ ཁྲུམས་སྒོ་བ་ནི། ཆོས་དཔལ་ལྡན་པས་བཏབ། དེ་ནས་རིན་ཆེན་དཔལ་བཟང་། དཔལ་འབྱོར་རྒྱལ་མཚན། ཆོས་རྣམ་རྒྱལ། ནོར་བུ་རྒྱལ་མཚན། བློ་གྲོས་རྒྱལ་མཚན། འཇམ་དབྱངས་ཆོས་བཟང་། ཨེ་པ་དོན་གྲུབ་རྒྱ་མཚོ། གུ་གེ་གསུང་རབ་རྒྱ་མཚོ། ནམ་མཁའ་བཀྲ་ཤིས། ད་ལྟ་ཐང་ཆེན་ངག་དབང་དོན་ལྡན། གསང་འདྲིགས་སོགས་ཆོས་སྤྱོད་དགེ་ལུགས་བྱིངས་འགྲེ། གྲྭ་(༢༢༨བ)རྒྱུན་བློ་གླིང་། སེ་ར་བྲེས་སོགས་སུ་འགྲོ། ཨང་གཉིས་གྲྭ་པ་བཞི་བཅུ་སྐོར།

དེ་ཡང་ཉང་ཡོང་ཀོང་གསུམ་ལས་ཐོག་མར་ཉང་པོར་འཛམ་མགོན་ཆོས་ཀྱི་རྒྱལ་པོའི་བསྟན་པ་དར་ཚུལ།

༡ རྗེ་བཙུན་འཇམ་དཔལ་སྙིང་པོས་ཉང་པོ་ལྷང་མདོར་བྱོན་སྐབས་དབུ་ཞྭ་དང་། ཕྱག་འཁར་ཆུར་ལྷུང་བས་ངའི་བསྟན་པ་ཆུ་བོའི་རྒྱུན་ལྟར་རིང་ཞིང་ཉོན་མོངས་པའི་སྙོམ་ནད་སེལ་བ་དང་། ཁྱད་པར་དུ་ཕྱག་འཁར་གང་དུ་གནས་པ་དེར་ཕར་ཕྱིན་གྱི་བཤད་གྲྭ་དང་། དབུ་ཞྭ་ཆགས་པ་དེར་དབུ་མའི་བཤད་གྲྭ་འབྱུང་ཞེས་གསུངས་པ་བཞིན་དུ་ཕྱག་འཁར་རི་ཁར་ཆགས་པས་རི་ཁ་ཆོས་སྡེ་ནི། དང་པོ་པོ་ཏོ་བའི་སློབ་མ་དགེ་བའི་བཤེས་གཉེན་རི་ཁ་བ་ཆེན་པོས་བཏབ། བླ་རབས་མང་པོ་སོང་རྗེས། འཇམ་མགོན་ཆོས་ཀྱི་རྒྱལ་པོའི་དངོས་སློབ་གྲགས་པ་འོད་ཟེར་གྱིས་དགའ་ལྡན་པའི་ཆོས་ལུགས་སུ་བསྒྱུར། དེ་ནས་འཕགས་པ་ལྷའི་ཡབ་ཆོས་རྗེ། རྒྱལ་ནཚན་ལེགས་པ། དགེ་འདུན་འཕེལ། ཆོས་རྗེ་ཉན་པ། རྗེ་དགའ་བ་གདོང་པ། འཕགས་པ་འོད་ཟེར། ཇོ་མགོ་ལྡོག་པ་རྒྱལ་མཚན། འཕན་ཡུལ་བ་ཚུལ་ཁྲིམས་དར་རྒྱས། སླ་སྟོན་རིན་ཆེན་རྒྱ་མཚོ། ཆོས་རྗེ་དུང་དཀར་འབྲུག་གྲགས། ཉང་པོ་ཡེ་ཤེས་རྒྱ་མཚོ། ཉང་པོ་དོན་གྲུབ་ལེགས་པ། ཆབ་མདོ་བློ་བཟང་ཤེས་རབ། སྐྱིད་ཤོད་ཚལ་པ་བློ་བཟང་ཆོས་སྐྱོང་། ཁམས་ཚ་བ་བློ་བཟང་ཆོས་དར། སྟོད་ལུང་དག་དབང་རྟེན་ལམ། ད་ལྟ་དུང་དཀར་ཚངས་དབྱངས་འབྲུག་གྲགས་ཀྱི་སྐབས། གཞིས་དགོན་ཐུགས་རྒྱུད་སྨད་པ་ལུགས། གྲྭ་རྒྱུན་སེར་འབྲས་དགེ་གསུམ་བྲག་དབར་མངའ་རྟགས་གང་སོས་སུ་འགྲོ། ཨང་དང་གྲྭ་པ་བརྒྱ་དང་ལྔ་བཅུ་སྐོར།

༢ འཇམ་མགོན་ཆོས་ཀྱི་རྒྱལ་པོའི་དངོས་སློབ་སེམས་དཔའ་ཆེན་པོ་ཆོས་འཕགས་པས་ཉང་པོ་སང་སིང་སྣང་ངམ་ཐེག་ཆེན་ཆོས་འཁོར་གླིང་བཏབ། འདི་མདོ་དང་ལོ་རྒྱུས་ཀྱི་གཏེར་ལུང་སོགས་ནས་བསྟན་པ་ལྟར་(༢༢༧ན)ཕྱོགས་བཞིའི་ཇོ་ལ་སློབ་དཔོན་ཆེན་པོའི་ཞབས་རྗེས་དང་རང་བྱོན་དུ་མ་ཡོད་ལ། རྗེའི་དབུ་ཞྭ་ཆགས་

པའི་རྗེན་འབྲེལ་གྱིས་དབུ་མའི་བཤད་སྲོལ་ལེགས་པར་དར། གདན་སར་གོང་སྟོན་རིན་ཆེན་རྣམ་རྒྱལ། སྤྱགས་འཆང་ནོར་བུ། སློབ་དཔོན་ངག་དབང་མཆོག་གྲུབ། དེའི་རྗེས་སུ་སང་སེང་སྒང་གི་གདན་སར་རྒྱ་བྲག་ཆོས་རྗེ་བསྐོས། འདིས་མཆོད་ཁང་གསར་པ་དང་། དུས་གསུམ་སངས་རྒྱས་ཀྱི་སྐུ་བརྟན་བཞེངས། དེ་ནས་གདན་སར་བླ་མ་རིམ་པ་བཞིན། ཆོས་རྗེ་དཀར་རྒྱལ་ལེགས་པ་འཕེལ་སློན་ལམ་འཇམ་དབྱངས་པ། རྗེ་དགེ་ལེགས་འཕེལ། རྗེ་སངས་རྒྱས་རྒྱལ་མཚན། ཡོང་པོ་ཆོས་མཛད། ལྷ་རི་མགོན་པོ། ཆོས་རྗེ་འཆད་ཁ་བ། སློབ་དཔོན་བསམ་གྲུབ་རིན་ཆེན། ཉང་པོ་ཤབ་པ་དོན་གྲུབ་ལེགས་པ། ཉང་པོ་ཤབ་པ་རྒྱལ་མཚན་དཔལ་བཟང་། འཕྱོང་རྒྱས་ཞོལ་པ་ཀུན་དགའ་དོན་ལྡན། སྟོད་ལུང་བློ་བཟང་རྒྱལ་མཚན། ཉང་པོ་ཤབ་པ་བློ་བཟང་ཕུན་ཚོགས། ད་ལྟ་སེ་ར་སྨད་བླ་མས་ཉིས་ཚོགས་ཀྱི་སྐབས་སོ། །

སང་སེང་གི་གྲྭ་ཚང་བླ་རབས་ནི། སེམས་དཔའ་ཆེན་པོ་ཆོས་འཕགས་པ། ཆོས་རྒྱལ་མཚན། སློབ་དཔོན་ནོར་བུ་བ། ངག་དབང་མཆོག་གྲུབ། ལེགས་པ་འཕེལ། ལ་མོ་བ་ཆོས་ལྡན་རིན་ཆེན། དགེ་ལེགས་འཕེལ། ཡོན་ཏན་ལེགས་པ། དགེ་བ་རིན་ཆེན། དགེ་ལེགས་འཕེལ་བ། ཡོན་ཏན་རྒྱལ་མཚན། སངས་རྒྱས་རྒྱལ་མཚན། འཇམ་དབྱངས་སེང་གེ །གྲགས་པ་བསྟན་འཛིན། ངག་དབང་རྒྱ་མཚོ། ད་ལྟ་སློན་ལམ་བསྟན་འཛིན། བསྟན་དར་བའི་དབུ་མ་སོགས་འཆད་ཉན་རྒྱ་མ་ཆད་ཙམ་ཡོད་ཅིང་། སྔགས་རྒྱུད་སྟོད་དང་ཉེ། གྲྭ་རྒྱུན་སེར་འབྲས་དགེ་གསུམ་དུ་འགྲོ། ཡང་དང་གྲྭ་པ་བརྒྱ་དང་ལྔ་བཅུ་སྐོར།

༣ འཇམ་མགོན་ཆོས་ཀྱི་རྒྱལ་པོའི་དབུ་ཞྭ་ཆགས་པའི་ཉེ་འདབས་ཉང་སྟོད་འབྲས་དགེ་འདུན་སྒང་ནི་སེམས་དཔའ་ཆེན་པོ་ཆོས་(༢༢༧བ)འཕགས་པས་བཏབ། བར་སྐབས་ཀྱི་བླ་རབས་གསལ་བ་མ་བྱུང་། རྗེ་བླ་མའི་ཆོས་སྲིད་གདུགས་དཀར་གྱིས་ཁྱབ་ནས་དུང་དཀར་འབྲུག་གྲགས། ཉང་པོ་ངག་དབང་བཀྲ་ཤིས། ཚལ་པ་བློ་བཟང་ཆོས་སྐྱོང་། ཚ་བ་བློ་བཟང་ཆོས་དར། རྩ་ཤུར་དག་དབང་འཕྲིན་ལས། ད་

ལྷ་ཐུགས་པ་བློ་བཟང་ཡེ་ཤེས་ཀྱི་སྐབས། གཞིས་དགོན་ཐུགས་གྲྭ། སློབ་གཉེར་གྲྭ་རྒྱུན་བློ་གླིང་སེ་ར་སྨད་སོགས་སུ་འགྲོ། ཨང་དང་གྲྭ་གྲངས་ལྔ་བཅུ་ང་གཉིས་སྐོར།

༤ ཀླུ་ཧུ་བ་ནི། སེམས་དཔའ་ཆོས་འཕགས་ཀྱིས་བཏབ་པར་དག་དབང་མཆོག་གྲུབ་ཀྱིས་དར་རྒྱས་མཛད། གཡའ་མི་ལ་རལ་པ། དགེ་འདུན་འཕེལ་སོགས་དང་རྗེ་བླ་མའི་ཆོས་སྲིད་གདུགས་དཀར་གྱིས་ཁྱབ་ནས་འཕགས་པ་ཚུལ་ཁྲིམས། བློ་བཟང་ཚེ་རིང་། སྦྱིན་པ་ཕུན་ཚོགས། ཡོང་པོ་དགེ་འདུན་རྒྱ་མཚོ། ད་ལྟ་བློ་བཟང་བསྟན་འཛིན། གཞིས་དགོན་རྒྱུད་སྨད་དང་ཉེ་བ། གྲྭ་རྒྱུན་བློ་གླིང་སྨད་བྱང་རྩེ་བཅས་པར་འགྲོ། ཨང་དང་གྲྭ་གྲངས་བརྒྱ་དང་ཉི་ཤུ་སྐོར།

༥ ཤ་ཏུ་ཊ་ཚལ་ལམ་སྲ་འཚོལ་བའི་བ་རི་ཀླུ་ཚལ་དགོན་ནི། ཀླུ་བདུད་ཤ་ཏུ་ཊ་ཨེ་གནས་ས་གནམ་ཆུ་སོགས་གྲུ་གསུམ་ས་དཔྱད་ཤིན་ཏུ་གཉན་པ་དེ་གྲུབ་པའི་དབང་ཕྱུག་ཐང་སྟོང་རྒྱལ་པོས་ཀླུ་བདུད་དམ་ལ་བཏགས་ཤིང་མ་འོངས་པའི་དུས་གཙུག་ལག་ཁང་དང་ཆོས་སྡེ་འབྱུང་བ་ལྟར་གྲོགས་བྱེད་པ་སོགས་ཁས་བླངས། གྲུབ་ཆེན་གྱིས་ཉན་པོ་རྟོགས་ལྡན་གཉེར་ཁར་བཞག་པ་དེས་མཁན་པོ་ཤཱཀྱ་རྡོ་རྗེ་སློབ་མ་དཔལ་ལྡན་འོད་ཟེར་བཅས་པས་གཙུག་ལག་ཁང་བཙིག་པར་བརྩམས་པ་ན་ཕྱེད་ཙམ་འགྲོངས་ཚེ་བར་ཆད་ཀྱིས་འཕྲོ་བཞག །དེ་ནས་དྲུང་པ་རྒྱལ་མཆོག་གདན་དྲངས་ཏེ་ཞུས། གཙུག་ལག་ཁང་གི་འཕྲོ་དང་ནང་རྟེན་བཞེངས། སླར་གྲུབ་ཆེན་དང་མཇལ་ཞིང་རྒྱ་བྲག་པ་དང་ཁག་གྱིས། གདན་རབས་ནི་བྱང་ཆུབ་བློ་གྲོས། འཕགས་པ་རྣམ་རྒྱལ་རྒྱལ་པོ། (༢༢༨ན)དཀོན་ཅོག་བསྟན་འཛིན། འཕགས་པ་རྣམ་རྒྱལ། དྲུང་པ་བསོད་རྒྱམ། ཚུལ་ཁྲིམས་རྒྱ་མཚོ། ཕུན་ཚོགས་རྒྱ་མཚོ། གྲགས་པ་བསྐལ་བཟང་། འདི་ནས་རྗེ་རྫོང་སྐར་གྲྭ་ཚང་དང་ཉིས་ལྡོགས་འོར་ཆོས་མཛད་བརྩོན་འགྲུས་རྒྱ་མཚོ། བློ་བཟང་སངས་རྒྱས། མདོ་རྒྱུད་རྒྱ་མཚོ། ད་ལྟ་བློ་བཟང་ཤེས་རབ། རྒྱལ་སྐར་པ་གྲྭ་ཚང་དང་འདྲ་བའི་ཐུགས་དགོན། གྲྭ་རྒྱུན་སེར་འབྲས་དང་རྒྱུད་སྟོད་སྨད་གང་སོས་སུ་འགྲོ། ཨང་གཉིས་གྲྭ་བཙུན་ལྔ་བཅུ་ང་བརྒྱད་སྐོར།

༨ བཀྲ༷་ཤི༷ས་ཆོས་ལུ༷ང་ནི། འཕགས་པ་ལྷས་བཏབ། དེ་ནི་རྗེ་བཙུན་འཇམ་དཔལ་སྙིང་པོའི་དངོས་སློབ་ཀུ་ཅོར་རྟོགས་ལྡན་སངས་རྒྱས་དཔའ་བཟང་ཞེས་ཟབ་མོ་རྡོ་རྗེ་ཐེག་པ་ལ་རྣལ་འབྱོར་དུ་མཛད་པ་དེའི་སྲས་སུ་ཞང་པོར་འཁྲུངས་པ་དང་དུས་མཚུངས་པར་སྐྱང་འཇུག་གི་བྲག་ལ་ཡིག་དྲུག་རང་བྱོན་བྱུང་། སེམས་དཔའ་ཆེན་པོ་བློ་གྲོས་རྒྱལ་མཚན་ལས་རབ་བྱུང་གི་དངོས་པོར་བསྒྲུབས། མཚན་འཕགས་པ་ལྷར་གསོལ། གཙོ་བོར་སེམས་དཔའ་ཆེན་པོ་དང་། རྟོགས་ལྡན་སངས་རྒྱས་འབུམ་པ། སངས་རྒྱས་དཔལ། རོང་སྟོན་པ། བླ་མ་དཔལ་ལྡན་པ། ཁྲུས་ཁང་ལོ་ཙྪ་བ་སོགས་ཡོངས་འཛིན་དམ་པ་བཞི་བཅུ་རྩ་བཞི་བསྟེན་ནས་ཟབ་རྒྱས་ཀྱི་ཆོས་བཀའ་དཔག་ཏུ་མེད་པ་གསན་ཅིང་བསམ་སྒོམ་ཚུལ་བཞིན་དུ་མཛད་པས་མཁས་པར་གྱུར། དགུང་ལོ་བཞི་བཅུ་པར་དགའ་ལྡན་རྣམ་པར་རྒྱལ་བའི་གླིང་ཆེན་པོར་ཁྲི་རིན་པོ་ཆེ་བ་སོ་ཆོས་ཀྱི་རྒྱལ་མཚན་གྱིས་མཁན་པོ་མཛད་དེ་བསྙེན་པར་རྫོགས། ཡེར་པ་ལྷ་རི་སྙིང་པོ། ལོང་པོ་རི་བོ་ཆོས་འཕེལ། བཀྲ་ཤིས་བྲག་པ། མཁའ་སྤྱོད་རི་ཁྲོད། སྨན་སྡིང་རི་ཁྲོད། ལན་རི་ཁྲོད། ཤག་ཏེ་ཕུག །རོང་ཁ། ཏང་རི། བྱེ་སྟོངས་ཤིང་མཆོ་གངས་ར། གུང་ཏུ་ཅན་དན་རི་ཁྲོད་སོགས་བསྒྲུབ་སྡེ་དང་། བཀྲ་ཤིས་ཆོས་ལུང་(༢༢༨བ)ཉི་ཟླ་ཐང་། ཉི་མ་གླིང་། ཕུག་དམའ་བསམ་གྲུབ་གླིང་། ཀྲང་གནས་སྒོ། འཕྲང་ཁ་གདོང་། ཐང་གྲ་བྱང་ཆུབ་གླིང་། དགའ་ལྡན་ཟླ་བ་ཐང་། དེ་མོ་ལ་ཁ་བློ་གསལ་གླིང་། དགུ་བཀྲ་ཤིས་སྒང་། ཡེ་གོང་བྱམས་པ་གླིང་། སྤོ་སྟོད་སྒང་ནག་དགོན། སྤོ་བོ་ཆུ་མདོ། ཀ་གནམ་དགོན་རྙིང་། ལྷོ་ཆོས་ཁྲི་ཐང་། ལྷུངས་གྲུ་ཁ་དགོན། བདེ་སྐྱིད་ཉི་མ་གླིང་སོགས་རིག་གྲོལ་གྱི་སྡེ་མང་དུ་བཙུགས། གཙུག་ལག་ཁང་རྟེན་དང་བརྟེན་པར་བཅས་པ་བཞེངས། འདི་ལ་སློབ་མ་སྟོད་ཀྱི་དགོན་ཅིག་འབྱུང་གནས་ལས་དེ་མོ་བ། སངས་རྒྱས་དཔལ་འབྱོར་ནས་ཆོས་རྗེ་ངག་དབང་། ཞི་བ་ལྷ་ཆེ་བ་ནས་དཔོན་དྲུང་སྡེ་ད་ལྷའི་བར་གྱི་ན་རིམ་རྣམས་མཆེད་ཅིང་འཇམ་མགོན་ཆོས་ཀྱི་རྒྱལ་པོ་བཙོང་ཁ་པ་ཆེན་པོའི་བསྟན་པ་སྤེལ་བར་མཛད་ནས་དགུང་

ལོ་ཞེ་དགུ་པར་བྲག་གསུམ་མཚོ་ཆུའི་ཕུ་སྣམ་ནང་ལུང་པར་གཤེགས་ཚུལ་བསྟན།

དེའི་སྐྱེ་བ་འཕགས་པ་སངས་རྒྱས་ནི། ཀོང་པོ་ཆོས་ཁང་རྩ་བར་རྣལ་འབྱོར་སངས་རྒྱས་བཀྲ་ཤིས་ཀྱི་སྲས་སུ་མེ་ཡོས་ལོར་འཁྲུངས། དགའ་ལྡན་དུ་སློབ་དཔོན་ནམ་མཁའ་དཔལ་བར་བསྙེན་པར་རྫོགས་པའི་མཚན་འཕགས་པ་སངས་རྒྱས་སུ་གསོལ། སློབ་དཔོན་བསོད་ནམས་རྒྱལ་མཚན། བྱང་སེམས་བློ་གྲོས་འོད་ཟེར་སོགས་ལ་ཆོས་མང་དུ་གསན། ལྷོངས་ས་ཐམ་རྒྱལ་པོ་འཇམ་དབྱངས་གྲགས་པས་པོ་བྲང་སྒྲ་ཤེལ་དུ་གདན་དྲངས། ལུགས་གཉིས་ཀའི་འཕྲིན་ལས་ཀྱི་སྒོ་ཕྱེ། ཐམས་ཅད་མཁྱེན་པ་དགེ་འདུན་རྒྱ་མཚོ་དང་། པཎ་ཆེན་བསོད་ནམས་གྲགས་པ། ཁྲི་རིན་པོ་ཆེ་ཆོས་སྐྱོང་རྒྱ་མཚོ་རྣམས་དངོས་སུ་མ་མཇལ་ཀྱང་། འཕྲུལ་སྣང་ཞུ་ཡིག་སོགས་ཕུ་དུང་ལྷག་པར་ཆེ་བར་མཛད། དགུང་ལོ་དྲུག་ཅུ་པར་མྱ་ངན་ལས་འདས།

དེའི་སྐྱེ་བ་འཕགས་པ་ལྷ་མཐོང་བ་དོན་ལྡན་ནི། ཀོང་པོ་སྟོད་དུ་མེ་ཡོས་ལ་བལྟམས། (༢༢༩ན)ངག་དབང་ཤཱཀྱ་རྒྱལ་མཚན་པར་རབ་ཏུ་བྱུང་བའི་མཚན་འཕགས་པ་བསོད་ནམས་རྣམ་པར་རྒྱལ་བ་དབང་པོའི་སྡེར་གསོལ། ལྷོངས་ཞབས་སུ་གདན་དྲངས། རྗེ་དྲུང་ལྷ་དབང་ཆོས་ཀྱི་རྒྱལ་མཚན་ལས་བསྙེན་པར་རྫོགས། ཆབ་མདོ་བྱམས་པ་གླིང་གི་མཁན་པོ་མཛད། ཚ་བ་གངས་དཀར་བདེ་ཆེན་གྱི་དགོན་པ་བཏབ། དགུང་ལོ་སོ་བརྒྱད་པ་ཤིང་འབྲུག་ལ་གཤེགས།

དེའི་སྐྱེ་བ་འཕགས་པ་ཆོས་ཀྱི་རྒྱལ་པོ་ནི་ཀོང་པོ་སྟོད་དུ་འཁྲུངས། རྒྱལ་དབང་གངས་རིའི་མགོན་པོ་བདེ་ཆེན་ཆོས་ཀྱི་རྒྱལ་པོ་དཔལ་བཟང་པོ་ལ་གཙུག་ཕུད་ཕུལ། འཕགས་པ་ལྷ་རྣམ་པར་རྒྱལ་བ་རྒྱ་མཚོའི་སྡེ་ཞེས་མཚན་གསོལ། རྗེ་བླ་མ་སྐྱབས་མགོན་དམ་པ་པད་དཀར་འཆང་བ་བློ་བཟང་རྒྱ་མཚོ་དང་མཇལ་བ་སོགས་རྣམ་ཐར་རིན་པོ་ཆེར་གསལ། པཎ་ཆེན་བློ་བཟང་ཆོས་རྒྱན་ལ་བསྙེན་པར་རྫོགས་ཤིང་དམ་པའི་ཆོས་ཀྱི་རྣམ་གྲངས་ཇི་སྙེད་ཅིག་གསན། བསྟན་འཛིན་ཆོས་ཀྱི་རྒྱལ་པོས་ཀུང་གོང་དུ་བཀུར་ཞིང་འཕྲིན་ལས་ཆེ་བའི་མུས་ནས་གཤེགས།

དེའི་སྐྱེ་བ་ད་ལྟའི་འཕགས་པ་ལྷ་འདི་ཉིད་ནི། ཛ་ཆུ་བརྒྱུད་ཀྱི་སྡུ་ཞེས་བྱ་བར་ཤིང་སྤྲེལ་ལོར་བལྟམས། པཎ་ཆེན་བློ་བཟང་ཆོས་རྒྱན་པས་འཕགས་པ་ལྷའི་སྐྱེ་བར་ངོས་འཛིན་གནང་ཞིང་མཚན་རྒྱལ་བ་རྒྱ་མཚོར་གསོལ། ཟབ་ཆོས་ཀྱི་འབྲེལ་བསྟུལ། དགུང་ལོ་བརྒྱད་པའི་ཐོག་འཕགས་མཆོག་འཛིག་རྟེན་དབང་ཕྱུག་གི་ཞིང་ཁམས་ལྟེ་བ་དཔལ་ལྡན་འབྲས་སྤུངས་ཆོས་ཀྱི་སྡེ་ཆེན་པོར། དོན་སྨྲད་མཚན་ནས་སྨོས་པ་ཐམས་ཅད་མཁྱེན་གཟིགས་ངག་དབང་བློ་བཟང་རྒྱ་མཚོའི་དྲུང་དུ་གཙུག་ཕུད་ཕུལ། མཚན་བློ་བཟང་འཕགས་པ་བསོད་ནམས་ལྷུན་གྲུབ་བདེ་ལེགས་དཔལ་བཟང་པོར་བསྟུལ། དགུང་ལོ་དགུ་པར་ཆབ་མདོའི་ཁྲིར་ཕེབས། རྗེ་བླ་མ་སྲིད་ཞིའི་གཙུག་རྒྱན་མཆོག་གིས་བླ་ཆེན་པོ་དང་པཎ་ཆེན་བརྒྱུད་དེ་སྟོམ་པའི་ཆུ་བོ་རྣམ(༢༢༩.བ)པ་གཉིས་ཀའི་སྒོ་ནས་བསྙེན་པར་རྫོགས་པ་དང་སྔ་ཕྱིར་རྗེས་གནང་སོགས་ཟབ་ཆོས་དུ་མ་བསྟུལ་ཞིང་ད་ལྟའང་མདོ་ཁམས་ཀྱི་འགྲོ་བའི་ཡོན་གནས་དམ་པར་འཚོ་བཞིན་ནོ། །

དངོས་དོན་བཀྲ་ཤིས་ཆོས་ལུང་གི་གདན་སར་འཕགས་པ་ལྷ་ནས་བསྐོས་པ་ནམ་མཁའ་དཔལ། རིན་ཆེན་གསལ། བརྩོན་འགྲུས་གྲགས་པ། དཔལ་ལྡན་འོད་ཟེར། དཀོན་ཅོག་གྲགས་པ། དགེ་འདུན་རྣམ་རྒྱལ། ཆོས་རིན་ཆེན། ནམ་མཁའ་རིན་ཆེན། བཟོད་པ་བཟང་པོ། ཡོང་སྟོད་དཔལ་བཟང་རྒྱ་མཚོ། དགེ་འདུན་འཕེལ། འཕགས་པ་རྒྱ་མཚོ། དགེ་འདུན་དར་རྒྱས། བསོད་རྒྱམ་པ། བློ་བཟང་བསྟན་འཛིན། དགའ་ལྡན་ཕྱུག་པ། ངག་དབང་བསམ་གཏན། ད་ལྟ་བློ་བཟང་རྒྱལ་མཚན། འཕགས་པ་ལྷའི་སྐབས་གསང་བ་འདུས་པའི་འཆད་ཉན་ཚུགས་ཀྱང་ཕྱིས་ནུབ། གཞིས་དགོན་ཕྱགས་ལུགས་རྒྱུད་སྨད་པར་ཉེ། སློབ་གཉེར་གྲྭ་རྒྱུན་བློ་གླིང་སེ་ར་སྨད་དྭགས་(པོ་)གྲྭ་ཚང་སོགས་སུ་འགྲོ། ཨང་དང་གྲྭ་པ་བརྒྱ་དང་ཉི་ཤུ་སྐོར།

༧ དཔུད་དཀར་ནི། རྒྱ་ནང་པ་དྲུང་རྒྱལ་མཆོག་པས་བཏབ་ཅིང་། བ་ལུའི་གདན་སར་དཔོན་བརྒྱུད་ནང་སོ་བྱང་ཆུབ་བློ་གྲོས་འཕགས་པ་རྣམ་རྒྱལ། དཔོན་སློབ་རྒྱལ་པོ། དཀོན་ཅོག་བསྟན་འཛིན། ཡང་འཕགས་པ་རྣམ་རྒྱལ། དྲུང་པ་བསོད་

ནམས་རྒྱ་མཚོ། ཚུལ་ཁྲིམས་རྒྱ་མཚོ། ཕུན་ཚོགས་རྒྱ་མཚོ། འཕྲིན་རྒྱས་བློ་གྲོས་རིན་ཆེན། ལྷོ་བྲག་པ་ཚེ་རིལ། ཆུ་བྲིད་པ་བློ་བཟང་མགོན་པོ། བྲག་གསུམ་དཀོན་ཅོག་འབྱུང་གནས། འོ་ཐང་པ་བློ་བཟང་ཀུན་དགའ། འབྲས་སྤུངས་བློ་བཟང་དར་རྒྱས། ད་ལྷ་བློ་བཟང་ཤེས་རབ་ཀྱི་སྐབས། གཞིས་དགོན་སྔགས་ལུགས་རྒྱུད་སྟོད་དང་ཉེ། སློང་གཉེར་སེར་འབྲས་མངའ་དྭགས་སོགས་གང་མོས། ཨང་དང་གྲྭ་པ་དྲུག་ཅུ་རེ་དྲུག་སྐོར།

༧ འབྲུ་ལ་ནི། རྗེ་གདན་པའི་མི་དཔོན་འཁྲུངས་པ་འཇམ་མགོན་ཆོས་ཀྱི་རྒྱལ་པོ་ཉིད་དང་ཐམས་(༢༣༠ན)ཅད་མཁྱེན་པ་དགེ་འདུན་གྲུབ་པ་བསྟེན་པའི་མཁས་པར་གྲགས་པ་བླ་བ་བཟང་པོས་བཏབ་ཅིང་། དེ་ནས་གཙུང་པོ་དཔལ་ལྡན་བཟང་པོ། སློབ་དཔོན་དགེ་འདུན། སློབ་དཔོན་ཆོས་རྒྱལ་བ། སློབ་དཔོན་དགེ་འཕེལ་བ། སློབ་དཔོན་ཐོགས་མེད། སློབ་དཔོན་བློ་ལྡན་ཤེས་རབ། རྗེ་གདན་རབ་འབྱམས་པ་ཤཱཀྱ་རྒྱལ་མཚན། སློབ་དཔོན་དཔལ་བཟང་། ཤུ་པ་ཆོས་རྒྱལ་འཕགས་པ། བཙའ་གོང་ཤེས་རབ་སེང་གེ །ཡུལ་བཙས་ཏེ་འཇམ་དབྱངས་རྒྱལ་པོ། སྤང་པ་སྨོན་ལམ་བློ་གྲོས། བྲག་ཁྲི་བ་ལྷ་རི་མགོན་པོ། བཙའ་གོང་ཟག་རིལ་བ། ལྷུགས་པ་ནམ་མཁའ་རྒྱ་མཚོ། ཤ་རོང་ཕན་བདེ་ཆོས་རྗེ། བྲག་ཁྲི་ལྷ་དབང་། སེ་སྟེ་སྦྱིན་པ། དིང་ཐང་འཕགས་པ་བློ་བཟང་། སྟོད་ལུང་ངག་དབང་བློ་བཟང་། དཀའ་གདོང་བློ་བཟང་དཔལ་འབྱོར། སུ་བོ་ཧཱུ་ཞིང་དོན་གྲུབ་རྒྱ་མཚོ། ཆོས་མཁར་དགེ་ལྡན་དོན་གྲུབ། བརྩོན་འགྲུས་རྒྱ་མཚོ། ད་ལྷ་རིན་ཆེན་བྲག་སླ་ཟུར། གཞིས་དགོན་སྔགས་སྟོད་རྒྱུད་ལུགས། གྲྭ་རྒྱུན་བློ་གླིང་དང་སྨད་ལ་འགྲོ། ཨང་དང་གྲྭ་པ་ཉིས་བརྒྱ་དང་བརྒྱད་ཅུ་གྱ་བརྒྱད་སྐོར།

༨ ཕན་བདེ་བ་ཡང་འཕགས་པ་སངས་རྒྱས་ཀྱིས་བཏབ། གདན་སར་སློབ་དཔོན་ནམ་མཁའ་རྒྱ་མཚོ་སོགས་བྱོན་པའི་དར་རྒྱས་ཆེ་ནའང་ཕྱིས་ཕན་བདེ་སྐུ་སྐྱེ་དང་ཆབ་མདོ་དཔོན་དྲུང་ཞི་བ་བཟང་པོ་སྤུན་གྱི་བྱེད་སྤྱོད་ཕྱི་མ་ལེབ་དང་མར་མེའི་དཔེ་བཞིན་བྱུང་བར་བརྗེན། ས་སྐྱོང་འཕྲིན་ལས་རྒྱ་མཚོས་བླ་མ་གྲྭ་བཅས་རྣམས་

བསྐྲད་ཅིང་གསར་པ་བཙུགས་པ་གཞམ་དུ་གསལ།

༡༠ ཡོང་སྨད་ཉི་ཟླ་ཐང་ནི་འཕགས་པ་ལྷས་བཏབ་ཅིང་ཡབ་ཆོས་རྗེའི་སྐྱེ་ལས་གདན་ས་མཛད། དེ་ནས་ཉང་པོ་ཆོས་ཀྱི་གྲགས། བླ་མ་ཉལ་པ། བློ་གྲོས་བཀྲ་ཤིས། དེ་རྗེས་བླ་རབས་ཁ་ཅིག་མ་ཚང་ཞིང་། དེ་ནས་བླ་མ་བྱམས་པ་བློ་གྲོས་ཀྱི་སྐབས་ནོ་ཁ་བས་དགོན་བཞེག་(༢༣༠བ)པའི་ད་ལྟ་ཁྲལ་མི།

དགེ་བསྟན་ཤར་ཕྱོགས་ཀོང་ཡུལ་དུ་དར་ཚུལ།

འཛམ་མགོན་ཆོས་ཀྱི་རྒྱལ་པོའི་བསྟན་པ་ཤར་ཕྱོགས་ཀོང་ཡུལ་དུ་དར་ཚུལ་ལ། ཀོང་སྨད་རྒྱས་སྐོར་གྱི་སའི་ཆ། ༡ ཆབ་ནག་རི་བོ་དགའ་ལྡན་ནི་རྗེ་བཙུན་ཙོང་ཁ་པའི་དངོས་སློབ་ཀོང་པོ་རྗེ་སྟན་བསྟན་པ་དར་རྒྱས་ཀྱིས་བཏབ། ཟླ་ཐལ་གྱི་རིང་ལུགས་ཆེན་པོ་འདིའི་སྲོལ་བཙུགས། གདན་སར་བླ་མ་རིམ་པ་བཞིན། རྗེ་རིན་ཆེན་རྣམ་རྒྱལ། ལྡན་ནག་པ་ཀུན་དགའ་བློ་ལྡན། འདུལ་འཛིན་ཚུལ་བཟང་། སྐུས་དཀར་བ་བློ་གྲོས་རབ་བརྟན། ལྷ་བ་རབ་འབྱམས་པ། རྗེ་ཆོས་རྒྱལ་མཚན། བློ་གྲོས་དཔལ་བརྟེགས། དགེ་བ་རིན་ཆེན། བྱང་ཆུབ་རིན་ཆེན། རིན་ཆེན་གྲགས་པ་ཚུལ་དར་བ། རྗེ་དོན་གྲུབ་པ། བླ་མ་སངས་རྒྱས་བཟང་པོ། ཀོང་པོ་གླིང་བར་དགེ་ལེགས་བཟང་པོ། ཀོང་པོ་ཐང་སྨད་བསོད་ནམས་བསྟན་འཛིན། ཀོང་པོ་ཟ་ཡུལ་བཟོད་པ་བཟང་པོ། ཀོང་པོ་བསེ་མོ་བསྟན་འཛིན་དར་རྒྱས། ཀོང་པོ་གནས་ཡུལ་སངས་རྒྱས་དཔལ་འབྱོར། ལྕགས་ར་དཔལ་འབར་འཕགས་པ་འཕྲིན་ལས། གསང་སྔགས་མཁར་འཕྲིན་ལས་རྒྱ་མཚོ། ཨེ་པ་བློ་བཟང་མཁས་གྲུབ། མཚོ་སྨད་དཀྲ་ཤིས་ཆོས་འཕེལ། ཀོང་པོ་ལྷེ་བ་བསྟན་འཛིན་རྒྱ་མཚོ། སྡེང་ཁ་བློ་བཟང་དོན་རྗེ། ད་ལྟ་ལྷ་ས་བློ་གྲོས་རིན་ཆེན་གྱི་སྐབས་སྟར་ནས་ད་ལྟ་བར་བཤད་གྲྭ་ཡིག་ཆ་སེ་ར་སྨད་དང་མཐུན། གྲྭ་རྒྱུན་སེར་འབྲས་དགེ་གསུམ་གྱི་ཀོང་པོ་ཁང་དུ་འགྲོ། ཨང་དང་གྲྭ་གྲངས་སུམ་བརྒྱ་དང་བདུན་ཅུ་སྐོར།

༢ བཀྲ་ཤིས་རབ་བརྟན་ནི། ཆབ་ནག་རི་བོ་དགའ་ལྡན་དང་། ཉང་པོ་སང་སེང་གཉིས་ཀའི་བླ་མ་མཛད་པ་ཐམས་ཅད་མཁྱེན་པ་དགེ་འདུན་རྒྱ་མཚོའི་ཞལ་སློབ་རིན་ཆེན་རྣམ་རྒྱལ་གྱིས་བཏབ། གདན་སར་རིམ་པ་བཞིན་གོང་སྟོན་བློ་གྲོས་དབང་པོ། དཔལ་ལྡན་བློ་གྲོས། ཀུན་དགའ་བློ་ལྡན། རིན་ཆེན་འོད་འཕྲོ། པཎྜི་ཏ་རིན་ཆེན་དབང་པོ། རིན་ཆེན་ཆོས་བཟང་། ཤེས་(༢༧ན)རབ་དབང་ཕྱུག །ཕུན་ཚོགས་རྣམ་རྒྱལ། ཀུན་དགའ་དཔལ། ཆོས་རྒྱལ་མཚན། དྷགས་པོ་རབ་འབྱམས་པ། སངས་རྒྱས་བསྟན་འཛིན། བློ་བཟང་བསྟན་འཛིན། དཔལ་ལྡན་རྒྱལ་མཚན། བཟོད་པ་བཟང་པོ། བསེ་མོ་མཁར་བསྟན་འཛིན་དར་རྒྱས། གོང་རྟག་རྩེ་དོན་གྲུབ་རྒྱ་མཚོ། གོང་ཉན་དཀོན་ཅོག་རྡོ་རྗེ། ཉང་པོ་དཔལ་ལྡན་རྒྱ་མཚོ། ཆབ་ནག་ཀུན་དགའ་བློ་བཟང་། གོང་བསེ་མོ་བ་བློ་བཟང་བསྟན་འཛིན། གྲ་ནང་བྱམས་པ་དབང་རྒྱལ། འདི་སྐབས་རྩེ་ཐུར་སྐྱུར་ལངས་ཀྱི་དགོན་རྙིང་མེ་ལ་བསྲེགས་ཀྱང་རྗེ་བླ་མའི་འཕྲིན་ལས་ཀྱི་ཤུགས་ལ་བརྟེན་མི་རིང་བར་ད་ལྟའི་དགའ་ལྡན་ཆོས་རྫོང་འདི་ཉིད་བཏབ། དེ་ནས་སྐྱོར་ལུང་པ་བློ་བཟང་རྒྱལ་མཚན། དྷགས་ལ་དབར་རིན་ཆེན་ཆོས་རྒྱལ། རྗེ་རྫོང་བློ་བཟང་དར་རྒྱས། ཙོ་ནེ་ཚ་རྗོར་རབ་འབྱམས་པ་ཚུལ་ཁྲིམས་དར་རྒྱས། ད་ལྟ་སེ་ར་སྨད་ངག་དབང་ཕུན་ཚོགས་ཀྱི་སྐབས། དགོན་ཆགས་འཇིག་མ་བྱུང་བར་བཤད་གྲྭ་ཡིན་ཡང་ཕྱིས་དབུ་མ་ཐེག་ཆེན་གྲུ་རྫིངས་ཙམ་ལས་ཕལ་ཆེར་ཆག །གཉིས་དགོན་རྒྱུད་སྨད་ལུགས། གྲྭ་རྒྱུན་སེར་འབྲས་དགེ་གསུམ་གྱི་གོང་པོ་ཁང་དུ་འགྲོ། ཨང་དང་དགེ་འདུན་ཉིས་བརྒྱ་དང་བདུན་ཅུ་སྐོར།

༣ གོང་པོ་དང་ཁམས་སྤོ་བོ་གཉིས་ཀྱི་ས་མཚམས་སུ་དྲེ་མོ་ལ་ཁའི་ཆོས་སྡེ་ནི་འཕགས་པ་ལྷས་བཏབ། གདན་སར་སློབ་དཔོན་དཀོན་ཅོག་འབྱུང་གནས་བསྐོས་པ། དེ་ནི་མདོ་ཁམས་ཀྱི་ཆ་ཤིག་ཅེས་པར་འཕགས་པ་ལྷའི་དབོན་བརྒྱུད་དུ་བལྟམས། འབྲས་སྤུངས་བློ་གསལ་གླིང་དུ་འཛམ་དབྱངས་ཞིགས་པ་ཆོས་འཕྱོར་པའི་ཞབས་པད་བསྟེན་ཏེ་དམ་པའི་ཆོས་དཔག་ཏུ་མེད་པར་གསན་སྦྱོང་མཛད། ཆོས་ལུང་

ཡང་དབེན་ཞེས་པའི་དགོན་བཏབ། དེ་མོ་ལ་ཁའི་བླ་མར་བསྐོས་པས་དེ་མོ་བ་ཞེས་གྲགས། དེའི་སྐྱེ་བ་དཔལ་འབྱོར་བཀྲ་ཤིས་ནི། ཉང་ཆུ་རྒྱུད་ཀྱི་འཕྲང་ཁ་(༢༣༧བ)གདོང་དུ་བལྟམས། དབྱངས་ཅན་བཞད་པ་དགེ་འདུན་རྒྱ་མཚོའི་ཞབས་ལ་ཐུག །མཁས་མང་བློ་གསལ་འདུས་པ་རྒྱ་མཚོའི་གླིང་དུ་པཎ་ཆེན་བསོད་ནམས་གྲགས་པ་ལ་མདོ་ཕྱོགས་ཀྱི་གསན་སྦྱོང་ཡང་དག་པར་མཛད། ལུགས་གཉིས་ཀྱི་འཕྲིན་ལས་པོ་ང་འཕེལ་དུ་གྱུར། དེའི་སྐྱེ་བ་ལྷ་དབང་ཕྱོགས་ལས་རྣམ་རྒྱལ་ནི། གཉའ་ཁྲི་གྲོང་ཆེན་དུ་འཁྲུངས། འཕགས་པ་ལྷ་མཐོང་བ་དོན་ལྡན་ལ་རབ་ཏུ་བྱུང་། བ་སོ་ཆོས་རྗེ་ལྷ་དབང་རྒྱལ་མཚན་ལ་བསྙེན་པར་རྫོགས། ཐམས་ཅད་མཁྱེན་པ་ཡོན་ཏན་རྒྱ་མཚོར་ཆོས་མང་དུ་གསན་ཅིང་འབྲོམ་སྟོན་རྒྱལ་བའི་འབྱུང་གནས་ཉིད་དུ་གཟིགས་པ་རྣམ་ཐར་དུ་གསལ། འཕགས་པ་ལྷས་སྦྱིན་དང་མགུ་སྟར་ལྷེམ་གསུམ་ཕྱོགས་དགོན་ཁག་གི་སྤྱི་བླར་བསྐོས་པས་དེ་མོ་ཆོས་རྗེ་ཞེས་སྙན་གྲགས་དང་འཕྲིན་ལས་ཆེ་བའི་ཨུས་ནས་ཞི་བར་གཤེགས། དེའི་སྐྱེ་བ་ལྷ་དབང་བསྟན་པའི་རྒྱལ་མཚན་ནི་ཀོང་པོ་བྲག་ཕྱི་ཡུལ་སྨད་དུ་བལྟམས། པཎ་ཆེན་བློ་བཟང་ཆོས་རྒྱན་པས་དེ་མོ་བའི་སྐྱེ་བར་ངོས་འཛིན་མཛད། ཕན་བདེ་སྤྲུལ་སྐུ་ཤཱཀྱ་ལྷ་དབང་གིས་མཚན་ལྷ་དབང་བསྟན་པའི་རྒྱལ་མཚན་དུ་གསོལ། འབྲས་སྤུངས་བློ་གསལ་གླིང་དུ་གཞུང་ལུགས་ལ་སྦྱངས་པས་རབ་འབྱམས་སྨྲ་བ་ཆེན་པོར་གྱུར། རྗེ་བླ་མ་སྲིད་ཞིའི་གཙུག་རྒྱན་མཆོག་གི་སྐུ་ཞབས་སུ་བསྙེན་པར་རྫོགས། མཚན་ངག་དབང་དགེ་ལེགས་རྒྱལ་མཚན་དུ་བསྒྲུབ། ཏང་ཁྲུན་གྱི་རྒྱལ་ཁབ་ཆེན་པོར་ཆིབས་ཁ་བསྒྱུར་བའི་ཞབས་ཕྱིར་བྱོན། ཏཱའི་གུ་ཤྲིའི་ལུང་ལས་དང་ཆོས་གཞིས་སོགས་ལུགས་གཉིས་ཀྱི་བདག་རྐྱེན་གཟེངས་བསྟོད། མདོ་ཁམས་སྤོ་བོ་ཆུ་མདོའི་མཁན་པོར་བསྐོས་ཤིང་འདི་སྐབས་དེ་མོ་ལ་ཁའི་ཆོས་སྡེ་མེས་ཚིག་སྡེ་དེང་སང་འཕགས་པ་ཆོས་རྫོང་དུ་གྲགས་པར་སྤོས། མཚོ་ཁའི་སྤྱི་བླར་འབྱོན་རྗེས་ལམ་ནས་བར་ཆད་ཀྱིས་གཤེགས། དེའི་སྐྱེ་བ་ངག་དབང་ནམ་མཁའ་འཇམ་(༢༣༢ན)དབྱངས་ནི། བྲག་ཕྱི་ཡུལ་སྨད་དུ་བལྟམས། རྗེ་བླ་མས་དེ་མོ་བའི་སྐྱེ་བར་ངོས་

འཛིན་དང་མཚན་དཀོན་ཅིག་བསོད་ནམས་དབང་ཕྱུག་ཏུ་བསྒྱུལ། འབྲས་སྤུངས་བློ་གསལ་གླིང་དུ་ཐུགས་གཉེར་དང་ལྷ་ས་སྨོན་ལམ་ཆེན་མོར་རབ་འབྱམས་གྲྭ་སྐོར་མཛད། དགེ་སློང་འཛམ་དབྱངས་གྲགས་པ་སོགས་ལ་ཟབ་རྒྱས་ཀྱི་གསན་བསམ་མཛད་བཞིན་པ་འདི་འོ། །སློབ་ཚུང་པ་རེ་བསྐོ་བ་ནི་རིམ་པ་ལྟར། སློབ་དཔོན་སྤྲུལ་སྐུ་བ། ཛོ་སྟོན་ཤཱཀྱ་རྒྱལ་མཚན། མངའ་རིས་པ་བསྟན་པ་བཟང་པོ། སློབ་དཔོན་དངལ་འབྱོར་རྒྱ་མཚོ། ཨེ་པ་ཚུལ་བློ། ཛོ་མགོ་ལྗོག་པ། སངས་རྒྱས་རྒྱལ་མཚན། སྒྲོམ་མདའ་ཆོས་མཛད་བློ་བཟང་བསྟན་ཉི། རབ་འབྱམས་པ་བྱང་ཆུབ་བཟང་པོ། ཀོང་སྟོན་ཤེས་རབ་རྒྱལ་མཚན། ཟུར་འཆད་པ་ཆོས་ཀྱི་བློ་གྲོས། དཔོན་ཤེས་རབ་དཔལ་བརྩེགས། ཚུར་སྟོན་ནམ་མཁའ་དཔལ། རབ་འབྱམས་པ་ཆོས་དབང་གྲགས་པ། དཀའ་བཅུ་དགོངས་འདུས། ངོར་མཚར་རྒྱལ་པོ། འཕགས་པ་རྒྱལ་མཚན། བློ་བཟང་དར་རྒྱས། སློབ་དཔོན་ཆོས་མཛད། གུ་རུ་རྡོ་རྗེ། བློ་བཟང་དར་རྒྱས། བློ་བཟང་བསམ་འཕེལ། ཆོས་སྐོ་བ། ད་ལྟ་བློ་བཟང་བསྟན་འཛིན་གྱི་སྐབས། སྤར་ཕར་ཕྱིན་གྱི་བཤད་གྲྭ་ཡོད་ཀྱང་ནུབ་ཅིང་། གཞིས་དགོན་སྔགས་རྒྱུད་སྨད་དང་བཀྲས་ལྷུན་སྔགས་གྲྭ། གྲྭ་རྒྱུན་སེར་འབྲས་དགེ་གསུམ་གྱི་གོང་པོ་ཁང་དུ་འགྲོ། ཨང་དང་གྲྭ་གྲངས་ཉིས་བརྒྱ་དང་བཞི་བཅུ་སྐོར།

༤ སྐྱིམ་བྲག་པོ་ཆེ་ནི། མགོན་པོ་རྒྱལ་ཟེར་བས་བཏབ་ཅིང་ཆོས་ལུགས་གཞན་ཕྱོགས། ཕྱིས་བླ་མ་བློ་བཟང་ལྷུན་གྲུབ། ད་ལྟ་སེ་བ་སྙིང་པ་བློ་བཟང་རྒྱལ་མཚན། ན་བཟར་ལུགས་མི་འགྲུགས་པ་ལྷ་བཅུ་གསུམ་གྱི་ཚོ་ག་སོགས་གཏོང་། ཨང་དང་བཙུན་མ་སུམ་ཅུ་སོ་གཅིག་སྐོར།

༥ སང་དོ་པོ་འགོ་ནི། དགའ་ལྡན་ཁྲི་རིན་པོ་ཆེ་འཛམ་དབྱངས་བསྟན་པ་དར་(༢༣༢བ)རྒྱས་ཀྱིས་འདེབས་པ་གནང་། བར་སྐབས་ཀྱི་བླ་རབས་མ་རྙེད། རྗེ་བླ་མའི་ཆོས་སྲིད་གདུགས་དཀར་གྱིས་ཁྱབ་ནས། བྲག་གསུམ་འཕགས་པ་ཚུལ་ཁྲིམས། རྩེས་དང་བློ་བཟང་བསྟན་འཛིན། རྩེ་གྲྭ་ཕུན་ཚོགས་རིན་ཆེན། ཚ་རོང་བློ་བཟང་

དོན་གྲུབ། སྟོང་ལུང་དམ་ཆོས་རྒྱལ་མཚན། ད་ལྟ་ངག་དབང་ཕུན་ཚོགས། གཞིས་དགོན་ སྔགས་ཕྱོགས་རྒྱུད་སྟོད་དང་འདྲེ། གྲྭ་རྒྱུན་བློ་གསལ་གླིང་། སེར་སྨད། དགའ་ལྡན་བྱང་རྩེ་རྣམས་སུ་འགྲོ། ཨང་དང་གྲྭ་པ་དྲུག་ཅུ་སྐོར།

༦ ཤུ་དག་སྟག་རྩེ་དགོན་ནི། དགའ་ལྡན་བྱང་རྩེ་དང་རྒྱུད་སྟོད་དུ་སློབ་གཉེར་བྱས་པའི་བརྩོན་འགྲུས་བཟང་པོ་ཟེར་བས་བཏབ། དེ་རྗེས་བཀྲ་ཤིས་རྒྱལ་པོ། བརྩོན་འགྲུས་རྒྱལ་མཚན། སྦྱིན་པ་བརྩོན་འགྲུས། འཛམ་གླིང་། བཟང་བཀྲས་པ། བཀྲས་འབྱུང་། རྗེ་དྲུང་བསྟན་པ་རྒྱ་མཚོ། ཉང་པོ་འཕགས་པ་རྣམ་རྒྱལ། ཡོན་ཏན་ཆོས་འཕེལ། བྲག་གསུམ་དཀོན་དར། ཤུ་སྟག་བསོད་ལྷུན། ཉང་རེ་ཆོས་འཕེལ། ཤུ་དག་རྣམ་དོན་པ། ད་ལྟ་འོར་ཆོས་པ། གཞིས་དགོན་སྔགས་ཕྱོགས་རྒྱུད་སྟོད་པ་དང་འདྲེ། གྲྭ་རྒྱུན་བློ་གསལ་གླིང་། སེ་ར་སྨད། དགའ་ལྡན་བྱང་རྩེ་རྣམས་སུ་འགྲོ། ཨང་དང་གྲྭ་གྲངས་ལྔ་བཅུ་སྐོར།

༧ ལྷ་ཚུ་དགོན་ནི། ཉང་ཏིང་འཛིན་བཟང་པོས་བཏབ་ཅིང་། སློབ་དཔོན་ཆེན་པོ་པདྨ་སམྦྷ་ཞུས་ཕབ་པར་གྲགས་པའི་དུས་ཚུ་ངོ་མཚར་བ་འབབ། བར་སྐབས་སུ་ཆོས་ལུགས་སྣ་ཚོགས། ད་དགོན་བླ་མ་དམ་ཆོས་རྣམ་རྒྱལ་ནས་བཟུང་འཇམ་མགོན་ཆོས་ཀྱི་རྒྱལ་པོའི་རིང་ལུགས་ཁ་གཙང་དོ་བོ་མགོའི་དགོན་ལག་མིང་དགའ་ལྡན་ཆོས་འཕེར་ལྷ་ཚུ། ཆོས་སྤྱོད་གྲྭ་རྒྱུན་སོགས་གང་ཅི་དགོན་མ་མཚུངས། ཨང་གཉིས་གྲྭ་པ་སུམ་ཅུ་སོ་དྲུག་སྐོར།

༨ བྲག་གསུམ་འབྲི་བང་དགོན་ནི། ཐོག་མར་རྙིང་ལུགས། དཔལ་ལྡན་འོད་ཟེར་བས་དགེ་(༢༣༣ན)ལུགས་སུ་བསྒྱུར། དེ་ནས་ཆོས་འཕགས་པ། བློ་བཟང་ཆོས་གྲགས། འཕྲིན་ལས་དབང་ཕྱུག །རྒྱ་བྲག་པ། བློ་བཟང་ཆོས་རྒྱལ། ད་ལྟ་རྡོ་བཟང་བཀྲ་ཤིས། གཞིས་དགོན་སྔགས་ལུགས། གྲྭ་རྒྱུན་འབྲས་སྤུངས་བློ་གསལ་གླིང་སོགས་སུ་འགྲོ། ཨང་གཉིས་གྲྭ་བཙུན་སུམ་ཅུ་སོ་གཅིག་སྐོར།

༩ མཚོད་ཁང་རྩེ་ནི། འཕགས་པ་ལྷ་གཉིས་པའི་ཡབ་རྣལ་འབྱོར་པ་སངས་རྒྱས་

བཀྲ་ཤིས་ཀྱིས་བཏབ། དེའི་སྐྱེ་བ་སངས་རྒྱས་ཆོས་འཛིན། དེའི་སྐྱེ་བ་སངས་རྒྱས་ཡེ་ཤེས་སྙིང་པོ། དེའི་སྐྱེ་བ་དཔོན་དྲུང་། ད་ལྟ་ངག་དབང་སངས་རྒྱས་ཆོས་འཕེལ། ཞལ་སྔ་བཀའ་རྒྱུད་ཅེས་ཛ་བོ་དགེ་ལུགས་ལ་གཞན་ཕྱོགས་ཀྱི་འདྲེས་ཡོད། གྲྭ་རྒྱུན་སེ་ར་སྨད་སོགས་སུ་འགྲོ། ཨང་དང་གྲྭ་གྲངས་བརྒྱ་དང་བཅོ་ལྔ་སྐོར།

༡༠ ཨོ༷ལ་ལྷག༷་དགོ༷ན་ནི། སངས་རྒྱས་དཔལ་གྱིས་བཏབ་ཅིང་། མཆོད་ཁང་རྩེ་པའི་དགོན་ལག་ཡིན་པས་བླ་རབས་ཆོས་སྐྱོད་སོགས་དེ་མཚུངས། ཨང་གཉིས་བཅུན་མ་སུམ་ཅུ་སོ་གཅིག་སྐོར།

༡༡ ཐེ༷ལ་ལྷག༷་ནི། བྱང་སེམས་ཆོས་ཉིད་རང་གྲོལ་དུ་གྲགས་པས་བཏབ། དེ་ནས་ཤཱཀྱ་བཟང་པོ། ལྷ་དབང་འཇམ་དབྱངས། སངས་རྒྱས་རིན་ཆེན། སངས་རྒྱས་བཀྲ་ཤིས། སེང་གེ་རྒྱལ་པོ། དེ་ནས་སྐར་གྲྭ་ཚང་གི་དགོན་ལག་ཏུ་གྱུར་ཅིང་། ད་ལྟ་བཙུན་མ་ངག་དབང་སྙིང་རྗེ། ཆོས་ལུགས་གོང་མཚུངས། ཨང་གཉིས་བཙུན་མ་བཞི་བཅུ་ཞེ་གཉིས་སྐོར།

༡༢ ཐང་ཁྲ༷་དགོ༷ན་ནི། འཕགས་པ་ལྷས་བཏབ་ཅིང་། དང་པོ་ནས་དེ་མོ་འཕགས་པ་ཆོས་ཛོང་གི་དགོན་ལག་ཡིན་པས་བླ་རབས་དེར་བཤད་ཟིན་ལྟར་དང་ཆོས་ལུགས་ཞལ་ལྔ་བཀའ་བརྒྱུད། ཨང་གཉིས་བཙུན་མ་སུམ་ཅུ་སོ་ལྔ་སྐོར།

༡༣ རྨེ༷་ཕུ༷་དགོ༷ན་ནི། སེམས་དཔའ་ཆེན་པོས་བཏབ། དེ་ནས་དགའ་ཆགས་ཀུན་སྤངས་པ། དྭགས་པོ་ལུང་རྒྱམ་པ། དམ་དུལ་ཕུན་རྒྱམ་པ། གུང་ཐང་རབ་འབྱམས་པ། བྱམས་གླིང་བྱམས་པ་དབང་རྒྱལ། སྐྱོར་ལུང་བློ་བཟང་(༢༣༣བ)རྒྱལ་མཚན། བློ་བཟང་དཔལ་འབྱོར། རྩིས་དང་བློ་བཟང་བསྟན་འཛིན། སྟོད་ལུང་བློ་བཟང་ཡར་འཕེལ། སྐྱུར་པོ་བློ་བཟང་དམ་ཆོས། སོག་པོ་ཚུལ་ཁྲིམས་རྒྱ་མཚོ། ལྷ་ས་བ་ཡོན་ཏན་དར་རྒྱས། ད་ལྟ་ངག་དབང་ཕུན་ཚོགས། སྨན་བླའི་མདོ་ཆོག་ཡིད་བཞིན་དབང་རྒྱལ་སོགས་ཆོས་སྤྱོད་དགེ་ལུགས་ཕྱིངས་འགྲོ། གྲྭ་རྒྱུན་སེ་ར་སྨད། འབྲས་སྤུངས་བློ་གསལ་གླིང་། དྭགས་པོ་གྲྭ་ཚང་རྣམས་སུ་འགྲོ། ཨང་དང་གྲྭ་པ་

དྲུག་ཅུ་རེ་བརྒྱད་སྐོར།

༡༨ སྒྲོག་ཁང་སྟེང་ནི། སྤྱང་མཁར་བ་ཞལ་ངས་བཏབ་ཅིང་། དགའ་ཚལ་ཆོས་མཛད་ཀྱིས་དར་རྒྱས་སུ་བྱས། དེ་ནས་ཐ་ཁ་དངོས་གྲུབ་བཟང་པོ། ཡེ་ཤེས་བཟང་པོ། རྒྱ་བྲག་ཆོས་འཕགས། ཆོས་གྲགས་འོད་ཟེར། ངག་འཕྲིན་པ། ནག་ཡུལ་སངས་དཔལ་བ། ཆོས་རབ་འབྱམས་པ། ཀོང་པོ་ངག་འཕྲིན། བློ་བཟང་བསྟན་འཛིན། དགེ་འདུན་འཕེལ། ལྷ་ས་བ་ཡོན་ཏན་དར་རྒྱས། ད་ལྟ་ངག་དབང་ཕུན་ཚོགས། འདོན་ཆོས་སྤྱོད་དང་གྲྭ་རྒྱུན་ཆབ་ནག་རི་པོ་དགའ་ལྡན་དང་མཚུངས། ཨང་དང་གྲྭ་པ་དྲུག་ཅུ་རེ་གསུམ་སྐོར།

དགེ་བསྟན་མདོ་ཁམས་སྨད་དུ་དར་ཚུལ།

དུས་གསུམ་རྒྱལ་བ་ཐམས་ཅད་ཀྱི་མཁྱེན་བརྩེ་ནུས་པའི་བདག་ཉིད་ལྷ་དང་བཅས་པའི་འཛིག་རྟེན་གྱི་མགོན་སྐྱབས་གཅིག་པུ་རྗེ་བཙུན་བཙོང་ཁ་པ་བློ་བཟང་གྲགས་པའི་དཔལ་གྱི་བསྟན་པ་རིན་པོ་ཆེ་མདོ་ཁམས་སྨད་དུ་དར་ཚུལ་ལ། ཤར་དར་རྩེ་མདོ་ཁུལ།

༡ བརྟན་པོ་དགོན་གསར་ནི། འབྲས་སྤུངས་བློ་གསལ་གླིང་གི་གྲྭ་རྒྱུན་མི་ཉག་པ་བསྟན་འཕེལ་ཉི་མས་བཏབ་པ་དང་། དེའི་དགོན་ལག་འདྲ་ཡུལ་རྩེ་ཐོག་བཅས་མི་ཉག་དགའ་ལྡན་ཆོས་གླིང་གི་བླ་མས་ཉིས་སྐྱོང་བྱེད་ཅིང་། གཞིས་དགོན་ལྷགས་གྲྭ་རྒྱུད་སྟོད་དང་ཉེ། གྲྭ་རྒྱུན་དགའ་ལྡན་ཤང་རོང་། འབྲས་བློ། སེ་ར་སྨད་རྣམས་སུ་འགྲོ། གྲྭ་གྲངས་བརྒྱད་ཅུ་སྐོར།

༢ འགི་བ་ཁ་བྱམས་པ་གླིང་དགོན་ནི། ཐམས་ཅད་མཁྱེན་པ་དགེ་འདུན་རྒྱ་མཚོའི་ཞབས་ཀྱི་པདྨོ་ལ་སྤྱི་བོས(༢༣༨ན)གཏུགས་ཤིང་གསུང་གི་བདུད་རྩི་རྣ་བར་འཐུངས་པ་བླ་མ་སྐང་རིང་དུ་གྲགས་པས་བཏབ། དེ་རྗེས་རིམ་པ་ལྟར་སྐྱིད་འབུམ་ཤཱཀྱ་བཟང་། བློ་གྲོས་མཚུངས་མེད། སྟོད་ལུང་བ་གྲགས་པ་རྒྱལ་པོ། དབུས་པ་དགེ་

ལེགས་དཔལ་འབྱོར། སྤྱན་གཡས་པ་དམ་ཆོས་རྒྱལ་མཚན། ཅོག་ལྡན་པ་ལྷ་དབང་བློ་གྲོས། རྒྱ་མ་བ་དགེ་ལེགས་དཔལ་འབྱོར། སྤྱན་གཡས་པ་ནམ་མཁའ་རྒྱལ་མཚན། ཕུང་པོ་གཤིས་པ་རིན་ཆེན་རྒྱལ་མཚན། འོད་འབར་འཕྲིན་ལས་དཔལ་འབྱོར། བྲ་ཡག་པ་བློ་བཟང་རིན་ཆེན། ད་ལྟ་བློ་བཟང་དགེ་འདུན། གཞིས་དགོན་ཐུགས་སྤྱི་ཆོས་སྐྱོད་དགེ་ལུགས་སྤྱི་དགྲི། སྤྱི་རྒྱུན་དགའ་ཉང་འབྲས་བློ་སེ་སྨད་རྣམས་སུ་འགྲོ། གྲྭ་པ་སུམ་བརྒྱ་དང་སུམ་ཅུ་སྐོར།

༣ འགི་བ་ཁའི་དགོན་ལག་འདྲ་ཡུལ་མཁར་ཐོག་ནི། འདེབས་པོ། བླ་རབས། ཆོས་སྐྱོད། སྤྱི་རྒྱུན་སོགས་མ་མཚུངས། གྲྭ་པ་ཉི་ཤུ་སྐོར།

༤ གནས་འགོ །སྟོད་སྐུ། ཕྱུགས་མོ་བཅས་ཁག་གསུམ་འདེབས་མི་དེས་ཁུངས་མ་བྱུང་། ཆོས་སྐྱོད་དང་བླ་རབས་སྤྱི་རྒྱུན་སོགས་འགི་བ་ཁའི་དགོན་ལག་ཡིན་འདུག་པས་བཤད་མ་ཐག་པ་ལྟར་དང་། གྲྭ་པ་བརྒྱ་དང་སུམ་ཅུ་སྐོར།

༥ མགོ་ར་དགའ་ལྡན་ཕར་ཕྱིན་གླིང་ནི། ཕྱག་ན་པདྨ་དུར་ཁྲིག་གར་རོལ་གསུམ་པ་བསོད་ནམས་རྒྱ་མཚོའི་ཕྱེས་ལུང་བསྟན་པ་བཞིན། འཇའ་ཁུ་བ་ཆོས་རྒྱལ་མཚན་གྱིས་བཏབ། དེ་རྗེས་དཀོན་ཅོག་འོད་ཟེར། འཇའ་ཁུ་བ་དཔལ་སེང་། ཡང་སྟེང་ལེགས་པའི་ཤེས་རབ། འཇའ་ཁུ་བ་ཆོས་བཤེས་གཉེན། སངས་རྒྱས་སེང་གེ །སངས་རྒྱས་པ། ཚུད་འཕྲུགས་ཡེ་ཤེས་རྒྱལ་མཚན། ཤ་ཡུལ་བློ་བཟང་རིན་ཆེན། བློ་བཟང་བསྟན་འཛིན། ད་ལྟ་བློ་བཟང་བཟོད་པ། གཞིས་དགོན་ཐུགས་སྤྱི་རྒྱུད་སྟོད་ལུགས། སྤྱི་རྒྱུན་དགའ་ཉང་འབྲས་བློ་སེ་སྨད་རྣམས་སུ་འགྲོ། གྲྭ་པ་སུམ་ཅུ་སྐོར།

༦ སྐྱུའུ་(༢༣༤བ)རོང་དགོན་ནི། ཐོག་མར་དཔལ་ལྡན་སེང་གེས་བཏབ། དེ་ནས་དཀོན་ཅོག་དཔལ། དཀོན་ཅོག་བཟང་། ཆོས་སྐྱོང་རྒྱ་མཚོ། དགེ་བ་རྒྱལ་མཚན། བསྟན་པ་རྒྱལ་མཚན། བློ་རྒྱམ་པ། བློ་བཟང་དཀོན་ཅོག །བློ་བཟང་དོན་ལྡན། ད་ལྟ་ངོ་བཟང་དཔལ་འབྱོར། གཞིས་དགོན་ཐུགས་སྤྱི་རྒྱུད་སྟོད་པར་ཉེ། སྤྱི་རྒྱུན་འབྲས་སྤུངས་བློ་གསལ་གླིང་སོགས་སུ་འགྲོ། གྲྭ་པ་བརྒྱད་ཅུ་སྐོར།

༧ སྒྲོ་འབོར་གྱི་སའི་ཆ་ལི་ཐང་ཆོས་སྡེ་དགའ་ལྡན་ཐུབ་ཆེན་ཆོས་འཁོར་གླིང་ནི། སྲིད་གསུམ་འགྲོ་བའི་མགོན་པོ་ཕྱག་ན་པདྨོ་བསོད་ནམས་རྒྱ་མཚོའི་སྡེའམ་རྡོ་རྗེ་འཆང་ཏཱ་ལའི་བླ་མ་ཉིད་ཆེན་པོ་ཧོར་གྱི་ཡུལ་གྲུར་གསེར་གྱི་རྒྱལ་པོའི་ལེགས་བྱས་ཀྱི་མགྲོན་དུ་གདན་དྲངས་པའི་ཚེ། ཕྱོགས་དེའི་བསྟན་པའི་བྱ་བ་རྣམས་ངལ་ཆེར་མཛད་ཟིན་ཏེ་སྐར་ཆེན་མདོ་ཁམས་བརྒྱུད་བོད་ཡུལ་གྱི་རྡོ་རྗེ་གདན་དུ་རིམ་པས་འབྱོན་པར་བཞེད་ནས་ཡུལ་འདིར་ཕེབས། རྒྱལ་བ་གཉིས་པ་འཇམ་མགོན་བཙོང་ཁ་པ་ཆེན་པོའི་བསྟན་པ་བླ་ནས་བླར་འཕྲུར་བའི་ཆེད། ལྕགས་ཕོ་འབྲུག་གི་ལོ་ལ་གཙུག་ལག་ཀུན་དགའ་ར་བ་དང་བཅས་རྨང་བཏིང་། སའི་ཆ་ག་ཡང་དག་པར་མཛད། ཐུབ་ཆེན་འགྲན་ཟླ་དང་བྲལ་བ་སོགས་རྟེན་དང་བརྟེན་པ་བཞེངས། མིང་དགའ་ལྡན་ཐུབ་ཆེན་ཆོས་འཁོར་གླིང་ཞེས་སྩལ། ས་ཐམ་རྒྱལ་པོས་ཞབས་ནས་བཏེག་སྡེ་འདུས་ཚོགས་ཀྱང་དང་གིས་འཕེལ། དེ་ནས་ཨལྟན་ཆོས་ཀྱི་རྒྱལ་པོ་ཞི་བར་གཤེགས་པར་ཉེ་བའི་མགོན་དུ་སྲས་ཀྱིས་གདན་འདྲེན་གདོས་དྲག་པས་སླར་ཡང་སྐར་ཆེན་བྱང་ཕྱོགས་སུ་བསྐྱོད། ལི་ཐང་གི་མཇུག་སྐྱོང་རྣམས་སྲུལ་སྐུ་བསོད་ནམས་ཡེ་ཤེས་དབང་པོ་མཛད་དུ་བཅུག་པ་ཡིན་ལ། གདན་སར་ཚ་བ་རིན་ཆེན་སེང་གེ །ལི་ཐང་ནམ་ལངས་ཆོས་མཛད། སྤྲ་ཡན་ཆོས་རྗེ། ཕྱ་ཤྲུལ་དགེ་འདུན་ལེགས་གྲུབ། ཀོང་པོ་ལྷུན་གྲུབ་དཔལ་འབྱོར། ཨེར་(༢༣༥ན)ཧེ་ནི་ཆོས་རྗེ། འདི་དག་གི་སྤྱ་ཕྱིའི་ཚོད་ཙམ་ལ་དགོན་ཉམས་ཆག་ཆེ་བར་ལྷ་དང་བཅས་པའི་སྐྱབས་མགོན་རྗེ་བླ་མ་ཉིད་ནས་ཞིག་གསོ། ལྡེབས་བྲིས། གྲྭ་རྒྱུན་བསྡུ་བ་ལ་སོགས་པས་སླར་ཡང་དར་རྒྱས་སུ་གནང་། ཨེར་ཧེ་ནེའི་རྗེས་ལ་སྐྱིད་ཤོད་པ་བློ་བཟང་འོད་ཟེར། ཚ་བ་བློ་བཟང་རྒྱལ་མཚན། བེ་རི་བསྟན་དར། ཨེ་པ་བློ་བཟང་མཁས་གྲུབ། ཉག་རེ་ཆོས་གྲགས། སེ་ར་སྟོད་དྲུག་བརྒྱ་བློ་བཟང་འཇམ་དཔལ། ད་ལྷ་མཛོ་ཡི་ལ་སན་པོ་ཐོག་ཐུ་བསྡུས་ཚད་གཙོར་བཏོན་ངོས། ཆོས་མངོན་རིན་ཆེན་འདྲེན་པའི་ཤིང་རྟ། ཕར་ཕྱིན་བློ་བཟང་དགོངས་རྒྱན། དབུ་མ་ཐེག་ཆེན་རྒྱ་མཚོར་འཇུག་པའི་གྲུ་རྫིངས་ཏེ་

མདོ་ཕྱོགས་དང་འགྲེལ་པ་བཞི་སྦྲགས་སོགས་རྒྱུད་སྨད་པའི་ཡིག་ཆ་དང་མཐུན་པ་བཅས་མདོ་སྔགས་གཉིས་ཀའི་འཆད་ཉན་བྱེད། གྭ་རྒྱུན་སེར་འབྲས་དགའ་གསུམ་གྱི་ཁམས་ཚན་སྤྱི་འབོར། དགེ་འདུན་ལྔ་བརྒྱ་སྐོར།

༨ སྤྱི་འབོར་འགི༷ར་ཧི༷་སྐྱང་ནི། འཇམ་མགོན་ཆོས་ཀྱི་རྒྱལ་པོའི་དངོས་སློབ་སངས་རྒྱས་དཔལ་བཟང་གིས་བཏབ། གདན་སར་གཙང་པ་ཀུན་དགའ་རྒྱལ་མཚན། ཆོས་སྐྱོང་དཔལ་བཟང་། རྒྱལ་བ་བསམ་གྲུབ། དཔལ་འབྱོར་ཤེས་སྙིང་། དཔལ་འབྱོར་རབ་རྒྱས། དཔལ་ལྡན་གྲགས་པ། གྲགས་པ་བཀྲ་ཤིས། བདེ་གཤེགས་རྒྱ་མཚོ། ནམ་ལངས་ཆོས་མཛད། ཚ་བ་འབྲུག་གྲགས། བར་སྐོར་ཙུང་ཟད་ཕྱུང་རྗེས་དགེ་འདུན་ལས་རབ། ཚུལ་ཁྲིམས་དཔལ་རབ། གུང་ཐང་པ་དཀོན་ཅོག་ལྷུན་གྲུབ། ཡི་ཐང་དགེ་བཀོད། དོན་གྲུབ་དཔལ་བཟང་། ཡི་ཐང་སྦྱིན་པ་རྒྱལ་མཚན། ད་ལྟ་བློ་བཟང་བསམ་གཏན། གཞིས་དགོན་སྔགས་ལུགས། གྭ་རྒྱུན་སེར་འབྲས་དགེ་གསུམ་ངེས་མེད། དགེ་འདུན་བཞི་བཅུ་སྐོར།

༩ བྱང་བར་ལ༷་སྟོད༷་དགོན༷་ནི། གཙྪ་པཎྜིས་སྒྲུབ་སྡེ་ཚུང་ངུ་(༢༣༥བ)ཞིག་བཙུགས་པ་འཇམ་མགོན་ཆོས་ཀྱི་རྒྱལ་པོའི་ཞལ་སློབ་གསེར་ཁང་དབོན་པོས་དར་རྒྱས་སུ་མཛད། དེ་ནས་ནམ་སོ་བཟུང་ལྷ། དགེ་འདུན་ལེགས་རབ། བཀྲ་ཤིས་དཔལ་འབྱོར། ཉང་པོ་ལྷུན་གྲུབ་དཔལ་འབྱོར། བྱང་བར་དགེ་འདུན་བཀྲ་ཤིས། ད་ལྟ་དཔལ་འབྱོར། གསང་འདུས་དང་ནག་པོ་སྐོར་གསུམ་སོགས་དགེ་ལུགས་གཞིས་དགོན་སྔགས་གྲྭ་དཔེ་འགྲེ། གྭ་རྒྱུན་སེར་འབྲས་སུ་སྤྱི་འབོར་དང་དགའ་ལྡན་དུ་གསེར་ཁང་པ། དགེ་འདུན་སུམ་ཅུ་སྐོར།

༡༠ ལྷ་བྲོ༷་མོ༷་དགོན༷་ནི། ཐམས་ཅད་མཁྱེན་པ་བསོད༷་ནམས༷་རྒྱ༷་མཚོ་ཡི་ཐང་ཕྱོགས་ཏུ་ཕེབས་སྐབས་ས་སྐྱ་པའི་དགོན་ཚུང་ཞིག་ནས་གྭ་པ་རེ་གཉིས་ཀྱིས་བསྙེན་རྫོགས་ཞུས་པ་དེས་སོན་ལྟ་བུ་བྱས། རྗེས་སོར་གཙང་གདངས་ཅན་པ་དགེ་འདུན་ལེགས་གྲུབ་ཀྱིས་གསར་འཛུགས་མཛད། དེ་ནས་ཉང་པོ་ལྷུན་གྲུབ་དཔལ་འབྱོར།

བྱང་བར་རིན་རྒྱན། ཨེ་པ་བློ་བཟང་མཁས་གྲུབ། དགའ་སྟགས་རམས་པ། ལྷ་པ་རྒྱལ་མཚན་ཤྲཱི། ད་ལྟ་བློ་བཟང་ཞེས་རབ། འདོན་མཆོད་གྲྭ་རྒྱུན་སོགས་ལ་སྟོད་པ་དང་འབྲ། དགེ་འདུན་སུམ་ཅུ་སྐོར།

༡༡ སྐྱིད་འཇོ་བཤད་སྒྲུབ་དར་རྒྱས་བདེ་ཆེན་ནི། འཇམ་མགོན་ཆོས་ཀྱི་རྒྱལ་པོའི་དངོས་སློབ་གཙང་པ་སངས་རྒྱས་དཔལ་བཟང་གིས་བཏབ། དེ་རྗེས་གཙང་པ་ཀུན་དགའ་རྒྱལ་མཚན། ཆོས་སྐྱོང་དཔལ་བཟང་། གྲགས་པ་རྒྱལ་མཚན། དཔལ་འབྱོར་བཤེས་གཉེན། ཉང་རོང་དཔལ་བཤེས། ཚ་བ་རིན་ཆེན་སེང་གེ །ཕྱོང་རང་བཤེས་དོན་པ། དཔལ་སེང་། བློ་བཟང་ཚུལ་ཁྲིམས། ངག་དབང་བདེ་ལེགས། ལི་ཐང་ངག་དབང་ཚུལ་ཁྲིམས། ཕྱོང་ནང་ངག་དབང་སྙིང་པོ། གཞིས་དགོན་རྫོགས་ཕྱོགས་དགེ་དགོན་བྱིངས་འགྲེའི་ཐོག །ལམ་རིམ་ལ་འཆད་ཉན་བྱེད། གྲྭ་རྒྱུན་སེ་ར་སྨད་སོགས་སུ་(༢༢༨ན)འཕོར་ཁམས་ཚན་དུ་འགྲོ། དགེ་འདུན་ཉིས་བརྒྱ་དང་བརྒྱད་ཅུ་སྐོར།

༡༢ མོ་ལ་ཕ་དགོན་ནི། སྟ་སོར་ངོར་ལུགས། ཕྱིས་དགེ་ལུགས་སུ་འགྱུར་ནས་བླ་མ་ལེང་ཐང་བློ་བཟང་དཔལ་འབྱོར། མོ་ལྷ་དམ་ཆོས། བྲ་ཡག་ཚུལ་ཁྲིམས་དབང་པོ། ད་ལྟ་བསམ་གྲུབ་རྒྱ་མཚོ། གཞིས་དགོན་སྟགས་གྲྭ་ས་ལུགས་དང་འདྲེས་མ། གྲྭ་རྒྱུན་གསེར་ཀོང་པ་གང་ཐོབ་དུ་འགྲོ། དགེ་འདུན་བཞི་བཅུ་སྐོར།

༡༣ བྱེས་པ་བདེ་ཆེན་དགོན་ནི། ཐོག་མར་ནམ་སོ་གསུམ་དགའ་ཞེས་དགེ་ལུགས་པ་ཞིག་གིས་བཏབ། ནམ་སོ་ནི་ལྡོངས་དུས་བླ་མའི་མིང་ཡིན་པར་གྲགས། དེ་ནས་ནག་ངན་ནམ་སོ། བཟུང་སྨན་ནམ་སོ། བླ་རབས་གསུམ་བཞི་སོང་རྗེས། བྱེས་པ་དགེ་ལེགས་ཕུན་ཚོགས། དམ་པ་དགེ་སློང་། དགེ་ལེགས་ཡོན་ཏན། ཆོས་རྒྱ་མཚོ། ད་ལྟ་བློ་བཟང་ཆོས་གྲུབ། གཞིས་དགོན་སྟགས་གྲྭ། གྲྭ་རྒྱུན་གསེར་ཀོང་པ་སྲུས་ཐོབ་ཏུ་འགྲོ། དགེ་འདུན་བཞི་བཅུ་སྐོར།

༡༤ ལྷབ་ཡང་སྟེང་དགོན་ནི། དང་པོ་ཀར་ལུགས་ཡིན་ཀྱང་སྐར་རྗེ་བཙུན་

འཇམ་དཔལ་སྙིང་པོའི་ཞལ་སློབ་བློ་གྲོས་རྣམ་རྒྱལ་གྱིས་དར་རྒྱས་སུ་མཛད་ཅིང་ཆོས་ལུགས་འགྱུར། དེ་ནས་ཚུལ་ཁྲིམས་ཕུན་ཚོགས། ཕྱོགས་ལས་རྣམ་རྒྱལ། དཔལ་ལྡན་ཆོས་སྐྱོང་། བཤེས་གཉེན་བཟང་པོ། སངས་རིན་པ་མཆེད། ཚུལ་ཁྲིམས་རྒྱ་མཚོ། བཀྲ་ཤིས་དཔལ་འབྱོར། སངས་རྒྱས་དཔལ་འབྱོར། བློ་བཟང་བསྟན་འཛིན། ད་ལྟ་འཕགས་པ་རབ་བརྟན། གཞིས་དགོན་སྔགས་གྲྭ། གྲྭ་རྒྱུན་སེར་འབྲས་སུ་སྤོ་འཕོར། དགའ་ལྡན་དུ་ཉང་རོང་རྫོ་ཁང་སོགས་སུ་འགྲོ། དགེ་འདུན་བརྒྱ་དང་བཅུ་སྐོར།

༧༥ ཞོག་དྲུག་ཕན་བདེ་ནི། གྲགས་པ་རྒྱ་མཚོས་བཏབ་པའི་དགེ་ལུགས་རི་ཁྲོད་གྲྭ་པ་བཞི་ལྔ་སྐོར།

༧༦ དུས་ཡོན་དགོན་ནི། རྗེ་བསོད་ནམས་རྒྱ་མཚོ་ལི་ཐང་དུ་ཕེབས་སྐབས་སངས་(༢༣༨བ)རྒྱས་རྒྱལ་མཚན་ཞེས་པས་བཏབ་པར་གྲགས་ཀྱང་། ད་ལྟ་རི་ཁྲོད་ལྟ་བུ་ཤས་བླ་མ་སོགས་ཀྱི་པར་བཀབ་མེད། གྲྭ་རྒྱུན་གསེར་གོང་པ་གང་ཐོབ་ཏུ་འགྲོ། དགེ་འདུན་བཅུ་སྐོར།

༧༧ མགོ་ལོག་དགོན་གསར་ནི། རི་པ་ས་རམ་པ་ཞེས་པས་བཏབ། དེ་རྗེས་ཚལ་མགོ་ཆེ་མཚམས་པ། དགེ་བ་རྒྱལ་མཚན། རིན་ཅེན་སེང་གེ །ཤེས་རབ་མགོན་པོ། ཤེས་རབ་གྲགས་པ། བཀྲ་ཤིས་དཔལ་བཟང་། ཤེས་རབ་རྒྱལ་མཚན། གསང་སྔགས་རྒྱ་མཚོ། ངག་དོན་པ། ད་ལྟ་མོ་ལྷ་ངག་དབང་ཚུལ་ཁྲིམས། གཞིས་དགོན་སྔགས་གྲྭ། གྲྭ་རྒྱུན་སེར་འབྲས་སུ་སྤོ་འཕོར། དགའ་ལྡན་དུ་གསེར་གོང་པ། དགེ་འདུན་བཞི་བཅུ་སྐོར།

༧༨ ཆ་འཕྲིན་བསམ་འཕེལ་གླིང་ནི། ཀར་ལུགས་རྒྱ་ཛ་པའི་དགོན་རོ་ཞིག་ལ་དཔོན་མཁའ་འགྲོས་ཉམས་གསོས་ངོས། བླ་མར་ལྷུབ་པ་བློ་བཟང་བསྟན་འཛིན་བསྐོས། དེ་ནས་བློ་བཟང་རྣམ་རྒྱལ། བཀྲ་ཤིས་རྒྱལ་མཚན། ད་ལྟ་སྤོ་འཕོར་བློ་བཟང་དོན་རྒྱན། གཞིས་དགོན་སྔགས་གྲྭ་རྒྱུད་སྟོད་དང་ཉེ། གྲྭ་རྒྱུན་སེར་འབྲས་སུ་སྤོ་འཕོར་དང་དགའ་ལྡན་དུ་གསེར་གོང་པ། དགེ་འདུན་བརྒྱ་དང་ལྔ་བཅུ་སྐོར།

༡༩ དགའ་ལྡན་གདངས་དཀར་ནི། སྟར་ཀར་ལུགས། ཕྱིས་རྗེ་བླ་མའི་ཆོས་སྲིད་ཀྱི་ཁྱབ་ནས་ས་སྐྱོང་འཕྲིན་ལས་རྒྱ་མཚོའི་དུས་དཔོན་མཁའ་འགྲོས་ཉམས་གསོ་བྱས་ཆོས་ལུགས་བསྒྱུར། བླ་མར་བློ་བཟང་བསྟན་འཛིན་བསྐོས། དེ་ནས་བྱམས་པ་བཀྲ་ཤིས། ལྷས་དགེ་འདུན་ཡར་འཕེལ། དྲུག་བརྒྱ་བཞོད་རྒྱུམ། ད་ལྟ་བློ་བཟང་བརྟན་དར། གསང་འདུས་དང་ནག་པོ་སྐོར་གསུམ་སོགས་རྒྱུད་སྟོད་དང་ཉེ། གྲྭ་རྒྱུན་སེར་འབྲས་སུ་སྤྱོ་འབོར། དགའ་ལྡན་དུ་རྗེ་ཁང་པ། དགེ་འདུན་བརྒྱ་དང་བཅུ་སྐོར།

༢༠ གཞག་མ་ཐང་དགོན་ནི། བླ་མ་བཟང་པོ་དཔལ་བས་བཏབ། དེ་ནས་གཙང་པ་སངས་རྒྱས་དཔལ་བཟང་། ཀུན་དགའ་(༢༣༧ན)རྒྱལ་མཚན། གཞོན་ནུ་རབ་བརྟན། འཇམ་ཁྲིད་སྟོན། བཀྲ་ཤིས་འོད་ཟེར། རིན་ཆེན་སེང་གེ །ནམ་མཁའ་རྒྱ་མཚོ། རྒྱ་ཉེ་དཀའ་བཅུ། ཨ་འབྲུག་དཀའ་བཅུ། བྱང་ཆུབ་རིན་ཆེན། ཚུལ་ཁྲིམས་རྒྱ་མཚོ། གྲགས་པ་འབྱུང་གནས། ལི་ཐང་ལྷ་དབང་ཆོས་འཕྱོར། གཞིས་དགོན་ཕྱགས་གྲྭ། གྲྭ་རྒྱུན་སེར་འབྲས་སུ་སྤྱོ་འབོར། དགའ་ལྡན་སོགས་གསེང་གོང་པ། དགེ་འདུན་དྲུག་ཅུ་སྐོར།

༢༡ རྒྱ་མཚམས་ལྷ་ཁང་སྟེང་དགའ་ལྡན་དར་རྒྱས་གླིང་ནི། ཕྱག་ན་པདྨ་དུར་ཁྲིག་གར་རོལ་གསུམ་པ་བསོད་ནམས་རྒྱ་མཚོའི་ཞལ་སློབ་ཆོས་རྗེ་སངས་རྒྱས་རྒྱ་མཚོས་ལི་ཐང་དང་དུས་མཚུངས་སུ་བཏབ་ཅིང་ཕྱོགས་དེར་འཇམ་མགོན་བཙོང་ཁ་པ་ཆེན་པོའི་བསྟན་པ་ལེགས་པར་སྤེལ། གདན་སར་སྒྲ་ཁམས་པ་ཚུལ་ཁྲིམས་བཟང་པོ། མངའ་རིས་པ་དཔལ་འབྱོར་རྒྱ་མཚོ། བྱམས་པ་བ་དགེ་འདུན་བཀྲ་ཤིས། འོལ་ཁ་སྒྲུ་སྐྱེ་ཆོས་རྒྱལ་མཚན། སྒྲ་ཁམས་འཕྲིན་ལས་དཔལ་འབྱོར། སྲིག་ཏི་འཇམ་དབྱངས་བཟང་པོ། ཟས་སྐང་བློ་གྲོས་རྒྱ་མཚོ། འཇམ་དབྱངས་དཔལ་ལྡན། ད་ལྟ་དཔལ་ལྡན་བཟང་པོ། གསང་འདུས། ནག་པོ་སྐོར་གསུམ་སོགས་དགེ་ལུགས་གཞིས་དགོན་སྤྱི་འགྲེ། གྲྭ་རྒྱུན་སེ་འབྲས་དགེ་གསུམ་གྱི་སྤྱོ་འབོར་ཁམས་ཚན། དགེ་འདུན་བདུན་བརྒྱ་དང་བཞི་བཅུ་སྐོར།

༢༢ རྩེ་སྒང་ཁེ་འོང་བདེ་བ་ཅན་ནི། སླ་ཁམས་པ་ཚུལ་ཁྲིམས་བཟང་པོས་བཏབ་ཅིང་། སླ་ཁམས་པ་འཕྲིན་ལས་དཔལ་འབྱོར་ཡན་ལྷ་ཁང་སྟེང་དང་ཉིས་ལྡོགས། དེ་ནས་སྤྲ་ཏུ་ཚུལ་ཁྲིམས་དོན་གྲུབ། སྨག་ཧི་འཇམ་བཟང་། ཕྱ་ཅིང་བསོད་ནམས་རྒྱལ་མཚན། སྨག་ཧི་བློ་རྒྱན་པ། ད་ལྟ་ངག་དབང་དཀོན་ཅོག །གསང་བ་འདུས་པ་སོགས་གཉིས་དགོན་སྔགས་ཀྱི་དཔེ་འགྲེ། ཀྱཻ་རྒྱུད་སེར་འཕྲས་དགེ་གསུམ་དང་བཀྲས་ལྷུན་སྔགས་(༢༣༧བ)ཁང་སོགས་སུ་འགྲོ། དགེ་འདུན་ལྔ་བརྒྱ་དང་བརྒྱད་ཅུ་སྐོར།

༢༣ སྐུ་ཡི་དགའ་ལྡན་བཤད་སྒྲུབ་རྣམ་རྒྱལ་གླིང་ནི། སྨག་ཧི་རབ་འབྱམས་པ་བསམ་གཏན་བཟང་པོས་མེ་ཕོ་སྤྲེའུའི་ལོ་ལ་རྨང་བཏིང་། དེ་ནས་ཕྱ་ཅིང་བསོད་ནམས་རྒྱལ་མཚན། བློ་བཟང་རྒྱལ་མཚན། ད་ལྟ་ངག་དབང་དཀོན་མཆོག །གསང་འདུས། ནག་པོ་སྐོར་གསུམ་སོགས་དགེ་ལུགས་གཉིས་དགོན་བྱིངས་འདྲ། ཀྱཻ་རྒྱུད་སེར་འཕྲས་དགེ་གསུམ་དང་བཀྲས་ལྷུན་སྔགས་ཁང་བཅས་པར་འགྲོ། དགེ་འདུན་ལྔ་བརྒྱ་དང་དྲུག་ཅུ་སྐོར།

༢༤ རི་ཁྲོང་དགོན་ནི། སྨག་ཧི་རབ་འབྱམས་པ་བསམ་གཏན་བཟང་པོས་མེ་མོ་སྦྲུལ་གྱི་ལོར་བཏབ་ཅིང་། བླ་རབས། ཆོས་སྐྱོང་། ཀྱཻ་རྒྱུད་སོགས་སྐུ་ཡི་དང་འདྲ། དགེ་འདུན་ལྔ་བཅུ་སྐོར། གཞན་ཡང་ལྷ་ཁང་སྟེང་གི་དགོན་ལག་འདེབས་མི་འདི་ཡིན་མེད་ཅིང་། བླ་རབས་དང་འདོན་ཆོས་སྐྱོང་། ཀྱཻ་རྒྱུད་སོགས་མ་བུ་མཚུངས་གྲས། ལ་ཡག་དགའ་ལྡན་རབ་བརྟན་གླིང་གྲྭ་པ་སུམ་བརྒྱ་བདུན་ཅུ་སྐོར། ཕྱ་ཐོག་དགའ་ལྡན་རྣམ་རྒྱལ་གླིང་གྲྭ་པ་བརྒྱ་དང་ལྔ་བཅུ། གཞི་མལ་དགོན་གྲྭ་པ་བཞི་བཅུ། གོང་རབ་རྒྱས་དགོན་གྲྭ་པ་བརྒྱད་ཅུ། དགའ་ལྡན་བཀྲ་ཤིས་ཆོས་གླིང་གྲྭ་པ་བརྒྱ་དང་བཞི་བཅུ། གཟུས་དགོན་གསར་ལ་གྲྭ་པ་ལྔ་བརྒྱ་དང་དྲུག་ཅུ། ཚ་ཐོག་ཆ་མན་དུ་གྲྭ་པ་སུམ་ཅུ།

༢༥ འབའ་ཁུལ་རྩེ་གསུམ་རྒྱ་ཤོག་རྐ་བུ་དགོན་ནི། འཇམ་མགོན་བླ་མ་བཙོང་ཁ་པ་ཆེན་པོའི་བུ་ཆེན་འཇམ་དབྱངས་བཀྲ་ཤིས་དཔལ་ལྡན་པའི་ཞལ་སློབ་གོ་བོ་

དབོན་པོ་བཀྲ་ཤིས་སེང་གེ་ཞེས་མྱུར་མཛད་ཡེ་ཤེས་ཀྱི་མགོན་པོ་ཕྱག་དྲུག་པས་རྗེས་སུ་བཟུང་བར་གྲགས་པ་དེ་བཏབ། དེ་ནས་གོ་བོ་རྒྱལ་མཚན་བཀྲ་ཤིས་སོགས་མང་དག་གིས་མཐར། རྗེ་བླ་མའི་ཆོས་སྲིད་ཉེ་བརྒྱའི་སྐྱང་བས་ཁྱབ་པ་ནས་རྩེ་གསུམ་ངག་དབང་བློ་གྲོས། ད་ལྟ་དཀའ་བཅུ་བློ་བཟང་བཀྲ་ཤིས། སྒྲིགས་(༢༣༨ན)རྣམ་གཞག་དང་འདོན་ཆ་སོགས་རྒྱུད་སྨད་པར་ཉེ། གྲྭ་རྒྱུན་འབྲས་སྤུངས་བློ་གསལ་གླིང་དང་དགའ་ལྡན་བྱང་རྩེར་འགྲོ། གྲྭ་གྲངས་བཞི་བཅུ་སྐོར།

༢༦ རྩེ་གསུམ་གསེར་འབུམ་དགོན་ནི། ཞལ་སྔ་བཀའ་བརྒྱུད་པ་ཆོས་རྗེ་ངག་གི་དབང་པོས་བཏབ། བར་སྐབས་ཀྱི་བླ་རབས་མ་བྱུང་། ཕྱིས་དད་དཔོན་བླ་ཟུར། བསོད་ནམས་རྒྱལ་མཚན། སངས་རྒྱས་རྒྱལ་མཚན། ད་ལྟ་གྲགས་པ་ཆོས་འཕེལ། འདོན་ཆོས། གྲྭ་རྒྱུན་སོགས་གང་ཅི་གོང་མཚུངས། གྲྭ་གྲངས་བཞི་བཅུ་སྐོར།

༢༧ ལྕོག་སྡིང་ཐང་སྐྱ་དགོན་ནི། རབ་འབྱམས་སྨྲ་བ་རྩེ་མོ་སྤེལ་བས་བཏབ། དགོན་མ་བཏབ་གོང་དེའི་ཐད་ཀྱི་ཐང་ཤིང་ཞིག་གི་ཁ་དབྲག་ལ་འཇའ་ཟུག་པ་སོགས་དགེ་ལྟས་དུ་མ་བྱུང་བས་མིང་དེ་ལྟར་ཐོགས། དེ་ནས་ཚེ་དབང་མགོན་པོ། ཟླ་བ་གྲགས་པ། བློ་བཟང་བཀྲ་ཤིས། ད་ལྟ་རྒྱལ་མཚན་དབང་རྒྱལ་གྱིས་སྐྱོང་། འདོན་ཆོས་སྤྱོད་སོགས་དང་གྲྭ་རྒྱུན་འགྲོ་ཁུངས་གོང་འདྲ། གྲྭ་གྲངས་ཉི་ཤུ་སྐོར།

༢༨ གསལ་མཁར་དགོན་ནི། འཇམ་དབྱངས་ཆོས་རྗེའི་ཞལ་སློབ་དཀའ་བཅུ་བསམ་གཏན་རྒྱ་མཚོས་ཡུལ་པ་སྤྱིས་བོན་ལུགས་ཀྱི་གསལ་མཁར་བཅིགས་པའི་སར་བཏབ་པས་མིང་ཡང་དེ་ལྟར་བཏགས། དེ་ནས་རིམ་པ་ལྟར་དཀའ་བཅུ་བསམ་གཏན། ཚུལ་ཁྲིམས་མགོན་པོ། ཨ་འཕེལ། ཐུབ་པ། བསྟན་པ། དགེ་འདུན། ད་ལྟ་ངག་དབང་མཆོག་སྦྱིན། གཞིས་དགོན་སྟགས་གྲྭ་རྒྱུད་སྨད་པར་ཉེ། གྲྭ་རྒྱུན་འགྲོ་ཁུངས་གོང་འདྲ། གྲྭ་པ་ཉི་ཤུ་སྐོར།

༢༩ ཁྱུང་ཚང་དགོན་ནི། ཐོག་མར་གཙང་པ་ནང་སོ་སེང་གེས་བཏབ། དེ་རྗེས་ཞིང་ཧ་སྐོར་ནས་རྗེ་བླ་མའི་བསླབ་སྟོན་ལྟར་གཟེར་ཆེན་པས་བློ་བཟང་རྣམ་རྒྱལ་

བསྐོས་ཏེ་དར་རྒྱས་སུ་བཀྲིས། སྣད་མར་ལྷ་དབང་ཚེ་རྒྱལ། ད་ལྟ་བློ་བཟང་ཕུན་ཚོགས། ངོ་བོ་སྔགས་གྲྭ་རྒྱུད་སྨད་དང་ཉེ་བར་(༢༣༨བ)བཤད་གྲྭ་རྟ་མ་ཆག་ཙམ། གྲྭ་རྒྱུད་འགྲོ་ཁུངས་གོང་སྨོས་ལྟར། གྲྭ་པ་བཅུ་སྐོར།

༣༠ ལ་ཕྲུག་དགོན་ནི། རྒྱུད་སྨད་པ་དགེ་སློང་ཡོན་ཏན་བཟང་པོས་བཏབ། དེ་ནས་བསམ་གྲུབ། དམ་ཆོས། ཨ་བཟང་། དཀོན་ཅོག་ཚེ་རིང་། ད་ལྟ་ངག་དབང་དོན་གྲུབ། གཞིས་དགོན་སྔགས་ལུགས་རྒྱུད་སྨད་དང་ཉེ། གྲྭ་རྒྱུན་བློ་གསལ་གླིང་དང་བྱང་རྩེར་འགྲོ། གྲྭ་པ་སུམ་ཅུ་སྐོར།

༣༡ སྤུང་སྤྱིད་དགོན་ནི། ཐམས་ཅད་མཁྱེན་པ་དགེ་འདུན་རྒྱ་མཚོའི་སྐུ་ཕྲུག་བློ་གསལ་གླིང་པ་ཡོན་ཏན་རིན་ཆེན་པས་བཏབ། དེ་ནས་གྲགས་བཟང་། རྒྱ་མཚོ། ལྷ་མཆོག །ངག་དབང་ཤེས་རབ། ད་ལྟ་ངག་དབང་བཀྲ་ཤིས། འདོན་ཆོས་གྲྭ་རྒྱུན་སོགས་གོང་འདྲ། གྲྭ་པ་ཉི་ཤུ་སྐོར།

༣༢ ཀོ་བོ་རོང་རིན་ཆེན་སྒང་ནི། ཀོ་བོ་དཔོན་པོ་རིན་མཆོག་པས་བཏབ་ཀྱང་ལྗངས་ཞབས་དང་ཁད་ཉེ་བའི་ཚུགས་ཟིན་ཞིག་མ་བྱུང་། ཕྱིས་དཀོན་ཅོག་བཀྲ་ཤིས་ཀྱིས་དགོན་གནས་གསར་དུ་སྤོས་པར་བསམ་གྲུབ་དགོན་གསར་དུ་གྲགས། རྗེ་བླ་མའི་བཀའ་བཞིན་གཟིམ་ཆེན་པ་རྣམ་རྒྱལ་ཚེ་རིང་གིས་བན་ཁྲལ་གསར་བསྡུས་ངོས་དར་རྒྱས་སུ་བྱས། བླ་མར་ཡོན་ཏན་ཕུན་ཚོགས་བསྐོས། དེ་ནས་རིམ་བཞིན་དོན་གྲུབ་ཚེ་རིང་། བཀྲ་ཤིས་ཆོས་འཕེལ། བློ་བཟང་རབ་བརྟན། བྱམས་པ་བཀྲ་ཤིས། གསལ་ནང་པ་བློ་བཟང་རྒྱལ་མཚན། ད་ལྟ་ངག་དབང་བསྟན་འཕེལ། གཞིས་དགོན་སྔགས་ལུགས་རྒྱུད་སྨད་དང་ཉེ། གྲྭ་རྒྱུན་བློ་གསལ་གླིང་དང་བྱང་རྩེར་འགྲོ། གྲྭ་པ་ཉིས་བརྒྱ་སུམ་ཅུ་སྐོར།

༣༣ འཚེམ་དགོན་ནི། འཇམ་མགོན་བཙོང་ཁ་པ་ཆེན་པོའི་ཞལ་སློབ་ཏུ་གྲགས་པ་གྲུང་དམར་སྟོང་ཚེམས་རིན་པོ་ཆེ་ཞེས་པས་བཏབ། བར་སྐབས་ལྗངས་ཞབས་པ་རྣམས་ཀྱིས་བརླང་སྤྱོད་ལ་བརྟེན་དགོན་སྟོངས། དེ་རྗེས་ཕྱག་ན་པདྨ་བསོད་

ནུམས་རྒྱ་མཚོའི་སྤེའི་བཀའ་དྲིན་ལས་འཇམ་དབྱངས་དགའ་བའི་བློ་གྲོས་བླ་མར་(༢༣༧་ན)བསྐོས་རྗེད།། རྒྱལ་མཚན་བཀྲ་ཤིས།། དཔལ་འབྱོར་བཀྲ་ཤིས། ནམ་མཁའ་དཔལ་འབྱོར་བའི་རྗེས་སྣང་སྟོངས་ཙུང་ཟད་བྱུང་། སྐར་འཇམ་དབྱངས་བཀྲ་ཤིས། བྱམས་པ་བཀྲ་ཤིས། འཇམ་དབྱངས་དཔལ་བཟང་། དཀོན་ཅོག་བཀྲ་ཤིས། བློ་བཟང་བཀྲ་ཤིས། བློ་བཟང་ཤེས་རབ། གཡག་ར་རིན་དབོན་པ། དཱ་ལྷ་བློ་བཟང་བཀྲ་ཤིས། འདོན་ཆོས་གྲྭ་རྒྱུན་སོགས་གོང་མཚུངས། གྲྭ་གྲངས་ཉི་ཤུ་སྐོར།

༣༤ བྲག་སྐྱ་དགོན་ནི། འཇམ་དབྱངས་དགའ་བའི་བློ་གྲོས་པས་བཏབ་ཅིང་ཚེམས་དགོན་བླ་མ་ན་རིམ་ནས་སྐྱོང་བས་འདོན་ཆོས་སོགས་གང་ཅི་གོང་སློས་བཞིན་དང་གྲྭ་གྲངས་ཉི་ཤུ་སྐོར།

༣༥ བཀྲ་ཤིས་ཆོས་གླིང་ནི། གཡག་ར་བ་ཁྲི་བོ་དཀའ་བཅུས་བཏབ། དེ་རྗེས་བླ་མ་རྒྱལ་མཚན་བཀྲ་ཤིས་པ་ནས་ཚེམས་དགོན་པའི་ལག་ཏུ་ཕྱུར་པས་འདོན་ཆོས་སོགས་མ་མཚུངས། གྲྭ་གྲངས་བཅུ་སྐོར།

༣༦ བྲག་ཀྱོག་དགོན་ནི། ཚེམས་དགོན་བླ་མ་རྒྱལ་མཚན་བཀྲ་ཤིས་པས་བཏབ། དེ་ནས་བླ་རབས། འདོན་མཆོད་ཚེམས་དགོན་དང་འདྲ། གྲྭ་རྒྱུན་བློ་གསལ་གླིང་དང་དགའ་ལྡན་ཉང་རོང་བཅས་པར་འགྲོ། གྲྭ་གྲངས་བཅུ་སྐོར།

༣༧ ཡོ་བེ་སྟེང་དགོན་ནི། གད་དམར་སྟེང་པ་ནམ་མཁའ་རྒྱ་མཚོས་བཏབ། དེ་ནས་ནམ་མཁའ་ལྷུན་གྲུབ། ནམ་མཁའ་བཤེས་གཉེན་གྱི་དུས་དགོན་ཉམས་པར་ཐུག་ཀྱང་རྗེ་བླ་མའི་བཀའ་བཞིན་གཟེར་ཆེན་པས་དཀོན་ཅོག་བཀྲ་ཤིས་བསྐོས་ནས་སོར་ཆུད། དེ་ནས་དཱ་ལྷ་ཚེམས་དགོན་བླ་མ་བློ་བཀྲས་པའི་བར་བརྒྱུད་འཛིན། གཞིས་དགོན་སྟགས་ལུགས་སྟོད་རྒྱུད་དང་ཉེ། གྲྭ་རྒྱུན་སེ་ར་བྱེས། གྲྭ་གྲངས་བཅུ་སྐོར།

༣༨ འབོམ་བེ་སྟེང་དགོན་ནི། ཆོས་འཇུག་དབོན་པོར་གྲགས་པས་བཏབ་ཅིང་བར་དུ་དར་རྒྱས་ཆེར་མ་བྱུང་འདུག་ཀྱང་ཕྱིས་རྗེ་བླ་མ་མཆོག་གི་བཀའ་བཞིན་གཟེར་ཆེན་པས་དབོན་པོ་དཀོན་ཅོག་བཀྲ་ཤིས་བླ་མར་བསྐོ་བ་སོགས་ཉམས་(༢༣༧་བ)གསོས་

ངོས། དེ་ནས་ད་ལྟ་རབ་འབྱམས་པ་བློ་བཟང་བཀྲ་ཤིས་བར་དེའི་བརྒྱུད་འཛིན་ན་རིམ་ནས་སྐྱོང་བཞིན་པ་དང་། གཞིས་དགོན་ སྤྱགས་ལུགས་སྟོད་རྒྱུད་དང་ཉེ། གྲྭ་རྒྱུན་སེ་ར་བྱེས་སོགས་སུ་འགྲོ།

༨༩ རྫོང་ལྷ་དགོན་ནི། འཇམ་མགོན་ཆོས་ཀྱི་རྒྱལ་པོའི་ཞལ་སློབ་བཀའ་བཞི་པ་རིན་ཆེན་པས་བཏབ། བར་སྐབས་རི་ཁྲོད་པ་རེ་གཉིས་ལས་མ་བྱུང་ནའང་། མེ་བྱ་ལོར་རྗེ་བླ་མའི་བཀའ་བཞིན་ཐོ་བཙུན་གསར་སྟུད་ངོས་བླ་མར་དཔལ་འབྱོར་ཕུན་ཚོགས་གནང་སྟེ་དར་རྒྱས་སུ་མཛད། དེ་ནས་དཔལ་འབྱོར་བཟང་པོ། ངག་དབང་དོན་གྲུབ། ད་ལྟ་བཤེས་གཉེན་རྒྱ་མཚོ། གཞིས་དགོན་སྤྱགས་ལུགས། གྲྭ་རྒྱུན་བློ་གསལ་གླིང་དང་ཉང་རོང་གྲྭ་ཚང་དུ་འགྲོ། གྲྭ་གྲངས་ཉི་ཤུ་སྐོར།

༩༠ གཙུང་ལུང་ཀུ་མདའ་དགོན་ནི། དང་ཐོག་རི་ཁྲོད་པ་རིམ་ཆགས་ལས་བླ་མ་སོགས་ཆེར་མེད། ཕྱིས་རྗེ་བླ་མ་མཆོག་གི་བསླབ་སྟོན་ལྟར། བན་ཁྲལ་གསར་བསྡུའི་བླ་མར་བཀྲ་ཤིས་དཔལ་བཟང་བསྐོས་ཏེ་དར་རྒྱས་སུ་གྱུར། དེ་ནས་རིམ་པ་ལྟར་བློ་བཟང་དབང་ཕྱུག །བཤེས་གཉེན་རྒྱ་མཚོ། དགེ་འདུན་ཤེས་རབ། ལྷུན་གྲུབ་རྒྱ་མཚོ། ད་ལྟ་བློ་བཟང་ཆོས་གྲགས། གཞིས་དགོན་སྤྱགས་ལུགས། སློབ་གཉེར་གྲྭ་རྒྱུན་བློ་གསལ་གླིང་སོགས་སུ་འགྲོ། གྲྭ་པ་བཞི་བཅུ་སྐོར།

༩༡ བྱུང་སྟེང་དགོན་ནི། སྙིང་སྨད་པ་དོན་གྲུབ་བཀྲ་ཤིས་ཀྱིས་བཏབ་ནས་དོན་གྲུབ་དཔལ་བཟང་གིས་བསྐྱངས་རྗེས། རི་ཁྲོད་ལྟ་བུ་ལས་དགོན་ཚུགས་མེད་ཙང་རྗེ་བླ་མའི་བཀའི་བདག་རྐྱེན་ལས་ཡུལ་གྱི་འབྲེལ་མཚུངས་ནས་ཐོ་བཙུན་གསར་བསྡུ་དང་། དཀའ་བཅུ་བ་བཀྲ་ཤིས་བརྟེན་འགྲུས་བླ་མར་བསྐོས་ཏེ་ཆོས་སྲྗོད་གོང་འཕེལ་དུ་མཛད། ད་ལྟ་བློ་བཟང་དཔལ་འབྱོར། གཞིས་དགོན་སྤྱགས་ལུགས། སློབ་གཉེར་འགྲོ་ཁུངས་འབྲས་སྤུངས་བློ་གསལ་གླིང་དང་དགའ་ལྡན་ཉང་རོང་། གྲྭ་པ་(༢༩༠ན)ཉི་ཤུ་སྐོར།

༩༢ གཙུག་ཉོར་བུ་དགོན་ནི། སྟོད་མཚམས་སྟེང་པ་དབུ་མ་པར་གྲགས་པས

བཏབ། དེ་ནས་བླ་རབས་སྟར་མ་ཆགས་ཀུང་ཐོར་བསྡུས་སངས་རྒྱས་རིན་ཆེན། བཀྲ་ཤིས་རིན་ཆེན། སངས་རྒྱས་མགོན་པོ། རྒྱ་རྫོར་བ། གདུགས་དཀར་གཟུངས་འཕེལ། ཚོགས་རྒྱལ་མཚན་གྱི་རྗེས་སུ། རྗེ་བླ་མའི་བཀའི་གནང་སྒྲུལ་ལ་བརྟེན་བན་ཁྲལ་གསར་སྡུད་དང་། དམ་ཆོས་རྒྱལ་མཚན་བླ་མར་བསྐོས། ད་ལྟ་ལྷུན་རྒྱལ་པ། གསང་འདུས་སོགས་སྟགས་ལུགས་དགེ་དགོན་སྤྱི་འགྲོ། གྲྭ་རྒྱུན་གོང་འདྲ། གྲྭ་པ་སུམ་ཅུ་སྐོར།

༤༣ དབྲ་ནུགས་དགོན་ནི། འཇམ་མགོན་ཆོས་ཀྱི་རྒྱལ་པོའི་ཞལ་སློབ་ཚ་ལག་པ་དཀོན་དར་བས་ཆུང་བཏིང་ཞིང་། མི་རིང་བར་ཡིད་སྲུབས་སྐྱིང་ཞུགས་ཀྱི་ལྷ་ངས་དམག་འགགས་རྟེན་དང་བརྟེན་པར་བཅས་པ་མེ་ལྷའི་ཞལ་དུ་བཏབ་ཀུང་། རྗེ་བཙུན་འཇམ་དཔལ་སྙིང་པོའི་སློན་ལམ་མཐུ་བཙན་པས་དགེ་སློང་འཕགས་པ་ཆོས་འཛིན་གྱིས་དགོན་ཞིག་གསོ་སོགས་དར་རྒྱས་སུ་བགྱིས། དེ་ནས་ཆོ་དབང་དཔལ་བཟང་། བློ་བཟང་བསྟན་འཛིན། ད་ལྟ་བློ་བཟང་དོན་གྲུབ། གཞིས་དགོན་སྟགས་ལུགས་རྒྱུད་སྟོད་དང་འདྲེ། གྲྭ་རྒྱུན་བློ་གསལ་གླིང་དང་འདྲ་རྟེང་། གྲྭ་པ་བཞི་བཅུ་སྐོར།

༤༤ ཉ་མགོ་དགོན་ནི། སེར་པ་གཞོན་ནུ་ཞེས་པས་ཐོག་མར་བཏབ། བར་སྐབས་ཀྱི་བླ་རབས་མ་བྱུང་། ཕྱིས་སླར་འབྲོག་བློ་བཟང་དར་རྒྱས། ངག་དབང་རབ་བརྟན། ད་ལྟ་སེར་སྨད་བློ་བཟང་མཁས་མཆོག །གཞིས་དགོན་སྟགས་ལུགས་ལ་གཏོགས་ཙམ། གྲྭ་རྒྱུན་འབྲས་སྤུངས་བློ་གསལ་གླིང་། སེ་ར་སྨད་ཆ། དགའ་ལྡན་དུ་ཡུལ་པ་རྣམས་བྱང་རྩེ་དང་འབྲོག་པ་འདྲ་རྟེང་། གྲྭ་པ་བརྒྱད་ཅུ་སྐོར།

༤༥ སླར་ཁམས་གོ་བོ་དབོན་པོ་ན་རིམ་གྱིས་ཁ་འཛིན་ལས། འདེབས་ཊི་སོགས་ཁྲུངས་ཆེར་མེད་པ་དཔལ་ཆེན་དགོན། གེས་ཀུ་ཁུ་བྱུག་དགོན་(༢༦༠བ)གསེར་མགོ་དགོན། དགོན་གསར་མགོ། ཏུས་འབུར་དགོན། མཁན་པ་ལུང་། སྐྱི་ན་ཨུ་ཧེ་བ། སླ་ང་དགོན། བ་སེར་དགོན། ནོར་བུ་གླིང་། གསང་དགོན་ཧེ་གོ་བོ་དགོན་ཚན་

བཅུ་གཅིག་རྣམས་གསང་བ་འདུས་པ་དང་ནག་པོ་སྐོར་གསུམ་སོགས་དགེ་ལུགས་ཕྱིངས་འགྲེ། གྲྭ་རྒྱུན་འབྲས་སྤུངས་བློ་གསལ་གླིང་། དགའ་ལྡན་དུ་བྱང་རྩེ་དང་ཤར་རྩེ་ནང་གསེས་ཡོད་པ་གྲྭ་པ་སོ་སོར་ཉེ་ཤ་སྐོར་རེ་དང་ནང་གསེས་དགོན་གསར་འགོ་ནི། བྱུང་རབ་འབྱམས་པར་གྲགས་པས་བཏབ། བར་སྐབས་དགའ་ལྡན་བྱང་རྩེ་བ་གོ་བོ་ངག་དབང་ཀུན་དགས་ལོ་ལྔ་བཅུ་སྐོར་བསྐྱངས་པ་ལས། སྔ་ཕྱིའི་བླ་རངས་དང་ད་ལྟ་ལས་འཛིན་བྱེད་མི་མེད། གསང་བ་འདུས་པ་དང་ནག་པོ་སྐོར་གསུམ་སོགས་དགེ་ལུགས་ཕྱིངས་འགྲེ། གྲྭ་རྒྱུན་བློ་གསལ་གླིང་དང་ཤར་རྩེ། གྲྭ་པ་བཞི་བཅུ་སྐོར།

༤༦ ཁྱུང་འབུམ་ཀླུ་ར་དགོན་ནི། འཇམ་མགོན་ཆོས་ཀྱི་རྒྱལ་པོའི་ཞབས་ཀྱི་པད྄་ལ་མགོ་བོས་གཏུགས་ཤིང་གསུང་གི་བདུད་རྩི་རྣ་བའི་བུམ་བཟང་དུ་འཐུངས་པ་དབུ་རྣམ་བཟང་ཞེས་པས་སྟོང་མོ་གཏེ་འདམ་ཟེར་བས་བཏབ། དེ་རྗེས་དབང་ཕྱུག་སེང་གེ །དེ་སྐབས་ངོར་པས་དྲག་ཤུལ་གྱི་དགོན་སྟོངས་ཀྱང་སླར་ལས་ཤུགས་སྨོན་ལམ་གྱི་མཐའ་བཙན་པས་ལྷོངས་རྒྱལ་བསོད་ནམས་རབ་བརྟན་གྱིས་སྦྱིན་བདག་བྱས་ཀླུ་ར་ཐང་ཟེར་བར་དགོན་པ་བཏབ་པས་མིང་དེ་ལྟར་གྲགས། ཕྱིས་བླ་མ་བློ་བཟང་ཆོས་འཕེལ། དཀོན་མཆོག་རྒྱལ་མཚན། དེ་ནས་དེ་མོ་སྤྲུལ་པའི་སྐུ་སོགས་ཀྱིས་ལར་རྒྱའི་ཁ་འཛིན་ལས་ནང་ཚགས་ཀྱི་བླ་མ་མ་བྱུང་འདུག་པ་ལྟར་ད་ལྟའང་མེད། གཞིས་དགོན་སྟགས་ཕྱོགས། གྲྭ་རྒྱུན་འགྲོ་ཁྱུངས་གོང་འདྲ། གྲྭ་པ་ཉིས་བརྒྱ་སྐོར།

༤༧ འཕར་བ་རིན་ཆེན་སྒང་ནི། འཇམ་མགོན་ཆོས་ཀྱི་རྒྱལ་པོ་བཙོང་ཁ་པའི་བུ་ཆེན་སློབ་དཔོན་དཀའ་བཅུ་ནམ་མཁའ་བཟང་པོས་བཏབ། ཕ་(༢༩༧ན)ར་དགོན་ཚོ་བཅོ་བརྒྱད་ཀྱི་མ་མར་གྱུར། དེ་ནས་བཀྲ་ཤིས་རིན་ཆེན། བསམ་གཏན་བཟང་པོ། འདི་སྐབས་གྲུ་འཛིན་བདག་པོ་བསོད་ནམས་རྒྱ་མཚོའི་ཞབས་ཀྱིས་བཅགས་ཤིང་ཡེ་ཤེས་ཀྱི་མགོན་པོ་ཕྱག་དྲུག་པ་གསར་བསྐྲུན་གྱི་དམ་ཚིག་པ་ལ་ཡེ་ཤེས་པ་མངོན་སུམ་དུ་བསྟིམ་པར་གྲགས། བླ་རབས་ནི་འཕར་བ་བསོད་ནམས་རྒྱལ་མཚན།

ཆོས་རྒྱལ་མཚན། སྦྱིན་པ་རྒྱལ་མཚན། སེང་གེ་རྒྱལ་མཚན། ཚེ་རྒྱལ་རྣམས་ཀྱི་རྗེས་སུ་ཆོས་གསུམ་ཟླ་བ་ལྟར་ཞག་ཕྲ་བར་གྱུར་པའི་ཚེ། རྗེ་བླ་མ་མཆོག་གི་ཐུགས་རྗེའི་འཇུག་པ་བླ་ན་མེད་པས་རྫོང་སྡོད་ལ་བཀའ་ཕེབས་ཏེ། བན་ཁྲལ་བསྡུ་བ་དང་། བླ་མར་དགེ་ལེགས་ཐོགས་མེད་བསྐོ་བ་སོགས་ལུགས་གཉིས་ཀྱི་སྒོ་ནས་དར་རྒྱས་སུ་བསྒྲུབ། ངག་དབང་ཐོགས་མེད། ད་ལྟ་ངག་དབང་སྦྱིན་པ། གསང་བ་འདུས་པ་སོགས་སྔགས་ལུགས་རྒྱུད་སྨད་པར་ཉེ། གྲྭ་རྒྱུན་བློ་གསལ་གླིང་དང་བྱང་རྩེར་འགྲོ། གྲྭ་པ་ཉི་ཤུ་སྐོར།

༤༨ གཙང་གཤིས་གྲྭ་སྨད་དགོན་ནི། ཞལ་སྔ་བཀའ་བརྒྱུད་པ་ཆོས་རྗེ་ངག་དབང་དཔལ་མཆོག་པས་བཏབ། དེ་ནས་རིམ་པ་ལྟར་ཀུན་བཟང་བ། རྣམ་ལང་། དཀོན་མཆོག་བཀྲ་ཤིས། དོན་གྲུབ་སེང་གེ །སངས་རྒྱས་སེང་གེ །ཚེ་དབང་མགོན། ད་ལྟ་སྔགས་རྒྱན་པ་དགེ་སློང་བཟོད་པ། གཞིས་དགོན་སྔགས་ལུགས ། གྲྭ་རྒྱུན་འགྲོ་ཁུངས་གོང་འདྲ། གྲྭ་པ་ཉི་ཤུ་སྐོར།

༤༩ གཙང་གཤིས་འབུམ་དགོན་ནི། ཞལ་སྔ་འཕགས་པ་སངས་རྒྱས་ཀྱིས་བཏབ། དེ་ནས་ནམ་མཁའ་རྡོ་རྗེ། ནམ་མཁའ་བཟང་པོ། རྡོ་རྗེ་འབུམ། དཔལ་འབྱོར། བློ་བཟང་རྒྱལ་མཚན། ད་ལྟ་དཀོན་མཆོག་འབུམ། གཞིས་དགོན་སྔགས་ལུགས། གྲྭ་རྒྱུན་འགྲོ་ཁུངས་གོང་བཞིན། གྲྭ་པ་ཉི་ཤུ་སྐོར།

༥༠ སླུ་ཆོག་དགོན་ནི། འཕགས་པ་ལྷ་གོང་མ་འཕགས་པ་སངས(༢༤༧བ)རྒྱས་ཀྱིས་བཏབ། དེ་ནས་ངག་དབང་རྒྱལ་མཚན། ཨ་བཀྲ། མདོང་གསུམ་པ། བློ་བཟང་ཆོས་འཕེལ། ཡེ་ཤེས་རྒྱལ་མཚན། བློ་བཟང་བརྟོན་འགྲུས། ད་ལྟ་ཀུན་དགའ་བརྟོན་འགྲུས། གཞིས་དགོན་སྔགས་ཕྱོགས། གྲྭ་རྒྱུན་འགྲོ་ཁུངས་གོང་ལྟར། གྲྭ་པ་བཅུ་སྐོར།

༥༡ སྟག་ར་བྲག་མགོ་དགོན་ནི། དབུ་ནང་པ་ནམ་མཁའ་སེང་གེས་བཏབ། དེ་རྗེས་མཁས་པ་གློག་སྐྱ་བས་དཔལ་གསང་བ་འདུས་པའི་བསྐྱེད་རྫོགས་སོགས་འཆད་ཉན་མཚན་ཉིད་དང་ལྡན་པ་ཚུགས་སྐད། བར་སྐབས་ལྷུངས་དང་། བེ་རི། གོ་འཛོ་

གཉེར་ཀྲོད་སོགས་འཇམ་མགོན་ཆོས་ཀྱི་རྒྱལ་པོ་བཙོང་ཁ་པ་ཆེན་པོའི་རིང་ལུགས་རྣམ་པར་དག་པའི་ཉི་འོད་ལ་རྒྱབ་ཀྱིས་ཕྱོགས་པས་དད་པ་དང་དག་སྣང་གི་མིག་ལྡོངས་པའི་གཞན་འཕྲུལ་བདག་པོ་འགའི་བྱེད་པས་ཚུགས་ཀ་ཟིན་མི་ཟིན་སྣ་ཚོགས་བྱུང་འདུག་ཀྱང་། ད་ལྟ་བྲག་མགོའི་སྐྱི་བརྒྱུད་ཀྱིས་སྐྱོང་ཞིང་། གཞིས་དགོན་ཐོགས་ལུགས། གྲྭ་རྒྱུན་བློ་གསལ་གླིང་དང་བྱང་རྩེར་འགྲོ། གྲྭ་གྲངས་བཅུ་སྐོར།

༥༢ སྒྲ་རོང་མཚན་ཉིད་གྲྭ་ཚང་ནི། འཇམ་མགོན་ཆོས་ཀྱི་རྒྱལ་པོའི་ཞལ་གྱི་བདུད་རྩི་ལས་སྐྱེས་པ་རེ་འགབ་དཀོན་མཆོག་སེང་གེས་བཏབ་ཅིང་དབུ་ཡར་གྱི་འཆད་ཉན་བཙུགས། དེ་རྗེས་ཤཱཀྱ་སེང་གེ །མགོན་སེང་། དཔལ་སེང་། ཆོས་རྒྱལ་མཚན། ལྷ་ཁང་ན་འོང་པ། ཤེས་རབ་བཟང་པོ། ཤེས་རབ་དཔལ་ལྡན། ཤེས་རབ་བརྩོན་འགྲུས། སངས་རྒྱས་བློ་གྲོས་སྤུ་ཧྲིང་གཉིས། སངས་རྒྱས་ཤེས་རབ། དོན་གྲུབ་མཆོག་བཟང་། བློ་བཟང་ཆོས་འཕེལ། སངས་རྒྱས་དོན་གྲུབ། བློ་བཟང་བསྟན་འཛིན། བཀྲ་ཤིས་བློ་གྲོས། ཚེ་རིང་། བསོད་ནམས་དཔལ། རིན་ཆེན་རྒྱལ་མཚན། ཆོས་བློ་གྲོས། བློ་བཟང་ཕུན་ཚོགས། ཤེས་རབ་བཀྲ་ཤིས། ཕན་བདེ་རྒྱལ་མཚན། བློ་བཟང་བཀྲ་ཤིས། བློ་རྒྱམ་པ། བློ་གྲོས་རྒྱ་མཚོ། ངག་དབང་འཇམ་དབྱངས། ད་ལྟ་བློ་བཟང་ཆོས་སྐྱོང་། (༢༨༢ན)དཀོན་མཆོག་སེང་གེ་དང་གོང་པོ་བསྟན་དར་གྱི་དབུ་ཡར། རྗེ་བླ་མ་མཆོག་གི་བློ་བཟང་དགོངས་རྒྱན་སོགས་ཀྱི་སྟེང་ནས་འཆད་ཉན་བྱེད།

༥༣ སྒྲ་རོང་ཐོགས་གྲྭ་ནི། རྒྱལ་རབ་པ་ཤེས་རབ་རྡོ་རྗེས་རྒྱུད་སྨད་པ་དང་མཐུན་པའི་བསྐྱེད་རྫོགས་འཆད་ཉན་གྱི་རྒྱུད་གྲྭ་གསར་དུ་བཙུགས། དེ་རྗེས་རིམ་པ་ལྟར་སོ་བ་དཀར་པོ། གྲགས་པ་རབ་འབྱམས། བསྟན་འཛིན་རྒྱ་མཚོ། བྱམས་པ་རིན་ཆེན། ངག་དབང་བློ་གྲོས། མགོན་པོ་ཡེ་ཤེས། ཀུན་དགའ་དཔལ་འབྱོར། བསྟན་པ་རབ་གསལ། སྲ་དཀའ་བཅུ། ཨ་གཟུངས། དབན་རམས་པ། བསྟན་པ་བློ་གྲོས། བཀྲ་ཤིས་བཟང་པོ། བཀྲ་ཤིས་རྒྱལ་མཚན། ལེགས་པ་ལྷུན་གྲུབ། བསམ་གཏན་བཟང་པོ། དགེ་འདུན་བཀྲ་ཤིས། བློ་བཟང་བཀྲ་ཤིས། འཇམ་དཔལ། ཡེ་

ཤེས། ངག་འབྱུང་བ། སངས་རྒྱས་སྐྱབས། མགོན་པོ་རྣམ་རྒྱལ། བློ་བཟང་བཟོད་པ། བློ་བཟང་ལྷུན་གྲུབ། བློ་བཟང་ཆོས་དབང་། ད་ལྟ་བློ་བཟང་ལེགས་པ། འགྲེལ་པ་བཞི་སྦྲགས་དང་རྩ་བའི་དགོན་འདེབས་པ་པོས་མཛད་པའི་ཡིག་ཆའི་སྟེང་ནས་བསྐྱེད་རྫོགས་ཀྱི་འཆད་ཉན་བྱེད། གོང་གསལ་མདོ་སྔགས་ཀྱི་གྲྭ་ཚང་ཁག་གཉིས་དུས་བཞིའི་ཆོས་ཐོག་གི་རིང་འདུ་ཚོགས་བྱེད་པར་གྲྭ་པ་སུམ་བརྒྱ་སྐོར་ཡོད། རྒྱུན་གཏན་རང་རང་གི་གཞིས་དགོན་དུ་གྱེས་ནས་བཞུགས་པར་སྐོ་གཙོ་དགོན། ཤེས་ཙམ། འདི་ལྷེ། སྤོར་དགོན། རྗེ་འདི། ཏུ་དགོན། ལྷ་ཁང་། ལྷ་རས། སྐྱུ་སྨང་། དར་དཀར། ཅིའི། གནས་བརྟན། ལྷ་མོ་ཆེ། སྤང་གོང་། རིན་ཆེན་གླིང་། ལ་བར། གླང་འདི། དང་ར། དགོན་གསར། འགྲམ་འཛོ། ཤོ་ན། ལྷུན་གྲུབ་སྐྱ་ན་ལུ་སྟེ་རྣམས་ཡོད་པའི་གྲྭ་རྒྱུན་འབྲས་སྤུངས་སུ་བློ་གསལ་གླིང་། སེ་རར་སྨད་ཆ། དགའ་ལྡན་དུ་བྱང་རྩེ་རྣམས་སུ་འགྲོ།

༥༨ ཉག་རེའམ་བྲག་ཡབ་བཀྲ་ཤིས་ཆོས་རྫོང་ནི། ཧུ་སྤྱི་བ་གྲགས་པ་རྒྱ་མཚོས་རབ་བྱུང་བཅུ་གཅིག་པའི་ལྕགས་མོ་བྱ་ལོར་བཏབ། གདན་སར་དགོན་འདེབས་པ་པོའི་སྐུ་སྐྱེ(༢༥༢བ)ངག་དབང་བསོད་ནམས་ལྷུན་གྲུབ། ད་ལྟ་སྤྲུལ་སྐུ་ངག་དབང་ཚུལ་ཁྲིམས། གསང་བདེ་ཀུན་རིག །སྨན་བླ། ནག་པོ་སྐོར་གསུམ་སོགས་དགེ་ལུགས་གཞིས་དགོན་ཁྲིངས་མཚུངས། གྲྭ་རྒྱུན་སེར་འབྲས་དགེ་གསུམ་དང་གསང་ཕུ་སོགས་སུ་འགྲོ། ཚོགས་ལ་གྲྭ་པ་དགུ་བརྒྱ་སྐོར།

༥༥ བྱམས་མདུན་དགའ་ལྡན་བཤད་སྒྲུབ་ཆོས་འཕེར་ནི། སྤྲུལ་སྐུ་ངག་དབང་བསོད་ནམས་ལྷུན་གྲུབ་ཀྱི་རབ་བྱུང་བཅུ་གཅིག་པའི་ཆུ་འབྲུག་ལ་བཏབ། ད་ལྟ་ངག་དབང་ཚུལ་ཁྲིམས། གསང་འདུས་དང་ནག་པོ་སྐོར་གསུམ་སོགས་གཞིས་དགོན་ཁྲིངས་འགྲེ། གྲྭ་རྒྱུན་སེར་འབྲས་དགེ་གསུམ་དང་གསང་ཕུར་འགྲོ། དགེ་འདུན་དྲུག་བརྒྱ་སྐོར།

བྲག་ཡབ་པ་འདི་དེང་སང་ཁམས་ཕྱོགས་སུ་མངའ་ཐང་འགྲན་ཟླ་དང་བྲལ་བ་

ལྷ་བྲུར་སོང་གཤིས་ཆ་ཞབས་སུ་འཇམ་མགོན་ཆོས་ཀྱི་རྒྱལ་པོའི་རིང་ལུགས་ལ་རྒྱུ་མཚན་ཤེས་ནས་ཆོས་སྐོར་ཞུགས་ཏེ་བསླབ་པ་གསུམ་གྱིས་རྒྱུད་ཡོངས་སུ་དག་པའི་འདུས་སྡེ་མང་ཞིག་མཆིས་པར་རྩ་བའི་དགོན་འདེབས་པ་པོ་སོགས་མདོ་ཁམས་རིགས་འགྲེ་ཞིག་དགོས་ཚུལ་སླེངས་ཀྱང་། བག་ལ་ཞ་བའི་ཚུལ་གྱིས་མ་དགོན་གཉིས་ལས་ཕྱེངས་ཀྱི་རྒྱུ་མཚན་མ་བྱུང་། འོན་ཏེ་མཁར་ནག་ཆོས་འབྱུང་སོགས་ལྟར་ཁང་གྲངས་ཙམ་སྨོས་ན། ལར་རྒྱའི་ཁ་འཛིན་བྲག་ཡབ་དང་། བླ་མ་དེ་ནས་རིམ་པར་བསྐོ་བ། འདོན་ཆོས་དགེ་ལུགས་གཞིས་དགོན་སྤྱི་འགྲེ། གྱ་རྒྱུན་མ་དགོན་གཉིས་དང་འགྲོ་ཁུངས་གཅིག་གྲས། ཆུ་དབར་དགོན་ལ་གྲྭ་པ་བརྒྱ་དང་དྲུག་ཅུ། དཔལ་རི་དགེ་འདུན་སྟེང་ལ་གྲྭ་པ་བརྒྱད་ཅུ། ལྷུན་གྲུབ་སྟེང་ལ་གྲྭ་པ་བརྒྱད་ཅུ། རེ་ཡ་ཁ་ཡུལ་དགོན་ལ་བཞི་བཅུ། ར་གཤིས་སོ་གོང་དགོན་ལ་བཞི་བཅུ། ལ་གཤིས་ལྷ་ཁང་སྟེང་པར་གྲྭ་པ་བཞི་བཅུ། ལྷུམ་ར་ཤ་ཚང་དགོན་ལ་གྲྭ་པ་བཞི་བཅུ། ཡུལ་གཤིས་ཉེར་དགོན་ལ་གྲྭ་པ་ཉེར་ལྔ། ལྷུམ་ར་ཤུག་ཅོག་ལ་གྲྭ་པ་ཉེར་ལྔ། སྨད་གཤིས་རིན་སྤུངས་དགོན་ལ་གྲྭ་པ་ཉི་ཤུ། མགོ་ཡུལ་(༢༤༣ན)དཀར་ཐོག་དགོན་ལ་གྲྭ་པ་ཉི་ཤུ། སྨད་གཤིས་བྱམས་གླིང་དགོན་ལ་གྲྭ་པ་ཉི་ཤུ། ཆ་ལམ་མདོ་སྤང་སྟེང་དགོན་ལ་གྲྭ་པ་ཉི་ཤུ། སྨད་གཤིས་བྲག་ཡབ་དགོན་ལ་གྲྭ་པ་བཅོ་ལྔ། བྲག་མགོ་དགོན་ལ་གྲྭ་པ་སུམ་ཅུ། དོ་བ་འགོ་བ་ལ་གྲྭ་པ་བཅོ་ལྔ། རང་སྤུངས་གནས་སྡེ་པ་ལ་གྲྭ་པ་བཅོ་ལྔ། གཤིས་དགོན་གསར་པ་ལ་གྲྭ་པ་བཅོ་ལྔ། འཕོར་ཁ་དགོན་ལ་གྲྭ་པ་བཅོ་ལྔ། དུང་སྒྲུག་པར་གྲྭ་པ་བཅོ་ལྔ། ཡོར་རྫི་དགོན་ལ་གྲྭ་པ་བཅོ་ལྔ། མདའ་ཆམ་དགོན་ལ་གྲྭ་པ་བཅོ་ལྔ། ར་སྐོར་ཐང་ཐོག་དགོན་ལ་གྲྭ་པ་བཅོ་ལྔ། ས་མ་ཁར་གོང་བར་གྲྭ་པ་བཅོ་ལྔ། ལྷུམ་ར་དཔལ་བར་གྲྭ་པ་བཅོ་ལྔ། སྐྱོ་བ་གྲགས་པ་དགོན་པར་གྲྭ་པ་བཅོ་ལྔ། གསུལ་ཕུ་དགོན་པར་གྲྭ་པ་བཅུ། རྗ་ཤོ་བར་གྲྭ་པ་བཅུ། ཛད་ས་དཀར་འགོ་པར་གྲྭ་པ་བཅུ་སྐོར་རྣམས།

༥༨ ཚ་བ་མཛོ་སྒང༷་གསང༷་སྔགས་གླིང༷་ནི། འཕགས་པ་ལྷས་བོན་དགོན་འགའ་

ཞིག་ཆོས་ལུགས་བསྒྱུར་ནས་འཛུགས་པ་མཛད། བླ་མའི་ཐོག་མ་དཀའ་བཅུ་དགེ་འདུན་བཀྲ་ཤིས། དེ་ནས་རིམ་པ་ལྟར་གྲགས་པ་བཀྲ་ཤིས། བསྟན་པ་ཡར་འཕེལ། བློ་བཟང་ཤེས་རབ། འཕགས་པ་ལྷུན་གྲུབ། སྤྱན་རས་ཕུན་ཚོགས་ཆོས་འཕྱོར། རྩེ་དཀའ་བློ་བཟང་སྙིང་པོ། ད་ལྟ་མཚོ་སྣང་པ་ངག་དབང་དགེ་ལེགས། གཞིས་དགོན་སྔགས་ལུགས་རྒྱུད་སྨད་དང་འདྲ། གྲྭ་རྒྱུན་འབྲས་སྤུངས་བློ་གསལ་གླིང་། གཞུང་ནས་ཐོགས་ཛ་ཚུལ་སོགས་བདག་རྐྱེན་ཚུགས་ཁ་བཟང་བ། གྲྭ་གྲངས་སུམ་བརྒྱ་སྐོར།

༥༧ སྒོམ་མདའ་གསང་སྔགས་བདེ་ཆེན་ནི། དཔོན་མགོན་པོ་བསོད་ནམས་ཀྱིས་སྦྱིན་བདག་བྱས། འཕགས་པ་ལྷ་མཐོང་བ་དོན་ལྡན་གྱིས་བཏབ། གངས་དཀར་བདེ་ཆེན་ཞེས་འདོགས་པ་མཛད། བླ་མར་བྲག་ཡག་རྒྱབ་ལོག་པ་བསྐོས། ལོ་ཤས་ནས་མི་རྟོག་གཞུ་ཅན་གྱིས་ཉེ་བར་བརླམས་པའི་བེ་རི་རྒྱལ་པོས་དགོན་པ་བཤིག སྐར་འཕགས་པ་ལྷ་རྒྱལ་བ་རྒྱ་མཚོས་(༡༧༤བ)དགོན་འདི་བཏིང་། མིང་གསང་སྔགས་བདེ་ཆེན་ཞེས་བཏགས། སློབ་དཔོན་པ་རིམ་པ་ལྟར་སངས་རྒྱས་བཀྲ་ཤིས། ཀོང་པོ་འཕགས་པ་རྒྱལ་དབང་། སྐྱེ་བ་བསམ་གཏན་རྒྱ་མཚོ། སྣ་སྟོད་འཕགས་པ་ལྷུན་གྲུབ། སྤྱན་རས་ཕུན་ཚོགས་ཆོས་འཕྱོར། རྩེ་ཁ་བློ་བཟང་སྙིང་པོ། མཚོ་སྣང་ངག་དབང་དགེ་ལེགས། གཞིས་དགོན་སྔགས་ཕྱོགས་རྒྱུད་སྨད་དུ་འདྲ། གྲྭ་རྒྱུན་འབྲས་སྤུངས་བློ་གསལ་གླིང་། གཞུང་ནས་གཏོང་སྒོ་སོགས་བདག་རྐྱེན་ཚུགས་ཁ་ཡོད་གྲས། གྲྭ་པ་བརྒྱ་དང་བརྒྱད་ཅུ་སྐོར།

༥༨ ཚ་བ་ཐེམ་ཐོག་དགོན་ནི། འབྲས་སྤུངས་བློ་གསལ་གླིང་པ་དགེ་འདུན་བསྟན་འཕེལ་ཅན་བཞི་ལ་ཐམས་ཅད་མཁྱེན་པ་ཆེན་པོ་དགེ་འདུན་རྒྱ་མཚོས་ལུང་བསྟན་པ་ལྟར་བར་ཁམས་སུ་ཕྱིར་འོངས་ཏེ། རི་ཁྲོད་དུ་གཏོར་མ་བཏང་ངའི་ཞལ་ཟས་ཕོ་རོག་གིས་འཁྱེར་བ་རྗེ་ཐེམ་ཞིག་གི་ཁར་སྐྱེམ་མི་བཞག་པར་ཡ་མཚན་ཞིང་དགོན་པའི་ས་དམིགས་སུ་གོ་ནས་མིང་ཡང་སྐྱེམ་ཐོག་ཏུ་བཏགས། གནས་དེར་སྟན་ཆགས་པ་ལས་རིམ་པས་འཕེལ། བླ་རབས་ནི། གོ་བོ་བཟོད་པ་འོད་ཟེར། གོ་

བོ་དབང་ཕྱུག་རྒྱ་མཚོ། ཁེམ་ཁྲོག་པ་རྒྱལ་བ་བློ་མ་བློ་བཟང་རྒྱལ་མཚན། སློམ་ཆུང་རབ་འབྱམས་པ་བློ་བཟང་དར་རྒྱས། མུ་ཁུ་དགའ་བཅུ་བསོད་ནམས་ཚུལ་ཁྲིམས། ད་ལྟ་དབུས་གཙང་ནས་འཁོར་བའི་དཀའ་རབ་འབྱམས་པ་རྣམས་ལོ་གསུམ་པར་རེ་མོས་བྱེད་པ་ངག་དབང་ཕུན་ཚོགས། གཞིས་དགོན་སྔགས་གྲྭ་རྒྱུད་སྨད་དང་ཉེ། གྲྭ་རྒྱུན་འབྲས་སྤུངས་བློ་གསལ་གླིང་། དགེ་འདུན་བརྒྱ་དང་བཞི་བཅུ་སྐོར།

༥༨ སྤྱག་ཚང་དགོན་ནི། འཇམ་དགོན་ཆོས་ཀྱི་རྒྱལ་པོའི་ཞལ་སློབ་ག་ར་བ་ཤཱཀྱ་བརྩོན་འགྲུས་ཀྱིས་བཏབ། ཡོན་ཏན་འོད་ཟེར་སོགས་བླ་རབས་གཉིས་ཙམ་སོང་རྗེས། ཁེམ་ཁྲོག་དགོན་དང་ཉིས་ལྡོགས་སྐབས་བླ་རབས། འདོན་མཆོད། གྲྭ་རྒྱུན་སོགས་གང་ཅི་གོང་འདྲ། དགེ་འདུན་སུམ་ཅུ་སྐོར།

༦༠ གྲུབ་པ་དགོན་ནི། རྗེ་བཙུན་འཇམ་(༢༩༩ན)དཔལ་སྙིང་པོའི་བུ་ཆེན་བུལ་ཧོག་རྒྱ་ལམ་པ་རྒྱལ་མཚན་འོད་ཟེར་གྱིས་བཏབ། དེ་ནས་ཤེས་རབ་བཟང་པོ། དཀའ་བཅུ་བསམ་གཏན། གོ་བོ་འཕགས་པ་རྣམ་རྒྱལ། གོ་བོ་དགེ་འདུན་བཀྲ་ཤིས། བཟོད་པ་འོད་ཟེར། དབང་ཕྱུག་རྒྱ་མཚོ། དམ་ཆོས། འདི་སྐབས་ས་གཡོས་ཀྱི་འོལ་ཚུ་འགགས་པར་བརྟེན་དགོན་པར་ཆུའི་འཇིགས་པ་བྱུང་། སྨར་ བྲག་ཡོལ་དུ་འཕོས་ནས་ངག་དབང་རྒྱལ་མཚན། དཀོན་ཅོག་དཔལ་བཟང་། རབ་འབྱམས་པ་བཀྲ་ཤིས་དཔལ་འབྱོར། ད་ལྟ་བླ་གཉེར་སྤྲུགས་མ་བློ་བཟང་འཕྲིན་ལས། གཞིས་དགོན་སྔགས་གྲྭ་རྒྱུད་སྨད་དང་ཉེ། གྲྭ་རྒྱུན་སེ་ར་བྱེས་སུ་འགྲོ། དགེ་འདུན་བརྒྱ་དང་ལྔ་བཅུ་སྐོར།

༦༡ དབང་མཁར་དགོན་ནི། གྲུབ་པ་དགོན་གྱི་དགོན་ལག་ཡིན་ཀྱང་འདིབས་མི་འདྲ་ཡིན་མ་བྱུང་། བླ་རབས། འདོན་མཆོད། གྲྭ་རྒྱུན་རྣམས་གོང་མཚུངས། དགེ་འདུན་མ་ཁོངས་སུ་འདུས།

༦༢ ཝརྟ་གྲུབ་དགོན་ནི། ལུང་བཟང་སྔགས་རམས་པ་ཤེས་རབ་བཟང་པོས་བཏབ། དེ་ནས་བསམ་གཏན་རྒྱ་མཚོ། དོན་གྲུབ་རྒྱལ་མཚན། གོ་བོ་དགེ་འདུན་

བཀྲ་ཤིས། འཕགས་པ་རྣམ་རྒྱལ། བཟོད་པ་འོད་ཟེར། གོ་བོ་དབང་ཕྱུག་རྒྱ་མཚོ། གོ་བོ་དམ་ཆོས། ད་ལྟ་བླ་སྤྱི་སྤྲུགས་མ་བློ་བཟང་འཕྲིན་ལས། གཞིས་དགོན་སྟེང་ས་གྲྭ་རྒྱུད་སྨད་དང་འཉེ། གྲྭ་རྒྱུན་སེ་ར་བྱེས་སུ་འགྲོ། དགེ་འདུན་བརྒྱ་དང་ཉི་ཤུ་སྐོར། ལྷུན་གྲུབ་ཀྱི་དགོན་ལག་ཤུ་དཀུ་པའི་བླ་རབས། འདོན་མཆོད། གྲྭ་རྒྱུན་སོགས་དགོན་མ་མཚུངས། དགེ་འདུན་མ་ཡོངས་སུ་འཐུས།

༨༣ བྱང་དམར་བཀྲ་ཤིས་ཐང་དགོན་ནི་གོ་བོ་དགེ་འདུན་བཀྲ་ཤིས་ཀྱིས་བཙུགས། དེ་ནས་འཕགས་པ་རྣམ་རྒྱལ། བཟོད་པ་འོད་ཟེར། དབང་(༢༤༤བ)ཕྱུག་རྒྱ་མཚོ། བློ་བཟང་བསྟན་སྐྱོང་། དེ་སྐབས་ས་གཡོས་ཀྱི་འཇིགས་པས་དགོན་རྙིང་ཞིག །སླར་བྱང་དམར་དུ་གསར་འཕོས་ཀྱི་བླ་མ་གོ་བོ་དམ་ཆོས། ད་ལྟ་དགེ་སྐྱོང་འབྲུག་ཡོད། དགེ་འདུན་བདུན་ཅུ་སྐོར།

༨༤ ལ་སྨད་དགོན་ནི། ལྗོངས་ས་ཐམ་པས་སྦྱིན་བདག་བྱས་འཕགས་པ་ལྷ་གོང་མས་བཏབ། འཇམ་མགོན་ཆོས་ཀྱི་རྒྱལ་པོ་བློ་བཟང་གྲགས་པའི་རིང་ལུགས་གཙོ་བོར་མཛད། གདན་སར་འཕགས་པ་སངས་རྒྱས། འཕགས་པ་ཆོས་ཀྱི་རྒྱལ་པོ། འཕགས་པ་རྒྱལ་བ་རྒྱ་མཚོ། གོ་བོ་དཀོན་ཅོག་སེང་གེ །བཟོད་པ་འོད་ཟེར། འཕགས་པ་རྣམ་རྒྱལ། དབང་ཕྱུག་རྒྱ་མཚོ། བློ་བཟང་བསྟན་སྐྱོང་། གོ་བོ་དམ་ཆོས་རྒྱ་མཚོ། ད་ལྟ་བློ་བཟང་། གཞིས་དགོན་སྟགས་ལུགས་རྒྱུད་པར་འཉེ། གྲྭ་རྒྱུན་འབྲས་སྤུངས་ཚ་བ། དགེ་འདུན་སུམ་ཅུ་སྐོར།

༨༥ འགའ་ལ་ཆོས་འཁོར་གླིང་ནི། གོ་བོ་དབང་ཕྱུག་རྒྱ་མཚོས་བཏབ། དེ་ནས་དམ་ཆོས་རྒྱ་མཚོ། ད་ལྟ་བསམ་གཏན་རྒྱ་མཚོ། གཞིས་དགོན་སྟགས་ལུགས་རྒྱུད་སྟོད་དང་འཉེ། གྲྭ་རྒྱུན་འབྲས་སྤུངས་བློ་གསལ་གླིང་། དགེ་འདུན་ཉི་ཤུ་སྐོར།

༨༦ བུ་ལ་ཐོག་དགོན་ནི། བླ་མ་རྒྱལ་མཚན་འོད་ཟེར་གྱིས་བཏབ། དེ་རྗེས་དགེ་ལེགས་རྒྱ་མཚོ། གོ་བོ་དགེ་འདུན་བཀྲ་ཤིས། འཕགས་པ་རྣམ་རྒྱལ། བཟོད་པ་འོད་ཟེར། དཀོན་ཅོག་སེང་གེ །ངག་དབང་རྒྱལ་མཚན། དབང་ཕྱུག་རྒྱ་མཚོ།

ད་ལྟ་བློ་བཟང་སྤྱིན་པ། གཞིས་དགོན་ཕྲུགས་ཕྱོགས་རྒྱུད་སྨད་པར་ཉེ། གྲྭ་རྒྱུན་སེ་ར་བྱེས། དགེ་འདུན་བརྒྱད་ཅུ་སྐོར།

༤༧ སུ་ར་ཐང་དགོན་ནི། ཀོ་བོ་བཟོད་པ་འོད་ཟེར་གྱིས་བཏབ། དེ་ནས་དཀོན་ཅོག་སེང་གེ །འཕགས་པ་རྣམ་རྒྱལ། དབང་ཕྱུག་(༢༥༥ན)རྒྱ་མཚོ། ངག་དབང་བསྟན་འཛིན། ད་ལྟ་དགེ་ལེགས་བསྟན་པ། གཞིས་དགོན་ཕྲུགས་ལུགས་རྒྱུད་སྟོད་པར་ཉེ། གྲྭ་རྒྱུན་འབྲས་སྤུངས་བློ་གསལ་གླིང་དུ་འགྲོ། དགེ་འདུན་བཞི་བཅུ་སྐོར།

༤༨ བར་ཁམས་ལྷོ་བརྒྱུད་ཀྱི་མཐའ་མོན་རྫགས་ཡུལ་གྱི་ལུང་པའི་མགོ་བོ་ཡིན་པས་མགོ་ཡུལ་དུ་གྲགས་པར་སྟར་དགེ་དགོན་ཁག་བཞི་ཡོད་པ་གཙང་པ་སངས་རྒྱས་དཔལ་འབྱོར་གྱིས་ཕྱོགས་གཅིག་ཏུ་བསྡོམས་ཏེ་མཐིལ་པ་དགོན་ཞེས་པ་བཏབ། དེ་ནས་མངའ་རིས་པ་བསྟན་པ་བཟང་པོ། ཀོང་པོ་འབྲུ་ལ་ཆོས་རྗེ། འབྲོང་རྩེ་ཆོས་རྗེ། དགེ་འདུན་དར་རྒྱས། བསྟན་པ་དཔལ་འབྱོར། ལྷུགས་ཏ་བླ་མ། ལ་དགེ་རབ་འབྱམས་པ། གནས་བརྟན་ཤེས་རབ་བཟང་པོ། དགེ་འདུན་ཆོས་འཕེལ། དགེ་འདུན་ལྷུན་གྲུབ། སངས་རྒྱས་རིན་ཆེན། སྤྱི་བོ་ཟུར་བཞུགས་པ། ཚུ་མདོ་བ་ཆོས་གྲགས། ཀོང་པོ་ཏ་མགྲིན། འདི་སྐབས་མགོ་ཡུལ་དེ་མོ་བའི་མངའ་ཞབས་སུ་གྱུར་པས་མཐིལ་པ་དགོན་བཙན་དམིགས་ཁྲིད་ཀྱི་ནགས་འབུར་ཐོག་ཏུ་སྤོས་པའི་དགོན་རྫོང་སྦྲགས་མ་གསང་སྔགས་ཆོས་འཁོར་དུ་གྲགས། མཁན་པོ་དེ་སྤྲུལ་ལྷ་དབང་བསྟན་པའི་རྒྱལ་མཚན། ངག་དབང་ནམ་མཁའ་འཇམ་དབྱངས། སྟོད་ལུང་པ་བློ་བཟང་བརྩོན་འགྲུས། ད་ལྟ་ཆོས་ལྡན་རྒྱ་མཚོ། གསང་བདེ་ཀུན་རིག །ནག་པོ་སྐོར་གསུམ་སོགས་གཞིས་དགོན་དཔེ་འགྲེ། གྲྭ་རྒྱུན་འབྲས་སྤུངས་བློ་གསལ་གླིང་སོགས་སུ་འགྲོ། དགེ་འདུན་བརྒྱད་ཅུ་སྐོར།

༤༩ ཤུག་སྟེང་བཤད་སྒྲུབ་བྱམས་པ་གླིང་ནི། མངའ་རིས་པ་བསྟན་པ་བཟང་པོས་བཏབ། དེ་རྗེས་ཚལ་པ་སྨྲ་སྐྱེ། ཇོ་སྟན་ཆོས་རྗེ། སྟ་སྣང་པ་བསོད་ནམས་ཕུན་ཚོགས། སྟོད་ལུང་སྟེང་ཁ་ཆོས་རྗེ། ཚ་བ་བསོད་ནམས་ཚུལ་ཁྲིམས། སྤྱི་བོ་

བསྟན་པ་རྣམ་(༢༥༥བ)རྒྱལ། གསུམ་འཛོམ་ཆོས་གྲགས་རྒྱ་མཚོ། དེ་མོ་སྤྲུལ་སྐུ་ཧུ་དབང་བསྟན་པའི་རྒྱལ་མཚན། ཀོང་པོ་ཏ་མགྲིན། འཕགས་པ་ནོར་བུ། དེ་སྤྲུལ་ངག་དབང་ནམ་མཁའ། སྟོད་ལུང་པ་བློ་བཟང་བརྩོན་འགྲུས། ད་ལྷ་ཆོས་ལྡན་རྒྱ་མཚོ། གསང་འདུས། བདེ་མཆོག །ནག་པོ་སྐོར་གསུམ་སོགས་དགེ་ལུགས་གཞིས་དགོན་དཔེ་འགྲེ། དགོན་ལག་ལ་སྒོ་དང་ཡར་རྩེ་གསུམ་བཅས་མ་བུ་གསུམ་གའི་གྲྭ་རྒྱུན་ཤས་ཆེར་འབྲས་སྤུངས་བློ་གསལ་གླིང་སོགས་སུ་འགྲོ། ཚོགས་པ་བརྒྱད་ཅུ་སྐོར།

༧༠ འ༷ར་ཙུ༷ར་ལྷུ༷ག་དགོ༷ན་ནི། འཇམ་མགོན་བླ་མ་བློ༷་བཟ༷ང་གྲ༷གས་པའི་དཔལ་གྱི་དངོས་སློབ་ཏུ་གྲགས་པ་ཚ་སྦུག་སློབ་དཔོན་དཔོན་པོས་བཏབ། དེ་རྗེས་གདན་ས་རིམ་པ་ལྷར་གཙང་པ་བཟང་པོ་དཔལ། དྲུང་རི་འགོ་བ། སློབ་དཔོན་བྱང་རྩེ་བ། སངས་འོད་པ། བྱང་ཆུབ་སེང་གེ །མི་གཡོ་བ་གཞོན་ནུ་བློ་གྲོས། ཨ་མདོ་བ། འཕགས་པ་ལྷ། དེ་མོ་བ་ཕྱོགས་ལས་རྣམ་རྒྱལ་དང་། ངག་དབང་དགེ་ལེགས་རྒྱལ་མཚན། ངག་དབང་ནམ་མཁའ་འཇམ་དབྱངས། སྟོད་ལུང་པ་བློ་བཟང་བརྩོན་འགྲུས། ད་ལྷ་ཆོས་ལྡན་རྒྱ་མཚོ། གསང་འདུས་ནག་པོ་སྐོར་གསུམ་སོགས་འདོན་ཆོས་སྤྱོད་དགེ་ལུགས་གཞིས་དགོན་ཕྱིངས་མཚུངས། གྲྭ་རྒྱུན་འབྲས་སྤུངས་བློ་ཁ་སལ་གླིང་། ཚོགས་ལ་དགེ་འདུན་བཞི་བཅུ་སྐོར།

༧༡ ར༷་འབུ༷ར་དགོ༷ན་ནི། འར་ཙུར་ལྷུག་གི་དགོན་ལག་ཡིན་པས་བླ་རབས། འདོན་ཆོས་སྤྱོད། གྲྭ་རྒྱུན་སོགས་གང་ཅི་གོང་འདྲ།

༧༢ སྡེ༷མ་གཉི༷ས་བུ་ཧུ༷་འཛོ༷མ་དགོ༷ན་ནི། རིན་ཆེན་སེང་གེ་བྱ་བས་བཏབ། དེ་ནས་རིམ་པ་བཞིན་ཧོར་བསོད་རྒྱམ་པ། འཕགས་པ་ལྷ། དེ་མོ་བ་ཕྱོགས་ལས་རྣམ་རྒྱལ་དང་། ངག་དབང་དགེ་ལེགས་རྒྱལ་མཚན། ངག་དབང་ནམ་མཁའ་འཇམ་དབྱངས། སྟོད་ལུང་པ་བློ་བཟང་བརྩོན་འགྲུས། ད་ལྷ་ཆོས་ལྡན་(༢༥༦ན)རྒྱ་མཚོ། ནག་པོ་སྐོར་གསུམ་སོགས་ཆོས་སྤྱོད་དགེ་ལུགས་གཞིས་དགོན་ཕྱིངས་མཚུངས། གྲྭ་རྒྱུན་འབྲས་སྤུངས་བློ་གསལ་གླིང་། ཚོགས་ལ་དགེ་འདུན་སུམ་ཅུ་སྐོར།

༧༣ ཀྲུ༷ལ་མོ༷་རྫོ༷ང་དགོ༷ན་ནི། སྔར་ཀར་ལུགས། ཕྱིས་དེ་མོ་སྤྲུལ་པའི་སྐུ་ངག་དབང་ནམ་མཁའ་འཇམ་དབྱངས་ཀྱིས་འཇམ་མགོན་བླ་མ་བཙོ༷ང་ཁ༷་པ༷་ཆེན་པོའི་རིང་ལུགས་སུ་བསྒྱུར་བ། སྟོད་ལུང་པ་བློ་བཟང་བརྩོན་འགྲུས། ད་ལྟ་ཆོས་ལྡན་རྒྱ་མཚོ། ནག་པོ་སྐོར་གསུམ་སོགས་གཞིས་དགོན་བྱིངས་མཚུངས། གྲྭ་རྒྱུན་སྔར་ཕན་འགྲོ་སོལ་མེད། ཚོགས་ལ་དགེ་འདུན་བཅུ་སྐོར།

༧༤ བརྫི༷ད་དགོ༷ན་ནི། ཉག་རེ་སློབ་དཔོན་ཡང་རྒྱལ་དུ་གྲགས་པས་བཏབ། དེ་ནས་ཡོན་ཏན་བཟང་། གྲོང་གསར་བསམ་གྲུབ། དྭགས་རམས་པ། སྤོ་བོ་རབ་འབྱམས་པ། ཐང་གོང་པ། དེ་མོ་བ་ཕྱོགས་ལས་རྣམ་རྒྱལ་དང་། ངག་དབང་དགེ་ལེགས་རྒྱལ་མཚན། ངག་དབང་ནམ་མཁའ་འཇམ་དབྱངས། སྟོད་ལུང་པ་བློ་བཟང་བརྩོན་འགྲུས། ད་ལྟ་ཆོས་ལྡན་རྒྱ་མཚོ། གཞིས་དགོན་སྔགས་ལུགས་བྱིངས་མཚུངས། གྲྭ་རྒྱུན་འབྲས་སྤུངས་བློ་གསལ་གླིང་སོགས་སུ་འགྲོ། ཚོགས་ལ་དགེ་འདུ་བཞི་བཅུ་སྐོར།

༧༥ ཧུ་རྒྱུད་གཡུ༷ག་མགོ༷་དགོ༷ན་ནི། ལྗོ་པ་བློ་བཟང་ལེགས་པས་བཏབ། དེ་ནས་རིམ་པར་ཁབ་སོ་ཤེས་རབ་རྒྱལ་མཚན། ཐུ་ཆ་བློ་བ་ཀ། གླིང་བཞི་ངག་དབང་ཚུལ་ཁྲིམས། མགོ་པ་བློ་བཟང་རྒྱལ་མཚན། ཚ་བ་བློ་བཟང་བཀྲ་ཤིས། དེ་ནས་བསིལ་ཕུར་དེ་མོ་བས་དགོན་གསར་དུ་བཏབ་པའི་ཐོག་མགོ་དགོན་བསྒྲིལ་ཏེ་ད་ལྟ་བསིལ་བུ་དར་རྒྱས་དགོན་གསར་དུ་གྲགས། ཚ་བ་བློ་བཀྲས་པའི་རྗེས་སུ་སྟོང་འཁོར་བཀྲ་ཤིས་དཔལ་འབྱོར། བློ་བཟང་(༢༩༨བ)ལེགས་པ། ལྷ་དབང་རྡོ་རྗེ། སྟོད་ལུང་པ་བློ་བཟང་བརྩོན་འགྲུས། ད་ལྟ་ཆོས་ལྡན་རྒྱ་མཚོ། གསང་འདུས་ནག་པོ་སྐོར་གསུམ་སོགས་གཏོང་། གྲྭ་རྒྱུན་སེར་འབྲས་གང་མོས། ཚོགས་ལ་དགེ་འདུན་ཉི་ཤུ་སྐོར།

༧༦ བཞུ༷ད་དུ༷ང་ར༷་དགོ༷ན་ནི། རོང་པོ་ཀུན་མཁྱེན་ཚུ་འཕུར་བས་བཏབ། དེ་ནས་གསང་མདའ་བ་བསྟན་པ་འཇམ་དབྱངས། གོ་བོ་ངག་དབང་བཀྲ་ཤིས། བཞད་པ་དཔལ་འབྱོར་རྒྱལ་མཚན་སྟོང་འཁོར་རིན་ཆེན་བསོད་ནམས། མགོ་པ་བློ་བཟང་

རྒྱལ་མཚན། སྟོང་འབར་དཔལ་འབྱོར། འབྲོང་པ་དག་དབང་བཀྲ་ཤིས། སྟོད་ལུང་བློ་བཟང་བརྩོན་འགྲུས། ད་ལྟ་ཆོས་ལྡན་རྒྱ་མཚོ། གཞིས་དགོན་སྔགས་ལུགས། གྲྭ་རྒྱུན་འབྲས་སྤུངས་བློ་གསལ་གླིང་། ཚོགས་ལ་དགེ་འདུན་སུམ་ཅུ་སྐོར།

༧༧ ཁྲོད་ཡུལ་ས་མདོ་དགོན་ནི། ཐོག་མར་རིན་ཆེན་བཀྲ་ཤིས་སུ་གྲགས་པས་རྒྱུ་སྦྱོར་བགྱིས་ཏེ་བཏབ། དེ་ནས་ཁབ་སོ་བ་ཤེས་རབ་བཟང་པོ། བསམ་གཏན་བཟང་པོ། གནས་བརྟན་དཔལ་བཟང་། ནམ་མཁའ་བློ་གྲོས། ཚེ་རིང་སེང་གེ །དབྱུ་སེ་བ། བློ་བཟང་དར་རྒྱས། ད་ལྟ་བློ་བཟང་ནོར་བུ། གསང་བ་འདུས་པ་དང་ནག་པོ་སྐོར་གསུམ་སོགས་གཞིས་དགོན་ཕྱིངས་མཚུངས། གྲྭ་རྒྱུན་སེ་འབྲས་དགའ་གསུམ་གྱི་ཚ་བ། ཚོགས་ལ་དགེ་འདུན་སུམ་ཅུ་སྐོར།

༧༨ མགུ་དགུ་ཐོ་དགོན་ནི། རྒྱལ་མཚན་ཡེ་ཤེས་ཅན་གཉིས་ཀྱིས་བཏབ། དེ་ནས་རིམ་པ་ལྟར་ཡོན་རྒྱམ་པ། ཡོན་ཏན་དབང་ཕྱུག །ཤེས་རབ་སེང་གེ །ཤེས་རབ་རྒྱལ་མཚན། བློ་གྲོས་ཤེས་རབ། ཤེས་རྒྱན་པ། དག་དབང་དཔལ་འབྱོར། ད་ལྟ་བསོད་ནམས་དོན་གྲུབ། གསང་འདུས་དང་ནག་པོ་སྐོར་གསུམ་སོགས་ཆོས་སྤྱོད་ཕྱིངས་འགྲོ། གྲྭ་རྒྱུན་སེ་ར་བྱེས། ཚོགས་ལ་དགེ་(༢༧༧ན)འདུན་སུམ་ཅུ་སྐོར།

༧༩ རབ་ཆེན་གྲུང་ར་དགོན་ནི། ཧུ་རྒྱུད་པ་ཤེས་རབ་བཟང་པོས་བཏབ། དེ་ནས་རིམ་བཞིན་བསམ་གཏན་བཟང་པོ། ནམ་མཁའ་ཡེ་ཤེས། སྦྱིན་པ་བཟང་། ནམ་མཁའ་དཔལ་བཟང་། ནམ་མཁའ་བློ་གྲོས། ཚེ་རིང་སེང་གེ །ད་ལྟ་ཚེ་རིང་ལྷུན་གྲུབ། དཔལ་གསང་བ་འདུས་པ་དང་ནག་པོ་སྐོར་གསུམ་ལ་སོགས་པ་གཞིས་དགོན་སྔགས་གྲྭ་ཇི་བཞིན་དུ་འདོན། གྲྭ་རྒྱུན་སེར་འབྲས་དགེ་གསུམ། ཚོགས་འ་དགེ་འདུན་སུམ་ཅུ་སྐོར།

༨༠ རབ་ལོ་དགོན་ནི། ཐོག་མར་ཡུལ་དེའི་བཙན་མཁར་གྱི་རྩུལ་དུ་བཏབ་པ། ཕྱིས་ནམ་མཁའ་བཟང་པོས་དགོན་དུ་བསྒྱུར་ཞིང་འཇམ་མགོན་ཆོས་ཀྱི་རྒྱལ་པོའི་རིང་ལུགས་སུ་སྤེལ། དེ་ནས་ཀུན་དགའ་སྙིང་པོ། ཤེས་རབ་ཏིང་འཛིན། བློ་

བཟང་དར་རྒྱས། ད་ལྟ་ངག་དབང་ཚོགས་འཕེལ། འདོན་ཆོས་དང་གྲྭ་རྒྱུན་གོང་མཚུངས། ཚོགས་པ་ཉི་ཤུ་སྐོར།

༨ སླུང་སྟེང་ལོ་མ་དགོན་ནི། བླ་མ་འོད་ཟེར་དུ་གྲགས་པས་བཏབ། དེ་ནས་མངའ་རིས་བསྟན་འཛིན་བཟང་པོ། ལོ་མ་བ་བརྩོན་བཟང་། དགེ་འདུན་བཟང་པོ། སྤོ་བོ་ཐང་གོང་པ། ཤེས་རབ་བཟང་པོ། དགེ་ཆོས་པ། དབུ་སེ་བ། དེ་སྤྲུལ་ལྷ་དབང་བསྟན་པའི་རྒྱལ་མཚན་དང་། ངག་དབང་ནམ་མཁའ་འཇམ་དབྱངས། སྟོད་ལུང་བློ་བཟང་བརྩོན་འགྲུས། ད་ལྟ་ཆོས་ལྡན་རྒྱ་མཚོ། འདོན་ཆོས་སྤྱོད་དང་གྲྭ་རྒྱུན་གོང་མཚུངས། ཚོགས་ལ་དགེ་འདུན་བཅོ་ལྔ་སྐོར། །

དགེ་བསྟན་མདོ་ཁམས་སྟོད་ཀྱི་སའི་ཆར་དར་ཚུལ།

འཇམ་མགོན་ཆོས་ཀྱི་རྒྱལ་པོ་བློ་བཟང་གྲགས་པའི་དཔལ་གྱི་བསྟན་པ་རིན་པོ་ཆེ་ནང་མདོ་ཁམས་སྟོད་ཀྱི་སའི་ཆར་དར་བའི་ཚུལ་མདོར་བསྡུས་ཤིག་བཤད་ན།

༡ ཆབ་མདོ་བྱམས་པ་གླིང་ནི། རྗེ་བཙུན་འཇམ་དཔལ་སྙིང་པོ་ཉིད་དང་ (༢༩༧བ) པས་ཁྱིམ་ནས་ཁྱིམ་མེད་པར་ཚངས་པ་མཚུངས་པར་སྤྱོད་དེ་རྣམ་པ་ཐམས་ཅད་མཁྱེན་པའི་གྲོང་མཆོག་ཏུ་བགྲོད་པའི་ཐེམ་སྐས་ལྟ་བུ་ནི་དབུས་གཙང་གི་འདུས་སྡེ་རྣམས་སུ་རྒྱལ་བའི་གསུང་རབ་ཀུན་ལ་ཐོས་བསམ་བྱེད་པ་པོ་ན་ཡིན་པར་ཐུགས་ཐག་ཅོད་དེ་ངཙོང་ཁའི་ཡུལ་ནས་ལེགས་པར་ཆས་ཤིང་། ངོམ་ཆུ་དང་ཟླ་ཆུ་གཉིས་འཛོམ་པའི་ལུང་པའི་མདོ་ཞིག་ཏུ་ཕྱག་ཕེབས་ནས་ཞག་ས་མཛད་པ་ན། སྐྱ་འཁོར་བ་རྣམས་ཀྱིས་ས་དཔྱད་ལེགས་ཤིང་བག་ཕེབས་པར་རིག་ནས་ས་ཆ་འདིར་དགེ་འདུན་འདུས་པའི་སྡེ་ཞིག་ཚུགས་ན་ལེགས་ཞེས་སྙན་དུ་གསོལ་བར། འཇམ་མགོན་ཆོས་ཀྱི་རྒྱལ་པོའི་བཀའ་ལས། གནས་འདི་ནི་འཕགས་པའི་གནས་བརྟན་ཆེན་པོ་བ་ཀུ་ལས་བདག་གིར་མཛད་པས་མ་འོངས་པ་ན་བཤད་སྒྲུབ་ཀྱི་སྡེ་ཆེན་པོ་ཚུགས་ཤིང་འདོད་དགུ་འབད་མེད་དུ་ཆང་བ་འབྱུང་ཞེས་ལུང་བསྟན་པ་ལྟར། གང་གི་དངོས་སློབ་

བྱང་སེམས་ཆོས་རྗེ་ཤེས་རབ་བཟང་པོ་ཞེས་རི་བོ་ཆེ་ཡོར་གཤིས་སྲེ་དགེ་སྟོང་དཔོན་གྱི་སྲས་སུ་འཁྲུངས་ཤིང་། ཆུང་དུས་གཀྲ་པའི་ཆོས་སྐོར་ཞུགས་པ། ཕྱིས་དམ་པའི་ཆོས་ཀྱི་འབྱུང་ཁུངས་གཅིག་པུ་དབུས་གཙང་གི་ཕྱོགས་སུ་ཕྱོན་ཏེ་རྒྱལ་བ་གཉིས་པ་ཤར་བཙོང་ཁ་པ་བློ་བཟང་གྲགས་པའི་དཔལ། སྲས་ཀྱི་ཐུ་བོ་རྒྱལ་ཚབ་དར་མ་རིན་ཆེན། མཁས་གྲུབ་དགེ་ལེགས་དཔལ་བཟང་། དུས་གསུམ་རྒྱལ་བའི་སྤྱི་གཟུགས་དགེ་འདུན་གྲུབ་པ། སེ་ར་རྒྱལ་སྲས་དར་བཟང་སོགས་ཡོངས་འཛིན་དམ་པ་ཆོས་བཞིན་དུ་སྤྱོད་པ་དུ་མའི་ཞབས་པད་ཉེ་བར་བསྟེན་ཏེ་མདོ་སྔགས་རབ་འབྱམས་ལ་མི་འཇིགས་པའི་སྤོབས་པ་རྙེད་ཅིང་། རྗེ་ནང་མཁན་ཆེན་གཉགས་ཕུ་བ་བསོད་ནམས་བཟང་པོར་བསྙེན་པར་རྫོགས་པ་དེས་རབ་བྱུང་བདུན་(༢༥༨ན)པའི་ཤིང་ཕྱི་དང་མེ་སྤྲུལ་གཉིས་ཐེ་ཚོམ་བྱུང་ཡང་གྲགས་ཆེ་བ་ཕྱི་མའི་ལོ་ལ་བཏབ། ཆབ་གཉིས་ཀྱི་མདོ་འམ་འཛོམས་ཡིན་པ་དེར། བྱམས་ཆེན་གྱི་སྐུ་བཞུགས་པས་ཆབ་མདོ་བྱམས་པ་གླིང་ཞེས་གྲགས། དགོན་གནས་འདིར་སྡེ་སྣོད་འཛིན་པ་སོ་སོས་བཀའ་ཆེན་བཞི་སོགས་བཤད་པས་གྲྭ་ཚང་ཡར་གླིང་པ། མར་གླིང་པ། ནུབ་གླིང་པ། ལྷོགས་ར་ཁ་པ་ ཁུ་བྱུག་པ་སྟེ་ལྔ་བྱུང་བར་ཕྱིས་སུ་སློབ་དཔོན་པ་རེ་བསྐོ་བ་ནི་བརྗོད་ཀྱིས་མི་ལང་བས་བཞག་ཅིང་། མཁན་རབས་ཀྱི་དབང་དུ་སོང་ན། སྨད་ཤེར་བཟང་ངམ་བྱང་སེམས་ཆོས་རྗེའི་རྗེས་སུ་འཇམ་མགོན་བཙོང་ཁ་པའི་ཞལ་སློབ་རྣམ་དཔྱོད་ཕུལ་དུ་བྱུང་བ་མངའ་རིས་ཞང་ཞུང་པ་ཆོས་དབང་གྲགས་པ། དེ་ནས་སྟོད་ལུང་པ་མཚུར་སྟོན་ནམ་མཁའ་དཔལ། བྱང་སེམས་རང་གི་དབོན་པོ་ཤེས་རབ་དཔལ་བརྩེགས། །གཞོན་ནུ་དཔའ་ཤོད་པ་ཆོས་རྗེ་ཀུན་དགའ་དཔལ་ལྡན། གཙང་ཉང་སྟོད་པ་བྱང་སེམས་ཀུན་དགའ་དཔལ། བར་ཁམས་ཁྲུང་པོ་བ་ཀུན་དགའ་བློ་གྲོས། ཉང་སྟོད་འབྲོང་རྩེ་བ་རྗེ་དྲུང་དགེ་འདུན་བཀྲ་ཤིས། འདི་དབྱངས་ཅན་བཞད་པ་དགེ་འདུན་རྒྱ་མཚོའི་དཔལ་གྱི་དངོས་སློབ་དོན་གྱི་བསྟན་པ་གཏད་པ་ཞིག་ཡིན་ལ་ཕྱིས་ཐམས་ཅད་མཁྱེན་པ་བསོད་ནམས་རྒྱ་མཚོས་རིགས་ཀྱི་བདག་པོར་བཞེས། ད་ལྟའི་བར་

རྐྱ་སྐྱིའང་རྒྱུན་མ་ཆད་པས་འགྲོ་དོན་འཕེལ་བར་མཛེས་[༧༢]ཆབ་མདོ་ཁྲི་པ་སྐུ་མཛོད་ལ་རྗེ་དྲུང་ཞེས་འབོད་པ་ཡང་སྔགས་རམས་པ་ཆེན་པོ་འདིའི་མཚན་ལས་གྲགས་ཏེ་བྱུང་། དེ་རྗེས་ཚ་བ་པ་མི་གཡོ་སྙིང་པོ། བར་ཁམས་རྒྱང་ཤོད་པ་རྗེ་དྲུང་ཤེས་རབ་དབང་པོ། སྟོམ་སྟེ་བ་རྗེ་དྲུང་འཇམ་དབྱངས་པ། སྨར་ཡང་ཤེས་རབ་དབང་པོ། འཇམ་དབྱངས་གཙང་(༢༩༨བ)པ་བདུན་བརྒྱུད་ཀྱི་ནང་ཚན་བ་སོ་བའི་སྤྲུལ་སྐུ་གུང་ཐུ་དཔག་སྐར་བའི་སྲས་སུ་འཁྲུངས་པ་ལྷ་དབང་ཆོས་ཀྱི་རྒྱལ་མཚན་འདི་སྐབས་འཛིག་རྟེན་དབང་ཕྱུག་[༧༣]དུར་སྒྲིག་གར་རོལ་གསུམ་པ་བསོད་ནམས་རྒྱ་མཚོ་[༧༤]གདན་དྲངས་ཤིང་། ཡུན་ཏ་ཙང་མི་[༧༥]ཐུང་བ་ཞིག་བཞུགས་པའི་བླ་བྲང་གཟིམས་སྤྱིལ་དུ་གྲགས་པ་ད་ལྟའང་ཡོད་ལ། མདོ་སྔགས་ཀྱི་ཆོས་འཁོར་བསམ་གྱིས་མི་ཁྱབ་པ་བསྐོར་བས་རྗེ་འདི་ཆབ་མདོའི་མཁན་ཐོག་གཅིག་ཏུ་འདྲེན་[༧༦]པའང་སྣང་། དེ་རྗེས་རྗེ་བཙུན་[༧༧]འཇམ་དཔལ་སྙིང་པོའི་[༧༨]དངོས་སློབ་ཀུ་ཅོར་རྟོགས་ལྡན་གྱི་སྲས་འཕགས་པ་ལྷའི་སྐྱེ་འཕྲེང་གསུམ་པ་མཐོང་བ་དོན་ལྡན། དཔོན་དྲུང་སངས་རྒྱས་འབྱུང་གནས། འཕགས་པ་ལྷ་བཞི་བ་རྒྱལ་བ་རྒྱ་མཚོའི་སྡེ། འདི་སྐབས་བེ་རི་དོན་ཡོད་ཀྱི་ལོག་སྨོན་རྣམ་པར་བདོ་བས་སྟར་ཡོད་མདོ་སྔགས་ཀྱི་འཆད་ཉན་ཉམས་ཏེ་གཞིས་དགོན་སྔགས་གྲྭར་གྱུར། དེ་ནས་ངག་དབང་འཕྲིན་ལས་བཟང་པོ། དཔོན་དྲུང་ཞི་བ་བཟང་པོ། ད་ལྟ་འཕགས་པ་ལྷ་ལྔ་པ་བསོད་ནམས་ལྷུན་གྲུབ་དགེ་ལེགས་དཔལ་བཟང་ངམ་རྒྱལ་རྒྱམ་པ། འདིས་སྐུ་རིམ་གྲྭ་ཚང་དུ་གྲགས་པ་གསར་འཛུགས་སོགས་རྣམ་དཀར་གྱི་འཕྲིན་ལས་འཕེལ་བཞིན་དུ་སྣང་ཆགས་སོ། །བདེ་གསང་འཇིགས་གསུམ། དུས་འཁོར་ཀྱི་རྫོང་། ཀུན་རིག་སོགས་ཀྱི་སྒྲུབ་མཆོད་དང་། ཆོས་སྤྱོད་དང་བསྟན་སྲུངས་སྐོར་དགེ་ལུགས་ཕྱིངས་འགྲེའི་ཐོག་ཞལ་སྟ་བཀའ་བརྒྱུད། གྲྭ་རྒྱུན་སེར་འབྲས་དགེ་གསུམ་ངེས་མེད་དུ་འགྲོ། ཚོགས་པ་སྟོང་ཕྲག་གཅིག་དང་ཉིས་བརྒྱ་སྐོར།

༢ ཆབ་མདོའི་དགོན་ལག་གྲས། རྫོང་སློ་དགོན་ནི། གནས་པོ་མཆོ་སྐྱེས་ཀྱིས་རྗེ་ཕ་ངོང་ཁ་བ་འབོན་སྟོན་དཔལ་འབྱོར་ལྷུན་གྲུབ་ལ་བླ་མ་ཞིག་དགོས་ཚུལ་ཞུས་

པ་ལྷུར་སྨུག་མོ་(༢༦༩ན)དཀའ་བཅུ་བ་རྗོང་བདར་མཛད། ཡོན་མཆོད་དེ་གཉིས་ལ་བརྟེན་ནས་དགོན་འདི་ཆགས། དེ་ནས་དཀའ་བཅུ་མགོན་པོ། འཇམ་དབྱངས། ཀིག་ཏུ་བ། ཉི་ཤར་བ། བླ་མ་དཔལ་འབྱོར། ད་ལྟ་འཕགས་པ་དཔལ་འཛིན། གསང་འདུས་དང་ནག་པོ་སྐོར་གསུམ་སོགས་གཏོང་། དགེ་འདུན་ལྔ་བཅུ་སྐོར།

༣ རོ་ཁྲུ་ཕུའི་དགོན་ནི། རྗེ་དྲུང་ཤེས་རབ་དབང་པོའི་སློབ་མ་རྒྱ་ར་ཤེས་རབ་ཕུན་ཚོགས་ཀྱིས་བཏབ། གདན་སར་ཨ་ནུ་བླ་མ། ཚ་སྤྱི་ཤེར་རྒྱམ་པ། ཀོ་རྒྱལ་བ། འབྲོང་པ་བ། རྒྱ་ར་སྤྲུ་སྐྱེ་སངས་རྒྱས་བསྟན་འཛིན། ཧུག་ཆུང་བླ་མ། གཙོད་ལུ། ད་ལྟ་དབང་ཕྱུག །ཡིག་དྲུག་དང་ཟབ་མོ་སྤྱོད་ཡུལ་གྱི་སྒོ་ནས་རང་གཞན་གྱི་དོན་བྱེད། དགེ་འདུན་བརྒྱད་ཅུ་སྐོར།

༤ གཡོ་མདའ་དགོན་ནི་ཐོག་མ་སུས་བཏབ་དང་བར་སྐབས་ཀྱི་བླ་རབས་མ་བྱུང་། ཕྱིས་རྗེས་དང་རབ་འབྱམས་པ། བསོད་རྒྱམ་པ། བསམ་གཏན། བསྟན་དར། བསྟན་རྒྱན། འཕགས་པ་བཀྲ་ཤིས། ད་ལྟ་འཕགས་པ་རབ་བྱིན། འདོན་ཆོས་སྤྱོད་གཞིས་དགོན་བྱིངས་འགྲོ། དགེ་འདུན་བཞི་བཅུ་སྐོར།

༥ ས་སྐྱ་དགོན་ནི། འཇམ་མགོན་ཆོས་ཀྱི་རྒྱལ་པོའི་དངོས་སློབ་མཁའ་སྤྱོད་ནམ་མཁའ་རྒྱལ་མཚན་གྱིས་བཏབ། དེ་ནས་ཁུ་སྟོན་བསོད་ནམས་གྲགས་པས་འཕེལ་པ་བཞི་སྒྲུབ་སོགས་ཀྱི་འཆད་ཉན་དང་བསྒྲུབས་མཆོད་བཙུགས་ཏེ་དར་རྒྱས་སུ་མཛད། བླ་རབས་འགའ་ཞིག་སོང་མཚམས་ཤེས་རབ་རྣམ་རྒྱལ། ཨོབ་པ་བ། འབར་རབ་འབྱམས། ཤེས་རབ་རྣམ་རྒྱལ། བློ་བཟང་ཤེས་རབ། བསྟན་དར། འཕགས་པ་རིན་ཆེན། གླིང་རབ་འབྱམས། འཕགས་(༢༦༩བ)པ་སྦྱིན་པ། ད་ལྟ་འཕགས་པ་མཆོག་ལྡན། གསང་བདེ་འཇིགས་གསུམ་འདོན། དགེ་འདུན་བརྒྱ་དང་ཉི་ཤུ་སྐོར།

༦ ཇོ་མདའ་དགོན་ནི། འཇམ་མགོན་ཆོས་ཀྱི་རྒྱལ་པོ་བཙོང་ཁ་པ་ཆེན་པོའི་སློབ་མ་ཟླ་བ་གྲགས་པས་ཉ་ཁམས་དགོན་ཞེས་པ་བཏབ་ཀྱང་། ཡོག་སློན་རྣམ་པར་བདོ་བའི་བསྟན་དགྲ་བེ་རི་དོན་ཡོད་ལ་བརྟེན་ནས་སྟོངས་པ་ཞི་བ་བཟང་པོས་ཇོ་

མདར་ཕྱོགས། བླ་མ་སྐྱོ་ཐུ་དཀའ་བཅུ། དེ་ནས་དྲིས་ལུད་པ། རྫོས་མཁར་པ། ད་ལྟ་བ་གོར་རབ་འབྱམས་པ། གསང་བ་འདུས་པ་སོགས་འདོན། དགེ་འདུན་བརྒྱ་དང་ཉི་ཤུ་སྐོར། རྒྱ་ར་གཙོད་པའི་སློབ་མ་ཀོ་རྒྱལ་དགེ་བ་ཚུལ་ཁྲིམས་ཀྱི་ཤུལ་དུ་སྐྱུང་གནས་པ་དགེ་སློང་ཉི་ཤུ་བཞུགས་པའི་རི་ཁྲོད་ཡོད་ཅེས་གླེང་།

༧ ཁྲུད་སྟོད་དགོན་ནི། སྟར་ཀར་ལུགས། ཕྲིས་ཞལ་སྔ་བཀའ་བརྒྱུད་དུ་འགྱུར་ཞིང་གསང་འཇིགས་སོགས་དགེ་ལུགས་ཀྱི་ཆོས་སྤྱོད་འདོན་པར་གྲགས།

༨ གཏེར་ཡོ་དགོན་ནི། སྟར་སུས་བཏབ་དང་བར་སྐབས་ཀྱི་བླ་རབས་མ་ཐུད། ད་ལྟ་ལེགས་བཤད་རྒྱ་མཚོ། གསང་འཇིགས་རྩ་ཤེ་སོགས་གཞིས་དགོན་དཔེ་འཁྲི། དགེ་འདུན་ཉི་ཤུ་སྐོར།

༩ རྫིང་ཁ་དགོན་ནི། བླ་མ་དང་ཆོས་སྤྱོད་སོགས་གཏེར་ཡེ་དང་མཚུངས། དགེ་འདུན་ཉི་ཤུ་སྐོར། གོང་གསལ་ཆབ་མདོ་བའི་དགོན་ལག་རྣམས་ཀྱི་གྲྭ་རྒྱུན་འགྲོ་ཁུངས་བྱམས་པ་གླིང་རང་དང་ཁྱད་པར་མེད་ཅིང། ལར་རྒྱའི་ཁ་འཛིན་འཕགས་པ་ལྷས་མཛད་བཞིན་པའོ། །

༡༠ སྤྱི་བོ་ཆུ་མདོ་ནི། རྗེ་ནང་པའི་འཛིགས་བྱེད་ཆོས་འབྱུང་ལས། སྨྲས་རྒྱལ་བ་ལྷ་ཊང་པའི་མཆེད་གྲོགས་ཕྲིས་སློབ་མར་གྱུར་པ་རྒྱ་གར་དམ་པ་ཆོས་སྡིངས་པ་ཞེས་པའི་སྐྱེས་ཆེན་དེས་འབྲི་གུང་པའི་སྤྱི་རིམ་པ་ཡུན་རིང་མཛད། སྐུ་(༢༥༠ན)ཚེའི་སྨད་ལ་ཁམས་སྤྱི་འབོར་ལྷ་དགོན་བཏབ་ནས་གདུལ་བྱ་བསྐྱངས་ཞེས་བྱུང་བ་ལྟར་རྩ་བའི་དགོན་པ་མགར་དམ་པས་རྒྱང་བཏིང་བར་ཕུ་ལུང་དུ་གྲགས། དེ་རྗེས་མགར་གྱི་དབོན་བརྒྱུད་གཉིས་དབུས་སུ་ཕྱོན་ཏེ་མཚུངས་མེད་ཆོས་རྗེ་རྒྱལ་མཚན་བཟང་པོ་དང་། སེམས་དཔའ་ཆེན་པོ་བློ་གྲོས་རྒྱ་མཚོ་སོགས་ལེགས་པར་བསྟེན་ནས་མདོ་སྔགས་ཀྱི་གཞུང་ལུགས་དུ་མར་ཐོས་བསམ་མཛད། སྤྱི་བོའི་ཡུལ་དུ་རྗེ་བཙུན་འཇམ་མགོན་ཆོས་ཀྱི་རྒྱལ་པོའི་རིང་ལུགས་ཀྱི་བཤད་སྒྲ་ཞིག་འཛུགས་པའི་གསོལ་བ་བཏབ་པ་ལྟར། གནས་བརྟན་སངས་རྒྱས་གྲགས་པ་རྫོང་བདར་མཛད་

དེ་འཆད་ཉན་འདོད་པ་བཞིན་ཚུགས། གྲྭ་ཚོགས་ལྷག་པར་ཆེས་པས་ཕུ་ལུང་དུ་མཐོམ་པར་དྲུག་ཅུར་སྤྱོས། དེ་རྗེས་ཟླ་བ་བྱང་ཆུབ། མགོན་པོ་རྒྱལ་མཚན། སངས་རྒྱས་བློ་གྲོས། དེ་ནས་བཤད་གྲྭ་དང་སྒྲུབ་གྲྭ་ནང་མ་མཐུན་པས་ཆུ་མོ་ལུག་གི་ལོ་ལ་འཕགས་པ་ལྷས་ས་གཞི་བྱིན་གྱིས་བརླབས་ཏེ་སྤྱི་སྟོད་དང་ཡར་ཀླུངས་ཀྱི་ཆུ་གཉིས་འདུས་པའི་མདོར་ཆོས་སྡེ་འདི་ཉིད་ཀྱི་ས་གཞི་ལེགས་པར་བཏིང་། སྔར་གྱི་བཤད་གྲྭ་རྣམས་དེར་སྤོས་པས་སྤྱི་བོ་ཆུ་མདོར་གྲགས་ཤིང་། བླ་རབས་ནི། བསམ་གཏན་སེང་གེ །གཙང་ཆེན་པ། གཙང་ཆུང་པ། འབྲུ་ལ་བ། དཀོན་ཅོག་འབྱུང་གནས། ནམ་མཁའ་སེང་གེ །བསོད་ནམས་རྒྱལ་མཚན། གུང་རུ་བློ་གྲོས་རྒྱ་མཚོ། རིན་ཆེན་རྒྱལ་མཚན། ཀུན་སྟོན་བློ་གྲོས་རྒྱ་མཚོ། སློབ་དཔོན་འོལ་ཁ་བ་སངས་རྒྱས་བཟང་པོ། འདི་ནི་ཐམས་ཅད་མཁྱེན་པ་དགེ་འདུན་རྒྱ་མཚོ་དཔལ་བཟང་པོའི་ཞལ་སློབ་མཁས་ཤིང་གྲུབ་པ་བརྙེས་པས་བསྟན་འགྲོའི་དཔལ་མགོན་མཆོག་ཏུ་གྱུར་པ་ཞིག་ཡིན་ཞིང་། ཡོག་པར་འབུ་བ་ཀར་སྲིད་ཀོང་དམག་ལ་(༢༥༠བ)དྲག་པོ་མངོན་སྤྱོད་ཀྱི་རྟགས་མཚན་གསལ་བར་བསྟན། ད་ལྟའི་འབུར་འགོ་གྲྭ་ཚང་དུ་གྲགས་པའང་འདི་སྐབས་ཚུགས། དེ་ནས་ཆོས་རྗེ་ངག་གི་དབང་པོ། ཚ་བ་རབ་འབྱམས་པ་དགེ་འདུན་དར་རྒྱས། འཕགས་པ་ལྷ་མཐོང་བ་དོན་ལྡན། སློབ་དཔོན་བཀྲ་ཤིས་རབ་བརྟན། བླ་མ་དཔལ་ལྡན་ཚུལ་ཁྲིམས་པ། དེ་མོ་སྤྲུལ་སྐུ་ཕྱོགས་ལས་རྣམ་རྒྱལ། ངག་དབང་འཕྲིན་ལས་བཟང་པོ། གད་ཁ་པ་གྲགས་རྒྱན། དེ་མོ་སྤྲུལ་སྐུ་ངག་དབང་དགེ་ལེགས་རྒྱལ་མཚན། དཀོན་ཅོག་བསོད་ནམས་དབང་ཕྱུག །ད་ལྟ་སྟོད་ལུང་པ་ངག་དབང་དཔལ་འབྱོར། གཞིས་དགོན་སྡིགས་གྲྭ། གྲྭ་རྒྱུན་འབྲས་སྤུངས་བློ་གསལ་གླིང་དང་རྒྱུད་སོགས་སུ་འགྲོ། དགེ་འདུན་བདུན་བརྒྱ་སྐོར།

༧༧ གཞོན་ནུ་དཔག་ཤོད་དུ་བླ་མ་རྒྱལ་མཚན་སེང་གེས་འབྲུག་ཅེས་པའི་དགོན་པ་བཏབ་ཅིང་། དེའི་དབོན་པོ་དཔལ་འབྱོར་བཟང་པོས་དགོན་གསར་དུ་རྟོས་པར་མིང་དཀའ་ལྡན་བསམ་གྲུབ་གླིང་ཞེས་གྲགས་པ་འདིའི་བླ་རབས་ནི། བཀྲ་ཤིས་

དཔལ་ལྡན། བསོད་ནམས་འོད་ཟེར། ཚུལ་ཁྲིམས་རྒྱལ་པོ། ཚུལ་ཁྲིམས་སེང་གེ ། དཀོན་ཅོག་རིན་ཆེན། བསོད་ནམས་རིན་ཆེན། དཀོན་ཅོག་འབྱུང་གནས། ཚུལ་བཀྲས་པ། བློ་གྲོས་བསོད་ནམས། འཇམ་དབྱངས་ལེགས་པ། ཤེས་རབ་དཔལ་ལྡན། ནམ་མཁའ་བཟང་པོ། ཡོན་ཏན་བཟང་པོ། དཔལ་འབྱོར་ལྷུན་གྲུབ། འཕྲིན་ལས་གྲགས་པ། དགེ་འདུན་ཚུལ་ཁྲིམས། དཀོན་ཅོག་དཔལ་འབྱོར། ཤེས་རབ་དབང་ཕྱུག །ཀུན་དགའ་བསོད་ནམས། རིན་ཆེན་བློ་གྲོས། བཀྲ་ཤིས་རྒྱ་མཚོ། ཤེས་རབ་བཀྲ་ཤིས། འོལ་ཁ་ཆོས་རྒྱལ་མཚན། ལ་ཁ་བ་ཤེས་རབ་རྒྱལ་མཚན་དང་བློ་བཟང་འཕྲིན་ལས་རྣམས་སློབ་དཔོན(༢༥༧ན)པ་རིམ་བྱུང་དང་། མཁན་པོའམ་ལར་རྒྱའི་ཁ་འཛིན་གྱི་ཆ་སྟར་འཕགས་པ་ལྷ། དེ་རྗེས་དེ་མོ་སྤྲུལ་སྐུ། དེ་ཆབ་ཟློས་སྐབས་གཞུང་བཞེས་ཀྱི་དེང་སང་རྗེ་དྲུང་རིན་པོ་ཆེ་དཀོན་ཅོག་ཉི་མས་སྐྱོང་གཞིས་དགོན་སྟགས་ལུགས། གྲྭ་རྒྱུན་སེར་འབྲས་དགེ་གསུམ་གང་མོས། དགེ་འདུན་སུམ་བརྒྱ་སྐོར།

༡༢ སྤོ་བོ་ཆོས་རྫོང་ནི། མཚུངས་མེད་ཆོས་རྗེ་རྒྱལ་མཚན་བཟང་པོའི་སློབ་མ་ཆོས་གྲགས་པས་བཙུགས་ཤིང་། རྒྱལ་བ་གཉིས་པ་འཇམ་མགོན་བཙོང་ཁ་པ་ཆེན་པོའི་རིང་ལུགས་དར་རྒྱས་སུ་མཛད། དེ་ནས་གདན་སར་རིམ་པ་ལྟར་ཚ་བ་རབ་འབྱམས་པ་ལེགས་པའི་བློ་གྲོས། སློབ་དཔོན་འོལ་ཁ་བ་སངས་རྒྱས་བཟང་པོ། འཕགས་པ་སངས་རྒྱས། བློ་བཟང་ནམ་མཁའ། རྗེ་དྲུང་ལྷ་དབང་པ། བསོད་ནམས་ཉི་མ། ཡོན་ཏན་འབྱུང་གནས། སྤྲུལ་སྐུ་ངག་དབང་། རྗེ་དྲུང་མི་གཡོ་སྙིང་པོ། བླ་མ་ཨ་མདོ་བ། དཔོན་དྲུང་སངས་རྒྱས་འབྱུང་གནས། དེ་མོ་ཕྱོགས་ལས་རྣམ་རྒྱལ། དགའ་བཙུ་དར་རྒྱས། འཕགས་པ་ལྷ། འཕགས་པ་བསོད་ནམས། ཡང་འཕགས་པ་ལྷ། རྗེ་དྲུང་ངག་དབང་། གད་ཁ་པ་གྲགས་རྒྱན། བདེ་སྤྲུལ་ལྷ་དབང་བསྟན་པའི་རྒྱལ་མཚན། དཀོན་ཅོག་བསོད་ནམས་དབང་ཕྱུག །ད་ལྟ་བློ་བཟང་བསྟན་འཛིན་གྱི་སྐབས་དང་། གཞིས་དགོན་སྟགས་གྲྭ་སྨད་རྒྱུད་དང་ཉེ་ཞིང་གྲྭ་རྒྱུན་འགྲོ་ཁུངས་ཚ་མདོ་དང་ཧ་ལམ་དབྱིབས་མཚུངས། དགེ་འདུན་ཕྱེད་ཉིས་བརྒྱ་སྐོར།

༧༣ སྤྱི་བོ་གསུམ་འཛོམ་ནི། འབྲུ་ལ་བ་བྱང་ཆུབ་རྒྱལ་མཚན་གྱིས་བཏབ། དེ་རྗེས་ལྷ་བ་བློ་གྲོས་རྒྱ་མཚོ། སློབ་དཔོན་འོལ་ཁ་བ། འཕགས་(༢༥༧བ)པ་ལྷ། སྤྲུལ་སྐུ་ངག་དབང་། དབོན་དྲུང་སངས་འབྱུང་། དེ་མོ་ཕྱོགས་ལས་རྣམ་རྒྱལ། དང་ལ་འཁོར་རྒྱ་མཚོ། ཚུ་མདོ་བ་རབ་འབྱམས་ཆོས་གྲགས། དེ་སྤྲུལ་ལྷ་དབང་བསྟན་རྒྱན་དང་། དཀོན་ཅོག་བསོད་ནམས་དབང་ཕྱུག །ད་ལྟ་སྟོད་ལུང་པ་ངག་དབང་དཔལ་འཁོར། གཞིས་དགོན་སྟགས་ལུགས། གྲྭ་རྒྱུན་དགའ་ལྡན་བྱང་རྩེ་དང་སེ་ར་སྨད་སོགས་སུ་འགྲོ། གྲྭ་པ་བརྒྱ་དང་སུམ་ཅུ་སྐོར།

༧༤ དཔག་ཤོད་གནས་ཐང་ནི། ལྷོ་པ་རྒྱལ་མཚན་སེང་གེས་འཕགས་པའི་གནས་བརྟན་བཅུ་དྲུག །ཞལ་གཟིགས་པའི་གནས་སུ་དགོན་པ་བཏབ་པས་མིང་དེ་ལྟར་དུ་གྲགས་ཤིང་། བར་སྐབས་ཀྱི་བླ་རབས་མ་བྱུང་། ཕྱིས་ཚ་བ་ཤེས་རབ་དབང་ཕྱུག །ཨ་འབྱ། ཨ་རིག །མགོན་པོ། ཁབ་མགར་བ། བསོད་ནམས་རྒྱལ་མཚན། འཕགས་པ་བཀྲ་ཤིས། ད་ལྟ་འཕགས་པ་སྙིང་པོ། གཞིས་དགོན་རྟགས་ལུགས། གྲྭ་རྒྱུན་སེར་འབྲས་གང་མོས། དགེ་འདུན་བཞི་བཅུ། ལར་རྒྱ་ཆབ་མདོ་འཕགས་པ་ལྷས་མཛད་དོ། །

༧༥ གུང་ཐང་དཔལ་འབར་ནི། རྗེ་བླ་མའི་ཡང་སྲིད་གོང་མ་འགྲོ་བའི་མགོན་པོ་ཆོས་རྒྱལ་འཕགས་པའམ་འཕོན་སྟོན་བློ་གྲོས་རྒྱལ་མཚན་དཔལ་བཟང་པོ་ཤར་རྒྱལ་པོའི་ཏི་ཤྲིར་ཕྱིན་སྐབས་ཞལ་བཀོད་གནང་ནས་གཙུག་ལག་ཁང་ཀུན་དགའ་ར་བ་དང་བཅས་བཏབ་ཅིང་། དཔལ་ལྡན་ས་སྐྱ་པའི་ཆོས་བརྒྱུད་བཟུང་ནས་བླ་རབས་ཁ་ཤས་སོང་བའི་ཚེ་གུང་ཐང་རིན་ཆེན་བྱང་ཆུབ་པས་འཇམ་མགོན་ཆོས་ཀྱི་རྒྱལ་པོ་བཙོང་ཁ་པ་ཆེན་པོའི་རིང་ལུགས་ཟླ་མེད་པ་འདི་ཉིད་ལ་ལྷུགས་དང་གསེར་འགྱུར་གྱི་དཔེ་བཞིན་ལེགས་པར་བསྒྱུར། དེ་ནས་བླ་མ་རིམ་པ་བཞིན་མཁས་པ་ཆོས་དབང་གྲགས་པ། སྣང་ཞིག་པ། ཀུན་དགའ་བཀྲ་(༢༥༨ན)ཤིས། གོང་སྟོན་དཔལ་གྲུབ། ཕོད་ཁང་རིན་གྲགས། དཀོན་རྒྱམ་པ། ཡོང་པོ་ལེགས་ཤེ །མངའ་རིས་བློ་གྲོས་རྒྱ་མཚོ། སྤྱི་

ངོ་བཀྲ་ཤིས་དཔལ་བཟང་། དགའ་ལྡན་ཁྲི་ཟུར་བསྟན་འཛིན་ལེགས་བཤད། ཆབ་ནག་འཕགས་པ་འཕྲིན་ལས། དེ་མོ་སྤྲུལ་སྐུ་ངག་དབང་དགེ་ལེགས་རྒྱལ་མཚན། སློབ་ཆུང་བསྟན་པ་དར་རྒྱས། བློ་བཟང་དར་རྒྱས། ངག་དབང་ཀུན་དགའ། སྟོད་ལུང་པ་ངག་དབང་བརྩོན་འགྲུས། ད་ལྟ་བློ་གླིང་ངག་དབང་མཁྱེན་རབ། གཞིས་དགོན་སྔགས་ལུགས་རྒྱུད་སྟོད་དང་ཉེ། སྦྲ་རྒྱུན་སེར་འབྲས་དགེ་གསུམ་གསང་ཕུ་བཅས་པར་འགྲོ། གྲྭ་པ་བརྒྱ་དང་སུམ་ཅུ་སྐོར།

༧༨ གུང་ཐུ་ཆོས་སྡེ་པུཎྜི་མ་ནི། ཐམས་ཅད་མཁྱེན་པ་དགེ་འདུན་གྲུབ་པའི་དཔལ་གྱི་ཞལ་སློབ་དྲུང་རམས་པ་བསྟན་པའི་ཉི་མར་གྲགས་པས་ཐོག་མ་སེང་གེ་སྒང་དུ་མདོ་སྔགས་ཟུང་འབྲེལ་གྱི་གྲྭ་ཚང་གསར་དུ་བཙུགས་ཏེ་འཇམ་མགོན་ཆོས་ཀྱི་རྒྱལ་པོ་བཙོང་ཁ་པའི་རིང་ལུགས་སྤེལ། མིང་བཞེར་ཚ་ཆོས་སྡེར་གྲགས། མི་རིང་བར་འབུམ་པོ་ཏི་བཙུ་དྲུག་གཏེར་ནས་བཏོན་པས་མིང་དེ་ལྟར་ཆགས་པའམ། དཔེ་ཆ་ཧྲི་ཆུང་ཏུ་ཞིག་ཁྭ་ཏས་ཁྱེར་བ་ཆོལ་དུ་ཕྱིན་པ་ན་རྗེ་བཙུན་སྒྲོལ་མའི་དབྱིབས་ཅན་གྱི་རི་རྫ་ཆུ་ཤིང་གསུམ་འཛོམ་པ་རིག་པས་སེམས་འཕྲོགས་ཏེ་དགོན་པ་བཏབ་པར་པུཎྜི་མར་མིང་ཐོགས་པ་སྡེ་ལོ་རྒྱས་གཉིས་བྱུང་བའི་ཕྱི་མ་ལྟར་ད་ལྟའི་དགོན་འདིར་སྤོས་ནས་མཚན་ཉིད་ཀྱི་འཆད་ཉན་དང་། སྔགས་ཀྱི་ཕྱག་ལེན་ལེགས་པར་བཙུགས། བླ་རབས་ནི། བསྟན་ཉི་བའི་རྗེས་སུ། རིན་ཆེན་བྱང་ཆུབ། བློ་གྲོས་ལྷུན་གྲུབ། འབྲུ་བ་ལ། རྗེ་དྲུང་ཤེས་རབ་དབང་པོ། (༢༥༢བ)འདིས་ཆབ་མདོའི་ཁྲིར་ཕྱོན་པ་སོགས་འཕྲིན་ལས་ཀྱི་སྒོ་ཕྱེ་སྟེ་ནམ་མཁའ་མཛོད་ལ་མངའ་བརྙེས་པས་གཙུག་ལག་ཁང་རྟེན་དང་བརྟེན་པར་བཅས་པ་དང་། གོས་སྐུ། གསུང་རབ་ལ་སོགས་པ་མང་དུ་བཞེངས། དུས་མཆོད་དང་བཀའ་རྒྱུན་གསར་དུ་བཙུགས་ཏེ་ཐུ་བའི་དགོན་འདེབས་པ་པོ་ལས་ཀྱང་འདི་ཉིད་བཀའ་དྲིན་ཆེ་ཞེས་གླེང་། དེ་ནས་བློ་གྲོས་བཀྲ་ཤིས། ནམ་མཁའ་རྒྱལ་མཚན། སངས་རྒྱས་བཀྲ་ཤིས། དཀོན་ཅོག་རྒྱ་མཚོ། དགེ་འདུན་ཤེས་རབ། དྭགས་རམས་པ། སྦྱིན་པ་དཔལ། ཤེས་རབ་དཔལ་ལྡན། མངའ་

རིས་པ་བློ་གྲོས་རྒྱ་མཚོ། རྩེས་དང་པ་བསོད་ནམས་རྡོ་རྗེ། རོང་པ་བསོད་ནམས་བཀྲ་ཤིས། བྱམས་པ་ཆོས་དབང་། གདངས་ཅན་པ་བློ་བཟང་རྣམ་རྒྱལ། གུང་རུ་བ་ཤེས་རབ་རྒྱ་མཚོ། བློ་བཟང་ཆོས་འཕེལ། གུང་རུ་བློ་བཟང་ཤེས་རབ། ཀོང་པོ་ངག་དབང་ཆོས་འཕྲོར། ཨ་མདོ་སྦྱིན་པ་རིན་ཆེན། ཆུ་ཤུར་བ་བློ་བཟང་རིན་ཆེན། ད་ལྟ་བློ་གླིང་བློ་བཟང་འགྱུར་མེད། ཕར་ཕྱིན་སེ་ར་རྗེ་བཙུན་པའི་ཡིག་ཆས་མཇོན། བྱེས་སོར་བཞག་གི་མདོ་ཕྱོགས་པུསྟི་བཞི་གའི་འཆད་ཉན་བྱེད། སྔགས་སྟོད་རྒྱུད་དང་ཉེ། གྲྭ་རྒྱུན་སེར་འབྲས་དགེ་གསུམ་གང་མོས་སུ་འགྲོ། གྲྭ་པ་བརྒྱ་དང་ལྔ་བཅུ།

༡༧ བྱ་ཕུད་མདོ་སྔགས་དར་རྒྱས་གླིང་ནི། རོང་པོ་འབྲིང་ཚང་པ་གོ་ལས་ཕྱོགས་དེར་བཀའ་བརྒྱུད་པའི་བྱ་བྲལ་མང་པོ་ཡོད་པ་ཕུད་དེ་ཁམས་གསུམ་ཆོས་ཀྱི་རྒྱལ་པོ་བཙོང་ཁ་པ་ཆེན་པོའི་རིང་ལུགས་པ་བསྟན་པ་དཔལ་གྲུབ་སྤྱི་བོར་བཀུར་ནས་ཆོས་སྡེ་འདི་བཏབ་པས་བྱ་ཕུད་དུ་གྲགས། མདོ་སྔགས་ཟུང་དུ་འཇུག་པའི་འཆད་ཉན་དང་། རྒྱུད་སྡེ་ཆེན་པོ་བཞིའི་སྒྲུབ་མཆོད་བཙུགས་ཏེ་དམ་པའི་ཆོས་ཀྱི་ཆ་ནས་མདོ་ཁམས་ལྷ་སྟེར་གཏོགས་པ་སུས་(༢༥༣ན)ཀྱང་སྙུན་དུ་མེད་པས་འགྲོ་བའི་ཡོན་གནས་མཆོག་རབ་ཕུལ་དུ་ཕྱུར། བླ་རབས་ནི་བསྟན་དཔལ་བའི་རྗེས་སུ་རིམ་པ་ལྟར། ཨ་མདོ་བ་ཀུན་དགའ་བཀྲ་ཤིས། རྗེ་རིན་ཆེན་བློ་གྲོས། གུང་རུ་རིན་ཆེན་རྒྱལ་མཚན། དབུ་སྟོད་ངག་དབང་ཤེས་རབ། བ་སོ་སྤྲུལ་སྐུ་ལྷ་དབང་ཆོས་ཀྱི་རྒྱལ་མཚན། འདི་ནས་བཟུང་ལར་རྒྱའི་ཞལ་འཛིན་མཁན་ས་ལྟ་བུ་ཏ་ཚག་རྗེ་དྲུང་རིན་པོ་ཆེ་ན་རིམ་གྱིས་མཛད་ཅིང་། འཆད་ཉན་སློབ་དཔོན་པར་གུང་རུ་དཀོན་ཅོག་རྒྱ་མཚོ། སྐྱོར་མོ་ལུང་བ་ཡོན་ཏན་ནོར་བུ། རབ་འབྱམས་པ་དཔལ་འབར། ཡོན་ཏན་གྲགས་པ། གུང་རུ་དཀོན་ཅོག་རྒྱལ་མཚན། གྲགས་པ་བཟང་པོ། སྟོད་ལུང་པ་ཆོས་དབང་གྲགས་པ། ཏ་ཤོད་དགེ་འདུན་ལྷུན་གྲུབ། ཕྱུལ་བཞི་སངས་རྒྱས་རྒྱལ་མཚན། སྤོ་བོ་བསྟན་པ་དར་རྒྱས། གུང་རུ་ཆོས་རྒྱ་མཚོ། ཏོར་འདྲ་བ་སངས་རྒྱས་བཀྲ་ཤིས། སེ་ཁྲུ་ཚེ་རིང་དོན་གྲུབ། ངག་དབང་བློ་གསལ། ད་ལྟ་ངག་དབང་བཤེས་གཉེན་

གྱིས་ཕར་ཕྱིན། འདུལ་མཛོད། དབུ་མ་བཅས་འབྲས་སྤུངས་སྒོ་མང་པའི་ཡིག་ཆ་དང་། གསང་བ་འདུས་པའི་འགྲེལ་པ་བཞི་སྦྲགས་སོགས་སྔགས་ཕྱོགས་རྒྱུད་སྟོད་པའི་ཡིག་ཆ་དང་འབྲེལ་བའི་འཆད་ཉན་བྱེད། དཔལ་དུས་ཀྱི་འཁོར་ལོ་སྐུ་གསུང་ཐུགས་ཡོངས་རྫོགས། གསང་བདེ་འཇིགས་གསུམ། ཀུན་རིག་ཚེ་དཔག་སོགས་ཀྱི་བསྒྲུབ་མཆོད་དང་། ཆོས་སྐྱོང་སྐོར་དགེ་ལུགས་ཕྱིངས་མཚུངས་ཀྱི་བཀང་བ་བཅས་གཏོང་། གྲྭ་རྒྱུན་འབྲས་སྤུངས་སྒོ་མང་དང་སེ་རར་ཕྱིས་དགའ་ལྡན་དུ་ཉང་རོང་བཅས་པར་འགྲོ། གྲྭ་པ་བརྒྱ་དང་བཅུ་སྐོར།

༧༨ ཛཱི་ཐོ་དགོན་ནི། ས་དགེ་(༢༥༣བ)འགལ་མེད་ཀྱི་རིང་ལུགས་འཆང་བ་རཏྣའི་མཚན་ཅན་གྱིས་བཏབ་ཅེས་པ་ཙམ་ལས། ཆོས་འབྱུང་ལོ་རྒྱུས་གསལ་བར་མ་མཐོང་ཞིང་བླ་རབས་ཀྱང་མང་དུ་སོང་བར་སྣང་ལ། བར་སྐབས་ཤིག་ནས་ཀ་དྲུག་དྲུང་པས་བཟུང་བ་དེ་མོ་སྤྲུལ་སྐུ་ལྷ་དབང་ཕྱོགས་ལས་རྣམ་རྒྱལ་ལ་ཕུལ་བས་ལར་རྒྱའི་ཁ་འཛིན་དེ་སྤྲུལ་ན་རིམ་གྱིས་སྐྱོང་། ཕྱིས་དགོན་པ་རི་རྩེ་ནས་མཐིལ་དུ་སྤོས་པར་ཛཱི་ཐོ་དགོན་གསར་ལྷུན་གྲུབ་ཆོས་སྡིངས་སུ་གྲགས། དེ་ནས་བཟུང་སློབ་ཚུང་པ་རིམ་པ་བཞིན་དཀོན་ཅོག་རྒྱ་མཚོ། ཞུར་རྟ་པ། ཕུན་ཚོགས་བླ་མ། དགོན་ཚུ་པ། སོག་པོ་བླ་ཨ་ན་འཇུ། ངག་འཕྲིན་པ། ཁྲི་གསུམ་པ། ནོར་བུ་རིན་ཆེན། ད་ལྟ་ཆོས་སྒོ་བ་ངག་དབང་ཆོས་ལྡན། སྔར་མདོ་སྔགས་ཀྱི་འཆད་ཉན་ཡོད་ཀྱང་ནུབ་པའི་དེང་སང་བ་ཞིས་དགོན་སྔགས་ལུགས་རྒྱུད་སྟོད་དང་ཉེ། གྲྭ་རྒྱུན་སེར་འབྲས་དགེ་གསུམ་དང་བསང་ཕུར་འགྲོ། དགེ་འདུན་ཕྱེད་སུམ་བརྒྱ་སྐོར།

༧༩ ངོ་འདུ་དགོན་ནི། རྒྱ་ར་བ་སངས་རྒྱས་ཡེ་ཤེས་ཀྱིས་བཏབ། དེ་རྗེས་ཀ་དྲུག་དྲུང་པ་སོགས་བླ་རབས་འགའ་ཞིག་སོང་འདྲ་ཞིང་། ཕྱིས་དགོན་པའི་ཕྱི་རྒྱ་འཕགས་པ་ལྷ་ན་རིམ་ནས་མཛད། དེ་སློབ་ཚུང་པ་བྲ་ཡག་ཅན་ནི། ས་སྐྱ་པ། ཛཱི་ཐོ་རྒྱ་ལེ། ཡར་ཕྱིན་པ། བློ་བཟང་ཆོས་འཕེལ། བློ་ཚུལ་བ། མགོ་ཁྲ་མ། འཕགས་པ་བསམ་གཏན། ད་ལྟ་བློ་བཟང་འཇམ་དབྱངས། གཞིས་དགོན་ཐུགས་གྲྭ་དགེ་ལུགས་ཕྱིངས་

འགྲེ། ཆོས་སྤྱོད་ཞལ་སྟ་བཀའ་བརྒྱུད། གྭ་རྒྱུན་སེར་འབྲས་དགེ་གསུམ་གང་མོས། དགེ་འདུན་བརྒྱ་དང་སུམ་ཅུ་སྐོར།

༢༠ ཆོས༷་ཁྲི༷་ཐང༷་ནི། རོང་པོ་ཆུང་ཚང་གིས་སྦྱིན་བདག་བྱས་ཏེ་འཕགས་པ་ལྷས་བཏབ། རི་ཟུར་ན་བྲག་གི་བཞུགས་ཁྲི་རྒྱབ་ཡོལ་དང་བཅས་རང་(༢༥༩ན)བྱུང་དུ་ཡོད་པས་མིང་ཆོས་ཁྲིར་ཆགས། དེ་ནས་ལར་རྒྱའི་མཁན་པོ་ཆོས་རྗེ་སངས་རྒྱས་དཔལ་འབྱོར། དབོན་དྲུང་འཕགས་པ། འཕགས་པ་ལྷ་གཉིས་པ། རྡོ་རྗེ་འཆང་སྔགས་རམས་པ་ཆེན་པོ་དགེ་འདུན་བཀྲ་ཤིས། འདིས་མགོན་ཁང་དང་ལྷ་མོའི་སྐུ་སོགས་བྱིན་རླབས་ཀྱི་མཚན་ཁ་འབར་བའི་རྟེན་ངོ་མཚར་རྨད་དུ་བྱུང་བ་བཞེངས། དེ་རྗེས་ཆོས་རྗེ་ངག་དབང་གི་སྐྱེ་སྲིད་ན་རིམ་ནས་ཁ་འཛིན་མཛད་ཅིང་། སློབ་ཆུང་བསྐོས་པ་རིམ་པ་ལྟར་དཀའ་བཅུ་ར་བོ། བློ་བཟང་། ནག་ཞ། འཕགས་པ་ཉི་མ། ད་ལྟ་ངག་དབང་ཤེས་རབ། གཞིས་དགོན་སྔགས་གྲྭ་དགེ་ལུགས་བྱིངས་འགྲེ་དང་ཆོས་སྤྱོད་ཞལ་སྟ་བཀའ་བརྒྱུད། གྭ་རྒྱུན་སེར་འབྲས་དགེ་གསུམ་གང་མོས། གྲྭ་པ་ལྔ་བཅུ་སྐོར།

༢༡ ཧོ་ཤོད༷་དུ༷ར་རྒྱུས༷་དགོན༷་ནི། ཆབ་མདོའི་མཁན་ཐོག་བཅུ་པ་རྗེ་དྲུང་ཤེས་རབ་དབང་པོས་བཏབ་ཅིང་། རྗེ་རྒྱལ་བ་གཉིས་པ་བཙོང༷་ཁ༷་པ༷འི་རིང་ལུགས་དར་བར་མཛད། དེ་རྗེས་སྟོང་ཉིད་པ། ཤེས་བསམ་པ། ཤེས་རབ་དཔལ་འབྱོར། སོ་རོང་ནང་སོ། དགེ་འདུན་བསོད་ནམས། ལྕགས་མགུ་མ། ཤེས་རབ་ལྷུན་གྲུབ། བློ་རྒྱམ་པ། བློ་བཟང་དོན་གྲུབ། ད་ལྟ་བློ་བཟང་རིན་ཆེན། གཞིས་དགོན་སྔགས་གྲྭ་རྒྱུད་སྟོད་དང་ཉེ། གྭ་རྒྱུན་སེར་འབྲས་སོགས་གང་མོས། དགེ་འདུན་བརྒྱ་སྐོར།

༢༢ དབྱར༷་ལྷས༷་དགོན༷་ནི། སློབ་དཔོན་གཞོན་ནུ་འོད་ཟེར་གྱིས་བཏབ། དེ་ནས་རིན་ཆེན་རྣམ་རྒྱལ། དཔལ་འབྱོར་རྒྱ་མཚོ། བློ་བཟང་རྣམ་རྒྱལ། བསོད་ནམས་རྡོ་རྗེ། བློ་བཟང་ཤེས་རབ། སངས་རྒྱས་རིན་ཆེན། གྲགས་པ་རྒྱལ་མཚན། (༢༥༩བ)བློ་བཟང་དོན་ལྡན། ད་ལྟ་དྲུང་པ་བསོད་ནམས་བློ་གྲོས། གཞིས་དགོན་སྔགས་ཚོགས།

གྲྭ་རྒྱུན་སེ་ར་བྱེས། དགེ་འདུན་བཞི་བཅུ་སྐོར། མཁར་ནག་ཆོས་འབྱུང་དུ་གུང༷་ཐུ༷་སྟོང༷་ང༷་དགོན༷་ཟེར་བ་བྱུང་ཙུང་། དེང་སང་ངོ་འཕྲོད་པའི་དགོན་པ་དངོས་དང་སྦྲོངས་པ་སོགས་ཁུངས་མ་རྙེད།

༢༣ སྣུ༷་ཁོ༷་དགོན༷་ནི། སྔོན་ས་སྐྱ་པའི་དགོན་རོ་ཞིག་ལ་ཐམས་ཅད་མཁྱེན་པ་དཔེ༷་འདུན་རྒྱ༷་མཚོའི༷་དངོས་སློབ་ཆབ་མདོའི་མཁན་ཐོག་བཅུ་པ་རྗེ་དྲུང་ཤེས་རབ་དབང་པོས་ཉམས་གསོ་མཛད་དེ་ཙེ་བསམས་དགོན་དུ་བཏགས། བླ་མར་དར་མ་བ། ཤཱཀྱ་བཀྲ་ཤིས། དགའ་རབ་འབྱམས་པ། དགེ་འདུན་བསོད་ནམས། སྐང་སྣེ་བྱམས་པ་རྒྱ་མཚོ། འདི་ནས་བོན་ལུགས་ནག་ཐུ་བ་ཤེད་ཆེས་པའི་བར་སྐབས་ཙུང་ཟད་བྱུང་། ཕྱིས་ལ་ཁ་སྐུ་སྐྱེ། དེ་ནས་ས་བླ་མ་ངག་དབང་དར་རྒྱས། སྣང་རྩེ་བ་བཟོད་པ་ཆོས་འཕེལ། ད་ལྟ་ཤོ་པ་མདོའི་དགོན་ལག་གྲས་སྟོད་ལུང་པ་བློ་བཟང་ཡེ་ཤེས་དང་ཕུན་ཚོགས་རྒྱ་མཚོ་ན་རིམ་གྱིས་སྐྱོང་། འཇིགས་བྱེད་ཀྱི་ཚོ་ག་དང་ས་ལམ་སོགས་ཆོས་སྤྱོད་དགེ་ལུགས་བྱིངས་འགྲོ། གྲྭ་རྒྱུན་སེར་འབྲས་དགེ་གསུམ་གང་མོས། དགེ་འདུན་སུམ་ཅུ་སྐོར།

༢༤ ལ༷་ཁ༷་དགོན༷་ནི། རྗེ་དྲུང་ཤེས་རབ་དབང་པོའི་སློབ་བུ་བསུ་རོང་པ་བཀྲ་ཤིས་རབ་བརྟན་གྱིས་བཏབ། འཕགས་པ་ལྷའི་སྐྱེ་འཕྲེང་གཉིས་པས་དགོན་མིན་དགའ་ལྡན་རི་བོ་ཆོས་འཕེལ་ཞེས་འདོགས་པ་མཛད། བླ་མར་རིམ་པ་བཞིན་ཚུགས་རོང་བློ་གྲོས་བཀྲ་ཤིས།

སངས་རྒྱས་བཀྲ་ཤིས། ཁྱུང་པོ་བཟོད་པ་སྨོན་ལམ། ཚུགས་རོང་སྨོན་ལམ་བློ་གྲོས། ཤིང་རོང་བློ་གྲོས་ཤེས་རབ། ར་ཐག་བློ་བཟང་ཡོན་ཏན། རྒྱང་ཤོད་བཀྲ་ཤིས་ཕུན་ཚོགས། (༢༥༥ན)དེ་རྗེས་བླ་མ་མེད་པར་ལོ་ཤས་སོང་མཚམས། ཧོ་ཤོད་སྦྱིན་པ་བཟང་པོ། ལ་ཁ་སངས་རྒྱས་བཟང་པོ། ཤིང་རོང་ཤེས་རབ་ཆོས་འཕེལ། བར་དགེ་བ་བློ་བཟང་དཔལ་འབྱོར། ད་ལྟ་འཇམ་དབྱངས་ཆོས་དར། ནག་པོ་སྐོར་གསུམ་ས་ལམ་སོགས་དགེ་ལུགས་གཞིས་དགོན་བྱིངས་མཚུངས། གྲྭ་རྒྱུན་སེ་ར་བྱེས། དགེ་

འདུན་སུམ་ཅུ་སྐོར།

༢༥ ཀྱི་རོག་སྣང་ཁ། ཀྱི་བར་རིན་ཆེན་སྒང་ཞེས་ལོ་རྒྱུས་རྙིང་པ་འགར་བྱུང་ནའང་། སྔོངས་པའམ་མིང་དོན་ཅོ་མ་འཕྱོད་པ་ཇི་ལྟར་ཡུང་ད་ལྟ་འདི་ཡིན་མ་བྱུང་།

༢༦ སྟག་རྩེ་དགོན་ནི། ལྷ་སྟག་དཔལ་གསུམ་སོགས་ཀྱི་སྐབས་དར་རྒྱས་ཙམ་བྱུང་འདྲ་ཡང་། མདང་ནང་དཔལ་འབར་ནང་སོའི་མི་སེར་ཁྱིམ་པ་ཤ་སྟག་ཏུ་འདུག །

༢༧ ཟུར་ཚུམ་དགོན་ནི། རྡུང་དཔལ་གྲུབ་བཟང་པོས་བཏབ། དེ་ནས་ཀ་མཐོ་བ་བྱུང་ཆུབ་བཟང་པོ་སོགས་བླ་རབས་བཞི་སོང་རྗེས། ཀ་རྡུག་རྡུང་པ་ཀུན་དགའ་དཔལ་ལྡན། ཀུན་དགའ་ལེགས་གྲུབ་བཅས་བརྒྱུད་འཛིན་ན་རིམ་ནས་བསྐྱངས་ཤིང་། ཕྱིས་སྐོར་བླ་མ་མེད། ནག་པོ་སྐོར་གསུམ་སོགས་ཆོས་སྤྱོད་དགེ་ལུགས་རྫིངས་འགྲོ། སྤྲུ་རྒྱུན་སེར་འབྲས་དགེ་གསུམ་དུ་གུང་རུའི་ཁམས་ཚན་ལ་འགྲོ། དགེ་འདུན་བཅོ་ལྔ་སྐོར།

༢༨ སླུང་ལིང་དགོན་ནི། འཇམ་མགོན་ཆོས་ཀྱི་རྒྱལ་པོ་བཙོང་ཁ་པ་ཆེན་པོའི་སློབ་མ་རྣམ་དཔྱོད་ཕུལ་དུ་བྱུང་བ་ཟུང་གི་ཡ་གྱལ་མངའ་རིས་ཞང་ཞུང་པ་ཆོས་དབང་གྲགས་པ་ཞེས་ཆབ་མདོའི་མཁན་ཐོག་གཉིས་པ་དེས་བཏབ་ཅིང་། སྔ་པ་གྲིལ་གསར་བས་འཕགས་པ་ལྷ་མཐོང་བ་དོན་ལྡན་ལ་ཕུལ་བ་ནས། བླ་རབས་སོགས་གང་ཅི་ལྟུགས་ར་དང་མཚུངས་(༢༥༥བ)དགེ་འདུན་བཞི་བཅུ་སྐོར།

༢༩ ར་ཚག་དགོན་ནི། གར་དགོན་ཚ་རག་དགོན་ཡིན་ཚུལ་དང་། འགའ་ཞིག་ནས་དཔལ་འབར་དང་དོན་གཅིག་ཟེར་མི་སྣང་ཡང་། མཁར་ལོ་དཔལ་འཁོར་རྒྱ་མཚོས་ཆོས་འབྱུང་བསྒྲིག་སྐབས་ཚ་རག་དགོན་གར་ལུགས་ཤ་སྟག་དང་། གུང་རུ་དཔལ་འབར་གྲགས་ཆེ་ཞིང་ལོ་རྒྱ་བ་རང་ངོས་ཀྱི་ཐོན་པ་བཅས་འབྲུལ་གཞི་དེ་ཙམ་ཡོང་དོན་མི་འདུག་ཅིང་། ཆོས་འབྱུང་དུ་དགོན་འདེབས་པ་པོ་རྗེ་རྡོང་ཤར་དབང་། ས་ཡུལ་རྫོ་ཐོད་དུ་ཡོད་པར་བྲིས་འདུག་པས། དོན་ཁམས་དབུས་ཀྱི་སྐད་

བརྡ་ཙུང་ཟད་མ་གཅིག་པའི་ཚིག་ཟུར་ཕྲན་བུ་ཉམས་པ་ལས། དེང་སང་རྗེ་ཤོད་སྒྲིབས་བརྒྱད་དུ་ཡོད་པའི་དགེ་དགོན་ཉིང་པ་ཡུལ་སྐད་དུ་ར་ཐག་ཟེར་བ་འདི་ཡིན་ལ། ལར་རྒྱ་བ་སོ་སྤྱིལ་སྐུ་ལྷ་དབང་ཆོས་རྒྱན་ནས་བཟུང་སྐུ་སྐྱེ་ན་རིམ་གྱིས་སྐྱོང་ཞིང་། སློབ་ཚུང་པ་རེ་བསྐོ། གསང་འདུས་ནག་པོ་སྐོར་གསུམ་སོགས་ཆོས་སྤྱོད་དགེ་དགོན་ཕྱགས་གྲྭ་དཔེ་འགྲེ། གྲྭ་རྒྱུན་སེ་ར་བྱེས་སོགས་སུ་འགྲོ། དགེ་འདུན་བཞི་བཅུ་སྐོར།

༣༠ རོང་པོ་དགོན་ནི། ཟླ་དཀར་སྟོང་དཔོན་གྱིས་སྦྱིན་བདག་བྱས་ཏེ་རྗེ་དྲུང་ཤེས་རབ་དབང་པོས་བཏབ་པ་ཡིན་ཀྱང་། ཡུན་ཏ་ཙང་མ་ལོན་པ་ནས་སྟོང་དཔོན་གྱིས་མངའ་རིས་རྣམས་བོན་ལུགས་ཀར་ཏུ་བས་བདག་པོའི་རྐྱེན་ལས་དེང་སང་མི་ནག་གི་གྲོང་དུ་སོང་།

༣༡ དབུར་མ་དགོན་ནི་སྟར་གུང་ཏུའི་ས་ཁོག་ཏུ་ཡོད་ངེས་ཡིན་འདུག་ཀྱང་ཕྱིས་དེ་འཕྲོད་པ་མ་བྱུང་།

༣༢ དགོན་ལུང་ནི་འཇམ་མགོན་ཆོས་ཀྱི་རྒྱལ་པོའི་སློབ་མ་གཙང་པ་བརྩོན་འགྲུས་བཟང་པོས་བཏབ། བར་སྐབས་དཔལ་འབར་དྲུང་པ་ན་རིམ་གྱིས་བསྐྱངས། དེ་རྗེས་རྫ་བླ་སྐུ་སྐྱེ། ཕྱར་བ་བླ་མ། དཔལ་འབར་བསྟན་པ་རྒྱལ་མཚན། ཧུ་ཤོད་(༢༥༨ན)རབ་འབྱམས་པ། ཨ་འཛིན་དོན་གྲུབ་རྒྱལ་མཚན། སྤོ་བོ་བསྟན་པ་དར་རྒྱས། སྨེ་ཤོད་བཀའ་བཅུ་སྣ་རིང་། ཧོར་འདྲ་ཁོག་འཇམ་དབྱངས། ད་ལྟ་འཕགས་པ་ལྷུན་གྲུབ། གཞིས་དགོན་ཕྱགས་གྲྭ་རྒྱུད་སྟོད་དང་འདྲེ། གྲྭ་རྒྱུན་སེར་འབྲས་དགེ་གསུམ། དགེ་འདུན་བཞི་བཅུ་སྐོར།

༣༣ སྐོ་ཤར་དགོན་ནི། ས་སྐྱ་པ་དྲུང་ཀུན་དགའ་རྒྱལ་མཚན་གྱིས་བཏབ། དེ་ནས་དབོན་རབས་ལྷ་ཙམ་སོང་རྗེས་འཇམ་མགོན་ཆོས་ཀྱི་རྒྱལ་པོ་བཙོང་ཁ་པ་ཆེན་པོའི་དངོས་སློབ་རྒྱ་སྟོན་བློ་བཟང་གྲགས་པའི་འཕྲིན་ལས་ཀྱི་ཆ་ཤས་ལས་དགེ་ལུགས་སུ་འགྱུར་ཞིང་། བར་སྐབས་ཀྱི་བླ་རབས་མ་བྱུང་། ཕྱིས་ཤོ་མདོར་སྤྱོས་པ་འོག་ཏུ་

གསལ།

༣༤ རི་ཁྲོད་དགོན་ནི། དྲུང་བྱང་ཆུབ་བཟང་པོས་བཏབ་ཅིང་གཞན་མའི་རྒྱུ་མཚན་སྔོ་ཤར་དང་མཚུངས།

༣༥ ཀ་མཐོ་དགོན་ནི། གུང་རུ་ཞེ་སྟེང་པ་ཆོས་རྒྱལ་བཟང་པོས་བཏབ། དེ་ནས་བཟུང་འཛམ་མགོན་ཆོས་ཀྱི་རྒྱལ་པོའི་རིང་ལུགས་ལྷད་མེད་བླ་རབས་ཀུང་བར་མ་ཆད་པ་བཞིར་བཅས་ཀྱང་། ཕྱིས་སྐོར་ཤེས་རབ་ཡོན་ཏན་ཙམ་ལས་བླ་མའི་མིང་མ་རྙེད། སྔོ་ཤར། རི་ཁྲོད། ཀ་མཐོ་གསུམ་གྱི་དགོན་ལག་གདོང་སྐེས། ཀ་རུག །འབྲི་ཟ། ཀ་དགོན་རྣམས་ཡིན་པ་གོང་གསལ་ཀ་མཐོ་མན་དགོན་ཁག་བདུན་པོ་ཆུ་ལུག་ལོ་བཞེད་ཚ་བ་རྣམ་རྒྱལ་བཀྲ་ཤིས་ཀྱིས་རྗེ་བླ་མའི་སྐུ་ཞབས་སུ་བསྟབ་སྟོན་ཞུས་ཏེ་སྦྱིན་བདག་དང་། བ་སོ་སྤྲུལ་པའི་སྐུ་ངག་དབང་ཆོས་ཀྱི་དབང་ཕྱུག་གིས་དཔལ་དུས་ཀྱི་འཁོར་ལོའི་སྒོ་ནས་སའི་ཆོ་ག་ཡང་དག་པར་མཛད་དེ། ཤོ་པ་མདོར་དགོན་པ་གསར་དུ་བཏིང་། དགོན་སྙིང་བདུན་པོ་ཁྲོན་གཅིག་ཏུ་རྟེན་གསུམ་དགེ་འདུན་དང་(༢༥༨བ)བཅས་དེར་སྤོས། པཎ་ཆེན་བློ་བཟང་ཆོས་རྒྱན་པས་མིང་དགའ་ལྡན་བཤད་སྒྲུབ་གླིང་དུ་འདོགས་པ་མཛད། བླ་རབས་ནི། དཀྱིལ་མཛོ་ཚུལ་ཁྲིམས་རིན་ཆེན། ཁྱུང་པོ་བློ་བཟང་ཆོས་འབྱོར། བཤེས་པ་ཆོས་རྒྱ་མཚོ། ཤོ་པ་བློ་བཟང་རྣམ་རྒྱལ། ཞྭ་གས་རོང་ངག་དབང་བཤེས་གཉེན། སྣང་རྩེ་བ་བཟོད་པ་ཆོས་འཕེལ། སྟོད་ལུང་པ་བློ་བཟང་ཡེ་ཤེས། ད་ལྟ་ཕུན་ཚོགས་རྒྱ་མཚོ། བདེ་གསང་འཇིགས་གསུམ་ཀུན་རིག་དང་བཅས་པའི་རྟུལ་ཚོན་གྱི་དཀྱིལ་འཁོར་བསྒྲུབ་མཆོད་རྒྱུད་སྨད་ལུར་གྱི་ཐོག །དྲུག་ཅུ་པ་རྒྱས་བསྡུས། ཚེ་དཔག་ལྷ་དགུ་སོགས་ཆོས་སྤྱོད་ཁྱིངས་བཀྲ་ཤིས་ལྷུན་པོ་སྟབས་གྲྭ་དང་ཉེ། སློབ་གཉེར་གྲྭ་རྒྱུན་ཀ་མཐོ་བའི་ཆར་གཏོགས་རྣམས་འབྲས་སྤུངས་སྒོ་མང་། སེ་རར་བྱེས། དགའ་ལྡན་དུ་ཤར་རྩེ། སྔོ་རི་གཉིས་འབྲས་སྤུངས་བློ་གླིང་། སེ་ར་བྱེས། དགའ་ལྡན་བྱང་རྩེ་རྣམས་སུ་འགྲོ། དགེ་འདུན་སུམ་བརྒྱ་སྐོར།

༣༦ གཞན་ཡང་གོང་གི་དགོན་ལག་ལྷ་བུ་དཔའ་སྒོ་དགོན་དང་། བྲག་ལུང་གཉིས་བར་སྐབས་ཉག་གྲྭ་ཡང་ཕྱིས་རྗེ་འཕེལ་གྱི་དྭ་ལྷ་དབང་མདའ་བ་ལྷ་དབང་མགོན་པོས་སྐྱོང་། ནག་པོ་སྐོར་གསུམ་སོགས་ཆོས་སྤྱོད་དགེ་ལུགས་ཕྱིངས་འགྲེ། གྲྭ་རྒྱུད་སེ་ར་བྱེས། ལྷོ་གླིང་སོགས་སུ་འགྲོ། དགོན་ཁག་གཉིས་སྤྱིར་དགེ་འདུན་དྲུག་ཅུ་སྐོར།

༣༧ རྫོང་དཀར་དགོན་ནི། རྒྱ་སྟོན་པའི་ཆོས་ལུགས་འཛིན་པ་འཇིགས་མེད་གྲགས་པས་བཏབ། ཕྱིས་རང་ཤུགས་ཀྱིས་དགེ་ལུགས་སུ་སོང་ནས་བློ་བཟང་འོད་ཟེར། ལྷ་མཆོག་པ། ཁྱུང་པོ་ཤེས་རབ་བློ་བཟང་། བསོད་ནམས། གསེར་ལུང་སྤྱིན་པ། ཀ་མཐོ་གྲགས་རྒྱམ། རང་མདའ་ཨོ་རྒྱན་རྣམ་རྒྱལ། ལྔགས་རོང་(༢༥༧ན)ཤེས་རབ་ཕུན་ཚོགས། དབྲལ་སྨད་བསོད་ནམས་ལྷུན་གྲུབ། བ་རེ་བློ་བཟང་ཆོས་འཕེལ། དྭ་ལྷ་ངག་དབང་ཤེས་རབ། གསང་འཛིགས་ཀུན་རིག་བཅས་པའི་བདག་མདུན་དང་། ཆོས་སྐྱོང་སྐོར་སོགས་གཞིས་དགོན་སྡིགས་ལུགས་སྤྱི་འགྲེ། གྲྭ་རྒྱུན་སེར་འབྲས་དགེ་གསུམ་དུ་འགྲོ་ཁུངས་སྒོ་ཤར་དང་མཚུངས། དགེ་འདུན་དྲུག་ཅུ་སྐོར།

༣༨ རྒྱང་ཤོད་ཆམ་རྫོང་དགོན་དང་། ༣༩ དྲིལ་མགོ་དགོན། ༤༠ རྫོང་ཆུང་དགོན་གསུམ་ནི། མཁན་ཆེན་ཆོས་ལེགས་པར་གྲགས་པས་བཏབ། དེ་ནས་བླ་མ་རྗེ་པ་བློ་གྲོས་རྒྱ་མཚོ། ཤེས་རབ་རྣམ་རྒྱལ། ཤེས་རབ་བཀྲ་ཤིས། བྲ་ཆོས་སངས་རྒྱས་རྒྱ་མཚོ། སངས་རྒྱས་བསྟན་འཛིན། བློ་བཟང་ཡོན་ཏན། ངག་དབང་བདེ་ལེགས། དྭ་ལྷ་སྐུ་སྐྱེ་ངག་དབང་འཕྲིན་ལས། གསང་བ་འདུས་པ་དང་། ནག་པོ་སྐོར་གསུམ་སོགས་གཞིས་དགོན་སྡིགས་གྲྭ་རྒྱུད་སྟོད་དང་ཉེ། གྲྭ་རྒྱུན་སེ་ར་བྱེས། དགེ་འདུན་ཆམ་རྫོང་ལ་དྲུག་ཅུ། དྲིལ་མགོར་བདུན་ཅུ། རྫོང་ཆུང་པར་བདུན་ཅུ་སྐོར།

༤༡ མཛའ་ཤོད་དགོན་གསར་དང་། ༤༢ སྨོད་རོད་མགོ །༤༣ རས་རིས་དགོན་གསུམ་ནི། མཁན་ཆེན་བསོད་ནམས་པས་བཏབ། དེ་རྗེས་བྲ་ཆོས་པ་བསོད་ནམས་རིན་ཆེན། བསོད་ནམས་འོད་ཟེར། གྲགས་པ་བློ་གྲོས། ཀུན་དགའ་བློ་གྲོས།

རིན་ཆེན་རྣམ་རྒྱལ། ལྷ་དབང་བློ་གྲོས། ཀུན་དགའ་རྒྱལ་བ། སངས་རྒྱས་རྒྱ་མཚོ། བསམ་གྲུབ་ཤེས་རབ། སངས་རྒྱས་བསྟན་འཛིན། བློ་བཟང་ཡོན་ཏན། ངག་དབང་བདེ་ལེགས། ད་ལྟ་སྐུ་སྐྱེ་ངག་དབང་འཕྲིན་ལས། གསང་འདུས་དང་ནག་པོ་སྐོར་གསུམ་སོགས་གཞིས་དགོན་སྔགས་(༢༥༧བ)གྲྭ་རྒྱུད་སྟོད་དང་ཉེ། གྲྭ་རྒྱུན་སེ་ར་བྱེས། དགོན་གསུམ་ཕྱིར་དགེ་འདུན་དགུ་བཅུ་སྐོར།

༤༤ དི༷ང་ཐ༷ང་དགོ༷ན་ནི། དགོས་གསར་དང་འདེབས་མི་གཅིག་ཀྱང་། འབའ་ཏུ་དང་བྱ་ཆོས་པ་ནང་འཁྲུགས་པའི་རྐྱེན་ལས་དིང་སང་དགོན་སྟོངས། བོ༷ང་དཀོན་དང་། རྫོ༷་དགོ༷ན་གཉིས་རྫོ་གྲོང་པ་བྱམས་མགོན་གྱིས་བཏབ། དེ་ནས་དགེ་རྒྱས་པ། དགེ་འདུན་སྙིང་པོ། ཤེས་རབ་ཕུན་ཚོགས། བློ་རྒྱམ་པ། ཤེས་རབ་རྣམ་རྒྱལ། ཤེས་རབ་བཀྲ་ཤིས། ཚུལ་ཁྲིམས་རྒྱ་མཚོ། དགེ་འདུན་བཀྲ་ཤིས། ད་ལྟ་རྫོ་དགོན་དགེ་བཀྲས་པ་རང་གིས་སྐྱོང་བཞིན་དང་། བོང་དགོན་དུ་བློ་བཟང་ཡོན་ཏན། འདོན་མཆོད་དང་གྲྭ་རྒྱུན་དགོན་གསར་དང་མཚུངས། དགེ་འདུན་བཞི་བཅུ་སྐོར།

༤༥ རྫི་ཏུ་དཀྱི༷ལ་མཁ༷ར་དགོ༷ན་ནི། དགའ་བཅུ་བ་བསམ་གཏན་སེང་གེས་བཏབ། དེ་ནས་བསམ་གཏན་སེང་གེ །ཟ་འདང་དགའ་བཅུ། གར་ཏུ་དགེ་འདུན་ཕུན་ཚོགས། སངས་རྒྱས་རྒྱལ་མཚན། དགེ་རྒྱམ་པ། ངག་དབང་ཐབས་མཁས། ནོར་བུ་རྒྱ་མཚོ། འཕགས་པ་ལྷ་དབང་། ད་ལྟ་བསོད་ནམས་དོན་གྲུབ། ཆོས་སྤྱོད་དང་གྲྭ་རྒྱུན་དགོན་གསར་བ་དང་མཚུངས། དགེ་འདུན་བརྒྱ་སྐོར།

༤༦ རྫི་ཏུ་བསམ་གྲུ༷བ་དགོ༷ན་ནི། བསམ་གཏན་སེང་གེས་བཏབ། དེ་རྗེས་དྲུང་རམས་དཔལ་འབྱོར། བསྟན་དར། བརྩོན་འགྲུས་བཀྲ་ཤིས། དགེ་ལེགས་དཔལ་འབྱོར། ད་ལྟ་འཕགས་པ་རྒྱ་མཚོ། ཆོས་སྤྱོད་གྲྭ་རྒྱུན་སོགས་དཀྱིལ་མཁར་དང་མཚུངས། དགེ་འདུན་དྲུག་ཅུ་སྐོར།

༤༧ ས་ཨོད་ལྷ༷་རྩེ༷་དགོ༷ན་ནི། རྒྱབ་སྡེ་བ་ཚུལ་ཁྲིམས་དབང་ཕྱུག་གིས་བཏབ། དེ་རྗེས་དཀོན་ཅོག་སེང་གེ །ཀུན་དགའ་སྙིང་པོ། ཀུན་དགའ་དོན་གྲུབ། (༢༥༨ན)

ཀུན་དགའ་གྲགས། དཀོན་ཅོག་བཀྲ་ཤིས། འཕགས་པ་བཀྲ་ཤིས། ལྷ་དབང་རྒྱ་མཚོ། ངག་བཟང་། ངག་ནོར། དོན་གྲུབ། ད་ལྟ་དགེ་ལེགས་རྒྱ་མཚོ། ལར་རྒྱའི་ཁ་འཛིན་ཆབ་མདོ་འཕགས་པ་ལྷ་སྤྲུལ་སྐུས་མཛད། ནག་པོ་སྐོར་གསུམ་སོགས་དགེ་ལུགས་ཕྱིངས་འགྲེར་ཞལ་ སྟ་བཀའ་བརྒྱུད་དང་ས་སྐྱ་པའི་འདྲེས་ཡོད། གྲྭ་རྒྱུན་སེར་འཛམས་གསང་ཕུ་སློ་སེར་སོགས་ངེས་མེད་དུ་འགྲོ། གྲྭ་པ་ལྔ་བཅུ་སྐོར།

༤༨ ཞིག་ཆོས་རྫོང་ནི། ཆབ་མདོ་བྱམས་པ་གླིང་གི་མཁན་ཐོག་གཉིས་པ་རྒྱལ་བ་བཙོང་ཁ་པ་ཆེན་པོའི་ཞལ་སློབ་མངའ་རིས་ཞང་ཞུང་པ་ཆོས་དབང་གྲགས་པས་བཏབ་ཅིང་འཕགས་པ་ལྷ་མཐོང་དོན་ལྡན་ལ་ཕུལ། དེ་མོ་སྤྲུལ་སྐུ་ངག་དབང་བསྟན་འཛིན་ལ་གནང་། དེ་ནས་ངག་དབང་འཕྲིན་ལས་བཟང་པོ། ད་ལྟ་ཆོས་རྗེ་ངག་དབང་བསྟན་འཛིན། གཞིས་དགོན་ སྟགས་གྲྭ་དགེ་ལུགས་ཕྱིངས་འགྲེ། ཆོས་སྤྱོད་ཞལ་སྟ་བཀའ་བརྒྱུད། གྲྭ་རྒྱུན་སེར་འབྲས་དང་དྭགས་པོ་གྲྭ་ཚང་གང་མོས་སུ་འགྲོ། དགེ་འདུན་བཞི་བཅུ་སྐོར།

༤༩ བ་གྲོང་དགོན་ནི་རྩ་བའི་དགོན་འདེབས་པོ། བར་སྐབས་ཀྱི་བླ་བརྒྱུད། འདོན་ཆོས་སྤྱོད། གྲྭ་རྒྱུན་འགྲོ་ཁུངས་སོགས་མཐའ་དག་ཆོས་རྫོང་དང་མཚུངས། དགེ་འདུན་དྲུག་ཅུ་སྐོར།

༥༠ ཚྭགས་ར་དགོན་ནི། བྲིས་གསར་རྙིང་དང་ཕུ་ཡུལ་བས་ས་ཡུལ་དང་མི་སྡེ་བཅས་འཕགས་པ་ལྷ་མཐོང་བ་དོན་ལྡན་ལ་ཕུལ་བས་གཞི་བྱས། སྦྱིན་བདག་སྡེ་པ་དབང་དྲག་གིས་བགྱིས་ཏེ་གསར་དུ་བཙུགས། འཕགས་པ་ལྷས་སྤྲུལ་སྐུ་ངག་དབང་ལ་གནང་། དེ་ནས་ངག་དབང་འཕྲིན་ལས་བཟང་པོ། ད་ལྟ་ཆོས་རྗེ་ངག་དབང་(༢༥༨བ)བསྟན་འཛིན། གཞིས་དགོན་སྟགས་གྲྭ་དགེ་ལུགས་ཕྱིངས་འགྲེ། ཆོས་སྤྱོད་ཞལ་སྟ་བཀའ་བརྒྱུད། གྲྭ་རྒྱུན་སེར་འབྲས་གང་མོས། དགེ་འདུན་བརྒྱ་སྐོར། མཁར་ནག་ཆོས་འབྱུང་དུ་ཛ་ན་བཀྲ་ཤིས་དར་རྒྱས་གླིང་ཞེས་རྒྱ་སྟོན་པས་བཏབ་པའི་དགེ་ལུགས་ཀྱི་དགོན་པ་ཡོད་པར་བཤད་ཀྱང་དེང་སང་འདི་ཡིན་ངོ་འཚོད་པ་མ་བྱུང་།

༥༡ སྤུར་ཆུ་མདོ་ནི། སྡེར་སྲུས་བཏབ་མ་བྱུང་། ད་ལྟ་ལྷོ་རྫོང་ནས་བླ་མ་རེ་བསྐོ། གསང་འདུས་ནག་པོ་སྐོར་གསུམ་སོགས་དགེ་ལུགས་ཕྱིངས་འགྲོ། གྲྭ་རྒྱུན་སེར་འབྲས་དགེ་གསུམ། དགེ་འདུན་ལྔ་བཅུ་སྐོར།

༥༢ དབང་དགོན་ནི། དགེ་དགོན་ཕྱིས་བྱུང་ཞིག་ཡིན་ནམ་སྙམ་ལ་ད་ལྟ་གཞུང་ནས་བླ་མ་རེ་གཏོང་། གསང་བ་འདུས་པ་སོགས་གཞིས་དགོན་ཕྱིངས་འགྲོ། གྲྭ་རྒྱུན་སེར་འབྲས་དགེ་གསུམ་གང་མོས། དགེ་འདུན་བཞི་བཅུ་སྐོར།

༥༣ ཡུལ་བཞིའི་དགོན་གསུམ་ནི། གསེར་པ་བ་རང་གི་གོང་མ་ཞིག་གིས་བཏབ་པམ་གང་ལྟར་ད་ལྟ་དེའི་བརྒྱུད་འཛིན་ན་རིམ་ནས་སྐྱོང་། གཞིས་དགོན་ཕྱགས་གྲྭ། གྲྭ་རྒྱུན་སེར་འབྲས་དགེ་གསུམ་གང་མོས། དགེ་འདུན་དྲུག་ཅུ་སྐོར།

༥༤ འོ་ཆུང་དང་སམ་དབྲ་དགོན་གཉིས་ད་ལྟ་ལར་རྒྱའི་ཁ་འཛིན་ཏ་ཚ་ག་རྗེ་དྲུང་གིས་མཛད་ཅིང་སློབ་ཆུང་རེ་བསྐོ། ཆོས་སྤྱོད་གཞིས་དགོན་ཕྱིངས་འགྲོ། གྲྭ་རྒྱུན་སེར་འབྲས་དགེ་གསུམ། དགེ་འདུན་དྲུག་ཅུ་སྐོར།

༥༥ ཧོར་འདྲ་ཁོག་ཡུལ་སྟེང་དགོན་གྱི་བླ་མ་ཆོས་སྤྱོད་སོགས་གོང་མཚུངས། དགེ་འདུན་སུམ་ཅུ་སྐོར།

༥༦ ཁྲུང་པོ་གྲོང་དཔལ་དགོན་ནི། ཚ་འཕོང་བླ་མ་ན་རིམ་གྱིས་སྐྱོང་ཞིང་ཆོས་སྤྱོད་མི་མཚུངས། གྲྭ་རྒྱུན་འབྲས་སྤུངས་བློ་གསལ་གླིང་། དགེ་འདུན་བཞི་བཅུ་སྐོར།

༥༧ རག་ཉག་ཕུན་ཚོགས་ཐེག་ཆེན་གླིང་ནི། (༢༥༡ན)ལྷན་མ་ཤ་ཁྲིད་པས་ཕྱུང་བསྟན་ཅིང་ཆོས་སྐྱོང་རྣམ་རྒྱལ་གྱིས་བཏབ། ད་ལྟ་ཤ་ཁྲིད་སྐུ་སྐྱེས་སྐྱོང་། གཞིས་དགོན་ཕྱགས་ཕྱོགས་རྒྱུད་སྨད་པར་ཉེ། གྲྭ་རྒྱུན་འབྲས་སྤུངས་བློ་གསལ་གླིང་། དགེ་འདུན་བརྒྱ་དང་ལྔ་བཅུ་སྐོར།

༥༨ འགུའུ་རུ་དགོན་ནི། མཁར་པ་བསོད་ནམས་རྒྱ་མཚོས་བཏབ། ད་ལྟ་ཤ་ཁྲིད་པས་སྐྱོང་ཞིང་། ཆོས་སྤྱོད་དང་གྲྭ་རྒྱུན་གོང་མཚུངས། དགེ་འདུན་དྲུག་ཅུ་སྐོར།

༥༩ འབུམ་དིལ་དགོན་ནི། ཤེས་རབ་འོད་ཟེར་གྱིས་བཏབ། ད་ལྟའི་བླ་མ།

ཆོས་སྤྱོད། གྲྭ་རྒྱུན་སོགས་རག་ཉག་དང་མཚུངས། དགེ་འདུན་ལྔ་བཅུ་སྐོར།

༨༠ ཡུལ་ཤུལ་ཤ་ཏྲུ་དགོན་ནི། དགོན་ཅིག་གྲགས་པས་བཏབ། ད་ལྟ་ཕན་བླ་རབས་དྲུག་སོང་ཟེར་བ་ལས་མིང་མ་བྱུང་། གཞིས་དགོན་ སྟགས་ཕྱོགས་དགེ་ལུགས་དཔེ་འགྲེ། གྲྭ་རྒྱུན་རྒྱུད་སྨད་སོགས་སུ་འགྲོ། དགེ་འདུན་བཞི་བཅུ་ཞེ་དགུ་སྐོར།

༨༡ ཕུན་ཚོགས་ཐེག་ཆེན་གླིང་ནི། ཆེ་ཆེན་ཆོས་རྗེས་བཏབ་ཅིང་ད་ལྟའང་སྐྱོང་། གཞིས་དགོན་སྟགས་ཕྱོགས་དཔེ་འགྲེ། གྲྭ་རྒྱུན་སྟར་ཕན་འགྲོ་ཁུངས་འདི་ཡིན་མེད། དགེ་འདུན་ལྔ་བཅུ་ང་ལྔ་སྐོར།

༨༢ ངོམ་ཚ་སྒང་སྒྲོགས་གདོང་དགོན་ནི། གསེང་ སྨྲས་ཀྱིས་བཏབ། དེ་ནས་ཆོས་རྗེ་རབ་འབྱམས་པ། སེང་གེ་དཔལ་བཟང་། རིན་ཆེན་མཆོག་གྲུབ། རིན་ཆེན་ཕུན་ཚོགས། སྟགས་རམས་པ། ད་ལྟ་ལུང་རྟོགས་རྒྱ་མཚོ། གཞིན་དགོན་སྟགས་ཕྱོགས་དཔེ་འགྲེ། གྲྭ་རྒྱུན་འདིར་འགྲོའི་གསལ་ཁ་མ་བྱུང་། དགེ་འདུན་དྲུག་ཅུ་སྐོར།

༨༣ འབར་ཧྲ་དགོན་ནི། སློང་ཇོ་བཟང་པས་བཏབ་ཅིང་། ད་ལྟ་དེའི་སྐྱེ་བ་བློ་བཟང་(༢༥༩བ)བསྟན་འཛིན་གྱིས་སྐྱོང་། གཞིས་དགོན་སྟགས་ཕྱོགས། གྲྭ་རྒྱུན་འདིར་འགྲོའི་གསལ་ཁ་མེད། དགེ་འདུན་བཞི་བཅུ་སྐོར།

༨༤ གྲི་ཕུ་དགོན་ནི། ཤེས་རབ་རྒྱལ་མཚན་གྱིས་བཏབ། གཞིས་དགོན་སྟགས་གྱ། གྲྭ་རྒྱུན་འབྲས་སྤུངས་བློ་གསལ་གླིང་། དགེ་འདུན་ཉི་ཤུ་སྐོར།

༨༥ རྨ་འགྲིལ་དགོན་ནི། སྔར་གྱི་དགོན་རྙིང་ཞིག་རལ་དུ་སོང་བ། ཕྱིས་རབ་འབྱམས་པ་དགེ་འདུན་རྒྱལ་མཚན་གྱིས་ཞིག་གསོ་དར་རྒྱས་སུ་བགྱིས། ད་ལྟ་བློ་བཟང་འཕྲིན་ལས། གཞིས་དགོན་སྟགས་གྱ། གྲྭ་རྒྱུན་རྒྱུད་སྟོད་སོགས། དགེ་འདུན་སུམ་ཅུ་སྐོར།

༨༦ ཀཱ་ར་ཕུ་དགོན་ནི། བཀའ་བཞི་པ་བྱང་ཆུབ་སེམས་པས་བཏབ། གླིང་སྟོན་བཀྲ་ཤིས་རྒྱལ་མཚན། སངས་རྒྱས་བཀྲ་ཤིས། དགེ་འདུན་བཀྲ་ཤིས། ཚངས་པ། འདི་སྐབས་རྒྱལ་བསྟན་སྤྱི་ལ་ཕོག་པར་འཕྲུ་བ་བེ་རིས་བོན་དུ་བསྒྱུར། སླར་

རྗེ་བླ་མ་མཆོག་གི་ཐུགས་རྗེའི་དབང་གིས་དགེ་ལུགས་ཚོགས་སུ་ཚུད་ནས། དགེ་ལེགས་རྒྱལ་མཚན། ད་ལྟ་ངག་དང་དགེ་ལེགས། གཞིས་དགོན་ཐུགས། གྲྭ་རྒྱུན་ཟླ་གླིང་། གྲྭ་པ་ཉི་ཤུ་སྐོར།

(༤༧) ལྷུན་མ་ཐུབ་བསྟན་ཆོས་འཁོར་གླིང་ནི། འཇམ་པའི་དབྱངས་བཀྲ་ཤིས་དཔལ་ལྡན་པ་དང་ཞ་ལུ་བ་ལེགས་པ་རྒྱལ་མཚན་སོགས་ཀྱི་གསུང་ལས་སྐྱེས་པ་གཞུང་ལུགས་རབ་འབྱམས་ལ་མི་འཇིགས་པའི་སྤོབས་པ་མཆོག་ཏུ་དགེ་བ་ཉག་རེ་རྡོ་རྗེ་རྒྱལ་མཚན་གྱིས་བཏབ། གྲྭ་ཚང་ཁག་གཉིས་སོ་སོར་སློབ་དཔོན་པ་རེ་བསྐོ། མཁན་སར་རིམ་པ་ལྟར། སེམས་དཔའ་ཆེན་པོ་ཆོས་ཀྱི་བློ་གྲོས། ཚུལ་པ་བཀྲ་ཤིས་དོན་གྲུབ། དམ་པ་ཆོས་ཀྱི་རྒྱལ་མཚན། ཚ་བ་སངས་རྒྱས་ཚུལ་ཁྲིམས། བོང་ཞོ་བ་དཀོན་(༢༨༠ན)ཅོག་ལྷུན་གྲུབ། རྒྱ་མ་བ་བློ་གྲོས་ལྷུན་གྲུབ། གཙང་པ་ཀུན་དགའ་དཔལ་ལྡན། ཡེ་ཤེས་འོད་ཟེར། འབྲུལ་པ་བློ་བཟང་། ཨ་གྲོ་ལུང་རིག་རྒྱ་མཚོ། འདི་སྐབས་ཁམས་གསུམ་པས་ཞབས་ཀྱི་པདྨོ་ལ་ཕྱག་བྱས་ཤིང་སྙན་པའི་གྲགས་པ་ཕྱོགས་ཀྱི་བུ་མོའི་འགྲམ་པ་ལ་འགོད་པ་རྗེ་བཙུན་རྒྱལ་བའི་དབང་པོ་བསོད་ནམས་རྒྱ་མཚོའི་དཔལ་ལེགས་བྱས་སྤེལ་བའི་བྱེད་པོར་གདན་དྲངས། བྱང་ཆུབ་ལམ་གྱི་རིམ་པ་སོགས་ཟབ་པ་དང་རྒྱ་ཆེ་བའི་ཆོས་ཀྱི་འཁོར་ལོ་དུ་མ་ཞིག་བསྐོར། སྙིང་པོ་དོན་གསུམ་གྱི་འཕྲིད་དང་གུར་གྱི་སྒྲུབ་ཐབས་སོགས་བཀའ་རྩོམ་ཁ་ཡར་གནང་། རྗེ་རང་ཉིད་ཀྱིས་བསྙེན་པ་གནང་བའི་ཆོས་སྐྱོང་རྒྱ་མཚོའི་ཚོགས་ཀྱི་བརྟེན་གཏོར་ཕྱག་ལེན་རྣམ་པར་དག་པ་བཞིན་གསར་དུ་བཙུགས། ཆོས་སྐྱོང་རྣམས་ཀྱིས་ཞལ་མངོན་སུམ་དུ་བསྟན་པ་སོགས་ཡ་མཚན་བརྗོད་དུ་མེད་པ་བྱུང་། དེ་རྗེས་གདན་སར་ནམ་མཁའ་འོད་ཟེར། བློ་བཟང་བསྟན་པ་རྒྱ་མཚོ། གུང་རུ་དགེ་འདུན་བཀྲ་ཤིས། འདར་སྟོན་ངག་དབང་རྣམ་རྒྱལ། ངག་དབང་ལྷུན་གྲུབ་རྒྱ་མཚོ། བློ་བཟང་། ད་ལྟ་སྐུ་སྐྱེ་ངག་དབང་བློ་བཟང་བསྟན་འཛིན། གསང་འདུས་ཀུན་རིག །མི་འཁྲུགས་པ། ནག་པོ་སྐོར་གསུམ་སོགས་དགེ་ལུགས་གཞིས་དགོན་བྱིངས་འགྲོ། གྲྭ་རྒྱུན་འབྲས་སྤུངས་

ལྷོ་གསལ་གླིང་། དགེ་འདུན་ལྔ་བརྒྱ་སྐོར། འདིབས་མི་མ་ངེས་ཤིང་། འདོན་ཆོས་སྤྱོད་དང་གྲྭ་རྒྱུན་སོགས་མི་མཚུངས་ཀྱི་དགོན་ལག་གྲས།

༦༨ ལྡན་ལུང་ཡོན་དགོན་དགེ་འདུན་བརྒྱད་ཅུ་སྐོར། ག་ཤེ་ནང་དཀར་བྲུ་དགོན་མ་ལག་གཉིས་དགེ་འདུན་བདུན་ཅུ་སྐོར། གདོང་འཛོམ་དགོན་དགེ་འདུན་དྲུག་ཅུ། སྲིབས་སྨད་རྣམ་རྒྱལ་གླིང་པ་(༢༨༠བ)དགེ་འདུན་དྲུག་ཅུ། དམར་འགྲམ་བྱང་ཆུབ་གླིང་པ་དགེ་འདུན་དྲུག་ཅུ། ཟིན་ཞི་ཡུལ་དགའ་དགོན་དགེ་འདུན་བཞི་བཅུ། རབ་ནང་དགོན་ཡགས་ལ་དགེ་འདུན་བཞི་བཅུ། ཚེ་སྨན་ཡར་འགག་དགོན་དུ་དགེ་འདུན་སུམ་ཅུ། ཞིང་ཆུ་ཁ་ཁྲ་མ་དགོན་ལ་དགེ་འདུན་སུམ་ཅུ།

༦༩ ཟླ༷་དཀ༷ར་དགོ༷ན་མ་ལག་གསུམ་ནི། མཁར་ནག་ཆོས་འབྱུང་དུ་ཆོས་རྗེ་རྣམ་རྒྱལ་གྲགས་པས་ལྡན་སྟོད་ཚེ་དཀར་ཆོས་སྡེ་བཏབ་ནས་གཞུང་བཤད་མཛད་ཅེས་པ་དང་དོན་གཅིག་གམ་སྙམ་ལ། འོས་ཐོ་དང་བསྟུན་ད་ལམ་ཧོར་ཐའི་ཇིས་བླ་མ་རེ་བསྐོ་སྒྲོལ་ཡོད་འདུག་ཀྱང་སྐྱིས་མང་མ་བྱུང་། གསང་འདུས་སོགས་དགེ་ལུགས་གཞིས་དགོན་བྱིངས་འགྲེའི་ཐོག །མདོ་ཕྱོགས་ཀྱི་བཤད་གྲྭ་ཧ་མ་ཆག་ཙམ་དང་། གྲྭ་རྒྱུན་སེར་འབྲས་དགེ་གསུམ། དགེ་འདུན་སུམ་བརྒྱ་སྐོར།

༧༠ ལབ་ཆོ༷ས་སྡེ༷་ནི། ཐར་སུས་བཏབ་མ་བྱུང་། ཕྱིས་ལྡན་ཆོས་འཁོར་ནས་སྐྱོང་ཞིང་། ཆོས་སྤྱོད་དང་གྲྭ་རྒྱུན་མ་དགོན་དང་འདྲ། དགེ་འདུན་བརྒྱ་དང་ཉི་ཤུ།

༧༡ དགོན་ལག་ཡུ༷ང་(ཡུལ་)ཤུལ་ཕུ༷ན་ཚོ༷གས་གླི༷ང་ལ་དགེ་འདུན་བརྒྱད་ཅུ།

༧༢ ཤ༷་རུ༷་དགོ༷ན་ལ་དགེ་འདུན་བརྒྱ།

༧༣ རྫོ༷་གད༷ན་དགོ༷ན་ལ་དགེ་འདུན་བདུན་ཅུ།

༧༤ བྱ༷་མོ༷་སྣ༷་ནི། ཐར་སུས་བཏབ་མ་བྱུང་། ཕྱིས་གཞུང་ནས་བླ་མ་རེ་གཏོང་བར་ད་ལྟ་སེ་ར་སྨད་དཀོན་ཅོག་ཚུལ་ཁྲིམས། གཞིས་དགོན་དགེ་ལུགས་ཐགས་གྲྭ་དཔེ་འགྲེ། གྲྭ་རྒྱུན་འབྲས་སྤུངས་སྒོ་མང་། དགེ་འདུན་བདུན་ཅུ་སྐོར།

༧༥ ནགས་ཤོད་སྤུས་མདའ་རྣམ༷་རྒྱལ༷་དཔལ༷་འབར༷་ནི། མདའ་རིས་གུ་གེ་ཞང

ཞུང་གི་ཆར་ཤིང་ཕོ་སྤྲེའུའི་ལོ་ལ་འཁྲུངས་པ་ཆོས་དབང་གྲགས་པས་བཏབ། དེ་ནི་གཞོན་ནུ་ནས་དད་པ་དང་སྐྱེས་ཐོབ་ཀྱི་ཤེས་རབ་ཟད་དུ་བྱུང་བས་ཐུབ་དབང་བསྟན་པའི་འབྱུང་གནས་དབུས་གཙང་(༢༧༧ན)དུ་ཕྱིན་འཇམ་མགོན་ཆོས་ཀྱི་རྒྱལ་པོ་བཙོ༷ང་ཁ༷་པ༷་ཆེན་པོའི་བསྟན་པ་རིན་པོ་ཆེའི་སྙོར་ཞུགས། རྗེ་ཡབ་སྲས་རྣམས་ཀྱི་ཞབས་པད་བསྟེན་ཏེ་མདོ་སྔགས་རིག་གནས་མཐའ་དག་ལ་ལེགས་པར་སྦྱངས་པས་མཁས་པ་ཆེན་པོར་གྱུར་ཏེ། ཕྱིས་མུ་སྲིད་པ་དང་འདི་གཉིས་རྒྱལ་བ་འཇམ་དཔལ་སྙིང་པོའི་སློབ་མའི་ནང་ནས་རྣམ་དཔྱོད་ཕུལ་དུ་བྱུང་བ་ཟུང་ཞེས་གྲགས། དཔལ་དུས་ཀྱི་འཁོར་ལོའི་ཊཱི་ཀ་ཆེན་གྱི་མུས་བཙམས། བླ་མ་དང་ལྷག་པའི་ལྷར་བསྟོད་པ་མཛད་རིགས་སྙན་ངག་གི་རྒྱན་ཤིན་ཏུ་འཕྱོར་ཞིང་འཇེབས་པར་སྣང་། ཆབ་མདོ་བྱམས་པ་གླིང་གི་གདན་ས་དང་ལྷོ་ཁོག་ཏུ་དགོན་གསར་བསྐྲུན་སོགས་བསྟན་པའི་བྱ་བ་མཐའ་ཡས་པ་མཛད། དགུང་ལོ་རེ་བརྒྱད་པ་ལ་གནས་འདི་ཉིད་དུ་ཞི་བར་གཤེགས་པ་ཡིན་ལ། གདན་ས་བ་ནི་དྲུང་དཔོན་པོ་ཀུན་དགའ་རྒྱལ་མཚན། ལ་མོ་བ་ཀུན་དགའ་སྙིང་པོ། མངའ་རིས་པ་ཆེ་སྟོན་བློ་གྲོས། འཕགས་པ་ལྷ། མང་ར་བ་གྲགས་པ་ཚུལ་ཁྲིམས། གཙང་སྟོན་ལེགས་བཟང་དཔལ་འབྱོར། མཐར་རྒྱས་པ་ཀུན་དགའ་རྒྱ་མཚོ། དཔའ་ཤོད་པ་དཀོན་ཅོག་རིན་ཆེན། ཁར་རྩ་དཔོན་པོ་བློ་བཟང་། རྟ་ནག་དགེ་འདུན་བཟང་པོ། ལྷ་རི་མགོན་པོ། བློ་བཟང་ཡེ་ཤེས་དབང་པོ། ཆོས་རྗེ་འཕྲིན་ཐང་པ། ཆོས་བློ་གྲོས། གུང་རུ་རབ་འབྱམས་པ། དགྲ་ལྷ་དཔལ་འབྱོར། ཆབ་མདོ་ཚུལ་བཀྲས་པ། ཧོར་སྤྱིན་པ་རྒྱལ་མཚན། ལར་རྒྱའི་ཁ་འཛིན་རྟ་ཚག་རྗེ་དྲུང་ངག་དབང་དཀོན་ཅོག་ཉི་མས་མཛད་ཅིང་། སློབ་ཚུང་འབྲུ་ཡ་སྐྱུ་སྐྱེ། ད་ལྟ་བློ་བཟང་བསྟན་འཛིན། གསང་འདུས། ཀུན་རིག །ནག་པོ་སྐོར་གསུམ་སོགས་དགེ་ལུགས་ཕྱིངས་མཚུངས། གྲྭ་རྒྱུན་སེར་འབྲས་དགེ་གསུམ་(༢༧༧བ)གྱི་ཁམས་ཚན་ལྟོ་པ། དགེ་འདུན་བདུན་ཅུ་སྐོར།

༧༨ རྟ༷་སྨོ༷ས་ཆོ༷ས་འཁོ༷ར་གླི༷ང་ནི། མཁར་ནག་ཆོས་འབྱུང་སོགས་སུ་ཆོས་རྒྱལ་

སྒྲོང་བཙན་སྒམ་པོའི་བཙུན་མོ་རྒྱ་བཟའ་ཨོང་ཆུང་མདོ་ཁམས་བརྒྱུད་ཕྱིན་པའི་ཡར་ལམ་བཏབ་པར་བཞེད་ཀྱང་། ཆོས་རྒྱལ་དུས་ཕ་བོང་ཁ་དང་ཡེར་པར་གོས་དཀར་ལྟང་ཡོའི་ཕྲེང་བ་ཅན་གྱི་སྒོམ་གྲྭ་ཚུགས་ཞེས་ལོ་རྒྱུས་རེ་གཉིས་སུ་མཆིས་ནའང་། གཞན་འདུས་སྡེ་ལ་སོགས་པ་བྱུང་བར་མ་བཤད་པས་ཐེ་ཚོམ་གྱི་གཞི་ཆེ་ལ། འོན་ཀྱང་རྒྱ་བཟའ་ཇོ་བོ་ཞག་ཤས་ཙམ་བཞུགས་པའི་བསྡི་གནས་སུ་གཙུག་ལག་ཁང་ཆུང་ཏུ་བཏབ་པར་ཕྱིས་རིམ་གྱིས་དགོན་པ་ཆགས་སམ་སྙམ་མོ། །བླ་རབས་ནི། གླུ་འབུམ་པ། སྡེ་པ་གུ་རུ་འོད་ཟེར། སྐྱེར་ལུང་བསོད་ནོར། ཨ་མདོ་རབ་འབྱམས་པ། ཏོར་ཤེས་རབ་ཡོན་ཏན། ཆོས་ཕུན་ཚོགས། ཆབ་མདོ་བློ་བཟང་དར་རྒྱས། བློ་བཟང་དཔལ་འབྱོར། ཚེར་གསེབ་བློ་བཟང་ཆོས་རྒྱལ། སོག་པོ་བློ་བཟང་ཚུལ་ཁྲིམས། ད་ལྟ་སེ་ར་ཚུལ་ཁྲིམས། གསང་འདུས། འཇིགས་བྱེད། ནག་པོ་སྐོར་གསུམ་སོགས་དགེ་ལུགས་ཕྱིངས་མཚུངས། གྲྭ་རྒྱུན་སེར་འབྲས་དགེ་གསུམ་གྱི་ཁམས་ཚན་སྡེ་པ། དགེ་འདུན་བརྒྱ་དང་སུམ་ཅུ་སྐོར།

༧༧ ར༷་ཁྲིམ༷་དག༷འ་ལྡན༷་དར༷་རྒྱས༷་གླིང༷་ནི། ནགས་ཤོད་ལྷ་རྩེ་བ་བཀའ་བཞི་གྲགས་པ་རྒྱ་མཚོས་བཏབ། དེ་ནས་རིམ་པ་ལྷར་ཀ་དྲུག་པ། བྲ་རྒོད་དཀའ་བཅུ། ཤཱཀྱ་སེང་གེ །ཧྗ་བཟང་པོ། སངས་རྒྱས་འོད་ཟེར། ཕོར་ཚ་བླ་མ། བློ་བཟང་ཉི་མ། ནམ་མཁའ་རྣམ་རྒྱལ། གུ་རུ་འོད་ཟེར། སྐྱེར་ལུང་བསོད་ནོར། ཨ་མདོ་རབ་འབྱམས་པ། ཤེས་རབ་ཡོན་ཏན། སྡེ་པ་ཆོས་ཕུན་ཚོགས། གུ་རུ་འོད་ཟེར། བློ་བཟང་(༢༥༢ན)དར་རྒྱས། བློ་བཟང་དཔལ་འབྱོར། ཚེར་གསེབ་སྨྲུ་སྨྲི། བློ་བཟང་བཀྲ་ཤིས། ད་ལྟ་བློ་བཟང་ཚུལ་ཁྲིམས། གསང་བ་འདུས་པ་སོགས་ཆོས་སྤྱོད་དགེ་ལུགས་ཕྱིངས་མཚུངས། གྲྭ་རྒྱུན་སེར་འབྲས་དགེ་གསུམ་གྱི་ཁམས་ཚན་སྡེ་པ། དགེ་འདུན་སུམ་ཅུ་སྐོར།

༧༨ འབྲོང༷་ད༷་དགོན༷་ནི། དྲུང་བློ་གྲོས་བཀྲ་ཤིས་ཀྱིས་བཏབ། དེ་ནས་ལྷ་རྩེ་བཀའ་བཞི་པ། ཀ་དྲུག་པ། བ་བླ་མ། སོ་བླ་མ་ཁུ་དཔོན་གསུམ། ཁྱུང་པོ་བར་རྒྱབ་

པ། འབྲོང་ཐང་ཆོས་རྗེ། དགྲ་ལྷ་དཔལ་འབྱོར། ཚུལ་ཁྲིམས་བཀྲ་ཤིས། ཇོར་སྦྱིར་པ་དཔལ། ད་ལྟ་ལར་རྒྱའི་ཁ་འཛིན་ཧ་ཚག་རྗེ་དྲུང་གིས་མཛད་ཅིང་། སློབ་ཚང་འབྲུ་ལ་སྐུ་སྐྱེ། གསང་འདུས། ཀུན་རིག །ནག་པོ་སྐོར་གསུམ་སོགས་དགེ་ལུགས་གཞིས་དགོན་སྤྱི་འགྲེ། གྲྭ་རྒྱུན་གོང་མཚུངས། དགེ་འདུན་ལྔ་བཅུ་སྐོར།

༧༩ ཞུག་ཐང་དགོན་ནི། འཇམ་མགོན་ཆོས་ཀྱི་རྒྱལ་པོའི་དངོས་སློབ་རྒྱ་རྡོར་བློ་བཟང་གྲགས་པས་བཏབ། དེ་ནས་གདན་སར་བླ་འབུམ་པ། ཁོར་ཙ་ཆོས་ངོད་ཟེར། དབུས་པ་དམ་ཆོས་རྒྱ་མཚོ། ངག་དབང་ཆོས་གྲགས། སྐྱོར་ལུང་བསོད་ནོར། ལྷ་དབང་བཀྲ་ཤིས། བློ་བཟང་དཔལ་འབྱོར། ཚུལ་ཁྲིམས་བཀྲ་ཤིས། ད་ལྟ་ལར་རྒྱའི་ཁ་འཛིན་ཧ་ཚག་རྗེ་དྲུང་། སློབ་ཚང་འབྲུ་ལ་སྐུ་སྐྱེ། གསང་འདུས། ཀུན་རིག །ནག་པོ་སྐོར་གསུམ་སོགས་དགེ་ལུགས་གཞིས་དགོན་དཔེ་འདྲ། གྲྭ་རྒྱུན་གོང་མཚུངས། དགེ་འདུན་དྲུག་ཅུ་སྐོར།

༨༠ སྟག་ལུང་རི་བོ་དཔལ་འབར་དང་གཡག་བཀྲབ་རི་བོ་མདངས་ལྡན་གཉིས་ནི། སྟག་ཤུ་གུ་ཤྲཱི་དཔལ་ལྡན་དོན་གྲུབ་ཀྱིས་བཏབ། ཆོས་འབྱུང་འགར་ག་ཡག་བཀྲབ་དྲུང་ཀུན་དགའ་སྙིང་པོས་བཏབ་ཚུལ་བྱུང་། (༢༨༢བ)བླ་རབས་ནི། སྟག་ཤུ་བ་ཞབས་ཞུམ། བསོད་ནམས་ཆོས་རྒྱ་མཚོ། ཆོས་རྒྱལ་བསྟན་འཛིན། བཀྲ་ཤིས་ཆོས་རྒྱལ། ད་ལྟ་བློ་བཟང་བསྟན་འཛིན། གསང་འདུས། ཀུན་རིག །ནག་པོ་སྐོར་གསུམ་སོགས་གཞིས་དགོན་དཔེ་འགྲེ། གྲྭ་རྒྱུན་གོང་མཚུངས། དགེ་འདུན་བདུན་ཅུ་སྐོར།

༨༡ རྭ་ལག་དགོན་ནི། དགེ་བའི་བཤེས་གཉེན་སྟེའུ་ཟུར་པས་བཏབ་ཅིང་སྡེ་སོར་བཀའ་གདམས་གསར་རྙིང་གི་རིང་ལུགས་འཛིན་པ་དེང་སང་འབྲི་གུང་པར་འགྱུར་བས་བླ་རབས་སོགས་འདིར་མ་སྨོས། རབ་བརྟན་གླིང་ནི་སྐྱོར་ལུང་ལྷ་རྩེ་བླ་མས་བཏབ། བླ་མ་གུ་རུ་འོད་ཟེར་ནས་བཟུང་རྟ་སྨོས་ཆོས་འཁོར་གླིང་པའི་དགོན་ལག་ཏུ་སོང་བས་བླ་རབས། འདོན་ཆོས། གྲྭ་རྒྱུན་སོགས་གང་ཅི་མ་མཚུངས། དགེ་འདུན་རྟ་སྨོས་ཀྱི་ཁོངས་སུ་འདུས།

༤༢ ཀར་ཤོད་གོང་དགོན་ནི། བཀྲ་ཤིས་རྒྱ་མཚོ་ཞེས་འཇམ་མགོན་ཆོས་ཀྱི་རྒྱལ་པོའི་ཞལ་སློབ་ཏུ་གྲགས་པས་བཏབ། བར་སྐབས་ཀྱི་བླ་རབས་མ་བྱུང་། ཕྱིས་མིག་གཉིས་དཀའ་བཅུ། དཔག་ཤོད། ལྷ་དབང་ཤེས་རབ། ད་ལྟ་ཆབ་མདོ་འཇམ་དབྱངས་དཔལ་བཟང་། གཞིས་དགོན་སྟག་ལུགས། གྲྭ་རྒྱུན་ལྔ་པ་ཁམས་ཚན། དགེ་འདུན་བཞི་བཅུ་སྐོར།

༤༣ ཧྲ་ཆུ་བརྒྱུད་ཁྲི་རྫོང་དགོན་ནི། ཞང་ཞུང་པ་ཆོས་དབང་གྲགས་པས་བཏབ། བར་སྐབས་ཆབ་མདོ་ནས་བླ་མ་ཁ་ཤས་སོང་། ཕྱིས་མིག་གཉིས་དཀའ་བཅུ། བློ་བཟང་ལེགས་པ། སྣང་བ་ཤེས་རབ། ད་ལྟ་ཆབ་མདོ་འཇམ་དབྱངས་དཔལ་བཟང་། གཞིས་དགོན་སྟག་ལུགས། གྲྭ་རྒྱུན་ལྔ་པ། དགེ་འདུན་དྲུག་ཅུ་སྐོར།

༤༤ ངོམ་ཆུ་བརྒྱུད་སྐྱིད་པ་དགེ་འདུན་སྒང་ནི། མཁར་ཡོའི་ཆོས་འབྱུང་(༢༦༣ན)དུ་ཀྱིམ་བར་རིན་ཆེན་སྒང་ཞེས་པ་དང་དོན་གཅིག །ད་ལྟ་རི་བོ་ཆེ་ནས་སྐྱོང་། གཞིས་དགོན་དགེ་ལུགས་དཔེ་འགྲོ། གྲྭ་རྒྱུན་སེ་ར་བྱེས། དགེ་འདུན་སུམ་ཅུ་སྐོར།

༤༥ གཡས་རུ་རི་རྒྱབ་དགོན་ཆོས་སྡིང་དགེ་ལུགས་བྱིངས་འགྲོ། གྲྭ་རྒྱུན་སེ་ར་བྱེས། དགེ་འདུན་བཅོ་ལྔ་སྐོར།

༤༦ ལྷུམ་མདའ་དགོན་ནི། འཇམ་མགོན་ཆོས་ཀྱི་རྒྱལ་པོའི་དངོས་སློབ་མཁན་ཆེན་བཀྲ་ཤིས་རྒྱ་མཚོས་བཏབ། བར་སྐབས་སུ་ཆབ་མདོའི་དགོན་ལག་ཏུ་གྱུར་ཅིང་། བླ་མའང་དེ་ནས་བསྐོས་པ་ཁ་ཤས་ཡོད་འདུག་པའི་མིང་མ་བྱུང་། ཕྱིས་ཤོ་མདོ་ལེགས་བཤད་རྒྱལ་མཚན། གུང་ཐང་བཀྲ་ཤིས་རྒྱ་མཚོ། སྐྱོར་ལུང་བློ་བཟང་ལྷ་དབང་། ད་ལྟ་བསྟན་པ་འཕྲིན་ལས་དཔལ་འབྱོར། གཞིས་དགོན་སྟག་ཕྱོགས་རྒྱུད་སྟོད་དང་ཉེ། གྲྭ་རྒྱུན་སེ་ར་བྱེས་དང་ཉེ་ཐང་དུ་འགྲོ། དགེ་འདུན་ཉིས་བརྒྱ་ཉི་ཤུ་སྐོར།

༤༧ རྒྱ་ཤོད་བན་མཁར་ནི། མཚུངས་མེད་ཆོས་རྗེའི་སློབ་མ་བྱེའུ་གནས་བརྟན་བློ་བཟང་ཉི་མས་བཏབ། དེ་ནས་དཔོན་པོ་བྱམས་པ་ཐོགས་མེད། གཙང་པ་རབ་

འཁྲུངས་པ། ཨ་མདོ་སྐྱ་འབུམ་དཀའ་བཅུ། བར་སྐབས་བླ་མ་མེད་ཅིང་། ཁྲིམས་སྟག་ཕུ་གུ་ཤྲཱིའི་དབོན་བརྒྱུད་ཞབས་ཞུམ་པ། སྟག་ཕུ་བསོད་རྒྱམ། ཆོས་རྒྱལ་བསྟན་འཛིན། བཀྲ་ཤིས་ཆོས་རྒྱལ། ད་ལྟ་བློ་བཟང་བསྟན་འཛིན། གཞིས་དགོན་དགེ་ལུགས་སྔགས་གྲྭ་སྐྱི་འགྲེ། གྲྭ་རྒྱུན་སེར་འབྲས་དགེ་གསུམ་གྱི་ལྟོ་པ་ཁམས་ཚན་དུ་འགྲོ། དགེ་འདུན་བརྒྱད་ཅུ་སྐོར།

༨ ཚ་འབོང་དགོན་ནི། ཐོག་མར་ཀར་ལུགས། དེ་རྗེས་དྲུང་དཔལ་ལྡན་བཟང་པོ། ཐམས་ཅད་མཁྱེན་པ་དགེ་འདུན་གྲུབ་པའི་ཞབས་(༢༧༣བ)ལ་ཐུག་ཅིང་མི་ཁྱིད་པའི་དད་པས་དགོན་འདི་དགེ་ལུགས་སུ་རང་ཤུགས་ཀྱིས་འགྱུར་བར་གྲགས། དེ་ནས་དོན་གྲུབ་པ། དད་པ་བཟང་པོ། བཀྲ་ཤིས་པ། དཔལ་ལྡན་རྒྱ་མཚོ། ཤེས་རབ་རྣམ་རྒྱལ། ཀུན་དགའ་ལེགས་པ། ད་ལྟ་ཕུན་ཚོགས། གཞིས་དགོན་སྔགས་གྲྭ། གྲྭ་རྒྱུན་འབྲས་སྤུངས་བློ་གསལ་གླིང་སོགས་སུ་འགྲོ། དགེ་འདུན་བདུན་ཅུ་སྐོར།

༩ སྐང་སྣེ་དགོན་ནི། འཇམ་དབྱངས་བཀྲ་ཤིས་དཔལ་ལྡན་པའི་དངོས་སློབ་འབའ་རུ་བ་དགེ་འདུན་བཟང་པོས་བཏབ། མཁར་ནག་ཆོས་འབྱུང་དུ་སྒྲ་ཚོལ་ཏེ་གོང་ལེ་དགོན་ཟེར་བ་དང་གཅིག །བླ་རབས་ནི། བློ་གྲོས་རིན་ཆེན། ག་ཟི་དཔལ་འབྱོར། བསོད་ནམས་རིན་ཆེན། ཀུན་དགའ་སྙིང་པོ། ཤེས་རབ་ལྷུན་གྲུབ། བྱམས་པ་རྒྱ་མཚོ། ཡོན་རྒྱམ་པ། ད་ལྟ་བློ་བཟང་རིན་ཆེན། གཞིས་དགོན་སྔགས་ཕྱོགས་དགེ་ལུགས་ཕྱིངས་འགྲེ། གྲྭ་རྒྱུན་སེ་ར་སྨད་སོགས་སུ་འགྲོ། དགེ་འདུན་བརྒྱད་ཅུ་སྐོར།

༡༠ རྫོང་ཨ་རིག་ཐང་ནི། ཐམས་ཅད་མཁྱེན་པ་བསོད་ནམས་རྒྱ་མཚོའི་ཞེས་ལུང་བསྟན། ཏུ་ཞོད་པས་སྦྱིན་བདག་བགྱིས་ཏེ་བཙུགས། བླ་མར་པུཎྜི་མ་སྦྱིན་པ་བསྐོས། དེ་ནས་རྟ་ཞོད་དགེ་འདུན་བསོད་ནམས། ར་ཐག་པ་ལྷུན་གྲུབ་རྒྱ་མཚོ། རྟ་མགོ་བ་དགེ་འདུན་བློ་བཟང་། སྟག་ཕུ་བ་ཆོས་རྒྱལ་བསྟན་འཛིན། རབ་བརྟན། སྐྱེ་བོ་མ་ལ་བླ་མ། འདི་ནས་རྒྱ་མཚོ་གླིང་གསར་དུ་འཛུགས་པ་གནང་བའི་ཨ་རིག་ཐང་དང་བླ་མ་ཉིས་སྐྱོང་སྐབས་བླ་རབས་དེར་འབོད་ལྟར་དང་། ཀུན་རིབ་ །སྨན་

བླ་སོགས་ཆོས་སྤྱོད་རགས་བསྡུས་ཆོས་འཁོར་རྒྱལ་ལུགས། གྲྭ་རྒྱུན་སེར་འབྲས་སོགས་ཏ་ང་ཙ་ཁང་ནག་མར་འབབ། གྲྭ་པ་བརྒྱ་དང་སུམ་ཅུ(༢༨༩ན)སྐོར།

༡༧ བྱང་ལྷ་རི་འགོ་བདེ་ཆེན་གླིང་ནི། རྗེ་བཙུན་བཏན་པའི་འཁོར་ལོ་མཐོན་མཐིང་རལ་པའི་ཟུར་ཕུད་དོར་ཏེ་ཏྲུར་སྒྲིག་གི་རྒྱལ་མཚན་འཆང་བ་འཇམ་མགོན་ཆོས་ཀྱི་རྒྱལ་པོའི་ཞལ་སློབ་ཀྱི་ནང་ནས་ཁྲི་སྟེང་མཛེས་པའི་བླ་ཆེན་བཞིའི་ཡ་གྲལ་ཀུ་ཤྲཱི་དཔལ་ལྡན་དོན་གྲུབ་པས་བཏབ། དེ་ནི་ཆུ་ཕོ་ཁྱིའི་ལོར་གཡེའི་གོང་པོར་སྐྱེ་རིགས་སུ་བལྟམས། སྟག་ཕུ་དཔལ་ལྡན་རིན་ཆེན་པར་རབ་ཏུ་བྱུང་། གཉལ་རྩོད་རིན་བསམ། བྱང་སེམས་ར་སྒྲེང་པ། འཇམ་དཀར་བ། རྒྱལ་ཚབ་དར་མ་རིན་ཆེན་སོགས་ཡོངས་འཛིན་དུ་མ་བསྟེན་ཏེ་མདོ་སྔགས་རིག་གནས་ལ་མཁས་པར་གྱུར། འཇམ་མགོན་བླ་མ་བཙོང་ཁ་པ་ཆེན་པོར་བསྙེན་པར་རྫོགས། བྱང་ཆུབ་ལམ་གྱི་རིམ་པ་ལ་སོགས་པ་དམ་པའི་ཆོས་ཀྱི་བདུད་རྩི་དཔག་མེད་བཞེས། དགུང་ལོ་ཉེར་གསུམ་པར་སྟག་ཕུའི་གདན་སར་ཕེབས། ཀུ་ཤྲཱི་ཆེན་པོ་ཞེས་སྙན་པའི་གྲགས་པ་ཆེ། ལྷ་རི་དང་ཉང་པོ། བླ་ཙ་ལ་སོགས་པ་བསྐྱངས་ཏེ་ལུགས་ཟུང་གི་མཛད་པ་གོང་དུ་འཕེལ་བཞིན་པ་ནས། གྱ་ལྔ་པ་མེ་ཁྱིར་གཟུགས་སྐུའི་བཀོད་པ་ཆོས་དབྱིངས་སུ་ཐིམ། དེ་ནས་རིམ་པ་ལྟར་རབ་འབྱམས་པ་དགེ་འཕེལ། སངས་རྒྱས་ཆོས་འཕེལ། དགེ་འདུན་རྒྱལ་མཚན། སངས་རྒྱས་ཆོས་འཕྱོར། ཡར་ཀུ་བ། འཇམ་དབྱངས་མཁྱེན་པ། ཆོས་རྒྱལ་བསྟན་འཛིན། འཇམ་དབྱངས་དགེ་ལེགས། ཉག་རེ་ཆོས་འཕེལ། དཀའ་གདོང་རྟ་མགྲིན། ཉག་རེ་གྲགས་པ་འཕྲིན་ལས། འོར་པ་བརྩོན་འགྲུས་རྒྱ་མཚོ། ད་ལྟ་སེ་ར་བ་ངག་དབང་དར་རྒྱས། ནག་པོ་སྐོར་གསུམ་དང་། གསང་འདུས། ཀུན་རིག་སོགས་དགེ་ལུགས་གཞིས་དགོན་བྱིངས་མཚུངས(༢༨༩བ)གྲྭ་རྒྱུན་འབྲས་སྤུངས་བློ་གསལ་གླིང་། སེ་ར་སྨད། དགའ་ལྡན་དུ་ཐོས་བསམ་གླིང་བཅས་པར་འགྲོ །གྲྭ་པ་བརྒྱ་དང་བཅུ་སྐོར།

༡༢ འཇམ་སྡེ་འཛམ་གླིང་རྫོང་ཁ་ནི། རྒྱུད་སྟོད་སྔགས་རམས་པ་རྒྱ་བོར་གྲགས་

པས་བཏབ། དེ་རྗེས་དགེ་སློང་གཏྲ། དགོན་ཅིག་དར་རྒྱས་ཕུན་ཚོགས་རིན་ཆེན། ཉག་རེ་ཆོས་འཕེལ། འདི་ནས་ལྷ་རི་དང་བླ་བརྒྱུད་གཅིག་ཅིང་། འདོན་ཆོས་སྤྱོད། གཞུ་རྒྱུན་སོགས་གང་ཅི་ལྷ་རི་དང་མཚུངས། གཞུ་པ་དྲུག་ཅུ་སྐོར།

༡༣ རྒྱལ་བ་ཀུན་གྱི་ཡབ་གཅིག་རྗེ་བཙུན་བསྟན་པའི་འཁོར་ལོ་བསམ་བཞིན་དུ་དུར་སྒྲིག་གི་རྒྱལ་མཚན་བཟུང་བ་ཁམས་གསུམ་ཆོས་ཀྱི་རྒྱལ་པོ་བློ་བཟང་གྲགས་པའི་དཔལ་གྱི་ཐུགས་རྗེ་དང་སྨོན་ལམ་གྱི་ཤུགས་འགོག་པ་མེད་པའི་འཕྲིན་ལས་ནམ་མཁའི་ཕ་མཐའ་དང་མཉམ་པས་རྒྱ་ནོར་གྱི་ཡུལ་གྲུ་རྣམས་སུ་བསྟན་པ་རིན་པོ་ཆེ་ཆེས་དར་བ་ནས་དྲི་གཙང་ཁང་དང་ཀུན་དགའ་ར་བ་འདུས་པའི་སྡེ་ལ་སོགས་པ་བསམ་གྱིས་མི་ཁྱབ་པ་ཡོད་དེ་བརྗོད་པའི་ཡུལ་ལས་རིང་དུ་འདས་པས་རེ་ཞིག་བཏང་སྙོམས་སུ་བཞག །དེ་བཞིན་དུ་བོད་ཆེན་པོའི་རྒྱལ་ཁམས་ཀྱི་གཞི་རྣམས་ལས་གཞུང་སྐྱོང་རྫོང་གཞིས་ཁག་གི་ལྷ་སྡེར་གཏོགས་པ་གང་ཡིན་དབུས་གཙང་སོགས་དང་ཚུལ་མཐུན་པར་གོང་དུ་བརྗོད་མ་ཐག་པ་ལྟར་ཡིན་ནའང་། ཕལ་ཆེ་བ་རྒྱ་མཚམས་སྐྱེར་ཁག་གིས་བདག་གིར་སྤྱོད་པའི་ས་དང་ཟུར་ཆད་ཀྱིས་རོང་ཁོལ་བྱུ་བ་སོགས་ལ་སོང་གཤིས་འདིར་མཐའ་དག་འདྲི་བར་རྗེ་མ་ཐོགས། འོན་ཀྱང་སྟོན་དུས་ཁམས་ཀྱི་གཡར་མོ་ཐང་ཞེས་པ་དེང་སང་མཚོ་ཁྲི་ཤོག་རྒྱལ་མོར་འབོད་པ་དང་ཉེ་བའི་ཆར་ཡོད་པའི་དགོན་པ་རགས་རིམ་ཞིག་གི་ལོ་རྒྱུས་སྨོས་ན། སྐུ་འབུམ་བྱམས་པ་གླིང་ནི། དུས་གསུམ་རྒྱལ་བ་ཐམས་ཅད་ཀྱི་རང་གཟུགས་འཇམ་མགོན་བཙོང་ཁ་པ་ཆེན་པོ་ཡུམ་(༢༧༥ན)ཤིང་བཟའ་ཨ་ཆོས་ཀྱི་མངལ་སྐྱ་ལས་གྲོལ་ཏེ་ལྟེ་བ་སྦྲུལ་པའི་འཁོར་ལོའི་རྩ་འདབ་ཉེ་བར་བཅད་པའི་ཁྲག་གི་ཐིགས་མ་ཉུང་ཟད་ཅིག་ས་ལ་ལྷུངས་པའི་གཞིར་ཙན་དན་གྱི་ལྗོན་པ་ལོ་འདབ་རྣམ་པར་རྒྱས་པ་སྐྱེས་པའི་སྟེང་དུ་དེ་བཞིན་གཤེགས་པ་སེང་གེའི་ང་རོའི་སྐུ་བརྙན་འབུམ་ཤར་བ་དེ་ཉིད་སྲོག་ཤིང་གི་ཚུལ་དུ་བྱས་པའི་སྐུ་འབུམ་འཕགས་ཡུལ་ལུམྦིའི་ཚལ་དང་དབྱེར་མ་མཆིས་པ་མཐོང་བ་དང་ཐོས་པ་ཙམ་གྱིས་སྲིད་ཞིའི་དགེ་མཚན་མཐའ་དག་འབད་མེད་དུ་འགྲུབ་པའི་

མཆོད་སྡོང་ཆེན་པོ་འགྲོ་བའི་ལེགས་བྱས་ཀྱི་ཞིང་དུ་བཞུགས་པ་དེར། རྗེ་བཙུན་རྒྱལ་བའི་དབང་པོ་བསོད༷་ནམས༷་རྒྱ༷་མཚོའི༷་དཔལ་གྱི་ཐུགས་བསྐྱེད་མི་དམན་པས་ཞབས་ཀྱིས་བཅགས། འདུས་སྡེ་གསར་བསྐྲུན་གྱི་ཞལ་བཀོད་གནང་ཞིང་ས་གཞི་བྱིན་གྱིས་བརླབས་པའི་ཚེ་ནམ་མཁའ་ལས་ལྷ་རྣམས་ཀྱིས་མེ་ཏོག་གི་ཆར་ཆེན་པོ་ཟད་མི་ཤེས་པ་ཕབ་པ་སོགས་དགེ་མཚན་བརྗོད་ཀྱིས་མི་ལང་བ་བྱུང་། དེ་ནས་ས་ཕོ་བྱི་བའི་ལོར་འདུལ་བ་ཆོས་རྗེ་འོད་ཟེར་རྒྱ་མཚོས་ཐམས་ཅད་མཁྱེན་པའི་བཀའ་བཞིན་འཆད་ཉན་སོགས་གསར་དུ་བཙུགས་ཐོག །ཐམས་ཅད་མཁྱེན་པ་བདེ་ཆེན་ཆོས་ཀྱི་རྒྱལ་པོའམ་ཡོན༷་ཏན༷་རྒྱ༷་མཚོ༷་མཚོ་ཁར་ཕེབས་སྐབས་དགོན་དར་རྒྱས་འབྱུང་བའི་གཉེར་གཏད་དང་ཐམ་ཀ་བསྩལ། དེ་ནས་གདན་ས་བ་རིམ་པ་ལྟར། ཆོས་རྒྱ་མཚོ། སྐྱེ་ཡུལ་སྨྲ་འགྲམ་དཀར་ཐང་གྲྭ་ས་འབྲས་སྤུངས། སླར་ཡང་འདུལ་བ་ཆོས་རྗེ་འོད་ཟེར་རྒྱ་མཚོ། དེ་རྗེས་ཤེས་རབ་དཔལ་བཟང་སྐྱེ་ཡུལ་འཕན་པོ་གྲྭ་ས་བཀྲ་ཤིས་སྒོངས། རྣམ་རྒྱལ་དཔལ་འབྱོར་སྐྱེ་ཡུལ་སྟོད་ལུང་ཚ་བཟང་གྲྭ་ས་འབྲས་སྤུངས། བཀྲ་ཤིས་དོན་གྲུབ་སྐྱེ་ཡུལ་དབུས་གཙང་། དོན་གྲུབ་རྒྱ་མཚོ་སྐྱེ་ཡུལ་སྐྱིད་ཤོད་དགའ་བ་གདོང་(༢༨༥བ)གྲྭ་ས་འབྲས་སྤུངས། དཔལ་ལྡན་རྒྱ་མཚོ་སྐྱེས་ཡུལ་བཙོང་ཁ་ཆེ་ཤོད་གྲྭ་ས་དགའ་ལྡན། འདི་སྐབས་སྲིད་གསུམ་འགྲོ་བའི༷་བླ༷་མ༷་མཚུངས་ཟླ་མེད་པ་ཆེན་པོ་ལྔ་པ་གོང་མ་ཏོང་དེས་གདན་དྲངས་པའི་ལམ་ཞོར་དུ་ཕེབས། སྦྱིན་པ་རྣམ་པ་བཞིས་འདོད་པའི་རེ་བ་བཀང་ཞིང་། སླར་ཡང་ས་གཞི་བྱིན་གྱིས་བརླབ་པར་མཛད། དེ་རྗེས་ཞིང་སྐྱོང་བསོད་ནམས་རིན་ཆེན། ར་ཁོ་ཆོས་བཀྲ་ཤིས། རོང་པོ་བྱམས་པ་དཔལ་བཟང་། ཁང་ཆེན་འཇམ་དབྱངས་དཔལ་འབྱོར། ཏོར་བསྟན་པ་དར་རྒྱས། ཁང་ཆེན་ཡོན་ཏན་བློ་གྲོས། ཞིང་སྐྱོང་སངས་རྒྱས་ལྷུན་གྲུབ། ཟེ་ན་ཤེས་རབ་བཟང་པོ། ད་ལྟ་སྟག་མཆེར་བློ་བཟང་རྡོ་རྗེས། འབྲས་སྤུངས་སྒོ་མང་དང་སེ་ར་རྗེ་བཙུན་པའི་ཡིག་ཆའི་སྟེང་ནས་འདུལ་མཛོད་དབུ་ཕར་གྱི་འཆད་ཉན་བྱེད། གྲྭ་རྒྱུན་སྒོ་མང་། གྲྭ་པ་སྟོང་ཕྲག་བརྒྱལ་བ།

༡༤ སྐུ་འབུམ་སྔགས་གྲྭ་ནི། ཟེ་ན་ལེགས་པ་རྒྱལ་མཚན་གྱིས་བཙུགས། རྗེ་བླ་མ་མཆོག་ནས་བཀའ་ཤོག་སོགས་དར་རྒྱས་སུ་གནང་། དེ་ནས་བསོད་ནམས་རིན་ཆེན། ཆོས་ཕུན་ཚོགས། གྲགས་པ་བཀྲ་ཤིས། ཤེས་རབ་བཟང་པོ། བློ་བཟང་བསྟན་རྒྱན། ངག་དབང་དཔལ་ལྡན་བཀྲ་ཤིས། བློ་བཟང་རྡོ་རྗེ། དགེ་ལེགས་དཔལ་ལྡན། ད་ལྟ་ཁྱུང་དར་དོན་གྲུབ་འོད་ཟེར། རྒྱུད་ཀྱི་རྒྱལ་པོ་གསང་བ་འདུས་པའི་བསྐྱེད་རྫོགས་ལ་འཆད་ཉན་དང་སྒྲུབ་མཆོད་སོགས་རྒྱུད་སྐྱོང་པར་ཉེ། གྲྭ་ཚོགས་སུམ་བཅུ་སྐོར།

༡༥ བྱ་ཁྱུང་བཤད་སྒྲུབ་གླིང་ནི། རྩ་བའི་འདེབས་པ་པོ་འདི་ཞེས་དངོས་སུ་མ་བྱུང་ཡང་། འཇམ་མགོན་ཆོས་ཀྱི་རྒྱལ་པོ་བཙོང་ཁ་པ་ཆེན་པོས་ཞབས་ཀྱིས་བཅགས་ཤིང་། དེའི་ཡོངས་འཛིན་དབུས་གཙང་དུ་བཀའ་ཆེན་བཞི་(༢༨༨ན)དང་ཐུན་མོང་རིག་གནས་ལ་མངོན་པར་བྱང་ཆུབ་པར་མཛད་པའི་མཁས་གྲུབ་དོན་གྲུབ་རིན་ཆེན་པས་ཡུན་རིང་བཞུགས་ལ། མཐར་དགོངས་པ་ཆོས་དབྱིངས་སུ་ཐིམ་པའི་གདུང་ཡང་གནས་འདི་ཉིད་དུ་བཞག་ཅིང་བསྟན་པ་དང་འགྲོ་བའི་བདེ་སྐྱིད་ཡར་ཟླ་ལྟར་འཕེལ་བའི་རྟེན་འབྲེལ་དུ་མ་ཞིག་བསྒྲིགས་པར་བརྟེན་རྒྱལ་བ་གཉིས་པའི་རིང་ལུགས་དར་རྒྱས་སུ་བྱུང་བའི་གདན་རབས་རིམ་པ་ལྟར། གཞོན་ནུ་བྱང་ཆུབ་འོད་ཟེར། བློ་གྲོས་རྒྱ་མཚོ། ཤེས་རབ་རྒྱལ་མཚན། གྲགས་པ་རྒྱ་མཚོ། བཟང་པོ་འོད་ཟེར། ཐར་པ་བཟང་པོ། གསེར་ཁང་པ་བློ་གྲོས། བསྟན་པ་རིན་ཆེན། སྔ་ཕྱི་འདི་དག་གི་ཚོད་ཙམ་ན་འཇིག་རྟེན་དབང་ཕྱུག་ཏུར་སྒྲིག་གི་རྣམ་པར་རོལ་པ་དྷཱ་ལའི་བླ་མ་བཛྲ་དྷ་རའམ་བསོད་ནམས་རྒྱ་མཚོའི་སྐུ་གནས་འདིར་ཕེབས། ཆོས་རྗེ་དོན་རིན་པའི་སྐུ་གདུང་རིན་པོ་ཆེར་གསེར་ཟངས་ཀྱི་འབུམ་པ་དང་བརྟེན་པ་གཙུག་ལག་ཁང་སོགས་ཕྱག་རིས་དང་། རབ་བྱུང་བསྙེན་རྫོགས་སོགས་དམ་པའི་ཆོས་ཀྱི་ཆར་དུ་མ་ཞིག་ཕབ། དེ་རྗེས་བྱམས་པ་དར་རྒྱས། དངོས་གྲུབ་རྒྱ་མཚོ། གཙང་པ་དགེ་འདུན་ཚུལ་ཁྲིམས། ཨོ་རོད་ཡེ་ཤེས་རྒྱ་མཚོ། འཇམ་དབྱངས་སྤྲུལ་སྐུ་བློ་བཟང་བསྟན་པའི་རྒྱལ་མཚན། བཀྲས་ལྷུན་ངག་དབང་དོན་གྲུབ། ཧོར་དོན་ཡོད་རྒྱ་མཚོ།

སྟོ་མེ་དཔལ་ལྡན་རྒྱ་མཚོ། མི་ཉག་འཕྲིན་ལས་རྒྱ་མཚོ། ཨོ་རོད་བློ་བཟང་རྒྱལ་མཚན། ཁྲུང་དར་བསོད་རིན་པ། ཀ་ཞར་དཔལ་འབྱོར་རྒྱ་མཚོ། གཙང་པ་ངག་དབང་ལྷུན་གྲུབ། བཙོང་ཁ་གྲགས་པ་བཀྲ་ཤིས། ད་ལྷ་གཙན་ཚ་ཡེ་ཤེས་རྒྱ་མཚོ། སེ་ར་རྗེ་བཙུན་པའི་ཡིག་ཆའི་ཐོག་ནས་མདོ་ལུགས་ཀྱི་བཤད་གྲྭ་དང་སྔགས་(༢༦༦བ) ཕྱོགས་རྒྱུད་སྨད་དང་ཉེ་བ། གྲྭ་རྒྱུན་སེར་འབྲས་ངེས་མེད། གྲྭ་པ་ཉིས་བརྒྱ་སྐོར།

༡༦ བྱམས་པ་འབུམ་གླིང་ནི། རྒྱལ་བ་མ་ཕམ་པའི་སྐུ་ཤིན་ཏུ་ཆེ་བ་བཞུགས་པའི་ལྷ་ཁང་གི་མདུན་དུ་དགེ་འདུན་གྱི་སྡེ་རིམ་པར་ཆགས་པ་ལས་འདེབས་མི་སོགས་འདི་ཡིན་མེད། ཕྱིས་དགོན་པ་དར་རྒྱས་ཆེར་སོང་ནས། རིན་ཆེན་རྒྱ་མཚོ། ཤེས་རབ་རྒྱལ་མཚན། ཚུལ་ཁྲིམས་རྒྱ་མཚོ། ད་ལྷ་ཚེ་དབང་རྒྱ་མཚོ། ནག་པོ་སྐོར་གསུམ་སོགས་ཆོས་སྤྱོད་དགེ་ལུགས་བྱིངས་འགྲོ། གྲྭ་རྒྱུན་སེ་ར་བྲག་ཏི། གྲྭ་པ་ལྔ་བརྒྱ་སྐོར།

༡༧ ཐང་རིང་བཤད་སྒྲུབ་གླིང་ནི། ཐམས་ཅད་མཁྱེན་པ་བསོད་ནམས་རྒྱ་མཚོས་ཐོག་མར་ཞབས་ཀྱིས་བཙགས་ཤིང་དགེ་འདུན་གྱི་སྡེ་ཚུགས་པའི་རྟེན་འབྲེལ་བསྒྲིགས། སྨད་མར་པཎ་ཆེན་བློ་བཟང་ཆོས་ཀྱི་རྒྱལ་མཚན་པས་དཀའ་བཅུ་བ་དོན་གྲུབ་རྒྱལ་མཚན་ལ་བཀའ་ལུང་དང་དགོན་པའི་མིང་གནང་བ་ལྟར། ས་མོ་ལུག་གི་ལོ་ལ་དགེ་འདུན་རིན་ཆེན་པས་བཏབ། དེ་ནས་རིམ་པ་ལྟར་གྲགས་པ་རིན་ཆེན། གྲགས་པ་འོད་ཟེར། བསོད་ནམས་དར་རྒྱས། ཚུལ་ཁྲིམས་རྒྱ་མཚོ། བརྩོན་འགྲུས་ཚུལ་ཁྲིམས། དགེ་འདུན་འོད་ཟེར། ངག་དབང་ཕུན་ཚོགས། ཕུན་ཚོགས་བཟང་པོ། གྲགས་པ་རིན་ཆེན། གྲགས་པ་བཀྲ་ཤིས། བསོད་ནམས་ཤེས་རབ། བློ་བཟང་དགེ་འདུན། ངག་དབང་སྦྱིན་པ། ཚེ་དབང་རྒྱ་མཚོ། བློ་བཟང་བཀྲ་ཤིས། བསྟན་པ་ལྷུན་གྲུབ། ད་ལྟ་བློ་གྲོས་རྒྱ་མཚོ། སྔོ་མང་པའི་ཡིག་ཆའི་སྟེང་ནས་མདོའི་འཆད་ཉན་ཕྲན་བུ་དང་། ནག་པོ་སྐོར་གསུམ་སོགས་དགེ་ལུགས་བྱིངས་འགྲོ། གྲྭ་རྒྱུན་འབྲས་སྤུངས་སྒོ་མང་། གྲྭ་གྲངས་དགུ་བརྒྱ་སྐོར།

༡༨ གྲོ་ཚང་དགོན་ནི། རྗེ་བཙུན་ཐམས་ཅད་མཁྱེན་པ་བསོད་ནམས་རྒྱ་མཚོ་

ཨ་མདོར་ཕེབས་(༢༨༧ན)སྐབས་གནས་འདིར་བཀྲ་ཤིས་གདེངས་ཀ་ཞེས་པའི་དགོན་གནས་ཆགས་པར་ལུང་བསྟན་པར་གྲགས་ཤིང་། སྐྱར་ཤིང་ཕོ་བྱི་བའི་ལོ་ལ་གྲོ་ཚང་ནང་སོ་དཔལ་ལྡན་རྒྱ་མཚོ་དང་ཆོས་རྒྱལ་ཕུན་ཚོགས་གཉིས་ཀྱིས་སྦྱིན་བདག་བྱས། འབྲས་ སྤུངས་བསམ་བློ་རབ་འབྱམས་པ་ཤེས་རབ་མཆོག་ལྡན་པས་བཏབ། དེ་ནས་ཕུན་ཚོགས་རྣམ་རྒྱལ། ལྷུན་གྲུབ་རྒྱལ་མཚན། ད་ལྟ་ག་རིང་ངག་དབང་ཕུན་ཚོགས་ཀྱིས་རྗེ་བླ་མ་མཆོག་གི་བཀའ་རྩོམ་སྙིང་ནས་དབུ་ཕར་སོགས་ཀྱི་འཆད་ཉན་དང་། འདོན་ཆོས་སྤྱོད་ཕྱིངས་དགེ་ལུགས་དཔེ་འགྲོ། གྲྭ་པ་ལྔ་བརྒྱ་སྐོར།

༩༩ རྒྱལ་མཚན་ཐག་བཤད་སྒྲུབ་ཆོས་འཕོར་གླིང་ནི། བསམ་བློ་ཨ་ཞང་མཇུ་ཕྲིས་ཐམས་ཅད་མཁྱེན་པ་བསོད་ནམས་རྒྱ་མཚོར་ལུང་བསྟན་དང་མིང་ཞུས་ཏེ་བཏབ། བླ་རབས་དྲུག་གི་རིང་དགོན་ཡར་འཕེལ་དུ་སྒྱུར་ནས་ སྟར་ཤུལ་གོ་ཡུལ་གྱིས་མ་ཤོམས་པར། པཎ་ཆེ་ནང་སོ་དང་ཨ་ཞང་ཤེ་རི་ཐུ་གཉིས་ཀྱིས་རྗེ་བླ་མའི་སྐུ་ཞབས་སུ་གསུང་བརྟག་ཞུས་ནས་དགོན་པ་ལུང་པ་དངོས་གཞིའི་ཕུགས་སུ་སྤོས། མིང་ངེས་སྒྲུབ་ཆོས་འཕོར་གླིང་ཞེས་བསྒྱུལ། དེ་རྗེས་ཐང་རིང་རིན་ཆེན་ཤེས་རབ། གྲོ་ཚང་ཤེས་རིན་པ། པཎ་ཆེ་ཕུན་ཚོགས་རྒྱལ་མཚན། ད་ཤུག་ངག་དབང་ཕུན་ཚོགས། ཕུན་ཚོགས་རྒྱལ་མཚན། ཤེ་ར་ཚུལ་ཁྲིམས་གྲགས་པ། རྒྱ་བློ་བཟང་འོད་ཟེར། མདོ་སྨད་ངག་དབང་ཆོས་འཕེལ། ད་ལྟ་པཎ་ཆེ་ལྷུན་གྲུབ་ཆོས་འཕེལ། འཆད་ཉན་ཡིག་ཆ་སྒོ་མང་དང་མཐུན། སྔགས་ཕྱོགས་དགེ་ལུགས་ཕྱིངས་མཚུངས། གྲྭ་རྒྱུན་སེར་འབྲས་ཀྱི་བསམ་བློར་ཐོབ། གྲྭ་གྲངས་ལྔ་བརྒྱ་སྐོར།

༡༠༠ མཛོ་མོ་མཁར་ནི། སེ་ར་བྱམས་(༢༨༧བ)ཆེན་ཆོས་རྗེ་རྒྱ་ནག་རྒྱལ་པོས་གདན་དྲངས་པའི་མར་ལམ་གཞི་འདིར་དགོན་པ་ཐེབས་ན་ལེགས་ཞེས་ལུང་བསྟན་ཅིང་། རྗེས་སོར་རྒྱ་ནག་ཏུ་ཞིང་ཁམས་འཕོས་པའི་སྐུ་གདུང་ཡར་དྲངས་པའི་ཚེ། འདི་ཐད་ཤིང་རྟ་འདམ་དུ་ཟུག་པ་ལྟར་འགྲོར་མ་ཉན་པས་མར་ལམ་གྱི་གསུང་དྲན་ཏེ་རྒྱ་ནག་གཡུང་ལོ་རྒྱལ་པོས་ཁྲི་ཀྱིན་ཏུང་ཏྭ་ཟེ་ཞེས་པའི་མཁར་བརྩིགས་

ཤིང་། གསེར་གདུང་ལ་སོགས་པའི་རྟེན་མང་པོ་བཞེངས། བུ་ཆེན་སེང་གེ་བཟང་པོ་གདན་སར་བཞག་ཅེས་གྲགས་ལ། ཕྱིས་རྒྱལ་དབང་བསོད་ནམས་རྒྱ་མཚོའི་དཔལ་གྱིའང་གནས་འདིར་བཞུགས་ཤིང་། དབང་ཆོས་རབ་བྱུང་བསྙེན་རྫོགས་སོགས་དམ་པའི་ཆོས་ཀྱི་སྒོ་འཕར་དུ་མ་ཕྱེ། རྗེ་ཡོན་ཏན་རྒྱ་མཚོ་སོག་ཡུལ་དུ་འབྲུངས་པའི་གདུང་ཚུལ་ཐོག་མར་འཕྲུལ་མིའི་གྲུས་ནང་སོ་མཛོ་མོ་མཁར་བ་ཞེས་པ་དེ་ཡང་འདི་ནས་ཡིན། དུས་མཆོད་སྐབས་བྱམས་པ་འབུམ་གླིང་སོགས་ནས་ཟླ་གྲྭ་འདུ་བ་ལས་རྒྱུན་གཏན་གྲྭ་ཚོགས་དང་ཆོས་འཁོར་མེད།

༧༠༧ དགོན་ཀླུངས་བྱམས་པ་གླིང་ནི། ཐམས་ཅད་མཁྱེན་གཟིགས་གསུམ་པ་བསོད་ནམས་རྒྱ་མཚོ་བྲག་རྒྱར་ཕེབས་སྐབས་ས་ཡུལ་ལུང་བསྟན་ཅིང་། བ་སོ་སྤྲུལ་པའི་སྐུ་བསྟན་པ་རྒྱ་མཚོས་འདུལ་མཛད་དུ་བཙུགས་རྗེས་ཐམས་ཅད་མཁྱེན་པ་བདེ་ཆེན་ཆོས་ཀྱི་རྒྱལ་པོས་རྒྱལ་སྲས་དོན་ཡོད་ཆོས་ཀྱི་རྒྱ་མཚོར་དགོན་འདེབས་པའི་བསླབ་སྟོན་དང་ནང་སོ་ཁག་ལ་སྤྱིན་བདག་བསྐུལ་བ་སོགས་ཀྱི་བཀའ་ཤོག་ནན་ཆེ་བ་ཕེབས་དོན་བཞིན་ཤིང་ཕོ་འབྲུག་གི་ལོ་ལ་གཙུག་ལག་ཁང་སོགས་ཀྱི་རྨང་བཏིང་སྟེ་རིམ་པར་ཚུགས་གདན་སར་རྒྱས་སྲས་དོན་ཆོས་པའི་རྗེས་སུ་ཁ་ལི་ཚ་པ་དམ་ཆོས་རྒྱ་མཚོ། གྲོང་ཚང་ཕུན་ཚོགས་རྣམ་རྒྱལ། ཁོ་ལ(༢༥༤ན)ཝུ་ར་ཆོས་ཕུན་ཚོགས། སྣར་ཡང་དམ་ཆོས་རྒྱ་མཚོ། བསམ་བློ་ཆོས་རྒྱ་མཚོ། ལྕང་སྐྱ་བ་གྲགས་པ་འོད་ཟེར། ཁ་ལི་ཚ་བ་དམ་ཆོས་རྒྱ་མཚོ། ཚུལ་ཁྲིམས་རྒྱ་མཚོ། སྟོད་ལུང་ཚ་བཟང་བ་རྣམ་རྒྱལ་དཔལ་འབྱོར། དགའ་བ་གདོང་ཕུག་པ་དོན་གྲུབ་རྒྱ་མཚོ། བསམ་གྲུབ་སྒང་པ་བློ་བཟང་དག་དབང་། ཧོར་དོན་ཡོད་རྒྱལ་མཚན། འོད་ཟེར་བཀྲ་ཤིས། འདི་སྐབས་རྗེ་ཀླུ་ན་སྲིད་ཞིའི་གཙུག་རྒྱན་ཆེན་པོ་གོང་མ་ཧོང་དེས་ཕོ་བྲང་དུ་གདན་དྲངས་པའི་ཕེབས་ཞོར་བཞུགས་ཞག་གནང་། བྱང་ཆུབ་ལམ་གྱི་རིམ་པའི་ཚོགས་ཆོས་སོགས་སྩྱིན་པ་རྣམ་བཞིས་ཚིམ་པར་མཛད། དེ་རྗེས་སྤྲག་རས་བཀྲ་ཤིས་རྒྱལ་མཚན། ཕོ་ལ་དོན་ཡོད་ཆོས་གྲགས། དཔལ་ལྡན་རྒྱ་མཚོ། བློ་བཟང་རབ་བརྟན། ཚ་བཟང་

སྐུ་སྐྱེ་བློ་བཟང་བསྟན་རྒྱན། ལྕང་སྐྱ་བློ་བཟང་ཆོས་ལྡན། ཁ་ལེ་དཔལ་ལྡན་རྒྱ་མཚོ། ད་ལྟ་ཁོ་ལ་ཀུན་དགའ་རྒྱ་མཚོས་འབྲས་སྤུངས་སྒོ་མང་པའི་ཡིག་ཆ་དང་མཐུན་པའི་དབུ་མ་དང་ཕར་ཕྱིན། དཀྱིལ་ཁང་པའི་ཡིག་ཆའི་སྟེང་ནས་འདུལ་བ། རྗེ་བླ་མའི་བཀའ་རྩོམ་ཆོས་མངོན་རིན་ཆེན་འདྲེན་པའི་ཞིང་རྟ་རྣམས་ལ་འཆད་ཉན་བྱེད། གྲྭ་རྒྱུན་འབྲས་སྤུངས་སྒོ་མང་སོགས། གྲྭ་ཚོགས་ཕྱེད་ཉིས་སྟོང་སྐོར།

༧༠༢ ཁ་ཐེ་ཀ་ནི། རྒྱ་ནག་རྒྱལ་པོ་ཏུམ་ཨུ་ཞུས་དྲུང་ཆེན་ཆོས་རྒྱལ་ལ་ཏ་གུ་ཤྲིའི་ལུང་ལས་དང་དགོན་གནས་འདེབས་ཡུལ་ཞིས་སུ་བཙུག་པ་ལྟར་བཏབ་པར་གྲགས། ཕྱག་ན་པདྨོ་དུར་སྒྲིག་གར་རོལ་གསུམ་པ་ཏཱ་ལའི་བླ་མ་བཛྲ་དྷ་ར་བྱང་ཕྱོགས་བསོད་ནམས་ཀྱི་མགོན་དུ་གསེར་གྱི་རྒྱལ་པོས་གདན་དྲངས་པའི་ཚེ་དགོན་འདིར་ཕེབས། འཇིགས་མེད་སེང་གེའི་རྒྱུད་ལས་དམ་པའི་ཆོས་ཀྱི་སྒྲ་དབྱངས་དུ་མ་ཞིག་(༢༨༢བ)བསྒྲགས། དགོན་གནས་བྱིན་གྱིས་བརླབས་ཤིང་ཁྱད་པར་མགོན་ཁང་ལ་ཡེ་ཤེས་པ་བསྟིམས། ཏའི་གུ་ཤྲི་བསོད་ནམས་རྩེ་མོ་ལ་བཀའ་གནང་སྟེ་སེ་ར་རྗེ་ངཙུན་པའི་ཡིག་ཆའི་སྟེང་ནས་མདོའི་འཆད་ཉན་ལེགས་པར་བཙུགས། གདན་སར་རིམ་པ་ལྟར་ལི་ཀྲུ་ཞེས་རབ་མཆོག་ལྡན། ཁ་ཐེ་ག་ཞེས་རབ་གྲགས་པ། ལེ་ཐེབ་འཕྲིན་ལས་རྒྱ་མཚོ། ཁ་ཐེ་ཞེས་རབ་རྒྱལ་མཚན། ག་སྐྱུ་ཞེས་རབ་རིན་ཆེན། དགོན་སྙིང་ཞེས་རབ་ཡོན་ཏན། འཕྲིན་ལས་རྣམ་རྒྱལ། ད་ལྟ་ག་སྐྱུ་ཞེས་རབ་མཆོག་ལྡན་གྱིས་ཕར་ཕྱིན་སོགས་ཡིག་ཆ་སློས་ཟིན་ཐོག་ནས་འཆད་ཉན་བྱེད། གྲྭ་རྒྱུན་སེ་ར་བསམ་བློར་ཕལ་ཆེར་འགྲོ། གྲྭ་ཚོགས་སུམ་བརྒྱ་སྐོར།

༧༠༣ དགའ་ལྡན་དམ་ཆོས་གླིང་ནི། སེ་ཆེན་ཆོས་རྗེ་ཞེས་རབ་རྒྱལ་མཚན་ལ་རྗེ་བླ་མ་མཆོག་གི་བཀའ་ཕེབས་ཏེ་གཞི་བཏིང་། དེ་རྗེས་ཨུན་འདུར་ཆོས་རྗེ་དོན་གྲུབ་རྒྱ་མཚོས་བསྐྱངས། སླར་འདུ་བ་ཆོས་རྗེ་བློ་བཟང་དགེ་འདུན་པས་དར་རྒྱས་སུ་མཛད། ར་བ་སྟོད་པ་ལུགས་ཀྱི་བསྡུས་གྲྭ། སྒོ་མང་པའི་ཡིག་ཆ་དང་བརྟན་པའི་ཕར་ཕྱིན་བཅས་འཆད་ཉན་དོས། སྨན་བླའི་མདོ་ཆོག་ཡིད་བཞིན་དབང་རྒྱལ་དང་

ག་ཞི་གསུམ་གྱི་ཕྲུག་ལེན་སོགས་འཕོར་ལོ་གསུམ་ལ་བརྟེན་བཞིན་པའོ། །ཁམས་ཚན་བསམ་བློ། གྲྭ་ཚོགས་ཉིས་བརྒྱ་སྐོར།

༧༠༤ ཆོས༷་ལུང༷་ཐོས༷་བསམ༷་གླིང༷་ནི། རྗེ༷་བླ༷་མ༷་སྲིད་ཞིའི་གཙུག་རྒྱན་དམ་པས་ལུང་བསྟན་པ་ལྟར། ཧོར་རབ་འབྱམས་པ་བློ་བཟང་དོན་གྲུབ་ཀྱིས་བཏབ། ཕར་ཕྱིན་བློ་བཟང་དགོངས་རྒྱན་དང་དགུ་མའི་འཆད་ཉན་མཛད་བཞིན་པ། ཁམས་ཚན་ཏར་གདོང་། གྲྭ་ཚོགས་བདུན་ཅུ་སྐོར།

༧༠༥ བཤད༷་སྒྲུབ་གླིང༷་ནི། གོང་དུ་བརྗོད་མ་ཐག་པ་བཞིན་ཧོར་རབ་འབྱམས་(༢༨(ཀ)པས་བཏབ། ནག་པོ་སྐོར་གསུམ་དང་གསང་བ་འདུས་པ་སོགས་དགེ་ལུགས་སྔགས་གྲྭ་དཔེ་འགྲོ། ཁམས་ཚན་ཏར་གདོང་། གྲྭ་ཚོགས་བཞི་བཅུ་སྐོར།

༧༠༦ ཆུ་བཟང་དགོན༷་དགའ་ལྡན༷་མི༷་འགྱུར༷་གླིང༷་ནི། སྟོད་ལུང་ཆུ་བཟང་དཀར་ལེབ་པ་རྣམ་རྒྱལ་དཔལ་འབྱོར་ཞེས་བྱ་བ་དེ་ཐམས་ཅད་མཁྱེན་པ་བདེ༷་ཆེན༷་ཆོས༷་ཀྱི༷་རྒྱལ༷་པོའི༷་བཀས་མངགས་ཏེ། སྐུ་འབུམ། ཕུན་ཚོགས་རྣམ་རྒྱལ་གླིང་། དགོན་གླིང་སོགས་ཀྱི་གདན་སར་ཕྱིན། བསྟན་འཛིན་ཆོས་ཀྱི་རྒྱལ་པོའི་ཡོངས་འཛིན་དུ་བཞེས། ས་མོ་གླང་གི་ལོ་ལ་འབུམ་ལུང་བཀྲ་ཤིས་ཐང་དུ་དགོན་འདི་གསར་དུ་བཏབ་པ་ཡིན་ལ། གདན་སར་དཔལ་འབྱོར་རྒྱ་མཚོ། ད་ལྟ་ཆུ་བཟང་སྐུ་སྐྱེ་བློ་བཟང་བསྟན་པའི་རྒྱལ་མཚན། གསང་བ་འདུས་པ་དང་ནག་པོ་སྐོར་གསུམ་སོགས་དགེ་ལུགས་ཕྱིངས་མཚུངས། གྲྭ་རྒྱུན་སྒོ་མང་། གྲྭ་ཚོགས་བརྒྱ་སྐོར།

༧༠༧ བཙན༷་པོ༷་དགོན༷་དགའ་ལྡན༷་དམ༷་ཆོས༷་གླིང༷་ནི། ཆོས་རྗེ་དོན་གྲུབ་རྒྱ་མཚོའི་ཡོན་བདག་སེ་ཆེན་ཧུང་ཐའི་ཇིས་བགྱིས་ཏེ་འཇམ་མགོན་ཆོས་ཀྱི་རྒྱལ་པོ་བློ་བཟང་གྲགས་པའི་བསྟན་པ་རིན་པོ་ཆེའི་གསོས་སུ་རབ་བྱུང་བཅུ་གཅིག་པའི་ས་གླང་ལ་བཏབ། ལོ་ངོ་བཞི་པ་ཆུ་སྤྲུལ་ལོར་དུས་གསུམ་རྒྱལ་བའི་སྤྱི་གཟུགས་རྗེ༷་བླ་མ༷་ཆེན་པོས་ཞབས་ཀྱིས་བཅགས། གཙུག་ལག་ཁང་དང་ཀུན་ར་སོགས་འདི་ལྟར་གྱིས་ཞེས་པའི་ལྟབས་བཀོད་དང་། དཔལ་ལྡན་ལྷ་མོ་འདོད་ཁམས་དབང་ཕྱུག་མ། དྲག་མོ་

རྒྱལ། གསུང་རྒྱལ་དགྲ་ལྷ་སྐྱེས་གཅིག་བཅས་སྲུང་མ་གསུམ་ལ་དགོན་གནས་གཉེར་གཏད་རྒྱས་པར་མཛད། ད་ལྟ་སྔོ་མང་ཟུར་པ་ངག་དབང་འཕྲིན་ལས་ལྷུན་གྲུབ་པས་འཕྲས་སྤུངས་སྔོ་མང་གྲྭ་ཚང་དང་རྒྱུད་སྨད་པའི་ཡིག་ཆ་ལ་བརྟེན་ནས་མདོ་སྟགས་ཟུང་འབྲེལ་(༢༧༩(བ)གྱི་འཆད་ཉན་ཐོག །གསོ་རིག་རྒྱུད་བཞིར་ཐོས་བསམ་བྱེད་མི་ཡང་བརྒྱ་སྐོར་ཡོད་ཚོད་དུ་འདུག །གྲྭ་རྒྱུན་སྔོ་མང་། ཚོགས་པ་སྟོང་དང་སུམ་བརྒྱ་སྐོར།

༡༠༨ བཙན་པོའི་དགོན་ལག་གྲས། འབྲི་གུ་དགོན་འདེབས་མི་གྲྭ་རྒྱུན་མ་མཚུངས། གཞིས་དགོན་སྟགས་ལུགས། གྲྭ་པ་ཉིས་བརྒྱ་སྐོར།

༡༠༩ ཀུན་ཆེན་དགོན་ནི། འདེབས་མི། ཆོས་སྐྱོང་། གྲྭ་རྒྱུན་རྣམས་གོང་མཚུངས། ཚོགས་པ་བརྒྱ་སྐོར། རྒྱལ་བཀྲོག་དགོན་མ་དགོན་དང་མཐུན་པའི་མདོའི་བཤད་གྲྭ་གཞན་མ་གོང་འདྲ། ཚོགས་པ་བརྒྱ་སྐོར།

༡༡༠ ཐུའུ་ཆོས་སྡེ་དང་བསྐྱེད་རྫོགས་གླིང་གཉིས་ནི། མེར་གན་ཧོང་ཐའི་ཇེས་སྦྱིན་བདག་བྱས་ནས་ངག་དབང་འཕྲིན་ལས་ལྷུན་གྲུབ་པས་བཏབ། གཞིས་དགོན་སྟགས་ལུགས། གྲྭ་རྒྱུན་སྔོ་མང་། ཚོགས་པ་བརྒྱད་ཅུ་སྐོར།

༡༡༡ བསྟན་ལུང་དར་རྒྱས་དགོན་ནི། གཙན་ཚ་བཟང་པོ་བཀྲ་ཤིས་པས་ཐམས་ཅད་མཁྱེན་པ་བསོད་ནམས་རྒྱ་མཚོའི་སྐུ་རིང་ལ་ཀླུ་འབུམ་ཚོ་པ་བཅོ་བརྒྱད་ཡོན་བདག་ཏུ་བསྐུལ་ནས་བཏབ། དེ་རྗེས་དགེ་ལེགས་བཀྲ་ཤིས། སྐལ་ལྡན་བཀྲ་ཤིས། སྐལ་བཟང་རྒྱ་མཚོ། ད་ལྟ་ངག་དབང་དཔལ་ལྡན་རྒྱ་མཚོ། གསང་འདུས། ཀུན་རིག །ནག་པོ་སྐོར་གསུམ་སོགས་གཞིས་དགོན་སྟགས་གྲྭ། གྲྭ་རྒྱུན་སྔོ་མང་། ཚོགས་པ་བརྒྱ་དང་བཅུ་སྐོར།

༡༡༢ ཇ་གར་བྱང་ཆུབ་གླིང་ནི། ཐོག་མར་སུས་བཏབ་དང་བླ་བརྒྱུད་རིམ་ཅན་ངེས་པ་མ་བྱུང་། དབུས་གཙང་ཕྱོགས་ནས་བླ་མ་རྗེར་བཟང་སོགས་མང་དག་ཅིག་གི་མཐར། ལ་མོ་བ་ཚོགས་གཉིས་རྒྱ་མཚོ། བློ་གྲོས་རྒྱ་མཚོ། ད་ལྟ་ཆ་གན་ནོ་མོན་ཁང་ངག་དབང་བློ་བཟང་བསྟན་པའི་རྒྱལ་མཚན། བདེ་མཆོག་དང་གསང་བ་

འདུས་པ་སོགས་དཔལ་ལྡན་སྨད་རྒྱུད་གྲྭ་ཚང་དང་ཉེ། གྲྭ་རྒྱུན་སྒོ་མང་། ཚོགས་པ་(༢༧༠ན)སུམ་བརྒྱ་སྐོར།

༧༧༣ ཀུར༵་དགོན༵་དགའ་ལྡན༵་རྣམ་རྒྱལ༵་གླིང༵་ནི། ལ་མོ་སྐུ་སྐྱེ་བློ་གྲོས་རྒྱ་མཚོས་ས་ཕོ་སྟག་གི་ལོར་བཏབ། བླ་མར་འོད་ཟེར་བཀྲ་ཤིས་བསྐོས། དེ་ནས་ད་ལས་ཆོས་རྗེ། ཀ་རིང་དཔལ་ལྡན་ཆོས་གྲགས། མང་ར་བློ་བཟང་བསྟན་སྐྱོང་། སྒོ་མི་དཔལ་ལྡན་རྒྱ་མཚོ། སྨྲ་ཡན་བློ་གྲོས་ནོར་བུ། ཁ་ཐི་ཁ་དོན་གྲུབ་བཀྲ་ཤིས། ཁམ་ར་བློ་བཟང་རབ་བརྟན། འདི་སྐབས་ཚ་གན་ནོ་མོན་ཁན་ནས་རྗེ༵་བླ༵་མ༵་སྲིད་ཞིའི་གཙུག་རྒྱན་ཆེན་པོར་ལུང་བསྟན་ཞུས་ཏེ། རབ་བྱུང་འདིའི་ལུགས་སྤྱིལ་ལོར་ལྷ་ཁང་གཞུང་དུ་དགོན་གསར་བདེ་ཆེན༵་ཆོས༵་གླིང་ཞེས་པ་བཏབ། དགོན་མ་བུ་ཟུང་འབྲེལ་གྱི་བླ་མར་བློ་བཟང་བཀྲ་ཤིས་བསྐོས། དགོན་གསར་པར་ཕར་ཕྱིན་སྒོ་མང་ལྟར་དང་། དབུ་མ་རྒྱ་མཚོར་བགྲོད་པའི་གྲུ་རྫིངས། ཆོས་མདོན་རིན་ཆེན་འདྲེན་པའི་ཤིང་རྟ་བཅས་པའི་འཆད་ཉན་བྱེད། གྲྭ་ཚོགས་ལྔ་བརྒྱ་སྐོར། ཉིང་མར་གསང་འདུས། སྨན་བླ། ནག་པོ་སྐོར་གསུམ་སོགས་གཏོང་། ཚོགས་པ་ལྔ་བཅུ་སྐོར། གཉིས་ཀའི་གྲྭ་རྒྱུན་འབྲས་སྤུངས་སྒོ་མང་།

༧༧༤ བྱམས༵་པ༵་ཆོས༵་གླིང༵་ནི། ཚ་གན་ནོ་མིན་ཁན་ངག་དབང་བློ་བཟང་བསྟན་རྒྱན་ངས་ས་སྤྲུལ་ལོར་བཙུགས། སྔགས་རམས་པ་འཇམ་དབྱངས་བློ་གྲོས་སོགས་རི་ཁྲོད་པ་ཉི་ཤུ་སྐོར་གྱིས་སྒྲུབ་བ་བསམ་གཏན་ལ་གཙོ་བོར་མཛད་པར་གྲགས།

༧༧༥ དགོན༵་ཙུང༵་རི༵་ཁྲོད༵་ནི། ཐོག་མར་རོང་པ་བློ་བཟང་བསྟན་རྒྱན་པས་བཙུགས། ད་ལྟ་ཚ་གན་ནོ་མོན་ཁན་ནས་ཁ་འཛིན་ངོས། རི་ཁྲོད་པ་ཉི་ཤུ་སྐོར་ཡོད། སྟོང་ཆེའི་དགོན་འོག་མ་ཨ་རིག་འཕྲིན་ལས་ཡར་འཕེལ་གྱིས་བཙུགས། ད་ལྟ་ནོ་མོན་ཁན་ནས་ཁ་འཛིན་བྱེད་པའི་གཞིས་དགོན།

༧༧༦ རོང༵་པོ༵་དགོན༵་གོང༵་ནི། དང་ཐོག་(༢༧༠བ)ས་ལུགས། ཕྱིས་དཀའ་བཅུ་པ་སྐལ་ལྡན་རྒྱ་མཚོས་འཆད་ཉན་བཙུགས། དེ་རྗེས་བློ་བཟང་ཆོས་གྲགས། བསམ་

གདན་རྒྱ་མཚོ། ད་ལྟ་ སྐུ་འབུམ་བསྟན་པས་ཕར་ཕྱིན་སོགས་མདོའི་འཆད་ཉན་གྱི་སྐབས། གུ་རྒྱུན་སྐུ་འབུམ། དགོན་འོག་མའང་ཐོག་མར་ས་སྐྱ་པ། སླར་བསམ་ཐྦ་དཔལ་ལྡན་ཆོས་གྲགས་པས་དགེ་ལུགས་འཆད་ཉན་བཙུགས་སྐད། ད་ལྟ་ཕུན་ཚོགས་རྒྱ་མཚོའི་སྐབས།

༡༡༧ སྤྲེ་མདོའི་དགོན་ནི། བསམ་གློ་གྲགས་པ་རྒྱ་མཚོས་བཙུགས། ད་ལྟ་དཀའ་བཅུ་དོན་གྲུབ་པའི་སྐབས་སོ། །

༡༡༨ བཀྲ་ཤིས་འཁྱིལ་སྒྲུབ་སྡེ་ནི། རོང་ཆོས་པས་གསར་དུ་བཙུགས། ད་ལྟ་སྐལ་ལྡན་རྒྱ་མཚོས་སྐྱོང་། གཞན་ཡང་དེ་རྣམས་དང་ཁད་ཏ་ཅང་མི་རིང་བའི་སར་ཅག་རོང་ཏེ་བོས་བཏབ་པའི་དགོན་པ་དང་། གོང་པ་དགོན། ཁ་སྐྱ། རྣན་རྒྱ་སོགས་དགོན་ཆེས་མང་ངོ་། །

༡༡༩ བཙོང་ཁའི་ཡུལ་བྱེ་བྲག་ག་མ་ལོག་གི་དགོན་བསམ་གཏན་གླིང་ནི། རྗེ་བླ་མ་མཆོག་གི་བཀའ་བཞིན་སྐྱུར་པོ་བས་བཀོད་པས་ཁྱབ་པར་བྱས་ཏེ་དར་རྣན་ཆོས་རྗེ་ངག་དབང་དཔལ་འབྱོར་སོགས་ཀྱིས་སྟག་ལོར་བཏབ། ད་ལྟ་བླ་མ་ཟི་ཞག་པས་སེ་ར་རྗེ་བཙུན་པའི་ཡིག་ཆའི་སྟེང་ནས་མདོའི་འཆད་ཉན་བྱེད། གུ་རྒྱུན་འབྲས་ཕྲུངས་སྒོ་མང་། ཚོགས་པ་སུམ་བརྒྱ་སྐོར།

༡༢༠ སྟོད་འཁོར་བ་ནི། རྒྱལ་དབང་བསོད་ནམས་རྒྱ་མཚོ་དང་དུས་མཉམ་ཅམ་དུ་སྟོང་འཁོར་ཡོན་ཏན་རྒྱ་མཚོ། དེའི་སྐྱེ་བ་རྒྱལ་བ་རྒྱ་མཚོ། དེའི་སྐྱེ་བ་འཇམ་དབྱངས་རྒྱ་མཚོ། དེའི་སྐྱེ་བ་འཇམ་དབྱངས་ལྷུན་གྲུབ་རྣམས་ཡིན་ཚུལ་ལས་དགོན་ཁག་རྣམས་ཀྱི་མིང་དང་འདོན་ཆོས་སོགས་ཀྱི་ས་བོན་མ་བྱུང་བས་འདྲི་བར་མ་སྤོབས་སོ། །

༡༢༡ དཔལ་ལྡན་སྟོབས་བཅུ་མངའ་བ་མ་ལུས་པའི་སྤྱི་གཟུགས་ལྟ་དང་བཅས་པའི་འགྲོ་བ་ཡོངས་ཀྱི་(༢༧༡ན)མགོན་དང་སྐྱབས་དང་དཔུང་གཉེན་མཚུངས་ཟླ་མ་མཆིས་པ་ཕྱག་ན་པདྨོ་བསོད་ནམས་རྒྱ་མཚོའི་སྡེ་ཆེན་པོ་བྱང་ཕྱོགས་ནོར་འཛིན་

སྐྱོང་བ་གསེར་གྱི་རྒྱལ་པོས་རབ་གནས་སུ་གདན་དྲངས་པའི་ཚེ། མཐའ་འཁོབ་མུན་པའི་གླིང་དུ་འཇམ་མགོན་ཆོས་ཀྱི་རྒྱལ་པོ་བློ་བཟང་གྲགས་པའི་རིང་ལུགས་ལ་བརྟེན་བདེན་གཉིས་ཉི་ཟླ་ཟུང་འཇུག་གི་སྒྲོན་མེས་ཕན་བདེའི་སྣང་བ་ཆེས་ཆེར་སྤེལ་བར་དགོངས་ཏེ། ཐེག་ཆེན་ཆོས་འཁོར་གླིང་བཏབ། གཙུག་ལག་ཁང་དང་ཀུན་དགའ་ར་བ་སོགས་རྣམ་པར་རྒྱལ་བའི་ཁང་བཟང་ལ་ཙ་འཇི་བ་ལྟ་བུ་བསྐྲུན། ཡུན་རིང་པོར་བསྟི་བའི་གནས་སུ་མཛད་ཅིང་ཡི་དམ་ཆོས་སྐྱོང་དུ་མའི་ཞལ་གཟིགས། ས་ཡོས་ལོ་གསར་གྱི་གཏོར་ཆེན་ལས་བདུད་རྩིའི་རྒྱུན་འཛགས་པ་རྒྱ་བོད་ཧོར་གསུམ་དུ་མས་ལོངས་སྤྱོད་ཀྱང་ཟད་མི་ཤེས་པ་བྱུང་། ཕྱིས་ཐམས་ཅད་མཁྱེན་པ་བདེ་ཆེན་ཆོས་ཀྱི་རྒྱལ་པོས་ཀྱང་ཡུན་རིང་བཞུགས་པས་ཁྱད་པར་འཕགས་སོ། །

༡༢༢ གཞན་ཡང་འོར་དུས་ཀྱི་རྒྱལ་པོ་བིན་དུས་ཡོན་བདག་བགྱིས་ཏེ་བཏབ་པའི་ཕུན་ཚོགས་གཞན་ཕན་བདེ། ཨལ་དཔལ་ནོ་ཡོན་གྱི་ས་ཆར་ཕུན་ཚོགས་རྣམ་རྒྱལ་གླིང་། སེ་ཆེན་དའི་ཆིང་གི་མངའ་ཞབས་སུ་ཕུན་ཚོགས་དར་རྒྱས་གླིང་ལ་སོགས་པ་དགེ་འདུན་གྱི་སྡེ་བསམ་གྱིས་མི་ཁྱབ་པ་བྱུང་བ་དང་། དེ་དག་ཏུ་བཞུགས་ཤིང་རྒྱ་འཇི་བཏུལ་བ། ཡི་དམ་དང་ཆོས་སྐྱོང་གི་ཞལ་གཟིགས་ཤིང་གསུང་གི་སྣང་བ་སྟུལ་བ། ཆོས་ཀྱི་འཁོར་ལོ་བསྐོར་བ་སོགས་འདིར་ཏ་ཙང་ཡིག་ཚོགས་སུ་འགྱུར་བའི་ཕྱིར་རྗེ་འདི་གའི་རྣམ་པར་ཐར་པ་ཉིད་དུ་བལྟ་ལ། དེར་ཡང་མ་ཟད་རྗེ་བཙུན་རྒྱལ་བའི་དབང་པོ་འཇམ་མགོན་བླ་མ་བཙོང་ཁ་པའི་སྲས་མི་དབང་གཙུག་ན་(༢༧༡བ)མཛེས་པའི་ཏི་ཤྲི་རྣམ་གཉིས་ཏེ་བྱམས་ཆེན་ཆོས་རྗེ་དང་། བྱང་དར་མ། གཞན་ཡང་མཁན་ཆེན་ཤཱཀྱ་ཚུལ་བ། དུ་ཚང་ཆོས་རྗེ། བསོད་ནམས་བཟང་པོ་སོགས་སྐྱེས་ཆེན་མང་པོས་ཆེན་པོ་ཧོར། རྒྱ་དང་། རྒྱ་ནག་སོགས་སུ་དགོན་གནས་མང་དུ་བཏབ་པས་མཚོན་མདོར་ན་ཀློ་ཚ་བོ་གཏྲ། ཤར་རྒྱ་མཚོའི་འགྲམ། ནུབ་ཏ་ཟིག་གི་རྒྱལ་ཁམས། བྱང་དུ་གངས་ཅན་ལ་ཐུག་གི་བར་རྗེ་བཙུན་འཇམ་དཔལ་སྙིང་པོ་དང་སྲས་ཀྱི་ཐུ་བོ་མིག་མི་འཛུམ་དགེ་འདུན་གྲུབ་པ་ཟུང་གི་ཐུགས་རྗེ་དང་འཕྲིན་ལས་ཀྱིས་བསྐྱུན་པའི་

འཁོར་ལོ་གསུམ་གྱི་བྱ་བ་མཛད་པའི་དགེ་འདུན་གྱི་ཚད་བཟུང་པ་ནི་སངས་རྒྱས་ཀྱི་སྤྱོད་ཡུལ་ལས་མ་འདས་པས་གོང་དུ་སྨོས་པ་ལྟར་རེ་ཞིག་བཏང་སྙོམས་སུ་བཞག་གོ །

རྒྱལ་བ་ལྔ་པ་ཇོ་བོ་སྤྱན་རས་གཟིགས་ཡིན་པ་དང་། དེར་ཅིའི་སྐད་དུ་བརྩེ་བའི་བདག་ཉིད་སྤྱན་རས་གཟིགས་དབང་ཕྱུག་ཅེས་བགྱི་བ་སོགས་ཀྱི་རྒྱུ་མཚན་ལུང་དང་བཅས་པ་བསྟན་པ།

དེ་ལྟར་ནམ་མཁའ་དང་མཉམ་པའི་འགྲོ་བ་སེམས་ཅན་རྒྱུ་བ་དང་མི་རྒྱུ་བ་མཐའ་དག་གི་དུག་གསུམ་ཉོན་མོངས་ཀྱིས་ཀུན་ནས་བསླང་བའི་སྡུག་བསྔལ་གྱི་ནད་ཐམས་ཅད་རྩ་བ་ནས་འབྱིན་པའི་སྨན་གཅིག་པུ་ཕན་པ་དང་བདེ་བ་མ་ལུས་པའི་གནས་ནི་སངས་རྒྱས་བཅོམ་ལྡན་འདས་ཀྱི་བསྟན་པ་རིན་པོ་ཆེ་ཁོ་ན་ཡིན་ལ། དེ་ཉིད་འཛིན་སྐྱོང་སྤེལ་གསུམ་གྱི་འགྲོ་ལྡོག་ཀྱང་ལུང་ཟིན་སྐྱེས་བུ་གདུལ་བའི་ཁ་ལོ་བསྒྱུར་བའི་དམ་པ་ཞིག་གི་འཕྲིན་ལས་ལ་རག་ལུས་པར་རྒྱལ་བའི་བཀའ་དང་དགོངས་འགྲེལ་གྱི་བསྟན་བཅོས་རྣམས་ལས་ལན་གཅིག་མ་ཡིན་པར་གསུངས་པ་བཞིན། སྙིགས་མ་ལྔ་ཆེས་བདོ་བས་དུས་གསུམ་བདེ་བར་གཤེགས་པ་སྲས་དང་བཅས་པ་གཞན་དང་གཞན་དག་གི་ཐུགས་རྗེས་བཏང་སྙོམས་སུ་བཞག་པས་སྐྱབས་དང་བྲལ་བའི་དུས་མཐའ་འདིར། ཚད་མེད་པའི་སེམས་ཅན་གང་ལ་གང་འདུལ་གྱི་མོས་པ་དང་མཐུན་པར་སྐུའི་སྣང་བ་སྟོན་ཅིང་། (༢༧༣ན)ཁམས་དང་བསམ་པ་དང་བག་ལ་ཉལ་དང་སྐད་ཀྱི་བརྗོད་པ་ཇི་ལྟ་བ་བཞིན་དུ་ཆོས་ཀྱི་འཁོར་ལོ་རྒྱུན་མི་ཆད་པར་བསྐོར་བ། རྣམ་པར་རྟོག་པ་དང་འབད་རྩོལ་མེད་བཞིན་དུ་གདུལ་བྱ་རྣམས་ཀུན་མཁྱེན་པོ་ནའི་ཐབས་སུ་སྦྱོར་བ་འཛམ་བུའི་ལྗོན་པས་མཛོན་པར་བཀྲ་བ་ལས་ཀྱི་སའི་གླིང་གི་འགྲོ་བ་སྐྱེ་དང་། ཁྱད་པར་རང་ཅག་བསིལ་ལྡན་ཁ་བའི་སྨན་ལྗོངས་གཙོ་བོར་གྱུར་པ་རྒྱ་བོད་ཧོར་གསུམ་གྱི་ལུས་ཅན་ཀུན་ལ་བཀའ་དྲིན་མཚུངས་པ་དང་བྲལ་ཞིང་། བསྟན་པ་རིན་པོ་ཆེའི་སྲོག་ཤིང་ངམ་རྩ་ལག་ཏུ་གྱུར་

པ་དོན་གྱི་སླད་དུ་མཚན་ནས་སྨོས་པ་ཐམས་ཅད་མཁྱེན་པ་ངག་དབང་བློ་བཟང་རྒྱ་མཚོ་འཇིགས་མེད་གོ་ཆ་ཐུབ་བསྟན་ལང་ཚོའི་སྡེ་ནི་ཐུགས་རྗེ་ཆེན་པོ་ལག་ན་པདྨོ་ཉིད་མཐོན་མཐིང་དབུ་སྐྲེས་ཀྱི་ལན་བུ་དང་རྡོ་རྗེ་རིན་པོ་ཆེའི་ཕྲོག་ཞུ་དོར་ཏེ་ཏུར་སྒྲིག་བླ་གོས་ཀྱིས་མཛེས་པ་སྟོམ་བརྩོན་རྒྱལ་པོའི་ཚུལ་དུ་ཞབས་པར་ཡིད་གཉིས་དང་བྲལ་ངས་ན། མགོན་པོ་བཅུ་བའི་བདག་ཉིད་དེར་སྤྱན་རས་གཟིགས་དབང་ཕྱུག་ཅེས་མཚན་ཐོགས་པའི་རྒྱུ་མཚན། དམ་ཆོས་པདྨ་དཀར་པོའི་ལེའུ་ཉེར་བཞི་པ་ལས། བཅོམ་ལྡན་འདས་ལ་འདི་སྐད་ཅེས་གསོལ་ཏོ། །བཅོམ་ལྡན་འདས་བྱང་ཆུབ་སེམས་དཔའ་སེམས་དཔའ་ཆེན་པོ་སྤྱན་རས་གཟིགས་དབང་ཕྱུག་ཅིའི་སླད་དུ་སྤྱན་རས་གཟིགས་དབང་ཕྱུག་ཅེས་བགྱི་ཞེས་གསོལ་བ་དང་། བཅོམ་ལྡན་འདས་ཀྱིས་བྱང་ཆུབ་སེམས་དཔའ་སེམས་དཔའ་ཆེན་པོ་བློ་གྲོས་མི་ཟད་པ་ལ་འདི་སྐད་ཅེས་བཀའ་སྩལ་ཏོ། །ཞེས་སྙིང་རྗེའི་སེམས་བསྐྱེད་པ་ལ་སོགས་ཀྱི་ཡོན་ཏན་དཔག་ཏུ་མེད་པ་བརྗོད་ནས། རིགས་ཀྱི་བུ་སེམས་ཅན་གང་དག་བྱང་ཆུབ་སེམས་དཔའ་ཆེན་པོ་སྤྱན་རས་གཟིགས་དབང་ཕྱུག་གི་མིང་འཛིན་པ་དེ་དག་གལ་ཏེ་(༢༧༢བ)མེའི་ཕུང་པོ་ཆེན་པོར་ལྷུངས་ན་ཡང་དེ་དག་ཐམས་ཅད་བྱང་ཆུབ་སེམས་དཔའ་ཆེན་པོ་སྤྱན་རས་གཟིགས་དབང་ཕྱུག་གི་གཟི་བརྗིད་ཀྱིས་མེའི་ཕུང་པོ་དེ་ལས་རབ་ཏུ་ཐར་བར་འགྱུར་རོ། །རིགས་ཀྱི་བུ་གལ་ཏེ་ཆུ་ཀླུང་དག་གིས་ཁྱེར་ལ། བྱང་ཆུབ་སེམས་དཔའ་སེམས་དཔའ་ཆེན་པོ་སྤྱན་རས་གཟིགས་དབང་ཕྱུག་ལ་བོས་ན་ཆུ་དེ་དག་ཐམས་ཅད་ལ་སེམས་ཅན་དེ་དག་གཏིང་ཚུགས་པར་བྱེད་དོ་ཞེས་སོགས་ཐུགས་རྗེ་ཤིན་ཏུ་ཆེ་བའི་ཚུལ་བརྗོད་ནས། རིགས་ཀྱི་བུ་དེའི་ཕྱིར་སྤྱན་རས་གཟིགས་དབང་ཕྱུག་ཅེས་བཏགས་སོ། །ཞེས་སོགས་ལྷུག་པའི་སྒོ་ནས་རྒྱ་ཆེར་བརྗོད་དེ། རྒྱལ་མཚན་ཁྲ་བོ་རྡོ་གྲོས་མི་ཟད་ལ། །དེ་ཡི་དོན་གྱི་རྒྱུ་ནི་ཀུན་དྲིས་པ། །རྒྱལ་བའི་དབང་པོ་འདི་ལྟར་ཅི་ཡི་ཕྱིར། །སྤྱན་རས་གཟིགས་ཀྱི་དབང་པོ་ཞེས་འདིར་བགྱི། །ཞེས་སོགས་དང་། ཆོས་ཐམས་ཅད་ཀྱི་ཡོན་ཏན་བཀོད་པའི་མདོ་ལས། དེ་ནས་བཅོམ་ལྡན་

འདས་ལ་བྱང་ཆུབ་སེམས་དཔའ་ལག་ན་རྡོ་རྗེས་འདི་སྐད་ཅེས་གསོལ་ཏོ། །བཅོམ་ལྡན་འདས་སྤྱན་རས་གཟིགས་དབང་ཕྱུག་སྤྱན་རས་གཟིགས་དབང་ཕྱུག་ཅེས་བགྱི་བ་ཅིའི་སླད་དུ་དེ་སྐད་ཅེས་བགྱི་ལགས། བཀའ་སྩལ་པ། གང་གི་ཕྱིར་འདི་ལྟར་འཇིག་རྟེན་ཐམས་ཅད་ལྟ་བར་བྱེད། རྟོག་པར་བྱེད། ཚོམ་པར་བྱེད། ཡོངས་སུ་སྐྱོང་བར་བྱེད། ཅེས་སོགས་ནས། བདེ་བའི་སེམས་དང་། བྱམས་པའི་སེམས་དང་། སྙིང་བརྩེ་བའི་སེམས་དང་། བསམ་པ་ཐམས་ཅད་ཡོངས་སུ་རྫོགས་པར་བྱེད་པས་ན་དེའི་ཕྱིར་སྤྱན་རས་གཟིགས་དབང་ཕྱུག་ཅེས་བགྱིའོ། །ཞེས་མཚན་དེ་ལྟ་བུ་ཐོགས་པའི་འཕགས་ཆེན་འདི་ཉིད་ངེས་དོན་གནས་ཚུལ་དང་མཐུན་པར་ཡེ་གདོད་མ་ནས་སྐུ་བཞིའི་བདག་ཉིད་ཆེན་པོར་གྱུར་ཟིན་པའི་ཚུལ་ནི་རྒྱལ་བ་མ་ཕམ་པས་ཐེག་པ་ཆེན་པོའི་བསྟན་བཅོས་མདོ་ན་(༢༧༣ན)པར་རྟོགས་པའི་རྒྱན་གྱི་སྐབས་དང་པོ་ལས། སེམས་བསྐྱེད་པ་ནི་གཞན་དོན་ཕྱིར། །ཡང་དག་རྫོགས་པའི་བྱང་ཆུབ་འདོད། །ཅེས་ཐུགས་བསྐྱེད་ཀྱི་རིམ་པ་བདག་ཅག་གི་སྟོན་པ་ཐུབ་པའི་དབང་པོར་ཡང་འདུལ་བ་སྣང་གི་གཞི་ལས། བཙུན་པ་བཅོམ་ལྡན་འདས་ཀྱིས་བླ་ན་མེད་པ་ཡང་དག་པར་རྫོགས་པའི་བྱང་ཆུབ་ཏུ་ཐོག་མར་ཐུགས་གང་དུ་བསྐྱེད་ལགས། རྒྱལ་པོ་ཆེན་པོ་སྔོན་རྒྱལ་པོ་འོད་ལྡན་ཞེས་བྱ་བ་བྱུང་སྟེ། ཞེས་ནས། སྣང་ངོ་ཤིན་ཏུ་འདུལ་དཀའ་བ་འདུལ་སྐྱོང་མཁན་པོས་བཏུལ་ཏེ་ལྕགས་ཀྱི་ཐོ་ལུམ་སོལ་མལ་དུ་བསྲེགས་པ་རབ་ཏུ་འབར་བ་ཞིག་ཁྱེར་ནས་ཁྱྭ་ཁ་ཞེས་བརྗོད་པ་དང་། བག་ཚ་བ་མེད་པར་ལེན་དུ་བཅུམས་པའི་ཚེ་འདུལ་མཁན་གྱིས་ལྕ་ལན་དུ་ནི་བཏུབ་ཀྱི་འོན་ཀྱང་འགུམ་པར་འགྱུར་རོ། །ཞེས་སོགས་བརྗོད་པས་སྙིང་རྗེའི་སེམས་སྐྱེས་པ་དང་བཅོམ་ལྡན་འདས་རྣམས་ལ་བརྟེན་འགྲུས་ཀྱི་སྟོབས་ཐོབ་ནས་སྦྱིན་པ་དང་བསོད་ནམས་དག་བྱས་ཏེ་བླ་ན་མེད་པ་ཡང་དག་པར་རྫོགས་པའི་བྱང་ཆུབ་ཏུ་སྨོན་ལམ་བཏབ། སྦྱིན་པ་རྒྱ་ཆེར་གྱུར་པ་འདི་ཡི་མཐུས། །འགྲོ་བར་རང་བྱུང་སངས་རྒྱས་གྱུར་ནས་ནི། །སྔོན་གྱི་རྒྱལ་བ་རྣམས་ཀྱིས་མ་བསྒྲལ་བའི། །སྐྱེ་བོའི་ཚོགས་རྣམས

བདག་གིས་བསྒྲལ་བར་བྱ། །ཞེས་སྨོན་ལམ་བཏབ་པ་སོགས་དང་། ཡང་། སངས་རྒྱས་འདོད་ཆགས་བྲལ་ཐོས་ཤིང་། །སྙིང་པོ་དྲིགས་པ་ཤས་ཆེན་དང་། །འཇིག་རྟེན་སྡུག་བསྔལ་གྱུར་མཐོང་ནས། །ངས་ནི་བྱང་ཆུབ་སེམས་བསྐྱེད་དོ། །ཞེས་ཚིགས་སུ་བཅད་པ་སོགས། དེ་དག་རྒྱལ་པོ་ཆེན་པོ་དེའི་ཚེ་རྒྱལ་པོ་འོད་ལྡན་དུ་གྱུར་པ་གང་ཡིན་པ་དེ་ནི་ང་ཡིན་ཏེ། ངས་ཐོག་མར་བླ་ན་མེད་པ་ཡང་དག་པར་རྫོགས་(༢༧༣བ)པའི་བྱང་ཆུབ་ཏུ་སེམས་བསྐྱེད་དོ། །ཞེས་དང་། ཡང་། རྒྱལ་པོ་ཆེན་པོ་སྔོན་བྱུང་བ་ཡངས་པ་ཞེས་བྱ་བའི་གྲོང་ཁྱེར་དུ་རྫ་མཁན་ཡངས་པའི་འོད་ཅེས་བྱ་བ་ཞིག་བྱུང་ངོ་། །དེའི་ཚེ་དེ་བཞིན་གཤེགས་པ་དགྲ་བཅོམ་པ་ཡང་དག་པར་རྫོགས་པའི་སངས་རྒྱས་སྟོན་པ་ཤཱཀྱ་ཐུབ་པ་བྱ་བ་ཞིག་འཇིག་རྟེན་དུ་བྱུང་ནས་ལྗོངས་རྒྱུ་ཞིང་གཤེགས་པ་ན་ཡངས་པའི་གྲོང་ཁྱེར་དུ་ཕྱིན་ཤས་ཀྱི་སྔོན་གྱིས་ཐེབས་པ་ལ་བུ་རམ་ཆུ་དང་ཏིལ་མར་སོགས་ཀྱི་བསོད་སྙོམས་ཕུལ་ཞིང་བསྙེན་བཀུར། དེས་རྫོགས་པའི་སངས་རྒྱས་ཤཱཀྱ་ཐུབ་པ་བཟོད་ཅིང་འཚོ་བར་གྱུར་པར་རྫ་མཁན་ཡངས་པའི་འོད་དེས་ཞབས་གཉིས་ལ་མགོ་བོས་གཏུགས་ནས། བདག་ཀྱང་རབ་ཏུ་བྱིན་པ་འདི་ཡིས་ཤཱཀྱའི་རིགས་སུ་སྐྱེས་ནས་ཡོན་ཏན་རིགས་དང་ཉུས་དག་མཉམ་པའི་སངས་རྒྱས་ཉིད་དུ་གྱུར་ཅིག་ཅེས་སྨོན་ལམ་བཏབ་པ་དང་རྒྱལ་པོ་ཆེན་པོ་དེའི་དུས་ཀྱི་རྫ་མཁན་ཡངས་པའི་འོད་གང་ཡིན་པ་དེ་ནི་ང་ཡིན་ནོ་ཞེས་སོགས་དང་། མདོ་སྡེ་དྲིན་ལན་བསབ་པའི་བྱང་ཆུབ་ཏུ་སེམས་བསྐྱེད་པ་ཞེས་བྱ་བའི་ལེའུ་བཞི་པར། དེ་བཞིན་གཤེགས་པ་སྔོན་འཁོར་བ་ན་འཁོར་བའི་ཚེ་ཐོག་མ་དངོས་པོ་ཅིའི་རྒྱུས་བྱང་ཆུབ་ཏུ་སེམས་བསྐྱེད་པར་གྱུར་ལགས་ཞུས་པས། རིགས་ཀྱི་བུ་སྔོན་བསྐལ་པ་གྲངས་མེད་པའི་བར་དུ་སྐྱེ་ཞིང་འཁོར་བ་ན་འཁོར་ཞིང་ལུས་དང་ངག་དང་ཡིད་ཀྱི་ཉོན་མོངས་པའི་ལས་ཆེན་པོས་སེམས་ཅན་དམྱལ་བ་ཆེན་པོ་བརྒྱད་སྤྱོད་བར་གྱུར་ཏོ། །ཞེས་ནས་དམྱལ་བསྲུང་གི་ཤིང་རྟ་འདྲེན་པའི་གྱད་དུ་གྱུར་པའི་ཚེ་ཨ་ཕང་སྙང་མགོས་ལྷགས་ཀྱི་དབྱུག་པས་ང་ལ་བརྡེག་པས་སྡུག་བསྔལ་མ་བཟོད་པར་ཤིང་རྟ་ཅི་ནུས་

སྒྲུ་དྲངས་ཤིང་གྲོགས་ཉམ་ཆུང་སྐྱེ་འདྲེན་མ་ནུས་པས་ལྟུགས་ཀྱི་(༢༧༨ན)མདུང་རྩེ་གསུམ་པ་བྲང་ལ་བཙུགས་ལྟུགས་ཐོས་བརྡབས་ནས་སྡུག་བསྔལ་མི་བཟོད་པ་མཐོང་བས་སྙིང་རྗེའི་སེམས་སྐྱེས་པའི་ཨ་ཕྱང་ལ་སྡུག་བསྔལ་མྱོང་བའི་མི་འདིར་སྙིང་རྗེའི་སེམས་ཅུང་ཟད་སྐྱེད་ཅིག་ཅེས་གསོལ་བ་བཏབ་པས་ཁྲོས་ཏེ་མདུང་རྩེ་གསུམ་པ་ངའི་གཉའ་བར་བཙུགས་ནས་ཚེའི་དུས་བྱས་བསྐལ་པ་བརྒྱ་ཉེད་ཀྱི་མི་དགེ་བའི་སྡིག་པ་བྱང་བར་གྱུར་ཚུལ་སོགས་གྲོགས་ལ་མདུང་རྩེ་གསུམ་བསྣུན་པ་ལ་བརྟེན་སྙིང་རྗེས་སྐྱེས་ནས་ཐུགས་བསྐྱེད་པ་དང་། ཕུང་པོ་གསུམ་པའི་མདོ་ལས། ཚོང་དཔོན་གྱི་བུ་མདོན་དགར་གྱུར་དུས་དེ་བཞིན་གཤེགས་པ་མཛེས་ཆེན་ལ་ཐུགས་བསྐྱེད་པ་དང་། སྒྱང་འདས་ནས་དེ་བཞིན་གཤེགས་པ་ཤཱཀྱ་ཐུབ་ཆེན་ལ་རང་གི་ལུས་ཀྱི་ཤ་སྲང་གསུམ་རེ་ཉིན་རེ་བཞིན་ནད་པ་ལ་བཅོངས་པའི་རིན་གསེར་གྱི་དོང་ཙེ་ལྔ་ཕུལ་ཏེ་བླ་ན་མེད་པ་ཡང་དག་པ་རྫོགས་པའི་བྱང་ཆུབ་ཏུ་ཐུགས་བསྐྱེད་པར་བཤད། ཟླུང་གི་མདོ་ལས། དེ་བཞིན་གཤེགས་པ་རིན་ཆེན་མཆོག་ལ་སོགས་པ་སངས་རྒྱས་བྱེ་བ་ཕྲག་དུ་མར་བསྙེན་བཀུར་ཞིང་བྱང་ཆུབ་ཏུ་ལུང་བསྟན་པ་དང་། བྲམ་ཟེའི་ཁྱེའུ་སྤྲིན་དུ་གྱུར་དུས་དེ་བཞིན་གཤེགས་པ་མར་མེ་མཛད་ལ་མེ་ཏོག་ཨུཏྤལ་བདུན་གཏོར་ཏེ་སྨོན་ལམ་དང་ཐུགས་བསྐྱེད་ཤཱཀྱ་ཐུབ་པར་ལུང་བསྟན་པ་དང་། སྙིང་རྗེ་པདྨ་དཀར་པོར། དེ་བཞིན་གཤེགས་པ་རིན་ཆེན་སྙིང་པོའི་དྲུང་དུ་ཐུགས་བསྐྱེད་ཅིང་ལུང་བསྟན་པར་གསུངས་ལ། མདོ་སྡེ་བསྐལ་བཟང་ནས། ང་ནི་སྔོན་ཚེ་དམན་པར་གྱུར་པ་ན། །དེ་བཞིན་གཤེགས་པ་ཤཱཀྱ་ཐུབ་ཆེན་ལ། །འཇམ་གང་ཞིག་ནི་ཕུལ་བར་བྱས་ནས་ཀྱང་། །དང་པོར་བྱང་ཆུབ་མཆོག་ཏུ་སེམས་བསྐྱེད་དོ། །ཞེས་དང་ཡང་རྫ་མཁན་གྱི་ཁྱེའུ་སྣང་བྱེད་དུ་གྱུར་པའི་ཚེ་དེ་བཞིན་གཤེགས་(༢༧༨བ)པ་ཤཱཀྱ་ཐུབ་ཆེན་དུ་གདུགས་མཆིལ་ལྷམ་ཟུང་རྫའི་བུམ་པ་བྱི་དོར་བྱས་པ་གསུམ་རྣམས་ཕུལ། འཁོར་བུ་ལྔ་མེ་ཏོག་གི་ཚུལ་དུ་གཏོར་ཏེ། དེ་བཞིན་གཤེགས་པ་ཁྱེད་སྐུ་ཅི་འདྲ་དང་། །ཞེས་སོགས་སྨོན་ལམ་བཏབ་སྟེ་ཐུགས་བསྐྱེད་པར་བུ་སྟོན་ཆོས་འབྱུང་

དུ་གསུངས་ཤིང་། ཧེ༷་ཀླ༷་མ༷འི་བཀའ་འབུམ་དུ་འང་འཕོད་པས་རྒྱ་གཞུང་ནས་ལུང་འདྲེན་ཕོལ་བུ་ཞིག་བྱུང་ངེས་ཀྱང་དེང་སང་བཀའ་བསྟན་རྣམས་ནས་ཛོ་འཕྲོད་པར་དཀའ་ཞིང་། འོན་ཀྱང་དེ་བཞིན་གཤེགས་པ་ཤཱཀྱ་ཐུབ་ཆེན་དུ་ཐུགས་བསྐྱེད་འདུལ་བ་སྨྱུང་འདས་སོགས་ནས་གསུངས་པའི་རྫ་མཁན་ཡངས་པའི་འོད་ཀྱིས་བུ་རམ་གྱི་ཆུ་དང་འབྲས་ཐུག་གིས་བསྙེན་བཀུར་ནས་ཐུགས་བསྐྱེད་པ་བསྐལ་བཟང་གི་ཚིག་འདི་དམན་པར་གྱུར་པ་རྫ་མཁན་དང་། འཇམ་གང་ཞེས་ཐུག་པར་ཟླ་ཟེར་སོགས་སུ་འང་འབྲས་འཇམ་ཞེས་པ་ཐུག་པར་བཤད་པ་དེའི་དོན་བསྡུ་ཡིན་ནམ་སྙམ་ཞིང་། གང་ལྟར་བདག་རྐྱེན་དགེ་བའི་བཤེས་གཉེན་ལ་བརྟེན་དགོས་པས་དེ་བཞིན་གཤེགས་པ་ཤཱཀྱ་ཐུབ་ཆེན་ལ་ཐུགས་བསྐྱེད་པ་འདི་དག་ཐུགས་བསྐྱེད་ཀྱི་དང་པོར་འདོད་དགོས་པ་བཞིན་འཕགས་ཆེན༷་སྐྱུན༷་རས༷་གཟིགས༷་འདིར་སྒྱུ་མ་ལྟ་བུའི་ཏིང་ངེ་འཛིན་གྱི་མདོར། སྔོན་བྱུང་བ་འདས་པའི་དུས་ན་བསྐལ་པ་གྲངས་མེད་པའི་ཡང་ཆེས་གྲངས་མེད་པ་བསམ་གྱིས་མི་ཁྱབ་པ་འཇིག་རྟེན་གྱི་ཁམས་བརྒྱ་སྟོང་གི་རྡུལ་ཕྲ་རབ་ཇི་སྙེད་ཡོད་པ་དེ་བས་ཀྱང་ཆེས་མང་བའི་བསྐལ་པ་བྱུང་བ་དེའི་ཚེ་དེའི་དུས་ན་འཇིག་རྟེན་གྱི་ཁམས་ཡོན་ཏན་རིན་ཆེན་བསགས་པ་དཔག་ཏུ་མེད་པ་བདེ་བ་ཀུན་སྟོན་པ་ཞེས་བྱ་བར་དེ་བཞིན་གཤེགས་པ་དགྲ་བཅོམ་པ་ཡང་དག་པར་རྫོགས་པའི་སངས་རྒྱས་རིག་པ་དང་ཞབས་སུ་ལྡན་པ་བདེ་བར་གཤེགས་པ་འཇིག་རྟེན་(༢༧༥ན)མཁྱེན་པ་སྐྱེས་བུ་གདུལ་བའི་ཁ་ལོ་བསྒྱུར་བ་བླ་ན་མེད་པ་ལྷ་དང་མིའི་སྟོན་པ་སངས་རྒྱས་བཅོམ་ལྡན་འདས་གསེར་འོད་སེང་གེ་རྣམ་པར་རོལ་བའི་རྒྱལ་པོ་ཞེས་བྱ་བ་བྱུང་སྟེ་ཆོས་སྟོན་པའི་ཚེ་ཆོས་དང་ལྡན་པ་ཆོས་ཀྱི་རྒྱལ་པོ་དཔལ་གྱི་གཟི་བརྗིད་ཅེས་བྱ་བ་བྱུང་། དེ་ལ་བུ་བྱེ་བ་ཕྲག་བརྒྱ་ཡོད་དེ་ཐམས་ཅད་ཀྱང་མཚན་ཉི་ཤུ་རྩ་བརྒྱད་དང་ལྡན་པར་གྱུར་ཏོ། །ཞེས་སོགས་དང་། རྒྱལ་པོ་སྐྱིད་སོས་ཚལ་ན་བསམ་གཏན་དུ་གནས་བཞིན་པར་འདུག་པའི་དུས་སྒོ་གཡས་གཡོན་ནས་ཙན་དན་སྦྲུལ་གྱི་སྙིང་པོའི་པདྨ་བཀྲ་བ་གཉིས་ལས་ཁྱེའུ་མཚན་སུམ་ཅུ་དང་དཔེ་བྱད་

བརྒྱད་ཅུ་དང་ལྡན་པ་རིན་ཆེན་སེམས་དང་རིན་ཆེན་མཆོག་ཅེས་བྱ་བ་གཉིས་བརྫུས་ཏེ་བྱུང་བའི་ཁྱིའུ་རིན་ཆེན་མཆོག་ཏུ་གྱུར་པའི་དུས་དེ་བཞིན་གཤེགས་པ་དེ་ལ་ཐུགས་བསྐྱེད་པ་མདོ་དེ་ཉིད་ལས། བདག་གིས་བླ་ན་མེད་པ་རྫོགས་པའི་བྱང་ཆུབ་ཏུ་སེམས་དང་པོ་བསྐྱེད་པ་ནི་འདི་ཡིན་ནོ། །ཞེས་དང་། གཞན་ཡང་སངས་རྒྱས་འོད་སྟོང་འབར་བའི་དབང་པོ་ཞི་བར་གནས་པའི་བསྟན་པ་ལ་གྲོང་ཁྱེར་རྩེ་མོ་ཅན་དུ་རྒྱལ་པོ་བྱམས་པའི་སྟོབས་ལྡན་དུ་འཁྲུངས་པའི་ཚེ་སངས་རྒྱས་དེ་ལ་ཐུགས་བསྐྱེད་པ་དང་། འཇིག་རྟེན་གྱི་ཁམས་བཻཌཱུརྻའི་སྣང་བར་གྲོང་ཁྱེར་འཕགས་རྒྱལ་དུ་རྒྱལ་པོ་རིན་ཆེན་དུ་གྱུར་དུས་སངས་རྒྱས་སྨན་གྱི་བླ་བཻཌཱུརྻ་འོད་ཀྱི་རྒྱལ་པོ་ལ་ཐུགས་བསྐྱེད་ཅིང་སྨན་གྱི་དབང་བསྐུར་བ་ཐོས་པ་དང་། གཞན་སངས་རྒྱས་བྱེ་བ་ཕྲག་བཅུ་བ་ཅིག་གི་དྲུང་དུ་ཐུགས་བསྐྱེད་པར་བཤད་པ་སོགས་ཐུགས་བསྐྱེད་ཚུལ་བསམ་གྱིས་མི་ཁྱབ་ཀྱང་གཙོ་བོ་བདག་རྐྱེན་དགེ་བའི་བཤེས་གཉེན་ལ་བརྟེན་དགོས་པ་དང་། དེའི་གཙོ་བོའམ་དང་པོར་གྱུར་པ་ཟླ་མ་ཏོག་བཀོད་པའི་མདོ་དང་རྒྱལ་པོ་བཀའ་འབུམ་སོགས་ཕྱོགས་མཚུངས་ཀྱི་དགོངས་(༢༧༥བ)པ། སྔོན་བསྐལ་འདིའི་བསྐལ་པ་དགུ་བརྒྱ་དང་དགུ་བཅུ་རྩ་གཅིག་གི་སྔོན་རོལ་ཏུ་བསྐལ་ཆེན་འཛིན་པ་ཞེས་པར་དེ་བཞིན་གཤེགས་པ་དགྲ་བཅོམ་པ་ཡང་དག་པར་རྫོགས་པའི་སངས་རྒྱས་འཇིག་རྟེན་མཁྱེན་པ། སྐྱེས་བུ་འདུལ་བ། ཁ་ལོ་བསྒྱུར་བ། བླ་ན་མེད་པ། ལྷ་དང་མི་རྣམས་ཀྱི་སྟོན་པ་སངས་རྒྱས་བཅོམ་ལྡན་འདས་འོད་མཛད་ཡེ་ཤེས་ཏོག་འཇིག་རྟེན་དུ་བྱོན་ནས་ཆོས་ཀྱི་འཁོར་ལོ་བསྐོར་བའི་ཚེ་ཡུལ་སྒྲ་གཅན་དུ་རྒྱལ་པོ་སྒྲ་དབྱངས་ཛ་སྒྲའི་སྲས་ཀྱི་ཚུལ་བཟུང་ནས་དེ་བཞིན་གཤེགས་པ་དེ་ལ་མཆོད་པར་གཤེགས་པའི་ཚེ་ལམ་དུ་ཉེ་ཟླ་སྒྲོལ་མ་དང་ནམ་མཁའ་སྒྲོལ་མ་སྐྱེ་སྒྲོལ་མ་དཀར་སྔོན་གཉིས་དང་བྲད། དེ་གཉིས་ཀྱིས་བཙུན་མོའི་ཚུལ་བྱེད་པ་སོགས་སྨོན་ལམ་བཏབ། གསུམ་གས་དེ་བཞིན་གཤེགས་པ་འོད་མཛད་ཡེ་ཤེས་ཏོག་བྱང་ཆུབ་ཤིང་དྲུང་དུ་བཞུགས་པའི་དྲུང་དུ་བྱོན་ནས་རྒྱལ་པོས་མེ་ཏོག་ཨུཏྤལ་དང་གསེར་གྱི་དོང་ཙེ་དགུ་ཕུལ་བཙུན་མོ་གཅིག་གིས་

ཨུ་དུམ་ཝ་ར་བདུན། གཅིག་གིས་པདྨ་ལྷ་ཕུལ་ནས་གསུམ་གས་བྱང་ཆུབ་མཆོག་ཏུ་ཐུགས་བསྐྱེད། རྒྱལ་པོས་སྦྱིན་པའི་ཚོགས་ཁང་ཆེན་པོ་ཕྱོགས་བཞིར་བརྩིགས་ཏེ་གཏན་པ་མེད་པའི་མཆོད་སྦྱིན་ལོ་དུ་མར་མཛད་ནས་སྦྱིན་པའི་ཕ་རོལ་ཏུ་ཕྱིན་པ་རྫོགས། ལས་ཀྱི་སྒྲིབ་པའི་ལྷག་ཕྲན་བུ་རྣམས་སྦྱང་བའི་ཆེད་དུ་སྦྱིན་པ་ཏ་ཙང་ཐལ་བས་ཡབ་ཀྱིས་མི་མེད་འདྲེ་ཡུལ་བྱ་རོག་སྐྲ་ཅན་དུ་མི་ལོ་ཉི་ཤུ་རྩ་ལྔ་སྤྱུགས་པའི་ཚེ་དགེ་སློང་རབ་འོད་དང་སྤྲུལ་པ་འོད་གཉིས་དང་ཕྲད་ཅི་འདོད་དྲིས་པས་ཐེག་པ་ཆེན་པོའི་ཆོས་འདོད་བྱས་པས་ཡོན་ཏན་དང་སྦྱར་ན་རིང་པོར་མི་ཐོགས་པར་ཐེག་པ་ཆེན་པོའི་ལམ་ཐོབ་ཅེས་ལུང་བསྟན་ཅིང་སྒོམ་བྱ་བའི་གནས་(༢༧༨ན)བརྟན་ཕྱོད་སངས་རྒྱས་པ་ན་ངེད་གཉིས་འཁོར་གྱི་དང་པོར་གྱུར་པ་སྨོན་ལམ་བཏབ། རྒྱལ་པོས་ཐེག་པ་ཆེན་པོ་ཆོས་ཉིད་ཀྱི་དོན་བསྒོམས་པས་ཉོན་མོངས་པའི་བདུད་བཞི་བག་ཆགས་དང་བཅས་པ་རབ་ཏུ་བཅོམ། སྐུ་བཞི་ཡེ་ཤེས་ལྔ་མངོན་དུ་མཛད་ནས་བླ་ན་མེད་པ་ཡང་དག་པར་རྫོགས་པའི་བྱང་ཆུབ་ཏུ་མངོན་པར་རྫོགས་པར་སངས་རྒྱས་ཏེ་མཚན་དེ་བཞིན་གཤེགས་པ་དགྲ་བཅོམ་པ་ཡང་དག་པ་རྫོགས་པའི་སངས་རྒྱས་རིགས་པ་དང་ཞབས་སུ་ལྡན་པ་བདེ་བར་གཤེགས་པ་འཇིག་རྟེན་མཁྱེན་པ་སྐྱེས་བུ་འདུལ་བ་ལྷ་དང་མི་རྣམས་ཀྱི་སྟོན་པ་སངས་རྒྱས་བཅོམ་ལྡན་འདས་འོད་ཟེར་ཀུན་འཕགས་དཔལ་བརྩེགས་རྒྱལ་པོ་ཞེས་བྱ་བར་སངས་རྒྱས་ཞིང་དུ་གསུངས་པ་དང་། འདི་དང་མཐུན་པར་རྒྱལ་རྩེ་ཐེམ་སྤངས་མའི་རྒྱུད་ཕ་པ་དང་། ཚལ་པ་བཀའ་འགྱུར་གྱི་མ་པར་བཞུགས་པ་འཕགས་པ་སྤྱན་རས་གཟིགས་དབང་ཕྱུག་ལག་པ་སྟོང་དང་མིག་སྟོང་དང་ལྡན་པའི་ཚེ་ག་ཞིབ་མོ་ལོ་ཙྪ་བ་བཙྡེ་ཆོས་གྲུབ་ཀྱིས་བསྒྱུར་བ་ལས། བཅོམ་ལྡན་འདས་ཤཱཀྱ་ཐུབ་པ་རི་བོ་གྲུ་འཛིན་བྱང་ཆུབ་སེམས་དཔའ་འཕགས་པ་སྤྱན་རས་གཟིགས་དབང་ཕྱུག་གི་གནས་ན་སེང་གེའི་ཁྲི་ལ་བྱང་ཆུབ་སེམས་དཔའ་སེམས་དཔའ་ཆེན་པོ་དུ་མ་དང་ཐབས་ཅིག་ཏུ་བཞུགས་པའི་ཚེ་འཕགས་པ་སྤྱན་རས་གཟིགས་དབང་ཕྱུག་གི་རྫུ་འཕྲུལ་མངོན་པར་ཤེས་པའི་འོད་

ཟེར་རྣམས་ཀྱིས་ཕྱོགས་བཅུའི་སངས་རྒྱས་ཀྱི་ཞིང་རྣམས་ཁྱབ་པར་སྣང་བར་བྱས་པ་སོགས་ངོ་མཚར་བའི་ལྟས་དུ་མ་བསྟན་པ་དང་བྱང་ཆུབ་སེམས་དཔའ་གཟུགས་ཀྱི་དབང་ཕྱུག་རྒྱལ་པོས། སྟོན་ཆད་མ་བྱུང་རྫུ་འཕྲུལ་སྟོབས་སུས་བསྟན། །ཞེས་སོགས་ཚིགས་སུ་བཅད་པའི་སྒོ་ནས། རྫུ་འཕྲུལ་མངོན་པར་ཤེས་པའི་ལྟས་འདི་སུ་ཡིས་བགྱིས་(༢༧༨བ)ཞེས་ཞུས་པས། བཅོམ་ལྡན་འདས་ཀྱིས་བཀའ་སྩལ་པ། ཀྱེ་རིགས་ཀྱི་བུ་ཁྱོད་ལ་སོགས་འདི་ལྟར་ཤེས་པར་གྱིས་ཤིག །ད་ལྟ་འཁོར་གྱི་དཀྱིལ་འཁོར་འདི་ན་བྱང་ཆུབ་སེམས་དཔའ་སེམས་དཔའ་ཆེན་པོ་མིང་འཕགས་པ་སྤྱན་རས་གཟིགས་དབང་ཕྱུག་ཅེས་བྱ་བ་ཞིག་ཡོད་དེ་འདི་ནི་བསྐལ་པ་དུ་མ་ནས་འགྲོ་བའི་དོན་མཐར་ཕྱིན་པ་བྱམས་པ་དང་སྙིང་རྗེ་དང་ཐབས་ལ་མཁས་པས་བསྒྲུབ་པ་དང་གཟུངས་ཀྱི་སྒོ་རྣམས་ལ་ནུས་པ་དང་ལྡན་པ་སྟེ་སེམས་ཅན་གྱི་ཁམས་ཐམས་ཅད་ལ་ཞི་བ་དང་བདེ་བར་འདོད་པས་རྫུ་འཕྲུལ་གྱི་སྟོབས་ཆེན་པོ་འདི་བྱུང་ངོ་། །ཞེས་སོགས་དང་། ཡང་། དེ་ནས་བཅོམ་ལྡན་འདས་ལ་ཚེ་དང་ལྡན་པ་ཀུན་དགའ་བོས་འདི་སྐད་ཅེས་གསོལ་ཏོ། །བཙུན་པ་བཅོམ་ལྡན་འདས་གང་སྙིང་པོ་དྲང་པོ་འདི་སྟོན་པའི་བྱང་ཆུབ་སེམས་དཔའ་སེམས་དཔའ་ཆེན་པོ་འདིའི་མིང་ཅི་ཞེས་བགྱི། བཅོམ་ལྡན་འདས་ཀྱིས་བཀའ་སྩལ་པ། བྱང་ཆུབ་སེམས་དཔའ་སེམས་དཔའ་ཆེན་པོ་སྤྱན་རས་གཟིགས་དབང་ཕྱུག་ཅེས་བྱའོ། །མདོ་འཛིན་པ་ཞེས་ཀྱང་བྱའོ། །འོད་ཟེར་དང་མིག་དང་ལག་པ་སྟོང་ཡོད་པ་ཞེས་ཀྱང་བྱའོ། །བྱང་ཆུབ་སེམས་དཔའ་སེམས་དཔའ་ཆེན་པོ་སྤྱན་རས་གཟིགས་དབང་ཕྱུག་དེའི་རྫུ་འཕྲུལ་གྱི་མཐུ་ནི་དཔག་ཏུ་མེད་ཅིང་བསམ་གྱིས་མི་ཁྱབ་བོ། །འདི་ནི་འདས་པའི་བསྐལ་པ་དཔག་ཏུ་མེད་པའི་སྔ་ལོགས་སུ་བྱང་ཆུབ་མངོན་པར་རྫོགས་པར་སངས་རྒྱས་ཏེ་ཆོས་སྣང་བའི་སངས་རྒྱས་བཅོམ་ལྡན་འདས་ཞེས་བྱའོ། །དེ་ནི་སྙིང་རྗེ་ཆེན་པོ་དང་སྨོན་ལམ་གྱི་དབང་གིས་སེམས་ཅན་ལ་ཕན་པ་དང་བདེ་བའི་ཕྱིར་འདིར་བྱང་ཆུབ་སེམས་དཔའི་གཟུགས་སུ་སྣང་ངོ་། །བྱང་ཆུབ་སེམས་དཔའ་རྣམས་དང་མི་མཛེད་ཀྱི་བདག་པོ་ཚངས་པ་

དང་། ལྷའི་(༢༧༧ན)དབང་པོ་བརྒྱ་བྱིན་དང་། ཀླུའི་འཁོར་དང་། ཁྱེད་ཐམས་ཅད་ཀྱིས་དེ་ལ་མཆོད་པ་གྱིས་ཤིག །དེ་ལ་བརྙས་པར་མ་བྱེད་ཅིག །ལྷ་དང་མི་ཐམས་ཅད་ཀྱིས་རྟག་ཏུ་མཆོད་པར་གྱིས་ཤིག །མིང་ཡང་བརྗོད་ཅིག །དགེ་བའི་རྩ་བ་སྐྱེ་ཞིང་སྡིག་པ་དུ་མའང་འབྱང་བར་འགྱུར་རོ། །ལུས་ཞིག་སྟེ་ཤི་བའི་འོག་ཏུ་དེ་བཞིན་གཤེགས་པ་འོད་དཔག་མེད་ཀྱི་སངས་རྒྱས་ཀྱི་ཞིང་འཇིག་རྟེན་གྱི་ཁམས་བདེ་བ་ཅན་དུ་སྐྱེ་བ་འཛིན་པར་འགྱུར་རོ། །ཞེས་དང་། མདོ་སྡེ་པདྨ་དཀར་པོར། རིགས་ཀྱི་བུ་གང་དག་ན་བྱང་ཆུབ་སེམས་དཔའ་སེམས་དཔའ་ཆེན་པོ་སྤྱན་རས་གཟིགས་དབང་ཕྱུག་སངས་རྒྱས་ཀྱི་གཟུགས་ཀྱིས་སེམས་ཅན་རྣམས་ལ་ཆོས་སྟོན་པའི་འཇིག་རྟེན་གྱི་ཁམས་དག་ཡོད་དོ། །ཞེས་དང་། དེ་དང་ཕྱོགས་མཐུན་པ་ཐེག་པ་ཆེན་པོའི་མདོ་ཟ་མ་ཏོག་བཀོད་པའི་ལེའུ་དང་པོ་ལས་ཀྱང་། གང་དང་གང་གི་གཟུགས་ཀྱིས་འདུལ་བར་གྱུར་པ་དེ་དང་དེའི་གཟུགས་ཀྱིས་ཆོས་འཆད་དེ། དེ་བཞིན་གཤེགས་པས་འདུལ་བའི་སེམས་ཅན་རྣམས་ལ་ནི་དེ་བཞིན་གཤེགས་པའི་གཟུགས་ཀྱིས་ཆོས་འཆད་ཅེས་བཤད་པ་དང་། སྤྱན་རས་གཟིགས་རྩ་བའི་རྒྱུད་པདྨ་དྲྭ་བ་ཅན་ལས། བཅོམ་ལྡན་འདས་མགོན་པོ་ཐུགས་རྗེ་སྤྱན་རས་གཟིགས། །ཞལ་གྲངས་མདོག་དབྱིབས་དུ་མ་ཅིར་ཡང་སྣང་། །སྟོང་དང་བརྒྱ་དང་བཅུ་གཅིག་དྲུག་དང་གཅིག །ཁྲམས་པའི་ཞལ་བཟང་མདངའ་བའི་མགོན་ལ་བསྟོད། །ཅེས་དང་། བྱ་རྒྱུད་རྗེ་བཙུན་སྒྲོལ་མའི་མཚན་བརྒྱ་ལས། ཐུབ་པ་འདོད་ཆགས་བྲལ་རྣམས་དང་། །བྱང་ཆུབ་སེམས་དཔའི་ཚོགས་གཞན་དང་། །ས་བཅུའི་དབང་ཕྱུག་རྣམས་དང་ནི། །འཕགས་མ་སྒྲོལ་སོགས་ལྷ་མོ་རྣམས། །རིག་པའི་རྒྱལ་མོ་སྟོང་རྣམས་ཀྱིས། །རྟག་(༢༧༧བ)ཏུ་ལེགས་པ་སྟོན་པའོ། །ཁྲོ་བོའི་རྒྱལ་པོ་ཚོགས་གཞན་དང་། །རྟ་མགྲིན་ལ་སོགས་ཀྱིས་བསྐོར་བ། །སེམས་ཅན་ཀུན་ལ་ཕན་པར་བརྩོན། །བཅོམ་ལྡན་འདས་ནི་སྤྱན་རས་གཟིགས། །བཞུགས་ཏེ་དེ་ཕྱིར་དཔལ་དང་ལྡན། །ཞེས་སྟོན་རྗོགས་ལྡན་གྱི་དུས་ལྷོ་ཕྱོགས་རི་བོ་གྲུ་འཛིན་གྱི་གཞལ་མེད་ཁང་ཆེན་པོར་སངས་རྒྱས་དང་བྱང་

ཆུབ་སེམས་དཔའ་ཁྲོ་བོ་དང་ཁྲོ་མོ་རིག་པའི་རྒྱལ་མོ་རང་རྒྱལ་ལྷ་ཀླུ་གནོད་སྦྱིན་ལ་སོགས་པ་གྲངས་མེད་པའི་དབུས་སུ་འཕགས་པ་སྤྱན་རས་གཟིགས་དབང་ཕྱུག་རྡོ་རྗེ་འཆང་ཆེན་པོའི་སྐུར་བཞེངས་ཏེ་མཚན་བརྒྱ་འདི་སོགས་སྒྲོལ་མའི་སྔགས་རྒྱུད་འབུམ་ཕྲག་བརྒྱ་གསུངས་ནས་འགྲོ་བ་དྲུག་གི་དོན་རྒྱས་པར་མཛད། སུམ་ལྡན་གྱི་དུས་དེ་དག་གི་ཕྱིངས་ནུབ་ནས་འབུམ་ཕྲག་དྲུག་པ་བྱུང་། གཉིས་ལྡན་ལ་དེ་ཡང་ཉུབ་སྟེ་སྟོང་ཕྲག་བཅུ་གཉིས་པ་དར། རྩོད་ལྡན་ཐུབ་པའི་དབང་པོ་ཤཱཀྱ་སེང་གེ་དུས་འདིར་སྒྲོལ་མ་འདུས་པ་ཨ་ཝོ་ཀ་སྟོང་ཡོད་པའི་རྒྱུད་བྱུང་ཚུལ་ལོ་རྒྱུས་རྣམས་སུ་ཞིབ་པར་འབྱུང་བ་ལྟར་བསྐལ་པ་དཔག་ཏུ་མེད་པའི་སྔོན་རོལ་ནས་ངེས་དོན་གནས་ཚུལ་དང་མཐུན་པར་རང་དོན་དུ་སངས་རྒྱས་ཟིན་ཀྱང་། མདོ་སྡེ་སྙིང་རྗེ་པདྨ་དཀར་པོའི་ལེའུ་གསུམ་པ་ལས། སངས་རྒྱས་ཀྱི་ཞིང་འདིར་བསྐལ་པ་འཛིན་པ་ཞེས་བྱ་བ་ཞིག་བྱུང་སྟེ་བསྐལ་པ་དེ་ལ་གླིང་བཞི་པའི་སངས་རྒྱས་ཀྱི་ཞིང་འདིའི་མིང་ཡང་དག་སྒྲོལ་བའི་ཏོག་ཅེས་བྱ་བར་འཁོར་ལོས་སྒྱུར་བའི་རྒྱལ་པོ་རྩིབས་ཀྱི་མུ་ཁྱུད་བཙུན་མོ་དམ་པ་ལྷ་མོ་དཔལ། སྲས་མིག་མི་འཛུམ། མུ་ཁྱུད། དབང་པོའི་ཚོགས་ཉན་ཪྻངས་མེད་ལ་སོགས་པ་སྟོང་། རྒྱལ་ཕྲན་བརྒྱད་ཁྲི་བཞི་སྟོང་དང་། མདུན་ན་འདོན་བྲམ་ཟེ་རྒྱ་མཚོའི་རྡུལ། སློབ་མ་རིག་བྱེད་ལ་མཁས་པ་བྲམ་ཟེའི་ཁྱེའུ་གཙྫ་སྐྱོང་ལ་(༢༧༨ན)

སོགས་པ་སྟོང་རྩ་བཞི། མདུན་ན་འདོན་བྲམ་ཟེ་རྒྱ་མཚོའི་རྡུལ་ལ་སྲས་སྐྱེས་ངེ་ཆེན་པོའི་མཚན་སུམ་ཅུ་རྩ་གཉིས་དང་ལྡན་ཞིང་། དཔེ་བྱད་བཟང་པོ་བརྒྱད་ཅུས་ལུས་རྣམ་པར་མཛེས་པ། བསོད་ནམས་བརྒྱའི་མཚན་དང་ལྡན་ཞིང་འོད་འདོམ་གང་བ་ཤིང་ཏུ་གྲོ་ཛྙ་ལྟར་མཚུ་ཞིང་གབ་པ་སོགས་ལྟ་བས་ཚོག་མི་ཤེས་པ་ཞིག་བཙས་སོ། །

དེ་མ་ཐག་ལྷ་འབུམ་གྱིས་མཆོད་པར་བྱས་ནས་མཚན་རྒྱ་མཚོའི་སྙིང་པོ་ཞེས་བྱ་བར་བཏགས། སྐྲ་དང་ཁ་སྨྲུ་བྲེགས་ཏེ་གོས་ངུར་སྨྲིག་བགོས་ནས། བླ་ན་མེད་པ་ཡང་དག་པར་རྫོགས་པའི་བྱང་ཆུབ་ཏུ་མངོན་པར་སངས་རྒྱས་ཏེ་དེ་བཞིན་གཤེགས་པ་རིན་ཆེན་སྙིང་པོ་ཞེས་བྱ་བར་གྱུར་ནས། བཅོམ་ལྡན་འདས་དེས་ཆོས་ཀྱི་འཁོར་

ལོ་བསྐོར་ཏེ་སྡིག་ཆགས་བྱེ་བ་ཁྲག་ཁྲིག་འབུམ་ཕྲག་མང་པོ་དག་མཐོ་རིས་དང་ཐར་པའི་འབྲས་བུ་ལ་རབ་ཏུ་བཀོད་པར་གྱུར་པའི་ཚེ། རྒྱལ་བུ་རྩིབས་ཀྱི་མུ་ཁྱུད་བུ་སྟོང་དང་བཅས་པས་ཟླ་བ་གསུམ་གསུམ་དུ་བསྙེན་བཀུར། ཡབ་བྲམ་ཟེ་རྒྱ་མཚོའི་རྡུལ་གྱིས་ལོ་བདུན་བསྙེན་བཀུར་ཆོས་ཉན་ཞིང་རྨི་ལམ་བརྟགས་པར་རྒྱལ་པོ་རྩིབས་ཀྱི་མུ་ཁྱུད་ཀྱིས་སྡིག་ཆགས་མང་པོ་ཟ་བ་དང་། སྟག་ལ་སོགས་སེམས་ཅན་གདུག་པ་ཅན་གྱིས་རྒྱལ་པོ་དེ་ཡང་གསོད་པར་གྱུར་པ་དང་། བློན་པོ་ཁ་ཅིག་ཤིང་རྟ་བདེ་བ་ཞོན་ནས་ལམ་གོལ་བར་དོང་བ་ལ་སོགས་རྨིས་པས་དེ་དག་དེ་བཞིན་གཤེགས་པ་རིན་ཆེན་སྙིང་པོས་རྒྱལ་པོ་ངན་སོང་དུ་འགོར་བ་དང་བློན་པོ་ཉན་རང་དུ་གོལ་བ། གཞན་མང་པོ་བྱང་ཆུབ་ཏུ་ལུང་བསྟན་པར་བརྟེན། རྒྱལ་པོ་སྲས་དང་བཅས་པ་བྲམ་ཟེ་རྒྱ་མཚོའི་རྡུལ་གྱིས་ཐབས་མཁས་པ་ཆེན་པོས་ལན་དུ་མར་བསྐུལ་བའི་མཐུས་དེ་བཞིན་གཤེགས་པ་རིན་ཆེན་སྙིང་པོའི་(༢༧༨བ)སྤྱན་སྔར་རང་རང་གི་སངས་རྒྱས་ཀྱི་ཞིང་བཟུང་ཞིང་བྱང་ཆུབ་ཏུ་སེམས་བསྐྱེད། བྲམ་ཟེའི་སྲས་བརྒྱད་ཅུ། སློབ་མ་སྟོང་། བྲམ་ཟེ་བྱེ་བ་ཕྲག །གསུམ་རྣམས་རྫོགས་པའི་སངས་རྒྱས་རྣམ་གཟིགས། གཙུག་ཏོར་ཅན། ཐམས་ཅད་སྐྱོབ་ཀྱི་བར་དང་། རིག་བྱེད་ཀྱི་སློབ་མ་སྟོང་རྩ་བཞི་པོ་བསྐལ་བཟང་འདིའི་སངས་རྒྱས་སྟོང་རྩ་བཞིར་ལུང་བསྟན། དུག་གསུམ་ཐེག་པ་གསུམ་གྱིས་འདུལ་བའི་ཚུལ་བརྗོད་པ་སོགས་ཀྱི་སྐབས་སྙིགས་མ་ལྔ་བདོ་བའི་ཚེ་ལོ་བརྒྱ་པའི་གདུལ་བྱ་རྣམས་ཀཙྪ་སྐྱོང་ལ་སོགས་པ་ཐམས་ཅད་ཀྱིས་སྤངས་པའི་ཚེ་བྲམ་ཟེ་རྒྱ་མཚོའི་རྡུལ་ཉིད་ཀྱིས་བརྩོན་པ་བཅོམ་ལྡན་འདས་གང་དག་ཀཙྪ་སྐྱོང་ལ་སོགས་པ་བྲམ་ཟེའི་ཁྱེའུ་རིག་བྱེད་སློབ་པ་སྟོང་རྩ་བཞི་པོ་འདི་དག་ནི། དེ་བཞིན་གཤེགས་པས་བསྐལ་པ་བཟང་པོར་ལུང་བསྟན་ཏེ། སྐྱེས་བུ་དམ་པ་དེ་དག་གིས་ཀྱང་འདོད་ཆགས་དང་། ཞེ་སྡང་དང་། ང་རྒྱལ་སྤྱོད་པ་དག་ཐེག་པ་གསུམ་པོ་དག་གིས་གདུལ་བར་བགྱི་ལགས་མོད་ཀྱི་འོན་ཀྱང་དེ་དག་གིས་ཉོན་མོངས་པའི་སྒྲིབ་པ་ཤས་ཆེ་བ་དང་། ཞེས་སོགས་ནས། དམ་པའི་ཆོས་སྤོང་བ་དང་། འཕགས་པ་ལ་

སྐུར་བ་འདེབས་པ་དང་། ལོག་པར་ལྟ་བ་རྣམས་དང་། ཞེས་སོགས་ནས། ཉམ་ང་ཆེན་པོར་གྱུར་པ་རྣམས་སྐྱབས་ལགས་སོ། བཙུན་པ་བཅོམ་ལྡན་འདས་གལ་ཏེ་དེའི་ཚེ་བྱང་ཆུབ་སེམས་དཔའ་རྣམས་ཀྱིས་སྐྱབས་ཤིང་རྩོད་པ་ཆེན་པོའི་དུས་ཀྱི་མུན་པར་འཕངས་པའི་སེམས་ཅན་རྣམས་བདག་གིས་སྙིང་རྗེའི་གནས་སུ་གྱུར་པ་ལྟ་ན་བདག་ཀྱང་མ་འོངས་པའི་དུས་ན་བསྐལ་པ་གྲངས་མ་མཆིས་པ་གངྒའི་ཀླུང་གི་བྱེ་མ་སྙེད་གཉིས་པ་ལ་བབ་པ་ན་བསྐལ་པ་བཟང་པོ་དེ་ལ་སྐྱེ་དགུའི་ཚེ་ལོ་བརྒྱ་ཐུབ་པ་(༢༧(ན)ན། བདག་ཡུན་རིང་པོ་དེ་སྲིད་དུ་བྱང་ཆུབ་ཀྱི་སྤྱོད་པ་སྤྱོད་པ་ན། འཁོར་བས་ཡོངས་སུ་མི་སྐྱོ་བར་གྱུར་ཅིག་ཅེས་སོགས་སྨོན་ལམ་ལྔ་བརྒྱ་བཏབ་སྟེ་སངས་རྒྱས་ཤཱཀྱ་ཐུབ་པར་འགྱུར་བ་དང་། རྒྱལ་པོ་རྩིབས་ཀྱི་མུ་ཁྱུད་བདེ་བ་ཅན་གྱི་ཞིང་དུ་དེ་བཞིན་གཤེགས་པ་ཚེ་དཔག་མེད་དུ་གྱུར་ནས་ཆོས་སྟོན་པ་ལ་སོགས་ཀྱི་ཚུལ་རྒྱ་ཆེར་དེ་བཞིན་གཤེགས་པ་རིན་ཆེན་སྙིང་པོས་ལུང་བསྟན་པའི་དུས། བུ་ཐུ་བོ་མིག་མི་འཛུམ་ལ་བོས་པ་དང་། མིག་མི་འཛུམ་གྱིས་གསོལ་པ། བཅོམ་ལྡན་འདས་བདག་གིས་ངན་སོང་རྣམས་སུ་བལྟས་ལགས་ན། སེམས་ཅན་གང་དག་དེར་སྐྱེས་པ་དེ་དག་ནི་སྡུག་བསྔལ་དྲག་པོ་རབ་ཏུ་མི་བཟད་པ་ཉམས་སུ་མྱོང་བར་འགྱུར་ལགས་སོ། །ཞེས་དང་། གང་གི་ཚེ་བདག་བྱང་ཆུབ་སེམས་དཔའི་སྤྱད་པ་སྤྱོད་པ་ན། སེམས་ཅན་གང་དག་སྡུག་བསྔལ་གྱིས་གནོད་པར་གྱུར་པ་རྣམས་དང་། འཇིགས་པས་སྐྲག་པ་རྣམས་དང་། ཆོས་ཀྱི་མུ་གེའི་མུན་པར་ཞུགས་པ་རྣམས་དང་། ཞུམ་པ་རྣམས་དང་། ཞན་པ་རྣམས་དང་། སྐྱོབ་པ་མ་མཆིས་པ་རྣམས་དང་། སྐྱབས་མཆིས་པ་རྣམས་དང་། དཔུང་གཉེན་མ་མཆིས་པ་རྣམས་ཀྱིས་བདག་རྗེས་སུ་དྲན་པར་འགྱུར་ཞིང་མིང་ནས་ཀྱང་བརྗོད་པར་གྱུར་ཅིག །བདག་གིས་ཀྱང་ལྷའི་རྣ་བར་ཐོས་ཤིང་ལྷའི་མིག་གིས་མཐོང་བར་གྱུར་ཅིག །སེམས་ཅན་དེ་དག་སྡུག་བསྔལ་ལས་ཡོངས་སུ་ཐར་བར་མ་བགྱིས་པར་བདག་ཀྱང་བླ་ན་མེད་པ་ཡང་དག་པར་རྫོགས་པའི་བྱང་ཆུབ་མངོན་པར་རྫོགས་པར་འཚང་རྒྱ་བར་མ་གྱུར་ཅིག་སྨོན་ལམ་བཏབ་

ནས། བཅོམ་ལྡན་འདས་ཀྱིས་བདག་བླ་ན་མེད་པ་ཡང་དག་པར་རྫོགས་པའི་བྱང་ཆུབ་ཏུ་ལུང་བསྟན་དུ་(༢༧༩བ)གསོལ་ཞེས་ཞུས་པ་དང་། དེ་བཞིན་གཤེགས་པ་རིན་ཆེན་སྙིང་པོས་རྒྱལ་བུ་མིག་མི་འཛུམ་ལུང་བསྟན་ནས་འདི་སྐད་ཅེས་ཀྱང་བཀའ་སྩལ་ཏོ། །རིགས་ཀྱི་བུ་གང་གི་ཕྱིར་ཁྱོད་ཀྱིས་ངན་སོང་རྣམས་སུ་ཡང་བལྟས། མཐོ་རིས་རྣམས་སུ་ཡང་བལྟས། སེམས་ཅན་ཐམས་ཅད་ཀྱི་སྡུག་བསྔལ་ལ་ཡང་བལྟས་ཤིང་། སེམས་ཅན་ཐམས་ཅད་སྡུག་བསྔལ་ལས་ཐར་བར་བྱ་བ་དང་། ཉོན་མོངས་པ་རབ་ཏུ་ཞི་བར་བྱ་བའི་ཕྱིར་སྙིང་རྗེའི་སེམས་བསྐྱེད་པས་ན། རིགས་ཀྱི་བུ་དེའི་ཕྱིར་ཁྱོད་སྤྱན་རས་གཟིགས་དབང་ཕྱུག་ཅེས་བྱའོ། །སྤྱན་རས་གཟིགས་དབང་ཕྱུག་ཁྱོད་ནི་སེམས་ཅན་བྱེ་བ་ཁྲག་ཁྲིག་འབུམ་ཕྲག་མང་པོ་རྣམས་སྡུག་བསྔལ་ལས་ཐར་བར་བྱེད་པར་འགྱུར་ཏེ། རིགས་ཀྱི་བུ་ཁྱོད་ནི་བྱང་ཆུབ་སེམས་དཔར་གྱུར་པ་ལ་ཡང་སངས་རྒྱས་ཀྱི་མཛད་པ་བྱེད་པར་འགྱུར་རོ། །རིགས་ཀྱི་བུ་ཁྱོད་ནི་དེ་བཞིན་གཤེགས་པ་འོད་དཔག་མེད་ཡོངས་སུ་མྱ་ངན་ལས་འདས་ནས་བསྐལ་པ་གྲངས་མེད་པ་གཉྙའི་སྨད་ཀྱི་ཐོ་མ་སྣེད་གཉིས་པ་ལུས་པ་ན། ནམ་གང་གི་སྲོད་ལ་དམ་པའི་ཆོས་ནུབ་པར་འགྱུར་བ་དེ་ཉིད་ཀྱི་ནམ་གྱི་ཐོ་རངས་བྱང་ཆུབ་ཀྱི་ཤིང་བཀོད་པ་དུ་མའི་དྲུང་དུ་རྡོ་རྗེའི་གདན་ལ་འདུག་ནས། བླ་ན་མེད་པ་ཡང་དག་པར་རྫོགས་པའི་བྱང་ཆུབ་མངོན་པར་རྫོགས་པར་འཚང་རྒྱ་བར་འགྱུར་ཏེ་དེ་བཞིན་གཤེགས་པ་དགྲ་བཅོམ་པ་ཡང་དག་པར་རྫོགས་པའི་སངས་རྒྱས་འོད་ཟེར་ཀུན་ནས་འཕགས་པ་དཔལ་བརྩེགས་ཀྱི་རྒྱལ་པོ་ཞེས་བྱ་བར་འགྱུར་རོ། །ཞེས་དང་། སྒྱུ་མ་ལྷ་བུའི་ཏིང་ངེ་འཛིན་གྱི་མདོའི་ལུང་གོང་དུ་ཐུགས་བསྐྱེད་དུ་དྲངས་པའི་འཕྲོ་དེ་ཉིད་ལས། དེའི་དུས་ན་རྒྱལ་པོ་དཔལ་གྱི་གཟི་བརྗིད་ཅེས་བྱ་བར་གྱུར་པ་དེ་(༢༨༠ན)གཞན་ཞིག་ཡིན་སྙམ་དུ་དེ་ལྟར་དོགས་ན་དེ་ལྟར་མི་ལྟ་སྟེ། དེ་བཞིན་གཤེགས་པ་དགྲ་བཅོམ་པ་ཡང་དག་པར་རྫོགས་པའི་སངས་རྒྱས་འོད་དཔག་མེད་འདི་དེའི་ཚེ་དེའི་དུས་ན་རྒྱལ་པོ་དཔལ་གྱི་གཟི་བརྗིད་ཅེས་བྱ་བར་གྱུར་ཏོ། །བྱང་ཆུབ་སེམས་དཔའ་སེམས

དཔའ་ཆེན་པོ་སྤྱན་རས་གཟིགས་དབང་ཕྱུག་འདི་ནི་ཁྲིའུ་རིན་ཆེན་མཆོག་ཅེས་བྱ་བར་གྱུར་ཏོ། །ཞེས་དང་། དེ་བཞིན་གཤེགས་པ་འོད་དཔག་མེད་ཀྱི་ཚེའི་ཚད་ནི་དཔག་ཏུ་མེད་དེ། དེའི་མཐའ་ནི་བསྐལ་པ་བྱེ་བ་ཁྲག་ཁྲིག་བརྒྱ་སྟོང་གི་བར་དུ་བཤད་ཀྱང་རྟོགས་སླ་བ་མ་ཡིན་ནོ། །རིགས་ཀྱི་བུ་དེ་བཞིན་གཤེགས་པ་འོད་དཔག་མེད་ཀྱི་ཚེ་དཔག་ཏུ་མེད་དུ་ཟིན་ཀྱང་འདུས་བྱས་ཐམས་ཅད་མི་རྟག་པ། མི་བརྟན་པ། ཐེར་ཟུག་མ་ཡིན་པ། ཡུན་དུ་གནས་པ་མ་ཡིན་པ་སྟེ། རིགས་ཀྱི་བུ་མ་འོངས་པའི་དུས་འདས་པ་དེའི་ཚེ་དེའི་དུས་ན། བཅོམ་ལྡན་འདས་དེ་བཞིན་གཤེགས་པ་དགྲ་བཅོམ་པ་ཡང་དག་པར་རྫོགས་པའི་སངས་རྒྱས་འོད་དཔག་མེད་དེ་ཡོངས་སུ་མྱ་ངན་ལས་འདའ་བར་འགྱུར་རོ། །རིགས་ཀྱི་བུ་དེ་བཞིན་གཤེགས་པ་འོད་དཔག་མེད་ཡོངས་སུ་མྱ་ངན་ལས་འདས་ནས་དམ་པའི་ཆོས་ནུབ་མ་ཐག་པའི་མཚན་མོ་སྐྱ་རེངས་འཆར་བའི་དུས་ཀྱི་ཚེ། བྱང་ཆུབ་སེམས་དཔའ་སེམས་དཔའ་ཆེན་པོ་སྤྱན་རས་གཟིགས་དབང་ཕྱུག་རིན་པོ་ཆེ་དུ་མ་བཀོད་པའི་བྱང་ཆུབ་ཀྱི་ཤིང་དྲུང་དུ་འདུག་ནས་བླ་ན་མེད་པ་ཡང་དག་པར་རྫོགས་པའི་བྱང་ཆུབ་ཏུ་མངོན་པར་འཚང་རྒྱའོ། །དེ་མངོན་པར་རྫོགས་པར་སངས་རྒྱས་ནས་འོད༷་ཟེ༷ར་ཀུན་ནས༷་འཕ༷གས་པ༷འི་དཔ༷ལ་བརྩེ༷གས་རྒྱ༷ལ་པོ༷་ཞེས་བྱ་བར་འགྱུར་རོ། །ཞེས་དང་། ཆོས་དང་དོན་རྣམ་པར་འབྱེད་པའི་མདོ་ལས། རིགས་(༢༨༠བ)ཀྱི་བུ་སྔོན་བྱུང་བ་འདས་པའི་དུས་བསྐལ་པ་གྲངས་མེད་པའི་ཡང་ཆེས་གྲངས་མེད་ཅིང་ཚད་མེད་པར་གྱུར་པ་དེའི་ཚེ་དེའི་དུས་ན་འཇིག་རྟེན་གྱི་ཁམས་མེ་ཏོག་གི་འབྱུང་གནས་ཞེས་བྱ་བ་འབྱོར་པ་རྒྱས་པ། བདེ་བ་ལོ་ལེགས་པ་ཉམས་དགའ་བ། སྐྱེ་བོ་མང་པོ་དང་མི་རྣམས་ཀྱིས་གང་བ། ལག་མཐིལ་ལྟར་མཉམ་པ་ཞིག་བྱུང་ངོ་། །དེ་ན་དེ་བཞིན་གཤེགས་པ་དགྲ་བཅོམ་པ་ཡང་དག་པར་རྫོགས་པའི་སངས་རྒྱས་མེ་ཏོག་ལས་བྱུང་བ་ཞེས་བྱ་བ་ད་ལྟ་ཡང་བཞུགས་ཏེ་འཚོ་ཞིང་གཞེས་ལ་འཁོར་བཞི་དང་། ལྷ་དང་། ཀླུ་དང་། གནོད་སྦྱིན་དང་། དྲི་ཟ་དང་། ལྷ་མ་ཡིན་དང་། མི་དང་མི་མ་ཡིན་པ་རྣམས་ལ་ཆོས་ཀྱང་

རྟོན་ནོ། །འཛིག་རྟེན་གྱི་ཁམས་དེ་ན་མིའི་དབང་པོ་འཁོར་ལོས་སྒྱུར་བའི་རྒྱལ་པོ་སྟོང་གསུམ་གྱི་སྟོང་ཆེན་པོའི་འཛིག་རྟེན་གྱི་ཁམས་ལ་དབང་བྱེད་པ་རྒྱལ་བ་ཐོབ་ཅེས་བྱ་བ་ཞིག་བྱུང་ངོ་། །རིགས་ཀྱི་བུ་དེ་ནས་རྒྱལ་པོ་དེའི་བཙུན་མོ་དམ་པ་རིན་ཆེན་དཔལ་ཞེས་བྱ་བ་ཆེན་པོ་ལ་འོས་པའི་སེང་གེའི་ཁྲི་ལ་འདུག་པ་དང་། དེའི་པང་ནས་བུ་རིན་ཆེན་འབྱུང་གནས་ཞེས་བྱ་བ་ལྷའི་རྒྱན་གྱིས་རྣམ་པར་བརྒྱན་པ། ལྷའི་གོས་བགོས་པ། ལུས་མཚན་དང་དཔེ་བྱད་བཟང་པོས་ལེགས་པར་བརྒྱན་པ་ཞིག་སྐྱིལ་མོ་ཀྲུང་བཅས་ཏེ་བྱུང་ནས། མ་ལ་འདི་སྐད་ཅེས་སྨྲས་སོ། །ཡུམ་དེ་བཞིན་གཤེགས་པ་མེ་ཏོག་ལས་བྱུང་བ་དེང་འཚོའམ། བཙུན་མོས་སྨྲས་པ། རིགས་ཀྱི་བུ་གཅིག་ཀུན་མཁྱེན་མགོན། ། བླ་ན་མེད་པ་དགའ་མཛད་པ། །ལྷ་དང་མི་དང་བཅས་པ་ཡི། །འཛིག་རྟེན་ན་ནི་དེང་འཚོའོ། །དེ་ནས་རྒྱལ་པོ་རྒྱལ་བ་ཐོབ་དང་རྒྱལ་མོ་རིན་ཆེན་དཔལ་གྱིས་བུ་བླངས་ཏེ་བཙུན་མོའི་འཁོར་དང་གཡོག་ཏུ་བཅས་པར། བཅོམ་(༤༤༧ན)ལྡན་འདས་དེའི་ཞབས་ཀྱི་དྲུང་དུ་ཕྱིན་ནས་ལན་བདུན་བསྐོར་བ་བྱས་ཏེ་བརྒྱ་སྟོང་རི་བའི་མུ་ཏིག་གི་སེ་མོ་དོ་ཕུལ་ལོ། །ཕུལ་ནས་ཀྱང་འཁོར་དེ་ཉིད་དུ་འདུག་པར་གྱུར་ཏོ། །རིགས་ཀྱི་བུ་དེ་ནས་རྒྱལ་བུ་དེས་རྫུ་འཕྲུལ་གྱི་སྟོབས་བསྐྱེད་པ་བྱས་ནས། ཤིང་ཏ་ལ་བདུན་སྲིད་ཙམ་གྱི་བར་སྣང་གི་ནམ་མཁའ་ལ་འདུག་སྟེ། བཅོམ་ལྡན་འདས་མེ་ཏོག་ལས་བྱུང་བ་དེ་ལ་རིན་པོ་ཆེའི་ཆར་དང་། མེ་ཏོག་དང་། སྤོས་ཀྱི་ཆར་རྣམས་ཀྱིས་གཏོར་ནས། སྟོན་པ་རྒྱལ་ནས་སེམས་ཅན་རྣམས། །སྡུག་བསྔལ་ཆུ་བོ་ཆེ་ལས་སྒྲོལ། །ཞེས་སོགས་ཀྱི་བསྟོད་པའི་རྗེས། དེ་བཞིན་གཤེགས་པ་མེ་ཏོག་ལས་བྱུང་བས་བཀའ་སྩལ་པ། རིགས་ཀྱི་བུ་དག་རྒྱལ་བུ་རིན་ཆེན་འབྱུང་གནས་འདི་ནི་ང་ཡོངས་སུ་མྱ་ངན་ལས་འདས་མ་ཐག་ཏུ་སངས་རྒྱས་སུ་འགྱུར་ཏེ་རིན་པོ་ཆེ་དུ་མ་བཀོད་པའི་བྱང་ཆུབ་ཀྱི་ཤིང་དྲུང་དུ་འདུག་ནས་དེ་བྱང་ཆུབ་ཐོབ་པའི་ཚེ། དེ་བཞིན་གཤེགས་པ་དགྲ་བཅོམ་པ་ཡང་དག་པ་རྫོགས་པའི་སངས་རྒྱས་རིགས་པ་དང་ཞབས་སུ་ལྡན་པ། བདེ་བར་གཤེགས་པ། འཛིག་

ཏེན་མཁྱེན་པ། སྐྱེས་བུ་གདུལ་བའི་ཁ་ལོ་བསྒྱུར་བ། བླ་ན་མེད་པ། ལྷ་དང་མི་རྣམས་ཀྱི་སྟོན་པ་སངས་རྒྱས་བཅོམ་ལྡན་འདས་འོ༵ད་ཟེ༵ར་ཀུ༵ན་ནས༵་མངོ༵ན་པ༵ར་འཕ༵གས་པ༵་དཔ༵ལ་བརྩེ༵གས་རྒྱ༵ལ་པོ༵་ཞེས་བྱ་བར་འགྱུར་རོ། །ཞེས་སྣང་ཚུལ་དང་མཐུན་པར་བྱང་ཆུབ་སེམས་དཔའི་ཚུལ་བཟུང་ནས་མ་འོངས་པར་འཚང་རྒྱ་རྒྱུར་བསྟན་པ་དེ་གཉིས་ཀྱི་དུས་གང་སྔ་ཡང་ཁ་ཚོན་ཆོད་པར་དཀའ་ཞིང་གང་ལྟར་འཕགས་ཆེན་དེ་དག་ཀྱང་། དཀོན་ཅོག་བརྩེགས་པ་ལེའུ་གསུམ་པ་གསང་བ་བསམ་གྱིས་མི་ཁྱབ་པ་ལས། བཅོམ་ལྡན་འདས་(༤༨༧བ)བྱང་ཆུབ་སེམས་དཔའ་རྣམས་ཀྱི་རང་གི་སྤྱོད་ཡུལ་གང་ལགས། བཀའ་སྩལ་པ། རིགས་ཀྱི་བུ་བྱང་ཆུབ་སེམས་དཔའ་རང་གི་སྤྱོད་ཡུལ་འདི་ལྟ་སྟེ། འཁོར་བ་དཔག་ཏུ་མེད་པ་ཡོངས་སུ་འཛིན་པས་མི་སྐྲག་པ་དང་ཞེས་སོགས་ནས་སྐྱེ་བ་མེད་པར་ཡང་རབ་ཏུ་རྟོགས་པ་བསམས་བཞིན་དུ་སྐྱེ་བ་ལ་ཡང་མཁས་པ་དང་། ཞེས་དང་། ཡེ་ཤེས་དམ་པས་ཞུས་པའི་མདོ་ལས། བྱང་ཆུབ་སེམས་དཔའ་དེ་ནི་སེམས་ཅན་ཡོངས་སུ་སྨིན་པར་བྱ་བའི་ཕྱིར་བསམས་བཞིན་དུ་སྲིད་པ་ལེན་ཅིང་གྲོལ་བར་ཡང་བྱེད་དོ། །ཞེས་དང་། བློ་གྲོས་རྒྱ་ཅ་ཆོས་ཞུས་པ་ལས། བློ་གྲོས་རྒྱ་མཚོ་འདི་ནི་བྱང་ཆུབ་སེམས་དཔའ་རྣམས་ཀྱི་སྙིང་རྗེ་ཆེན་པོ་སྟེ་གང་ཉོན་མོངས་པའི་བཅིངས་པ་ཐམས་ཅད་ལས་ཤིན་ཏུ་ཡོངས་སུ་གྲོལ་ཡང་ཐབས་མཁས་པས་སྲིད་པར་སྐྱེ་བ་ཉེ་བར་ལེན་པ་ལ་བསམས་བཞིན་དུ་ཁམས་གསུམ་དུ་ཉིང་མཚམས་སྦྱོར་རོ། །ཞེས་དང་། མདོ་ཟ་མ་ཏོག་བཀོད་པ་ལས། འཕགས་པ་ཕྱག་ན་པདྨས་རིགས་དྲུག་གི་སེམས་ཅན་གྱི་དོན་མཛད་ཚུལ་རྒྱ་ཆེར་བཤད་པའི་མཇུག་ཏུ། རིགས་ཀྱི་བུ་ཉི་མ་རེ་རེ་བཞིན་དུ་སེམས་ཅན་བྱེ་བ་ཁྲག་ཁྲིག་བརྒྱ་སྟོང་དུ་མ་ཡོངས་སུ་སྨིན་པར་བྱེད་དེ་རིགས་ཀྱི་བུ་ཇི་ལྟར་བྱང་ཆུབ་སེམས་དཔའ་སེམས་དཔའ་ཆེན་པོ་སྤྱན་རས་གཟིགས་ཀྱི་དབང་པོའི་སྤོབས་པ་དེ་འདྲ་བ་ནི་དེ་བཞིན་གཤེགས་པ་རྣམས་ལ་ཡང་མེད་དོ་ཞེས་དང་། གང་དང་གང་གི་གཟུགས་ཀྱིས་འདུལ་བའི་སེམས་ཅན་གདུལ་བར་གྱུར་པ་དེ་དང་དེའི་གཟུགས་ཀྱིས་འཆད་དེ་དེ་བཞིན་

གཤེགས་པས་འདུལ་བའི་སེམས་ཅན་རྣམས་ལ་ནི་དེ་བཞིན་གཤེགས་པའི་གཟུགས་ཀྱིས་ཆོས་འཆད། ཅེས་པ་ནས། བྱང་ཆུབ་སེམས་དཔའ་སེམས་དཔའ་ཆེན་(༢༤༢ན)པོ་སྤྱན་རས་གཟིགས་ཀྱི་དབང་པོ་ནི་དེ་ལྟར་སེམས་ཅན་ཡོངས་སུ་སྨིན་པར་བྱེད་ཅིང་མྱ་ངན་ལས་འདས་པའི་ས་སྟོན་ནོ། །ཞེས་གང་ལ་གང་འདུལ་གྱི་སྐུར་སྟོན་པ་དང་། མངོན་པ་མཛོད་ལས། སངས་རྒྱས་ཐམས་ཅད་ཚོགས་དང་ནི། །ཆོས་སྐུ་འགྲོ་བའི་དོན་སྤྱོད་པ། །མཉམ་པ་ཉིད་དེ་སྐུ་ཚེ་དང་། །རིགས་དང་སྐུ་བོངས་ཚོད་ཀྱིས་མིན། །ཞེས་ཆོས་སྐུར་སྲིད་མཐར་མཛད་པ་ཐམས་ཅད་གཅིག་པ་དང་། རྗེ་བཙུན་བྱམས་པས་ཐེག་པ་ཆེན་པོ་མདོ་སྡེ་རྒྱན་ལས། ཀླུང་དག་ས་ཡི་འོག་ཏུ་མ་སོང་བར། །གནས་རྣམས་ཐ་དད་ཆུ་ཡང་ཐ་དད་ལ། །ཆུ་ཡང་ཆུང་ཞིང་བྱ་བ་ཐ་དད་བྱེད། །ཅེས་སོགས་ནས། མཛད་པ་གཅིག་ཏུ་འདྲེས་ཤིང་རྟག་པར་ཡང་། །སེམས་ཅན་ཚོགས་ཆེའི་ཉེ་བར་སྤྱོད་པ་ཆེ། །ཞེས་དཔེ་དོན་གཉིས་ཀྱི་སྒོ་ནས་ལོངས་སྤྱོད་རྫོགས་པའི་སྐུ་ཡང་གཅིག་ཏུ་བཤད་ལ། འོན་ཀྱང་མཛད་པ་དག་གིས་ཐ་དད་དོ། །ཞེས་སྤྲུལ་སྐུའི་མཛད་པ་ནི་གང་ལ་གང་འདུལ་སྣ་ཚོགས་ཉེ་བར་སྟོན་པ་ཆུ་ནང་ཟླ་གཟུགས་ལྟར་བཤད་པའི་སྐྱེ་བ་སྤྲུལ་པའི་སྐུ་ནི། རྗེ་བཙུན་བྱམས་པས་ཐེག་པ་ཆེན་པོའི་བསྟན་བཅོས་རྒྱུད་བླ་མའི་སྐབས་གཉིས་པ་ལས། ཐུགས་རྗེ་ཆེན་པོས་འཇིག་རྟེན་མཁྱེན། །འཇིག་རྟེན་ཀུན་ལ་གཟིགས་ནས་ནི། །ཆོས་ཀྱི་སྐུ་ལས་མ་གཡོས་ཀྱང་། །སྤྲུལ་པའི་རང་བཞིན་སྣ་ཚོགས་ཀྱིས། །སྐྱེ་བ་མངོན་པར་སྐྱེ་བ་དང་། །ཞེས་དང་། ཤེར་ཕྱིན་རྣམས་ལས་མདོར་བསྟན་གྱི་དུས་སྟོང་ཕྲག་བརྒྱ་པ་ལས། སེམས་ཅན་རྣམས་ཀྱི་དགེ་བའི་རྩ་བ་ཇི་ལྟ་ཇི་ལྟར་འགྲུབ་པར་འགྱུར་བ་དེ་ལྟ་དེ་ལྟར་ལུས་ཡོངས་སུ་གྲུབ་པའི་ཕྱིར་ཆེད་དུ་བསམས་བཞིན་(༢༤༢བ)སྲིད་པ་ཉེ་བར་ལེན་པ་སྔོ་རབ་འབྱོར་ཆོས་བཞི་པོ་དེ་དག་ནི་བྱང་ཆུབ་སེམས་དཔའ་སེམས་དཔའ་ཆེན་པོ་ས་བརྒྱད་པ་ལ་གནས་པས་ཡོངས་སུ་རྫོགས་པར་བྱའོ། །ཞེས་རྒྱ་ཆེར་བཤད་པའི་དོན་ས་བརྒྱད་པའི་ཡོངས་སྦྱོང་བརྒྱད་དུ་གསུངས་པའི་བསྡོམས་མངོན་རྟོགས་རྒྱན་དུ་

བཀོད་པ་ལས། སེམས་ཅན་ཀུན་ཡིད་ཤེས་པ་དང་། །མངོན་པར་ཤེས་དང་བརྗེ་བ་དང་། །སངས་རྒྱས་ཞིང་བཟང་སྒྲུབ་པ་དང་། །ཡོངས་སུ་བརྟག་ཕྱིར་སངས་རྒྱས་བསྙེན། །དབང་པོ་ཤེས་དང་རྒྱལ་བ་ཡི། །ཞིང་སྦྱོང་སྒྱུ་མ་ལྟར་གནས་དང་། །བསམས་བཞིན་སྲིད་པ་ལེན་པ་དང་། །ལས་ནི་རྣམ་པ་འདི་བརྒྱད་བཤད། །ཅེས་པའི་མཐར་མའི་དོན་དང་། སྟོན་པ་ཐུབ་པའི་དབང་པོའང་རྒྱལ་པོ་གཞོན་ནུ་དོན་གྲུབ་ཀྱི་ཞྭས་རྗེན་དུ་འཚང་རྒྱ་ཚུལ་བསྟན་པ་དང་། བསྐལ་བཟང་གི་རྒྱལ་བ་བྱམས་པ་མགོན་པོའང་སངས་རྒྱས་ནས་བྱང་ཆུབ་སེམས་དཔའི་ཚུལ་བཟུང་བར་གསང་བ་འདུས་པའི་འགྲེལ་པ་སྒྲོན་གསལ་དང་འཇམ་མགོན་བཙོང་ཁ་པ་ཆེན་པོའི་སྔགས་རིམ་སོགས་སུ་གསུངས་པ་ལྟར་སྐྱེ་བ་སྤྲུལ་པའི་སྐུ་བཟུང་བ་ནི་རྒྱལ་པོ་བཀའ་འབུམ་དང་ཟ་མ་ཏོག་གི་མདོ་སོགས་ཕྱོགས་མཐུན་པར་ནུབ་ཕྱོགས་བདེ་བ་ཅན་གྱི་ཞིང་ཁམས་ཞེས་གྲགས་པ། འཐབ་རྩོད་དང་ཉིན་མཚན་ཟས་སྐོམ་ནས་ཤིང་རྒྱུད་པ་སོགས་ཀྱི་མིང་ཡང་མི་གྲག་པའི་དག་པའི་ཞིང་དེར་སྟོན་པ་མཆོག་སངས་རྒྱས་སྣང་བ་མཐའ་ཡས་དེས་ལྷ་ཕོས་འདུལ་བ་ལ་སྤྱན་རས་གཟིགས་དང་མོས་འདུལ་བ་ལ་སྒྲོལ་མར་དགོངས་ནས་སྙིང་རྗེ་ཆེན་པོས་འགྲོ་དོན་བྱེད་པ་ཞེས་བྱ་བའི་ཏིང་ངེ་འཛིན་ལ་སྙོམས་པར་ཞུགས་སོ། །སྤྱན་གཡས་པ་ལས་འོད་ཟེར་དཀར་པོ་ཞིག་བྱུང་བ་སྤྱན་རས་གཟིགས། གཡོན་(འ<ཇན)པ་ལས་འོད་ཟེར་སྔོན་པོ་ཞིག་བྱུང་བ་ལྷ་མོ་སྒྲོལ་མར་སྤྲུལ་པར་དགོངས། དེ་ཡང་རིགས་པ་ཅན་རྣམས་འདུལ་བའི་ཕྱིར་བརྫུས་ཏེ་སྐྱེ་བར་དགོངས་མཚོ་པདྨ་ཅན་ལ་འོད་ཟེར་འཕྲོས། ཞིང་འདིར་འཁོར་ལོས་སྒྱུར་བའི་རྒྱལ་པོ་བཟང་པོ་མཆོག་ཅེས་གླིང་བཞིར་མངའ་མཛད་པ་ལོངས་སྤྱོད་དང་མང་ར་རིས་སུ་འཛོམ་པ་ལ་བཙུན་མོ་སྟོང་ཡོད་པར་སྲས་མེད་པ་ཅི་མཛད་ཐམས་ཅད་ཆོས་ཀྱི་ལོངས་སྤྱོད་དུ་མཛད་པ་ལས། ཡུལ་དེར་མཚོ་པདྨ་ཅན་ཞེས་བྱ་བ་དེ་ལ་མེ་ཏོག་པདྨ་སྐྱེ་བ་རྒྱལ་པོས་དཀོན་ཅོག་ལ་མཆོད་པ་བྱེད་པའི་ཚེ་རྟང་མགྱོགས་ཀྱིས་མེ་ཏོག་ལེན་པ་ན་ནམ་ཞིག་གི་ཚེ་མེ་ཏོག་པདྨའི་སྡོང་པོ་གཅིག་ལ་ཡལ་ག་རྐོད་ཀྱི་བཤོག་པ་

ཙམ་ཡོ་མ་ཕུབ་ཙམ་དེའི་དབུས་ན་མེ་ཏོག་གསུས་པ་ཙམ་ཞིག་འདུག་པ་ངོ་མཚར་སྐྱེས་ཏེ་གསོལ་བ། རྒྱལ་པོས་དེའི་ནང་ལ་རྫུས་སྐྱེས་སྤྲུལ་པའི་སྐུ་ཞིག་བཞུགས་ངེས་ང་ཡིན། སྤྱན་དྲངས་ལ་མཆོད་གནས་བྱའོ་གསུངས་ནས། དེ་ཉིད་དུ་རྒྱལ་བློན་བཙུན་མོ་སོགས་འཁོར་ཚོགས་དཔག་ཏུ་མེད་པས་མཆོ་ལ་གཟིངས་བཅས་ཤིང་རྟ་དང་རོལ་མོ་དང་བ་དན་ལ་སོགས་པ་བསྣམས་ཏེ་བྱོན་པ་ན། པདྨའི་སྡོང་པོ་ཁ་བྱེ་བའི་ནང་ཁྱེའུ་བཅུ་དྲུག་ལོན་པའི་མཚན་དཔེས་བརྒྱན་པ་སྐུ་མདོག་དཀར་པོ་འོད་ཟེར་འཕྲོ་བ་རལ་པའི་ཅོད་པན་ཅན་རིན་པོ་ཆེ་སྣ་ཚོགས་ཀྱིས་སྤྲས་པ། དར་གྱི་ཆོད་དཔྱིས་བྱས་པ། རི་དྭགས་ཀྱི་པགས་པ་ཕྲག་ལ་བཀལ་བ། ཞལ་ནས་ཁམས་གསུམ་སེམས་ཅན་ཐམས་ཅད་སྙིང་རེ་རྗེ་ཞེས་པའི་སྒྲ་སྒྲོག་པ་ཞིག་བྱོན་པར་གྱུར་ཏོ། །རྒྱལ་པོ་འཁོར་བཅས་དད་པས་ཕྱག་བཙལ་ནས་ཀ་ཤི་ཀའི་རས་ཀྱིས་བླངས་ཏེ་ཤིང་རྟ་ལ་མཆོད་པའི་ཚོགས་དཔག་ཏུ་མེད་པ་(༢༤༣བ)སྐྱོར་ནས་ཕོ་བྲང་དུ་སྤྱན་དྲངས། མཚན་ཡང་པདྨ་སྙིང་པོ་དང་པདྨ་སྐྱེས་སོགས་སུ་གྲགས། རྒྱལ་པོས་སྟོན་པ་སྣང་བ་མཐའ་ཡས་ལ་སྤྲུལ་པ་འདི་གང་ལགས། མཚན་ཅི་ཞིག་གསོལ་སོགས་ཞུས་པ་ན། སྤྲུལ་པ་འདི་ནི་སངས་རྒྱས་ཐམས་ཅད་ཀྱི་འཕྲིན་ལས་སེམས་ཅན་ཐམས་ཅད་ཀྱི་དོན་བྱེད་པ་དུས་གསུམ་བདེ་བར་གཤེགས་པ་ཐམས་ཅད་ཀྱི་ཐུགས་ལས་སྤྲུལ་པ་འཕགས་པ་སྤྱན་རས་གཟིགས་དབང་ཕྱུག་བྱ་བ་དེ་ཡིན་ནོ། །རིགས་ཀྱི་བུ་འདིས་ནི་ནམ་མཁའི་མཐའ་དང་མཉམ་པའི་སེམས་ཅན་ཐམས་ཅད་ཀྱི་དོན་བྱེད་པར་འགྱུར་རོ། །ཞེས་རྒྱལ་པོ་བཀའ་འབུམ་ལེའུ་གཉིས་པ་ནས་གསུངས་པ་འདི་དག །ཕྱག་སྟོང་སྤྱན་སྟོང་དུ་གྱུར་པའི་ཚུལ་ནི། སྤྱན་རས་གཟིགས་མིག་སྟོང་ལག་པ་སྟོང་དང་ལྡན་པའི་ཆོ་ག་ཞིབ་མོ་ལས། སྨོན་ལམ་འདི་སྐད་བཏབ་སྟེ། འདི་ལྟར་བདག་མ་འོངས་པའི་དུས་ན། སེམས་ཅན་ཐམས་ཅད་ལ་ཕན་པ་དང་། བདེ་བ་དང་ཞི་བར་བགྱིད་ནུས་པར་འགྱུར་ཞེ་ན། ངེས་པར་བདག་གི་ལུས་ལ་ལག་པ་སྟོང་དང་མིག་སྟོང་ཡོངས་སུ་རྫོགས་པར་གྱུར་ཅིག་ཅེས་བགྱིས་པ་དང་། སྨོན་ལམ་དེ་སྐད་བཏབ་མ་ཐག་ཏུ་དེ་

ཉིད་ན་མཆིས་བཞིན་དུ། ལག་པ་སྟོང་དང་། མིག་སྟོང་ཡོངས་སུ་རྫོགས་པར་གྱུར་ཏོ། །ཕྱོགས་བཅུ་དག་ཏུ་ས་ཆེན་པོ་ཡང་རྣམ་པ་དྲུག་ཏུ་གཡོས་སོ། །ཞེས་དང་། རྒྱལ་པོ་བཀའ་འབུམ་ལེའུ་བཞི་པ་ལས། འཕགས་པ་སྤྱན་རས་གཟིགས་དབང་ཕྱུག་གིས་དུས་གསུམ་གྱི་སངས་རྒྱས་ཀྱི་མཛད་པ་དང་རྣམ་པར་སྤྲུལ་པ་བསམ་གྱིས་མི་ཁྱབ་པ་གང་ལ་གང་(༢༨༤ན)འདུལ་དུ་སྤྲུལ་ནས་སེམས་ཅན་གཅིག་ཀྱང་མ་ལུས་པ་བླ་ན་མེད་པ་ཡང་དག་པར་རྫོགས་པའི་བྱང་ཆུབ་ཏུ་དགོད་པར་བྱའོ། །དེ་ལ་མ་བཀོད་པར་རང་ཞི་བདེ་འདོད་པའི་བློ་བྱུང་ན། ངའི་མགོ་བོ་ཨ་ཙ་ཀའི་དོག་པ་བཞིན་དུ་ཚལ་པ་བཅུར་འགས་པར་གྱུར་ཅིག་ཅེས་སྨོན་ལམ་བཏབ་བོ། །ཐུབ་པ་རིགས་དྲུག་ཏུ་སྤྲུལ་ནས་འགྲོ་བ་རིགས་དྲུག་སྟོངས་པར་བཏོན་ནས་རི་རབ་ཀྱི་རྩེ་ནས་གཟིགས་པས་ཡང་སྔ་མ་དེ་ཙམ་དུ་འདུག་ནས། ལན་གསུམ་དུ་ཐབས་དང་སྙིང་རྗེས་བཏོན་པས་ཀྱང་སེམས་ཅན་གྱི་ཁམས་ལ་སྐྱེ་འབྲི་མི་འདུག་ནས་ཐུགས་མུག་ཡི་ཆད་ནས། ཀྱི་མ་བདེ་བར་གཤེགས་པའི་དགོངས་པས་འདུལ་བའི་ཞིང་ཁམས་བསམ་གྱིས་མི་ཁྱབ་ནམ་མཁའི་ཁམས་བསམ་གྱིས་མི་ཁྱབ། སེམས་ཅན་གྱི་ཁམས་བསམ་གྱིས་མི་ཁྱབ་བྱ་བ་བདེན་པར་འདུག །ངས་དེ་ཙམ་པའི་སེམས་ཅན་བཏོན་ཡང་ཉུང་དུ་མ་སོང་བས་འཁོར་བ་འདི་མི་སྟོངས་པར་འདུག །སེམས་ཅན་གྱི་དོན་མི་འགྲུབ་པར་འདུག་རང་ཞི་བདེ་ཐོབ་པར་བྱས་ནས་མྱ་ངན་ལས་འདས་པ་སངས་རྒྱས་ཀྱི་ས་ལ་གནས་པར་བྱའོ་སྙམ་པ་དང་སྔར་གྱི་སེམས་བསྐྱེད་དམ་བཅའ་ཉམས་ནས། དབུ་ཚལ་པ་བཅུར་གས་སོ། །དེ་ནས་ན་ཚ་མ་བཟོད་ནས་སྐད་ངན་ཕྱུང་སྟེ། ཀྱི་མ་ཧོ། སངས་རྒྱས་དང་བྱང་ཆུབ་སེམས་དཔའ་ཐུགས་རྗེ་དང་ལྡན་པ། སངས་རྒྱས་འོད་དཔག་ཏུ་མེད་པ་དག་རང་གི་དོན་ནི་མ་བགྱིས་སེམས་ཅན་གྱི་དོན་བྱས་པས་མ་གྲུབ་པས་སྡུག་བསྔལ་ལོ། །ཀྱི་ཧུད་ཀྱི་ཧུད་ཅེས་བཤུམས་པས་སངས་རྒྱས་འོད་དཔག་མེད་ཀྱིས། ཐུགས་རྗེ་ཆེན་པོའི་དབུ་ཞུབས་བསྡུས་ནས་ཞལ་བཅུ་གཅིག་ཏུ་(༢༨༤བ)བྱིན་གྱིས་བརླབས་སོ། །ཞི་བས་མི་ཐུལ་བ་ལ་ཁྲོ་ཞལ་ནག་པོར་བྱིན་གྱིས་བརླབས་

སོ། །བདག་ལག་པ་སྟོང་མིག་སྟོང་དང་ལྡན་པར་གྱུར་ལ། ལག་པ་སྟོང་འཁོར་ལོས་སྒྱུར་བའི་རྒྱལ་པོ་སྟོང་དུ་གྱུར། མིག་སྟོང་བསྐལ་པ་བཟང་པོའི་སངས་རྒྱས་སྟོང་དུ་གྱུར་ནས། གང་ལ་གང་འདུལ་གྱིས་འགྲོ་བའི་དོན་བྱེད་པར་གྱུར་ཅིག་ཅེས་བརྗོད་པ་དང་། སྐད་ཅིག་དེ་ཉིད་ལ། ཕྱག་སྟོང་གི་མཐིལ་ན་སྤྱན་སྟོང་ཡོད་པའི་ཞལ་བཅུ་གཅིག་པར་གྱུར་ཏོ། །ཞེས་དང་། ཀོ་ས་ལ་བེའུའི་དུར་ཁྲོད་ན་ཁྱུང་པོ་རྣལ་འབྱོར་པས་གསེར་སོགས་ཕུལ་ཏེ་ཞུས་པས་མི་ཏྲི་པས་གསུངས་པའི་ཡེ་ཤེས་མགོན་པོ་ཕྱག་དྲུག་པའི་ཐུགས་བསྐྱེད་ཚུལ་ཤངས་ལུགས་སུ་འབྱུང་བར། སྔོན་གྱི་དུས་ན་སངས་རྒྱས་སྣང་བ་མཐའ་ཡས་ཀྱི་སྤྱན་སྔར་ཐུགས་རྗེ་ཆེན་པོས་སེམས་བསྐྱེད་དོ། །འཁོར་བའི་རྒྱ་མཚོ་ཆེན་པོ་འདི་ཉིད་སྟོངས་པར་མ་གྱུར་གྱི་བར་དུ་བདག་འཚང་རྒྱ་བར་མ་གྱུར་ཅིག །གལ་ཏེ་སེམས་བསྐྱེད་པ་འདི་ལས་ཉམས་པར་གྱུར་ན། མགོ་བོ་ཚལ་པ་སྟོང་དུ་འགས་པར་གྱུར་ཅིག་ཅེས་དམ་བཅས་ཏེ། རི་བོ་ཏ་ལར་ཉིན་མཚན་དུས་དྲུག་ཏུ་སེམས་ཅན་རྣམས་ལ་ཡེ་ཤེས་ཀྱི་གཟིགས་པ་འཇུག་ཅིང་། གང་ལ་གང་འདུལ་གྱིས་དོན་བྱེད་པར་གྱུར་ཏོ། །དེ་ནས་ལོ་དཔག་ཏུ་མེད་པའི་བར་དུ་སེམས་ཅན་གྱི་དོན་བྱས་པས་སེམས་ཅན་མང་པོ་ཐར་གྲོལ་བྱུང་ལས་ཆེ་སྐམ་ནས་པོ་ཏ་ལ་ནས་ཡེ་ཤེས་ཀྱི་སྤྱན་གྱིས་གཟིགས་པས། སེམས་ཅན་གྱི་ཁམས་ལ་འཕེལ་འགྲིབ་མི་མངོན་པའི་སྙིང་དུ་སྙིགས་མར་སོང་བས། ཉོན་མོངས་པ་རགས་ལ་འདུག་པ་ཆེར་སོང་འདུབ་པས་ད་ནི་བདག་གིས་སེམས་ཅན་འགའ་ཙམ་ཡང་(༢༤༥ན)སྒྲོལ་བར་མི་ནུས་པར་འདུག་སྐམ་ནས་སེམས་བསྐྱེད་པ་སྒྲིད་ལུག་པར་གྱུར་པས། དབུ་ཚལ་པ་སྟོང་དུ་གས་པར་གྱུར་ཏོ། །དེ་ནས་སངས་རྒྱས་སྣང་བ་མཐའ་ཡས་བྱོན་ནས་རིགས་ཀྱི་བུ་དེ་ལྟ་བུའི་སེམས་བསྐྱེད་ལས་གཉོལ་བ་ཤིན་ཏུ་མ་ལེགས་པས། དེའི་བཤགས་པ་ལ་སླར་སེམས་བསྐྱེད་དེ་ལས་རྒྱ་ཆེ་བ་ཞིག་སྐྱེད་ཅིག་གསུངས་ནས་དབུ་སྟོང་དུ་གས་པ་དེ་དབུ་བཅུ་གཅིག་ཏུ་བྱིན་གྱིས་བརླབས་སོ། །ཞེས་སོགས་འཕགས་པ་ནམ་མཁའ་རྒྱལ་པོ་ཕྱག་སྟོང་སྤྱན་སྟོང་གི་སྐུར་གྱུར་ཅིང་། དོན་དུ་འཕགས་ཆེན་རིགས་གསུམ་

མགོན་པོ་འདི་དག་རྣམས་གླེགས་བམ་རིན་པོ་ཆེ་ལྷའི་རྒྱལ་པོའི་སྐྱེས་རབས་ལས། དེ་ཡང་རིགས་གསུམ་མགོན་པོ་ལས། །ཐ་དད་ཉིད་དུ་ག་ལ་འགྱུར། །སེམས་ཅན་ཀུན་ལ་སྤྱན་རས་གཟིགས། །འདི་ནི་སྙིང་རྗེ་བྱམས་པའི་རིགས། །དེ་ལ་སྤྱན་རས་གཟིགས་ཞེས་གྲགས། །ལུས་ངག་ཡིད་གསུམ་ཞི་འཇམ་པས། །འཇམ་དཔལ་དབྱངས་སུ་འགལ་བ་མེད། །ཀུན་མཁྱེན་ཤེས་རབ་ཆེ་བའི་རིགས། །ཕྱག་སྟོང་རེ་ན་མི་རྟོགས་པས། །རྡོ་རྗེ་དཔའ་བོ་རེ་བཟུང་སྟེ། །འདུལ་དཀའ་འདུལ་བ་ང་ཡིན་ན། །ཕྱག་ན་རྡོ་རྗེར་འགལ་བ་མེད། །དེ་ནི་དཔའ་བོ་དྲག་པོའི་རིགས། །དེ་གསུམ་རིགས་གསུམ་མགོན་པོ་ཉིད། །ཕྱོགས་སུ་མ་ཟད་དངོས་ཡིན་ནོ། །ཞེས་པ་ལྟར་ངོ་བོ་གཅིག་ངའི་ངེས་དོན་གནས་ཚུལ་དང་མཐུན་པར་གསང་འདུས་འཇམ་རྡོར་དང་འཇིག་རྗེན་དབང་ཕྱུག་ལ་སོགས་ལྟར་དཀྱིལ་འཁོར་གྱི་གཙོ་བོ་ཆེན་པོར་བཞུགས་པ་དང་སྣང་ཚུལ་དུ་བྱང་ཆུབ་སེམས་དཔའི་ཚུལ་གྱིས་སེམས་ཅན་གྱི་དོན་མཛད་པར་སྤྲུལ་ང་དུ་མར་འགྱེད་པ་ནི་མདོ་ཕལ་པོ་ཆེ་ལས། ཉིང་འཛིན་བརྒྱ་དང་(༢༨༥བ)སངས་རྒྱས་བརྒྱ་རྣམས་མཐོང་བྱེད་ཅིང་། །ཞིང་བརྒྱ་སྤྱོད་ཅིང་རབ་ཏུ་སྣང་བྱེད་ཀུན་ཏུ་འགྲོ། །སེམས་ཅན་བརྒྱ་སྤྱོང་ཆོས་ཀྱི་སྣོ་ལ་འགོད་པར་བྱེད། །བསྐལ་པ་བརྒྱར་འཇུག་ལུས་བརྒྱ་རབ་ཏུ་སྟོན་པར་བྱེད། །རྒྱལ་བའི་སྲས་ཀྱང་བརྒྱ་ཡི་གྲངས་ཚད་རབ་ཏུ་སྟོན། །དེ་ཡི་གོང་ན་སྨོན་མཆོག་སྟོབས་ལྡན་ཚད་ཀྱང་མེད། །ཅེས་དང་། དབུ་མ་འཇུག་པ་ལས། དེ་ཡི་ཚེ་ན་སངས་རྒྱས་བརྒྱ་མཐོང་ཞིང་། །དེ་དག་བྱིན་གྱིས་བརླབས་ཀྱང་འདི་ཡིས་རྟོགས། །དེ་ཉིད་ཚེ་ན་བསྐལ་པ་བརྒྱར་གནས་ཤིང་། །སྔོན་དང་ཕྱི་མའི་མཐར་ཡང་ཡང་དག་འཇུག །ཅེས་སོགས་དང་། མདོ་སྡེ་ས་བཅུ་པ་ལས། སྐད་ཅིག་ཐངས་ཅིག་ཡུད་ཙམ་ཞིག་ལ་ཏིང་ངེ་འཛིན་བརྒྱ་རབ་ཏུ་ཐོབ་ཅིང་སྙོམས་པར་ཡང་འཇུག་པ་དང་། སངས་རྒྱས་བརྒྱ་མཐོང་བ་དང་། དེ་དག་གིས་བྱིན་གྱིས་བརླབས་ཀྱང་ཡང་དག་པར་ཤེས་པ་དང་། འཇིག་རྟེན་གྱི་ཁམས་བརྒྱ་གཡོ་བར་བྱེད་པ་དང་། ཞིང་བརྒྱར་འགྲོ་བ་དང་། འཇིག་རྟེན་གྱི་ཁམས་བརྒྱ་སྣང་བར་བྱེད

ག་དང་། སེམས་ཅན་བརྒྱ་ཡོངས་སུ་སྨིན་པར་བྱ་བ་དང་། བསྐལ་པ་བརྒྱར་གནས་པར་བྱེད་པ་དང་། བསྐལ་པ་བརྒྱ་ལ་སྔོན་གྱི་མཐའ་དང་ཕྱི་མའི་མཐར་རབ་ཏུ་འཇུག་པ་དང་། ཆོས་ཀྱི་སྒོ་བརྒྱ་རྣམ་པར་འབྱེད་པ་དང་། ལུས་བརྒྱ་ཀུན་ཏུ་སྟོན་པ་དང་། ལུས་རེ་རེ་ལའང་བྱང་ཆུབ་སེམས་དཔའི་འཁོར་བརྒྱ་ཀུན་ཏུ་སྟོན་པའི་བསྟན་འགྲུས་རྣམ་པ་དེ་ལྟ་བུ་རྩོམ་མོ། །ཞེས་ས་དང་པོ་མཐོང་ལམ་ཐོབ་པའི་བྱང་ཆུབ་སེམས་དཔས་དུས་གཅིག་ཏུ་ལུས་བརྒྱར་སྟོན་ནུས་པ་དང་། ས་གཉིས་པ་སྒོམ་ལམ་ལ་གནས་པས་ལུས་བརྒྱ་སྟོང་དུ་འགྱེད་པ་སོགས་ས་དགུ་པའི་བར་རིམ་པས་འཕར་ཏེ་(༢༨༨ན)ས་བཅུ་པ་ཆོས་ཀྱི་སྤྲིན་ལ་གནས་པའི་བྱང་ཆུབ་སེམས་དཔས་ནི། སངས་རྒྱས་ཀྱི་ཞིང་བརྗོད་དུ་མེད་པ་བྱེ་བ་ཁྲག་ཁྲིག་བརྒྱ་སྟོང་ཕྲག་བཅུའི་རྡུལ་ཕྲ་རབ་ཀྱི་རྡུལ་སྙེད་ཀྱི་ལུས་ཀུན་ཏུ་སྟོན་ལ། དེ་ཡང་ཕལ་པོ་ཆེ་ལས། ཇི་ལྟར་ཟླ་བ་ཤར་གྱུར་པ། །ཚད་མེད་པ་ཡི་གཟུགས་བརྙན་རྣམས། །ཆུ་ཡི་སྣོད་དུ་སྣང་གྱུར་ཀྱང་། །ཟླ་བ་གཉིས་སུ་གྱུར་པ་མེད། །སངས་རྒྱས་ལ་ནི་གཉིས་སྣང་མེད། །འདི་ལ་བ་ཅིག་ཀྱང་ཡོད་མ་ཡིན། །སྐུ་ནི་གཉིས་སམ་གསུམ་དུ་མེད། །ཇི་ལྟར་སེམས་ཅན་བསམ་པ་བཞིན། །ཚད་མེད་པར་ནི་རབ་ཏུ་སྣང་། །སྐུ་ནི་འདས་པ་མ་ཡིན་ཏེ། མ་འོངས་པ་ཡང་སྐུ་མ་ཡིན། །ཞེས་དང་། རྒྱུད་བླ་མའི་སྐབས་བཞི་པ་ལས། གང་ཕྱིར་འདུལ་བྱ་དག་པ་ཡི། །ཆུ་ཡི་སྣོད་ནི་ཐམས་ཅད་ལ། །བདེ་གཤེགས་ཉི་མའི་གཟུགས་བརྙན་ནི། །དཔག་ཏུ་མེད་པ་ཅིག་ཅར་འཆར། །ཞེས་དང་། བི་མ་ལས་མཛད་པའི་རྩ་རྒྱུད་གསང་བ་སྙིང་པོའི་འགྲེལ་ཆུང་ལས། དཔེར་ན་བར་སྣང་ཟླ་བ་གཅིག་ཤར་བ། །འཛམ་གླིང་ཆུ་རྣམས་ཀུན་ཏུ་ཆུ་ཟླ་སྣང་། །ཆུ་གཅིག་ནང་གི་ནམ་མཁའི་ཟླ་བ་ཡང་། །འགྲོ་བ་སོ་སོ་རང་གི་མདུན་ན་སྣང་། །དེ་བཞིན་སྤྲུལ་སྐུ་གཅིག་ལ་གླིང་རྣམས་སྣང་། །གླིང་རྣམས་གཅིག་ལ་འགྲོ་བ་དྲུག་ཏུ་སྣང་། །ཐ་དད་དེ་ཀུན་སྤྲུལ་སྐུ་གཅིག་ཏུ་གྲགས། །དེ་འདྲའི་སྟོང་གསུམ་མཐའ་ཡས་མུ་མེད་ན། །དེ་འདྲའི་སྤྲུལ་སྐུ་རེ་རེས་འགྲོ་དོན་མཛད། །ཅེས་སྐྱེ་བ་དང་སྤྲུལ་པ་དཔག་ཏུ་མེད་པས་

བསྐལ་པ་དང་ཞིང་ཁམས་དུ་མར་འགྲོ་དོན་རྒྱ་ཆེ་བ་མཛད་པར་གསུངས་པའི་གངས་ཅན་གྱི་འཛིན་མར་ཐུགས་རྗེའི་འཇུག་པ་ཆེ་བ་ནི། མདོ་སྡེ་པདྨ་དཀར་པོ་འགྲེལ་གྱི་འདྲ་བ་ཞིག་ལ་འོད་མའི་ཚལ་དུ་བཅོམ་ལྡན་འདས་ཀྱིས། རིགས་ཀྱི་བུ་དུས་གསུམ་སངས་རྒྱས་གང་གིའང་གདུལ་བྱར་མ་གྱུར་པའི་གནས་འདྲེ་གླིང་དུ་(༢༨༦བ)མས་གང་བའི་མཐའ་འཁོབ་ཁ་བ་ཅན་གྱི་རྒྱལ་ཁམས་དེར་མ་འོངས་པའི་དུས་སུ་དམ་པའི་ཆོས་ཉི་མ་ཤར་བ་ལྟ་བུ་ཞིག་དར་ཞིང་རྒྱས་པ་འདུག་སྟེ། སེམས་ཅན་དེ་རྣམས་ཀྱང་ཐར་པ་བྱང་ཆུབ་ཀྱི་ལམ་ལ་འགོད་པར་འགྱུར་རོ། །མཐའ་འཁོབ་དེ་འདུལ་བའི་གཉེན་པོ་ནི་འཕགས་པ་སྤྱན་རས་གཟིགས་ཡིན་ནོ། །ཞེས་དང་། གསང་འདུས་ཀྱི་རྒྱུད་གཏེར་མ་ལས། སྔོན་ནུབ་ཕྱོགས་ཨོ་རྒྱན་གྱི་ཡུལ་དུ་བྱང་ཆུབ་སེམས་དཔའ་མཐའ་ཡས་རིགས་མཆོག་ཏུ་གྱུར་པའི་ཚེ། སྟོན་པ་རྡོ་རྗེ་འཆང་གིས་ཆོས་རྒྱལ་མི་ཛྙཱ་ཧི་སོགས་འཁོར་མཐའ་ཡས་པའི་ནང་དུ། བྱང་ཆུབ་སེམས་དཔའ་མཐའ་ཡས་རིགས་མཆོག་ཉོན་ཅིག །བྱང་ཆུབ་སེམས་དཔའ་ཆེན་པོ་ཁྱོད་ནི་འགྲོ་བ་སེམས་ཅན་གྱི་སྟོན་པ་ཆེན་པོ་སྟེ། ཇི་སྲིད་འཁོར་བ་མ་སྟོངས་བར་དེ་སྲིད་དུ་འགྲོ་བའི་སྐྱབས་མགོན་དམ་པར་འགྱུར་རོ། །ཁྱད་པར་གངས་ཅན་གྱི་ཡུལ་དུ་གཟུགས་ཀྱི་སྐུའི་སྒྲོ་བ་བླངས་ཏེ་སྡེ་སྣོད་གསུམ་གྱི་ཆོས་ཀྱིས་བསྟན་པ་དར་བར་བྱེད་ཅིང་འགྲོ་བའི་དོན་ལ་སྤྲོ་བར་འགྱུར་རོ། །མཐའ་ཡས་རིགས་མཆོག་གངས་ཅན་གྱི་ཡུལ་དེ་ནི་བྱང་ཆུབ་སེམས་དཔའ་སེམས་དཔའ་ཆེན་པོ་སྤྱན་རས་གཟིགས་ཀྱིས་འདུལ་བའི་ཞིང་ཡིན་ཏེ། ཞེས་དང་། གླིགས་བམ་རིན་པོ་ཆེ་དཀོན་ཅིག་འབབས་ཀྱི་སྐྱེས་རབས་མཁའ་འགྲོ་རྣམས་ཀྱི་རྡོ་རྗེའི་གླུར། ཤར་རྡོ་རྗེ་གདན་གྱི་བྱང་ཕྱོགས་ན། །གནས་ངུར་རྒྱལ་བོད་ཅེས་བྱ་བ་ཡོད། །རི་མཐོན་པོ་གནམ་གྱི་ཀ་བ་ཡོད། །མཚོ་དམའ་མོ་གཡུ་ཡི་མནྜལ་ཡོད། །གངས་དཀར་པོ་ཤེལ་གྱི་མཆོད་རྟེན་ཡོད། །སྤང་སེར་པོ་གསེར་གྱི་ལྷུན་པོ་ཡོད། །དྲི་ཞིམ་པོ་སྨན་གྱི་བདུག་སྤོས་ཡོད། །སྟོན་བཀྲ་བ་གསེར་གྱི་མེ་ཏོག་ཡོད། །དབྱར་བཀྲ་བ་གཡུ་ཡི་མེ་ཏོག་ཡོད། །ཀྱེ་གངས་རིའི་(༢༨༧ན)མགོན་པོ་སྤྱན་

རས་གཟིགས། །གནས་དེ་ན་ཁྱོད་ཀྱི་ཞིང་ཁམས་ཡོད། །ཞིང་དེ་ན་ཁྱོད་ཀྱི་གདུལ་བྱ་ཡོད། །ཅེས་པ་ནས། ཡུལ་བཀྲ་ཤིས་འབྱུང་དེ་ཁྱོད་ཀྱི་ཞིང་། །ཞིང་དེ་ན་ཁྱོད་ཀྱི་གདུལ་བྱ་ཡོད། །ཅེས་པའི་བར་དང་། རྗེ་དཀོན་ཅོག་འབངས་འདི་བོད་དུ་འགྲོ། །ཞེས་པ་ནས། གནམ་འཁོར་ལོ་རྩིབས་བརྒྱད་ཕུབ་པའི་འོག །ས་པདྨ་འདབ་བརྒྱད་ཡུལ་གྱི་དབུས། །ཡོགས་བཀྲ་ཤིས་རྟགས་བརྒྱད་ཡོད་པའི་ས། །ཞིང་དེ་ནི་ཁྱོད་ཀྱི་གདུལ་ཞིང་ཡིན། །ཀྱེ་གངས་རིའི་མགོན་པོ་སྤྱན་རས་གཟིགས། །མི་ཁྱོད་ཀྱི་ཞིང་ཁམས་དམ་པ་ཡིན། །ཞེས་པའི་བར་དང་། ཡང་། སྐྱིར་སེམས་ཅན་ཡོངས་ཀྱི་མགོན་པོ་སྟེ། །སྐོས་གངས་རིའི་ཡུལ་དུ་རྒྱལ་སྲིད་སྐྱོང་། །ཞེས་སོགས་དང་། རྒྱལ་བ་སྲས་བཅས་བགྲོ་བ་མཛད། །དེང་སང་ཨོ་རྒྱན་ཡུལ་དུ་འཚོག །མ་འོངས་གངས་རིའི་མགུལ་དུ་འདུ། །སྟོན་ཆད་རྗོ་རྗེ་གདན་དུ་འཛོམ། །ཞེས་དང་གླེགས་བམ་རིན་པོ་ཆེ་ལྷའི་རྒྱལ་པོའི་སྐྱེས་རབས་ལས། ད་ཧྲིལ་གྱིས་དྲིལ་ན་སྟོན་གྱི་རྒྱལ་བློན་བྱང་ཆུབ་སེམས་དཔའ་དེ་དག་རིགས་གསུམ་མགོན་པོའི་སྤྲུལ་པར་གྲགས་ཏེ་རལ་པ་ཅན་ལ་སོགས་པ་གཅིག་གཉིས་རིགས་གཞན་གཉིས་ཀྱི་རིགས་ཡིན་ལ། ཕལ་ཆེ་བ་ནི་མགོན་པོ་སྤྱན་རས་གཟིགས་ཀྱི་སྤྲུལ་པ་རྒྱལ་བའི་འབྱུང་གནས་ཉིད་ཡིན་ལ། ཞེས་པས་དོན་གནམ་གྱི་ཁྲི་བདུན། བར་གྱི་སྟེང་གཉིས། སའི་ལེགས་དྲུག །ལྡེ་བརྒྱད། བཙན་ལྔ་དང་། ཁྲི་གཉན་གཟུང་བཙན་ནས་ཁྲི་རལ་ཡན་དུ་དར་མ་མ་གཏོགས་པའི་རྒྱལ་པོ་སྲས་བཅས་བཅོ་བརྒྱད་དེ། དོན་ཆོས་རྒྱལ་ཞེ་དྲུག་པོ་ཐམས་ཅད་སྐྱེ་སྤྲུལ་དབྱེ་བ་མ་ཕྱེ་ན་འཕགས་ཆེན་(༢༤༧བ)ལག་ན་པདྨའི་རྣམ་པར་སྤྲུལ་པ་དང་དེར་མ་ཟད་འབྲོམ་སྟོན་རྒྱལ་བའི་འབྱུང་གནས་ལ་སོགས་པའི་དགེ་བསྙེན། མངའ་བདག་ཉང་རིན་པོ་ཆེ་སོགས་སྔགས་པ། མངའ་རིས་པཎ་ཆེན་སོགས་རབ་བྱུང་སྟེ་མདོར་ན་སྤྲུལ་པ་ཇི་སྙེད་བསྟན་པའི་ནང་ཚན་ནས་ཀྱང་ཁྱད་པར་དུ་འཕགས་པ་གཟིགས་པ་རྣམ་པ་ལྔ་དང་བལྟམས་པའི་གཟའ་སྐར་སོགས་སྟོན་པ་རྫོགས་པའི་སངས་རྒྱས་དང་ཆ་མྲ་མོས་ཀྱང་མཚུངས་པ་ཀུན་མཁྱེན་རྒྱལ༷་བུ༷འི་དབུ༷ང་པོ༷་ལྷ༷་པ༷

ཆེན་པོ་ནི་རྒྱལ་བ་བྱམས་པ་མགོན་པོས་ཐེག་པ་ཆེན་པོའི་བསྟན་བཅོས་མདོ་སྡེ་རྒྱན་ཡོན་ཏན་གྱི་ལེའུ་ཉི་ཤུ་པ་ལས། བློ་ལྡན་དེ་དག་ས་ཀུན་ཏུ། །སྨིན་ལ་སོགས་པ་ཉེར་བསྒྲུབས་པས། །སེམས་ཅན་རྣམས་ཀྱི་མི་མཐུན་ཕྱོགས། །རྣམ་པ་དྲུག་གིས་འདུལ་བར་བྱེད། །གང་ཟག་དུས་ཀྱི་བྱེ་བྲག་གིས། །བློ་ལྡན་ལུང་བསྟན་རྣམ་པ་གཉིས། །བྱང་ཆུབ་དང་ནི་ལུང་སྟོན་པ། །གཞན་ཡང་ཆེན་པོར་བརྗོད་པ་ནི། །ཞེས་སོགས་ནས། ཡང་དེ་ཞིང་དང་མིང་དང་ནི། །དུས་དང་བསྐལ་པའི་མིང་དག་དང་། །འཁོར་དང་དམ་པའི་ཆོས་དག་ཀྱང་། །གནས་པའི་སྒོ་ནས་དེར་འདོད་དོ། །ཞེས་བྱང་ཆུབ་སེམས་དཔའ་ས་ལ་བཞུགས་ཤིང་བློ་དང་ལྡན་པ་དེ་དག་ནི་ས་རྣམ་པ་ཀུན་ཏུ་སྨིན་པ་དང་ཚུལ་ཁྲིམས་བཟོད་པ་བརྩོན་འགྲུས་ལ་སོགས་པའི་ཕ་རོལ་ཏུ་ཕྱིན་པ་དྲུག་ཉེ་བར་བསྒྲུབས་པས་སེམས་ཅན་རྣམས་ཀྱི་ཕར་ཕྱིན་དྲུག་གི་མི་མཐུན་པའི་ཕྱོགས་སེར་སྣ། ཚུལ་འཆལ། ཁོང་ཁྲོ། ལེ་ལོ། གཡེང་བ། འཆལ་བའི་ཤེས་རབ་སྟེ་རིམ་པར་སྦྱིན་པས་སེར་སྣ། ཚུལ་ཁྲིམས་ཀྱིས་ཚུལ་འཆལ། བཟོད་པས་ཁོང་ཁྲོ། བརྩོན་འགྲུས་ཀྱིས་ལེ་ལོ། བསམ་གཏན་(༢༤༤ན)གྱིས་གཡེང་བ། གནས་ལུགས་རྟོགས་པའི་ཤེས་རབ་ཀྱིས་འཆལ་བའི་ཤེས་རབ་སྟེ་རྣམ་པ་དྲུག་གིས་ཡོངས་སུ་འདུལ་བར་བྱེད་ཅིང་དེ་ལྟ་བུའི་བྱང་སེམས་འཕགས་པའི་གང་ཟག་དུས་དང་ཞིང་སོགས་ཀྱི་བྱེ་བྲག་བློ་དང་ལྡན་པ་རྣམས་ཀྱིས་རྟོགས་པར་བྱ་བའི་ཕྱིར་ལུང་དུ་བསྟན་པ་རྣམ་པ་གཉིས་ཡོད་པ་ལས་གང་ཟག་ལུང་བསྟན་པ་ལའང་རྣམ་པ་བཞི་སྟེ་རིགས་ལ་གནས་པའི་གང་ཟག་དང་བྱང་ཆུབ་ཏུ་སེམས་བསྐྱེད་པ་དང་། མངོན་དུ་གྱུར་པ་དང་མ་གྱུར་པ་རྣམས་ལས་དང་པོ་ལ་བྱང་ཆུབ་ཏུ་མངོན་པར་འཚང་རྒྱ་བར་ལུང་སྟོན་པ་དང་གཉིས་པ་དང་གསུམ་པ་ལའང་དེ་བཞིན་དུ་བཤད་ཅིང་བཞི་པ་ནི་མ་འོངས་པ་ན་གང་ཟག་འདི་ལྟ་བུར་འགྱུར་ཏེ་ཞེས་ལུང་སྟོན་པ་དཔེར་ན་དཀོན་ཅོག་བརྩེགས་པ་ལས་དགེ་སློང་ཆོས་ཀྱི་འབྱུང་གནས་འོད་དཔག་མེད་དུ་འགྱུར་བ་དང་སྙིང་རྗེ་པད་དཀར་ནས་བྲམ་ཟེ་རྒྱ་མཚོའི་རྫུལ་ཚེ་ལོ་བརྒྱ་ཉི་ཤུ་པར་དེ་བཞིན་གཤེགས་པ་ཤཱཀྱ་

ཐུབ་པར་འགྱུར་བར་ལུང་བསྟན་པ་ལྟ་བུ། གཞན་ཡང་ས་བརྒྱད་པ་ལ་གནས་པའི་གང་ཟག་ནི། ཆེན་པོར་བརྗོད་པ་ཞེས་བྱང་ཆུབ་ཏུ་ལུང་བསྟན་ཐོབ་ནས་སངས་རྒྱས་ཐམས་ཅད་ཀྱི་འཕྲིན་ལས་གཅིག་ཏུ་གྱུར་པ་ནི་ཡིན་ལ། དེ་ལྟ་བུའི་འཕགས་ཆེན་དམ་པ་དེ་སླར་ཡང་ཇི་སྲིད་པའི་སེམས་ཅན་དེ་དག་རྣམས་ཀྱི་དོན་དུ་བསམས་བཞིན་དུ་སྲིད་པ་ཉེ་བར་འཛིན་པར་མཛད་པ་ལུང་དུ་སྟོན་པའི་རྣམ་གྲངས་གཞན་ཡང་སངས་རྒྱས་རང་རང་གི་འདུལ་ཞིང་བདེ་བ་ཅན་ཞེས་སམ་རང་ཅག་གི་སྟོན་པར་མཚོན་ན་མི་མཇེད་ཅེས་དང་མཚན་སྣང་བ་མཐའ་ཡས་ཞེས་སམ་ཤཱཀྱ་ཐུབ་པ་ཞེས་མིང་དང་ནི་དུས་སྙིགས་མ་ལྔ་བདོ་བ་སོགས་དང་(༡༥༥བ)བསྐལ་པ་བཟང་པོ་དང་སྐར་མ་ལ་དགའ་བ་སོགས་དང་མཆོག་ཟུང་རིམ་གྲོ་པ་སོགས་འཁོར་འདུས་པ། དམ་པའི་ཆོས་སྡེ་སྣོད་གསུམ་གྱི་བསྟན་པ་ལོ་སྟོང་དུ་གནས་པའམ་བསྐལ་པ་འདི་སྲིད་དུ་གནས་ཞེས་སོགས་དུ་མའི་སྒོ་ནས་ལུང་སྟོན་པ་དེར་འདོད་པར་གསུངས་པ་བཞིན། བྱ་རྒྱུད་དེ་བཞིན་གཤེགས་པའི་རིགས་ཀྱི་འཁོར་ལོས་བསྒྱུར་བ་འཇམ་དཔལ་རྩ་རྒྱུད་ཕན་ཡོན་ཉེས་དམིགས་ཀྱི་ནུས་པ་བསྟན་པ་རབ་འབྱམས་སོ་དྲུག་པ་ལས། སྟོན་པའི་གསུང་རབ་ས་སྙིང་དུ། །དུས་མཐར་འཇིག་རྟེན་ཉམས་པ་ན། །སྨོམ་བརྩོན་རྒྱལ་པོའི་ཚུལ་གྱིས་ནི། །འབྱུང་བར་འགྱུར་བར་ཐེ་ཚོམ་མེད། །དཔེར་ན་མ་ཁོལ་ཞེས་བྱ་དང་། །མི་ཧོག་ཅེས་བྱ་རྣམ་པར་གྲགས། །ཡི་གེ་མ་ཞེས་གཞོན་ནུ་ཞེས། །དང་པོ་མཐའ་མ་ཆོས་ལ་དགའ། །སླུས་བོས་ཞེས་བྱ་རྣམ་པར་གྲགས། །ཞེས་འཕགས་པ་རིན་པོ་ཆེའི་ལུང་བསྟན་དུ་ཡིན་ནམ་རྣམ་ཐར་དུ་ཀུ་ལ་ཀ་པར་སྤྲུལ་པ་དེ་ཉིད་ཀྱང་འཁྲུངས་རབས་གོང་མ་ཡིན་པས་མི་འགལ་ཏེང་དུས་མཐར་ཞེས་པས་དུས་ཀྱང་འཕགས་པ་རིན་པོ་ཆེ་ལས་རྗེ་བླ་མ་ཉིད་མཐའ་འམ་ཕྱི་བ་དང་མ་ཧི་བློའི་སྐད་དོད་ཀྱི་མཚན་སྦྲ་ཕྱོགས་འདྲ་ཡང་། སྨོམ་བརྩོན་རྒྱལ་པོའི་ཚུལ་འདི་ལྟ་བུ་འཕགས་པ་རིན་པོ་ཆེར་ཚང་དཀའ་བ་དང་། ཁྱད་པར་དང་པོ་མཐའ་མ་ཆོས་ལ་དགའ། །ཞེས་སྐུ་ཚེའི་སྟོད་དེ་དང་པོ་ས་སྐྱོང་བསོད་ནམས་རབ་བརྟན་དུས་ཡང་སྲིད་དུ་མའི་བག་

ཚགས་བཟང་པོ་སད་པའི་གསན་སྲོད་ལ་མ་བལྟོས་ཀྱང་མདོ་སྔགས་རིག་པའི་གནས་ཀྱི་ཅེ་བྲག་ཏུ་གསན་བཞེས་སོགས་ཐོས་པ་ལྷུར་བཞེས་དོས་འཚད་རྩོད་རྩོམ་པའི་སྒོ་ནས་བསྟན་འགྲོའི་དོན་རླབས་ཆེན་དང་མཐའ་མ་ཞེས་སྨད་དུ་ཕོ་(༤༥༥ན)བོ་ཅག་བོང་བ་གསེར་གཟིགས་ཀྱི་ཆོས་སྲིད་དུ་ལུང་གིས་ཕུད་པ། ས་ལུག་ནས་བཟུང་རིམ་པར་མཁའ་འགྲོ་སྙིང་ཐིག་ཡང་ཏིག་གཅེས་སྒྲོན་ལ་སོགས་ཉམས་བཞེས་དང་འགྲོ་གཞན་བླ་མེད་ཀྱི་ལམ་དུ་དགྲི་བའི་རིགས་འཛིན་ཞལ་ལུང་གི་བཀའ་རྩོམ་སོགས་དམ་པ་ལྷ་ཆོས་ལ་དགའ་བའམ་དགེས་པ་ལས་རྒྱལ་སྲིད་ཀྱི་བྱ་གཞག་ཆེར་མི་གཞང་བ་དང་། བར་དུ་སྲིད་སྐྱོང་ས་སྐྱོད་འཕྲིན་ལས་རྒྱ་མཚོ་དང་བློ་བཟང་མཐུ་སྟོབས་བློ་བཟང་སྦྱིན་པ་ལ་སོགས་པ་སྐུ་ཚེ་དང་མཛད་པ་ལུང་བསྟན་དུས་བབས་ལ་སོགས་ཀྱིས་ཡུན་ཐུང་ཞིང་དེ་དག་རྣམས་འཕོ་ལེན་ལ་སོགས་ཆོས་སྲིད་ཀྱི་ལུགས་གཉིས་ལས་ཕྱི་མ་ཤས་ཆེ་བར་བསྐྱལ་བ་སོགས་རྗེ་བླ་མ་འདི་ཉིད་གསལ་བར་ལུང་བསྟན་ཅིང་། ཐང་ཡིག་སེ་ལྷའི་ནང་བློན་པོ་བཀའ་ཐང་ལས། རྒྱལ་པོ་ཁྲི་སྲོང་ལྡེའུ་བཙན་ཉིད༔ སྐུ་གསུང་ཐུགས་ཡོན་འཕྲིན་ལས་ལྷ༔ འཕྲུལ་ལྷ་བསྒྱུར་བའི་སྟོབས་སུ་འགྱུར༔ འདྲ་མིན་ཞིག་དང་མ་ནོར་ན༔ གཟུགས་སྐུ་གཉིས་ཀྱིས་འགྲོ་དོན་མཛད༔ བྱང་མི་འདུལ་སྐྱོང་གནམ་སའི་བདག༔ ཟ་ཧོར་ཚབ་ལས་འབེབས་པ་འབྱུང་༔ ཞེས་དེ་ཡང་ཁྱད་པར་གྱི་སྤྲུལ་གཞི་ཆོས་ཀྱི་རྒྱལ་པོ་ཁྲི་སྲོང་ལྡེའུ་བཙན་དེ་ཉིད་གང་འདུལ་སེམས་ཅན་གྱི་མོས་དོར་སྐུ་དང་གསུང་དང་ཐུགས་ཡོན་ཏན་འཕྲིན་ལས་ཀྱི་སྤྲུལ་པའི་རྣམ་པར་རོལ་པའི་རིམ་པ་ལྟར་བསྟན་པ་ལས། ཐུན་མོང་དང་ཐུན་མོང་མ་ཡིན་པའི་གདུལ་བྱ་སྐལ་བ་ཐ་དད་པ་དག་གི་མོས་དོར་སྤྲུལ་པ་དེ་ཡང་ཕྲག་གཉིས་སུ་རེ་རེ་བཞིན་སྟོན་པར་མཛད་པ་ལས་ཕ་རོལ་ཏུ་ཕྱིན་པ་རྒྱུའི་སྡེ་སྣོད་གཙོ་བོར་སྟོན་པའི་མཐའ་གཉིས་སྤངས་པ་ཟབ་མོ་དབུ་མའི་ལྟ་བ་དེ་ཉིད་སྐྱེས་བུ་གསུམ་གྱི་ལམ་གྱི་རིམ་(༤༥༥བ)པ་ལ་བརྟེན་ནས་ཐུན་མོང་གི་གདུལ་བྱ་རྣམས་རྣམ་པར་གྲོལ་བ་མཆོག་གི་ལམ་དང་འབྲས་བུ་ལ་འགོད་པའི་འཕྲིན་ལས་གཙོ་བོར་སྟོན་པར་མཛད་པ་ར་སྲིད་

ཤུག་པའི་ཤུན་གྲངས་དང་མཐུན་པའི་ཚགས་བྲལ་སྨོམ་བརྫོན་ངུར་སྨྲིག་གར་གྱིས་རོལ་པ་ཟམ་མི་ཆད་པ་བདུན་ཕེབས་རྒྱུའི་རྗེ་བླ་མ་ཆེན་པོ་ཡན་གྱི་ལྷ་པ་ཡིན་ལ། གླིགས་བམ་རིན་པོ་ཆེའི་དཀོན་ཅིག་འབབས་ཉིད་ཀྱི་ཞལ་ནས། ང་གངས་རིའི་མགུལ་དུ་ཆོས་ཀྱི་རྒྱལ། །སེམས་གཡོ་སྒྱུ་མེད་པ་སྐྱོང་པོར་སྨྲ། །ཆོས་ནུས་མཐུ་བཙུན་པས་གཞན་ལ་ཕན། །མི་བདག་གི་ཡོན་ཏན་སྒམ་པོར་སྤྲེད། །ཅེས་སྲོང་བཙན་སྒམ་པོ་མཚན་སྒྲ་དང་བཅས་བསྟན་པའི་འཕྲོར་བར་གྱི་ཁྲི་སྲོང་ལྡེ་བཙན་ལ་སོགས་རྒྱལ་པོ། མངའ་བདག་ཉང་ལ་སོགས་སྔགས་པ། འབྲོམ་སྟོན་རྒྱལ་བའི་འབྱུང་གནས་ལ་སོགས་དགེ་བསྙེན་རྣམས་ཁྲིན་གཅིག་ཏུ་བསྡོམས། ང་སྣ་ཚོགས་སྤྲུལ་པ་བསྟན་ནའང་། །ཞེས་གཅིག་བསྡོམས་སུ་བསྟན་ནས། ང་ཁྲིམས་ལྡན་མཁན་པོའི་སྐུར་བསྟན་ཀྱང་། །ང་ཐུགས་རྗེ་ཆེན་པོར་སུ་ཡིས་ཤེས། །ཞེས་པ་ལྟར་སྐུའི་སྤྲུལ་པ་པཎ་ཆེན་དགེ་འདུན་གྲུབ་ཀྱིས་བཀྲ་ཤིས་ལྷུན་པོའི་ཆོས་སྡེ་ལུང་བསྟན་དང་མཐུན་པར་བཏབ། ང་གནས་ལྷ་མཁྱེན་པའི་པཎྜི་ཏ། །ཞེས་སོགས་གསུང་སྤྲུལ་ཐམས་ཅད་མཁྱེན་པ་དགེ་འདུན་རྒྱ་མཚོས་ལུང་བསྟན་དང་མཐུན་པར་སྤྲུལ་ཡུལ་དཀར་མོ་ལྡིངས་ཀྱི་ཆོས་སྡེ་བཏབ། མི་ང་ཡི་སྤྲུལ་པ་ཕྱོགས་རིས་མེད། །ཆོས་ལམ་དུ་སོང་ན་བསྒྲུབ་བྱ་ཡིན། །ཞེས་སོགས་པ་ལྟར་གྱི་ཐུགས་སྤྲུལ་ཐམས་ཅད་མཁྱེན་པ་བསོད་ནམས་རྒྱ་མཚོས་ལི་ཐང་ཐུབ་ཆེན་བྱམས་གླིང་ཆོས་སྡེ་བཏབ། མི་ང་ཡི་བསྟན་པ་བཞིག་པ་རྣམས་(༥༠ན)ཞེས་སོགས་ལྟར་ཡོན་ཏན་གྱི་སྤྲུལ་པ་པ་བདེ་ཆེན་ཆོས་ཀྱི་རྒྱལ་པོ་རྣམས་ཀྱི་རིམ་པར་སྒྲ་བཤད་སོགས་དུ་ཀུ་ལ་ང་པར་བརྗོད་པ་བཞིན་བཞི་དང་། གཉིས་པ་འབྲས་བུ་སྔགས་ཀྱི་ཐེག་པ་སྟོན་པའི་ཕྱིར་སྔགས་འཆང་རྡོ་རྗེ་འཛིན་པ་མཆོག་གི་རྣམ་པར་རོལ་པས་རྫོགས་པ་ཆེན་པོ་ཀ་དག་དེ་བཞིན་ཉིད་ཀྱི་ཡོ་ག་རྣམ་པ་གསུམ་གྱི་ཟབ་ལམ་ཁྱད་པར་ཅན་ལ་བརྟེན་ནས་ཐུན་མོང་མིན་པའི་གདུལ་བྱ་རྣམས་ཟུང་འཇུག་གི་ལམ་དང་འབྲས་བུ་ཅི་རིགས་པ་ལ་འགོད་པའི་འཕྲིན་ལས་གཙོ་བོར་སྟོན་པར་མཛད་པ་མངའ་བདག་ཉང་རིན་པོ་ཆེ་ནས་རྗེ་བླ་མ་འདི་ཉིད་

ཡན་གྱི་ལྷ་པ་ཡིན་པའི་དང་པོ་ནི། ཐང་ཡིག་ལས། སྔགས་པ་མཐུ་སྟོབས་སྐྱེ་བོས་བཟློག་པ་བསླབ༔ ཅེས་སོགས་དུས་རྟགས་བཤད་སྐབས། མི་བཞག་འདོན་པའི་རྟགས་དེ་བསྟན་ནས་སུ༔ མངའ་བདག་སྤྲུལ་པ་ཉང་རལ་ཞེས་བྱ་འབྱུང་༔ ཞེས་སོགས་པ་ལྟར་སྐུའི་སྤྲུལ་པ་གཏེར་ཆེན་ཆོས་ཀྱི་རྒྱལ་པོ་མངའ་བདག་ཉང་། སྔ་ཐག་སས་བྱས་རྫོར་དམག་བོད་དུ་འོང་༔ ཞེས་དང་། གནམ་སྐས་མཁར་ཆུར་སྦས་པའི་གཏེར་ཁ་འདི༔ ཞེས་སོགས་ནས། གཏེར་སྟོན་ཆོས་ཀྱི་དབང་ཕྱུག་ཅེས་བྱ་འབྱུང་༔ ཞེས་གསུང་སྤྲུལ་གྲུབ་པའི་འཁོར་ལོ་བསྒྱུར་བ་ཆོས་ཀྱི་དབང་ཕྱུག །རིགས་འཛིན་ཡོངས་འདུས་ལས། ང་ཡི་ཐུགས་རྗེས་སྤྲུལ་པའི་རིགས་འཛིན་ནི༔ པདྨ་རྒྱལ་པོ་ཡི་ཤེས་རོལ་པ་རྩལ༔ ཞེས་སོགས་ནས། དེ་འདྲའི་གང་ཟག་ནུབ་ཀྱི་ཕྱོགས་ནས་འོང་༔ ཞེས་པ་ལྟར་ཐུགས་སྤྲུལ་ཆོས་ཀུན་ཐམས་ཅད་གཟིགས་པ་མངའ་རིས་པདྨ་དབང་ཆེན། སྐུ་ཡི་གཟི་བརྗིད་མཚན་(༧༠བ)རྟགས་བཅུ་གསུམ་ལྡན༔ ཞེས་སོགས་ནས། བདག་དང་རྒྱལ་པོའི་ཡོན་ཏན་སྤྲུལ་པ་སྟེ༔ ཞེས་དགྲ་དཔུང་ཕྱེ་མར་འཐག་པ་དབང་པོའི་སྡེ་སྟེ་ཚངས་པ་ལྷའི་མེ་ཏོག་གི་སྐུ་གསུང་ཐུགས་ཡོན་ཏན་དང་བཅས་པའི་སྤྲུལ་པ་གོས་དཀར་ལྡང་པོ་གསུམ་དང་པདྨ་དབང་ཆེན་བཅས་བཞི་སྟེ་ལུགས་གང་ནས་དྲངས་ཀྱང་འཕྲུལ་ལྷ་བསྒྱུར་བའི་ཞེས་པའི་དོན་དང་། དེ་ལྟར་མདོ་སྔགས་རྣམ་པ་ཐ་དད་པར་གཉིས་སུ་བསྟན་པའི་དམ་པ་དེ་ཐམས་ཅད་ཀྱི་མཁྱེན་བརྩེ་ནུས་པའི་རང་གཟུགས་གཅིག་ཏུ་བསྡོམས་པ་ལྷ་བུའི་མཐུ་དཔུང་ཐམས་ཅད་རྗེ་བླ་མ་ཆེན་པོ་ཉིད་ཁོ་ན་ལ་མངའ་བའི་ཕྱིར་སྟོབས་སུ་འགྱུར་རམ་འབྱུང་ཞེས་ཁྱད་པར་དུ་སྨོས་པ་དང་། འདྲ་མིན་ཞིག་དང་ཞེས་པ་ནི་དམ་པ་འདིའི་འཕྲིན་ལས་མངོན་དུ་གྱུར་པར་ཉེ་བ་ན། མངའ་བདག་གི་སྤྲུལ་པར་ཛྙོམ་པ་གཙང་པ་ཀརྨ་བསྟན་སྐྱོང་དབང་པོ་བྱུང་བར། བློ་ལྡན་རྣམས་ཡིད་མི་རྟོན་ཀྱང་། སྐྱེ་བོ་སྐལ་ངན་འཁྲུལ་སྣང་བདེན་འཛིན་གྱི་རྨོངས་མུན་དུ་འཐོམས་པ་དག་ཀྱང་དམ་པ་འདིའི་ཐུགས་རྗེ་ཉི་མ་འབར་བའི་སྣང་བས་གསལ་བས་ཞིང་འདིའི་ལུས་ཅན་བསོད་ནམས་ཀྱི་སྐལ་བ་དང་

ལྡན་པ་མཐའ་དག་འདྲ་མིན་གྱི་འཕྲུལ་སོ་ལས་གྲོལ་བའམ་མ་ནོར་བར་དམ་པ་ལ་དམ་པར་ཞེས་པའི་ངེས་ཤེས་གཏིང་ཚུགས་པ་འདི་ཡིན་ལ། གཟུགས་ཀྱི་སྐུ་དེ་དག་གདུལ་བྱ་ཐུན་མོང་དང་ཐུན་མོང་མ་ཡིན་པ་གཉིས་སོ་སོའི་མོས་བློ་ཐ་དད་པའི་སྐལ་བ་དང་འཚམས་པར་འདུལ་བ་བཞིའི་འཕྲིན་ལས་གང་ལ་གང་འཚམས་ཀྱིས་དེ་ལ་དེར་སྟོན་གཅིག་གོ་གཅིག་གིས་མི་འགོག་པར་ཐ་དད་དུ་འགྲོ་དོན་མཛད་པའི་དོན་ཡིན་ལ། བྱང་མི་འདུལ་སྐྱོང་ཞེས་པ་ནི་བྱང་ཕྱོགས་རྒྱ་(༡༩༡༧ན)ཧོར་གྱི་རྒྱལ་ཁམས་ན་འཁོད་པའི་མིའི་འགྲོ་བ་དཔའ་ཞིང་བརྟུལ་ཕོད་ལ་གདུག་ཅིང་རྩུབ་པའི་བསམ་སྦྱོར་དང་ལྡན་པ་དེ་དག་གང་དུ་བསྐྱོད་པའི་ཕྱོགས་སུ་འཇིགས་པ་མི་བཟད་པ་བསྐྱེད་པར་བྱེད་པ་ལས་སྟོན་ཆད་བོད་ཡུལ་གྱི་རྒྱལ་ཁམས་འདི་དག་ཡང་ནས་ཡང་དུ་འཇོམས་པར་བྱས་ཤིང་། ཁྱད་པར་དུས་དེར་མཐའི་དམག་དཔུང་མི་བཟད་པ་འབྱུང་བའི་དུས་རྟགས་ཐམས་ཅད་མངོན་དུ་གྱུར་པ་ལས་གླིང་དགུའི་འགྲོ་བ་མཐའ་དག་མིང་ཙམ་དུ་འཇོམས་པར་ཉེ་བ་ན། མཐའ་མི་གདུག་པ་ཅན་དེ་དག་གིས་དམ་པ་འདི་ཉིད་ཀྱི་སྐུ་མཐོང་ཞིང་གསུང་ཐོས་པ་དང་། མདོར་ན་མཚན་ཙམ་ཐོས་པ་དང་དྲན་པ་ཙམ་གྱིས་ཀྱང་ཞེ་སྡང་གི་སེམས་ཞི་ནས། ཞི་ཞིང་ངེས་པའི་སེམས་རྣལ་དུ་འཁོད་པས་དེ་དག་ཕྱི་མ་ངན་སོང་གི་འཇིགས་པ་ལས་སྐྱབས་ཤིང་། བོད་འབངས་རྣམས་གནས་སྐབས་དམག་དཔུང་གི་འཇིགས་པ་ལས་ཐར་བའི་བཀའ་དྲིན་བསྐྱལ་ཞིང་། གདུལ་དཀའི་འགྲོ་བ་དེ་དག་དམ་པ་འདི་ཉིད་ཁོ་ན་ལ་དད་ཅིང་འདུན་པའི་སྐྱབས་སུ་སོང་བའི་ཕྱིར་ན། ཐུགས་རྗེ་ཆེན་པོའི་འདུལ་ཞིང་དང་རྗེས་སུ་སྐྱོང་བའི་ཡུལ་ཁྱད་པར་ཅན་དུ་གྱུར་པའམ་སོ་ཐར་འདུལ་བའི་དཔྱད་པ་སྐྱོང་ཞིང་། འཛམ་བུའི་སྒྲས་མཚོན་པའི་ཞིང་འདིའི་གནམ་དང་སའི་དཀྱིལ་འཁོར་མཐའ་དག་ལ་འཕྲིན་ལས་ཀྱི་བདག་གིར་མཛད་པ་དང་ཟ་ཧོར་རམ་ས་ཧོར་ཆབ་ལ་འབེབས་པ་འབྱུང་ཞེས་པ་ནི། དངོས་པོ་ངེས་བཟུང་གི་གསལ་བྱེད་དེ། ཤར་ཕྱོགས་ཟ་ཧོར་གྱི་རྒྱལ་རིགས་དྲི་མ་མེད་པ་འཁྱིང་བར་སྟག་རྩེའི་རྒྱལ་བརྒྱུད་དེ་ཉིད་ཆབ་སྲི་ལྷ་གཟུགས་

འཆར་ཡུལ་གྱི་ཚུར་བསྟན་ནས་འཆར་བྱེད་འཕགས་པ་ཐུགས་(༤༧༡བ)རྗེ་ཆེན་པོའི་སྤྲུལ་པའི་ཟླ་གཟུགས་ཆུ་སྣོད་དེ་ཉིད་དུ་འཆར་བ་ནི་འབེབས་པར་འགྱུར་ཞེས་པས་གསལ་བར་བསྟན་ཏེ། འདིར་འཆར་ཡུལ་དངོས་སུ་སྨོས་པ་ཉིད་ཀྱིས་འཆར་བྱེད་ཡུལ་ཅན་ཤུགས་ལས་གསལ་བར་མཚོན་པ་དང་། གོང་གི་གླིགས་བམ་རིན་པོ་ཆེ་རེ་དཀོན་ཅོག་འབབས་ཉིད་ཀྱི་ངུར་སྨྲིག་གར་རོལ་ཟམ་མ་ཆད་པ་ཞལ་གྱིས་བཞེས་པའི་ཡོན་སྤྲུལ་ཡིན་བརྗོད་པའི་འཕྲོར། བོད་ཁ་བ་ཅན་པའི་གདུལ་བྱ་རྣམས། སྙིང་མེད་ཕ་ལ་གཤེ་བ་བཞིན། །ང་ཕན་བདེའི་འབྱུང་གནས་རིན་ཆེན་ལ། །སེམས་རྫོག་པ་ཆེ་ཞེས་སྨོད་པར་བྱེད། །ཅེས་འཕགས་པ་ལག་ན་པདྨའི་གདུལ་བྱར་གྱུར་པ་པུར་རྒྱལ་བོད་ཡུལ་ལམ་རི་ཁ་བས་བསྐོར་བའི་སེམས་ཅན་གདུལ་བྱར་གྱུར་པ་འདི་དག་རྣམས་བུ་ཚ་སྙིང་རྗེ་ཁྲེལ་ངོ་ལ་སོགས་པ་མེད་པ་རྣམས་ཀྱིས་ཕ་མར་གཤེ་བ་སྡེ་སྨད་པ་བཞིན་དུ། ང་ཞེས་དཀོན་ཅོག་འབབས་ཉིད་ཕན་བདེ་འབྱུང་བའི་གནས་རིན་པོ་ཆེའམ་ཡིད་བཞིན་ནོར་བུ་དང་མཚུངས་པ་རྗེ་བླ་མ་ཀུན་མཁྱེན་རྒྱལ་བའི་དབང་པོ་དོན་སྨད་མཚན་ནས་སྨོས་པ་ཐམས་ཅད་མཁྱེན་པ་དག་དབང་བློ་བཟང་རྒྱ་མཚོ་འདི་ཉིད་ལ་སེམས་ཀྱི་བརྟེ་བའམ་རྫོག་པ་གཞན་ལས་ཆེ་བ་ཪྫོགས་པ་ཆེན་པོ་ལ་སོགས་གསང་སྔགས་སྔ་འགྱུར་ལ་བརྟེན་ནས་དགེ་མི་དགེ་ཞེས་པ་ལ་སོགས་པ་སྨོད་པའམ་འཕྱ་བར་བྱེད་ཅེས་དང་། དེ་བཞིན་དུ་ན་རིམ་དྲུག་པ་ལྟ་བུར། ཀྱི་ཁྱུང་ཆེན་མཁའ་ལ་ལྡིང་བ་ལ། །བྱ་མཚའ་ལུས་ཁྲིམ་ནས་འཕྱ་བ་བཞིན། །ང་ཡེ་ཤེས་དབྱིངས་སུ་ལྡིང་བ་ལ། །སེམས་ཁོང་སྐྲན་ཅན་དེས་འཕྱ་བར་བྱེད། །ཅེས་ཀྱི་ཞེས་བོས་ནས་བྱ་ཁྱུང་(༤༧༢ན)ཆེན་པོ་ནམ་མཁར་ལྡིང་བ་ལ་ཁྲིམ་བྱ་དེ་ཕོ་མཚའ་ལུས་གྲོང་པའི་ཁྲིམ་གྱི་ནང་ནས་མི་འགྲན་བཞིན་དུ་འཕྱ་བ་ཇི་བཞིན་གོང་ལྟར་ང་ཞེས་དཀོན་ཅོག་འབབས་ཉིད་ཀྱི་ཡེ་ཤེས་ཁྱུང་མཁའ་དབྱིངས་སུ་ལྡིང་བ་ལྟ་བུ་དེ་ལ་མ་དག་པའི་སེམས་ཀྱིས་སྐྱོ་བོའི་ཁོང་པའི་སྐྲན་བཞིན་གྱི་བློ་ཅན་དེ་རྣམས་ཀྱིས་མི་གུས་པ་དང་མི་འགྲན་བཞིན་དུ་འགྲན་པ་ལ་སོགས་པའི་འཕྱ་བར་བྱེད་ཅེས་སོགས་

རིམ་པར་བསྟན། ཐང་ཡིག་སྡེ་ལྔའི་ནང་ལྷ་འདྲེ་བཀའི་ཐང་ཡིག་ལས། སངས་རྒྱས་ངསྟན་ཞབས་ལྔ་བརྒྱ་ཕྲག་གསུམ་ན༔ བྱང་མི་འདུལ་སྐྱོང་གནམ་སའི་བདག་པོ་འབྱུང༔ ཞེས་ཕྱག་ལུགས་ཀྱིས་བསྟན་རྗེས་ལྟར་ནུ་རྫེ་བླ་མ་སྙིང་ཉིའི་གཙུག་རྒྱན་དམ་པ་སངས་རྒྱས་མྱ་ངན་ལས་འདས་ནས་ལོ་ཉིས་སྟོང་བཞི་བརྒྱ་གོ་བདུན་འདས་པ་རེ་མེ་སྤྲུལ་ལ་བལྟམས་ནས་དགུང་ལོ་ཉེར་ལྔ་པ་ལྕགས་སྤྲུལ་ལ་ཕྱག་རྗོར་གྱི་སྤྲུལ་པར་ལུང་ཟིན་བསྟན་འཛིན་ཆོས་ཀྱི་རྒྱལ་པོས་དུས་བབས་ལུང་བསྟན་ལྟར་བོད་ཁྲི་སྐོར་བཅུ་གསུམ་རང་གི་རིགས་བརྒྱུད་ཀྱིས་དབུས་དབུལ་བའི་གནམ་སའི་བདག་པོར་ཕེབས་པ་སྐབས་དེར་འབྲས་བུའི་དུས་ཀྱི་ལྔ་བརྒྱ་ཕྲག་གསུམ་དང་སྒྲུབ་པའི་སྙིང་ནས་ཤེས་རབ་དང་ཧིང་ངེ་འཛིན་གྱི་ལྔ་བརྒྱ་ཕྲག་རེ་རེ་དང་། ཚུལ་ཁྲིམས་ཀྱི་སྙིང་ནས་ལོ་ཉེར་གཉིས་འདས་པས་རགས་རྗེས་ཀྱིས་སྨར་ལུང་གི་དུས་ཀྱི་ལྔ་བརྒྱ་ཕྲག་གསུམ་ལུས་པ་ལ་དགོངས་པ་སྟེ་དུས་ཀྱང་ཤིན་ཏུ་འགྲིག །ཡང་དེ་ཉིད་ལས། ཡོང་འཛིང་མེ་ཏོག་དཀྱུ་འདྲིའི་བུ་མོ་ལ༔ བྱང་མིང་འདུལ་སྐྱོང་གནམ་སའི་བདག་པོ་འཁྲུངས༔ བར་གཅོད་བདུད་ཀྱི་(༢༥༢བ)བསྟན་པ་འདུལ་བར་བྱེད༔ ཁྲིམས་དང་དཀ་པ་ཆོས་ཀྱི་ཉི་མ་ཤར༔ ཞེས་པའང་ཡུམ་དང་ཕྱི་མས་རྗེ་ཉིད་གསལ་བར་བསྟན། །

བཙུན་མོ་བཀའི་ཐང་ཡིག་གི་བོད་ཁམས་འཕུང་བྱེད་ཧོར་དམག་བཟློག་ཐབས་བསྟར་སྐབས། ངས་ལུང་བསྟན་པ་བྱང་མིང་གནམ་སའི་བདག༔ ཁྲི་སྲོང་ལྡེ་བཙན་འཕྲིན་ལས་སྤྲུལ་པ་དེ༔ ཇི་བཞིན་འདྲ་བ་ལྡེ་གུ་ལྷ་བཞེངས་ནས༔ རྣམ་ཐར་གྲུང་རིས་དག་ལ་བྲི་བར་བྱོས༔ ཞེས་རྗེ་བླ་མ་ཉིད་གསལ་བར་བསྟན་ཅིང་། ཞར་དུ་དེའི་སྐུ་དང་རྣམ་ཐར་ཞིང་བཀོད་སོགས་བྲིས་པས་མཐའ་དམག་བཟློག་པ་སོགས་ལུང་གསལ་བར་བསྟན། གླིགས་བམ་རིན་པོ་ཆེ་ཕ་ཆོས་ཀྱི་ལུང་བསྟན་དུ། དེའི་(གླིགས་བམ་རིན་པོ་ཆེ་ཕ་བུའི་ལུང་རྣམས་ཐམས་ཅད་མཁྱེན་པ་བསོད་ནམས་རྒྱ་མཚོའི་ཕྱག་བྲིས་མའི་དཔར་མ་ཡོངས་གྲགས་དང་ཟུར་མི་འདྲ་)དུས་ཀྱི་སྐྱེ་བ་དེ་མེའི་ས་བོན་ལས་ཏུས་བྱས་

པའི་ལུགས་ཡིན་ཚོས་གང་བྱས་དར་ཆེ། ལྷག་པར་ལྷ་དྲག་པོའི་བསྙེན་པ་ལ་དགྱེས་ཤིང་བརྟགས། བདུད་སྨེ་དང་སྡིག་ཅན་གྱིས་མི་བཟོད་པར་ཚར་གཅོད་པའི་རིགས་ཡིན། གསང་སྔགས་ཀྱི་དྲག་ལས་ལ་དགྱེས་པའི་རྒྱུ་དེས་སྐར་རྗོད་པ་མང་བ་དང་ཕན་ཚུན་གྱི་ཟེར་སྒྲོས་མང་། འོ་ན་འང་རང་ཕམ་པར་མི་ནུས། ཞེས་མེའི་ས་བོན་ལས་རུས་བྱས་པའི་ལུག་ཞེས་པ་གཙུག་ལག་སྤྱིར་ཐང་ནས། ཀེག་ཤིང་ཇི་མེ་ཀུང་ས་དང་། །བཤངས་ལྕགས་ཅུ་སྟུད་ཚུ་ཡི་ཁམས། །ཞེས་རུས་ཆེན་ལྔར་བཤད་ཀྱང་ས་ཧོར་རམ་ཟ་ཧོར་ཞེས་པ་ཡུལ་མིང་རྒྱལ་བརྒྱུད་དུ་ཆགས་པ་ལས་རྒྱ་གར་འཕགས་པའི་ཡུལ་དུ་ནག་རྩིས་མ་དར་བས་ངོས་(༢༠༣ན)འཛིན་མེད་ཀྱང་། འཕྲོང་རྒྱས་རྙིང་དུས་རང་ནས་རྩ་བའི་རུས་དང་མིང་སྒྲ་བྱད་དབྱིབས་ལ་སོགས་པ་སྒོ་དུ་མ་ནས་ངོས་འཛིན་བཤད་པའི། སོ་དབར་སྒྲ་འདོན་ཇི་མེ་ཡིན། །ཞེས་པས་མེར་མིང་གྲགས་ཆེ་བ་ཚོས་དབྱངས་འཚོལ་བ་ལྟར་འཇུག་པ་དེ་དག་ཏུ་བརྟེན་པའམ་གང་ལྟར་བཙན་མཁར་གསོལ་བ་བཀྲ་ཧྲགས་ཀྱང་ནམ་མཁའ་ཉོ་བ་བཟང་བར་བརྩི་བ་སོགས་སྐུ་རུས་མེར་ངོས་འཛིན་གནང་ཞིང་དང་། དགུང་སྐྱིད་སྤྱིར་ཧ་སྤྲུལ་མེ་བྱེ་བྲག་སྤྲུལ་མེ་དབང་ཐང་གིས་ཕྱི་བའང་མེ་སྤྲུལ་ཏེ་སྐུ་རུས་དགུང་སྐྱིད་དང་བཅས་གསལ་བར་བསྟན་ཅིང་། གསང་སྔགས་ལ་དགྱེས་རྒྱུད་རྗོད་པ་མང་བ་ནི་སྔ་འགྱུར་ལ་རྫོ་རྗེ་ཐེག་པའི་ལས་འཕྲིན་གྱི་བསྟན་འགྲོའི་དོན་རླབས་ཆེན་གནང་བ་ལ་བརྟེན་ཡ་ག་འབྱུང་བ་སོགས་བསྟན།

རཏྣ་གླིང་པའི་བསྟན་པ་སྤྱི་ལུང་ལས༔ རྒྱལ་པོས་བསྙེན་བཀུར་མཆོད་ཕུལ་རྣམས༔ དུས་སྤྱོད་དེ་རྣམས་བྱུང་བའི་རྗེས༔ རྗེས་མཐར་བསྟན་པ་ཅི་འདྲ་འབྱུང་༔ མིང་ཨེད་ཐལ་བར་འགྲོ་ལགས་སམ། །ཞེས་ཞུས་པ་དང་། ཨོ་རྒྱན་ཆེན་པོས་བཀའ་བསྩལ་པ༔ གསོན་ཅིག་བཙད་པོ་རྗེ་འབངས་རྣམས༔ སྤྱིར་ནི་བསྟན་པའི་འཕེལ་འགྲིབ་རྣམས༔ དཔེད་ཀའི་ཉི་མ་མགར་སྦྲུད་འདྲ༔ འོན་ཀྱང་གོང་གི་དེ་རྣམས་ཀྱི༔ རྗེས་ལ་སྐྱིད་བསྟན་ཐེངས་གཅིག་འབྱུང་༔ དེ་ནས་སྔོན་གྱི་ཐུགས་བསྐྱེད་རྒྱལ་པོ་ནི༔ ཐུགས་རྗེ་

ཆེན་པོའི་སྤྲུལ་པ་དབུས་ནས་འབྱུང༔ བློ་གྲོས་སྟོབས་ལྡན་བཟང་པོའི་འོད་ཟེར་ཅན༔ སྣ་ཚོགས་ཐབས་ཀྱིས་འགྲོ་བའི་ཁ་ལོ་བསྒྱུར༔ ཆོས་ཀྱི་རྒྱལ་པོ་དཔྱང་དང་བཅས་པ་འབྱུང༔ འབྲི་ཡི་ར་ཅོ་ཕག་གི་མཇུག་མ་(༡༤༤བ)ཅན༔ གུང་གི་ཚང་འཆའ་ས་ཡི་ཟས་ཟ་ཞིང༔ མིག་བཞི་གྱེན་ཐུར་དག་ལ་བལྟ་བར་བྱེད༔ ལྟེ་གཉིས་བདེན་རྫུན་གཉིས་ཀྱི་ཤན་འབྱེད་པ༔ དབུས་གཙང་ཐམས་ཅད་སྐྱུ་ཡི་ཆབ་འོག་འདུས༔ རྫུ་འཕྲུལ་མཐུ་ལྡན་བསྟན་པའི་བདག་པོ་འབྱུང༔ ལྷ་ས་དམར་པོ་རི་དང་ཆུ་བོ་རི༔ ཧས་པོ་རི་དང་དབུས་རི་དེ་གསུམ་ལ༔ ཕོ་བྲང་བྱས་ནས་དབུས་གཡོར་མཐའ་གསུམ་སྐྱོང༔ གཙང་གི་ངམ་རུ་རི་དང་རི་བོ་ཆེ༔ ལ་སྟོད་རྗེ་རྫེའི་རི་དང་དེ་གསུམ་ལ༔ ཕོ་བྲང་བྱས་ནས་གཙང་གི་རུ་གཉིས་དང༔ མངའ་རིས་བལ་པོའི་བར་རྣམས་དབང་དུ་སྡུད༔ དབུས་གཙང་རྣམས་སུ་ཆོས་གྲྭ་བཅུ་གསུམ་འཆའ༔ གཞན་གྱི་རྫོང་རྣམས་རྩིག་རྨང་ཙམ་ཡང་མེད༔ ལ་འཛམ་ལུང་འཛམ་ཐམས་ཅད་གསེར་ཁྲུར་ལམ༔ ནོར་ཡོད་གཉེར་འཚོ་མི་དགོས་གང་ཡོད་ཕན༔ མེད་རྣམས་བཙལ་འགྲོ་མི་དགོས་ཀུན་ཀྱང་སྐྱིད༔ དབུ་རྨུམ་མདོ་ཡི་བསྟན་པ་དར་ཞིང་རྒྱས༔ ལྟུང་ལོ་ཐུགས་པའི་བསྟན་པས་གྲུབ་ཐོབ་ཁེངས༔ ཕ་མའི་དྲིན་གློན་ནད་པ་ལེགས་པར་སྐྱོལ༔ བླ་མ་སློབ་དཔོན་རྗེ་འབངས་དཔོན་གཡོག་སོགས༔ ཆེ་ཆུང་བཟང་ངན་སྙིང་འོག་བཤན་ཡང་འབྱེད༔ ངན་བྱེད་མཐར་འདོན་མི་ངན་མཐོར་མི་འཛུག༔ བཟང་འདྲིན་ཡ་རབས་ཀུན་ལ་བྱ་དགའ་བྱེད༔ ཕོ་མོ་ན་གཞོན་ཐམས་ཅད་ཉན་བཤད་བྱེད༔ བསམ་རྫོགས་རྒན་པ་ཐམས་ཅད་དོན་ལ་བསྒོམས༔ རྒྱལ་ཁྲིམས་གསེར་གྱི་གཉའ་ཤིང་ལྟེ་ལ་སྦྲམས༔ ཆོས་ཁྲིམས་དར་གྱི་མདུད་པ་དམ་ལ་འཛམས༔ ནད་མཚོན་མུ་གེ་ཐུག་བསྡོལ་གང་ཡང་མེད༔ བདེ་སྐྱིད་ལྷ་ཡུལ་ལྟ་བུར་ཀུན་ཀྱང་འཚོ༔ ཞེས་སོགས་སྤྱི་(༡༤༥ན)ལུང་འདི་དང་གཏེར་ཁ་འདིའི་སྙིང་ཐིག་ལུང་བསྟན་ནས་ཀྱང་ལུང་དུ་མ་བསྟན་ཅིང་།

རྡོ་རྗེ་གླིང་པའི་གཏེར་ལུང་ལས་ཀྱང་། དེ་ནས་སྟོན་གྱི་ཐུགས་བསྐྱེད་རྒྱལ་པོ་ནི༔ འབྲི་ཡི་ར་ཅོ་ཕག་གི་མཇུག་མ་ཅན༔ གུང་གི་ཚང་འཆའ་ས་ཡི་ཟས་ཟ་ཞིང༔ མིག་

ཉི་གྱེན་ཕྱར་དག་ཏུ་བལྟ་བར་བྱེད༔ ཨྠེ་ཡིས་བདེན་རྫུན་ཤན་ཐང་རབ་ཏུ་འབྱེད༔ རྫུ་འཕྲུལ་མཐུ་ལྡན་དཔུང་དང་བཅས་པ་འབྱུང་༔ དམར་པོ་རི་དང་ཆུ་བོ་ཧས་པོ་རི༔ དབུས་ཀྱི་རི་གསུམ་དག་ལ་ཁྲིམ་ཆེན་འཆའ༔ གཙང་གི་རི་བོ་ཆེ་དང་ངམ་རྒྱ་རི༔ ལ་སྟོད་ཛོ་ཛེའི་རི་དང་གསུམ་པོ་ལ༔ ཕོ་བྲང་བརྩིགས་ནས་ཆོས་ཁྲྀ་བཅུ་གསུམ་འཆའ༔ གཞན་གྱི་ཇོང་རྣམས་རྩིག་རྨང་ཙམ་ཡང་མེད༔ ལམ་འཛམ་འཕྲང་ངདེ་བྱིས་པར་གསེར་བསྐུར་ཐུབ༔ ཡོད་པ་གཉེར་ག་མི་དགོས་གར་བཞག་ཡོང་༔ ནེ་ད་པ་རྩོལ་སྒྲུབ་མི་དགོས་ལས་བདེའོ༔ ལྷུང་པོ་སྤགས་ཀྱི་སྒྲུབ་པའི་བསྟན་པ་རྒྱས༔ དྲིན་ཅན་ལན་གློན་པར་ལག་ལེགས་པར་སྐྱོང་༔ དཔོན་སློབ་རྗེ་འབངས་གོང་འོག་ཤན་ཐང་འབྱེད༔ ངན་བྱེད་མཐར་འདོན་མིང་ཙམ་སྒྲ་མི་གྲག༔ བཟང་སྤྱོད་ཡ་རངས་ཀུན་ལ་བྱ་དགའ་བྱེད༔ དྲན་གསལ་གཞོན་པ་ཐམས་ཅད་ཉན་བཤད་བྱེད༔ བསམ་ཇོགས་རྣན་པ་ཐམས་ཅད་དོན་ལ་བསྒོམ༔ རྒྱལ་ཁྲིམས་གསེར་གྱི་གཉའ་ཤིང་ལྡི་ལ་སྲམ༔ ཆོས་ཁྲིམས་དར་གྱི་མདུད་པ་ལྟ་བུར་དམ༔ ཞེས་ཕྱོགས་འདྲ་བ་བསྟན་པའི་དེ་དག་གི་དུས་རྟགས་ནི། འབྲི་གུང་པའི་ཆོས་སྲིད་ཆོས་ཀྱི་གྲགས་པ་ཡན་ཆད་བླ་མའི་རྣམ་ཐར་བཟང་པོ་དང་སྐྱུར་གདུང་གི་(༢༥༨བ)བརྒྱུད་པ་གཉིས་འབྲིའི་ལུགས་ཀྱི་ཆ་ཤས་ལས་ར་ཙོ་ཙམ་མ་གཏོགས་གྱེན་དུ་ཟད་པའི་ཇོགས་པ་དང་། ཕག་མོ་གྲུ་པ་སྟེ། སྔོ་སྟོང་པའི་མངའ་ཐང་རྣམས་མཐར་གདོལ་སྤྱོད་ལྟ་བུའི་ཕྱར་དུ་ཟད་པ་ལ་ཕག་ལུས་ཀྱི་ཆ་ཤས་ལས་མཇུག་མ་ཙམ་ལུས་པའི་དུས་སུ། སྐྱིད་ཤོད་ལྷ་ས་ཚལ་པ་ཁྲི་སྐོར་གྱི་འོག་ཡིན་པས་དེར་ཕོ་བྲང་བཅས་པས་གུང་གི་ཚང་བཅའ་བ་སྟར་ཧོར་གྱིས་ས་སྐྱ་པ་ལ་འཛའ་སས་བཅས་པའི་ཁྲི་སྐོར་བཅུ་གསུམ་ལ་སོགས་ཡངས་པའི་ས་ཆེན་པོ་མཐའ་དག་ལ་དབང་བསྒྱུར་ནས་ཟས་ཟ་བ་བཞིན་ལོངས་ སྤྱོད་ཅིང་། དབུས་གཙང་རྣམས་སུ་ཆོས་ཁྲྀ་རྙིང་པ་ཞིག་གསོ་སོན་ལུས་སོགས་ན་ཡིན་པར་གསར་པ་བཅུ་གསུམ་བརྩིག་པ་དང་། སྟོད་མངའ་རིས་དང་ནེ་པ་ལ་བལ་པོའི་བར་གྱི་འགྲོ་བ་རྣམས་དབང་དུ་བསྡུ་བ། དབུ་རླུམ་སོ་ཐར་གྱི་དགེ་འདུན་བཙུན་པ་

སྤྱི་མདོ་སྡེའི་བསྟན་པ་དར་ཞིང་རྒྱས་ལ་དབུ་སྐྲ་ལྗང་ཡོ་དང་ལྡན་པ་གསང་སྔགས་སྤྱི་འགྱུར་རྡོ་རྗེ་ཐེག་པའི་བསྟན་པ་དར་བའི་ལམ་དེའི་གྲུབ་པ་ཐོབ་པས་ས་སྤྱིང་ཁེངས་པ་སྤྱི་མཆོད་གནས་སྤྱི་གཉིས་སོགས་མདོ་སྔགས་ཀྱི་བསྟན་པ་དར་ཞིང་བྱ་བ་བཟང་པོར་འདྲེན་པ་ཡ་རབས་ཀུན་ལ་བྱ་དགའ་དང་མ་རབས་མཐོར་མི་འཇུག་པ་སོགས་རྒྱལ་ཁྲིམས་གསེར་གྱི་གཉའ་ཤིང་ལྷ་བུ་འགྲོ་བ་ཀུན་གྱི་གཉའ་བར་ལྷི་ལ་སྲུམ་པ་དང་མདོ་སྔགས་ཀྱི་ཆོས་ཁྲིམས་དཔྱད་པ་ལ་སོགས་དར་གྱི་མདུད་པ་ལྟར་དམ་ལ་འཇམ་པས་འགྲོ་བ་ཀུན་རྫོགས་ལྡན་ལྷ་བུར་བདེ་བ་སོགས་མཛད་པའང་རགས་རིམ་དང་བཅས་ལུང་གསལ་བར་བསྟན།

རིགས་འཛིན་སྲོག་སྒྲུབ་ཀྱི་ཕྱིའི་ལུང་བསྟན་ཤེལ་གྱི་མེ་ལོང་ལས། ཆོས་འཁོར་གྱི་རྩེ་ན་སྐྱེས་མཆོག་གིཿ (༢༨༥ན)གསེར་འོད་ཀྱི་རྒྱལ་མཚན་མ་ནུབ་པརཿ བོད་བདེ་ཐབས་རྟེན་འབྲེལ་འགྲིག་པ་ནཿ རེ་ཞིག་ཙམ་སྲིན་དབར་ཉི་མ་ལྟེཿ ཞེས་དང་། གསང་ལུང་ལས། བྱང་སེམས་སྤྲུལ་པ་རྒྱལ་གྱི་མིང་འཛིན་པཿ རང་ལོ་མཐུན་པས་བརྟན་བཞུགས་བརྒྱ་རྩ་དང་ཿ ཞེས་སོགས་བདེ་ཐབས་ལུང་བསྟན་བཅས་གསུངས། དེ་ཉིད་ལས། འཇམ་དབྱངས་སྤྲུལ་པ་དབུས་ནས་མཐའ་ལ་གཡོཿ དབུས་གཙང་རེ་ཞིག་སྲིན་དབར་ཉི་བཞིན་ལྟེཿ ཞེས་རྗེ་བླ་མ་རྒྱ་ནག་ཏུ་ཕེབས་པ་དང་བོད་ཁམས་བདེ་བ་སོགས་བསྟན་ཅིང་། ལོ་རྒྱུས་གབ་སྦས་ལས་ཀྱང་གསལ། དག་སྣང་དང་པོ་འཆི་མེད་ལྷའི་དངོས་གྲུབ་ལས་ཟ་ཧོར་གྱི་རིགས་དང་བཅས་ཏེ་གབ་སྦས་ཚུལ་དུ་བསྟན་ཅིང་དེ་འཕྲོརཿ འདི་ལ་གཡས་གཡོན་སོགས་དབྲག་དངཿ མདུན་གྱི་ཊུས་འབུར་སྟེང་དག་ནཿ རྒྱ་མདུད་ལྷ་བུའི་སྐྱེ་བ་ཡོདཿ ཅེས་མཚན་དང་བཅས་ལུང་བསྟན་ཅིང་། དེའི་ཆོས་ཚན་ཐང་ལྷའི་ལུང་བསྟན་དྲི་མེད་ཡིད་ཀྱི་གདུང་སེལ་ལས། ཁྱད་པར་སྐྱེས་ཆེན་འགྲོ་བའི་མགོནཿ རྒྱ་བོད་སྲིད་ལ་དབང་བསྒྱུར་ཞིངཿ སྟོབས་ཀྱི་མངས་ཀུན་ངང་མོའི་གཙུགཿ སྐྱིག་ཅིང་དཔའ་བོ་ཁྲོ་བོའི་གཟུགསཿ བྱིན་ཆགས་མཚན་དཔེ་ལྡན་གྱུར་པའིཿ ཟ་ཧོར་གདུང་མཐའ་པདྨའི་སྤྲུལཿ འགྲོ་མགོན་ཆོས་

ཀྱི་བདག་པོར་གཏོད༔ བདུད་དང་དམ་སྲིའི་བར་ཆད་དང་༔ སོ་དགུ་ཞེ་གསུམ་ང་གསུམ་གྱི༔ རེ་ དྲུག་དོན་བདུན་ཚེ་ཡི་ཕྲང་༔ མི་མཐུན་བར་ཆད་འདི་ཡིས་སེལ༔ དགུས་ཕྱོགས་ཆོས་བདག་གཙོ་བོར་ཡིན༔ ཞེས་དང་། ཡོས་(༢༧༥བ)མོ་སྤྲུལ་སྐུ་བསྟན་འཛིན་ནོར་བུའི་གཏེར་ལུང་དུ། ལས་ཅན་སྙིང་གི་བུ་བདུན་འབྱུང་༔ ཞེས་པའི་ནང་གི། འཇམ་དཔལ་སྤྲུལ་པ་དགུས་སུ་འབྱུང་༔ བློ་བུར་རྐྱེན་གྱིས་མ་བསྒྲིབས་ན༔ རྒྱ་ཧོར་བོད་གསུམ་དེ་ཡིས་འདུལ༔ ཞེས་དང་། བཻ་རོའི་ཡང་སྲིད་རིགས་འཛིན་གཏེར་བདག་གླིང་པའི་གཡའ་མ་ལུང་གི་གཏེར་ཆོས་ནས༔ མངའ་བདག་སྤྲུལ་པ་བཟང་ངམ་མཚོ་ཡི་མིང་༔ ཟ་ཧོར་གདུང་མཐའ་རུ་བཞིའི་ཆོས་སྲིད་སྐྱོང་༔ འདི་ཕྲད་བསྟན་འཕེལ་ཆབ་སྲིད་རྒྱས་པར་འགྱུར༔ ཞེས་དང་། གཏེར་གསར་གནམ་ལྕགས་བྲག་གི་ཁ་བྱང་ལས། ཟབ་དོན་གཏད་རྒྱ་འཛིན་པའི་བུ༔ ད་ལྟའི་མངའ་བདག་རྒྱལ་པོ་ཉིད༔ དུས་མཐར་བྱང་སེམས་རྣ་སྤྲུལ་ལོ༔ བཟང་པོའི་མིང་ཅན་བརྟུལ་ཞུགས་ཅན༔ ཞེས་དང་། ཤ་འུག་གཏེར་གསར་ཟབ་ལམ་ཀུན་འདུས་ཀྱི་ལོ་རྒྱུས་ལུང་བསྟན་དུས་གསུམ་གསལ་བྱེད་ལས། དེ་ཚེ་ཟབ་ཆོས་འདི་ཉིད་སྤྱེལ་བའི་སྣོད༔ སྐལ་ལྡན་ལས་ཅན་ཆོས་ཀྱི་བདག་པོ་ནི༔ མངའ་བདག་ཉིད་ཀྱི་སྨོན་ལམ་མཐུ་བཙན་པ༔ སྤྲུན་རས་གཟིགས་སྤྲུལ་བྱང་སེམས་བཟང་པོའི་མིང་༔ རྣ་སྤྲུལ་ལོ་པ་འཕྲེལ་ཚད་དོན་ལྡན་འབྱུང་༔ སྐལ་ལྡན་ཆོས་བདག་དེ་ལ་གཏད་རྒྱ་གྱིས༔ ཞེས་དང་། གཤིན་རྗེ་འཇོམས་བྱེད་ཀྱི་མ་འོངས་ལུང་བསྟན་དུ། དེ་ཚེ་ཆོས་འདི་དབང་བའི་སྐྱེས་བུ་ནི༔ པདྨ་ང་སྤྲུལ་བྱང་སེམས་རྣ་སྤྲུལ་ལོ༔ བཟང་པོའི་མིང་ཅན་སྨོན་ལམ་མཐུ་བཙན་པས༔ ཞེས་དང་། མངའ་རིས་གཏེར་སྟོན་ཟླ་བ་རྒྱལ་མཚན་གྱི་གཏེར་ལུང་དུ། ཟ་ཧོར་གདུང་མཐའ་བཟང་པོའི་མཚན༔ སྐུ་རྒྱབ་སྐྱེ་བའི་རྒྱ་མདུད་མཛེས༔ (༢༧༦ན)དབུ་ལ་གདུགས་ཀྱི་དབྱིབས་མཚན་པའི༔ འཛམ་གླིང་མཆོད་སྡོང་རྒྱན་གཅིག་པུ༔ རྣད་བྱུང་སྤྱོད་པས་བོད་ཁམས་སྐྱོང་༔ མངའ་བདག་རྒྱལ་པོའི་སྐྱེ་བ་ཡིན༔ ཞེས་དང་། མ་འོངས་རྩོད་ལྡན་སྙིགས་མའི་དུས༔ མངའ་བདག་ལྷ་ཡི་མེ་ཏོག་གི༔ སྤྲུལ་པ་རཛམ་

གླིང་རྒྱན་གྱུར་དེས༑ བོད་ཁམས་བདེ་ལ་བཀོད་པའི་ཚེ༑ ཞེས་དང་། དེ་ཚེ་ཆོས་རྒྱལ་སྤྲུལ་པ་མཆོག༑ ལྷ་མིའི་མཆོད་སྡོང་རྒྱ་མཚོའི་མཚན༑ ས་གནས་འཛམ་གླིང་རྒྱན་གྱུར་དང་༑ མུ་ཁྲི་བཙན་སྤྲུལ་ཆོས་ཀྱི་རྒྱལ༑ དཔུང་དམར་གདོང་རྒྱན་བསྟན་འཛིན་སོགས༑ ཆོས་ཀྱི་ཆབ་སྲིད་སྐྱོང་བའི་ཚེ༑ ཞེས་དང་། བྱམས་སྤྲིན་གཏེར་མ་ཚེ་སྤྲིན་མའི་སྐབས་ཐབས་ལས། མ་འོངས་ཙོད་ལྡན་སུམ་ཅུ་ཁ་རལ་དུས༑ ཆོས་རྒྱལ་ཚངས་པ་ལྷ་ཡི་མེ་ཏོག་གི༑ སྤྲུལ་པ་དུས་གསུམ་མཁྱེན་པ་སྤྱན་རས་གཟིགས༑ ཟ་ཧོར་གདུང་ལ་བློ་བཟང་རྒྱ་མཚོའི་མཚན༑ གཙུག་ལག་གཞུང་ལུགས་ཀུན་གྱི་བདག་པོ་སྟེ༑ ཞེས་དང་། སྣང་རྩེ་བའི་ལུང་བསྟན་འདི་ལྟད་བཙུག་གི་ཚད་དུ་དགའ་ནའང་། ཁྲ་འབྲུག་མཆོད་རྟེན་སྲིན་པོའི་ཁ་གནོན་འདི༑ ཞིག་གསོ་མེད་པའི་རང་འཁྱིལ་བྱུང་བའི་དུས༑ སྲོང་བཙན་ཕྱོགས་ཀྱི་ཟ་ཧོར་བརྒྱུད་པ་ཡིས༑ བསྟན་པ་དབུས་གཙང་ཡོངས་ལ་གཙུ་བར་འགྱུར༑ ཞེས་དང་། གཀྲ་མི་བསྐྱོད་རྡོ་རྗེའི་ལུང་བསྟན་དུ། ཐུགས་འཆང་པདྨ་སམྦྷ་ཋའི། །སྤྲུལ་པ་རྐོད་ཐུལ་གྱོན་པ་ཞིག །འཕྱོང་རྒྱས་སྲོང་བཙན་བང་སོར་སོང་། །ཞེས་སོགས་བཀའ་དང་གླེགས་བམ་རིན་པོ་ཆེ་ཐང་ཡིག་གི་རིགས་སོགས་གཏེར་ལུང་གིས(༧༨བ)མཆོན་ཁུངས་ཐུབ་ཀྱི་ལུང་དུ་མནས་ངོ་བོ་འཕགས་ཆེན་ལག་ན་པདྨ་གང་དང་དབྱེར་མེད་དུ་སློབ་དཔོན་ཆེན་པོ་པདྨ་སམྦྷ་ཞ་མངའ་བདག་ཚངས་པ་ལྷའི་མེ་ཏོག་སོགས་འགྲོ་དོན་དུ་སྐུའི་བཀོད་པ་བསྟན་རིགས་ཀྱི་ཡང་སྲིད་དུ་མི་འགལ་བར་བསྟན་པས་བསམས་བཞིན་འགྲོ་བའི་དོན་དུ་ཕེབས་པའི་འཕགས་ཆེན་དམ་པ་གངས་ཅན་གྱི་ལྗོངས་སུ་ཕེབས་པའི་སྐྱེས་ཆེན་པཎ་གྲུབ་ས་པཎྜི་ཏ་ཀུན་དགའ་རྒྱལ་མཚན། བུ་སྟོན་ཐམས་ཅད་མཁྱེན་པ། རང་ཅག་རྣམས་ཀྱི་བསྟན་པའི་གཙུག་རྒྱན་ཤར་བཙོང་ཁ་པ་བློ་བཟང་གྲགས་པའི་དཔལ། དུར་ཁྲིག་གར་རོལ་གོང་མ་བཞི་ལ་སོགས་ལས་ཀྱང་ཁྱད་པར་དུ་འཕགས་པའི་གཟིགས་པ་རྣམ་པ་ལྔ་བལྟམས་པའི་གཟའ་སྐར་ལ་སོགས་པ་ཆ་མྱྲ་མོས་ཀྱང་སྟོན་པ་རྫོགས་པའི་སངས་རྒྱས་ཤཱཀྱ་ཐུབ་པ་དང་དབྱེ་བ་སྤུ་ཙམ་མེད་པ་དམ་པ

གང་དང་རྩ་བ་གསུམ་གྱི་ལྷ་མཇལ་ཞིང་འགྲོས་པའི་ཡང་གསང་རྒྱ་ཅན་ལས། འགྲོ་དོན་སྐྱོང་བའི་སྐྱེ་བ་ནི། །བདུན་འབྱུང་ཁྱོད་ཉིད་ལྔ་པ་སྟེ། །ཞེས་དུར་སྨྲིག་གང་རོལ་ལྔ་པ་ཆེན་པོ་འདི་དག་རྒྱལ་བ་ཐམས་གཅང་སྲུས་པོར་ཡང་མཛད་པའི་གྲངས་བརྗོད་ཀྱིས་མི་ལང་ཙུང་གཙོ་ཆེ་བའི་གྲངས་བསྡོམས་རྒྱལ་བ་མ་ཕམ་པས་ཐེག་པ་ཆེན་པོའི་བསྟན་བཅོས་རྒྱུད་བླ་མའི་སྐབས་གཉིས་པ་ལས། དགའ་ལྡན་གནས་ནས་འཕོ་བ་དང་། །ལྷུམས་སུ་ཞུགས་དང་བལྟམས་པ་དང་། །བཟོ་ཡི་གནས་ལ་མཁས་པ་དང་། །བཙུན་མོའི་འཁོར་གྱིས་རོལ་པ་དང་། །ངེས་འབྱུང་དཀའ་བ་སྤྱོད་པ་དང་། །བྱང་ཆུབ་སྙིང་པོར་གཤེགས་པ་དང་། །བདུད་སྡེ་(༡༧༧ན)བཅོམ་དང་རྫོགས་པར་ནི། །བྱང་ཆུབ་ཆོས་ཀྱི་འཁོར་ལོ་དང་། །མྱ་ངན་འདས་པར་གཤེགས་མཛད་རྣམས། །ཡོངས་སུ་མ་དག་ཞིང་རྣམས་སུ། །སྲིད་པ་ཇི་སྲིད་གནས་པར་སྟོན། །ཞེས་སོགས་མཛད་པ་བཅུ་གཉིས་སུ་གསུངས་པའི་རྗེ་འདིར་ཡང་བཟོ་དང་རིག་པ་གཉིས་མིང་ཙམ་གྱི་ཁྱད་དང་། བཙུན་མོའི་འཁོར་གྱི་རོལ་བ་དང་སྒྱུ་རྩལ་གྱི་མཛད་པ་གཞོན་ནུ་རོལ་རྩེད་ཀྱི་ཁོངས་སུ་འདུ་བ་དང་། ངེས་འབྱུང་གི་མཛད་པ་རབ་ཏུ་བྱུང་བའི་རྐྱེན་བསྐུལ་གྱི་ཡན་ལག་ཏུ་འདུག་པས་དོན་མཚུངས་ཤིང་། བྱང་ཆུབ་སྙིང་པོར་གཤེགས་པ་མངོན་པར་བྱང་ཆུབ་པའི་དོན་དུ་གཤེགས་པས་དེར་བསྡུས། གསར་དུ་ཐུགས་བསྐྱེད་བདོ་བ་བསྟན་པ་དང་བཅས་ཕྲན་བུ་མི་འདྲ་བ་ཙམ་ལས་དོན་མཛད་པ་བཅུ་གཉིས་རྫོགས་པར་ཚང་ལ།

དེ་ཡང་བསྡོམས་ཚིག་ལྟ་བུ། དག་པའི་ཞིང་ནས་འཕོ་བ་དང་། །ལྷུམས་སུ་བཞུགས་དང་བལྟམས་པ་དང་། །གཞོན་ནུའི་རོལ་རྩེད་དཀའ་སྤྱོད་དང་། །ཐུགས་བསྐྱེད་བདོ་བའི་ངོས་ཟིན་དང་། །ཁྱིམ་སྤངས་རབ་ཏུ་བྱུང་བ་དང་། །རིག་པའི་གནས་ལ་མཁས་པ་དང་། །གཞན་སྡེ་བཅོམ་དང་རྫོགས་པར་ནི། །བྱང་ཆུབ་ཆོས་ཀྱི་འཁོར་ལོ་བསྐོར། །མྱ་ངན་འདས་པར་གཤེགས་མཛད་རྣམས། །ཞེས་པ་ལྟ་བུ་མཛད་པ་བཅུ་གཉིས་ཚང་ལ།

དེ་ཡང་རྗེ་བཙུན་བྱམས་པས་མངོན་པར་རྟོགས་པའི་རྒྱན་གྱི་སྐབས་དང་པོ་ལས། སྨོན་ལམ་དག་ནི་མཐའ་ཡས་དང་། །ལྷ་ལ་སོགས་པའི་སྐད་ཤེས་དང་། །སྤོབས་པ་ཆུ་བོ་ལྟ་(༢༡༧བ)བུ་དང་། །མངལ་དུ་འཇུག་པ་མཆོག་དང་ནི། །རིགས་དང་རུས་དང་ཚེ་འཕྲང་དང་། །འཁོར་དང་སྐྱེ་བ་དག་དང་ནི། །ངེས་འབྱུང་བྱང་ཆུབ་ཤིང་རྣམས་དང་། །ཡོན་ཏན་ཕུན་སུམ་ཚོགས་པ་ཡིན། །ཞེས་བྱང་སེམས་ས་དགུ་པའི་ཡོངས་སྦྱོང་དུ་བཤད་པ་ལྟར་གདུལ་བྱ་རྣམས་སྨིན་པར་བྱ་བའི་སྨོན་ལམ་གྱི་མཐུ་མཐའ་ཡས་པ་ཡོངས་སུ་འགྲུབ་ཅིང་ལྷ་དང་ཀླུ་དང་མི་ལ་སོགས་པ་འགྲོ་བ་ཐམས་ཅད་ཀྱི་སྐད་དང་སྤྱོད་ཚུལ་མ་ལུས་པར་མཁྱེན་པས་མངོན་པར་ཤེས་པ་དྲུག་གི་ཡོན་ཏན་དང་ལྡན་པ་ཤེས་བྱ་ཇི་ལྟ་བ་དང་ཇི་སྙེད་པ་ཐུགས་སུ་ཆུད་པའི་སྤོབས་པ་ཆུ་བོ་ལྟར་མི་ཟད་པ་དེ་དག་སྐྱེ་བོ་ཐམས་ཅད་ཀྱིས་བསྔགས་པའི་མངལ་དུ་འཇུག་པར་མཛད་པའི་ཡུལ་རྒྱལ་པོ་ལ་སོགས་པ་སེམས་ཅན་མཆོག་གི་རིགས་དང་། ཉི་མ་ལ་སོགས་པའི་རུས་དང་། མ་ལ་སྟོགས་པ་དང་ལེགས་པར་འབྲེལ་བའི་ཚེ་འཕྲང་དང་། རང་དབང་དུ་གྱུར་པའི་འཁོར་དང་། བརྒྱ་བྱིན་ལ་སོགས་པས་མངོན་པར་བསྟོད་པའི་གནས་སུ་སྐྱེ་བ་སྟེ་གཟིགས་པ་རྣམ་པ། རྒྱ་ཆེ་རོལ་པ་ལས། དགེ་སློང་དག་དེ་ལྟར་བྱང་ཆུབ་སེམས་དཔའ་དགའ་ལྡན་གྱི་གནས་དམ་པ་ན་འདུག་པ་ནི། རྣམ་པར་ལྟ་བ་ཆེན་པོ་བཞི་ལ་རྣམ་པར་བལྟ་སྟེ། གཞི་གང་ཞེ་ན་འདི་ལྟ་སྟེ། དུས་ལ་རྣམ་པར་བལྟ་བ་དང་། གླིང་ལ་རྣམ་པར་བལྟ་བ་དང་། ཡུལ་ལ་རྣམ་པར་བལྟ་བ་དང་། རིགས་ལ་རྣམ་པར་བལྟ་བའོ་ཞེས་བཞི། འདུལ་བ་ལས། བྱང་ཆུབ་སེམས་དཔའ་དགའ་ལྡན་གྱི་གནས་ན་བཞུགས་པ་ན་འཛིག་རྟེན་ན་གཟིགས་པ་ལྔས་གཟིགས་པར་མཛད་དེ། རིགས་ལ་གཟིགས་པ་(༢༡༨ན)དང་། ཡུལ་ལ་གཟིགས་པ་དང་། དུས་ལ་གཟིགས་པ་དང་། བརྒྱུད་ལ་གཟིགས་པ་དང་། བུད་མེད་ལ་གཟིགས་པའོ། །ཞེས་དང་། མངོན་པར་འབྱུང་བའི་མདོ་ནས། རིགས་དང་། ཡུལ་དང་། དུས་དང་། བརྒྱུད་དང་། བུད་མེད་དེ་གཟིགས་པ་ལྔར་གསུངས་པ་སོགས་

རྣམ་གྲངས་མི་འདྲ་བ་དུ་མར་འདུག་ཀྱང་། འདུལ་བ་དང་མངོན་འབྱུང་གི་དགོངས་པར་གྲགས་ཆེ་བའི་དམ་པ་ཏོག་དཀར་དགའ་ལྡན་ནས་གཟིགས་པ་བཞིན། རྗེ་འདིའི་སྐུ་འཕྲེང་བཞི་པའི་མཛད་པ་མཐའ་མ་བསྟན་ནས་ཐམས་ཅད་མཁྱེན་པ་བསོད་ནམས་རྒྱ་མཚོའི་དུས་ཟངས་མདོག་དཔལ་རི་སོགས་དག་པའི་ཞིང་རབ་འབྱམས་སུ་ཕེབས་ནས་འགྲོ་བའི་དོན་དུ་སླར་ཡང་ཞིང་འདིར་ཕེབས་པ་ལྟར་པདྨ་འོད་སོགས་ཞིང་རབ་འབྱམས་སུ་སྐད་ཅིག་ལ་གཤེགས་ནའང་ངོ་བོ་ལྷོ་ཕྱོགས་རི་བོ་གྲུ་འཛིན་ནས་མཁར་ལ་སྤྱ་བ་ཡུམ་བུ་སླ་སྒང་དང་འཕྱིང་བར་སྟག་རྩེ་ཞེས་པའི་ཕྱི་མ་ཆོས་སྲིད་གཉིས་ལྡན་གྱིས་ཆེ་བའི་ཕོ་བྲང་འཕྱིང་བར་སྟག་རྩེའི་རྒྱལ་ཁབ་དང་། ཤེར་ཕྱིན་སྟོང་ཕྲག་བརྒྱ་པ་ལས། དེ་ལ་བྱང་ཆུབ་སེམས་དཔའ་སེམས་དཔའ་ཆེན་པོའི་རིགས་ཕུན་སུམ་ཚོགས་པ་གང་ཞེ་ན། བྱང་ཆུབ་སེམས་དཔའ་སེམས་དཔའ་ཆེན་པོ་རིགས་ཆེན་པོར་སྐྱེ་བ་སྟེ། འདི་ནི་བྱང་ཆུབ་སེམས་དཔའ་སེམས་དཔའ་ཆེན་པོའི་རིགས་ཕུན་སུམ་ཚོགས་པའོ། །དེ་ལ་བྱང་ཆུབ་སེམས་དཔའ་སེམས་དཔའ་ཆེན་པོའི་རྒྱུད་ཕུན་སུམ་ཚོགས་པ་གང་ཞེ་ན། བྱང་ཆུབ་སེམས་དཔའ་སེམས་དཔའ་ཆེན་པོ་རྒྱལ་རིགས་ཆེ་ཞིང་མཐོ་(༢༤༨བ)བའམ། བྲམ་ཟེའི་རིགས་ཆེ་ཞིང་མཐོ་བར་སྐྱེ་བ་སྟེ། འདི་ནི་བྱང་ཆུབ་སེམས་དཔའ་སེམས་དཔའ་ཆེན་པོའི་རྒྱུད་ཕུན་སུམ་ཚོགས་པའོ། །དེ་ལ་བྱང་ཆུབ་སེམས་དཔའ་སེམས་དཔའ་ཆེན་པོའི་རུས་ཕུན་སུམ་ཚོགས་པ་གང་ཞེ་ན། བྱང་ཆུབ་སེམས་དཔའ་སེམས་དཔའ་ཆེན་པོ་གང་གི་རིགས་སུ་སྔོན་གྱི་བྱང་ཆུབ་སེམས་དཔའ་རྣམས་བྱུང་བར་གྱུར་པ་དེའི་རིགས་སུ་སྐྱེ་བ་སྟེ། འདི་ནི་བྱང་ཆུབ་སེམས་དཔའ་སེམས་དཔའ་ཆེན་པོའི་རུས་ཕུན་སུམ་ཚོགས་པའོ། །ཞེས་སོགས་པ་ལྟར་ཟ་ཧོར་གྱི་རྒྱལ་རིགས་ཤིང་སྣ་ལ་པ་ལྟར་མངོན་པར་མཐོ་ཞིང་ལོངས་སྤྱོད་དཔལ་འབྱོར་ཧོང་ཁུན་གྱི་རྒྱལ་པོར་འགྲན་པར་བཟོད་པ་བྱང་ཆུབ་སེམས་དཔའ་རྗེ་བླ་མ་ཉིད་རང་རྒྱལ་པོ་དད་པ་བརྟན་པ་དང་དད་པ་རབ་ཏུ་བརྟན་གཙུག་ལག་འཛིན་དང་དགེ་བ་དཔལ་ཏེ་ལན་བཞི་དང་། བྱང་ཆུབ་སེམས་དཔའ་ཤཱནྟ་རཀྵི་ཏ་སྟེ་ཞི

བ་འཚོ་དང་། བྱང་ཆུབ་སེམས་ཀྱིས་ཐུགས་རྒྱུད་བསྐྱན་པ་ཕལ་ཆེན་སྔ་པ་ལ་བསྟེན་པར་རྫོགས་པ་ཛ་བོ་དྷི་པཾ་ཀ་ར་ཤྲཱི་ཛྙཱ་ན་སོགས་དུ་མ་ཕེབས་པའི་བརྒྱུད་རིགས་ཉུས་ཕུན་སུམ་ཚོགས་པ་རྒྱད་དུ་བྱུང་བར་གཟིགས། ཡུལ་རྒྱ་ཆེ་རོལ་པ་ལས། བྱང་ཆུབ་སེམས་དཔའ་སེམས་དཔའ་ཆེན་པོ་ཤར་ལུས་འཕགས་པོར་མི་སྐྱེ། ནུབ་བ་ལང་སྤྱོད་དུ་མི་སྐྱེ། བྱང་སྒྲ་མི་སྙན་དུ་མི་སྐྱེ་ཡི། ལྷོ་འཛམ་བུའི་གླིང་ཁོ་ན་ལ་སྐྱེའོ། །བྱང་ཆུབ་སེམས་དཔའ་སེམས་དཔའ་ཆེན་པོ་མཐའ་འཁོབ་ཏུ་མི་སྐྱེ་ཡི། ཡུལ་དབུས་ཉིད་དུ་སྐྱེའོ། །ཅིའི་ཕྱིར་ཞེ་ན་མཐའ་འཁོབ་ཀྱི་ཡུལ་གང་ན་མི་རྣམས་དབང་པོ་བརྟུལ་ཞིང་གླེན་ལ་ལུག་ལྟར་ལྐུགས་པའི་(༢༨༨ན)རང་བཞིན་ཅན་ལེགས་པར་བསྟན་པ་དང་ཉེས་པར་བསྟན་པ་ཤེས་པར་བྱ་བའི་སྐལ་པ་མེད་པ་དག་ཏུ་མི་སྐྱེ་ཡི་བྱང་ཆུབ་སེམས་དཔའ་ནི་ཡུལ་གྱི་དབུས་ཉིད་དུ་སྐྱེའོ་ཞེས་སོགས་གསུངས་པ་ལྟར་སྤྱིར་འཛམ་བུ་གླིང་ནས་བྱེ་བྲག་བོད་གངས་ཅན་ཕྱུག་ན་པདྨའི་འདུལ་ཞིང་དེང་ཆོས་ཚོགས་ཀྱིས་དབུས། དེ་ནང་གཉའ་ཁྲི་བཙན་པོ་སོགས་ཀྱི་དུས་ནས་གཡོར་པོ་དགེ་བཙུ་ཚང་བ་དང་ནམ་མཁའ་ལས་ཟ་མ་ཏོག་སོགས་གླེགས་བམ་བབས་ཏེ་དམ་པའི་ཆོས་ཀྱི་དབུ་བཙེས་པ་གཙུག་ལག་ཁང་གི་ཐོག་མ་གཡོ་རུ་ཁྲ་འབྲུག་བཀྲ་ཤིས་བྱམས་སྙོམས་ཀྱི་ལྷ་ཁང་སོགས་དགེ་མཚན་དུ་མས་གཏམས་པ་ཡར་ཀླུངས་ཀྱི་སའི་ཆར་གཟིགས།

དུས་རྒྱ་རོལ་ལེའུ་གསུམ་པ་ལས། དགེ་སློང་དག་ཅིའི་ཕྱིར་བྱང་ཆུབ་སེམས་དཔའ་དུས་རྣམ་པར་བལྟ་བ་ལ་བལྟ་ཞེ་ན། བྱང་ཆུབ་སེམས་དཔའ་ནི་ཐོག་མའི་དུས་སེམས་ཅན་འདུ་བའི་ཚེ་མའི་མངལ་དུ་མི་འཇུག་གི །གང་གི་ཚེ་འཇིག་རྟེན་གསལ་བར་ཀུན་ནས་གནས་པར་གྱུར་ཏེ། སྐྱེ་བ་སྣང་བར་གྱུར། ན་བ་སྣང་བར་གྱུར། འཆི་བ་སྣང་བར་གྱུར་པའི་ཚེ། བྱང་ཆུབ་སེམས་དཔའ་མའི་མངལ་དུ་འཇུག་གོ །ཞེས་སྤྱིར་ཡར་འཕེལ་ལྔ་བུ་མ་ཡིན་པ་མངོན་པར་རྫོགས་པའི་དུས་རྫོགས་ཏེ་འགྲོ་བ་རྣམས་སྙོ་ཤས་ཆེ་བ་ཐར་པ་སྒྲུབ་པ་ལ་འདུན་པའི་སྒྲུབ་པའི་དུས་དེའི་ཤེས་རབ་དང་ཏིང་ངེ་འཛིན་རྫོགས་ཏེ་ཚུལ་ཁྲིམས་ཀྱི་སྐབས་ཏེ་སྐད་ཆ། མངོན་འབྱུང་

གི་མདོ་ལས། ཚེ་ལོ་བརྒྱ་མན་ཆད་སྙིགས་མ་ལྔ་སྟེ། ཚེའི་སྙིགས་མ། ཉོན་མོངས(༡༩༩བ)པའི་སྙིགས་མ། སེམས་ཅན་གྱི་སྙིགས་མ། ལྟ་བའི་སྙིགས་མ། དུས་ཀྱི་སྙིགས་མ་ཞེས་སྙིགས་མ་ལྔར་གདོགས་ཤིང་ཧ་ཅང་སྙིགས་མ་མཐར་ཐུག་ཚེ་ལོ་བཅུ་པ་སོགས་ཀྱང་མ་ཡིན་པ་ཚེ་ཚད་དོན་ལྔ་པའི་སེམས་ཅན་སྐྱབས་ཡུལ་དུ་གྱུར་པ་དང་། ཁྱད་པར་འགྲོ་དོན་སྐྱོང་བ་ཟམ་མི་ཆད་པ་བདུན་ཕེབས་དགོས་བཞི་པ་ཇོགས་ནས་ལྔ་པ་སྟོམ་བརྩོན་རྒྱལ་པོའི་ཚུལ་འདི་ཉིད་ཕེབས་པར་བབ་པས། ཡབ་བདུད་འདུལ་རབ་བརྟན་གོང་དུ་བརྗོད་པ་ཟ་ཧོར་གྱི་རིགས་ལས་ཛྷ་ཧ་ཧོར་གྱི་སྒོམ་གྲྭར་ཧྲུ་པྲ་ལར་གྲགས་པ་ཉིད་སློབ་དཔོན་ཆེན་པོ་པདྨ་སམྦྷ་ཝའི་ཐུགས་རྗེ་དང་། ཆོས་ཀྱི་རྒྱལ་པོ་ཁྲི་སྲོང་ལྡེའུ་བཙན་ནམ། བྲཧྨ་དེ་ཝ་པུཎྜ་ཡིས། །ཀུན་གྱི་ལུང་བསྟལ་སྣང་བར་བྱེད། །ཅེས་བདེ་འདུས་རྒྱ་རྒྱུད་ལེའུ་བཞི་པ་ནས་གསུངས་པས་ཡེ་གདོད་མའི་དཀྱིལ་འཁོར་དུ་དབང་བསྐུར་བའི་ཚེ་དཔལ་ཆེན་པོས་བཏགས་པའི་གསང་མཚན་ནམ་སྐུ་ཚེ་དེ་གར་རྒྱལ་པོ་བཀའ་ཐང་ལས། བདུད་རྩི་མཆོག་གི་དཀྱིལ་འཁོར་ཞལ་ཕྱེ་ནས༔ རྒྱལ་པོ་ཆེན་པོ་ཁྲི་སྲོང་ལྡེའུ་བཙན་དང་༔ བན་དེ་ཛྙཱ་ན་ཀུ་མཱ་ར་གཉིས་ལ༔ ཕྱི་ནང་གསང་བའི་དབང་བཀྱེད་ཇོགས་པར་བསྐུར༔ གསང་མཚན་ཚངས་པ་ལྷ་ཡི་མེ་ཏོག་དང་༔ ཛྙཱ་ན་དྲི་མེད་ཟླ་ཤར་རྩལ་དུ་བཏགས༔ ཞེས་པའི་གསང་བའི་མཚན་ཚངས་པའི་ལྷའི་མེ་ཏོག་དང་སྲས་སད་ན་ལེགས་མཛིང་ཡོན་ནམ་རྒྱལ་མོ་བཀའ་ཐང་ལས། བདག་གིས་མཚན་གསོལ་མུ་ཏིག་བཙན་པོ་ལགས༔ ཞེས་པའི་ལྷ་སྲས་མུ་ཏིག་བཙན་པོ་ཡབ་སྲས་ཀྱི་ལེགས་བྱས་ཀྱི་དཔུང་པས་ཛྷ་ཧ་ཧོར་གྱི་སྒོམ་གྲྭ་བཙོམ་སྟེ་དཀོར་རྫས་གནས་སྤྱང(༢༠༠ན)པེ་ཧར་རྒྱལ་པོ་དང་བཅས་ལྷན་ཅིག་ཏུ་དྲངས། སློབ་དཔོན་ཆེན་པོར་མ་གཤིན་ཕུར་གསུམ་ཇོགས་ཆེན་སོགས་ཞུས། ཚུ་བོ་རིར་སྒྲུབ་པ་མཛད་པས་དེ་དག་གི་ཞལ་གཟིགས་པ་སོགས་མཁས་བཙུན་གྲུབ་ཐོབ་དང་མཁྱེན་རབ་དང་ལེགས་བྱས་ཀྱི་དཔལ་ཡོན་མངོན་པར་མཐོ་བའི་ས་སྐྱོང་རིམ་པར་བྱོན་པའི་དཔལ་ཕག་མོ་གྲུ་པའི་བསྟན་སྲིད་ཀྱི་རྩ་བ་འཛིན་པའི་མདུན་

ན་འདོན་གྱི་གཙོ་བོར་གྱུར་པ་མང་དུ་བྱུང་བའི་སྲས་བརྒྱུད་ནོར་བུའི་ཕྲེང་བ་ལས་ཡབ་ལུགས་གཉིས་ཀྱི་དཔལ་དུ་མས་མངོན་པར་མཐོ་ཞིང་ཡང་སྲིད་མང་པོར་རྒྱལ་པོ་ཟས་གཙང་མ་ལྟར་ཡབ་རྗེར་འགྱུར་བའི་ལེགས་སྨོན་གྱི་མཚམས་སྦྱོར་དམ་པོས་བཅིངས་པ་མི་རབས་བདུན་ཚུན་སོགས་སྤྱོད་པར་སྐྱོན་མེད་པ་ཧོར་བདུད་འདུལ་རབ་བརྟན་དང་། ཡུམ་སུ་ཐུ་ཨ་སྐྱིད་ཀྱི་བརྒྱུད་ལས་ཡེ་ཤེས་མཁའ་འགྲོའི་མཚན་རྟགས་ཚང་བ་ཞིག་ལ་གཤིན་རྗེ་པུ་ཏྲའི་སྲས་ལེགས་ལྡན་ནག་པོའི་རིགས་སུ་གཏོགས་པ་དཔོན་ཆེན་ཨག་གླེན་ཞེས་འབྲོག་ཁྲི་སྐོར་གྱི་བདག་པོར་གྱུར་པ་དེ་ཉིད་ཀྱི་གདུང་རིམ་པར་བྱོན་པ་ལས་སྒྲུ་འཕྲུལ་ལྷ་མོའི་དཔེ་ཟླར་གྱུར་པ། ལྷ་འདྲེ་ཐང་ཡིག་ལས། ཡོང་འཐིང་མེ་ཏོག་དཀྱུ་འདྲའི་བུ་མོ་ལ༔ བྱང་སེམ་འདུལ་སྐྱོང་གནམ་སའི་བདག་པོ་འཁྲུངས༔ ཞེས་པ་ལྟར་ལུང་གིས་བསྟན་ཅིང་། སྨོན་ལམ་ཐེབས་པ་དམ་པའི་སྤྱོད་ཚུལ་དང་ལྡན་པ་ཁྲི་ལྕམ་ཀུན་དགའ་ལྷ་མཛེས་ཏེ་ཡབ་ཡུམ་རིགས་རུས་ཆོ་འབྲང་སོགས་དགེ་མཚན་དུ་མས་འཕྱོང་རྒྱས་དགེ་བར་གཟིགས་ཏེ་བདག་ཅག་གི་སྟོན་པ་གླང་ཆེན་ཐལ་ཀར་གྱི་ཚུལ་(༣༠༠བ)དུ་ཕེབས་པ་ལྟར་རྗེ་འདི་ཡབ་ཡུམ་གྱི་མནལ་ལྟས་སུ་ལྷ་སའི་དགོན་གཉེར་ཞིག་གིས་ཐུགས་རྗེ་ཆེན་པོ་ནམ་མཁའི་རྒྱལ་པོའི་སྐུ་ལི་མ་རང་བྱོན་ལྷ་ལྡན་ཡིན་ཞེས་ཕུལ་བ་ལྟར་འཕགས་པ་སྤྱན་སྟོང་ཕྱག་སྟོང་ནམ་མཁའི་རྒྱལ་པོའི་ཚུལ་དུ་འཕོ་བར་མཛད། ལྷུམས་སུ་ཞུགས་པའི་ཚེ་ལྟས་ཕུན་སུམ་ཚོགས་པ་དུ་མ་དང་། མངལ་འཛིན་གྱི་དུས་ཀྱང་བདེ་ཞིང་ཡུམ་གྱི་ཐུགས་ལ་ངེས་འབྱུང་རང་མེད་དུ་འཁྲུངས་པ། སྤྲིན་མེད་པར་ནམ་མཁའ་ལས་ཆར་འབབ་པ། ཕོ་བྲང་གི་རྩེར་འཇའ་ཟུག་པ། སྐུ་ཁང་དུ་སྔར་མེད་ཀྱི་མེ་ཏོག་དུ་མ་སྐྱེས་པ། ཡུལ་ཕྱོགས་རྣམས་ཀྱང་ལོ་ལེགས་ཤིང་། སྤར་སྤྲོལ་མེད་པར་འགྲོ་བ་རྣམས་རྗོང་ལ་སྐོར་བ་བྱེད་པ་སོགས་ཡ་མཚན་དུ་མ་དང་ལྡན་པ་དེའོ། །

གཟིགས་པ་ལྔ་ལྡན་གྱི་སྒོ་ནས་འདུལ་ཞིང་གངས་ཅན་གྱི་སྤྱོངས་སུ་སྐུ་བལྟམས་ནས་གསན་བསམ་སྒོམ་གསུམ་དང་། རྒྱལ་བསྟན་འཛིན་སྐྱེལ་གྱི་དཀའ་སྤྱད་མཛད་པ་མདོར་བསྡུས།

བལྟམས[༣]་པའི་མཛད་པ་ནི། ཟླ་བ་རྫོགས་པར་ཉེ་བའི་དུས་ཡུམ་ལ་བུད་མེད་རྒྱན་ཆ་མཚར་མོ་ཞིག་གིས་སྐར་ཁྱུང་དུ་འཇེན་པ་སོགས་དག་པའི་གཟིགས་སྣང་དཔག་མེད་དུ་བྱུང་བ་དང་། ཀུན་གྱིས་མཐོང་བར་ཐུ་ཁང་དུ་སྤར་མེད་ཀྱི་མེ་ཏོག་སྐྱེས་པ་ཤར་བ། འཇའ་འོད་ཀྱིས་བསྐོར་བ། མཐོ་རིས་བུ་མོའི་ལག་པད་ཀྱིས་མདོན་ངར་གཏོར་བའི་མེ་ཏོག་གི་ཆར་བབས་པ། ནམ་མཁའ་དྭངས་གསལ་རླུང་བསིལ་བར་མི་ལྡང་བ། ས་ཕྱོགས་རྣམས་བག་ཕེབས་པ་སོགས་དགེ་མཚན་གྱི་གཏེར་བུམ་ཕྱེ་བའི་ལྟས་ཕུན་སུམ་ཚོགས་པ་དུ་མ་དང་བཅས་རིས་གཟའ་སྤྱིན་པ་ལས་སྐར་རྒྱལ་ལ་སོགས་པ་སྟོན་པ་རྫོགས་པའི་སངས་རྒྱས་དང་ཆ་མྱ་མོས་ཀྱང་དབྱེ་བ་མེད་པའི་དམར་སེར་ཅན་ཞེས་རབ་བྱུང་བཅུ་པའི་མེ་སྤྲུལ་ཧོར་ཟླ་དགུ་(༣༠༡ན)པའི་ལྷ་བབས་ཀྱི་ཉིན་ཕྱི་མ་ཉེར་གསུམ་གྱི་ཉིན་བལྟམས་ཤིང་། མ་མ་མཚོ་སྨན་དང་ཞལ་ཏ་སྒྲོལ་མ་དཔལ་ལྷ་སོགས་ཀྱིས་སྐྱིད་བསྐྱངས་པའི་ཚེ་སྟན་གཞི་དཀོན་ཞིང་ཞབས་ཕྱི་སྒྲུབ་སླ་བའི་མ་མ་རྣམས་ངལ་བ་ལས་སྐྱོབ་པར་མཛད་དོ། །བྱང་བདག་དབོན་བཀྲ་ཤིས་རྣམ་རྒྱལ་གྱིས་སྲུང་འཁོར་སྐུ་རིམ་བྱིན་རླབས་དང་། བྱང་པ་རིགས་འཛིན་ངག་གི་དབང་པོས་ཚེ་དབང་ལྷུགས་སྟོང་མ་དང་། ཉང་ལུགས་དྲག་དམར་གྱི་དབང་སོགས་བར་ཆད་སེལ་བའི་དབང་བཀའ་ཐོག་མར་ཕུལ། རྗེ་བོ་ཆེན་པོ་ཨ་ཏི་ཤ་དང་རྒྱལ་བ་བཙོང་ཁ་པ་ཆེན་པོ་སོགས་བླ་མ་དང་སངས་རྒྱས་བྱང་སེམས་དཔའ་བོ་མཁའ་འགྲོ་ཆོས་སྐྱོང་སྲུང་མ་དུ་མའི་གཟིགས་སྣང་རྒྱུན་མ་ཆད་པ་བྱུང་ཞིང་། དེ་དག་གིས་ཟབ་ཆོས་དག་སྣང་དུ་བསྟུལ་པའང་བསམ་གྱིས་མི་ཁྱབ་ལ། ཡུམ་གྱིས་ཀྱང་གནོད་སྦྱིན་བེག་ཙེ་སོགས

ཆོས་སྐྱོང་དུ་མ་སྐུའི་བར་ཆད་སེལ་བྱེད་དུ་རྟག་ཏུ་འཁོར་ཞིང་བཞུགས་པ་མང་དུ་གཟིགས། གཞོན་ནུའི་རོལ་རྩེད་ནི། དེ་ཡང་ཐ་མལ་གྱི་ཚུལ་ལས་རིང་དུ་འདས་པ་དམ་པ་གོང་མའི་གནང་སྐྱོ་ཡི་མ་འཕྱུགས་པ་ཆུང་དུ་ནས་བགྲོ་གླེང་། འཁོར་ཡིང་འདྲི་བ། གཏོར་བཟོ། གཏོར་རྒྱག །ཇ་ཚིངས་སོགས་འབའ་ཞིག་དང་ལྡན་པར་གྱུར་ཏོ། །དཀྱིལ་བ་སྒྲུད་པ་ནི་བློན་པོ་མཁྱེན་རབ་དཔལ་བཟང་གི་འཕྲུལ་ལ་བརྟེན་དུས་འཁྱུར་གྱི་ཆོའང་ཐལ་བའི་དབང་པོའི་གཙུག་ལག་ནས་གསུངས་པའི་བཀྲ་རྟགས་བཟང་ཞིང་ཞོལ་པས་ནས་ཕུད་གཏོར་བ་རྣམས་ཞལ་རས་ཀྱིས་འཛིན་པ་སོགས་ཡ་མཚན་པ་བྱུང་བ་དེའོ། །འཕགས་པ་ཕྱག་ན་(३०७ब)པདྨོ་འགྲོ་བའི་དོན་དུ་དུར་ཁྲིག་གར་གྱིས་རོལ་བ་སྙིགས་དུས་ཀྱི་ལུས་ཅན་ལུགས་ཟུང་གིས་འདུལ་བའི་ཐུགས་བསྐྱེད་བདོ་བའམ་སྨིན་པའི་ངོས་ཟིན་ནི། བཀའ་གཏེར་དུ་མའི་ལུང་གིས་གསལ་བར་བསྟན་པ་གོང་དུ་བརྗོད་པ་ལྟར་དང་སྐྱེས་བུ་དམ་པ་རྣམས་ཀྱི་གཟིགས་སྣང་དུ་མ་ཟད། སོ་སྐྱེ་སོགས་ཀྱིས་མངོན་སུམ་དུའང་བཀའ་གདམས་བསྟན་པའི་རྩ་བ་རྭ་སྒྲེང་གི་རྟེན་གཙོ་འཇམ་དཔལ་རྡོ་རྗེར་ཟན་རིལ་དང་། བསམ་ཡས་སོགས་དྲེགས་པ་ཁོག་བཀྲམས་ཀྱིས། འཕྱོང་རྒྱས་གསེར་གྱི་རྡོ་རྗེ་དེ། །ཞེས་དང་། ཡར་ཀླུངས་སེར་ཙ་གཞུང་དུ་ཨ་ཉན་གྱིས། །ཞེས་སོགས་ཀྱིས་ལུང་དུ་བསྟན་ཅིང་། པཎ་ཆེན་ཐམས་ཅད་མཁྱེན་པ་བློ་བཟང་ཆོས་ཀྱི་རྒྱལ་མཚན་དང་། དགའ་ལྡན་ཕོ་བྲང་གི་སྐུ་ཚབ་ཚ་བ་དཀའ་བཅུ་སོགས་ཀྱིས་ཐམས་ཅད་མཁྱེན་པ་ཡོན་ཏན་རྒྱ་མཚོའི་སྐུ་སྐྱེའི་ངོས་འཛིན་དུ་སྣ་དཀར་རྩེར་ཕེབས་པས་མཇལ་མ་ཐག་ཏུ་སྔོན་གནས་རྗེས་དྲན་གྱི་གསུང་མང་དུ་ཕྱོན་ཞིང་ཐུགས་ཡིད་ཆེས། དགུང་ལོ་དྲུག་པ་ཆུ་ཁྱི་ཧོར་ཟླ་གཉིས་པའི་ཉེར་ལྔ་ལ་གངས་ཅན་འཛིན་མའི་རྒྱན་གཅིག་ཆོས་སྡེ་ཆེན་པོ་དཔལ་ལྡན་འབྲས་སྤུངས་སུ་སྡེ་སྲིད་བསོད་ནམས་ཆོས་འཕེལ། སེར་འབྲས་ཀྱི་བླ་མ་སློབ་དཔོན་རྣམས་དང་། དགེ་འདུན་འདུས་པ་རྒྱ་མཚོ། སྤྲུལ་པའི་ཆོས་རྒྱལ་ཆེན་པོ་ཁོག་ཏུ་བཅུམས་པ་སོགས་ཀྱིས་ཕེབས་བསུ་སེར་སྦྲེངས་བསམ་གྱིས་མི་ཁྱབ་པ། སྐྱེ་

བོ་ཁྲི་ཕྲག་བརྒྱལ་བའི་ཁྲིམ་བཅས་དགའ་ལྡན་ཕོ་བྲང་དུ་ཕེབས། དེ་སྐབས་འབྲུལ་པ་དང་བྲལ་བའི་སོག་པོ་དགེ་འདུན་རྒྱ་མཚོ་རྗེ་གོང་མའི་དགོངས་ཕོག་གིས་(༣༠༢ཨ)ཕྱག་དབང་མ་འགྲུབ་པའི་སྐབས་ཡིན་ཀྱང་གྲྭ་དམངས་དང་མཉམ་དུ་ཡོངས་པ་ཀོ་པ་ཕྱུང་བ་དང་། ཕྱག་བསྟུས་ཏེ་ཕྱག་དབང་མ་གནང་བ་སོགས་སྟོན་གནས་རྗེས་དྲན་གྱི་སྐུ་ན་ཕྲ་མོའི་དུས་གསུང་ཡང་མང་པོ་གསལ་པོར་གནང་ཞིང་། དེ་ནས་ལུགས་བཟུང་གི་མཛད་པས་རྟོགས་པ་དེའོ། །ཁྲིམ་ལས་སྤུངས་ཏེ་རབ་ཏུ་བྱུང་བ་ཉེ་དགྲ་བཅོམ་པ་རབ་འབྱོར་ལ་སོགས་འཕགས་བོད་པཎ་གྲུབ་དུ་མའི་ཡང་སྲིད་ངཱ་ཎ་ཆེན་བློ་བཟང་ཆོས་ཀྱི་རྒྱལ་མཚན་གྱིས་མཁན་པོ་ཁྲི་ཆེན་འཛམ་དབྱངས་དཀོན་ཅོག་ཆོས་འཕེལ་གྱིས་སློབ་དཔོན་དང་བཅས་ཕྲོག་མ་ཡོངས་རྫོགས་དགེ་བསྙེན་གྱི་སྡོམ་པ་ནས་བཟུང་དགེ་ཚུལ་སོགས་རིམ་གྱིས་སྨད་འདུལ་བའི་སྡོམ་རྒྱུན་གྱི་བོ་སོ་ཐར་པ་ཁྲིམས་ཉིས་བརྒྱ་ལྔ་བཅུ་ང་གསུམ་ཡོངས་སུ་རྫོགས་པ་རྗེ་བོ་ཤཱཀྱ་མུ་ནེའི་སྐུ་མདུན་དུ་བཞེས་པ་དང་། ཕྱིས་སྟོད་འདུལ་བ་གསྨི་རའི་པཎ་ཆེན་ཤཱཀྱ་ཤྲཱི་ལས་བརྒྱུད་ཅིང་འཛམ་མགོན་བཙོང་ཁ་པ་ཆེན་པོ་སྡོམ་རྒྱུན་དུ་བཞུགས་པའི་པཎ་ཆེན་བརྒྱུད་ཀྱི་སྡོམ་རྒྱུན། དགུང་ལོ་རེ་གཅིག་པར་གྲུ་འཛིན་གཞལ་མེད་ཁང་ཆེན་པོ་འཛམ་མགོན་ཆོས་ཀྱི་རྒྱལ་པོ་བཙོང་ཁ་པ་ཆེན་པོ་དགའ་ལྡན་ཡིད་དགའ་ཆོས་འཛིན་དུ་གཤེགས་པའི་དུས་སྟོན་སྨིན་དྲུག་ཟླ་བའི་མར་ངོ་ལྔ་གི་འདུ་བའི་ལྔ་མཆོད་ཀྱི་དུས་ཆེན་གྱི་ཉིན་བཞེས་པ་སོགས་རྒྱལ་བའི་བསྟན་པ་རིན་པོ་ཆེའི་གཞི་མ་ལྷག་པ་ཚུལ་ཁྲིམས་ཀྱི་བསླབ་པ་རིན་པོ་ཆེ་ཡིན་ལ། དེའི་རྩ་བ་སོ་སོ་ཐར་པའི་ཁྲིམས་ཡིན་པ་བདག་གིར་བཞེས་པ་དང་། དགྲ་བཅོམ་པ་ཙུནྡ་སོགས་ཀྱི་ཡང་སྲིད་འཛིན་སྟོན་རྡོ་རྗེ་འཆང་དཔལ་འབྱོར་ལྷུན་གྲུབ། གཉགས་ཛྙཱ་ན་ཀུ་མཱ་ར་(༣༠༢བ)སོགས་ཀྱི་ཡང་སྲིད་ཟུར་ཆེན་རྡོ་རྗེ་འཆང་ཆོས་དབྱིངས་རང་གྲོལ། རྣམ་པར་སྣང་མཛད་བསམས་བཞིན་ལོ་ཙཱའི་ཚུལ་བཟུང་བ་བཻ་རོ་སོགས་ཀྱི་ཡང་སྲིད་གཏེར་བདག་གླིང་པ་སོགས་རིགས་བདག་ཏུ་བཞེས་ཏེ་རྒྱུད་རྒྱལ་ཕ་རྒྱུད་འདུས་པ་དང་སྤྱི་འགྱུར་སྒྲུབ་སྡེ་བརྒྱད་

གཙོར་གྱུར་གྱི་རིགས་སོགས་གསང་སྔགས་གསར་རྙིང་དུ་མའི་དཀྱིལ་འཁོར་དུ་དབང་བཞི་རྫོགས་པར་བཞེས་ཤིང་དཀྱིལ་འཁོར་དེ་དག་གི་རིགས་ཀྱི་བདག་པོ་ཆེན་པོ་དང་། བྱང་སྡོམ་དང་བཅས་པའི་སུམ་ལྡན་རྡོ་རྗེ་འཛིན་པ་ཆེན་པོར་གྱུར་ཅིང་སྡོམ་གསུམ་ཕྲ་ཞིང་ཕྲ་བའི་དཔྱད་པ་ཕྲ་མོའི་ཉེས་ལྟུང་དྲི་མ་ཙམ་ཡང་མ་གོས་པའི་བག་ཡོད་དུ་མཛད། རིག་པའི་གནས་ལ་མཁས་པ་ནི། བྱང་ཆུབ་སེམས་དཔའི་ཆོས་མ་འདྲིས་པ་བཅོ་བརྒྱད་ལས། དེ་སྐྱེས་མ་ཐག་ཏུ་བསྟན་བཅོས་དང་། གསང་སྔགས་དང་། རིགས་སྔགས་དང་། སྨན་དང་། རྩིས་ཤེས་པ་དང་། ཡི་གེ་དང་། ལག་རྩིས་དང་། གྲངས་དང་། རྩིས་རྣམས་མ་ཐོས་ཤིང་། སློབ་དཔོན་མེད་པར་ཡང་མངོན་དུ་གྱུར་ཏེ། དེ་བསྟན་བཅོས་དང་བཟོ་ཐམས་ཅད་ལ་མཁས་ཤིང་འཇིག་རྟེན་པ་དང་འཇིག་རྟེན་ལས་འདས་པའི་ཆོས་ཐམས་ཅད་ལ་གཞན་དྲིང་མི་འཇོག་པའི་ཤེས་པ་དང་ལྡན་ལ་ཞེས་དོན་དམ་པར་ཤེས་བྱ་ཇི་ལྟ་ཇི་སྙེད་ཐུགས་སུ་ཆུད་ཟིན་ཀྱང་གཞན་སྣང་དང་བསྟུན་ཏེ་ཐོག་མ་གྲོག་པོ་ནང་དགེ་སློང་གིས་མིང་ཚིག་བརྗོད་པ་ཀུན་གྱི་གཞི་མ་ཡི་གེའི་སྦྱོར་ཀློག་ཞུ་བ་ནས་བཟུང་རྒྱལ་བའི་བཀའ་དང་དགོངས་འགྲེལ་གྱི་བསྟན་བཅོས་མ་ལུས་པའི་དོན་དང་ཚིག་གི་ཆ་(༣༠༣ན)གཏན་ལ་འབེབས་པ་བརྡ་སྤྲོད་ཀ་ཙན་གཙོར་གྱུར་གྱི་དཎྜིའི་བསྟན་བཅོས་མེ་ལོང་མ་རཏྣ་ཀ་ར་ཤཱནྟིའི་སྡེབ་སྦྱོར་རིན་ཆེན་འབྱུང་གནས་རྩ་འགྲེལ། ངོ་མཚར་རྟོགས་བྱེད་དང་བཅས་པ། དཔལ་སྨྲ་ར་ད་ཡའི་རྒྱུད་ལེགས་ཉེས་ལུང་དུ་སྟོན་པ་དབྱངས་འཆར། གངས་ཅན་ཡུལ་དང་འཚམ་པའི་བརྡའི་བསྟན་བཅོས་སུམ་ཅུ་པ་དང་རྟགས་འཇུག་སྐྲུ་གསུང་ཐུགས་རྗེན་སོགས་དཔྱད་པས་མཆོན་བརྟག་པ་རྣམ་པ་བརྒྱད་བཟོ་རིག་གི་ཆ་ཚད་དང་བཅས་པ་ཕྱི་ནང་གི་རིག་པའི་གནས་དུ་མ་སྟོན་འགྲོ་པཎྜི་ཏ་ཆེ་དབང་དོན་གྲུབ་ཡབ་སྲས། ཕུག་ལུགས་ཐུན་མོང་མ་ཡིན་པའི་རྩིས་སྐར་ནག་རྣམས་ལྷུམ་པོ་དོན་གྲུབ་དབང་རྒྱལ། ཚད་མ་བསྡུས་པ་དང་གཞུང་ལུགས་རིག་པའི་སྒྲ་བ་ངན་པ་ཐམས་ཅད་ཚར་གཅོད་ཅིང་སྙན་པའི་གྲགས་པ་སའི་སྙིང་མ་ལུས་པར་ཁྱབ་པའི་ལྡེ་བརྒྱ་པ་རྣམས་ཀྱི་

གཙུག་གི་ནོར་བུ་དཔལ་ཆོས་ཀྱི་གྲགས་པས་མཛད་པའི་རྒྱས་པའི་བསྟན་བཅོས་ཚད་མ་རྣམ་འགྲེལ་རྩ་བ་མདོ་དང་བཅས་འཇམ་མགོན་བཙོང་ཁ་པ་ཆེན་པོའི་ཁྲི་ཐོག་སོ་ལྔ་པ་འཇམ་དབྱངས་དཀོན་ཅོག་ཆོས་འཕེལ། གསོ་བ་རིག་པ་རྒྱུད་ཆུང་གསུམ་ཐུགས་འཛིན་དང་རྒྱུད་བཞིའི་ལུང་ཁྲབ་བདག་ཁྲ་ཚང་བུར་བཞེས་པ་དང་། ཟབ་ལམ་གཡུ་ཐོག་སྙིང་ཐིག །བདུད་རྩི་བུམ་པ་མ་ལག་དང་བཅས་པའི་དབང་ལུང་རྣར་ཆོས་དབྱིངས་རང་གྲོལ་དང་ཆོས་རྒྱལ་གཏེར་བདག་གླིང་པ་སོགས་ལས་བཞེས། ཅང་དོན་རིག་པ་ཐེག་པ་ཆུང་ངུ་ལས་ལྷག་པ་ཚུལ་ཁྲིམས་ཀྱི་བསླབ་པ་གཙོ་བོར་བཏོན་པ་འདུལ་བ་ལུང་སྡེ་བཞི་ཐམས་(༣༠༣བ)ཅད་ཀྱི་སྙིང་པོ་སློབ་དཔོན་ཡོན་ཏན་འོད་ཀྱིས་མཛད་པའི་འདུལ་བ་མདོ་རྩ་རྒྱ་བོད་ཀྱི་འགྲེལ་བཅས། ལྷག་པ་ཤེས་རབ་ཀྱི་བསླབ་པ་གཙོ་བོར་བཏོན་པ་དབྱིག་གཉེན་གྱིས་མཛད་པའི་མཛོད་སོགས་མངོན་པའི་སྐོར། རྒྱ་ཆེན་པོའི་སྤྱོད་པ་སྦས་དོན་མངོན་རྟོགས་ཀྱི་རིམ་པ་གཏན་ལ་འབེབས་པར་བྱེད་པ་ཕ་རོལ་ཏུ་ཕྱིན་པའི་བསྟན་བཅོས་མངོན་རྟོགས་རྒྱན། དེའི་འགྲེལ་པ་སློབ་དཔོན་སེང་གེ་བཟང་པོས་མཛད་པའི་དོན་གསལ། ངེས་དོན་སྟོང་ཉིད་ཀྱི་རིམ་པ་གཏན་ལ་འབེབས་པའི་བསྟན་བཅོས་དབུ་མ་རྩ་བ་དང་འཇུག་པ། བྱང་ཆུབ་ལམ་གྱི་རིམ་པ་སོགས་ཟབ་མོ་སྟོང་ཉིད་ཀྱི་ལྟ་བ་དང་མཚན་ཉིད་རྒྱུའི་ཐེག་པའི་སྐོར་གོང་དུ་བརྗོད་པའི་ཁྲི་ཆེན་དེ་ཉིད་དང་། གོང་བརྗོད་བཞིན་བསྟན་པའི་བདག་པོ་པདྨ་ཆེན་བློ་བཟང་ཆོས་ཀྱི་རྒྱལ་མཚན་ལ་རང་ཕྱོགས་འཇིགས་མཛད་རྡོ་རྗེ་ལྷ་བཅུ་གསུམ་མའི་སྨིན་བྱེད་སོགས། གནས་གསར་བ་མགོན་པོ་བསོད་ནམས་མཆོག་ལྡན་དུ་རྡོ་རྗེ་ཕྲེང་བ་སོགས་སྤྱི་བཀའ་དང་། དུས་ཀྱི་འཁོར་ལོ་ལ་སོགས་པ་ཟུར་བཀའ། འཁོན་སྟོན་དཔལ་འབྱོར་ལྷུན་གྲུབ་དང་། ཟུར་ཆེན་ཆོས་དབྱིངས་རང་གྲོལ་ལ་གསང་སྔགས་གསར་རྙིང་དུ་མའི་རིགས་དང་། ཕྱི་མ་འདི་དག་སྐུ་ཚེའི་སྟོད་ཀྱི་ཡོངས་འཛིན་གྱི་གཙོ་བོ་ཡིན་ཞེས་ཡང་ཡང་གསུང་ལས་བསྩལ།

རྒྱལ་བའི་བཀའ་འགྱུར་རོ་ཅོག་གི་ལུང་རྒྱུན་སོགས་དུ་མ་བི་མའི་རྣམ་སྤྲུལ་ཁྲ་

ཚང་པ་ཆེན་པོར་གསན། བི་རོའི་ཡང་སྙིང་གཏེར་བདུག་གླིང་པར་རྡོ་རྗེ་གླིང་པའི་ཆོས་སྐོར་སོགས་སྔ་འགྱུར་གཏེར་ཁ་གསར་རྙིང་གི་རིགས་དང་སྔོ་བྲག་བཀའ་(༣༠༩ན) འབུམ་སོགས་རང་ཅག་གི་ཟབ་ཆོས་རྩ་བ་ལྔ་བུས་མཚོན་གསར་མའི་ཡང་ཆོས་བཀའ་དྲུ་མ། ཁྱད་པར་མཛོད་པ་མཐའ་མར་ཉེ་དུས་མཁའ་འགྲོ་སྙིང་ཐིག་སོགས་ཉམས་བཞེས་ཀྱི་རིམ་པ་བསྒྱུར་ཏེ་གསན་ཅིང་། སྐུ་ཚེའི་སྨད་ཀྱི་ཡོངས་འཛིན་གྱི་གཙོ་བོ་ཡིན་གསུང་བ་སོགས་གཞན་དུ་བཤད་པ་བཞིན་ལས་ཤེས་པ་ལྷུར་བཅས་ཤེས་བྱ་རིག་པའི་གནས་མཐའ་དག་སྟོན་ནས་ཐུགས་ཀྱི་བུམ་བཟང་ཡོངས་སུ་གཏམས་ཀྱང་ངོམས་པ་མེད་པའི་ཚུལ་བཟུང་ནས་ཡོངས་འཛིན་དམ་པ་ཆེས་མང་བར་བསྟེན་པ་གནང་སྐྱེ་མདོ་སྔགས་གསར་རྙིང་ཤེས་བྱ་རིག་པའི་གནས་སྤྱི་ཁྱེ་བྲག་དང་བཅས་པའི་བསྟན་པ་ཡོངས་རྫོགས་ཀྱི་བདག་པོ་ཆེན་པོ་ཐམས་ཅད་མཁྱེན་པའི་མཚན་དོན་དང་མཚུངས་པར་རབ་བཏགས་སོགས་མ་ཡིན་པར་གྱུར་པའི་བསྟན་བཅོས་ཆེན་པོའང་ཁྱབ་ཆེ་ཆུང་གི་དབང་ཕྱི་ནང་གསང་གསུམ་ཡོད་པ་ལས་བཀའ་འབུམ་ཕྱི་མའི་གྲས་སུ། དམིགས་བཙེ་མའི་ཊཱི་ཀ །བཀའ་གདམས་ཐིག་ལེ་བཅུ་དྲུག་གི་རྒྱུན་འཁྱེར། གཤེད་དམར་སྒྲུབ་ཐབས། དཀྱིལ་ཆོག །དྲིལ་བུ་ལྷ་ལྔའི་སྒྲུབ་ཐབས། དཀྱིལ་ཆོག །མི་འཁྲུགས་ལྷ་དགུའི་དཀྱིལ་ཆོག །བདེ་གཤེགས་བདུན་མཆོད་པའི་ཆོག་བསྒྲིགས། གནས་བཅུའི་མཆོད་པ། གཟུངས་འབུལ་གྱི་ལག་ལེན། སཱཙྪའི་གསལ་བྱེད། གཏོར་མའི་རིམ་པ། དགེ་བ་རྫོགས་བྱང་དུ་བསྔོ་བ་རྣམས་པོ་ཏི་གཅིག །ཕར་ཕྱིན་མངོན་རྟོགས་རྒྱན་གསལ་བྱེད་བློ་བཟང་དགོངས་རྒྱན་པོ་ཏི་གཅིག །དབུ་མའི་རྣམ་བཤད་ཐེག་ཆེན་རྒྱ་མཚོར་འཇུག་པའི་གྲུ་རྫིངས། ལྷ་ཁྲིད་འཇམ་དཔལ་ཞལ་ལུང་། (༣༠༩བ) མཛོད་ཀྱི་རྣམ་བཤད་ཆོས་མངོན་རིན་ཆེན་འདྲེན་པའི་ཤིང་རྟ། ལམ་གྱི་གཙོ་བོ་རྣམ་གསུམ་གྱི་མཆན་འགྲེལ། དེའི་དགོངས་འགྲེལ་བཅས་པོ་ཏི་གཅིག །ལམ་རིམ་འཁྲིད་ཡིག་འཇམ་དཔལ་ཞལ་ལུང་། སོ་ཐར་གྱི་བསླབ་བྱ། འདུལ་བའི་ལས་ཆོག་རྣམ་རྒྱལ་གསེར་མདོག་བཅས་པོ་ཏི་གཅིག །སྙན་ངག་དཀའ་འགྲེལ་དབྱངས་ཅན་

དགྱེས་པའི་སླུ་དབྱངས། ཊིས་ཀྱི་དྲིས་ལན། འཁྲུངས་རབས་ཞིང་བཀོད་འདྲི་ཚུལ་ཁ་བྱང་། ལམ་ཡིག །འཕགས་བལ་བོད་དང་བོད་ཆེན་རྒྱ་ཧོར་སོག་པོས་མཚོན་མཆོག་དམན་བར་པ་མཐའ་དག་གི་བཅའ་ཡིག་ལམ་ཡིག་བསྐོ་འཛའ་སོགས་པོ་ཏི་གཅིག །སྐུ་གསུང་ཐུགས་རྟེན་གསར་བཞེངས་རིན་པོ་ཆེའི་མཆོད་རྫས་ཁང་བཟང་གི་དཀར་ཆག་དང་། ཐམ་ཕུད་དེབ་ཁྲིམས་ཡིག་གི་འགོ་རྒྱུངས་རྣམས་ཀྱི་སྟོད་ཆ་པོ་ཏི་གཅིག །སྐུ་གསུང་ཐུགས་རྟེན་གསར་བཞེངས་རིན་པོ་ཆེའི་མཆོད་རྫས་ཁང་བཟང་གི་དཀར་ཆག་དང་ཐམ་བུད་དེབ་ཁྲིམས་ཡིག་གི་འགོ་རྒྱུངས་སྨད་ཆ་དང་ལྷ་ལྡན་དཀར་ཆག །ཨ་ཏིའི་ཆོས་སྐོར་གྱི་དཀར་ཆག །སྨན་ཞལ་འཕན་བླ་བྲིས་སོགས་ཀྱི་ཞལ་བྱང་རྣམས་པོ་ཏི་གཅིག །ལུགས་ཟུང་དང་འབྲེལ་བའི་བསླབ་བྱའི་རིམ་པ། ཉམས་མགུར། འཕྲིན་ཡིག་རྣམས་པོ་ཏི་གཅིག །སྨོན་ལམ་ཤིས་བརྗོད་བརྟན་བཞུགས་སོགས་པོ་ཏི་གཅིག །གོང་གི་འཕྲོ་དང་བླ་མ་བྱང་སེམས་དགེ་འདུན་གྱི་བསྟོད་ཚོགས་བཅས་པོ་ཏི་གཅིག །རྒྱལ་རབས་དེབ་ཐེར་རྫོགས་ལྡན་གཞོན་ནུ། ཐམས་ཅད་མཁྱེན་པ་བསོད་ནམས་རྒྱ་མཚོ། ཡོན་ཏན་རྒྱ་མཚོ། ཁྲི་རིན་པོ་ཆེ་དཀོན་ཅོག་(༣༠༥ན)ཆོས་འཕེལ་གྱི་རྣམ་ཐར་བཅས་ལ་པོ་ཏི་གཅིག །འཕོན་སྟོན་དཔལ་འབྱོར་ལྷུན་གྲུབ། པཎ་ཆེན་བློ་བཟང་ཆོས་ཀྱི་རྒྱལ་མཚན་གྱི་གསང་རྣམ། བྱང་པ་རིག་འཛིན་ངག་དབང་། ཟུར་ཆེན་ཆོས་དབྱིངས་རང་གྲོལ། ཁྲ་ཚང་པ་བློ་མཆོག་རྡོ་རྗེའི་རྣམ་ཐར་རྣམས་པོ་ཏི་གཅིག །ཚར་ཆེན་བློ་གསལ་རྒྱ་མཚོ། དབང་ཕྱུག་རབ་བརྟན། མགོན་པོ་བསོད་ནམས་མཆོག་ལྡན། རིན་ཆེན་བསོད་ནམས་མཆོག་གྲུབ་ཀྱི་རྣམ་ཐར་རྣམས་པོ་ཏི་གཅིག །རྗེ་ཉིད་ཀྱི་རྣམ་ཐར་རིན་པོ་ཆེ་དུ་ཀཱུ་ལའི་གོས་བཟང་གླེགས་བམ་ཀ་ཁ་གཉིས་དང་ག་པ་བཅས་པོ་ཏི་བཅུ་དྲུག །

ནང་མ་ལ་ཟབ་པ་དང་རྒྱ་ཆེ་བའི་དམ་པའི་ཆོས་ཀྱི་གསན་ཡིག་གནྡྷའི་ཆུ་རྒྱུན་པོ་ཏི་བཞི། གྲྭ་ཚང་གི་འདོན་ཆའི་གྲས་བཀའ་རྩོམ་དཔོས་དང་ཕྱོགས་བསྒྲིགས། ལེའུ་བདུན་མ་རྗེས་འབྲང་དང་བཅས་པ། ལས་བྱང་ལེའུ་བརྒྱད་མ། ཐུགས་སྒྲུབ་

འཕྲིང་པོ། ཐུགས་རྗེ་ཆེན་པོ་འགྲོ་བ་ཀུན་སྒྲོལ་དང་འཁོར་བ་དབྱིངས་སྒྲོལ་གྱི་ལས་བྱང་ཨར་གཏད་ཆོག་བསྒྲིགས། འཆི་མེད་འོད་སྣང་དང་དྭངས་མ་བཅུད་འདྲེན་གྱི་ཆོག་བསྒྲིགས། གསང་བ་ཡོངས་རྫོགས་ཀྱི་ལས་བྱང་རྗེས་འབྲང་དང་བཅས་པ། ཕྱུར་ངའི་ལས་བྱང་། ཕྱུར་སྒྲུབ་ཆོག་བསྒྲིགས། མཚན་བརྗོད་ཡང་སྙིང་། ཚེ་བདག་ལས་བྱང་རྗེས་འབྲངས་དང་བཅས་པ། ཟློར་ལས་ཀྱི་རིམ་པ་གནམ་ལྕགས་ཐོག་མདའ། བམ་སྐོང་དང་རྩ་གསུམ་བསྐང་གསོ། དམོད་པ་ཟློར་བསྒྲལ་རྡོ་རྗེ་ཕ་ལམ། འཇིགས་བྱེད་རེག་ཟིག །གསོ་སྦྱོང་གི་ཚོ་ག །རྣམ་རྒྱལ་མའི་སྒྲུབ་(305བ)ཐབས། ཆ་གསུམ། ཕྲག་དྲུག་པའི་གཏོར་འབུལ། རྣམ་སྲས་ཀྱི་གཏོར་འབུལ། ལས་གཤིན་གྱི་གཏོར་ཆོག །དམག་ཟློར་མའི་གཏོར་ཆོག །གསང་མདོས། དཔལ་ལྷ་སོགས་རྗེས་འབྲང་། གུར་གྱི་ཉམས་ལེན། དཔལ་མགོན་གྱི་གཏོར་ཆོག །བསྐང་བཤགས། བསྟོད་བསྐུལ། ཚོགས་མཆོད། བཀའ་སྲུང་བརྒྱད་མཆོད་རྗེས་འབྲང་གཞི་བདག་གཏོར་མ་དང་བཅས་པ། ཀླུ་གཏོར། འཁོར་ལོ་འབར་བ། ཛ་མཆོད་སྐོར། ཨ་ཏི་ཧཱུཿགཅིག་སོགས་བརྟན་བཞུགས་བཀྲ་ཤིས་ཀྱི་ཚིགས་བཅད་རྣམས་པོ་ཏི་གཅིག །ཐུགས་སྒྲུབ་ལས་བྱང་ནོར་བུའི་ཅོད་པན། དངོས་གྲུབ་གཏེར་མཛོད། འཕོ་བའི་མན་ངག །རྩ་ཆོག །བདེ་གཤེགས་འདུས་པའི་དོན་བསྡུས། རྒྱུན་འཁྱེར། བསྙེན་ཡིག །སྙིང་ཐིག་གི་ལས་བྱང་། རིགས་འཛིན་གདུང་སྒྲུབ། ཉེ་བརྒྱུད་ཚེ་འཕྲིད། ལྕགས་སྡོང་ལས་བྱང་། དབང་ཆོག་གི་ལྷན་ཐབས། འཆི་བདག་བཟློག་པ། ནད་བདག་སྟོབས་འཇོམས། མཁའ་འགྲོ་སྙིང་ཏིག་གི་འཕྲིད་ཡིག །བཀའ་བརྒྱད་བདེ་གཤེགས་འདུས་པ་གསང་རྫོགས། ལས་གཞུང་། སྔེ་དཔོན་གསོལ་མཆོད། དབང་བསྐུར་ཚུ་བབས་སུ་བཀོད་པ། སྒྲུབ་ཆེན་དང་སྨན་སྒྲུབ་ཀྱི་ཟིན་བྲིས། རེག་ཟིག །ཞི་བའི་སྦྱིན་སྲེག །ཁྲིས་ཐང་གསལ་བྱེད། ཆོག་བསྒྲིགས། འཇམ་དཔལ་རྫོགས་ཆེན། འཇམ་དཔལ་ཞི་བའི་འཕྲིན་ལས། ཚེ་བདག་ལས་བྱང་། ཟློར་ལས་རེག་ཟིག་བཅས་པོ་ཏི་གཅིག །རྣམ་ངེས། དབང་ཆོག །བསྙེན་ཡིག་གཉིས་དང་ཐོག་སྐུའི་རེག་ཟིག །ཞི་

བའི་སྒྲིབ་སྲེག །དྲག་པོའི་(༣༠༨ན)སྒྲིབ་སྲེག་དུས་ཀྱི་མེ་ལྷེ་འཕྲེང་བ་ཆེ་ཆུང་། མཆོད་རྟེན་གྱི་ངག་འདོན། མཆོད་རྟེན་བཅས་ཚོག །མནན་པ། ལྟུགས་འདྲ་དང་ལྟུགས་སྲེག་གི་འཁོར་ལོའི་སྣགས་བྱང་། དྲི་ལན། འཆི་བདག་ཞལ་དབྱེའི་འཕྲིན་ལས་ཞེ་ཚན། ཡང་བཟློག་ལས་བྱང་ལྷན་ཐབས། ཁ་སྐོང་། སྒོ་འབྱེད་ཀྱི་ལྡེ་མིག །རང་གཤེད་དབབ་པ། འདོད་གསོལ། དབང་ཆོག །བསྙེན་ཡིག །དྲག་པོའི་སྒྲིབ་སྲེག །དྲེགས་འཇོམས་ཀྱི་ལས་བྱང་། ཟོར་གྱི་འཕྲིན་ལས། ཁྲོ་ཆུ་བརྒྱུད་འདེབས་སྔོན་ལམ་དང་བཅས་པ། རྣལ་འབྱོར། བསྙེན་ཡིག །འཇོམས་བྱེད་བརྒྱུད་འདེབས། བཀའ་གཏད། ཀི་ཀང་བརྒྱུད་འདེབས། འདོད་གསོལ། རྒྱལ་པོ་ལུགས་ཀྱི་ལས་བྱང་། ཚོགས་མཆོད། འགྲོ་བ་ཀུན་སྒྲོལ་གྱི་ལས་བྱང་། འཁོར་བ་དབྱིངས་སྒྲོལ་གྱི་བསྐྱེད་རྫོགས་རིགས་འཛིན་ཞལ་ལུང་རྣམས་པོ་ཏི་གཅིག །ཡང་གསང་ཁྲོས་པའི་ལས་བྱང་ཆེ་ཆུང་། བསྙེན་ཡིག །དངོས་གྲུབ་ལེན་ཚོག །སྒྲིབ་སྲེག །ཟོར་འཕྲེན། ལོ་རྒྱུས། ལྟུགས་རལ་གྱི་ལས་བྱང་། ཡང་དག་འཕྲིན་ལས། དཀྱིལ་ཆོག །བདུད་རྩིའི་བུམ་པའི་དབང་གི་ཆུ་རྒྱུན། ཀརྨ་གུ་རུའི་བརྒྱུད་འདེབས་ཆེ་ཆུང་། འཕྲིན་ལས་དྲག་པོའི་སྲོག་གཏད། གྱེར་སྒོམ་འཕྲིན་ལས། སྨན་མཆོད། བསྙེན་ཡིག །གཏོར་ནག་གི་ལས་མཐའ། གཏེར་སྲུང་མཆོད་པ། གསོལ་འདེབས། ཀུན་བཟང་འཚམས་ཀྱི་བརྗེད་བྱང་། དམར་ཆེན་གཏོར་བཟློག །ཕུར་པ་ཁྲོ་བོ་རོལ་པའི་གཏོར་བཟློག །ཕུར་(༣༠༨བ)པའི་བསྙེན་སྒྲུབ་ལས་སྦྱོར། ཞི་བའི་སྒྲིབ་སྲེག །རབ་ཆོག །སྲུང་གི་འཕྲིན་ལས། ཕྱག་རྡོར་གཏུམ་པོའི་ལས་བྱང་། བསྙེན་ཐབས། དྲང་སྲོང་དྲི་མེད་ཀྱི་རིག་གཏད། ལས་བྱང་ཚོག་བསྒྲིགས། སྲུང་བཟློག་ཐུན་མོང་གི་བཟློག་པ་དང་བསད་པའི་ལས་སྦྱོར་གྱི་གསལ་བྱེད། འདོད་གསོལ། ཧོམ་གྱི་ལག་ལེན། མཁའ་འགྲོའི་མེ་མཆོད་བཅས་པོ་ཏི་གཅིག །མཁའ་འགྲོ་བསུ་བཟློག་གི་ཚོག་བསྒྲིགས། ཞུ་བ། ཟོར་བྱང་། བཅས་གཞོམ། བཏགས་གྲོལ་གྱི་དབང་བསྐུར་དང་རབ་གནས་ལྷ་མོའི་མདོས་འཕྲིན། མངའ་གསོལ། བསྟན་མ་བཅུ་གཉིས་ཀྱི་མདོས། ཡང་སྔ་གཟའི་མདོས།

སྟག་ཞོན་གྱི་གསོལ་མཆོད། ཐང་ལྷའི་སྲོག་གཏད་ཀྱི་རྗེས་གནང་། དེའི་འཕྲིན་ལས་ལེ་ཚན། རྟེན་མདོས་སོགས། བསྙེན་སྒྲུབ་བསྐང་མདོས་ཀྱི་ལག་ལེན། རྣ་རུ་ལའི་ལས་བྱང་། རྟེན་མདོས། རྒྱལ་པོའི་མདོས། བྱེས་ཆས་ཀོ་ཏུའི་ལས་བྱང་། ལྷ་ལྡེའི་པ་སོལ་མཆོད། ཞིང་སྐྱོང་གི་ལས་བྱང་། བཙན་གྱི་མདོས། སྒྲོལ་མདོས། འཇིགས་བྱེད་ཀྱི་སྦྱིན་སྲེག་སྒོ་འབྱེད། ཞི་རྒྱས་དབང་དྲག་གི་སྦྱིན་སྲེག །དྲུག་ཅུ་རྩ་བཞིའི་གཏོར་ཆོག །ཇོ་ཤཱཀ་བརྟན་བཞུགས། ལམ་འབྲས་འཁྲིད། ལམ་ཟབ་ཕྱི་མའི་ཉམས་ལེན། བླ་མའི་རྣལ་འབྱོར། ནཱ་རོ་མཁའ་སྤྱོད་ཀྱི་རྣལ་འབྱོར། འཕོ་བའི་མན་ངག །རྗེས་གནང་། སྔགས་རམས་པའི་མཆོད་བརྗོད། ཐུག་ཆོག །ཇ་མཆོད། བླ་མའི་རྣལ་འབྱོར་རྣམས་པོ་ཏི་གཅིག །རྒྱུད་སྡེ་བཞིའི་ལྷ་ཚོགས་རྣམས་ཀྱི་སྒྲུབ་འཕྲིན་བསྙེན་པ་རྗེས་གནང་(༣༠༧ན)སོགས་ཀྱི་ཉམས་ལེན། དམ་ཅན་ཆོས་སྐྱོང་རྒྱ་མཚོའི་མངོན་རྟོགས་མཆོད་འབུལ་བསྐང་བཤགས་བསྟོད་ཚོགས། གསུར་ཆོག །བསངས་ཡིག་རྣམས་པོ་ཏི་གཅིག་བཅས་བཅུ། གསང་བའི་གྲས་རྩ་བ་གསུམ་གྱི་ལྷ་དང་མངོན་སུམ་དུ་མཇལ་ཞིང་བགྲོས་པ་ལ་སོགས་པའི་རྒྱ་ཅན་ཉེར་བཞིའི་བུ་ཡིག་བཀའ་རྩོམ་གྲས་པོ་ཏི་གཉིས། ཚད་མར་བཀའ་རྩོམ་གྱི་དགོངས་གཞི་གཏད་ཀྱང་འགྲོ་བའི་སྣང་ངོར་སྤྱན་མི་གསལ་བར་བསྟན་པ་སོགས་ནས་རིམ་ལུས་དང་། སྒྲ་ལ་མདོ་གསར་འགྱུར་རྣམས་ཀྱིས་དབང་པོ་རབ་ཏུ་འཁྲུས་པའི་དགོངས་པ་དང་། གསོ་རིག་ཆར་རྒྱུད་ཆུང་གསུམ་རྣམས་ཐུགས་འཛིན་ལས་འཕྲལ་སྣང་དུ་ལྷ་རྗེའི་རིགས་ལའང་ཐུགས་ནང་དག་མིན་ལས་མཁས་མིན་ཁྱད་ཆེར་མི་གནང་བ་སོགས་མི་དགོངས་པའི་ཚུལ་གྱིས་མ་གནང་བ་ལས་གཞན་མ་མདོ་སྔགས་ཕྱི་ནང་རིག་པའི་གནས་སྤྱི་བྱེ་བྲག་དང་བཅས་པར་ཐམས་ཅད་མཁྱེན་པ་དོན་དང་མཐུན་པའི་ཕྱག་རིས་ཆེན་པོ་བསྟལ། གཞན་སྡེ་བཅོམ་པའི་མཛད་པ་ནི། ནང་ཉོན་མོངས་པ་གཉིས་འཛིན་གྱི་བདུད་སྡེ་དབྱིངས་སུ་བཅོམ་པའི་རང་རྟགས་སུ་ཕྱི་རོལ་དུ་ཆོག་ཐུ། བེ་རི། གཙང་པ་སོགས་ཐུབ་བསྟན་སྤྱི་དང་རྒྱལ་བ་འཇམ་དཔལ་སྙིང་པོའི་རིང་ལུགས་ལས་ལོགས་སུ་གྱུར་

པ་ཞིང་བཅུ་ཚང་བ་རྣམས་སྒྲ་འགྱུར་རྡོ་རྗེ་ཐེག་པའི་འཇམ་དཔལ་དུས་དགྲའི་དབང་པོ་ཕྲུག་རྒྱ་ཟིལ་གནོན་གྱི་དྲག་པོ་མངོན་སྤྱོད་ཀྱི་ལས་ཚོགས་ཟབ་མོའི་ནུས་མཐུ་དང་། སློབ་དཔོན་ཆེན་པོས། སྤྱིར་ཡང་མཐའ་དམག་ལན་བདུན་མཐའ་མ་འཿ བཛྲ་པཱ་ཎིའི་སྤྲུལ་པའི་རྒྱལ་པོ་ཞིགཿ བོད་(༣༠༧བ)ཁམས་དར་ཅིག་བདེ་ལ་སྐྱོར་བར་འགྱུརཿ ཞེས་གསང་བདག་གི་སྤྲུལ་པར་ལུང་དུ་བསྟན་པ། བྱང་ཕྱོགས་ཨོ་རོད་ཚོ་པ་བཞིར་གྲགས་པའི་ནང་ཚན་ཧོ་ཤོད་ཀྱི་མི་བདག་ཧ་ནལ་ལ་ཛོ་མོ་ཨ་ཧའི་ཧ་ཐུར་བླངས་པའི་སྲས་སུ་འཁྲུངས། ཆུང་དུ་ནས་བོད་ཕྱོགས་སུ་རྗེ་བླ་མ་ཆེན་པོར་དམིགས་པའི་དགུ་དཔྲལ་རྡོལ་བའི་ཕྲུག་དང་། སྐུ་ན་ཚར་བ་དང་དགུས་སུ་ཉྩོན་རྗེ་བླ་མའི་སྐུ་གཟིགས་པ་ཙམ་གྱིས་ལས་འཕྲོའི་དད་པའི་བ་སྤུ་གཡོས་པའི་ཞབས་སྤྱི་བོར་བླངས་པ་སོགས་བཟང་པོའི་བག་ཆགས་ཡོངས་སུ་སད་ཅིང་། གཏེར་སྟོན་འཇའ་ཚོན་སྙིང་པོའི་ལུང་བསྟན་དུ། བྱང་ཐང་ཡངས་པར་འཁྲོང་ཆེན་བང་གིས་ཟིན། །ཐེག་པའི་རྩལ་གྱིས་ཕ་བོང་ནམ་མཁར་ཐེག །མི་གཉན་གསུམ་གྱི་དཔའ་རྩལ་དེ་ལ་ཡོད། ཅེས་སོགས་ལྟར་དཔའ་རྟུལ་གྱི་བདག་ཉིད་ཅན་གནམ་སའི་དབང་ཕྱུག་བསྟན་འཛིན་ཆོས་ཀྱི་རྒྱལ་པོས་ཧ་ཆིག་གི་རྟུལ་གྱི་ནམ་མཁའ་འགེངས་པའི་དཔུང་དང་བཅས་ཕུར་རྒྱལ་གླིང་དགུའི་ལྟོངས་འདིར་ཉེ་བར་ཕེབས། དེ་ཡང་མངོན་པ་མཛོད་གནས་གསུམ་པ་ལས། ཕས་བསུ་རང་འགྲོ་གཡུལ་བཤམས་དང་། །མཚོན་བརྩམས་པས་རྒྱལ་གནོད་པ་མེད། །ཅེས་འཕོར་ལོས་བསྒྱུར་བའི་རྒྱལ་པོ་གླིང་བཞི་པའི་ཁམས་གང་དུ་བགྲོད་པ་དེར་ཕས་ཀྱི་རྒོལ་བ་རྣམས་ཀྱིས་ཆུར་བསུས་ཏེ། ལྷ་ཕྱོན་པ་ལེགས་སོ། །ཡུལ་འཁོར་འདི་དག་ནི་ལྷའི་ལགས་ཏེ་རྗེས་སུ་བཟུང་དུ་གསོལ། བདག་ཅག་ནི་ལྷའི་བཀའ་བཞིན་བགྱིད་ལགས་སོ། །ཞེས་འདུད་པར་བྱེད་དེ་རང་ཉིད་འགྲོ་བ་དང་གཡུལ་བཤམས་པ་དང་མཚོན་ཆའི་རྩོམ་པ་(༣༠༨ན)ལ་སོགས་པ་མི་དགོས་པར་རང་བཞིན་ངམ་ཤུགས་ཀྱིས་དབང་དུ་འདུ་བར་བཤད་པ་ལྟར། གཙང་སྟོད་བསམ་གྲུབ་རྩེར་ཕེབས་པ་ཙམ་གྱིས་བོད་དང་བོད་ཆེན་པོའི་སྐྱེ་བོ་ཀུན་གྱིས་ང་རྒྱལ་བའི་

གདོང་པ་ས་ལ་ཕབ་སྟེ་མངའ་འབངས་སུ་འདུས་པ་ཀུན་མཁྱེན་རྒྱལ་བའི་དབང་པོ་ཆེན་པོ་དགུང་ལོ་ཉེར་ལྔ་པ་ལྕགས་སྦྲུལ་ལ། རྣམ་པར་འཕྲུལ་བའི་རྒྱལ་པོས་ཞུས་པའི་མདོ་ལས། དེ་སྨོན་ལམ་མ་བཏབ་ཅིང་རེ་བ་མེད་པ་ཉིད་དུ་བརྒྱ་བྱིན་དང་ཚངས་པ་དང་འཁོར་ལོས་བསྒྱུར་བའི་རྒྱལ་སྲིད་ཀྱང་མངོན་པར་འགྲུབ་ཅིང་། བྱང་ཆུབ་སེམས་དཔའ་དེ་བརྒྱ་བྱིན་དང་ཚངས་པ་དོན་དུ་གཉེར་བ་མ་ཡིན། འཁོར་ལོས་བསྒྱུར་བའི་རྒྱལ་སྲིད་ཀྱང་དོན་དུ་གཉེར་བ་མ་ཡིན་མོད་ཀྱི་དེ་དག་ཐམས་ཅད་ཀྱང་སྒྲིམ་ནི་དགོས་པར་ལྷུན་གྱིས་གྲུབ་པ་ཉིད་དུ་མངོན་པར་འགྲུབ་པར་འགྱུར་རོ། །ཞེས་འབད་རྩོལ་ལ་མ་བལྟོས་པར་ཁབ་ལེན་རྡོ་དང་ལྕགས་ཕྱེ་ལྟར་འདུ་བ་གསུངས་པ་བཞིན་གནམ་སའི་དབང་ཕྱུག་ཆེན་པོ་བསྟན་འཛིན་ཆོས་ཀྱི་རྒྱལ་པོ་དེ་དག་ནི་བྱང་སེམས་ས་དང་པོ་པའི་ཡོངས་སྦྱོང་མངོན་རྟོགས་རྒྱན་ལས། གཏོང་དང་བཤེས་གཉེན་བསྟེན་པ་དང་། །ཞེས་གསུངས་པ་ལྟར་གཏོང་བ་ཆེན་པོས་རང་གི་ལུས་སྲོག་སྲས་བརྒྱུད་འབངས་དང་བཅས་པ་ཐམས་ཅད་རྗེ་བླ་མ་ཀུན་མཁྱེན་ཆེན་པོའི་མངའ་རིས་སུ་ཕུལ་ཞིང་མཐར་བསྟན་དགྲ་དེ་དག་རྣམས་ཀྱང་ཀུན་ཏུ་བཟང་པོའི་གོ་འཕང་ལ་བཀོད་པར་མཛད་པ་ནི་ནང་གི་བདུད་སྡེ་བཅོམ་པའི་རྟགས་ཕྱིར་ཤར་བ་མ་རུངས་གཞན་སྡེ་བཅོམ་པའི་མཛད་པའོ། །(༣༠༨བ)རྫོགས་པར་བྱང་ཆུབ་པ་ནི་བདག་ཅག་གི་སྟོན་པས་ཆུ་བོ་ནཻ་རཉྫའི་འགྲམ་དུ་དགུང་ལོ་སུམ་ཅུ་པ་ས་སླང་དགུན་ཟླ་ཐ་ཆུང་གི་ཚེས་བརྒྱད་ཀྱི་མཚན་ཐུན་དང་པོར་ཚེམས་ཚེམས་ལ་གཏད། ལྗགས་ཀྲན་ལ་སྦྱར། ཐུགས་ཀྱིས་ཐུགས་མངོན་དུ་བསྟམས་ཏེ་མཁའ་ཁྱབ་ཀྱི་བསམ་གཏན་ལ་སྐྱོམས་པར་ཞུགས། ལོ་དྲུག་གི་རིང་ཟས་ལ་སོགས་ཀྱི་རྒྱུ་བ་བཅད། གཞོན་ནུ་རྣམས་ཀྱིས་སྣན་བུག་ཏུ་རྩྭ་དང་ཤིང་བལ་བཙུག་པ་སོགས་དཀའ་བ་སྤྱད་པའི་ཚེ་ཤིང་རྟ་ས་གའི་ཟླ་ལ་ཕྱོགས་བཅུའི་སངས་རྒྱས་ཏིལ་གྱི་གང་བུ་བཞིན་འདུས་ནས། བསམ་གཏན་འདི་ནི་རྣམ་དག་མིན། །མཐར་ཐུག་ཐོབ་བྱེད་ཀྱང་དེ་མིན། །ཁྱེད་ཀྱི་འོད་གསལ་དམིགས་བྱས་ཏེ། ཞེས་སོགས་སེ་གོལ་གྱི་སྒྲ་དང་བཅས་བསྐུལ་བས་རྣམ་

སྨིན་གྱི་ལུས་དེར་བཞག་ན་ཡེ་ཤེས་ཀྱི་ལུས་འོག་མིན་དུ་མངོན་བྱང་ལྷུས་སངས་རྒྱས་ཏེ་རི་རབ་རྩེ་མོར་རྣམ་སྣང་མངོན་བྱང་སོགས་རྣལ་འབྱོར་གྱི་རྒྱུད་གསུངས། སླར་རྣམ་སྨིན་གྱི་ལུས་ལ་ཞུགས་པར་མཛད་དེ་མོན་སྲུན་ཛེའུ་དང་ཏ་རེ་ཧཱ་ཀ །གྲོང་པའི་བུ་མོ་དགའ་སྟོབས་མ་དང་ལེགས་སྐྱེས་མས་བ་སྟོང་ལས་བཙོས་པའི་འོ་ཐུག་སོགས་ཀྱིས་སྐུ་ལུས་མཐུ་བསྐྱེད་པས་སྔར་ལས་ཀྱང་གཟི་བྱིན་ཆེ་བར་གྱུར་པ་དང་། རྩ་ཚོང་བཀྲ་ཤིས་ལས་བླངས་པའི་རྩྭའི་རྩེ་མོ་ནང་དུ་བསྟན་པའི་སྟེང་དུ་བཞུགས་ཏེ་སྨིན་མཚམས་ནས་འོད་བཀྱེ་བས་ཕྱི་རོལ་གྱི་བདུད་རྣམས་བཟློད་བརླག་མེད་པར་གྱུར་ནས་འདུས་པ་ལ་བརྟེན་ཏེ་བཏུལ། ཐོ་རངས་རྒྱལ་པོའི་རྒྱལ་ཟ་བརྡུང་བའི་དུས་ནང་གི་བདུད་བཞི་བཏུལ་(༣༠(ན)ཏེ་ལས་རླུང་གི་རྒྱུ་བ་དབུ་མར་དག་པ་དང་། ཕྱི་རོལ་ཏུ་ཟླ་བ་ལ་སྒྲ་གཅན་འཛུག་པ་ལ་སོགས་དུས་མཚུངས་སུ་རྫོགས་པའི་བྱང་ཆུབ་མངོན་པར་རྫོགས་པར་སངས་རྒྱ་བའི་ཚུལ་བསྟན་ནས། བདུན་ཕྲག་དང་པོར་བྱང་ཆུབ་ཤིང་དྲུང་དུ་མིའི་ཁམས་ལ་སྙོམས་པར་ཞུགས་བཞིན་དུ་མངོན་པར་བྱང་ཆུབ་པའི་སྐུས་འདོད་ལྷའི་གནས་སུ་གཤེགས་ཏེ་ས་བཅུའི་བྱང་སེམས་ལ་ཆོས་བཅུ་དང་། རི་རབ་ཀྱི་རྩེ་མོར་དགོན་ཅིག་ཏ་ལ་ལ་སོགས་པ་གསུངས་པ་ལྟར་རྫེ་འདི་ཡང་དགྱུང་ལོ་ང་དྲུག་པ་ཆུ་བྱི་ལ་སོགས་པར་རླུང་སྦྱོར་གྱིས་དབུས་ལས་སྣ་ཚོགས་དང་། ང་བརྒྱད་པ་ཤིང་སྟག་ཧོར་ཟླ་དགུ་པར་ཉིན་ཞག་བདུན་གྱི་རིང་གསོལ་བའི་རྒྱུ་བ་བཅད་པའི་ཕྲ་རླུང་གི་ཉམས་བཞེས་ཀྱི་ལས་རླུང་གི་རྒྱུ་བ་དབུ་མར་དག་སྟེ་ས་བཅུ་མངོན་དུ་མཛད། མངོན་པར་བྱང་ཆུབ་པའི་སྐུས་ཟངས་མདོག་དཔལ་རི་སོགས་དག་ཞིང་དུ་གཤེགས་ནས་རྩ་བ་གསུམ་གྱི་ལྷ་དང་དངོས་སུ་བགྲོས་ཤིང་བསྟན་འགྲོའི་བླང་དོར་སྤྱི་བྱེ་བྲག་བསྟན་པའི་ཟབ་རྒྱས་ཀྱི་མཛད་པ་ཇི་སྙེད་གསང་བ་རྒྱ་ཅན་དུ་གསལ་བ་ལྟར་གདོད་ནས་མངོན་པར་བྱང་ཆུབ་པའི་བདུད་རྩི་མངོན་དུ་མཛད་ཟིན་ཀྱང་སྣང་ཚུལ་ཙམ་དུ་ཞིང་འདིར་གོང་དུ་སྨོས་པའི་གདམས་པ་ལ་སོགས་དེ་དག་གི་སངས་རྒྱས་ཐམས་ཅད་ཀྱི་གོ་འཕང་གཉིས་སུ་མེད་པའི་བདག་ཉིད་དུ་ལྷུན་གྱིས་གྲུབ་

པར་གཏན་ལ་ཕེབས་པ་ཉིད་དོ། །ཆོས་ཀྱི་འཁོར་ལོ་བསྐོར་བ་ནི་ཕྱི་ལྟར་དགུང་ལོ་དགུ་པར་ཐུབ་པ་ཐའི་ཛིས་གདན་དྲངས་པའི་ལྷ་སར་སེར་འབྲས་ཀྱི་ཚོགས་སུ་ཟླ་མའི་རྣལ་འབྱོར་དང་། འབྲས་སྤུངས་སུ་ཐུབ་པ་ཐའི་ཛི་སྐྱེར་(༣༠༩བ)དུ་ཚེ་དབང་གནང་བ་ནས་བཟུང་རིགས་ཀྱིས་མཐོ་གནམ་བྱིང་གིར་དང་། གངས་ཅན་གྱི་ལྗོངས་སུ་བོད་ཆོས་རྒྱལ་གྱི་གདུང་རྒྱུས། འཁོན་གྱི་གདུང་གདན་ས་གོང་འོག་གི་ཞལ་ངོ་ན་རེམ། ཧླངས་ལྷ་གཟིགས་ཀྱི་གདུང་དཔལ་ཕག་མོ་གྲུབ་པ། སྐྱུ་ར་འབྲི་གུང་དང་སྟག་ལུང་གཟི་འོད་གསལ་ལྷ་ལས་འཆད་པའི་སྨྱོས་ཀྱིས་མཆོན་རིགས་རུས་ཀྱིས་མངོན་པར་མཐོ་བ་དང་། སྟོབས་ཀྱིས་མཐོ་བ་གནམ་སའི་དབང་ཕྱུག་བསྟན་འཛིན་ཆོས་ཀྱི་རྒྱལ་པོ་སོགས་རྒྱ་ཧོར་གྱི་རྒྱལ་རིགས། བོད་ཀྱི་ཆེ་དགུ་ཟླ་ཆེན་དཔོན་ཆེན་དང་བཅས་པ་ཛི་སྐྱིད་དང་། འབྲས་སྤུངས་ཆེང་གེར་གནམ་གྱི་གདུང་དུ་བལྟམས་པའི་འཇམ་དབྱངས་སྤྲུལ་པའི་སྐུས་དབུས་པར་རྫོ་རྗེ་འཕྲེང་བ། གཞན་ཡང་གྲུ་འཛིན། ལྷ་ལྡན་ཟན་གཡང་མི་འགྱུར་ལྷུན་གྲུབ། གཡོ་རུ་ཁྲ་འབྲུག་གདན་ས་ཆེན་པོ་དགའ་ལྡན། འབྲས་སྤུངས། སེ་ར་ཐེག་ཆེན་གླིང་། བཀྲ་ཤིས་ལྷུན་པོ། ཆོས་འཁོར་རྒྱལ། ཞ་ལུ་གསེར་ཁང་། ཨེ་ར་སྒོ། གཙང་སྟོད་བསམ་གྲུབ་རྩེ། ཤར་རྒྱ་ནག་གི་ཡུལ་ཕེབས་ལམ་དང་བཅས་གནས་ངེས་མེད་དུ་སྐྱབ་ཐབས་བརྒྱ་རྒྱམ། སྣར་ཐང་བརྒྱ་རྩ་སོགས་སྤྱི་བཀའ་དང་། སྔོས་བཀའ་དབང་ལུང་འཁྲིད་སོགས་ཐུན་མོང་བའི་ཆོས་ཀྱིས་དེ་དང་དེར་གཏུག་མར་གནས་པ་དང་སློ་བུར་དུ་ལྷགས་པ་སོགས་རྒྱ་བོད་ཧོར་སོགས་རིས་སུ་མ་ཟད་པའི་དུ་མ་དང་། ལྷ་ལྡན་ཚེ་འཕྲུལ་སྨོན་ལམ་གྱི་ཚོགས་དབུར་ལན་ཉི་ཤུ་ཕེབས་ཏེ་ཟབ་རྒྱས་ཆོས་ཀྱི་ཆར་བ་ཕབ། སོ་ཐར་དགེ་སློང་ཡང་ཉིས་(༣༡༠ན)ཁྲི་སྐོར་དང་། དགེ་ཚུལ་བར་མ་རབ་བྱུང་འདྲེས་པ་ཁྲི་ཕྲག་བཞིར་བསྐོར་བ་གྲངས་ལས་འདས་པ་འགྲོ་བའི་དོན་མཛད། ཕོ་བྲང་ཆེན་པོ་གྲུ་འཛིན་དུ་ཕྱིས་ཀྱང་བཀྲ་ཤིས་ལྷུན་པོ་ནས་འཕགས་བོད་པཎ་གྲུབ་དུ་མའི་ཡང་སྲིད་བསྟན་པའི་བདག་པོ་སྤྲུལ་པའི་སྐུ་བློ་བཟང་ཡེ་ཤེས་ལྟགས་ཁྲི་དང་ས་ལུགས་བཅས་ལན་

གཉིས་ཕེབས་སྐབས་ཟབ་ཆོས་ཀྱི་བདུད་རྩིའི་ཆར་ཆེན་བསྙིལ་བ་སོགས་མཐའ་ཀླས། ཉང་ལྷར་དགའ་ལྡན་ཕོ་བྲང་ཚོམས་ཆེན་སོགས་དང་ཕྱིས་ཚུ་ཁྲི་ལོ་ཕོ་བྲང་ཆེན་པོའི་ཚོམས་ཆེན་དུ་འང་ཕན་བདེ་ལེགས་བཤད་གླིང་པ་ཡོངས་རྫོགས་དང་སྤྱིལ་པའི་སྐུའི་རིགས་ལ་བཀའ་བརྒྱད་སྒྲུབ་ཆེན་གྱིས་མཚོན་བསྐྱལ་བ་སོགས་གསང་སྔགས་ནང་གི་ཟབ་ཆོས་སྣོ་དང་ཡུལ་གྱི་སྐལ་བ་དང་འཚམ་པ། གསང་བ་རྩེའི་གཟིམས་ཚུང་ཉི་འོད་དུ་བྱུང་པ་རིགས་འཛིན་མཆོག་གི་སྤྲུལ་སྐུ། གཏེར་བདག་གླིང་པ། ཁོ་བོ་ཅག །ཞམ་རིམ་པ་དགེ་སློང་འཇམ་དབྱངས་གྲགས་པ་སོགས་ལ་ཡང་གསང་རྒྱ་ཅན་གྱི་ཆོས་སྐོར་ཚུ་ཁྲི་ལོ་བསྐུལ་བ་སོགས་ཆོས་འཁོར་ཕྱི་ནང་ཇི་སྙེད་བསྐོར་བ་རྣམས་སོ། །ལར་བབས་རྗེ་བླ་མ་ཆེན་པོ་འདི་ཉིད་ཀྱི་ཆོས་སྲིད་གཉིས་ཀའི་རྒྱུན་འཛིན་སྲས་ཀྱི་ཐུ་བོ་ཁོ་བོ་ཅག་ལས་གཞན་དུ་མ་གྱུར་ཞིང་རང་ཉིད་ཀྱང་འགྲོ་བ་རྣམས་ལ་སྨིན་གྲོལ་གྱི་ལམ་སྟོན་པ་པོ་ཞིག་རེ་བ་ས་ལུག་བསྐུལ་བའི་བཅའ་ཡིག་ཆེན་མོར་འཁོད་པ་ལྟར་ཡིན་ནའང་ལས་རྐྱེན་སྣ་ཚོགས་ཀྱིས་ཚངས་སྤྱོད་ལག་ཏུ་མ་ལོན་ཞིང་སྨོན་ལམ་དབང་གིས་སྲིད་གཙོར་འཛིན་དགོས་གཤིས་རྗོད་ཤགས་དང་། རྗེ་བླ་མའི་བཀའ་རྣམས་ཀྱི་དགོངས་(༣༡༠བ)འགྲེལ། རྒྱབ་བརྟེན་གྱི་རྩོམ་པའི་སྒོ་ནས་ཞབས་འདེགས་གང་གི་བསག་སྦྱང་རྫམས་ཆེན་གྱི་དུས་སྟོན་སོགས་བླ་མའི་ཞམ་རིམ་གྱི་ཁང་མ་དྲངས་ཙམ་པ་ལས་འགྲོ་བ་རྣམས་སྨིན་གྲོལ་གྱི་འགྲོ་དོན་སྐྱོང་བ་ཕུར་ཕན་མ་ཐུབ་ཅིང་། སྐར་ཡང་ཆེར་ཐུབ་རིགས་མིན་འདྲ་བ་དང་། གཞན་མ་སྨིན་གྲོལ་ལུང་བཤད་ཀྱི་ཆོས་རྒྱུན་ཕྱི་ནང་གསང་གསུམ་བསྐུལ་བ་ནི་ཆེ་དགུ་སྤྲུལ་པའི་སྐུ་མཆོག་བསྟན་པའི་བདག་པོ་བློ་བཟང་ཡེ་ཤེས་དང་ས་སྐྱ་གོང་འོག་སོགས་མཐའ་ཀླས། ལུང་བསྟན་ནས་བཤད་པའི་ཆོས་སྲས་གཉིས་དང་། གཞན་ཡང་སེ་ར་རབ་འབྱམས་པ་འཇམ་དབྱངས་གྲགས་པ། རི་ཁྲོད་དགའ་ལྡན་སློབ་དཔོན་ཨེ་པ་བྱམས་པ་རིན་ཆེན། ཞམ་རིམ་པ་དགེ་སློང་འཇམ་དབྱངས་གྲགས་པ་སོགས་མཐའ་ཀླས། རྗེ་བླ་མ་ཆེན་པོའི་ཟབ་ཆོས་ཐོབ་པ་ལས་ཉམས་ལེན་མེད་པ་ནི་གྲངས་ཀྱིས་མི་

ཡང་། ཉམས་རྟོགས་དངོས་སུ་ཤར་བ་དཀའ་ནའང་ཉམས་ལེན་པ་སྟོང་དུ་ཉེ་བ་དང་། ཉམས་ལེན་ཆིག་བསྒྲིལ་གྱི་དབེན་པ་བསྟེན་ནུས་ཤིང་ཉམས་རྟོགས་དངོས་སུ་ཤར་བ་དྲུག་བརྒྱ་གྲུབ་ཆེན་བློ་བཟང་དགོན་ཙོག་དང་། ལྷ་རྩེ་ལྷ་ཁང་པའི་རྗེ་དྲུང་སོགས་ཁ་ཤས་ཤིག་དེ་ནང་དྲུག་བརྒྱ་གྲུབ་ཆེན་བློ་བཟང་དགོན་ཙོག་ནི་ཐོག་མ་འཁོར་བ་དོང་སྤྲུག་གིས་རྗེ་བླ་མ་ཀུན་མཁྱེན་རྒྱལ་བའི་དབང་པོར་སྐྱབས་ཞུས་ནང་གི་ཆོས་འཁོར་གྱི་ཁོངས་སུ་ཚུད་འགྲོ་བ་རྣམས་འཁོར་མཚོ་ལས་སྒྲོལ་བའི་ཞལ་ལུང་གཉིས་སུ་གྲགས་པའི་ཐུགས་རྗེ་ཆེན་པོ་འཁོར་བ་དབྱིངས་སྒྲོལ་གྱི་འཁྲིད་ཡིག་རིགས་འཛིན་ཞལ་ལུང་གི་ཉམས་འཁྲིད་བརྩེ་བས་བསྐྱངས་ཤིང་ཉམས་ལེན་དང་(༣༧༧ན) ཡིག་དྲུག་ལ་ཆིག་བསྒྲིལ་མཛད་རྩིས་ལ་བར་དུ་དཔལ་འཁོར་ཆོས་སྡེའི་མཁན་པོ་དང་དགའ་ལྡན་བྱང་རྩེ་སོགས་འགབ་ཚུལ་གནང་སོང་ཡང་དེ་རིགས་བློ་འདོད་མེད་པའི་དབེན་པ་ཁོ་ན་བསྟེན་པའི་ཕ་བོང་ཁ་བྱང་ཆུབ་ཤིང་གི་ནགས་ཁྲོད་དུ་བྱ་བཏང་བའི་ཚུལ་མཛད་པ་སོགས་དཔགས་ན་དུས་དབང་གི་ཕྱི་མ་དོན་གཉེར་བའི་མཛད་པ་ལེགས་པར་གོ་ཡང་ཕྱིས་སྐྱུན་གྱིས་བཏབ་པའི་གཙོང་ཅན་ཁོ་ན་ལས་འཁྲིད་སོགས་ཀུང་བསྐྱང་ཐུབ་ཀྱི་མེད་འདྲ་སྣམ་ཞིང་། མི་དམངས་ཀྱི་སྣང་བ་ལ་ནི་གཙོང་ཅན་གཟའ་རོའི་རྣམ་པ་ལས་ཉམས་རྟོགས་སྐྱེས་པ་སེམས་ལ་ཅི་ལ་འཆར། ལ་ལ་དག་ནི་འཛིན་རྟེན་ས་རིགས་སོགས་རྒྱལ་སོ་དེ་བཞིན་མེད་པ་བྱས། ཆོས་ཡིན་པར་ནང་གི་ཐེབས། ལུགས་གཉིས་གང་ཡང་མེད་པ་སྣམ་པ་ལྟ་བུ་ཡང་མ་འཆར་བའི་ངེས་པ་མི་འདུག་ཅུང་འགྲོངས་གདོང་། སེམས་གསལ་སྟོང་རིག་པ་རྗིག་གེ་བ། །ཞེས་སོགས་ཞལ་གདམས་དང་། ཞག་ཤས་ཁྲིས་སུ་མི་ཡོང་བ་བསྒྲུལ་བསྒྲོད་སོགས་མ་བྱེད་ཅེས་གྲོངས་པ་སྣར་ཕུང་པོ་ཡེར་པར་སྐྱོལ་བའི་སྤྲ་གོན་མཐའ་དག་གྲུབ་པའི་ཚེ་ཕུང་པོ་འཇའ་ལྟར་དངོས་མེད་དུ་ཡལ་བས་རྗེས་འཇུག་རྣམས་གོ་དོན་ཆུང་བའི་གྲོངས་པ་ལས་ཀུང་སོང་རང་རྣམས་ཅ་ཁ་མ་ཐག་པ་ལྟ་བུའི་ང་ལས་པ་བྱུང་འདུག་པ་སྦྱིར་ཡུས་དག་པ་དེ་རིགས་འཇའ་ལུས་གྲུབ་པ། མཁའ་སྤྱོད་གྲུབ། ལྷག་མེད་དུ་

གཤེགས་པ། འོད་སྐུར་གྲོལ་བ། འོད་སྐུར་ཡལ་བ། ཕུང་པོ་ཟག་མེད་དུ་གྱུར་པ་རྣམས་མིང་གི་རྣམས་གྲངས་ལས་རགས་པ་དོན་གཅིག་ལ། ལ་ལ་(༣༡༡བ)ལུས་དེ་བ་དཔའ་བོ་མཁའ་འགྲོའི་བསུ་བ་དང་བཅས་དྲིལ་བུ་དང་རྔ་མ་རུའི་སྒྲ་འཁྲོལ་ལེའི་ནམ་མཁར་ཛེ་མཛོ་ཛེ་མཛོར་གྱུར་པའི་ཚུལ་དང་། ལ་ལ་སྒྲ་སེན་ལ་སོགས་པ་ལུས་སྐྱིགས་མ་རྣམས་བཞག་ནས་དྭངས་མ་འོད་སྐུར་ཡལ་བའི་ཚུལ་དང་། ལ་ལ་ན་བཟའ་སྤྱང་ངེ་སློབ་དཔོན་པདྨ་གུང་ཐང་ལ་ཐོག་ནས་སྤྲིན་ཡུལ་དུ་གཤེགས་པ་ལྟ་བུ་བཅས་པའི་ཚུལ་དེ་དག་འཕགས་ཡུལ་དུ་གྲུབ་པ་ཐོབ་པ་བརྒྱད་ཅུ་ནས་ཛྷ་རི་ཀ་པ་འཁོར་བདུན་བརྒྱ་དང་བཅས་ཏེ་མཁའ་སྤྱོད་དུ་གཤེགས་པ་དང་། ཀུ་ཀུ་རི་པ་ཕྱིང་ཁྲེར་པི་ལ་པ་ཐུའི་སྐྱེ་བོའི་ཚོགས་མཐའ་ཡས་པ་དང་ལྷན་ཅིག་གཤེགས་པས་མཚོན་གྲུབ་ཆེན་བརྒྱད་ཅུ་པོ་ལ་ལ་རང་ཉིད་གཅིག་པོ་དང་ལ་ལ་འཁོར་དང་བཅས་པ་ཕལ་ཆེར་སྐུ་ལུས་མ་སྤངས་པར་གཤེགས་པ་དང་། འཇིགས་བྱེད་ཆོས་འབྱུང་དུ་ལླ་ལི་ཏ་བཛྲ་འཇང་ལུས་བཅིས་ནས་རྡོ་རྗེ་བཙུན་མོའི་ཞིང་དུ་གཤེགས་པར་བཤད། བོད་དུ་ས་ལུགས་དཀར་པོ་རྣམ་གསུམ་ལས་རྗེ་བཙུན་རྩེ་མོ་དང་། དཀར་རྒྱུད་ཕྱོགས་ལ་རས་ཆུང་རྡོར་གྲགས་དང་། རས་པ་ཞི་བ་འོད་སོགས་ལུས་དེ་ཉིད་མཁས་སྤྱོད་དུ་ཉེ་ལམ་འགྲུབ་པ་བྱུང་སྐད་དང་། སུ་འགྱུར་དུ་རྒྱ་གར་ན་དགའ་རབ་རྡོ་རྗེ། འཇམ་དཔལ་བཤེས་གཉེན། ཤྲཱི་སིངྷ་སོགས་པཎ་གྲུབ་རྣམས་དང་། བོད་དུ་བཻ་རོ་ཙ་ན་ནས་བཟུང་ཉང་ཤེས་རབ་འབྱུང་གནས་ཡན་གྱི་ཉེ་ལམ་རྫོགས་པ་ཆེན་པོའི་སྙིང་ཐིག་གི་བླ་བརྒྱུད་རྣམས་རྗེ་བླ་མའི་གསན་ཡིག་རིན་པོ་ཆེ་གཏྣའི་ཆུ་རྒྱུན་དུ། འདི་ཡན་སྣང་གསུམ་ཟད་སར་འཁྱོལ་ནས་འཇའ་ལུས་གྲུབ་སྟེ་མཁའ་སྤྱོད་དུ་(༣༡༢ན)གཤེགས་པ་ཤ་སྟག་གོ་ཞེས་བསྟུལ་བ་དང་། དེ་ཚུན་ལྕེ་བཙུན་སེང་གེ་དབང་ཕྱུག་དང་གྲུབ་ཐོབ་མེ་ལོང་རྡོ་རྗེ་སོགས་ལས་ཆེར་དགོན་པས་དཀའ་ནའང་ཁོང་རང་རྗེ་བླ་མ་ཆེན་པོ་དད་པ་བརྟན་ཅིང་ཉམས་ལེན་ཀྱང་རྗེ་བླ་མས་འཁྲིད་ཡིག་དེ་གའི་གཤམ་དུ། འཇིག་རྟེན་དབང་ཕྱུག་དགོངས་པ་སྙིང་གི་ཐིག །རྒྱལ་དབང་པདྨའི་

ཞལ་གྱི་ལུང་བཟང་རྒྱན། །ལྷུན་གྲུབ་རྣམ་སྣང་ཐུགས་ཀྱི་ཟབ་མོའི་གཏེར། །ཐེག་མཆོག་རྒྱ་མཚོའི་ཆོས་ཀྱི་ཡང་རྩེར་སོན། །འདི་དོན་ཐོས་དང་བསམ་ཞིང་ལེགས་སྒོམ་པའི། །སྟོད་ལྡན་གདུལ་བྱར་གྱུར་པ་ཐོག་མེད་ནས། །བསོད་ནམས་དབྱར་གྱི་ཆུ་བོ་གྱེན་ནས་གྱེན། །འཕྲུར་བའི་མཐུ་ལས་བྱུང་བ་གཞན་དུ་ཅི། །སངས་རྒྱས་གཞན་ནས་རེ་ངའི་མཁས་རློམ་གྱི། །སྟོང་བཤད་ཤར་འདྲེར་ནུབ་ཏུ་སླུད་གཏོང་ཚུལ། །མཐོང་ཚེ་ཟག་བཅས་ཕུང་པོ་འོད་སྐུ་རུ། །གྲོལ་འདི་གསང་ཆེན་ཐེག་པའི་ཁྱད་པར་ཆོས། །ཞེས་བསྔལ་བ་ལྟར་གྱི་ཡང་སྲིད་དུ་མར་བསོད་ནམས་ཀྱི་ཚོགས་རླབས་ཆེན་བསག་པའི་ལམ་སྟོན་པ་པོའི་བླ་མ་འཕགས་པ་སྤྱན་རས་གཟིགས་དངོས་དང་ཟབ་ཆོས་ཐུགས་རྗེ་ཆེན་པོ་ཉིད་ཀྱི་ཟབ་འཁྲིད་འཁོར་བ་དབྱིངས་སྒྲོལ་དེ་ལྷ་བུ་དང་མཇལ་ཞིང་ལས་དང་སྐལ་བས་ཉམས་སུ་ལོན་པའི་ཐུགས་རྗེ་དང་གཙོ་བོ་འཁོར་བ་དོང་སྤྲུག་ཇོ་བོ་བཀའ་གདམས་པའི་རྣམ་ཐར་གཙང་མའི་ནོར་ཡོངས་སྤྱོད་གང་ཡང་བདག་འཛིན་ཕྱོགས་རིས་ལ་སོགས་པ་སྤངས་པའི་ཁ་ན་མ་ཐོ་བའི་དགོར་ལ་སོགས་པའི་ལམ་གྱི་གེགས་མཐའ་དག་དང་བྲལ་བའི་ལམ་གནད་དུ་སོང་ཞིང་སྟན་གཞི་སྙིང་གྲིབ་(༥༡༢བ)བྱུང་བ་ཡང་འཁྲིད་ཡིག་དེ་གའི་སྐོར་ཀྱི་སྣང་མ་ཁྱབ་འཇུག་ཆེན་པོ་ཡིན་པས་བསུ་བའི་རྣམ་པར་དགོས་པ་སོགས་བྱང་ཆུབ་དོན་དུ་གཉེར་བའི་མིག་རྟེན་དུ་ཕན་ནམ་སླམ་པ་བཅས་ཆོས་ཀྱི་འཁོར་ལོ་ཕྱི་ནང་གསང་གསུམ་ཇི་སྙེད་ཅིག་བསྐོར་བ་གནང་བའི་ཁོངས་མདོ་དྲན་པ་ཉེར་གཞག་ལས། རྟེན་དང་བརྟེན་པར་ལེགས་བསྐྲུན་དང་། །དགེ་འདུན་གནས་མལ་བཅའ་བ་སོགས། །དགེ་ནས་དགེ་བར་རྟག་ཏུ་འགྱུར། །བསྐལ་པ་བྱེ་བ་སྟོང་དུ་ཡང་། །དགེ་བ་ཡོངས་སུ་ཆུད་མི་ཟ། །ཞེས་དང་། ལེགས་ཉེས་ཀྱི་རྒྱུ་དང་འབྲས་བུ་བསྟན་པའི་མདོ་ལས། སེམས་ཅན་གང་ལ་ལ་ཞིག་ཚེ་འདི་ལ་ཡོངས་སུ་བསྐྱལ་བའི་བདག་པོ་ཆེན་པོ་བྱས་ཏེ། དེ་བཞིན་གཤེགས་པའི་མཆོད་རྟེན་དང་། །གཙུག་ལག་ཁང་བརྩིགས་ན་མ་འོངས་པ་ན་གདོན་མི་ཟ་བར་རྒྱལ་པོ་བྱེད་ཅིང་སྐྱེ་བོ་མང་པོ་ལ་དབང་བྱེད་པར་འགྱུར་བས

གང་ཡང་དག་མི་ཉན་པ་མེད་པར་འགྱུར་རོ། །ཞེས་དང་། སྐྱེས་རབས་གླིང་གཞིའི་མདོ་ལས། གྲང་དང་དྲོ་བས་མི་ཉམས་ཤིང་། །དེ་ལྟར་རི་དྭགས་ལ་སོགས་པའི། །སྡིག་སྦྲུལ་དང་ནི་སྦྲང་བུ་དང་། །བ་མོ་དང་ནི་ཆར་པས་སོ། །ད་ལྟར་རླུང་དང་ཤིན་ཏུ་དྲོ། །སོ་སོར་ལུས་ལ་ཕོག་པ་དང་། །ཁང་ནང་གནས་ནས་བདེ་བ་སྐྱེས། །ཁང་པར་བསམ་གཏན་ལྷག་མཐོང་རྣམས། །དགེ་འདུན་གཙུག་ལག་ཁང་འབུལ་བ། །སངས་རྒྱས་མཆོག་གིས་བསྔགས་པར་མཛད། །ཅེས་དང་། རྒྱ་གར་མཁས་པའི་དབང་ཕྱུག་ཧ་དབྱངས་ཀྱིས། །མི་དབང་དུས་ནི་ཐམས་ཅད་དུ། །ཉམས་དགའ་བ་ཡི་ཁང་བཟང་མཆོག །རོལ་(ཟཀཟན)མོའི་གནས་ཀྱི་ཉམས་དགའ་བར། །འཚོ་ཞིང་རྒྱལ་བའི་སྒྲ་སྒྲོག་པ། །བཙུན་མོའི་འཁོར་དང་རོལ་བྱེད་པ། །གྲང་བ་སེལ་བའི་ཁང་པ་ནི། །ཕྱོགས་བཞི་ནས་ནི་ཕྱིན་པ་ཡི། །དགེ་འདུན་བཞུགས་གནས་ཕུལ་བས་ཡིན། །ཐུབ་པ་འཕགས་པའི་དགེ་འདུན་བཅས། །གཙུག་ལག་ཁང་གི་དོན་དུ་ནི། །ཚིག་གིས་རབ་ཏུ་བསྐུལ་བ་དང་། །ཚོགས་པ་ཡི་ནི་གྲོགས་བྱེད་ཅིང་། །ངེས་པར་དུས་སུ་འགྲོ་བྱེད་པ། །གཉིད་ལོག་པ་འམ་ལངས་པ་ན། །བསོད་ནམས་རྒྱུན་ནི་ཆད་མེད་འཕེལ། །ཤེས་རབ་རྡོ་རྗེའི་མཚོན་ཆ་ཡིས། །ཕྱིན་ཅི་ལོག་གི་རི་བཅོམ་ནས། །ས་དང་བཅས་པའི་ཁང་བཟང་འགྱུར། །དགེ་འདུན་ལ་ནི་ཡོ་བྱད་དང་། །ལོངས་སྤྱོད་བཟང་པོ་དང་བཅས་པ། །གཙུག་ལག་ཁང་ནི་གང་ཞིག་བྱེད། །རྣམ་པར་རྒྱལ་བའི་ཁང་བཟང་ནི། །རིན་ཆེན་མཆོག་གི་རང་བཞིན་གྱི། །རྩིག་པ་ཀ་བ་གདུང་ལྡན་པའི། །མཛེས་དང་ལྡན་ཅིག་དུས་ཀུན་ཏུ། །དེ་ནི་ལྷ་ཡི་འཇིག་རྟེན་འདིར། །ཡུན་རིང་དུ་ནི་མངོན་པར་དགའ། །དཔལ་དང་ལྡན་པའི་ཀླ་བྲི་དང་། །སྣ་ཚོགས་ཀྱི་ནི་གོས་ཀྱིས་སྤྲས། །ཁང་བཟང་མཆོག་ནི་འོད་འཕྲོ་བ། །ཡང་དག་གནས་པར་གྱུར་པ་ན། །ཡོན་ཏན་ཚོགས་ལྡན་ཕུལ་བ་ཡི། །བརྒྱ་བྱིན་གྱི་ནི་ཁང་བཟང་མཆོག །རྣམ་པར་རྒྱལ་བྱེད་ཐོབ་པ་ཡིན། །ཞེས་སོགས་གསུང་རབ་བསྟན་བཅོས་དང་བཅས་དུ་མ་ལས་གཙུག་ལག་ཁང་ངམ་དགེ་འདུན་འདུ་བའི་

གནས་མལ་བཅའ་བར་ཕན་ཡོན་བསམ་(༣༧༣བ)གྱིས་མི་ཁྱབ་པར་བཤད་ཅིང་། ཁྱད་པར་འདུལ་བ་ལུང་རྣམ་འབྱེད་ལས། ཀུན་དགའ་ར་བ་གཙུག་ལག་ཁང་། །མལ་སྟན་འཚོ་བ་ནར་མ་དང་། །ཞེས་རྫས་ལས་བྱུང་བའི་བསོད་ནམས་བདུན་གྱི་གཙོ་བོར་བཤད་ལ། གཅེར་བུ་ཀུན་དགའ་ར་བ་སོགས། །རྩིག་པ་ སྡིག་པའི་རྒྱུ་རུ་སྨྲ། །ཞེས་མུ་སྟེགས་གཅེར་བུ་པའི་ལུགས་ལ་ཀུན་དགའ་ར་བ་སོགས་བརྩིགས་པའི་ཚེ་སེམས་ཅན་ལ་བགོལ་སྤྱོད་དང་ས་རྗེ་གཟིངས་སློག་གི་རྐྱེན་ལས་སྲོག་ཆགས་ཕྲ་མོ་དུ་མ་ཞིག་འཆི་བས་སྡིག་པའི་རྒྱུ་ཞེས་སྨྲ་ནའང་ནང་པ་སངས་རྒྱས་པའི་ལུགས་ལ་ལོག་པར་ལྟ་བ་དེ་ལྟ་བུ་མ་ཡིན་པར་དགོས་པ་དང་ཕན་ཡོན་མཐའ་ཡས་པའི་ཕྱིར། འདུལ་བ་གནས་མལ་གྱི་གཞི་དང་གསོ་སྦྱོང་གི་གཞི་ལས་གཙུག་ལག་ཁང་བརྩིག་པ་དང་། དགེ་འདུན་བསྡུས་ནས་བསྟན་པའི་བྱ་བ་བྱེད་ཚུལ་རྒྱས་པར་གསུངས་ཤིང་།

སྔོན་འཕགས་ཡུལ་དུ་གྲུབ་པའི་དབང་ཕྱུག་ཀཱ་ལས་གྲུབ་པ་ཐོབ་སྟེ་ཡི་ཞེས་སྨྱོན་གྱིས་སངས་རྒྱས་ཀྱི་བསྟན་པ་རིན་པོ་ཆེ་ལ་གང་ཕན་གཟིགས་པས། དགེ་འདུན་གྱི་སྡེ་འཛུགས་པ་ལས་ལྷག་པ་མ་མཆིས་པར་མཁྱེན་ཏེ་བསམས་བཞིན་སྐྱེ་བ་ཕྱི་མ་རྒྱལ་པོར་སྤྲུལ་ནས་བི་ཀ་མ་ལ་ཤི་ལའི་གཙུག་ལག་ཁང་བཞེངས་པ་དང་། ཇོ་བོ་རྗེ་དཔལ་ལྡན་ཨ་ཏི་ཤས་ཀྱང་འཕགས་པ་རྣམ་གྲོལ་སྡེ་ལ་སོགས་པའི་རྗེས་སུ་ཞུགས་ཏེ་རྒྱ་གར་དུ་གཙུག་ལག་ཁང་དུ་མའི་གཉེར་ཁ་མཛད། བོད་དུ་ཕེབས་ནས་འཕྲོས་ཀྱང་ཡང་སྙིང་དུ་འགྲོ་བའི་འབྱུང་གནས་ལ་འདུས་བྱས་ཀྱི་དགེ་རྩའི་ནང་ནས་དགེ་འདུན་གྱི་གནས་གཞི་བཞེངས་བ་ལས་ལྷག་པ་མེད་(༣༧༤ན)ཅེས་གདམས་པས་ར་སྒྲེང་དཔལ་གྱི་སྡེ་ཆེན་བཏབ། དེ་ལ་བརྟེན་ནས་འཇམ་མགོན་བླ་མ་བཙོང་ཁ་པ་ཆེན་པོས་འབྲོག་རི་བོ་དགའ་ལྡན་རྣམ་པར་རྒྱལ་བའི་གླིང་སོགས་དང་། ངེས་པར་ཆོས་ཐམས་ཅད་མཁྱེན་པ་དགེ་འདུན་གྲུབ་པ་དཔལ་བཟང་པོས་བཀྲ་ཤིས་ལྷུན་པོ། ཕྱག་ན་པདྨོ་དགེ་འདུན་རྒྱ་མཚོས་རྒྱལ་མེ་ཏོག་ཐང་། ས་གསུམ་འགྲོ་བའི་བླ་མ་བསོད་ནམས་རྒྱ་མཚོས་

རྣམ་པར་རྒྱལ་བའི་ཕན་བདེ་ལེགས་བཤད་གླིང་གི་འདུས་སྡེ་བསྐྱུན་པ་སོགས་རྒྱལ་བ་གོང་མ་རྣམས་ཀྱི་ཕྲུག་རིས་ཀྱི་རྒྱུན་དང་། ལྷག་པར་གོང་དུ་དྲངས་པ་རཏྣའི་སྤྱི་ལུང་ལས། མངའ་རིས་བལ་པོའི་བར་རྣམས་དབང་དུ་སྡུད། དགུས་གཙང་རྣམས་སུ་ཆོས་གྲྭ་བཅུ་གསུམ་འཆའ། ཞེས་དབུས་གཙང་རང་དུ་ཆོས་གྲྭ་བཅུ་གསུམ་འཆའ་བ་དང་། རྣམས་ཀྱིས་སྤྲས་ཁམས་གོང་དང་བཅས་བཅུ་ཕྲག་གསུམ་དུ་འཆའ་བ་སྐྱེ་འཕེན་ཕྱོགས་གཉིས་ལས་གང་ལྟར་ལུང་བསྟན་ཐོག་ཏུ་འཁེལ་ཏེ་དགུས་གཙང་གིས་ཆོས་གྲྭ་བཅུ་གསུམ་གྲས།

རྗེ་བླ་མ་ཆེན་པོ་གནམ་སའི་བདག་པོར་གྱུར་ནས་དགོན་པ་གསར་འདེབས་མཛད་པ།

རྗེ་བླ་མ་ཆེན་པོ་ཚུ་ཕོ་རྟའི་ལོ་གནམ་དང་སའི་བདག་པོར་ཕེབས་ནས་ལོ་ངོ་བཞི་པ་ཤིང་མོ་བྱའི་ལོར་ལེགས་པར་ཚུགས་པ་གཡས་རུ་ཤངས་དགའ་ལྡན་ཆོས་འཁོར་སློབ་དཔོན་པ་ཐོག་མ་ཉང་བྲན་མཁར་ཁ་པ་བློ་བཟང་དཔལ་འབྱོར། དེ་ནས་སྟོད་ལུང་པ་དོན་གྲུབ་རྒྱ་མཚོ། སྤྱན་གཡས་པ་ངག་དབང་དཀོན་ཅོག་རབ་བརྟན། ཁམས་ཚ་བ་པ་ཆོས་ལྡན་རྒྱ་མཚོ། ད་ལྟ་སེ་ར་སྨད་ཚུལ་ཁྲིམས་གྲགས་པས་ར་བ་སྟོད་པ་དང་མཆུངས་པའི་(༣༧༠བ)བསྡུས་ཚད། པཎ་ཆེན་བསོད་ནམས་གྲགས་པའི་འདུལ་བ། རྗེ་བླ་མ་མཆོག་གི་གསུང་མཛོད་ལ་ཆོས་མངོན་རིན་ཆེན་འདྲེན་པའི་ཤིང་རྟ། ཐུགས་དོན་མངོན་རྟོགས་ཀྱི་རིམ་པ་ཤེས་རབ་ཀྱི་ཕ་རོལ་ཏུ་ཕྱིན་པ་ལ་བློ་བཟང་དགོངས་རྒྱན་གདོང་ལྔའི་དབང་པོའི་སྒྲ་དབྱངས། དངོས་བསྟན་སྟོང་པ་ཉིད་འགྲེལ་བར་བྱེད་པ་ཡོད་མེད་ཀྱི་མཐའ་གཉིས་དང་བྲལ་བ་ཟབ་མོ་དབུ་མ་ལ་ཐེག་ཆེན་རྒྱ་མཚོར་བགྲོད་པའི་གྲུ་རྫིངས་བཅས་པའི་སྟེང་ནས་འཆད་ཉན་བྱེད་ཅིང་། སྨན་བླའི་མདོ་ཆོག་ཡིད་བཞིན་དབང་རྒྱལ་སོགས་ཀྱི་སྒོ་ནས་འདུལ་བྱ་སྐྱོང་། གྲྭ་ཚང་འདི་ག་མཚན་ཉིད་ཀྱི་བཤད་གྲྭ་རྐང་ཚུགས་པས་སློབ་གཉེར་ལ་གཞན་དུ་འགྲོ་སྐྱོལ་མེད།

དགོན་དེབ་ལ་ཨང་དང་གྲྭ་གྲངས་སུམ་བརྒྱ་ཞེ་ལྔ་སྐོར།

ཚ་ཤུར་ཡར་གསུམ་ལྷུན་པོ་རྩེའི་རྫོང་འོག་སྨྱུག་ལར་ས་ཕོ་བྱི་བའི་ལོ་གསར་དུ་ཚུགས་པ་དགའ་ལྡན་ཆོས་འཁོར་ཡང[༢]་རྩེ། སློབ་དཔོན་པ་ཐོག་མ་ཕུན་ཚོགས་པ་ངག་དབང་དགེ་ལེགས། དེ་ནས་སྤྱན་གཡས་པ་བློ་བཟང་རྒྱ་མཚོ། འཕྲིན་རྒྱས་པ་ལུང་རིགས་རྒྱ་མཚོ། ད་ལྟ་དགོན་ཐང་པ་དགེ་ལེགས་མངོན་མཐོས་པཎ་ཆེན་མཆོག་ལ་འོད་ཟེར་གྱི་ཡིག་ཆའི་སྟེང་ནས་སྐུག་ཚང་ར་བ་སྟོད་པ་དང་འབྲེལ་བའི་བསྡུས་ཚད་ཀྱིས་རིག་པའི་སྒོ་འཕར་ཡངས་པོར་ཕྱེ་སྟེ། དངོས་གཞི་རྗེ་བླ་མའི་བཀའ་དབུ་ཕར་མཛོད་གསུམ། ཁྲི་ཆེན་བསོད་ནམས་གྲགས་པའི་འདུལ་བ་རྣམས་ལ་འཆད་ཉན་བྱེད། གྲྭ་རྒྱུན་གོང་མཚུངས། ཨང་དང་གྲྭ་པ་ཉིས་བརྒྱ་རེ་གསུམ།

གཡོ་རུ་དོལ་ཚལ་མིང་དུ་ས་ཕོ་བྱི་ལོར་(༣༧༥ན)ཚུགས་པ་དགའ་ལྡན་གསུང་རབ[༣]་གླིང་། འཆད་ཉན་པ་ཐོག་མ་ཆོས་འཁོར་གླིང་བློ་བཟང་ཤེས་རབ། དེ་རྗེས་རྒྱལ་ལྷ་ཁང་པ་བསོད་ནམས་ལྷུན་གྲུབ། ཉང་བྲན་བློ་བཟང་རྒྱལ་མཚན། མངའ་རིས་པ་ངཤེས་གཉེན་རྣམ་རྒྱལ། སེར་སྨད་བློ་བཟང་བསྟན་འཛིན། ད་ལྟ་མས་དྲྭ་བ་དཀོན་ཅོག་དོན་གྲུབ་ཀྱིས་བསྡུས་ཚད་དང་། བདེ་ལེགས་ཉི་མའི་འདུལ་བ། རྗེ་བླ་མ་མཆོག་གི་བཀའ་དབུ་ཕར་མཛོད་གསུམ་ཟུར་བཀོལ་དང་བཅས་པའི་འཆད་ཉན་བྱེད། ཨང་དང་གྲྭ་པ་ཉིས་བརྒྱ་བདུན་ཅུ་སྐོར།

ཏུ་ལག་བྱང་རྣམ་རྒྱལ་ལྷ་རྩེར་ས་མོ་གླང་ལོ་ནས་ཚུགས་པ་དགའ་ལྡན་འོག་མིན་གླིང་། སློབ་དཔོན་པ་ཐོག་མ་སྤྲ་རི་ངག་དབང་བློ་གྲོས་རྣམ་རྒྱལ། དེ་ནས་དོག་སྡེ་བསྟན་པ་རྒྱ་མཚོ། སེར་སྨད་བློ་བཟང་རྒྱལ་མཚན། ར་བ་སྟོད་པ་དོན་གྲུབ་དཔལ་བཟང་། འོལ་དགའ་རྡོ་རྗེ་རྒྱལ་མཚན། སེ་ར་བྱེས་པ་ངག་དབང་བསོད་ནམས། ད་ལྟ་སྟོང་ལུང་པ་ཆོས་བློ་གྲོས་ཀྱིས་ཚད་མ་རྣམ་འགྲེལ་གྱི་ཐལ་ཕྲེང་། པཎ་ཆེན་དགེ་འདུན་གྲུབ་ཀྱི་དགོངས་པ་དང་མཐུན་པ་བཀྲས་ལྷུན་དཀྱིལ་ཁང་པའི་འདུལ་བ། རྗེ་བླ་མ་མཆོག་གི་གསུང་རབ་དབུ་ཕར་མཛོད་གསུམ། ཟུར་བཀོལ་གུང་རུ་ཆོས་འབྱུང་

བའི་དྲང་ངེས་རྣམ་འབྱེད་ཀྱི་ཐལ་ཕྲེང་སོགས་འཆད་ཉན་བྱེད། སྨན་བླའི་མདོ་ཆོག་གི་སྒོ་ནས་གཤིན་གསོན་གྱི་གདུལ་བྱ་སྐྱོང་། ཨང་དང་གྲྭ་པ་སུམ་བརྒྱ་ཉེར་དྲུག་སྐོར།

ལྷོ་བྲག་དོ་རྫོང་ཁུལ་དུ་ས་མོ་གླང་གི་ལོར་ཚུགས་པ་དགའ་ལྡན་དོན་གཉིས་གླིང་། སློབ་དཔོན་པར་ཞང་བྲན་སྐང་མགོ་བ་ངག་དབང་རྒྱ་(༣༧༥བ)མཚོ། དེ་ནས་འཕྱོས་པ་བློ་གྲོས་ཆོས་འཕེལ། ཁམས་པ་བློ་བཟང་རྒྱལ་མཚན། ལྷ་ས་དཀོན་ཅོག་སྐལ་བཟང་། འཕྱོང་རྒྱས་ངག་དབང་གྲགས་པ། ད་ལྟ་འབྲི་གུང་ཆོས་འཕེལ་རྒྱ་མཚོས་ཚད་མ་རྣམ་འགྲེལ་ཟུར་བཀོལ་བློ་རྟགས་གཉིས། བཀྲ་ཤིས་ལྷུན་པོ་དཀྱིལ་ཁང་པའི་འདུལ་བ། རྗེ་བླ་མ་ཆེན་པོའི་དབུ་མར་མཛོད་གསུམ། གཞན་ཡང་དྲང་ངེས་རྣམ་འབྱེད། དགེ་འདུན་ཉི་ཤུ། བསམ་གཟུགས་སོགས་འཆད་ཉན་བྱེད། ཨང་དང་གྲྭ་པ་ཉིས་བརྒྱ་བཅུ་གཉིས་སྐོར།

ཕོ་བྲང་གོང་རི་དཀར་པོའི་ཉེ་འདབས་ཐོད་པ་རིར་ཤིང་ཕོ་རྟའི་ལོ་ཚུགས་པ་དགའ་ལྡན་བཤད་སྒྲུབ་གླིང་། སློབ་དཔོན་ཚུ་བཟང་པ་བཟོད་པ་རྒྱ་མཚོ། དེ་ནས་དབུར་སྟོད་པ་བློ་བཟང་ཡར་འཕེལ། ར་བ་སྟོད་པ་ཕུན་ཚོགས་བསྟན་འཛིན། པར་འབྲོག་པ་བློ་གྲོས་གཞན་ཕན་དང་། ངག་དབང་དམ་ཆོས། རྗོ་ནང་ངག་དབང་ལྷུན་གྲུབ། ད་ལྟ་རང་གྲྭ་བློ་བཟང་བསྟན་པས་རི་བོ་བདེ་ཆེན་པ་མཆོག་ལྷ་བའི་ཡིག་ཆའི་སྟེང་ནས་བརྩུས་ཚད། བདེ་ལེགས་ཉི་མའི་འདུལ་བ་དང་རྗེ་བླ་མ་ཆེན་པོའི་ལས་ཆོག་འཁྲུལ་སྤོང་རྣམ་རྒྱལ་གསེར་མདོག །དབུ་མར་མཛོད་གསུམ། དྲགས་པོ་བློ་གྲོས་འཕེལ་བའི་ཕར་ཕྱིན་གྱི་སྤྱི་དོན། འཇམ་དབྱངས་དགའ་བའི་བློ་གྲོས་ཀྱི་དབུ་མའི་སྤྱི་དོན་སོགས་ལ་འཆད་ཉན་བྱེད། ཨང་དང་གྲྭ་པ་བརྒྱ་དང་དྲུག་ཅུ་སྐོར།

ཡུལ་གྱི་དགེ་བཅུ་མ་ལུས་པར་ཚང་བ་གཡོ་རུ་ཡར་ཀླུང་གི་སྟོད་ཤམ་པོ་གངས་ཀྱི་ཉེ་འདབས་སུ་ལྕགས་མོ་ཡོས་ཀྱི་ལོ་གསར་དུ་ཚུགས་པ་དགའ་(༣༧༨ན)ལྡན་ཐོས་བསམ་དར་རྒྱས་གླིང་། སློབ་དཔོན་པ་ལྷུང་ལོ་ཅན་པ་འཕྲིན་ལས་རྒྱ་མཚོ། དེ་རྗེས་འཕན་པོ་གྲགས་པ་རྣམ་རྒྱལ། རྩིས་དང་བློ་བཟང་བཟོད་པ། ད་ལྟ་ལྷོ་བྲག་མདོ་རྒྱུད་རྒྱ

མཆོས་བསྡུས་ཚད་ར་བ་སྟོད་པ་ལུགས་དང་། པཎ་ཆེན་བསོད་ནམས་གྲགས་པའི་འདུལ་བ། རྗེ་བླ་མའི་དབུ་ཕར་མཛོད་གསུམ་རྣམས་ལ་འཆད་ཉན་བྱེད། མདོ་ཆོག་ཡིད་བཞིན་དབང་རྒྱལ་སོགས་ཀྱི་སྒོ་ནས་གཉེན་གསོན་རྗེས་སུ་འཛིན། ཨང་དང་གྲྭ་པ་ཉིས་བརྒྱ་དང་གྱ་ལྔ་སྐོར།

གཡས་རུ་གཙང་གི་ཉུག་ཏུ་ས་མོ་བྱ་ལོར་ཚུགས་པ་དགའ་ལྡན་ཆོས་འཁོར་གླིང་། ཆོས་འཆད་པ་ཐོག་མ་དགོན་ཐང་པ་ཕུན་ཚོགས་ཚོགས་འཕེལ། དེ་ནས་འཕྱོང་རྒྱས་པ་བློ་བཟང་དཔལ་ལྡན། འབྲས་སྤུངས་དགོན་ཞོལ་ཤེས་རབ་ཆོས་ལྡན། ད་ལྟ་དན་འབག་པ་ཕུན་ཚོགས་རྣམ་རྒྱལ་གྱིས་བསྡུས་ཚད་ར་བ་སྟོད་པ་ལུགས། པཎ་ཆེན་བསོད་གྲགས་པའི་འདུལ་བ། རྗེ་བླ་མ་ཆེན་པོའི་དབུ་ཕར་མཛོད་གསུམ་སོགས་ལ་འཆད་ཉན་དང་། སྨན་བླ་སོགས་འདུལ་སྐྱོང་གོང་བཞིན། ཨང་དང་གྲྭ་པ་བརྒྱ་དང་ལྔ་བཅུ་སྐོར།

དེ་ལྟར་བཀའ་ཆེན་བཞི་པོ་བརྐལ་རྟགས་ཀྱིས་གདན་ལ་འབེབས་པ་མཚན་ཉིད་རྒྱུའི་བཤད་གྲྭ་བརྒྱད། གངས་ཅན་ནོར་འཛིན་མའི་ཐིག་ལེ་དབུ་རུ་སྐྱིད་ཤོད་ཀྱི་ནཐིལ་བསྟན་པ་སྔ་དར་ལ་འོད་ལུས་འགྲུབ་པའི་གྲུབ་ཐོབ་བརྒྱ་རྩ་དང་ཕྱི་དར་ལ་ཇོ་བོ་རྗེ་དཔལ་ལྡན་ཨ་ཏི་ཤ་སློབ་མའི་མཆོག་ཁུ་རྔོག་འབྲོམ་གསུམ་དང་བཅས་སྐྱེས་ཆེན་བསམ་གྱིས་མི་ཁྱབ་པ་བཞུགས་ཤིང་(༣༧༨བ)བྱིན་གྱིས་བརླབས་པའི་གནས་ཡེར་པ་བྲག་གསེབ་ཏུ་མེ་ཕག་ལོར་གསར་ཚུགས་དགའ་ལྡན་གསང་སྔགས་ཡང་རྩེ། སློབ་དཔོན་ང་འི་ཐོག་མ་འཕྱོང་རྒྱས་བློ་བཟང་བཀྲ་ཤིས། དེ་ནས་རིམ་པར་ཉག་རེ་བློ་བཟང་རྣམ་རྒྱལ། གཉལ་པ་ནམ་མཁའ་བསོད་ནམས་གྲགས་པ། ཉང་བྲན་བཟང་པོ་རྒྱལ་མཚན། ཚལ་པ་བློ་བཟང་བསྟན་འཛིན། དགའ་བ་གདོང་ངག་དབང་ཕུན་ཚོགས། ད་ལྟ་ལྷ་ས་བ་བློ་བཟང་ཕུན་ཚོགས་ཀྱིས་དཔལ་གསང་བ་འདུས་པའི་བསྐྱེད་རྫོགས་པཎ་ཆེན་བློ་བཟང་ཆོས་ཀྱི་རྒྱལ་མཚན་གྱིས་མཛད་པ་དང་། འདུས་པའི་ཊཱི་ཀར་འཆད་ཉན་བྱེད། བསྒྲུབ་དཀྱིལ་དང་ཆོས་སྤྱོད་སྐོར་སོགས་རྒྱུད་སྨད་

པ་དང་ཉེ་བ། རྗེ་བླ་མ་ཆེན་པོའི་གསུང་མི་འཁྲུགས་པ། སྨན་བླ། མ་ཎི་བུམ་སྒྲུབ་སོགས་ཀྱིས་འགྲོ་དོན་བྱེད། ཡང་དང་གྲྭ་པ་བརྒྱ་དང་དྲུག་ཅུ་སྐོར།

མངའ་རིས་ཁྲུང་རྫོང་དཀར་པོའི་ཉེ་འདབས་སུ་ལྷུགས་ཡོས་ལ་ཚུགས་པ་དགའ་ལྡན་འཕེལ་རྒྱས་གླིང་། སློབ་དཔོན་པར་ཤང་བྲན་ཤེས་རབ་བཟང་པོ། དེ་ནས་གླང་རི་ལྷ་དབང་རྒྱལ་མཚན། སྟོད་ལུང་པ་བློ་བཟང་ལྷ་དབང་། འབའ་པ་དོན་གྲུབ་ཆོས་བཟང་། ད་ལྟ་འཇམ་དབྱངས་རྒྱལ་མཚན་གྱིས་པཎ་ཆེན་བསོད་ནམས་གྲགས་པ་དང་རྒྱུད་སྨད་ནམ་མཁའ་གྲགས་པའི་བསྐྱེད་རྫོགས་ཀྱི་སྒོ་ནས་ཐབས་རྒྱུད་ཐམས་ཅད་ཀྱི་རྩེ་མོར་གྱུར་པ་དཔལ་གསང་བ་འདུས་པར་འཆད་ཉན་དང་། རྒྱབ་མཆོད་འགྲོ་དོན་སོགས་ལ་རྗེ་བླ་མ་ཆེན་པོའི་བཀའ་རྡོ་རྗེ་མི་འཁྲུགས་པ་ལྷ་དགུ། སྨན་བླའི་(༣༡༧ན)མདོ་ཆོག་སོགས་བྱེད། ཡང་དང་གྲྭ་པ་ཉིས་བརྒྱ་དོན་གཉིས་སྐོར་ཏེ་གསང་སྔགས་གསར་མའི་སྔགས་གྲྭ་ཟུང་ཕྱི་སོ་ཐར་ཚུལ་ཁྲིམས་ཀྱི་བླ་གོས་དུར་སྨྱིག་འཛིན་ཅིང་རྒྱལ་བ་འཇམ་དཔལ་སྙིང་པོ་བཙོང་ཁ་པ་ཆེན་པོའི་བསྟན་པའི་སྒོ་དང་། ནང་བོད་གངས་ཅན་བདེ་བའི་ཐབས་གཙོ་བོར་གྱུར་པའི་གསང་སྔགས་སྔ་འགྱུར་རྡོ་རྗེ་ཐེག་པའི་ལྷ་སྔགས་ཡེ་ཤེས་ཀྱི་རྣལ་འབྱོར་ལ་གཞོལ་བ། ཆུ་ཤུར་སྤྱལ་དུ་བོད་ཡུལ་གླིང་དགུའི་རྒྱལ་ཁམས་ཀྱི་མི་མཐུན་རྒུད་པ་ཞི་ནས་ལེགས་ཚོགས་གོང་འཕེལ་གྱི་ཆེད་རྣམ་པར་རྒྱལ་བ་ཕན་བདེ་ལེགས་བཤད་གླིང་གི་སྐུ་རིམ་ཁག་རྒྱ་ནག་ཏུ་ཆིབས་བསྐྱོད་རིང་ཆག་དོགས་ཀྱིས་དོད་དུ་ལྷུགས་ཡོས་ཡོར་ཚུགས་པ་གསང་སྔགས་བྱུང་ཆུབ་གླིང་། སློབ་དཔོན་པ་ཐོག་མ་ཆོས་རྗེ་བྲག་སྣ་བ་ཨོ་རྒྱན་བློ་བཟང་བསྟན་འཛིན། དེ་ནས་འཕྱོང་རྒྱས་པ་ངག་དབང་ཕུན་ཚོགས། རྡོ་པ་ངག་དབང་ནོར་བུ། གནང་བྱུང་བ་ངག་དབང་མཁྱེན་བརྩེ། ད་ལྟ་སྐྱི་ནག་བློ་བཟང་ནམ་མཁའ། འཇམ་དཔལ་དུས་དགྲའི་དབང་པོ་སོགས་སྐོས་བཀའ་དང་། བཀའ་བརྒྱུད་གསང་བ་ཡོངས་རྫོགས་སོགས་ཀྱི་བཀའི་སྒྲུབ་འཕྲིན་ལས་ལེན་གང་ཅི་མ་དགོན་ཕན་བདེ་ལེགས་བཤད་གླིང་དང་མཚུངས་པ་ཡང་དང་གྲྭ་པ་བརྒྱ་དང་བཅུ་སྐོར།

མངའ་བདག་སྐུའི་སྤྲུལ་པ་ཉང་རལ་པ་ཅན་གྱི་ཟབ་གཏེར་ལས། གཙང་གི་རི་བོ་ཆེ་དང་དབུས་རི་གསུམ་གྱི་ཁ་ནས་མཆོན་བཟློག་བྱ། ཞེས་དང་། ཕྱིག་པའི་རྒྱ་ཅན་དབུ། བོད་འབངས་བདེ་བ་སྒྲུབ་པའི་(༣༡༧བ)ཐབས། །ཤར་གྱི་གདུག་པ་ཞི་བ་ལ། །ཕྱོགས་ནག་གསུམ་གྱིས་ལས་ལ་སྦྱོར། །བསོད་ནམས་གླུངས་རྣ་སྲུབ་པ་དང་། །ལས་སྦྱོར་ངསྐུལ་བ་གནད་དུ་ཆེ། །ཞེས་དང་། ཆོས་དུང་གཡས་འཁྱིལ་རྒྱ་ལས། རི་བོ་ཆེ་ཏུ་ཐུགས་ཀྱི་ལྷ་གསུམ་བཞེངས། །གཤིན་རྗེ་ནག་པོའི་སྒྲུབ་པ་བཙུགས་ན་ལེགས། །ཞེས་སོགས་ལུང་བསྟན་གྱིས་ཟིན་པ་ལྟར་ཁོ་བོ་ས་ལུག་སྲིད་སྐྱོང་གི་ཞབས་ཕྱི་ཞུས་ནས་བཀའ་བསྐུལ་ཏེ་ཚུགས་པ་ཕུང་པོ་རི་བོ་ཆེར་བདུད་དཔུང་ཟིལ་གནོན་[༧༢]གླིང་། སློབ་དཔོན་ཉང་སྟོད་བྲག་ལ་བ་ཆོས་རྗེ་དགའ་རབ་པ། རྒྱན་གཏན་འཇམ་དཔལ་ཆེ་བདག་ནག་པོ་ཕྱག་རྒྱ་ཟིལ་གནོན་གྱི་སྒྲུབ་མཆོད་གཙོར་འདོན་ངེས། དྲག་པོ་རང་བྱུང་རང་ཤར། ཐུགས་རྗེ་ཆེན་པོ། རིགས་འཛིན་གདུང་སྒྲུབ། ཐུགས་སྒྲུབ་དྲག་པོ་རྩལ་རྣམས་ཀྱི་དུས་གཏོར་གཏོང་བ་སོགས་བསིལ་ལྡན་ར་བ་དཀར་པོས་བསྐོར་བའི་ཞིང་འདིར་མཐའ་བཞིའི་གདུག་པ་ཞི་བྱེད་ཁོ་ནར་བསྡུགས་པ་དང་། དཔལ་ཨོ་རྒྱན་སངས་རྒྱས་གཉིས་པའི་ཐུགས་ཀྱི་སྒྲུབ་གནས་ལྗོ་བྲག་མཁར་ཆུར་ཆུ་ཁྲི་ལོ་ཚུགས་པ་དགའ་ལྡན་བདུད་འཇོམས་[༧༣]གླིང་། སློབ་དཔོན་པར་བྱང་གླིང་བླ་བྲུར་དག་དབང་ནོར་བུ། ད་ལྟ་མཁས་བཙུན་རྒྱ་མཚོ། ཟླ་བ་ངོ་རེ་བཞིན་གྱི་ཆོས་གསུམ་ལ་རྒྱུགས་བཏང་། བརྒྱད་ལ་མི་འཁྲུགས་པ། བཅུར་བླ་མ་གསང་འདུས། བཅོ་ལྔར་ཡང་དག །ཉེར་དགུར་ནག་པོ་སྐོར་གསུམ་སོགས་ཆོས་སྤྱོད་གི་བཀང་བས་མཚོན་པའི་བསྟན་སྲིད་ཀྱི་རིམ་གྲོ་སྐྱིན་(༣༡༨ན)རྒྱུས་སུ་བསྟར་རྒྱུར། ཨང་དང་གྲྭ་གྲངས་བརྒྱད་ཅུ་སྐོར་འཚོགས་པས་དེ་ལྟར་རྩེ་གཉིས་གླིང་བཅུ་གཅིག་དང་བཅས་པའི་ལུང་དང་མཐུན་པའི་ཆོས་གྲྭ་བཅུ་གསུམ།

མ་གཞི་དབུས་གཙང་གསར་བཙུགས་ཁོངས་གཏོགས་ཀྱང་གྲུབ་མཐའ་བསྒྱུར་བ་དང་ཉིང་པའི་སོན་ཡོད་སོགས་གོང་མ་རྣམས་དང་ཅུང་ཟད་མི་འདྲ་བ། ཐོབ་རྒྱལ

དུ་སྔགས་འདུལ་ཁྲི་གསུམ་གྱི་དགོན་གནས་ཆོས་གཞིས་རང་འཛུགས་ཐོག་ཁྲི་གདན་ཆོས་ལུགས་བསྒྱུར་ཞིང་བཀྲ་ཤིས་ལྷུན་པོ་ནས་བླ་མ་བསྐོ་གཞག་གིས་མཚོན་པའི་ཞལ་འཛིན་དང་མདོ་སྔགས་ཀྱི་སློབ་གཉེར་བ་རྣམས་དགོན་གཉིས་སུ་ཆོས་དབར་རེ་མོས་ཀྱིས་འདེབས་དགོས་ཚུལ་སོགས་བསྐུལ་ཏེ་ཤིང་མོ་བྱ་ལོ་ཚུགས་པ་དཀའ་ལྡན་རབ་རྒྱས་གླིང་། སློབ་དཔོན་པ་ཐོག་མ་ཧ་ནག་དགེ་འདུན་ཡར་འཕེལ། དེ་ནས་བཀྲ་ཤིས་སྡིངས་པ་བློ་བཟང་བསྟན་འཛིན། ལྷུན་གྲུབ་རྩེ་བ་བློ་བཟང་མགོན་པོ། སྲིད་པ་བསྟན་པ་དར་རྒྱས། འགྲིག་པ་བཟོད་པ་རྒྱལ་མཚན། ཉང་སྟོད་པ་ནོར་བུ་རྒྱལ་མཚན། ད་ལྟ་མགོ་ཡུལ་སྟོད་པ་དགེ་འདུན་མཐའ་ཡས། ཆོས་དབར་སྐབས་མདོ་སྔགས་ཀྱི་འཆད་ཉན་བཀྲ་ཤིས་ལྷུན་པོ་མ་དགོན་ལྟར་དང་། རྒྱུན་གཏན་གཞིས་དགོན་བྱིངས་འགྲོ། གྲྭ་རྒྱུན་བཀྲ་ལྷུན་ཐོས་བསམ་གླིང་དུ་འགྲོ། ཨང་དང་གྲྭ་པ་བརྒྱ་དང་ལྔ་བཅུ་སྐོར།

རོང་བྱམས་གླིང་ཞེས་སྔར་འཛམ་མགོན་ཆོས་ཀྱི་རྒྱལ་པོ་བཙོང་ཁ་པའི་གསུང་ལས་སྐྱེས་པའི་སྲས་སེམས་དཔའ་ཆེན་པོ་གཞོན་ནུ་རྒྱལ་མཆོག་གིས་འདེབས་ངར་མཛད་ཀྱང་། ཡོག་སྒྲོན་རྣམ་(ཟ༧༨བ)པར་བདེ་ཞིང་མདའ་ལྡེའི་འཇུག་པས་རྒྱུད་བཅིངས་པའི་བྱེད་པོ་འགའི་འཕྲུལ་ལ་བརྟེན་ས་དགེ་བོ་ལུགས་སོགས་སོ་སོར་གྱེས་ཞིང་། དགེ་ལུགས་བོད་བཙན་པའི་གྲྭ་པ་རྣམས་ཀྱང་ནོར་སྐྱོང་སྤྱར་མོར་ཡོས་བླུག་པ་ལྟར་བཀྲས་ལྷུན་སོགས་སུ་འཐོར་ནས་ཡོད་པ། སླར་དགེ་ལུགས་གྲྭ་ཉིང་གི་ས་བོན་དང་། ས་བུའི་རིང་ལུགས་བསྒྱུར། ཐོ་བཙུན་གསར་རྒྱག་ལྔ་བཅུ་སྐོར་དང་བཅས་མེ་ཕག་ལོ་ཚུགས་པ་དགའ་ལྡན་བྱམས་པ་གླིང་། ཆོས་འཆད་པ་རྗེ་བླ་མ་ལྔ་པ་ཆེན་པོ་མཚན་ཉིད་ཐུགས་གཉེར་གནང་སྐབས་ཀྱི་རྩེ་ཞག་དང་བགྲོ་གླེང་ཞབས་ཕྱི་ཀླུ་མི་ལྷུང་གྲོང་པ་བློ་བཟང་ཆོས་གྲགས་སོགས་ན་རིམ་ནས་རྗེ་བླ་མའི་བཀའ་རྩོམ་དབུ་ཕར་མཛོད་གསུམ། པཎ་ཆེན་བསོད་ནམས་གྲགས་པའི་འདུལ་བ་སོགས་ལ་འཆད་ཉན་བྱེད་པ་བཅས་གོང་དུ་གསལ། གྲྭ་རྒྱུན་འབྲས་སྤུངས་བློ་གསལ་གླིང་། སེ་ར་

སྐད། དགའ་ལྡན་བྱང་རྩེ། བཀྲས་ལྷུན་ཐོས་བསམ་གླིང་རྣམས་སུ་ཐོབ། ཨང་དང་གྲྭ་པ་ཉིས་བརྒྱ་དང་ཞེ་བརྒྱད།

ཤར་ཕྱོགས་དྭགས་པོའི་ཆ་ཀུ་རབ་རྣམ་རྒྱལ་ཁུལ་དུ་སྒྲོམ་མདའ་མཁན་པོ་མཐུ་སྟོབས་དཔལ་འབྱོར་ལ་བཀའ་གནང་བ་བསྐུལ་ཏེ་ས་ཕོ་བྱི་བ་ལོར་ཚུགས་པ་དགའ་ལྡན་རབ་བརྟན། ཐོག་མར་འཛུགས་པ་པོ་ཉིད་ཀྱིས་མཁན་པོ་དང་། དེ་ནས་རིམ་པ་ལྟར་ཨ་མདོ་བ་སྦྱིན་པ་རྒྱ་མཚོ། ལྷ་ས་བ་བློ་གྲོས་རིན་ཆེན། རྒྱ་རོང་བློ་བཟང་བཀྲ་ཤིས། ད་ལྟ་འཕྲིན་ལས་རབ་རྒྱས་ཀྱིས་ཤར་རྩེའི་འདུལ་བ་དང་རྗེ་བླ་མའི་དབུ་ཕར་མཛོད་གསུམ་རྣམས་ལ་འཆད་ཉན་དང་། སྨན་བླའི་མདོ་(ཞཀ(ཉ)ཆོག་ཡིད་བཞིན་དངང་རྒྱལ་སོགས་ཀྱིས་འགྲོ་དོན་སྐྱོང་། གྲྭ་རྒྱུན་འབྲས་སྤུངས་བློ་གསལ་གླིང་། སེ་ར་བྱེས། དགའ་ལྡན་བྱང་རྩེ། རྒྱུད་སྨད། དྭགས་པོ་གྲྭ་ཚང་སོགས་ངེས་མེད་དུ་འགྲོ། ཨང་དང་གྲྭ་པ་ཉིས་བརྒྱ་དང་ལྔ་བཅུ་སྐོར།

ལྷོ་སྟོད་ལྷོའི་ཕྱོགས་ཞོལ་དཀར་མི་འགྱུར་རྡོ་རྗེ་རྫོང་གི་ཉེ་འདབས་སུ་ལོ་ཆེན་གྲགས་པ་རྒྱལ་མཚན་གྱིས་བཏབ་པའི་ས་ལུགས་གྲྭ་ཚང་བདུན། བོ་ལུགས་གྲྭ་ཚང་བདུན་དགེ་ལུགས་གྲྭ་ཚང་བདུན་བཅས་དར་རྒྱས་སུ་ཡོད་ཅིང་། འཇམ་མགོན་ཆོས་ཀྱི་རྒྱལ་པོ་བཙོང་ཁ་པ་དང་ཕྱག་ན་པདྨ་དགེ་འདུན་གྲུབ་ཀྱི་ཐུགས་གཉེར་གྲྭ་སྐོར་གནང་བ་སོགས་དྲན་དབང་དང་པ་འདྲ་བའི་པད་མཚོ་འཁྲུན་ཟླ་དང་བྲལ་ཡང་། བདུད་མོ་རྡོ་སྒྲུར་ནག་མོའི་སྨོན་ལམ་དུས་སུ་བདོ་བས་བྱང་བདག་པོའི་མདའ་ཐང་ཞིང་ཤག་པས་རང་གིར་བཟུང་བ་ནས་ཆོས་ཁྲིམས་དང་རྒྱལ་ཁྲིམས་གཉིས་ཀ་འཚོལ་བས་འཆད་ཉན་ལྷ་ཞོག །ཕྱི་རབ་བྱུང་གི་རྟགས་དང་འདུལ་སྡོམ་གྱི་རྩ་བ་བཞི་ཡང་འདི་ཡོད་དགའ་བའི་སྙིགས་མའི་རང་ཞལ་ལྟུག་པར་བསྟན་པའི་སྐབས། ས་བོའི་གྲྭ་ཚང་གི་ཁྲིམས་འཆལ་ངན་སོང་གི་རྒྱུ་སྒྲུབ་པ་རྣམས་གཞན་དུ་འཕོ་བཅུག །དགེ་ལུགས་ཤར་པ། གསེར་གླིང་། བྱུར་བཟི། སྒོ། ཀུན་འཛམ། གནས་འོག །གཟི་མཁར་བཅས་པའི་གྲྭ་རྙིང་ལྷབ་ཕེར་གང་ཡོད་ཐོག །ལ་སྟོད་ལྷོ་

ཁྲུལ་གཉའ་ནང་དང་བཅས་པ་ནས་བུ་ཁྲལ་བསྡུས་པའི་ཤིང་བྱ་གསར་དུ་ཚུགས་པ་ཞྭ་དཀར་ཆོས་སྡེ། སློབ་དཔོན་པ་(༡༧༡ཁ)ཐོག་མ་གྲམ་སོ་བ་ལེགས་པ་དོན་གྲུབ། དེ་རྗེས་གོང་པོ་ཆབ་ནག་པ་སངས་རྒྱས་དཔལ་འབྱོར། འདིས་གྲྭ་ཚང་རང་གི་སྒྲིག་ཀུན་སྤྱོད་དང་། སྒྲུབ་སྡེ། བཙུན་མ་དགོན་གསར་འཛུགས་སོགས་ལག་རིས་བྱས་པ་ཆེ་ཙམ་སྣང་། དེ་རྗེས་མངའ་རིས་པ་བཀྲ་ཤིས་རྒྱ་མཚོ། མི་ཉག་ཡེ་ཤེས་རྒྱ་མཚོ། སྟོ་བ་གསེབ་ངག་དབང་ཡེ་ཤེས། ད་ལྟ་ངག་དབང་དགེ་འདུན་གྱིས་པཎ་ཆེན་དགེ་འདུན་གྲུབ་ཀྱི་འདུལ་འགྲེལ་རིན་ཆེན་ཕྲེང་བ་དང་བདེ་ལེགས་ཉི་མའི་ཡིག་ཆའི་སྙིང་ནས་འདུལ་བ། བསྡུས་ཚད་ར་བ་སྟོད་པ་དང་ཉེ་བ། རྗེ་བླ་མ་མཆོག་གི་བཀའ་དབུ་ཕར་མཛོད་གསུམ་རྣམས་སུ་འཆད་ཉན་བྱེད། མི་འཁྲུགས་པ་དང་སྨན་བླའི་ཆོ་གས་གདུལ་བྱ་སྐྱོང་། གྲྭ་རྒྱུན་འབྲས་སྤུངས་བློ་གླིང་། སེ་ར་སྨད། རྒྱུད་སྟོད། བཀྲས་ལྷུན་དང་གངས་ཅན་གྱི་ཤར་རྩེ་རྣམས་སུ་ཐོབ། ཨང་དང་གྲྭ་པ་ཉིས་བརྒྱ་དང་ལྔ་བཅུ་སྐོར།

རྫོ་ནང་པའི་དགོན་རྟག་བརྟན་པའི་གྲྭ་རྙིང་གིས་སོན་དང་བཅས་ས་ཁྲི་ཡོར་གསར་དུ་ཚུགས་པ་དགའ་ལྡན་ཕུན་ཚོགས་གླིང་། ཐོག་མའི་སློབ་དཔོན་པ་སོག་པོ་བློ་བཟང་བསྟན་འཛིན་རྒྱ་མཚོ། དེ་ནས་ཧོར་ངག་དབང་དོན་གྲུབ། སྤུ་རི་ངག་དབང་བློ་གྲོས་རྣམ་རྒྱལ། འཕྱོང་རྒྱས་ལུང་རིགས་རྒྱ་མཚོ། དགའ་བ་གདོང་པ་བློ་བཟང་བསྟན་འཕེལ། ཐོར་གོད་ངག་དབང་ཤེས་རབ་སྦྱིན་པ། ཨ་མདོ་བ་བློ་གྲོས་རྒྱ་མཚོ། ད་ལྟ་འོལ་ཁ་པ་རིན་ཆེན་ཆོས་འཕེལ་གྱིས་ཚད་མ་རིགས་རྒྱན། བདེ་ལེགས་ཉི་མའི་འདུལ་བ། རྗེ་བླ་མ་མཆོག་གི་དབུ་(༣༢༠ན)ཕར་མཛོད་གསུམ་ཟུར་བཀོལ་དང་བཅས་པར་འཆད་ཉན་བྱེད། ཨང་དང་གྲྭ་པ་བཞི་བརྒྱ་དང་རེ་གཉིས་སྐོར་

པ་སྣམ་དུ་པ་ཚབ་ལོ་ཙྪ་བ་ཤེས་རབ་འབྱུང་གནས་ཀྱིས་བཏབ་པ་དགའ་བ་གདོང་རྒྱ་འདུལ་བ་འཛིན་པ་ཡན་བཀའ་གདམས་དང་དེ་ནས་ས་ལུགས་སོགས་སྣ་ཚོགས་ཐོག་ཞིང་ཤག་པ་ཚེ་བརྟན་རྡོ་རྗེས་ཆོས་རྗེ་ཀརྨ་པར་ཕུལ་བ་ནས་དེའི་རིང་

ལུགས་འཛིན་ཅིང་། ཚུ་ར་ཡོར་བསྟན་འཛིན་ཆོས་ཀྱི་རྒྱལ་པོའི་དཔུང་ཚོགས་ཡན་ལག་བཞིས་བོད་ཤིང་སྒོ་ཅན་གྱི་རྒྱལ་ཁམས་དབང་དུ་བསྡུས་ཏེ་རྗེ་བླ་མ་མཆོག་གི་མངའ་འབངས་སུ་ཕུལ། དུས་བདེ་ཞོད་འཇགས་ཀྱི་སྐབས། སློབ་དཔོན་ཞི་བ་ལྷས། སྡུག་བསྔལ་འདོར་འདོད་སེམས་ཡོད་ཀྱང་། །སྡུག་བསྔལ་ཉིད་ལ་མངོན་པར་རྒྱུག །བདེ་བ་འདོད་ཀྱང་གཏི་མུག་པས། །རང་གི་བདེ་བ་དགྲ་ལྟར་འཇོམས། །ཞེས་དང་། ས་པཎ་གྱིས། རྨོངས་པ་བདེ་བ་འདོད་བཞིན་དུ། །བྱ་བ་སྡུག་བསྔལ་འབའ་ཞིག་སྒྲུབ། །གདོན་གྱིས་བཏབ་པའི་སྨྱོ་བོ་འགའ། །སྡུག་བསྔལ་སྤང་ཕྱིར་ལྟེབ་པ་མཐོང་། །ཞེས་གསུངས་པ་ལྟར་བསྒྱུར་ལངས་ཀྱི་ཞབས་འདྲེན་མངོན་མཚན་ཆེས་པར་བརྟེན་མཆོད་ཡོན་ནས་གྲྭ་རིགས་དགོན་གནས་དང་བཅས་དམིགས་པ་མེད་པའི་དབྱིངས་སུ་རྒྱས་འདེབས་པར་མཛད་པའི་ཤུལ། བྱ་བྲལ་གྲྭ་ཚང་སངས་རྒྱས་ཀྱི་མཚན་འབུམ་སྒྲོག་པའི་མཚན་སྒྲོག་པར་གྲགས་པའི་གཞིས་དགོན་དང་སྦྲགས་ཛེ་ཏྲུས་སུ་མེ་ཕྱི་ཡོར་ཚུགས་པ་དགའ་ལྡན་དར་རྒྱས་(༣༢༠བ)གླིང་། དེ་སྐབས་བླ་མ་དགེ་ལེགས་དཔལ་ལྡན། དེ་རྗེས་རིམ་པ་ལྟར་ངག་དབང་དགེ་ལེགས། དོན་གྲུབ་དཔལ་བཟང་། ངག་དབང་འཕྲིན་ལས། ད་ལྟ་སྦྱིན་པ་རྒྱ་མཚོ། གསང་བ་འདུས་པའི་འགྲེལ་པ་སྒྲོན་གསལ། རྗེའི་མཆན། མཐའ་གཅོད། སྤྱི་དོན་ཏེ་འགྲེལ་པ་བཞི་སྦྲགས། མཁས་གྲུབ་ནོར་བཟང་རྒྱ་མཚོ་དང་པཎ་ཆེན་བསོད་གྲགས་པའི་བསྐྱེད་རྫོགས་སོགས་ཀྱི་སྟེང་ནས་འཆད་ཉན་བྱེད། གསང་འདུས་ཚེ་དཔག་སྨན་བླ་སོགས་ཀྱིས་འགྲོ་དོན་སྐྱོང་། ཨང་དང་གྲྭ་པ་བརྒྱ་དང་སོ་བཞི་སྐོར།

རིག་པའི་འབྱུང་གནས་འཕན་ཡུལ་གྱི་ཆར་གཉིས་སུ་མེད་པར་གསུང་བ་པོའི་བཀའ་སྡེ་སྣོད་གསུམ་དང་རྒྱུད་སྡེ་བཞི་པོ་མ་ལུས་པ་གང་ཟག་གཅིག་འཚང་རྒྱ་བའི་གདམས་ངག་ཏུ་འཆར་བའི་རིང་ལུགས་འཛིན་པ་ཡེ་ཤེས་འབྱུང་གནས་ཀྱིས་ཐང་སག་གི་འདུས་སྡེ་བསྐྲུན་ནས་དར་རྒྱས་སུ་གནས་པ་ལས། ཕྱི་ཞིག་ན་དགོན་པ་འབྲི་གུང་ངའི་དམག་གིས་བཤིག །སླར་སྔར་གྱི་དགོན་པའི་ལྷོ་ངོས་ན་གནས་གཞི་སྤོས་

ཀྱང་ནཱ་ལེནྡྲ་སྟག་ལུང་པ་སོགས་འཛིན་བདག་རྣམ་གྲངས་མང་བ་དང་བཅས་སེར་ཁྲིམ་པར་སོང་བ། ལྕགས་ཡོས་ལོར་གཞན་ནས་བན་ཁྲལ་སོགས་བསྡུས་ཏེ་གསར་དུ་ཚུགས་པ་ཐང་སག་དགའ་ལྡན་ཆོས་འཁོར། ཆོས་འཆད་ཐོག་མ་ལྷ་ས་པ་རྒྱལ་མཚན་ལེགས་པ། དེ་ནས་རྒྱུད་སྨད་པ་བློ་བཟང་དར་རྒྱས། ཕ་བོང་ཁ་བློ་བཟང་འཇམ་དབྱངས། སྲུ་རི་མདོ་སྡེ་རྒྱ་མཚོ། ར་བ་སྟོད་བླ་བྲུར་ཕུན་ཚོགས་ཆོས་(༣༢༧ན)ལྡན། རྗེ་པ་ནམ་མཁའ་བཟང་པོ། རྩེས་དང་པ་དངོས་གྲུབ་རྒྱ་མཚོས་མཁས་ཤིང་གྲུབ་པའི་དབང་ཕྱུག་ནོར་བཟང་རྒྱ་མཚོས་མཛད་པ་དཔལ་གསང་བ་འདུས་པའི་བསྐྱེད་རྫོགས། སྒོམ་སྡེ་ནམ་མཁའ་རྒྱལ་མཚན་གྱིས་མཛད་པའི་འཇིགས་བྱེད་ཀྱི་རིམ་གཉིས་སོགས་ལ་འཆད་ཉན་དང་། རྗེ་བླ་མ་མཆོག་གི་བཀའ་ལམ་རིམ་གྱི་འཁྲིད་སོགས་སྐྱོང་། གསང་འདུས་དང་སྨན་བླའི་ཆོ་ག་གཏོང་། ཨང་དང་གྲྭ་པ་བརྒྱ་དང་སོ་བརྒྱད་སྐོར།

ས་ལུགས་ཕག་གདོང་པ་འཕོས་ཤུལ་བྲེ་ཏ་བའི་སོན་དང་བཅས་ལྕགས་ཕོ་སྟག་གི་ལོ་ཚུགས་པ་ཐར་པ་གླིང་། སློབ་དཔོན་པ་ཐོག་མ་རྗེ་པ་དགེ་འདུན་དར་རྒྱས། དེ་ནས་དབུར་སྟོད་བློ་བཟང་དཔལ་འབྱོར། འདི་ཉིད་ཀྱི་སྐབས། མཁས་མཆོག་དབྱིག་གཉེན་གྱིས། སྲིད་པའི་རྩ་བ་ཕྲ་རྒྱས་དྲུག །འདོད་ཆགས་དེ་བཞིན་ཁོང་ཁྲོ་དང་། །ང་རྒྱལ་མ་རིག་ལྟ་བ་དང་། །ཐེ་ཚོམ་ཡིན་ཏེ་དེ་དྲུག་ཀྱང་། །ཞེས་གསུངས་པ་ལྟར་གྲྭ་སློབ་ཐམས་ཅད་ཕྲ་རྒྱས་ཀྱི་དབང་དུ་སོང་བའི་ཟེང་རྐྱེན་མཛེས་མཚོན་ཕོར་བའི་བྱེད་བབས་དང་བཅས་ལོ་ཤས་བར་སྟོང་དང་། ཤིང་སྦྲུལ་ལོ་མཆོ་སྨད་ངག་དབང་ཕུན་ཚོགས་བསྐོ་གཞག་གནང་། ད་ལྟ་ཡར་གླུངས་བློ་བཟང་ལེགས་ལྡན། ཆོ་ག་ཕྱག་ལེན་དངོས་གཞི་ཕན་བདེ་ལེགས་བཤད་གླིང་པའི་བུ་དགོན་ཡིན་ངས་ཏ་ལམ་མ་ཚུངས་སྟེང་། འཇམ་མགོན་ཆོས་ཀྱི་རྒྱལ་པོའི་གསང་འདུས་མི་བསྐྱོད་པ། ཐམས་ཅད་མཁྱེན་པ་དགེ་འདུན་(༣༢༧བ)རྒྱ་མཚོའི་བདེ་མཆོག་དྲིལ་བུ་ལྷ་ལྔ། རྗེ་བླ་མ་མཆོག་གི་བཀའ་མི་འཁྲུགས་ལྷ་དགུ་སོགས་གཏོང་། ཨང་དང་གྲྭ་པ་བརྒྱ་དང་

ཉེར་བདུན་སྐོར།

ཆོས་འཁོར་རྒྱལ་ཁུལ་སྐྱེར་སྒྱུང་གནས་པའི་ཤུལ་དུ་མི་ཕོ་ཧ་ལོ་ཚུགས་པ་དགའ་ལྡན་གླིང་། བླ་མར་རོང་པ་ངག་དབང་ནམ་མཁའ་བཟང་པོ། སྐྱོར་ལུང་པ་བློ་བཟང་རྒྱལ་མཚན། འཕྱོང་རྒྱས་པ་ངག་དབང་བསྟན་འཛིན། སྣར་ཡང་ནམ་མཁའ་ངཟང་པོ། ད་ལྟ་མཁར་ནག་པ་རྡོ་རྗེ་རྒྱལ་མཚན། རྗེ་དགེ་འདུན་རྒྱ་མཚོས་མཛད་པའི་ཐུགས་རྗེ་ཆེན་པོ་དཔལ་མོ་ལུགས་དང་། བླ་མ་མཆོད་པ་སོགས་གཏོང་། ཨང་དང་བཙུན་མ་དྲུག་ཅུ་སྐོར།

བལ་པོད་ཀྱི་མཚམས་གཉའ་ནང་རྗེ་བཙུན་མི་ལ་རས་པའི་སྒྲུབ་གནས་གྲོད་པ་ཕུག་ཏུ་ཞིགས་ཤིང་པའི་སོན་དང་བཅས་ཤིང་ཡོས་ལོར་ཚུགས་པ་དགའ་ལྡན་འཕེལ་རྒྱས་གླིང་། སློབ་དཔོན་པ་ཐོག་མ་ཤེལ་ཆོས་བློ་བཟང་བཀྲ་ཤིས། དེ་རྗེས་ལྷ་ས་བསོད་རྒྱམ་པ། སྟོད་ལུང་པ་འཕྲིན་ལས་རྒྱལ་མཚན། ད་ལྟ་བྱམས་ཆེན་མདོ་རྒྱུད་རྒྱ་མཚོ། ནག་པོ་སྐོར་གསུམ་སོགས་དགེ་ལུགས་གཞིས་དགོན་ཕྱགས་གྲྭ་དཔེ་འགྲེ། གྲྭ་རྒྱུན་གཞན་ལ་འགྲོ་སྲོལ་མེད། ཨང་དང་གྲྭ་པ་བདུན་ཅུ་སྐོར།

ཡུལ་དབུས་གཙང་མ་ཡིན་ཀྱང་། ཇམས་སུ་ཞེས་པའི་སྒྲས་རཧུའི་ལུང་བསྟན་ཀྱིའང་ཟིན་ཞིང་གསར་བཙུགས་རང་གི་གྲས། ཁམས་སྟོད་རྫོང་ཀྱི་སའི་ཆར་ལྷུགས་མོ་ཡོས་ལོར་གསར་དུ་ཚུགས་པ་རྒྱ་མཚོ་གླིང་། སློབ་དཔོན་ཐོག་མ་གཙང་པ་དགེ་ལེགས་རྒྱ་མཚོ། དེ་(༣༢༢ན)ནས་མི་ཉག་སངས་རྒྱས་ཆོས་འཕེལ། འོར་པ་བརྩོན་འགྲུས་རྒྱ་མཚོ། སྟོད་ལུང་པ་ངག་དབང་སྨོན་ལམ། ད་ལྟ་སེ་ར་བ་ངག་དར། འདོན་ཆོས་སྤྱོད་རྒྱལ་མེ་ཏོག་ཐང་པ་ལུགས། གྲྭ་རྒྱུན་སེར་འབྲས་དགེ་གསུམ་གྱི་ཁམས་ཚན་གུང་ཐུ་ཁང་ནག་མར་འགྲོ། ཨང་དང་གྲྭ་པ་ཉིས་བརྒྱ།

སྨད་མདོ་ཁམས་ཞིང་དང་འདྲ་བའི་སའི་ཆ་འབའ་ལྷུན་གྲུབ་རབ་བརྟན་ཁུལ་དུ་ས་ཕག་ལོར་ཚུགས་པ་དགའ་ལྡན་ཕན་བདེ་གླིང་། ཐོ་བཙུན་རྣམས་ཀྱི་བར་མ་རབ་བྱུང་བསྒྲུབ་པའི་མཁན་པོ་དེ་མོ་སྤྲུལ་པའི་སྐུ་ངག་དབང་དགེ་ལེགས་ཀྱིས་མཛད།

ཐོག་མའི་སློབ་དཔོན་པ་འཕན་པོ་ངག་དབང་རྒྱ་མཚོ། དེ་ནས་སེ་ར་ཤར་སངས་རྒྱས་འཕྲིན་ལས། སྟེང་ཁ་བློ་བཟང་ལྷུན་གྲུབ། ད་ལྟ་དོག་སྡེ་བློ་བཟང་བསྟན་པ། བདེ་གསང་སོགས་སྔགས་ལུགས་ཀྱི་ཕྱག་ལེན་རྒྱུད་སྨད་པར་ཉེ། གྲྭ་རྒྱུན་སྐྱེ་རྩའི་བབས་དང་བསྟུན་ཕ་ར་གོ་བོ་སོགས་ངེས་མེད་དུ་འགྲོ། གྲྭ་པ་སུམ་བརྒྱ་བདུན་ཙུ་སྐོར།

བར་ཁམས་བྱང་བརྒྱུད་སོག་ཙན་དན་དགོན་གར་ལུགས་ཀ་མི་གཙང་ཞིང་ཆོལ་རྗེ་ཀརྨ་པ་ལྷོང་ཞབས་སུ་འབྱོན་པའི་བྱ་ལེན་མཚང་བསྐྱིལ་དུ་མ་ཟད། སྟར་རྒྱུན་དཔའ་ཐལ་གྱི་བྱེད་སྤྱོད་མངས་པ་སོགས་སྒོ་དུ་མ་ནས་གྲྭ་ཉིང་རྣམས་ཕལ་ཆེར་འཕོས་ཤུལ་ས་ཕོ་སྦྲེའུ་ལོར་གསར་དུ་ཚུགས་དགའ་ལྡན་འཕེལ་རྒྱས་གླིང་། ཆོས་འཆད་སློབ་དཔོན་རྩེས་དང་པ་བདུད་འཇོམས། དེ་ནས་ར་མ་སྒང་ངག་དབང་མཁྱེན་བརྩེ། ད་ལྟ་ཕྱུག་ཁང་པ་ངག་དབང་རྣམ་རྒྱལ། དཔལ་གསང་བ་(༣༢༢བ)འདུས་པ། འཇིགས་བྱེད། ཚེ་དཔག་མེད། སྨན་བླ་སོགས་ཀྱི་སྒྲུབ་མཆོད། ནག་པོ་སྐོར་གསུམ། དམག་ཟོར་མ་རྣམ་སྲས་བཅས་པའི་རྒྱུན་བཀང་དུས་གཏོར་སོགས་གཏོང་། གྲྭ་རྒྱུན་འབྲས་སྤུངས་བློ་གསལ་གླིང་དང་རྒྱུད་སྨད་པར་འགྲོ། གྲྭ་པ་བརྒྱ་དང་ལྔ་བཅུ་སྐོར།

དཀར་ཤོད་དགོན་དུ་ལོ་ཧྲ་སོགས་གོང་བཞིན་ཚུགས་པ་དགའ་ལྡན་ཆོས་འཁོར། སློབ་དཔོན་པར་ལྷུང་ལོ་ཙན་པ་འཕྲིན་ལས་རྒྱ་མཚོ། བློ་གླིང་བློ་བཟང་ཆོས་འཕེལ། ད་ལྟ་བྲག་གཡག་བློ་བཟང་རྒྱལ་མཚན། ཚོ་ག་ཆོས་སྤྱོད་གྲྭ་རྒྱུན་སོགས་སོག་དང་འདྲ་བ། གྲྭ་པ་བརྒྱ་སྐོར། རི་ཤོད་དགོན་གྱི་གྲྭ་ཉིང་འཕོས་ཤུལ་ས་སྦྲེལ་ལོ་ཚུགས་པ་དགའ་ལྡན་རབ་བརྟན། སློབ་དཔོན་ལྷུང་ཙན་འཕྲིན་ལས་རྒྱ་མཚོ། སྔགས་པ་བློ་བཟང་ཆོས་འཕེལ། སྟོད་ལུང་པ་བློ་བཟང་བསྟན་འཛིན། ད་ལྟ་སེ་ར་སྨད་སྐལ་བཟང་རྒྱ་མཚོ། གསང་འདུས། ནག་པོ་སྐོར་གསུམ་སོགས་གོང་མཚུངས། གྲྭ་རྒྱུན་འབྲས་སྤུངས་བློ་གསལ་གླིང་། གྲྭ་པ་བརྒྱད་ཅུ་སྐོར།

མདོ་ཁམས་དང་རྒྱའི་མཚམས་ཤར་དར་རྩེ་མདོའི་ལ་མོ་རྩེར་མེ་སྦྲུལ་ལོར་ཚུགས་པ་དགའ་ལྡན་འགྲོ་ཕན་གླིང་། བླ་མར་ངག་དབང་འཇམ་དབྱངས། ད་ལྟ་ལྷུང་པ

བློ་བཟང་བཀྲ་ཤིས། ཕན་བདེ་ལེགས་བཤད་གླིང་གི་བུ་དགོན་ཡིན་གཤིས་འདོན་ཆོས་སྤྱོད་ཧ་ལམ་གྲྭ་ཚང་དང་མཚུངས་པ། གྲྭ་པ་ལྔ་བཅུ་སྐོར།

མི་ཉག་ སྤུ་ལུང་ར་ལྕེ་དགོན་པའི་རྒྱ་གར་གྲྭ་ཚང་བར་སྐབས་ཉམས་ཆག་ཆེ་བ་མེ་སྤྲུལ་(ལོར་)མོ་ལྷ་སུམ་མདོར་རྗོང་རྒྱག་པ་དང་ཆབས་(༣༢༣ན)ཅིག་ཏུ་བཏབ་པ་དགའ་ལྡན་ཆོས་གླིང་། དེ་སྐབས་བླ་མ་ཉག་རེ་བློ་བཟང་རྒྱལ་མཚན། ད་ལྟ་སེ་ར་སྨད་དམ་ཆོས་རབ་བརྟན། དགེ་ལུགས་ སྡགས་གྲྭ་བཞིས་དགོན་དཔེ་འགྲེ། གྲྭ་རྒྱུན་དགའ་ལྡན་དུ་ཉག་རོང་། འབྲས་སྤུངས་བློ་གླིང་། སེ་ར་སྨད་རྣམས་སུ་འགྲོ། གྲྭ་པ་བཞི་བརྒྱ་སྐོར།

དྭགས་ཀོང་གི་མཚམས་སྐྱིམ་དུང་དཀར་བྲག་ཆོས་རྗེ་ཞྭ་དམར་བས་བཏབ་པ་རྩ་ཧ་བསྟན་འཛིན་ཆོས་ཀྱི་རྒྱལ་པོ་མཆོད་ཡོན་གྱི་དཔུང་ཆེན་ཀོང་པོ་ཀར་སྲིད་ཀྱི་སྡིང་དུ་ཕེབས་སྐབས་སྐྱ་ཐག་ཆོད་ཀྱང་སྡོ་དྲི་མ་སངས་པའི་བྱེད་སྤྱོད་ལ་བརྟེན་དགོན་པ་ཟ་བ་ནས་སྟོངས་པ། སླར་རྗེ་བླ་མ་མཆོག་གི་ཐུགས་བསྐྱེད་དུས་སུ་བདོ་བས་ལུགས་ཡོས་གསར་ཚུགས་དགའ་ལྡན་ལྷ་རྩེ། སློབ་དཔོན་པ་ཐོག་མ་བམ་རིམ་ཐར་པ་རྒྱ་མཚོ། དེ་ནས་ལུགས་གྲོང་བཤེས་གཉེན་རྒྱ་མཚོ། འདབ་དོལ་བསམ་གཏན་རྒྱ་མཚོ། བམ་རིམ་མཁན་ཟུར་ནམ་མཁའ་བཟང་པོ། དྭགས་པོ་རིན་ཆེན་ཆོས་རྒྱལ། ད་ལྟ་སེ་ར་སྨད་བློ་བཟང་མཁས་བཙུན། གསང་འདུས། ནག་པོ་སྐོར་གསུམ་སོགས་རྒྱུད་སྨད་པར་ཉེ། མི་འཁྲུགས་པ་ལྷ་བཅུ་གསུམ། རྗེ་བླ་མ་མཆོག་གི་མདོ་ཆོག་ཡིད་བཞིན་དབང་རྒྱལ་བཅས་གཏོང་། གཞན་མ་ཆོས་སྤྱོད་འདོན་བསྒྲིགས་སོགས་རྒྱལ་མེ་ཏོག་ཐང་སོར་བཞག །གྲྭ་རྒྱུན་འབྲས་སྤུངས་བློ་གསལ་གླིང་། སེ་ར་སྨད། དགའ་ལྡན་བྱང་རྩེ་རྣམས་སུ་འགྲོ། ཨང་དང་གྲྭ་པ་དོན་གཅིག་སྐོར།

ཕན་བདེ་བ་ལ་མཆོད་ཡོན་གོང་མས་དགོན་(༣༢༣བ)གནས་ཆོས་གཞིས་སོགས་བདག་རྐྱེན་བསམ་གྱིས་མི་ཁྱབ་པ་གནང་སྟེ་དར་རྒྱས་སུ་ཡོད་པར། འཕགས་པ་དགོན་ཅིག་བཙུགས་པའི་འོད་སྤུངས་ཀྱི་ལེའུར། རི་དྭགས་ཀྱི་རྒྱལ་པོ་སེང་གེ་ནི་སྲོག

དང་བྲལ་ཡང་གཙན་གཟན་ཕྲ་མོ་གཞན་དག་གིས་ལྟ་བར་ཡང་མི་བཟོད་ན་ཟ་བ་ལྟ་ག་ལ་ཡོད་ཅིང་། དེ་ཉིད་ཀྱི་ཁོག་པའི་ནང་གི་འབྲུས་ཟ་བ་དང་། དེ་བཞིན་དུ་སངས་རྒྱས་ཀྱི་བསྟན་པ་རིན་པོ་ཆེ་ཡང་ཕྱི་རོལ་མུ་སྟེགས་པ་སོགས་ནས་འཇིགས་མི་ནུས་ཀྱི་ནང་ཁོ་ན་ནས་འཇིག་པར་གསུངས་ལ། ས་པཎ་གྱི། ཆེན་པོ་རྣམས་ལ་དགྲ་བས་ཀྱང་། །རང་གི་འཁོར་གྱིས་གནོད་པ་མང་། །སེང་གེ་ལུས་ཀྱི་འབུ་མིན་པ། །སྲོག་ཆགས་གཞན་གྱིས་ག་ལ་ཟ། །ཞེས་པ་དང་། ལྷག་པར། གཞུང་ངན་གཞན་གྱི་བཀའ་དྲིན་ལས། །ཕྱུང་བ་རང་གི་ཆེ་བར་བསྒྱུར། །གླུ་ཡིས་འབད་ནས་ཕབ་པའི་ཆར། །ཞིང་པ་རང་གི་དཔལ་དུ་རྩི། །ཞེས་གསུངས་པ་ལྟར་བཀའ་དྲིན་ལ་ཐུགས་རྗེར་མི་འཛིན་པར་ཕན་བདེ་སྤྲུལ་སྐུ་དང་ཆབ་མདོ་དཔོན་དྲུང་ཞི་བ་བཟང་པོ་གྲོས་གཅིག་ཏུ་ཁམས་ཀོང་རྩེ་སྒྲོལ་ངོས་རི་ལ་སྤྱི་བོས་བཏུང་བའི་བཏུལ་ཞུགས་བཟུང་བ། བསྟན་འཛིན་ད་ཡན་རྒྱལ་པོ་དཔུང་བཅས་ཕེབས་པ་ཙམ་གྱིས་ཇི་ལྟར་ཉི་མའི་འོད་ཟེར་ཤར་བ་ན་མེ་ཁྱེར་སྲིན་བུའི་སྣང་བ་རང་ཡལ་དུ་འགྲོ་བ་ཆོས་ཉིད་བཞིན་ང་རྒྱལ་བའི་གདོང་པ་ས་ལ་ཕབ། ཞེ་སྡང་གི་སེམས་ཡི་མུག་གི་མལ་དུ་གནས་འཆའ་བཞིན་དུ་དགོན་གནས་ལ་འཕོ་འཕྱུགས་ཤར་བ། དེ་ཚབ་མེ་ཕོ་རྟ་ལོར་ཚུགས་པ་ཛོ་ཛོང་སྐར་གྲྭ་ཚང་། (༣༢༨ན)སློབ་དཔོན་པ་ཐོག་མ་འཕྱོང་རྒྱས་དོན་གྲུབ་རྒྱ་མཚོ། དེ་ནས་འོར་པ་བཙོན་འགྲུས་རྒྱ་མཚོ། འབྲས་སྤུངས་བློ་བཟང་སངས་རྒྱས། དྲམས་ཆེན་མདོ་རྒྱུད་རྒྱ་མཚོ། ད་ལྟ་བློ་བཟང་ཤེས་རབ། ནག་པོ་སྐོར་གསུམ་དང་གསང་འདུས་སོགས་རྒྱུད་སྨད་པ་ཉེ། གྲྭ་རྒྱུན་འབྲས་སྤུངས་བློ་གསལ་གླིང་སོགས་སུ་འགྲོ། ཨང་དང་གྲྭ་པ་བརྒྱ་དང་བརྒྱད།

སྲིད་རིན་ཆེན་རྩེ་བ་ལྷ་བཟང་ཧུས་ལེགས་ལ་བཀའི་གནང་བ་སྩལ་བ་ལྟར་ཤིང་མོ་བྱའི་ལོར་ཚུགས་པ་ནོར་བུ་ཆོས་འཕེལ། སློབ་དཔོན་པ་ཐོག་མ་འབྲོང་རྩེ་དགེ་འདུན་ཡར་འཕེལ། དེ་ནས་བསྟན་པ་དར་རྒྱས། ད་ལྟ་འཇམ་དབྱངས་ཆོས་འཕེལ་གྱིས་བསྐྱུས་ཚད། དབུ་ཕར་འདུལ་མཛོད་སོགས་ཀྱི་འཆད་ཉན་བྱེད་ཅིང་སྤྱགས་

ཕྱོགས་རྒྱུད་སྟོད་དང་ཉེ། གྲྭ་རྒྱུན་བཀྲ་ཤིས་ལྷུན་པོ་ཐོས་བསམ་གླིང་དུ་འགྲོ། ཨང་དང་གྲྭ་པ་བརྒྱ་དང་སུམ་ཅུ་སྐོར།

གཉིས་སྐྱེས་ཁྲི་ལྡུམ་ལ་བཀས་བསྐུལ་ཏེ་མི་དབྱ་ཡོར་བྲག་དཀར་བ་གྲུབ་བསྒྱུར་གྱི་ཐོག་གསར་དུ་ཚུགས་པ་བཀྲ༵་ཤི༵ས་ཆོ༵ས་འཕེ༵ལ། སློབ་དཔོན་པ་ལེགས་པ་རྒྱལ་མཚན། དེ་ནས་ཧ་ནག་པ་དགེ་འདུན་དོན་གྲུབ། སྲིད་པ་བསྟན་པ་དར་རྒྱས། ཁོལ་ཁ་བསྟན་དར། འཕན་པོ་བློ་བཟང་ཀུན་དགའ། ཨེ་པ་བློ་བཟང་ཡེ་ཤེས། ད་ལྟ་རི་ཁ་བླ་བྲུར་ངག་དབང་རྒྱ་མཚོ། གསང་འཇིགས་ཀུན་རིགས་སྨན་བླ་སོགས་དགེ་ལུགས་གཞིས་དགོན་དཔེ་འགྲེ། གྲྭ་རྒྱུན་བཀྲ་ཤིས་ལྷུན་པོ་ཐོས་བསམ་གླིང་དང་། རྒྱང་རོ་གསེར་སྡིངས། འབྲས་སྤུངས་སུ་བློ་གསལ་གླིང་། སེ་རར་སྨད་(༣༢༨བ)རྣམས་སུ་ཐོབ། ཨང་དང་གྲྭ་པ་བརྒྱ་དང་བརྒྱད་ཅུ་སྐོར།

ཆོས་འཁོར་འདི་ཁོངས་བོད་གངས་ཅན་གྱི་བདེ་ཐབས་སུ་དཔལ་ཆེན་ཆུ་བོ་རིར་ཚེ༵་ཚུ༵་སྐྱབ་སྐྱེ༵། རིན་སྤུངས་སུ་གོང་ར་ངེ༵ས་གསང༵་གླི༵ང་། ཡར་འབྲོག་སྟག་ལུང་གས༵ང་སྔ༵གས་ཆོ༵ས་འཁོ༵ར། གྲྭ་ཕྱི་འོག་མིན་སྨི༵ན་གྲོ༵ལ་གླི༵ང་སོགས་ལར་བབས་ཞྭ་དང་ཆ་ལུགས་ཀྱིས་མཚོན་འཇམ་མགོན་ཆོས་ཀྱི་རྒྱལ་པོའི་བསྟན་པའི་སྒོར་ཞུགས་པ་མཐའ་ཡས། ཁོ་བོས་སྲིད་སྐྱོང་གི་ཞབས་ཕྱི་ཞུས་ནས་བཀའ་གནང་སྟེ། ཚུགས་གྲས་ལྷོ༵་བྲ༵ག་ཏུ་མར་པ་ལོ་ཙྪ་བ་ཆོས་ཀྱི་བློ་གྲོས་ཀྱི་བཞི་གནས་སྲས་སུ་ཞུགས་སྤྲེལ་ལོ་རྒྱལ་སྐར་པས་ཆོས་ཐོག་བཏེག་སྟེ་དཔལ་གསང་བ་འདུས་པའི་བཤད་གྲྭ་ཚུགས་པ་དགའ༵་ལྡ༵ན་གས༵ང་སྔ༵གས་བདེ༵་ཆེ༵ན། འདི་སྐབས་སློབ་དཔོན་པ་འཕྱོང་རྒྱས་དོན་གྲུབ་རྒྱ་མཚོ། སྔོ་ཤར་བ་ཚེ་བདག་རྣམ་རྒྱལ། ད་ལྟ་སྟོད་ལུང་པ་ངག་དབང་རྒྱལ་མཚན་གྱིས་དཔལ་ལྡན་སྨད་རྒྱུད་གྲྭ་ཚང་གི་ལུགས་ལྟར་འགྲེལ་པ་བཞི་སྦྲགས་ཐོག་པཎ་ཆེན་བསོད་གྲགས་པ་དང་དྭགས་པོ་ནམ་མཁའ་རྒྱལ་མཚན་གྱི་གསང་འདུས་བསྐྱེད་རྫོགས། འཇིགས་བྱེད་ཀྱི་བསྐྱེད་རྫོགས་སོགས་ལ་འཆད་ཉན་བྱེད། རྒྱུན་འདོན་དང་གདུལ་བྱར་གསང་བདེའི་ཚོ་ག་གཏོང་། ཨང་དང་གྲྭ་པ་རེ་བཞི།

ལ་ཕྱི་ཚུ་དབུར་རྣལ་འབྱོར་དབང་ཕྱུག་བཞད་པ་རྡོ་རྗེའི་དབེན་གནས་མཆོག་ཏུ་གྱུར་ཅིང་བཤད་སྒྲུབ་ཀྱི་བསྟན་པའི་མིག་རྐྱེན་མ་ཤེས་པའི་གྲུབ་ཐོབ་མོ་ཅི་འདྲ་ཞིག་བྱུང་ཡང་རྒྱལ་པོ་ཀྲི་ཀྲིའི་རྗེ་ལམ་ལུང་བསྟན་བཞིན་རྒྱལ་བ་ཟླས་གཙང་གི་བསྟན་པར་གཏོགས་(༣༢༥ན)པས་ཁྲིད་མི་འདུག་ཏུང་། ཕྱིས་ཐར་པ་དོན་གཉེར་མ་ཡིན་པའི་ཐོག་འབྲུམས་སློ་མི་སྨུན་གྱི་འདུ་ཕུང་ལྟ་བུར་འདུག་ཚུལ་སྣེ་མོ་བ་རིམ་པ་ནས་བྱུང་གཤིས། བསྟན་རྒྱུན་དང་མི་སྡེའི་བསོད་ནམས་ཀྱི་ཞིང་དུ་འགྱུར་རེས་ལྟུགས་བྱ་ཡོར་གསར་དུ་ཚུགས་པ་དགའ་ལྡན་འགྲོ་ཕན་གླིང་། སློབ་དཔོན་པ་སངས་རྒྱས་ཕུན་ཚོགས། ད་ལྟ་དོན་གྲུབ་ཆོས་འཕེལ། གསང་བ་འདུས་པ། རྡོ་རྗེ་འཇིགས་བྱེད། བཅོམ་ལྡན་འདས་རྡོ་རྗེ་མི་འཁྲུགས་པ་རྣམས་ཀྱི་ཚོ་ག་སྒྲུབ་མཆོད་གཏོང་། ཨང་དང་གྲྭ་པ་ཞེ་གཅིག་སྐོར།

རྩེ་སྒང་སྒྲུབ་སྡེ་སྔར་ཚད་ལྡན་ཡོད་འདུག་ཀྱང་། བར་སྐབས་སུ་སྡོད་མི་ཤིན་ཏུ་ཉག་ཕྲ་བའི་དགོན་ཚུགས་མེད་འདུག་གཤིས་ཉིང་པ་རེ་གཉིས་གྲུབ་བསྒྱུར་གྱི་ཐོག་ཕན་བདེ་གྲྭ་ཉིང་བསྒྲིལ་བའི་ལྟུགས་སྒྲི་ཡོར་གསར་ཚུགས་དགའ་ལྡན་ཆོས་གླིང་། སློབ་དཔོན་པ་ཐོག་མ་འཕན་པོ་བློ་བཟང་ཀུན་དགའ། ད་ཕོད་བློ་བཟང་དོན་གྲུབ། དེ་རྗེས་སེ་ར་སྨད་བློ་བཟང་རྡོ་རྗེ་སོགས་ཆབ་ནག་བླ་མ་ན་རིམ་གྱིས་སྐྱོང་། ནག་པོ་སྐོར་གསུམ་སོགས་དགེ་ལུགས་གཞིས་དགོན་བྱིངས་འགྲེ། གྲྭ་རྒྱུན་འབྲས་སྤུངས་བློ་གསལ་གླིང་སོགས་སུ་ཐོབ། ཨང་དང་གྲྭ་པ་བརྒྱ་དང་ཉི་ཤུ་སྐོར། དགའ་ལྡན་ལྷ་དབང་གླིང་ལྟུགས་སྒྲི་ནས་ཚུགས་པ་འདོན་ཆོས་བླ་མ་སོགས་གོང་མཚུངས། ཨང་གཉིས་གྲྭ་པ་བརྒྱ་དང་གཉིས།

འཕགས་མཆོག་ལག་ན་པདྨོ་བསིལ་ལྡན་ཕན་བདེའི་བྱེད་པོར་མི་རྗེའི་ཚུལ་དུ་ཕེབས་པ་ལྷ་གཅིག་སྲོང་བཙན་སྒམ་པོས་སྤྲུལ་པའི་དགེ་སློང་ཨ་ཀར་མ་ཏི་ཤི་ལ་ཡུལ་དབུས་(༣༢༥བ)འགྱུར་འཆང་ལ་སོགས་པ་དུ་མར་བཀྱེ་སྟེ་ཐུགས་དམ་གྱི་ལྷ་སྤྱན་དྲངས་པ། དེ་ཡང་བལ་བོད་མཚམས་ཀྱི་ནགས་ཚལ་ཉམས་དགའ་ལ་བག་ཕེབས་པ་ཞིག

གི་དབུས་ན་ཙན་དན་ཧ་རིའི་སྟོང་པོ་འོད་ཟེར་གྱི་དྲ་བས་འཁྲིལ་བར་ཉིན་རེ་བཞིན་ཨ་ཧེས་ཏུ་མ་གཏོར་བ་སོགས་མཚན་མ་མཐོང་བ་ན། དགེ་སློང་གིས་སྟོང་པོ་རྩ་བ་ནས་གཅོད་པར་བརྩམས་པ་དང་དལ་བུས་ཚོད་ཅིག་བྱ་བའི་སྒྲ་བྱུང་ཞིང་། དུམ་བུ་བཞིར་གསེས་པ་ན་ཕ་ཏི། དབུ་ཁང་། ལྷ་མ་ཡི། ཕོ་ཀེ་ཤྭ་ར་བཅས་བཞི་རིམ་པ་ལྟར་རང་བྱུང་དུ་གྲུབ་སྟེ། མང་ཡུལ། ཡམ་བུ་ཡ་གལ། རྒྱ་བལ་མཚམས། བོད་ཁ་ང་ཅན་རྣམས་སུ་སོ་སོར་འགྲོ་བའི་དོན་ལ་བཞོག་ཅིག་པར་གསུང་བྱོན་པའི་ནང་ཚན་འཕགས་པ་ཝ་ཏི་སྐྱིད་གྲོང་དུ་བཞུགས་བཞིན་པ་ཡིན་ནའང་། སྐྱིད་གྲོང་ཇོ་བོ་དབུས་གཡོར་ཕྱོགས་སུ་འབྱོན། ཞེས་པའི་ལུང་བསྟན་ཐོག་ཏུ་བབས་ཏེ་ཡིད་སྨུབས་ཆང་གིས་རྣམ་པར་བསླད་པས་བླང་དོར་གྱི་གོམ་སྟབས་འཁྱོག་པོར་འགྲོ་བ་དུ་མའི་འཕྲུལ་གྱི་རེ་ཞིག་ཕོ་བྲང་རི་བོ་གྲུ་འཛིན་འདིར་བཞུགས་ནའང་རྗེ་བླ་མ་ལྷ་པ་མཆོག་གི་བཀས་སྐྱར་རང་གནས་སུ་ཕེབས་པའི་མཆོད་འབུལ་དུ་གཙོ་བོར་དམིགས་ཏེ་ཤིང་བྱི་ནས་དགེ་འདུན་རྣམ་དག་བཞི་གྲུ་རེ་ཕོར་ཡུག་ཏུ་ཚུགས་སོ། །ཡར་འབྲོག་གི་སའི་ཆར་འབྲུག་དགོན་གསང་རི་དང་པོ་ལུགས་སྨན་སྐྱོང་གཉིས་འཆི་མེད་པས་འཛིན་བདག་བྱེད་པ་བར་སྐབས་ཁང་པ་དབྱར་ཐའི་ཁུ་བྱུག་ལྟར་མོན་ཡུལ་དུ་སླེབས་པ་སོགས་བྱེད་སྐྱོད་ལ་བརྟེན་དགོན་གཉིས་རང་ཞིག་ལྟ་བུར་གྱུར་པ། ཐད་རི་བཤད་(༣༢༨ཆ)སྒྲུབ་གླིང་པའི་བུ་དགོན་དུ་སྒྱུར་འཛུགས་ངོས་ཤིང་གླང་ལོར་ཚུགས་པ་གསང་རི་སྨན་སྔོང་། དངོས་གཞི་བཤད་གླིང་བླ་མས་ཁུར་ལེན་བྱེད་པ་གཞིར་བཅས་ཐོག་སློབ་དཔོན་པ་རེ་བསྐོ། འཇིགས་བྱེད། སྨན་བླ། མི་འཁྲུགས་པ་བཅས་པའི་ཚོ་ག་དང་ཆོས་སྤྱོད་མ་དགོན་ལྟར། གྲྭ་རྒྱུན་འབྲས་སྤུངས་བློ་གསལ་གླིང་། གྲྭ་པ་བཅོ་ལྔ།

ལྗོ་ཐག་བར་གླིང་དང་དུར་ཁྲོད་ལ་ཁའི་བཙུན་མ་རྣམས་ཐར་པན་ཁྱིམ་པ་གོས་ཀྱིས་ཆོས་པར་བསྒྱུར་བའི་བརྟུལ་ཞུགས་ལས་མ་འདས་ཀྱང་། སྙིང་པ་ལྷབ་ཕེར་སྟེང་ཐོ་བཙུན་ཁ་ཤས་བསྟན་ཏེ་ཆུ་ཁྱི་གསར་ཚུགས་དགེ་བཅུ་དཀའ་ལྡན་བཀྲ་ཤིས་གླིང་། སློབ་དཔོན་པ་བདུད་འཇོམས་གླིང་ནས་ཉིས་སྐྱོང་། རྗེ་བླ་མའི་བཀའ་

སྤྱན་རས་གཟིགས་ཀྱི་སྒྲུབ་ཐབས་སྲིད་ཞིའི་གདུང་སེལ། བླ་མ་མཆོད་པ་སོགས་གཏོང་། ཨང་དང་བཙུན་མ་བདུན་ཅུ་སྐོར།

མཚོ་སྣ་ཞུལ་སྒང་ཆུ་དགོན་འདི་སྔ་ཐོག་ལྷོ་བྲག་གྲུབ་ཆེན་ནམ་མཁའ་རྒྱལ་མཚན་གྱིས་བཏབ་པའི་བཀའ་གདམས་གཙོ་ཆེ་ཡང་བར་སྐབས་སུ་ཀརྨ་པའི་ཆོས་ལུགས་འཛིན་ཅིང་། ཕྱིས་སྐོར་ལུགས་གཉིས་གང་གིའང་རྣམ་དབྱེ་མེད་པ་དེ་ལམ་དུ་ལུས་ན་རང་གཞན་གྱི་འདི་ཕྱིའི་ལེགས་ཚོགས་གཏན་བརྟག་ཏུ་གྱུར་དོགས་ལྟགས་བྱ་ཡོང་བཙུན་མ་དགོན་གསར་དུ་ཚུགས་པ་དགའ་ལྡན་འགྲོ་དོན་གླིང་། བླ་མར་དྲུག་བརྒྱ་བ་བློ་བཟང་འཇམ་དཔལ། སེ་ར་སྨད་དགོན་ཅིག་ནམ་མཁའ། ད་ལྟ་སྲས་ཁང་པ་བློ་བཟང་བཀྲ་ཤིས། རྗེ་བླ་མའི་བཀའ་སྤྱན་རས་གཟིགས་ཀྱི་སྒྲུབ་ཐབས་སྲིད་(༣༢༨་བ)ཞིའི་གདུང་སེལ་དང་འབྲེལ་བའི་ཡིག་དྲུག་ལ་གཙོར་འདོན་ངོས། བླ་མ་མཆོད་པ་སོགས་གཏོང་། བཙུན་མ་བརྒྱ་དང་དྲུག་ཅུ་སྐོར།

དེ་ལྟར་ཆོས་གྲྭ་གསར་ཚུགས་ཆེ་འབྲིང་ཆུང་གསུམ་འདི་དག་ཐམས་ཅད་ལ་མཛད་ཐུགས་མིང་ཙམ་མ་ཡིན་པར་ལོ་འཁོར་གྱི་ཐོགས། ཛ་ཐུག །ཚུལ་དུས་མཆོད་དང་བཅས་གང་ལ་ཅི་འཚམ་ཐམས་ཅད་རྒྱས་འདངས་ཀྱི་ཆོས་གཞིས་ཟུར་འབྱེད། གཞོར་འདེབས་གཉེར་ཚང་ནར་གཏོང་། ཚོང་ཁག །ཁྲག་ཚུགས་སོགས་སྐབས་ཐབ་དང་བསྟུན་པ་ཡོད་ཅིང་།

དགོན་སྡེ་ཁག་ཏུ་ལྷ་ཁང་དང་རྟེན་གསུམ་གསར་བཞེངས་དང་། ཆོས་གཞིས་མཆོད་རྒྱུན་སྦྱོར་འཛུགས་མཛད་པ།

གཞན་ཡང་རྫོགས་པའི་སངས་རྒྱས་འོད་ཟེར་ཀུན་འཕགས་དཔལ་བརྩེགས་རྒྱལ་པོ་བསིལ་ལྡན་ཁ་བའི་ར་བས་ཡོངས་སུ་བྲིས་པའི་འགྲོ་བ་རྣམས་ལ་རྗེས་སུ་བརྩེ་བས་བསམས་བཞིན་དུ་སྟོམ་བརྩོན་རྒྱལ་པོའི་ཚུལ་བཟུང་བ་རྗེ་བླ་མ་སྲིད་ཞིའི་གཙུག་རྒྱན་ལྔ་པ་ཆེན་པོ་ཉིན་སྐུའི་ཚེ་རབས་ཐམས་ཅད་དུ་བླ་མའི་གནས་རྣམས་ཀྱི་

ངག་མ་བཅག་པ་བསྐལ་པ་རྒྱ་མཚོར་གོམས་པས་ན་གང་གི་གསུང་བཞམ་པོས་ཀྱང་མི་བཟློག་ན་སེམས་དང་བཅས་པས་ལྟ་ཅི་སྨོས་པ་ནི་ཆོས་ཉིད་ཡིན་པས་ཆོས་སྲིད་མཚན་དོན་དགུང་ཁེབས་པ་ནས་གནམ་དང་སའི་དཀྱིལ་འཁོར་ལ་རང་བྱུན་དུ་ཀྱུར་པ་བསྟན་འཛིན་ཆོས་ཀྱི་རྒྱལ་པོ་མཆོད་ཡོན་ལ་བཀའ་ཕེབས་ཏེ་ཞྭ་སེར་ཅོད་པཎ་འཆང་བའི་རིང་ལུགས་འཛིན་པའི་འདུས་སྡེས་དབུས་རིས་སུ་མ་ཆད་པའི་ལྷ་སྡེ་ཐམས་ཅད་ལ་ཞིང་འབྱར་བོགས་ཤས་ཀྱིས་མཐའ་བརྟེན་པའི་ཕན་པ་མ་བསྐྱལ་བ་ནི་རྩ་བ་ནས་མེད་པ་ལྟ་བུ་ཡིན་ཀྱང་། སྡེ་སྲིད་བསོད་ནམས་རབ་(༣༢༧ན)བརྟན་གྱི་དུས་གཉར་བ་ཕལ་ཆེར་མཛད་པ་སོགས་ལུགས་ལ་དང་བསྐྱོད་པའི་གཞིས་རིག་ཟིག་ཏུ་འགོད་པ་མ་གནང་བ་ཀོང་པོ་སེར་སྲིད་ཁག་སོགས་གསར་ཆོད་རྒྱ་ཆེ་བ་ཡིག་རིགས་སུ་མ་འཁོད་པ་དུ་མ་ཡོད་པ་རྣམས་སོ་སོར་དྲི་རྩད་བྱས་ཀྱང་ངེས་མིན་སྣ་ཚོགས་སུ་མ་ཟད་ཁག་སུན་ཏུ་སོང་དོགས་དང་བཅས་བཞག །

གདན་ས་ཆེན་པོ་གསུམ་གྱིས་དབུས་པ་འགའ་ཞིག་ཁྲུངས་བཅས་ལྟར་དང་། དེ་ཕྱིན་རྣམ་ཐར་རིན་པོ་ཆེ་དུ་ཀུ་ལ་སྔ་ཕྱིར་གསལ་བ་སོགས་ནས་རགས་བསྡོམས་ཕྱོགས་སྡེབས་སུ་བཀོད་པར། ཆོས་སྡེ་ཆེན་པོ་དཔལ་ལྡན་འབྲས་སྤུངས་སུ་གཙུག་ལག་ཁང་ཆེན་མོ་འདུ་ཁང་ཀ་བ་བརྒྱ་དང་བརྒྱད་ལྷ་ཁང་ཁག་ཚོན་རྩི་ལྡེབས་རིས་སོགས་ཞིན་ཏུ་རྒྱས་པ། གཙང་ཁང་དབུས་མ་དང་བྱམས་ཁང་སོ་སོའི་ཐོག་ཏུ་གསེར་ཟངས་ཀྱི་རྒྱ་ཕུབས། གཟི་ར་ཆེ་ཆུང་། འབྲུངས་རབས་ལྷ་ཁང་གི་སྟེང་གསེར་གྱི་རྒྱལ་མཚན་ཆ། འདུ་ཁང་གི་གནམ་རྒྱན། འཕན། ཕྱེ་ཕུར་སོགས་ཆ་འགྲིག །ལྷ་ཁང་བཅུ་དང་སྔགས་ཁང་ཉིད་བཅས་པར་ཞལ་ཟས་མཆོད་མེ་རྒྱུན་འཛུགས་ལོ་ཐོབ་ལ་རྩམ་མཁར་ཏུའི་ཁལ་ཉིས་བརྒྱ་དང་བཅུ་དྲུག །མར་ཁལ་ཉིས་བརྒྱ་དང་བཙོ་ལྔ།

ཕན་བདེ་ལེགས་བཤད་གླིང་པའི་འདུ་ཁང་གསང་སྔགས་དགའ་ཚལ། སྐུ་རྟེན་གཙང་ཁང་སྟེང་མར་ཡུམ་གྱི་དོན་དུ་དངུལ་གར་བུ་ལས་གྲུབ་པའི་རྗེ་བོ་རིན་པོ་ཆེའི་སྐུ་ཚད་དབྱིབས་སོགས་གང་ཅི་འདྲ་ཅོག་ས་སྐྱོང་བསོད་ནམས་རབ་བརྟན་གྱི་དོན་

དུ་རྒྱལ་བ་བཙོང་ཁ་པའི་གསེར་སྐུ། ལམ་རིམ་ལྷ་ཁང་དུ་ཐུབ་(༣༢༧བ)དབང་ནས་འཇམ་དབྱངས་དཀོན་ཅོག་ཆོས་འཕེལ་བར་བརྒྱུད་པ་གཉིས་ལྡན་གྱི་བླ་རབས་ལྔ་བཅུ་རྩ་དྲུག །བྱམས་ཁང་གསར་པར་བྱམས་ཆེན་གྱི་སྐུ། དཔལ་ལྡན་འབྲས་སྤུངས་ཀྱི་མཁན་བརྒྱུད་བཅུ་བཞི་རྣམས་སྨན་འདམ། བསྐལ་བཟང་ལྷ་ཁང་དུ་སངས་རྒྱས་སྟོང་གི་སྐུ་ལི་བརྫུས་གྲ་ཚར། གསེར་སྐུ་ལྷ་ཁང་དུ་སངས་རྒྱས་བྱང་སེམས་ཀྱི་སྐུ་དྲུག་བརྒྱ་གོ་གཅིག །དངུལ་གདུང་ལྷ་ཁང་གི་ལྗོ་ངོས་བཀའ་གདམས་གདུང་རྟེན་བྱ་རུ་མ་སོགས་ང་བདུན། བཀའ་གདམས་ལི་མ་ཡ་ཚེ་རག་སྐུ་སོགས་སྐུ་བརྙན་ཆིག་བརྒྱ་ང་གསུམ། ཤར་ནས་ནུབ་གཟིགས་ལ་བཀའ་གདམས་ལི་མ་ཤས་ཆེ་བའི་སྐུ་བརྙན་རེ་དགུ། འབྲུངས་རབས་ལྷ་ཁང་དུ་འགྲོ་ལ་རྗེས་བརྩེ་མ་དང་མཐུན་པའི་སྨན་སྐུ་མི་ཚད། དགའ་ལྡན་ཕོ་བྲང་དང་ཀུན་དགའ་ར་བའི་ཚོམས་ཆེན་དུ་རྒྱ་གར་སྦྱི་བྲེ་བྲག །སྟོད་ཧོར། རྒྱ་ནག་རྙིང་མ་སོགས་སྐུ་རྒྱུ་འགངས་ཆེ་བའི་ལི་མ་བསམ་གྱིས་མི་ཁྱབ་པ་སོགས་གསར་བསྒྲིགས་ཀྱི་གོང་གསལ་ལྷ་ཁང་ཁག་སོ་སོར་ཤེལ། གཡང་ཧེ། མ་ན་ཧོ། གསེར་དངུལ། ཁྲོ་རག །དཀར་ཡོལ་སོགས་ཀྱི་མཆོད་རྫས། ཐུམ་སྐྲན་སོགས་ཧོར་གོས་ཀྱིས་མཚོན་པའི་འཕན་བླ་བྲེ། གཙོ་བོ་རྗེ་བཙུན་བྱམས་པ་ལ་སྔ་མགྲོན་རྗེ་བཙུན་བཙོང་ཁ་པ། འཕོན་སྟོན་དཔལ་འབྱོར་ལྷུན་གྲུབ། རྗེ་ལྷ་པ་ཆེན་པོ། ཨོ་རྒྱན། སྨན་བླ་བདེ་གཤེགས་བདུན། བཀའ་གདམས་ལྷ་བཞི། རྡོ་རྗེ་གྲགས་ལྡན་རྣམས་ཀྱིས་བསྐོར་བའི་གོས་སྐུ་གངས་ཅན་དུ་ཆེ་བ་གཅིག་དང་། ཡང་དེ་ཤས་ཆུང་བ་གཙོ་བོ་མི་ཕམ་(༣༢༨ན)མགོན་པོས་བྱས་པ་གཅིག །འདུ་ཁང་ཆེན་མོའི་ལྡེབས་བྲིས་ལ་སྟོན་པའི་མཛད་པ་དཔག་བསམ་འཁྲི་ཤིང་ལྟར་ཁྲིམ་ཚོགས། སྟེང་དཀར་ཕྱོགས་ལ་རྒྱལ་བ་བཙོང་ཁ་པའི་རྣམ་ཐར་དད་པའི་འཇུག་ངོགས་ཀྱི་ཞིང་བཀོད། གནམ་ཡངས་ལ་ལམ་རིམ་བླ་བརྒྱུད། སྒོ་ཁང་ལ་རྒྱལ་ཆེན་བཞི། ཤར་ལ་སྲིད་པ་འཁོར་ལོ། དངུལ་གདུང་ཁང་གི་ལྡེབས་རིས་རྙིང་པའི་འགྲོ་འཐུད་ལ་སངས་རྒྱས་སོ་ལྔ། ཕྱག་འཚལ་ཉེར་གཅིག་གི་སྒྲོལ་མ། དེའི་སྟེང་རབ་གསལ་ལ་སྣར་ཐང་བརྒྱ

རྩ་དང་འཛམ་དབྱངས་ཆོས་སྐོར་གྱི་ལྷ་ཚོགས། མཆོད་ཁང་གསར་པའི་ཞལ་རས་ལྷ་ཁང་ལ་གནས་བརྟན། གསང་བདེ་འཇིགས་གསུམ། གཟིམས་ཆུང་ཏོར་ཕྱོགས་ལ་ཐམས་ཅད་མཁྱེན་པ་བསོད་ནམས་རྒྱ་མཚོའི་རྣམ་ཐར་ཞིང་བཀོད། རྗེ་བཙལ་གྱི་ཁྲི་རྒྱབ་ལ་རྒྱལ་བ་བཙོང་ཁ་པ་ཡབ་སྲས། བདེ་ཡངས་ཀྱི་ཁང་སྟེང་ཨོད་གསར་རྒྱག་ངོས་གཙང་ཁང་དུ་བྱམས་པའི་འཇིམ་སྐུ་ཆེ་ཚད། ཐོ་བཙུན་གསར་རྒྱག་གི་འཆད་ཉན་ར་བ་སྟོད་ཇི་བཞིན་པའི་རྒྱུན་ཚུགས། འདུ་ཁང་ལྷོ་ཕྱིབས་རིས་ལ་རྒྱལ་བ་བཙོང་ཁ་པ། སངས་རྒྱས་སོ་ལྔ། གནས་བརྟན་བཅུ་དྲུག །རྗེ་དགེ་འདུན་གྲུབ་ཀྱི་འབྲུངས་རབས། དམག་ཟོར་མ། དྲག་མོ་རྒྱལ། གནས་ཆུང་ཆོས་རྒྱལ། དགའ་ལྡན་ཕོ་བྲང་གི་རབ་གསལ་སྙིང་པར་རྗེ་བོ་རྗེའི་ལམ་ཡིག་ཞིང་བཀོད། འཆི་བ་མེད་པའི་ལྷའི་ཁང་བཟང་དང་དགའ་ཚལ་ལ་ཙོ་འདྲི་བ་ཀུན་དགའ་ར་བ་གསར་རྒྱག །ཕྱིབས་བྲིས་ལ་མཁས་གྲུབ་ལོ་པཎ་གྱི་རྣམ་ཐར་ལས་བཏུས་(༤༤༢ན)ཏེ་མི་ཆོས་སྐྱི་བོའི་བྱུང་ཚུལ། རྒྱུན་དམ་པ་ཆོས་བྱུང་གི་ལོ་རྒྱུས་སོགས་སྒྱུ་མའི་ཁྲིངས་པ་འཁྲོག་ནུས་པ། སྔགས་ཁང་གི་ལྷོ་ཕྱིབས་བྲིས་ལ་རྒྱལ་བ་བཙོང་ཁ་པ་ཆེན་པོར་འཁོར་དག་པ་རྣམ་བརྒྱད་ཀྱིས་བསྐོར་བ། གསང་བདེ་འཇིགས་གསུམ། རྒྱལ་བ་རིགས་ལྔ། ཀུན་རིག །ཆོས་སྐྱོང་གི་རིབ་ས་མང་བ། སེང་གཡབས་སུ་གནས་བརྟན། གསུང་རྟེན་བཀའ་འགྱུར་རིན་པོ་ཆེ་ཀྱ་པར་མ་དང་། གསེར་བྲིས་མ་ཆེན་མོས་གཙོས་པའི་ཚར་བཅུ་བདུན་བསྟན་འགྱུར་བགྲིག་ཁ་མི་གཅིག་པ་གསུམ། རྒྱལ་བ་བཙོང་ཁ་པ་ཆེན་པོ་དང་དྲུང་སྒྲིག་གར་རོལ་ན་རིམ་གྱི་བཀའ་འབུམ་ཡོངས་རྫོགས་ཀྱིས་དབུས་པར་མང་བ། ཐུགས་རྟེན་ཐམས་ཅད་མཁྱེན་པ་ཡོན་ཏན་རྒྱ་མཚོའི་དངུལ་གདུང་འཕྲོ་ཅན་དུ་ཕྱུས་པ་གསར་བཞེངས་ཐོག་ཚད་ཁྲིད་གསུམ་པ་ཕྲ་རྒྱན་ཕྱུག་པ། དངུལ་སྲང་ཆིག་སྟོང་དྲུག་བརྒྱ་ལས་གྲུབ་པའི་ནཱ་ག་ཐུབ་མཆོད་རྟེན་བརྒྱད་རིན་པོ་ཆེ་དུ་མའི་ཕྲ་ལྡན། ས་སྐྱོང་འཕྲིན་ལས་རྒྱ་མཚོའི་དོན་དུ་དངུལ་སྲང་བརྒྱད་བརྒྱ་དོན་གསུམ་ལས་བསྐྲུན་པ་བྱང་ཆེན་མཆོད་རྟེན། པཎ་ཆེན་འབུམ་ཕྲག་གསུམ་པའི་དངུལ་གདུང་སོགས་མཐའ་ཡས་པ། མཆོད་

གཉིས་སུ་མཁར་ཁྲ་བཟེད་ཞལ་ནང་བཅས་དུད་ཉི་ཤུ་སྐོར། ལག་འབབ་ཉིས་སྟོང་ཆིག་བརྒྱ། མུས་གནས་གསར་བ་ཐེམ་བརྒྱད་ཅུ། ལག་འབབ་ཉིས་སྟོང་བརྒྱད་བརྒྱ་བཟང་མོ་དང་བསམ་གྲུབ་མཐོང་སྨོན་སྐོར་དུད་བཞི་བཅུ། ལག་འབབ་སུམ་སྟོང་བརྒྱད་བརྒྱ། འཕན་ཡུལ་ཀླུ་སྟོད། ཚོང་འདུས། སྤུ་ཚབ་(༤༥༠.ན)གད་པོ། རི་བཙུན་ཡ་ཁ་མོ་རྣམས་ཀྱི་ཡོང་འབབ་འབྲུ་ཁལ་དགུ་སྟོང་སྐོར། ཤུན་ལྷུན་གྲུབ་བསམ་འཕེལ་དང་སྣང་ཁང་གསར་གཉིས་ཀྱི་ཡོང་འབབ་འབྲུ་ཁལ་ཉིས་སྟོང་བདུན་བརྒྱ། ས་སྐྱོང་བསོད་ནམས་རབ་བརྟན་གྱི་དུས་མཆོད་དུ་གཡག་སྡེ་སྲིབས་རི་ཀླུང་བ་མོ་བཅས་ཐེམ་ཉེར་བདུན། ལག་འབབ་ཉིས་སྟོང་བདུན་བརྒྱ། ཕྱིས་དགོན་གསར་སྟག་ལུང་བྲག་སྣ་མོ་རྫོ་སྟན་དང་བཅས་ཐེམ་སོ་གཉིས། ལག་འབབ་ཆིག་སྟོང་ལྔ་བརྒྱ་སྐོར་རྣམས་མི་གྲྭ་རི་ཀླུངས་ཀྱི་རྩ་ཤིང་དང་བཅས་པ། བཀྲ་ཤིས་སྒོ་མང་པར་གསང་མཁར་ནས་དུད་གཅིག་གི་ཡོང་འབབ། ཀློ་གསལ་གླིང་པར་རྒྱང་མོ་གཞིས་ཀ་ཐེམ་བཅུ་གཉིས། ལག་འབབ་དགུ་བརྒྱ་སྐོར། བདེ་ཡངས་པར་སྡེ་བཞི་སྐོར་ནས་དགོན་པ་གསེར་ཟན་ཐེམ་བརྒྱད། ལག་འབབ་བདུན་བརྒྱ། གསང་ཕུ་བ་དུད་ཀང་ཕྱེད་ལྔ། དུད་རྫོང་བཅོ་ལྔ། ལག་འབབ་བཞི་བརྒྱ། སྟགས་པར་རྒྱལ་སྡེ་ནས་ཐེམ་བཅུ། ལག་ཡོད་སུམ་བརྒྱ་སྐོར། གྲུ་ཚང་ཁག་བདུན་སོ་སོར་ལོ་ལྟར་གཞོར་འདེབས་ཁལ་ལྔ་བཅུ་རེ། དར་སྟོང་ཁམས་ཚན་ལ་རྒྱལ་མཁར་བ་དུད་བཅུ་དྲུག་ལག་ཡོད་བརྒྱད་བརྒྱ། གནས་རྔུང་ཞྭོག་གསར་རྒྱག་ངོས། བརྟེན་པ་ཨོ་རྒྱན་ཟ་ཧོར་མ་ལ་མཚན་བརྒྱད་ཀྱིས་བསྐོར་བ། ཐུབ་དབང་། འཁྲིམ། རྗེ་བཙུན་བཙོང་ཁ་པ། དུར་ཁྲིག་གར་རོལ་ལྔ་པ་ཡན་གྱི་སྐུ་རྣམས། སེ་ར་ཐེག་ཆེན་གླིང་གི་གཙུག་ལག་དང་འདུ་ཁང་ཚོན་རྩི་ལྷེབས་རིས་སོགས་གསར་(༤༥༠.བ)བཞེངས་ཐོག །རྩེ་མོར་གསེར་ཟངས་ཀྱི་རྒྱ་ཕུབས་གཞིར་དང་བཅས་པ། ལྷ་ཁང་གཉིས་ཀྱི་དང་པོར་གསེར་དངུལ་བཀའ་གདམས་ཡི་མ་རྟགས་ཀྱི་ཆོས་སྐུའི་རྟེན་བརྒྱ་དང་གོ་གཉིས། ཡི་མ་གསེར་ཟངས་ཁྲོ་སོགས་ཀྱི་སྐུ་ཆིག་བརྒྱ་རེ་བརྒྱད། ཙན་དན་དམར་པོའི་སྐུ་གཅིག །ཉེ་བའི་སྲས་བརྒྱད་ཀྱི་བྱམས་པ་དངུལ་

སྐུ་ཁྲ་ཕྱེད་གསུམ་དང་གཞན་བདུན་ཡི་མ། ལྷ་ཁང་གཉིས་པར་གདུང་རྟེན་བརྒྱ་ཉེར་དགུ། ཡི་རག་སོགས་ཀྱི་སྐུ་བརྒྱ་དང་གྱ་དྲུག་སོ་སོར་མཆོད་ཆས་དངོམ་ཆེ་བ། འདུ་ཁང་ལྷེབས་རིས་ལ་ལམ་རིམ་བརྒྱུད་པ། སྟེང་ཐོག་ཉི་འོད་ལ་ཆོ་འཕྲུལ། སློབ་དཔོན་ཟླ་གྲགས་དང་ཙནྡྲ་གོ་མི་ཀླུ་སྒྲུབ་ཐོགས་མེད་ཀྱི་གྲུབ་མཐའ་སོ་སོར་བཟུང་ནས་རྩོད་པ་མཛད་ཚུལ། གོས་སྐུ་ཆེན་མོ། གསུང་རྟེན་རྒྱལ་བའི་བཀའ་འགྱུར་རོ་རོག །ཐུགས་རྟེན་དངུལ་སྲང་སུམ་སྟོང་སུམ་བརྒྱར་བསྒྲུབས་པའི་ཤཱཀ་ཐུབ་མཆོད་རྟེན་བརྒྱད་རིན་པོ་ཆེའི་ཕྲ་ལྡན། མཆོད་གཞིས་སྤྱ་ཕྱིར་བསྟུལ་བ་ཚར་སྐྱ་བ་ཐེམ་འཛིན་དྲུག་ཅུ་སྐོར་ལག་འབབ་འབྲུ་ཁལ་སུམ་སྟོང་། གནམས་ལ་ཐེམ་ཀང་དགུ། ཡོང་འབབ་ཕྱེད་ཉིས་སྟོང་། བསྟན་འཛིན་ཆོས་ཀྱི་རྒྱལ་པོའི་དུས་མཆོད་ཐེབས་སུ་འོན་ཚག་ཁྲག་ཁ་ཞོལ་ལྔངས་བཀྲ་ཤིས་ལྷོངས་བཅས་ཐེམ་འཛིན་བཅོ་བརྒྱད། ལག་འབབ་འབྲུ་ཁལ་ཆིག་སྟོང་བཞི་བརྒྱ། ཕྱིས་ཐོགས་ཀྱིས་མ་འདངས་པའི་མཐུན་རྐྱེན་དུ་བ་ལང་ཤར་གུང་ར་གཞིས་ཀ་ཐེམ་འཛིན་བཅུ་བདུན། ལག་འབབ་ཆིག་སྟོང་སུམ་བརྒྱ། ཧར་སྟོང་ཁམས་ཚན་ལ་མཉེས་ཐང་སྐུ་འཁོར་བ་རྐང་གཉིས། (༣༣༠ན)
ལག་ཡོང་འབྲུ་ཁལ་ཉིས་བརྒྱ་སྐོར། གདན་ས་ཆེན་པོ་རི་བོ་དགའ་ལྡན་རྣམ་པར་རྒྱལ་བའི་གླིང་དུ་རྒྱལ་བ་ཤཱཀྱ་ཐུབ་པ་ལ། རྗེ་བཙུན་བཙོང་ཁ་པ། འཇམ་དབྱངས་དཀོན་ཅོག་ཆོས་འཕེལ། སྨན་བླ་མཆེད་བདུན་སོགས་ལྷ་མགྲོན་མང་བའི་གོས་སྐུ་ཆེ་ཡིགས། ཡངས་པ་ཅན་གསར་རྒྱག་གི་ལྷེབས་རིས་ལ་འཇམ་མགོན་ཆོས་ཀྱི་རྒྱལ་པོ་བློ་བཟང་གྲགས་པར་རྗེ་རྗེ་འཆང་འཇམ་དབྱངས་གཙང་པ་བདུན་བརྒྱུད། འཕོར་དག་པ་རྣམ་བརྒྱད། འཇམ་དབྱངས། སྒྲོལ་དཀར་རྣམས་ཀྱིས་བསྐོར་བ། གནས་བརྟན་བཅུ་དྲུག་དགེ་བསྙེན་ཧྭ་ཤང་། རྒྱལ་ཆེན་བཞི། ཐམས་ཅད་མཁྱེན་པ་དགེ་འདུན་གྲུབ་ཀྱི་འཁྲུངས་རབས་ངོ་མཚར་རྨད་བྱུང་བཀོད་པའི་ཞིང་བཀོད། བྱང་ཆུབ་ལམ་རིམ་གྱི་བརྒྱུད་པ་གཉིས་ལྡན། ཚེ་དཔག་མེད། མི་འཁྲུགས་པ། རྣམ་རྒྱལ་འཇོམས། ཡུམ་ཆེན་མོ། གདུགས་དཀར། དམར་ནག་འཇིགས་གསུམ། འཁོར་ཆེན། ཕྱག་

ཧྲུག་པ་དཀར་ནག །ལས་གཤིན་ཕྱི་ནང་གསང་གསུམ། དམར་ཟོར་མ་རྣམས་སོ་སོའི་འཁོར་གྱིས་བསྐོར་བ། སྒོ་ཁང་ལ་རྒྱལ་ཆེན་བཞི། གསང་འདུས་ཁང་གི་སྟེང་དུ་རྒྱལ་བ་གཉིས་པ་ཤར་བཙོང་ཁ་པ་ཆེན་པོའི་ཐུན་མོང་ཕྱིའི་རྣམ་ཐར་ཞིང་བཀོད། དཔལ་གསང་བ་འདུས་པ། བདེ་མཆོག་དུས་འཁོར། རྡོར་དབྱིངས། ཀུན་རིག །རྣམ་སྣང་མངོན་བྱང་རྣམས་ཀྱི་སྐུ། ས་སྐྱོང་བསོད་ནམས་རབ་བརྟན་གྱི་དགོངས་རྫོགས་སུ་དངུལ་སྲང་བཞི་སྟོང་དྲུག་བརྒྱ་བདུན་ཅུ་སོགས་ལས་གྲུབ་པ་(༣༣༠བ)ཤཱཀ་ཐུབ་མཆོད་རྟེན་བརྒྱད་རིན་པོ་ཆེའི་རྒྱན་དུ་མས་སྤྲུག་པ། བསྟན་འགྲོ་སྤྱི་དང་ཅེ་བྲག་རང་ཅག་ཞྭ་སེར་ཅོད་པན་འཆང་བ་རྣམས་ལ་བཀའ་དྲིན་མཚུངས་ཟླ་དང་བྲལ་བ་བསྟན་པའི་བདག་པོ་ཤར་བཙོང་ཁ་པ་བློ་བཟང་གྲགས་པའི་སྐུ་གདུང་རིན་པོ་ཆེ་རིལ་པོ་བཞུགས་པའི་མཆོད་རྟེན་གྱི་མདུན་དུ་མཆོད་པ་སྣ་ལྔ་ལྔ་བཅུ་ཚར་དང་། བདེ་གཤེགས་བརྒྱད་ལ་ལྔ་ཚར་རེ། མཆོད་འབུལ་བའི་ཕོགས་དང་བཅས་ལོ་ནང་གཅིག་ལ་འབྲུ་ཁལ་ཉིས་སྟོང་གྱ་བདུན། མར་ཁལ་སྟོང་དང་བརྒྱད་བརྒྱ་བཞི་བཅུ། རྟོས་བརྒྱ་བམ་སུམ་བརྒྱ་དོན་བརྒྱད། སྟོང་རས་གོན་མ་བཞི། གཙུག་ལག་ཁང་ལ་ཞིག་གསོ་དང་ལྷེབས་རིས། རྩེ་མོར་རྒྱ་ཕུབས་ཀྱི་ཐེབས་བསྟན་པའི་སྤྲིན་བདག་ད་ལས་ཧོར་ཐའི་ཇིས་ཕུལ་བས་མ་འདངས་པ་འབྲུར་ཕབ་ཁལ་ཆིག་ཁྲི་སུམ་སྟོང་སུམ་བརྒྱ། ཆོས་གཞིས་ཉང་རོང་གྲྭ་ཚང་པར་ཕན་ཡུལ་ཚེ་ཏུ་བ་དུད་བརྒྱད། ལག་འབབ་ཉིས་བརྒྱ་སོ་ལྔ། ལོ་ལྟར་གཤོར་འདེབས་འབྲུ་ཁལ་ཉིས་བརྒྱ་སོ་གཉིས་དང་། དེ་དོད་དཔྱས་ཆ་བཅས།

ཆོས་འཁོར་རྒྱལ་མེ་ཏོག་ཐང་གི་འདུ་ཁང་ཀ་བ་བཅུ་དྲུག་གི་ས་གསར་རྒྱག་དང་། མགོན་ཁང་ལྷུན་གྲུབ་དགའ་ཚལ། དེ་ལྷི་ཀོ་ཊི་སོགས་ལ་ཞིག་གསོས། སྟེང་དུ་གསེར་ཏོག །ལྷེབས་རིས་འདུ་ཁང་ལ་མཉན་ཡོད་ཆོ་འཕྲུལ་ཆེན་པོའི་ཞིང་བཀོད། རྒྱལ་ཆེན་བཞི། སེང་གཡབས་ལ་ཐུག་ན་པདྨ་དགེ་འདུན་གྲུབ་ཀྱི་འཁྲུངས་རབས་རགས་རིམ། ཆོས་སྐྱོང་སྐོར་གྱི་བླ་བརྒྱུད། མགོན་ཁང་ལ་ནག་པོ་(༣༣༡ན)སྐོར་གསུམ།

གསུང་ཞལ། དམར་ཟློར་མ། བེག་ཙེ། རྗེ་བོ་རྒྱལ་མཚན་པ། ཧ་ཐོད་ཤེར་ལྷུགས། རྒྱ་ལ་རིགས་བཟང་། རྒྱལ་མོ་ཕྱུག་མོ་རྣམས་ཀྱི་སྐུ། རྟེན་མཆོད་གསར་བཞེངས་མང་བ། མཆོད་ཁང་རི་མཐིལ་གྱི་ཆས་དང་གྲྭ་པའི་ཞབས་ཏོག་སོགས་གཏོང་དེབ་ཉིང་ང་ནས་གྲྭ་པ་བརྒྱ་དང་དྲུག་ཅུ་སྡར་བའི་ཕོགས། མགོན་ཆོས་ཀྱི་དུས་གཏོར་སྡར་ཡོད་སྙིང་གསར་པ་བརྒྱད། དགའ་ཚལ་དུ་ལྔ་གྲྭའི་ཁར་བཅོ་ལྔ་འཕར་བའི་གཏན་སྡོད་ཉི་ཤུ་རྣམས་ཀྱི་གཏོང་སྒོ་རྣམས་དང་། གྲྭ་ཁྲལ་ཕྱེད་ཆ་ཙམ་འཕར་ཞིང་། སྤྱི་སོའི་ཆོས་གཞིས་སུ་གླེ་ཕུ་མདའ་ཡོག་མན། གྲ་ནང་གསེར་ཁྲུང་བཅས་དུད་ཁང་ཆིག་བརྒྱ་གྱ་བདུན། དུད་ཆུང་ཉེར་བདུན། ལག་འབབ་འབྲུ་ཁལ་དྲུག་སྟོང་སྐོར། དར་རྩེ་མདོར་པོ་གནང་ཆགས་ཀྱི་ཁལ་མ་ཉི་ཤུ་རྩ་གྲངས་གཏོང་བའི་འོག་ཁལ་སྙིང་ཟློག་ཆ་འཁྲིག་སྙིང་། པོ་ལྷར་འབའ་ནས་རྗེ་དངུལ་སྲང་བརྒྱ། ཕོགས་སྟོན་དུ་འོག་ཁ་ནས་གཤོར་འདེབས་ཁལ་བདུན་བརྒྱ་གོ་གསུམ་དང་། རྣམ་རྒྱལ་རྫོང་ནས་ཁལ་ཕྱེད་བརྒྱད་བརྒྱ། ལྷ་ས་ཕྱུག་མཛོད་ནས་ཡཱ་ཧྲུ་གཞུང་མ་འཕོར་དྲུག་ཉི་ཤུ། གསུང་ཞལ་བཀང་བའི་ཐེབས་འབྲུ་ཁལ་ཉིས་བརྒྱ་སོ་ལྔ། མར་ཁལ་རེ་བརྒྱད། ཤ་ཕྱིང་ཡཱ་ཧྲུ་ཁལ་ཕྱེད་བཅུ་གཅིག །ལེ༷གས་བཤ༷ད་གླི༷ང་བླ༷་བྲ༷ང་དུ་དཔྱར་ཕོགས་དགུན་ཕོགས་འབྲུ་ཁལ་ང་ལྔ་སྐོར། ཟངས་རི་སྲང་སྟོད་ནས་ཁལ་བཞི་བཅུ། བྱེ་ཉིལ་སྨད་པ་དུད་ཁང་སོ་བདུན། ལག་འབབ་ཁལ་རེ་གཉིས། ཐུ༷མས་སྨོ༷ན་པ༷ར་ཆོས་རྒྱལ་ཕོ་བྲང་ནས་གཤོར་འདེབས་འབྲུ་ཁལ་བཞི་བརྒྱ། དགའ་ཚལ་དབུ་མཛད་ལ་འབྲུ་ཁལ་དྲུག །དགའ་ཚལ་མཆོད་(༤༤༧བ)ཐེབས་སུ་འབྲུ་ཁལ་དྲུག་ཅུ་རེ་དགུ་སྐོར་རྣམས། རྣ༷མ་པ༷ར་རྒྱ༷ལ་བ༷་ཕ༷ན་བདེ༷་ལེ༷གས་བཤ༷ད་གླི༷ང་གྲྭ་ཚང་དུ་དགེ་འདུན་རྣམས་ཀྱི་བཞུགས་གནས་འབྲས་སྤུངས་བཀྲ་ཤིས་ཁང་གསར། གསང་སྔགས་ཕོ་བྲང་། མཚམས་ཁང་། པོ་ཏ་ལར་གསང་སྔགས་དགའ་ཚལ། ཟིལ་གནོན་ལྷུག་བཅས་རྒྱ་ཕྱིན་ཆེ་ཞིང་ཤིང་རྩི་ལྷེབས་རི༷ས་སོགས་ལེགས་པ། གསང་སྔགས་དགའ་ཚལ་གྱི་གཙང་ཁང་དུ་ནག་པོ་སྐོར་གསུམ། ཕུར་པ། རྣམ་སྲས། གསུང་ཞལ། བེག་ཙེ། བསྟན་མ་ཁང་དུ་དུང་སྐྱོང་

མ། གསང་སྔགས་ཕོ་བྲང་གི་མགོན་ཁང་དུ་རྡོ་རྗེ་གཞོན་ནུ། ལས་གཤིན་ནང་སྒྲུབ། དམར་ཐྲོར་མ། རྣམ་སྲས་སེར་ཆེན། བེག་ཙེ་རྣམས་ཀྱི་འབུར་སྐུ་དང་། གྲྭ་ཁང་སོ་སོར་འདོན་ཆ་དང་མཐུན་པའི་བླ་མ། ཡི་དམ། སངས་རྒྱས། བྱང་སེམས། ཆོས་སྲུང་དང་བཅས་པའི་ལྷེབས་རིས། སྐུ་དང་འཚམས་པའི་སྐུ་ཐང་གྲྭ་ཚར་སུམ་ཅུ་སོ་གཅིག་དང་། ནག་ཐང་དེ་མཚུངས། གསུང་རྟེན་བཀའ་འགྱུར། བསྟན་འགྱུར། ཐུགས་རྟེན་ཕུར་ཆ་ཡོངས་རྫོགས་སོགས་བཟོ་དང་བཀོད་པའི་ཁྱད་པར་དུ་མས་འཕགས་ཤིང་། སྲིད་ན་དཀོན་པའི་རྒྱུ་ལས་ཉེ་བར་སྒྲུབ་པའི་སྤྱི་རྫས་རྟེན་གསུམ་མཆོད་རྫས་སྤྱི་བྲི་བྲག་བསམ་ལས་འདས་པ། རྒྱུན་གཏན་ཞི་རྒྱས་དབང་དྲག་གི་སྐུ་རིམ་ཕོར་མའི་དགོས་ཆ་གཞུང་གཏོང་དུ་མི་ཐེ་བའི་ཆོས་གཞིས་མཉེས་ཐང་མཁར་རྩ་བ་དུད་འཛིན་ལྔ་བཅུ། ལག་འབབ་སུམ་སྟོང་བཞི་བརྒྱ། རྩིས་དང་དོ་སྔོན་ཁྲུངས་གཞིས་ཀ་ཐེམ་ཀྲང་བདུན་ཅུ། ལག་འབབ་དྲུག་སྟོང་ལྔ་བརྒྱ། ལྷུངས་ཚོག་ཤས་འབྲོག་པ་བཙན་ཐང་གི་རྗེས་འབྲངས་བོད་འབྲོག་(༣༣༢ན)རྫོ་ཀློ་ལྷུངས་གསུམ་བཅས་པའི་དུད་འཛིན་སུམ་ཅུ། ལག་འབབ་དྲུག་སྟོང་སུམ་བརྒྱ། ལྷ་ས་དར་པོ་གླིང་ཁང་པ་ཤག་སྐོར་རྒྱ་ཆེ་བ། ཆོས་འཁོར་གླིང་པ་ཁྲུངས་མཉེས་ཐང་དལ་གཤོངས་ཀྱི་ཡོང་འབབ། རྫོ་ལྷུན་གྲུབ་ཕོ་བྲང་ལ་གཏོགས་པའི་དབང་རིགས་དུད་རེ་གསུམ། ལག་འབབ་ཉིས་སྟོང་སུམ་བརྒྱ། འཕྲང་སྒོ་བདེ་སྐྱིད་དཔལ་འབྱོར་གྱི་ཁང་ཞིང་དུད་གྲངས་ཕོན་ཆེ་བ་དང་བཅས།

བཀྲ་ཤིས་ལྷུན་པོ་བླ་བྲང་དང་སྤྱི་པ་བསྡོམས་པའི་ཆོས་གཞིས་སུ་བཏབ་པ་རྫོང་། གཅེན་ལུང་། ཕྱུག་གཞུང་དར་རྒྱས་གཞིས་ཀ་རྩེང་འདུས་ཁྲི་ཁང་། ལྷུན། རྒྱལ་ཆེན་རྩེ། རོང་རྩྭ། བཞད། གཡང་བཅས་ཨར་ཐུག་སོགས་ཀྱི་སྐབས་འདོན་ཐང་བདུན་བརྒྱ་ཐོན་པའི་མི་སེར་ཡོང་འབབ་དང་བཅས་པ། སྔགས་པ་གྲྭ་ཚང་ལ་ཞོལ་གྲོང་། གཙུང་། དཀྱིལ་ཁང་གྲྭ་ཚང་ལ་སྤྱིལ་བཞི་ནས་ཞིང་འབྲུར། ཐོབ་བསམ་གླིང་པར་ཧ་ནག་རི་ཁྲུད་དང་བཀྲ་ཤིས་དར་རྒྱས། ཤར་རྩེ་བར་ཐང་པོ་རི་ ལྟུགས་

རི་ཁ་སྟོད་ཀྱིས་མཚོན་བླ་བྲང་རྒྱལ་མཚན་མཐོན་པོ་དང་སྤྱི་ཆེན་མི་ཐེ་བའི་བཀྲ་ཤིས་ལྷུན་པོ་གྲྭ་ཚང་ཁག་ལྡེབས་འབྱར་དང་བཅས་པར་ཨར་ཟུག་སྐབས་འདོན་རྐང་ཕྱེད་སུམ་བརྒྱ་ཐོན་པའི་མི་སེར་ཡོང་འབབ་དང་སྦྲགས་པ།

མདོ་ཁམས་ལྡོངས་ཀྱི་ཆར་ཐམས་ཅད་མཁྱེན་པ་བསོད་ནམས་རྒྱ་མཚོས་ཕྱག་བདར་བའི་ལི་ཐང་ཐུབ་བསྟན་བྱམས་ཆེན་གླིང་བར་སྐབས་སུ་མིང་ཙམ་དུ་གྱུར་པ། སླར་ཡང་གཙུག་ལག་ཁང་སོགས་གསར་རྒྱག །ཐུབ་ཆེན་གྱི་ཁྲི་པད་ལ་ཟངས་ཁལ་བརྒྱ་ལྷག་གསེར་དང་བཅས་པའི་ཞིག་(༣༣༢བ)གསོས། གཙང་ཁང་སྨུག་ཏུ་བྱམས་པའི་སྨན་སྐུ་ཐོག་ཚད། འདུ་ཁང་ལྡེབས་རིས་ལ་བདག་ཅག་གི་སྟོན་པའི་མཛད་པ་བརྒྱ་པ་བྲིས་ཞེས་བསྒྲུལ་ཅིང་རྣམ་ཐར་ལའང་དེ་བཞིན་འཕོད་འདུག་ཅུང་། དར་ཁན་དགའ་བཅུ་སོགས་མཐོང་རྒྱ་ཆུང་བས་འཁྲུངས་རབས་སོ་བཞིའི་སྙིང་རྗེ་རང་བྱུང་བས་བསྟན་ཁ་མཛད་པའི་སྐྱེས་རབས་བརྒྱ་རྩ་བྲིས་ཡོད་པར་སྣང་བ་སོགས་རྟེན་བཞེངས། ལྡོངས་ས་ཐམ་རྒྱལ་པོས་བཞེངས་པ་རྒྱལ་བའི་བཀའ་འགྱུར་རོ་ཅོག་ཚལ་པའི་དཀར་ཆག་དང་མཐུན་པའི་པར་སོགས་སྤྱི་རྫས་རྒྱ་ཆེ་བ། དགེ་འདུན་ཕྱེད་ལྔ་བརྒྱ་ཙམ་ལ་ཆོས་ཐོག་བརྒྱུད་ཀྱི་བླ་ཕོགས་དང་ཉིན་ལྟར་ཇ་གཉིས། ཚོ་འཕྲུལ་ལྔ་མཆོད། ཉེར་བདུན་སོགས་ཚུལ་དུས་མཆོད་དང་བཅས་པའི་མཐུན་རྐྱེན་ཆོས་གཞིས། རང་ཕྱོགས་བརྒྱལ་བརྟག་འཆད་ཉན་གྱི་རྩ་བ་སྟག་ཚང་ར་བ་སྟོད་པར་སླེ་ཕུ་དགའ་ལྡན་གཞིས་ཀ །ཐེམ་འཛིན་བཅུ་བདུན། ལག་འབབ་ཕྱེད་ཉིས་སྟོང་། མཉེས་ཐང་བདེ་བ་ཅན། དོལ་བརྒྱད་གྲྭ། འཕྱོང་རྒྱས་རི་བོ་བདེ་ཆེན་པར་བྱམས་པའི་གོས་སྐུ་ཐོག་སོ་ལྔ་པས་མཚོན་པའི་སྤྱི་རྫས་དང་ཆོས་གཞིས་འཇུ་གྲོང་གསར་གཞིས་ཀ་ཐེམ་འཛིན་བཅྭ། ལག་འབབ་བརྒྱད་བརྒྱ། འཕགས་སྒོ་ཁྱུངས་དཔལ་རི་རྙིང་མའི་པོགས་འབྲུ་ཁལ་ཉིས་བརྒྱ་རེ་གཉིས།

ཕ་བོང་ཁ་བྱང་ཆུབ་ཤིང་གི་ནགས་ཁྲོད་དུ་འཕོན་སྟོན་དཔལ་འབྱོར་ལྷུན་གྲུབ་ཀྱི་སྨན་སྐུ་མི་ཚད་དང་། གཉུག་མར་གནས་པའི་ཇ་ཚུལ་ཐེབས་མཉེས་ཐང་བཀྲ་ཤིས་

གླིང་གཞིས་ཀ །དུད་འཛིན་བཅུ། ལག་འབབ་དྲུག་བརྒྱ། ཞང་བྲན་ཀ་མ་བ་ཅན་དུད་གསུམ་ལག་འབབ་ཁལ་དྲུག་ཅུ་སྐོར། བསིལ་ལྡན་རིགས་(༣༣༣ན)པ་སྒྲ་བ་མཐའ་དག་གི་འབྱུང་ཁུངས་དཔལ་གསང་ནེ་ཙུ་ཐོག་སྤྱི་སོར་སྐེ་འཕྲང་ནས་བོགས་ཤུས་ཆེབ་སྟོང་ལྔ་བརྒྱ། ལྕགས་ཁྱི་ནས་ལོ་ལྔར་དབྱར་ཆོས་སྐབས་མང་ཇ་བཅུ་ནས་སུམ་ཅུའི་བར། བྲག་དབར་གྲྭ་ཚང་པར་མས་དྲོ་གྲུང་གྲོང་འོག་གི་གཞིས་ཀ་ཐེམ་འཛིན་བཅུ་དྲུག །ལག་འབབ་དྲུག་བརྒྱ།

དགའ་ལྡན་གསང་སྔགས་བྱང་ཆུབ་གླིང་པའི་འདུ་ཁང་ལྷ་བྲང་གསར་རྒྱག་གི་ལྗིབས་རིས་ལ་གནས་བཅུ། ཉིང་མ་སྐོར་ཐུགས་སྒྲུབ་རྣམ་གསུམ། བཀའ་བརྒྱད། བྱང་གཏེར་ཕུར་པ། ཕྱག་རྒྱ་ཟིལ་གནོན། དམག་ཟོར་མ། བསྟན་མ་བཅུ་གཉིས། ཁྱབ་འཇུག །དཀར་བདུད། མཐུ་ཆེན་སྡེ་བཞི། རྒྱལ་པོ་སྐུ་ལྔ། གསར་མའི་སྐོར་གསང་བ་འདུས་པ། རྡོ་རྗེ་འཇིགས་བྱེད། རྣམ་རྒྱལ་མ། སྒྲོལ་མ། མགོན་པོ། ཕྱག་དྲུག་པ་དཀར་ནག །ལས་གཤིན་ཕྱི་ནང་གསང་གསུམ། རྣམ་སྲས། ཞིག་ཚེ། སེང་གཡབས་ལ་ཡི་དམ་ཆོས་སྐྱོང་གི་ལྷ་བརྒྱད། སྲོ་སྐྱོང་རྒྱལ་ཆེན་སྡེ་བཞི། སྒོ་ཁང་དུ་སྲིད་པ་འཁོར་ལོ་རྣམས་དང་། ཆོས་གཞིས་སུ་རྒྱལ་ས་དང་ཁོལ་མ་བསྡོམས་ཐེམ་ཉེར་ལྔ། ལག་འབབ་སྟོང་ཕྲག་ཕྱེད་གཉིས། བཀའ་གདམས་ཀྱི་ཚུ་མགོ་ཉ་སྙིང་དུ་མི་གཡོ་བ་དང་། མགོན་པོ་དམར་ནག་སོགས་འབུར་སྐུ། གཙུག་ལག་ཁང་གི་ལྗིབས་རིས་ལ་ཐུབ་དབང་། རྗེ་བོའི་ལམ་ཡིག་དང་། གླེགས་བམ་བུ་ཆོས་ནང་གི་འཁྲུངས་རབས་བཅས་པའི་ཞིང་བཀོད། རྒྱ་གར་གྱི་གྲུབ་ཐོབ་བརྒྱད་ཅུ། འཕགས་པའི་གནས་བརྟན་བཅུ་དྲུག །བྱང་ཆུབ་ལམ་རིམ་གྱི་བླ་བརྒྱུད། སྨན་བླ་མཆེད་བདུན་བདག་ཅག་གི་སྟོན་པ་བཅས་པ། གསང་བ་འདུས་པ། འཇིགས་(༣༣༣བ)བྱེད། བཀའ་གདམས་ལྷ་བཞི། སྒྲོལ་མ་འཇིགས་པ་བརྒྱད་སྐྱོབ། ནག་པོ་སྐོར་གསུམ། མགོན་པོ་ལྷོ་ནུབ་པ། རྣམ་སྲས། རྗེ་བོ་འཕྱིང་དཀར་བ་རྣམས་དང་ཆོས་གཞིས་གསར་པ་ཁ་ཤས། འདུལ་བསྟན་བྱེ་བའི་འབྱུང་གནས་ཆོས་སྡེ་སྐྱོར་མོ་ལུང་པར་མཁར་གྲོང་

གཉིས་ཀའི་ཁང་ཞིང་མི་སེར།

འོལ༷་ཁ༷་རྫིང་ཕྱི་བར་དྭགས་པོ་ལོ་མན་བར་ལྷིང་། སྒོ་ས་ལུང་། གྲ་ནང་ནས་ཡི་སེར་སོགས་ཆོས་གཉིས་འགངས་མི་ཆུང་ཙམ་དང་། གཙུག་ལག་ཁང་ལ་ཞིག་གསོ་དང་ལྷེབས་རིས་འདུ་ཁང་ལ་གཙོ་བོ་རྒྱལ་བ་བཙོང་ཁ་པར་འཁོར་དག་པ་རྣམ་བརྒྱད་ཀྱིས་བསྐོར་བ། ཐམས་ཅད་མཁྱེན་པ་དགེ་འདུན་གྲུབ་ཀྱི་འཁྲུངས་རབས་སྐུ་ཕྱི། སངས་རྒྱས་སུམ་ཅུ་རྩ་ལྔ། གནས་བརྟན་བཅུ་དྲུག །ནག་པོ་སྐོར་གསུམ། བེང་ཕྲུག །ཐུགས་ཀྱི་རྒྱལ་པོ། སེང་གཡབས་ལ་བཀའ་གདམས་ལྷ་བཞི་རྣམས།

བཀྲ༷་ཤིས༷་བདེ༷་ཆེན༷་པར་གསང་འདུས་འཇམ་དཔལ་རྡོ་རྗེའི་གོས་སྐུ་དང་ལྗོང་ཁར་གཉིས་འཁྱུར་གྱི་ཚབ་དང་ས་སྐྱོན་སྦྲགས་པར་རྫོང་ཚང་གཉིས་ཀ །ལག་འབབ་བཞི་བརྒྱར་ཉེ་བ། ཞོས་སྟོང་སྟོ་བཟོ་བའི་འབབ་ཁལ་དྲུག །

རྩེ༷ས་དང༷་ལྷུ༷་མཚོད༷་པར༷་ཁང་གསར་གྱི་ཁང་སྟོད་གཉིས་ཀྱི་ལས་ཁྲལ། ལག་འབབ་སུམ་བརྒྱར་ཉེ་བ། བྱང་སྲིབས་སྟོད་ཁང་རྒྱབ་ཁྲུངས་སྐྱེར་པ་མ་ལི།

ཕྱིང༷་བསམ༷་གཏན༷་རྩེ༷་པར་སྤྱིངས་པོ་ཆེ་བའི་ཁྲུངས་གྲ་ཕྱི་རྒྱ་ཡགས་ཅན་དུང་འཛིན་གསུམ། ལག་འབབ་ཕྱེད་བཞི་བརྒྱ།

གྲངས༷་ཅན༷་ཆོས༷་འཕེལ༷་དུ་འཇམ་མགོན་ཆོས་ཀྱི་རྒྱལ་པོ་བཙོང་ཁ་པ་ཡིད་དགའ་ཆོས་འཛིན་དུ་གཤེགས་པའི་དུས་སྟོན་ལྷ་མཚོད་ཆེན་མོའི་ཐེབས་སུ་གཡུས་སྤྱིལ་(༣༣༥ན)ངམར་གཉིས་ཀ །ཐེམ་འཛིན་བཅུ་བདུན། ལག་ཡོང་ཁལ་ཆིག་སྟོང་བཞི་བརྒྱ།

ལྷུན༷་རྩེ༷་ཆོས༷་སྡེ༷་བར་ཏ་ནག་བཀྲ་ཤིས་སྡིངས་གཉིས་ཀ །ཐེམ་འཛིན་ང་གཉིས་ལག་ཡོང་ཁལ་སུམ་སྟོང་ཕྱེད་དྲུག་བརྒྱ་སྐོར།

གནས༷་སྙིང་ཞབས་དྲུང་དགའ་ལྡན་པའི་དཔལ་གདུང་དུས་མཆོད་དང་ལོ་མཆོད་ཐེབས་སུ་ཤངས་བྲིས་ཁ་ནོར་བུ་སྒང་དང་བདུད་འདུལ་གྱི་ཞོལ་བཅས་ཀྱི་ཕྱེད་ཡའི་གཉིས་ཀ་ཐེམ་འཛིན་བདུན། ལག་ཡོང་དྲུག་བརྒྱ། ཨེར་ཁེ་རབ་རྒྱས་དགོན་གསར་དུ་གནས་སྙིང་པར་སྦྱར་བའི་ཕྱེད་ཡའི་རྐང་འགྲོ་ལག་འདོན།

དབེན་ས་དགོན་པར་མཐོང་སྨོན་སྒོ་བཞིའི་གཞིས་ཆུང་། བྲམ་ཟེ་གོང་པ་རྐང་གཅིག །ཁྱིམ་འཛིན་བཅུ་གསུམ། པན་ཧ་ཚོ་བ་དང་བྲག་དམར་ཁུངས་ཀྱི་ཤས་ཐོགས་བཅས་ལག་ཡོད་ཕྱེད་དྲུག་བརྒྱ་སྐོར།

ཤར་དཀར་ཆོས་སྡེའི་དགོན་ལག་བྲང་སོ་ཟེ་མཁར་བར་ཞོ་ལུང་གཞིས་ཀ །ཁྱིམ་འཛིན་ལྔ། ལག་ཡོད་བརྒྱ་སྐོར། དབུས་གཙང་གི་རིས་མེད་དགོན་ཨང་གསུམ་ཡན་ཞིབ་རྩིས་ཀྱི་དགོན་ཁག་ཆིག་སྟོང་བརྒྱད་བརྒྱ་ལྷག་པར་གྲྭ་གྲངས་འབུམ་དུ་ཉེ་བ་བྱུང་བའི་རང་ཕྱོགས་དགེ་ལུགས་ཤས་ཆེ་བའི་གཙང་དགོན་ཨཉྀ་དང་གཉིས་གཉིས་ལ་འགྱེད་དྲག་ཞན་གྱི་མཐོ་དམའ་ཡོད་ཙམ་གྱི་ངོས་དགུན་དཔྱིད་གཉིས་མང་ཇ་སྒྲོར་སྤྲེལ་དང་། འགྱེད་གསེར་དངུལ། ཇ། འབྲུ། ཧ། བུ་རམ། ལྕགས། རས་ཀྱིས་མཚོན་པའི་དཔུས་ཆ་ངེས་མེད་སྤྲིགས་ཆུག་དང་། ཨཉྀ་གསུམ་པ་རྣམས་ལ་ལོ་གཞིས་ཚག་གི་མང་འགྱེད། ཨཧྣ་དང་གཉིས་ཀྱི་ཁྲོད་ནས་དམིགས་བསལ་རགས་བསྡུས (༤༣༨བ) དགོན་སུམ་བརྒྱ་ཙམ་སྐར་གཅིག་ཅི་རིགས་པར་སྟོན་མང་ཇ་སྒྲོར་སྤྲེལ་འགྱེད་བཅས།

ཀོང་པོ་ཕུན་བདེ་བར་འོར་ཤོད་ཚ་སྐོར་གཞིས་ཀ །ཁྱིམ་འཛིན་དྲུག་ཅུ་སྐོར། ལག་ཡོད་སྟོང་ཕྲག་ཕྱེད་གཉིས།

སྣོན་ཉེ་མ་ཐང་པར་མགོན་པོ་གདོང་ཁུལ་ནས་ཕག་གདོང་ཁུངས་ཀྱི་ཐོགས་ཤས་ཀྱི་ལག་ཡོད་ལྔ་བརྒྱར་ཉེ་བ།

དྭགས་པོ་བང་རིམ་ཆོས་སྡེར་ཀོང་སྟོད་དཔོན་ཚོ་བས་བཟུང་ཤུལ་གཞིས་ཀ །ཁྱིམ་འཛིན་བཅུ། ལག་ཡོད་སྟོང་དང་བརྒྱ་སྐོར། ཤིང་འབྲུག་ནས་འཕྲོད་རྒྱས་ཇོང་དུ་འབྲེལ་མཚུངས་མགོན་ཁག་རེས་སྐོར་གྱི་དགེ་འདུན་བརྒྱ་དང་བརྒྱད་རེའི་རྒྱུན་ཚུགས་ཀྱི་ལོ་ནང་རེའི་གཏོང་སྒོ་འབྲུ་ཐོག་ཕབ་པར་མཁར་ཁལ་ཉི་ཁྲི་བདུན་སྟོང་སུམ་བརྒྱ་ལྷག་བཅས། ཤིང་སྤྲེལ་ནས་དྭགས་ཀོང་གི་དགོན་པ་ཚོར་ནང་འགྱེད་དང་། མི་སེར་ཕྱིངས་རྣམས་ལ་འབྲུ་འགྱེད་བཅས་སྤར་ཆགས།

ཧ་ནག་རྡོ་རྗེ་གདན་པར་མཁར་ཁལ་བརྒྱ་རེ་ཐོན་པའི་ཤས་ཞིང་།

དཔལ་འཁོར་ཆོས་སྡེའི་མཁན་པོ་ཨེར་ཧེ་ནེའི་མཆོད་ཐེབས་སུ་མེ་ཏྲ་འདུས་བྱུང་ཁྲུངས་རྒྱལ་རྩེ་ཆོས་སྡེའི་བལ་ལྟུགས་བྲང་ཁང་། གྲོག་ཁ་ཁྲུངས་གཡུ་ཞེལ་གཞིས་ཀ །ཐེམ་འཛིན་བརྒྱད། ལག་ཡོང་ཕྱེད་དྲུག་བརྒྱ་སྐོར།

རི་བོ་ཆོས་གླིང་དུ་རིགས་ལྔའི་གོས་སྐུ། ལྷོ་བྲག་དཔའ་བོའི་ཕྱི་རྟེན་གྱི་དངུལ་གདུང་། དེ་སྙིང་གཉེར། ཁྲ་འབྲུག་སློན་ལམ་ཐེབས་སུ་བཀྲ་ཤིས་རྩེའི་དཔོན་ས་དབྱངས་ཅན་མས་འཛིན་ཤུལ་གྱི་ཤས། དགོན་ཁྲ་ནུབ་ཀྱི་བོགས་འབྲུར་བཅས་ཁལ་ཕྱེད་སུམ་བརྒྱ། སྡེ་སྲིད་འཕྲིན་ལས་རྒྱ་མཚོས་ཐོ་བཙུན་གནང་བའི་གྲྭ་ཚོགས་ཆེ་(༣༢༥ན)གཤིས་མཐུན་རྒྱན་གྱིས་མ་ལྷངས་པའི་བསྟོན་མར་ཕོ་བྲང་ལྟུན་གྲུབ་སྒང་གི་གཞིས་ཀ་ཐེམ་འཛིན་བཅུ་བདུན། ལག་ཡོང་ཉིས་སྟོང་ལྔ་བཅུ། ཐོབ་རྒྱལ་ཚུ་སྐོར་རྐང་གཅིག་གི་ལག་འབབ་འབྲུ་ཁལ་ཉིས་བརྒྱ་བརྒྱད་ཅུ་དང་། ཕོ་བྲང་ནས་ཁལ་སུམ་བརྒྱའི་གཉེར་འདེབས། བྱང་སྲིབས་ཚབ་མཐིལ་མཛེས་རྒྱན་ཁུངས་བཀྲས་རབ་པའི་འཛིན་ཤུལ་ལྷུངས་ཁྲི་ཁང་གཞིས་ཀ །ཐེམ་འཛིན་བཅུ་གཅིག །ལག་འབབ་སྟོང་དང་བརྒྱ་ལྔ་བཅུ། ཐུབ་རྒྱལ་གླིང་། མས་དྲོ་གླིང་ནས་རྩྭ་ཁ། ཡང་བསྟོད་གྲོང་རྐང་གཉིས། འབྲུ་ཁལ་སུམ་བརྒྱ་གོ་དྲུག །ཚུ་ཤུར་ཐར་པ་གླིང་པར་ཁྲི་སྟོང་གནས་གྲོང་གི་ལག་འདེབས། ཐེམ་འཛིན་སུམ་ཅུ། ལག་འབབ་ཉིས་སྟོང་། འཕྲོས་ལམ་རིམ་པར་འཕྲོས་མདའ་རྩེ་ཆེན་རྐང་གཅིག་གི་ས་ཞིང་ཤས་འགྲེམས་ཐོག་འབྲེལ་མཚུངས་ནས་བསྣན་པའི་ཕྱེད་ཉིས་བརྒྱ། རྗེས་སུ་ཤས་ཞིང་ཚབ་ལྟུང་གང་ཁྲུངས་སྦྱར་མ་གསུམ། སྐྱུན་གཡས་པར་སྡེ་སྲིད་བསོད་ནམས་རབ་བརྟན་གྱི་དུས་མཆོད་གཞིས་གནང་བའི་ལེ་ལག་མ་འབྲིལ་བ་ཡར་སྟོད་བྱང་སྲིབས་གྲོ་མོ་བ་ཁྲུངས་ཀྱི་གཞུང་སྒྲུབ་བྱེད་དགོས་རྣམས་བླ་བསྒྲིལ་བའི་ལག་འབབ་བརྒྱ་སྐོར། ཚོ་འཕྲུལ་བླ་བའི་ཆོས་གཅིག་ནས་བཅོ་ལྔའི་བར་ལོ་ལོ་བཞིན་ཐོས་བསམ་དར་རྒྱས་གླིང་པ་གྲྭ་པ་ཕྱེད་སུམ་བརྒྱ་སྐོར་གྱིས་སྨན་བླའི་མདོ་ཆོག་གཏོང་ཐེབས་སུ་ཕོགས་ཛ་ཐུག་གི་དགོས་ཆ་ཕོ་བྲང་ཡར་སྟོད་གྱི་གུ་གསུམ་ནས་ནར་གཏོང་།

ར་མོ་ཆེར་སྨན་བླ་རྒྱུན་དུ་གཏོང་མི་གྲུ་པ་བཞིར་(༣༣༥བ)ཕོགས་ཡོད། བསམ་ཡས་ཆོས་སྐྱོང་ཆེན་པོས་བསྐུལ་མ་མཛད་པ་ལྟར་དཀར་མེའི་ཐེབས་སུ་གྲྭ་རབ་མི་སེར་ཐེམ་བཅུ་གཉིས། ལག་འབབ་ཆིག་སྟོང་བཞི་བརྒྱ་བཅུ་བཞི། ཤོ་མདོ་ཁུལ་བཞིར་ཚ་ཚོས་སྡེ་པུ་སྡི་མར་ཀར་དགོན་ཚ་རག་གི་གཙུག་ལག་ཁང་རྟེན་དང་བརྟེན་པར་བཅས་པ། གྲྭ་ཁང་། གྲྭ་ཞིང་། ཕོགས་འབྱར་སོགས་འཛིན་བདག་ཆ་ཚང་། འཕྲོས་བཀྲ་ཤིས་བདེ་ཆེན་པར་སྨན་བླ་ཉིན་གསུམ་རེ་གཏོང་རྒྱུར་འཕྲོས་མདའ་དང་པས་འཛིན་ཤུལ་དང་གཞུང་རྒྱུག་ཐེམ་འཛིན་བཞི་བཅས་ལག་འབབ་དྲུག་བརྒྱར་ཉེ་བ། ལྷ་རྩེ་ཆོས་སྡེར་ཆོས་ཐོག་ཟླ་བ་བརྒྱད་བྱུང་རེས་བཞིན་ཆོས་བཅོ་ལྔར་རྫོང་ནས་མཆོད་ཆས་ཚ་ར་ཛ་ཐུག་སོགས་བཏང་བའི་སྨན་བླ་ཉིན་གཅིག་མ་དང་། ཉེར་ལྔར་ཆོས་སྡེའི་གཉེར་ཚང་ནས་མཆོད་པ་དང་ཛ་ཐུག་གསུམ་རེར་སྨན་བླ་གཏོང་། གྲི་གུའི་ལྷ་ཁང་གི་འཛིན་འབྲས་དང་ཡུལ་པའི་གསོན་གཤིན་གྱི་མཆོད་གནས་སུ་རི་བོ་བདེ་ཆེན་པའི་གྲྭ་པ་བརྒྱད་གྲྭར་ཕོགས་ཛ་ཐུག་གི་མཐུན་རྐྱེན་བ་སོ་སྤྲུལ་སྐུ་ངག་དབང་དཀོན་ཅོག་ཉི་མའི་ཆོས་གཞིས་སུ་སྲུག་ཤོད་བསམ་གྲུབ་དགོན་གཞིས་ཀ་མ་ལག་རྟེན་གསུམ་མཆོད་རྫས་ཆེ་ཕྲ་རང་འཛགས་མི་སེར་བོད་འབྲོག་དུད་འཛིན་བརྒྱད་བརྒྱ་བཅོ་ལྔ་ལག་ཡོང་འབྲུ་རྐྱང་ཐོག་དབུས་ཆར་གོང་རྒྱབ་བཅས་པ་ལ་ཉིས་སྟོང་བདུན་བརྒྱ་སུམ་ཅུ་བཀལ་བ། ཡར་རླུངས་བཀྲ་ཤིས་ཆོས་སྡེར་ཁེ་གསུམ་གྱི་ཕོགས་འབྱར་བ་རྫེ་ཚབ་ཏུ་ལྷོ་རོང་ཁང་ཆུང་པའི་ཁང་པ་དྲུག་བརྒྱའི་ཐོན་ཁུངས། དེ་མོ་སྤྲུལ་སྐུ་ངག་དབང་ནམ་མཁའ་འཇམ་(༣༣༦ན)དབྱངས་ཀྱི་ཆོས་གཞིས་སུ་བོན་པོ་དང་འཐེན་འཁྱེར་ཆེ་བ་འདི་ལོ་ནས་རྩ་འཛགས་ཐོག །གསར་དུ་ལྷོ་རོང་རྫོང་འོག་སྤྱར་སྟོད་པ་དང་ཤོག་སྡེ། ཁང་གཡུལ་ལྟེ་འབུམ། ཞིད་རྩེའི་འོག་ནས་སེ་དམར་པ། རྒྱ་སྐར་སྟོད་གྲོང་སྨད་རི་ཁྲོད་པ། ཐག་ཤར། ཉེ་ལུང་། སྒོ་ཤར། གྲོང་གསུམ། གནམ་གུང་སྟོན། ས་ཕར་དགོན་པ་སྟོངས་ཤུལ། གུར་སེར་རྣམས་ཀྱི་དུད་འཛིན་སུམ་བརྒྱ་དྲུག་ཅུ་ལག་འབབ་དྲུག་བརྒྱ་སྐོར། འབའ་ཆོས་སྡེར་ལོ་འཁོར་དུ་དགེ་འདུན་སུམ

བརྒྱ་སྐོར་དེ་ཡོད་ལ་ཕོགས་སྟོན་བཅས་ཟླ་རེར་མཁར་རྡུའི་འབྲུ་ཁལ་རེ་དང་ཉིན་ལྟར་བཞེས་ཐུག་འཕར་མ་རེ། ཚེ་འཕྲུལ་དང་ས་ག་ཟླ་བ་སོ་སོར་བཀའ་འགྱུར་རོ་ཅོག་འགྲོ་གང་ཆེ་སྒྲོག་པའི་ཇ་ཐུག་སོགས་གསུང་སྒྲོག་པ་དཔེ་འགྲེ། མཛོ་སྨད་དུ་ཧོར་ཟླ་དང་པོ། གཉིས་པ། གསུམ་པ། བཅུ་པ་སྤེ་བཞིར་ཉེ་སྐོར་དགེ་ལུགས་དགོན་ཚོ་བསྡུས་ཆིག་བརྒྱ་བཅུ་གཅིག་གིས་ཟླ་གཅིག་བར་བཀའ་འགྱུར་འགྲོ་གང་ཆེའི་གསུང་སྒྲོག་ཡོན་ཞབས་ཏོག་སྤྱི་འགྲོ་ཇི་སྲིད་བར་ཚུགས་པ། འཕྱོང་རྒྱས་སུ་བཀྲ་ཤིས་བདེ་ཆེན་པ་བཞི་སྡེར་སྨན་བླའི་རྒྱུན་འཛུགས་ཡོད་ཕོག་ཟླ་བ་བཞི་པའི་ཆོས་བདུན་ནས་ཇི་སྲིད་བསྐལ་པའི་བར་རི་བོ་བདེ་ཆེན་པ་བཞི་གྲྭ་ཞིག་སྤར་བའི་བརྒྱད་གྲས་སྨན་བླའི་རྒྱུན། ཡུམ་བུར་རི་བོ་ཆོས་གླིང་པའི་བཞི་སྡེས་སྨན་བླའི་རྒྱུན་ཆག་མེད་དང་དེ་ཞོར་དཔང་སྐོང་ཕྲུག་བརྒྱ་པ་ཉིན་ལྟར་ཚར་བཅུ་རེ་ཀྱང་ཆག་མེད། རྫོང་ཨ་རིག་དགོན་པར་ཆོས་གཞིས་གསར་སྟོན་གཞི་རྩ་ཁྲུངས་དང་སེང་གེ་སྒང་པས་འཛིན་ཤུལ་བསྐོམས་མི་སེར་དུད་ཆིག་བརྒྱ་དང་བཅུ་དྲུག །དུད་ཆུང་དྲུག །ལག་(༣༣༨བ)ཡོང་མཁར་རྡུའི་ཁལ་ཆིག་སྟོང་དྲུག་བརྒྱ་ཕོན་ཁྲུངས། ཇ་ཚུལ་ཐེབས་སུ་ཚོང་པ་དང་རྡུ་ཁག་གསར་འཛུགས། བན་པ་ཐེག་ཕྱིར་དགོན་གཉེར་རྙིང་པ་གཉིས་ཀྱི་སྡེང་གསར་འཕར་དྲུག་བཅས་བརྒྱད་གྲྭས་སྨན་བླ་རྒྱུན་འདོན་གྱི་ཕོགས་ཇ་ཐུག །ལ་ཕྱི་རྫོར་འཛིན་པའི་ཆོས་གཞིས་ཚ་བ་ཤེལ་དཀར་ནས་ལོ་ལྟར་འབྲུ་ཁལ་སུམ་བརྒྱ་རེའི་གཞོར་འདེབས། ལྷ་ཁང་སྡིང་གི་ཆོས་གཞིས་ལ་ཕན་ཚུན་རྩོད་རེས་ཀྱི་རྒྱུ་ལེ་སྟགས་རམས་པའི་དཔོན་པོ་བསམ་གཏན་བཟང་པོར་སྣེར་འཛགས་དང་། དེ་ཚབ་བླ་མ་འཇམ་དབྱངས་བཀྲ་ཤིས་ཀྱི་སྐུ་སྐྱེ་དང་རྒྱུ་ལེ་རབ་འབྱམས་པ་ཐུབ་མོང་ལ་མི་ཉག་བརྒྱུད་རྒྱུ་ལེ་དང་འབྲེལ་མཚུངས་ནས་དུད་སུམ་བརྒྱ་སྐོར་མི་གྲྭ་ཡོང་འབབ་དང་བཅས་ཕ་སར་གནང་། ཀོང་པོ་སྤྱུད་དཀར་བུར་བྱ་ལོ་ཕན་བདེ་བས་འཛིན་ཤུལ་མཆོ་ཚུ་བྲེ་སྟོང་ཡོད་སྡིང་མདོ་ཆེན་དགོན་གསར་རྩ་འཛུགས་ངོས་མཆོ་ཚུར་དགེ་འདུན་བརྒྱད་གྲྭ་རེ་གསར་བཙུགས་ཀྱིས་སྨན་བླ་དང་ཀུན་རིག་གང་རུང་གིས་སྡེར་

ཕན་ཐོགས་ཡོད་པ་དགོས་ཚུལ་ལྟར་ཕོགས་ཛ་ཐུག་གི་མཐུན་རྐྱེན། ཤོ་མདོ་ལྷུན་གྲུབ་མི་འགྱུར་རབ་བརྟན་དུ་དགའ་ལྡན་བཤད་སྒྲུབ་གླིང་པ་ལྔ་བཅུ་རེས་ཇེ་སྤྱིད་བསྐལ་པའི་བར་དུ་ལོ་ལྟར་ས་ག་ཟླ་བའི་ཚེས་བདུན་ནས་ཟླ་བ་གཅིག་གི་རིང་ཚེ་ཆོག་གི་རྒྱུན། མདོ་ཁམས་མགོ་ལོག་དགོན་གསར་བར་ཆོས་གཞིས་སྟོན་མར་ངོ་ལོག་པ་དུད་ལྔ་བཅུ་སྐོར་ལག་འབབ་ཏུའི་ཁལ་ཕྱེད་སུམ་བརྒྱ་ཐོན་ཁུངས་འབྲུ་ལ་བར་ཕོགས་ཀྱི་མཐུན་རྐྱེན་ས་འཕྱིད་མ་ཐུབ་བར་ཏུའི་ཁལ་སུམ་བརྒྱའི་གཞོར་འདེབས། ཁམས་པོ་ཧོ་དགོན་གྱི་འདུ་ཁང་འགྲེལ་ཞིག་བྱུང་བར་ལག་གཡོར་གྱི་ཝུ་ལག་དང་ཤོ་མདོ་(༣༣༧ན)ནས་ཛ་ཐུག་གི་ཐེབས་སུ་འབྲུ་གཞོར་ཁལ་སུམ་བརྒྱ་དང་ཤ་ཤན་འཕོར་དྲུག་མ་གཉིས། ཐུབ་བསྟན་དགེ་འཕེལ་གྱི་མཁན་པོ་དབོན་པོ་ལོ་རྩ་བར་མཁན་ཐོག་རིང་ལྷ་རྩེ་ནས་ལོ་ལྟར་གཙང་བྲེའི་ཁལ་སུམ་བརྒྱ་རེའི་གཞོར་འདེབས་དང་། དགོན་དེར་ཇེ་སྤྱིད་བསྐལ་པའི་བར་ཚར་ཆེན་ཆོས་ཀྱི་རྒྱལ་པོའི་དགོངས་པ་རྫོགས་ཐབས་སུ་ལྷ་རྩེ་ཁུལ་ནས་ལོ་བཅུ་རེར་གྲྭ་པ་བཅུ་རེ་ཕྱེད་གོས་པའི་གྲྭ་རྒྱུན་བཅས་གནང་བ། ཡེར་པ་དགའ་ལྡན་གསང་སྔགས་ཡང་རྩེ་པར་མཆོད་གཞིས་གཏོང་སྒོ་གཞོར་འདེབས་ཕྱེད་རྒྱུན་ལ་ས་འཕྱིད་དགོས་ཚུལ་ཞུས་པ་བཞིན་གྲོང་སྟོད་ལ་གཏོགས་པའི་གཞིས་ཀ་བསྟད་གྲོང་དུད་ཆེ་ཆུང་ཞེ་གསུམ། ལག་འབབ་སུམ་སྟོང་བརྒྱད་བརྒྱ་ཉེ་ཤུ། ཏུ་བ་གསར་སྟོན། རྩེ་ལྷ་སྒང་རྩེ་གུ་སྟེང་གོང་དཀར་གྲྭ་ཚང་སྤྱིར་ཕུར་པའི་སྒྲུབ་མཆོད་ཐེབས་སུ་ལག་ཡོང་རེ་དགུ་ཞིང་ལེ་ཚན་བཞི། གསང་བ་འདུས་པའི་བཤད་སྒྲུབ་ཀྱི་བསྟན་པ་དབྱར་མཚོ་ལྟར་ཆེས་ཆེར་འཕེལ་བའི་འབྱུང་གནས་རྒྱུད་རེ་གསེར་སྟེངས་གཞན་དང་མི་འདྲ་བར་དགོངས་མཆོད་གཞིས་སུ་སྣེ་གྲོང་གི་དགོན་གཞིས་ཁང་པ་རྟེན་གསུམ་མཆོད་རྫས་ནང་ཆས། ཐེམ་སྐང་བཞི་བཅུ། ལག་འབབ་ཆིག་སྟོང་བདུན་བརྒྱ་བཞི་བཅུས་གང་ཐོན་གྱིས་ལོ་ལྟར་གསང་བ་འདུས་པའི་སྒྲུབ་མཆོད་ཉིན་གྲངས་གང་འཕྱོངས་དང་རྒྱུན་དུ་འདུས་པའི་བཤད་སྒྲོལ་འཕེལ་རྒྱས་ཡོང་ཆེད་དུ་བསྩལ་པ། ས་ལུག་ཚེ་འཕྲུལ་ཟླ་བའི་ཚེས་བརྒྱད་ནས་ལྷ་ལྡན་གཙུག

ལག་ཁང་དུ་གནས་བརྟན་མཆོད་འབུལ་བ་དགའ་ལྡན་ཐར་གླིང་པ་བཞི་གྲྭ་དང་ཇ་མ་གཅིག་བཅས་པའི་རྒྱུན་བཙུགས་(༣༣༧བ)ལོ་འཁོར་གྱི་མཆོད་ཆས་ཕོགས་ཡོན་ཇ་ཐུག་འགྱུར་ཕབ་གཞོར་ཁལ་ཉིས་སྟོང་དང་དྲུག །བང་རིམ་ཆོས་སྡེ་བ་བརྒྱད་གྲྭ་ས་ལོ་ལྟར་ཟླ་བ་དང་པོའི་ནང་དུ་ཉིན་བདུན་བར་གནས་བརྟན་ཕྱག་མཆོད་རྒྱུན་བཙུགས་པའི་ཕོགས་ཡོན་སོགས་སྨན་བླར་ཆ་བཞག །འཕན་ཡུལ་རྒྱལ་ལྷ་ཁང་པར་རིན་སྤུངས་ཁྲུལ་གཡུང་མཁར་ལུང་དུད་བརྒྱད། ལག་འདེབས་ཤས་མི་སེར་གྱི་ཡོང་འབབ་འགྱུར་ཕབ་ཁལ་དྲུག་བརྒྱ་རེ་བརྒྱད། ཆབ་ནག་བླ་མ་བཀྲ་ཤིས་ཆོས་འཕེལ་གྱིས་དགོས་རྩོལ་ཞུས་པ་ལྟར་སེ་མོ་མི་སེར་གྱི་སྡིང་དུད་ཆེ་ཆུང་སོ་བརྒྱད། འབབ་འབྲུ་ཁལ་སུམ་བརྒྱ་དང་དྲུག །མདོ་ཁམས་དགེ་དགོན་ཚུགས་ཀ་ཞན་པ་རྣམས་ལ་འབྲེལ་མཚུངས་ནས་གྲྭ་རྒྱུན་དཀོར་ས་དགེ་ཁོངས་ཕྱེ་གསལ། མཆོད་པའི་རྒྱུན། ཕོགས་ཐེབས་བཅས་དང་འབུལ་དང་དད་བླངས་བྱས་ཆོག་པ། ས་སྙིང་སོགས་ལ་ཐམ་ཀ་དམར་ནག་གིས་གཙང་ཆོད་ལ་དེ་དོན་བཞིན་གནས་པ་དང་། དེ་མིན་དགེ་ལུགས་གཙོར་བཏོན་དགོས་པའི་གཏན་ཚིགས། དེ་དག་ལ་མེད་མི་ཐུང་གི་བཅའ་ཡིག་ཡུལ་དུས་དང་བསྟུན་པ། འདྲ་མཁར་ཕྲོག་དགོན་པ་བར་སྣར་གྱི་བདག་ཐོབ་རང་འཛུགས་སྡིང་རྟེན་གསུམ་མཆོད་ཆས། ཁང་ཞིང་དང་བཅས་པ་སྦྱོར་འཛུགས་དང་། འོ་སྐོལ་གྱི་སྟོན་པ་དང་མ་ཕམ་པའི་སྐུ་འདོམ་གང་ཙམ་རེས་གཙོས་གསེར་སྐུ་ཆེ་ཆུང་བཅུ་གཅིག །འཇིམ་སྐུ་གསུམ། འདོད་ཁམས་དབང་ཕྱུག་མའི་སྐུ་རང་བྱོན་མ་དང་གདུང་རྟེན། བཀའ་པོད་ལྔ་བཅུ། རྗེ་བཙོང་ཁ་པ་སོགས་ཐང་སྐུ་བཅུ་དགུ། གོས་དར་གྱི་འཕན་བླ་བྲེ། ཕྱག་སིལ་འཁར་ང་སོགས་མཆོད་(༣༣༨ན)ཆས་མང་བ་དང་། རས་ཡོལ་གདོང་ཡོལ་སོགས་དང་། འབབ་ཁལ་དྲུག་སྟོང་ཉིས་བརྒྱ་དྲུག་ཅུ་སྐོར། འདྲ་རྩེ་ཕྲོག་དགེ་ལུགས་སུ་བསྒྱུར་ཏེ། རྒྱལ་ཆོས་ལྷ་ཁང་ལ་གཏོགས་པའི་རྟེན་གསུམ་མཆོད་རྫས་ཁང་ཞིང་སོགས་བདག་ཐོབ་ཆེ་ཁྲ་མཐའ་དག་སྦྱོར་འཛུགས་ལ། སངས་རྒྱས་བྱང་སེམས་ལི་དང་གསེར་སྐུ་བསྒོམས་བཅུ་བཞི། སྨན་སྐུ་གདུང་

རྗེན་བཀའ་པོད་བྲིས་ཐང་དང་། མཆོད་ཆས་སོགས་མང་བ་དང་། འབབ་སུམ་སྟོང་དགུ་བརྒྱ་སུམ་ཅུ། མདོ་རབ་སྒང་ཁུལ་དགའ་ལྡན་ཆོས་གླིང་པར་དཔལ་ཡུལ་པོན་དགོན་དམ་པ་རང་གྲོལ་གྱི་འཛིན་བདག་བྱེད་ཐོག་ནས་འབབ་ལྔ་བརྒྱ་སྐོར།

འགི་བ་ཁ་པར་མིའུ་རོང་འདུ་ར་དགོན་གྱི་མཆོད་ཞིང་དང་ཚེ་རོང་སྟག་ལྔའི་ཁང་པ་བཅས་འབབ་བཞི་བརྒྱ་བཞི་བཅུ་སྐོར། རྒྱུད་ཟུར་སྤྱི་སོར་དབེན་དགོན་འགེབ་ཁྲིད་པ་དང་ཉ་ལྷ་རྒྱ་མཚོ་སེའུ་རོང་ལྷ་དཀར་ཕུ་བཅས་པའི་འཛིན་ཤུལ་གྱི་ཁང་ཞིང་། སྐོར་ཤར་པའི་ཁྲལ་སྟེང་ནས་སྤུ་ནག་བཅས་པར་འབབ་ལྔ་བརྒྱ་དྲུག་ཅུ་སྐོར། ལྕེ་ལོ་དགོན་གསར་བར་སྟག་སྟག་རི་ཁྲིད་པ། བོན་དགོན་ཧྥི་ལའུ། རྩོམ་པ་སེང་གེ །འོད་སྐུ་ལྕེ་རི་དགོན་བཅས་པའི་འཛིན་ཤུལ་གྱི་ཞིང་ལ་འབབ་སུམ་བརྒྱ་བཞི་བཅུ་ལྷག་བཅས། སྟོང་སྐུ་ལྷ་མཆོད་པར་བེ་ལོ་དགོན་པའི་འཛིན་ཤུལ་ཁ་གཙང་ཐོག་ལྷུམ་ར་བའི་ཞིང་བརྒྱད། ཁྲི་འཛམ་མོ་སྐྱི་ཞབས་དང་མཚོ་ཐོག་གི་བང་པ་ཡིན་ཚན་བཅས་ལ་འབབ་སུམ་བརྒྱ་སུམ་ཅུ་སྐོར། གནས་མགོ་ལྷ་མཆོད་པར་བསོད་ནམས་གཡུ་དྲུང་གི་ཞིང་དང་། དཔལ་འཛིན་རོང་བསྟུ་རབ་(༣༣༨བ)ཀྱི་ཁང་པ་བཅས་ལ་འབབ་ཉིས་བརྒྱ་བདུན་ཅུ་ལྷག་པ། མདོ་ལྷ་མཆོད་པར་བོན་གོང་ལྷུམ་ར་བས་འཛིན་ཤུལ་གྱི་ཁང་ཞིང་འབབ་ཆིག་བརྒྱ་བཅུ་སྐོར། སྟོད་ལུང་མཚོ་སྣད་ལྷ་ཁང་པར་ཀན་ཚང་པ་རྐང་གཅིག་དང་། དྲུང་སྟོང་ས་ཞིང་བཅུའི་བོགས་ཤས། ཉུངས་དགའ་ལྡན་ཆོས་འཁོར་བར་ཟླ་ཡིད་ཁལ་འགོའི་དཔྱལ་སྲང་བཞི་བཅུ་རྩ་ཆག །རྫོང་དཀར་མཆོད་ཁང་དུ་དགོན་གཉེར་གསར་བསྐོས་མཆོད་པ་བདུན་ཚར་རེ་ཆག་མེད་ལ་ལོ་རེར་ཁལ་ཆིག་སྟོང་བཞི་བཅུ་སྐོར།

འོལ་དགའ་གཟིམས་ཚུང་ཁམས་གསུམ་རྣམ་རྒྱལ་དང་། བདེ་བ་ཅན་དུ་མཆོད་པ་རྒྱུན་འཛུགས། བྲག་དཀར་རྩ་བཟང་པར་རྗེ་སྲིད་བསྟན་པ་རྣམ་གནས་བར་ལྷ་རྩེ་དང་ངམ་རིང་སོ་སོ་ནས་གཙང་བྲེ་ཚད་ཀྱི་ཁལ་ཕྱེད་ཉིས་བརྒྱ་རེའི་གཞོར་འདེབས། འོལ་དགའ་དཀོན་གཉེར་བར་ལོ་ལྟར་ཆོས་བཅུ་ཆེན་མོའི་མཆོད་ཐེབས་སུ་འབྲུ་ཁལ་

ང་དྲུག་ལྷག་བཅས།

ཡེར་པའི་ལྷ་ཁང་བཅུ་བཞི་སོ་སོར་འབྲུའི་མར་མེ་ཉིན་མཚན་འཁྱོངས་པའི་སྟོང་ཏང་རེའི་རྒྱུ་རྐྱམ་སྟོང་རས་ལྷ་ས་ནས་རིམ་སྤྱོད། ཁམས་དཔལ་འབར་ཆོས་སྡེར་སེར་གསང་གཉིས་སུ་གྭ་རྒྱུན་བཅས་བསྟན་པ་འཕེལ་རྒྱས་སུ་དགོངས་འཛིན་རྫོང་མེད་པའི་འཛུགས་གནས་ཁྲ་དོན་ལ་རྒྱབ་གཉེན་དང་། དགོན་གསོ་དྲན་ལ་བརྩོན་ཞིང་བདེ་གསང་གིས་གཙོས་གསང་སྔགས་ཀྱི་ཕྱག་ལེན་སྒྲུབ་མཆོད་སོགས་དར་བ། ལྷ་ཁང་པ་ཉིས་ལ་མར་མེ་ཉིན་མཚན་འཁྱོངས་པ་སོགས་མཆོད་པ་ཆག་མེད་དང་། ལྷུམ་ན་དའ་དང་དགའ་ལྡན་རབ་བརྟན་དབྱེན་འདུམས་ཤིང་སྤྱང་རིང་སྦྱར་བ་རྣམས་འཛིན་བདག (༣༣༤ན)འཕོས་པ་འོས་སུ་མ་ཆེའང་དུད་ཆིག་བརྒྱ་དྲུག་ཅུ་སྐོར་ལ་འབབ་ཆིག་སྟོང་སུམ་བརྒྱ་དྲུག་ཅུ་བཏལ་བ། ཟླ་བ་དང་པོའི་ཆོས་བརྒྱད། གཉིས་པའི་བཅུ། བཞི་པའི་བཅོ་ལྔ། དྲུག་པའི་བཞི། བརྒྱད་པའི་བཅོ་ལྔ། བཅུ་པའི་བརྒྱད་རྣམས་ལ་འདུ་ཁང་དུ་མར་མེ་ཉིན་འཁྱོངས་སོགས་མཆོད་པ་ལྔ། གྭ་པ་སུམ་བརྒྱ་སྐོར་ལ་ཇ་ཐུག་ཚ་རེ་གཏོང་བའི་ཐེབས་སུ་གནང་བ། དཔལ་ལྷ་ལྕོག་ཏུ་བཀྲ་ཤིས་རྟགས་བརྒྱད། རྒྱལ་སྲིད་སྣ་བདུན། རྨ་བྱའི་གདུགས་སོགས་ཀྱི་རྒྱུ་དང་ཕོགས་ཡོན་བསྔོམས་གཞོར་ཁལ་ཆིག་སྟོང་བཞི་བརྒྱ། མཛོ་སྨད་གསང་སྔགས་གླིང་དང་། སྨོམ་མདའ་གསང་སྔགས་བདེ་ཆེན་བཅས་དགོན་ཁག་གཉིས་ཀྱི་གྭ་པའི་ལོ་འབོར་གྱི་ཕོགས་ཉག་ཕྲ་བའི་མཛུན་རྐྱེན་ཏུ་དགོན་ཡས་མས་སོ་སོར་ཡུ་ཧྲུ་འབོར་དྲུག་མ་ལྔ་རེ་དང་མར་ཁལ་རེ་གཏམ། ཚྭ་ཁལ་བཞི་རེ། ཐུག་ཐལ་ཁལ་སུམ་ཅུ་རེ། ལུག་ཁོག་བརྒྱད་རེ། ལྔ་མཆོད་ཀྱི་སྒྲོན་མེར་མར་ཁལ་ལྔ་རེ། སྟོང་རས་སྤྱིན་ཏོག་ཕྱིད་རྣམས་འཕར་བ་གནང་། རྣམ་དཀར་གྱི་མཛད་པ་གསང་གསུམ་རྟེན་བཞེངས་གྲས་སྐུ་རྟེན་གྱི་སྐོར། བསྟན་འཛིན་ཆོས་ཀྱི་རྒྱལ་པོའི་དོན་དུ་དངུལ་གྱི་སྨན་བླ་བདེ་གཤེགས་བརྒྱད་དང་། ས་གནད་དུ་ཕྱག་རྫོར་གྱི་སྐུ་རྣམས་མི་ཚད་ལས་ཆེ་བ། གཞན་མ་གསེར་ཟངས་ཀྱི་བླ་སྐུ་གཉིས། འཕགས་པ་ལོ་ཀེ་ཤྭ་རའི་འཁོར་དུ་ཅན་དན་གྱི་ཉེ་སྲས་བརྒྱད། བླ་མ། ཡི་མ། རྒྱ་

ནག་བཅས་ཀྱི་ལྷ་ཁང་། ལྷ་ས་རྗེ་མོའི་བྱང་གི་ཀ་བཞི་མའི་ལྷ་ཁང་། ལྷ་རྗེ་ཆོས་སྐྱེའི་གཙང་ཁང་དུ་ཐུབ་ཆེན། མཆོག་ཟུང་། ཉེ་(༣༦༡བ)སྲས་བརྒྱད། སྒོ་སྲུང་། བླ་མ་ཁང་དུ་ཇོ་འབྲོམ་ཡབ་སྲས་དང་། རྗེ་དགེ་འདུན་གྲུབ་ཀྱི་འཁྲུངས་རབས། མགོན་ཁང་དུ་ནག་པོ་སྐོར་གསུམ། གུར་ཞལ། དམར་ཟོར་མ། སྨན་བླ་ཁང་དུ་དུས་གསུམ་སངས་རྒྱས་དང་བདེ་གཤེགས་བརྒྱད་རྣམས་ཀྱི་སྐུ། སྔོ་བྲག་དོན་གཉིས་གླིང་གི་གཙང་ཁང་དུ་ཐུབ་ཆེན། མཆོག་ཟུང་། ཉེ་སྲས་བརྒྱད། སྒོ་སྲུང་། བླ་མ་ལྷ་ཁང་དུ་ཇོ་འབྲོམ་ཡབ་སྲས་དང་རྗེ་དགེ་འདུན་གྲུབ་ཀྱི་འཁྲུངས་རབས། མགོན་ཁང་དུ་ནག་པོ་སྐོར་གསུམ། དམག་ཟོར་མ། ཛི་ཏུ་ལྷ་ཁང་དུ་རྒྱལ་བ་རིགས་ལྔ་དང་རྗེ་བཙུན་བཙོང་ཁ་པའི་སྐུ་རྣམས་སྨན་འདམ་ལས་བསྐྲུན་པ། ཐུབ་དབང་སོགས་སངས་རྒྱས་བྱང་སེམས་བླ་མ་ཡི་དམ་ཆོས་སྐྱོང་དང་བཅས་པའི་སྐུ་པར་རྒྱབ་མདུན་གཉིས་ཀ་ཡོད་པ་ཆེ་ཆུང་བཅུ་དྲུག །མདུན་པར་ཁེར་རྐྱང་བརྒྱ་དང་དོན་དྲུག །ལི་གསེར་གྱི་སྐུ་བརྙན་དགུ་བཅུ་ཐམ་པ། གསེར་སྐུ་བཅོ་བརྒྱད། འཕྲུལ་སྣང་གཙུག་ལག་ཁང་གི་ཚེ་དཔག་མེད་ལྷ་ཁང་དུ་ཛེ་ཏཱ་རིའི་ལུགས་ཀྱི་ཚེ་དཔག་མེད་ལྷ་དགུ། སྤྱན་རས་གཟིགས་ལྷ་ཁང་དུ་གཙོ་བོ་སྣང་བ་མཐའ་ཡས། ཐུགས་རྗེ་ཆེན་པོ་ཡབ་ཡུམ་སྲས་སྲས་མོ་བཞི། སེང་གེ་སྒྲ། སེམས་ཉིད་ངལ་གསོ། མཚན་བརྒྱད་ལྷ་ཁང་དུ་མཚན་བརྒྱད་གཙོ་བཅས། ཆོས་རྒྱལ་ལྷ་ཁང་དུ་ཆོས་རྒྱལ་མེས་དབོན་གསུམ། གཉའ་ཁྲི་བཙན་པོ། ཐོ་རི་སྙན་ཤལ། རྒྱ་བཟའ། བལ་བཟའ། མགར། ཐུ་མི། དགའ་ལྡན་ལྷ་ཁང་དུ་རྗེ་བཙུན་བཙོང་ཁ་པ། མཁན་ཆེན་ཕྲུག་རྗོར། དཔལ་བོ་རྡོ་རྗེ། རྒྱལ་ཚབ་རིན་པོ་ཆེ། རྗེ་ཤེས་རབ་སེང་གེ །མཁས་གྲུབ་(༣༥༠ན)ནོར་བཟང་རྒྱ་མཚོ། ཐམས་ཅད་མཁྱེན་པ་དགེ་འདུན་རྒྱ་མཚོ། རྗེ་བསོད་ནམས་རྒྱ་མཚོ། རྗེ་ཡོན་ཏན་རྒྱ་མཚོ། ལྔ་སྣོ་མེ་ལོང་ཅན་དུ་གཙོ་བོ་འོད་དཔག་མེད་ལོངས་སྐུའི་ཆ་བྱད་ཅན་ལ་གཡས་གཡོན་དུ་སྨན་བླ་བདེ་གཤེགས་བརྒྱད། གཡུང་དྲུང་ཁྱུག་ཏུ་ཚེ་དཔག་མེད་ལྷ་དགུ། བར་བང་གི་ཆོས་རྒྱལ་ལྷ་ཁང་དུ་མེས་དབོན་རྣམ་གསུམ། བཙུན་མོ། བློན་པོ། རྒྱལ་སྲིད་སྣ

བདུན་ཚང་བ་འཁོར་ལོས་སྒྱུར་བའི་རྒྱལ་པོའི་ཚུལ། ཨོ་རྒྱན་ལྷ་ཁང་དུ་ཨོ་རྒྱན་ཡབ་ཡུམ། གུ་རུ་དམ་སྲི་ཟིལ་གནོན། ཡང་བཟློག་ཁྲོ་བོ། བྱང་ཆེན་མཆོད་རྟེན། བདེ་མཆོག་ལྷ་ཁང་གི་སྐུའི་ཞིག་གསོ། སྨན་བླ་བདེ་གཤེགས་བརྒྱད་ཀྱི་ལྷ་ཁང་། ཉེ་སྲས་བརྒྱད་ཀྱི་ལྷ་ཁང་། ཆོས་རྒྱལ་ལྷ་ཁང་གི་གཡོན་སྒོ་ཤར་ལྷའི་ནང་ཐུགས་རྗེ་ཆེན་པོར་ཐུབ་པ་དྲུག་གིས་བསྐོར་བ། གཡུང་དྲུང་སྒྲུག་ཤར་ལྷའི་ནང་སངས་རྒྱས་ལ་གདན་རབས་བདུན་གྱིས་བསྐོར་བ། ད་ཡན་རྒྱལ་པོའི་དགོངས་རྫོགས་སུ་ཁྲིམས་རའི་རྣམ་ཐར་སྒོ་གསུམ་དུ་དུས་གསུམ་སངས་རྒྱས། ཉེ་སྲས་བརྒྱད། ཕྱག་རྡོར། རྟ་མགྲིན། པ་ཞུང་སྒོ་ཕྱི་ནང་གི་བར་དུ་རྒྱལ་ཆེན་བཞི། ར་མོ་ཆེའི་བར་ཁང་དུ་ཀླུ་དབང་དང་སྨན་བླ་བདེ་གཤེགས་བརྒྱད། འཇིག་རྟེན་དབང་ཕྱུག །སྒྲོལ་དཀར། སྤྱན་རས་གཟིགས་སོགས་སངས་རྒྱས་བྱང་སེམས་ཀྱི་སྐུ་བཅུ་དགུ། སྟེང་ཁང་གསར་འཕར་དུ་ཐུབ་དབང་། གནས་བཅུ་བཅས་སྐུ་སོ་གཅིག །སྒོ་ཁང་དུ་རྒྱལ་ཆེན་བཞིར་འཁོར་འབྲོག་གནས་ལྔས་བསྐོར་བ། ཉང་བྲན་རྩ་བཟང་ལྷ་ཁང་དུ་སངས་རྒྱས། ཀླུ་དབང་གི་རྒྱལ་པོ། སྨན་བླ། (༣༩༠བ)སྤྱན་རས་གཟིགས་ཡབ་ཡུམ་སྲས་གསུམ། སེང་གེ་སྒྲ། སེམས་ཉིད་ངལ་གསོ། རྗེ་བླ་མ་ཆེན་པོ། འཆི་མེད་ལྷ་ཁང་དུ་ཚེ་དཔག་མེད་ལྷ་དགུ། སྒྲོལ་མ་ལྷ་ཁང་དུ་ཚེ་སྦྱིན་ཡིད་བཞིན་འཁོར་ལོ་འཇིགས་པ་བརྒྱད་སྐྱོབ་ཀྱིས་བསྐོར་བ་སོགས་ཀྱི་སྨན་སྐུ་མཆོད་རྫས་དང་བཅས་པ།

བསམ་ཡས་མཆིམས་ཕུ་གསང་ཕུག་དུ་བཞུགས་པ་རྗེ་བླ་མ་མཆོག་གི་སྐུ་བརྙན་གསེར་ཟངས་ལས་བསྐྲུན་པ། བཅོམ་ལྡན་འདས་སྨན་གྱི་བླ་བདེ་བར་གཤེགས་པ་བརྒྱད། ཀླུ་དབང་། ཐུབ་དབང་། དུས་གསུམ་སངས་རྒྱས། འོད་དཔག་མེད་ཀྱི་སྐུ་གཉིས། ཨོ་རྒྱལ་རིན་པོ་ཆེའི་སྐུ་གཉིས། རྗེ་བླ་མ་ཆེན་པོའི་སྐུ་བཅས་ལི་རྫས། བོད་འབངས་བདེ་ཐབས་སུ་གཤིན་རྗེ་དྲེགས་པ་འཇོམས་བྱེད་ཀྱི་སྐུ་གཉིས་ལྷ་ས་བསམ་ཡས་དང་དམར་པོ་རིའི་ཕོ་བྲང་རྩེར་ཡུལ་འཁོར་སྲུང་། རོང་གི་བྲག་རྩེ་གསུམ་འདྲ་བར་ཡང་དག །མི་རྟེང་འདྲ་བར་རྡོ་རྗེ་ཕུར་པའི་སྐུ། སྐྱིད་ཤོད་ཤུན་གྱི་བྲག་རྩེར་

ཐུབ་དབང་བདུད་འདུལ། དབུ་རུ་སྟོད་སྨད་མཚམས་ཡོ་བོ་གདོང་ལ་མཆོད་རྟེན། གཙང་རོང་གི་མཚམས་ཐོབ་རྒྱལ་སྐམ་པ་རིར་སྤྱན་རས་གཟིགས་ཀྱི་སྐུ། ཡར་ཀླུངས་སྟོད་སྨད་ཀྱི་མཚམས་ཡུམ་བུ་བླ་སྒང་གི་རིར་ཨོ་རྒྱན་ཆེན་པོའི་སྐུ། རུ་ལག་གྲོམ་པ་རྒྱང་གི་མཚམས་སུ་རིགས་གསུམ་མགོན་པོའི་སྐུ་རྣམས་བྲག་ལྷེབས་ལ་བཀོས་གནང་། གཙང་རི་ལུག་མགོ་འདྲ་བ་ལ་སྟོད་རྒྱལ་གྱི་ཤྲཱི་དགོན་པ་བསམ་གླིང་གི་ལྷག་ཏུ་སྟོབས་པོ་ཆེའི་སྐུ། ཡར་ཀླུངས་སུ་རི་སྦྲུལ་བརྒྱུགས་འདྲ་བ་ཡར་སྟོད་བར་ཐང་སྐུ་འབུམ་གྱི་རིར་ཁྱུང་། སྐྱིད་ཤོད་དུ་རི་བྱ་འདྲ་བ་རི་བོ་དགའ་ལྡན་གྱི་རྒྱབ་རིར་ཐུགས་རྗེ་ཆེན་པོའི་སྐུ(༢༩༧ན)དབུར་སྟོད་དུ་རི་སོག་པོ་ཁྲིས་པ་འདྲ་བ་ཕག་མོ་འབྲོག་གི་སྤྲུལ་རིར་བྱང་ཆུབ་མཆོད་རྟེན་རྣམས་གསར་བསྐྲུན་དང་། བཅོམ་མདའ་ར་སྒྲེང་གསུམ་མདོར་རིགས་གསུམ་མགོན་པོ་དང་སྟོབས་པོ་ཆེའི་སྐུ་གསར་བཞེངས། ལྷ་ལྡན། ཟབ་གཡང་། ཁྲ་འབྲུག་སོགས་མཐའ་འདུལ་ཡང་འདུལ་གྱི་གནས་ཆེན་རྣམས་སུ་ཐུགས་རྗེ་ཆེན་པོ། སེང་ལྡེང་ནགས་སྒྲོལ། སློབ་དཔོན་ཆེན་པོ། བླ་མ་རྡོ་རྗེ་གྲོ་ལོད་རྣམས་ཀྱི་སྐུ། ལྷོ་བྲག་བན་པ་ཐེག་ཕྱིའི་སངས་རྒྱས་སུམ་ཅུ་རྩ་ལྔའི་ཞིག་གསོས། འཛོང་རྒྱས་རྫོང་ཚེ་དཔག་མེད་ལྷ་ཁང་དུ་བདུད་རྩི་འཁྱིལ་བ་དང་དྭངས་མ་བརྟུད་འདྲེན་སོགས་ཀྱི་འབུར་སྐུ། ལུང་བསྟན་བཞིན་འབྲས་སྤུངས་སུ་སྤྱན་རས་གཟིགས་གཙོ་འཁོར་གསུམ་པའི་སྐུ། ལྷ་སར་སྨན་བླའི་མདོ་ཆོག་དང་མཐུན་པའི་གསེར་ཟངས་ཀྱི་བདེ་གཤེགས་བརྒྱད། སེམས་དཔའ་བཅུ་དྲུག །གནོད་སྦྱིན་གྱི་སྡེ་དཔོན་བཅུ་གཉིས། ཕྱོགས་སྐྱོང་ཉི་མ་ཟླ་བ། རྒྱལ་ཆེན་བཞི། ཁྲི་གདན་བཅས་རྣམས་གསར་བཞེངས། གོས་སྐུ་དང་ཞལ་ཐང་སྐོར་ལ། བཀྲ་ཤིས་རྩེ་ཆོས་སྡེར་ནཱ་རོ་མཁས་སྦྱོད་ཀྱི་གོས་སྐུ། ཤིང་འབྲུག་ཟླ་བ་བཞི་པའི་ཚེས་བརྒྱད་ནས་བཟུང་ཟླ་བ་རེ་བཞིན་གྱི་ཚེས་བརྒྱད་ལ་སྒྲོལ་དཀར་ཡིད་བཞིན་འཁོར་ལོའི་ཉིན་ཐང་རྒྱུན་བཞེངས། སྨན་བླ་བདེ་གཤེགས་བརྒྱད་ལྷ་ཚོགས་ཡོངས་རྫོགས་གཙོ་ཐང་བདེ་བ་ཅན་ཞིང་བཀོད་ཅན་གྱི་ཚོན་ཐང་དགུ། ཡི་དམ་ཆོས་སྐྱོང་གི་ནག་ཐང་བདུན། ས་སྐྱོང་འཕྲིན་ལས་རྒྱ་མཚོའི་བྱང་

ཡུང་ལ་སངས་རྒྱས་སུམ་ཅུ་རྩ་ལྔ་དང་སྨན་བླ་བདེ་གཤེགས་བརྒྱད་ཚར་རེ་ཚང་བའི་གསེར་ཐང་སུམ་ཅུ་རྩ་ལྔ། ད་ཡན་རྒྱལ་པོའི་བྱང་ལུང་ལ་སྨན་བླ་བདེ་གཤེགས་བརྒྱད། རྣམ་སྣང་གཙོ་བོར་རྣམ་སྣང་(༤༧བ)ཕོ་ནའི་སྟོང་ཐང་། བྱང་ཆུབ་ལམ་གྱི་རིམ་པའི་བརྒྱུད་པ་གཉིས་ལྡན་གྱི་བླ་མ་འཇམ་དབྱངས་དཀོན་ཅོག་ཆོས་འཕེལ་ཡན་གྱི་སྐུ་ཐང་གྲ་ཚར་ང་གཅིག །རྟོགས་བརྗོད་དཔག་བསམ་འཁྲི་ཤིང་གི་ཞིང་བཀོད་ཀྱི་སྐུ་ཐང་ཐོག་ཚད་གྲ་ཚར་བཞི་བཅུ་རྩ་གཅིག །མཁའ་སྤྱོད་མའི་ཆོམ་བུའི་དཀྱིལ་ཧང་གི་ལྷ་མགྲོན་ལ་ཚར་ཆེན་ཡབ་སྲས་གསུམ་གྱི་ཞལ་གཟིགས་མའི་ཞིང་བཀོད་ཐོར་བུ་ཡོད་པ། སེང་ལྡིང་ནགས་སྒྲོལ་ལ་འཇིགས་པ་བརྒྱད་སྐྱོབ་ཀྱིས་བསྐོར་བའི་སྐུ་ཐང་། འབྲས་སྤུངས་འཇིགས་བྱེད་ཀྱི་ཞལ་བཤུས་བྲིས་ཐང་། ཀུན་དགའ་ར་བའི་གཡབས་ཕེབས་ལྡེབས་རིས་ཞལ་བཤུས་ཀྱི་སྐུ་ཐང་། གཙུག་ལག་ཁང་སོགས་གསར་བསྐྲུན་དང་ཞིག་གསོས་རིམ་གནང་གི་ལྡེབས་བྲིས་ཀྱི་སྐོར་ལ་འཕྲུལ་སྣང་གཙུག་ལག་ཁང་གི་ཁྲམས་ར་ནང་ཀ་བ་བརྒྱ་སྒོ་ཁང་ཀ་བ་བརྒྱད་བཅས་ཀྱི་ལྡེབས་རིས་སུ་སངས་རྒྱས་སྟོང་སྐུ་སོགས་མང་བ། པོ་ཏ་ལའི་ཚོམས་ཆེན་ལ་བོད་དུ་འགྲོ་བ་མིའི་བྱུང་ཚུལ་ལས་བརྩམས་ཏེ་བསྟན་པ་དར་བའི་ལོ་རྒྱུས་དང་། རྗེ་དགེ་འདུན་གྲུབ་ཀྱི་འཁྲུངས་རབས་ཐ་ཕྱི། བཀའ་འགྱུར་ཁང་དུ་ལམ་རིམ་བརྒྱུད་པ། བསྟན་མ་ལྗོག་ཏུ་བསྟན་མ་བཅུ་གཉིས་ཕུན་ཚོགས་ལྗོག་ལ་རྒྱལ་པོ་སྐུ་ལྔ། ལྷ་རྩེ་ཆོས་སྡེའི་གཙང་ཁང་ལ་སངས་རྒྱས་སྟོང་སྐུ། འདུ་ཁང་དུ་ཚེ་འཕྲུལ་ཞིང་བཀོད། ལྷ་ཁང་གཞན་བཞི་ལ་བདེ་གཤེགས་བརྒྱད། ལམ་རིམ་བརྒྱུད་པ། བྲིས་སྐུ་མཐོང་བ་དོན་ལྡན། གནས་བཅུ། ལྷ་ས་བར་སྐོར་ལ་བྱང་ངོས་སུ་སངས་རྒྱས་ཕལ་པོ་ཆེའི་ཞིང་ཁམས་རྒྱ་མཚོ། ཤར་དུ་འབུམ་གྱི་སྙིང་གཞི། བྱམས་པའི་མཛད་བཅུ། བྲིས་སྐུ་མཐོང་བ་དོན་ལྡན། བདེ་བ་ཅན་གྱི་ཞིང་བཀོད། སྟོར་ཚེ་འཕྲུལ་བཀོད་པ། བྲག་སྒོ་ཀཀྐིའི་གནམ་རྒྱན་ལ་དང་སོང་སྦྱོང་རྒྱུད་(༤༨ན)ཀྱི་དཀྱིལ་འཁོར་བཅུ་གཉིས་དང་། དབུས་སུ་ཚེ་དཔག་མེད་ལྷ་དགུའི་དཀྱིལ་འཁོར། ར་མོའི་ཆེའི་བར་ཁང་ལྡེབས་རིས་སུ་ཚེ་དཔག་མེད་བདུན་

བརྒྱ། སྟེང་ཁང་དུ་སྒྲོལ་དཀར་བདུན་བརྒྱ། འདུ་ཁང་དངོས་གཞིའི་ལྷེབས་ལྷོ་བྱང་སྒོ་འགྲམ་བྱང་གི་ཤར་གསུམ་ལ་མཁས་མཆོག་དཔའ་བོས་མཛད་པའི་འབྲུངས་རབས་གཤམ་སྦྱིན་བདག་གི་ཚུལ་རྒྱལ་པོ་མཆོད་ཡོན། སྲུག་གི་སྒོ་འགྲམ་གཡས་གཡོན་གྱི་ཕྱི་ལོགས་ལ་སྨན་བླ་བདེ་གཤེགས་བརྒྱད། ནང་སྐོར་ལྷོའི་སྐྱུར་སངས་རྒྱས་མར་མེ་མཛད། ཁུ་རྫོག །ཀ་བ། ནག་ཚོ་སོགས་ཀྱིས་བསྐོར་བ། ཤར་བལྟར་རྒྱལ་བ་བཙོང་ཁ་པ་ཆེན་པོ་འཇམ་དབྱངས་རྣམས་གཙོ་འཁོར་དང་སངས་རྒྱས་བྱང་སེམས་མང་བ། བྱང་གི་འབུར་དོད་དུ་འབྲོམ་སྒྲོལ་དཀར། སྐུ་མཆེད་གསུམ། དགོན་པ་བ། སྟེ་ཐུང་པ་རྣམས། ཤར་བལྟར་རྗེ་དགེ་འདུན་གྲུབ་པའི་འབྲུངས་རབས། མཆོད་འབུལ་ཁང་ལ་མཆོད་ལྷ། ཐོག་མཚམས་སུ་མཁན་སློབ་ཆོས་གསུམ་ཀླུ་དབང་སོགས་མང་བ། སེང་གཡབས་ལ་ཤཱཀ་ཐུབ་མཁན་སློབ་སོགས་ཇོ་བོ་རྗེའི་བཀའ་གདམས་གསར་རྙིང་གི་བླ་རབས་མང་ཙམ། བསེ་སྐྱོང་མགོན་ཁང་གི་ཤར་ལ་བེང་། བྱང་དུ་ཀླུ། བར་ཁྲམས་སུ་དཔལ་ལྷ། གཡུ་སྒྲོན། གཙང་ཁང་སྲུག་དང་ནང་སྐོར་གྱི་ལྷོ་བྱང་གསུམ་ལ་སྒྲོལ་དཀར་སོགས་མང་བ། བར་སྐོར་ཤར་གྱི་ཕྱི་སྐྱ་ནང་ལྟ་ལ་སྒྲོལ་མ་འཇིགས་པ་བརྒྱད་སྐྱོབ། སྒྲོལ་མ་ཉེར་གཅིག །བར་སྐོར་ལྷོ་སྐྱུར་ཚེ་དཔག་མེད་དང་སྒྲོལ་དཀར། ནུབ་ཏུ་གཙུག་ཏོར་རྣམ་རྒྱལ་མ། བྱང་དུ་སྒྲོལ་ལྗང་སོགས་མང་བ། ལྷོ་བྲག་བན་པ་ཐེག་ཕྱིའི་གཙུག་ལག་ཁང་གི་ལྷེབས་རིས་སུ་ཚེ་དཔག་མེད་ཀྱི་སྟོང་སྐུ། བདེ་གཤེགས་བརྒྱད། (༣༤༢བ)མཛད་བཅུ། བདེ་བ་ཅན་གྱི་ཞིང་བཀོད། གནས་བཅུ། མཚན་བརྒྱད། ཤུད་བུ་བ་ལས་ཀྱི་རྡོ་རྗེ་དང་རྒྱལ་བ་བཙོང་ཁ་པ་ཆེན་པོའི་རྣམ་ཐར། འཕྱོང་རྒྱས་རྫོང་གི་ཚེ་དཔག་མེད་ལྷ་ཁང་གི་ལྷེབས་རིས་ལ་ཚེ་དཔག་མེད་སྟོང་སྐུ་རྣམས། གསུང་རྟེན་གྲས། བསྟན་འཛིན་ཆོས་རྒྱལ་སོགས་མཆོད་ཡོན་བཞིའི་དགོངས་རྫོགས་དང་བཅས་མཉམ་མེད་སྟོན་པ་བུ་རམ་ཤིང་པའི་བཀའ་ངསིལ་ལྡན་ཁ་བའི་ལྗོངས་འདིར་འགྱུར་རོ་ཅོག་མ་དཔེ་རྒྱལ་རྩེ་ཐེམ་སྤྱངས་མ་གཞིར་བཞག་པོད་བརྒྱ་དང་བཅུ་གཅིག་ཐོག་སྤུ་འགྱུར་རྡོ་རྗེ་ཐེག་པའི་མདོ་སྒྱུ་སེམས་གསུམ་གཙོ་

པོར་གྱུར་པའི་རྙིང་རྒྱུད་པོད་གསུམ་བསྟན་པ་བཅས་ཁྲིན་བརྒྱ་དང་བཅུ་བཞི་ཡོད་པ་ཞེ་གཅིག་གི་གསེར་ཆོས་ཚར་གསུམ། ར་མ་ལུག་གཅིག །སྐྱ་པོད་ཚར་བཅུ་གསུམ། རྒྱལ་བའི་བཀའ་རྣམས་རྒྱ་གར་ཁ་སྦྱུ་ཅན་གྱིས་འགྲེལ་བར་མཛད་པའི་བསྟན་བཅོས་སྣད་གཉིས་སྦྲ་བའི་དབང་ཕྱུག་ཐར་ལོ་ཉི་མ་རྒྱལ་མཚན་ཕན་ལ་གང་འགྱུར་པུསྟ་ཀ་བརྒྱ་ཕྲག་གཉིས་དང་ཉི་ཤུ་སྐོར། འཇམ་མགོན་ཆོས་ཀྱི་རྒྱལ་པོ་བཙོང་ཁ་པའི་བཀའ་འབུམ་ཡོངས་རྫོགས་གསེར་ཆོས་གཅིག་དང་། སྐྱ་པོད་གཉིས། རྟག་བརྟན་ཕུན་ཚོགས་གླིང་དུ་པར་སྤྱ་འཛུགས་པ་གནང་བའི་བརྒྱུད་སྟོང་པ་འཕྲེང་བ་ཅན། མདོ་སྡེ་སྐལ་བཟང་། གྲ་ཧོག་གསེར་གསུམ། མཛངས་བླུན་སོགས་མདོ། གསང་སྙིང་དྲི་མེད་བཤགས་རྒྱུད་སོགས་རྒྱུད། བྱམས་ཆོས་སྡེ་ལྔ་སོགས་འཕགས་ཡུལ་གྱི་བསྟན་བཅོས་དུ་མ། བོད་སྣ་རབས་པ་དང་ཕྱིས་བྱུང་མཁས་པ་རིམ་སུ་མ་ཆད་པའི་རྣམ་ཐར་དང་ཆོས་འབྱུང་། གཞུང་འགྲེལ་རྒྱལ་བ་གཉིས་པ་ཤར་བཙོང་ཁ་པ་བློ་བཟང་གྲགས་པའི་དཔལ། ཐམས་ཅད་མཁྱེན་པ་དགེ་འདུན་གྲུབ་དང་། དགེ་འདུན་རྒྱ་མཚོ། ས་(༣༥༣ན)གསུམ་འདྲེན་པ་བསོད་ནམས་རྒྱ་མཚོ། སྲིད་ཞིའི་གཙུག་རྒྱན་ལྔ་པ་ཆེན་པོ་བཅས་པའི་བཀའ་འབུམ་ཡོངས་རྫོགས་པར་ཤིང་ཁྲི་ཚོ་གཉིས་དང་དགུ་སྟོང་ལྔ་བརྒྱ་ང་ལྔ་སྐོར། ཐུགས་རྟེན་གྲུས། བསྟན་འཛིན་ཆོས་ཀྱི་རྒྱལ་པོའི་བཙུན་མོ་ཆུང་བའི་དོན་དུ་དངུལ་གྱི་བྱང་ཆུབ་མཆོད་རྟེན་ཐོག་ཚད། བར་སྐོ་ཀཀྵི། འོལ་ཁ་རྫིང་ཕྱིར་གཙང་ཆོས་སྡེ་གསེར་པའི་དངུལ་གདུང་། དགའ་ལྡན་ཕོ་བྲང་གི་སྣོ་ནུང་གད་སྙིང་བྱང་ཆེན་མཆོད་རྟེན། ལྷ་ས་བར་ཁང་དུ་འཛིམ་པའི་མཆོད་རྟེན་ཆུང་བ་སྟོང་དང་ཉེར་བརྒྱད། ཕུར་པ་ལྷ་ནག་གི་ཕུར་ཆ་སེང་ལྡེང་ལས་གྲུབ་པ་ཡོངས་རྫོགས་དང་། བཀའ་བརྒྱད་གསང་རྫོགས་ཀྱི་ཕུར་ཆ་དངོས་གཙང་།

དཀོན་ཅོག་སྤྱི་ཞུའི་ཁོངས་སྐུ་གསུང་ཐུགས་རྟེན་གྱི་མཆོད་པ་གཙོ་བོར་གྱུར་པ་རྫེ་བོ་རིན་པོ་ཆེའི་དབུ་རྒྱན་ཞིག་གསོས་ལ་གཡུ་ཕྲ་ལྔ་ཆོམ་དང་གཡུའི་གཅལ་བསྒྲིགས་ཕྱུག་པ། དར་དཔྱངས་གསར་བསྐྲུན་བཅས་པར་གསེར་སྲུང་སུམ་ཅུ་དང་

དངུལ་སྲང་ལྔ་བཅུའི་རྒྱབ་ཤ་དར་དཔྱངས་ཕན་ཚུན་གྱི་སྒྲོག་ཁར་རིན་པོ་ཆེའི་ཕྲ་རྒྱན་བཅས་པ། གཞིས་རྩེའི་རིན་ཆེན་རྒྱན་ཆ་ཤ་བ་སྐྱ་རིང་གི་གཡུ་རྣམས་ལ་ཇོ་ཤཱཀ་རྣམ་གཉིས་ཀྱི་དབུ་རྒྱན་ཞིག་གསོས་དང་ཇོ་འདྲར་གསར་བསྐྲུན། བསམ་ཡས་སུ་མཆོད་པ་སྟ་ལྔ་དྲུག་ཅུ་རེ། ལྷ་ལྡན་སྨོན་ལམ་གྱི་དགོངས་རེའི་མཆོད་ཆས་རྩམ་གཞོར་ཁལ་རེ་དང་མར་མཁལ་ཉག་ལྔ་རེ་ལས་གྲུབ་པའི་ཞལ་ཟས། མཁར་ཉག་བཅུའི་དཀར་མེ། གཞོར་ཁལ་རེའི་མཆོད་འབྲུ། སྤོས་དང་བུམ་རྫས། གྲོམ་པ་རྒྱང་གི་ལྷ་ཁང་དུ་མཆོད་པ་སྟ་ལྔ་ལྔ་ཚར། ཇོ་བོ་རིན་པོ་ཆེའི་དབུ་ཐོག་རྒྱ་ཕུབས་དང་ཟུར་ལྕོག་བཞིའི་གཟི་ར། མདའ་ཡབ་ཀྱི་རྫ་རྣམས་གསེར་(༤༥༤བ)ཟངས་ཀྱིས་བརྫེས་པ། གླུ་རྒྱལ་དང་བྱམས་པ་མཆེད་བཞིའི་དབུ་སྙེད་ལ་གསེར་ཐོག་གསར་འབུབ་གནང་བ་སོགས་ཀྱི་གསར་པའི་རྒྱུར་ཟངས་མཁར་ཁལ་ཆིག་སྟོང་ཆིག་བརྒྱ་སུམ་ཅུ། གསེར་བཅོ་མ་ཞོ་བཞི་སྟོང་དྲུག་བརྒྱ་བརྒྱད་ཅུ། དངུལ་ཚུ་ཞོ་ཉིས་ཁྲི་སུམ་སྟོང་བཞི་བརྒྱ་བཅུ་བཞི། ཁྲ་འབྲུག་ཏུ་མཆོད་པ་སྟ་ལྔ་ཚར་སུམ་ཅུ་རེ། ཐུགས་རྗེ་ཆེན་པོ་རང་བྱོན་ལྔ་ལྡན་གྱི་དབུ་རྒྱན་དར་དཔྱངས་སྙན་རྒྱན་དང་བཅས་པར་གསེར་ཞོ་སུམ་བརྒྱ་ལྷག་ལྡང་བརྟངས་ལ་གཡུ་གྲངས་སྟོང་དང་མུ་ཏིག་དགུ་བཅུ་སྐོར་གྱིས་སྤྲས་པ། བྱམས་པ་ཆོས་ཀྱི་འཁོར་ལོའི་དབུ་རྒྱན་དར་དཔྱངས་སྙན་རྒྱན་བཅས་པར་གསེར་ཞོ་ལྔ་བརྒྱར་ཉེ་བ་ལྡང་བརྟངས་ལ་རིན་པོ་ཆེ་བཻཌཱུརྻ་སེར་པོ་དཔངས་ལ་རྩེ་སོར་དོ་ཞེང་ལ་སོར་ཕྱེད་དོ་ཡོད་པ། གཡུ་གྲངས་བདུན་བརྒྱ་སྐོར། མུ་ཏིག་བརྒྱར་ཉེ་བས་སྤྲས་པ། ཐུགས་རྗེ་ཆེན་པོའི་དབུ་རྒྱན་རྙིང་པའི་ཐོག་གསེར་སྲང་ལྔ་བསྟོན་པ་གནང་བའི་གསར་བསྐྲུན་ཁྲ་འབྲུག་གི་ཇོ་མོར་འབུལ་གནང་། དཔལ་ལྡན་དུང་སྐྱོང་རྒྱལ་མོའི་དབུ་རྒྱན་དར་དཔྱངས་སྙན་རྒྱན་བཅས་པར་གསེར་ཞོ་ལྔ་བཅུ་ལ་ལྡང་བརྟངས་ཐོག་གཡུ་གྲངས་སུམ་བརྒྱར་ཉེ་བ་མུ་ཏིག་བཞི་བརྒྱ་སྐོར། ཤེལ་བདུན་ཅུ་ལྷག་བཅས་ཀྱིས་སྤྲས་པ།

ཇོ་ཤཱཀ་ཡིད་བཞིན་གྱི་ནོར་བུར་དབུ་རྒྱན་སྤྲོག་ཞུའི་རྒྱུར་གསེར་ཞོ་དྲུག་ཅུ་རེ་བརྒྱད། གཡུ་བརྒྱ་དང་བཞི་བཅུ། ཕུབ་སྐོར་གསུམ་རྣམས་ཀྱི་ཞལ་འདེབས་ཐེ་བའི་

གསེར་ཞོ་སྟོང་དང་བརྒྱད་བརྒྱ་དོན་གཉིས། ཕུབ་སྐོར་བཅུ་བདུན། ཨ་ཅར་སྤྲ་རིལ་གཅིག །སོག་ རྡ་སོག་སྐོར་གཅིག །ཕྲེམ་རྫར་གཅིག །གསེར་སྤྱི་གཅིག །གཡུ་རིལ་གཅིག །ཕུད་ཀྱུ་བཅུ་བཞི །གཙུག་གཡུ་ཇོག་ཁམ་རྐྱོན་ཕྱེད་གཤགས་ཙམ་ནས་གཡུ་སྐྱུང་(༣༥༥ན)ཁམ་སྐམ་ཙམ་འདྲེས་པ་ལྔ་བཅུ་ང་ལྔ། གྲི་ཚུང་མགོ་ཤུབས་ཀྱི་གཡུ་སྤྲ་སྤྲུས་ལེགས་པད་འདབ་བཞི་ལྡང་བ། མུ་ཏིག་ཆེ་བ་བྱུར་གོང་ཙམ་ནས་ཆུང་བ་རྒྱ་སྤྲན་ཙམ་གྱི་བར་ལྔ་བརྒྱ་ཉེར་བདུན། དངུལ་སྲང་ཞེ་གཅིག་སྐོར་ལས་བསྒྲུབ་པའི་དབུ་རྒྱན་སྣན་རྒྱན་ལེགས་པ། དངུལ་སྲང་དྲུག་བརྒྱ་དང་གསེར་ཞོ་ཕྱེད་སུམ་བརྒྱ་ལྷག་ལས་གྲུབ་པའི་མཆོད་རི་རབ་མངོན་པ་ལུགས་དང་། མཆོད་ཞིང་ཁམས་རྒྱ་མཚོ་ལྷ་མིའི་འདོད་ཡོན་གཡས་འཁྱིལ་གྱི་རྒྱུར་གསེར་བཙོ་མ་ཞོ་དྲུག་བརྒྱ་ཞེ་གསུམ། དངུལ་སྲང་སུམ་སྟོང་བརྒྱད་བརྒྱ་གྱ་གཉིས། དངུལ་ཆུ་སྲང་བཞི་བརྒྱ་གྱ་གསུམ། ཟངས་ཁལ་ཆིག་བརྒྱ་དང་གྱ་གསུམ། ཞ་ཉེ། ཕྲར་སུ་གཉྫི། པད་རྣག །ཇ་ཧ་རུ་པ། ཨིནྡྲ་ནཱི་ལ་སོགས་རིན་པོ་ཆེའི་རིགས་ཆེས་མང་བས་སྤྲས་པ། ཇོ་བོ་རིན་པོ་ཆེའི་བཞུགས་ཁང་རྒྱབ་ཡོལ་དང་བཅས་དངུལ། རྒྱབ་ཡོལ་ལ་སྨན་བླའི་མདོ་ཆོག་ལས་བྱུང་བའི་ལྷ་ཚོགས། བཞུགས་ཁང་སྟེང་དུ་གསེར་གྱི་རྒྱ་ཕུབས་སོགས་དང་བཅས་པའི་རྒྱུར་གསེར་ཞོ་ཉིས་སྟོང་དགུ་བརྒྱ་སོ་གཉིས། དངུལ་སྲང་བདུན་སྟོང་ཉིས་བརྒྱ་ལྔ་བཅུ། དངུལ་ཆུ་སྲང་ཆིག་སྟོང་བདུན་བརྒྱ་དོན་བདུན། ཟངས་བཟོ་མ་མཁར་ཁལ་ཆིག་བརྒྱ་ཉེར་དགུ། བཤའ་དཀར། ཏི་ཚ། སྤྱོས་དཀར། ཛ་ཏི་ར། སྤྲ་རྒྱན་རིན་པོ་ཆེའི་རིགས་སོགས་བསམ་ལས་འདས་པ།

ཐུགས་རྗེ་ཆེན་པོའི་དབུ་ཐོག་ཏུ་གསེར་ཟངས་ཀྱི་ཀླ་བྲེ་དང་རྒྱབ་ཡོལ། རྒྱ་ཕུབས་ཀྱི་རྒྱུར་ཟངས་མཁར་ཁལ་དྲུག་བརྒྱ་ང་གཅིག །གསེར་བཙོ་མ་ཞོ་བཞི་སྟོང་སུམ་བརྒྱ་རེ་བཞི། དངུལ་ཆུ་ཞོ་ཆིག་ཁྲི་ཉིས་སྟོང་དགུ་བརྒྱ་གོ་གསུམ། སྣེ་ཁྲིད་མོ་རེ་བཅས་པར་མཁར་ཁལ་བཅུ་གཉིས། སྤར་བུ་ཁལ་བཅུ་བཞི། བཙོད་ཁལ་ཕྱེད་དགུ། རླུང་(༣༥༥བ)གནོན་དྲིལ་གདང་གི་ལྕུགས་ཐག །རླུང་དྲིལ་སོ་ལྔ།

ར་མོ་ཆེའི་རྒྱ་ཕུབས་གསར་བཞེངས་ལྷོ་བྱང་ལ་རྒྱུག་མཐོ་རེ་བཞི་ཤར་ནུབ་པ་ཞེ་དགུ་སོགས་ཀྱི་རྒྱུར་ཟངས་གད་ཕྱིས་གྲུབ་པ་མཁར་ཁལ་ཆིག་བརྒྱ་རེ་གསུམ་གསེར་བཙོ་ཉོ་བདུན་བརྒྱ་བརྒྱད་ཅུ། དངུལ་ཆུ་ཉོ་ཉིས་ཁྲི་ཆིག་སྟོང་ལྔ་བརྒྱ་ཞེ་གཅིག །སྣ་འཁྲིད་མོ་རེའི་བསྲེས་ལ་རྒྱ་ཐུར་གྱི་སྲང་ཆིག་སྟོང་བརྒྱད་བརྒྱ་ཞེ་གཉིས། སྤར་བུ་ཁལ་ཉེར་དྲུག །བཙོད་ཁལ་ཉེར་བརྒྱད། སྲོག་འཛིན་དྲིལ་གདང་ལྩུགས་ཐག །ཀླུང་དྲིལ་སོ་གཉིས། མདའ་ཡབ་ཀྱི་དཔངས་ལ་རྒྱུག་མཐོ་དོ་ལྷག་གི་རྒྱུར་ར་མོ་ཆེ་རང་གི་ཉིང་པ་དང་ཐུགས་རྗེ་ཆེན་པོའི་ཟངས་ལེབས་ཉིང་པ་རྣམས་ལ་བསྒྲིག་བཅོས་ཀྱི་འདེགས་མཁར་ཁལ་ཉིས་བརྒྱ་དོན་བཞི། དཔལ་ལྡན་དུང་སྐྱོང་དབང་མོར་གསེར་ཟངས་ཀྱི་འཕོར་ལོ་རྫིབས་སྟོང་ཅན།

བསམ་ཡས་རྗེ་བོ་བྱང་ཆུབ་ཆེན་པོར་དངུལ་གྱི་མཎྜལ། མཐོངས་གཞི་ནག་ལ་གནས་བརྟན་སེའུ་ཡོད་པའི་བླ་བྲེ། གོས་ཡུག །འཕོར་གྱི་ལྷ་རྣམས་ལ་སྣན་ཞལ་བཀྲས་བཏགས་རེ་དང་། ཆོས་སྐྱོང་གིས་དཀར་མེའི་རྒྱུན་བཙུགས་པའི་མཐུན་རྐྱེན་དམིགས་བསལ་ཞུས་པ་ལྟར་དྲིའུ་གསུམ་གྱི་རྒྱབ་མར་དང་བཅས་པ། གཉན་གོང་ཕུག་ཏུ་སྣན་དར་གོ་མཚོན་དང་བཅས་མཆོད་གཏོར་རྒྱུན་ཚུགས། བྲག་སྒོ་ཀཱ་ཀྲིའི་ཆོས་འཁོར་བཅུ་གསུམ་དང་པདྨ་སོགས་ཀྱི་རྒྱུར་ཟངས་མཁར་ཁལ་སུམ་བརྒྱ་གོ་དྲུག་ཉག་དྲུག་ཕྱིར་དོ། དཀྱིལ་འཁོར་སྒོ་ཐེང་དང་དཔལ་ལྷ་ཕྱོགས་ལི་མ་ལྷ་ཁང་བཅས་ཀྱི་ཟངས་ཁྲའི་རྒྱུ་དང་གླ་ཕོགས་སོགས་བསྔོམས་འབྲུར་ཐབ་ཁལ་ཆིག་སྟོང་དྲུག་བརྒྱ། མཆོད་དཔོན་དབུ་མཛད་ཀྱི་ཞལ་འདེབས་སོགས་ཁྲ་འབྲུག་གི་རྒྱ་ཕུབས་གསར་བསྐྲུན་དང་།

ཡུམ་བུ་བླ་སྒང་དུ་རྒྱ་ཕུབས་གསར་གནང་བཅས་པའི་(༣༥༥ན)རྒྱུར་གསེར་བཙོ་མ་ཞོ་དགུ་བརྒྱ་དང་བཞིས་གསོས་ཟངས་དངུལ་ཆུ་སོགས་དང་། ཕོགས་ཡོན་སྟོན་མོ་རྣམས་བསྔོམས་འབྲུ་ཐོག་དྲིལ་བར་མཁར་ཁལ་ཆིག་ཁྲི་ཆིག་སྟོང་སུམ་བརྒྱ། ར་མོ་ཆེའི་མཆོད་ཁང་སྟེང་ཤོད་དུ་སྣན་དར། འཕན་ཆེ་ཆུང་། གནམ་རྒྱན་ཕྱེ་ཕུར། རྒྱལ་མཚན་སོགས་མང་ཞིང་དངོས་གཅང་། རྒྱ་མཆོད་ཀྱི་དགོས་ཆར་རྫམ་འབྲུ

སོ་སོར་མཁར་ཁལ་སུམ་བརྒྱ་རེ་གསུམ། མར་ཁལ་ཆིག་སྟོང་བརྒྱད་བརྒྱ། གཙང་སྤྱོས་བརྒྱ་ཕོན་དྲུག་ཅུ། གོན་མ་རྣམ་བཞི་མ་བཅུ་གཉིས། ཕ་རྒྱུད་ཀྱི་དགོངས་དོན་འཁྲུལ་མེད་བཞིན་ཤོག་དཔེར་སྐྱལ་བའི་ཕྱོག་ཞུ་སོགས་དབང་གི་སྐུ་ཆས་འཛོམས་རྒྱན་ཕལ་ཆེར་གྲུ་དཀར་དམར་གྱི་ཕྲ། ག་ཛ་མུ་ཏིག་མཐེ་བོང་ཉིས་འགྱུར་ཙམ་གྱི་ཚད། བཻཌཱུརྱ་སེར་པོ། ཊ་བ་ཊ་ཕྱིད་རྣམས་མུ་ཏིག་ཁོ་ན་ལས་གྲུབ། ཕྲ་གདན་འབུ་རིལ་ལ་གསེར་བཙོ་ཞོ་ཉིས་སྟོང་གོ་གཉིས་ཕོགས་ཡོན་སྟོན་མོ་སོགས་འབྲུར་དྲིལ་ཏུའི་ཁལ་དགུ་སྟོང་ཆིག་བརྒྱ་ཞེ་བདུན།

རི་བོ་བཀྲ་བཟང་གི་རྩེ་ཤོད་བར་གསུམ་གྱི་གཙུག་ལག་ཁང་སོ་སོར་མཆོད་མེ་ཉིཙ་མཚན་འཁྱོངས་པ། མཐའ་འདུལ་ཡང་འདུལ་གྱི་གཙུག་ལག་ཁང་དྲུག་ལ་གཟི་ར། ཞ་ལུ་རི་སྦུག་གི་ཀུན་མཁྱེན་བུའི་བཞུགས་ཁྲིའི་སྟེང་གསེར་ཟངས་ལས་གྲུབ་པའི་རྒྱ་ཕུབས། ལྷ་ལྡན་གཙུག་ལག་ཁང་དང་ར་མོ་ཆེའི་སྐུ་རྟེན་རྣམས་ཀྱི་མཆོད་རྫས་སུ་རྒྱ་གོས་ཆོན་ཁྲ་ཁྲུད་མཚར་དང་གསེར་གཞི་མ་གཉིས་ཀྱིས་གཙོས། མངགས་བཟོས་ཀྱི་སྐུ་པེར་ལེགས་པ་ཉེར་གཅིག་གི་བླ་བྲེ་དང་། འགན་སྦྱར་ཕྱི་གཡོགས་ལ་ཚལ་བུ་སླན་པའི་རྣམ་སྦྱར་ཁ་ཤས།

རྒྱ་ཅན་གྱི་ལུང་བསྟན་ལྟར་བོད་འབངས་བདེ་ཐབས་སུ་ལྷ་ས། ར་མོ་ཆེ། པོ་ཏ་ལ། ཁྲ་འབྲུག །(༣༥༥བ)གཙང་འགྲམ། ཀ་ཚལ། གྲོམ་པ་རྒྱང་། བུ་ཆུ། མགོ་མཐིང་། བྱམས་སྤྲིན། པྲ་བདུན་རྩེ། མཆིམས་ཕུ། ཤེལ་བྲག །སྒྲགས་ཡང་རྫོང་། ཕུང་པོ་རི་བོ་ཆེ། བཀྲ་བཟང་། ཟབ་ཕུ་ལུང་། མཁར་ཆུ། ཡེར་པ། གཏེར་སྒྲོམ། ངོ་ན་ཕུ་སྟག་ཚང་། ཡུམ་བུ་བླ་སྒང་རྣམས་སུ་རས་ཆོན་སྣ་ལྔ་སོ་སོ་ནས་དར་ལྕོག་རེ། ཇོ་བོ་རིན་པོ་ཆེར་ན་བཟའ་བུམ་གདན་མ་དང་དུང་སྐྱོང་རྒྱལ་མོར་དབུ་ཁེབས་བུམ་གདན་མ། བན་པ་ཐིག་ཕྱིའི་གཙུག་ལག་ཏུ་མཆོད་པ་སྣ་ལྔ་བཅོ་ལྔ་ཚར། ལྷ་ས་དང་ར་མོ་ཆེའི་ཇོ་བོ་རྣམ་གཉིས་ལ་དངུལ་གྱི་མཆོད་རྫས། ཕུར་སྒྲུབ་དཀྱིལ་འཁོར་གྱི་སྤྱན་གཟིགས་སུ་མུ་ཏིག་སོགས་རིན་པོ་ཆེ་ལེགས་ངེས་སྣ་ཚོགས་ཕྲ་བསྐོངས་

དང་བཅས་པའི་དྲ་བ་དྲ་ཕྱེད་ཀྱི་ལྷ་ཕྱི། ཇོ་བོ་ཤཱཀྱ་མུ་ནེར་གསེར་ཞྭང་བརྡུངས་ལ་སྐྱེ་བ་ལྔ་པའི་དུང་གཡུ་མུ་ཏིག་སོགས་བྲ་ཚོམ་མཚར་པའི་མགུལ་རྒྱན། གསང་ནེའུ་ཐོག་གི་གཙུག་ལག་སྟེང་གཞི་ར། བྱང་སྟག་རྩེའི་གཙུག་ལག་ཁང་དུ་མཆོད་མེ་སྟོང་རྐང་རེ་དང་ཉ་སྟོང་བརྒྱད་གསུམ་ལ་མཆོད་འབུལ། བན་པ་ཐེག་ཕྱི། མགོ་མཐིང་། ཛ་དུན་རྩེ། དགེ་རྒྱས་རྣམས་སུ་འཕན་བླ་བྲེ་ཕྱེ་ཕུར་རྒྱལ་མཚན་སྣན་ཤལ་བཅས་ཕོན་ཆེ་བ། པོ་ཏ་ལའི་བླ་མ་ལྷ་ཁང་གི་རྟེན་གཙོ་རྒྱལ་བ་བཙོང་ཁ་པ་ཆེན་པོའི་བཞུགས་ཁང་གསེར་ཟངས་ཀྱི་རྒྱ་ཕུབས་བཅས་པ་དང་། འཆར་ཀའི་མདོས་ཏོག་བཞི་རྣམས་ཀྱི་རྒྱུ་དང་ཕོགས་ཡོན་ལ་འབྲུ་ཁལ་ཆིག་སྟོང་ཆིག་བརྒྱ་བཅུ་བཞི། གྲོམ་པ་རྒྱང་གི་ལྷ་ཁང་བདུན་དུ་མཆོད་མེ་སྟོང་རྐང་རེ་ཉིན་འགྲོངས། ཐང་ཆེན་གཙུག་ལག་ཁང་དུ་མཆོད་པ་སྣ་ལྔ་བརྒྱ་ཚར་རྣམས་དང་།

གཞན་ཡང་སྡེ་ཚན་དང་གོ་བབས་གཅིག་ཏུ་མ་ངེས་པའི་རྣམ་དཀར་མཛད་པ་སྣ་ཚོགས།

གཞན་ཡང་སྡེ་ཚན་གོ་བབས་གཅིག་ཏུ་མ་ངེས་པའི་(༣༩༨ན)སྣ་ཚོགས་གྲས། རབ་བྱུང་བཅུ་གཅིག་པའི་མེ་སྟག་ཇོ༷་བླ༷་མ༷་ཉིད་ཀྱི་ཡབ་གཤེགས་པར་དགོངས་རྫོགས་ལྷ་མཆོད་མི་མཆོད་རྒྱ་ཆེ་བ། ཇོ་བསོད་ནམས་རྒྱ་མཚོའི་དུས་ཚུགས་ཀྱང་བར་སྐབས་སུ་ནུབ་པ་མེ་ཡོས་ཧོར་ཟླ་གསུམ་པའི་ཚེས་བརྒྱད་ནས་ཕན་བདེ་ལེགས་བཤད་གླིང་པར་བརྒྱད་གཏོར་ཆེན་མོ་འཛུགས་པ་གནང་། ས་ཡོས་ལོར་ཇོ༷་བླ༷་མ༷་ཉིད་ཀྱི་ཡུམ་ཁྲི་ལྕམ་གཤེགས་པའི་དགོངས་རྫོགས་སུ་བསྔོ་རྟེན་མང་འགྱེད་གདུང་མཆོག་རྒྱས་པ། ལྕགས་འབྲུག་ནས་ཕན་བདེ་ལེགས་བཤད་གླིང་པར་འཛམ་དཔལ་ཞལ་གདོན་གྱི་རྒྱུན་འདོན་སོགས་གསར་བཙུགས། གླུ་ཕུག་གླིང་ཁར་སེར་ཚོགས་ཆེན་མོ་མཛད་པ། ཆུ་ལུག་ཨེ་ཕུཾ་ལྟོག་སྐར་བར་སྦྲགས་ཞ་ལན་སྐོར་མཆོད་གཞིས་སུ་སྦྱོར་གནང་། ཕན་བདེ་ལེགས་བཤད་གླིང་པར་བོད་འབབས་བདེ་ཐབས་སུ་ཕུར་པའི་

སྒྲུབ་མཆོད་གསར་འཛུགས་གནང་བ། ཨེ་པ་དཔོན་ཡིག་གཉིས་རྒྱུན་བསྟེན་གནང་ནས་གླེགས་བམ་མང་པོ་གསར་བཞེངས། གངས་ཅན་རིགས་པར་སྨྲ་བའི་འབྱུང་ཁུངས་གསང་ཕུ་སྒྲི་སོར་ཟླུལ་ཕུའི་དབྱར་ཆོས་ཐབས་སུ་ཟླུལ་ཕུ་སྐོར་བཅས་གནང་བ། གཙང་འགྲམ་ལྷ་ཁང་གི་ཞིག་གསོ་དང་གནས་འཛིན་སྒྲོལ་མ་བར་བསྐུལ་པ། བསམ་ཡས་གཙུག་ལག་ཁང་གི་ཞིག་གསོའི་ཐབས་སུ་སྟག་རྩེ་ཐའི་ཛཻ་སྐུ་མཆེད་ལ་ཐུག་བསམ་ཟུང་མཁར་དང་བཅས་པའི་མི་སེར་སྐུལ་བ། ངམ་རིམ་ལོ་ཆེན་ལ་སེ་མཁར་ཆུང་བའི་སྒྲུབ་གནས་དང་འབྲེལ་བའི་ས་རིས་དང་མཆོད་འབུལ་བ་བཞི་གྲྭའི་ཕོགས་ཡོན་ཇ་ཐུག །བོད་འབངས་བདེ་ཐབས་སུ་ཕན་བདེ་ལེགས་བཤད་གླིང་པར་ལྷ་མོའི་མདོས་བསྐང་གསར་འཛུགས། བསྟན་འཛིན་ཆོས་རྒྱལ་གྱི་རྒྱལ་མོ་ཆུང་བའི་དགོངས་རྫོགས་(༣༤༨བ)སུ་སོང་བའི་དངོས་དཔྱད་རིན་ཐང་དུ་ཕབ་པར་མཁར་ཁལ་ཁྲི་ཚོ་ཕྱེད་གསུམ། འབྲུ་འགྱེད་ནས་ཁལ་ལྔ་སྟོང་ཆིག་བརྒྱ། ཛེ་ཀླ་མ་ཆེན་པོ་ཙི་ནའི་རྒྱལ་ཁབ་ཏུ་ཆིབས་བསྒྱུར་སྐབས་ཕེབས་ལམ་ནས་ཞབས་ཕྱི་ཨཱཧྲི་གཉིས་པ་ཡན་ལ་ཉོན་རྟ་རེའི་འགྱེད་དང་། བྱ་ཁྱུང་སྐུ་འབུམ་དགོན་ལུང་སོགས་ནང་ཕྱོགས་ཀྱི་དགོན་རགས་རིམ་ལ་རྟ་དང་དངུལ་འགྱེད། སྨར་ནང་གི་གྲྭ་ཚང་བདུན་གྱི་གྲྭ་པ་རེར་རྟ་རེ་དང་ལག་དོ་སྨེར་གཡོག་བཅས་པ་གཉིས་དབར་ལ་རྟ་རེའི་འགྱེད། སེ་འབྲས་རྒྱལ་གསུམ་གྱི་སྤྱི་སོ་སོར་དངུལ་སྲང་བརྒྱ་རེའི་མཐུན་རྐྱེན། སྐུ་འབུམ་བྱམས་པ་གླིང་པར་ནང་ཇ་དང་ཇ་དངུལ་གྱི་འགྱེད། ཟི་ལིང་མཁར་དུ་རྒྱ་མི་ཞིག་གིས་རྒྱལ་པོའི་གན་མཛོད་ཀྱི་དངུལ་སྲང་བཞི་བརྒྱ་སྐོར་བརྐུས་པ་བཙོན་རར་ལྕུགས་ཀྱིས་བཅིངས་པར་དངུལ་སྲང་སུམ་བརྒྱ་དང་རྟ་སོགས་གནང་བའི་སྲོག་བླུ། ཚ་སྤྲུལ་ཕོ་བྲང་ཕྱི་ནང་གི་རྒྱ་བོད་ཧོར་གསུམ་གྱི་བཏྲེ་དང་སྨར་པ་སེར་སྐྱ་ཀུན་དམིགས་བརྩེ་མ་འདྲེན་འཇུག་ང་གནང་བའི་སོ་སོའི་མང་ཚུང་དང་བསྟུན་པའི་ཡོན་སྐུལ་བར་དངུལ་སྲང་ཁྲིར་ཉེ་བ་དང་། ཧ་ཤང་སོགས་ཆོས་ལུགས་སྣ་ཚོགས་པའི་རྒྱ་མི་མང་པོར་དངུལ་སྲང་ལྔ་སྟོང་ལྷག་པའི་འགྱེད། སྨར་དམངས་ལ་མི་རེར་གོས་ཡུག་ཕྲེང་བ་སོགས་

དངུལ་སྲང་བཅོ་ལྔའི་རྩིས་ཀྱི་འགྲེད་ཆེན་དང་ཡས་མས་ཀྱི་སྐར་དགོན་གཉུག་མར་གནས་པ་ཀུན་ལ་མང་འགྲེད། མཁར་སྔོན་པོར་ཐམས་ཅད་མཁྱེན་པ་བསོད་ནམས་རྒྱ་མཚོ་དང་ཨལ་ཐན་རྒྱལ་པོ་མཆོད་ཡོན་གྱིས་བཞེངས་པའི་གཙུག་ལག་ཁང་གི་ཞིག་གསོའི་ཐེབས་སུ་གསེར་ཞོ་ལྔ་བཅུ་ཐམ་པ་དང་རྔ་ཉིས་བརྒྱ།

རྒྱ་ནག་ཏུ་ཆིགས་བསྒྱུར་རིང་དབུས་གཙང་གི་དགོན་ཁག་རྣམས་སུ་སེར་ཚོགས་གནང་བའི་དངོས་པོ་(༤༧ན)ཁྲོན་བསྡོམས་ཁ་བཏགས་ཆིག་ཁྲི་བདུན་སྟོང་དྲུག་བརྒྱ། རྟེན་ཁེབས། བླ་བྲེ། གོས་བེར། རྒྱ་གོས། གོས་དར་གྱི་ཡོལ་བ་རྣམས་བསྡོམས་ཆིག་བརྒྱ་ཉེར་དྲུག །གོས་ཡུག་ཕྱེད་ཉིས་བརྒྱ། ཁ་འཕྱར་ཆིག་ཁྲི་དགུ་སྟོང་དགུ་བརྒྱ། དར་མེན་སྣ་ཚོགས་ཡུག་སོ་དྲུག །ཁ་འཕྱར་ཆིག་ཁྲི་ལྔ་སྟོང་ཆིག་བརྒྱ། གསེར་རྒྱ་ཐུར་གྱི་སྲང་སུམ་བརྒྱ་དོན་གཉིས། དངུལ་སྲང་ཉིས་ཁྲི་ལྔ་སྟོང་སུམ་བརྒྱ། མུ་ཏིག་རྒྱ་ཐུར་གྱི་སྲང་ཆིག་བརྒྱ་རེ་དྲུག །སྤུག་སིལ་བཅུ་དྲུག །དཀར་ཡོལ་བཅུ་གཅིག །རས་ཡུག་ཉིས་བརྒྱ། གསར་མའི་གསེར་ཆས་ཆ་འགྲིག་བདུན། མདོ་ཆས་གཉིས། ཟེ་ཁེབས་སྤྱ་ལེན་མགོ་འཕན་བདུན། གསེར་སྒ་དངུལ་སྒ་ར་མ་ལུག་གི་སྒ་ཐག་ཆ་ཡོབ་གདན་ཆ་འགྲིག་བརྒྱ་དང་གོ་དགུ། མི་སེར་དང་བཅས་པའི་འགྲེད་ནས་ཁལ་བདུན་ཁྲི་ཆིག་སྟོང་བདུན་བརྒྱ། ཇ་མར་ཚྭ་ཕྱུར་རྩམ་པ་འོ་རིན། འབྲས། ཤ་རྣམས་དང་བཅས་འབྲུ་ཐོག་དྲིལ་བར་མཁར་ཁལ་ལྔ་ཁྲི་ལྔ་སྟོང་དྲུག་བརྒྱ།

བསྟན་འཛིན་ཆོས་ཀྱི་རྒྱལ་པོའི་དགོངས་རྫོགས་སུ་ཛོ་ཤཱཀ་གིས་གཙོས་པའི་མཆོད་ཁང་རྣམས་སུ་གསེར་ཆབ་དཀར་མེ། སྣྲན་ཤལ། གདན་ས་གོང་འོག །འབྲི་སྟག་སོགས་གཞན་ཕྱོགས་པ་ཁ་ཤས་དང་། གཙོ་བོར་དཔོན་སློབ་པཎ་ཆེན་རིན་པོ་ཆེ་དང་དགའ་ལྡན་ཁྲི་གདན་ཟུར་གྱིས་མཚོན་པའི་རང་ཕྱོགས་ཀྱི་བླ་མ་རབ་ས་རིམ་ལ་བསྔོ་རྟེན། རྒྱུད་སྟོད་སྨད་བསྡོམས་པའི་དགེ་འདུན་ཕྱེད་དྲུག་བརྒྱས་ཟླ་གཅིག་ཞག་བདུན་གྱི་བར་གསང་འདུས། ཕ་བོང་ཁ་པ་དཔོན་སློབ་བཅུ་བདུན་གྱིས་ཐུགས་རྗེ་ཆེན་པོ། དབང་བསྒྱུར་ཁྲུས་ཆོག་པ་ཐར་གླིང་བླ་མ་གྲྭ་བཅས་ལྔ། དབུས་(༤༧བ)

གཙང་སོགས་རིས་མེད་ཀྱི་དགེ་འདུན་བསྡོམས་པར་དྲུག་ཁྲི་བདུན་བརྒྱར་མང་ཇ་འགྱེད་བཅས།

ལྷ་ས་སྨོན་ལམ་ཆེན་མོར་དགེ་འདུན་དྲུག་སྟོང་སྐོར་ལ་འགྱེད་སྣ་དགུ་དང་། ཟླ་མཆོད་ལོ་མཆོད་སོགས་གནང་བ་རྣམས་ཁྱོན་བསྡོམས་པའི་རི་གོང་འབྲུ་ཐོག་ཏུ་ཕབ་པར་མཁར་ཁལ་ལྔ་འབུམ་བརྒྱད་ཁྲི་བཞི་སྟོང་ལྔ་བརྒྱ་ལྷག་བཅས། ཤིང་ལུག་ནས་དབུས་གཙང་གི་དགོན་ཁག་དམིགས་བསལ་འཕོད་པ་འདི་རྣམས་ལ་བཀའ་འགྱུར་རིན་པོ་ཆེ་གསུང་སྒྲོག་རྒྱུན་ཚུགས་གནང་བར་ཟླ་བ་དང་པོར་གོང་དཀར་ཐོད་རི་བཤད་སྒྲུབ་གླིང་དང་རིན་སྤུངས་དགའ་ལྡན་བྱམས་པ་གླིང་། གཉིས་པར་ཚུ་ཤུར་ཐར་པ་གླིང་དང་དཔལ་འཁོར་ཆོས་སྡེའི་དགེ་ལུགས་གྲྭ་ཚང་རྣམས་ནས་བསྡུས་པ། གསུམ་པར་དགའ་ལྡན་དོན་གཉིས་གླིང་པ་དང་གངས་ཅན་ཆོས་འཕེལ། གནས་ཆོས་སྡེ། ལྷུན་རྩེ་ཆོས་སྡེ། སྟོན་མོ་རྫོང་པ་རྣམས་ཆ་བསྡུས། བཞི་པར་ཐོས་བསམ་དར་རྒྱས་གླིང་པ་དང་དགའ་ལྡན་འོག་མིན་གླིང་པ། ལྔ་པར་སྐྱོར་ལུང་། སྤྲེ་སེར། ཉེ་ཐང་ཚོ་བསྡུས་དང་ཤངས་དགའ་ལྡན་ཆོས་འཁོར། དྲུག་པར་ཆོས་འཁོར་ཡང་རྩེ་བ་དང་། གངས་ཅན་པ། རྒྱལ་ཆེན་རྩེ་རི་བོ་གདངས་ཆེན་པ་རྣམས་ཚོ་བསྡུས། བདུན་པར་འོལ་དགའ་ཚོ་བསྡུས། གནས་སྙིང་། འབྲོང་རྩེ། གསར་སྦྱིངས་པ་རྣམས་ཚོ་བསྡུས། བརྒྱད་པར་དགའ་ལྡན་དོན་གཉིས་གླིང་པ་དང་དགའ་ལྡན་འཕེལ་རྒྱས་གླིང་པ། དགུ་པར་རི་བོ་བདེ་ཆེན་པ། དགའ་ལྡན་འོག་མིན་གླིང་པ་དང་མང་མཁར་དར་གླིང་པ་དྲིལ་བ། བཅུ་པར་ཐོས་བསམ་དར་རྒྱས་གླིང་པ། བསམ་གྲུབ་དགའ་ལྡན། སེ་གོང་པ། བུམ་པ། རྟ་ཞལ་པ་རྣམས་དྲིལ་བ། བཅུ་གཅིག་(༣༥༨ན)པར་དགའ་ལྡན་གསུང་རབ་གླིང་པ་དང་ཤེལ་དཀར་ཆོས་སྡེ་བ། བཅུ་གཉིས་པར་ཐང་སག་དགའ་ལྡན་ཆོས་འཁོར་བ་དང་ཤངས་དགའ་ལྡན་ཆོས་འཁོར་བ་རྣམས་ལ་བཙུགས་པ་ཕྱིས་སྐར་ཚོང་གཞིས་གེབས་བསྒྱུར་འདྲ་དང་བཅས་གྲ་ཧི་བཞིན་རང་མ་གནས་འདུག་ཀྱང་བཀའ་འགྱུར་འཕར་མ་རྟག་གཞིས་ཆག་པ་རྣམས་པར་བཀབ་

གསོ་བ་མ་གནང་།

ས་སྐྱོང་བསོད་ནམས་རབ་བརྟན་གྱི་དགོངས་རྫོགས་སུ་ལྷ་ས་པོ་ཏ་ལས་གཙོས་པའི་གཙུག་ལག་ཁང་རྣམས་སུ་དཀར་མེ། ཞལ་གསེར། མཆོད་རྫས། སྙན་ཤལ། མཆོད་པ་སྣ་ལྔ། གདན་ས་གོང་འོག་གིས་གཙོས་པའི་བླ་ཆེན་རྣམས་ལ་བསྔོ་རྟེན། ལྷ་ས། གོང་དཀར། གཞིས་རྩེ་རྣམས་སུ་གྲྭ་ཚང་ཁག་ནས་ཆོག་སྒྲུབ། དབུས་གཙང་གི་དགོན་འབྲེལ་མཚུངས་ཚོ་བསྡུས་ཀྱི་སེར་ཚོགས་ཁག་བརྒྱད་དང་། དེར་མ་འདུས་པའི་དགོན་ཁག་རྣམས་ལ་དོད་ཕར་གནང་བ་བཅས་དགེ་འདུན་ཆིག་འབུམ་ཉིས་ཁྲི་ལྔ་སྟོང་བརྒྱ་གྱ་གཉིས་ལ་སྤྱི་ཞུ་དང་། ལོ་སྔ་མ་གསང་སྔོའི་རིང་སྐུ་རིམ་ལ་གཡར་བའི་དགེ་འདུན་ལ་བསྙེན་བཀུར། མངའ་ཞབས་ལ་འབྲུ་འཕྲེད་གནང་བ་སོགས་གང་ཅི་ཁྱོན་གཅིག་ཏུ་བསྡོམས་པའི་འབྲུ་ཐོག་ཏུ་ཕབ་མཁར་ཁལ་ས་ཡ་གཅིག་དང་ཆིག་འབུམ་ལྔ་ཁྲི་བདུན་སྟོང་ལྷག་བཅས།

བསྟན་སྲིད་ཀྱི་ལར་རྒྱ་དང་བོད་འབངས་སྤྱིའི་བདེ་ཐབས་སུ་ཕག་ལོ་འདིར་ཟླ་བ་དགུ་པ་དང་ཕྱི་ལོ་ནས་སྨིན་དྲུག་ཟླ་བར་བསྒྲིགས་ཚུག་གི་དུས་རིམ་ལྟར་ཆགས་སུ་རྡོ་རྗེ་སློབ་དཔོན་གྲྭ་བཅས་ཉེར་གསུམ། རྒྱུད་ཆོས་དགེ་འདུན་བརྒྱ་དང་གསུམ་གྱིས་གྲབས་དང་སྒྲུབ་པ་དྲིལ་བའི་ཞག་བཅུའི་རིང་བཀྲ་བཟང་དུ་ཆོས་རྗེ་བཀྲ་བཟང་པ། གྲོམ་པ་རྒྱང་དུ་ཆོས་རྗེ་ཆུ་མིག་པ། གཙང་འགྲམ་ལྷ་ཁང་དུ་ཆོས་རྗེ་སྒྲོལ་མ་བ། (༣༥༨བ)ཕུང་པོ་རི་བོ་ཆེར་རིན་པོ་ཆེ་སྨན་ལུང་བ། མགོ་མཐིང་ལྷ་ཁང་དུ་གནས་གཞི་ཆོས་རྗེ། གཡུལ་རྒྱལ་ལྷུན་རྩེར་ཆོས་རྗེ་སྨྲ་བོ་ལྕོག་པ། ཁྲ་འབྲུག་ཏུ་ཧས་པ་ཆོས་རྗེ། དྭགས་སྟོད་རམས་སྟོད་ལྷ་ཁང་དུ་བྲག་སྣ་ཆོས་རྗེ། ལྷ་སར་འཕྱོང་རྒྱས་དཔལ་རི་བ་རྣམས་ཀྱིས་ཁྲོ་རོལ། ཉང་སྟོད་རྩིས་གནས་གསར་དུ་བྲག་ལ་ཆོས་རྗེ། བསམ་ཡས་སུ་རྡོ་རྗེ་བྲག་ཨེ་ཝཾ་ལྕོག་སྒར་པ་གཉིས་ཀྱིས་འཆར་ཀ །གཞིས་རྩེར་ཞ་ལུ་རི་ཕུག་པ། གོང་དཀར་དུ་དཀོན་གཉེར་གྲྭ་ཚང་། ཆོས་རྒྱལ་ཕོ་བྲང་དུ་བཀྲ་ཤིས་རྩེ་ཆོས་སྡེ་བ་གསུམ་གྱིས་གདུགས་དཀར་མདོས་ཆེན། རྒྱུད་ཆོས་སུ་བསམ་གྲུབ་དགའ་ལྡན་པ་

ཅན་དགོན་ལྔ་རིམ་སྐོར་གྱིས་ཞར་སྐྱིད་། དགའ་ལྡན་ཕུན་ཚོགས་གླིང་སོགས་བཞི་རིམ་སྐོར་གྱིས་སྨན་བླ། གསེར་མདོག་ཅན་སོགས་ལྔ་རིམ་སྐོར་གྱིས་ཞར་སྐྱིད་། རོང་བྱམས་ཆེན་པ་སོགས་བཞི་རིམ་སྐོར་གྱིས་སྨན་བླ། དགའ་ལྡན་དོན་གཉིས་གླིང་པ་སོགས་གསུམ་རིམ་སྐོར་གྱིས་སྨན་བླ། སེ་དྲུག་རིམ་སྐོར་གྱིས་སྨན་བླ། རྩེ་ཚོགས་པ་སོགས་བཞི་རིམ་སྐོར་གྱིས་སྨན་བླ། དྭགས་པོ་གྲྭ་ཚང་སོགས་བཞི་རིམ་སྐོར་གྱིས་བདུགས་དཀར། སེར་འབྲས་སོགས་ལྔ་རིམ་སྐོར་གྱིས་ཞར་སྐྱིད་། གནས་སྐྱིད་སོགས་ལྔ་རིམ་སྐོར་གྱིས་ཞར་སྐྱིད་། བྱེ་རྫིང་ཚོགས་པ་སོགས་བཞི་རིམ་སྐོར་གྱིས་ཞར་སྐྱིད་། གངས་ཅན་ཆོས་འཕེལ་སོགས་བཞི་རིམ་སྐོར་གྱིས་གདུགས་དཀར། ཆོས་འཁོར་ཡང་རྩེ་སོགས་བཞི་རིམ་སྐོར་གྱིས་གདུགས་དཀར། རི་བོ་ཆོས་གླིང་སོགས་བཞི་རིམ་སྐོར་གྱིས་གདུགས་དཀར་དང་བཅས་ཉེར་དགུར་བསྐེབས་མཚུངས་ཡོང་བ་འཛུགས་པ་གནང་།

གོང་དཀར་ཆོས་(༢༥༨ན)སྡེར་རྗེ་རྗེ་འཆང་མགོན་པོ་བསོད་ནམས་མཆོག་ལྡན་མཁའ་སྤྱོད་དུ་གཤེགས་པའི་དངུལ་གདུང་གི་ཐེབས་སུ་དངུལ་ལུག་མིག་མ་བཅུ་གཅིག །ཐ་ཕག་གཅིག །གདོང་སོ་གཅིག །གཡུ་པད་གཉིས་དང་གཙུག་གཡུ་གཅིག །ཚངས་པ་དུང་ཐོད་ཅན་གྱིས་དགེ་ལུགས་བསྟན་སྲིད་སྤྱི་རིམ་ལ་ཐུགས་གྲྭ་གཞི་དགོན་རྣམས་ཀྱིས་གཏོར་བཟློག་དང་མཚན་ཉིད་ཁ་གཙང་གིས་ཞར་སྐྱིད་བདུད་བཟློག་བྱུང་ན་ལེགས་པའི་ལུང་བསྟན་ལྟར་དགོན་ཁག་ཕྱེད་སུམ་བརྒྱ་ཙམ་གྱི་སོ་སོའི་བླ་གཉེར་གྱིས་ཁུར་ཁུར་སྤྱི་བསྡུས་ཀྱི་ཉིན་ཚོག་ཐོག་གཞུང་ནས་མང་ཇ་གསུམ་རེའི་མཐུན་རྐྱེན་སྟར་ཆགས་གནང་བ་སོགས་འདིར་དགེ་ལུགས་གཙོ་བོར་གྱུར་པ་ཟུར་ཙམ་སྨོས་པ་ལས་རྒྱས་པ་རྣམ་ཐར་རིན་པོ་ཆེ་དུ་ཀུ་ལ་སྤྲ་ཕྱི་རྣམས་སུ་བལྟ་བར་བྱ་ལ།

དེ་ལྟར་བཅོམ་ལྡན་འདས་དེ་བཞིན་གཤེགས་པ་དགྲ་བཅོམ་པ་ཡང་དག་པར་རྫོགས་པའི་སངས་རྒྱས་འོད་ཟེར་ཀུ༷ན་འཕ༷གས་དཔ༷ལ་བརྩེ༷གས་རྒྱ༷ལ་པོ༷་སྒྲིགས་འཁྲོར་

རྗེས་སུ་བཟེ་བས་སྟོམ་བརྩོན་རྒྱལ་པོའི་ཚུལ་དུ་ཕེབས་པ་བདག་གི་བླ་མ་དོན་སྣང་མཚན་ནས་སྨོས་པ་ངག་དབང་བློ་བཟང་རྒྱ་མཚོ་འདི་ཉིད་ཀྱི་ཐུགས་རྗེའི་ཤུགས་དང་འཕྲིན་ལས་འགོག་པ་མེད་པས་རྒྱལ་བའི་བསྟན་པ་སྤྱི་བྱེ་བྲག་ལ་སྐྱུ་དྲིན་ཆེ་བ་ནི་དམ་པའི་ཆོས་ཀྱི་རྒྱུན་བཟང་མི་ཉམས་པ་སོགས་གསན་ཡིག་གཏྣའི་ཆུ་རྒྱུན་དུ་གསལ་ཞིང་རྣམ་པར་དཀར་བའི་མཛད་པ་བསམ་ལས་འདས་པ་གོང་དུ་བརྗོད་པ་ལྟར་དང་། གྲུབ་མཐའ་སྤྱི་ལ་ཡང་དཔལ་ལྡན་ས་སྐྱ་པ་དང་སོག་བཟློག་པ་སོགས་བྱང་གཙང་གི་དུས་སྐུ་རིམ་པའི་གཙོ་བོར་གྱུར་པའི་རང་ཕྱོགས་སུ་ཟློར་འཕེན་སོགས་བྱེད་མི་དང་། ཀར་ལུགས་པ་དག་ནི། འཕགས་(༣༥༠བ)པ་ཀླུས་ཤེས་རབ་སྟོང་བྱུར། དམན་པས་གང་ཚེ་ནོར་ནི་ཅུང་ཟད་རྙེད། །འགྲོ་བ་ཐམས་ཅད་བཀྲས་པའི་ང་རྒྱལ་ལྡན། །ཞེས་པའི་བརྟུལ་ཞུགས་དང་། བདེ་བའི་རྗེས་ལ་སྡུག་བསྔལ་ཏེ། །སྡུག་བསྔལ་རྗེས་ལ་བདེ་བ་ཡིན། །མི་རྣམས་ཀྱི་ནི་བདེ་སྡུག་དག །འཁོར་ལོ་བཞིན་དུ་འཁོར་བར་བྱེད། །ཅེས་བདེ་སྡུག་རེས་མོས་འཁོར་བ་སོགས་རྒྱུ་འབྲས་ཀྱི་ཚུལ་ལ་ཐུགས་གཞིག་མ་ཆུག་པས་མཐོང་ཆད་དགྲར་ལངས་ལྷ་བུའི་གྲུབ་མཐའ་སྤྱི་ལ་སྡང་སུན་དང་། ལྷག་པར་ས་ནག་མར་དགོན་པ་བཏབ་སྟེ་སེ་འབྲས་མིང་མེད་དུ་གཏོང་རྩིས། རིན་སྤུངས་པ་བསྐུལ་ཏེ་བསྟན་པའི་སྦྱིན་བདག་གཞིས་ཀ་སྟེལ་པ་ཡུལ་ཕུད། ཀོང་པོ་ཀར་སྲིད་ཀྱི་དམག་དྲངས་ཏེ་དགེ་ལུགས་ཀྱི་དགོན་མང་པོ་མེར་བསྲེགས་པ་སོགས་སྡར་བྱས་སུ་མ་ཟད། བསྟན་འཛིན་ཆོས་ཀྱི་རྒྱལ་པོའི་མཚན་དོན་དགུང་ཁིབས་ནས་ཀྱང་སྟག་ཤེ་ཡང་ཀླད་རྗེན་མ་སྐམ་པའི་དཔེས་བསྐྱུར་ལངས་ཀྱི་ཞབས་འདྲེན་མངོན་ཚན་ཆེས་པས། མདོ་ལས་བརྒྱ་པར། གང་གང་འདུ་བའི་ལས་བྱས་པ། །འབྲས་བུ་དེ་ལྟ་ཉིད་དུ་སྨིན། །ཞེས་པ་ལྟར་མཆེད་ཡོན་གོང་མས་ཀར་ལུགས་ཕྱོགས་གཏོགས་དང་བཅས་པ་དམིགས་མེད་དང་། གྲུབ་མཐའ་གཞན་དག་ཀྱང་རང་ཕྱོགས་སུ་བསྒྱུར་བར་ཐུགས་ཐག་བཅད་ཅུང་། རྗེ་བླ་མ་འདིས་ཆོས་ཀྱི་རྒྱལ་པོ་འཕགས་པའི་རྣམ་པར་ཐར་པ་དཔེར་དྲངས་ཏེ་ཐོག་ལྟར་ལྟེ་བའི་བཀའ་ནན་གནང་

བས་དེང་སང་གི་བར་རང་རང་གི་ལྷ་གྲུབ་ཚུལ་ལྡན་བཟུང་ནས་ཉམས་ཆག་མེད་པར་གནས་ཚོག་པ་བཀའ་དྲིན་ཆེ་བ་དང་ཁྱད་པར་རང་ཕྱོགས་འཛམ་མགོན་ཆོས་ཀྱི་རྒྱལ་པོ་བཙོང་ཁ་པ་ཆེན་པོའི་བསྟན་པར་གཞན་ལས་འགྲན་ཟླ་བྲལ་བ་ནི་གཙང་དུས་སེར་འབྲས་སུ་དམག་ཕོག །(༣༥༠ན)དགེ་འདུན་རྣམས་སྟག་ལུང་བར་འཕོ་སྐྱུས་ཤར། སྐྱར་བཀག་པ་ཚགས་སུ་ཚུད་ནས་ཀྱང་སྒོ་སྒེ་ཁུང་སོགས་ཆུད་ཟོས་པའི་རྐྱེན་ལས་མང་ཇར་ཚོགས་སྐབས་ཆས་ཀ་གང་ཡོད་རྒྱབ་ཁུར་གྱི་མུ་ཏོ་བ་བཞིན་འཁྱོན་དགོས་པ་སོགས་དུ་མ་བྱུང་བ་ལས། རྗེ་འདིའི་བཀའ་དྲིན་ལ་ཕོགས་དང་གྲྭ་ཇ་མང་ཇས་མ་ཕོངས་ཤིང་པད་དཀར་འདབ་བརྒྱ་བཞད་པའི་དྲི་བསུང་ལ་རྐང་དྲུག་བྱུང་བ་མ་བསྟུས་པར་ཡང་དང་གིས་འདུ་བ་ལྟར་གང་སྐུ་མཐོང་བར་འདོད་པའི་གདུང་བས་ཡིད་དྲངས་པ་རྒྱ་དཀར་ནག་སེར་གསུམ་ཆེན་པོ་ཧོར་དང་བཅས་པའི་ཡོན་བདག་དད་ཅན་རྣམས་ཀྱི་འཁྱིད་ལ་སོགས་འབུལ་ནོད་བསྙེན་བཀུར་མཐའ་ཡས་པ་ནས། རང་ཉིད་ཀྱིས་ཆོས་བྱེད་ནུས་ན་ཟས་གོས་ལོངས་སྤྱོད་ཀྱིས་ཕོངས་པ་ལྟ་ཞོག །དགེ་འདུན་རེ་རེའི་སྙེད་པས་ཕ་མ་མཆེད་ཟླ་སོགས་དུ་མ་འཚོ་བ་སྐྱེ་སྲིད་ཕྱོགས་དང་དམ་པ་ལྷ་ཆོས་ཀྱི་བརྒྱུད་པ་དང་ཕྱག་བཞེས་ལ་སོགས་པ་སྟོན་ཆད་ཉམས་པ་གསོས་ཤིང་མ་ཉམས་པ་གོང་དུ་སྤེལ་བའི་འཆད་རྩོད་རྩོམ་གསུམ་ཐོས་བསམ་སྒོམ་གསུམ་ལ་སོགས་པའི་བསྟན་པའི་མིག་རྐྱེན་ལ་ཕན་པའི་སྲོལ་དུ་མ་བརྗོད་ཅིང་རྣམ་པར་དག་པའི་བསྟན་བཅོས་ཀྱང་མང་དུ་མཛད།

རང་ཅག་ཞྭ་སེར་གྱི་ཆོས་སྡེ་གསར་འཛུགས་དང་རྙིང་པ་གྲྭ་ཁྲལ་གྱིས་མཚོན་དགེ་འདུན་འཕེལ་རྒྱས་རྟེན་བཞེང་སྦྱོར་སོགས་ཕྱོགས་ལྷུང་ཆེར་མའི་མིག་ཕྱིས་ཏེ་གཞིགས་ན་དམ་པ་མཆོག་གི་གོང་མ་པཎ་ཆེན་དགེ་འདུན་གྲུབ་སོགས་ན་རིམ་བཞི། རྒྱལ་ཚབ་མཁས་གྲུབ་ཀྱི་དབུས་བླ་ཆེན་སྤྲུལ་སྐུ་པཎ་གྲུབ་གང་གིས་ཀྱང་དགེ་བསྟན་འདི་ལ་འགྲན་ཟླ་མེད་པའི་བཀའ་དྲིན་ཆེ་བ་ཡིན་ཅིང་། གངས་ཅན་ཡོངས་ལའང་སྟར་བེ་རི་(༣༥༠བ)ཚོག་ཐུ་སོགས་ཀྱིས་གནོད་འཚེས་རྒྱ་བོད་ཀྱི་གསེར་ཟམ་ཆད་དེ་

འཁོར་ལྡན་རྣམས་ཀྱང་སེ་བའི་རྩ་བ་སོགས་སྐོལ་དགོས་པའི་ཇ་དཀོན། ཁྱང་དུ་འགྲོ་འདུག་དཀའ་བས་ནེ་ཐང་གི་བ་ཚའི་ཁུ་བ་བསྐུས་པས་ལན་ཚའི་ཚབ་མ་བྱེད་པ། སད་མོ་ཆེ་ལོ་ཁ་ཡར་བསྟུད་པའི་མིའི་ཤ་ལ་ཡང་ལོངས་སྤྱོད་པའི་མུ་གེ་ཉམ་ང་བ། ལམ་འཕྲང་རྣམས་སུ་ཇག་ཆོམ་བརྒྱ་འཕྲོག་གིས་མི་དཔུང་བསྐྲིལ་ནས་བསྒྲོད་དགོས་པ་སོགས་རྒྱན་རབས་ཀྱིས་དྲན་པ་དེ་བཞིན་ལ། རྫོ་འདིའི་ཐུགས་རྗེས་ཇ་གོས་དར་སོགས་གང་ཡང་ཤིན་ཏུ་འཕེལ་ཞིང་། རྒྱ་བོད་ཀྱི་བར་ལ་ཕྱིས་པ་གསེར་ཁུར་བས་ཀྱང་བགྲོད་ཆོག་པ། དམག་འཁྲུག་མུ་གེ་སོགས་ཀྱི་མིང་ཡང་མི་གྲག་པར་ཇོགས་ལྡན་ལྟར་བདེ་བ། སྐྱེས་པ་བུད་མེད་ཀྱི་རྒྱན་གོས་ལུས་ཆས་ཀྱང་སྔ་ཐོག་གི་དེས་གོ་ཡེ་མི་ཚོད་པར་ལོ་རེ་ནས་ལོ་རེར་ཇེ་རྒྱས་སུ་འགྲོ་བ་མངོན་སུམ་མིག་གི་སྤྱོད་ཡུལ་དུ་གྱུར་པས་མཚོན་པ་ཐམས་ཅད་རྫོ་བླ་མ་སྲིད་ཞིའི་གཙུག་རྒྱན་འདི་ཉིད་ཀྱི་ཐུགས་རྗེ་ཡིན་ལ། དེ་ཡང་ཀླུའི་རྒྱལ་པོ་ཪ་སྣྲའི་ཚོགས་སུ་བཅད་པའི་མདོ་ལས། ས་འདི་རི་དང་གླིང་རྣམས་དང་། །རྒྱ་མཚོར་བཅས་པ་ཁུར་མིན་གྱི། །བྱས་པ་མི་གཟོ་གང་ཡིན་པ། །དེ་ནི་བདག་གི་ཁུར་ཆེན་ཡིན། །ཞེས་ས་གཞི་རི་རབ་དང་བཅས་པ་ལས་ཀྱང་ལྕི་བའི་བཀའ་དྲིན་གྱི་ཁུར་པོ་བསྐུར་བར་མཛད་པ་འདི་ལ་སྤྱིར་འཛམ་བུ་གླིང་པ། སྒོས་རྒྱ་བོད་ཧོར་གསུམ་གྱི་སྐྱེ་འགྲོ་ཁྱད་པར་བོད་གངས་ཅན་པ་རྣམས་བ་ཚོར་གྱུར་གྱི་བྱས་པ་དྲིན་དུ་གཟོ་བའི་སྙིང་ཁོང་རུས་པའི་གཏིང་ནས་གསོལ་བ་འདེབས་ཤིང་དམ་པ་འདིའི་བཀའི་གླེགས་བམ་ཆེན་པོ་རྣམས་ཀྱི་དོན་ཞིབ་ཏུ་བརྟགས་ཏེ་དེའི་རིང་ལུགས་སུ་འཇུག་པར་ཤིན་ཏུ་རིགས་སམ་སྙམ་མོ། །

མཛད་པ་ཕྱི་མ་མྱང་འདས་ཀྱི་ཚུལ་ལ་འདའ་ཁར་སྡེ་སྲིད་སངས་རྒྱས་རྒྱ་
མཚོར་ཆོས་སྲིད་ཀྱི་ཁུར་འཛིན་དགོས་པའི་ཚུལ་བཀའ་གནང་བ་
སོགས་རྒྱས་པར་དུ་ཀླུ་ལ་དང་ཇ་བའི་བརྟུད་ལེན་དུ་ཤེས་པ་བྱ་
དགོས་ཤིང་། སྡེ་སྲིད་ཀྱིས་འཛམ་དཔལ་རྩ་བརྒྱུད་སོགས
ནས་ལུང་མང་དུ་བསྟན་པ་རྣམས་དུས་ལ་བབ་པར
རྟོགས་ཏེ་དང་དུ་བཞེས་ནས་ཐོག་མར་རྗེ་བླ་མའི
དགོངས་རྫོགས་སུ་གསེར་སྡོང་འཛམ་གླིང་རྒྱན
གཅིག་གིས་གཙོས་སྐུ་གསུང་ཐུགས་རྟེན
བཞེངས་པ་སོགས་ཀྱི་མཛད་རྗེས།

མཛད་པ་(༣༥༧ན)ཕྱི་མ་མྱང་འདས་ནི། དཔའ་བར་འགྲོ་བའི་ཏིང་ངེ་འཛིན་གྱི་མདོ་ལས། དཔའ་བོ་ལ་ལར་བཅས་པ་དང་། །མངོན་པར་འབྱུང་དང་འཆི་བ་སྟོན། །ལ་ལར་ཡོངས་སུ་མྱ་ངན་འདའ། །ལ་ལར་འཁོར་ལོ་བསྐོར་བའོ། །ལ་ལར་བདུད་རྣམས་རབ་ཏུ་འཇོམས། །ལ་ལར་དཀའ་བ་སྤྱོད་བྱེད་ཀྱང་། །སེམས་ཅན་ཐར་བར་བྱ་བའི་ཕྱིར། །ཤིན་ཏུ་མྱ་ངན་མི་འདའ་འོ། །ཞེས་དང་། མྱང་འདས་བམ་པོ་བཅུ་པ་ལས། གལ་ཏེ་སོ་སོའི་སྐྱེ་བོ་དག །དུས་གཅིག་མཉམ་པར་སངས་རྒྱས་ཏེ། །ཉེས་པའི་སྐྱོན་རྣམས་ཀུན་སྤངས་ན། །ང་ནི་མྱ་ངན་འདའ་བར་འགྱུར། །དེ་བཞིན་གཤེགས་པས་ཐམས་ཅད་ལ། །སྙིང་གཅན་ཟིན་ལྟར་གཟིགས་པས་ན། །ཅིའི་ཕྱིར་སྙིང་རྗེ་ཀུན་བཏང་སྟེ། །ཡོངས་སུ་མྱ་ངན་འདའ་བར་གཤེགས། །ཞེས་གལ་ཏེ་འཇིག་རྟེན་གྱི་ཁམས་འབྱམས་སུ་ཀླས་པ་འདི་ཉིད་ཀྱི་སོ་སོའི་སྐྱེ་བོ་ཅི་དང་ཇི་སྙེད་མཆིས་པ་འདི་དག་ཐམས་ཅད་དུས་གཅིག་ཉིད་དུ་མངོན་པར་རྫོགས་པ་སངས་རྒྱས་ཀྱི་གོ་འཕང་རིན་པོ་ཆེ་བརྙེས་ཏེ། སྒྲིབ་གཉིས་བག་ཆགས་དང་བཅས་པ་ཉེས་པའི་སྐྱོན་ཀུན་རྣམ་པར་སྤངས་པའི་དུས་སྐབས་ནམ་བྱུང་བ་ན་ང་ནི་མྱ་ངན་ལས་

འདའ་བར་འགྱུར་གྱིས། གཞན་ནི་དེ་བཞིན་གཤེགས་པས་སེམས་ཅན་ཐམས་ཅད་ལ་བུ་གཅིག་པ་སྒྲ་གཅན་ཟིན་ལྟར་ཐུགས་བརྩེ་བའི་གཟིགས་པ་ནམ་ཡང་འདོར་བ་མེད་པས་ན། རྒྱ་མཚན་ཅིའི་ཕྱིར་སྡུག་བསྔལ་བརྒྱ་ཕྲག་དུ་མས་གཙེས་ཤིང་འཁོར་བའི་མུན་པར་འཐོམས་པའི་འགྲོ་བ་འདི་སྙིང་ཅིག་སྙིང་རྗེ་ཆེན་པོས་ཀུན་ཏུ་བཏང་སྟེ། རང་ཉིད་ཞི་བདེའི་དབྱིངས་སུ་ཡོངས་སུ་མྱ་ངན་ལས་འདའ་བར་གཤེགས་པའི་གོ་(༣༥༧བ)སྐབས་ནི་ནམ་ཡང་མེད་པར་གསུངས་པས་དོན་དམ་པར་འཁོར་བ་མ་སྟོངས་པར་སངས་རྒྱས་ལ་མྱ་ངན་ལས་འདའ་བའི་སྐབས་མེད་ཀྱང་། སངས་རྒྱས་ཕལ་པོ་ཆེའི་མདོ་ལས། སངས་རྒྱས་བཅོམ་ལྡན་འདས་རྣམས་ནི་འཇིག་རྟེན་མི་རྟག་པར་སྟོན་པ་དང་། སངས་རྒྱས་ཀྱི་འཕྲིན་ལས་རྒྱུན་མི་ཆད་པར་བརྗོད་པ་དང་། འཕྲིན་ལས་མཛད་པའི་མཐར་ཕྱུག་པར་བསྟན་པ་དང་། ཆོས་ཀྱི་རྒྱུད་ཉམས་པ་མེད་པའི་དངོས་པོར་བརྗོད་པ་དང་། སྲིད་པའི་ཚུལ་རྩ་བ་ནས་ཆད་པར་བརྗོད་པ་དང་། སེམས་ཅན་ཐམས་ཅད་སྐྱོ་བར་བྱ་བ་བསྟན་པ་དང་། སྐུ་ཚེའི་མཐའ་ལྟ་བུར་སེམས་ཅན་རྣམས་ཀྱིས་ཤེས་པར་བྱ་བ་དང་། སེམས་ཅན་རྣམས་ཀྱིས་འཇིག་རྟེན་ཐམས་ཅད་དུ་དགའ་བར་བྱ་བ་མེད་པར་བསྟན་པ་དང་། སེམས་ཅན་རྣམས་ལ་མ་ཐོན་པའི་སངས་རྒྱས་གཅིག་ནས་གཅིག་ཏུ་བརྒྱུད་པ་མཉེས་པ་གྱིས་ཤིག་པར་བསྟན་པ་དང་། ཞེས་ནས། དེ་བཞིན་གཤེགས་པའི་སྐུ་གདུང་གིས་སེམས་ཅན་རྣམས་ཡོངས་སུ་བཟུང་བ་མཛད་པ་དང་། འཇིག་རྟེན་རྣམས་འཕྲུགས་པ་དང་དྲེགས་ཤིང་མྱོས་པའི་སེམས་ཅན་རྣམས་སྨོན་པ་ལ་འགོད་པར་མཛད་ཅིང་ཡོངས་སུ་མྱ་ངན་ལས་འདའ་བའི་ཚུལ་སྟོན་པ་འདི་ཡང་སངས་རྒྱས་བཅོམ་ལྡན་འདས་ཀྱི་འཕྲིན་ལས་དགུ་པའོ། །ཞེས་སེམས་ཅན་རྣམས་གང་ལ་གང་འདུལ་གྱི་དབང་གིས་མྱ་ངན་ལས་འདའ་བའི་ཚུལ་སྒྱུ་མ་ལྟར་སྟོན་པར་ཐེག་ཆེན་གྱི་མདོ་དང་བསྟན་བཅོས་དུ་མར་འབྱུང་བ་ལྟར་སྟོབས་བཅུ་དང་མི་འཇིགས་པ་བཞིའི་རྩལ་འཆང་ཞིང་སྐུ་གསུམ་ཡེ་ཤེས་ལྔའི་བདག་ཉིད་བཅོམ་ལྡན་འདས་འོད་ཟེར་ཀུན་ནས་འཕགས་པ་

དཔལ་བརྩེགས་ཀྱི་རྒྱལ་པོ་བསམས་བཞིན་(༣༥༤ན)འགྲོ་བའི་དོན་དུ་སྨོན་བརྩོན་རྒྱལ་པོའི་ཚུལ་བཟུང་བ་རྗེ་བླ་མ་ཕྱག་ན་པད་དཀར་འཆང་བའི་ལྷར་སྐྱེ་འཆི་ཆ་ནད་ལ་སོགས་ང་ག་ལ་མངའ་ཡང་། རང་ཅག་གདུལ་བྱ་རྟག་པར་འཛིན་པ་རྣམས་ཆོས་ལ་བསྐུལ་བ་དང་། གཙོ་བོ་ནི་ཕལ་པོ་ཆེ་ལས། སངས་རྒྱས་རྣམ་སྤྲུལ་མཐའ་ཡས་དབྱིངས་ཀྱི་རྣམས། །འཕོ་དང་རྣམ་པར་འཚང་རྒྱ་ཚུལ་ཡང་དག །སེམས་ཀྱི་སྐད་ཅིག་ཀུན་ལ་རབ་ཏུ་སྟོན། །ཞེས་སོགས་དང་། རྒྱ་རོལ་ལས། ཆ་ཤི་ཉོན་མོངས་འཇིག་མཛད་རྟུལ་བྲལ་བ། །ལྷ་དང་ཀླུ་དང་གནོད་སྦྱིན་དྲི་ཟ་དང་། །ལྷ་མིན་མང་པོ་དག་ནི་གདོད་ལགས་ཀྱིས། །འཆི་འཕོའི་ཚུལ་མཁྱེན་འཕོ་བ་བསྟན་པར་མཛོད། །ཅེས་ཏུར་སྒྲིག་གར་གྱིས་རོལ་པ་ཟམ་མི་ཆད་བདུན་གྱི་ལྷ་པ་དྲུག་པར་འཕོ་བའི་དགོས་པ་དུ་མ་གཟིགས་ཏེ་དྲན་དང་ཤེས་བཞིན་དུ་གཟུགས་སྐུའི་དཀྱིལ་འཁོར་ཆོས་སྐུ་བདེ་བ་ཆེན་པོའི་ཀློང་དུ་བསྡུ་བར་མཛད་པར་ཉེ་བ་ན་ཁོ་བོ་ན་ཚོད་ཆུང་ངུ་ནས་སེའུ་གསོ་བ་ལྟར་བརྩེ་བས་བསྐྱངས་ཤིང་བཀའ་གཏེར་གསང་རྒྱ་དང་བཅས་པ་ནས་ལྷ་སྲས་ཀྱི་ཡང་སྲིད་འཕྲོམ་སྟོན་གྱི་དུས་ཇོག་ལེགས་པའི་ཤེས་རབ་སོགས་སྐྱེ་བ་དུ་མར་འབྲལ་མེད་དུ་སྐུའི་རིམ་གྲོ་བ་ལ་སོགས་པའི་ཚུལ་དུ་བྱུང་བ་དེ་ཡིན་ནོ་ཞེས་ངོས་འཛིར་སྤྲ་སོར་ནས་གནང་བཞིན་དེར་ཆོས་སྲིད་འཛིན་དགོས་པའི་བཀའ་བསྐུལ་ཡང་རང་ངོས་ནས་རྒྱལ་སྲིད་སོགས་སྡིག་དང་འདྲེས་པ་འདི་རིགས་བཞེད་པ་མེད་གཤིས་དགོངས་པ་ནན་གྱིས་ཞུས་པ་ཤིང་ཡོས་ལོ་སོགས་ལོ་གྲངས་འཁྱིལ་ཡང་ས་ལུག་ལོ་བཟློག་ཏུ་མེད་པའི་བཀའ་ལྷི་བ་ཕེབས་ཤིང་།

དེ་ཡང་ཐེག་པ་ཆེན་པོའི་མདོ་སྡེ་མྱང་འདས་ལས། འོད་སྲུངས་ཀྱིས་བསྟན་པའི་བྱ་བ་(༣༥༤བ)ནུས་ལ་ཀུན་དགའ་བོ་ཐོས་པ་འཛིན་པའི་སྣོད་དུ་གཟིགས་ནས་འོད་སྲུངས་ལ་བཀའ་སྩལ་པ། ང་མྱ་ངན་ལས་འདས་ནས་ཁྱོད་ཀྱིས་བསྟན་པའི་དོན་བྱས་ཏེ་ཀུན་དགའ་བོ་དགྲ་བཅོམ་མ་ཐོབ་ཀྱི་བར་དུ་མྱ་ངན་ལས་མ་འདའ་ཞིག་ཅེས་སྩལ་པ་བཞིན་ཁོ་བོ་ཅག་བོང་བ་གསེར་གཟིགས་ཀྱི་རྒྱལ་ཐབས་ཆེན་པོའི་ཁྲི་ལ་

དབང་བསྒྱུར།

ཡང་མྱང་འདས་ཆེན་པོ་ལས། ངས་ནི་བླ་ན་མེད་པ་ཡང་དག་པའི་ཆོས་ཐམས་ཅད་ཀུང་འོད་སྲུངས་ཆེན་པོ་ལ་གཏད་དོ། །འོད་སྲུངས་ཆེན་པོ་ནི་ཁྱེད་རྣམས་ཀྱི་གནས་དང་རྟེན་དུ་འགྱུར་ཏེ། ཇི་ལྟར་དེ་བཞིན་གཤེགས་པ་སེམས་ཅན་ཐམས་ཅད་ཀྱི་གནས་དང་རྟེན་དུ་འགྱུར་བ་བཞིན་ནོ། །ཞེས་གསུངས་པ་ལྟར་འདི་པས་གང་བྱས་ངེད་རང་ནས་བྱས་པ་དང་ཁྱད་མེད་པར་དྲག་ཞན་ཀུན་གྱི་སྤྱི་བོར་ཁུར་དགོས་པའི་བཀའ་གནང་། ཕྱག་རྒྱས་སྤྲས་པ་ཕོ་བྲང་ཆེན་པོའི་སུམ་སྐས་འགོར་སྩལ་ཞིང་། ཡོན་བདག་ཆེན་པོ་རྣམས་ལ་འགྲེད་པ་གནང་། དོན་དུ་ཆོས་སྲིད་ལུགས་ཟུང་གི་ཐུགས་འགན་ཡོངས་སུ་རྫོགས་པ་འབེབས་པ་གནང་སྟེ་རེ་ཞིག་དག་པ་རེ་ཞིང་ཁམས་རྒྱ་མཚོར་གཤེགས་པའི་ཚུལ་བསྟན་པའི་སྐོར་རྒྱས་པ་དུ་ཀུ་ལ་ང་པ་དང་རྣ་བའི་བཅུད་ལེན་དུ་བཤད་པ་ལས་ཤེས་པར་བྱ་ལ། དམ་པ་འདི་ཉིད་ཀྱིས་ངོང་བའི་རང་བཞིན་བཙོ་སྦྱངས་གསེར་ཁམས་སུ་གཟིགས་པའི་ཆོས་སྲིད་ཡོངས་སུ་སྩལ་བ་བཀའ་འབབས་སློབ་བུའི་ཐ་ཆུང་སངས་རྒྱས་རྒྱ་མཚོར་འབོད་པ་བདག་ཅག་ནི་དེ་བཞིན་གཤེགས་པ་འོད་ཟེར་ཀུན་འཕགས་དཔལ་བརྩེགས་རྒྱལ་པོ་སྟོམ་བརྟེན་རྒྱལ་པོའི་ཚུལ་བཟུང་བ་དུར་སྒྲིག་གར་རོལ་ལྟ་པ་ཆེན་པོ་ཐམས་ཅད་མཁྱེན་པ་ངག་དབང་བློ་བཟང་རྒྱ་མཚོ་ཞེས་མཚན་ཅམ་གྱིས་ཀུང་ངན་(༣༥༣ན)འགྲོའི་འཇིགས་པ་ལས་སྐྱོབ་ནུས་པའི་རྗེ་བླ་མ་མཆོག་ནས་ལུང་བསྟན་ལ་སོགས་ངོས་འཛིན་གནང་བ་ལྟར་ན། འཇམ་དཔལ་རྩ་བའི་རྒྱུད་ལས། རིན་ཆེན་འབྱུང་ཞེས་བྱ་མི་དང་། ཡེ་གེ་ག་ཞེས་གཞོན་ནུ་ཞེས། །ཡི་གེ་བ་ཞེས་ཆོས་སེམས་བྱེད། །ཡི་གེ་ཨ་མིང་བདག་ཉིད་ཆེ། །སྟོན་པའི་བསྟན་པ་གཅིག་འཛིན་བྱེད། །བློ་ལྡན་ཡོན་ཏན་ཀུན་གྱིས་བཀུར། །ཞེས་པ་མའི་མངལ་དུ་མ་ཞུགས་གོང་གིང་ཆེན་ཚངས་པ་དུང་གི་ཐོར་ཙུགས་ཅན་ནས་མིང་དཀོན་ཅོག་དོན་གྲུབ་ཏུ་འདོགས་པ་མཛད་ཅིང་། ཆུང་དུའི་དུས་དེ་ལྟར་དུ་འབོད་པས་ན་ལེགས་སྦྱར་གྱི་སྐད་དུ་རཏྣ་སྟེ་དཀོན་ཅོག་དང་རིན་ཆེན་ཟུང་

གི་སྐད་དོད་ཡིན་པ་དང་། ཡང་ན་རིན་ཆེན་འབྱུང་གནས་རྒྱ་མཚོའི་མངོན་བརྗོད་ཡོངས་སུ་གྲགས་ཤིང་། དཀོན་ཅིག་གམ་སངས་རྒྱས་སུའང་འདུག་པ་དང་། ཡི་གེ་ག་ཞེས་རྒྱ་མཚོའི་མགོ་ཅན་དང་འདོགས་འབྲེལ་ལས་མིང་གཞི་དངོས་ཡིན་པས་སངས་རྒྱས་རྒྱ་མཚོ་ཞེས་མཚོན་པ་སོགས་སྒོ་དུ་མ་ནས་འགྲིག་ཅིང་། ཨོ་རྒྱན་སངས་རྒྱས་གཉིས་པའི་ཟབ་གཏེར་གྱི་རིམ་པ་རྫོ་ལླ་མ་ཉིད་ཀྱི་ཡང་སྙིང་གོང་མ་གཏེར་ཆེན་ཆོས་ཀྱི་རྒྱལ་པོ་པདྨ་དབང་གི་བསམ་ཡས་རྣམ་སྣང་གླིང་སྒྲོམ་ནས་སྤྱན་དྲངས་པ་ རིགས་འཛིན་ཡོངས་འདུས་ཀྱི་སྤྱི་ལུང་མདོར་བསྡུས་སྙིང་པོར། ལྷ་སྲས་སྤྲུལ་པ་པོངས་འཚམ་སྤྲུལ་ལོ་པ༔ བློ་སྐམ་སྙིང་སྟོབས་རྩལ་ལྡན་གདོང་སྨེ་ཅན༔ སྣ་ཚོགས་མིང་ཅན་འགྲོ་བའི་དེད་དཔོན་མཆོག༔ རིན་ཆེན་འཛིན་པ་ཉི་ཟླས་དུས་སུ་འབྱུང་༔ ཞེས་ལོ་སྙིང་སྤྲུལ་དང་སྐྱེས་དུས་སམ་རྒྱལ་ཐབས་ཀྱི་ཁྲིར་སླེབ་པའི་དུས། རིན་ཆེན་གོང་བརྗོད་ལྟར་མིང་སྨྲ་ཐོན་པས་ཆོས་རྒྱལ་ཁྲི་སྲོང་ལྡེའུ་(༣༥༣བ)བཙན་གྱི་སྲས་མུ་ནེ་མུ་ཁྲི་མུ་ཏིག་སོགས་དོན་གཅིག་པ་དེའི་སྐྱེ་སྤྲུལ་ཡིན་པར་བཤད་ཅིང་། རྒྱལ་པོ་བཀའ་ཐང་ལས། ནམ་ཞིག་སྙིགས་མའི་དུས་ལ་བབས་པའི་ཚེ༔ རྒྱལ་སྲས་སྐྱེ་ལུས་བཅུ་གཉིས་ཁ་འཐོར་མཐའ༔ བོད་ཡུལ་གངས་རི་རྩེ་དགུའི་ལྗོངས་འདི་རུ༔ རྗེ་རིགས་རྒྱལ་པོ་གདུག་པའི་ཚོགས་རྣམས་འདུལ༔ རྒྱལ་པོའི་མཚན་ལྡས་ལེགས་པ་ལྷ་དང་ལྡན༔ ཐུགས་སྐམ་བཀའ་བཙན་ཁོངས་བརྒྱུད་ཡངས་པ་དང༔ ཟུང་ཐུབ་དཔྱད་པས་མཐུ་སྟོབས་རབ་ཏུ་ཆེ༔ རྒྱལ་པོའི་དཔུང་ཚོགས་ལོངས་སྤྱོད་དུ་མ་ལྡན༔ ཁ་བ་ཅན་དུ་དུས་ཀྱི་མཐའ་ལ་འབྱུང་༔ ཞེས་ལྷ་སྲས་ཀྱིས་འགྲོ་དོན་མཛད་པའི་སྐྱེ་བ་བཅུ་བདུན་དུ་གསུངས་པ་ལས་བཅུ་གཉིས་པའི་མཐའ་བཅུ་གསུམ་པ། བོད་འདིར་ཆོས་རྒྱལ་གྱི་གདུང་ལྷ་བུ་རྒྱལ་རིགས། དཔྱ་ཁྲལ་གྱིས་འཚོ་ཞིང་གཡོག་གིས་རྗེར་བཀུར་བ་རྗེ་རིགས། མི་ཕྱིངས་དམངས་སོ་ནམ་དང་ཚོང་ཁེ་སོགས་ཀྱིས་འཚོ་བ་དམངས་རིགས། སེམས་ཅན་གྱི་སྲོག་གཅོད་པ་དང་། དེའི་ལག་ཆ་བཟོ་བའི་མགར་བ་སོགས་ཀྱིས་མཚོན་ལོག་པའི་འཚོ་བས་འཚོ་བ་གདོལ་བའི་

རིགས་ཏེ་བཞིར་འབྱེད་པ་ལས་རྗེ་རིགས་སུ་གཏོགས་པ། ཡོན་ཏན་གཞན་དག་ཀྱང་རྗེས་མཐུན་དུ་ཡོད་པར་དགོངས་པ་སོགས་དང་། གཏེར་སྟོན་དྲི་མེད་ཀུན་དགའི་ལུང་བསྟན་དུ། སངས་རྒྱས་བློ་གྲོས་རིན་ཆེན་མཚན་མངའ་བ༔ འབྲུག་སྦྲུལ་ལོ་པ་རྟའམ་ལུག་གི་ལོ༔ བསྟན་བཅོས་རྩོམ་ཞིང་རང་སྐད་ཐོན་པ་འབྱུང་༔ བར་ཆད་བདུད་ཀྱི་མཚན་མ་བཟློག་གྱུར་ན༔ སྐུ་ཚེ་མཐར་ཕྱིན་འགྲོ་བ་དཔག་མེད་འདྲེན༔ ཞེས་ལོ་སྙིང་དང་བསྟན་བཅོས་གསར་པ་རྩོམ་ཞིང་རང་སྐད་དུ་ལུགས་(༣༥༨ན)གསར་དུ་བཏོད་ནུས་པ་དང་སངས་རྒྱས་ཞེས་མིང་སྨྲའང་དངོས་སུ་བྱུང་ལ། མངའ་རིས་གཏེར་སྟོན་ཟླ་བ་རྒྱལ་མཚན་གྱི་ལུང་བསྟན་དུ། ཨེ་མ་བོད་ཁམས་བསོད་ནམས་བསགས༔ དེ་ཚེ་བོད་ཁམས་བདེར་བཀོད་པའི༔ ཆོས་རྒྱལ་རཏྣའི་མཚན་ཅན་ནི༔ ང་སྤྲུལ་ལྷ་སྲས་དངོས་ཡིན་ནོ༔ ཞེས་དང་། རིགས་འཛིན་གཏེར་བདག་གླིང་པའི་ཐུགས་ཟློག་ཏུ། མུ་ནེའི་སྤྲུལ་བ་བློ་ཆེན་རྒྱལ་པོའི་ཚུལ༔ བུདྡྷའི་མིང་ཅན་ཁྲིམས་གཉིས་ཁ་ལོ་བསྒྱུར༔ ཞེས་དང་། རྗེ༷་བླ༷་མ༷་མཆོག་ཆེན་པོའི་ཡང་གསང་གི་རྣམ་པར་ཐར་པ་ཧཱུྃ་མཚན་རྡོ་རྗེའི་ར་གདེངས་ཐོག་མདའི་རྒྱ་ཅན་ལས། མུ་ནེའི་སྤྲུལ་པ་རཏྣའི་མིང་ཅན་ཞིག༔ མི་ཁམས་ལོ་པ་དགུ་ཅུའི་ཆ་རུ་འབྱུང་། །དེ་ཉིད་འཕུང་བྱེད་བདུད་ལས་སྐྱོབ་པའི་ཆེད། །སྲུང་མར་གཉེར་གཏད་སྲུང་བཟློག་ཡང་ཡང་བྱ། །ཞེས་དང་། མུ་ནེའི་སྤྲུལ་པ་དཀོན་ཅོག་མིང་འཛིན་པ། །དགུ་ཅུའི་སྨད་འབྱུང་བདུད་དབང་མ་གྱུར་ན། །ཕུར་རྒྱལ་བོད་འདི་སྲིན་དབར་ཉེ་བཞིན་བདེ། །ཞེས་དེ་ལྟར་ལྷ་སྲས་ཀྱི་སྤྲུལ་བར་ལུང་དུ་མ་ལས་ཟིན་པར་ངོས་འཛིན་གནང་བ་རང་ངོས་ཀྱི་ཆ་ནས་ཆུང་ངུའི་དུས་མི་ནག་འདྲས་བསམ་པ་ལྷུན་གྲུབ་མའི་བསམ་བྱ་དང་བཀའ་གདམས་གླེགས་བམ་བཀླགས་པ་སོགས་དང་། འབྲས་སྤུངས་ནས་རྗེ༷་བླ༷་མ༷འི་ཞབས་མར་སོགས་ནས་འཕྲིས་དུས་སྣ་རུས་ན་ཞིང་མིག་ཆུ་རང་དབང་མེད་པར་བྲུལ་ཡོང་བ་དང་། བསམ་པ་རྙེད་པ་ནས་བཟུང་སྟེ་དཀོན་ཅོག་གསུམ་བླ་མར་འཛིན། འཇམ་མགོན་བཙོང་ཁ་པ་ཆེན་པོའི་བསྟན་པ་ལ་དད་མོས་སྙིང་དུ་ཆེ་བ་ལས་རིས་སུ་མ་

ཆད་པའི་བསྟན་འགྲོ་སྤྱི་བྱེ་བྲག་ཏུ་འང་ལྷག་བསམ་མི་དམན་ཞིང་རྗེ་བླ་མ་ཆེན་པོ་(༣༥༤བ)མཉེས་པ་འབབ་ཞིག་བསྒྲུབ་པའི་བསམ་པ་དང་མདོ་སྔགས་ཕྱི་ནང་རིག་པའི་གཞུང་ལུགས་སུ་ཐོས་པ་ཡིད་ཆེས་ཞིག་མ་ཐུབ་ཀྱང་ཡིད་དུ་འཆར་བདེ་ཞིང་བར་སྐབས་ལོ་ཁ་ཤས་བསྟན་བཅོས་འདྲ་རྩོམ་པར་དཀའ་གནད་སོགས་བསམ་གཞིགས་བཏང་ཆོ་ཞོགས་པ་ཡིད་དུ་ཕྱལ་ལེ་འཆར་བདེ་བ་ལུང་ཁུངས་འདྲ་ཡང་འདི་འདྲ་འ་ཡོད་འདི་ཙམ་ཡོད་སོགས་སྐབས་འགར་ཡིད་དུ་འཆར་བ་ཞིག་བྱུང་བས་དེ་དག་རྣམས། རིག་པ་ནང་པར་འཆི་ཡང་བསླབ། །ཅེས་སོགས་སྐྱེ་བ་སྔོན་མ་སློབ་སྦྱོང་བ་ཞིག་ཨེ་ཡིན་སྙམ་པའི་རེ་བ་ལས་ལྷ་སྲས་དང་ལེགས་པའི་ཤེས་རབ་ལ་སོགས་པའི་ཡང་སྲིད་ཀྱི་རློམ་སེམས་ནི་མངོན་སུམ་ལྟ་ཅི་རྨི་ལམ་དུ་ཡང་ག་ནས་ཡོད་ཅང་། རྗེ་བླ་མ་ཆེན་པོས་ངོས་འཛིན་དུ་སྩལ་བ་དང་ལྷ་མི་གཞན་གྱིས་ཁྲིམ་བསྒྲགས་བཅས་ཆུ་འབུར་ཆུས་མི་ནོན་མེ་འབུར་མེས་མི་ནོན་པའི་དཔེ་ལྟར་རང་ཉིད་གཅིག་པོས་འགོག་པར་དཀའ་ཞིང་རྒྱུ་མཚན་དེ་ལྟར་གྱི་དབང་དུ་བཏང་ན། རྒྱལ་པོ་བཀའ་ཐང་ལས་ བདག་གི་མཚན་གསོལ་མུ་ཏིག་བཙན་པོ་ཞེས༔ བསྐལ་པ་བརྒྱད་ཁྲི་བཞི་སྟོང་གོང་རོལ་ཏུ༔ བདེ་གཤེགས་སྐུ་རིགས་སྒྲོལ་མའི་སྤྱན་སྔ་རུ༔ ནོར་བུ་དབང་གི་རྒྱལ་པོ་ཕུལ་བའི་དུས། །འཁོར་ལོ་བསྒྱུར་བའི་རྒྱལ་པོར་ལུས་བླངས་པ། །ཞེས་སྔོན་བསྐལ་འདི་ནས་བརྒྱད་ཁྲི་བཞི་སྟོང་གི་གོང་རོལ་ཏུ་འཁོར་ལོས་སྒྱུར་བའི་རྒྱལ་པོར་གྱུར་ཏེ། དེ་བཞིན་གཤེགས་པ་སྐུ་རིགས་སྒྲོལ་མ་ལ་ནོར་བུ་དབང་གི་རྒྱལ་པོ་ཕུལ་ནས་བྱང་ཆུབ་ཏུ་སེམས་བསྐྱེད་པ་དང་། འཛམ་གླིང་འདི་ཡི་སྟོང་གསུམ་ཤར་ཕྱོགས་སུ༔ ཞིང་ཁམས་རྟུལ་དང་བྲལ་བ་ཞེས་བྱ་རུ༔ བདེ་གཤེགས་དྲི་མ་མེད་པའི་རྒྱལ་མཚན་ཞེས༔ ཡོན་ཏན་མཐའ་ཡས་རྫོགས་པའི་རྒྱལ་བར་(༣༥༥ན)གྱུར༔ ཞེས་ཞིང་ཁམས་རྟུལ་དང་རྣམ་པར་བྲལ་བ་ན་དེ་བཞིན་གཤེགས་པ་དྲི་མ་མེད་པའི་རྒྱལ་མཚན་ཞེས་ཟག་མེད་དམ་པའི་ཡེ་ཤེས་མངོན་དུ་གྱུར་ཅིང་སྟོབས་བཅུ་མི་འཇིགས་མ་འདྲེས་པའི་ཆོས་ལ་སོགས་པ་ཡོན་ཏན་མཐའ་ཡས་གཞལ་དུ་མེད་པས་སྤྲ་བའི་གོ་འཕང་

ལ་བདག་གིར་མཛད་ཟིན་ནའང་། བསྟན་པའི་བདག་པོ་བཅོམ་ལྡན་ཤཱཀྱ་ཐུབ་ཀྱིས༔ བཀའ་ཡི་འཁོར་ལོ་རྣམ་གསུམ་གསུངས་པའི་དུས༔ ཉན་ཐོས་ཆེན་པོ་མ་འགགས་པ་ཞེས་གྲོན༔ བསྟན་པའི་གཙོ་བོ་མྱ་ངན་འདས་པའི་རྗེས༔ བཀའ་ཡི་དགོངས་པ་འགྲེལ་བ་ཐོགས་མེད་ཅེས༔ ཞེས་བདག་ཅག་གི་སྟོན་པ་ཐུབ་པའི་དབང་པོའི་དུས་ཤཱཀྱའི་རིགས་ལས་བྱུང་བ་འཕགས་པ་མ་འགགས་པ་དང་། མི་ཕམ་བྱམས་པ་མགོན་པོ་དང་དབྱེར་མ་མཆིས་པའི་འཕགས་པ་ཐོགས་མེད་སོགས་བློའི་ར་བ་དང་བརྗོད་པའི་ཡུལ་ལས་འདས་མོད་དེ་རང་ངོས་ཀྱི་ཆ་ནས་མངོན་སུམ་ལྟ་ཅི་རྨི་ལམ་དུའང་སྣང་མ་ཐག་པ་ལྟར་རེ་བ་ཅི་ལ་ཡོད་དེ་རྗེ་བླ་མ་ཆེན་པོ་ཉིད་ཀྱི་དགོངས་བཞེད་འབའ་ཞིག་འཛིན་པ་དང་གང་གི་དོན་དུ་རང་གི་ལུས་སྲོག་ལ་སོགས་གང་ཡང་འདོར་ནུས་པའི་བསམ་པ་རྙེད་པ་ནས་དད་པའི་ལྷག་བསམ་མི་འགོག་པ་ནི་རང་བློ་སྙིག་ཏུ་མ་གྱུར། བདག་གི་རྗེ་བླ་མ་དོན་སྣང་མཚན་ནས་སྨོས་ན་ཐམས་ཅད་མཁྱེན་པ་ངག་དབང་བློ་བཟང་རྒྱ་མཚོ་ཆེན་པོ་འདི་ཉིད་གོང་དུ་སྨོས་པ་བཞིན་སངས་རྒྱས་འཕགས་པ་ཀོ་ན་ཡིན་པས་རྒྱལ་བ་མ་ཕམ་པས་ཐེག་པ་ཆེན་པོའི་བསྟན་བཅོས་རྒྱུད་བླ་མའི་སྐབས་དང་པོར། འཕགས་པས་འཆི་དང་ན་བ་དང་། །རྒ་བའི་སྡུག་བསྔལ་རྩད་ནས་སྤངས། །ལས་དང་ཉོན་མོངས་དབང་གིས་སྐྱེ། །(༣༥༥བ)དེ་ལ་དེ་མེད་དེ་ཕྱིར་མེད། །ཅེས་ཡིད་ཀྱི་རང་བཞིན་ཐོབ་པའི་བྱང་ཆུབ་སེམས་དཔའ་རྣམས་རང་དབང་མེད་པར་འཆི་བ་དང་། ན་བ་དང་། རྒ་བ་རྣམས་རྩ་བ་ནས་སྤངས་ང་ཡིན་ལ། དེ་དག་གི་རྒྱུ་ཚུལ་བཞིན་མ་ཡིན་པ་ཡིད་ལ་བྱེད་པ་དང་། ལས་དང་ཉོན་མོངས་པའི་དབང་གིས་འཁོར་བར་སྐྱེ་བ་སོགས་ཡིན་པས། རྒྱུ་དེ་རྣམས་རྩ་བ་ནས་སྤངས་པའི་ངེས་དོན་འཕྲས་བུ་རྒ་ན་འཆི་སོགས་ཕྱིག་སྒྲིབ་ལས་གྲུབ་པ་གཏན་མི་འབྱུང་བ་དང་། དྲང་དོན་དང་བསྟུན་ཕྲན་བུ་བྱུང་ནའང་གཞན་ལས་འདག་སླ་བ་སོགས་ཀྱི་རྒྱུ་མཚན་མདོ་སྡེ་ཐར་པ་ཆེན་པོ་ལས། ང་མྱ་ངན་ལས་འདས་ངའི་འོག་ཏུ་རིགས་ཀྱི་བུའམ་རིགས་ཀྱི་བུ་མོ་གང་ལ་ལས། ཉིན་གཅིག་གམ། དུས་གཅིག

གམ། མཚན་གཅིག་གམ། སྐད་ཅིག་མ་ལ་ཕྱོགས་བཅུ་དུས་གསུམ་ན་གཤེགས་པའི་སངས་རྒྱས་དང་། མདོ་སྡེ་བཅུ་གཉིས་དང་། བྱང་ཆུབ་སེམས་དཔའི་དགེ་འདུན་ཆེན་པོ་རྣམས་ལ་ཕྱག་འཚལ་ཞིང་ཐེག་པ་ཆེན་པོ་ཚུལ་བཞིན་དུ་ཡིད་ལ་བྱེད་པ་དང་། དོན་དམ་པའི་བདེན་པ་ལ་བསམས་པའི་གང་ཟག་དེ་ནི་སྐད་ཅིག་མ་སེ་གོལ་གཏོགས་པ་ཙམ་གྱིས་མི་དགེ་བ་བཅུ་དང་། མཚམས་མེད་པ་ལྔ་དང་། མཉམ་པ་ཉིད་ལ་སྐུར་བ་དང་། ཀུན་ནས་ཉོན་མོངས་པའི་ལས་ཐམས་ཅད་ཡོངས་སུ་མ་ལུས་ངར་བྱང་བར་འགྱུར་རོ། །ཞེས་དང་། ཆོས་བཞི་བསྟན་པ་ལས། བྱམས་པ་བྱང་ཆུབ་སེམས་དཔའ་སེམས་དཔའ་ཆེན་པོ་ཆོས་བཞི་དང་ལྡན་ན་སྡིག་པ་བྱས་ཤིང་བསགས་པ་ཟིལ་གྱིས་གནོན་པར་འགྱུར་རོ། །བཞི་གང་ཞེ་ན། འདི་ལྟ་སྟེ། རྣམ་པར་སུན་འབྱིན་པ་ཀུན་ཏུ་སྤྱོད་པ་དང་། གཉེན་པོ་ཀུན་ཏུ་སྤྱོད་(༣༥༧ན)པ་དང་། སོར་ཆུད་པར་བྱེད་པའི་སྟོབས་དང་། རྟེན་གྱི་སྟོབས་སོ། །དེ་ལ་རྣམ་པར་སུན་འབྱིན་པ་ཀུན་ཏུ་སྤྱོད་པ་ནི་མི་དགེ་བའི་ལས་བྱས་ན་དེ་ལ་འགྱོད་པ་མང་བ་ཡིན་ནོ། །དེ་ལ་གཉེན་པོ་ཀུན་ཏུ་སྤྱོད་པ་ནི་མི་དགེ་བའི་ལས་བྱས་ནས་ཀྱང་དགེ་བའི་ལས་ལ་ཤིན་ཏུ་བརྩོན་པའོ། །དེ་ལ་སོར་ཆུད་པར་བྱེད་པའི་སྟོབས་ནི། སྡོམ་པ་ཡང་དག་པ་བླངས་པས་མི་བྱེད་པའི་སྡོམ་པ་ཐོབ་པའོ། །དེ་ལ་རྟེན་གྱི་སྟོབས་ནི། སངས་རྒྱས་དང་། ཆོས་དང་། དགེ་འདུན་ལ་སྐྱབས་སུ་འགྲོ་བ་དང་། བྱང་ཆུབ་ཀྱི་སེམས་མི་གཏོང་བ་སྟེ། དེ་སྟོབས་དང་ལྡན་པ་ལ་བརྟེན་པས་སྡིག་པས་ཟིལ་གྱིས་གནོན་པར་མི་ནུས་སོ། །བྱམས་པ་བྱང་ཆུབ་སེམས་དཔའ་སེམས་དཔའ་ཆེན་པོ་ཆོས་བཞི་པོ་དེ་དག་དང་ལྡན་ན་སྡིག་པ་བྱས་ཤིང་བསགས་པ་ཟིལ་གྱིས་གནོན་པར་འགྱུར་རོ། །ཞེས་དང་། སེམས་ཀྱི་སྒྲིབ་སྦྱོང་ལས། འཁོར་ལོ་དཔག་ཚད་བཅུ་གཉིས་པ། །ལྕགས་བྱས་མགོ་ལ་འཁོར་བ་ཡང་། །བྱང་ཆུབ་སེམས་ནི་སྐྱེས་མ་ཐག །མེད་པར་འགྱུར་ཞེས་ཐོས་པ་ཡིན། །ཞེས་དང་། ཞི་བ་ལྷའི་སྤྱོད་འཇུག་ལས། སྡིག་པ་ཤིན་ཏུ་མི་བཟད་བྱས་ན་ཡང་། དཔའ་ལ་བརྟེན་ན་འཇིགས་པ་ཆེ་ལས་ལྟར། །གང་

ལ་བརྟེན་ནས་ཡིད་ཀྱི་གྲོལ་འགྱུར་བ། །དེ་ལ་བདག་ཅག་རྣམས་ཀྱིས་ཅིས་མི་བསྟེན། །ཞེས་དང་། དེས་ན་དུས་མཐའི་མི་བཞིན་སྡིག་ཆེན་རྣམས། །སྐད་ཅིག་གཅིག་གིས་འཇོམས་པར་བྱེད་པ་སྟེ། །ཞེས་དང་། འཇམ་མགོན་བླ་མ་བཙོང་ཁ་པ་ཆེན་པོའི་ལམ་རིམ་ཆེན་མོར། སྡིག་པ་འདག་ལུགས་ནི་ངན་འགྲོ་སྡུག་བསྔལ་ཆེན་(༣༥༨བ)པོར་སྐྱེ་བའི་རྒྱུ་རྣམས་སྡུག་བསྔལ་ཆུང་བར་སྐྱེ་བའི་རྒྱུར་འགྱུར་བའམ། ངན་འགྲོར་སྐྱེས་ཀྱང་དེའི་སྡུག་བསྔལ་མི་མྱོང་བའམ། ད་ལྟའི་རྟེན་ལ་མགོ་བོ་ན་བ་ཙམ་གྱིས་དག་ནས་འགྲོ་བ་དང་། དེ་བཞིན་དུ་རྒྱུན་རིང་པོར་མྱོང་དགོས་པ་རྣམས་ཡུན་ཐུང་དུའམ་གཏན་མྱོང་མི་དགོས་པར་འགྱུར་ཏེ། དེ་ཡང་སྦྱང་མཁན་སྟོབས་ཆེ་ཆུང་དང་། གཉེན་པོ་སྟོབས་བཞི་རྫོགས་མ་རྫོགས་དང་། ཤུགས་དྲག་མི་དྲག་དང་། རྒྱུན་རིང་ཐུང་ལ་སོགས་པའི་སྒོ་ནས་ཡིན་པས་མཐའ་གཅིག་ཏུ་ངེས་པ་མེད་དོ། །ཞེས་དང་། རྟོག་གེ་འབར་བ་ལས། སྡིག་པ་ཤིན་ཏུ་ཆེན་པོ་ཡང་རྩ་བ་ནས་འབྱིན་པ་ཞེས་བྱ་བའང་མི་རིགས་པ་མ་ཡིན་ཏེ། འདི་ལྟར། ལས་རྣམས་བསྐལ་བ་བརྒྱར་ཡང་ནི། །ཆུད་མི་ཟ་བའང་ཚོགས་དང་དུས། །ཞེས་བྱ་བའི་བརྒྱར་ཡང་ཞེས་ཐྲ་བ་དང་འདང་གི་སྒྲ་གཉིས་པས་ཉམས་པར་འགྱུར་བར་ཡང་སྟོན་པ་ཡིན་ཏེ་གང་གིས་ཞི་ན་སྡོམ་པར་བྱེད་དང་། གཉེན་པོའི་ཕྱོགས་རྟེན་པ་དང་། སྡིག་པ་བཤགས་པ་དང་། རྟེན་གྱི་སྡོམ་པ་རབ་ཏུ་ཐོབ་པ་ཡིན་ཏེ། ཞེས་དང་། ལས་ཀྱི་སྒྲིབ་པ་རྣམ་པར་དག་པའི་མདོ་ལས། གང་གི་ཚེ་དགེ་བ་ཡང་ལྟ་བ་ལོག་པ་དང་། གནོད་སེམས་ཀྱིས་ཉམས་པར་གྱུར་པའམ། མི་དགེ་བ་ཡང་སྨོད་པ་དང་། སྡོམ་པ་དང་། ཅགས་པ་ལ་སོགས་པའི་གཉེན་པོས་སྟོབས་ཉམས་པར་གྱུར་པ་དེ་དག་ནི་རྐྱེན་སྣ་ཚོགས་པ་ཡོད་དུ་ཟིན་ཀྱང་། དགེ་བ་དང་མི་དགེ་བའི་ས་བོན་གྱི་ནུས་པ་ཉམས་པས་གང་ལས་འབྲས་བུ་གང་ཞིག་འབྱུང་བར་འགྱུར། རྐྱེན་ཚོགས་པ་མེད་པས་དུས་ཀྱང་གཞན་དུ་གྱུར་ན་ཇི་ལྟར་ན་རྩ་བ་ནས་ཤིན་(༣༥༩ན)ཏུ་འབྱིན་པ་མ་ཡིན་ཏེ། ཇི་སྐད་དུ། དམ་པའི་ཆོས་འཛིན་པར་བྱེད་པ་དེའི་མྱོང་བར་ངེས་པའི་སྡིག་པ་ཡང་མཐོང་བའི་ཆོས་

ལ་སྤྱོད་པར་འགྱུར་རོ། །ཞེས་བྱ་བ་དང་། གཞན་ཡང་མདོ་ལས། ངན་འགྲོར་འགྲོ་བའི་ལས་རྣམས་ཏེ། །འདིར་ནི་མགོ་བོ་ཆ་ཙམ་འགྱུར། །ཞེས་དང་། བྱང་ཆུབ་སེམས་དཔའ་མགོ་བོ་ན་བ་ཙམ་གྱིས་ལས་ཀྱི་སྒྲིབ་པ་ཐམས་ཅད་བྱང་བར་འགྱུར་རོ། །ཡན་ལག་ན་བ་ཙམ་གྱིས་ལས་ཀྱི་སྒྲིབ་པ་ཐམས་ཅད་བྱང་བར་འགྱུར་རོ། །ཉིང་ལག་ན་བ་ཙམ་གྱིས་ལས་ཀྱི་སྒྲིབ་པ་ཐམས་ཅད་བྱང་བར་འགྱུར་རོ། །ཞེས་དམྱལ་བ་ལ་སོགས་ངན་འགྲོར་སྐྱེ་བའི་ལས་ཀྱི་འབྲས་བུ་ཡོད་ནའང་མགོ་བོ་ཆ་བ་དང་ཡན་ལག་དང་ཉིང་ལག་སོགས་ཕྲ་མོ་ན་བས་ཀྱང་བྱང་བར་གསུངས་པ་དང་། གསང་སྔགས་རྡོ་རྗེ་ཐེག་པར། གཉིས་མེད་དུས་ཀྱི་འཁོར་ལོ་སྒྲུབ་ལེ་བརྒྱ་སོ་གཅིག་པར་ཉན་རང་བྱང་སེམས་སུ་མ་ཟད་རྡོ་རྗེའི་ཁྲོ་བོ་རྣམས་ལའང་སྒྲིབ་པའི་ཆ་ཕྲ་མོ་སྤྱོང་ཚུལ་སྟོན་པར་བཞེད། བྱ་རྒྱུད་སྤྱན་རས་གཟིགས་དོན་ཡོད་ཞགས་པའི་རྒྱུད་ལས། མཚམས་མེད་ཀྱི་ལས་བྱས་ཀྱང་ཚེ་འདིར་ཀླད་པ་ན་བ་ཙམ་གྱིས་བྱང་བར་འགྱུར་རོ། །ཞེས་དང་། ཡང་དེ་ཉིད་ལས། མདོར་བསྡུ་ན་བཅོམ་ལྡན་འདས་ལུས་ཀྱི་ན་ཚའམ། སེམས་ཀྱི་སྡུག་བསྔལ་ལམ། རྨི་ལམ་ངན་པ་མཐོང་བས་དེའི་ལས་ཡོངས་སུ་དག་ཅིང་ཟད་པར་འགྱུར་རོ། །ཞེས་དང་། རྣམ་འཇོམས་རྒྱུད་རྣམ་སྣང་མངོན་བྱང་ལས་ཚོགས་ལམ་ཆེན་པོའི་སྐབས་སུ་ས་བཅུ་རྗེས་མཐུན་པ་ཞིག་གསུངས་པ་ལྟར། མདོར་རྒྱས་སུ། དད་པའི་ལས་ཀྱི་སྦྱོར་བ་ཡིས། །ས་བརྒྱད་པ་ནི་ཐོབ་པར་(༣༥༧བ)འགྱུར། །ཞེས་བསྐྱེད་རིམ་གྱིས་ས་བརྒྱད་དང་སྣང་གསུམ་གྱིས་དག་པ་ས་གསུམ་ཐོབ་པར་བཤད་པ་ཡང་དོན་འདི་ལ་དགོངས་པར་བཞེད་པར་སྣང་བས་སྤྱི་སྐད་ཀྱི་བྱང་འཕགས་ཁོ་ན་དང་སྦྱར་བའི་ས་བཅུ་ཕྱོགས་གཅིག་པ་འདི་ལ་ཚོགས་སྦྱོར་གྱི་ལམ་གཉིས་འདས་ཏེ་མཐོང་ལམ་ཐོབ་ནས་ལས་ཀྱི་སྡུག་བསྔལ་ངེས་དོན་དུ་སྨིན་པ་མི་སྲིད་ལ། འཇམ་དཔལ་སྒྱུ་འཕྲུལ་དྲ་བ་ལས། དང་པོའི་སངས་རྒྱས་རྒྱུ་མེད་པ། །ཞེས་གསུངས་པའི་རྒྱུ་མེད་ཚུལ་ནི། རྒྱ་བོད་ཀྱི་འགྲེལ་པ་རྣམས་སུ་ཐབས་ཤེས་གཉིས་སུ་མེད་པའི་རྡོ་རྗེ་འཛིན་པའི་ཡེ་ཤེས་ཀྱི་སྐུ་དངོས་སུ་གཟིགས་པར་སྦྱོར་

བ་སོགས་འགྲེལ་ཚུལ་སྣ་ཚོགས་ཀྱང་དོན་བསག་སྦྱང་གི་རྒྱུ་མེད་པས་རང་ངོ་རང་ཤེས་ལ་ངོས་འཛིན་པས་ངེས་དོན་དུ་ལས་ཀྱི་སྒྲིབ་པ་སྦྱང་རྒྱུ་མེད་ནའང་ཐུན་མོང་དྲང་དོན་དང་བསྟུན་ན། མཉམ་མེད་ཟས་གཙང་གི་སྲས་པོ་བདག་ཅག་གི་སྟོན་པ་ཐུབ་པའི་དབང་པོར་ཡང་འདུལ་བ་སྨན་གྱི་གཞི་ལས། མཚོ་མ་དྲོས་པར་ལས་ཀྱི་རྒྱུ་བ་ལུང་བསྟན་པའི་སྐབས་སུ། དེ་ནས་ཚེ་དང་ལྡན་པ་འོད་སྲུངས་ཆེན་པོ་རང་གི་ལས་ཀྱི་རྒྱུ་བ་ལུང་སྟོན་པར་བྱེད་དེ་ཞེས་འོད་སྲུངས། མཆོག་ཟུང་། མཛེས་ལྡན་སོགས་ལེའུ་སུམ་ཅུ་རྩ་དྲུག་གི་བར། དགེ་སློང་གནས་བརྟན་རྣམས་ཀྱིས་རང་རང་གི་ལས་ཀྱི་རྒྱུ་བ་ལུང་བསྟན་པའི་རྗེས། བཅོམ་ལྡན་འདས་ལ་འདི་སྐད་ཅེས་གསོལ་ཏོ། །བཙུན་པ་བདག་ཅག་གིས་རང་རང་གི་ལས་ཀྱི་རྒྱུ་བ་ལུང་བསྟན་ལགས་ཀྱིས་བཅོམ་ལྡན་འདས་ཉིད་ཀྱིས་ཀྱང་འཕྲིན་ལས་ཀྱི་རྒྱུ་བ་ལུང་བསྟན་པར་རིགས་སོ། །

བཙུན་པ་བཅོམ་ལྡན་འདས་ཀྱིས་འཕྲིན་ལས་ཅི་ཞིག་མཛད་པ་དེས་ན་བྱང་ཆུབ་མངོན་པར་རྫོགས་པར་སངས་རྒྱས་ནའང་གོར་(༣༥༨ན)མའི་དུམ་བུས་ཞབས་ཀྱི་མཐེ་བོང་རྨ་ཕྱུང་བར་གྱུར་ལགས། དེ་བཞིན་དུ་སེང་ལྡེང་གི་ཐུར་མས་ཞབས་ཕུག་པའི་རྒྱུ་དང་བྲམ་ཟེའི་བུ་མོས་སྐུར་པ་བཏབ་པ། ལོ་དྲུག་དཀའ་བ་སྤྱད་པ་སོགས་སྐུ་ཚེ་འདིར་ལས་ཀྱི་རྣམ་སྨིན་སྨིན་པའི་ཚུལ་བཞེས་པ་སོགས་རིམ་པར་ཞུས་པ་ལ། བཀའ་སྩལ་པ། ནོར་གྱི་ཕྱིར་ནི་སྙིང་མེད་པར། །ངས་ནི་གཡས་ཁྱིམ་ནུ་བོ་ནི། །རི་ཡི་གསེབ་ཏུ་བཙུག་ནས་སུ། །ངས་ནི་རྡོ་བ་དག་གིས་བརྡུན། །ལས་ཀྱི་རྣམ་པར་སྨིན་པ་དེས། །དམྱལ་བ་དག་ཏུ་ཡུན་རིང་འཕངས། །རབ་ཏུ་ཚ་དང་ཐིག་ནག་གི །སྡུག་བསྔལ་ཚོར་བ་མྱོང་བར་གྱུར། །དེ་ནས་ལས་ཀྱི་ལྷག་མས་ནི། །ལྷས་བྱིན་གྱིས་ནི་རྡོ་འཕངས་ཏེ། །ང་ཡི་ཞབས་ཀྱི་མཐེ་བོ་ནི། །རྡོ་བའི་དུམ་བུས་རྨ་ཡང་ཕྱུང་། །ཞེས་སྟོན་ཡུལ་ཀཱ་ཏར་ཁྱིམ་བདག་ཕྱུན་གྱི་གཅེན་དུ་གྱུར་དུས་ཆུང་མའི་ཕྲ་མས་ནུ་བོ་རྡོས་བརྡུན་ཏེ་བསད་པའི་རྒྱུ་ལས་སངས་རྒྱས་ནས་ཀྱང་གོར་མའི་དུམ་བུ་སྡེ་ཞབས་ལ་ལྷས་བྱིན་གྱིས་འཕངས་པའི་སྒྲོགས་རྡོའི་ཟེགས་མ་འཕོག་པའི་ཚུལ་དང་། མར་

མི་མཛད་ཀྱི་བསྟན་པའི་ཡང་ཆེས་སྤྱི་རོལ་ཏུ་དེད་དཔོན་དོན་སྒྲུབ་ཏུ་གྱུར་པའི་དུས་ཚོང་ཕྲུག་ལྔ་བརྒྱ་དང་བཅས་རྒྱ་མཚོར་ནོར་བུ་ལེན་པར་བཅམས་པའི་དུས་དེད་དཔོན་ངན་སེམས་ཅན་ཞེས་བྱ་བ་ཕོང་རྩལ་སོགས་བྱང་ཆུབ་ཅིང་ཆོམ་རྐུན་གྱི་ནོར་དང་སྲོག་ལ་བརྣམས་པ་ཞིག་ཀྱང་གྲུ་ནང་དུ་མཉམ་དུ་འདུས་ཏེ་ཕྱིན་པ་ན་རྒྱ་མཚོར་གནས་པའི་དཀར་ཕྱོགས་ཀྱི་ལྷས་མི་འདིས་ཚོང་པ་ལྔ་བརྒྱ་པོ་བསད་པར་མི་འགྱུར་བ་དང་འདི་ཡང་དམྱལ་བ་ཆེན་པོར་མི་འགྲོ་བའི་ཐབས་ལ་མཁས་པ་བསམ་པར་གྱིས་ཤིག་ཅེས་ལུང་བསྟན་པ་ལྟར་(༣༥༨བ)ཤཀྟི་བསྣུན་ཏེ་བསད་པར་དཀོན་བརྩེགས་འདུས་པ་སུམ་ཅུ་རྩ་བརྒྱད་པ་ལས་བཤད་པ་དང་། འདུལ་བ་ལས་གྲུ་སོ་སོར་བྱས་ཏེ་ཕྱིན་པས་ངན་སེམས་ཅན་གྱི་གྲུ་བྱིང་བ་ལ་བརྟེན་ཕྲག་དོག་གིས་དོན་སྒྲུབ་ཀྱི་གྲུར་བུག་པ་ཕུག་པར་བརྟེན་མདུང་ཐུང་གིས་བསད་པའི་རྣམ་སྨིན་གྱིས་སེང་ལྡེང་གི་ཚལ་པ་ཞབས་ལ་ཟུག་པའི་ཚུལ་དང་། ཚེ་ལོ་བརྒྱད་ཁྲི་པ་སངས་རྒྱས་རྣམ་གཟིགས་ཀྱི་བསྟན་པ་ལ་བྲམ་ཟེའི་ཁྱེའུ་གནས་འཛོག་དང་། ཛྷ་ར་ཛྷྭ་ཛ་མཆེད་གཉིས་སུ་གྱུར་དུས་གཅིག་གནས་འཛོག་བདེན་པ་མཐོང་ཞིང་དགྲ་བཅོམ་ཐོབ་པས་ཡུལ་དེའི་ཁྱིམ་བདག་སོགས་དད་པར་གྱུར་པར་གཅུང་ཛྷ་ར་ཛྷྭ་ཛ་སྡེ་སྣོད་ལ་མཁས་ཀྱང་བདེན་པ་མ་མཐོང་བས་ཕྲག་དོག་སྐྱེས་ཏེ་གཙུག་ལག་ཁང་བྱི་དོར་བྱེད་པའི་བུ་མོ་མདངས་གཞུག་མ་ལ་རས་ཟུང་བྱིན་ཏེ་འདི་དགྲ་བཅོམ་པ་གནས་འཛོག་གིས་སྐྱེས་པ་རྣམས་ཀྱིས་བུད་མེད་ལ་སྩོལ་བ་དེ་བཞིན་དུ་ངེད་ལ་བྱིན་ནོ་ཞེས་སྨྲོས་ཤིག་སོགས་བསླབས་ཏེ་གཉེན་དགྲ་བཅོམ་པ་ལ་གཞི་མེད་ཀྱི་སྐུར་བ་བཏབ་པའི་རྣམ་སྨིན་གྱིས་སྐུ་ཚེ་འདིར་མུ་སྟེགས་ཅན་ཀུན་ཏུ་རྒྱུ་འདུས་ནས་བསླབས་པ་ལས་བྲམ་ཟེའི་བུ་མོ་ཙ་མི་འམ་དྲིགས་མས་ཤིང་གི་གཞོང་བུ་ལྟོ་བར་བཅིངས་ཏེ་དགེ་སློང་ཁྱོད་ཀྱིས་ཁོ་མོ་སྦྲུམ་པར་བྱས་ཀྱིས་ཟས་དང་གོས་བྱིན་ཅིག་སོགས་ལོག་གཡེམ་གྱི་སྐུར་བ་བྱུང་བ་དང་། བྲམ་ཟེའི་ཁྱེའུ་བླ་མར་གྱུར་དུས་རྫ་མཁན་དགའ་སྐྱོང་གིས་སངས་རྒྱས་འོད་སྲུངས་མཆོད་པར་བསྐུལ་བ་ན་དགེ་སློང་མགོ་རེག་ལ་བྱང་ཆུབ་ག་ལ་ཡོད་སོགས་ཀྱི་སྐུར་བ་བཏབ་པས་

ཕོ་བྲུག་དགའ་བ་སྐྱོད་དགོས་པའི་ཚུལ་སོགས། བདག་ཅག་གི་སྟོན་པ་ཉིད་ཀྱིའང་ལས་ཀྱི་རྣམ་སྨིན་བཞེས་ཚུལ་མཐའ་ཟླས་ཞིང་། ལས་ཀྱི་རྣམ་པར་སྨིན(༣༥༨་ན)པའི་མཐུ་ཡོད་ན་གང་གིའང་མི་བཟློག་པའི་ཚུལ་དགོན་བརྩེགས་འདུས་པ་སོ་བརྒྱད་པ་ལས། བདག་ཅག་གི་སྟོན་པ་མཉན་ཡོད་ན་བཞུགས་པའི་ཚེ་མོང་ལ་གྱི་བུ་ཆེན་པོ་ལ་བཀའ་སྩལ་པ། མོང་ལ་གྱི་བུ་ཆེན་པོ་དེང་ས་ཕྱོགས་འདི་ནས་སེང་ལྡེང་གི་ཚལ་པ་ཞིག་འབྱུང་བར་འགྱུར་ཏེ། དེ་ངའི་རྐང་པ་གཡས་པའི་མཐིལ་ཏུ་ཟུག་པར་འགྱུར་རོ། །ཞེས་བཀའ་སྩལ་ནས། རིང་པོ་མ་ལོན་པར་ས་ཕྱོགས་དེ་ཉིད་ནས་སེང་ལྡེང་གི་ཚལ་པ་རྣོན་པོ་མཐོ་གང་ཙམ་གྱི་ཚད་ཅིག་བྱུང་བར་གྱུར་ཏེ། བཅོམ་ལྡན་འདས་ལ་གནས་བརྟན་མོང་ལ་གྱི་བུས་འདི་སྐད་ཅེས་གསོལ་ཏོ། །བཅོམ་ལྡན་འདས་བདག་གིས་སེང་ལྡེང་གི་ཚལ་པ་འདི་འཇིག་རྟེན་གྱི་ཁམས་གཞན་དུ་དོར་བར་བགྱི་ལགས་སོ། །ཞེས་ཞུས་པ་དང་། འདི་སྐད་ཅེས་བཀའ་སྩལ་ཏོ། །མོང་ལ་གྱི་བུ་ཆེན་པོ་ཁྱོད་ཀྱིས་སེང་ལྡེང་གི་ཚལ་པར་འདི་ས་ཕྱོགས་འདི་ནས་གཞན་དུ་དོར་བར་མི་ནུས་སོ་གསུངས་པ་དང་། མོང་ལ་གྱི་བུ་ཆེན་པོས་སྟོབས་ཀྱི་ཤུགས་ཀྱིས་སེང་ལྡེང་གི་ཚལ་པ་དེ་བཟུང་བ་དང་། སྟོང་གསུམ་གྱི་སྟོང་ཆེན་པོའི་འཇིག་རྟེན་གྱི་ཁམས་འདི་ཁ་ཁྱེན་དུ་བལྟས་ཏེ་རབ་ཏུ་གཡོས་པར་གྱུར་ཀྱང་། སེང་ལྡེང་གི་ཚལ་པ་དེ་ནི་ཐ་ན་སྐྲའི་རྩེ་མོའི་ཆ་ཤས་ཙམ་ཡང་མི་འགུལ་བས། དེ་བཞིན་གཤེགས་པ་རྫུ་འཕྲུལ་གྱི་སྟོབས་ཀྱིས་རྒྱལ་ཆེན་བཞིའི་རིགས་ཀྱི་ལྷ་གནས་ནས་བཟུང་ལྷ་གནས་གོང་མ་རིམ་པར་འཕྲོས་ཐབས་སུ་གཤེགས་པ་ན། སེང་ལྡེང་གི་ཚལ་པ་དེ་ཡང་ཚངས་པའི་འཇིག་རྟེན་གྱི་བར་དུ་འོངས་སོ། །

དེ་ནས་དེ་བཞིན་གཤེགས་པ་ཚངས་པའི་འཇིག་རྟེན་ནས་བབས་ཏེ་གདན་ལ་བཞུགས་པ་དང་། སེང་ལྡེང་གི་ཚལ་པ་དེ་ཡང་ཚངས་པའི་འཇིག་རྟེན་ལས་བབས་ཏེ(༣༥༨་བ)བཅོམ་ལྡན་འདས་ཀྱི་སྤྱན་སྔར་འདུག་གོ། །རིགས་ཀྱི་བུ་དེ་ནས་དེ་བཞིན་གཤེགས་པས་སེང་ལྡེང་གི་ཚལ་པ་རྩེ་མོ་ཡ་གཅིག་ས་ལ་ཟུག་ལ་རྩེ་མོ་ཡ་གཅིག་ས་

ལས་གྱེན་དུ་བལྟ་བ་དེའི་སྟེང་དུ་ཞབས་གཡས་བཞག་གོ །དེ་མ་ཐག་ཏུ་སྟོང་གསུམ་གྱི་སྟོང་ཆེན་པོའི་འཇིག་རྟེན་གྱི་ཁམས་འདི་རབ་ཏུ་གཡོས་པར་གྱུར་ཏོ། །ཞེས་ལས་ཀྱི་རྣམ་པར་སྨིན་པའི་མཐུ་ཡོད་ན་མཽདྒལ་གྱི་བུ་རྫུ་འཕྲུལ་གྱི་ཤུགས་དང་ལྡན་ནའང་སེང་ལྡེང་གི་ཚལ་པ་མཐོ་གང་བ་ཞིག་འགུལ་བར་མ་ཐུབ་པ་དང་། སྟོན་པ་མངོན་མཁྱེན་དང་རྫུ་འཕྲུལ་དང་ལྡན་པས་ཀྱང་དེ་བཞིན་བསྟན་དགོས་པ་སོགས་བཤད་ཅིང་། ས་དང་པོ་ཡན་གྱི་བྱང་སེམས་ཉན་རང་འཕགས་པའི་ཚོགས་ལ་ལས་བརྒྱ་ལས་ཉན་ཐོས་རྫོགས་བྱེད་ཀྱི་གཏམ་རྒྱུད་དང་། དགེ་སློང་སྒྲུར་པོ་དང་འཕྱེ་བོ་ཀ་ཏྱཱ་ཡ་ན་སོགས་ཆེས་མང་ཞིང་མཽདྒལ་གྱི་བུ་རྫུ་འཕྲུལ་ཐོབ་ཀྱང་གཅེར་བུ་པ་རྣམས་ཀྱིས་དབྱུགས་པས་འདམ་བུ་ལྟར་བརྩམ་པ་དང་། དགྲ་བཅོམ་སྒྲུར་ཆུང་དང་ལྡི་ཁྲུས་གསོས་ཀྱི་གཏམ་རྒྱུད་སོགས་མི་དགེ་བའི་ལས་ཀྱི་མཐུ་སྟོབས་ཚུལ་ཇི་སྙེད་བསྟན་ཅིང་། སངས་རྒྱས་འཕགས་པ་ལ་ངེས་དོན་དུ་ལས་སྒྲིབ་སྦྱོང་མ་དགོས་ཀྱང་། ན་བ་སོགས་དྲང་དོན་ལ་སྒྲིབ་པ་ཙུང་ཟད་སྦྱང་རྒྱུ་ཡོད་ཅིང་ཐུན་མོང་བའི་ལམ་སྦྱང་བགྲོད་སྐབས་བསག་སྦྱང་གཉིས་ཀ་དགོས་པ་དང་ཁྱད་པར་དུ་ཚོགས་གཉིས་ཕོ་ན་ལ་སྒྲིབ་སྦྱོང་ཀྱང་དོན་གྱིས་ཆང་བས་བསླབ་ལམ་གྱི་སྐབས་སུ་ཚོགས་གསོག་ཕོ་ན་ནན་ཆེ་བར་བཤད་པས་བྱང་སེམས་ས་བཅུ་པ་སོགས་བཅུ་གསུམ་རྡོ་རྗེ་འཛིན་པའི་གོ་འཕང་ལ་མ་རེག་པར་བསག་སྦྱང་དགོས་པར་སེམས་ལ། དེའི་དབང་གིས་འཕོ་འཇུག་ལ་རང་དབང་ཐོབ་པའི་བྱང་སེམས་སོགས་ལའང་མྱ་ངན་ལས་མི་འདའ་བར་གསོལ་བ་འདེབས་པའམ་ཞབས་བརྟན་སོགས་དགོས་པར་མ་ཟད་སངས་རྒྱས་སྤྲུལ་པའི་སྐུ་(༥༨༠ན)རྣམས་ལ་ངེས་པར་དགོས་པའི་ཤེས་བྱེད་ཕལ་པོ་ཆེ་ཀུན་བཟང་སྨོན་ལམ་དུ། མྱ་ངན་འདའ་སྟོན་གང་བཞེད་དེ་དག་ལ། །འགྲོ་བ་ཀུན་ལ་ཕན་ཞིང་བདེ་བའི་ཕྱིར། །བསྐལ་པ་ཞིང་གི་རྡུལ་སྙེད་བཞུགས་པར་ཡང་། །བདག་གིས་ཐལ་མོ་རབ་སྦྱར་གསོལ་བར་བགྱི། །ཞེས་མྱ་ངན་ལས་མི་འདའ་བར་གསོལ་བ་འདེབས་པ་སོགས་བསག་སྦྱང་དགོས་པར་གསུངས་ཤིང་། འཕགས་ཆེན་ཕྱག་ན་པདྨོ་འགྲོ་ངོར་

སྟོམ་བརྩོན་རྒྱལ་པོའི་ཚུལ་བཟུང་བ་བདག་གི་བླ་མ་ཡབ་རྗེ་ཀུན་མཁྱེན་རྒྱལ་བའི་དབང་པོ་ཐམས་ཅད་མཁྱེན་པ་ངག་དབང་བློ་བཟང་རྒྱ་མཚོ་འདི་ཉིད་རང་དུའང་རྩ་བ་གསུམ་གྱི་ལྷ་དང་མཇལ་ཞིང་བགྲོས་པའི་ཚུལ་བརྗོད་ཀྱིས་མི་ལང་བ་ལས་ཆ་ཤས་གླེགས་བམ་དུ་འཁོད་པ་ཡང་གསང་རྒྱ་ཅན་དུ་གྲགས་པའི་ནང་ཚན་ཧ་མགྲིན་པདྨས་མཚན་པ་བུམ་པའི་རྒྱ་ལས། ས་ཕག་ཧོར་ཟླ་བཞི་པའི་ཚེས་གསུམ་ལ་འཕགས་པ་སེམས་ཉིད་ངལ་གསོས། །ཚེ་སྟོན་རྒྱ་གར་གསལ་ལྡན་དུ། །རྒྱལ་པོར་སྐྱེས་ཚེ་ནབ་ཆེན་གྱི། །ཡན་ལག་གཟིར་བའི་རྣམ་སྨིན་ཡོད། །ཅེས་སོགས་རྒྱ་གར་དུ་རྒྱལ་པོར་གྱུར་པའི་དུས་ནག་ཅན་དུ་ཁྲིམས་བཅའ་བའི་རྣམ་སྨིན་གྱི་ཚུལ་ཕྱག་ཞབས་སུ་ལྡེམ་གཞི་འབྱུང་བར་ལུང་བསྟན་པ་ལྟར་དྲང་དོན་ཐེ་ལམ་ལྷ་བུའི་སྟེན་ལ་སོགས་པའི་སྐུའི་སྒྲིབ་ལྡང་གི་རིགས་བསག་སྦྱོང་དགོས་པ་སོགས་ཞིབ་པ་ཚོགས་མཆོད་བཅའ་བསྒྲིགས་བྱང་ཆེན་ཉི་མའི་དཀྱིལ་འཁོར་དུ་གསལ་བ་ལྟར་གྱི་དྲང་དོན་དང་བསྟུན་པའི་བསག་སྦྱངས་སུ་གཙོ་བོ་སྔ་ན་མེད་པའི་མཆོད་སྡོང་འཛམ་གླིང་རྒྱན་གཅིག་གཙོ་མ་ཤས་ཆེ་བའི་གསེར་རྐྱང་ལས་གྲུབ་པའི་བྱང་ཆུབ་མཆོད་རྟེན་འཛམ་གླིང་རྒྱན་གཅིག་ཐོག་ཚད་ལྔ་པ་སོར་བདུན་བརྒྱ་དང་ཉི་ཤུའི་བདག་ཉིད་ཅན་ལྷ་ཀླུ་མིའི་རིན་པོ་ཆེ་སྣ་ཚོགས་རིན་ཐང་དང་བྲལ་བའི་རྒྱན་(༣༨༠བ)དང་བཅས་པ། རིན་པོ་ཆེ་གཉིས་པ་དངུལ་ལས་གྲུབ་པའི་བདེ་གཤེགས་མཆོད་རྟེན་བརྒྱད་འབྲས་སྤུངས་ཀྱི་ཐམས་ཅད་མཁྱེན་པ་ཡོན་ཏན་རྒྱ་མཚོ་དང་བསོད་ནམས་རྒྱ་མཚོའི་མཆོད་རྟེན་ལས་ཅུང་ཟད་མཐོ་བ་སོར་མོ་བཞི་བརྒྱ་སོ་གཉིས་ཏེ་ཆོས་སྐུ། བཙོ་སྦྱངས་ལས་གྲུབ་པའི་སྐུ་ཚད་དབྱིབས་སོགས་རྗེ་བོའི་འདྲ་ཅག་སྐོ་ལོངས་སྐུ། དངུལ་གྱི་སློབ་དཔོན་ཆེན་པོ་པདྨ་དང་འཇམ་མགོན་ཆོས་ཀྱི་རྒྱལ་པོ་བཙོང་ཁ་པ། རྗེ་བླ་མ་ཆེན་པོའི་སྐུ་བརྙན། གསེར་ཟངས་ཀྱི་སྨན་བླ་བདེ་གཤེགས་བརྒྱད། འབྲུངས་རབ་བསྟུས་པར་ཁ་བཀང་བ་བཅས་བརྒྱད་རིགས་འཛིན་དང་གུ་རུ་མཚན་བརྒྱད་རེ་བཅས་པ་སྟོན་པ་དགུང་ལོ་བཅུ་གཉིས་པའི་སྐུ་ཚད་དང་མཉམ་པ། བྱང་ཆུབ་ལམ་རིམ་བླ་བརྒྱུད་

རྒྱས་པ་མི་ཚད་ཧྲམས་ཆོས་ལོངས་སྤྱོལ་གྱི་སྤྱོལ་པའི་སྐུའམ་སྐུ་གསུང་ཐུགས་རྟེན་གྱི་སྐུ་རྟེན་གྱི་ཁོང་སུ་གཏོགས་པ།

གསུང་རྟེན་གསེར་ཆོས་གཉིས་སོགས་རིན་པོ་ཆེའི་རིགས་ཤོག་བུ་ཡང་མདོག་ངོ་མཚར་བ་དང་བཅས་པའི་རིགས་ལྔའི་རང་མདངས་ལས་གྲུབ་པའི་བཀའ་འགྱུར་ཚར་ལྔ། སྐྱ་པོད་ཚར་བཅུ་གཉིས། སྔོན་པས་ཁོལ་བུར་གསུངས་པ་བཀའ་འགྱུར་དུ་མ་བཞུགས་པ་མཁན་རབ་རྗེ་བོས་ཞང་ཞུང་། ཅོ་ནར་འཇམ་དབྱངས། གངས་ཅན་དུ་སློབ་དཔོན་པདྨ་འབྱུང་གནས། འཇམ་མགོན་ཆེན་པོ་བཙོང་ཁ་པ། ཐུག་ན་པད་དཀར་དུར་སྒྲིག་གར་རོལ་ལྔ་པ་ཡན་གྱི་གསུང་བཅས་བྱིན་རླབས་གཟི་བྱིན་བཀའ་ལས་མི་ཞན་པ་བཀའ་གཉིས་པའི་ཚོགས། བསྟན་འགྱུར་བུས་དཀར་ཆག་བསྒྲིགས་རྗེས་གྲུར་བ་བསྟན་པའི་དཀར་ཆག་གསར་པ་ནང་བཞིན། ཐུགས་རྟེན་བཅོམ་ལྡན་འདས་གཉིས་མེད་དུས་ཀྱི་འཁོར་ལོའི་སྐུ་གསུང་ཐུགས་ཡོངས་རྫོགས་ཀྱི་ཀློས་བསླང་ལྷ་ཚོགས་བདུན་བརྒྱ་དང་སོ་བཞི། སྨན་བླའི་ཕོ་བྲང་ལྷ་ཚོགས་དང་ངཅས་པ། གཞན་ཡང་(༣༨༧ན)ཕུར་ཚྭའི་སྨན་འདམ་གྱི་འབྲངས་རབས་ལྷ་ཁང་། གྲྭ་གང་ཚོམས་ཆེན་སྟེང་ཤོད་བྲིས་སོགས་བཟོ་བོའི་བླ་ཡོན་སོགས་མ་བསྡེབས་པའི་སྐུ་རྒྱུ་རང་དངུལ་ཐང་དུ་བཀུག་པར་སྲང་ས་ཡ་གཅིག་དང་དྲུག་འབུམ་དགུ་ཁྲི་བཞི་སྟོང་བརྒྱད་བརྒྱ་སོ་དྲུག་ལས་གྲུབ་པ། ལྷ་ས་བར་སྐོར་བདེ་གཤེགས་ཁང་དུ་བཞུགས་པའི་དངུལ་གྱི་བདེ་གཤེགས་མཆོད་རྟེན་བརྒྱད་ཧོག་རྩེ་ནས་ས་འཛིན་བར་སོར་བརྒྱ་དང་བརྒྱད་ཐུ་ཐྲུ་བརྒྱད་ཡོད་པ་ཚར་གཅིག་དང་། ཡང་སོར་བརྒྱ་དང་བཞི་བཅུ་ཞེ་བཞི་ཡོད་པ་ཚར་གཅིག་སོ་སོར་ལྷ་ཁང་རེ་མཆོད་རྫས་དང་བཅས་ཆ་འགྲིག །ཀུན་རར་བཞུགས་པའི་སོར་ཉེར་ཕྲེད་ལྔ་རེ་ཡོད་པ་ཚར་གཅིག །བར་སྐོར་སྨན་བླ་ཁང་དུ་བཞུགས་པ་སྨན་བླ་མཆེད་བདུན་བདག་ཅག་གི་སྟོན་པ་བཅས་པའི་སྐུ་གསེར་ཟངས་ལས་གྲུབ་པ་པད་སྤྲུགས་ཀྱི་དཔངས་ལ་སོར་མོ་བརྒྱ་དང་བཞི་རེ་ཡོད་པ་མཆོད་རྫས་སོགས་ཆ་འགྲིག །ལྷམ་རིམ་ལྷ་ཁང་དུ་སྨན་འདམ་གྱི་བསྟན་པའི་བདག་པོ་

ཐུབ་དབང་། གཡས་སུ་བྱམས་མགོན་སོགས་རྒྱ་ཆེན་སྤྱོད་བརྒྱུད། གཡོན་དུ་འཇམ་དབྱངས་སོགས་ཟབ་མོ་ལྟ་བརྒྱུད། ཆོས་སྐྱོང་རྣམ་སྲས་དང་ལས་གཤིན་བཅས་ཁྱོན་དྲུག་ཅུ་རེ་བརྒྱད་མཆོད་རྫས་དང་བཅས་པ། ལི་སྐུ་སོགས་རྟེན་རྙིང་ཕྱོགས་སུ་བསྒྲིགས་པའི་སྲས་བཅས་རྒྱལ་བའི་ཕོ་བྲང་། དངུལ་གྱི་ཚེ་དཔག་ལྷ་ཁང་། ལག་བསྐྱར་ཕྲན་བུ་བཅས་སྨན་འདམ་ལས་པར་གསར་བཏབ་པ་བཅས་ཁག་གསུམ་གྱི་མཆོད་རྫས་ལ་སོགས་གསར་བསྒྲིགས།

བར་སྐོར་གནས་བཅུ་ལྷ་ཁང་དུ་སྨན་འདམ་ལས་གྲུབ་པའི་ཐུབ་དབང་། ཉན་ཐོས་ཆེན་པོ་བཅུ་དྲུག །ཞམ་འབྲིང་དྷརྨ་ཏ་ལ། ཧྭ་ཤང་། རྒྱལ་ཆེན་བཞི། མཆོད་རྫས་སོགས་གང་ཅི་ཆ་འགྲིག་འཇམ་མགོན་བླ་མ་བཙོང་ཁ་པ་དང་རྗེ་བླ་མའི་སྐུ་གསེར་ཟངས་ལས་གྲུབ་པ་དཔངས་སོར་མོ་(༣༧བ)བཞི་བཅུ་པ་བརྒྱད། དགའ་ལྡན་ཕུན་ཚོགས་གླིང་དུ་སྨན་འདམ་ལས་གྲུབ་པའི་ཐུབ་དབང་། འཇམ་མགོན་བཙོང་ཁ་པ། རྗེ་བླ་མ་སྲིད་ཞིའི་གཙུག་རྒྱན། བར་ཁང་དུ་སྨན་བླ་མཆེད་བདུན་བདག་ཅག་གི་སྟོན་པ་དང་བཅས་པ། སེམས་དཔའ་བཅུ་དྲུག །གནོད་སྦྱིན་གྱི་སྡེ་དཔོན་བཅུ་གཉིས། ཕྱོགས་སྐྱོང་བཅུ། ཉི་ཟླ་གཉིས། རྒྱལ་ཆེན་བཞི་བཅས་གསེར་ཟངས་ལས་གྲུབ་པ་རྣམས་ཀྱི་རྒྱུ་འགྲོ་བཟོ་བོ་དང་བཅས་པའི་ཕོགས་ཡོན་རྣམས་འབུར་པབ་ཁལ་ཆིག་འབུམ་བཞི་ཁྲི་བཞི་སྟོང་གྱ་བརྒྱད།

ཀུན་རར་བཞུགས་པའི་སྨན་བླའི་ལྷ་ཚོགས་སོར་ཕྱེད་བཅོ་ལྔ་པ་གྲྭ་ཚར་གོང་བཞིན། པོ་ཏ་ལ་བླ་མ་ལྷ་ཁང་གི་རྟེན་གཙོ་འཇམ་མགོན་བཙོང་ཁ་པའི་སྐུ་བཀྲ་ཤིས་རྫོ་ཁ་མའི་བཞུགས་ཁང་རྒྱ་ཕུབས་ཉིས་བརྩེགས་ཅན། རྗེ་བླ་མ་སྲིད་ཞིའི་གཙུག་རྒྱན་མཆོག་གི་ཐུན་མོང་ཕྱིའི་རྣམ་ཐར་ཞིང་བཀོད་ཀྱི་ཚོན་ཐང་ཁ་ཐེ་རྙིང་མཚོན་སྤེལ་གྱི་གོང་གཤམ་ཅན་གྲྭ་ཚར་རེ་ལྔ། སྐུ་རྒྱུ་སོགས་གཞོར་ཁལ་ཆིག་ཁྲི་ལྔ་སྟོང་སུམ་བརྒྱ་གསུམ་ལྷག་བཅས་ཀྱི་བདག་ཉིད་ཅན།

རྗེ་བླ་མ་སྲིད་ཞིའི་གཙུག་རྒྱན་མཆོག་གི་ཡེ་ཤེས་སྒྱུ་མའི་རོལ་རྩེད་ཟབ་པ་ལས

ཀྱང་ཆེས་ཟབ་པའི་གསང་བའི་རྣམ་པར་ཐར་པ་ཡང་གསང་རྒྱ་ཅན་གྱི་ཞིང་བཀོད་རི་མོ་བ་རྣམས་ཀྱིས་མངོན་སུམ་དུ་མཐོང་བའི་ངོ་མཚར་བའི་ལུས་དུ་མ་དང་བཅས་བཞེངས་པའི་ཐང་གྲངས་ཉེར་གསུམ་པ་ཚར་གཉིས་ཀྱི་སྐུ་རྒྱུ་ཐོགས་ཡོན་སོགས་ཁྲོན་བསྒོམས་པར་འགྲོ་ཁལ་ཆིག་ཁྲི་དྲུག་སྟོང་བདུན་བརྒྱ་སོ་བདུན་བྲེ་བཅུ་གཉིས་ལྷག་བཅས། དད་རྟེན་འདོད་ལྷ་རྣ་ཚོགས་ཀྱི་ལྷ་ཚོགས་ཚང་བ་གྲུས་མཇུངས་ཉེར་གཅིག །རྒྱལ་བ་རིགས་ལྔ། དུས་གསུམ་སངས་རྒྱས། བྱམས་འཇམ་དབྱངས་རྣམས་ཀྱི་སྟོང་། སོར་འབྲང་དང་རྣམ་རྒྱལ་མ་ཉིས་སྟོང་། སྨན་བླ་བརྒྱད་སྟོང་བཅས་པའི་གསེར་ཐང་ཆེ་བ་སོ(༤༧༣ན)བརྒྱད། སྒྲོལ་མ་འཇིགས་པ་བརྒྱད་སྐྱོབ་དང་། ཕྱག་རྡོར་གཏུམ་པོའི་ཆོན་ཐང་རེ། གཙོ་བོ་རྒྱལ་དབང་ན་རིམ་ལྔ། བདེ་གཤེགས་བརྒྱད། རིགས་ལྔ། ཨོ་རྒྱན་པདྨ། འཇམ་མགོན་བཙོང་ཁ་པ། ན་རོ་མཁའ་སྤྱོད་སོགས་ཀྱི་གསེར་ཐང་ཉེར་གཉིས།

ལྷ་ས་བསམ་ཡས་ཁྲ་འབྲུག་གསུམ་དུ་བྱང་ཆེན་མཆོད་རྟེན་སྟོང་ཐང་རེ་དང་། བླ་མའི་ཐང་ཀ་གཅིག་བཅས་ཀུན་ར་མན་དཀྱུང་ཞག་ཕོངས་སུ་གྲུབ་པའི་རྟེན་རྣམས་ཁྲོན་འབྲུར་ཕབ་གཞོར་ཁལ་ས་ཡ་གཅིག་དང་ཉིས་འབུམ་བདུན་ཁྲི་བདུན་སྟོང་ལྔ་བརྒྱ་གྱ་གཅིག །བཞེད་དགོས་པའི་མཚན་མ་དང་བསྟུན་བཞེངས་པའི་གོས་སྐུར་བཞེས་པའི་སྟོན་མེད་གཙོ་བོ་འོད་དཔག་མེད། འཁོར་དུས་གསུམ་སངས་རྒྱས། གནས་བརྟན་བཅུ་དྲུག་སོགས་ཀྱིས་བསྐོར་བའི་གོས་སྐུ་དཀྱུས་སོར་མོ་ཉིས་སྟོང་ལྔ་བརྒྱ་གོ་བརྒྱད། ཞེང་ཉིས་སྟོང་ཉིས་བརྒྱ་བརྒྱད་པ་གཅིག་དང་། གཙོ་བོ་རྣམ་སྣང་ཞལ་སྐུ་ཆོས་འཁོར་གྱི་ཕྱག་རྒྱ་ཅན་ལ། རྗེ་བཙུན་བཙོང་ཁ་པ། རྗེ་བླ་མ་སྲིད་ཞིའི་གཙུག་རྒྱན། ན་རོ་མཁའ་སྤྱོད། རྒྱལ་བ་རིགས་བཞི། སྨན་བླ་མཆེད་བདུན། ཤཱཀ་ཐུབ། སྒྲོལ་མ་སོགས་ཀྱིས་བསྐོར་བ་དཀྱུས་སོར་ཆིག་སྟོང་གཉིས་བརྒྱ་གོ་དགུ། ཞེང་ཆིག་སྟོང་བརྒྱ་དང་བཞི་ཡོད་པ་གཅིག །

ཏུར་སྒྲིག་གར་རོལ་ན་རིམ་ལྔའི་འབྲུངས་རབས། ཤཱཀ་ཐུབ་མཆོད་རྟེན་བརྒྱད།

རྒྱལ་བ་རིགས་ལྔ། སྨན་བླ་བདེ་གཤེགས་བརྒྱད་བཅས་པའི་གསེར་ཐང་ཉེར་གཅིག །སངས་རྒྱས་སོ་ལྔ། བདེ་གཤེགས་བརྒྱད། གདུགས་དཀར་གྱི་བདེ་གཤེགས་བཅུ་དང་གདུང་བདུན། ཕྱོགས་བཅུ་མུན་སེལ་དང་། ཁྲིའུ་ཟླ་བས་ཞུས་པའི་མདོ་སངས་རྒྱས་བཅུ་རེ་བཅས་པའི་གསེར་ཐང་ཆེ་ལེགས་བརྒྱད་ཅུ་གྱ་གཅིག །ཕུང་པོ་གསུམ་(༣༥༢བ)པ་ལས་གསུངས་པའི་སངས་རྒྱས་སོ་ལྔ། རྒྱལ་བ་རིགས་ལྔ། དུས་གསུམ་སངས་རྒྱས། བདེ་གཤེགས་བརྒྱད། ཀླུ་དབང་གི་རྒྱལ་པོ། ཚེ་དཔག་མེད། ཡིད་བཞིན་འཁོར་ལོ། རྣམ་རྒྱལ་མ། སོར་འབྲང་། ཐུགས་རྗེ་ཆེན་པོ། འཇམ་དབྱངས་ཕྱག་རྡོར། སྒྲོལ་མ་འཇིགས་པ་བརྒྱད་སྐྱོབ། སེང་གེ་སྒྲ་བཅས་པའི་གསེར་ཐང་བརྒྱད་ཅུ་གྱ་ལྔ། ཚེ་དཔག་མེད་ཀྱི་གསེར་ཐང་ཉེར་གསུམ་རྣམས་ཀྱི་སྐུ་རྒྱུ་བཟོ་བོའི་ཕོགས་ཡོན་བཅས་འབྲུར་ཕབ་ཁལ་བཞི་འབུམ་སུམ་ཁྲི་བཞི་སྟོང་བཅོ་བརྒྱད་ཡོད་པ།

ངུར་སྨྲིག་གར་རོལ་དྲུག་པ་ཆེན་པོའི་ཐུགས་རབ་ཀྱི་ཆེད་ལུང་མཐུན་འཇམ་དབྱངས་ལྷ་ཁང་དུ་སྨན་འདམ་ལས་གྲུབ་པའི་འཇམ་དབྱངས་རིགས་བསྡུས་ཀྱི་སྐུ་བརྙན་བཅུ་གསུམ་མཆོད་རྫས་དང་བཅས་པ། འཆི་མེད་ལྷ་ཁང་དུ་སྨན་འདམ་གྱི་ཚེ་དཔག་མེད་ལྷ་དགུ་ཏིང་མཆོད་ཆ་གནམ་རྒྱན་སྣན་ཞལ་དང་བཅས་པ། སྟོན་གནས་རྗེས་དྲན་གསལ་བའི་མོ་ལུང་བཞིན་ར་མོ་ཆེར་འཕགས་པ་སྤྱན་རས་གཟིགས་ཀྱི་སྐུ་སྨན་འདམ་ལས་གྲུབ་པ་བཅུ་གཅིག་མཆོད་རྫས་དང་བཅས་པ། བར་ཁང་ཆོས་རྒྱལ་ལྷ་ཁང་དུ་ལུང་དང་མཐུན་པར་བཞུགས་རྒྱུར་པདྨ་སམྦྷའི་སྐུ་གསེར་ཟངས་ལས་གྲུབ་པ་དཔངས་སོར་མོ་ང་བཞི་པ། བོད་ཁམས་བདེ་ཐབས་སུ་རྒྱ་ཅན་གྱི་ལུང་ལྟར་བར་སྐོར་དུ་སྨན་འདམ་གྱི་ཆོས་རྒྱལ་སྲོང་བཙན་སྒམ་པོ་རྡོ་རྗེ་འཁོར་ལོ་དང་པདྨ་ནོར་བུ། ཨོ་རྒྱན་ཟ་ཧོར་མ། འཇམ་དབྱངས། སྤྱན་རས་གཟིགས། ཕྱག་རྡོར། སྒྲོལ་ལྗང་། རྣམ་འཇོམས་སྟོབས་པོ་ཆེ། ཀརྨ་གུ་རུ། གྲོ་ལོད། གཤིན་དམར། རྟ་མགྲིན་ཡང་གསང་དང་གསང་སྒྲུབ། བགེགས་མཐར་བྱེད། ཕྱག་རྡོར་གཏུམ་པོ། རྟ་མགྲིན་དྲེགས་པ་ཟིལ་གནོན་རྣམས་མཆོད་རྫས་དང་བཅས་པ། རྭ་སྒྲེང་དུ་ཡུལ་འཁོར་སྲུང་

མི་ཚད། ར་སའི་ཕྱོགས་བཞིར་བདུད་(༣༤༣ན)འདུལ་མཆོད་རྟེན་ཐོག་ཚད། ཨོ་རྒྱན་ཟ་ཧོར་མ་དང་མི་གཡོ་བ་སོ་སོའི་རྒྱལ་ཆེན་བཅས་པའི་རྗེ་ལྷ། རྩེ་མོར་ལུང་བསྟན་དུས་བབས་ཀྱི་བདེ་ཐབས་ཆོས་རྒྱལ་ལྷ་ཁང་གཞི་ལུང་བསྟན་ལྟར་བར་སྐོར་གྱི་གོང་དུ་བཙྫོད་པ་དང་འདྲ་བའི་སྙིང་རྒྱ་བཟའ་བལ་བཟའ་ཁྲི་རལ་ཁྲི་སྲོང་ལྡེའུ་བཙན་སློབ་དཔོན་དང་རྗེ་བླ་མས་བོད་ཁམས་བདེ་བའི་གསོལ་འདེབས་ཀྱི་ཚུལ་སོགས་བསྟན་ཁ་དང་བཅས་པ་གསར་བཞེངས་རྟ་མགྲིན་གྱི་ཞལ་ནས་བདུད་རྩི་བབས་པ་མཆོག་དམན་མང་པོས་མངོན་སུམ་དུ་མཐོང་བ་དང་རྟུལ་མི་ལེན་ཞིང་འཚུབ་ལྡོངས་འཕྲལ་དུ་ཞི་བའི་བྱིན་རླབས་ཅན། བསྟན་སྲུང་འགངས་ཆེན་གནས་ཆུང་པེ་ཧར་ཕྱོགས་དུ་བཙན་ཁང་དབུས་མར་གོང་གཉེན་གྱི་ཡི་དམ་དང་། རྒྱལ་པོ་སྐུ་ལྔ་ཁྱད་པར་རྡོ་རྗེ་གྲགས་ལྡན་དང་བཅས་པ། གཡས་སྒྲོ་ཁང་དུ་བླ་མའི་སྐུ་རིགས་དང་། གཡོན་དུ་རྟེན་མདོས་ཕྱི་ནང་གསང་བའི་རྟེན་རྫས་མ་ཚང་བ་མེད་པ་དང་བཅས་པ། སྟེང་དུ་བདེ་གཤེགས་བརྒྱད་རྗེ་བླ་མ་ན་རིམ་ལྔ་དང་བཅས་པའི་ལྷ་ཁང་། གནས་བཅུ་ལྷ་ཁང་དང་བཅས་པ་གཉིས་ཀྱི་མཆོད་རྫས་སྐོར། འདུ་ཁང་དང་བདེ་ཡངས་སུ་ལྡེབས་རིས་དང་བཅས་པར་འབྲུ་ཁལ་ཆིག་འབུམ་བདུན་ཁྲི་དགུ་སྟོང་གཉིས་བརྒྱ་ཞེ་བདུན་ལྷག་བཅས་ལས་གྲུབ་པ། ལྕགས་རི་བཻཌཱུར་རིག་བྱེད་གླིང་གསོ་རིག་ཤེས་ཆེ་བའི་རིག་བྱེད་འཕེལ་རྒྱས་སུ་བསྒྲུབ་པའི་འདུ་ཁང་གསོ་རིག་བླ་བརྒྱུད་གཙོར་བཟུང་སྒྲོར་ཐང་དང་བཅས་པའི་བྲིས་འབུར། སྟེང་ཀླུམ་པོར་ཡང་ཚེ་དཔག་གྲུབ་རྒྱལ་མས་དབུས་སྐབས་སུ་བབས་པའི་ལྷ་གསར་བཞེངས། ཉང་བྲན་ཚུ་བཟང་དུ་མ་ཧན་གྱི་སྒྲིབ་སྦྱོང་ལྷ་ཁང་གཅིག་དང་ངེད་ཚེ་བསྲིང་དུ་དཔལ་སྒྲོན་གྱིས་བཞེངས་པའི་ལྷ་ཁང་གཉིས་མ་ཐེ་བའི་ངེད་རང་ཚེ་བསྲིང་དུ་ལྷ་ཁང་སྤྲ་ཕྱིར་བསྒྲིལ་བ་དྲུག་གི་རྟེན་མཆོད་རྫས། འཕྲུལ་སྣང་དུང་སྐྱོང་དབང་མོའི་སྐུ་(༣༤༣བ)མདུན་བཀྲ་ཤིས་རྟགས་བརྒྱད་རྒྱལ་སྲིད་སྣ་བདུན་དང་གསེར་གྱི་འཁོར་ལོ་སྟོན་ཞུལ་ཆུང་བ་དང་། རྗེས་སུ་རྩིབས་སྟོང་མུ་ཁྱུད་རབ་བཟང་སྣ་ཚོགས་པས་བརྒྱན་པ་འཁོར་ལོས་བསྒྱུར་བའི་སྲིད་ཀྱི་རྟེན་འབྱུང་

སྒོ་བརྒྱ་འཁྲིག་པའི་མཚན་མ་དང་བཅས་པ། དེ་ལ་མདོ་སྡེ་ཉི་མའི་སྙིང་པོའི་དམ་
པའི་ཆོས་སྲུང་བའི་འདུས་པ་དང་པོ་ལས། རྒྱལ་པོ་ཆེན་པོ་མ་འོངས་པའི་དུས་ན་
ལ་ལར་གང་དགེ་སློང་ཆོས་ཀྱི་གནས་པ་རྣམས་ལ། ཤིན་ཏུ་དང་བའི་རྒྱལ་རིགས་
དང་། བྲམ་ཟེ་དང་རྗེའུ་རིགས་དང་། དམངས་རིགས་དག་འབྱུང་བར་འགྱུར་ཏེ།
དེ་དག་གི་དོན་དུ་དགོན་པའི་གནས་དག་བྱེད་པར་འགྱུར་རོ། །གཙུག་ལག་ཁང་
དང་། དགོན་པའི་གནས་དེར་ཡང་ཁྱིམ་གྱི་གཞི་ནས། ཞིང་གི་གཞི་དང་། བྲན་
དང་། བྲན་མོ་དང་། ཀུན་དགའ་ར་བའི་བར་དེ་དག་གི་ཡོངས་སྤྱོད་དང་ཉེ་བར་
སྤྱོད་པའི་ཕྱིར་གཏོང་བར་བྱེད་པ་དེ་དག་འཆི་བའི་དུས་བྱས་ནས་ཀྱང་རྒྱལ་རིགས་
ཤིང་སྣ་ལ་པ་ཆེན་པོ་དག་ཏུ་སྐྱེ་བར་འགྱུར་རོ། །ཞེས་དང་།

གསལ་རྒྱལ་གྱི་མདོ་ལས། མི་རྣམས་གང་དག་རྒྱལ་བའི་གཙང་ཁང་བྱེད། །དེ་
དག་འགྲོ་བ་རྣམས་སུ་འཁོར་བ་ན། །ལྷ་དབང་གནས་འདྲའི་ཁང་ཁྱིམ་འོད་འབར་
བ། །དུས་ཚིགས་ཀུན་ཏུ་བདེ་ལྡན་ཐོབ་པར་འགྱུར། །ཞེས་དང་། དཔལ་མགོན་
ཀླུའི་རིན་ཆེན་ཕྲེང་བར། སངས་རྒྱས་སྐུ་གཟུགས་མཆོད་རྟེན་ཅན། གཙུག་ལག་ཁང་
དག་གུས་ཚུལ་དུ། །ཤིན་ཏུ་རྒྱ་ཆེན་གནས་མལ་སོགས། །རྒྱ་ཆེན་ཕྱུག་པོ་སྒྲུབ་པར་
མཛོད། །དམ་ཆོས་སྨྲ་ལ་མཆོད་པ་དང་། །ཉིད་དང་བཀུར་སྟི་དང་ལྡན་པ། །དགའ་
བར་འགྱུར་བ་རྣམས་ཀྱི་ཞིང་། །ཆོས་དྲུག་གུས་པས་རྟེན་པར་མཛོད། །སྟོན་གྱི་རྒྱལ་
པོས་ཆོས་ཀྱི་གཞི། །ལྷ་ཁང་ལ་སོགས་གང་བགྱིས་པ། །གང་དག་ལེགས་པ་དེ་དག་
ཀུན། །སྔར་ལུགས་བཞིན་དུ་བསྐྱང་བར་མཛོད། །ཅེས་མདོ་རྒྱུད་བསྟན་བཅོས་དུ་མ
(༣༥༨ན)ལས་གཙུག་ལག་ཁང་དང་དགེ་འདུན་གྱི་ཀུན་དགའ་ར་བ་བརྩིགས་པའི་ཕན་
ཡོན་མཐའ་ཡས་པར་གསུངས་པ་སྙིང་ལ་སིམ་སྟེ་བསྟན་འགྲོའི་ཕན་བདེ་བླ་ན་བླར་
འདེགས་པའི་ཕྱིར་སྟོན་ཆོས་སྐྱོང་བའི་རྒྱལ་པོ་ན་རིམ་ནས་གཙུག་ལག་ཁང་བཞེང་
བ་དང་། དགེ་འདུན་གྱི་གནས་གཞི་བཅའ་བའི་སྲོལ་རྒྱ་ཆེར་དར་ཞིང་། ཁྱད་པར་
ལྷ་སྲས་ཀྱི་དུས་རྒྱལ་པོ་བཀའ་ཐང་ལས། དཔལ་གྱི་བསམ་ཡས་ཤར་སྒོའི་མཚམས་

སུ་ནི༔ དམ་པའི་རྒྱལ་ཁར་རྡོ་དགུ་བཞེངས་སུ་གསོལ༔ སྐར་ཆུང་རྡོ་རྗེ་དབྱིངས་ཀྱི་དཀྱིལ་འཁོར་བཞེངས༔ ཡབ་མེས་གཙུག་ལག་ལྷ་ཁང་ཀུན་རྣམས་མཆོད༔ ཅེས་དང་། བསམ་ཡས་མཐིལ་དུ་བསྟན་པའི་གཞི་མ་བཙུགས༔ བླ་མཆོད་རབ་བྱུང་ཞབས་འོག་ལྡེའུ་བཏོན༔ འཆིམས་བུ་ཡེར་པར་སྒོམ་གྲྭའི་བསྟན་པ་བཙུགས༔ བསམ་ཡས་ལྷ་སར་བཤད་གྲྭའི་བསྟན་པ་བཙུགས༔ ཞེས་བྱུང་བའི་བག་ཆགས་སད་པ་དང་།

ཉ་སེར་གྱི་ཆོས་སྡེ་གསར་དུ་བཙུགས་པ་ཤས་ཆེ་བ་འཆད་ཉན་སྒོམ་གསུམ་གྱི་དགེ་འདུན་གྱི་སྡེ་བཙུགས་པ།

སྐབས་དོན་ལྷ་འདྲི་བཀའི་ཐང་ཡིག་ལས། ལོ་ནི་སྟོང་དང་སུམ་བརྒྱ་ལྷག་ཙམ་ན༔ ཆོས་ཀྱི་རྒྱལ་པོས་བྱ་བ་རྣམ་བཞི་བྱེད༔ བསམ་ཡས་གཙུག་ལག་ཁང་ལ་ཞིག་གསོས་བྱེད༔ ཁྲིམས་དམ་འབངས་རྣམས་བདེ་ལ་བཀོད་སྐྱོང་བྱེད༔ སྐུ་ལ་བདོ་བའི་དམག་སྡེ་ཆེན་པོ་འཇོམས༔ འཆད་ཉན་སྒོམ་པའི་གྲྭ་འཛུགས་མཐུན་རྐྱེན་སྒྲུབ༔ ཞེས་པའི་ལུང་བསྟན་ཐོག་ཏུ་བབས་པ་སོགས་ག་ལ་ཡིན་རུང་། སྨོན་ལམ་གྱི་མཚམས་སྦྱོར་ཞིག་ནི་ཡོད་འདྲ་བས་ཁོ་བོས་སྲིད་སྐྱོང་གི་ཞབས་ཕྱི་ཞུས་ནས་རང་ཅག་ཉ་སེར་གྱི་ཆོས་སྡེ་གསར་དུ་བཙུགས་པ་ཤས་ཆེ་བའི་བཤད་ཉན་དང་སྒོམ་གྲྭ་སྡེ་དགེ་འདུན་གྱི་སྡེ་ཚུགས་པ་ཕུང་པོ་རི་བོ་ཆེར་དགའ་ལྡན་བདུད་དཔུང་ཟིལ་གནོན་གླིང་། མཁར་ཆུར་དགའ་ལྡན་བདུད་འཇོམས་གླིང་སོགས་གོང་དུ་སོང་ཟིན་རྣམས་འདིར་བལྟབས་ནས་མ་བཀོད། རྒྱ་བོད་ཀྱི་(༣༧༨བ)མཚམས་རྒྱལ་ཐང་རྡོ་བཞག་དགོན་ཞུགས་ཀྱི་འཛིགས་པས་དམིགས་མེད་དུ་སོང་ཤུལ་དུ་ས་ལུག་ལོར་ཚུགས་པ་དགའ་ལྡན་སུམ་རྩེན་གླིང་། དགོན་ལག་དང་བཅས་པའི་མཁན་པོར་འཕྲོང་རྒྱས་པ་ངག་དབང་རྣམ་རྒྱལ། ད་ལྟ་ཉང་བྲན་པ་བློ་བཟང་རྒྱལ་མཚན། གསང་བ་འདུས་པ། ནག་པོ་སྐོར་གསུམ་སོགས་རྒྱུད་སྟོད་པ་དང་ཉེ། གྲྭ་རྒྱུན་བྱིངས་སེར་འབྲས་དགེ་གསུམ་ཆ་སྙོམ་གྱི་བགོས་པའི་ལྕཱ་གསུམ་ཕོད་ཁང་པ་དང་། ལྕཱ་གཉིས་སྤོ་འབོར་བ།

ཕྱུ་འཕྲིན། གཏོར་མ་རོང་། འཆི་མ་སྒྲོང་། ནགས་སྐྱེ་རག །འགོང་སྟོ་ཤོད། དབྲམ་མདོ། རྒྱལ་རྩེ། རྩ་ཉི། སྤྲ་ཚག རྨི་བཟོར། ཀེའུ་སྤྲ་སྤྲིལ། ལ་མོ། ལྷུང་བཟང་། ར་བ་བེ་ནུ། འཕོར་རྩེ། ཡང་ཐང་སོགས་ལམ་ཙམ་སྐྱོ་འབོར་བར་ཐོབ་རྩིས། ཚོགས་སུ་གྲྭ་པ་ལྔ་བརྒྱ་སྐོར། བར་ཁམས་བྱང་བརྒྱུད་ཀྱི་སའི་ཆ་ཟུར་མངས་སུ་ཆུ་ཕག་ཡོར་ཚུགས་པ་དགའ་ལྡན་ངེས་ལེགས་གླིང་། སློབ་དཔོན་པ་ངག་དབང་བཤེས་གཉེན། ཀུན་རིག །སྨན་བླ། ནག་པོ་སྐོར་གསུམ། དམག་ཟོར་མ་སོགས་དགེ་ལུགས་གཞིར་དགོན་བྱིངས་འགྲེ། གྲྭ་རྒྱུན་སེ་ར་སྨོམ་སྡེ་ཁང་། ཚོགས་ལ་གྲྭ་པ་ཉི་ཤུ་སྐོར།

མོན་བོད་མཚམས་མཚོ་སྣ་ཁུལ་དུ་ལྕགས་སྤྲེལ་ནས་ཚུགས་པ་ཧ་དབང་དགའ་ལྡན་རྣམ་རྒྱལ་ལྷ་རྩེ། སློབ་དཔོན་པ་མེ་རག་བླ་མ་བློ་གྲོས་རྒྱ་མཚོ། དེ་ནས་ངག་དབང་ཚུལ་ཁྲིམས། ད་ལྟ་ངག་དབང་ནོར་བུས་དྭགས་པོ་ནམ་མཁའ་གྲགས་པའི་ཡིག་ཆའི་སྟེང་ནས་དཔལ་གསང་བ་འདུས་པའི་རིམ་གཉིས་ལ་འཆད་ཉན་དང་། ནག་པོ་སྐོར་གསུམ་སོགས་དགེ་ལུགས་བྱིངས་འགྲེ། གྲྭ་རྒྱུན་སེར་འབྲས་དགེ་གསུམ་གྱི་གོང་པོ་ཁང་དུ་འགྲོ། ཨང་དང་གྲྭ་པ་ཉིས་བརྒྱ་དང་བཅུ་གཉིས་སྐོར།

སྣང་ཆུར་ལྕགས་བྱ་ལོ་ཚུགས་པ་དགའ་ལྡན་འགྲོ་དོན་གླིང་། སློབ་དཔོན་པ་ཐོག་མ་དྲུག་བརྒྱ་བ་བློ་བཟང་(༣༧༥ན)འཇམ་དཔལ། དེ་ནས་དཀོན་ཅོག་ནམ་མཁའ། ད་ལྟ་སྨས་ཁང་པ་བློ་བཟང་བཀྲ་ཤིས། རྗེ་བླ་མའི་བཀའ་སྲུན་རས་གཟིགས་ཀྱི་སྒྲུབ་ཐབས་སྲིད་ཞིའི་གདུང་སེལ་གྱི་སྒོ་ནས་ཡིག་དྲུག་ལ་གཙོ་བོར་འདོན་ཞིང་། ཆོས་སྤྱོད་དགེ་ལུགས་བྱིངས་འགྲེ། ཨང་དང་བཙུན་མ་བརྒྱ་དང་དྲུག་ཅུ་རེ་གསུམ་སྐོར།

འཕྱོང་རྒྱས་ཐང་པོ་ཆེར་ཆུ་ཕག་ཡོར་ཚུགས་པ་དགའ་ལྡན་རིག་གྲོལ་གླིང་། སློབ་དཔོན་པ་ཐང་ཆེན་མཁན་པོས་ཉིས་སྐྱོང་བྱེད། རྗེ་བླ་མ་མཆོག་གི་བཀའ་སྨན་བླའི་མདོ་ཆོག་དང་། ཆོས་སྤྱོད་བྱིངས་དགེ་ལུགས་བྱིངས་མཚུངས། གྲྭ་རྒྱུན་མངའ་རིས་གྲྭ་ཚང་སོགས་སུ་འགྲོ། ཨང་དང་གྲྭ་པ་ཞེ་གསུམ་སྐོར། བར་ཁམས་སྨོམ་སྡེ་ཁུལ་དུ་དགེ་ལུགས་ཀྱི་དགོན་རྙིང་རྣམས་ཤིན་ཏུ་ཉམས་ཆག་ཆེ་བ་ཡོད་འདུག་གཤིས།

བསམ་གྲུབ་སྒང་པ་ངག་དབང་དཔལ་བཟང་དང་དེ་ལས་ཧོར་ཐའི་ཇིའི་ཛོ་ཚབ་ཏུ་རལ་དཔོན་པོ་ཆེད་དུ་མངགས་ཏེ། འདུ་ཁང་དང་སྤྱིལ་བུ་ཚང་མ་གསར་རྒྱག་གི་མེ་སྟག་ལོར་རྩུགས་གྲུས། དགའ་ལྡན་ཐེག་མཆོག་གླིང་། སློབ་དཔོན་པ་ཐོག་མ་བདེ་ཡངས་པ་བློ་བཟང་ཡེ་ཤེས། ད་ལྟ་བློ་གླིང་ཡེ་ཤེས་རྒྱ་མཚོ། ནག་པོ་སྐོར་གསུམ་སོགས་ཆོས་སྤྱོད་དགེ་ལུགས་གཞིས་དགོན་བྱིངས་འགྲེ། གྲྭ་རྒྱུན་སེ་ར་བྱེས། ཚོགས་ལ་གྲྭ་པ་བརྒྱ་དང་ལྔ་སྐོར། དགའ་ལྡན་བདེ་ཆེན་གླིང་། སློབ་དཔོན་པ། ཆོས་སྤྱོད། གྲྭ་རྒྱུན་སོགས་གོང་མཚུངས། ཚོགས་ལ་གྲྭ་པ་ལྔ་བཅུ་སྐོར། དགའ་ལྡན་བསྐྱེད་རྫོགས་གླིང་། ནག་པོ་སྐོར་གསུམ་སོགས་ཆོས་སྤྱོད་གཞིས་དགོན་གྱི་ལྟར་དང་། གྲྭ་རྒྱུན་སེར་བྱེས། ཚོགས་ལ་གྲྭ་པ་དྲུག་ཅུ་སྐོར།

ཁྱུང་པོ་གསེར་ཚ་ཁུལ་དུ་བོན་ལུགས་ལ་དད་འདུན་ཆེ་བ་གཡུང་དྲུང་གི་བོན་རྣམ་དག་ཅིག་བྱུང་ན། དཀོན་ཅོག་ཏ་ལའི་མདོ་ལས། འཇིག་རྟེན་ལྟ་བས་འབྲུགས་པ་ཤེས་བྱས་ནས། །ལྟ་བ་ངན་ལ་གནས་པའི་མུ་སྟེགས་ཅན། །ཀུན་ལ་ཕྲ་བའི་གཞི་དང་ཐབས་ཚུལ་གྱིས། །(༣༨༥བ)དེ་དག་རྣམས་ལ་བདེན་པ་སྟོན་པར་བྱེད། །ཅེས་མུ་སྟེགས་ཀྱི་ལྟ་བ་ལ་མོས་པའི་སེམས་ཅན་རྣམས་ལ་དེ་དག་གི་ཁམས་དང་དབང་པོ་དང་འཚམས་པར་ཆོས་སྟོན་པར་བཤད་པས་ངེས་དོན་དུ་གཤེན་རབ་མི་བོ་ཡང་སྟོན་པ་ཐུབ་པའི་དབང་པོ་ཉིད་དུ་གོར་མ་ཆག་ལ། བཀའ་གདམས་གླེགས་བམ་རིན་པོ་ཆེའི་བློ་གྲོས་འཕེལ་གྱི་རྣམ་ཐར་ལས། སེམས་ཅན་དག་ལ་བློ་རིགས་རེ། །མིང་ཡང་དེ་དང་མཐུན་པར་འདོགས། །ལྷ་ཡང་ཐ་དད་དུ་མ་སྣང་། །རྒྱ་གར་ནང་པའི་བློ་ངོ་ན། །ང་ནི་མགོན་པོ་སྤྱན་རས་གཟིགས། །བློ་གྲོས་འཕེལ་ཞེས་འབོད་པར་བྱེད། །བོན་པོ་གཤེན་ལྷ་འོད་དཀར་ཞེས། །ཞེས་གཤེན་ལྷ་འོད་དཀར་དང་སྤྱན་རས་གཟིགས་གཅིག་པར་གསུངས་པ་བཞིན་ཆོས་ལུགས་གང་ཡང་འགོག་པར་མི་ནུས་མོད། འོན་ཀྱང་ཉིན་མོ་དགོན་པར་བསྙེགས་ཏེ་དད་རྫས་ལ་དབུགས་བྲལ་མི་གཟུགས་མཐོང་བའི་བྱ་རྒོད་ལྟར་བཤུར་ཞིང་། ནུབ་མོ་མི་གྲོང་དུ་བབས་ནས་བུད་མེད་དང་ལྷན་

ཅིག་འཁོར་ལོ་ཅན་གྱི་བརྟུལ་ཞུགས་ལྷུར་ལེན་པ་ནི། མདོ་སྡུད་འདས་ལས། གལ་ཏེ་ལྕགས་ཤིན་ཏུ་ཚ་བས་བདག་གི་ལུས་དཀྲིས་ཀླགས་ཀྱང་བླའི། ཚུལ་ཁྲིམས་མེད་པའི་ལུས་ཀྱིས་སྦྱིན་བདག་དད་པས་བྱིན་པའི་གོས་མི་བགོའོ། །བདག་གི་ཁར་ལྕགས་ཀྱི་ཐོ་ལུམ་མིད་ཀྱང་བླའི། ཚུལ་ཁྲིམས་མེད་པའི་ཁ་འདིས་ནམ་དུའང་སྦྱིན་བདག་དད་པས་བྱིན་པའི་ཟས་མི་ཟའོ། །བདག་གི་ལུས་འདིས་ལྕགས་ཤིན་ཏུ་ཚ་བའི་སྟེང་དུ་ཉལ་ཡང་བླའི། ཚུལ་ཁྲིམས་མེད་པའི་ལུས་ཀྱིས་ནམ་དུ་ཡང་སྦྱིན་བདག་དད་པས་བྱིན་པའི་ཁྲི་སྟན་ལ་མི་ཉལ་ལོ། །ཞེས་ཉེས་དམིགས་ཏ་ཙང་ཆེ་བར་གསུངས་པས་ན་རང་གཞན་གྱི་ཕན་བདེར་བསམས་ཏེ་བོན་པོ་ཞེས་མིང་ཙམ་ལས་དོན་མི་ནག་པ་ཁོ་ནའི་སྤྱོད་པ་བྱེད་པ་དག་དགེ་ལུགས་ཀྱི་ཆོས་སྐོར་བཅུག་པ། འབྲོང་རྫོང་དུ་དགའ༷་ལྡན༷་བཀྲ༷་ཤིས༷་གླིང༷་། ག་ངལ་དུ་དགའ༷་ལྡན༷་(༣༨༨ན)ཐར༷་འདོད༷་གླིང༷་། རི་དམར་དུ་དགའ༷་ལྡན༷་སྐབས༷་གསུམ༷་གླིང༷་། ཕུ་དམར་དུ་དགའ༷་ལྡན༷་དཔལ༷་འབྱོར༷་གླིང༷་རྣམས་མེ་སྟག་ལོར་ཚུགས། སློབ་དཔོན་པ་རེ་ཤོད་དགའ་ལྡན་རབ་བརྟན་བླ་མས་ཉིས་ཚོགས་བྱེད། ཆོས་སྤྱོད་དགེ་ལུགས་གཞིས་དགོན་བྱིངས་མཚུངས། གྭ་རྒྱུན་སྲར་ཕན་བོན་ལུགས་སུ་སོང་བས་འདིར་འགྲོ་ངེས་པ་མེད། གངས་ཅན་གླིང་དཔའི་ལྗོངས་འདིར་སྟོད་སྨད་བར་གསུམ་དུ་ཡོད་པའི་ཐུ་མ་མངའ༷་རིས༷་སྐོར་གསུམ་རྫིང་དང་འདྲ་བའི་སའི༷་ཆར༷། དམ་པའི་ཆོས་ཀྱི་འཁོར་ལོ་བསྐྱུར་བ་འཇམ་དབྱངས་ཀླུ་མ་བཙོང༷་ཁ༷་པ༷་ཆེན་པོའི་ཞལ་སློབ་རྒྱུ་སྐར་གྱི་ཕྲེང་བ་ལྟ་བུའི་དབུས་ན་ཟླ་བ་ལྟར་མངོན་པར་མཐོ་བ་བསྟན་པ་ཕྱོགས་མཐར་སྤེལ་བའི་ཆོས་རྗེ་རྣམ་གཉིས་ཀྱི་ནང་ཚན་སྟོད༷་ཤེར༷་བཟང༷་ནས་བཟུང་ཞྭ་སེར་ཅོད་པན་འཆང་བའི་རིང་ལུགས་དབྱར་མཚོའི་འཕེལ་བ་ལ་འགྲན་བཟོད་ཅིང་། ལ་དྭགས་སེང་གེ་རྣམ་རྒྱལ་ཕན་གྲུབ་མཐའ་རིས་མེད་ནས་དགེ་ལུགས་ལ་ཉེ་བ་ཙམ་ཡོད་འདྲ་ཡང་། རིགས་བརྒྱུད་ཟད་ཀར་བུ་ངན་དང་བསོད་ནམས་ཟད་ཀར་བསམ་ངན་སྐྱེ་བའི་དཔེ་བཞིན་ཕྱིས་སྐོར་ཞལ་ཐུར་གཟིགས་ལ་ཐུབ་པས་འབྲུག་ཕྱོགས་སུ་དད་འདུན་ཆེས་པའི་མངའ་རིས་ཕྱོགས་ཀྱི་དགེ་དགོན་ཚང་མ་

ཉག་ཕྲ་ཞིང་། ཉེ་ལམ་བོད་ཆོས་རྒྱལ་གྱི་གདུང་དྲི་མ་མེད་པ་ལྷ་སྲས་མུ་ཏིག་བཙན་པོའི་སྐྱེ་སྲིད་ལྷ་བླ་མ་ཞི་བ་འོད་ཀྱིས་བཏབ་པའི་མཐོ་ལྡིང་གི་ཆོས་སྡེ་འདི་ཉིད་མངའ་བདག་རྣམ་རྒྱལ་ལྡེ་དཔལ་བཟང་པོ་དང་ཆོས་རྗེ་ངག་དབང་གྲགས་པ་མཆོད་ཡོན་ནས་དགེ་ལུགས་རྣམ་དག་པའི་ཆོས་མདོག་ཡིན་ཅུང་། བསྟན་བཅོས་ལས། སྤྲུལ་གདུག་གནས་པའི་ས་ཕྱོགས་སུ། །སྒྲོན་མེ་གསལ་ཀྱང་འོད་མི་འཕྲིན། །ཞེས་ཡུལ་མི་སྐྱ་སེར་ཕྱིངས་དགེ་ལུགས་ལ་དད་པའི་སྣང་བ་དཀར་ཀྱང་བདེ་ལྡན་རྣམ་རྒྱལ་གྱི་གདུགས་པའི་མུན་པས་བསྒྲིབས་ཏེ་གྲྭ་པ་སུམ་ཅུ་(༣༥༥བ)སྐོར་ཙམ་ལས་ཆོས་སྲིད་གཉིས་ཀ་ཤིན་ཏུ་ཉག་ཕྲ་བ་ཞིག་འདུག་པ། རྗེ་བླ་མ་སྲིད་བཞིའི་གཙུག་རྒྱན་མཆོག་གི་ཐུགས་རྗེའི་ཁབ་ལེན་ཇོ་བའི་རི་ལ་སྐོར་གསུམ་རྗེ་འབབས་སྲིད་སྡེ་དང་བཅས་པའི་ལྕགས་ཕྱེ་རྣམས་རང་དབང་དང་བྲལ་ཏེ་འདུས་པ་དང་། ལྷ་བླ་མ་ཞི་བ་འོད་ཀྱི་བག་ཆགས་སད་པར་ཁ་ཅིག་གླེང་བ་ཇི་ལྟར་ཅུང་། དུར་སྒྲིག་གར་རོལ་ལྷུ་པ་ཆེན་པོའི་བསག་སྦྱང་དང་། རང་ཉིད་ཀྱི་སྒྲིབ་སྦྱོང་བཅས་པར་ཆོས་སྡེ་འདི་འཕེལ་རྒྱས་ཤིག་བྱུང་ན་ཅི་མ་ཅུང་སྙམ་པའི་ལྷག་བསམ་ལ་བརྟེན། རབ་བྱུང་བཅུ་གཉིས་པའི་ཐོག་མ་མེ་ཡོས་ནས་གྲྭ་རྙིང་སུམ་ཅུའི་ཐོག །བཙུན་གསར་བརྒྱ་དང་དྲུག་ཅུ་སྐོར་གྱི་བད་ཁྲལ་བསྡུས། འཇམ་མགོན་ཆོས་ཀྱི་རྒྱལ་པོ་བཙོང་ཁ་པ་ཆེན་པོའི་རིང་ལུགས་དྲི་མ་མེད་པའི་ཚོགས་འདོན་སྨན་བླ་སོགས་ཆོས་སྤྱོད་དབུས་གཙང་ཆོས་སྡེ་གསར་པ་དཔེ་འགྲོ། ལོ་རེར་ཆོས་ཐོག་ཟླ་བ་བརྒྱད་ལ་ཉིན་ལྟར་ཛ་ཐུག་བཞི་རེ་ཡོད་པའི་ཆོས་གཞིས་ཟུར་འབྱེད་བྱས་ཤིང་། ལོ་ལོ་བཞིན་ཆོ་འཕྲུལ་ཟླ་བའི་ཆོས་གསུམ་ནས་བཅོ་ལྔའི་བར་གུ་གེ་ཁྲུལ་དགེ་ལུགས་དགོན་ཁག་ཚང་མ་འཚོག་པར་རྩ་གྲང་གཉེར་ཚང་ནས་ཉིན་ལྟར་ཚ་ར་རྒྱུར་བཅས་ཛ་ཐུག་བདུན་རེ་བཏང་བའི་སྡུ་དྲོ་བདག་ཅག་གི་སྟོན་པ་ཐུབ་པའི་དབང་པོའི་འཕྲུངས་རབས་སོ་བཞི་པའི་ཆོས་ཐུན་རེ་དང་། ཕྱི་དྲོ་སྤྱན་འདྲེན་ཁྲུས་གསོལ་ནས་མཇུག་བསྔོ་འབར་མའི་བར་སོགས་ལྷ་ལྡན་སྨོན་ལམ་ཇི་ལྟ་བ་བཞིན་ལེགས་པར་ཚུགས། མཁན་པོར་དགའ་ལྡན་རྩེ་ཤར་རེ་མོས་

ཀྱི་ཐེབས་རྒྱུར་འདི་ལོ་ཐོག་མ་བྱང་རྩེ་ཆོས་རྗེ་སྦྱིན་པ་རྒྱ་མཚོ། དེ་ཉིད་གསེར་ཁྲིར་ཐེབས་ནས་ད་ལྟ་ཤར་རྩེ་ཆོས་རྗེ་བློ་བཟང་ཆོས་འཕེལ་འཚོ་བཞིན་ནོ། །གྲྭ་རྒྱན་དགོན་རྙིང་གི་ལོ་རྒྱུས་སྐབས་སྨོས་ཟིན། ཚོགས་ལ་གྲྭ་པ་ཉིས་བརྒྱ་སྐོར། བདག་ཅག་གི་སྟོན་པ་བུ་རམ་ཤིང་པའམ་ཤཱཀྱ་(༣༨༧ན)སེང་གེའི་དཔལ་གྱི་མགུར་ལས་གསུངས་པ་ཆོས་ཕུང་བརྒྱད་ཁྲི་བཞི་སྟོང་གི་ཉིང་ཁུ་རྒྱུད་སྡེ་རྒྱ་མཚོའི་སྙིང་པོ་དཔལ་གསང་བ་འདུས་པའི་དཀྱིལ་འཁོར་ཆེན་པོ་སྒྲུབ་ཅིང་མཆོད་ལ་དེ་ཉིད་ཀྱི་བསྐྱེད་རྫོགས་སུ་འཆད་ཉན་བྱེད་པ་ནི་དེང་སང་རང་ཕྱོགས་ལ་རྒྱུད་སྟོད་སྨད་གཉིས་སྲིད་རྒྱུད་དང་གསུམ་ཙམ་ལས་མ་མཆིས་པས་དཀོན་ཞིང་། འཇམ་མགོན་བླ་མ་བཙོང་ཁ་པ་ཆེན་པོའི་དོན་གྱི་བསྟན་པའམ་རྒྱུད་སྡེ་ཆེན་པོ་འདིའི་བཤད་སྒྲོལ་ཡོད་མེད་ལ་རག་ལུས་པ་ལྟ་བུར་འདུག་གཤིས། གུ་གེ་ཕེ་བྱང་འབྲོག་པའི་ས་ཁོངས་བཀྲ་ཤིས་སྐྱང་དུ་རྒྱུད་གྲྭ་མེ་སྟག་ཟླ་བ་དང་པོར་ཚུགས་པ། ཐོ་བཙུན་གསར་རྒྱག་ལྔ་བཅུ་སྐོར་ལ་ལོ་རེར་ཆོས་ཐོག་ཟླ་བ་བརྒྱད་ཀྱི་རིང་ཉིན་ལྟར་ཛ་ཐུག་བཞི་རེ་དང་། ལོ་ཐོགས་ནས་ཁལ་གསུམ་རེ། ཚོགས་འདོན་ཕྱག་ལེན་སོགས་རྒྱུད་སྨད་དང་མཚུངས་པ། བླ་མ་མཐོ་ལྡིང་མཁན་པོ་སུ་བྱོན་ནས་ཉིས་ཕྱོགས་ངོས་འཕྲོལ་པ་བཞི་སྦྲགས་ཀྱི་འཆད་ཉན་བྱེད། ཚོགས་ལ་གྲྭ་པ་བདུན་ཅུ་སྐོར།

གནས་ཆུང་སྤྲུལ་པའི་ཆོས་སྐྱོང་ཆེན་པོ་འདོད་ཆགས་རྣམ་པར་དག་པ་སོར་རྟོག་ཡེ་ཤེས་ཀྱི་ངོ་བོ་རྒྱལ་བ་གར་གྱི་དབང་པོའི་སྐུ་ལས་མ་གཡོས་བཞིན་དུ། རྣམ་པ་སྐྱེ་བོ་མི་བསྲུན་པ་རྣམས་འདུལ་བའི་ཕྱིར་གསུང་རྒྱལ་དགྲ་ལྷ་སྐྱེས་གཅིག་དང་འཕྲུལ་བློན་རྡོ་རྗེ་གྲགས་ལྡན་ཐ་མི་དད་པའི་ཚུལ་བསྟན་ཏེ་སངས་རྒྱས་ཀྱི་བསྟན་པ་སྤྱི་དང་བྱེ་བྲག་སྐྱོང་བར་སྐུའི་རྣམ་འགྱུར་དང་མཚན་གྱི་རྣམ་གྲངས་བསམ་གྱིས་མི་ཁྱབ་ཀྱང་། ཐམས་ཅད་མཁྱེན་པ་དགེ་འདུན་རྒྱ་མཚོས་དཔལ་ལྡན་འབྲས་སྤུངས་ཀྱི་སྲུང་མར་བསྐོས་པས་གནས་ཆུང་ཆོས་སྐྱོང་དུ་གྲགས་ཤིང་། ལྷག་པར་རྗེ་འདི་ཉིད་སྤྲུལ་སྐུ་རགས་པའི་ཟ་མ་ཏོག་ལས་ལོངས་སྐུ་ཡེ་ཤེས་སྒྱུ་མའི་སྐུ་ལོགས་སུ་ཕྱེ་ནས་དག

ཞིང་རབ་འབྱམས་རྒྱ་མཚོར་ཕེབས་(༣༨༧བ)པའི་དུས། ཛ་ཡབ་པདྨ་འོད་དུ་ཨོ་རྒྱན་རྡོ་རྗེ་འཆང་ཆེན་པོས་ཡང་བསྐྱར་གྱིས་དམ་བསྒྲགས་ཏེ་སླར་ཡང་མཆོག་གི་སྤྲུལ་སྐུ་ཐམས་ཅད་མཁྱེན་པ་བསོད་ནམས་རྒྱ་མཚོའི་བཀའི་སྲུང་མར་གཉེར་གཏོད་མཛད་པ་བཞིན། ཐུར་སློག་གར་རོལ་ན་རིམ་གྱི་བཀའ་སྡོད་དགའ་ལྡན་ཕྱོགས་ཐམས་ཅད་ལས་རྣམ་པར་རྒྱལ་བའི་ཕོ་བྲང་གི་དགྲ་ལྷར་གྱུར་པ་གཞན་དང་མི་འདྲ་བར་གོ་སྟེ་ངེད་རང་ནས་གཙང་ཁང་བཟོ་སྣ་བརྒྱད་ཀྱིས་འཕགས་པ་བཞེངས་པ་སོགས་ནས་ཟང་ཟིང་གི་འཕྲིན་ལས་ནམ་མཁའ་དང་མཉམ་ལ་ལར་བབས་ སྔར་ནས་སྐུ་ཕོག་ན་རིམ་ནས་ཆོས་སྐྱོང་ལ་དམིགས་པའི་དངོས་པོར་སྤྱོད་ཆེས་པ། ཡེ་ཤེས་པར་ཁྲོ་བ་ཅི་ལ་མངའ་ཡང་འཁོར་གདུག་པ་ཅན་གྱི་འཁྲིན་ཆས་ཆེའི་བར་ཆད་དུ་སོང་བ་ཉག་གཅིག་དང་། འབུལ་བ་པོ་དག་ཀྱང་བློ་ཁ་མི་རྫོགས་པ་ཞིག་འདུག་པ། ཉེ་ལམ་ས་རྐྱལ་ལོར་སློ་མ་ཚེ་དབང་དཔལ་འབར་ཁུ་ལྔོག་གིས་འདས་ཤིང་། ལྟགས་རྟ་ལོར་ཀོང་པོ་བློ་བཟང་ལེགས་འགྱུར་ལ་སྐུ་ཕེབས་ཡིད་ཆེས་བྱུང་བར་བརྟེན། སྔ་སོར་གྱི་ལོ་རྒྱུས་དང་ད་སྔོན་ཅི་འགབ་པ་ཞུས་པར། གཟུགས་མེད་ཟང་ཟིང་ལ་བལྟོས་པ་མ་ཡིན་པས་འདས་མ་འོངས་གང་ལ་ཡང་ནོར་བུ་འཛིན་པའི་བློ་དང་བསྟུན་ཆོག་གསུང་བ་དང་། སྐུ་རྟེན་པ་རང་ནས་ཀྱང་འཛིག་རྟེན་ཕྱོགས་ཀྱི་གཡེང་བ་མི་ཡོང་ཚུལ་བྱུང་བ་དང་བཅས་ཆོས་སྐྱོང་ཆེན་པོར་རང་གཞན་གྱིས་ཞུལ་རིགས་རྣམས་ཚོགས་རྫོགས་ཁྱད་བཀང་གསོ་བ་སྟོན་མའི་སྟེང་དུ་ཐོ་བཙུན་གསར་རྒྱག་གི་གྲྭ་ཚང་རྡོ་རྗེ་སྒྲ་དབྱངས་གླིང་པ་བརྒྱ་དང་གཅིག་ཡོད་ལྟགས་ཏ་ཟླ་བ་གསུམ་པའི་ཚེས་ཉེར་ལྔ་ལ་ཚུགས། རྗེ་བླ་མ་སྲིད་ཞིའི་གཙུག་རྒྱན་ལྔ་པ་ཆེན་པོའི་བཀའ་རྡོ་རྗེ་སྒྲ་དབྱངས་མ་རོགས་ལས་བྱུང་གཞུང་བསྲངས་ཀྱི་སྡེ་དགུ་སྤྱི་དང་ཁྱད་པར་རྒྱལ་གསོལ་གཙོར་གཏོན་ངོས། བཟང་སྤྱོད་དང་ཚེ་གཟུངས་འགྲོ་གང་ཆེ་བྱེད་པའི་ཐེབས་ཆོས་སྐྱོང་ཆེན་པོའི་འཕྲིན་ལས་(༣༨༨ན)ཚད་བཟུང་དང་བྲལ་ཡང་། འབྲོག་མོ། དགོན་པ་གསར། སྐྱོར་ལུང་ཀ་ཏྲུག །རམ་པ། གནས་ཆུང་སྐོར་བཅས་འཁྲིལ་འཁྱིལ་དང་བཅས་པ།

ཚོགས་མཆོད་ལེ་ལག་ཏུ་གསང་བ་སྔགས་ཀྱི་གྲྭ་ཚང་གཉིས་གསར་འཛུགས་ཀྱི་ལྷག་བསམ་གངས་དང་ཀུན་དའི་རྗེས་སུ་འབྲུ་བར། དེ་སང་དབུས་གཙང་ཁམས་གསུམ་ཕལ་ཆེར་རང་ཕྱོགས་དགེ་ལུགས་ཀྱིས་མ་ཁྱབ་པ་མེད་གཤིས་རྙིང་པར་གནོད་པའི་གསར་པ་ལ་དགོས་དོན་ལྷག་པོ་མ་མཆིས་ཤིང་། སྐུའི་བསག་སྦྱང་དུ་ཆོས་གཞིས་སོགས་ཁ་ན་མ་ཐོ་བའི་ཉེས་པས་དབེན་པ་ཞིག་གལ་ཆེ་བས་ཚོགས་མཆོད་དང་དུས་མཚུངས་མ་ཐུབ་ཀྱང་། ཉང་སྟོད་རྒྱལ་བྱེད་ཚལ་པ་དང་འཁྲོང་རྩེ་གསར་མ་གཉིས་བྱ་རོག་འུག་པའི་བརྟུལ་ཞུགས་ལ་བརྟེན་གཅིག་སྲུན་གཅིག་དབྱུང་གིས་བཀློས་པ་ཤར་ཞིང་དོན་གྱི་སྙིང་པོ་ཕན་ཚུན་གཉིས་ཀ་གྲུབ་བསྒྱུར་ལ་འདོད་པ་རྩེ་མཐུན་ཡིན་འདུག་པ་ལྟར་གྲྭ་རྙིང་ཐྲན་བུ་ཆོས་ལུགས་བསྒྱུར། ཕལ་ཆེར་ཐོ་བཙུན་གསར་འགའ་དང་བཅས་དགའ་ལྡན་གསང་སྔགས་ཐེག་མཆོག་གླིང་མེ་ཕྱི་ཟླ་བ་ལྔ་པའི་ཆོས་བཅུ་ལ་ཚུགས་པར། རྒྱུན་གཏན་ཚོགས་པ་བརྒྱ་དང་སུམ་ཅུ་ཕྱེད་བགོས་ཀྱིས་ཐུགས་རྗེ་ཆེན་པོ་སྤྱན་རས་གཟིགས་འགྲོ་བ་ཀུན་སྒྲོལ་དང་། འཁོར་བ་དབྱིངས་སྒྲོལ་གཉིས་ཀྱི་ཆོ་ག་ཁོར་ཡུག་ཏུ་ཆགས་མེད་ཐོག་ཟླ་བ་བྱུང་ངོ་ཚོག་གི་ཆོས་གསུམ་ལ་བསྟན་གསོལ། ཆོས་བརྒྱད་ལ་ཐུགས་རྗེ་ཆེན་པོ། ཆོས་བཅུར་ཐུགས་སྒྲུབ་དྲག་པོ་རྩལ། བཅུ་བཞིར་བཀའ་བརྒྱད་གསང་བ་ཡོངས་རྫོགས། (༣༤༨བ)བཅོ་ལྔར་ཐུགས་རྗེ་ཆེན་པོ། བསངས་རྒྱུགས་ཅན། རྣམ་རྒྱལ་མ་ཉེར་གཅིག་ལ་རིགས་འཛིན་གདུང་སྒྲུབ། ཉེར་ལྔའི་སྔོ་དྲོ་ལས་བྱང་ལེ་བརྒྱད་མ་དང་། ཕྱི་དྲོ་ལྷ་མོའི་དུས་གཏོར། ཉེར་བརྒྱད་ལ་ནག་པོ་སྐོར་གསུམ། ཉེར་དགུར་ཚེ་བདག་གཏོར་བཟློག་དང་མཆོད་བསྟོད། གནམ་གང་ལ་ཐུགས་རྗེ་ཆེན་པོ། ཟླ་རེར་ཚོགས་འཁོར་ཐོག་མཐའ་བར་གསུམ། ལོ་ལྟར་ལོ་གསར། ལྷ་མཆོད། གཏོར་རྒྱག་སོགས་སྒྲིགས་ཆག་ཏུ་ཡོང་བའི་ཆོས་གཞིས་སྦྱུ་ས་རིགས། ཏུ་ཁག ། ཚོང་པ་སོགས་འབྲེལ་ཡོད་ཕྱི་གསལ་བྱས་པའི་སློབ་དཔོན་པར་ཕན་བདེ་ལེགས་བཤད་གླིང་གི་གྲྭ་པར་འཕྱོང་རྒྱས་བློ་བཟང་རིག་རྒྱམ།

སྨད་མདོ་ཁམས་ཞིང་དང་འདྲ་བའི་སའི་ཆ་གོ་འཛོར་དགེ་ལུགས་ཀྱི་དགོན་

གནས་ཆེར་མེད་པ་དང་བཅས་དགའ་ལྡན་གསང་སྔགས་འགྲོ་འདྲེན་གླིང་མེ་བྱི་ཟླ་བ་བཅུ་པའི་ཚེས་ཉི་ཤུ་ལ་ཚུགས་པར། གྲྭ་གྲངས། རྒྱུན་འདོན། བསྐང་གསོ་དུས་གཏོར། ལོ་གསར། ལྷ་མཆོད། གཏོར་རྒྱག་སོགས་གང་ཅི་ཐེག་མཆོག་གླིང་པ་ལྟར་ལ་གཏོང་སྒོ་ཆེ་བྲ་ཚང་མ་གོ་འཛོ་གཉེར་ཚང་ནས་རིམ་ལེན་བྱེད་པའི་སློབ་དཔོན་པར་བདུད་འཇོམས་གླིང་བླ་བྲང་མཁས་བཙུན་རྒྱ་མཚོ། ཧོ་བླ་མ་མཆོག་གི་སྐུའི་བསག་སྦྱོང་དང་རང་ཉིད་ཀྱི་སྒྲིབ་སྦྱོང་དུ་དམིགས་ལྷ་ས་བར་སྐོར་ནས་ཇོ་བོ་རིན་པོ་ཆེར་སྐོར་འབུམ་གཅིག་ཆུ་བྱ་དབོ་ཟླར་བཙུགས་པ་ཇོགས་པར་ཉེ་བས་མེ་བྱི་ནག་ཟླའི་ཉེར་ལྔའི་ཉིན་ཇོ་རགས་ཀྱི་ཚུལ་དུ་ན་མཉམ་གྱི་གྲྭ་པ་ཇོ་ཁུར་མི་དང་བཅས་གླིང་སྐོར་ལ་ཕྱིན། ཕྱི་ཉུ་ལྷུགས་ཁ་རིའི་གནས་མཇལ་བགྲིས་པའི་རྗེར་སླེབ་སྐབས་བོད་ཀྱི་ས་དཔྱད་ལྟར་(༤༨(ན)ན་ཕྱག་ན་རྡོ་རྗེའི་བླ་རི་ཡིན་འདུག་ཀྱང་། རི་བོ་ངོས་གསུམ་དང་བཞིའི་ཁྱད་ཅམ་ལས་སྤྲུལ་པའི་གྲོང་ཁྱེར་ལྟ་ན་སྟུག་དེ་ཡང་འདི་ལྟ་བུ་ཞིག་ཡིན་ནམ་སྙམ་པ་སོགས་སེམས་ཀྱི་འཆར་སྒོ་དང་མཐོང་ཡུལ་ཡ་མཚན་པ་འགའ་ཞིག་བྱུང་བས་རྐྱེན་བྱས། ཆུ་ལུག་རྗེ་བླ་མས་གསོ་རིག་འགྲོ་ཕན་གླིང་འཛུགས་པ་གནང་ཡང་ཐོར་ཞིག་གི་ལམ་དུ་མ་རྒྱུགས། བྱང་ངོས་ནང་སོ་དར་རྒྱས་ནས་ལྷ་དབང་ལྟོག་ཏུ་སློབ་གྲྭ་རེ་གཉིས་འདུག་ཀྱང་ཏ་ཅང་གི་བསྟན་འགྲོར་ཕན་སླེབས་མི་ཆེ་ཞིང་། ལར་བབས་དེང་སང་གསོ་བ་རིག་པ་འདི་རྗེ་མི་ལའི་གདངས་ཏེ་སེའི་དཔེ་བཞིན་སྣན་གྲགས་ས་གསུམ་གྱི་ཁོང་ལས་བརྒལ་ཀྱང་། དོན་སྨན་ངོ་སྤྲོད་འགྲེམས་སོགས་ལག་ལེན་དང་གཞུང་དོན་རྒྱས་བཤད་ཀྱི་ཆར་རྒྱ་ཤིན་ཏུ་རྟགས་པ་འདུག་གཤིས། བསྟན་འགྲོའི་ཕན་བདེ་འབབ་ཞིག་ཡོད་ལ་བརྟགས་ཏེ་བར་དུ་ནུབ་པ་དང་ཡོག་ལམ་འཁྱུན་པ་རྣམས་རྣམ་པར་དག་པའི་ལམ་དུ་བཅུར་བའི་རང་རྩོམ་བསྟན་བཅོས་ཁ་ཤས་ཡོད་པ་འཆད་ཉན་གྱིས་གཏན་ལ་འབེབས་པ་ཞིག་བྱུང་ན་ཅི་མ་རུང་སྙམ་པ་དང་། སྒྲགས་སྔགས་གྲྭ་པ་རྣམས་གཞན་མའི་སྣང་གཅེར་ལ་བརྟེན་བདག་ཐོབ་གང་ཡིན་གཞུང་དུ་ཕུལ་བའི་ཁོ་རང་ཚོ་བློས་བདེ་བྱས་ཆོག་པ་དགོས་ཚུལ་ནན་ཆེ་བ་བཞིན་དོན་སྨིན་བྱས་པའི་

སྙིང་བསྟན་ཁ་དང་བཅས་པའི་ཆོས་གཞིས། སྤྲུས་རི་རྒྱུད་ནས་གྲྭ་ཁྲལ་སུམ་ཅུ་སྐོར་བསྡུས། རྟེན་བརྟེན་པར་ཞིག་གསོ་དང་གསར་བཞེངས་སོགས་བྱས་པའི་ལྷུགས་རི་བཻཌཱུར་འགྲོ་ཕན་ལྷ་ན་དོ་མཚར་རིག་བྱེད་གླིང་བཙུགས། (༣༨༩བ)

དཀོན་མཆོག་ལ་སྲི་ཞུ་སོགས་རྒྱལ་བསྟན་སྤྱི་དང་བྱེ་བྲག་གང་སར་སྡེ་སྲིད་ཀྱིས་མཛད་རྗེས་བཞག་པ།

གཞན་ཡང་ཕལ་ཆེན་ལེའུ་ཉེར་དགུ་པ་ལས། དེ་དག་རྒྱལ་པོའི་རིགས་དང་ལྡན་འགྱུར་ཞིང་། །འགྲོ་བ་ཀུན་ན་རྒྱལ་པོ་གང་ཡོད་པ། །དེ་དག་ཟིལ་གནོན་རྒྱལ་པོ་འགྲོ་བའི་མཆོག །ཕན་བདེའི་དོན་དུ་རྒྱལ་པོ་མཐུ་ཆེན་འགྱུར། །དེ་དག་དད་པའི་ཡིད་དུ་རབ་གྱུར་ཅིང་། །འགྲོ་བ་ཀུན་ལ་དབང་བསྒྱུར་རབ་ཐོབ་སྟེ། །ཆོས་དང་ལྡན་པར་ཆོས་ཀྱི་རྒྱལ་སྲིད་སྐྱོང་། །ཞེས་བྱང་ཆུབ་སེམས་དཔའ་ཆེན་པོ་སེམས་ཅན་གྱི་དོན་དུ་བསམས་བཞིན་རྒྱལ་སྲིད་འཛིན་པ་དང་། དེ་དག་གི་མཛད་པ་རྣམ་དཀར་ཉག་གཅིག་གིས་དུས་འདའ་བར་གསུངས་པ་ལྟ་བུར་རྗེ་ཅི་ལ་ཐོགས་ཀྱང་། འཇམ་མགོན་བླ་མ་བཙོང་ཁ་པས། གཤོག་རྩལ་རབ་ཏུ་རྫོགས་པའི་མཁའ་ལྡིང་གིས། །བགྲོད་པའི་ལམ་དུ་བྱེའུས་རྩོལ་བ་ལྟར། །སྟོབས་བཅུ་མངའ་བ་གང་དུ་གཤེགས་པ་ཡི། །ལམ་མཆོག་དེར་ནི་འཇུག་པར་འདོད་པ་བདག །ཅེས་གསུངས་པ་ལྟར་མིག་ཡར་བལྟའི་ཚུལ་གྱིས་སྐུ་གསུང་ཐུགས་རྟེན་བཞེངས་པ་སོགས་གོང་དུ་སོང་ཟིན་པ་ལྟར་དང་། དཀོན་ཅོག་ལ་སྲི་ཞུ་སོགས་རྒྱལ་བསྟན་སྤྱི་བྱེ་བྲག་ལ་ལག་རིས་ཙང་ཟད་བཞག་པ་རྣམས་ཟུར་ཙམ་སྨོས་ན། དཀོན་ཅོག་མཆོད་པའམ་མཆོད་འབུལ་གྱི་རིམ་པ་འཇམ་མགོན་ཆོས་ཀྱི་རྒྱལ་པོ་བཙོང་ཁ་པ་ཆེན་པོའི་གདན་ས་བསྟན་པའི་འབྱུང་ཁུངས་རི་བོ་དགའ་ལྡན་དུ་རྗེ་ཉིད་ཀྱི་སྐུ་པུར་རིལ་པོར་བཞུགས་པའི་དངུལ་གདུང་རིན་པོ་ཆེའི་སྐུ་མདུན་སྤྱི་སོར་མཆོད་རྒྱུན་ཕྲན་བུའི་ཁ་བསྐངས་པའི་མཆོད་པ་སྣ་ལྔའི་བརྒྱ་མཆོད་གསར་བཙུགས། མཆོད་འབུལ་བ་གསུམ་གྱི་བསྙེན་བཀུར་བཅས་

ཛེ་སྲིད་བསྟན་པ་ནམ་(༣༧༠ན)གནས་པར་བཙུགས་པའི་ལོ་འཁོར་གཅིག་གི་དགོས་ཆ་འབྲུ་ཁལ་བརྒྱད་སྟོང་བདུན་བརྒྱ་གྱ་གཉིས་ལྷག་བཅས་དང་། ཚུ་ཁྲི་ཛེ་བླ་མ་ཐམས་ཅད་མཁྱེན་པ་ངག་དབང་བློ་བཟང་རྒྱ་མཚོ་ཆོས་སྐུའི་ངང་སྙོམས་པར་བཞུགས་མ་ཐག་ནས་དགུང་ཞག་གི་ཁོངས་སུ་ལྷ་ས། དམར་ལྷུགས། ར་མོ་ཆེ། བསམ་ཡས། ཁྲ་འབྲུག །མཐའ་འདུལ་ཡང་འདུལ་རུ་གནོན་དང་བཅས་པའི་གནས་ཆེན་གུ་རུའི་སྒྲུབ་ཕུག་ཁྱད་པར་དགའ་ལྡན་དངུལ་གདུང་རིན་པོ་ཆེས་དབུས་པར་དཀར་མེ། སྣན་ཤལ། གསེར་ཆབ། མཆོད་ཆས་བཅས་པ། གནམ་རྒྱན་སོགས་ཕུལ་བའི་རིན་གོང་གཞོར་ཁལ་ས་ཡ་གཅིག་དང་ལྔ་སྟོང་བརྒྱ་ཞེ་གཅིག །

འཕགས་པ་ལོ་ཀེ་ཤྭ་རའི་སྐུ་མདུན་དུ་ཐར་པ་གླིང་པ་བཞི་གྲས་རྒྱ་ཅན་འཛིག་རྟེན་དབང་ཕྱུག་ལྷ་དགུའི་སྒྲུབ་པ། ལྷ་སར་རང་བྱོན་ལྔ་ལྡན་གྱི་སྐུ་མདུན་དུ་གོང་ཆོས་པ་བཞི་གྲས་དོན་ཞགས་ལྷ་ལྔའི་སྒྲུབ་པ་དང་བཅས་པའི་ལོ་འཁོར་གྱི་གཏོང་སྒོ་འབྲུར་ཕབ་ཁལ་སུམ་སྟོང་བཞི་བརྒྱ་བཅོ་ལྔ་དང་བྲེ་བཅུ་གཅིག་ཕུལ་ཕྱིད། བོད་ཡུལ་གྱི་རྗེ་ཛེ་གདན་དཔལ་དགའ་བཞི་འཕྲུལ་སྣང་གི་གཙུག་ལག་ཁང་ཆེན་པོའི་དཀྱིལ་འཁོར་སྡིངས་སུ་ཚུ་ཤུར་ཐར་པ་གླིང་པ་བཞི་གྲྭ་ཛ་ལག་གཅིག་དང་བཅས་པས་གནས་བརྟུའི་མཆོད་པ་རྒྱལ་བསྟན་འཛད་མེད་ནོར་བུ་ཁོར་ཡུག་ཏུ་ཚུགས་པའི་མཆོད་ཆས་སོགས་འབྲུར་ཕབ་ལོ་གཅིག་ལ་ཁལ་ཆིག་སྟོང་སུམ་བརྒྱ་དང་སོ་བདུན། གྲོམ་པ་རྒྱང་གི་ལྷ་ཁང་བདུན་དུ་མར་མེའི་རྒྱུན། འོལ་ཁ་གཟིམས་ཚུང་ཁམས་གསུམ་རྣམ་རྒྱལ་དུ་མཆོད་པ་སྣ་ལྔ། སོལ་ནག་ཐང་པོ་ཆེའི་གཙུག་ལག་ཁང་དུ་མཆོད་པ་སྣ་ལྔ། འབུལ་མི་རི་བོ་བདེ་ཆེན་པའི་གྲྭ་པ་ལྔའི་ཕོགས། ཡེར་པའི་ལྷ་ཁང་(༣༧༠བ)བཅུ་གཉིས་སོ་སོར་མར་མེ་ཉིན་འཁྱོངས་རེ། གཡུལ་རྒྱལ་རབ་བརྟན་དབུ་རྩེ་བཀའ་འགྱུར་ཁང་དུ་རྒྱུན་གཏན་མཆོད་པ་སྣ་ལྔ། གཉའ་ནང་འཕེལ་རྒྱས་གླིང་གི་ལྷ་ཁང་གསར་པ་ཁག་བཞིར་མཆོད་མེ། རྣམ་གླིང་བཀའ་འགྱུར་ཁང་དུ་མཆོད་པ་སྣ་ལྔ། འཕྱོང་རྒྱས་སུ་གཟིམས་ཚུང་གསུམ་ལ་ལྔ་མཆོད་ཉིན་མཆོད་པ་སྣ་ལྔ། འཕན་ཡུལ་རྒྱལ་ལྷ་ཁང་དུ་

མཆོད་མེ། དགོན་པ་ལྔོའི་མགོན་ཁང་གི་མཆོད་ཐེབས་དང་དཀོན་གཉེར་གྱི་ཐོགས། རྒྱལ་རྩེའི་ལྷ་ཁང་ཁག་གཉིས་ལ་མཆོད་པ་སྣ་ལྔ། འདུས་བྱུང་བཀའ་འགྱུར་ཁང་དུ་མཆོད་པ་སྣ་ལྔ་དང་འབུལ་མི་གྲྭ་པ་གཅིག་ལ་ལོ་འཁོར་གྱི་ཐོགས། ཁྲ་འབྲུག་ཏུ་སྣེའུ་སྟོང་སྣེ་སྲིད་ནས་རྒྱུན་འཛུགས་གནང་བའི་མཆོད་པ་རྣམས་སྔར་འཛུགས། ལྷོ་བྲག་རྣམ་སྣང་ལྷ་ཁང་དུ་ཉ་སྟོང་བརྒྱད་གསུམ་བྱུང་ཅིག་ལ་མཆོད་པ་ལྔ་ཚར། རྒྱ་མཚོ་ལྷ་ཁང་དུ་མཆོད་པ། བཀྲ་ཤིས་ཆོས་འཕེལ་བར་ཆོས་གསུམ་དང་གཏོར་རྒྱུག །མདོ་ཁམས་འབོམ་རྣམ་པར་སྣང་མཛད་ཀྱི་རྗེ་སྐུར་མཆོད་པ་སྣ་ལྔ། འཕར་བ་རིན་ཆེན་སྒང་གི་མཆོད་ཐེབས། ཁོལ་ཚེ་རིགས་ལྔ་ལྷ་ཁང་གི་མཆོད་པ་དང་མཆོད་འབུལ་བ། ཀློང་ཐང་སྒྲོལ་མའི་ལྷ་ཁང་གི་མཆོད་ཐེབས་སུ་དཔལ་ཞིབ་འགྲིག་པའི་མར་འབབ། ཐབ་གཞི་འགྲིག་པའི་མགོ་ཁྲལ་བཅག་པ། ར་ཚག་པར་ཉེར་བདུན་མཆོད་ཐེབས། རྣམ་རབ་སྒྲི་ཞིང་ཉམས་གསོ། རྭ་སྒྲེང་མཆོད་ཁང་ལ་འཕན་དང་གནམ་རྒྱན། ལྷ་ས་གནམ་ཡངས་རྗེ་རྫེ་ར་བའི་ཟངས་ཁྲ། གུ་གེ་མཐོ་ལྡིང་ལྷ་ཁང་དུ་མཆོད་པ་སྣ་ལྔ་མཆོད་འབུལ་དང་བཅས་པ་སྟེ་གོང་གསལ་གྱི་རྒྱུ་འགྲོ་རིན་གོང་འབྲུར་ཕབ་གཤོར་ཁལ་ཆིག་འབུམ་སུམ་ཁྲི་བརྒྱད་བརྒྱ་དང་བརྒྱད། ཀུན་རར་སྨན་བླ་ཁང་དུ་བདེ་ཡངས་པ་བརྒྱད་(༣༧༡ན)གྲས་ལོ་འཁོར་མཆོད་འབུལ་གྱི་དགོས་ཆ་ཁྲོན་བསྡོམས་འབྲུ་ཁལ་ཉིས་སྟོང་བདུན་བརྒྱ་བཅུ་གཉིས་ཐེ་བཅུ་ཕུལ་བཞི། དགེ་འདུན་འཚོ་ངའི་ཆེད་དུ་ཆོས་གཞིས་ཟུར་འབྱེད་དང་གཤོར་འདེབས་སོགས་ཀྱི་རིགས། ཆོས་སྡེ་ཆེན་པོ་དཔལ་ལྡན་འབྲས་སྤུངས་ཀྱི་གྲྭ་ཚོགས་ཡར་ཟླ་བཞིན་འཕེལ་བས་སྤྱི་སོས་ཐོགས་ཐེབས་དགོས་ཚུལ་ལྟར་དབུས་ས་ཁུངས་དོག་པའི་ལ་སྟོད་ལྷོག་བྱང་བརྒྱུད་མུས་ནང་བཅས་པའི་དུད་ཐེམ་ཆེན་བརྒྱ་དང་ཞེ་གསུམ། དུད་ཆུང་བཅོ་བརྒྱད། འབྲོག་དུད་བཅུ་དྲུག །ལག་ཡོང་འབྲུ་འབབ་ཁལ་དགུ་སྟོང་ལྔ་བརྒྱ་ཉེ་ཤུ་རྩ་གཉིས། སྤག་ཟླག་དང་མཚོ་གདོང་ཁུངས་འབྲུ་ཁལ་སོ་ལྔ་འབབ་པའི་བོགས་ཞིང་། ཆོས་སྡེ་ཆེན་པོ་འདི་ཉིད་ཀྱི་དཀོར་བདག །སྐྱབས་མགོན་ཆེན་པོའི་ཡང་དགྲ་ལྷ་དམ་ཆིག་གཅིག་

བསྲེས་ཀྱི་སྲུང༷་མ༷་རྡོ༷་རྗེ༷་གྲགས༷་ལྡན༷་ནམ་གནས་ཆུང་ཆོས་རྒྱལ་ཆེན་པོའི་ཆོས་གཞིས་སུ་འབྲོག་མོ་དུད་ཆེ་འབྲིང་ཆུང་གསུམ་བསྡོམས་ཉེར་གསུམ། འབབ་ཏུའི་ཁལ་ཆིག་སྟོང་བདུན་བརྒྱ་ལྔ་བཅུ། མདའ་སྐྲ་དང་མང་ར་དུད་འཛིན་ཀང་བཅོ་ལྔ། འབབ་ཡོང་ཏུའི་ཁལ་དྲུག་བརྒྱ་གོ་བརྒྱད། དགོན་པ་གསར་གྱི་མི་སེར་དུད་ཆེན་བརྒྱད་ལ་ནང་ཁྲལ་ཀང་བཅུ། དུད་ཆུང་བཅུ་དྲུག །ཡོང་འབབ་མཁར་ཏུའི་ཁལ་ཆིག་སྟོང་དྲུག་བརྒྱ་སྐོར། འབྲས་སྤུངས་རི་ཁྲོད་བར་ལྷུན་གྲུབ་རྫོང་ནས་འབྲུ་ཁལ་བཅུ་སྐོར། ཕན་བདེ་ལེགས་བཤད་གླིང་པར་མཉེས་ཐང་མཁར་རྫའི་ས་ལག་དགེ་སྡིངས་དུད་གཅིག་དང་བདེ་བ་ཅན་ཁང་སེར་མ་ཀང་གཅིག་(༣༧༡བ)གི་ཀང་འགྲོ་མི་གྲ་གཞུང་དང་། བོགས་ཕྱིངས་ཁྲ་ཚང་དུ་འགྲོ་བའི་ཉིས་འཛིན་ཡིན་འདུག་པ་མི་གྲ་དང་ཀང་འགྲོ་བོགས་འཕྲུར་ཟླ་འཁྱིལ་བྱས་པའི་ལག་ཡོང་མཁར་ཏུའི་ཁལ་བཅུ་བཞི་བྲེ་ལྔ་དང་སྐོར་བོགས་ཞིང་སོན་བྲེ་བཅུ་བདུན་འགྲོ་བ། འབྲས་སྤུངས་ནས་མཐོངས་ཁ་ཏུ་བའི་སྤྱི་ཡ་པོ། ས་སྟག་ནས་མཁན་གཞིས་སུ་མཉེས་ཐང་དཔལ་སྣང་དུད་ཆེ་ཆུང་བཅུ་དགུ། ལག་ཡོང་ཁལ་བརྒྱད་བརྒྱ་སུམ་ཅུར་ཉེ་བ།

སེར༷་འབྲས༷་དགེ༷་གསུམ༷་ལ་སློན་ལམ་ཚོགས་མཆོད་རིག་གྲྭ་སོགས་ཟང་དུས་མ་གཏོགས་ཇ་ཚུལ་ཁོར་མ། རྫོང་གཞིས་ནས་དགེ་དགོན་ཤས་ཆེ་བའི་གཏོང་དེབ་གྱི་དཀྱུས་ཇ་འུ་སི་གཏོང་བ་ཡཱ་ཏྲར་བསྒྱུར་བ། རྒྱུད༷་སྟོད་པར༷་མས་དྲེ་གུང་མཁར་ཁོར་ཤོར་ཆེས་འཛིན་དུས་སྤྲུར་བ་ཞིང་མིག་བཅུ་གཉིས་འབྲུར་སྤྲིལ་ཁལ་བརྒྱ་ཉི་ཤུ་དང་། མཁར་སྟོན་ཕྱུག་རྫོར་གྱི་རྒྱུ་མཚན་ལྟར་ཞིང་འཁྲུར་ཆོས་གཞིས། རྣ་སྦྲིང་རྒྱལ་བའི་དབེན་གནས་སུ་ས་སྐྱོང་འཕྲིན་ལས་རྒྱ་མཚོའི་སྐུ་མཆོད་གསར་དུ་ཚུགས་པའི་ཆོས་གཞིས་ཕུ་མདོ་ནས་དུད་བརྒྱད། ལག་ཡོང་འབྲུ་ཁལ་བཞི་བརྒྱ་དང་ཞེ་དགུ། དགའ་ལྡན་ཆོས་འཁོར་ཡང་རྩེ་བར་ཡོལ་རིན་ཆེན་གླིང་གསར་ཚོད། དགའ་ལྡན་ཐོས་བསམ་དར་རྒྱས་གླིང་པར་ཡར་སྟོད་དགའ་ཚལ་གྱི་གཙུག་ལག་ཁང་གཞིས་ཀ་བཅས་སྙིང་པ་གང་ཡོད་ཐོག་གསར་རྒྱག་བྱས་པའི་རྒྱུ་འགྲོ་འབྲུར་ཕབ་གཤོར་

ཁལ་དགུ་ཁྲི་བཞི་སྟོང་བདུན་བརྒྱ་སོ་དྲུག་མཚོ་སྨད་ལྷ་ཁང་པར་དུད་ཁང་གཅིག་གི་ཐོགས་ཤས། སེ་ར་གྲྭ་ཚང་སྨད་པར་དངོས་གྲུབ་ཚེ་རིང་གི་ཞིང་། ལྷ་རྩེ་དགའ་ལྡན་འོག་མིན་གླིང་པར་ས་ལུང་ཉིད་(༣༧༢ན)དུས་ཀྱི་གཏོང་སྒོའི་དོད་འབྲུ་ཁལ་ལྔ་བརྒྱ། མངའ(མདའ་)དགེས་གཉིས་རྒྱལ་དབྱར་ཆོས་ལ་ཕེབས་སྐབས་འོལ་ཁ་ནས་ཞབས་ཏོག །སྐྱོར་ལུང་གྲྭ་ཚང་ཁག་ལ་ལྕང་ལོ་ཅན་ཁུངས་ཀྱི་ཞིང་ཚན། སེ་ར་བྱམས་སྒྲོན་པར་གཞོར་འདེབས། མཁའ་རག་ཆོས་རྗེ་ཟླ་ལ་གནོན་རྗོ་རྗེར་འདམ་སིལ་ཆོས་ཤིངས་དགོན་རྙིང་གསུམ་མཆོད་རྫས་ཆོས་གཞིས་དང་བཅས་པ།

ཇོ་རྫོང་གྲྭ་ཉིང་གི་སྡོད་གནས་སུ་གཤམ་བུ་དགོན་གསར་མ་མོའི་ཁང་པ་སྒྲུ་གསུང་ཐུགས་རྟེན་ཉེ་སྐོར་གྱི་ཞིང་ལེ་ཚན་ཉེར་གསུམ། ཆབ་ནག་རི་བོ་དགའ་ལྡན་པར་བསེ་མོ་བ་དུད་འཛིན་ཁང་ཁྱིམ་སོ་གཉིས། དུད་ཆུང་གསུམ། ལག་ཡོང་འབྲུ་ཁལ་ཚིག་སྟོང་བརྒྱ་བཞི་བཅུ། བཀྲ་ཤིས་རབ་བརྟན་པར་ཕོགས་ཐེབས་སུ་ལོ་ལྟར་འབྲུ་ཁལ་སུམ་བརྒྱ། སོག་ཁུལ་ཀོ་འོག་པར་སྒྲུབ་མཆོད་ཐེབས་སུ་འབྲུ་ཁལ་སུམ་ཅུ། འཕན་ཡུལ་རྒྱལ་ལྷ་ཁང་པར་རིན་སྤུངས་གཡུང་མཁར་ལུང་གི་ཁང་ཞིང་ཐེམ་ཁང་བདུན། ལག་ཡོང་དྲུག་བརྒྱ་གོ་དགུ། རྒྱལ་གླིང་ཚོགས་པར་དར་རྒྱས་ཆུ་སྐོར་སོགས་ཀྱི་དགེ་བེད་འབྲུ་ཁལ་བརྒྱ་དང་བཞི་བཅུ། རྩེ་ཚོགས་པར་ཡར་གླུངས་དཔལ་གྲོང་སོགས་མི་སེར་ཁང་ཁྱིམ་བཅུ་བཞི། དུད་ཆུང་དྲུག །ལག་ཡོང་འབྲུ་ཁལ་སུམ་སྟོང་ང་ལྔ། ཤེལ་བྲག་ཏུ་སྨན་ལུང་གཟིམས་ཁང་སོགས་ཀྱི་དགེ་བེད་འབྲུ་ཁལ་སུམ་བརྒྱ་སུམ་ཅུ། ཏར་གདོང་དར་པད་རབ་འབྱམས་པ་ཤག་སྐོར་བླ་མ་བྱེད་རིང་ཐེབས་འབྲུ་ཁལ་བརྒྱ་ཉེར་ལྔ།

དེ་མོ་བའི་གཞིས་ལག་རྡོ་ཞག་གི་གཏོང་སྒོ་བྱིངས་འགྲོ་ལྟར་ན་མི་གནས་པ་དགེ་རྒྱུན་ལ་བསམས་(༣༧༢བ)རང་འཛགས་བྱས་པ་དགའ་ལྡན་བཤད་སྒྲུབ་གླིང་པའི་གསང་བདེ་འཇིགས་གསུམ་གྱི་སྒྲུབ་མཆོད་སོགས་འབྲུ་ཁལ་བརྒྱད་བརྒྱ་དང་བཞི།

སྨིན་གྲོལ་གླིང་ཡུམ་གདུང་བརྒྱུད་དང་བཅས་པའི་གསོལ་སྐལ་དུ་གྲྭ་ནང་དཀྱིལ་

ཀྲ་སོགས་ཀྱི་ཁང་ཞིང་། མི་སེར་རྐང་ཉེར་གཉིས། དུད་ཚང་ལྔ། ལག་ཡོང་འབྲུར་ཕབ་ཁལ་ཉིས་སྟོང་དགུ་བརྒྱ་གྱ་བརྒྱད།

བར་ཁམས་ལྷུམ་མདའ་དགོན་པར་སྤྱང་རི་ནང་སོའི་མི་སྡེ་གནམ་སྟོམ་རལ་གསུམ་དུད་བརྒྱ་དང་དྲུག་ཅུ། ལག་ཡོང་བཞི་སྟོང་བརྒྱད་བརྒྱ་གྱ་བཞི། སྟགས་པ་བོན་གྲོང་པར་ནག་གུ་བ་ཁྲུངས་ཐེམ་བརྒྱད། ལག་ཡོང་ཁལ་དྲུག་བརྒྱ་ང་གཉིས།

མཛོ་སྐད་གསང་སྔགས་གླིང་དང་སྤོམ་མདའ་གསང་སྔགས་བདེ་ཆེན་གཉིས་ལ་གཏོང་སྒོ་འཕར་བ་འབྲུར་ཕབ་ཁལ་སུམ་བརྒྱ་ཞེ་གཅིག །དེ་མོ་གསང་སྔགས་ཆོས་རྫོང་ཁྲུལ་གྱི་དགོན་ཁག་གིས་དབུས་པའི་གཏོང་སྒོ་སྤར་འཇགས་བབས་འཁྲིལ་མེད་པ་རང་གནས་བཀྱིས་པ་འབྲུར་ཕབ་ཁལ་ཉིས་སྟོང་ཆིག་བརྒྱ་སོ་གཅིག །

རི་བོ་ཆེ་ཁྲུལ་ནས་ཐུབ་བསྟན་གླིང་པར་ཆོས་གཞིས་དུད་བརྒྱ་དང་ཕྱེད་ཞེ་བཞི། དུད་ཚང་དྲུག་ལག་ཡོང་འབྲུ་ཁལ་བདུན་སྟོང་བཞི་བརྒྱ་རེ་བཞི། ཤོ་མདོ་པུསྟི་དགོན་པར་ལོ་ལྟར་གཤོར་འདེབས་འབྲུ་ཁལ་བརྒྱ་དང་སོ་བརྒྱད། རྫིབས་ལྷ་ཁང་གི་དགེ་རྒྱུན་དུ་ལོ་ལྟར་འབྲུ་ཁལ་ཉིས་བརྒྱ། མདོ་ཁམས་འདྲ་མཁར་ཐོག་དགོན་རྙིང་ཁྲུངས་ཀྱི་རྟེན་གསུམ་མཆོད་རྫས། ཁང་པ་ཆོས་གཞིས་བཅས་འབྲུ་ཁལ་དྲུག་སྟོང་ཉིས་བརྒྱ་སྐོར། རྫི་ཐོག་དགོན་པར་རྒྱལ་ཆོས་ལྷ་ཁང་གི་རྟེན་(༣༧༣ན)གསུམ་མཆོད་རྫས། ནང་ཆས། ཁང་ཞིང་སོགས་འབྲུ་ཁལ་སུམ་སྟོང་དགུ་བརྒྱ།

རབ་སྐད་དགའ་ལྡན་ཆོས་གླིང་པར་དམ་པ་རང་གྲོལ་གྱི་ལག་འདེབས་ཁལ་སུམ་བརྒྱ་སྐོར་ཐོན་ཁྲུངས། འགི་བ་ཁ་པར་མེའུ་རོང་འདུ་ར་དགོན་གྱི་མཆོད་ཞིང་སོགས་འབྲུ་ཁལ་སུམ་བརྒྱར་བསྐོར་བ།

རྒྱུད་བྱུར་དགོན་པར་བོན་དགོན་ཁག་གི་འཛིན་ཤུལ་འབྲུ་ཁལ་ལྔ་བརྒྱ་བརྒྱད་ཅུ། དགེ་ཚུལ་དགོན་པར་རོང་ཛ་དང་ཀྲུ་བ་འབྲུར་ཕབ་ཁལ་བརྒྱད་བརྒྱ་བདུན་ཅུ། ཀྲེ་ལོ་དགོན་གསར་བར་བོན་དགོན་འགི་ལའུ་སོགས་འབྲུར་ཕབ་ཁལ་ཉིས་བརྒྱ་སྐོར། སྟོང་སྐྲུ་ལྔ་མཆོད་པར་བསོད་ནམས་གཡུང་དྲུང་གི་ཞིང་སོགས་འབྲུ་ཁལ་ཉིས་བརྒྱ་

སྐོར། གནས་མགོ་ལྷ་མཆོད་པར་འདུ་ཁང་གྲྭ་ཤག་གསར་རྒྱག་དང་བོན་དགོན་ལྷུམ་ར་བའི་འཛིན་ཤུལ་བཅས་འགྱུར་ཕབ་ཁལ་བཞི་སྟོང་བཞི་བརྒྱ་བརྒྱད་ཅུ། དེ་མོའི་འཕགས་པ་ཆོས་རྫོང་པར་འབྲུ་ཁལ་སུམ་བརྒྱའི་གཤོར་འདེབས། འབའ་ཆོས་སྡེ་དགའ་ལྡན་ཕན་བདེ་གླིང་པར་ལོ་མཇུག་སྐྱ་རིམ་གྱི་ཚ་ར་གསར་འཕར་ལ་འབྲུ་ཁལ་སུམ་བརྒྱ། གཙུག་ནོར་བུ་དགོན་པར་མི་སེར་དུད་བཅུ་དྲུག །ལག་ཡོང་འབྲུ་ཁལ་ཉིས་བརྒྱ། སྟག་ལུང་གི་མཁན་གཞིས་སུ་ཐེམ་འཛིན་རྐང་ཕྱེད་བཅུ་དགུ། དུད་ཆུང་བཅུ་གཉིས་བཅས་པའི་ཡོང་སྒོ་འགྱུར་ཕབ་ཁལ་ཆིག་སྟོང་ལྔ་བརྒྱ་ང་གཅིག

སྟག་ལུང་གྲྭ་ཚང་པར་ཆོས་གཞིས་སུ་ཐེམ་རྐང་བཅུ་གཅིག །དུད་ཆུང་ལྔ། འབབ་འབྲུ་ཁལ་དགུ་བརྒྱ་བཅུ་གཉིས། གླིང་པར་དུད་རྐང་ཕྱེད་བཅུ། དུད་ཆུང་ལྔ། ལག་ཡོང་ཆིག་སྟོང་དགུ་བརྒྱ་ང་དགུ།

རྒྱ་མདའ་(༣༧༣བ)སླ་ཧུ་དགོན་པར་གཏན་ཚིགས་ཀྱིས་མ་འཐུམས་པ་འབྲུ་ཁལ་བརྒྱ་དང་ཞེ་གསུམ། རི་ཁ་བར་དེ་མཚུངས་འབྲུ་ཁལ་དྲུག་ཅུ་རེ་གསུམ། འབྲས་དགེ་འདུན་སྒང་པར་འབྲུ་ཁལ་བཅུ་དགུ། དགའ་ལྡན་ཆོས་འཁོར་གཉེར་ཚང་གི་ཟེ་ཞིང་ཁལ་མ་སུམ་ཅུའི་ཛ་མགོ་རྩ་ཡངས། སྟག་ལུང་གསང་སྔགས་ཆོས་འཁོར་བར་འབྲུ། དགེ་བཅུ་བར་གཤོར་འདེབས། ཀོང་པོ་རྩེ་ལེ་བར་ཐོགས། ཡར་ཀླུངས་བཀྲ་ཤིས་རྩེ་པར་ཚོག་མང་གི་ཐེབས། ཕུན་གླིང་ཆོས་ལུང་བྱང་རྩེ་བར་ཐོགས།

ཤོ་མདོ་དགའ་ལྡན་བཤད་སྒྲུབ་གླིང་པས་ལོ་ལྟར་གྲྭ་པ་སུམ་བརྒྱ་སྐོར་གྱི་ར་ག་ཟླ་བའི་ཚེས་གསུམ་ནས་བཅུ་དྲུག་བར་སྨན་བླ་གཏོང་བའི་མཆོད་ཐེབས་སུ་ཀ་དྲུག་དྲུང་པ་ཁྲུངས་ཀྱི་དབང་རིས་སྦྱར་བ། སོག་དགའ་ལྡན་རྣམ་གསུམ་གྱི་ལྡོམ་བུ། ཧུ་ཐོག་ལྷུན་གྲུབ་ཆོས་སྡིངས་པར་ཆོས་གཞིས། རྫོར་བྲག་ཏུ་སྒྲགས་ཡང་རྫོང་གི་གནས་འཛིན་སོགས་གོང་གསལ་འོས་མིན་གསར་སྦྱོར་དང་དགོན་གནས་ཉམས་གསོ་དགེ་འདུན་ལ་ཆོས་གཞིས་སོང་བ་ཁྱོན་བསྡོམས་འགྱུར་ཕབ་ཁལ་བརྒྱད་ཁྲི་སུམ་སྟོང་སུམ་བརྒྱ་དོན་བཞི། ཆ་བོ་རི་བྲག་ཐོག་དགོན་པའི་འདུ་ཁང་གསར་རྒྱག་གི་ཤིང་། གཙང་

འཁྲམ་ལྷ་ཁང་སོགས་ཀྱི་ཞིག་གསོ། རྒྱལ་ཐང་རྩེ་བཞག་དགོན་མེས་འཚོག་པའི་ཚབ་གསར་བསྐྲུན། འཕྱོང་རྒྱས་རི་བོ་བདེ་ཆེན་གྱི་འདུ་ཁང་སོགས་མཐུན་རྐྱེན་རྣམ་དཀར་འབྱུར་ཕབ་ཁལ་བཞི་འབུམ་ཉིས་ཁྲི་ལྔ་སྟོང་ཆིག་བརྒྱ་གྱ་གཅིག །

སྨོན་སྤེ་ཐེག་མཆོག་གླིང་དགོན་ཁག་གསུམ་དང་དགའ་ལྡན་རྣམ་གསུམ་གྱི་ལྗོམ་བུའི་སྡེ་ནས་རྟེན་བཞེངས་ཀྱི་རྒྱུན་བཙུགས་པ། གོང་(༣༧༨ན)དཀར་ཟླ་གདོན་སྟུག་གི་ལྷེབས་རིས། མཁའ་རིག་གི་པཎ་ཆེན་ཨ་ཡ་རྡྷ་རའི་མཆོད་རྟེན་ལ་ཞིག་གསོ་སོགས་ཁྱོན་འབྱུར་ཕབ་ཁལ་ཆིག་ཁྲི་ཉིས་བརྒྱ་བཅུ་དགུ། མདོ་རྒྱུད་བསྟན་བཅོས་རྣམས་ལས་མི་དགེ་བ་སྲོག་གཅོད་པའི་རྣམ་པར་སྨིན་པ་ཤིན་ཏུ་ལྕི་ཞིང་སྤངས་པའི་ཕན་ཡོན་བསམ་ལས་འདས་པར་བཤད་པ་བཞིན། ཆུ་ཁྱི་ཟླ་བ་གཉིས་པའི་ཁ་ནམ་གང་ནས་ངེད་རང་གི་ཡི་དམ་དུ་བསྟན་སྲིད་ལར་རྒྱའི་དམག་སོགས་གཡོས་ཁོངས་ཀྱི་ཤུགས་མ་ཐུབ་དང་། འཕྲུལ་རང་ལ་ཚུར་རྒོལ་དང་གཞན་སྡེར་ཁ་འཆུས་བྱུང་བ་ལས། ཁ་རྐུ་རང་བཞིན་མི་བསད་ཀྱིས་མཚོན་བབས་འབྲེལ་ལྷར་ན་སྲོག་གི་ཅ་ར་འོས་པ་རྣམས་ཆོས་རྒྱལ་མེས་དབོན་གྱི་རྣམ་ཐར་བཞིན་བས་མཐར་སྐྱུགས་ཏེ་འགྲོ་བ་མིའི་སྲོག་གཅོད་པ་སྤངས། ཕོ་བྲང་ཡས་ཕྱིན་གྱི་གཉེར་ཚང་བེད་སྤྱོད་དུ་ལོ་ལོ་བཞིན་གནག་ཕྱུགས་སྟོང་ཕྲག་སྐོར་དང་ལུག་ཁྲིར་ཉེ་བ་གསོད་པའི་རྒྱུན་བཅད་དེ་ཤ་ཇ་དངུལ་གྱིས་ཉོས་ཤིང་། རྫོང་གཞིས་སོགས་ནས་ཁྲི་མུན་དུ་སྦོད་དགོས་པའི་ནག་ཆེན་རིགས་ཀྱང་རེ་གཉིས་མ་གཏོགས་ལོ་ལས་མ་ཐོགས་པར་ཡང་ཡང་དུ་བཏང་། དཔལ་ཁུད་ཚུ་རགས་དང་། སྐྱུ་སྐྱུ། བྱ་མང་པོ། བྱང་དགེ་ཚོག་ཉ་ཁ་བཅས་པའི་སྨྲ་ང་དང་ཉ་བསྲུང་མིའི་ཕོགས་ལ་འབྲུ་གཞོར་ཁལ་ཉིས་བརྒྱ་དང་ལྔ། མ་ཏི་པ་དང་ཆོས་བཅུ་པ་སླཱཙྪ་འདེབས་པའི་མཐུན་རྐྱེན། ལ་འཕྲང་གྲུ་ཟམ་ཞིག་གསོ་བྱས་པའི་རྒྱུ་སོང་སོགས་ཁྱོན་འབྲུ་ཁལ་ཆིག་ཁྲི་སུམ་སྟོང་བདུན་བརྒྱ་དང་དོན་གཅིག །ཐང་སྐྱོང་བར་སྟ་སོར་བཀར་རྒྱུར་ཡོད་པའི་སྐུ་གསུང་ཐུགས་རྟེན་(༣༧༨བ)མང་བ། རྒྱ་སྟོན་ཁུལ་བདེ་ཆེན་ལྷུན་གྲུབ་སྡིངས་པར་ལྷ་མཆོད་དང་མགོན་ཁང་

རྒྱུན་གསོལ། རྒྱ་ཤོད་བན་སྣར་བར་དགུ་གཏོར་གྱི་ཐེབས། ཛོ་ཛོང་གསལ་སྙིང་ཛོ་ཐོར་དཀར་མེའི་ཐེབས་ཞིང་རིན་ཁ་ཆེན་མོ། རོང་དགའ་ལྡན་བྱམས་པ་གླིང་པ་བཞི་གྲྭས་ཟླ་རེ་བཞིན་བྱམས་ཆེན་སྐུ་མདུན་དུ་སྨན་བླ་གཏོང་བ་གོང་གསལ་ལྷ་ས་མན་ཁྲིན་བསྐོམས་དངུལ་སྲང་དྲུག་སྟོང་བརྒྱད་བརྒྱ་སོ་དགུ་ཞོ་བརྒྱད།

ཤོ་མདོ་ཁུལ་ལྷ་མདུན་པས་འཆི་མེད་སྐུ་གསུམ་རིགས་འདུས་ཀྱི་ཚེ་ཚོག་དང་། གོང་དཀར་ཆོས་སྡེ་བས་དོན་ཞགས་ལྷ་མངས་ཀྱི་སྒྲུབ་མཆོད་བཅས་པའི་དགོས་ཆ་འབྲུར་ཕབ་ཁལ་བརྒྱ་ཉེ་ཤུ། དགའ་ལྡན་ལྫ་མཆོད་པར་ཞིང་ལྗུ་བརྒྱད། གོ་རབ་དགའ་ལྡན་རབ་བརྟན་པར་བཟང་འབྲུ། མཁར་སྙིང་ལ་ཁ་པར་ཤས་ཞིང་། རྟེ་སྟང་རྩེ་རྙིང་དུས་དང་སྡེ་སྲིད་ཟུར་དུས་ཀྱི་གཏོང་སྒོ་ད་ཆ་མི་འོས་སྟར་གནས་མང་བ། དེ་མཚུངས་ག་བརྒྱད་སྨད་པ། ཐོན་པའི་གསར་ཁུངས་སྐྱེ་མོ། དཔལ་གནས་པ། ཆེ་གསུམ་པ་སོགས་འཛིན་བདག་འཕོས་པའི་གཏོང་སྒོ། ཐེག་ཕྱི་གཙུག་ལག་ཁང་གི་དཀར་མེའི་ཐེབས། ལྷོ་བྲག་དགོན་ཁག་གི་གདན་ཞིང་སོགས་བྱིངས་འགྲེ་ལྟར་ན་བབས་འབྲེལ་མ་ཆེ་ཡང་རང་ཕྱོགས་དགེ་ལུགས་ཤས་ཆེ་བའི་དགེ་འདུན་དགོན་ཙག་ཏུ་བསམས་སྟར་འཛུགས་བྱས་པ་ཁྲིན་འབྲུ་ཁལ་ཁྲི་ཚོ་གཉིས་དང་དྲུག་སྟོང་ཆིག་བརྒྱ་ང་བདུན། དེ་སོ་བའི་རྗེ་ཞག་གི་གཏོང་སྒོ། ངེད་རང་གི་གནས་སྐབས་ཚེ་བསྲིང་ཞིང་མཐར་ཐུག་གི་འབྲས་བུར་དམིགས། ཉང་བྲན་ཆུ་བཟང་དུ་ཚེ་ཚོག་ཁག་གྲྭ་གྲངས་སུམ་ཅུ་སྐོར་(༣༧༥ན)ཞོལ་དུ་སྒྲོལ་དཀར་ཚེ་ཚོག་པ། མངའ་རིས་གྲྭ་ཚང་པ་ལྔ་བཅུས་ཇོང་གཞིས་རེས་སྐོར། སྐྱི་གནས་རྣམ་དཀར་དུ་སྦྱུར་བ་སོགས་རགས་བསྡུས་ཙམ་དང་། ཞིབ་པ་གོང་མ་ལྔ་པ་ཆེན་པོའི་རྣམ་པར་ཐར་པ་དུ་ཀཱུ་ལ་པུསྟི་ཕྱི་མ་གསུམ་དུ་གསལ་བ་བཞིན་དང་།

མཆོད་སྟོང་ཆེན་པོའི་ཀུན་བཟང་མཆོད་སྤྲིན་ཁང་དུ་ཉིན་ལྟར་ཉེར་སྤྱོད་ལྔ་བརྒྱ་རྩ་རེ། དགོངས་ལྟར་མཆོད་མེ་སྟོང་རྐང་དྲུག་རེ། མཆོད་འབུལ་ཡེར་པ་བ་བཞི་གྲྭས་སྨན་བླ་དང་བྱང་གླིང་པ་བཞི་གྲྭས་ཡེ་ཤེས་སྐུ་མཆོག་གང་འགྲོ། རྟེན་བླ་

ཁང་དུ་རྒྱུན་གཏན་མཆོད་པ་སྣ་ལྔ་ཉེར་གཅིག་རེ། དུས་བཟང་ལྔ་དང་དགོ་ཟླའི་ཉིན་ལྔའི་རིང་བརྒྱ་མཆོད། མཆོད་འབུལ་འབྲས་སྤུངས་སྔགས་པ་བཞི་གྲྭས་སྨན་སྒྲ། དུས་འཁོར་ཁང་དུ་རྒྱུན་གཏན་མཆོད་པ་སྣ་ལྔ་བདུན་ཚར། དུས་བཟང་དང་དགོ་ཟླ་གོང་བཞིན། མཆོད་འབུལ་གོང་ཆོས་པ་བརྒྱད་གྲྭས་དུས་འཁོར་གྱི་ཆོ་ག །

གསེར་གདུང་སྐུ་མདུན་དུ་མཆོད་མེ་སྟོང་ཕྲང་གཅིག་དང་གཙང་སྤྲོས་ཞལ་ཟས་བཅུ་གཅིག ལྷ་ཁང་གཞན་མ་རྣམས་ལའང་ཆ་འདྲ་སྟེ་གོང་གསལ་མཆོད་འབུལ་བའི་ཕོགས་ཡོན་ཇ་ཐུགས་མཆོད་ཆས་སོགས་ཁྱོན་བསྡོམས་ལོ་གཅིག་གི་ཐོབ་འབྲུ་ཁལ་ཉིས་ཁྲི་སུམ་སྟོང་སྐོར། དེ་ཡང་རྒྱ་གར་འཕགས་པའི་ཡུལ་དུ་སྟོན་པ་ཇོགས་པའི་རངས་རྒྱས་ཀྱི་མཛད་པ་བཅུ་གཉིས་ལ་སོགས་པ་ངོ་མཚར་རྨད་དུ་བྱུང་བའི་མཛད་པ་ཁྲད་པར་བ་དག་གང་གི་ཆེ་བསྟན་པའི་དུས་དེ་ཉིད་བཟང་པོར་བྱིན་གྱིས་བརླབས་པ་རེ་དུས་ཆེན་དང་། གཙོ་བོ་འཛིག་རྟེན་དང་འཛིག་རྟེན་ལས་འདས་པའི་མཛད་(༣༢༥(བ)པ་དྲུག་ཚན་གཉིས་སུ་ཕྱེ་བའི་དང་པོའི་སྐབས་བལྟམས་པ་དང་རྗེས་སུ་འབྲེལ་བར་ལྷ་ཤཱཀྱ་འཕེལ་གྱིས་བཀུར་བ་དང་། རྒྱན་གྱིས་བརྒྱན་པ་དང་། བཟོའི་ཡན་ལག་རྩེས་ཀྱི་གྲར་ཞུགས་པ། སྒྱུ་རྩལ་རོལ་རྩེད་དངོས། བཙུན་མོའི་འཁོར་དགྱེས་རོལ་བ་སོགས་ལ་ཡང་དངོས་སུ་མ་བྱུང་ཙང་ཤུགས་ཀྱིས་དུས་སྟོན་རེ་ཐོབ་ཅིང་གཞན་མ་འདུལ་བ་མདོ་རྩ་ལས་ཀྱང་། དེ་ལ་དུས་སྟོན་བྱའོ། །བལྟམས་པ་དང་གཙུག་ཕུད་དང་དབུ་སྐྲ་དང་བྱང་ཆུབ་པའི་དུས་སྟོན་དག་ཀྱང་ངོ་ཞེས་འབྱུང་ཞིང་། ཁྱིམ་ནས་མངོན་པར་བྱུང་སྟེ་དབུ་སྐྲ་བསིལ་བའི་ཚེ་གཙུག་ཕུད་བརྒྱ་བྱིན་གྱིས་ལྷའི་གནས་སུ་ཁྱེར་ཞིང་དུས་སྟོན་དང་། བརྒྱ་བྱིན་ཇོན་པའི་ཆ་བྱད་དུ་སྤྲུལ་བས་ཤ་ནའི་གོས་ཅུར་སྒྲིག་ཕུལ་ཞིང་། བྱང་ཆུབ་སེམས་དཔའི་ན་བཟའ་ཀཱ་ཤི་ཀའི་གོས་སུམ་ཅུ་རྩ་གསུམ་གྱི་གནས་སུ་ཁྱེར་ཏེ་ཅུར་སྒྲིག་བླངས་པའི་དུས་སྟོན། བྱང་ཆུབ་སེམས་དཔའ་ཁ་ཟས་རགས་པ་གསོལ་བར་བཞེད་པའི་ཚེ་ལེགས་སྐྱེས་མ་དང་དགའ་སྟོབས་མས་གསེར་གྱི་ཡོལ་གོའི་ནང་དུ་འོ་ཐུག་སྦྲང་རྩི་ཅན་ཕུལ་བ་ལྷག་མ་ལུས་པར་བཞེས་ཏེ་ཡོལ་གོ

ནེ་རཉྫ་ནར་བོར་བ་ཀླུའི་རྒྱལ་པོ་རྒྱ་མཚོས་མཆོད་པའི་ཕྱིར་ཁྱེར་བ་བརྒྱ་བྱིན་གྱིས་ནམ་མཁའ་ལྡིང་དུ་སྤྲུལ་ནས་དེ་འཕྲོགས་ཏེ་རང་གི་གཟུགས་ཀྱིས་སུམ་ཅུ་རྩ་གསུམ་དུ་ཁྱེར་ནས་ཡོལ་གོའི་དུས་སྟོན་རྣམས་བཙུགས་པ་རྒྱ་རོལ་ལས་བཤད། འདུལ་བ་མདོ་རྩ་ལས། དེ་ལ་དུས་སྟོན་བྱའོ། །བལྟམས་པ་དང་། གཙུག་ཕུད་དང་། དབུ་སྐྲ་དང་། བྱང་ཆུབ་པའི་དུས་སྟོན་དག་ཀྱང་ངོ་ཞེས་དུས་དང་བསྟུན་པ་དང་(༣༧༨ན)རབ་ཏུ་བྱུང་བའི་གནས་སུ་དུས་སྟོན་བྱ་བ་ཆོས་དང་མཐུན་ནོ། །

ཞེས་དུས་གནས་གཉིས་ཀ་དང་སྦྱར་བའི་དུས་སྟོན་གྱི་སྲོལ་འཕགས་པའི་ཡུལ་དུ་འང་རྒྱ་ཆེར་དར་ཞིང་། ཁྱད་པར་གྲགས་ཆེ་བ་པཎ་ཆེན་ཤཱཀྱ་ཤྲཱིས། མངོན་བྱང་ཆུབ་དང་ཆོས་འཁོར་བསྐོར། །ལྷ་བབ་ཆོ་འཕྲུལ་ཆེན་པོ་སྟེ། །དད་ལྡན་བསོད་ནམས་གསོག་བྱེད་པའི། །ཁྱད་པར་ཅན་གྱི་དུས་ཆེན་ཡིན། །ཞེས་དུས་ཆེན་བཞི་མདོ་དང་བསྟན་བཅོས་རྣམས་ནས་རྒྱ་ཆེར་བཤད་ཅིང་དེའི་དུས་ངེས་འཛིན་ཚུལ་ཀྱང་། མཆུ་ཟླ་བ་ལ་ཆོ་འཕྲུལ་མཆོད་པ་དང་། ས་ག་ཟླ་བར་མངོན་བྱང་། ཆུ་སྟོད་ཟླ་བར་ཆོས་འཁོར། དགུ་པ་ཟླ་བར་ལྷ་བབས་དུས་ཆེན་ཡིན་པར་ཁ་ཆེའི་སྡོམ་བརྩོན་བསོད་སྙོམས་པ་ཆེན་པོ་དང་། པཎྜི་ཏ་ནགས་ཀྱི་རིན་ཆེན། འཇམ་མགོན་ཆོས་ཀྱི་རྒྱལ་པོ་བཙོང་ཁ་པ་སོགས་འཕགས་བོད་ཀྱི་མཁས་པ་ཕལ་ཆེར་བཞེད། དེ་ལྟར་གྱི་གནས་ཀྱང་ཆོ་འཕྲུལ་མཆོད་པ་མཉན་ཡོད། མངོན་བྱང་མ་ག་དྷ། ཆོས་འཁོར་ཝ་ར་ཎ་སི། ལྷ་བབས་གསལ་ལྡན་གྱི་གྲོང་ཁྱེར་དུ་གཙོ་བོར་དར་བར་བཤད་ཅིང་། གངས་ཅན་གྱི་ལྗོངས་འདིར་རིགས་གསུམ་གཅིག་ཏུ་གྱུར་པ་ཛེ་ཏཱ་མའི་ཡང་སྲིད་ཚངས་པ་ལྷའི་མེ་ཏོག་གམ་ཁྲི་སྲོང་ལྡེ་བཙན་གྱི་དུས་ཐང་ཡིག་ལས། ལྷ་སར་དམ་ཆོས་འདུལ་བའི་སྟོན་མོ་བཙུགས༔ ཁྲ་འབྲུག་མངོན་པར་གསང་སྔགས་སྟོན་མོ་བཙུགས༔ ཞེས་འདུལ་བ། མངོན་པ། གསང་སྔགས་མདོ་སྡེ་སོགས་ཀྱི་མིང་འདོགས་མི་གཅིག་པ་དུ་མ་འབྱུང་བའང་མཛངས་བླུན་སོགས་ཆོས(༣༧༨བ)གཅིག་ནས་བཅོ་ལྔའི་བར་བསྟན་པར་བཤད་པ་རྣམས་ཆོ་འཕྲུལ་ཆེན་པོ་དང་། འདུལ་བ་ཕྲན་ཚེགས་ནས་ཉི་མ་གཅིག་

ཉིད་ལ་བསྟན་པར་བཤད་པ་དེ་ཆོ་འཕྲུལ་ཆུང་བ། ཡང་ཉན་ཐོས་དང་རང་སངས་རྒྱས་དག་དང་ཐུན་མོང་བ་སྤྱོད་ལམ་བཞི་བསྟན་པ་ཆོ་འཕྲུལ་ཆུང་ངུ་དང་། དེ་དག་གི་སྤྱོད་ཡུལ་དུ་མ་གྱུར་པ་བསྟན་པ་ཆོ་འཕྲུལ་ཆེན་པོར་ངོས་བཟུང་ན་འཐད་པ་འདྲ་ཞིག་ཏུ་གོ་ཡང་། སྔ་བཞིན་དུ། དེ་ནས་སྟོན་ཟླ་ཐ་ཆུང་ལ་ཆོ་འཕྲུལ་ཆུང་བ་འདུལ་བའི་མཆོད་པ་བགྱིས་ཏེ་དགག་དབྱེ་མཆོད་པ་བྱ་བར་གྲགས། ཞེས་ལྷ་བབས་ལ་ཆོ་འཕྲུལ་ཆུང་བའི་ཐ་སྙད་བྱས་ཏེ་འདུལ་བའི་མཆོད་པར་མིང་འདོགས་པའི་རྒྱུ་མཚན་ཡང་ལྷ་བབས་ཀྱི་མཛད་པ་འདི་མྱང་འདས་དང་དྲིན་ལན་བསབ་མདོ་སོགས་ནས་ཅུང་ཟད་རེ་ལས་ཞིབ་པ་འདུལ་བ་ཕྲན་ཚེགས་ནས་བཤད་པ་མ་གཏོགས་མེད་པའི་ཕྱིར་བཤད་ཁུངས་ཀྱི་དབང་དུ་བཞག་པ་ལྟ་བུ་དང་། ཟླ་བ་བཞི་པར་མངོན་པར་བྱང་ཆུབ་པའང་། གཙོ་བོར་རྒྱ་ཆེ་རོལ་པ་སོགས་མདོ་སྡེ་ནས་བཤད་པ་དང་། ཟླ་བ་ལྔ་པ་འདི་ཡང་ཅུང་ཟད་དུས་བཞིན་པ་འབྱུགས་པ་མ་གཏོགས་ཕལ་ཆེར་ཆོས་འཁོར་བསྐོར་བའི་དུས་ཆེན་གྱི་མཆོད་པ་ཡིན་པས་འདི་གཉིས་ཀྱང་མདོ་སྡེ་ནས་བཤད་པའི་དབང་དུ་བཏང་བ་ཡིན་ལ། དུས་ཀྱི་མཆོད་པ་གཅིག་སྔ་བཞིན་དུ་ཆོ་འཕྲུལ་ཆེན་པོའི་དུས་མཆོད་ཀྱི་མིང་དངོས་སུ་མ་སྨོས་ཀྱང་མདོར་བསྟན་ལ་དུས་མཆོད་བཞི་བཙུགས་ཚུལ་དང་། རྒྱས་བཤད་དུ་བཀྲེན་ཕྱུག་དང་པོ་སྨོས་པ་དེ་ཆོ་འཕྲུལ་ཆེན་པོ་ཡིན་པར་དོན་གྱིས་འགྱུར་བའི་ལྷ་སྲས་མུ་ནེ་བཙན་པོས་དུས་ཀྱི་
(༣༧༧ན)མཆོད་པ་བཞི་བཙུགས་པ་སོགས་དང་། འཇམ་མགོན་བླ་མ་བཙོང་ཁ་པ་ཆེན་པོའི་མཛད་ཆེན་བཞི་ཞེས་པའི་ནང་ཚན་མཉན་ཡོད་མཆོད་པ་དང་མཚུངས་པར་སྨིའུ་ཇོང་ཕྱི་བ་ནམ་མཁའ་བཟང་པོ་ལ་བཀའ་གནང་སྟེ་ལྷ་ལྡན་ཆོ་འཕྲུལ་ཆེན་པོ་འཛུགས་པ་གནང་བ་དེང་སང་དར་རྒྱས་ཆེ་བ་སོགས་འཕགས་བོད་གང་དུ་འང་དུས་སྟོན་གྱི་སྲོལ་རྒྱ་ཆེར་དར་བ་བཞིན། དུས་འཁོར་རྩ་རྒྱུད་དུམ་བུ་ཟླ་མའི་ཡོན་ཏན་བཟུང་བ་ལས། ཉེ་དུ་འབྲེལ་པ་ཤུལ་ན་གནས་པ་ཡིས། །གཞན་གྱི་དོན་དུ་དགེ་བ་གང་བྱས་པ། །རྣམ་པར་སྨིན་པ་མ་ཕྱིར་བེའུ་བཞིན། །གང་དུ་གནས་པ་

དེ་ཡི་རྗེས་སུ་འབྲང་། །དེ་བཞིན་མོས་གུས་ལྡན་པའི་སློབ་མ་ཡིས། །བླ་མ་འདས་པའི་ལོ་ཟླ་ཚེས་གྲངས་དག །ངེས་པར་བཟུང་སྟེ་མཆོད་པ་བྱས་གྱུར་ན། །ཐུགས་ཀྱི་དགོངས་པ་ཡོངས་སུ་རྫོགས་པར་འགྱུར། །ཞེས་པ་ལྟར་ཐམས་ཅད་མཁྱེན་པ་དོན་གྱི་སྣང་དུ་མཚན་ནས་སྨོས་པ་བདག་གི་བླ་མ་ཁམས་གསུམ་གྱི་འདྲེན་པ་དག་གི་དབང་ཕྱུག་བློ་བཟང་རྒྱ་མཚོ་ཉིད་ཚེ་ལོ་བརྒྱ་པའི་འདུས་བྱས་ཐམས་ཅད་མི་རྟག་པར་མཚོན་པས་གདུལ་བྱ་རྣམས་ཆོས་ལ་བསྐུལ་བའི་ཆེད་རབ་བྱུང་བཅུ་གཅིག་པའི་ཆུ་ཁྱི་དཔོ་ཟླ་བའི་ཐུན་མོང་གི་དུས་བཟང་ཉ་སྟོང་བརྒྱད་གསུམ་སོགས་མ་ཡིན་པའི་གསང་སྔགས་མ་རྒྱུད་ཀྱི་མར་ངོ་ཊ་ཀི་འདུ་བའི་དུས་དང་། འཇམ་མགོན་ཆོས་ཀྱི་རྒྱལ་པོ་བཙོང་ཁ་པ་དགའ་ལྡན་ཡིད་དགའ་ཆོས་འཛིན་དུ་གཤེགས་པའི་དུས་ཆེན་ལ་འོད་གསལ་ཆོས་སྐུའི་ངང་དུ་ནང་ཉོན་མོངས་དུག་ལྔ་དབྱིངས་སུ་དག་ནས་ཡེ་ཤེས་ལྔའི་ངོ་བོར་གྲོལ་ཆེད་ཉིན་ཞག་(༣༧༧བ)ལྔ་བཞུགས་པའི་གདན་གསུམ་འཁོར་ལོ་བརྩེགས་པའི་ཉིན་མཐུ་ར་བའི་ཆར་སོགས་ངོ་མཚར་བའི་ལྟས་དང་བཅས་དག་ཞིང་དུ་གཤེགས་པ་ཡིན་པས་ཊ་ཀི་འདུ་བའི་དུས་དེ་དག་ཚེས་ཞག་གིས་ཉེར་བཞིར་ཡང་འཕྲུགས་སྲིད་པ་དང་དེའི་སྟོན་འགྲོ་གྲལ་འཛིན་ལུགས་ཉེར་གསུམ་གྱི་དགོངས་ཇ་ནས་བཟུང་གདུགས་བདུན་གྱི་བར། རིམ་ལྔ་ལས། མཆོད་པ་ཐམས་ཅད་རྣམ་སྤངས་ནས། །བླ་མ་ལ་མཆོད་ཡང་དག་བརྩམ། །དེ་མཉེས་པས་ནི་ཀུན་མཁྱེན་པའི། །ཡེ་ཤེས་མཆོག་ནི་ཐོབ་པའོ། །ཞེས་པ་ལྟར་རྗེ་བླ་མ་གང་གི་སྐུ་མཆོད་དམ་དགོངས་རྫོགས་སུ་ལོ་ལྟར་གསེར་གདུང་འཛམ་གླིང་རྒྱན་གཅིག་བུམ་ནང་ཐམས་ཅད་མཁྱེན་པ་ལྔ་པ་ཆེན་པོའི་སྐུ་གདུང་རིལ་པོར་བཞུགས་པའི་སྐུ་མདུན་དང་འཕྲུལ་སྣང་དུ་སྟོང་མཆོད། རིས་མེད་དགེ་འདུན་འདུས་པའི་ཚོགས་ཁྲི་ཕྲག་ཕྱེད་བཞིར་ཉེ་བར་ཇ་ཐུག །ཚ་ར། འགྱེད། རྣམ་གཞག །བསྟོ་རྟེན་སོགས་བསྙེན་བཀུར། ཞངའ་འབངས་རྣམས་ལ་མི་མཆོད། མུ་ཏོ་བར་སྦྱིན་པ་སོགས་དུས་སྟོན་ཁྱད་པར་ཅན་འདི། བཤད་རྒྱུད་རྡོ་རྗེ་རྩེ་མོ་ལས། ཟང་ཟིང་མི་འཇིགས་ཆོས་དང་བྱམས། །སྦྱིན་

པ་རྣམ་བཞི་རྟག་ཏུ་བྱེད། །ཞེས་གསུངས་པས་སྦྱིན་པ་རྣམ་པ་བཞིའི་དང་པོ་ཟང་ཟིང་གི་སྦྱིན་པ། དཔའ་བོས་ཕར་ཕྱིན་བསྡུས་པར། སྲིད་པའི་མུན་ལ་གནས་པའི་སྐྱེ་བོ་ལ། །དམ་པའི་ཆོས་ཀྱི་སྦྱིན་པ་རྒྱ་ཆེར་བགྱི། །དེ་ཡིས་བསོད་ནམས་ཀུན་ཏུ་ཟད་མི་ཤེས། །ཞེས་པའི་བསོད་ནམས་ཟད་མི་ཤེས་པ་ངེད་རང་ནས་རྗེ་བླ་མའི་བསྟགས་བརྗོད་དང་ཚོགས་མཆོད་ཀྱི་རྒྱུ་(༣༧༨ན)མཚན་གཙོ་བོར་བཏོན་ཏེ་འཆད་པའི་ཆོས་སྦྱིན། དགྲ་གཉེན་བར་པ་ཐམས་ཅད་ལ། །སེམས་སྙོམས་མི་འཇིགས་སྐྱབས་ཀྱི་སྦྱིན། །ཞེས་བཙོན་དོང་ཐར་དང་སེམས་ཅན་བཀྲ་ཕྲག་གི་སྲོག་བླུ་སོགས་སྐྱབས་སྦྱིན་དང་། སློབ་དཔོན་དཔའ་བོས་བྱམས་པའི་སྟོབས་ཀྱི་སྐྱེས་རབས་ལས། དེའི་དཔུང་བྱམས་པ་ཏུ་མཆོན་ཁྲ་བོའི་དཔུང་ནི་ཆོ་ག་ཙམ། །དེ་ནི་མི་ཁྲོ་ཚིག་རྩུབ་མི་སྨྲ་ས་ཡང་ལེགས་པར་བསྲུང་། །ཞེས་བྱམས་པ་བཅས་སྦྱིན་པ་རྣམ་པ་བཞི་སོགས་སྤར་མ་གྲགས་ཀྱི་བསག་སྦྱོང་ཇམས་ཆེན་གྱི་དུས་སྟོན་འདི་དག་ཚུགས་ཤིང་། ཉེར་དགུར་རྗེ་བླ་མས་སྟོན་ཟན་གཡང་མི་འགྱུར་ལྷུན་གྲུབ་ཏུ་ལྷ་སྲས་མུ་ནེ་སྟན་གྱིས་ངཏབ་པར་གཞན་གྱིས་གྲོལ་དཀའ་བར་དམིགས་ནས་སློབ་དཔོན་པདྨས་རྒྱལ་པོ་རྩེ་མདོས་བཏང་བས་གྲོལ་བ་བཞིན་ངེད་ཀྱི་རིམ་གྲོར་འཛུགས་པར་མཛད་པས་གྲབས་སྒྲུབ་སྟོན་དུ་འགྲོ་བའི་མདོས་རྫོངས་ཚ་ཇམས་ཀྱི་གིང་ག་ར་ཧ་ལ་སོགས་འཆམས། ཞུ་བ་ཅན་དང་། དགྲ་ལྷ་རྡོ་རྗེ་གྲགས་ལྡན་ཕོག་ཐེབས་ཀྱི་མདོས་རྒྱབ་དང་བཅས་རྒྱས་པ། གདན་གསུམ་འཁོར་ལོ་བརྩེགས་པ་གནམ་གང་གི་ཚོགས་འདུས་ཚོགས་རྣམས་ཀྱིའང་ཕྱི་ཁྲུས་ནི། བཤད་རྒྱུད་རྡོ་རྗེ་རྩེ་མོ་ལས། ཉིན་རེ་བཞིན་ནི་ཅི་ནུས་པར། །ཁྲུས་བཞི་དག་ནི་རབ་ཏུ་བྱ། །རྣལ་འབྱོར་ཇི་ལྟར་ཁྲུས་བྱ་བ། །གོ་རིམ་བཞིན་དུ་རབ་ཏུ་བཤད། །སྡོམ་པ་གསུམ་ལ་རབ་ཏུ་གནས། །དང་པོའི་ཁྲུས་སུ་བརྗོད་པ་ཡིན། །གཉིས་པ་རྒྱུད་ལས་གསུངས་པ་ཡི། །བཤགས་དང་གསོལ་བ་འདེབས་པ་སོགས། །(༣༧༨བ)ཕྱག་རྒྱ་བཅིང་བ་གསུམ་པ་སྟེ། །བཞི་པ་ཆུ་སྟེ་མཐའ་མ་ཡིན། །ཞེས་རྣམ་པ་བཞིར་གསུངས་པའི་དང་པོ་གསུམ་དགེ་འདུན་རྣམས་ཀྱིས་ཐུགས་ཉམས་སུ་

བཞེས་བཞིན་པ་ཡིན་པས་སློས་མ་དགོས་ཤིང་། ཁྱད་པར་དུ་འང་འདུལ་བ་མདོ་རྩ་ལས། གསོ་སྦྱོང་བྱའོ། །ཟླ་བ་ཕྱེད་ཕྱེད་ཀྱི་ཚེས་བཅོ་ལྔ་ལའོ། །སོ་སོ་ཐར་པའི་མདོ་གདོན་པས་སོ། །ཞེས་དང་། འདུལ་བ་རྒྱ་ཆེར་འགྲེལ་ལས། གསོ་སྦྱོང་ཞེས་བྱ་བ་ནི་ཚུལ་ཁྲིམས་གསོ་ཞིང་སྦྱོང་བ་སྟེ་གསོ་བར་བྱེད་ཅེས་པའི་ཐ་ཚིག་གོ །དུས་གང་གི་ཚེ་ན་དེའི་ཕྱིར་ཟླ་བ་ཕྱེད་ཕྱེད་ཀྱི་ཚེས་བཅོ་ལྔ་ལའོ་ཞེས་བྱ་བ་སྨོས་ཏེ་ཚེས་བཅོ་ལྔ་ཞེས་སློས་པས་བཅུ་བཞིའི་གསོ་སྦྱོང་ཡང་བསྡུས་པར་རིག་པར་བྱ་སྟེ། འདི་ལྟར་ཚེས་གཅིག་ནས་བཅོ་ལྔའི་བར་གྱི་ཉི་མ་གང་ཡང་རུང་བ་ལས་ཉི་མ་གཅིག་ཆད་པས་སྤྱིར་ཞག་བཅུ་བཞི་ཡོད་པའི་ཕྱིར། འཇིག་རྟེན་པའི་དབང་དུ་བྱས་ཏེ་བཅོམ་ལྡན་འདས་ཀྱིས་ཀྱང་། སོ་སོ་ཐར་པའི་མདོ་ལས་གསོ་སྦྱོང་བཅུ་བཞི་པ་ཞེས་གསུངས་པར་ཟད་ཀྱི་དངོས་སུ་ན་ཟླ་བའི་ངོ་དེའི་ཚེས་གྲངས་གང་ལ་ཉི་མ་གཅིག་ཆད་ང་དེ་ཉིད་ས་སྟོངས་སུ་དོར་བར་ཟད་ཀྱི། གསོ་སྦྱོང་གི་ཉི་མ་ལ་ཉི་མ་ཆད་པ་མ་ཡིན་པས་གསོ་སྦྱོང་བཅུ་བཞི་པ་ཞེས་བྱ་བའི་ཉི་མ་དེ་ཉིད་ཚེས་བཅོ་ལྔ་པ་ཡིན་པའི་ཕྱིར་རོ། །རྣམ་པ་གང་གི་གསོ་སྦྱོང་ཞེས་བྱ་བ་དེའི་ཕྱིར་སོ་སོ་ཐར་པའི་མདོ་འདོན་པས་གསོ་སྦྱོང་ཞེས་བྱ་བ་སྨོས་ཏེ། སེམས་དྲང་པོར་བསྒྲུབ་པ་ལ་སོགས་པ་དང་འགལ་བ་བཟློག་པ་ལ་སོགས་པའི་རྣམ་པ་གཞན་གྱིས་ཀྱང་ཚུལ་ཁྲིམས་གསོ་བར་བྱེད་པ་ཡོད་པས་དེ་དག (༣༧(ན)བསལ་བའི་ཕྱིར་སོ་སོ་ཐར་པའི་མདོ་གདོན་པས་སོ་ཞེས་གསུངས་པ་ལྟར་ཚེས་ཞག་གིས་གསོ་སྦྱོང་བཅོ་ལྔ་པ་འབའ་ཞིག་ཡིན་ཀྱང་། ཉིན་ཞག་གི་དབང་གིས་ལོ་གཅིག་ལ་བཅུ་བཞི་པ་དྲུག་དང་བཅོ་ལྔ་པ་བཅོ་བརྒྱད་འབྱུང་བས། ཇི་སྐད་དུ། དགུན་དང་དཔྱིད་དང་དབྱར་རྣམས་ཀྱི། །ཟླ་བ་ཕྱེད་དང་གཉིས་འདས་ཤིང་། །ལྷག་མ་ཕྱེད་ནི་ལུས་པ་ན། །མཁས་པས་ཞག་མི་ཐུབ་པ་དོར། །ཞེས་གསུངས་པ་དང་། ལོ་དྲི་བ་ལས། རྒྱལ་དང་དབོ་དང་ས་ག་དང་། །ཆུ་སྟོད་ཁྲུམས་སྨད་སྨིན་དྲུག་བཅས། །འདི་རྣམས་ཀྱི་ནི་ནག་པོའི་ཕྱོགས། །ཟླ་ཕྱེད་གསོ་སྦྱོང་བཅུ་བཞི་པ། །ཞེས་གསུངས་པས་ད་ལམ་མར་ངོ་སྔོན་འགྲོའི་དབང་གིས་ནག་པ་ཟླ་བའི་

དམར་ཕྱོགས་ཡིན་པས། གསོ་སྦྱོང་བཅོ་ལྔ་པ་ཆོས་གནམ་གང་གི་ཞོགས་ཚོགས་གྲོལ་མ་ཐག་གི་སྔ་ཆར་གྲུབ་པས་ལྷུང་བ་རྣམ་པར་དག་པ་མཛད་དེ།

མདོ་རྩར། གྲོང་ཁྱེར་དུ་གཤེགས་པར་བྱའོ། །ཞེས་པ་ནས། དེ་ལ་གདུགས་དང་། རྒྱལ་མཚན་དང་། བ་དན་དག་སྒྲེང་ངོ་། །དབུ་ལ་མེ་ཏོག་རྣ་རྒྱན་གདགས་སོ། །མཆོད་ཡོན་དང་ཞབས་ལ་གསོལ་བ་དག་ཀྱང་ངོ་། །ཞེས་དང་། དེ་ལ་རོལ་མོ་བྱེད་པ་དག་གིས་རོལ་མོ་བྱ་བ་དང་བཀུར་སྟི་ཆེན་པོ་གཞན་ཡང་བཟང་ངོ་། །ཞེས་སོགས་ཀྱི་དོན་ལྟར་བཤུལ་ལམ་ས་ཕྱོགས་ལམ་སྲང་རྣམས་སུ་དཔག་ཚད་ཙམ་པའི་ཁྲིན་ཁོར་ཡུག་ཏུ་གྱོ་མོ་དང་གསེག་མ་དང་ཚེར་མ་ལ་སོགས་པ་དང་། ཐུན་ཅིང་རྔོངས་པའི་དུད་འགྲོ་རྣམས་དང་། སྐྱེ་བོ་མ་སྤོམ་པ་རྣམས་ཀྱི་བཤང་གཅི་སོགས་(༣༧(བ)བསལ་བའི་ཆག་ཆག་བཏབ་པར་མཆོད་སྣར་རྒྱས་པར་བསྟར་བའི་གོ་རིམ་ནི། མཆོད་ཡུལ་གྱི་གཙོ་བོ་དུས་གསུམ་རྒྱལ་བ་ཐམས་ཅད་ཀྱི་མཁྱེན་བརྩེ་ནུས་པའི་སྤྱི་གཟུགས་ལྷ་དང་བཅས་པའི་འགྲོ་བ་ཀུན་གྱི་མགོན་སྐྱབས་དང་དཔུང་གཉེན་དམ་ང་དོན་སླད་མཚན་ནས་སློས་པ་རྒྱལ་བའི་དབང་པོ་ངག་གི་དབང་ཕྱུག་བློ་བཟང་རྒྱ་མཚོའི་སྐུ་གདུང་རིན་པོ་ཆེ་ཡིད་བཞིན་ནོར་བུ་ཧོག་གི་བློ་གྲོས་གཙོ་བོར་གྱུར་པར་ཞལ་ནས་ཁང་སྟེང་ནས་སྟོང་མཆོད་དང་ཟླུང་དུ་འབྲེལ་བའི་སར། གསང་བ་སྤྱི་རྒྱུད་ལས། ཡི་གེ་ཀློག་པ་བཞི་ཞིག་ཀྱང་། །ཕྱོགས་བཞི་དག་ཏུ་བཞག་པར་བྱ། །ཞེས་གསུངས་པ་ལྟར་ཤར་ཕྱོགས་སུ་གསེར་འོད། ལྷོར་ཤེར་ཕྱིན། ནུབ་ཏུ་ཟླ་བ་སྒྲོན་མེ། བྱང་དུ་སྟོང་པོས་བརྒྱན་པ་སྟེ་ཐེག་ཆེན་གྱི་མདོ་བཞི་བསྒྲག་རེ། སྔཙྪ་གཏོར་མ། འབྱུང་བཞི། ཚ་གསུམ་རྣམས་བསྟར་ཞིང་། གདུགས་རྒྱལ་མཚན་བ་དན་སོགས་སྟོན་དུ་བསྒྲིགས། དད་པ་བརྟན་པའི་སྐྱེས་རབས་ལས། སྐྱེ་བ་དཔག་ཏུ་མེད་པ་ཡི། །ཁྱོད་ཀྱི་བཤེས་གཉེན་ང་ཡིན་མོད། །ཅེས་གསུངས་པ་ལྟར་འཁྲོམ་སྟོན་རྒྱལ་བའི་འབྱུང་གནས་ཀྱི་དུས་སུ་ཛ་བོ་ཨ་ཧི་ཤ་ཡིན་པ་ནས་གྱེན་དུ་དེད་པའི་ཟླ་མ་མྱུ་ངན་ཐལ་དྲི་མ་མེད་པ། སྙིང་རྗེ་པད་དཀར་གྱི་རྒྱལ་པོ་རྩིབས་ཀྱི་མུ་ཁྱུད། སྐུ་མ་ལྷ་བུའི་ཏིང་ངེ་

འཛིན་གྱི་མདོའི་རྒྱལ་པོ་དཔལ་གྱི་གཟི་བརྗིད། བསྐལ་པ་འཛིན་པའི་སངས་རྒྱས་ཡེ་ཤེས་ཏོག་སོགས་དོན་འཕགས་པ་སྤྱན་རས་གཟིགས་ཀྱི་ཆོས་སྐུའམ་དགེ་བའི་བཤེས་གཉེན་ནི་འོད་དཔག་མེད་པོ་ན་ཡིན་པས་དེ་དང་། རིགས་ལྔའི་གཙོ་བོ་རྣམ་སྣང་གི་གོས་སྐུ་སྨྱུག་(༣༨༠ན)སྐྱབས་ངོ་མཚར་བའི་མཚན་མ་ལྷར་བཞེངས་པ་བཟུང་གྲུ་འཛིན་གྱི་རྩིག་ངོས་སུ་ཞལ་དབྱེ། ནམ་མཁའི་ཁམས་མིག་ཡུལ་དུ་མི་ཤྱུར་པའི་དར་འཕྱར། གནམ་ས་ཁོལ་བའི་རོལ་མོའི་སྒྲ་སྒྲིར་བ་དང་དུས་མཚུངས་པར་དཔལ་ར་ས་འཕྲུལ་སྣང་གི་གཙུག་ལག་ཁང་ནས་སྐོར་ལམ་བརྒྱུད་མཆོད་སྐོར་ཐོག་མར་བཀྲ་ཤིས་པའི་ཀ་དར་དཀར་པོ་ཞི་བའི་མདོག་ཅན་རྣམ་སྣང་གི་མཚོན་དོན་འཁོར་ལོའི་ཕྱུ་ཅན་བཙོ་ལྔ། དེ་བཞིན་དུ་རྒྱས་པའི་ཁ་དོག་རིན་འབྱུང་གི་མཚོན་དོན་ཡོད་པ་བཙོ་ལྔ། དབང་མདོག་སྣང་མཐའི་མཚོན་དོན་ཅན་བཙོ་ལྔ། དྲག་པོའི་མདོག་ཅན་མི་བསྐྱོད་པའི་ཕྱུ་ལྡན་བཙོ་ལྔ། ལས་སྣ་ཚོགས་པའི་མདོག་ཅན་དོན་གྲུབ་ཀྱི་མཚོན་དོན་རལ་གྲིའི་ཏོག་བཅས་བཙོ་ལྔ། གདུགས་བཅུ་ཕྲག་གསུམ། ཕྱོགས་ལས་རྣམ་པར་རྒྱལ་བའི་རྒྱལ་མཚན་སུམ་ཅུ། བ་དན་སུམ་ཅུ། ཕྱེ་མའི་ཕུར་མ་སུམ་ཅུ། དགེ་འདུན་རྣམས་ཀྱིས་རོལ་མོ་འབུད་དཀྲོལ་ཏུང་མི་ཏུང་དེ་ཡང་གླིང་གཞིར་དྲུག་སྡེས་ཡངས་པ་ཅན་གྱི་སྐྱིད་སོས་ཚལ་དུ་གླུ་བྲོ་བརྡུངས་པས་ལི་ཙ་བྱི་དག་མ་སྐྱེས་དགྲའི་དམག་འོངས་སོ་ཞེས་གོ་གོན་ནས་ཕྱིར་བྱུང་བ་དང་། མཉན་ཡོད་ན་གླུ་གར་བསླབས་པས་དགེ་སྡོང་གི་ཚུལ་ཞིག་གོ་ཞེས་འཕྱས་པ་སོགས་ལ་བརྟེན། གར་དང་རོལ་མོ་ཀུན་དུ་སྤྱོད་པར་མི་བྱའོ། །ཞེས་རབ་བྱུང་གི་ཡོངས་པའི་གཞིར་གཏོགས་པའི་ལྟུང་བྱེད་དུ་བཤད་ཀྱང་། སུམ་བརྒྱ་པ་ལས། ཆོས་སྒྲོག་བྱེད་པའི་གླུ་ནི་ཉེས་པ་མེད། །སྟོན་པའི་ཡོན་ཏན་བརྗོད་པའང་དེ་བཞིན་ནོ། །ཞེས་དང་། མདོ་རྩ་ལས། སྟོན་པའི་ཡོན་ཏན་ཡང་(༣༨༠བ)དག་པར་བསྒྲག་པ་དང་། རྒྱུན་ཆགས་གསུམ་པ་འདོན་པ་ལ་དབྱངས་ཀྱི་ང་རོ་བྱའོ། །ཞེས་དང་། ཚིག་གཏེར་ལས། སྒྲ་ཆེན་པ་ཏ་ཧ་དག་དང་། །ཁར་ཛ་ཧིང་ཧིང་ཤག་ལ་སོགས། །ཞེས་སོགས་འདོད་ཆགས་ཀྱིས་ཀུན་ནས་བླངས་པ་

མ་ཡིན་པར་དཀོན་ཅོག་མཆོད་པའི་དོན་དུ་དགེ་ཚུལ་སློང་གིའང་རོལ་མོ་འབུད་དཀྲོལ་རུང་བར་གསུངས་ཤིང་། དོན་དེ་ལ་དགོངས་ནས་འཇམ་མགོན་ཆོས་ཀྱི་རྒྱལ་པོ་བཙོང་ཁ་པ་ཆེན་པོས་ལྷ་ལྡན་སྨོན་ལམ་གྱི་ཁྱམས་པ་གདན་འདྲེན་ལ་རོལ་མོ་སྣ་ཚོགས་ཐོགས་པའི་སེར་ཕྲེང་གནང་བ་ལྟར་སྐབས་འདིར་ཡང་རྒྱ་རོལ་ལས། དུང་གི་སྒྲས་རོལ་མོ་ཐམས་ཅད་ཟིལ་གྱིས་གནོན་པ་བཞིན་དུ། ངས་ཀྱང་དེ་དག་ཟིལ་གྱིས་མནན་ཏེ་བདུད་རྩིས་འགྲོ་བ་ཚིམ་པར་བྱའོ། །ཞེས་གསུངས་པ་ལྟར་དུང་དཀར་བ་དུང་གོས་དང་བཅས་པ་སུམ་ཅུ། དམ་པའི་ཆོས་འདུལ་བ་ལས། དུང་བསྒྲིལ་ཏེ་འབུད་པར་བྱའོ། །ཞེས་གསུངས་པ་ལྟར་ཀ་ལིང་ངམ་ཡོ་པ་ཙ་སྤྱན་འདྲེན་གྱི་དུང་དུ་གྲགས་པ་བཞི་ཚན་དུ་བསྒྲིལ་ནས་འབུད་པ་བཀྲ་ཤིས་ཀྱི་གྲངས་ལྡན་ཏེ་ཁྲོན་སོ་གཉིས། སྦུ་དག་པ་དྲུག །རྒྱ་གླིང་པ་སུམ་ཅུ། སྦུབས་ལས་བྱུང་བའི་སྒྲར་དུང་ཞེས་པོས་པ་རིགས་ཉི་ཤུ། རོལ་མོའི་བྱེ་བྲག་བཅོ་བརྒྱད་ཀྱི་ནང་ཚན་དུཀྐ་ཊིཿཞེས་ཟ་པོ་ཆེར་གྲགས་པ་བཅོ་ལྔ་སྣ་འདྲེན་སྦུག་ཆོལ་བ་གཅིག་དང་བཅས་པས་བཀྲ་ཤིས་འགྲོས།

གུར་གྱི་རྒྱུད་ལས། རང་གི་ཚིགས་བཅད་མང་པོར་ནི། །བསྟན་པ་འདིས་ནི་ཅི་ཞིག་བྱ། །ཇི་སྐྲེད་རོལ་མོའི་བསྟན་བཅོས་སུ། །དེ་ནི་རྫོ་རྗེ་རོལ་མོའི་སྒྲ། །ཞེས་སོགས་གར་གྱི་རྣམ་གྲངས་གསུངས་པ་(༤༧ན)ནས་ནང་གི་གར་ལ་བལྟ་བར་མི་འོས་པ་རྣམས་ཀྱི་དོན་དུ་ཕྱི་རོལ་ན་བརྩེ་བའི་གར་ཚུང་དུ་གྲགས་པ་ལྷའི་བུ་གཞོན་ནུ་ཟུར་ཕུད་ལྔ་པའི་ཆ་བྱད་ཅན་ཕེག་རྡོབ་པ་གཅིག །ཇ་ཚུང་བ་བཅུ། ཏིང་ཤག་པ་ལྔ་རྣམས་ཀྱིས་ཀྲ་ཀི་འགྲོས་ཀྱི་གར་ཚུང་དབྱངས་དང་བཅས་པ། འཆི་མེད་མཛོད་ལས། མྲི་དྃ་ག་དང་ནས་འདྲའི་ལྔ། །ཞེས་སོགས་བཤད་པ་ལྟར་ཛ་ཇ་དང་ཛ་ཇ་ཆེན་པོ་ལྔ་རེ། པི་ཝཾ་པ་ལྔ། རྒྱུད་མངས་པ་བཅུ་བཞི། ལྟགས་དང་འཁར་བའི་སིལ་ཁྲོལ་བཞི་རེ། གླིང་བུའི་རིགས་བཅུ་གསུམ། ཕེག་རྡོབ་པ་བཞི། ཛ་མུ་ཀུ་ཏ་ཐུང་དང་། པ་ཏ་ཧ་གཉིས། ཅུར་ཏིང་གཉིས། འཁར་ཛ་བ་བཅུ། སིལ་སྙན་པ་ཉི་ཤུ། སྦུག་ཆོལ་བ་ཉི་ཤུ། ཛ་ཡུ་བ་ཅན་བཅུ། ལྷན་སྐྱེས་དང་སྦྱར་བ་ལས་བྱུང་བའི་བདུག་སྤོས་ཀྱི་

ཡོལ་གོ་བ་བཅོ་ལྔ། ཇི་སྐད་དུ། ཆུ་གཙང་སྨན་སྤོས་འོ་མ་འདག་ཆལ་ཆུས། །འགྲོ་བའི་ལུས་སེམས་སྡུག་བསྔལ་ནད་བསལ་ཏེ། །ཉེས་པའི་སྐྱོན་བྲལ་འགྲོ་བའི་ཡིད་འོང་བ། །དམ་པའི་སྐུ་མཆོག་བདག་གིས་ཁྲབ་པར་ཤོག །ཅེས་ཁྲུས་གསོལ་ལ་སོགས་པའི་ཆེད་བུམ་པ། དེ་ཡང་བབ་ཆོལ་ཡོངས་གྲགས་ལྟར་མ་ཡིན་པར། དུས་འཁོར་བསྡུས་རྒྱུད་ལས། ཀླུམ་པོ་བརྒྱད་གཉིས་སོར་དུ་བརྗོད་དེ་གཉིས་ཀྱི་བསྐྱུར་བའི་བཅུ་ཡི་དཔངས་དང་སོར་གཉིས་དག་གི་མཆུ། །ཞེས་སོགས་རྒྱུད་སྡེ་རིན་པོ་ཆེའི་དགོངས་དོན་ཇི་བཞིན་གཏན་ལ་ཕབ་སྟེ་ཆེད་གཉེར་གྱིས་བཟོས་པས་མཚོན་པའི་བུམ་པ་ཕལ་ཟས་བརྒྱད། དྲི་བཟང་། བཅུད་ཉེར་ལྔ་ལ་སོགས་པས་གཏམས་པ་སོ་གསུམ། རིན་པོ་ཆེ་ལ་སོགས་པའི་སྣོད་དུ་ཇུ་གྲོ་རྣས་(༣༧བ)གཙོས་པའི་འདག་ཆལ་པ་བརྒྱད་དུར་པིར་དང་བཅས་པ། ཁྲུས་རས། མེ་ལོང་། གདུགས་དཀར། ཁྲུས་གཞོང་རྣམས་རེ། མནྡལ་ཆོམ་བུ་རིགས་མི་འདྲ་བ་དྲུག །དེ་དག་གི་ཞལ་འདོན་སྤྱན་འདྲེན་ཁྲུས་གསོལ་ཕོས་པ་རྒྱ་མཚོའི་མཆོད་དཔྱངས་ཆོས་སྤྱོད་ཀྱི་བྱང་འདྲེན་བཅས་བཅུ་བདུན། ཀུན་བཟང་སྨོན་ལམ་ལས། ཕྱག་འཚལ་བ་དང་མཆོད་ཅིང་བཤགས་པ་དང་། །ཞེས་ཡན་ལག་བདུན་རིམ་པ་ལྟར། ཕྱག་འཚལ་བ་དགེ་སློང་བཞི། མེ་ཏོག །ཕྲེང་བ། སིལ་སྙན། དུང་དཀར། འཕར་ཟ། སྦུག་ཆལ། བྱུག་པ། གདུགས། མར་མེ། མེ་ཤེལ་རྣམས་རེ། བདུག་སྤོས་པ་གཉིས། ན་བཟའ། དྲི་ཆབ། ཕྱེ་ཕུར། རིན་པོ་ཆེ། ཇོ་ཤལ། བླ་བྲེ། རྒྱལ་མཚན། བ་དན་སོ་སོ་ནས་རེ། བརྐྱང་ཕྱག་འབུལ་མི་བཞི། ཕྱག་འཚལ་བའི་གཟུངས་འདོན་མི་བཞི། ཐལ་མོ་སྦྱོར་མི་བཞི། ལྟུང་བཤགས་འདོན་མི་བཞི། སྟོབས་བཞི་འདོན་མི་བཞི། ཡིག་བརྒྱ་འདོན་མི་བཞི། ཡེ་ཤེས་སྐུ་མཆོག་པ་བཞི། རྗེས་སུ་ཡི་རང་བ་བཞི། ཆོས་འཁོར་བསྐུལ་མི་འཁོར་ལོ་ཐོགས་པ་བཞི། འགྲོ་དོན་བསྐུལ་བ་པོ་བཞི། བྱང་ཆུབ་ཏུ་བསྔོ་བ་པོ་བཞི། དེ་ཡང་དབུ་མའི་ཕྱོགས་སུ་གཏོགས་པ་རྒྱལ་བའི་སྲས་པོ་ཞི་བ་ལྷས་མཛད་པའི་བསྟན་བཅོས་བྱང་ཆུབ་སེམས་དཔའི་སྤྱོད་པ་ལ་འཇུག་པའི་སྡིག་པ་བཤགས་

པའི་ལེའུ་གཉིས་པ་ལས་བྱུང་བའི་མཆོད་པ་ལ་རྒྱ་བོད་དུ་འགྲེལ་མཛད་མཁན་པོ་མང་ཞིང་བཞེད་པ་ཅུང་མི་མཐུན་པ་མང་ནའང་རྗེ་མོའི་འགྲེལ་པ་ཤས་ཆེ་བའི་རྒྱ་འགྲེལ་གྱི་དགོངས་པ་དང་དུ་བླངས་ཏེ་བདག་པོས་མ་བཟུང་བའི་མཆོད་པ། རང་གི་ལུས་(༢༤༡ན)འབུལ་བའི་མཆོད་པ། བློས་སྤྲུལ་པའི་མཆོད་པ་དང་གསུམ་ལས་དང་པོ། མེ་ཏོག་འབྲས་བུ་ཇི་སྙེད་ཡོད་པ་དང་། །སྨན་གྱི་རྣམ་པ་གང་དག་ཡོད་པ་དང་། །འཇིག་རྟེན་རིན་ཆེན་ཇི་སྙེད་ཡོད་པ་དང་། །ཆུ་གཙང་ཡིད་དུ་འོང་བ་ཅི་ཡོད་པ། །ཞེས་མེ་ཏོག་སྨན་སྣ། རིན་པོ་ཆེ་ལས་གྲུབ་པའི་རི་བོ། ཆུ་སྣ། རིན་པོ་ཆེའི་རི། ནགས་ཚལ། ལྷའི་ལྗོན་པ། འབྲས་བུའི་ཤིང་། མ་རྨོས་པའི་ལོ་ཏོག་སོགས་དགུ་དང་། ལུས་འབུལ་བ་ནི། རྒྱལ་དང་དེ་སྲས་རྣམས་ལ་བདག་གིས་ནི། །བདག་གི་ལུས་ཀུན་གཏན་དུ་འབུལ་བར་བགྱི། །ཞེས་པ་ལྟར་ལུས་འབུལ་བ་པོ་དགེ་སློང་སྣམ་སྦྱར་ཅན་བཞི། བློས་སྤྲུལ་པའི་མཆོད་པར་བླ་ན་ཡོད་པ་དང་བླ་ན་མེད་པ་གཉིས་བླ་ན་ཡོད་པའི་མཆོད་པ་དང་པོ། ཁྲུས་ཀྱི་ཁང་པ་ཤིན་ཏུ་དྲི་ཞིམ་པ། །ཞེས་སོགས་ཁྲུས་ཁང་བསྐྱེད་པས་མཆོན་ཁྲུས་གསོལ་བ་ཁྲུས་བུམ་ཐོགས་པ་གཅིག་ཁྲུས་ཕྱིར་ཐོགས་པ་གཅིག །ཁྲུས་གསོལ་མཁན་མེ་ལོང་ཐོགས་པ་གཅིག །ཁྲུས་དར་བ་གཅིག །སིལ་སྙན་དང་འཁར་རྔ་བ་རེ།

ངེ་ནས་དེ་ལ་ཁ་དོག་ལེགས་བསྒྱུར་བའི། །ཞེས་པས་ན་བཟའ། རྒྱན་མཆོག་བརྒྱ་ཕྲག་དེ་དང་དེ་དག་གིས། །ཞེས་ཡོངས་སྐྱའི་རྒྱན་ཆ་ཚང་། སྟོང་གསུམ་ཀུན་ཏུ་དྲི་ངད་ལྡང་བ་ཡི། །ཞེས་ཁྲུས་ཕྱིར་ཏིལ་མར་ཅན་ཏེ་བྱུག་པ། ཐུབ་དབང་མཆོད་གནས་མཆོག་ལ་ཡིད་འོང་བའི། །ཞེས་སོགས་མེ་ཏོག །སྤོས་མཆོག་ཡིད་འོང་དྲི་ངད་ཁྱབ་པ་ཡི། །ཞེས་བདུག་སྤོས། ཞལ་ཟས་བཟའ་བཏུང་སྣ་ཚོགས་བཅས་པ་ཡི། །(༢༤༡བ)ཞེས་ལྷ་བཤོས། གསེར་གྱི་པདྨ་ཚར་དུ་དངར་བ་ཡི། །ཞེས་སྒྲོན་མེ། ས་གཞི་བསྟར་བ་སྤོས་ཀྱིས་བྱུགས་པ་དེར། །ཞེས་ས་གཞི། གཞལ་མེད་ཕོ་བྲང་བསྟོད་དབྱངས་ཡིད་འོང་ལྡན། །ཞེས་གཞལ་མེད་ཁང་། རིན་ཆེན་གདུགས་མཛེས་གསེར་གྱི་ཡུ་བ་

ཅན། །ཞེས་རིན་པོ་ཆེའི་གདུགས། དེ་ལས་གཞན་ཡང་མཆོད་པའི་ཚོགས། །རོལ་མོ་དབྱངས་སྙན་ཡིད་འོང་ལྡན། །ཞེས་མཆོད་སྤྲིན་སྤྱི་དང་རོལ་མོ་འབུལ་བ་སིལ་སྙན་གཅིག །ཅེག་རྫོབ་གཅིག །མཆོད་དབྱངས་པ་དྲུག །བླ་ན་མེད་པའི་མཆོད་པ། ཇི་ལྟར་འཇམ་དབྱངས་ལ་སོགས་པས། །ཞེས་སོགས་ནི་འཇམ་དཔལ་གྱིས་སངས་རྒྱས་ཀྱི་ཞིང་གི་ཡོན་ཏན་བཀོད་པའི་མདོ་གསུངས་པའི་ཕྱོགས་བཅུའི་སངས་རྒྱས་བྱང་སེམས་ཀྱི་འདུས་པ་ཆེན་པོ་མཆོད་པའི་སྤྲིན་དང་བཅས་བྱུང་བ་དང་། ནམ་མཁའི་སྙིང་པོའི་མདོ་ལས། ནམ་མཁའི་མདོག་གི་འདུལ་བའི་བཀོད་པ་སོགས་བཤད་ང་ལྟར། བྱང་ཆུབ་སེམས་དཔའི་ཞིང་གི་བཀོད་པ་ཡིན་པས་ཚོགས་མཆོད་ལྟ་བུ་ལས་ལོགས་སུ་མི་དགོས་པ། རྒྱུད་ལས། ཡིད་ཀྱི་མཆོད་པ་ཁྱད་པར་ཅན། །ཡང་དག་ཉིད་དུ་བརྗོན་པར་བྱ། །ཞེས་ཡིད་མཆོད་ཡིན་ཀྱང་ས་བཅད་དགེ་སློང་མཆོད་སྤྲིན་གྱི་གཟུངས་འདོན་པ་བཞི། བཀའ་གདམས་ཀྱི་སྐུ་ལྟ་བའམ་རྟེན་རྣམས་སྐྱི་འབམ་སྐུ་མ་ལྟ་བུ་ཡིན་སྙམ་པ་དང་རྟེན་རྣམས་སངས་རྒྱས་དངོས་ཡིན་སྙམ་པའི་བཞེད་པ་གཉིས་ལས་ཕྱི་མའི་དོན་སེམས་པའི་དགེ་སློང་བཞི། གསང་སྔགས་གསར་མའི་རྒྱུད་སྡེ་བཞི་ཐུན་མོང་གི་མཆོད་པ་ཆུ་གཉིས་སམ། ཨརྒྷཾ་པཱ་དྱཾ་ཨཱཙྪ་མ་ནཾ་པྲོཀྵ་ཎཾ་བཞི། (༡༥༣ན)ཏིང་འཛིན་པེར་གྱིས་བྲིས་པའི་སྨིན་ལེགས་གཟུགས། །ཞེས་སོགས་ཉེར་སྤྱོད་ལྔ། བྱ་སྤྱོད་ཐུན་མོང་འོད་ཟེར་དྲི་མེད་ཀྱི། །བདེ་བར་གཤེགས་སོ་བཅོམ་ལྡན་འདས། །ཚུར་གཤེགས་འདིར་ནི་བཞུགས་སུ་གསོལ། །ཞེས་མཆོད་ཡོན། ཁྲབ་བུམ། རོལ་མོ། མེ་ཏོག །བདུག་སྤོས། ལྷ་བཤོས། མར་མེ་བཅས་བརྒྱད་དང་། དགོན་ཅོག་ཏ་ལ་ལས། མེ་ཏོག་ཕལ་ཆེར་མེ་ཏོག་བླ་བྲེ་དང་། །སོགས་མེ་ཏོག །བདུག་པ། སྤོས། ཕྲེང་བ། ཕྱེ་ཕུར། ན་བཟའ། གདུགས། རིན་པོ་ཆེ། པདྨ། རྒྱན་ཕྲེང་། རྒྱལ་མཚན། རིན་པོ་ཆེའི་གདུགས་རྣམས། རྣལ་འབྱོར་རྒྱུད་ལ་མཆོད་ཡོན་ཉེར་སྤྱོད་སྤྱི་མཐུན་གྱི་སྟེང་མཆོད་པ་ཉེར་ལྔ་ཞེས། དཔག་མེད་བསོད་ནམས་སྟོབས་ལས་ལེགས་བྱུང་བའི། །ལྷ་རྫས་ལས་གྲུབ་རིན་ཆེན་ཅོད་པན་མཆོག །ཅེས་ཅོད་པན། སྙན་

རྒྱན། མགུལ་རྒྱན། སེ་མོ་དོ། དཔུང་རྒྱན། གདུ་བུ། ཞབས་གདུབ། སོར་གདུབ། གདུགས་རྣམས་དང་། མི་མཐུན་བདུད་ལས་རྒྱལ་བའི་རྒྱལ་མཚན་མཆོག །ཅེས་རྒྱལ་མཚན་ཡོངས་གྲགས་རྣམས་མཚན་ཉིད་དང་མི་ལྡན་ཅིང་། རྒྱལ་མཚན་དངོས་ནི་འཇམ་མགོན་བཙོང་ཁ་པ་ཆེན་པོའི་མཆོད་ཕྲེང་དང་། སྔགས་རིམ་བླ་མེད་སྒྲུབ་ཐབས་ཀྱི་ལེའུ་དྲུག་པ་སོགས་སུ་གསུངས་པ་བཞིན། དྲང་ཞིང་ལྷེམ་པའི་རིན་ཆེན་ཡུ་བ་ནི། །བླ་ཕྲེད་རྡོ་རྗེ་རིན་ཆེན་རྩེ་མོ་ཅན། །དར་ལྷེ་གསུམ་པ་ཀླུང་གིས་བསྐོར་བ་ར། །སིལ་སིལ་འཁྲོལ་བའི་དྲིལ་ཆུང་སྒྲ་སྒྲོག་ཅིང་། །སྲུམ་ཁྲུགས་ཁྱོག་གི་འཕྲེད་དང་རབ་ཏུ་ལྡན། །མཛེས་པའི་སྤྲོག་ཆགས་མཚན་མ་ཡོད་མེད་ཀྱི། །མི་མཐུན་ཕྱོགས་ལས་རྒྱལ་བའི་རྒྱལ་མཚན་དང་། །(༣༢༣བ)རབ་མཛེས་བ་དན་རྣམས་ཀྱིས་མཆོད་པར་བྱ། །ཞེས་རི་དྭགས་ཀྱི་རྒྱལ་པོ་སོགས་སྤྲོག་ཆགས་ཡོད་མེད་ཀྱི་ཁྱད་ལས་ལྷེ་གསུམ་པ་མཚན་ཉིད་དང་ལྡན་པའི་རྒྱལ་མཚན། བ་དན། ལྷ་ཤེ། ཐ་ཡབ། བླ་བྲེ། སེང་ཁྲི། གཟིམས་ཁ། ཕོ་བྲང་ཀླུམ་པོ་གྲུ་བཞི། ཁང་བརྩེགས། ཀླུ་གདན། མེ་ཏོག །པི་ཝཾ། དྲི་ཆབ། ཞལ་ཟས། ན་བཟའ་སྐེ་མཆོད་པ་ཉེར་ལྔ། རྡོ་རྗེ་སྙིག་མ་ལ་སོགས་མཆོད་པའི་ལྷ་མོ་བརྒྱད། གཞན་ཡང་། འཇིག་རྟེན་འདི་ནས་ཕྱོགས་བཅུའི་འཇིག་རྟེན་ན། །འཁོར་ལོས་སྒྱུར་བའི་རིག་པས་བྱིན་རླབས་པའི། །ལྷ་རྫས་མཆོད་ཡོན་ཇི་སྙེད་ཡོད་པ་ཀུན། །རྒྱལ་བ་སྲས་དང་བཅས་ལ་འབུལ་བར་བགྱི། །ཞེས་མཆོད་ཡོན། རས་ཟུང་། བླ་བྲེ། བ་དན། གདུགས། རྒྱལ་མཚན། མེ་ཏོག །དྲི་ཆབ། བདུག་སྤོས། མར་མེ། ལྷ་བཤོས། པི་ཝཾ། གར་མ། རྒྱན་མཆོག །དར་དཔྱངས། ཕྲེང་བ། ཁང་བཟང་། རྟ་མཆོག །གླང་པོ་ཆེ། རྟ་བབས་ཏེ་མཆོད་པ་ཉེར་གཅིག །སྤྲུལ་གཞི་རྡོ་རྗེ་སེམས་དཔའ་ལ་སོགས་པ་རིག་མ་བཅུ་དྲུག་མཆོད་ཡུལ་ལས་མཆོད་པར་མི་བཞེད་པའི་ཚུལ་མཆིས་ཏེ་ང་། རྡོ་རྗེ་འབྱུང་འགྲེལ་ལས། རིག་མ་བཅུ་དྲུག་འབུལ་བ་དང་། དེ་བྱིན་རླབ་ཅིང་སྒྲུབ་པ་དང་། །ཞེས་སོགས་ནས། འཁོར་ལོས་སྒྱུར་བའི་མཆོད་པ་ཡན་ཆད་གོང་བཞིན་བྱས་ལ། འོག་ནས་སའི་ལས་ཀྱི་ཕྱག་རྒྱ་

བཅུ་དྲུག་པོས་རིམ་པ་བཞིན་དུ་བཅིངས། སྔགས་བཅུ་དྲུག་པོ་བརྗོད་པས་རང་སེམས་དཔའ་བཅུ་དྲུག་ཏུ་རིམ་པ་བཞིན་དུ་བསྒྱུར། རང་འདྲའི་རིག་མ་སྤྲོས་ནས་ནམ་མཁའི་ཁམས་ཐམས་ཅད་དུ་སོང་སྟེ། རང་རང་འཕྲིན་ལས་དང་(༣༡༩ན)མཐུན་པའི་སྒྲུབ་པའི་མཆོད་པས་མཆོད་གར་དགུ་གཡོན་གྱི་ཆར་བསྟུས་ནས་ལྷ་མོ་རྣམས་རང་ལ་དགུག་གཞུག་བཅིངས་དབང་དུ་བྱས་ནས་སེམས་དཔའི་ཕྱག་རྒྱ་ཆེན་པོ་རང་གི་གནས་སུ་བཞག་པ་ནི་ཀུན་ལ་ཤེས་པར་བྱའོ་ཞེས་པའི་རྗེས་འབྲང་གི་རང་གི་འབུལ་ཚིག་དང་བསྟུན་པའི་རིག་མ་བཅུ་དྲུག །ཁ་དོག་དབྱིབས་ལེགས་ཡིད་འཕྲོག་རྒྱན་ཕྲེང་ལྡན། །ཕྱོགས་དུས་ཀུན་ན་གཟུགས་མཆོག་ཅི་མཆིས་པ། །ཞེས་སོགས་འདོད་ཡོན་ལྔ་ཕྱིར་རྒྱུད་སྡེ་མཐའ་དག་ཐུན་མོང་བ་ཡིན་ཡང་། ཡོ་གའི་མཆོད་གར་དང་འབྲེལ་བ་བཅས་རྣལ་འབྱོར་རྒྱུད་ཀྱི་སྐབས་འདིར་འབྲེལ་ཆགས་པས་བསྒྲིགས། རྣལ་འབྱོར་རྒྱུད་དང་བླ་མེད་གཉིས་ཀའི་མངའ་དབུལ་ལ་བཞེད་པ་མི་མཐུན་ནའང་། ལོ་ཆེན་རིན་ཆེན་བཟང་པོའི་བསྔོམས་ལྟར། དཀྱིལ་འཁོར་ཁྲུས་དང་ན་བཟའ་རྒྱན། །ཞེས་སོགས་སྤྱིའི་མངའ་དབུལ་སོ་ལྔ། ཕྱེ་ཐག་སྐུ་གཟུགས་ཀྱི་དྲུག །མཆོད་རྟེན་གྱི་བརྒྱད། གླིགས་བམ་གྱི་བཞི་སྟེ་ལྔ་བཅུ་རྩ་གསུམ། བླ་མེད་སྐོར་ཕ་རྒྱུད་ཀྱི་མཆོད་པ་རྒྱ་གར་གྱི་སློབ་དཔོན་ཆེན་པོ་ལྷ་ལི་ཏ་བཛྲ་གྱི་བཞེད་པ་མཆོད་པ་ཉི་ཤུ་པར་གྲགས་པ། དཀྱིལ་འཁོར་པ་ཀུན་རྣམ་པར་དག་བྱའི་ཕྱིར། །མི་གཙང་རྫོག་སེལ་རིན་ཆེན་རྟུལ་གཡབ་མཆོག །གུས་པའི་བློ་ཡིས་བླངས་ནས་དབུལ་ངར་བགྱི། །དགྱེས་བཞིན་འགྲོ་བའི་དོན་དུ་བཞེས་སུ་གསོལ། །ཞེས་སོགས་རྟུལ་གཡབ། ཕྱང་གཡབ། བསིལ་གཡབ། ཁང་བཟང་། སྐྱིད་ཚལ། གཟིམས་ཆ། སེང་ཁྲི། རྟ་མཆོག གླང་པོ། ནོར་བུ། དཔག་བསམ(༣༡༩བ)ཤིང་། རྟ་བབས། བླ་བྲེ། ཞལ་ཟས། སླུ་མ། གར་མ། བུམ་བཟང་། འདོད་འཇོའི་བ། རྒྱལ་ལག །ནམ་མཁའ་མཛོད་དེ་ཉི་ཤུ། མ་རྒྱུད་ཡོངས་གྲགས་ཀྱི་རིག་མ་བཅུ་དྲུག་རྣལ་འབྱོར་རྒྱུད་ཀྱི་རིག་མ་དང་མི་འདྲ་བར་འཇམ་མགོན་བཙོང་ཁ་པ་ཆེན་པོའི་ལྟ་ཧི་པའི་བསྐྱེད་

རིམ་རྣམ་བཤད་འདོད་འཇོར་ཞལ་གཅིག་ཕྱག་བཞི་མར་གསུངས་པ་དང་། དྲིལ་ནག་ལུགས་ལ་ཞལ་གཅིག་ཕྱག་གཉིས་པར་བཤད་ཅིང་། མཆོད་ཕྲེང་དུ། ཕྱུལ་བྱུང་གཟུགས་མཛེས་ཡིད་འཕྲོག་རྒྱན་གྱིས་སྤུད། །ཡང་ཚེ་རབ་རྒྱས་གླུ་དང་གར་ལ་མཁས། །དབང་པོ་དྲུག་ལ་རྨད་བྱུང་བདེ་བ་སྟེར། །ཀུན་ལ་དགའ་སྐྱེད་མཆོད་པའི་ལྷ་མོ་ནི། །པི་ཝཾ་གླིང་བུ་རྫ་ཛ་ཛ་རླུམ་ལས། །གདངས་སྙན་སྒྲ་ཡིས་རྣ་བའི་དགའ་སྟོན་བསྐྱེད། །རབ་འབྱམས་མཆོད་པའི་སྤྲིན་གྱིས་བདག་མཆོད་ན། །དགྱེས་ཤིང་བཞེས་ལ་མཆོག་རྣམས་སྩལ་དུ་གསོལ། །ཞེས་པི་ཝཾ་མ་སོགས་བཅུ་དྲུག །མ་རྒྱུད་བརྟག་པ་གཉིས་པ་ནས་གསུངས་པའི་གསང་བ་དེ་ཁོ་ན་ཉིད་གསུམ་གྱི་མཆོད་པའི་ལྷ་མོ་བརྒྱད་ཀྱིས་གསང་བའི་མཆོད་པ། དཀར་མོ་རི་དྭགས་མཚན་མ་འཛིན། །ཞེས་ལྷ་མོ་གཽ་རཱི་ལ་སོགས་ལྔ། གཉིས་མེད་དུས་འཁོར་གྱི་མཆོད་པ་མཚོན་བྱེད། ཐུགས་དཀྱིལ་ལྷ་རྣམ་གྱི་ལྷ་མོ་བཅུ་གཉིས། རྩ་སྙེ་ཐུང་རིང་ལས་སྐྱེས་པའི་དྲི་ཆབ་མ་དང་འཕྲེང་བ་མ་སོགས་མཆོད་པའི་ལྷ་མོ་དེ་དག་རྣམས་ཀྱིས་མཁའ་འགྲོ་རྡོ་རྗེ་གུར་གྱི་རྒྱུད་ལས། བཅོམ་ལྡན་འདས་རྡོ་རྗེ་གར་འདོད་པ་ཞེས་བྱ་བའི་ཏིང་ངེ་འཛིན་ལ་སྙོམས་པར་ཞུགས་ནས། གར་དང་གླུ་ལ་རབ་ཞེན་པའི། །སེམས་ཅན་རྣམས་ནི་(༣༤༥ན)བསྡུ་བའི་ཕྱིར། །སངས་རྒྱས་གར་མཁན་རོལ་པ་མཛད། །ཅེས་ཐུན་མོང་བའི་དུས་དང་ཐུན་མོང་མ་ཡིན་པའི་སྐབས། སངས་རྒྱས་འབྲས་བུ་འདོད་པ་ཡི། །བདེ་དང་རངས་ཤིང་གར་དང་ནི། །གླུ་དང་རོལ་མོའི་སྒྲ་བྱེད་པ། །དྲི་དང་ཕྲེང་བ་བྱུག་པ་ཡིས། །རིག་པའི་རྒྱལ་པོ་རབ་ཏུ་འགྲུབ། །སོགས་ལྷར་མཆོད་གར་གྱི་རིམ་པ་གར་པ་རྣམས་སོ་སོའི་དབང་མཚན་ཉིད་དང་ལྡན་པ་ཐོབ་ཅིང་། མཆོད་པའི་ལྷ་མོ་སོ་སོའི་ང་རྒྱལ་དང་བཅས་ལཱ་སྱ་འགྲོས་ཀྱི། ཨོཾ་བཛྲ་ལཱ་སྱེ། ཨོཾ་བཛྲ་མཱ་ལེ་ཧཱུཾ་ཞེས་སོགས་ཀྱིས་དོ་ར་འཁོར་བ་བྱས་ནས། བྱང་ཆུབ་སེམས་ནི་བརྟན་བགྱིས་ནས། །བདག་ནི་སངས་རྒྱས་ཡིན་སྙམ་ཞིང་། །དགའ་བས་བདག་ནི་མཆོད་བྱེད་ན། །སངས་རྒྱས་ཀྱིས་ཀྱང་དེ་མཆོད་འགྱུར། །མཆོད་ཕྱོགས་ད་ལམ་ཁོ་བོ་ཅག་གིས་བསྒྱུར་ཏེ་གུ་རུ་

བཛྲ་ཀྲ་ར་ཥ་གིཧྲ་སུ་མ་ཏི་ས་མུ་དྲ་ལཱ་སྱ་ཕྟུ་ཛ་མེ་ཁ་ས་མུ་དྲ་ས་ཕ་ར་ཎ་ས་མ་ཡེ་ཧཱུྃ་རིམ་པར་སྦྱར་བའི་མཆོད་གར།

དཔལ་དུས་ཀྱི་འཁོར་ལོའི་རྒྱུད་ལས། རིན་ཆེན་གསེར་ཟླ་མེ་ཏོག་དང་ནི་རྣམ་པ་མང་པོའི་གོས་དང་དྲི་དང་སྤོས་དང་མར་མེ་དང་། །ཞེས་སོགས་མཆོད་པ་རྣམ་པ་བཅུ་གསུམ་དང་། ཕྱི་ནང་གི་མཆོད་པ་བཅུ། གསང་སྔགས་སྔ་འགྱུར་རྡོ་རྗེ་ཐེག་པ་བཀའ་མ་འཕགས་ཡུལ་གྱི་སློབ་དཔོན་མ་ཏིས་མཛད་པ་ལས། མེ་ལོང་ལྷ་མོའི་ཡེ་ཤེས་ལ། །བཛྲ་ལཱ་སྱ་མཆོད་པར་རོལ། །ཞེས་སོགས་མཆོད་པའི་ལྷ་མོ་བཅུ་གཉིས་དང་། གསང་བ་སྙིང་པོའི། ལྷག་པ་ཏིང་འཛིན་མཆོད་པ་ཞེས། །ཞེས་སོགས་ཀྱི་མཆོད་པ་རྗེ་བླ་མ་ཐམས་ཅད་མཁྱེན་པ་(༣༢༥བ)ངག་དབང་བློ་བཟང་རྒྱ་མཚོའི་ཡང་སྲིད་གཏེར་ཆེན་གུ་རུ་ཆོས་དབང་གིས་སྐུ་བདུད་རྩི་བ་ནས་སྤྱན་དྲངས་པའི་བླ་མ་གསང་འདུས་ཀྱི་བྱིན་འབེབས་ཀྱི་གར་ཆོས་དབང་ཉིད་ཟངས་མདོག་དཔལ་རིར་ཕེབས་པའི་མནལ་ལམ་དག་པའི་སྣང་བར་བྱུང་བ་ཕོ་བྲང་སྐྱེའུ་སྟོང་རྩེར་ཕྱག་བཞེས་སུ་བསྐུར་བའི་གར་ཚིག་ཏུ། བཀའ་དྲིན་ཅན་གྱི་བླ་མ་ལ་གསོལ་བ་འདེབས་སོ། །ཞེས་ཡོད་པས་བཀའ་དྲིན་ཅན་མའི་གར་དུ་གྲགས་པ། བླ་མ་དགོངས་པ་འདུས་པའི་སྐུ་གསུང་ཐུགས་ཡོན་ཏན་འཕྲིན་ལས་ཀྱི་ལྷ་མོ་ལྔ། གསང་སྔགས་སྤྱིའི་མཆོད་པ་སྒྱུ་འཕྲུལ་དྲ་བའི་འགྲེལ་པར་བཞེད་པ་ཤིན་ཏུ་མང་ཡང་། སྐབས་འདིར་སའི་སྙིང་པོ་འཁོར་ལོ་བཅུ་པ་ལས། ལྷ་དང་ཀླུ་དང་གནོད་སྦྱིན་མི་རྣམས་དང་། །ཕྱོགས་བཅུའི་བྱང་ཆུབ་སེམས་དཔའི་མཆོད་པ་རྣམས། །ཡོན་ཏན་ཆེན་པོ་འཛིག་རྟེན་གཙོ་ལ་འབུལ། །ཞེས་དང་མཐུན་པའི་མཆོད་སྤྲིན་སྣ་བརྒྱད་དུ་གྲགས་པ་དང་། རྒྱ་རོལ་མངོན་འབྱུང་དྲན་པ་ཉེར་གཞག་དཀོན་ཅོག་བརྩེགས་པ་སོགས་ལས་བཤད་པའི་འཁོར་ལོས་སྒྱུར་བའི་རྒྱལ་སྲིད་ཀྱི་འབྱོར་པ་ལས་གྱུར་པའི་རྒྱལ་སྲིད་སྣ་བདུན་ནམ་རིན་པོ་ཆེ་སྣ་བདུན། དེ་ཡང་འཇམ་མགོན་བཙོང་ཁ་པ་ཆེན་པོའི་སྔགས་རིམ་དུ་འཁོར་ལོ་རྩིབས་བརྒྱད་པ་སེར་པོ། གླང་པོ་ཆེ་མཆེ་བ་དྲུག་པ་དཀར་པོ། རྟ་ལྗང་

གྱུ། བུད་མེད་བཙུ་དྲུག་ལོན་པའི་རྣམ་པ་སྟོ་བསངས། ནོར་བུ་རྩེ་དྲུག་པ་སེར་པོ། ཁྱིམ་བདག་དམར་པོ་མཛོད་མི་ཟད་པ། དམག་དཔོན་ནག་པོ་མདུང་དང་རལ་གྲི་འཛིན་པ་སོགས་མི་འདྲ་ཙམ་གསུངས་ཡོད་ནའང་།

མངོན་འབྱུང་གི་མདོ་ལས། ལྷ་རྫས་ལས་གྲུབ་ལྟེ་བ(༣༤༨ན)ཤིན་ཏུ་ཟླུམ། །རྩིབས་སྟོང་ལྡན་ཞིང་མུ་ཁྱུད་རབ་མཉམ་བཟང་། །དང་པོ་ས་ལས་རྣམ་པར་རྒྱལ་གྱུར་པའི། །འཁོར་ལོ་རིན་ཆེན་དེ་ནི་འདི་ཡིས་ཐོབ། །ཅེས་ནས་བཟུང་ཕལ་ཆེར་དུ་རྒྱ་གར་བ་དང་བོད་པ་གཉིས་རེ་དང་དམག་དཔོན་ལ་སོགས་པ་སྐབས་འགར་སོག་པོ་དང་བཅས་གསུམ་རེ་སྟེ་རིན་ཆེན་བདུན། འོད་ཟེར་གྱིས་དངོ་རལ་གྲི་པགས་པ་འཇམ། །དགའ་བའི་ནགས་ཚལ་གོས་ནི་ཡིད་རྗེས་འགྲོ། །མཐུ་ལྡན་མཆིལ་ལྷམ་ཁང་ཁྱིམ་གཞལ་དུ་མེད། །རིག་འཛམ་གཟིམས་ཆ་ཉེ་བའི་རྣམ་པ་བདུན། །ཞེས་ཉེ་བའི་རིན་པོ་ཆེ་བདུན། སངས་རྒྱས་རྣམས་ལ་སྐྱེ་བས་ཐོབ་པའི་མཚན་བཟང་སུམ་ཅུ་རྩ་གཉིས་མངའ་བའི་གཙོ་བོ་བརྒྱད་ལས་བཀྲ་ཤིས་རྟགས་ཀྱི་ལྷ་མོ་བརྒྱད་དུ་སྤྲུལ་པར་བཤད་ཅིང་།

སྟོན་པས་བདུད་སྡེ་ཕམ་པར་མཛད་ཚེ་བདུད་ལས་རྒྱལ་བའི་རྟགས་ཀྱི་མཚན་མར་ཡང་གྱུར་པ་བྱ་རྒྱུད་རྡོ་རྗེ་ཏྲ་རིའི་རྒྱ་གཞུང་ལས། པད་འདབ་བརྒྱད་ལ་ལྷ་མོ་བརྒྱད། །ཅེས་སོགས་ནས། དཔལ་བེ་པདྨ་གདུགས་དང་དུང་། །ཞེས་སོགས་བཀྲ་ཤིས་རྟགས་བརྒྱད་རང་རང་ཕྱག་ཐོགས་ཀྱི་ལྷ་མོ་བརྒྱད། བཀྲ་ཤིས་པའི་རྫས་སྟོན་བཅོམ་ལྡན་འདས་ལ་ལྷ་མོ་འོད་འཆང་མས་མེ་ལོང་ཕུལ་བ་སོགས་རང་རང་སྙིང་གཞི་དང་མཐུན་པའི་སྒྲི་ཤྲཱ། ཧོ། དུཥ། བིལྦ། དུང་། ལི་ཁྲི། ཡུངས་ཀར་རྣམས་ཏེ། ལྷ་ཡི་དབང་པོ་ལྷ་མིན་གཡུལ་རྒྱལ་ནས། །བཀྲ་ཤིས་ལྷ་མོ་བརྒྱད་ཀྱིས་མཆོད་པ་ལྟར། །རྒྱལ་དབང་རྣམས་དང་བྱང་ཆུབ་སེམས་དཔའ་ལ། །བཀྲ་ཤིས་ལྷ་མོ་བརྒྱད་ཀྱིས་མཆོད་པར་བགྱི། །ཞེས་དང་མཚུངས་པ་རང་རང་གི་ཆ་ལུགས་ཀྱིས་ཁྱེར་བ(༣༤༨བ)དེ་བཞིན་གཤེགས་པ་ཡངས་པ་ཅན་གྱི་ཤིང་ལྡོང་པ་སྨྲ་གཅན་གྱི་དྲུང་དུ་བྱུང་

ཆུབ་སེམས་དཔའ་འཇམ་དཔལ་ལ་སོགས་པར་སྨན་གྱི་བླ་མ་མཆེད་བདུན་གྱི་སྨོན་ལམ་ལས་བརྩམས་པ་སོགས་ཆོས་གསུངས་པའི་ཚེ་གནོད་སྦྱིན་གྱི་སྡེ་དཔོན་ཆེན་པོ་རྣམས་འོངས་ཏེ་དཀོན་ཅོག་གསུམ་ལ་སྐྱབས་སུ་སོང་ནས་དགེ་བསྙེན་གྱི་སྡོམ་པ་ནོས་པའི་སྡེ་དཔོན་བཅུ་གཉིས། སྟོན་པས་བསྟན་པ་ལྷ་ཁོ་ན་ལ་གཏད་ན་བག་མེད་པའི་སྐྱོན་དང་། མི་ཁོ་ན་ལ་གཏད་ན་ཚེ་ཐུང་བའི་གཉིས་ཀ་ལ་གཏད་པར་དགོངས་ཏེ་ཇིང་བུ་དཔལ་གྱིས་འབབ་པའི་འགྲམ་དུ་བཞུགས་པའི་དུས་ཕྱོགས་བཞི་ནས་འཇིག་རྟེན་པའི་ཐུགས་བསྐྱེད་པ་ན་རྒྱལ་པོ་ཆེན་པོ་རྣམ་ཐོས་ཀྱི་བུས་ཤེས་ཏེ་རྒྱལ་པོ་ཆེན་པོ་བཞི་འོངས་ཏེ་ཡིད་བཞིན་གྱི་ནོར་བུ་རིན་པོ་ཆེ་ཐུ་བ་བཀང་སྟེ་ཕུལ། སྟོན་པས་ཡུལ་འཁོར་སྲུང་དང་འཕགས་སྐྱེས་པོ་དབུས་པའི་རིགས་ཡིན་པས་དབུས་སྐད་དང་། མིག་མི་བཟང་དང་རྣམ་ཐོས་སྲས་གཉིས་ལ་མཐའ་འཁོབ་ཀྱི་སྐད་ཀྱིས་ཆོས་གསུངས་པས་བག་ཆགས་སད་ཅིང་དད་པས་བདེན་པ་མཐོང་། རྒྱལ་ཆེན་བཞིར་ཁྱེད་རྣམས་ཀྱིས་ཕྱོགས་བཞི་ནས་ངའི་བསྟན་པ་ཡུན་རིང་དུ་སྲུངས་ཤིག་ཅེས་བསྒོས་པའི་དེ་རྣམས་དགའ་བའི་ཁས་བླངས་པ་སོགས་རྒྱལ་པོ་ཆེན་པོ་བཞི་དེའང་ཡོངས་གྲགས་ཡུལ་འཁོར་སྲུང་དཀར་པོ། འཕགས་སྐྱེས་པོ་སྔོན་པོ། མིག་མི་བཟང་དམར་པོ། རྣམ་ཐོས་སྲས་སེར་པོ་དང་ལྗང་ཁྲག་གཏེར་ཁྱོན་ལ་སོགས་པར་འཕགས་སྐྱེས་པོ་སེར་པོ། རྣམ་ཐོས་སྲས་ལྗང་གུར་གསུངས་པའི་གསང་སྔགས་གསར་རྙིང་གི་དགོངས་པའི་ཚར་རེ། འཁོར་ཡུལ་འཁོར་སྲུང་ལ་དྲི་ཟ། འཕགས་སྐྱེས་པོར་(༣༨༧ན)གྲུལ་བུམ། མིག་མི་བཟང་ལ་ཀླུ་དབང་། རྣམ་ཐོས་སྲས་ལ་གནོད་སྦྱིན། ཕྱོགས་སྐྱོང་བཅུའི་སྟེང་དཔུང་བཟང་གི་རྒྱུད་སོགས་ནས་ཉི་ཟླ་དང་བཅས་བཅུ་གཉིས། དེའི་སྟེང་ཉེ་དབང་ཐགས་བཟང་རིས་ཚོགས་བདག་དང་བཅས་ཕྱོགས་སྐྱོང་བཅོ་ལྔ། དེ་ཐོག་རྒྱ་སྐར་ཉེར་བརྒྱད་མཆོན་བྱེད་སྐར་མའི་ཐོག་མ་ཐ་སྐར་རྣམས་ཀྱིས་ལྷ་གཏེར་ཚོགས་ལེན་གྱི་འཆམས། གནོད་སྦྱིན་རྣམས་ཀྱིས་སྲུང་འདྲེན་གསོལ་བཏབ་ནས། །དངོས་བཤམས་ཡིད་ཀྱི་མཆོད་པ་འདི་བཞེས་ལ། །འགྲོ་བ་རྣམས་ཀྱི་སྒྲིབ་བྱང་ཚོགས་རྫོགས་

ནས། །གེགས་རིགས་བཟློག་ཅིང་མཐུན་རྐྱེན་ཚང་བར་མཛོད། །ཅེས་པའི་འཚམས། དེ་དག་རྣམས་ཀྱི་ཕྱག་མཚན་དང་འབག་ལ་སོགས་ཀྱང་རྒྱ་ཕུན་སུམ་ཚོགས་པ་དེ་ཡང་མཛེས་ཚོས་ཁྲིམ་མགོ་སྐོར་སོགས་མ་ཡིན་པར་སྔོན་ཆད་བློ་གྲོས་དང་འགྱུར་པ་མཐའ་དག་གིས་མ་འགྲུབ་རིགས་རྣམས་བསྒྲུབས་པའི་མཆོད་སྐོར་དང་། ཕྱི་རོལ་མིག་རྐྱེན་གོས་སྐུ་དང་བཅས་པར་ས་གཞི་བྱིན་རླབས་ནས་བཟུང་སྤྱན་འདྲེན་ཁྲུས་གསོལ་མཆོད་འབུལ་ཁྱད་པར་ཆེད་དམིགས་ཀྱི་སྨོན་ལམ་གྱིས་མཚམས་སྦྱོར། ཏིང་འཛིན་རྒྱལ་པོའི་ཕན་ཡོན་གྱི་ལེའུ་སོ་གཅིག་པ་ལས། སྤོས་མཆོག་ཕྲེང་བ་མེ་ཏོག་བདུག་པ་དང་། །རོལ་མོ་སིལ་སྙན་མང་བ་རབ་ཐོགས་ལ། །རྒྱལ་བའི་མཆོད་རྟེན་དག་ལ་མཆོད་པར་བགྱིས། །རིང་པོར་མི་ཐོགས་ཏིང་འཛིན་མཆོག་འདི་ཐོག །གླུ་གར་བཟང་པོ་སྣ་ཚོགས་མང་པོ་དང་། །ཡིད་འཚང་བཞད་གད་རོལ་མོ་བཟང་པོ་དང་། །རྟག་པར་མར་མེའི་ཕྲིན་དུག་བཟང་པོ་ཡི། །མཚུངས་པ་མེད་པ་ཆོས་བཟང་རབ་ཏུ་བགྱིས། །རིང་པོར་(༣༤༧བ)མི་ཐོགས་ཏིང་འཛིན་མཆོག་འདི་ཐོབ། །ཕྱར་ཟ་དང་ནི་སྒྲ་སྙན་ཟེ་ཟ་བརྒྱ། །ཟ་དང་གླིང་བུའི་སྒྲ་མཆོག་སྣ་ཚོགས་དང་། །སྒྲ་སྙན་རོལ་མོའི་ཡོན་ཏན་སྣ་ཚོགས་ཀྱིས། །དང་བའི་ཡིད་ལྡན་འདྲེན་པ་མཆོད་པར་བྱས། །རིང་པོར་མི་ཐོགས་ཏིང་འཛིན་མཆོག་འདི་ཐོབ། །ཅེས་མཆོད་པའི་ལྷ་མོ་དང་དཔའ་བོ་དཔའ་མོ་རྣམས་ཀྱིས་རྗེ་རྗེའི་གླུ་དང་གར། གནོད་སྦྱིན་སྡེ་དཔོན་རྣམས་ཀྱིས་འཆམས། གཞན་ཡང་གླུ་གར་རོལ་མོའི་བྱེ་བྲག་གི་མཆོད་སྦྱིན་གནམ་ས་བར་གསུམ་ཁྱབ་པར་གྱུར་ཅིང་། རང་རང་གི་ཕྱོགས་ཀྱི་རྒྱལ་ཆེན་ཕྱོགས་སྐྱོང་རྣམས་ལ་གཏོར་མ་བསྔོ་ཞིང་འཕྲིན་བཅོལ་ཆ་གསུམ་ཚོང་དཔོན་ག་གོན་དང་བཟང་པོ་ལ་གསུངས་པའི་ཕྱོགས་སོ་སོའི་ལྷ་མོ་རྒྱ་སྐར་དང་བཅས་པ་ལ་བདེན་བརྗོད་བདེ་ལེགས་ཀྱི་ཚིགས་བཅད་དང་འཕྲུལ་སྣང་ནས་ཐོན་ནས་མ་འགྱོར་བར་དུ་ཕྱག་དང་སྐོར་བའི་གཟུངས་ལེ་ཚན་དང་མཆོད་སྦྱིན་གྱི་གཟུངས་བསྔོད་པའི་གཟུངས་རྣམས་གསུང་བ་ཕྱོགས་ཀུན་ཏུ་བདེ་ལེགས་ཀྱིས་ཁྱབ་པའི་བཀྲ་ཤིས་ཀྱི་ཚིགས་སུ་བཅད་པ་བཅས་པའི་

མེ་ཏོག་གི་སིལ་མ་བཀྲམ་པ་སོགས་ཀྱི་རྒྱན་བཟང་ཉི་ཟླའི་སྣང་བ་ཀུན་ཏུ་འབར་བ་དེ་སྲིད་དུ་བཙུགས་པའི་ཚོགས་མཆོད་ཁེར་རྐྱང་གི་རྒྱུ་འགྲོ་ཤིང་ཁྲིས་མཚོན་ན་འབྲུ་ཁལ་ས་ཡ་བརྒྱད་བརྒྱད་འབུམ་ལྔ་ཁྲི་བཞི་སྟོང་ལྔ་བརྒྱ་བཅུ་གསུམ་དང་། ཚོགས་མཆོད་དུ་མི་འདུ་རིགས་དུས་ཐོག་དང་འདུ་རིགས་གསུམ་པའི་ནང་དུ་བོད་ཆོས་རྒྱལ་གྱི་མཐའ་འདུལ་ཡང་འདུལ་རུ་གནོན་དང་བཅས་པའི་གནས་དང་སློབ་དཔོན་ཆེན་པོའི་སྒྲུབ་ཕུག་རྣམས་སུ་རང་རང་འབྲེལ་མཚུངས་ཀྱི་སྔགས་པ་རྣམས་ཀྱིས་ཚུལ་སྒྲུབ་མཆོད། མདོ་པ་རྣམས་ཀྱིས་མཆོད་(༣༢༢ན)འབུལ་བཀའ་གདམས་ཀྱི་གནས་གཞི་ཉིང་པ་དང་སྐུ་གོང་མའི་གདན་ས་གསར་བཙུགས་སུ་གཏོགས་པ་སོགས་མདོ་པའི་དགེ་འདུན་དྲུག་སྟོང་བདུན་བརྒྱ་སྐོར་གྱིས་སྨོན་ལམ། རྣམ་པར་རྒྱལ་བ་ཕན་བདེ་ལེགས་བཤད་གླིང་པ་སོགས་སྔགས་པ་ཆིག་སྟོང་སྐོར་གྱིས་ཐུགས་རྗེ་ཆེན་པོའི་སྒྲུབ་མཆོད་དང་བསྐངས་ཚོགས་བརྒྱ། གོང་དུ་བརྗོད་པའི་དུས་ཆེན་དེ་དག་རྣམས་སུ་གནས་ཆེན་གོང་གསལ་ལ་མཆོད་པ་ལ་སོགས་རྣམ་དཀར་གྱི་རྒྱུན་ལོ་རེར་འབྲུ་ཁལ་ཆིག་འབུམ་ཆིག་ཁྲི་དགུ་སྟོང་ལྔ་བརྒྱ་དོན་བཞི་རྣམས། འཕགས་ཆེན་དམ་པ་དྲུར་སྒྲིག་གར་རོལ་ལྷ་པ་ཆེན་པོ་ཡན་གྱི་བསག་སྦྱང་དང་། དྲུག་པ་གློ་བཟང་རིན་ཆེན་ཚངས་དབྱངས་རྒྱ་མཚོའི་ཞབས་པད་ལྷར་བཅས་འགྲོ་བ་ཡོངས་ཀྱི་མགོན་སྐྱབས་དང་དཔུང་གཉེན་དུ་བསྐལ་པ་ལས་ཀྱང་བསྐལ་པའི་བར་མི་འགྱུར་བ་གཡུང་དྲུང་གི་རང་བཞིན་དུ་བརྟན་པའི་ཕྱིར་ཇི་སྲིད་ནམ་མཁའ་གཟུགས་གཞན་དུ་མ་གྱུར་པའི་བར་ཆད་མེད་ཀྱི་རྒྱུན་ཚུགས་ཤིང་། སྐད་དུའང་རྣམ་དཀར་རླབས་ཆེན་བགྱིད་པའི་ལྷག་བསམ་གངས་དང་ཀུན་དའི་རྗེས་སུ་འགྲོ་བ་ཡོད་དོ། །

རྒྱལ་བ་སྐུ་ཕྲེང་དྲུག་པ་བློ་བཟང་རིན་ཆེན་ཚངས་དབྱངས་རྒྱ་མཚོ་ལྗོངས་འདིའི་བསོད་ནམས་ཀྱི་དཔལ་དུ་སྐུ་བལྟམས་ཚུལ།

དེ་ཡང་དུས་གསུམ་གྱི་རྒྱལ་བ་ཐམས་ཅད་ཀྱི་རྡོ་རྗེ་རྣམ་པ་བཞིའི་སྤྱི་གཟུགས་ཀྱི་ངོ་བོ་གཅིག་པུར་ངེས་པ། སྨྲ་ངན་ཚར་གཅོད་པ་སྦྲ་ཚད། གཞན་རྗེས་སུ་འཛིན་པ་བཟོ་གསོ། རང་ཉིད་ཀུན་ཤེས་པར་བྱེད་པ་ནང་རིག་པ་སྡེ་སྣོད་གསུམ་དང་རྒྱུད་སྡེ་བཞི་ལ་སོགས་པ་སྤྱི་བྱེ་བྲག་གི་ཤེས་བྱ་མ་ལུས་པ་མི་མཁྱེན་པ་དང་མ་གཟིགས་པ་མེད་པས་མཁས་པ། འཁོར་བ་མེ་འབར་བའི་གླིང་ལྟ་བུ་ལས་སེམས་ཅན་རྣམས་གདོན་པར་བྱ་བའི་ངེས་པར་འབྱུང་བས་ཀུན་ནས་བསླང་(༣༨༨བ)སྟེ་དགེ་བསྙེན་ནས་ཡོངས་སུ་རྫོགས་པ་དགེ་སློང་གི་དངོས་པོ་སྟེ་བསྟན་པའི་རྩ་བ་སོ་སོ་ཐར་པའི་སྡོམ་པ་ཡང་དག་པར་བཞེས་ཤིང་དེ་དག་གི་བསླབ་པ་ཆེས་ཕྲ་བ་དག་ཀྱང་མིག་འབྲས་ལྟར་བསྲུང་བར་མཛད་པས་བཙུན་པ། བྱང་ཆུབ་སེམས་དཔའི་སྡོམ་པའི་ཆུ་བོ་མཐའ་ཡས་པ་གསན་ནས་སྨོན་པའི་སེམས་འདུན་པ་ལ་སོགས་པའི་ངོ་བོ་ཉིད་ཀྱི་ཡང་དག་པར་ཞུགས་པ་དང་འཇུག་པའི་སེམས་གཏེར་ལྟ་བུ་ལ་སོགས་པ་རྒྱལ་བའི་སྲས་ཆེན་པོ་ཐམས་ཅད་དང་མཉམ་པ་ཉིད་ཀྱི་ཕ་རོལ་ཏུ་ཕྱིན་པ་མཐའ་དག་གི་འཇུག་ངོགས་དམ་པར་གྱུར་པས་བཟང་བ། སྐུ་གསུང་ཐུགས་རྡོ་རྗེའི་རང་བཞིན་དབང་སྡེ་མ་གསུམ་གྱི་ལམ་གྱིས་སྐུ་རྡོ་རྗེ་མངོན་བྱང་ལྔའི་བདག་ཉིད་མཆོག་གི་སྤྲུལ་སྐུ་དང་། གསུང་རྡོ་རྗེ་བདེན་དོན་བཅུ་གཉིས་ཀྱི་བདག་ཉིད་ལོངས་སྤྱོད་རྫོགས་པའི་སྐུ། ཐུགས་རྡོ་རྗེ་དགའ་བ་བཅུ་དྲུག་གི་བདག་ཉིད་ཆོས་ཀྱི་སྐུའི་ངོ་བོར་ཡང་དག་པར་བསྙེན་པ་དང་། ཡེ་ཤེས་རྡོ་རྗེ་དབང་བཞི་པའི་ལམ་ཕྱག་རྒྱ་ཆེན་པོ་མཆོག་ཏུ་མི་འགྱུར་བ་སྐད་ཅིག་གཅིག་དང་ལྡན་པའི་ཤེས་རབ་ཀྱིས་ལྷན་ཅིག་སྐྱེས་པའི་སྐུར་ཡོངས་སུ་རྫོགས་པས་སངས་རྒྱས་ཐམས་ཅད་ཀྱི་རིགས་ཀྱི་བདག་པོར་བྱང་ཆུབ་པ་

ཉིད་མངོན་དུ་མཛད་པའི་ཕྱིར་གྲུབ་པའི་འཁོར་ལོ་བསྒྱུར་བ་ཆེན་པོ་སྟེ། ཉན་ཐོས་རང་རྒྱལ་བྱང་ཆུབ་སེམས་དཔར་བཅས་པའི་འགྲོ་བའི་བླ་མ། རྒྱལ་བ་ཆོས་ཀྱི་སྐུ། སྨྲ་བསམ་གྱི་རབ་ལས་འགོངས་པས་མཚན་ཙམ་ཡང་བརྗོད་པར་དཀའ་བ། མཁྱེན་བརྩེ་ནུས་པའི་སྣང་མཛོད་ཡོངས་སུ་འཁྱིལ་བ་དུར་སྒྲིག་གར་རོལ་ལྷ་པ་ཐམས་ཅད་མཁྱེན་པ་དྲུག་དབང་བློ་བཟང་རྒྱ་མཚོའི་གཟུགས་སྐུ་མཚན་དཔེའི་དཀྱིལ་(༣༥༩ན)འཁོར་དྲན་དང་ཤེས་བཞིན་གྱི་རྩ་བདུན་པོས་དྲངས་ཏེ་ཆོས་སྐུ་བདེ་བ་ཆེན་པོའི་ནུབ་རིའི་འཕང་དུ་རེ་ཞིག་མནལ་བའི་ཚུལ་བསྟན་ནའང་ཐམས་ཅད་མཁྱེན་པ་དགེ་འདུན་རྒྱ་མཚོའི་གསུང་མགུར་ལས།

སྐྱེ་བ་བདུན་དུ་འགྲོ་དོན་ལེགས་བྱས་ནས། །ཟག་མེད་ཆོས་ཀྱི་དབྱིངས་སུ་བརྟེ་བར་བྱེད། །ང་ལ་དད་ཅིང་མོས་པའི་སྐྱེ་དགུ་རྣམས། །དགའ་ལྡན་གནས་སུ་སྐྱེ་བར་གདོན་མི་ཟ། །ཞེས་རང་ཉིད་ནས་ཞལ་གྱིས་བཞེས་པའི་རྒྱུ་མཚན། བཀའ་གདམས་གླེགས་བམ་རིན་པོ་ཆེ་བུ་ཆོས་དཀོན་ཅོག་འབངས་ཀྱི་སྐྱེས་རབས་ལས། ཤུག་པའི་སྔགས་པ་རིམ་པ་བདུན་དུ་གནས་པ་ཉིད་ནི་སྙིགས་མའི་དུས་ཀྱི་འགྲོ་བ་འདྲེན་པར་སྨོན་ལམ་ཐེབས་པའི་རྒྱལ་བ་བདུན་གྱིས་བར་མ་ཆད་པར་སྐྱོང་བའི་བརྡའོ། །ཞེས་ར་སྒྲེང་ཤུག་པའི་ལུང་གིས་ཟིན་པར་མ་ཟད། སངས་རྒྱས་འཕགས་པའི་མཛད་པ་ནི། མདོ་སྡེ་རྒྱན་གྱི་ལེའུ་ཉེར་གཅིག་པ་ལས། དེ་ལྟ་ན་ཡང་དེ་ཡི་མཐུས། །གདུལ་བྱའི་སྐལ་བ་ཇི་བཞིན་དུ། །སྲིད་པ་ཇི་ལྟར་གནས་ཀྱི་བར། །དེ་ཡི་མཛད་པ་རྒྱུན་མི་ཆད། །ཅེས་ནམ་མཁའི་མཐས་བཏུགས་པའི་སེམས་ཅན་ཐམས་ཅད་ནི་འཕྲིན་ལས་བླ་ན་མེད་པ་འཇུག་པའི་ཡུལ་ཡིན་ལ། ཡུལ་དུས་དེ་དང་དེར་གང་ལ་གང་གིས་འདུལ་བའི་སྐུ་དེ་དག་གི་མོས་པ་བཞིན་སྲིད་པ་ཇི་ལྟར་གནས་ཀྱི་བར་སྣང་བར་མཛད་པ་སངས་རྒྱས་ཐམས་ཅད་ཀྱི་ཆོས་སུ་གནས་པ་བཞིན། བཅོམ་ལྡན་འདས་དེ་བཞིན་གཤེགས་པ་དགྲ་བཅོམ་པ་ཡང་དག་པར་རྫོགས་པའི་སངས་རྒྱས་རིག་པ་དང་ཞབས་སུ་ལྡན་པ། བདེ་བར་གཤེགས་པ། འཇིག་རྟེན་མཁྱེན་པ། སྐྱེས་བུ་གདུལ་

བའི་ཁ་(༣༥༩བ)ཡོ་བསྒྱུར་བ། བླ་ན་མེད་པ། ལྷ་དང་མི་རྣམས་ཀྱི་སྟོན་པ་འོད་ཟེར་ཀུན་ནས་འཕགས་པ་དཔལ་བརྩེགས་ཀྱི་རྒྱལ་པོ་དུས་མཐར་རི་ཁ་བ་ཅན་གྱི་འགྲོ་བ་རྣམས་ལ་ཁྱབ་པ་དང་རྟག་པའི་འཕྲིན་ལས་ཀུན་གསལ་གྱི་ཁྱོན་ལྟར་ཡངས། རིན་ཆེན་རྟུལ་མང་བརྩེགས་པའི་སྤོ་ལྟ་བུར་བརྟན། ཡང་ཛོའི་ཟླ་བ་དང་དབྱར་མཚོ་བཞིན་འཕེལ་བས། སྣར་ཡང་བསྟན་པ་དང་འགྲོ་བའི་ཕན་བདེ་ཀུནྡའི་ཚལ་ཆེན་པོ་རྣམ་པར་བཞད་པའི་ཕྱིར་ཐུགས་རྗེའི་ཆ་ཤས་ཡོངས་སུ་གང་བའི་མཆོག་གི་སྤྲུལ་སྐུ་བློ་བཟང་རིན་ཆེན་ཚངས་དབྱངས་རྒྱ་མཚོའི་ཟླ་བ་གསར་པ་བདག་ཅག་ཞིང་འདིའི་བསོད་ནམས་ཀྱི་མགྲོན་དུ་ཆེས་པའི་ཚུལ་ནི།

འཇམ་དཔལ་རྩ་བའི་རྒྱུད་ལེའུ་རབ་འབྱམས་སོ་དྲུག་པ་ལས། ས་སྙིང་ང་ནི་མྱ་ངན་འདས། །ཁ་བ་ཅན་གྱི་ནང་དག་ཏུ། །སླ་ལའི་ནགས་ནི་ཡང་དག་འབྱུང་། །ཞེས་སྟོན་པ་ཤཱཀྱ་སེང་གེ་མྱ་ངན་ལས་འདས་ཟིན་ནས་ཁ་བ་ཅན་གྱི་ལྗོངས་པའི་ནང་དུ་སླ་ལའི་ནགས་དང་། ཁང་ཞིང་སོགས་ལས་སུ་རུང་བའི་སར་གྱུར་རྗེས། རྒྱལ་པོ་ཐྲུ་པ་ཧི་འཁོར་བཅས་དང་སྤྲེའུ་བྲག་སྲིན་ལས་མཆེད་པའི་ལུགས་གཉིས་གང་ལྟར་ཡང་། འགྲོ་བ་མིའི་གྲོང་ཁྱེར་ཆགས་པ་ལ་སྤྱིར་བཏང་བོད་ཀྱི་རྒྱལ་ཁམས་སུ་འབོད་པའི་ནང་ཚན། སྔོན་མ་སངས་ཀྱི་མཐོང་སྣང་དུ་ཡུལ་ཐམས་ཅད་རྨུགས་པས་ཉོ་སྐྱལ་བ་ལྟར་ཁེངས་པས་མཚོར་མངོན། དེར་བྲག་གི་སྣ་ཞིག་མཐོང་བའི་མཚོ་སྣར་གྲགས་པའམ། ཤ་བ་མཚོ་ལ་སོང་བ་མཐོང་བའི་མཚོ་སྣར་གྲགས་པ་སོགས་བཤད་ཁུངས་དུ་མ་ཞིག་འདུག་ཀྱང་། དོན་བྱང་དུ་ནི་ར་གཡུ་མཚོ། ལྷོར་སྐྱེས་ཆེན་གཡུ་མཚོ་གཉིས་ཡོད་པའི་མཚོ་སྣར་གྲགས་པའི་མངའ་ཁུལ། སློབ་དཔོན་ཆེན་པོས་རང་གི་གཅས་ཡིག་ཏུ། བསམ་ཡས་འདི་ནས་བོད་ལམ་བཅོ་(༣༦༠ན)བརྒྱད་སར༔ མོན་བོད་བ་ཉིས་བར་གནམ་མཐོ་གུང་རྒྱལ་རྩེར༔ ང་ཉིད་ཆེན་པོ་པདྨའི་བཞུགས་ཁྲི་དང༔ རིགས་གསུམ་མགོན་པོའི་སྐུ་ནི་རང་བྱོན་བཞུགས༔ ཨོ་རྒྱན་ལྗོང་བསྟན་སྦས་ཡུལ་སྐྱིད་མོ་ལྗོངས༔ གནས་ཆེན་ཁྲིམ་པ་སྟེང་ཞེས་བྱ་བ་ཡོད༔ ཅེས་པ་ལྟར་

ལ་འོག་ཡུལ་གསུམ་མམ་ཤར་ཚོ། བསེ་ཏུ། ལྷའུ་གསུམ་ལ་ཚོ་རེར་བྱས་པའི་ཚོ་གསུམ་དུ་འང་གྲགས་པ་རང་གི་གནས་ཡིག་ནས་ཇི་ལྟར་འབྱུང་བ་ལྟར་ལྷོ་ཕྱོགས་ཀཱ་གུ་ཏུའི་གནས་ཀྱི་ལྡེ་བ་བོད་ཁ་བ་ཅན་པའི་ཡུལ་གྱི་མཐའ་རྒྱ་གར་རྫ་མཆོག་གྲོང་དང་མི་རིང་བ་སྒྲས་ཡུལ་སྐྱིད་མོ་ལྗོངས་སམ་ལ་འོག་ཡུལ་གསུམ་དུ་གྲགས་པ་ལུང་པ་ཕུ་ཆུང་བ་མདའ་ཆེ་བ་དབྱིབས་པདྨ་འདབ་བརྒྱད་ཁ་བྱེ་བ་ལྟ་བུ་རི་དཔྱད་སོགས་ཕུན་སུམ་ཚོགས་པའི་ཡུལ་ལ་མ་རྨོས་པའི་ལོ་ཏོག་དང་། མཐིལ་དམའ་བར་རྒྱ་ཟས་ཀྱི་འབྲུ་བཅུ་གསུམ། བར་ན་མོན་ཟས་ཀྱི་འབྲུ་བཅུ་གསུམ། སྟེར་བོད་ཟས་ཀྱི་འབྲུ་བཅུ་གསུམ་སོགས་སྐྱེ་བ། ཕུར་གནས་ཆེན་ཁྲོམ་པ་སྟེང་ཞེས་བྱ་བ་རི་ཁ་ཧཱུཾ་རྩེ་གསུམ་ཆོས་འབྱུང་གི་དབྱིབས་ལ་རིགས་གསུམ་མགོན་པོའི་སྐུ་རང་བྱོན་ཡོད་པ། སྐུའི་གནས་བྱང་ན་དོམ་ཚང་། གསུང་གནས་ཤར་ན་གཟིག་ཚང་། ཐུགས་གནས་ནུབ་ན་སྟག་ཚང་། ཡོན་ཏན་གནས་ལྷོར་སྨོམ་པ་ཕུག་པ། འཕྲིན་ལས་ཀྱི་གནས་དབུས་སུ་གུ་ཏུའི་སྒྲུབ་ཕུག་ཆེན་པོ། ཕྱོགས་སུ་གླིང་དང་ལྷོ་གཉིས་སུ་རེ་སྟེ། ཤར་ན་ཕྱིག་སྒྲིབ་དག་པ་ཁྲུས་མ་གླིང་། ནུབ་ན་མཆོག་ཐུན་དངོས་གྲུབ་འབྱུང་གནས་ཨོ་རྒྱན་གླིང་། ལྷོར་དགོས་འདོད་འབྱུང་བ་དུང་གི་སྒོ་མོ། བྱང་དུ་བར་ཆད་བསྲུང་བ་སྟག་གི་སྒོ་མོ་རྣམས་དང་། དཔལ་ཨོ་རྒྱན་སངས་རྒྱས་གཉིས་པའི་(༡༥༠༨)སྒྲུབ་ཕུག་གིས་དབུས་སྒྲུབ་གནས་རང་བྱོན་བསམ་ལས་འདས་པའི་གནས་ཡིག་ཏུ། ཐེག་ཆེན་རྣལ་འབྱོར་གསང་སྔགས་སྒྲུབ་པའི་གནས། ཞེས་དང་། དེ་ཏུ་གནས་པའི་འགྲོ་བ་ཕོ་མོ་རྣམས། །མཁའ་སྤྱོད་གནས་སུ་འགྲོ་བ་སྨོས་ཅི་དགོས། །གསང་སྔགས་ཕོ་བྲང་ཟ་ཡབ་གླིང་དང་མཚུངས། །ཞེས་པ་ལྟར་སྒྲས་ཡུལ་བྱིན་ཅན་དགེ་བཅུ་ཚང་བར་པདྨ་གླིང་པའི་གཏེར་ལུང་དུ། རྒྱ་གར་ཆུ་འགོ་མཐའ་འཁོབ་མོན་གྱི་ཡུལ༑ ཐུམ་ཐང་ཆོས་འཁོར་ལུང་ལག་ཚལ་ཞེས་པར༑ ལུང་འགོ་ནུབ་བྱང་ལུང་མཇུག་ཤར་ལྷོར་བསྟན༑ རི་གསུམ་གདུགས་ཀྱི་དར་ཤམ་འཕྱིལ་འདྲ་ན༑ ས་གཞི་གྲུ་གསུམ་ནེ་གསིང་ཆེན་པོས་བསྐོར༑ འབྲང་འབྲང་འདྲ་བའི་ཡུལ་ཆུ་གཅིག་གི་ནང་༑ ཞེས་སོགས་ལུང་

དང་མཐུན་པའི་ཡུལ་དུ་བཏབ་པ་གནས་དགོན་ཨོ་རྒྱན་གླིང་རི་རུས་སྦྲལ་ཁ་སྦུབ་འདྲ་བའི་སྙིང་རྗེ་ཁང་བཞི་ཐོག་ལེ་ལག་བཟོ་བཀོད་འཕགས་པ་ཤར་ལྷོར་ཁ་བལྟས་པ། ལུང་དང་མཐུན་པའི་བླ་ཤིང་ཅན་དན་གྱིས་དབུས་འབྲས་བུ་ཅན་གྱིས་མཚོན་རྩི་ཤིང་ནགས་ཚལ་གྱིས་ཁྱུག་པ་སྐྱེ་སྐྱིར་དུས་གསུམ་སངས་རྒྱས་ཐམས་ཅད་འཁྱོན་པའི་གནས་འཛམ་བུ་གླིང་དེ་ནང་སྤྱན་རས་གཟིགས་ཀྱི་འདུལ་ཞིང་ས་ཚོགས་ཆོས་ཚོགས་གཉིས་ཀས་དབུས་སུ་གཟིགས། རིགས་རུས་ནི་སྤྱིར་མདོ་སྟུད་པ་དང་བྲ་མ་ཧོག་བཀོད་པ་སོགས་ནས་འཕགས་ཆེན་དམ་པ་རྣམས་འགའ་ཞིག་མཆོག་དང་། འགའ་ཞིག་བར་མ་དང་། འགའ་ཞིག་དམན་པ་སོགས་རིགས་རུས་ལ་མཐའ་མ་བཀག་པར་བཤད་ཅིང་། དེར་མ་ཟད། དགའ་བོ་ངའམ་ང་འདྲའི་གང་ཟག་གིས་གང་ཟག་གི་ཚད་བཟུང་གི །གང་ཟག་གིས་གང་ཟག་གི་ཚད་བཟུང་(༤༡༧ན)ན་ཉམས་པར་འགྱུར་ཏེ་ཞེས་མཐའ་མ་བཀག་ཀྱང་། ཤེས་རབ་ཀྱི་ཕ་རོལ་ཏུ་ཕྱིན་པ་སྟོང་ཕྲག་བརྒྱ་པའམ་འབུམ་ང་པ་ལས། དེ་ལ་བྱང་ཆུབ་སེམས་དཔའ་སེམས་དཔའ་ཆེན་པོ་རིགས་ཕུན་སུམ་ཚོགས་པ་གང་ཞེ་ན། བྱང་ཆུབ་སེམས་དཔའ་སེམས་དཔའ་ཆེན་པོ་རིགས་ཆེན་པོར་སྐྱེ་བ་སྟེ། བྱང་ཆུབ་སེམས་དཔའ་སེམས་དཔའ་ཆེན་པོ་རིགས་ཕུན་སུམ་ཚོགས་པའོ། །ཞེས། རྒྱལ་རིགས་བྲམ་ཟེ། སྔོན་བྱང་ཆུབ་སེམས་དཔའ་དུ་མ་བྱུང་བའི་རིགས་སུ་སྐྱེ་བ་སྟེ་རུས་ཕུན་སུམ་ཚོགས་པའོ། །ཞེས་སོགས་རྒྱ་ཆེར་གསུངས་པས། རིགས་རུས་དང་ཚེ་འབྲང་དམན་པ་ཞིག་ཏུ་འཁྲུངས་ན་བསྟན་པ་དང་སེམས་ཅན་གྱི་དོན་མཛད་པ་སྐབས་པོ་ཆེ་མང་པོར་ཁ་ན་མ་ཐོ་བ་དང་བཅས་ཏེ་གནོད་པར་གཟིགས་ཏེ། ཧང་ཡིག་ལས། དེ་ཉིད་མི་གནས་མྱ་ངན་འདས་འོག་ཏུ༔ འགོས་ཀྱི་ཕག་རིར་གནས་གཞི་རྗོང་ལ་འགེབས༔ ལ་སྟོད་སྟག་གྲུར་དུག་གི་ཚོང་འདུས་ཡོང་༔ མེ་འབར་མཚོ་ལ་སྦས་པའི་གཏེར་ཁ་འདི༔ མི་བཞག་འདོན་པའི་རྟགས་དེར་བསྟན་ནས་འབྱུང་༔ ཨོ་རྒྱན་པདྨ་གླིང་པ་ཞེས་བྱ་འབྱུང་༔ ཞེས་དང་། རང་གཏེར་ལས། རུས་ནི་སྨྱོས་ལ་ཕ་ནི་དོན་གྲུབ་བཟང་༔ ཞེས་སོགས་གཏེར་སྟོན་པདྨ་གླིང་པ་ངེས་

དོན་དུ་རྒྱལ་བ་འོད་དཔག་མེད་ཀྱི་རྣམ་སྤྲུལ་ད་ལྟའང་བྱང་ཕྱོགས་ཀྱི་ཞིང་ན་སངས་རྒྱས་རི་རབ་མར་མེའི་རྒྱལ་མཚན་ཞེས་བྱ་བར་བཞུགས་བཞིན་དང་མ་འོངས་པར་སངས་རྒྱས་རྡོ་རྗེ་སྙིང་པོར་སངས་རྒྱ་རྒྱུ་སོགས་བརྗོད་པའི་ཡུལ་ལས་འདས་ཀྱང་དྲང་དོན་དུ་བྱ་རུང་ཁ་ཤོར་དུ་སྣང་བུ་དང་དེའི་སྐབས་ཀྱི་སྨོན་ལམ་མཐུས་ལྟ་ལྟམ་(༣༡༧བ)པདྨ་གསལ་ལ་སོགས་རིམ་པར་བརྒྱུད་པ་དང་། སྨྱོས་རྒྱལ་བ་ལྷ་ནང་པ་སྐྱེ་འཕགས་ཡུལ་གྱི་ནག་པོ་སྤྱོད་པ་སོགས་སྐྱེས་ཆེན་དུ་མ་ཕེབས་པའི་རིགས་སྨྱོས་སུ་གྲགས་པ་འདི་དག་གི་བྱུང་ཚུལ་ནི། སྔོན་གྱི་དུས་སུ་བོད་ཡུལ་གྱི་སའི་ཆ་མཁའ་རེག་ཏུ་མི་རྣམས་ཀྱིས་སྔོན་ཆད་མཐོང་བར་མ་མྱོང་བའི་སྐྱེས་བུ་གཟུགས་བཟང་ཞིང་མཛེས་པ་ལྟ་ན་སྡུག་པ་ཡན་ལག་དང་ཉིང་ལག་ཐམས་ཅད་ཡོངས་སུ་རྒྱས་པ། ཤངས་ཀྱི་གཟེངས་མཐོ་བ། དཔྲལ་བའི་དབྱེས་ཆེ་བ། སྨིན་ཚུགས་རིང་བ། དབང་པོ་གསལ་བ། པགས་པ་ནི་མེ་ཏོག་ཀུནྡ་ལྟར་དཀར་ཞིང་འཇམ་ལ་མིག་གི་བདུད་རྩིར་གྱུར་པ་ཞིག་སྣང་བར་གྱུར་ཏོ། །

དེའི་ཚེ་མི་རྣམས་ཀྱི་བསམ་པ་ལ་སྐྱེས་བུ་བྱད་གཟུགས་མཚར་བ་མཚན་དང་དཔེ་བྱད་ལྡན་པ་འདི་འདྲ་བ་སྔོན་ཆད་ས་ཕྱོགས་གང་ནའང་མཐོང་ཐོས་མ་བྱུང་ན་ཅི་སུ་ཞིག་ཡིན་སྙམ་ནས་ལྷའི་བུའམ་འོན་ཏེ་མིའམ་ཅིའི་བུ་གང་ཡིན་ཞེས་དྲིས་པ་དང་། དེ་ན་རེ། ཁོ་བོ་ནི་སྔོན་ཆད་འཛམ་བུའི་གླིང་འདིར་སྣང་བ་མ་ཡིན་གྱི་འོད་གསལ་ལྷའི་གནས་ནས་འོངས་པ་ཞིག་གོ་ཞེས་ཟེར་བས་མི་རྣམས་ཡ་མཚན་པར་གྱུར་ནས་བླའི་གནས་སུ་བཀུར་བར་བྱས། དེར་མིའི་གྲིབ་ཀྱིས་ལྷའི་བུ་ཉིད་སྨྱོས་པར་གྱུར་པ་ན་སྨྱོས་ཞེས་དེའི་རིགས་བརྒྱུད་ལ་ཡང་ཡོངས་སུ་གྲགས་སོ། །

དེ་ལྟ་བུའི་སྐྱེས་བུ་དེ་ལས་དམ་པའི་རིགས་བརྒྱུད་རིམ་པར་ཆད་པའི་ཕྱི་རུས་ནི་སྨྱོས་ཡོན་ཏན་གྲགས་སམ་གྲགས་པ་དཔལ་སོགས་མཁའ་རེག་གི་ལྷ་པ་རྣམས་ཡིན་ལ། ནང་རུས་ནི་མཐིང་མ་བ་རྣམས་ཡིན་ཏེ་མངའ་བདག་ཉང་གི་ལུང་བྱང་ལས། རུས་སྨྱོས་དམ་ཉམས་སྒྲོལ་ལ་བརྩོན༔ བྱ་མཐིང་མ་ཞེས་བྱ་བ་འབྱུང༔ ཞེས་

ལུང་བསྟན་པ་(༣༨༢ན)ལྟར་ལམ་རིམ་པར་མཆེད་པའམ། གནའ་གཏམ་ལུགས་གཅིག་ལྟར་ན་འཇངས་ས་ཐམ་རྒྱལ་པོ་གཤེགས་ནས་བཙུན་མོ་ལ་སྲས་གསུམ་ཡོད་པས་རྒྱལ་པོའི་མྱ་ངན་སངས་པ་ན་ཕོ་བྲང་དང་ཉེ་བར་གཞུང་ཆུ་ཆེན་པོ་ཞིག་ཡོད་པར་སྲས་གསུམ་རོལ་རྩེད་དུ་ཕྱིན་ཅི་བའི་ཐུལ་པ་ཞིག་ཡོད་པ་ཕ་བོང་གི་ཁར་བཀྲམ་ནས་བཞག་པ་ རླུང་གིས་ཆུ་ནང་དུ་སྐྱུར་བ་གཅེན་གྱིས་འཛིན་དུ་ཕྱིན་པས་ཆུས་ཁྱེར། འབྲིང་པོས་གཅེན་ཆུས་འཁྱེར་བ་འཛིན་དུ་ཕྱིན་པས་དེ་ཡང་ཆུས་ཁྱེར། ཡང་གཞོན་པས་གཅེན་གཉིས་འཛིན་དུ་ཕྱིན་པ་དེ་ཡང་ཆུས་ཁྱེར་བའི་བུ་གསུམ་ཀ་ཤི་བས་བཙུན་མོ་བདག་པོ་བུ་སོགས་དང་བྲལ་བའི་མྱ་ངན་ཆེན་པོས་ནོན་ཏེ་ལོ་གསུམ་གྱི་རིང་མྱ་ངན་དཀར་ནག་ཁྲ་གསུམ་གྱིས་སྨྲོ་བཞིན་ཡོད་པ་བར་སྣང་ལས་ལྷས་འདོད་པ་སྦྱིད་པས་བུ་ཞིག་བྱུང་བ་སྨོས་སུ་གྲགས་པ་དང་། དེ་ལ་ཡང་རྒྱལ་མོ་མ་ཡིན་པར་རྒྱལ་པོ་སྡུག་བསྔལ་གྱིས་སྨྲོས་པར་བར་སྣང་ལས་ལྷས་ཁྱོད་ལ་བུ་ཞིག་སྟེར་རོ་ཞེས་མི་རིང་བ་ན་བུ་གཅིག་བྱུང་བར་སྨྲོས་སུ་གྲགས་པ་སོགས་བཤད་ཁུངས་མང་ཡང་སྔོན་མ་ཙུང་ཟད་འཐད་དམ་སྙམ།

གང་ལྟར་དེ་དག་ལས་རིམ་པར་མཆེད་པ་སྨྲོས་ལོ་ཙྪ་བ་ཆེན་པོས་གསེར་དང་གླ་རྫི་ལ་སོགས་པ་ཆས་གྱ་ནོམ་པ་དང་བཅས་དགའ་བ་དུ་མས་རྒྱ་གར་དུ་གཤེགས། ལམ་གྲོགས་སུ་མར་པ་ལོ་ཙྪ་བ་ཆོས་ཀྱི་བློ་གྲོས་བྱུང་། ཕར་ལམ་མར་པས་སྨྲོས་ཀྱི་ཁྲིས་པོ་ཁུར་མི་མཛད་ཅིང་ཟས་སྐོམ་གྱིས་བསྐྱངས། བལ་ཡུལ་ནས་སོ་སོར་གྱེས་ཏེ་བ་ལི་ཨཱ་ཙརྻའམ་ནག་པོ་ཞབས་ཆུང་བར་གྲགས་པ་སོགས་ལ་གསང་འདུས་ཡེ་ཤེས་ཞབས་(༣༨༢བ)ལུགས་ཀྱི་རྒྱུད་ལུང་མན་ངག་ཡོངས་སུ་རྫོགས་པ་གསན། ཚུར་ལམ་ཀུང་མར་པ་དང་བསྒོངས་ཏེ་ཕྱིན་ཅིང་། གཡོག་ཨཱ་ཙརྻར་ངན་བསླབས་ཀྱི་རྣམ་པས་མར་པའི་དཔེ་ཆ་ཆུར་སྐྱུར་བས་སྨྲོས་འབྱུང་པོ་ཞེས་མཚན་ཐོགས། རྒྱུད་སྡེ་སྤྱི་དང་ཁྱད་པར་གསང་བ་འདུས་པའི་སྐོར་ལ་བཀའ་དྲིན་ཆེ། དེའི་སྲས་སྨྲོས་རྡོ་རྗེ་བླ་མ། དེའི་སྲས་སྨྲོས་དཔལ་ལེ། དེའི་སྲས་སྨྲོས་གྲགས་པ་དཔལ་རྣམས་ཀྱིའང་རྒྱུད་

ཀྱི་བཤད་སྒྲོལ་ལ་སོགས་པ་ཡབ་མེས་ཀྱི་ཕྱག་བཞེས་ཐམས་ཅད་དར་རྒྱས་སུ་མཛད། ཡོན་ཏན་གྲགས་སམ་གྲགས་པ་དཔལ་དེ་ཉིད་ཀྱི་སྲས་རྒྱལ་བ་ལྷ་ནང་པ་ཡིན་ཏེ། ཡོངས་གྲགས་གསོལ་འདེབས་ཀུན་མཁྱེན་འགྲོ་མགོན་མར། འཛམ་གླིང་སྐྱེས་མཆོག་ཆོས་རྒྱལ་སྨྱུ་ངན་མེད། །འགྲོ་བའི་དོན་དུ་མཁའ་རེག་སྨོས་སུ་འབྱུངས། །བསྟན་པའི་གསལ་བྱེད་གྲགས་པ་དཔལ་ཞེས་པ། །རིགས་བརྒྱུད་ཕུན་སུམ་ཚོགས་ལ་གསོལ་བ་འདེབས། །དེ་ཡི་སྲས་གྱུར་མཉམ་མེད་ལྷ་ནང་པ། །རྒྱ་གར་ཡུལ་གྱི་ནག་པོ་སྤྱོད་པ་སྟེ། །གྲུབ་པ་ཐོབ་ནས་འགྲོ་བའི་དོན་ཕྱིར་དུ། །བོད་ཡུལ་དབུས་སུ་བྱོན་ལ་གསོལ་ང་འདེབས། །ཞེས་རྒྱ་གར་གྱི་གྲུབ་ཐོབ་ནག་པོ་སྤྱོད་པ་བསམས་བཞིན་སྨོས་རིགས་སུ་སྲིད་པ་བཟུང་བར་འགྲོ་བའི་མགོན་པོ་གཡུ་བྲག་ཞང་སོགས་ཀྱིས་ངོས་བཟུང་བ་གཟི་བརྗིད་དཔལ་ལམ། ཕྱིས་ཐང་ལྷའི་མགུལ་ལྷ་ནང་དུ་སྐུ་ཚེ་དང་སྒྲུབ་པ་མཉམ་པར་མཛད་པས་ལྷ་ནང་པར་གྲགས་པ་དེས་སྐུ་ཚེའི་སྟོད་བསྙེན་པར་རྫོགས་ཤིང་། འབྲི་གུང་པ་སོགས་བླ་མ་དུ་མ་བསྟེན་ནས་སྒྲ་ཚད་མདོ་སྔགས་ཐམས་ཅད་ལ་མཁས་པར་སྦྱངས། བལ་ཡུལ་འཕགས་པ་ཤིང་ཀུན་(སྭ་ཡཾ་བྷུ)དང་གངས་ཏི་སེ་སོགས་དུ་ནར་བྱོན། ཕྱིས་བཙད་པོ་མང་བཀུར་བྱ་བའི་སྲས་མོ་ལྷ་གཅིག་བདེ་མཆོག་སོགས་ཁང་དུ་བཞེས་པའི་སྲས་ལས་རིམ་གྱིས་བྱེ་སྟེ། སྨོས་མགར་དུ་གྲགས་པའི་མགར་བ་ལྩུགས་ཀྱི་རྗོ་རྗེ་པའི་གཅེན་གྱིས་གདན་ས་བསྐྱངས། གཅུང་གཉིས་པོ་ཕས་ལུང་བསྟན་པར་བརྟེན་བུམ་ཐང་དུ་ཡོངས་ཛ་ཆུང་ནམ་མཁར་སྐྱུར་དགོན་གང་དུ་བྱེད་དམོད་པོར་བས་སྒྲར་སོ་འབྲང་ཟེར་བ་བབས་པས་དེར་དགོན་པ་བཏབ་དེའི་རྒྱུད་ཕ་དོན་གྲུབ་བཟང་པོར་པནྡི་འཇོམས་པ་སྐྱིད་ལ་བུ་དགུ་དང་། བླ་ཤིང་ཅན་དན་གྱི་སྟོང་པོ་དགུ། བླ་མཚོ་གཟའ་སྐར་ལེགས་དུས་འཇའ་རྣ་ལྡ་ཟུག་པའི་ཆུ་མིག་དགུ། དེ་བཞིན་བླ་རྡ། བླ་སྒང་། བླ་བྱ་ལ་སོགས་དགུ་བྱུང་བའི་ཆེ་བ་གོང་དུ་བརྗོད་པའི་གཏེར་སྟོན་པདྨ་གླིང་པ་དེས་ལུང་དང་མཐུན་པར་ཁྲིམ་གཏེར་གྱི་རིགས་མི་མངས་ཚོགས་སར་མཚོའི་གཏིང་དམོད་པོར་གྱིས་མཚངས་པས་མི་ལ་ལ་ཁ་སྐྱེངས་ཏེ་ཆུར་མཚངས་ཟེར་

བའི་ཐོག་མཚོ་ནང་ནས་སྐུ་རྗེན་དམ་རྫས་ཀྱིས་དབུས་ཟབ་གཏེར་བཏོན་པ་སོགས་ཁྲིམ་གཏེར་ལྷ་དང་གཏེར་གཞན་ཁག་སུམ་ཅུར་ཉེ་བ་ཐོན། ཤོག་སེར་འབེབས་པའི་དུས་སྣག་ཚ་མ་བཟོས་པར་སྣག་བུམ་ཁེངས་པ་སོགས་རྫུ་འཕྲུལ་དང་བྱིན་རླབས་ཀྱི་མཚན་ཁའི་རྟགས་མང་བ་ཇི་སྙེད་ཅིག་སྟོན་པ་སོགས་ཏེ་མཆེད་དགུའི་ཐ་ཆུང་དཔོན་པོ་ཨོ་རྒྱན་བཟང་པོ་ནི།

ཀུན་བཟང་དགོངས་འདུས་ཀྱི་ལུང་བསྟན་མུ་ཏིག་ཕྲེང་བ་ལས། ཐ་ཆུང་རྟ་མགྲིན་སྤྲུལ་པ་ཨོ་རྒྱན་བཟང༔ ཁྱོད་ཀྱི་འགྲོ་དོན་ཤར་དུ་ཡོད་དོ་སྐད༔ ལ་འོག་ཅེས་པར་གླིང་གསུམ་གྱི་བདག་པོ༔ ཞེས་སོགས་དང་བཅས་ལུང་གིས་ཟིན་པའི་དཔོན་པོ་ཨོ་རྒྱན་(ཞལ་ཞབ)བཟང་པོར། ཤར་གྱི་ཕྱོགས་ནས་རྡོ་རྗེའི་མིང་ཅན་འབྱུང༔ ཞེས་ལུང་བསྟན་པའི་ཕྱག་རྒྱ་ཤར་དུ་ཡོད་པས་དེ་དང་མཐུན་པར་སྤྱོད་ལ་འགྲོ་དོན་གྱིས་ཉིག་གསུངས་པ་ལྟར་བརྟུལ་ཞུགས་ཀྱི་འགྲོ་དོན་མཛད་ཕྱིར་རྟ་སྔོན་པོ་ཞིག་བར་སྣང་དུ་སོང་བ་བུམ་ཐང་པ་རྣམས་ཀྱིས་མཐོང་བ་ལྟར་རླུང་གི་རྟ་ལ་ཞོན་ཏེ་ལ་འོག་ཡུལ་གསུམ་དུ་འཁོར་ས་ཆ་ཏི་ལི་ཟེར་བ་ནས་བལྟས་པ་བྱུང་ཤར་མཚམས་རུས་སྦལ་ཁ་སྦུབ་འདྲ་བ་མཐོང་སྟེ་དེར་དགོན་པ་བཏབ་པས་ཨོ་རྒྱན་གླིང་དུ་གྲགས་པ་སོགས་གླིང་གསུམ་ལུང་དང་མཐུན་པར་བཏབ་པ་སོགས་མཛད་པ་རྒྱ་ཆེ། གྲོངས་པའི་ཚེ་སྐུ་གདུང་ཞུན་དུ་ཞུལ་བ་ན་ཐོད་པར་ཨོཾ་རང་བྱོན་དང་བཅས་བྱུང་བ་སོགས་དེ་ནས་རིམ་པར་བརྒྱུད་པ་ཟམ་མ་ཆད་པའི་རྟགས་སུ་པད་གླིང་མཆེད་གཞན་རྣམས་ཀྱི་བླ་ཤིང་བླ་མཚོ་སྐམ་ནས་མེད་ཀྱང་དཔོན་ཨོ་རྒྱན་བཟང་པོའི་བླ་ཤིང་བླ་མཚོ་ད་ལྟའང་བུམ་ཐང་དུ་ཡོད་འདུག་པ་དང་། དགོན་གནས་སུའང་བླ་ཤིང་བླ་མཚོ་ཡོད་པར་གསུངས་པ་བཞིན་ཨོ་རྒྱན་གླིང་གི་ནུབ་ཏུ་ཙན་དན་སྡོང་པོ་དང་ཆུ་མིག་ད་ལྟའང་ཡོད་ལ། སྤྱིར། དཀའ་ལྡོང་འབྲུ་གསུམ་དབྲ་དང་བཞི། །ནོ་བོ་དཔལ་མདའ་གཉིས་ཏེ་དྲུག་ཅེས་བོད་མིའུ་གདུང་དྲུག་སོགས་བཤད་ནའང་། དེ་དག་ལས་ཀྱང་འཕགས་པ་འོད་གསལ་ལྷ་ལས་འཆད་པ་རྒྱལ་བ་ལྷ་ནང་པ་གཏེར་སྟོན་པདྨ་གླིང་པ་སོགས་

དམ་པ་དུ་མ་ཕེབས་པའི་རིགས་ཞིང་སྣ་ལ་པ་ལྷ་བྲ་སྐྱོས་གདུང་ཟམ་མ་ཆད་པ་པདྨ་གླིང་པ་ནས་མི་རབས་དྲུག་པ་ཡབ་རིགས་འཛིན་བཀྲ་ཤིས་བསྟན་འཛིན། ཡུམ་རྒྱལ་རིགས་སུ་གྲགས་པ་སྔོན་གྱི་སངས་རྒྱས་རྣམས་ལ། ཨེ་མ་ཧོ་བདག་སངས་རྒྱས་ཀྱི་ཡུམ་དུ་གྱུར་ཅིག་ཅེས་སྨོན་ལམ་བཏབ་པ་ལྟར་ཕེབས་པ་ཚེ་དབང་ལྷ་མོ་སྟེ། ཡབ་ཡུམ་ཚེ་འབྲང་(༧༨ན)རིགས་རུས་ཕུན་སུམ་ཚོགས་པ། རྒྱ་ཆེ་རོལ་པ་ལས། དགེ་སློང་དག་ཅིའི་ཕྱིར་བྱང་ཆུབ་སེམས་དཔའ་དུས་རྣམ་པར་ལྟ་བ་ལ་བལྟ་ཞེ་ན། བྱང་ཆུབ་སེམས་དཔའ་ནི་ཐོག་མའི་དུས་སེམས་ཅན་འདུ་བའི་དུས་མའི་མངལ་དུ་མི་འཇུག་གི །གང་གི་ཚེ་འཇིག་རྟེན་གསལ་བར་ཀུན་ན་གནས་པར་གྱུར་ཏེ། སྐྱེ་བ་སྣང་བར་གྱུར། ན་བ་སྣང་བར་གྱུར། ན་བ་སྣང་བར་གྱུར། འཆི་བ་སྣང་བར་གྱུར་པ་དེའི་ཚེ་བྱང་ཆུབ་སེམས་དཔའ་མའི་མངལ་དུ་འཇུག་གོ །ཞེས་དང་།

ཁྱད་པར་ཡང་འཕེལ་ལ་སོགས་མི་རྣམས་སྐྱོ་ཤས་ཆེ་བའི་སྐབས་མ་ཡིན་ཅིང་། སྙིགས་མ་མཐར་ཐུག་ཚེ་ལོ་བཅུ་པ་སོགས་སྡུག་བསྔལ་གྱིས་མི་ཁོམ་པ་ཡང་མིན་པ་སྙིགས་མའི་དུས་ཀྱི་འགྲོ་བ་རྣམས་སྐྱོང་བར་དུར་སྒྲིག་གར་གྱིས་རོལ་པ་ཟམ་མ་ཆད་པར་བདུན་ཕེབས་དགོས་པའི་ལྷུ་པ་དེ་ཉིད་དྲུག་པར་འཕོ་བའི་དུས་ལ་གཟིགས་ཏེ་འདྲེན་པ་གཱཾ་ཏ་མ་བལྟམས་ནས་ལོ་ཉིས་སྟོང་དྲུག་བརྒྱ་ཞེ་གསུམ་ལྷ་བརྒྱ་པ་ཕྲག་དྲུག་ནས་ལོ་གྲངས་དྲུག་ཅུ་རེ་གསུམ་འདས་པ། སྤྲུལ་པའི་དུས་ཀྱི་སྣང་ཆ་རབ་བྱུང་བཅུ་གཅིག་པའི་ཁྲག་སྐྱུགས་ཏེ་ཆུ་མོ་ཕག་ལོ་དྲི་ཞིམ་ཅན་གྱི་ཟླ་བ་དག་པས་ཉ་བའི་དགའ་བ་དང་པོ་རེས་གཟའ་ཕ་བདུན་དབང་པོ། ལས་སྐར་ཟེའུ་ཅིང་སོགས་གཟའ་ཚེས་ཕུན་སུམ་ཚོགས་པར་བདག་སོགས་ལུས་ཅན་ཀུན་གྱི་མཆོད་སྡོང་དུ་ཕེབས་པ་འདི་དག །རྒྱལ་བ་མ་ཕམ་པས་མདོ་སྡེ་རྒྱན་དུ། ཡང་དེ་ཞིང་དང་མིང་དང་ནི། །དུས་དང་བསྐལ་པའི་མིང་དག་ཀྱང་། །ཞེས་སོགས་གོང་མ་ལྔ་པ་ཆེན་པོའི་དུས་རྒྱས་པར་བརྗོད་པ་བཞིན་བལྟམས་ཡུལ་ལམ་ཞིང་མིང་དམ་མཚན་ངསྐལ་པའམ་དུས་འཁོར་དང་དམ་པའི་ཆོས་ལ་སོགས་དུ་མ་(༧༨བ)ནས་ཕྱི་ནང་གསང་

གསུམ་གྱིས་ལུང་བསྟན་པའི་ཕྱི་ལུང་བདག་ཅག་གི་སྟོན་པའི་བཀའ་དྲི་མ་མེད་པ་བྱ་རྒྱུད་འཇམ་དཔལ་རྩ་རྒྱུད་ཕན་ཡོན་ཉེས་དམིགས་བསྟན་པའི་ལེའུ་རབ་འབྱམས་སོ་དྲུག་པ་ལས། དུས་མཐར་འཇིག་རྟེན་ཉམས་པ་ན། །སྡོམ་བརྩོན་རྒྱལ་པོའི་ཚུལ་གྱིས་ནི། །ཞེས་སོགས་མཚན་སྒྲ་དང་། དང་པོ་མཐའ་མ་ཆོས་ལ་དགའ། །སླུས་པོས་ཞེས་བྱ་རྣམ་པར་གྲགས། །སོགས་མཛད་པས་མཚོན་དུ་མ་ལས་སྐུ་གོང་མ་ལུང་གསལ་བར་བསྟན་ཅིང་། རྒྱལ་པོ་སངས་རྒྱས་པ་ཡི་ཕྱོགས། །ཞེས་སོགས་ཀྱི་མུ་འཕྲུད་དུ། ཡི་གེ་ར་དང་བ་དང་པོར། །དགེ་སློང་གང་ཞིག་རབ་བྱུང་གསུངས། །སྟོན་པའི་བསྟན་པ་གསལ་བྱེད་པ། །འབྱུང་བར་འགྱུར་བ་ཐེ་ཚོམ་མེད། །ཅེས་མཚན་གོང་བརྗོད་བཞིན་བློ་བཟང་རིན་ཆེན་ཞེས་པའི་རིན་ཆེན་གྱི་སྐད་དོད་རཏྣ་ར་དང་བོད་སྐད་དུ་ར་མཚོན་ཞིང་། བློའི་མིང་གཞི་ངོ་བོ་བ་ཡོ་ན་དང་སྟོན་པའི་བསྟན་པ་གསལ་ང་སོགས་མཛད་པས་དངོས་སུ་བསྟན། གླིགས་བམ་རིན་པོ་ཆེ་འཁྲིམ་གྱིས་འབུལ་མོ་ཆེ་མཛད་པའི་ཕ་ཆོས་ཀྱི་ལུང་བསྟན་ལས། དཀོན་ཅོག་གསུམ་ལྡན་རྒྱལ་བ་ཡི། །དེ་རིང་ཀུན་གྱི་སྤྱི་གཙུག་རྒྱན། །བསྟན་པའི་ཀ་བ་རིན་ཆེན་གྱིས། །རིན་ཆེན་མཛེས་པས་ཡར་གུང་མནན། །ཡོན་ཏན་རྒྱ་མཚོ་མཆེད་གསུམ་གྱིས། ཚོགས་པ་དགེ་བའི་གཞུང་ཆེན་བསྲངས། །ཀུན་མཁྱེན་སྤྲུལ་པ་ལྷ་མིག་ཅན། །འཕྲུལ་ཅན་རྣམས་ཀྱིས་ཐུར་མཛེས་པ། །བརྒྱ་ཕྲག་དུ་མས་གུས་པའི་ཚུལ། །དམ་པའི་ཞབས་པད་སྤྱི་བོར་ལེན། །ཞེས་པའང་དངོས་གཞི་བསྟན་པའི་ཀ་བ་རིན་ཆེན(༣༧༥ན)ཀ་བ་ཡོ་ཊྷ་བ་ཤཱཀྱ་རིན་ཆེན་དང་ཡོན་ཏན་རྒྱ་མཚོ་མཆེད་གསུམ་ཁུ་ཛོག་ནག་ཚོ་གསུམ་དུ་འཇུག་པར་བཤད་ནའང་ཚིག་གཅིག་གིས་དོན་དུ་མ་སྟོན་ནུས་པས་ཅུར་སྒྲིག་གར་རོལ་རིམ་འཕྲོན་གྱི་ལུང་དུའང་འཇུག་ལ། དེ་ནང་ད་ལམ་མཚན་སྒྲ་དང་བཅས་དམ་པ་འདི་ཉིད་ཀྱི་ཞབས་རྟུལ་སྤྱི་བོར་ལེན་པ་དང་།

ཡང་། རྩོད་དུས་དགུ་ཡི་མཐའ་མ་ལ། །བསོད་ནམས་མཆོག་གི་མཚན་ལྡན་པས། །བསྟན་པའི་མེ་རོ་གསོ་བར་བྱེད། །ཅེས་པ་སྤུ་སོར་མཚན་སྒྲ་ལ་བསྒྲད་དེ་

ངོས་འཛིན་དུ་མ་ཞིག་བྱུང་འདུག་ནའང་དགུ་ཞེས་པར་འགྲེལ་བཤད་མི་འབྱུང་སྟེ། བློན་པོ་བཀའི་ཐང་ཡིག་ནས། རྒྱལ་པོ་ཁྲི་སྲོང་ལྡེའུ་བཙན་ཉིད༔ ཅེས་པ་ནས། གཟུགས་སྐུ་གཉིས་ཀྱིས་འགྲོ་དོན་མཛད༔ ཅེས་པ་ནས། ས་ཧོར་ཆབ་ལས་འབབ་པ་འབྱུང༔ ཞེས་འབྲས་བུ་གསང་སྔགས་སྟོན་པ་ཉང་རལ་སོགས་བཞི་དང་། སོ་སོ་ཐར་པའི་སྡེ་སྣོད་སྟོན་པར་ངུར་སྨྲིག་གར་རོལ་བཞི་སྐུ་གསུང་ཐུགས་ཡོན་གྱི་གཟུགས་སྐུ་འགྱེད་ཕྱོགས་གཉིས་བཞི་རེ་སྟེ་བརྒྱད་དང་། གཉིས་ཀ་འདུས་པའི་འཕྲིན་ལས་ཀྱི་སྤྲུལ་པ་ཛྙཱ་ན་ཀུ་མཱ་ར་ཆེན་པོ་གསལ་བར་བསྟན་པ་དེ་དག་རྣམས་བསྔོམས་པས་ཁྲིན་དགུའི་མཐའ་མར་བསོད་ནམས་དང་ཡེ་ཤེས་ཀྱི་ཚོགས་གསོག་པའི་ཞིང་དམ་པ་དཀོན་ཅོག་དེའི་སྐད་དོད་རཏྣ་རིན་ཆེན་ཧེ་མཚན་སྒྲ་དང་བཅས་ལུང་གསལ་བར་བསྟན། གཞན་ཡང་གླིགས་བམ་རིན་པོ་ཆེ་ཕ་ཆོས་ཐོར་བུའི་ཚོམས་གཉིས་པ་ལས། ཤར་ནས་ཟླ་བའི་དཀྱིལ་འཁོར་མཛེས། །ཞུན་མའི་ཁྲིའུ་སྤྲུལ་པ་འགྱེད། །(༣༨༥བ) འཇིག་རྟེན་ཐམས་ཅད་གསལ་བྱེད་ཅིང་། །ཞེས་འཇམ་མགོན་བཙོང་ཁ་པ་ཆེན་པོ་ཤར་ནས་ཐེབས་པར་ལུང་བསྟན།

དེའི་འཕྲོར། བསྟན་པ་ནུབ་ལ་ཉེ་བའི་ཚེ། །ཉི་མའི་དཀྱིལ་འཁོར་ནུབ་ལ་གནས། །དེ་ཡང་བསོད་ནམས་མཆོག་གི་མཚན། །ལྷ་ཡི་དངོས་སམ་བརྒྱུད་པ་བྱུང་། །ཞེས་པཎ་ཆེན་དགེ་འདུན་གྲུབ་ནུབ་ཕྱོགས་གཙང་དུ་ཐེབས་པ་དང་བཅས་བསོད་ནམས་ཀྱི་མཚན་ཅན་ལྷ་དང་། བྱུང་གཉིས་ཏེ་བསྲེས་བར་བདུན་འབྱུང་བར་ལུང་བསྟན་པ་ཐམས་ཅད་མཁྱེན་པ་དགེ་འདུན་རྒྱ་མཚོའི་གསུང་དུ་ཐོར་བུའི་ཚོམས་སུ་བསོད་ནམས་མཆོག་གི་མཚན་ཅན་བདུན་འབྱུང་བར་གསུངས་འདུག་པ་ཞེས་པ་སོགས་མཚན་སྒྲ་རིན་ཆེན་དང་དཀོན་ཅོག་སྐད་དོད་གཅིག་པ་རྒྱུད་བླ་ལས་ཀྱང་། འབྱུང་བ་དཀོན་ཕྱིར་དྲི་མེད་ཕྱིར། །མཐུ་ལྡན་ཕྱིར་དང་འཇིག་རྟེན་གྱི། །རྒྱན་གྱུར་ཕྱིར་དང་མཆོག་ཉིད་ཕྱིར། །འགྱུར་བ་མེད་ཕྱིར་དཀོན་ཅོག་ཉིད། །ཅེས་སོགས་པ་ལྟར་དཀོན་ཅོག་བསོད་ནམས་ཀྱི་ཞིང་བླ་ན་མེད་པ་ཡིན་པས་ལུང་གསལ་བར་

བསྟན།

ཡང་། ཐོར་ཚོམས་ལས། བསོད་ནམས་མཆོག་གིས་མེ་གསོས་ཏེ། །ལྷ་ལྡན་བཟང་པོས་མི་ནུབ་སྐྱོང་། །བསྟན་པ་གསལ་མཛད་གཅིག་པུ་ཉིད། །ཅེས་པ། བསོད་ནམས་མཆོག་གི་མཚན་ལྡན་པ་དུར་ཁྲིག་གར་རོལ་སྐུ་ལྔའི་རྗེས་སུ་སླར་ཡང་བསོད་ནམས་མཆོག་གི་མཚན་ལྡན་དམ་པ་འདི་དག་གིས་བསྟན་པའི་མེ་རོ་གསོས་ཏེ་གོང་ས་ལྔ་ཆར་བསྐྱོམས་པའི་མཛད་པ་འཕྲིན་ལས་དང་ལྡན་པ་བཟང་པོའི་མཚན་སྒྲ་ཅན་དེས་རྒྱལ་བའི་བསྟན་པ་མི་ནུབ་པར་སྐྱོང་ཞིང་བསྟན་པ་གསལ་བར་མཛད་པ་པོ་ཀུན་མཁྱེན་དམ་པ་ཆེན་པོ་གཅིག་པུ་(༥༡༨ན)ཉིད་ཅེས་ལུང་བསྟན་པ་དང་། བུ་ཆོས་ལྷའི་རྒྱལ་པོའི་སྐྱེས་རབས་ལས། །ང་ནི་ཆོས་རྒྱལ་རིན་ཆེན་བཞི། །སྤྱན་རས་གཟིགས་སྤྲུལ་དངོས་ཡིན་ནོ། །ཞེས་མཚན་སྒྲ་དངོས་སུ་བསྟན། དད་པ་བརྟན་པའི་སྐྱེས་རབས་ལས། དཀོན་ཅོག་དད་པ་བརྟན་པ་དང་། །བཀའ་གདམས་རིན་ཆེན་བཟང་པོའི་དཔལ། །བསླབ་གསུམ་བརྒྱུད་ལ་བརྟེན་བྱེད་པའི། །ཁྲིམས་ལྡན་འགྲོ་བའི་གཉེན་དུ་འགྱུར། །ཞེས་རྒྱལ་བུ་དད་པ་བརྟན་པ་ཉིད་རིན་ཆེན་དང་བཟང་པོའི་མཚན་སྒྲ་ཅན་གྱིས་འགྲོ་དོན་མཛད་པ་དང་། ཆགས་པ་མེད་པའི་སྐྱེས་རབས་ལས། སྲས་ཀྱི་ཐུ་བོ་བསྟན་པ་ཡི། །རིན་ཆེན་ལྷུན་པོ་རབ་གསལ་བས། །ང་དང་ཁྱོད་ཀྱི་གཞུང་ལུགས་རྣམས། །རྒྱལ་བའི་བཀའ་བཞིན་ཡང་དག་འགྲེལ། །ཞེས་རིན་ཆེན་གྱི་མཚན་སྒྲ་ཅན་དེས་ཇོ་བོ་ཡབ་སྲས་ཀྱི་གཞུང་ལུགས་རྣམས་སངས་རྒྱས་ཀྱི་བཀའ་དང་མཐུན་པ་འགྲེལ་བར་བསྟན། དཀོན་ཅོག་འབངས་ཀྱི་སྐྱེས་རབས་ལས། མཆོག་དཔག་མེད་འདུས་པའི་སྤྱན་རས་གཟིགས། །སྐུ་བརྙེད་པ་གངས་རིའི་ལྷུན་པོ་འདྲ། །གསུང་བརྗོད་པ་ཚངས་པའི་ང་རོ་ཅན། །ཐུགས་བརྗོད་པ་རྒྱལ་བའི་འབྱུང་གནས་ཏེ། །སྤྱིར་སེམས་ཅན་ཡོངས་ཀྱི་མགོན་པོ་ཡིན། །སྒོས་གངས་རིའི་མགུལ་དུ་རྒྱལ་སྲིད་སྐྱོང་། །ཞེས་བོད་ཡུལ་གངས་རིའི་ལྗོངས་ཀྱི་རྒྱལ་སྲིད་སྐྱོང་བ་པོ་རྣམས་བསྟན་པར་མ་ཟད། དཀོན་ཅོག་འབངས་ཉིད་ཀྱི་མཐར་ཆགས་སུ་ཞལ་གྱིས་བཞེས་

པའི་སྐབས། ང་གངས་རིའི་མགུལ་དུ་ཆོས་ཀྱི་རྒྱལ། །སེམས་གཡོ་སྒྱུ་མེད་པར་སྤྱོང་པོར་སྨྲ། །ཆོས་ནུས་མཐུ་(༤༤༨བ)བཙན་པས་གཞན་ལ་ཕན། །མི་བདག་གི་ཡོན་ཏན་སྨམ་པོར་སྦྲིད། །ཅེས་སྤྱོང་བཙན་སྨམ་པོ་མཚན་སྒྲ་དང་བཅས་པ་བསྟན། ང་སྔ་ཚོགས་སྤྲུལ་པ་བསྟན་ན་ཡང་། །རྒྱུད་མ་དག་པ་ལ་ཅི་བྱར་ཡོད། །ཅེས་སོགས་ཁྲི་སྲོང་ལྡེའུ་བཙན་སོགས་རྒྱལ་པོ། འབྲོམ་སྟོན་རྒྱལ་བའི་འབྱུང་གནས་སོགས་དགེ་བསྙེན། མངའ་བདག་ཉང་རལ་སོགས་སྔགས་པས་མཚོན་སྣ་ཚོགས་སུ་བསྟན་ཡང་རྒྱུད་མ་དག་པས་རང་རང་ཕྱོགས་འཛིན་ལས་ཐམས་ཅད་མཐུན་སྣང་གྲུབ་པར་མི་འབྱུང་བ་བཤད། དུར་སྒྲིག་གར་རོལ་རིམ་པར། ང་ཁྲིམས་ལྡན་མཁན་པོའི་སྐུར་བསྟན་ནས། །ཞེས་སོགས་ན་རིམ་གྱི་བསྟན་པའི་དྲུག་པ་ཆེན་པོ་འདི་དག །ཀྱེ་ཁྱུང་ཆེན་མཁའ་ལ་ལྡིང་བ་ལ། །བྱ་མཚའ་ལུས་ཁྲིམ་ནས་འཕྱུ་བ་བཞིན། །ང་ཡི་ཤེས་དབྱིངས་སུ་ལྡིང་བ་ལ། །སེམས་ཁོང་སྐྲན་ཅན་དེས་འཕྱུ་བར་བྱེད། །ཅེས་ཁྱུང་ཆེན་ནམ་མཁར་ལྡིང་བར་ཁྲིམ་བྱས་འཕྱུ་བ་བཞིན་འབྱུང་བར་བསྟན། ལྷ་འདྲེ་བཀའ་ཐང་གི་ལེའུ་ཉེར་བཞི་པ་ལས། ང་རྒྱལ་ལས་བྱུང་དམག་འཁྲུག་འབྱུང་བའི་དུས༔ མི་རྣམས་སྐྱོ་ཤས་ཆེ་བས་ཆོས་ཀྱི་འདུལ༔ ཨོ་རྒྱན་སྐུ་གསུང་ཐུགས་ཀྱི་སྤྲུལ་པ་གཅིག༔ གཏད་པའི་ལས་ཅན་མེ་ཁམས་ཚུ་མོ་ཕག༔ བསྟན་པའི་བདག་པོ་ཨོ་རྒྱན་གླིང་པར་འབྱུང་༔ ཞེས་དགུང་སྐྱིད་དང་ཡབ་གཞིས་གསལ་བར་བསྟན། རྒྱལ་པོ་བཀའ་ཐང་ལས། རྒྱལ་སྲས་སྐྱེ་ལུས་བཅུ་གཉིས་ཁ་འཐོར་མཐའ༔ ཞེས་སོགས་ལྷ་སྲས་ཀྱི་སྐྱེ་ལུས་བཅུ་གསུམ་པ་གསུངས་པའི་རྗེས། སྒྱུ་མའི་སྐྱེས་བུ་རྗེ་རིགས་(༤༤༩ན)རྣལ་འབྱོར་པ༔ ཐ་མལ་མོན་བུ་ལྷ་སྦྱིན་དེད་དཔོན་གཅིག༔ ཐ་བྲག་རི་བོའི་གླིང་ནས་འོང་ཞེས་པ༔ སྔགས་ཀྱི་དངོས་གྲུབ་འདོད་པ་ཡོད་དམ་ཞེས༔ སྟོན་དུས་རྒྱལ་པོ་ད་ལྟ་ཡོད་དམ་ཞེས༔ སྟོན་དུས་རྒྱལ་པོ་མན་ངག་ལོང་ཞེས་ཟེར༔ གསང་སྔགས་རྒྱ་མཚོའི་ནང་གི་སྙིང་པོ་རྣམས༔ རིག་པའི་བརྗ་ཡི་ཆར་གྱི་ཚུལ་དུ་འབེབས༔ ཞེས་སྒྱུ་མ་ནི་སྤྲུལ་པ་འཁྲིད་པའི་དོན་དང་༔ རྗེ་རིགས་ནི་རྒྱ་གར་དུ་རྒྱལ་རིགས་ཤེང་

སྣ་ལ་པ་ཟ་ཧོར་ལྷ་བུ། དམངས་རིགས་སོ་ནམ་གྱིས་འཚོ་བ། གདོལ་པའི་རིགས་ཉ་པ་བཤན་པ་སོགས་དང་། རྫེའུའི་རིགས་དཔྱ་ཁྲལ་བསྡུ་རྒྱུ་ཡོད་པར་གསུངས་པས་ད་ལམ་ཇོ་བོ་འོད་གསལ་ལྷ་ལས་འཆད་པ་ཡིན་ཀྱང་རྣམ་པ་དཔྱ་ཁྲལ་བསྡུ་བ་རྫེའུའི་རིགས་སུའང་གཏོགས་པ། ཐ་མ་ཞེས་པ་དུས་ཀྱི་ཐ་མ་འདི་ལྟ་བུར་ཕེབས་པ། མོན་བུ་ཞེས་པ་འབྲུངས་ཡུལ་དངོས་སུ་སྨོས་ཤིང་། ལྷ་སྲིན་དེད་དཔོན་ཞེས་པ་ནི་མཐུ་སྟོབས་དང་གཟི་བརྗིད་ཤིན་ཏུ་ཆེ་བའི་ལྷ་སྲིན་གདུག་པ་ཅན་རྣམས་ཚར་གཅོད་པ། ཐ་བྲག་རི་བོ་ཞེས་པ་གབ་ཚིག་གི་དོན་རྒྱ་ཆེན་པོ་སྟོན་པ་དང་། གླིང་ཞེས་པ་སྐུ་ཏུས་པདྨ་གླིང་པའི་བརྒྱུད་དང་གནས་དགོན་ཨོ་རྒྱན་གླིང་ཟུང་དུ་འཇུག་པ། དེས་ལྷ་སྲས་ཀྱི་སྐྱེ་བརྒྱུད་དུ་ཟབ་ཆོས་དུ་མ་སྤྱོལ་བ་སོགས་བརྫ་ཆོས་ཀྱི་སྒོ་ནས་ང་མ་བསྟན། ཡང་དེ་ཉིད་ལས། ལྗོ་མོན་ཤིང་ལོའི་ཚལ་ཞེས་བྱ་བ་ནཿ རྒྱལ་པོའི་ཚུལ་གྱིས་སེམས་ཅན་དོན་མཛད་པཿ དགེ་སློང་རིན་ཆེན་བཙན་པོ་ཞེས་བྱ་ནིཿ ལྡུ་ལྡན་དུས་ཀྱི་སྙིགས་མའི་མཐའ་ལ་འབྱུང་ཿ ཞེས་(༢༡༧བ)འབྲུངས་ཡུལ་དང་མཚན་སྲ་མཛད་པ་ལ་སོགས་དངོས་སུ་བསྟན་ནས། དུར་སྐྲིག་འཛིན་པའི་རྒྱལ་སྲིད་དར་ཞིང་རྒྱསཿ ཞེས་ལྷུ་པ་ཆེན་པོ་ལས་ཀྱང་རྒྱལ་སྲིད་དར་ལ་རྒྱས་པ་སོགས་ལུང་བསྟན། ནང་ཟབ་གཏེར་གྱི་རིམ་པ་ནི། མཆིམས་ཤཱཀྱ་པྲ་བྷའི་སྐྱེ་མཐའ་གཏེར་སྟོན་ཆོས་ཀྱི་རྒྱལ་མཚན་གྱི་གཏེར་ཡིག་ཆེན་མོ་དཀར་ཆག་རིན་ཆེན་འཕྲེང་བ་ལེགས་ལྡན་རྗེའི་ཕྱུབ་བྲིས་མ་ལས། དེ་ནས་ཕག་དང་བྱི་བ་ཤར་བའི་ཚེཿ ཕག་ལོ་པ་གཅིག་འབྱུང་གྱུར་ཏེཿ ཨོ་རྒྱན་པདྨ་བདག་གི་བུཿ བསྟན་པ་གསོ་ཕྱིར་སྤྲུལ་ནས་སྟོནཿ ཕག་དང་བྱི་བ་མ་ཤར་བརཿ སྤྲས་པའི་ཚུལ་དུ་འགྲོ་དོན་བྱེདཿ ཅེས་སོགས་ཕག་ལོར་བལྟམས་པ་དང་ཕག་བྱི་མ་རྫོགས་བར་གསང་རྒྱས་སྤྲས་ཚུལ་འགྲོ་དོན་མཛད་པ་སོགས་བསྟན་ནས། མཐུན་རྐྱེན་མཁའ་འགྲོ་རྣམས་ཀྱིས་སྒྱུརཿ མདུན་མ་སྣང་སྲིད་ལྷ་འདྲེས་བྱེདཿ སོགས་གསལ་བར་བསྟན། གཏེར་བདག་གླིང་པའི་གནམ་ལྕགས་བྲག་གི་ཨ་ཏི་ཟབ་དོན་སྙིང་པོའི་ལུང་བསྟན་ལས། ཁྱད་པར་འདི་ཉིད་འཛིན་པའི་

ལས་ཅན་ནི༔ ཤམ་པོ་གངས་ཀྱི་ལྷོ་ནུབ་ཉེ་འདབས་སུ༔ འགྲོ་བའི་མགོན་པོ་རྟོད་པ་མེད་པ་འབྱུང་༔ འདི་ཡི་བསྟན་པ་བཟུང་ནས་འགྲོ་བ་སྐྱོབ༔ ཅེས་དང་། གཏེར་ལུང་འགར། འདྲ་མིན་གསུམ་འབྱུང་ཁྱད་པར་སྐལ་ལྡན་གཅིག༔ བསམ་ཡས་ལྷོ་ཕྱོགས་མཁོ་མཐིང་ཤར་ཕྱོགས་ན༔ མོན་བོད་མཚམས་སུ་སྡིགས་ཀྱི་རྒྱུད་འཛིན་པ༔ ཡབ་ནི་རྫེ་རིགས་མ་ནི་རྒྱལ་རིགས་ཀྱི༔ ཟུང་འཇུག་བསྐྱུན་པའི་ཁྱིའུ་རིགས་ལྡེ་ལས༔ སྐྱེས་མཆོག་ཕག་(༣༡༨ན)ལོ་བཟང་ངམ་རྡོ་རྗེའི་མིང་༔ མུན་པའི་གླིང་ནས་ཡེ་ཤེས་སྒྲོན་མེ་གཅིག༔ ཆེ་མཆོག་རྒྱལ་པོ་རྡོ་རྗེ་འདུས་པ་རྩལ༔ དྲག་སྤྱོད་ཧུར་ཐུམ་རྟོགས་མེད་རྒྱལ་བ་གཅིག༔ ཅེས་པ་ནས། སྐུ་ཡི་རྟགས་འཆང་དཔྲལ་བར་རྩེ་གསུམ་རིས༔ གསུང་གི་རྟགས་འཆང་ཨོག་མར་པདྨ་རིས༔ ཨ་ཡིག་འབྲུ་གསལ་ཐུགས་ཀྱི་རྟགས་འཆང་བ༔ སྙིང་གར་སྣེ་བ་རྡོ་རྗེ་རྒྱ་མདུད་རིས༔ ཡོན་ཏན་རྟགས་འཆང་ལྟེ་བར་རྩེ་གསུམ་རིས༔ སྣེ་བ་ཤ་མདོག་ཕྲུག་རྒྱས་སྤྲས་པ་ཡོད༔ འཕྲིན་ལས་རྟགས་འཆང་སྟག་ཤམ་རི་མོ་བཀྲ༔ གཞན་ཡང་ཉིད་ཀྱིས་བྱིན་རླབས་ཡ་མཚན་མང་༔ སྤྱི་བོའི་གཙུག་མཐོ་མིག་དང་དཔྲལ་གདེངས་ཆེ༔ ཞེས་སོགས་དང་།

ལུང་བྱང་ཤོག་དྲིལ་གསུམ་པ་ལས། དེ་ཡི་ཕྱི་མ་ལྷོ་བོད་མོན་གྱི་སར༔ ཡུལ་མིང་ཨོ་རྒྱན་རྫེ་རིགས་སྐྱེས་བུ་ཞིག༔ ཕག་གི་ལོ་པ་བཟང་པོའི་ཡང་མིང་ཅན༔ བཞིན་བཟང་རྒྱུད་དུལ་ཤེས་རབ་སྙིང་རྗེ་ལྡན༔ བོད་ཁམས་གདུལ་བྱ་དམར་པོ་རི་ནས་སྐྱོང་༔ ཞེས་འབྲུངས་ཡུལ་ཡབ་ཡུམ་གྱི་སྐུ་རིགས་དགུང་ལོ་སོགས་གསལ་བར་བསྟན།

ཆོས་སྲུང་དྲེགས་པ་མིར་བརླམས་པའི་རིགས་ཀྱི་གནས་ཆུང་སྤྲུལ་པའི་ཆོས་རྒྱལ་རྡོ་རྗེ་གྲགས་ལྡན་གྱིས། ཆུ་ཁྱི་ལོ་ལྷ་པ་ཆོས་སྐུའི་ཀློང་དུ་བཞུགས་མ་ཁད། ད་ལམ་འོད་ཟེར་ཤར་ལྷོ་ཕྱོགས་སུ་སྣེན། །སྡིགས་མའི་སེམས་ཅན་དམུ་རྗོད་ཆེས་པ་ཡི། །ཞག་ཏུ་སྤར་བ་ཙུང་ཞིག་དཀའ་བ་འདུག །འོན་ཀྱང་འགྱུངས་མེད་མྱུར་དུ་འཁྱོན་པ་ཡི། །ཁས་ལེན་པེ་ཧར་རྒྱལ་པོ་ང་ཡིས་བྱེད། །(༣༡༨བ)ཅེས་མི་འགྱུངས་པ་དང་། ཕེབས་ཕྱོགས་དང་། མངལ་ཕེབས་གྲུབ་མིན་སོགས་སྔོ་དུ་མ་གསུང་བ་དང་

འགྲིག་ཅིང་། ཚོར་གསེབ་ནས་ཁྲི་ལོ་ཟླ་བ་གསུམ་པའི་ནང་དུ་ལྷ་པ་ཆེན་པོ་གཞན་དོན་དུ་ཕེབས་སྐོར་ཞུས་པར། འདིར་དགོངས་པ་གཏད་པའི་ངེད་བསྐོ་བཞག་བཀའ་རྟགས་ཕྱག་རྒྱ་སོགས་ཀྱི་ལོ་རྒྱུས་དང་། འདི་ཡོད་པ་ལ་བརྟེན་ནས་འབྲེས་ལོ་སྐོར་དུ་ལུང་བསྟན་རེ་བྱེད་པའང་མ་བྱུས་ཚུལ། ད་ལམ་ཕྱི་མ་རྣམ་སྲས་གླིང་ནས་དྭགས་བར་གྱི་ས་ཚིགས་ཤར་ལྷོ་མཚམས་སུ་ཕེབས་ཚུལ་དང་། རྒྱ་ཕག་ལོ་ནང་མ་འོངས་ལུང་བསྟན་བསྟུལ་བར། ཤེལ་མཆོང་ལྟར་སྨུག་པ་འདབ་བརྒྱའི་གླིང་། །དེར་སྔ་ཚོགས་རྡོ་རྗེ་ལྡེ་བའི་དབུས། །སེང་མཐུ་ལྡན་གནས་མལ་འཆའ་བ་ལ། །ཟེར་ཉི་མའི་འོད་ཀྱང་དེ་ལ་འཁོར། །ཞེས་དང་། གཞན་གཡོ་འགྱུལ་ཡོང་བ་ག་ལ་སྲིད། །ཅེས་པ་ནས། དགེ་བསྟན་པའི་གཞི་མ་གནས་མཆོག་རྒྱལ། །ལྷ་སྲིད་གསུམ་བདག་མོ་དམག་ཟེར་མས། །ལས་རྣམ་བཞིའི་འཇའ་ཚོན་གུར་ཕུབ་ཅིང་། །མ་ཤ་ཟ་མཁའ་འགྲོ་བྲན་བཀོལ་ནས། །འཁོར་དུས་བཞིའི་ལྷ་མོས་ལས་རྣམས་བསྒྲུབ། །ཅེས་པ་སྔ་ཇི་བཞིན་རྗེས་སུ་མ་གཏོགས་མ་གོ་ནའང་ཧང་རྒྱ་གོང་མ་ཞིང་གཞན་དུ་ཕེབས་པར་གོ་དོགས་བཞག་པའི་ནང་ཚན་ཤེལ་མཆོང་ཞེས་སོགས་ཤེལ་ནི་དྭངས་གསལ་སྒྲིབ་པ་མེད་པའི་དཔེ་ཡིན་པས་ཀུན་རྫོབ་རྫུན་མ་སོགས་ཀྱིས་མ་བསྒྲིབས་པར་ཉི་མ་ཤར་བ་སྤྲར་མོས་མི་ཁེབས་པ་བཞིན་འཕྲུལ་མེད་གསལ་བར་ཐོག་མ་ནས་གཏན་ལ་འབེབས་པ་དང་། དེའི་ཁྱད་ཆོས་སམ་རྗེ་བླ་མའི་(ཞ((ན)མཆོག་སྤྲུལ་ཕེབས་པའི་ཡུལ་ཨོ་རྒྱན་གླིང་པ་པདྨ་གླིང་པའི་གདུང་བརྒྱུད་གསང་སྔགས་སྔ་འགྱུར་གྱི་རིང་ལུགས་དེ་ནང་སྣང་སོག་གོང་གསུམ་དང་མ་འབྲེས་པའི་ངོ་བོ་ཤེལ་དཀར་བཞིན་དམ་ཚིག་གཙང་ཉའང་རྣམ་པ་མཆོང་ལྟར་སྨུག་པའི་སྔགས་རྙིང་མའི་རིགས་སུ་ཕེབས་པ་དང་། འདབ་བརྒྱ་ཞེས་པ་སྒྱུར་པདྨར་འཇུག་པས་པད་གླིང་དབོན་རིགས་ཀྱི་སྒྲ་དོན་པདྨ་མཚོན་པ་དང་། ཡུལ་གྱི་དབྱིབས་ཀྱང་པད་འདབ་ཏུ་ཡོད་པའང་སྟོན་ལ། གླིང་ཞེས་པ་པདྨ་གླིང་སྐུ་ཚུས་དང་ཨོ་རྒྱན་གླིང་ཞེས་པ་ཁང་པའི་སྒྲ་ཡང་མཚོན་པར་གོ་བས་ངེས་པ་ཉིད་ཅིང་། ཕྱིས་ཆོས་སྐྱོང་ཉིད་ནས་ཞལ་ལེན་འབྲུ་འགྲེལ་གྱི་དཔའ་

སྐད་མཛད་པ་ལྟར་དང་།

བསམ་ཡས་གནོད་སྦྱིན་ཆེན་པོས་ཚ་ཁྲི་ཟླ་བ་དྲུག་པའི་ཚེས་བཅུ་གཅིག་ལ་གསང་སྔོ་མ་བཤད་པར་སྐུ་དོག་ལོ་གཉིས་ཙམ་ནས་ཨེ་སངས་ཞུས་པར། འབྲས་སྤུངས་དགེ་བཤེས་ལུས་ཟག་མེད་རྡོ་རྗེའི་སྐུ་བརྙེས་ཀྱང་། ཞེས་སོགས་ཀྱི་མཐར། དེ་ནས་ཤར་ལྷོ་ཕྱོགས་ཀྱི་མཁའ་འམ། །པདྨའི་རིགས་སྐལ་ལྡན་གང་རིགས་སུ། །ཉི་མའི་འོད་ཟེར་སྨིན་པ་ཡི། །སྨོན་ལམ་དྲག་པོའི་རྟེན་འབྲེལ་དུ། །ཞེས་སོགས་ནས། པདྨའི་རིགས་དེ་པདྨ་གླིང་པའི་དབོན་བརྒྱུད་ཡིན་པ་སྐུ་ཏུས་སོགས་གསལ་བར་བསྟན། གཞན་ཡང་བཀའ་འབངས་སློབ་བུ་བདག་གིས་དབུས་མཆོག་དམན་དུ་མར་ཉིང་འཁྲུལ་གྱི་མཚོན་པར་ས་ཕྱོགས་སོགས་གསལ་བ་ཇི་སྙེད་དང་། གསང་ལུང་ཡང་གསང་རྒྱ་ཅན་སོགས་དུ་མ་ནས་གསལ་བར་ལུང་གིས་ཟིན་པ་དེ་ཉིད་གོང་མ་ལྔ་པ་ཆེན་པོ་དངོས་ཀྱི་བཀའ་དང་(༦༤༨བ)སྤྲུལ་པའི་ཆོས་སྐྱོང་རྡོ་རྗེ་གྲགས་ལྡན་གྱི་ལུང་སོགས་ཀྱི་ནང་གསང་བའི་དགོས་པ་ཁྱད་པར་ཅན་ལ་བརྟེན། དགུང་ལོ་ཆོས་ཀྱི་ངོ་མཐོང་བར་སྤྲས་པའི་ཚུལ་གྱིས་འགྲོ་དོན་མཛད་རྗེས། སྐྱབ་པའི་དུས་ཀྱི་སྨད་ཆ་མེ་མཁའ་རྒྱ་མཚོ་ནས་འདས་ལོ་དྲུག་ཅུ་སྐོར་གྱི་རྩིས་འགོ་ཟུག་ནས་རབ་བྱུང་དུ་གྲགས་པ་བཅུ་གཉིས་པའི་ལེགས་སྦྱར་ལྷའི་སྐད་དུ་ཨཱི་ཤྭ་ར་སྟེ་སྟོད་འགྲེལ་དང་མཐུན་པའི་བོད་སྐད་དུ་དབང་ཕྱུག་ཕྱོར་ཐང་ཧང་ཚེའུ་པདྨ་ནཱ་གའི་གོས་ཀྱིས་སླུབས་པ། མེ་སྤྲང་འབྱུང་བ་བཞི་ལྡན་གྱི་གནམ་ལོ་དགེ་བའི་ལོ་རྩེ་ཐོག་རྣམས་སྟུད་པ་འབྲས་ལྡན་གྱི་དུས། ནདོ་ཉི་མའི་སྙིང་པོ་ལས། བདག་གིས་རྒྱུ་སྐར་སྨིན་དྲུག་བཛོད། །སྟོན་ཟླ་ཐ་ཆུང་ཞེས་བྱ་བ། །ཞེས་འཇམ་མགོན་བཙོང་ཁ་པ་ཆེན་པོ་སོགས་འདུལ་འཛིན་ཕྱི་མ་རྣམས་ཀྱི་ལོ་འགོ་མར་ངོ་སྟོན་འགྲོའི་དབང་གིས་བཅུ་དྲུག་ནས་བཞེད་ཅིང་། ཕྱོར་ཐང་གི་དགུན་ཐ་ས་སླུང་ཆེ་བ། དུས་འཁོར་བའི་དགུན་ར། གསོ་དཔྱད་དང་རྩོར་ལུགས་མཐུན་པའི་རྩོར་ཟླ་བཅུ་པའི་ཕྱོགས་ཕྱི་མ་དམ་ཅན་འདུ་བའམ་དམར་པོའི་ཕྱོགས་ཀྱི་རྫོགས་པ་གཉིས་པ་འཇམ་མགོན་དུར་སྐྱིག་གར་རོལ་བདག་ཉིད་ཆེན་པོ་བློ་བཟང་

གྲགས་པའི་དཔལ་དགའ་ལྡན་ཡིད་དགའ་ཆོས་འཛིན་དུ་གཤེགས་པ་དང་། གསང་སྔགས་མ་རྒྱུད་དང་སྒྲ་འགྱུར་གྱི་མར་ངོའི་ཊཱ་ཀི་འདུ་བའི་དུས་ཆེན། ཁྱད་པར་ཕྱག་ན་པད་དཀར་དུར་ཁྲིག་གར་རོལ་ལྷ་པ་འོད་གསལ་ཆོས་སྐུའི་ངང་དུ་བཞུགས་པའི་ཆོས་དུས་སོགས་དུས་ཆེན་བཞི་འཛོམ་གྱི་ཉིན་རེས་གཟའ་གང་གི་བལྟམས་གཟའ་ཧྲ་བདུན་པ་རང་གི་དགའ་མ་མེ་བཞི་དང་རྩེ་བའི་འགྲུབ་པའི་སྦྱོར་བ་སོགས་(༤༠༠ན)གཟའ་ཆེས་ཕུན་སུམ་ཚོགས་ཤིང་ཏཀྵལ་མཆོག་ཏུ་བཟང་ཞིང་བདུད་རྩིའི་ཐུན་དང་འཕྲིག་པའི་དུས་དགེ་བར་གྲུ་འཛིན་གྱི་གཞལ་མེད་ཁང་ཆེན་པོར་བདག་སོགས་ལྷ་དང་བཅས་པའི་ལུས་ཅན་ཀུན་གྱི་སྐྱབས་དང་མགོན་དང་དཔུང་གཉེན་དམ་པར་མངའ་གསོལ་དགེ་ཤེས་ཀྱི་སྟོན་འགྲོར་སྟོན་བཅོམ་ལྡན་འདས་བྱང་ཆུབ་སྙིང་པོར་གངས་རྒྱ་བའི་སྤྲ་ཡོགས་སུ་བདུད་འདུལ་བའི་མཛད་པ་བསྟན་པ་བཞིན། སེམས་ཅན་འབྲུལ་བའི་སྣང་ངོ་ལས་དག་པའི་ཞིང་ལྷོ་ཕྱོགས་རི་བོ་གྲུ་འཛིན་དངོས་ཡིན་པས་མ་དགོས་ཀྱང་བགེགས་སྦྱོང་བའི་ཚོ་གས་མི་མཐུན་པའི་ཕྱོགས་བསལ་རྗེས། དེ་བཞིན་གཤེགས་པའི་སྟོབས་བཅུ་དང་མི་འཇིགས་པ་བཞི་རྫུ་འཕྲུལ་གྱི་རྐང་པ་དང་འཕྲིན་ལས་བཞིའི་བདག་ཉིད་ཅན་དོན་གྱི་སྣོད་དུ་མཚན་ནས་སྨོས་པ་ཐམས་ཅད་མཁྱེན་པ་བློ་བཟང་རིན་ཆེན་ཚངས་དབྱངས་རྒྱ་མཚོ་ངེས་དོན་དག་པའི་ཞིང་ཁམས་རི་བོ་གྲུ་འཛིན་དང་དྲང་དོན་དུ་འཛམ་གླིང་ཆེ་དགུ་ཀུན་གྱིས་འདུད་པའི་གཙུག་ལག་ལུགས་བརྒྱའི་རྒྱལ་ཁབ་ཆེན་པོའི་ཕོ་བྲང་པོ་ཏ་ལའི་མཆོད་སྡོང་འཛམ་གླིང་རྒྱན་གཅིག་གི་ཚོམས་ཆེན་སྲིད་ཞིའི་ཕུན་ཚོགས་ཀྱི་འཇིགས་པ་མེད་པ་སེང་གེས་བཏེག་པའི་བཞུགས་ཁྲིར་ཞབས་ཟུང་འཁོད་མ་ཐག་ཞལ་བསྒྲོ་མངའ་དབུལ་གྱི་རིམ་པ་གང་གི་བཀའ་འབབས་སངས་རྒྱས་རྒྱ་མཚོ་བདག་གིས་སྐུ་གསུང་ཐུགས་ཡོན་ཏན་འཕྲིན་ལས་ཀྱི་རྟེན་གྱི་ཁོངས་རིག་པའི་གནས་ལྔའི་རང་རྩོམ་གྱི་གླེགས་བམ་བཅོ་ལྔ་སྐོར་བྲིས་ཆ་དང་བཅས་པ་དང་གོང་མ་ལྔ་པ་ཆེན་པོའི་བཀའ་རྟགས་ཀྱི་ཕྱག་རྒྱ་ལེ་ཚན་དང་བཅས་བསྟན་(༤༠༠བ)འགྲོའི་དཔལ་མགོན་དམ་པར་མངའ་

གསོལ་བ་ལ། རྣམ་པར་རྒྱལ་བ་ཕན་བདེ་ལེགས་བཤད་གླིང་པའི་འདུས་གྲྭ་ཚོགས་བཅད་དང་བཅས་པའི་རྟེན་ཅིང་འབྲེལ་བར་འབྱུང་བ་མ་ལུས་པ་བསྒྲིགས་མ་ཁད་གླིགས་བམ་རིན་པོ་ཆེ་ནས། གླིང་ཕུན་སུམ་ཚོགས་པ་འཛམ་བུའི་གླིང་། །སྐོས་ཉང་ཤབ་ས་ཡི་ལྟེ་བ་སྟེ། །ས་དེ་ཡི་ནང་ནས་ཁྱད་འཕགས་པ། །མཐོ་བཀྲ་ཤིས་བརྟན་པ་ལྷུན་པོའི་འདབས། །ནོར་པདྨ་ར་ག་ལྟ་བུར་འདུག །ཞེས་སོགས་ལུང་དུ་བསྟན་པ་ལྟར་པཎ་ཆེན་དགེ་འདུན་གྲུབ་ཀྱིས་འདེབས་པ་གནང་བའི་ཆོས་སྡེ་ཆེན་པོ་གཙང་སྟོད་བཀྲ་ཤིས་ལྷུན་པོའི་གདན་ས་བཅུ་བདུན་པ་རིགས་ལྡན་འཇམ་དཔལ་གྲགས་པ་དང་མཁས་གྲུབ་དགེ་ལེགས་དཔལ་བཟང་པོ་ལ་སོགས་ཡང་སྲིད་དུ་མ་བརྒྱུད་པའི་སྐྱེས་ཆེན་ཡོངས་རྫོགས་བསྟན་པའི་མངའ་བདག་པཎ་ཆེན་ཐམས་ཅད་མཁྱེན་པ་བློ་བཟང་ཡེ་ཤེས་ཀྱི་ཕྱག་མཛོད་བློ་བཟང་མགོན་པོས་བསྟན་པའི་བདག་པོ་ཆེན་པོ་ཉིད་ཀྱི་བཀའ་བཞིན་དངོས་པོའི་ལེགས་སྐྱེས་ཀྱིས་རྟེན་འབྲེལ་གྱི་སྒོ་འཕར་ཕྱེ་ཐོག་གནམ་སའི་དབང་ཕྱུག་འཇམ་དབྱངས་གོང་མ་རྒྱལ་པོའི་གསེར་ཡིག་པ་མདོ་སྔགས་ཟུང་ལ་མཁྱེན་པའི་སྤྱན་ལྡན་ཅང་སྐྱ་སྐྱུ་སྐྱེ་ཅན་གྱིས་བཀའ་ཤོག་རྟེན་བཅས་དང་ལེགས་སྐྱེས་ཀྱི་བདོག་པ་སྤེལ་བས་ཐོག་དྲངས་གདན་ས་ཆེན་པོ་སེར་འབྲས་དགེ་གསུམ་སོགས་ལྷ་སྡེ་དང་། ཉེ་སྐོར་ཕོ་བྲང་པོ་ཏ་ལ་ཁུལ་གྱི་མི་སྡེ་བཅས་ཉིན་དང་པོ་དང་། དེ་ནས་བཟུང་ཟླ་བའི་ཤས་པར་ཐོར་གོད་ཀྱི་དབུས་པའི་མོང་ཁོལ་ཏེ་སོག་པོའི་རིགས་དང་ནེ་པ་ལ་སོགས་སྐད་དང་ཞྭ་རིགས་མི་གཅིག་པའི་སྐྱེ་དགུ་མཐའ་ཡས་པའི་རང་རང་སྟོབས་འབྱོར་གྱི་འབུལ་བ་བསྙེན་བཀུར་ཇ་ཤོན་སོགས་རྩེད་སྣ་བསམ་གྱིས་མི་ཁྱབ་(༥༠༧ན)པ། དེ་དག་རྣམས་ལ་བདག་རྐྱེན་གྱི་རེ་བ་བསྐོང་བ་སོགས་མདོར་ན་ཅུར་སྒྲིག་གར་རོལ་ལྡུ་པའི་སྐྱ་ཐོག་ལ་ཡང་འདི་ལྟ་བུའི་མི་ཚོགས་འདུ་ལོང་མ་བྱུང་ཞེས་པའི་འཆི་མེད་ལྷའི་དཔལ་འབྱོར་མཐའ་དག་གྲུ་འཛིན་གྱི་གཞལ་མེད་ཁང་དུ་འདུས་པ་ལྟ་བུ་དང་། ཅུར་སྒྲིག་གར་རོལ་ལྡུ་པ་ཆེན་པོས་པཎ་ཆེན་ཐམས་ཅད་མཁྱེན་པ་བློ་བཟང་ཡེ་ཤེས་ལ་བསྟུལ་བ་རྣམས་ནོར་བདག་པོས་

ལེན་པའི་ཚུལ་གྱིས་བཀའ་ཆོས་འབུལ་བཞེས་ཀྱིས་མཆོན་མདོ་སྔགས་རིག་པའི་གནས་སྦྱི་ཅེ་བྲག་ཏུ་གསན་སྦྱོང་སོགས་ལུགས་ཟུང་གི་སྒོ་ནས་མཛད་པ་བཟང་པོས་འགྲོ་བ་ཀུན་སྨག་ཏུམ་གྱི་མུན་པ་ལས་བསལ་ཞིང་། རྩ་བ་གསུམ་གྱི་ཞལ་གཟིགས་སོགས་དགེ་ལེགས་ཀྱི་མཚན་མ་ནང་གསང་བརྗོད་ལས་འདས་པ་སྤྲུལ་པའི་ཆོས་རྒྱལ་དགྲ་ལྷ་རྡོ་རྗེ་གྲགས་ལྡན་གྱིས་ཡོད་གསུང་བ་བཞིན་སོ་སྐྱེས་མཐོང་དགའ་བ་ནས་བློར་མ་ཆུད་དོགས་ཀྱིས་བཞག་ཅིང་། མཆོག་དམན་ཀུན་གྱི་མཐུན་སྣང་དུ་གྲུབ་པར་ཟླ་བ་དགུ་པའི་མཉེས་ཐང་བཀྲ་ཤིས་སྣང་གི་མཛལ་ཕྲད་ཀྱི་སང་མཛལ་བའི་ནུབ་མོ་རྣམ་པ་ཉ་འདྲེན་གྱི་འཚུབ་ལ་སྟེར་ནས་དབྱར་སེར་བ་དང་དགུན་ཁ་བ་འབབ་རྒྱུན་རྣམ་ཐར་རིན་པོ་ཆེར་གསལ་བ་ལྟར་ཡིན་ནམ། ཡང་ཕྱོགས་མཐའི་མི་སྐད་ཞ་རིགས་མི་གཅིག་ལྷ་གྲུབ་གཙང་མིན་རྣ་ཆོགས་ཀྱི་དམ་སེལ་གྱི་རྣམ་པ་ལྟ་དུ་ལ་ངོ་བོ་རྟུལ་མི་ལྡང་བར་ཆག་ཆག་གི་ཚུལ་ལམ་ནམ་མཁའི་ལྟས་སྲི་ཞུ་བགྱིས་པ་དང་། ལྷག་པར་ཡུལ་བདག་གཉན་མཁར་ནག་དེ་དྲི་ཟའི་རྒྱལ་པོ་རྡོ་རྗེ་འབར་བ་རྩལ་དང་རྒྱུད་གཅིག་པའི་སྤྲབས་དགྱེས་ཉམས་ཡིན་ནམ་(༤༠༦བ)བསམས་པའི་ཁ་ཐུལ་ཡོད་ཙམ་དང་། བཀའ་འབངས་སློབ་བུ་བདག་དང་ད་ལས་རྒྱལ་པོ་སོགས་སྤྱོད་འདྲེན་པ་རྣམས་བཀྲ་ཤིས་ལྷ་གདོང་དུ་གྲགས་པའི་ཞིང་སྐྱེང་ཕེབས་བསྐུགས་ཀྱི་ཆིབས་རགས་བརྒྱ་ཕྲག་ཐད་ཕེབས་དུས་མེ་ཏོག་གི་ཆར་བར་སྣང་ལ་ལྡིང་ཞིང་ལག་དང་སར་བབས་ནས་ཡལ་འགྲོ་བ་ཉི་མ་ཐང་ཞབས་དྲུང་སོགས་མཆོག་དམན་ཕལ་ཆེར་གྱིས་གཟིགས་མཐོང་དང་། དགའ་སྟོན་བཞུགས་གྲལ་གྱི་སྣང་ཉེ་ཁྲིམ་འཇའ་ཕྱི་ནང་དང་ཕྱོགས་བཞི་འཇའ་རྡོག་གི་རྣམ་པ་གསལ་བར་རེ་ཡོད་པའི་སྐུ་སེར་ཁྲིམ་པ་སོགས་དུ་མ་དང་པོ་ཏ་ལ་སེར་འབྲས་སོགས་ནས་ཀྱང་མཐོང་བ་བྱུང་ཞིང་།

ཟླ་བ་བཅུ་པའི་ཉེར་ལྔ་སྟ་མའི་ཉིན་མཉེས་ཐང་ནས་ཆིབས་ཁ་བསྒྱུར་སྐབས་ཐོ་རངས་སྟ་ཆ་ཙམ་ལ་རོལ་ཆ་དང་པོ་བཏང་བ་ནས་བཟུང་ནམ་མཁར་འཇའ་སྤྲིན་རྒྱབས་ཤར་གྱེན་སྤྲིང་གིས་ཁྱབ་ཅིང་། དེ་ཡང་ནམ་སེང་ལ་ཆིབས་ཐོག་ཕྱོན་དུས་

ཟླ་བས་ཞུར། ཀྲིན་སྦྲིང་། ཀྲུ་ཆར། དཔག་བསམ་ཤིང་དབྱིབས། ནོར་བུ་དགའ་འཁྱིལ། ཉ། དུང་། རལ་གྲི། འཁོར་ལོ་སོགས་ཀྱི་རྣམ་པ་གསལ་བ་དང་། སྐབས་འགར་དགའ་འཁྱིལ་ཚོན་མདངས་རྣ་བའི་མདོངས་ལྟ་བུར་བཀྲ་བ། ཉི་མ་ཤར་ནས་བཟུང་ཚོན་མདངས་རྣམས་ཡལ་བའི་སྐྱ་ཤར་འཇའ་དཀར་ལྟ་བུ་ལ་པ་ཧྲ། ཕོ་རིས། གསང་ལ་གཡུང་དྲུང་ཆོས་འབྱུང་སོགས་ཀྱི་རི་མོ་ཡོད་པའི་འཇའ་སྤྲིན་སྟར་ཡེ་མཐོང་མ་མྱོང་བའི་ཡ་མཚན་པ་རྒྱུག་ཕྱོགས་ཀྱང་ཐོག་མ་ནས་སྙིང་ཚལ་གླུ་སྡིངས་སུ་མ་ཕེབས་བར་ཕེབས་ལམ་ཕྱོགས་ཇི་ལྟ་བར་ཤར་དུ་མྱུར་བར་འགྲོ་བ་དང་ཕེབས་ནས་སོད་པ་དང་། དོ་ནུབ་(༡༠༢༨)པོ་ཏ་ལ་དང་ལྷ་སའི་ཐད་ནས་བཙོ་ཞིག་སྐྱེས་པའང་གསང་ཡིབ་ཕྱོགས་སུ་རྒྱུགས།

སང་ཉིན་ཕོ་བྲང་ཆེན་པོར་ཕེབས་དུས་ནམ་མཁའ་གཡའ་དག་ཅིང་རླུང་བསིར་བུ་ཙམ་ཡང་མི་ལྡང་བ་འཛིག་རྟེན་སྐྱོང་བའི་ཉི་ཟླ་སྐར་གསུམ་དུས་གཅིག་ཏུ་མཐོང་ཞིང་གཟི་མདངས་ལྷག་པར་གསལ་བ། དགོང་མོ་འཛམ་མགོན་ཆོས་ཀྱི་རྒྱལ་པོ་བཙོང་ཁ་པ་ཆེན་པོའི་དུས་ཀྱི་མཆོད་པའི་གླིང་མེའང་སྤོར་ཐེངས་རེས་ཆོ་ག་སྟར་ལེགས་ཚད་ཡིན་ཏུང་ཀུན་འདི་ལོ་ལས་ལེགས་པ་ཡོད་མ་མྱོང་ཟེར་བའི་མཚན་ཡང་ཉིན་མོའི་སྣང་བ་འབར་བ་ལྟ་བུ་བྱུང་བ་སོགས་ནང་གསང་བརྗོད་མ་དགོས་ཕྱི་རོལ་མཆོག་དམན་ཀུན་གྱི་འདྲེན་བྱེད་ཀྱི་ཡུལ་དུ་མངོན་སུམ་གྱུར་པའི་རྟེན་འབྲེལ་དགེ་ལེགས་ཀྱི་སྔོ་མ་ལུས་པ་ལྷུན་གྱིས་འགྲིག་པ་ལྟར་ཀུན་གསལ་བུ་མོའི་སྐ་རགས་ཀྱིས་ཀྱང་འཆིང་བར་མི་ནུས་པ་རྒྱུ་བ་དང་མི་རྒྱུ་བའི་སྐྱེ་དགུ་ཀུན་གྱིས་ཐར་པ་དང་ཐམས་ཅད་མཁྱེན་པའི་རྒྱ་མཚོར་བགྲོད་པའི་གྲུ་རྫིངས་སམ་མངོན་མཐོ་དང་ངེས་ལེགས་ཀྱི་ཁང་བཟང་དུ་འཛུག་པའི་ཐེམ་སྐས་དམ་པར་ཞབས་བྲུང་ལྟར་བཅས་འགྲོ་བའི་གཙུག་རྒྱན་དུ་བསྐལ་པ་ལས་ཀྱང་བསྐལ་པའི་བར་བརྟན་པར་བཞུགས་པར་གསོལ་བ་སྙིང་གི་དཀྱིལ་ནས་འདེབས་པར་རིགས་སོ། །

མཐའ་མར་དགེ་བ་མཇུག་གི་དོན།

དེ་ལྟར་རྒྱལ་བའི་བསྟན་པ་རིན་པོ་ཆེ་སྤྱི་དང་བྱེ་བྲག་རྒྱལ་བ་འཇམ་དཔལ་སྙིང་པོ་ཅུར་སྒྲིག་གར་གྱིས་རོལ་ཏེ་ཕེབས་པའི་ཤར་བཙོང་ཁ་པ་བློ་བཟང་གྲགས་པའི་དཔལ་གྱི་རིང་ལུགས་ཁྱད་པར་དེ་བཞིན་གཤེགས་པ་འོད་ཟེར་ཀུན་འཕགས་དཔལ་བརྩེགས་རྒྱལ་པོ་བསམས་བཞིན་སྡོམ་བརྩོན་རྒྱལ་པོའི་ཚུལ་གྱིས་ཕེབས་པ་ཅུར་སྒྲིག་གར་རོལ་ལྔ་པ་ཐམས་(༥༠༢བ)ཅད་མཁྱེན་པ་ངག་དབང་བློ་བཟང་རྒྱ་མཚོ་འཇིགས་མེད་གོ་ཆ་ཐུབ་བསྟན་ལང་ཚོའི་སྡེ་ཆེན་པོ་ཉིད་འདུས་བྱས་མི་རྟག་པ་མཚོན་སྣང་འཕོ་འཇུག་གི་ཚུལ་བསྟན་ཙང་། སླར་ཡང་བསྟན་འགྲོའི་དོན་དུ་སྨྲོས་རིགས་སྐུ་ལ་པ་ཆེན་པོར་བསམས་བཞིན་བལྟམས་པ་ཐམས་ཅད་མཁྱེན་པ་དྲུག་པ་བློ་བཟང་རིན་ཆེན་ཚངས་དབྱངས་རྒྱ་མཚོ་ཆེན་པོ་བསྟན་འགྲོའི་དཔུང་གཉེན་དམ་པར་གསར་དུ་ཕེབས་པའི་ཞྭ་སེར་ཅོད་པན་འཆང་བའི་རིང་ལུགས་གནམ་བསྐོས་དགའ་ལྡན་ཕོ་བྲང་གི་ལུགས་གཉིས་ཟུང་དུ་འཇུག་པའི་བསྟན་སྲིད་སྐྱེ་དགུའི་ཕན་བདེ་ཀུན་གྱི་རྩ་བ་ཆེན་པོ་འདི་དག་ཞི་བ་ལྷའི་སྤྱོད་འཇུག་བསྔོ་ལེ་བཅུ་པ་ལས། འགྲོ་བའི་སྡུག་བསྔལ་སྨན་གཅིག་པོ། །བདེ་བ་ཐམས་ཅད་འབྱུང་བའི་གནས། །བསྟན་པ་རྙེད་དང་བཀུར་བསྟི་དང་། །བཅས་ཏེ་ཡུན་རིང་གནས་གྱུར་ཅིག །ཅེས་གང་གསུངས་པ་ལྟར་ཕྱོགས་དུས་གནས་སྐབས་ཐམས་ཅད་དུ་དར་ཞིང་རྒྱས་ལ་ཇི་སྲིད་ནམ་མཁའ་གཟུགས་གཞན་དུ་མ་གྱུར་པའི་བར་མི་ཉམས་པར་སྨོན་ནོ། །སླར་ཡང་གནས་ལུགས་ཇི་བཞིན་བརྗོད་པ་འདི་སྐད་ཅེས་སྨྲས་སོ། །ཨེ་མ་(གཏམ་དང་སྦྱར་བའི་དཔེ་གཟུགས།) མགོན་ཉིད་ངེས་པའི་དོན་དུ་བསྐལ་པ་གྲངས་མེད་དུས་ཀྱི་ཕུང་པོ་གཞལ་བྱ་ལས་འདས་སྔོན་གྱི་ཕ་རོལ་ནས། །དེ་བཞིན་གཤེགས་པ་ཆོས་ཀུན་འབྲུག་སྒྲའི་དབྱངས་ཀྱི་རྒྱལ་པོ་མཚན་ཙམ་ཐོས་ཀྱང་ལུས་ཅན་མདངས་མཐའ་ཐར་པའི་མངལ་འཛིན་པའི། །རྒྱལ་བ་མཆོག་དང་ཡེ་ཤེས་རི་རབ་མན་དྷ་ར་བའི་དྲི་ལྡན་སོགས་ཀྱི་དྲུང་དུ

བྱང་ཆུབ་སྙིང་པོར་སྨོན་པ་ཡི། །བདེན་ཚིག་མཐར་སོན་ཐུགས་བསྐྱེད་བཞིན་དུ་ཞིང་ཁམས་དག་པའི་ཡོན་ཏན་མཉམ་པར་བདེ་བར་(༥༠༣ན)གཤེགས་པའི་ལམ་གྱི་འདྲེན་པ་ཆེ། ༡ །སྟོབས་བཅུའི་ཏིང་འཛིན་གདེངས་(སྒྱུར་གཟུགས་དང་ལྡན་ཅིག་པའི་སྟོན་མེད་གཟུགས་ཅན།) ཀ་ནོར་བུའི་འོད་ཀྱིས་འགྲོ་ཀུན་གྱི། །ལས་ཀྱི་མུན་པའི་ས་འོག་གནས་པའི་སྡུག་བསྔལ་ཞི་མཛད་ཅིང་། །ཡིད་སྤྲུལ་མཁའ་ལྡིང་རྗེ་རྗེའི་མཆུ་ལས་རྣམ་པར་རྒྱལ་བ་ཡི། །ཀླུ་ཡི་རིགས་ཀྱི་མཆོག་ཏུ་དགའ་བའི་དབང་པོར་སངས་རྒྱས་ཤིང་། ༢ །སངས་རྒྱས་ཐམས་ཅད་(བསམ་པ་རྒྱ་ཆེ་བའི་རྒྱན།)ཀྱི་ནི་ས་ལ་འགོད་པ་པོའི། །རྒྱལ་བ་ཀུན་གྱི་ཡི་ཤེས་བསྐྱེད་པའི་ཡབ་གྱུར་ཀྱང་། །ལྷར་སྣང་ཙམ་དུ་རྒྱལ་བའི་སྲས་པོ་འཇམ་པའི་དཔལ། །རབ་མཛེས་ལང་ཚོ་གཞོན་ནུར་གྱུར་པའི་ཚུལ་བཟུང་ནས། ༣ །སངས་རྒྱས་(དཔེ་གཟུགས།)རྗེ་རྗེ་རི་རབ་ཐམས་ཅད་ཀྱི། །དྲུང་དུ་གསེར་གྱི་རི་བོ་ལྟར་བཏུད་ནས། །ཆོས་ཉན་ཀུན་ཆུབ་སྟོན་དང་རིམ་གྲོ་ཡིས། །རྒྱལ་སྲས་སྤྱོད་པའི་ཐབས་ལ་གཞོལ་བ་དང་། ༤ །རྒྱལ་(བསམ་པ་རྒྱ་ཆེ་བ་དང་བྱ་བའི་རང་བཞིན་བརྗོད་འདྲིས་པ།)བའི་དཀྱིལ་འཁོར་རྫོགས་པའི་ཞིང་ཁམས་ཆེ། །དཔག་ཏུ་མེད་པར་ཉིད་ཀྱི་སྐུ་དང་གསུང་། །ཐུགས་ཀྱི་མཛད་པ་བསྟན་ཀྱང་ཀུན་རྟོག་གི། །མཚན་མ་ཉེར་ཞིས་འགྲོ་བའི་དོན་མཛད་དེ། ༥ །མ་འོངས་(གསུམ་གཟུགས་དང་རྫས་མཐའ་གསལ་འདྲིས་པ།)དུས་ཀྱི་དཔལ་མོ་མིག་ཡངས་མའི། །ལེགས་བྱས་བྱང་ཤར་དག་པའི་མེ་ལོང་གཟུགས། །ཉིས་པའི་རྟུལ་དུལ་ཡོན་ཏན་ཕུང་པོ་རུ། །བཀོད་པས་ཡང་དག་འཕགས་པའི་ཞིང་ཁམས་སུ། ༦ །དེ་བཞིན་གཤེགས་པ་(ཡོན་ཏན་བརྗོད་པ་བར་གྱི་གསལ་བྱེད།)དུས་གསུམ་ཤེས་བྱ་ཡི། །དངོས་པོའི་རྣམ་པ་མ་ལུས་ཀུན་གཟིགས་སུ། །འཚང་རྒྱ་རྒྱུ་འབྲས་ཐེག་པ་སྣ་ཚོགས་ཀྱི། །ཆོས་(༥༠༣བ)ཀྱིས་འགྲོ་མང་སྨྲོལ་བར་ལུང་བསྟན་པའི། ༧ །འཕགས་ཆེན་(ལྡན་པའི་ཡན་ལག་གཉིས་གཟུགས།)འགྲོ་ན་དམ་པའི་མཚན་ཉིད་ཀྱིས། །ཡོངས་བཟུང་ངོ་མཚར་ཡངས་པའི་དོ་ར་ནས། །གཞན་ལ་ཕན་པའི་ཁ་ཅིག་ཏུ་བཟློས་པའི་གར། །སྐྱེ་བའི་རྟོག་པ་མེད་ཀྱང་བསམས་བཞིན་དུ། ༨ །གདུལ་བྱའི་

(རྒྱུ་རྒྱན་ལས་རགས་རྒྱུ།)ལུས་སེམས་སླང་ཆེན་སྨྱོས་པའི་ཁ། །དམ་ཆོས་ལྕགས་ཀྱུས་འདུལ་
བའི་ལག་ལེན་དང་། །ཆོས་དབྱིངས་བདེན་མཐོང་སྟོང་ཉིད་གཙོར་ཀྱུར་པའི། །ཐུབ་
པའི་བསྟན་པ་རྒྱས་པའི་ཕྱིར་དུ་ཕེབས། ༩ །དེའང་(ལྡན་པའི་ཡན་ལག་གཉིས་གཟུགས།)
རྫོངས་ཞེན་རྒྱ་འཛིན་ཤ་བ་རིས། །དུད་པའི་རི་དྭགས་ཀྱི་ཀྱུར་བསྒྲོད་པའི་ལམ། །ཆེད་
དུ་བཟློས་པའི་ལྷེམ་པོའི་ལུང་སོགས་ཀྱི། །ངག་དང་སྦྱར་བའི་ཤེས་བྱེད་མི་དགོས་
པར། ༡༠ །འཕྲུལ་(རིགས་པར་གསལ་དང་ལྡན་པའི་གཉིས་གཟུགས་ལྡན་ཅིག་པ།)པ་མེད་པར་
བཀའ་དང་གླེགས་བམ་སོགས། །མངོན་ཤེས་དྲུག་ལྡན་ཡང་དག་རིག་རྣམས་
ཀྱིས། །ལེགས་བཤད་ལུང་གིས་བསྟན་པའི་ཏམྦུ་ར། །འདི་སྟེ་རྣམ་དཔྱོད་དྲི་ཟའི་
ཕང་པར་མཛེས། ༡༡ །བསྟན་(ལྡན་པའི་མཐའ་དག་གཟུགས་ཅན།)པའི་ཚུ་གླུང་ཀུན་འདུ་
མ་དྲོས་མཚོའི། །བདག་པོར་སྒྱུར་པའི་མཁས་བཙུན་བཟང་པོ་ཡི། །ཡོན་ཏན་ནོར་
བུའི་གདེངས་ཀ་མཐོ་ལྡན་པའི། །དམ་པའི་གླུ་དབང་ཤར་ཕྱོགས་བཙོང་ཁ་པ།
༡༢ །རིག་(ལྡན་པའི་གཉིས་གཟུགས།)པའི་རྒྱ་མཚོའི་གཏིང་མཐའ་འཇལ་བ་ལ། །བློ་
བཟང་གྲགས་པ་སྒྲོག་པའི་མགྲིན་ཛ་ཅན། །སྲིད་ཞིའི་སྐྱབས་སུ་སྐྱེས་བུ་ཆེན་པོ་
ཉིད། །དགེ་བའི་མཚན་དང་མཐུན་པའི་བརྟག་དཔྱད་ལ། ༡༣ །(དཔེ་གཟུགས།)སྟོན་
ཚད་མཁས་(༩༠༩ན)པའི་དབང་པོ་རྒྱུ་སྐར་དབུས། །ཟླ་བའི་འོད་མཚུངས་མང་ལ་ཆེས་
རགས་པའི། །སྒྲིབ་མེད་ཀུན་གསལ་ཐུགས་ཀྱི་དག་སྣང་གི། །ངོ་མཚར་རྨད་བྱུང་
བཀོད་པའི་ཞིང་ཁམས་སུ། ༡༤ །དེ་(ཆ་ཤས་གཟུགས་ཅན་འཛིགས་རུང་གི་ཉམས་དང་བསྲེས་
པ།)བཞིན་གཤེགས་པ་མི་འཛིགས་སེང་གེའི་སྒྲས། །བདུད་སྡེའི་དཀྱིལ་འཁོར་ལག་
ལྡན་ཁྲོས་པའི་དཔུང་། །ཕྱི་མར་རླག་པའི་དབྱངས་ཀྱི་ང་རོ་ཆེར། །འཚང་རྒྱ་ཆོས་
ཀྱི་འཁོར་ལོ་བསྐོར་ཚུལ་དང་། ༡༥ །དེ་ཡང་(གཏམ་དང་སྦྱར་བའི་མཐའ་དག་གཟུགས་
ཅན།)དངོས་སུ་གཞུང་དོན་ལྡ་ཡི། །བདག་པོའི་གཟུགས་བརྙན་མི་ཤེས་སྤྲེའུའི་
ཚོགས། །ལང་གཤེགས་མདོ་སོགས་རིན་ཆེན་སྒྲིག་པའི་ངོས། །གཉིས་སྣང་འཕྲུལ་
བའི་ལུང་བསྟན་སྣ་ཚོགས་ལས། ༡༦ །དངོས་(ཡན་ལག་གཉིས་གཟུགས།)སུ་ཐུབ་བསྟན་

མདོ་སྔོའི་ཟླ་མ་ཏོག །དམ་པའི་ཆོས་ཀྱི་བདུད་རྩིར་བཞུགས་འདི་དག །མངོན་སུམ་
གཟིགས་མོར་ཤར་ཡང་གཞན་སྣང་དུ། །འགོད་པར་མི་མཛད་བཏང་སྙོམས་སུ་དོར་
བ། ༡༧ །མ་འོངས་ཚུལ་(ཐེ་ཚོམ་ཅན་དང་འདྲེས་པའི་གཉིས་གཟུགས།)འདི་རྒྱས་པར་འགྲེལ་
བའི་བློ། །འབྱུང་འགྱུར་མཁྱེན་ནས་ཕོ་བོའི་བགོ་སྐལ་དུ། །འཇོག་པར་མཛད་སྐམ་
ཡིད་ཀྱི་འཕྲི་ཤིང་ནི། །སེམ་ཉིར་འཁྱོག་པ་ལྡེམ་པོར་ལྡོག་པར་གོ ༡༨ །ཨ་ཧོ་གདོང་
ནས་སྐྱེས་སྟོབས་རང་བཞིན་(དཔེ་གཟུགས།)གྱི། །ཤེས་རབ་ཀུནྡའི་དགའ་བ་མི་གསལ་
ཞིང་། །སྨྲངས་སྟོབས་འོད་ཀྱི་ཡོན་ཏན་ཆ་ཤས་ཀྱི། །ཚེས་གཅིག་ལྟར་གྱུར་དེ་བས་
དམན་ན་ཡང་། ༡༩ །སྲིད་པའི་(དང་པོ་དང་གཉིས་པའི་ཐོག་མའི་ཚོད་པའི་ཟུང་ལྡན།)ཆུ་
གཏེར་སྟུག་བསྔལ་རོལ་པའི་རླབས། །སྲིད་རྩེའི་བར་དུ་འགྲོ་ཡང་ཟད་མེད་
པའི། །ངང་(༥༠༥བ)ཚུལ་ཉིད་ལས་ཐར་བར་རྣམ་འདྲེན་རྗེ། །ཕྲུག་ན་པདྨོ་ཅན་གྱི་
ཐུགས་རྗེ་ལས། ༢༠ །རྒྱལ་རྣམས་(མཆོག་ངེས་བསྟན།)མཁྱེན་བརྩེ་ནུས་པའི་ངོ་བོ་
ཏྲ། །བསྟན་པའི་རང་གཟུགས་འཕགས་མཆོག་རིགས་གསུམ་གྱི། །མགོན་པོ་དུས་
ཀུན་འགྲོ་ལ་གཟིགས་འདི་དག །འཁྲུལ་པའི་སྣང་ངོར་རེས་སུ་ཕྱི་མོད་
ཀྱང་། ༢༡ །གཞན་དུ་འགྲོ་(ཆོས་དཔེ་དང་ལྡན་ཅིག་པའི་དཔེ་གཟུགས།)བ་སྐྱོབ་པའི་ཐུགས་
བསྐྱེད་བཞིན། །ལྷག་བསམ་ཕན་བདེས་གང་བའི་བདུད་རྩིའི་འོད། །དག་པའི་
དངོས་པོ་གཅིག་ཏུ་འཆར་བ་ལས། །ཐ་དད་སྣང་བའི་ཚུལ་དུ་མི་འགྱུར་
ཞིང་། ༢༢ །གནས་ཚུལ་མངོན་བྱང་(མཐའ་དག་གཟུགས་ཅན།)ཤར་གྱི་རི་བོ་ལས། །རྫོགས་
པའི་སངས་རྒྱས་ཉིན་མོའི་འོད་འཕྱིན་ཀྱང་། །སྣང་ཚུལ་སེམས་དཔའི་གར་གྱི་ཟླ་བ་
ནི། །དྲང་དོན་ཆུ་ལྷའི་ཕང་པར་བག་ལ་ཞ། ༢༣ །དེ་དག་བསམས་(བསམ་པ་རྒྱ་ཆེ་བ་
དང་ལྡན་ཅིག་པའི་ཆ་ཤས་གཟུགས་ཅན།)བཞིན་འགྲོ་བའི་དབང་པོ་དང་། །འཚམས་པའི་
སྐུ་བསྟན་ཡེ་ཤེས་སྒྱུག་པ་ཡི། །ངོ་མཚར་བཀོད་པའི་ཞིང་གི་འཁོར་ལོ་ནས། །ཐུགས་
བསྐྱེད་རིན་ཆེན་ཐེམ་སྐས་ལས་ཕེབས་པ། ༢༤ །ཤར་(ཡུལ་ལ་བསྔགས་པ།)ཕྱོགས་འདོད་
རྒུའི་འོ་མ་འཛིན་པ་ཡི། །ཁྱུར་གྱི་རྐེད་པ་དུད་པའི་གསེར་ལྡན་མ། །རང་ལུས་ཀྱིས་

བསྟེན་དགེ་བཅུའི་ཕུན་ཚོགས་ཀུན། །དཀོན་ཅིག་མཆོད་ཕྱིར་སྟོབས་པ་བཙོང་ཁའི་
ཡུལ། ༢༥ །སྐྱེ་(སྟོན་མེད་གཟུགས་ཅན་དང་འགལ་རྐྱེན་འདྲེས་པ།)དང་རྒ་ནད་འཆི་འཕོའི་
འཁྲི་ཤིང་རྒྱུན། །རྩད་ནས་བཅད་ཀྱང་གཞན་དོན་སྐྱེ་མ་ཡི། །སྐྱེ་བའི་དོག་པ་གསལ་
ཡང་ལས་ཉོན་གྱི། །འཆིང་བ་ཡོངས་བཏང་བློ་བཟང་གྲགས་པ་དང་། ༢༦ །སྲིད་
པའི་འདམ་ལས་གྲོལ་(༦༠༥ན)ཡང་སྲིད་(སྐྱེའི་འགལ་བ་དང་། མཆོག་ངེས་བསྟན། ཆོས་དཔེ་
བཅས་པའི་རབ་སྤེལ།)པ་ལ། །བཙེ་བའི་བརྗོ་ཐབས་ཕྱག་ན་པདྨོ་ཅན། །དུར་ཁྲིག་བརྟུལ་
ཞུགས་གར་གྱི་རོལ་པ་དག །རྒྱ་བོའི་ཟམ་བཞིན་ཆད་མེད་ཕེབས་པ་རྣམས།
༢༧ །བདུད་སྡེའི་(གཞི་གཅིག་གི་ཡོན་ཏན་འགལ་རྒྱུན་ཆོས་དཔེ་དང་ལྡན་ཅིག་པ།)སྙིང་ལ་འགྱུར་
བྱེད་ལྟར་རྩུབ་ཀྱང་། །གཞན་དུ་བདུད་རྩིར་མངར་བའི་རྒྱལ་བཀའ་དང་། །དགོངས་
འགྲེལ་གླེགས་བམ་སངས་རྒྱས་གཉིས་པ་ཡི། །རང་བཞིན་རྟོགས་བརྗོད་སྔོ་ལྡའི་ཐང་
ཡིག་སོགས། ༢༨ །མ་འོངས་(ཆོས་དཔེ་དང་ལྡན་ཅིག་པའི་དཔེ་གཟུགས།)མདོན་སུམ་མཁྱེན་
པའི་མེ་ལོང་དུ། །འབྱུང་འགྱུར་ཆོས་ཀུན་འཆར་བཟོད་དུ་མ་ནས། །ལུང་བསྟན་
འོ་ཡ་སྐྱི་ཙམ་མིན་སུག་མཐིལ་གྱི། །སྐྱུ་རུ་ར་བཞིན་ངོས་འཛིན་མཛུབ་ཚུགས་
སུ། ༢༩ །སྐྲུབ་(སྒྲོ་བའི་ཉམས་དང་འདྲེས་པའི་རིགས་རྒྱུ།)བྱེད་ཁུངས་དང་ཉེར་འབྲེལ་དོན་
གྱི་ངོ་། །སྒྲོད་ནུས་འདི་ཡང་བླ་མའི་བཀའ་དྲིན་དང་། །བསྐལ་བརྒྱར་བསགས་པའི་
དགེ་ཚོགས་རྒྱ་མཚོ་ལས། །བསོད་ནམས་ཆུ་བོ་འབབ་པའི་སྐལ་བར་
འདྲུམས། ༣༠ །དེ་ལྟར་(འདི་ནས་ཤློ་ཀ་བཅུ་གསུམ་བར་སྤྱིའི་ཟློལ་བསྟོད་ལས་ནང་གསེས་དགའ་
བྱེད་སྐའི་གཏམ་རྒྱུད་དང་སྦྱར་བའི་མཐའ་དག་གཟུགས་ཅན།)ན་ཡང་འཕོར་བའི་རི་དྭགས་
གཟུགས། །སོ་ཐར་ཁྲིམས་ཀྱིས་འཁྲུལ་པ་བཞིག་འདོད་ཀྱང་། །རྒྱལ་སྲིད་སི་ཏའི་
མཛེས་དགར་རྗེས་ཆགས་ལས། །སྨིག་རྒྱུའི་ཐང་ཆེན་བརྒལ་བའི་ས་རུའི་སྐྱོན། །(ས་
རར་སྨྲོན་འདོད་པའི་གྲངས་སུ་ཡོད་པའི་དང་པོ་འགལ་རྒྱུན་ལས་ཡོན་ཏན་འགལ་བ།) ༣༡ ཚིག་
དོན་མི་འཁྲུལ་ཡི་གེའི་སྦྱོར་བ་དམན། །(སྔར་ཕན་བསྟན་བཅོས་བརྩམས་རིགས་སུག་བྲིས་ཀོ་
ན་ཡིན་ཀྱང་གཟུགས་ཞལ་བཟ་དག་བསམ་གཞིགས་བཏང་ན་(༦༠༥བ)ལས་འདྲི་དུས་ལག་ཏུ་མི་ལོན་

པའི།)སྨྲ་བ་དོན་ལྡན་ངོམ་ལ་རིངས་པའི་ངག །(ཚོགས་མཆོད་དུ་འོས་པའི་ལུང་བཤད་ཀྱི་ཆོས་སྦྱིན་རིགས་དང་རབ་བཤད་འབེལ་གཏམ་བཅས་བཤད་པའི་རིགས་སོགས་དོན་ཆར་དཔྱད་ལྡན་མཆིས་ན་དགའ་བ་བསྐྱེད་ཙམ་ཡོད་ཅིང་། མི་རྣམས་རྗོད་བྱེད་ཀྱི་ངག་དཔངས་མཐོ་ཞིང་འཆད་ཀྱང་བཟང་བ་བྱུང་གླིང་ནའང་རང་གི་བསམ་པར།)ཆོལ་ལྷིབ་གཟིངས་མཐོའི་སྤོབས་པ་ཆེས་ཞན་པ། །དཔྱོད་ལྡན་མགུ་ཡང་ལྷར་སྣང་ས་རའི་སྐྱོན། །(འགལ་རྐྱེན་ལས་ཡོན་ཏན་འགལ་བ།ཀ་བཞིའི་འགྲོའི་བར་མ་ཆད་དང་། ཆད་པ་དབུས་ཡོད་འདྲིས་པའི་ཟུང་ལྡན་མཚར་སྤེལ།) ༣༢ ཟབ་ཟབ་དོན་ལ་ཟབ་པའི་མདོ་སྔགས་གཞུང་། །ལྷུག་ལྷུག་གོང་མས་(ངུར་སྨྲིག་གར་རོལ་ལྷ་པ།)ལྷུག་པར་མང་བསྒྱལ་ཡང་། །ཡང་ཡང་ཉམས་ལེན་ཡང་དག་བསྒྲིལ་དགའ་ཞིང་། །མང་མང་གཞན་དོན་མང་མེད་ས་རའི་སྐྱོན། ༣༣ །རྒྱལ་ཐབས་འཛམ་གླིང་འཛིན་སྐྱོང་བྱ་གཞག་གི། །གཞན་དབང་མཆིལ་(ལྕགས་ཀྱུ་)པས་བཀུག་པའི་ས་སྲུངས་བུ། །ཚུལ་མཐུན་འཁོར་གྱི་གཉིས་འཐུང་ཁྲུ་དཀྱིལ་དུ། །ཁྲུར་གཡེང་གོམ་འགྲོས་མི་ཟད་ས་རའི་སྐྱོན། ༣༤ །(བསྟུས་ཤིང་མ་བསྟུས་གཟུགས།) ཆེན་པོའི་རྒྱལ་(ཆོས་དཔེ།)ཐབས་ལུགས་གཉིས་བྱ་བའི་ཚོགས། །ཉལ་འགྲོའི་རླབས་བཞིན་འཛད་མེད་རྟག་འཕོར་བར། །རིགས་མཐུན་འཁོར་བཅས་སྤྱོད་ལ་མི་ངལ་བའི། །ཧ་ཅང་བརྟུན་པ་ཆེ་འདི་ས་རའི་སྐྱོན། ༣༥ །རྒྱལ་ཐབས་བཙན་པོའི་ཁྲིམས་ཀྱི་ར་བ་ལས། །རྣམ་པར་འགོང་བའི་མི་སྲུན་ངན་སྡིག་ཅན། །མི་ཉམས་ཚེ་སྲོག་རིང་པོར་སྦྱིན་པ་ཡི། །སྙིང་རྗེའི་དབང་འཐལ་ཁྲིམས་གནོད་ས་རའི་སྐྱོན། ༣༦ །(འདི་ནས་ཨྰོ་ཀ་གཉིས་རིགས་རྒྱུ།) མཚོ་བྱུང་རིག་པའི་བང་མཛོད་མགྲིན་པའི་ཁྲིམ། །བགྲ་ཤིས་གཡང་དུ་ཆགས་པའི་ལེགས་བཤད་གླུས། །ཕྲོགས་(༤༠༨ན)ཞིན་ཐྲུན་པོས་བཀུར་བའི་ཕང་དྲུག་དབྱངས། །མཚར་འཛིན་མཁས་རློམ་སྨད་འདི་ས་རའི་སྐྱོན། ༣༧ །སྙིང་སྟོབས་ཞོ་འཐུང་ཟོ་རྗེར་འབར་བའི་ཤུགས། །བཙན་པོས་དྲེགས་ལྡན་ས་ཡི་ཕུར་བུའི་ཚོགས། །ངན་སེམས་རྒྱུ་བ་བཅོམ་ནས་ཟུན་བྱེད་པའི། །ཕོད་པ་ཆེན་པོར་གྱུར་འདི་ས་རའི་སྐྱོན། ༣༨ །རང་(བསམ་པ་རྒྱ་ཆེའི་གཟུགས་ཅན།)གཞན་ཀུན་རྟོག་འཁྲུལ་པའི་གྱ་གྱུའི་གླུར། །ཆགས་ལས་

ཉེ་དང་རིང་བའི་ཕྱོགས་ལྷུང་གི། །འདེགས་འཛོག་གོམ་པའི་ཁྱད་པར་གཉིས་མང་ཡང་། །བདུག་གཞན་མཉམ་བལྟའི་མཆོད་སྦྱིན་ས་རའི་སྐྱོན། ༣༩ །མང་ཐོས་(བསྟུས་ཤིང་མ་བསྟུས་གཟུགས།)བསྟན་འཛིན་ཆེན་པོར་གྲགས་རྣམས་ཀྱང་། །རང་བདེ་དུས་(ལྷ་བདེ་པ།)དང་སྦྱར་བའི་ཟབ་ཟིང་འཁོར། །ལྷུར་ལེན་མཁས་པའི་བྱ་བཞག་ཉེ་ནུབ་ཚེ། །རྩོམ་འཆད་རྩོད་པའི་ཟླ་དཀར་ས་རའི་སྐྱོན། ༤༠ །ཉེ་(བར་མ་ཆོད་པ་རྐང་བཞིའི་དབུས་ཡོད།)དང་ཅིག་ཤོས་འགྲིག་འགྲིག་ཕྲ་མའི་གཏམ། །གང་ཡང་སྐེགས་དུས་མང་མང་ཆོས་ཉིད་ནས། །གཞན་ཟེར་བསེར་བུས་ཡང་ཡང་གཡོ་མེད་པར། །གསེར་གྱི་རི་ལྟར་ཚུགས་ཚུགས་ས་རའི་སྐྱོན། ༤༡ །བསྐལ་མང་བསོད་ནམས་སྟོབས་ཀྱིས་(གཉིས་གཟུགས།)འཁོར་བསྒྱུར་པལ། །རྒྱལ་བསྟན་སྲོག་ཤིང་ཆོས་ཀྱི་ཁྲིམས་ཉིད་ལས། །རང་ཉིད་འཆིང་བའི་སྲིད་གཙོར་འཛིན་མང་ཡང་། །དམ་ཆོས་སྣང་བས་དཀར་འདི་ས་རའི་སྐྱོན། ༤༢ །དྲིན་ཅན་(མཐའ་དག་གཟུགས་ཅན།)རྒྱལ་བའི་ཆོས་དང་རྒྱལ་སྲིད་ཀྱི། །ལུགས་གཉིས་བགྱི་བྱའི་ཕྲུར་གཡིང་མདོངས་(རྨ་བྱ།)མཐའ་ཅན། །ཚངས་སྤྱོད་སྲུང་སྡོམ་དབྱངས་དང་མི་ལྡན་ཀྱང་། །(༡༠༨བ)ཆགས་མེད་ཐིག་ལེས་བརྒྱན་འདི་ས་རའི་སྐྱོན། ༤༣ །ཨེ་མ་(བླི་དཀྲུའི་མཛེས་པ་དང་འདྲེས་པའི་ཆ་ཤས་གཟུགས་ཅན།)མཉམ་པ་མེད་པའི་མགོན་པོ་ཆེ། །འཇམ་དབྱངས་ངུར་སྨྲིག་འཛིན་པ་བཙོང་ཁ་པའི། །བསྟན་པ་སྟོང་ཉིད་འདུལ་བའི་ཚོན་རིས་ཀྱི། །ཞྭ་(ར་ཙའི་བུ་དང་མཚིས་འབྲང་སོགས་མཆིས་ཀྱང་དེ་དག་སོགས་ལ་ཁྱིམ་པ་བྱིངས་ལུགས་ཀྱི་ཞེན་འཁར་དར་བའི་སྐྱི་གནས་རྣམ་དཀར་དུ་སྒྱུར་བ་སོགས།)སེར་ཅོད་པན་འཆང་བའི་རིང་ལུགས་ཞེས། ༤༤ །སྟོང་ཉིད་(རིགས་རྒྱུ།)དོན་གཟིགས་འཕགས་མཆོག་ཀླུ་སྒྲུབ་ཀྱི། །ཐུབ་བསྟན་ཟབ་མོའི་ལྟ་བ་དབུ་མ་དང་། །སྒོ་གསུམ་སྡིག་པའི་ཐ་བ་དན་པའི་ཞིང་། །འདུལ་བའི་ཚུ་ལུད་ལག་ལེན་གཙོར་བཏོན་འདིར། ༤༥ །བདག་ཉིད་(ལྡན་པའི་གཉིས་གཟུགས།)སྲིད་པའི་ཚུ་བོ་ལས་ཀྱི་རྒྱུན། །ཐུར་དུ་གཞོལ་ལས་ཐུགས་རྗེའི་ཕྱག་ཡངས་ཀྱིས། །འདྲེན་མཆོག་སངས་རྒྱས་ཆོས་དང་དགེ་འདུན་སོགས། །ཀུན་བྱེད་ཆོས་ཀྱི་རྒྱལ་པོ་རྡོ་རྗེ་བླ་

མ། ༤༦ །ངེས་(ཚ་ཤས་གཟུགས་ཅན།)པའི་དོན་དུ་བདུད་སྡེའི་དཀྱིལ་འཁོར་ལས། །རྒྱལ་
བའི་དགེ་མཚན་ས་གསུམ་གྲགས་པའི་ཛ། །ཁོར་ཡུག་སྒྲོག་ལ་རྫོགས་པའི་སངས་
རྒྱས་མཚན། །ཐམས་ཅད་མཁྱེན་པའི་དབྱངས་སུ་ཉེར་འབབ་པའི། ༤༧ །སྙན་པའི་
ངག་གིས་ལེགས་(གསུམ་གཟུགས།)བཤད་གཏེར་གྲོལ་བའི། །ཡིད་འཕྲོག་ཚངས་དབང་
སྲས་མོ་ཟླ་བཞིན་མས། །བློ་གྲོས་བཟང་པོའི་སྣེ་ཁྲིད་དཔལ་གྱི་མགུར། །ཆོས་ཕུང་
རྒྱ་མཚོའི་འབབ་སྟེགས་གཅིག་གྱུར་པའི། ༤༨ །ཆོས་(རིམ་པ་ཅན་གྱི་རྒྱན།)དང་སྲིད་ཀྱི་
པདྨ་ཀུ་མུ་དའི། །མཛེས་པ་རབ་གསལ་ལུགས་གཉིས་ཉི་མ་དང་། །ཟླ་བའི་འཁོར་
ལོའི་འོད་ཀྱིས་ཕྱོགས་དང་གླིང་། །ཀུན་(༤༠༧ན)ལ་ཕན་པས་སྐོམས་པའི་བཀའ་དྲིན་
ནི། ༤༩ །ཤེས་བྱར་(བྱ་བ་བརྗོད་པ་བར་གསལ།)མ་རྨོངས་རྣམ་དཔྱོད་གཟུར་གནས
ཤིང་། །ཕྱོགས་ལྷུང་སྐྲ་ཤད་འཛག་པའི་མིག་ཕྱིས་ནས། །ལྟ་བ་དོན་དུ་གཉེར་ན་སུ་
ཞིག་གིའང་། །འདི་ལྟའི་མཛད་པའི་ཕ་རོལ་གཞལ་དུ་མེད། ༥༠ །རང་གིའང་བསྟན་
པའི་(དཔེ་གཟུགས།)བདག་པོ་བཙོང་ཁ་པ། །ཉིད་ཀྱི་གཞན་དོན་མཛད་ཆེན་སངས་
རྒྱས་ཀྱི། །ཆོ་འཕྲུལ་ཆེན་མོ་ལ་འཁུ་མུ་སྟེགས་མཐུ། །སྲིན་བུའི་འོད་བཅོམ་དུས་སྟོན་
སྨོན་ལམ་ཆ། ༥༡ །མཆོད་སྦྱིན་ཕྲུག་(དཔེའི་ཕུལ་བྱུང་།)རྒྱ་གྲོལ་བའི་ལུགས་གཉིས
ནས། །ཁྱིམ་པ་རྣམས་ཡིད་ཀུན་དགའི་རྩེད་མོ་ལ། །སྦྱོར་བའི་དུས་སྟོན་ཚོགས་ཀྱི་
མཆོད་པ་ཆེ། །གཙོར་གྱུར་མཆོད་རྒྱུན་དང་བཅས་བསྙེན་བཀུར་བ། ༥༢ །འགྲོ་(ཡན་
ལག་གཅིག་གཟུགས།)བའི་ཀུན་རྟོག་རས་ལ་བྲིས་པའི་མདངས། །ཆོས་འོངས་སྤྲུལ་སྐུར་
ཤར་བའི་སྣང་བརྙན་སོགས། །སྲིད་པའི་འཁོར་ལོ་འཛོམས་པའི་རང་བཞིན
རྗེན། །འགྲོ་འདིའི་བསོད་ནམས་ཞིང་དུ་གསར་བཞེངས་དང་། ༥༣ །འགྲོ་(བྱ་བ་བར་
གསལ།)ཀུན་སངས་རྒྱས་སྒྲུབ་པའི་མཆོད་རྒྱུན་སོགས། །ལུང་རྟོགས་ཆོས་ཀྱི་མངོན
མཐོ་བསྟན་པ་འདིར། །རི་མོར་བགྱིས་པའི་བསོད་ནམས་ལས་ཀྱི་མཐུ། །རྒྱུ་སྦྱོར་
གཞན་ལས་ཁྱད་པར་གྱིས་འཕགས་པ། ༥༤ །འགྲན་(ཡོངས་བརྗེས་ཀྱི་རྒྱན་ལ་དངོས་པོའི་
དཔེས་སྤྱད་པ།)འདོད་རྒུ་གྱུར་བརྙན་པ་ཕྱོགས་ལྷུང་གི། །བསམ་པ་ཡོངས་བཏང་རང་

དང་གཞན་གྱི་དངོས། །དྲང་པོར་འཇལ་བའི་གཟུར་གནས་མཁས་ཀུན་གྱི། །ཡི་རེངས་
ཡངས་པའི་གཟིགས་པ་ལྟར་བསྒྲུབས་ཤིང་། །(༢༠༧བ)༥༥ རྒྱལ་བསྟན་(ལྟན་པའི་ཡན་
ལག་གཉིས་གཟུགས)དྲི་མེད་རབ་ཞི་བདུད་རྩིའི་ཟིང་། །རྩོད་པས་རྙོག་མར་བྱས་པའི་
དུས་ཚིགས་འདིར། །བསྟན་པའི་རྩ་བ་དཔལ་གྱི་འབྱུང་གནས་སུ། །མཉམ་མེད་ཆོས་
ཀྱི་རི་བོ་དགའ་ལྡན་པའི། ༥༦ །ཆོས་(ཡོན་ཏན་བརྗོད་པ་མཐའི་གསལ་བྱེད།)ཀྱི་འཁོར་ལོ་
རྣམ་པ་ཐམས་ཅད་པའི། །ཟབ་མེད་འབྲས་བུའི་ཡོངས་ལ་སྤྱོད་ཚུལ་གྱི། །ཡང་དག་
དོན་ཆེན་དམ་པའི་ལམ་ཉིད་ཀྱི། །གཞི་དང་རྩ་བ་གསལ་བར་བྱེད་པ་
ཡི། ༥༧ །ལེགས་(གསུམ་གཟུགས)བཤད་རིན་ཆེན་ཕུང་པོར་དག་པའི་ཁམས། །བརྗོད་
དོན་མ་འདྲེས་ཁ་དོག་བརྒྱར་འཆར་ལས། །སྤོན་མེད་གཏམ་གྱི་གཟུགས་གསར་
ཡོངས་རྫོགས་པའི། །བཻཌཱུརྱ་སེར་པོའི་མེ་ལོང་ཞེས་བྱ་བ། ༥༨ །མཁས་རྣམས་(ལྔན་
པའི་གཅིག་གཟུགས)དགའ་བསྐྱེད་རྒྱན་གྱི་ཁྱད་པར་ཆེ། །ཆོས་ཀྱི་འབྱུང་གནས་ནོར་
བུའི་འཕྲེང་འདི་འདང་། །གང་ཞིག་དོན་གཉེར་དགེ་བའི་མཁྱེན་ཅན་འའགས། །འགྲོ་
བ་མཛེས་ཕྱིར་གསུང་གི་བསྐུལ་བ་དང་། ༥༩ །རང་ཉིད་སྤོན་སྤྱང་(ཆོས་དཔེར་འདྲིས་
པའི་བྱ་བ་མཐའ་གསལ)བསོད་ནམས་ལས་ཀྱི་མཐུ། །མྱུ་ངན་མེད་བཞིན་བསྟན་པ་འདི་
དག་ཏུ། །རྟོག་དཔྱོད་ལང་ཚོ་མི་དམན་སྙིང་དབུས་ནས། །རྩེ་གཅིག་དད་པའི་
སེམས་ཀྱིས་བགྱིས་པ་ལ། ༦༠ །ཐུབ་པའི་(དཔེ་གཟུགས)གསུང་རབ་བཅུད་ཀྱིས་དགའ་
ལྡན་པའི། །ཆོས་ཀྱི་རྩ་བར་གྱུར་པའི་ཕ་ལྣ་མ། །ཀློ་བཟང་གྲགས་པའི་དཔལ་གྱི་
ཐུགས་བསྐྱེད་བཞིན། །ངེས་དོན་མངོན་རྫོགས་བྱང་ཆུབ་སངས་རྒྱས་ཚུལ། ༦༡ །དྲང་
དོན་(མི་མཉམ་གཟུགས། དཔེ་རྒྱན། བྱ་བ་མཐའ་གསལ་རྣམས་འདྲེས་པའི་རབ་སྦྱེལ)ཀུན་རྫོབ་
ཟླ་བའི་ཆུ་ཀླུངས་ངོགས། །བྱང་སེམས་(༢༠༨ན)ཚུལ་གྱི་རི་བོང་མཚན་མ་ཅན། །མ་
འོངས་བསྐལ་པར་ཉིད་ཀྱི་སྨོན་ལམ་ལྟར། དག་པའི་ཞིང་དུ་འཚང་ནི་རྒྱ་འགྱུར་
དང་། ༦༢ །གཞན་དོན་གོ་ཆ་ཆེར་(སྤོན་མེད་གཟུགས་ཅན)བགོས་སྐུ་ཚེ་འདིའི། །དམ་
པའི་རང་བཞིན་ལུང་གིས་བསྟན་ཚུལ་སོགས། །ལུང་རིགས་རྣམ་དག་སྲིད་སྒྲུབ་

དབང་པོའི་མདའ། །འོལ་ཚོད་འཁྲུག་པོའི་གཞུ་ལ་མ་བརྟེན་པར། ༤༣ །མིག་(ཆོས་
དཔེ་དང་ལྡན་ཅིག་པའི་དཔེ་གཟུགས།)ལྡན་སྐྱེ་བོས་གཟུགས་ལ་བལྟ་བ་བཞིན། །མངོན་
སུམ་གཞལ་བྱས་ངོ་སྤྲོད་ཐུབ་པ་སོགས། །ལུང་དོན་འོད་བརྒྱ་ནོར་བུའི་ཨུ་
དཀྲ། །འཁྲུལ་པའི་དྲིས་ནོངས་ཆ་ཙམ་མེད་ནའང་། ༤༤ །བསྟན་(ལྡན་པའི་མཐའ་དག་
གཟུགས་ཅན།)པའི་མ་དྲོས་འབྱུང་བའི་རྩ་བ་ཆེ། །ཆོས་ཀྱི་གདན་ས་འཁྲུངས་ཆེན་ཧེ་
སེའི་རི། །ཐོས་བསམ་རྒྱུན་ལྡན་ཆུ་བོ་བཞི་(སེར་འབྲས་དགེ་བཀྲ་ཤིས་ལྷུན་པོ།)སོགས་
ཀྱི། །དག་བྱེད་གཞུང་གི་རྩ་ཁུངས་ཚོད་སྒྱུར་ཀྱང་། ༤༥ །ཟབ་གཙང་(ཆ་ཤས་གཟུགས་
ཅན།)བསྟན་པ་ཉིན་མོའི་སྣང་མཛོད་ཀྱི། །ས་གསུམ་ཀུན་ཏུ་དགེ་བའི་རིང་ལུགས་
འདིའི། །ཆོས་ཀྱི་སྡེ་རྣམས་མངོན་རྟོགས་ཡིག་ཆའི་ཁུངས། །ཚད་ལྡན་དཔེ་རུ་ཐུབ་
པ་མ་མཐོང་བས། ༤༦ །སོ་སོར་དགོས་པའི་ལོ་རྒྱུས་(ཆོས་དཔེ།)གཏམ་གྱི་ཚོགས། །དྲིས་
བཞིན་བཀོད་པས་ངེས་དང་ཅིག་ཤོས་ཁུངས། །རྒྱལ་པོའི་མདུན་ན་སྤྱོད་པའི་ལྷོ་
གཉིས་པའི། །ངག་བཞིན་དག་དང་མ་དག་སྣ་ཚོགས་དང་། ༤༧ །སྤྲིར་(ལྡན་པའི་
གཟུགས་ཅན)ནི་རྫོགས་སངས་རྒྱས་ཀྱི་ཡེ་ཤེས་ས། །མངོན་དུ་མ་བྱས་དེ་སྲིད་འཁྲུལ་
བའི་ལམ། །ཡིད་ཀྱི་སྣང་པོ་རྒྱུག་པ་ཆོས་ཉིད་ནས། །ཚུལ་(༡༠༨བ)འདིའི་སྟོད་སྨད་
གང་དང་ཁྱད་པར་དུ། ༤༨ །རྒྱལ་བའི་བཀའ་འཕྲིན་གསེར་(དཔེ་གཟུགས་དང་ལྡན་ཅིག
པའི་བསམ་པ་རྒྱ་ཆེ་བ།)ལྷུར་དག་པའི་དངོས། །བསྒྲིགས་བཅད་བཞུ་ནུས་དྲི་མ་མེད་པ་
ནས། །འཇམ་མགོན་མི་ཡི་སྲིད་བཟུང་བྱང་ཆེན་སར། །འགྲོ་ཀུན་འདྲེན་པར་ལུང་
བསྟན་བཙོང་ཁ་པ། ༤༩ །དཀའ་(ཡན་ལག་གཅིག་གཟུགས།)སྤྱད་བརྩོན་འགྲུས་མ་ཡིས་
བསྐྱེད་བསྐྱངས་པའི། །ཡེ་ཤེས་སྟོབས་བཅུ་རྫོགས་པའི་སངས་རྒྱས་སུ། །རྣམ་དག་
ལུང་གིས་བསྒྲུབས་པའི་ཚུལ་སོགས་ལ། །གཏན་ཚིགས་དང་འགལ་འཁྲུལ་ཆ་བརྒྱུར་
མཆིས་ན། ༥༠ །ལས་(དང་པོ་དང་གསུམ་པ་འདི་གཉིས་པ་དང་བཞི་པ་མཚུངས་པའི་ཐོག་མའི་
ཚོད་པའི་ཟུང་ལྡན།)ཀྱི་དབང་གིས་སྲིད་པའི་འཁོར་ལོ་ཆེ། །རྟག་ཏུ་འཁོར་བའི་ཐོག་མ་
མེད་པ་ནས། །ལུས་བཞིན་བསགས་པའི་སྡིག་ལྟུང་སྒྲིབ་པ་དང་། །རྟག་པར་ལྡན

ཅིག་རྒྱལ་རྣམས་སྤྱན་སྔར་བཞུགས། ༧༡ །རྒྱལ་བསྟན་གཞན་ལ་ཕན་པའི་(ལྡན་པའི་
གསུམ་གཟུགས།)ཟུར་མིག་གིས། །སྲིད་ཞིའི་ཕུན་ཚོགས་འགུགས་པའི་མཛེས་མ་
འདི་ར། །དད་སེམས་མཛའ་བས་ཀུན་ནས་བླངས་པ་ཡི། །ཆོས་ཀྱི་འབྱུང་གནས་འདི་
དག་བགྱིས་པའི་མཐུས། ༧༢ །སངས་རྒྱས་(བསམ་པ་རྒྱ་ཆེ་བའི་རྒྱན་དང་ཟས་མཐའ་གསལ་
འདྲེས་པ།)ཉན་རང་ས་ལས་འཕགས་པ་ཉིད། །བསམས་བཞིན་འགྲོ་དོན་བྱ་བའི་དུས་
བབས་པ། །གཟིགས་ནས་སྲིད་གསུམ་མགོན་པོར་ཕེབས་པ་ཡི། །སྟོམ་བརྩོན་དུར་
ཁྲིག་གར་རོལ་དྲུག་པ་ཆེ། ༧༣ །ཀུན་མཁྱེན་(རིགས་བར་གསལ་དང་འདྲེས་པའི་ཤིས་བརྗོད།)
བློ་བཟང་མཆོག་གསུམ་རིན་ཆེན་དངོས། །ཚངས་པའི་དབྱངས་ཀྱིས་འགྲོ་(༥༠(ན)
ཀུན་རྗེས་འཛིན་པའི། །རྒྱལ་བ་རྒྱ་མཚོའི་རིགས་ཀྱི་བདག་པོ་ཆེ། །མཆོག་གི་སྤྲུལ་
སྐུ་བསྐལ་བརྒྱར་ཞབས་བརྟན་ཅིང་། ༧༤ །ཕན་བདེའི་རྩ་(གཏན་ཚིགས་ཅན་དང་འདྲེས་
པའི་ཤིས་བརྗོད།)ལག་དགའ་ལྡན་ཆོས་སྲིད་བསྟན། །གཙོར་གྱུར་བསྟན་དང་འགྲོ་བའི་
དོན་གྱི་ཕྱིར། །སྡུག་བསྔལ་མཐར་བྱེད་ཆོས་ཀྱི་འཁོར་ལོའི་རྒྱུན། །ཆད་པ་མེད་པར་
རྟག་ཏུ་བསྐོར་གྱུར་ཅིག །༧༥ རྒྱལ་(ཡན་ལག་གཅིག་གཟུགས།)བའི་དབང་པོ་འཇམ་
དཔལ་སྙིང་པོ་ཡི། །བསྟན་པ་ནམ་མཁས་གར་ཁྱབ་དེ་དང་དེར། །འགྲོ་བའི་ལུང་
རྟོགས་ཆོས་ཀྱི་ཤུགས་འཆང་ཟ། །དུས་ལས་མི་ཡོལ་ཐུགས་རྗེ་ལ་བརྟེན་ནས། ༧༦ །སྐྱོ་
གསུམ་(འགལ་རྒྱན་དང་ཆ་ཤས་གཟུགས་ཅན་གཉིས་བསྲེས།)སྡིག་པའི་ལས་ཀྱིས་དབེན་པའི་
འབྲོག །མི་ཕན་རྒྱལ་བའི་ཆོས་ཀྱི་བདུད་རྩིའི་རོས། །དགའ་བའི་དཔལ་ལྡན་ཐོས་
བསམ་འཁོར་ལོ་ཡིས། །ལེགས་མཛེས་ཕྱོགས་ལས་རྣམ་པར་རྒྱལ་བའི་
གླིང་། ༧༧ །དཔལ་ལྡན་(རིགས་རྒྱུ།)མཁས་མང་འདུ་བའི་ཆོས་ཀྱི་གྲྭ། །དམ་པའི་ལས་
ཀྱི་འབྲས་དཀར་སྤུངས་པ་དང་། །ཉེས་སྤྱོད་གཡང་ལས་བསྲུང་བ་སེ་བའི་ར། །ལུས་
ཅན་སྨིན་གྲོལ་ཐེག་པ་ཆེན་པོའི་གླིང་། ༧༨ །ས་གཙང་བོད་པའི་ནོར་འཛིན་སྟོད་
ཀྱི་(སྒྱུར་གཟུགས།)ཆར། །ཆོས་བརྒྱད་འཆིང་བའི་རླུང་གིས་མི་གཡོ་ཞིང་། །གདུལ་བྱའི་
རི་གླིང་དབུས་ན་མཛེས་པ་ཡི། །ཐུབ་བསྟན་བཀྲ་ཤིས་དགེ་བའི་ལྷུན་པོ་

བཞི། ༧༩ །གཙོ་གྱུར་(དཔེ་གཟུགས།)ངེས་འབྱུང་ཁྲིམས་ལྡན་འདུས་པའི་ཚོགས། །ཐོས་
དང་བསམ་བསྒོམ་འབད་པའི་(༥༠༩བ)གདངས་རེ་ལས། །ཉིན་བཞིན་ཆོས་དཀར་དཔལ་
འཕྲོའི་རྒྱུན་བབས་པས། །བཤད་སྒྲུབ་དབྱར་མཚོ་ལྟ་བུར་འཕེལ་བ་དང་། ༨༠ །གནམ་
བསྐོས་ཡངས་(དཔའ་བའི་ཉམས་དང་འདྲེས་པའི་དཔེ་གཟུགས།)པའི་ཁྲིམས་ཀྱི་འཁོར་ལོ་
ཆེས། །ས་གསུམ་རང་གིར་སྐྱོང་ལ་དགའ་བ་ཡི། །དཔལ་ལྡན་ཕོ་བྲང་ཆོས་སྲིད་
འབྱོར་བའི་སྡེའི། །མངའ་ཐང་ཡར་ངོའི་ཟླ་བའི་རྗེས་འགྲོ་ཞིང་། ༨༡ །དེ་མཐུས་
(ཤིས་བརྗོད་ཀྱི་རྒྱན་ལ་གཏམ་རྒྱུད་དང་འབྲེལ་བའི་རིགས་རྒྱུས་བསྒྲིང་བ།)མཁའ་དང་མཉམ་པའི་
ལུས་ཅན་ཚོགས། །སྤྱི་དང་ཁྱད་པར་ཁ་བ་ཅན་གྱི་ལྗོངས། །འཐབ་རྩོད་ཡམས་ནད་
མུག་སོགས་སྙིགས་མའི་རྫིངས། །རྫོགས་ལྡན་དྲི་ཟའི་རྒྱུད་ཀྱིས་བཤིག་གྱུར་
ཅིག ༨༢ །ཚུལ་འདིའི་བྱེད་པོར་གཏོགས་(རྫས་མཐའ་གསལ།)པའི་གྲི་ནུ་པ། །བསོད་
ནམས་ལས་སྐྱེས་སྟོབས་ཀྱི་འཁོར་ལོ་ཡི། །མང་པོས་བཀུར་བའི་ཁྲིམས་ཀྱི་རྒྱལ་ཐབས
མཁན། །ས་རའི་མིང་ཅན་བདག་ཀྱང་ཚེ་རབས་སུ། ༨༣ །རྒྱལ་བས་(ཆ་ཤས་གཟུགས།)
བསྔགས་པའི་ལུང་བསྟན་མི་རྟོག་ཆར། །སྙིགས་དུས་འགྲོ་བའི་མགོན་པོར་མངོན་
ཕབ་པའི། །འཇམ་དཔལ་སྙིང་པོའི་རིང་ལུགས་བསྟན་པ་འདིས། །གྲོལ་བ་དོན་དུ་
གཉེར་བའི་སྒོར་ཞུགས་ནས། ༨༤ །སངས་རྒྱས་ཐོབ་བྱེད་(བྱ་བ་བར་གསལ།)སྐྱེ་བོ་མཆོག
གི་ལུགས། །འཁོར་ལོ་གསུམ་གྱི་སྒོ་ནས་རྒྱལ་བསྟན་འདི། །སླར་ཡང་གྱེན་དུ་འདེགས་
པའི་ལྷག་བསམ་གྱིས། །རྒྱ་ཆེར་བསྒྲུབ་པའི་ནུས་པ་ལྡན་གྱུར་ཅིག ༨༥ །དེ་ལྟའི་
(ཤིས་བརྗོད།)བྱ་བ་བསྒྲུབ་ལ་ཉེ་བའི་གཉེན། །སྨྲུར་མཛད་མགོན་པོ་(༥༧༠ན)ལས་ཀྱི་
གཤིན་རྗེ་དང་། །ནོར་དང་མཐུ་སྟོབས་འདྲེན་པའི་སེར་ཅན་སོགས། །མཐུ་ལྡན་
སྲུང་(ཆོས་ཀྱི)མས་རྟག་ཏུ་གྲོགས་མཛོད་ཅིག ༨༦ །བཀྲ་ཤིས་(བཞི་ཀའི་ཐོག་མའི་ཟུང་
ལྡན།)བདེ་ལེགས་དཀོན་ཅོག་རྣམ་གསུམ་འཕགས་མཆོག་རིགས་གསུམ་ཐུགས་རྗེའི་
ཤུགས་དང་ཆོས་སྲུང་མཐུ་སྟོབས་ལྷ་དང་དྲང་སྲོང་བདེན་ཚིག་གིས། །བཀྲ་ཤིས་
བདེ་ལེགས་གསེར་མདོག་ཞྭ་ཡི་ཅོད་པན་འཆང་བའི་འདུས་པའི་སྡེ་ཀུན་ཆོས་སྤྱོད་

བཙུ་འཕེལ་ལྗང་རྟོགས་ཡོན་ཏན་ཆེར་རྒྱས་ཤིང་། །བཀྲ་ཤིས་བདེ་ལེགས་མི་དགེ་ཀུན་ཞི་ལོ་ཕྱུགས་རྟག་ལེགས་ཆར་ཆུ་དུས་འབབ་འགྲོ་རྣམས་དགའ་སྐྱིད་རྫོགས་ལྡན་དཔལ་གྱིས་ཀུན་འཚོ་ཞིང་། །བཀྲ་ཤིས་བདེ་ལེགས་གནམ་བསྐོས་དགའ་ལྡན་ཕྱོགས་ལས་རྣམ་རྒྱལ་ཕོ་བྲང་གང་གི་ཆོས་སྲིད་བསྟན་པ་ཡུན་རིང་སྲིད་མཐར་གནས་གྱུར་ཅིག ༨༧ །ཅེས་དཔལ་མཉམ་མེད་རི་བོ་དགའ་ལྡན་པའི་བསྟན་པ་ཞྭ་སེར་ཅོད་པན་འཆང་བའི་རིང་ལུགས་ཆོས་ཐམས་ཅད་ཀྱི་རྩ་བ་གསལ་བར་བྱེད་པ་བཻ་ཌཱུར་སེར་པོའི་མེ་ལོང་ཞེས་བྱ་བ་འདི་ནི། འཇམ་དཔལ་རྩ་རྒྱུད་ལས། །ཁ་བ་ཅན་དུ་མཚོ་བྲི་ནས། །སྐྱ་ལའི་ནགས་ནི་འབྱུང་བར་འགྱུར། །ཞེས་དང་། གླིགས་བམ་རིན་པོ་ཆེ་ནས། གནས་ཕུར་རྒྱལ་བོད་ཅེས་བྱ་བ་ཡོད། །རི་མཐོན་པོ་གནམ་གྱི་ཀ་བ་ཡོད། །ཅེས་སོགས་ནས། ཀྱི་གངས་རིའི་མགོན་པོ་སྤྱན་རས་གཟིགས། །ཞིང་དེ་ནི་ཁྱོད་ཀྱི་གདུལ་བྱ་ཡིན། །ཞེས་བཤད་པའི་འཕགས་(༦༧༠བ)པ་སྤྱན་རས་གཟིགས་སྣང་ཚུལ་དུ་བྱང་ཆུབ་སེམས་དཔའི་སྤྱོད་པ་རླབས་པོ་ཆེའི་ཚུལ་བཟུང་བ་ལས་ངེས་དོན་དེ་བཞིན་གཤེགས་པ་དགྲ་བཅོམ་པ་ཡང་དག་པར་རྫོགས་པའི་སངས་རྒྱས་འོད་ཟེར་ཀུན་འཕགས་དཔལ་བརྩེགས་རྒྱལ་པོར་སངས་རྒྱས་ཟིན་པའི་པདྨའི་རིགས་ཀྱི་དེ་བཞིན་གཤེགས་པའི་གདུལ་ཞིང་འདོད་རྒྱལ་གྱི་སྒྲ་དེ་ལ་ཡང་རྒྱུ་མཚན་ཅན་གྱི་འདོད་རྒྱལ་དང་རྒྱུ་མཚན་མེད་པའི་འདོད་རྒྱལ་གཉིས་སུ་ཡོད་པའི་ཕྱི་མའི་དབང་གི་ཕུར་རྒྱལ་བོད་དུ་གྲགས་པ་དེ་ལ་སྟོད་སྨད་བར་གསུམ་སོགས་ལས་བར་དབུས་གཙང་རུ་བཞིའི་ཆ་ཁུལ་དབུ་རུ་སྐྱིད་ཤོད་ཡུལ་གྱི་སྟོང་སྟེར་དབྱེ་སྐབས་ཀྱང་བཙན་པོ་མངའ་བདག་གི་ཡུལ་དུ་བཤད་པ་དེ་ལའང་སྟོད་སྨད་གཉིས་སུ་ཡོད་པའི་སྨད་གནམ་འཕོར་ལོ་རྩིབས་བརྒྱད་དང་ས་པདྨ་འདབ་བརྒྱད་ལོགས་བཀྲ་ཤིས་རྟགས་བརྒྱད་སོགས་ས་དཔྱད་ཕུན་སུམ་ཚོགས་ཤིང་ཡུལ་གྱི་དགེ་བཅུ་མ་ལུས་པ་ཡོངས་སུ་ཚང་བའི་འཕགས་ཆེན་ཕྱག་ན་པདྨའི་ཡེ་ཤེས་རང་སྣང་ལས་གྲུབ་པའི་གཞལ་མེད་ཁང་སྲིན་མོ་གན་རྐྱལ་དུ་བསྐྱིལ་བའི་སྙིང་སྟེང་མིང་དོན་མཚུངས་པའི་རི་བོ་གྲུ་འཛིན་དང་དཔལ་

དཀའ་བཞི་འཕྲུལ་སྣང་གི་གཙུག་ལག་ཁང་གཉིས་དང་གནོད་སྦྱིན་ཕྱོགས་སུ་རྒྱང་གྲགས་གཅིག་ལ་བསྐོར་བའི་ས་ཉུང་ཧིང་འཛིན་བཟང་པོའི་བྲན་དུ་གྲགས་པའི་ཡུལ་འཇམ་དཔལ་སྙིང་པོ་བཙོང་ཁ་པ་ཆེན་པོའི་བསྟན་པ་ཉ་སེར་ཙོད་པན་འཆང་བ་འདིའི་རྗེས་སུ་ཞུགས་པའི་དགེ་ལུགས་དཀར་མོ་དགའ་ལྡན་ཕོ་བྲང་རྙིང་ཁུངས་གི་གྲས་གསང་སྔགས་རྡོ་རྗེ་ཐེག་པའི་གནས་དེ་ལྷོ་ཀོ་ཊེ་(༦༧༧ན)དང་དབྱེ་བ་མེད་པ་ནང་དཔལ་འཁོར་ལོ་སྡོམ་པའི་ཕོ་བྲང་། ཕྱི་ཞྭ་སེར་བསྟན་པའི་ཡུ་བ་འཛིན་པ་རིམ་པའམ་དུ་མ་འབྱུང་ལྟས་བཀྲ་ཤིས་རྟགས་བརྒྱད་ཀྱི་འགྲོ་ཀུན་མི་དགེའི་ཚ་གདུང་ལས་སྐྱོབ་པའི་གདུགས་དཀར་པོའི་དབྱིབས་ཅན་གྱི་ཡུ་བའི་རྩ་བ། སྣན་གྲགས་ཕྱོགས་བཅུར་སྒྲོག་པ་སྐྱེ་བ་ལྷ་པའི་ཆོས་དུང་དཀར་པོ། །ཕྱོགས་ལས་རྣམ་པར་རྒྱལ་བའི་རྒྱལ་མཚན་རྣམས་གཡས་གཡོན་དུ་རང་བྱོན་ཚུ་ཟླ་ལྟར་གསལ་བ་སོགས་ངོ་མཚར་བའི་མཚན་མས་ཁྱབ་པའི་རྒྱབ་རི་བཟང་པོས་བསྐྱབས་ཤིང་ཆུ་བོ་བྲན་བཙས་གཡས་སུ་འབབ་པ་གྲོང་སྡེའི་སྟོད་སྨད་དུ་ཕྱེ་བའི་ཕྱི་མར་མཚུར་སྟོན་དབང་གི་རྒྱལ་པོའི་རིགས་ལས་མེས་དགོས་པ་བཀྲ་ཤིས་སོགས་རྣམ་ཐར་རིན་པོ་ཆེ་དུ་ཀཱུ་ལ་ཀ་པར་གསལ་བ་ལྟར་མཉམ་མེད་བཙོང་ཁ་པའི་བསྟན་པ་རིན་པོ་ཆེ་འདི་ཉིད་དུ་ཞབས་འདེགས་དུ་མ་བསྒྲུབས་པའི་རྒྱུད་ལས་སྐྱེས་པ་ཀུན་མཁྱེན་དུར་སྒྲིག་གར་རོལ་ལྷ་པ་སྟོན་པ་རྫོགས་པའི་སངས་རྒྱས་དང་ཆ་མྱ་མོས་ཀྱང་དབྱེ་བ་མེད་པ་ཐམས་ཅད་མཁྱེན་པ་ངག་དབང་བློ་བཟང་རྒྱ་མཚོ་ཆེན་པོས་སྲིཨུ་གསོ་བ་ལྟར་བརྩེ་བས་བསྐྱངས་ཤིང་བགྲང་བྱ་བརྒྱད་ལོན་པ་ནས་ཞལ་དཀྱིལ་མཇལ། ལུགས་གཉིས་ཀྱི་གསུང་གི་བདུད་རྩི་ཡང་ནས་ཡང་དུ་བསྩལ་ཞིང་ཐེག་མཆོག་བསྟན་པའི་སྙིང་པོའི་ཕྱི་ནང་གསང་གསུམ་གྱི་ཐུན་མོང་མིན་པའི་རྡོ་རྗེའི་སློབ་མར་གྱུར། རང་གི་སྦྱོར་བྱུང་དམན་པ་འདྲ་བྱུང་སྲིད་ཀྱང་གང་བྱས་ལེགས་པར་གཟིགས་པའི་དགྱེས་པ་འབབ་ཞིག་གིས་དུས་འདའ་ཞིང་བཀའ་དྲིན་གྱིས་(༦༧༧བ)འཚོ་བ་ཚིག་ཙམ་མ་ཡིན་པ། འཇམ་དཔལ་རྩ་རྒྱུད་སོགས་བཀའ་དང་ཟབ་གཏེར་གསང་རྒྱ་དང་བཅས་པ་ལས་ལྷ་སྲས་རྟོག་

(རྫོག་)ལ་སོགས་ཀྱི་སྐྱེ་བ་ཞིག་འབྱུང་བར་ལུང་བསྟན་པ་དེ་ས་རྗེ་དམན་པ་བོང་བའི་རང་བཞིན་ཐྱོལ་བྲལ་གསེར་དུ་གཟིགས་པའི་ཁོ་བོ་ཅག་ཡིན་ཞེས་ངོས་འཛིན་དང་། འཕོ་འཇིག་གི་མཛད་པ་སྟོན་པར་ཉེ་སྐབས་དམ་པ་ཉིད་ཚད་མར་འཛིན་པ་རྣམས་ཀྱིས་གང་དང་དབྱེར་མེད་དུ་འཛིན་དགོས་པའི་བཀའ་རྟགས་ཀྱི་ཕྱག་རྒྱ་ཆེན་པོའི་བཅའ་ཡིག་སོགས་བསྩལ་ཞིང་། བདག་ཅག་གི་སྟོན་པ་ཤཱཀྱའི་དབང་པོས་ཀྱང་མྱང་འདས་ལས། འོད་སྲུངས་ཀྱི་བསྟན་པའི་བྱ་བ་ནུས་ལ། ཀུན་དགའ་བོ་ཐོས་པ་འཛིན་པའི་སྣོད་དུ་གཟིགས་ནས་འོད་སྲུངས་ལ་བསྟན་པ་ཡོངས་སུ་གཏད་པ་བཞིན་ཆོས་སྲིད་མ་ལུས་པར་བསྩལ། ཞིང་ཁམས་འདིར་བཞུགས་རིང་བུ་གཅིག་པའི་མ་ལྟར་དགྱེས་པའི་འཛུམ་ཞལ་ལྷུག་པར་བསྟན་པར་མ་ཟད་གཟུགས་སྐུའི་བཀོད་པ་བསྡུས་ནས་ཀྱང་དག་པ་ཡེ་ཤེས་ཀྱི་སྐུས་རྗེས་སུ་བཟུང་བའི་མཚན་མ་གསལ་ཙམ་ལས་རང་ངོས་ཀྱི་ཆ་ནས་མདོ་སྔགས་རིག་པའི་གནས་སྤྱི་བྱེ་བྲག་དང་བཅས་པར་ཐོས་པ་ཡིད་ཚིམ་ཞིག་མ་ཐུབ་ཀྱང་ཡབ་རྗེ་བླ་མ་ཆེན་པོའི་ཐུགས་རྗེའི་འཇུག་པ་ལ་བརྟེན་ནས་གང་གི་བཀའི་དགོངས་པ་འགྲེལ་བ་སོགས་བསྟན་བཅོས་ཀྱི་རིམ་པ་དུ་མ་བསྒྲུབ་ཐུབ་པ་དང་། དམ་པ་གང་གིས་དྲང་དོན་དང་བསྟུན་པའི་ངསག་སྦྱངས་སུ་ཟླ་ན་མེད་པའི་མཆོད་སྟོང་འཛམ་གླིང་རྒྱན་གཅིག་རྟེན་བརྟེན་པར་བཅས་པ། དེའི་མཆོད་པ་གཙོ་བོར་གྱུར་པའི་དུས་སྟོན་ཞྭ་སེར་ཅོད་པན་འཆང་བའི་བསྟན་པ་འདིར་འཇམ་(༦༧༢ན)མགོན་བཙོང་ཁ་པ་ཆེན་པོ་ཉིད་ཀྱིས་ཆོ་འཕྲུལ་སྨོན་ལམ་འཛུགས་པ་གནང་བར་མཁའ་ལྡིང་དབང་པོའི་བགྲོད་ཤུལ་དུ་བྱུང་བས་བགྲོད་རེ་བཞིན་མིག་ཡར་བལྟའི་ཚོགས་མཆོད་ཆེན་མོ་ཇི་སྲིད་ཀྱི་བར་བཙུགས་པ་སོགས་འཕགས་ཡུལ་དུ་འང་འདས་པའི་སངས་རྒྱས་རྣམས་དང་པཎ་གྲུབ་ཀྱི་རིགས་གང་ལ་ཡང་ཞམ་རིམ་པ་རྣམས་ཀྱིས་མ་འགྲུབ་པ་དང་། དེ་མཚུངས་འཁོར་ལོས་སྒྱུར་བའི་རྒྱལ་པོ་དང་གངས་ཅན་གྱི་མེས་དབོན་སོགས་ཆོས་རྒྱལ་གང་ལའང་མེད་པའི་བསག་སྦྱང་རྫམས་ཆེན་འདི་ལྟ་བུ་ཞམ་རིམ་པ་དང་རྒྱལ་པོའི་རིགས་ཀྱི་སྲས་སོགས་ཀྱི་དཔེ་

བྱར་འོས་ཙམ་དང་། ཞྭ་སེར་ཅོད་པན་འཆང་བའི་བསྟན་པ་འདིར་ཡང་བཀུར་བསྟིའི་ལག་རིས་གོང་བརྗོད་བཞིན་ཞུ་ཐུབ་པ་ཙམ་ལས་ལུས་རྟེན་ཚངས་སྤྱོད་དུ་ཐོག་མ་ཡིད་སྨོན་ཆེ་ནའང་ལས་རྐྱེན་སྣ་ཚོགས་པས་ལག་ཏུ་མ་ལོན་ཞིང་དག་འདི་ངོག་པ་དང་སྒྲ་འཚོལ་བ་སོགས་ནས་རྣམ་པ་རྫོངས་བརྟུལ་འདུ་ཤེས་གསུམ་པ་མགྲིན་བཟང་དར་སྐྱབས་སུ་འགྲོངས་པ་བདག་མའི་མངལ་དུ་མ་ཆགས་གོང་ནས་གིང་ཆེན་ཚངས་པས་བསྐུལ་བའི་མིང་དཀོན་ཅོག་དོན་གྲུབ། བཀའ་དྲིན་གསུམ་ལྡན་རྩ་བའི་བླ་མ་གོང་མ་དུར་སྒྲིག་གར་རོལ་ལྷ་པ་ཆེན་པོས་ཐུན་མོང་ཡོངས་གྲགས་སུ་བསྐུལ་བ་སཾ་སྐྲི་ཏ་དེ་བའི་སྐད་དུ་བུདྡྷ་ཨཔྟི་སྟེ་གངས་ཅན་གྱི་ལྗོངས་སུ་སངས་རྒྱས་རྒྱ་མཚོ། གསང་སྔགས་རྡོ་རྗེ་ཐེག་པའི་དཀྱིལ་འཁོར་དུ་སྨིན་པར་མཛད་པའི་ཚེ་ལེགས་སྦྱར་ལྷའི་སྐད་དུ་བཛྲསཾགཀླུཾ་དུ་བསྐུལ་ལ། བཟ་སྤྱོད་ཀུན་བཤད་དུ་ཐོས་པ་ཅུང་ཟད་བགྲེས་པའི་མིང་(༦༧༢བ)དབྱངས་ཅན་དགྱེས་པའི་བློ་ལྡན་གདོང་དྲུག་བསྐེམས་པའི་ལང་ཚོ་གསར་པར་འབོད་པས་རང་ཉིད་ནས་བསྟན་པ་འདིར་རྒྱུ་མཚན་ཤེས་པའི་དད་པ་བརྟན་པོའི་ཐོག་སྔོན་ཆད་འཇམ་མགོན་ཆོས་ཀྱི་རྒྱལ་པོ་བཙོང་ཁ་པ་ཆེན་པོ་དེ་བཞིན་གཤེགས་པ་སེང་གེའི་ང་རོར་མ་འོངས་པར་ལུད་བྱུང་བཀོད་པའི་ཞིང་དུ་འཚང་རྒྱ་བ་སོགས་དག་པའི་སྣང་བ་ལ་གཞི་ལྐས་པའི་རིགས་ལས་ངེས་དོན་དུ་སངས་རྒྱས་ཟིན་ཚུལ་སོགས་བཀའ་བསྟན་དངོས་དང་ར་འཕྲོད་ལུང་རིགས་དང་མཐུན་པ་རྟོགས་དཔྱོད་མཁན་སུས་ཀྱང་མཛད་པ་ཞིག་མ་མཐོང་བས་བཀའ་བསྟན་གཞུང་ལུགས་རྣམས་ནས་རང་གིས་གང་མཐོང་ལྟར་སྤྱོད་ལྡན་རྣམས་ཀྱི་སྣང་ངོར་ཁུངས་དང་འབྲེལ་བ་ཞིག་བགྱིད་འདུན་ཐུན་མོང་མ་ཡིན་པ་ཡོད་པའི་སྟེང་། གདན་ས་ཆེན་པོ་རི་བོ་དགའ་ལྡན་གྱི་གསེར་ཁྲི་ཞེ་བརྒྱད་པར་ཕེབས་རྒྱུ་མདོ་རྒྱུད་ལུང་རྟོགས་ཀྱི་བདག་པོ་ཤར་པ་ཆོས་རྗེ་བློ་བཟང་ཆོས་འཕེལ་གྱིས་ས་སྙིང་སྲུང་འཁོར་དང་དཔལ་གྱི་མཇལ་བཅས་ཏེ་རང་ཕྱོགས་ཀྱི་སྒྲུབ་མཆོད་ལ་སོགས་པ་མདོ་སྔགས་ཀྱི་ཆོས་ཚུལ་ཕྱག་ལེན་དང་ཆོས་སྡེ་རྣམས་ཀྱི་བྱུང་ལུགས། ཀུན་མཁྱེན་དུར་སྒྲིག་

གར་རོལ་ལྷུ་པ་ཉིད་ཀྱི་ཐུགས་རྗེ་ལས་གསེར་མདོག་ཅོད་པན་འཆང་བའི་བསྟན་པ་འདི་དག་དར་བའི་ཚུལ། དངོས་ཅག་གི་འདང་འདི་ལ་ལག་རིས་བགྱིས་ཚུལ་དང་བཅས་པ་ཞིག་དགོས་ཞེས་གསུང་ནན་གྱིས་ཡང་ཡང་བསྐུལ་བ་ལ་བརྟེན་སྒྱུར་མདོ་སྔགས་ཀྱི་ཆོས་ཚུལ་ནི་འཇམ་མགོན་ཆོས་ཀྱི་རྒྱལ་པོ་བཙོང་ཁ་པ་ཆེན་པོའི་གསན་ཡིག་ལེ་ཚན་དང་ཁྱད་པར་གོང་མ་ལྷུ་པ་ཆེན་པོའི་གསན་ཡིག་གཉྫའི་ཆུ་རྒྱུན་སོགས་རང་ཅག་ཞྭ་སེར་(༨༧༣ན)གྱི་དམ་པ་འགངས་ཆེན་རྣམས་ཀྱི་གསན་ཡིག་གི་རིགས་ནས་ཁུངས་དང་ཁུངས་དེ་བསྟུན་གྱི་རྒྱུད་སྡེ་ལྟ་བུར་མཆོན་ན་སྤྱི་རྣམ་གྱི་རིགས་སོགས་གཞན་དུ་རྒྱ་ཆེར་བཤད་པ་ལས་ཤེས་པར་བྱ་ཞིང་། རང་ཅག་གི་བསྟན་པའི་རྩ་བ་ལྟ་བུ་ཁམས་གསུམ་འགྲོ་བའི་བླ་མ་ཤར་བཙོང་ཁ་པ་བློ་བཟང་གྲགས་པ་ཆེན་པོ་ཉིད་རྟོགས་ལྡན་འཇམ་དཔལ་རྒྱ་མཚོ་ལ་སོགས་པའི་དག་སྣང་གི་རིགས་ཀྱི་མ་འོངས་པར་བྱུང་ཤར་རྨད་བྱུང་བཀོད་པའི་ཞིང་དུ་དེ་བཞིན་གཤེགས་པ་སེང་གེའི་ང་རོར་འཆང་རྒྱ་རྒྱུར་བསྟན་ཚུལ་དམ་པ་འགངས་ཆེན་དེ་རྣམས་ཀྱི་དག་སྣང་ཡིད་ཆེས་ཀྱི་གཞིར་གྱུར་མོད་ཀྱང་རྟོགས་དཔྱོད་མཁན་པོ་འགའ་ལུང་རིགས་དང་ཁུངས་སྦྲེད་ཅིག་མ་ཐུབ་ན་ཚད་འཛིན་མིན་སྙམ་ཚོགས་སུ་གྱུར་པས་འཇམ་དཔལ་དབྱངས་སུ་ངེས་པ་འཇམ་དཔལ་རྩ་རྒྱུད་ལ་སོགས་པའི་ལུང་དང་ཉིད་ཀྱི་བཀས་བཞེས་པ་དེ་ཉིད་ངེས་དོན་དུ་རྒྱལ་བ་ཀུན་གྱི་ཡབ་ཏུ་གྱུར་པའི་ཡེ་གདོད་མ་ནས་སངས་རྒྱས་ཟིན་པ་དང་ད་ལྟ་ཡང་འཇིག་རྟེན་གྱི་ཁམས་འགར་སངས་རྒྱས་ཀྱི་མཛད་པ་སྟོན་བཞིན་དུ་བཞུགས་པ་ལ་སོགས་པ་དང་། དྲང་དོན་སྣང་ཚུལ་ས་བཅུའི་དབང་ཕྱུག་གཞོན་ནུ་ཟུར་ཕུད་ལྷུ་པའི་ཚུལ་བཟུང་ནས་སངས་རྒྱས་ཐམས་ཅད་ལ་ཆོས་གསན་པ་པོའི་ཚུལ་དང་ཞིང་ཁམས་དཔག་ཏུ་མེད་པར་སེམས་ཅན་གྱི་དོན་མཛད་པ་ལས་བསམས་བཞིན་རི་ཁ་བ་ཅན་གྱི་ལྗོངས་སུ་ཕེབས་ཚུལ་སོགས་སྟོན་ཆད་འགར་ཁུངས་ཆེ་མདོག་གིས་ལུང་དྲངས་ཀྱང་དོན་དུ་མ་རྙེད་པ་རེ་གཉིས་འདུག་པ་དེ་དག་རྣམས་དང་མི་འདྲ་བར་འདིར་དྲངས་ཀྱི་ལུང་དང་ལུང་བསྟན་(༨༧༣བ)སོགས་བཀའ་བསྟན་སོ་སོ་

ནས་མཇུག་ཚུགས་སུ་ངོ་སྤྲོད་ཚིག་པའི་རྗོགས་དཔྱོད་མཁན་པོ་རྣམས་ཀྱང་འདོད་ཁེངས་ཡོང་ཁུལ་འདི་ལྟ་བུ་སྟོ་སོར་རང་ཕྱོགས་སུ་རྒྱལ་ཚབ་རིན་པོ་ཆེ་ནས་བཟུང་མཁས་པའི་དབང་པོ་དུ་མ་ཕེབས་ཀྱང་དག་སྣང་ཙམ་གྱི་ལུང་ལ་བརྟེན་པར་མཛད་པ་ནི་དམ་པ་དེ་དག་རྣམས་ཀྱི་མ་དགོངས་མ་གཟིགས་པ་ཅི་ལ་ཡིན་ཉུང་དུས་སུ་བབས་མིན་དང་ལྷག་པར་ཕོ་བོས་བགྱིད་བྱའི་བགོ་སྐལ་དུ་འཇོག་པ་གནང་བར་སྙིང་འཁྲུམས་ཏེ་བརྩོན་པ་ཆེན་པོས་འདིར་བཀོད་ཅིང་ངག་ཐོག་ནས་ཀྱང་ལན་དུ་མར་གླེངས་པ་དང་། ཚོས་སྟེ་ལ་སོགས་པ་རྣམས་ལས་ཆེན་ཀུན་རྒྱལ་བའི་ཚོས་འབྱུང་གསལ་བའི་སྒྲོན་མེ་དང་། པཎ་ཆེན་བསོད་ནམས་གྲགས་པའི་ཡིད་ཀྱི་མཛེས་རྒྱན། མཁར་ནག་ལོ་ཙཱ་བའི་དགའ་ལྡན་ཚོས་འབྱུང་དཔག་བསམ་ལྗོན་ཤིང་དུ་གྲགས་པ་བཅས་འདུག་པ་གང་འཕོད་རྣམས་ག་(གོ་)བསྒྱུར་ཚོས་འབྱུང་སྟེ་མ་གསུམ་དུ་མ་འཕོད་རིགས་གསར་བསྣན་དང་གསར་སྙིང་མཐའ་དག་ལ་ཡིད་གདེངས་དགའ་ཡང་དགོན་སོ་སོར་དྲི་རྩད་བཅད་པའི་ཟུར་བརྒྱན། ལ་ལར་གདེངས་ཁེལ་གྱི་འོ་རྒྱུས་ཁུངས་ལྡན་འགའ་དང་གཞན་ནས་རྙེད་པ་རྣམས་ཀྱང་བསྣན་པའི་དཔྱད་ཅི་བཟོད་དུ་བགྱིས་ཀྱང་ལ་ལ་རོ་མགོ་མེད་དུ་སྣན་དཔྱད་ཀྱིས་མི་ཕན་པ་ལྟར་བྲ་ཐབས་དང་བྲལ་བའི་ངག་རྒྱུན་དག་མིན་སྣ་ཚོགས་ཡིད་བརྟན་དུ་བཟུང་དགོས་པ་ཡང་ཁ་ཤས་བྱུང་བ་སོགས་ལོག་རྟོག་ཏུ་གྱུར་རིགས་མཁས་པའི་དབང་པོ་རྣམས་ཀྱིས་བཟོད་པར་མཛད་ངོས་སྣང་ཡང་འཕྲུལ་ཟད་ཀྱི་དཔྱད་པ་ནན་དུ་མཛད་པར་རིགས་སོ་ཞེས་པ་འདི་རང་ལོ་བཅུ་(༡༧༡ན)ཕྲག་བཞི་པ་བདག་ཅག་གི་སྟོན་པ་ཤཱཀྱའི་རིགས་སུ་སེར་སྐྱ་ལུམྦིའི་ཚལ་དུ་བལྟམས་ནས་ཉིས་སྟོང་དྲུག་བརྒྱ་ང་གསུམ་དང་། བསྟན་པ་འདིའི་རྩ་བ་དེ་བཞིན་གཤེགས་པ་ཀུན་གཟིགས་སམ་ཀླུའི་རིགས་མཆོག་བསམས་བཞིན་ཕེབས་པ་འཇམ་མགོན་ཚོས་ཀྱི་རྒྱལ་པོ་ཤར་བཙོང་ཁ་པ་བློ་བཟང་གྲགས་པའི་དཔལ་མདོ་སྨད་བཙོང་ཁར་རབ་བྱུང་དྲུག་པའི་མེ་བྱ་ལ་བལྟམས་ནས་སུམ་བརྒྱ་སོ་ལྔ། གང་གི་གདན་ས་དང་པོ་རྒྱལ་ཚབ་ཐམས་ཅད་མཁྱེན་པ་དར་མ་རིན་

ཆེན་ཤིང་འབྲུག་བལྟམས་ནས་སུམ་བཅུ་ཞེར་བརྒྱད། གཉིས་པ་མཁས་གྲུབ་དགེ་ལེགས་དཔལ་བཟང་པོ་རབ་བྱུང་བདུན་པའི་ཤིང་གླང་བལྟམས་ནས་སུམ་བཅུ་དང་བདུན། པཎྜའི་རིགས་ཀྱི་དེ་བཞིན་གཤེགས་པ་འོད་ཟེར་ཀུན་འཕགས་དཔལ་བརྩེགས་རྒྱལ་པོ་སྣང་ཚུལ་བྱང་ཆུབ་སེམས་དཔའ་སྤྱན་རས་གཟིགས་འགྲོ་བའི་དོན་དུ་རིམ་པར་ཕེབས་པའི་ནང་ནས་དུས་མཐར་དུར་ཁྲོད་གར་རོལ་བདུན་གྱི་དང་པོ་པཎ་ཆེན་དགེ་འདུན་གྲུབ་ལྕགས་ལུག་བལྟམས་ནས་སུམ་བཅུ་དང་གཅིག ། གཟིགས་པ་ལྷ་དང་མཛད་པ་བཅུ་གཉིས་སོགས་སངས་རྒྱས་ཕོ་ན་དང་མཚུངས་པ་དུར་ཁྲོད་གར་རོལ་ལྔ་པ་བདག་གི་བླ་མ་ཐམས་ཅད་མཁྱེན་པ་ངག་དབང་བློ་བཟང་རྒྱ་མཚོ་ཟ་ཧོར་གྱི་རྒྱལ་རིགས་ཤིང་སྤྲ་ལ་བ་ལྷ་བུར་བལྟམས་ནས་དོན་ལྔ་རྣམས་འདས་པ་མེ་མཁའ་རྒྱ་མཚོ་ལ་འདས་ལོ་དྲུག་ཅུ་སྐོར་བཅུ་གཅིག་དང་ཉག་མ་ལྔ་བསྲེས་པ་ཨགྣི་ར་སྟེ་ཆུ་ཕོ་སྤྲེལ་ལོ་ཚེས་བྱེད་ཟླ་བའི་ཉ་ཆེས་དྲང་སྲོང་ལྔའི་བླ་མ་རྒྱུ་སྐར་སྦྱོར་ལྡན་མ་དང་དགའ་མགུར་རྩེ་བ་འཆི་མེད་འགྲུབ་པའི་སྦྱོར་བ་ནས་དབུ་བརྩམས་ཀྱང་(༧༦བ)དམ་པ་ཆེན་པོ་ལྔ་པའི་རྣམ་པར་ཐར་པ་དུ་ཀཱུ་ལ་ད་ནས་ཆའི་བར་པོད་གསུམ་དང་དོན་བསྡུ་ཚིགས་བཅད། གང་གི་བསག་སྦྱངས་སུ་མཆོད་སྟོང་འཛམ་གླིང་རྒྱན་གཅིག་བཞེང་བ། དེའི་དཀར་ཆག །སྔ་ན་མེད་པའི་དུས་སྟོན་ཚོགས་མཆོད་ཆེན་མོ་འཛུགས་པ། དེའི་མཆོད་སྐོར་སོགས་ཀྱི་བཅའ་བསྒྲིགས་སོགས་བསྟན་བཅོས་རྩོམ་པ་དང་། དྲུག་པ་ཆེན་པོའི་ཞལ་དཀྱིལ་མཇལ་བ་སོགས་ལུགས་གཉིས་ཀའི་ཕྱུར་གཡེང་དང་ཆོས་སྡེ་སོ་སོའི་ཁོངས་དྲི་རྩད་བྱས་པ་ཡའང་ཕྲན་བུ་འགོར་བ་བཅས་རིམ་པར་འགྱངས་པས་ལོ་ངོ་བདུན་འཐོགས་པའི་ཛོགས་པར་གྲུབ་པ་བདུད་བཞི་ཉོན་མོངས་སྒྲིབ་གཉིས་བག་ཆགས་དང་བཅས་པ་ཟད་ཅིང་མ་རིག་པའི་གཉིད་ལས་སངས་ལ། དུས་གསུམ་ཤེས་བྱ་ཇི་ལྟ་བ་དང་ཇི་སྙེད་སྒྲིབ་མེད་དུ་གཟིགས་པའི་བློ་ཀུན་ནས་རྒྱས་པ་འདྲེན་པ་མཉམ་མེད་ཤཱཀྱའི་སྲས་པོ་དགུང་ལོ་སོ་ལྔ་པར་མངོན་པར་བྱང་ཆུབ་ནས་བཀའ་དང་པོ་བདེན་པ་བཞིའི་ཆོས་འཁོར་ཡ་ར་ཏཱ་སེར་ལྔ་སྡེ་

བཟང་པོ་ལ་རྒྱལ་བ་ཤིང་ཕོ་རྟའི་ལོ་བསྐོར་ནས་ཉིས་སྟོང་དྲུག་བརྒྱ་ཉེར་བཞི་དང་། བསྟན་པ་འདིའི་ཟབ་ཆོས་ཀྱི་སྙིང་པོ་ཤར་ཕྱིན་སོགས་བར་པ་མཚན་ཉིད་མེད་པའི་ཆོས་འཁོར་གནས་བྱ་རྒོད་ཕུང་པོར་དགུང་ལོ་ང་བརྒྱད་པ་མི་སྤྲུལ་གསུངས་ནས་ཉིས་སྟོང་དྲུག་བརྒྱ་དང་གཅིག །ཆོས་འཁོར་ཐ་མ་བསྐོར་ནས་ཚེ་ལོ་བརྒྱ་པའི་འདུས་བྱས་མི་རྟག་པར་སྟོན་པ་སོགས་གདུལ་བྱ་ཐུན་མོང་བ་རྣམས་ཀྱི་ཆེད་དུ་གཟུགས་སྐུ་མྱ་ངན་ལས་འདའ་བའི་ཚུལ་བསྟན་ནས་ཉིས་སྟོང་ལྔ་བརྒྱ་དོན་བརྒྱད། (༦༧༥ན)འཇམ་མགོན་ཆོས་ཀྱི་རྒྱལ་པོ་བཙོང་ཁ་པ་ཉིད་ཀྱི་སྤྲུལ་གཞི་འཕགས་ཆེན་འཇམ་དཔལ་དབྱངས་རྒྱ་ནག་ཀུན་རྫོབ་རྩིས་ཀྱི་འདུལ་བའི་ཆེད་རི་བོ་རྩེ་ལྔར་བྲིཀྵའི་ཤིང་གི་ལྦ་བ་ལས་བརྫུས་ཏེ་བལྟམས་ནས་ཉིས་སྟོང་ལྔ་བརྒྱ་སོ་བཞི། ཟབ་མོ་སྟོང་པ་ཉིད་ཀྱི་བསྟན་པ་སྤེལ་བའི་ཕྱིར་དཔལ་མགོན་འཕགས་པ་ཀླུ་སྒྲུབ་བེ་དའི་ཡུལ་དུ་འཁྲུངས་ནས་ཉིས་སྟོང་བརྒྱ་དོན་བརྒྱད། མ་གར་མུ་སྟེགས་ཀྱི་བྱེད་པ་ཞུགས་པ་དང་མེ་མཁའ་རྒྱ་མཚོ་ཐོག་མར་ཟུག་ནས་ཆིག་སྟོང་དོན་བཞི། ས་གླང་འཇིག་རྟེན་དབང་ཕྱུག་རྒྱལ་པོའི་རང་གཟུགས་བསྟན་པ་སྲོང་བཙན་སྒམ་པོ་རྒྱ་མ་མི་འགྱུར་བྱམས་པ་གླིང་དུ་བལྟམས་ནས་ཆིག་སྟོང་རེ་དགུ། ཆུ་གླང་དགའ་བཞི་འཕྲུལ་སྣང་གི་གཙུག་ལག་ཁང་ལྷ་ས་བརྩིགས་ནས་ཆིག་སྟོང་ཞེ་ལྔ། བསྟན་པ་ཕྱི་དར་གྱི་ཐོག་མ་ཆུ་བྱར་བཞེད་པ་ནས་བདུན་བརྒྱ་ཉེར་ལྔ། སྣང་བ་མཐའ་ཡས་ཀྱི་རང་གཟུགས་ཇོ་བོ་ཆེན་པོ་ཆུ་རྟ་ལ་བལྟམས་ནས་བདུན་བརྒྱ་བཅུ་དྲུག །སྤྱན་རས་གཟིགས་དབང་དགེ་བསྙེན་གྱི་ཚུལ་བཟུང་བ་འབྲོམ་སྟོན་རྒྱལ་བའི་འབྱུང་གནས་བལྟམས་ནས་དྲུག་བརྒྱ་གོ་བཞི། གཉིས་མེད་དུས་ཀྱི་འཁོར་ལོ་བོད་དུ་ཕེབས་པ་དང་རབ་བྱུང་ཐོག་མ་ཟུག་ནས་དྲུག་བརྒྱ་དོན་གཅིག མེ་བྱ་བྱང་ཕྱོགས་རྭ་སྒྲེང་རྒྱལ་བའི་དབེན་གནས་བཏབ་ནས་དྲུག་བརྒྱ་དང་ཞེ་གཅིག །རྔོག་ལེགས་པའི་ཤེས་རབ་ཀྱིས་བསིལ་ལྡན་རྒྱུའི་ཐེག་པའི་འབྱུང་ཁུངས་གསང་ཕུ་ནེའུ་ཐོག་བཏབ་ནས་དྲུག་བརྒྱ་དང་ཉེར་ལྔ། རང་ཅག་རྣམས་ཀྱི་བསྟན་པའི་བདག་པོ་ཤར་བཙོང་ཁ་པ་བློ་(༦༧༥བ)བཟང་གྲགས་པའི་དཔལ་

གྲིས་མཉན་ཡོད་མཆོད་པའི་མཛོད་ཆེན་ཆོ་འཕྲུལ་སྨོན་ལམ་རབ་བྱུང་བདུན་པའི་ས་སྐྱང་ཚུགས་པ་དང་ཞྭ་སེར་བསྟན་པའི་རྩ་བ་འབྲོག་དགའ་ལྡན་རྣམ་པར་རྒྱལ་བའི་གླིང་བཏབ་ནས་ཉིས་བརྒྱ་གྱ་དགུ། འཇམ་དབྱངས་ཆོས་རྗེ་བཀྲ་ཤིས་དཔལ་ལྡན་པས་ཆོས་སྡེ་ཆེན་པོ་དཔལ་ལྡན་འབྲས་སྤུངས་བཏབ་ནས་ཉིས་བརྒྱ་གྱ་གཉིས། འཇམ་མགོན་ཆོས་ཀྱི་རྒྱལ་པོ་བཙོང་ཁ་པ་དགའ་ལྡན་ཡིད་དགའ་ཆོས་འཛིན་དུ་ཕེབས་པ་དང་བྱམས་ཆེན་ཆོས་རྗེས་སེ་ར་ཐེག་ཆེན་གླིང་བཏབ་ནས་ཉིས་བརྒྱ་དོན་དགུ། རབ་བྱུང་བརྒྱད་པའི་ཐོག་མར་མཁས་དབང་ནོར་བཟང་རྒྱ་མཚོས་དབུས་རྒྱ་མཚོ་རྣམ་གསུམ་གྱིས་འཁྲུལ་བྲལ་པད་དཀར་ཞལ་ལུང་བརྩམས་པ་དང་ངུར་སྨྲིག་གར་རོལ་བདུན་གྱི་དང་པོ་ཐམས་ཅད་མཁྱེན་པ་དགེ་འདུན་གྲུབ་ཀྱིས་གཙང་སྟོད་བཀྲ་ཤིས་ལྷུན་པོའི་ཆོས་སྡེ་བཏབ་ནས་ཉིས་བརྒྱ་དང་ང་གཅིག །གཉིས་པ་ཐམས་ཅད་མཁྱེན་པ་དགེ་འདུན་རྒྱ་མཚོས་སྣས་ཡུལ་དཀར་མོ་ལྗོངས་རྒྱལ་མེ་ཏོག་ཐང་གི་ཆོས་སྡེ་བསྐྲུན་ནས་བརྒྱ་དང་གྱ་དགུ། གསུམ་པ་ཐམས་ཅད་མཁྱེན་པ་བསོད་ནམས་རྒྱ་མཚོས་བྱང་ཕྱོགས་མུན་པའི་གླིང་མཐའ་དག་འཇམ་མགོན་ཆོས་ཀྱི་རྒྱལ་པོ་བཙོང་ཁ་པའི་རིང་ལུགས་དམ་ཆོས་ཀྱི་སྒྲོན་མེས་དཀར་པོར་བསྒྱུར་ཞིང་ཐེག་ཆེན་ཆོས་འཁོར་གླིང་བཏབ་ནས་བརྒྱ་དང་ཉེ་ཤུ། ཆ་བསགས་ཀྱི་ཕོ་བྲང་ཆེན་པོར་རིགས་ལྡན་བཙོ་བརྒྱད་པ་སེང་གེ་འཇིགས་པ་མེད་པའི་ཁྲིར་ཞབས་ཟུང་འཁོད་ནས་དོན་གཅིག །གསང་བའི་བདག་པོ་མི་བདག་གི་ཚུལ་བཟུང་བ་བསྟན་འཛིན་ཆོས་ཀྱི་རྒྱལ་པོས་རང་གི་རིགས་བརྒྱུད་འབངས་བཅས་དང་(༦༧༨ན)གངས་ཅན་འཛིན་མའི་གླིང་དགུ་ལས་ཤུགས་བཙན་པོ་དང་སྨོན་ལམ་གྱི་མཐུས་སངས་རྒྱས་ཀུན་འདུས་པདྨའི་རིགས་ཀྱི་དེ་བཞིན་གཤེགས་པ་འོད་ཟེར་ཀུན་ནས་འཕགས་པ་དཔལ་བརྩེགས་རྒྱལ་པོ་ངུར་སྨྲིག་གར་གྱིས་རོལ་བ་ལྔ་པ་ཆེན་པོར་སྣ་ཚོགས་ཞེས་པ་ཚུ་ཧ་ཕུལ་ཏེ་གནམ་བསྐོས་དགའ་ལྡན་ཕོ་བྲང་གི་ཆོས་སྲིད་གདུགས་དཀར་གྱིས་འཛིན་མའི་ཁྱོན་ཁྱབ་ནས་ང་དྲུག །རྒྱལ་པོའི་ཁབ་ཆེན་པོ་པོ་ཏ་ལ་ཤིང་བྱ་བརྩིགས་པ་དང་རང་བྱོན་

མཆེད་བཞིའི་ཡ་གྱལ་ལོ་ཀེ། ཤྭ་ར་རང་གནས་སུ་ཕེབས་ནས་ང་གསུམ།

ངེས་དོན་གྱི་སངས་རྒྱས་དུས་མཐར་སྨོན་བརྗོན་རྒྱལ་པོའི་ཚུལ་བཟུང་སྟེ་འགྲོ་བའི་དོན་དུ་ཕེབས་པ་ཐམས་ཅད་མཁྱེན་པ་ལྔ་པ་ཆེན་པོ་ཆེ་ལོ་བརྒྱ་པའི་འདུས་བྱས་མཆོད་ཕྱིར་གཟུགས་སྐུའི་བཀོད་པ་བརྩམས་ཏེ་འཕོ་བའི་མཛད་པ་ཇ་ཆེན་གྱི་ལོ་དབོ་ཟླའི་མར་ངོའི་མཁའ་འགྲོ་འདུ་བའི་དུས་ཆེན་ལ་བསྟན་ནས་བཅུ་དྲུག་སྐར་ཡང་གདུལ་བྱའི་དོན་དུ་འོང་གསལ་ལྷའི་རིགས་སུ་འཇུག་པར་མཛད་དེ་ཐམས་ཅད་མཁྱེན་པ་དྲུག་པ་བློ་བཟང་རིན་ཆེན་ཚངས་དབྱངས་རྒྱ་མཚོ་ལྷ་མོན་ཤིང་ཡོའི་ཚལ་དུ་བལྟམས་ནས་བཅོ་ལྔ། གང་གི་ཐུགས་རྗེ་ལས་གྲུབ་པའི་རང་བློའི་རྗེང་བུར་ལེགས་བཤད་ཀྱི་ཟླ་བ་ཤར་བའི་པདྨ་དཀར་པོ་ཞལ་ལུང་ལུགས་སུ་འབྲངས་པའི་འཕྲུལ་ཟད་དཀའ་བའི་གནད་རྣམས་ཞིབ་མོར་ཕྱེ་བའི་བསྟན་བཅོས་བཻ་ཌཱུར་དཀར་པོའི་རྩིས་འགོ་རབ་བྱུང་ཉི་མའི་ཐོག་མར་བཟུང་ནས་བཅུ་གཅིག འཕགས་ཆེན་ངུར་སྨྲིག་གར་རོལ་ལྔ་པ་ཆེན་པོའི་དྲང་དོན་གྱི་སྒྲིབ་ལྟུང་ཉེས་བྱས་ཕྲ་མོ་ཡན་སྦྱངས་ཏེ་དགོངས་བཞེད་རྣམ་པར་དག་པའི་(༧༨བ)ཐུགས་སྐྱིད་ཡོངས་སུ་རྫོགས་པ་དང་དྲུག་པ་ཆེན་པོ་ཞབས་ཟུང་རྡོ་རྗེ་ལྟར་བརྟན་ཅིང་ཆོས་འཁོར་རྒྱུན་ཆད་མེད་པར་བསྐོར་བའི་ཆེད་ལྷ་ཕྱོགས་རི་བོ་གྲུ་འཛིན་དང་མིང་དོན་དབྱེ་བ་མེད་པའི་གཞལ་མེད་ཁང་ཆེན་པོར་སྤྲ་ན་མེད་པའི་མཆོད་སྡོང་འཛམ་གླིང་རྒྱན་གཅིག་ཁྱད་འཕགས་བཅུ་གསུམ་གྱི་བདག་ཉིད་ཅན་བཞེངས་ཤིང་དེ་ཉིད་ཀྱི་མཆོད་པ་གཙོར་གྱུར་མཆོད་སྦྱིན་གྱི་དུས་སྟོན་ཆེན་པོ་སྨོན་ཆད་འཛིན་མའི་ཁྱོན་དུ་གྲགས་པ་མཐའ་དག་བྱེས་པའི་རོལ་རྩེད་དུ་གྱུར་པའི་ཚོགས་མཆོད་དུ་གྲགས་པ་བཙུགས་ནས་བཞི། སྐྱེ་དགུ་ཀུན་གྱི་ལེགས་བྱས་ཀྱི་དཔལ་དུ་ངུར་སྨྲིག་གར་རོལ་དྲུག་པ་ཆེན་པོ་གསང་རྒྱའི་ལུང་རྒྱ་སོགས་ལས་གྲོལ་ཏེ་གྲུ་འཛིན་གཞལ་མེད་ཁང་ཆེན་པོའི་འཇིགས་མེད་སེང་གེའི་ཁྲིར་ཕེབས་ནས་གཅིག་རྣམས་སྔོན་དུ་འདས་པ་སྤྱིར་ཆོས་དང་ཡོངས་སྤྱོད་ཀྱི་དུས་བཞི་རྩི་ཚུལ་དུ་མ་ལས་འདུལ་བ་དང་དྲུག་ཉེ་གཉིས་ཀའི་རྩོད་ལྡན། སྟོན་པའི་བསྟན་པའི་གནས་

ཚད་སོགས་མི་འདྲ་བ་ཇི་སྙེད་ཡོད་ཀྱང་ཧིང་འཛིན་རྒྱལ་པོའི་འགྲེལ་པ་སློབ་དཔོན་འཇམ་དཔལ་གྲགས་པས་མཛད་པ་དང་། ཤེར་ཕྱིན་སྟོང་ཕྲག་བརྒྱ་པའི་ཊཱི་ཀ་དཾཥྚྲ་སེ་ནས་མཛད་པ་སོགས་ཕལ་ཆེར་ལྔ་སྟོང་དུ་བཤད་པའི་དགྲ་བཅོམ། ཕྱིར་མི་འོང་བ། རྒྱུན་ཞུགས་ཏེ་འབྲས་བུའམ་མངོན་པར་རྟོགས་པའི་དུས་གསུམ་རྫོགས། འགྲོ་རྣམས་སྐྱོ་ཤས་ཆེ་བ་ཐར་པ་བསྒྲུབ་པ་ལ་འདུན་པས་སྒྲུབ་པའི་དུས་དེའི་ལྷག་མཐོང་དང་ཧིང་འཛིན་གཉིས་རྫོགས་ཏེ་ལྔ་བརྒྱ་ཕྲག་དྲུག་པ་ཚུལ་ཁྲིམས་ཀྱི་སྙིང་ནས་དོན་བརྒྱད་འདས་ཤིང་སྐར་བཞི་བརྒྱ་ཉེར་(༦༧༥ན)གཉིས་ནས་ལུང་གི་ལྔ་བརྒྱ་ཕྲག་གསུམ་འཆར་བ་དང་། རྟགས་ཙམ་འཛིན་པའི་ཕྲག་གཅིག་བཅས་བསྟན་པའི་གནས་ཚད་རྫོགས་པར་ཉིས་སྟོང་དང་བཞི་བརྒྱ་ཉེར་གཉིས་ཡོད་པ། རྒྱུད་སྡེ་བཞི་ལས་འཕགས་པའི་བཤད་སྲོལ་མི་མཐུན་པ་གཉིས་མེད་དུས་ཀྱི་འཁོར་ལོའི་རྫོགས་ལྡན་སུམ་ལྡན་གཉིས་ལྡན་རྣམས་རྫོགས་ཤིང་རྩོད་ལྡན་ཤར་ནས་ལོ་བརྒྱ་འདས་པ་རིགས་ལྡན་དྲག་པོའི་འཁོར་ལོས་ཀླ་ཀློ་བཅོམ་སྟེ་རྫོགས་ལྡན་འཆར་བར་བདུན་བརྒྱ་ཉེར་དྲུག་ཡོད་ཅིང་རིགས་ལྡན་ཆེན་པོའི་གླིང་འདིའི་ཐོབ་སྐལ་བསྟན་པ་གཉིས་མེད་དུས་ཀྱི་འཁོར་ལོའི་གནས་ཚད་རྫོགས་པར་ཉིས་སྟོང་ལྔ་བརྒྱ་ཉེར་དྲུག་ཡོད་པ། དགྲ་བཅོམ་པ་དགེ་འདུན་འཕེལ་དང་ཙནྡྲ་གཟླའི་ལུང་བསྟན་ལྟར་ན་འཁོར་ལོས་སྒྱུར་བ་དུང་གི་མདུན་ན་འདོན་བྲམ་ཟེ་ཚངས་བཟང་གི་སྲས་སུ་བསྐལ་བཟང་གི་རྒྱལ་བ་ལྔ་པ་བྱམས་པ་མགོན་པོ་ཕེབས་པར་བྱེ་བ་ཕྲག་ལྔ་བཅུ་རྗེས་འབྲང་དང་བཅས་པ་ཡོད་ཅིང་། སྐྱེ་དགུའི་ཚེ་ཚད་ལོ་བརྒྱ་ནས་རེ་རེ་བྲི་བ་ཕལ་ཆེར་དག་པ་གཞིར་བཟུང་ན་ལོ་དྲུག་སྟོང་ལྔ་བརྒྱ་ནས་ཚེ་ལོ་བཅུ་པ་འཆར་བར་ཉེ་བ་དེང་སང་གི་མིའི་ཚེ་ཚད་དོན་ལྔ་པ། རང་ལོ་བཅུ་ཕྲག་བཞི་དང་ཉག་མ་དྲུག་པ། སྤྱིར་ལོའི་ངོས་འཛིན་གཟའ་རང་རང་གིས་རྒྱུ་སྐར་གྱི་འཁོར་ལོ་འཁོར་བ་སོགས་བསམ་གྱིས་མི་ཁྱབ་ཅིང་མི་ལོ་བརྩི་ཚུལ་ཡང་དུ་མ་ཡོད་མོད་དེ་ཁྱིམ་ཞག་སུམ་བརྒྱ་དྲུག་ཅུ་ལ་ལོར་རྩིས་པའི་དཔྱད་གསུམ་རྣམ་པར་དག་པ་ལྷའི་སྐད་དུ་བ་སྟུ་ཧླུ་ཏྲུ་སྐེ་སྐོད་(༦༧༥བ)འགྲེལ་བའི་འབྲུ་མང་པོ། ཤར་

ཕྱོགས་ཅི་ནའི་ཡུལ་གྲུར་གཙུག་ལག་སྤྱོར་ཐང་གི་དབང་བཏང་ན་རྟུས་སྦལ་སྐྱི་མཆེད་བཅུ་གཉིས་ལས་བྱུང་བའི་བྱི་བ་ལ་སོགས་པའམ་ཡང་ན་ཁམ་ཟིན་གྱི་ཤོར་པའི་ལྟས་ངན་མགོ་བརྙན་བཅུ་གཉིས་བྱུང་བ་འཛམ་དབྱངས་ཀྱི་ཐུགས་རྗེས་ངན་པ་དཔལ་དུ་ལོ་བའི་ཡོར་གྲགས་པ་དེའི་ནང་ཚན་ལུས་ལ་བཙོས་པའི་རྩལ་དང་ལྡན་ཞིང་ཤེས་པ་བགྲ་བས་སྟག་ཏུ་གྲགས་པ་ཕྲུ་ཡིན་ཏེ་འབྱུང་བ་ཆེན་པོ་དང་པོའི་སྲོག་ལ་ཀུན་བཟོད་མའི་ལུས་དབང་མཛེས་ཤིང་རི་སྐྱེས་ཀྱི་སྐྱུང་དང་བཅས་གསུམ་དང་ལྡན་པ། སྲོག་གི་གྲོགས་སུ་དབང་ཐང་སོང་བའི་ཁ་རལ་དྲང་སྲོང་དལ་བར་སྤྱོད་པའི་སྐྱངས། ཕོ་བྲང་གླིང་དགུའི་དབུས་ན་དགྲ་ལྷའི་མེ་ཡོང་འཆར་ཞིང་། དགེ་ལེགས་སྲུ་བརྟན་འཛིན་མའི་གོས་ཀྱིས་སྐྱབས་པ་གནམ་ལོའི་དབང་ཕྱུག་དམ་པ་འདིར་རང་ཅག་ཕྱུག་ན་པདྨའི་ཞིང་འདིར་དབང་ཐང་དང་བསྟུན་པའི་མིང་ས་ཕོ་སྟག་ཏུ་འབོད་པའི་ལོ་མགོ་ལས་སྐྱེས་ཀྱི་ཟླ་བ་ཞེས་དཔལ་དུས་ཀྱི་འཁོར་ལོའི་དགུན་ར་རྒགས་པ་སྨིན་དྲུག་དང་། ཞིབ་པ་བྲ་ཉེས་ཉ་བ། ཡར་ངོ་སྟོན་འགྲོ་སྡིག་ཁྱིམ་དང་། ཞིབ་པ་སྲང་ཁྱིམ་དུ་ཉིན་བྱེད་འགྲོགས་ཤིང་། གཙུག་ལག་འབྱུང་རྩིས་ཀྱི་དགུན་ཐ་ཆུགས་སྨྲང་ཟླ་ཆེ་བ། ཟླ་བའི་བདག་པོ་གནྜ་མས་འཛམ་པོར་བྱེད་ཅིང་། རྟེན་འབྲེལ་དུས་འཁོར་སྨྲ་བའི་སྐྱི་བ་དང་། སྤྱོར་ཐང་པའི་རྒྱ་ཤིའི་ཟླ་བ། རྒགས་པར་བརྗོད་པ་དབང་ཕྱུག་ཡབ་ཡུམ་བཞེངས་ཏེ་མཛལ་བའི་ཟླ་བའི་ཕྱོགས་(༧༢ན)གཉིས་ལས་དམ་ཅན་འདུ་བའི་ཕྱོགས་གསང་སྔགས་མ་རྒྱུད་ཀྱི་དཔའ་བོ་མཁའ་འགྲོ་རང་བཞིན་དུ་ཕྱི་རོལ་འདུ་ཞིང་ནང་རྣལ་འབྱོར་པའི་དྲོད་ཚད་མྱུལ། གསང་བ་ཡེ་ཤེས་ཀྱི་རླུང་རྣ་ཧིར་རྒྱུ་བའི་དུས་ཁྱད་པར་རང་ཅག་རྣམས་ཀྱི་བསྟན་པའི་གཙུག་རྒྱན་ཤར་བཙོང་ཁ་པ་བློ་བཟང་གྲགས་པ་དགའ་ལྡན་ཡིད་དགའ་ཆོས་འཛིན་དུ་གཤེགས་པའི་ཟླ་དུས་གཉིས་ཀ་དང་ངེས་པ་དོན་གྱི་སངས་རྒྱས་དུར་སྨྲིག་གར་རོལ་ལྷ་པ་ཆེན་པོ་ཡོངས་སྤྱོད་རྫོགས་པའི་སྐུར་བཞེངས་པའི་དུས་ཆེན། དུས་ཀྱི་འཁོར་ལོའི་དབྱངས་ལྷི། གསལ་བྱེད་ཐུན་མོང་བའི་སླི། ཞིབ་པ་རླི། དཔལ་དབྱངས་འཆར་བའི་དབྱངས་ཨླ། གསལ་

ཁྱེད་ཏཱ། གཉིས་ཀ་མཐུན་པའི་འབྱུང་བ་སུ། འདོད་ཡོན་དྲི། དར་རྒྱུད་རགས་པ་ཁྱིས་པ། རེས་གཟའ་ལྷའི་བླ་མ་རགས་ཞིབ་མཐུན་པར་དར་བ། ལས་སྐར་ཉི་མའི་ལྷ་ལྷན་གྱི་ཡུལ་ཁྲོན་སྟོང་དྲུག་བརྒྱ་ཉི་ཤུ་ལས་ང་ལྔར་ཉེ་བར་སྤྱོད་པ་ནས་འཕྲོད་སྤྲུག་སྨྲོས། ཟུང་སྦྱོར། མ་གི་བརྒྱན་པའི་ཁྱིངས་ལས་བསྐྱབས་པའི་མདྲ་ལ་སྐེ་ཕྱི་ནང་གསང་བའི་བཀྲ་རྟགས་མ་ལུས་པ་དགེ་ཞིང་ཤིས་པས་བཀྲ་ཤིས་ཉི་མ། ཁམས་སྦྱོར་ཕུན་ཚོགས་སྦྱོར་ཚུང་མཛའ་བོ། ཁྱེད་པ་གདབ་པ། རྟེན་འབྲེལ་འབྱུང་རྩིས་ལྟར་ན་འདུ་ཁྱེད། དུས་འཁོར་བའི་རྣམ་ཤེས། ཉི་མ་ཚུ་བྱ། ཆོས་སྤར་ཁེན། ཆོས་སྨི་ལྡུ་སེར་སོགས་འཆར་བའི་ཉིན་གྱི་དུས་ས་རྟ། དུས་སྤར་གིན། དུས་སྨི་བརྒྱད་དཀར། ཏཱལ་བུམ་(༦༧༨བ)པ། དུས་སྦྱོར་ཕྱེད་པ་རགས་པ་སྤྱི་ལུགས་ཀྱི་གཟའ་མིག་དམར། ལྷ་འཆར་བ་མ། སྤྱི་ལུགས་ཞིབ་པ་དང་རྣམ་པར་དག་པ་མཐུན་པར་ལྷ་འཆར་བ་མ། གཟའ་ཕུར་བུ། བདུད་རྩིའི་ཐུན། ཟླ་སྐོགས་རགས་པ་དགའ་བ་རྣམས་ཀྱི་དུས་དགེ་ཞིང་ཤིས་པར་འོ་ཐང་གི་མཆོ་ར་མ་དཀར་མོར་བཀལ་བའི་སས་སྲུབས་པས་ར་སའམ། སྒོ་བཞི་དཀྱིལ་འཁོར་རིགས་སུ་བྱས་པས་བླ་མ་རྣམས་དགྱེའ། ཀ་བ་ཕུར་པ་རིས་སུ་བྱས་པས་སྤགས་པ་རྣམས་དགའ། ཟུར་བཞི་གཡུ་དྲུང་རིས་སུ་བྱས་པས་བོན་རྣམས་དགའ། རང་རང་གི་གཟུགས་བྱས་པས་ཆོས་སྐྱོང་རྣམས་དགའ་བའམ། ཡང་ན་ལྷ་ཀླུ་མི་གནོད་སྦྱིན་རྣམས་དགའ་བའི་དགའ་བཞི་ཞལ་བ་མཆོར་གཟིགས་པ་སོགས་ནས་ཁྲོད་ཀྱི་གཙུག་ལག་ཁང་འདི་འཕྲུལ་རང་དུ་སྣང་ངོ་གསུངས་པའི་གཞལ་མེད་ཁང་ཆེན་པོར་བོད་ཡུལ་གྱི་རྗོ་རྗེ་གདན་དགེ་མཚན་དུ་མས་བཀྲ་བ་འཕགས་པ་ཕྲུག་ན་པདྨ་མི་རྗེའི་ཚུལ་དུ་ལི་ཙ་བྱིའི་རིགས་སུ་བལྟམས་ཤིང་། སྤྱི་བོར་སྣང་བ་(༦༧༩ན)མཐའ་ཡས་རིགས་བདག་ཏུ་བཞུགས་པ་ཆོས་ཀྱི་རྒྱལ་པོ་སྲོང་བཙན་སྒམ་པོས་བཞེངས་པ་མཐའ་བཞིའི་འདོད་དགུ་མ་ལུས་པ་འདུ་བའི་གཙུག་ལ་ཆེན་པོ་དང་ཟུང་དུ་འབྲེལ་བ་སྒོ་བཞིའི་སྒོ་འཕར་ཅིག་ཅར་དུ་ཕྱེ་བའི་ཕོ་བྲང་རྟ་བདུན་གྱི་སྣང་བས་འདའ་ཞིང་རིག་གནས་མངོན་པར་བཀྲ་བའི་ལྡིང་ཁང་དུ་དབུ་མཛུག་

རྫོགས་པར་སམ་ཨོག་ཅི་རིགས་སུ་སྨུག་བྲིས། ཞུང་ཞིང་བཤུ་རྣམས་ལ་ག་ཏ་དང་བཅས་པ་ནས་དཔེ་ཨོག་ཏུ་ཐོག་མ་འབེབས་མི་ཤུན་ཆ་དཀར་བ་པདྨ་བསོད་ནམས་དང་། གྲ་ནང་མན་ཁང་པ་དམ་ཆོས་བསྟན་འཛིན་ཤས་ཆེར་གྱི་སྙིང་རྒྱུན་གྱི་ཡི་གེ་པ་གཞན་ཏུ་བཤད་པ་རྣམས་ཅི་རིགས་པས་བགྱིས་པ་ཚེ་རབས་ཐམས་ཅད་དུ་རྒྱལ༷་བ༷་འཇམ༷་དཔལ༷་སྙིང༷་པོ༷་ངུར་སྨྲིག་གི་རྣམ་པར་རོལ་བ་ཁམས་གསུམ་འགྲོ་བའི་བླ་མ་ཤར༷་བཙོང༷་ཁ༷་པ༷་བློ༷་བཟང༷་གྲགས༷་པའི༷་དཔལ་གྱིས་རྗེས་སུ་བཟུང་ནས་བསྟན་པ་སྤྱི་དང་བྱེ་བྲག་ལ་བྱ་བ་བགྱིད་ནུས་པའི་རྒྱུར་གྱུར་ཅིག། །།

དགའ་ལྡན་ཆོས་འབྱུང་བཻཌཱུརྱ་སེར་པོ།

རྩོམ་སྒྲིག་པ། སྡེ་སྲིད་སངས་རྒྱས་རྒྱ་མཚོ།

རྩོམ་སྒྲིག་འགན་འཁུར་བ། གཞོན་ནུ་ཚེར་བཟང་།

དཔེ་སྐྲུན། བོད་ལྗོངས་བོད་ཡིག་དཔེ་རྙིང་དཔེ་སྐྲུན་ཁང་།

པར་འདེབས་ཚན་པ། སི་ཁྲིན་ཧྭ་ལུང་པར་འདེབས་ཚད་ཡོད་ཀུང་སི།

བརྒྱུད་འཚོང་། ཞིན་ཧྭ་དཔེ་ཚོང་ཁང་།

དེབ་ཚད། 710mm×1000mm1/16

པར་ཤོག 44. 75

པར་གྲངས། 1, 001-4, 000

པར་གཞི། 2013ལོའི་ཟླ་8པར་པར་གཞི་དང་པོ་བསྒྲིགས་པར་ཐེངས་དང་པོ་དཔར།

2020ལོའི་ཟླ་11པར་པར་ཐེངས་གཉིས་པ་དཔར།

དཔེ་རྟགས། ISBN 978-7-80589-250-4

རིན་གོང་། སྒོར་112.00
